中國國家圖書館編

國家圖書館藏敦煌遺書

第一百五冊　北敦〇九〇九三號——北敦〇九四七九號

北京圖書館出版社

圖書在版編目(CIP)數據

國家圖書館藏敦煌遺書・第一百五册/中國國家圖書館編;任繼愈主編. —北京:北京圖書館出版社,2008.12

ISBN 978-7-5013-3667-8

Ⅰ.國… Ⅱ.①中…②任… Ⅲ.敦煌學—文獻 Ⅳ.K870.6

中國版本圖書館 CIP 數據核字(2008)第 119067 號

書　名　國家圖書館藏敦煌遺書・第一百五册
著　者　中國國家圖書館編　任繼愈主編
責任編輯　徐　蜀　孫　彦
封面設計　李　璀

出　版　北京圖書館出版社　(100034　北京西城區文津街 7 號)
發　行　010-66139745　66151313　66175620　66126153
66174391(傳真)　66126156(門市部)
E-mail　cbs@nlc.gov.cn(投稿)　btsfxb@nlc.gov.cn(郵購)
Website　www.nlcpress.com
經　銷　新華書店
印　刷　北京文津閣印務有限責任公司

開　本　八開
印　張　66.75
版　次　2008 年 12 月第 1 版第 1 次印刷
印　數　1-250 册(套)

書　號　ISBN 978-7-5013-3667-8/K・1630
定　價　990.00 圓

目錄

……不可計倍
佛告阿難无量壽國其諸天人衣服飲食華
香瓔珞諸蓋幢播微妙音聲所居舍宅宮殿
樓閣稱其形色高下大小或一寶二寶乃至无
量衆寶隨意所欲應念即至又以衆寶妙
衣遍布其地一切天人踐之而行无量寶網彌
覆佛上皆以金縷真珠百千雜寶奇妙珍異
莊嚴挍飾周匝四面垂以寶鈴光色晃曜盡
極嚴麗自然德風徐起微動其風調和不
寒不暑溫涼柔濡不遲不疾吹諸羅網及
衆寶樹演發无量微妙法音流布万種溫雅德
香其有聞者塵勞垢習自然不起風觸其身
皆得快樂譬如比丘得滅盡三昧又風吹散
華遍滿佛土隨色次第而不雜亂柔濡光澤
馨香芬烈足履其上蹈下四寸隨舉足已還復
如故華用已訖地輒開裂以次化沒清淨无

BD09093號　無量壽經卷上　（2–1）

寒不暑溫涼柔濡不遲不疾吹諸羅網及
衆寶樹演發无量微妙法音流布万種溫雅德
香其有聞者塵勞垢習自然不起風觸其身
皆得快樂譬如比丘得滅盡三昧又風吹散
華遍滿佛土隨色次第而不雜亂柔濡光澤
馨香芬烈足履其上蹈下四寸隨舉足已還復
如故華用已訖地輒開裂以次化沒清淨无
遺隨其時節風吹散華如是六反又衆寶蓮
華周滿世界一一寶華百千億葉其葉光明
无量種色青色青光白色白光玄黃朱紫光
色亦然煒燁煥爛明曜日月一一華中出卅
六百千億光一一光中出三十六百千億佛
身色紫金相好殊特一一諸佛又放百千光
明普為十方說微妙法如是諸佛各各安立
无量衆生於佛正道

BD09093號　無量壽經卷上　（2–2）

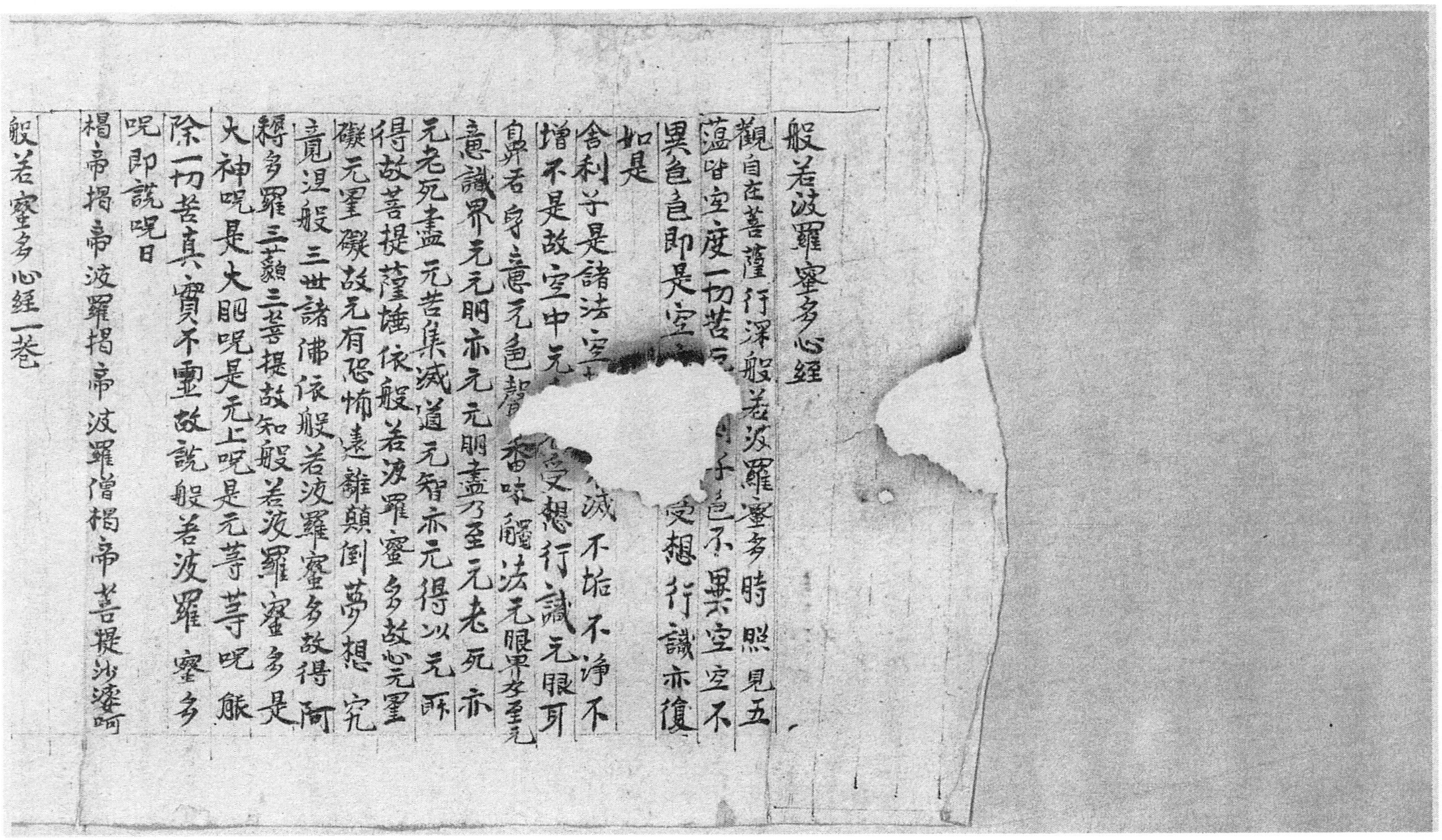

般若波羅蜜多心經
觀自在菩薩行深般若波羅蜜多時照見五
蘊皆空度一切苦 子色不異空空不
異色色即是空 受想行識亦復
如是
舍利子是諸法空 滅不垢不淨不
增不減是故空中无 受想行識无眼耳
鼻舌身意无色聲香味觸法无眼界乃至无
意識界无无明亦无无明盡乃至无老死亦
无老死盡无苦集滅道无智亦无得以无所
得故菩提薩埵依般若波羅蜜多故心无罣
礙无罣礙故无有恐怖遠離顛倒夢想究
竟涅槃三世諸佛依般若波羅蜜多故得阿
耨多羅三藐三菩提故知般若波羅蜜多是
大神呪是大明呪是无上呪是无等等呪能
除一切苦真實不虛故說般若波羅蜜多
呪即說呪曰
揭帝揭帝波羅揭帝波羅僧揭帝菩提沙婆訶
般若蜜多心經一卷

BD09094 號 1　般若波羅蜜多心經　（2–1）

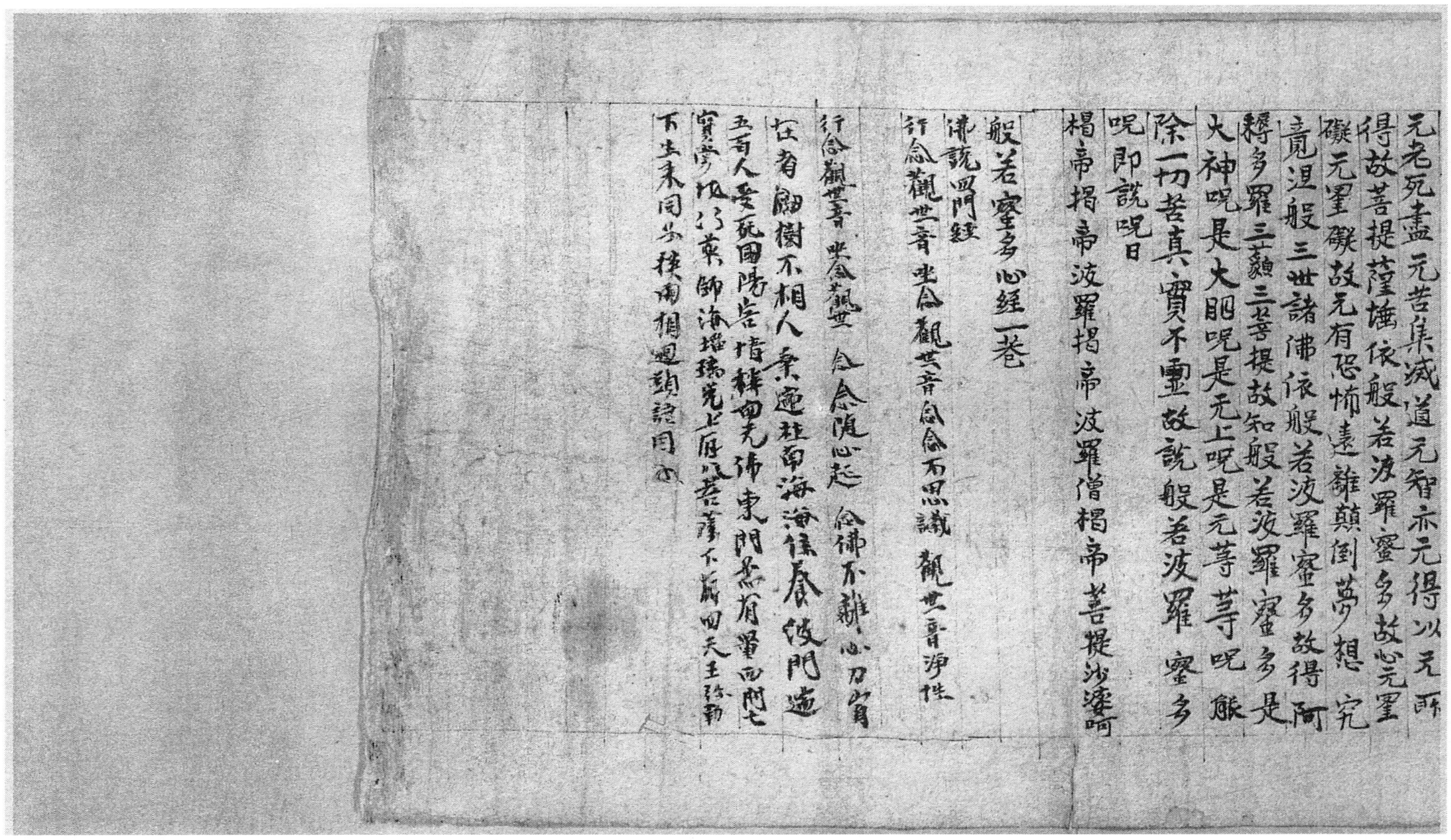

无老死盡无苦集滅道无智亦无得以无所
得故菩提薩埵依般若波羅蜜多故心无罣
礙无罣礙故无有恐怖遠離顛倒夢想究
竟涅槃三世諸佛依般若波羅蜜多故得阿
耨多羅三藐三菩提故知般若波羅蜜多是
大神呪是大明呪是无上呪是无等等呪能
除一切苦真實不虛故說般若波羅蜜多
呪即說呪曰
揭帝揭帝波羅揭帝波羅僧揭帝菩提沙婆訶
般若蜜多心經一卷
佛說四門經
行念觀世音 坐念觀世音 念念不思議 觀世音淨性
行念觀世音 坐念觀世音 念念隨心起 念佛不離心 刀肖
在看翻樹不相人 乘遊在南海 海條春 彼門遮
五百人受死國陽皆持彌陀佛東門蕭有量西門七
寶學似行藥師海瑠璃光上座八菩薩下座四天王彌勒
下生來同步接兩相迴頭諸同心

BD09094 號 2　四門經　（2–2）

BD09095 號　般若波羅蜜多心經　（2–1）

BD09095 號　般若波羅蜜多心經　（2–2）

BD09095 號背 1　僧名籍（擬）　（2–1）

BD09095 號背 2　五臺山讚　（2–2）

BD09096 號　般若波羅蜜多心經　　（1–1）

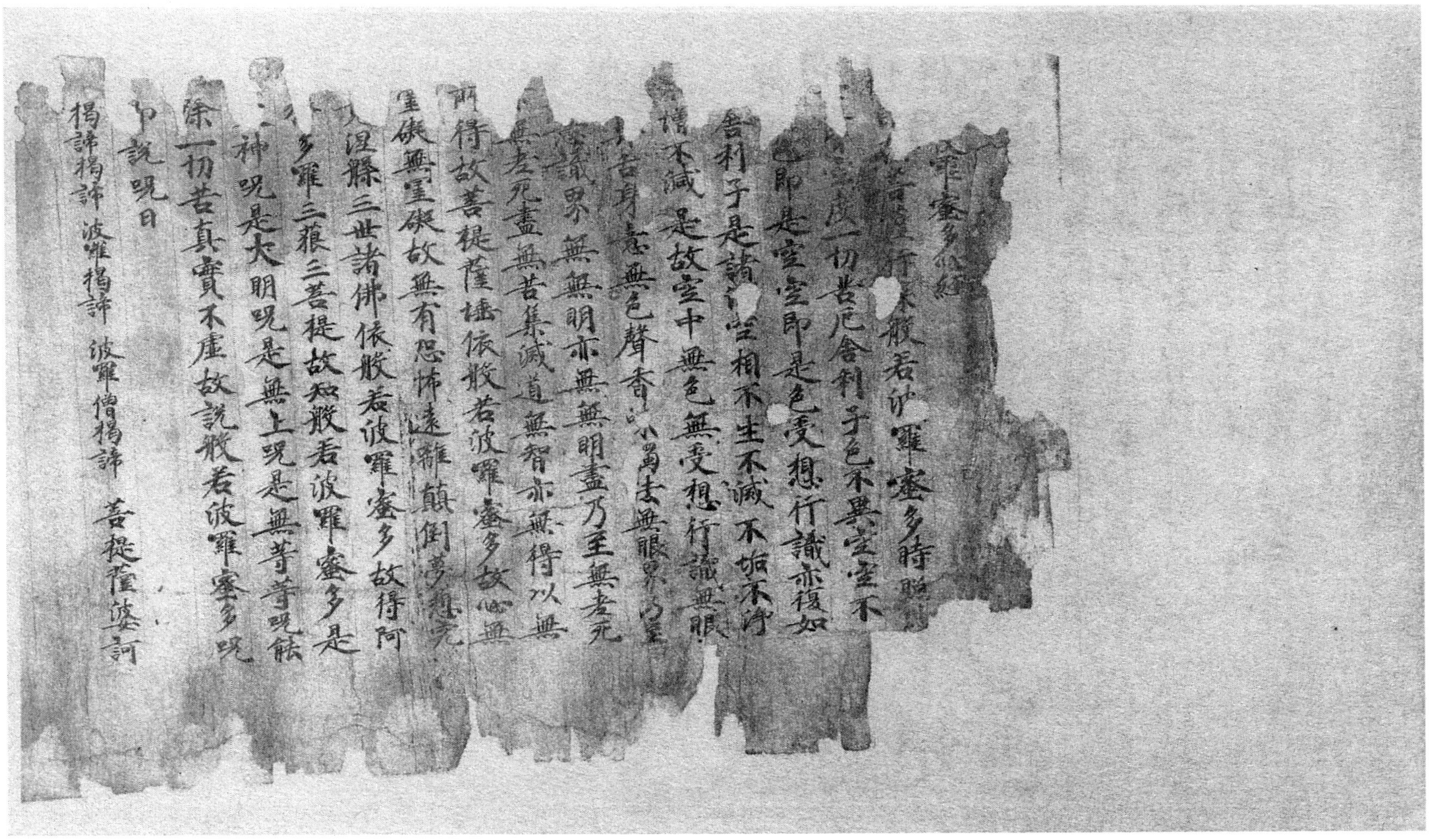

BD09097 號　般若波羅蜜多心經　　（2–1）

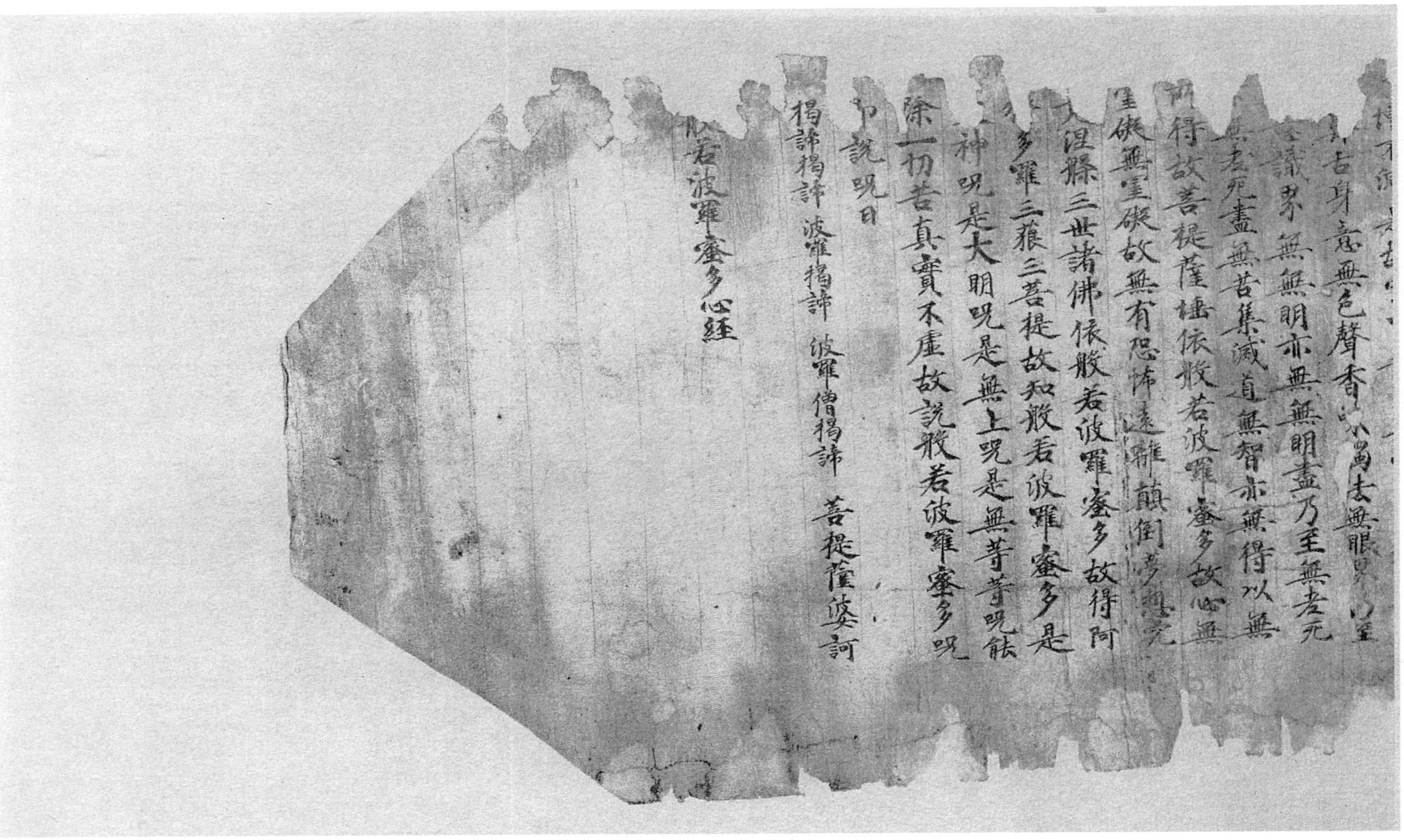
舌身意無色聲香味觸法無眼界乃至
意識界無無明亦無無明盡乃至無老死
亦無老死盡無苦集滅道無智亦無得以無
所得故菩提薩埵依般若波羅蜜多故心無
罣礙無罣礙故無有恐怖遠離顛倒夢想究
竟涅槃三世諸佛依般若波羅蜜多故得阿
耨多羅三藐三菩提故知般若波羅蜜多是
大神呪是大明呪是無上呪是無等等呪能
除一切苦真實不虛故說般若波羅蜜多呪
即說呪曰
揭諦揭諦　波羅揭諦　波羅僧揭諦　菩提薩婆訶
般若波羅蜜多心經

BD09097 號　般若波羅蜜多心經　（2–2）

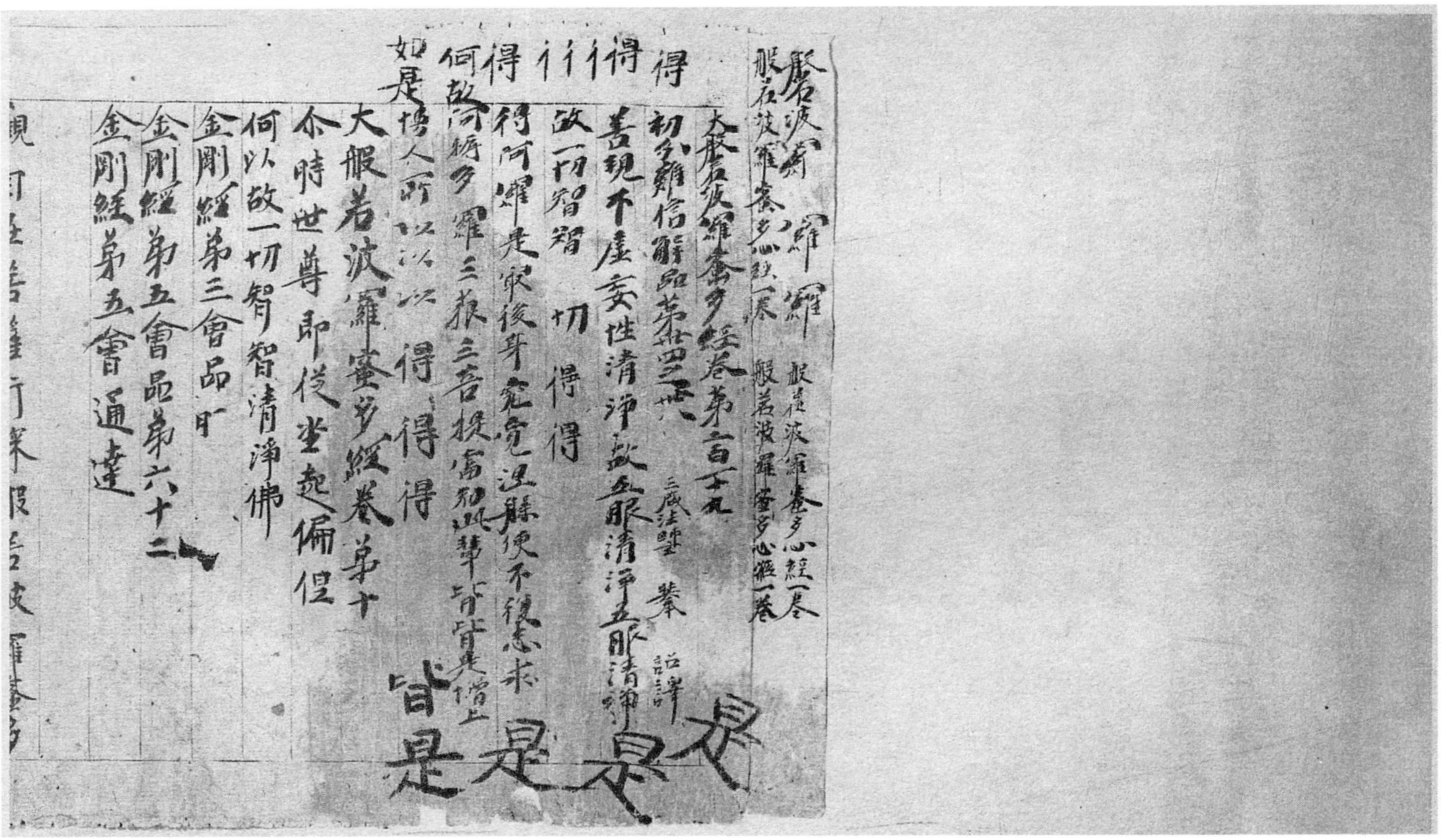
般若波羅蜜多心經一卷
般若波羅蜜多心經一卷
般若波羅蜜多心經一卷
大般若波羅蜜多經卷第五百七十九
初分難信解品第卅四之九十八　三藏法師玄奘奉　詔譯
善現不虛妄性清淨故五眼清淨五眼清淨
故一切智智　切得得
得阿羅漢是後身究竟涅槃不復退來
何故阿耨多羅三藐三菩提此事皆是增上
如是增人所以以以　得得得
大般若波羅蜜多經卷第十
介時世尊即從坐起偏但
何以故一切智智清淨佛
金剛經第三會品廿
金剛經第五會品第六十二
金剛經第五會通達
觀自在菩薩行[illegible]般若波羅蜜多
是是是是皆

BD09098 號　雜寫（擬）　（2–1）

BD09098 號　雜寫（擬）　（2–2）

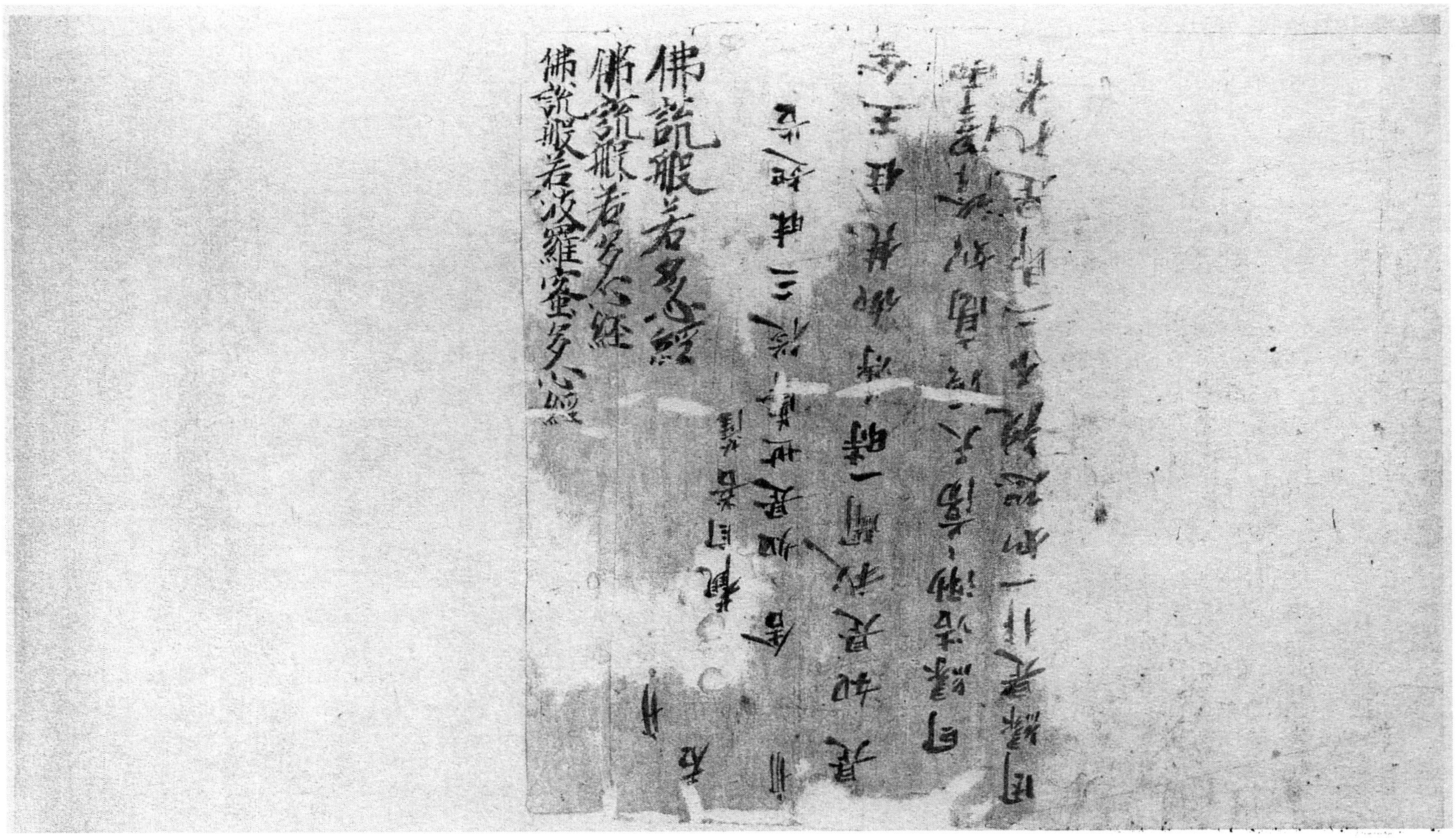

BD09098 號背　雜寫　（1–1）

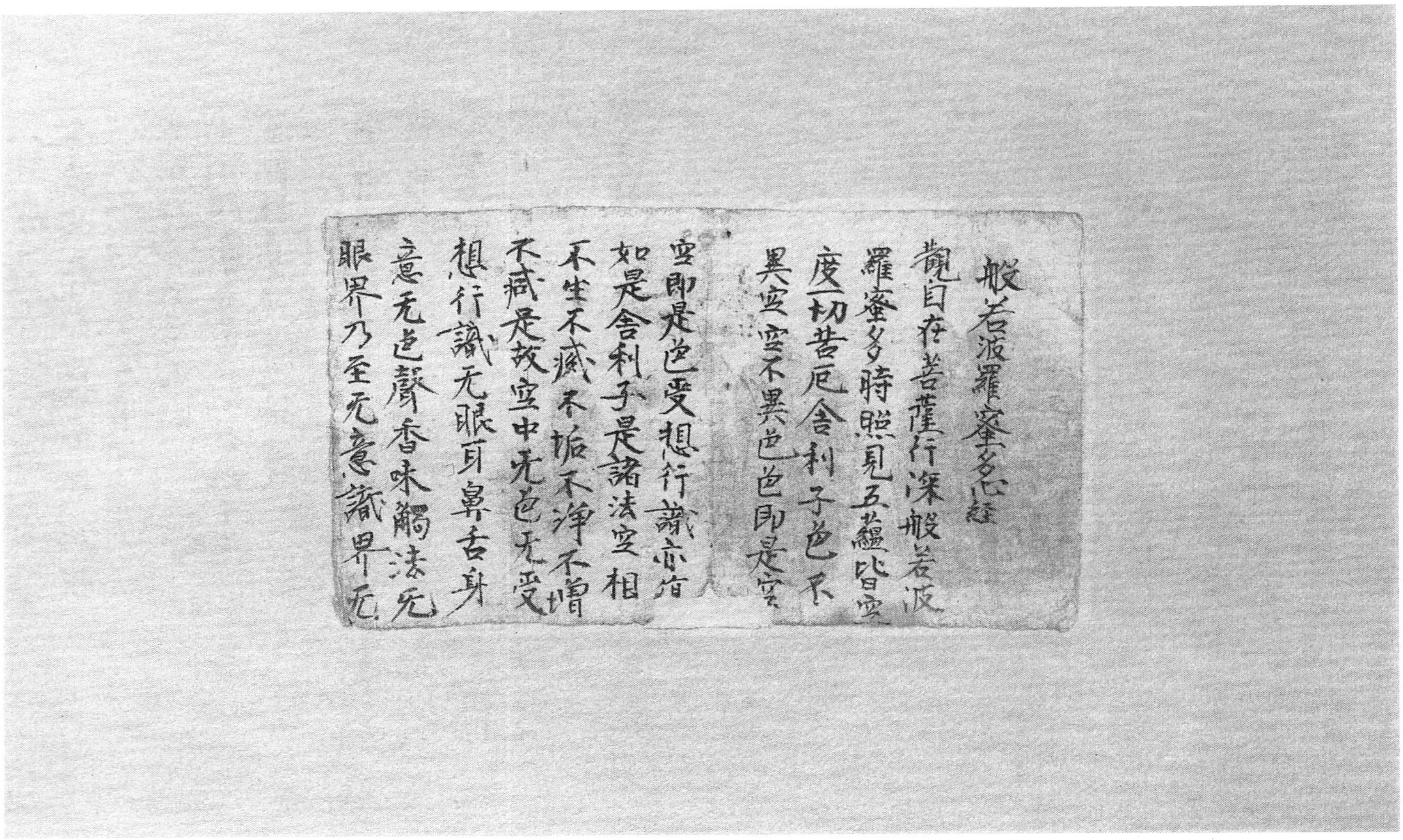

BD09099 號　般若波羅蜜多心經　（1–1）

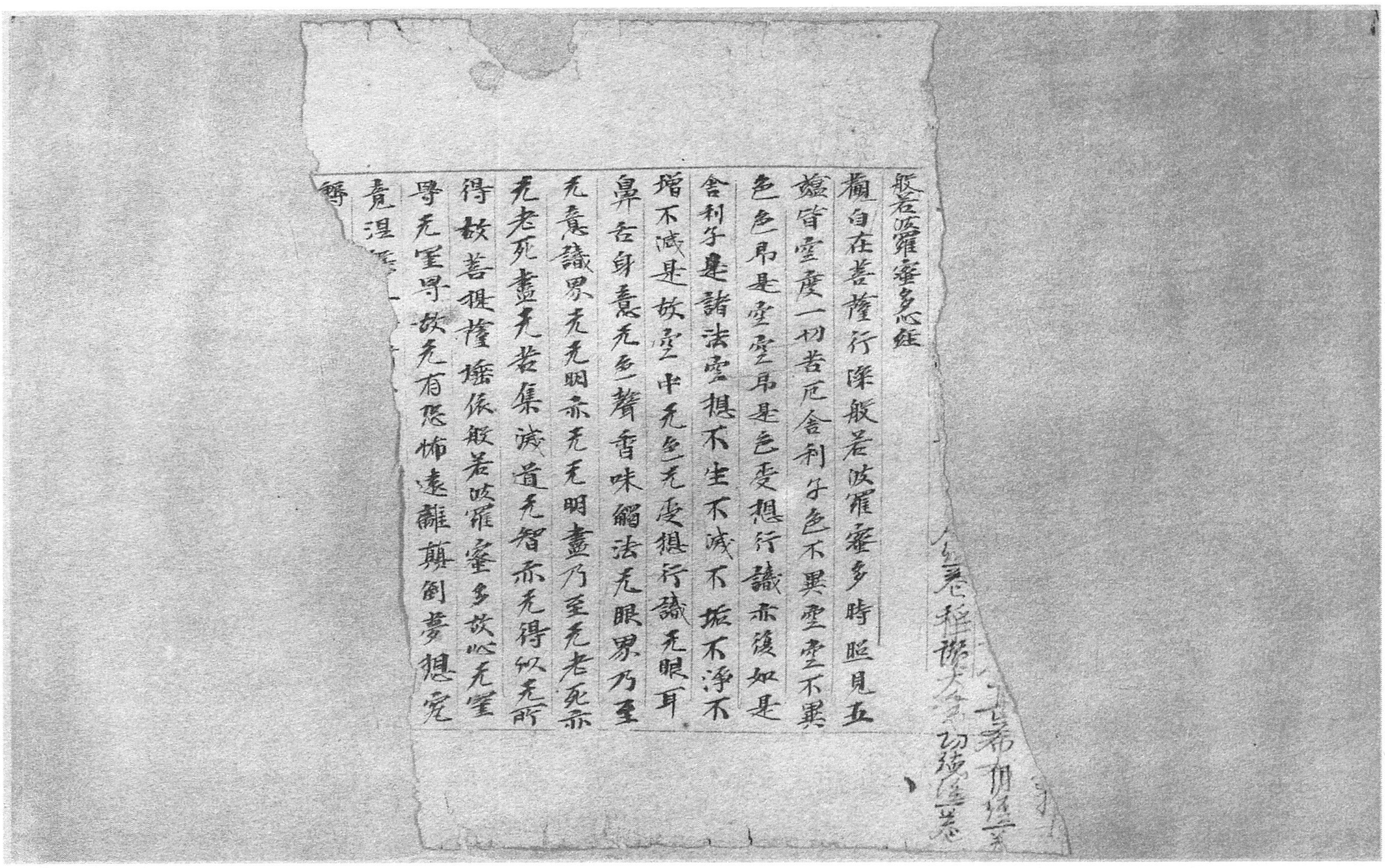

BD09100 號 1　經錄（擬）　（1–1）
BD09100 號 2　般若波羅蜜多心經

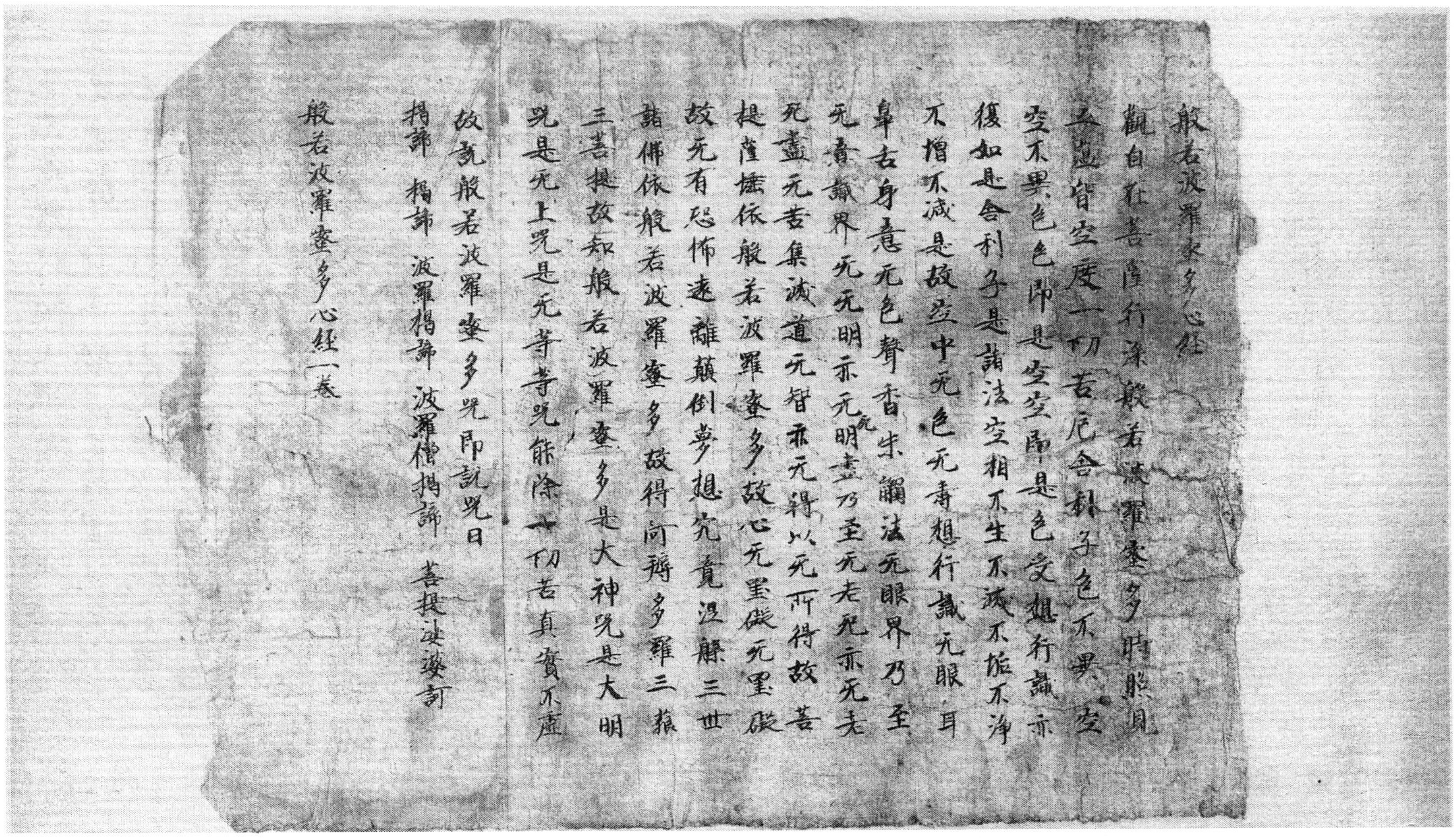

般若波羅蜜多心经
觀自在菩薩行深般若波羅蜜多時照見
五蘊皆空度一切苦厄舍利子色不異空
空不異色色即是空空即是色受想行識亦
復如是舍利子是諸法空相不生不滅不垢不淨
不增不減是故空中无色无受想行識无眼耳
鼻舌身意无色聲香味觸法无眼界乃至
无意識界无无明亦无无明盡乃至无老死亦无老
死盡无苦集滅道无智亦无得以无所得故菩
提薩埵依般若波羅蜜多故心无罣礙无罣礙
故无有恐怖遠離顛倒夢想究竟涅槃三世
諸佛依般若波羅蜜多故得阿耨多羅三藐
三菩提故知般若波羅蜜多是大神咒是大明
咒是无上咒是无等等咒能除一切苦真實不虛
故說般若波羅蜜多咒即說咒曰
揭諦 揭諦 波羅揭諦 波羅僧揭諦 菩提娑婆訶
般若波羅蜜多心经一卷

BD09101 號　般若波羅蜜多心經　（1–1）

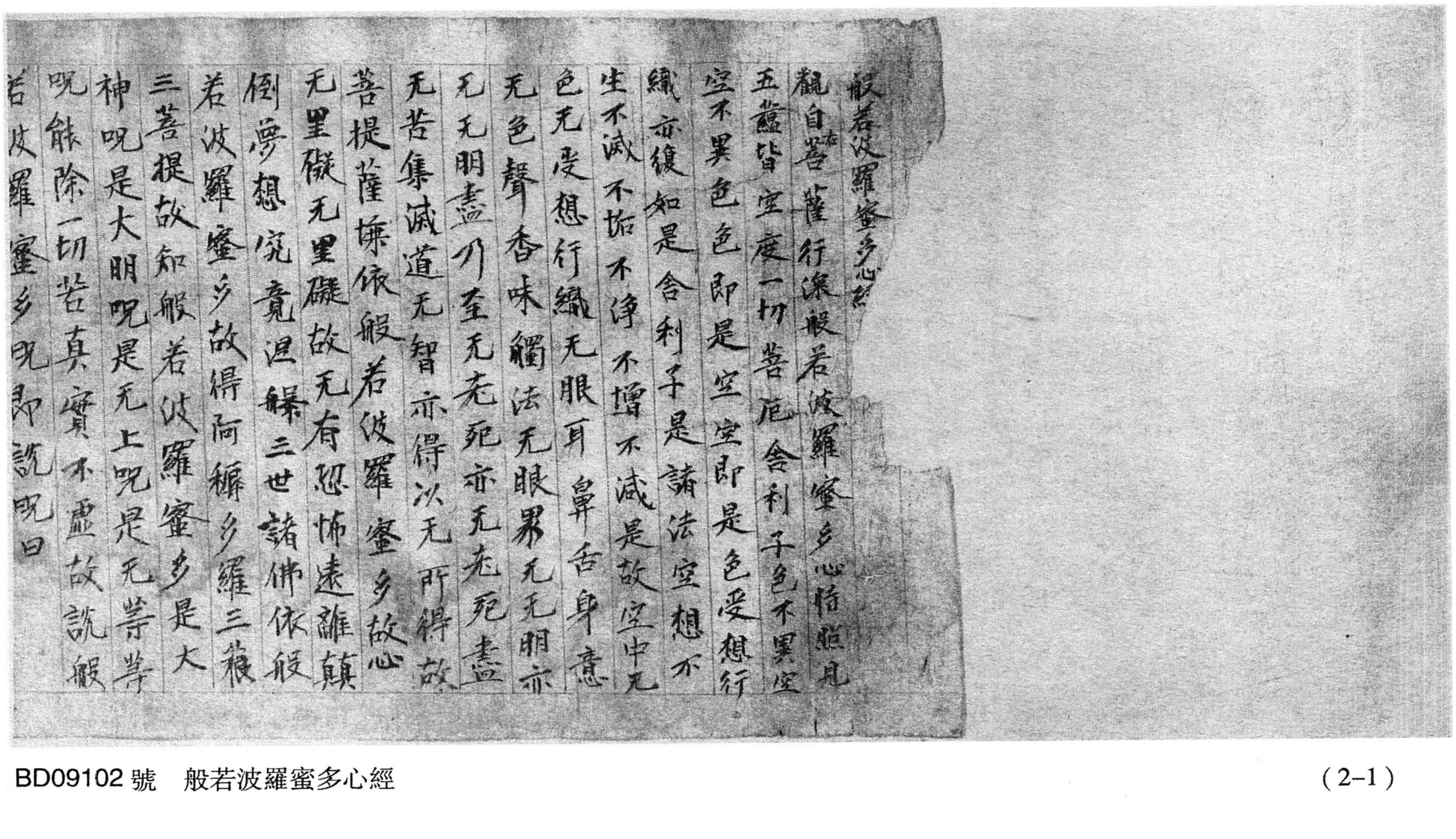

般若波羅蜜多心經
觀自在菩薩行深般若波羅蜜多心時照見
五蘊皆空度一切苦厄舍利子色不異空
空不異色色即是空空即是色受想行
識亦復如是舍利子是諸法空想不
生不滅不垢不淨不增不減是故空中无
色无受想行識无眼耳鼻舌身意
无色聲香味觸法无眼界无无明亦
无无明盡乃至无老死亦无老死盡
无苦集滅道无智亦得以无所得故
菩提薩埵依般若波羅蜜多故心
无罣礙无罣礙故无有恐怖遠離顛
倒夢想究竟涅槃三世諸佛依般
若波羅蜜多故得阿耨多羅三藐
三菩提故知般若波羅蜜多是大
神咒是大明咒是无上咒是无等等
咒能除一切苦真實不虛故說般
若波羅蜜多咒即說咒曰

BD09102 號　般若波羅蜜多心經　（2–1）

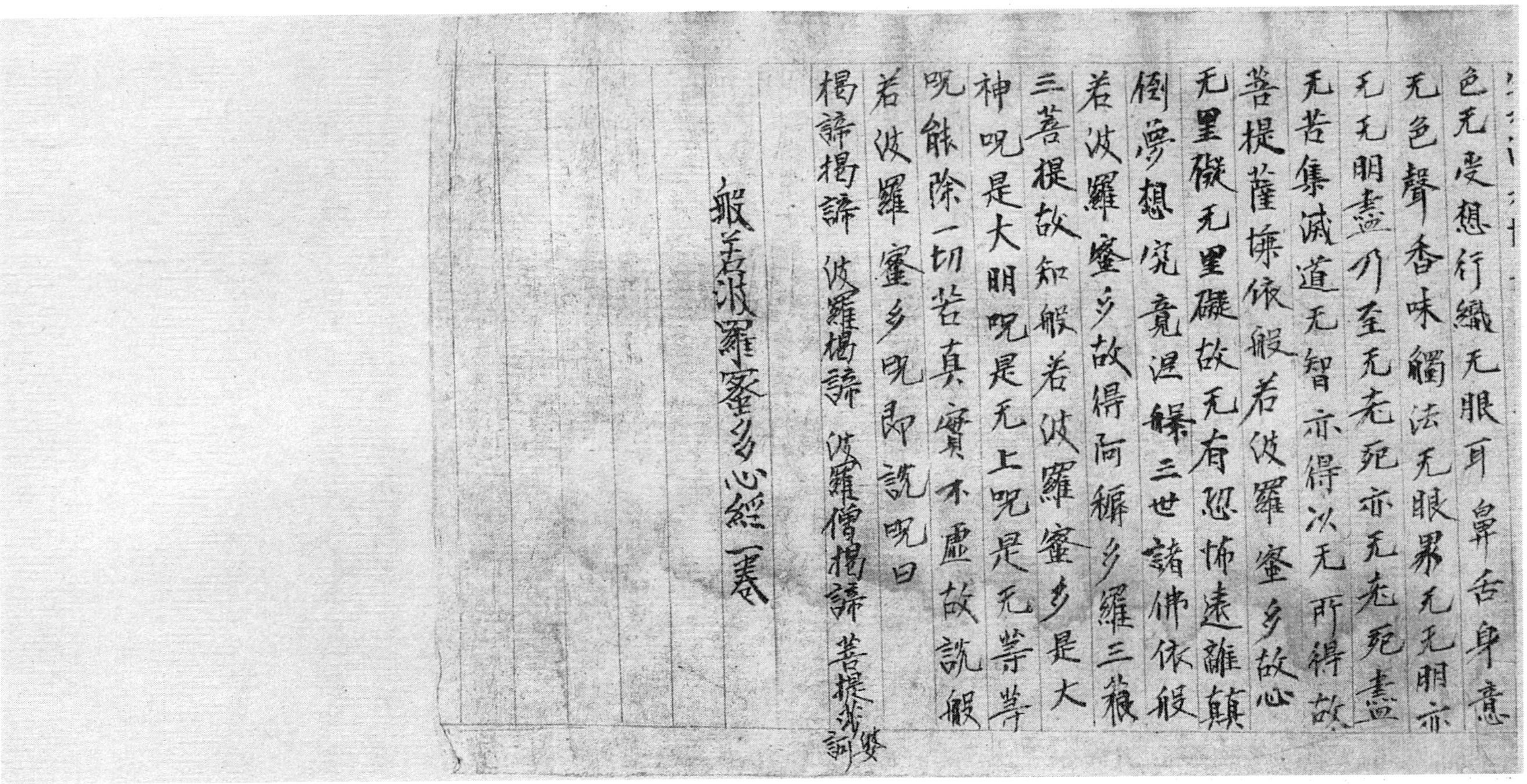

色无受想行識无眼耳鼻舌身意
无色聲香味觸法无眼界无无明亦
无无明盡乃至无老死亦无老死盡
无苦集滅道无智亦得以无所得故
菩提薩埵依般若波羅蜜多故心
无里礙无里礙故无有恐怖遠離顛
倒夢想究竟涅槃三世諸佛依般
若波羅蜜多故得阿耨多羅三藐
三菩提故知般若波羅蜜多是大
神呪是大明呪是无上呪是无等等
呪能除一切苦真實不虛故說般
若波羅蜜多呪即說呪曰
揭諦揭諦　波羅揭諦　波羅僧揭諦　菩提娑婆訶

般若波羅蜜多心經一卷

BD09102 號　般若波羅蜜多心經　（2–2）

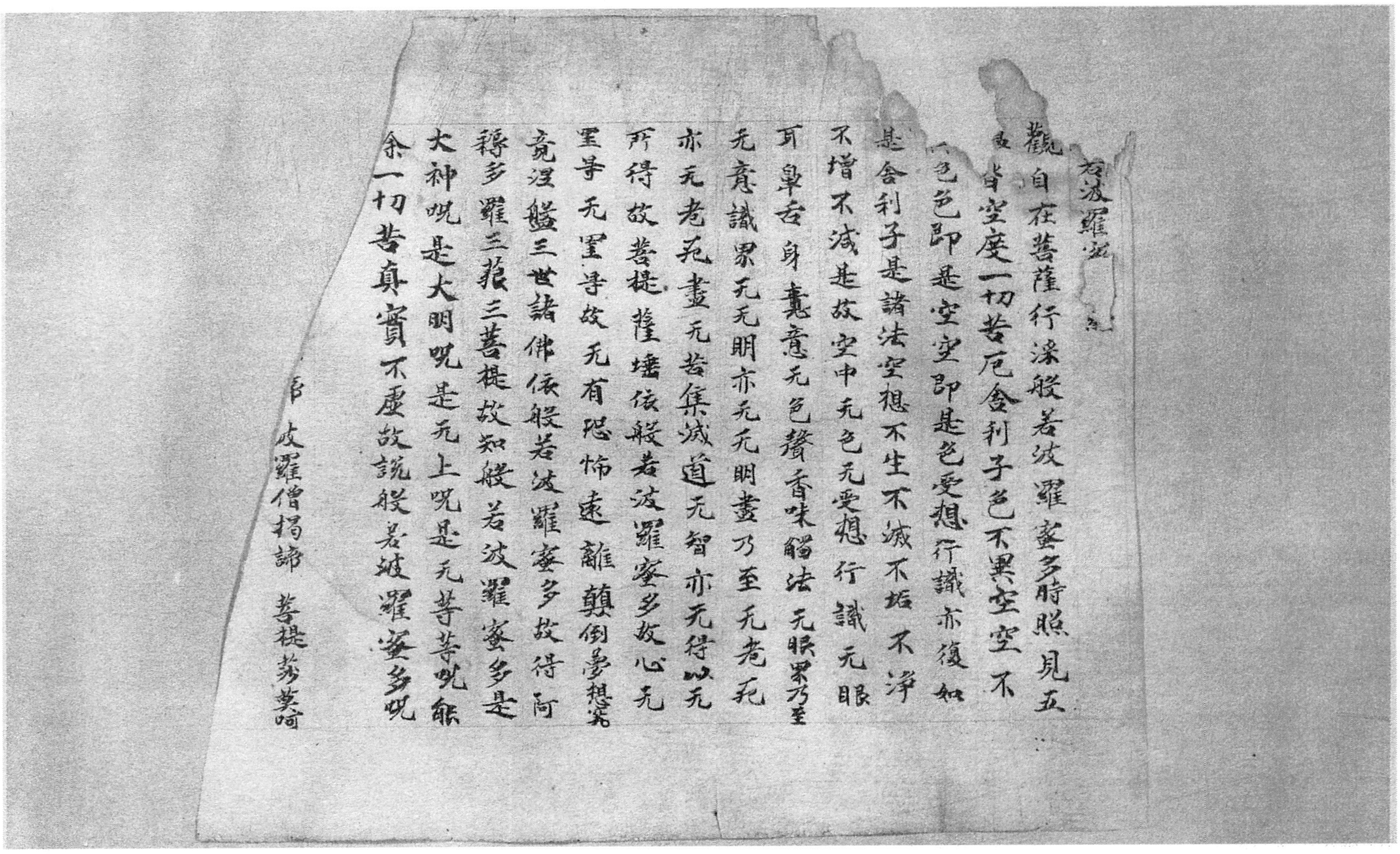

波羅蜜
觀自在菩薩行深般若波羅蜜多時照見五
蘊皆空度一切苦厄舍利子色不異空空不
異色色即是空空即是色受想行識亦復如
是舍利子是諸法空相不生不滅不垢不淨
不增不減是故空中无色无受想行識无眼
耳鼻舌身意无色聲香味觸法无眼界乃至
无意識界无无明亦无无明盡乃至无老死
亦无老死盡无苦集滅道无智亦无得以无
所得故菩提薩埵依般若波羅蜜多故心无
罣㝵无罣㝵故无有恐怖遠離顛倒夢想究
竟涅槃三世諸佛依般若波羅蜜多故得阿
耨多羅三藐三菩提故知般若波羅蜜多是
大神呪是大明呪是无上呪是无等等呪能
除一切苦真實不虛故說般若波羅蜜多呪
諦　波羅僧揭諦　菩提莎婆訶

BD09103 號　般若波羅蜜多心經　（1–1）

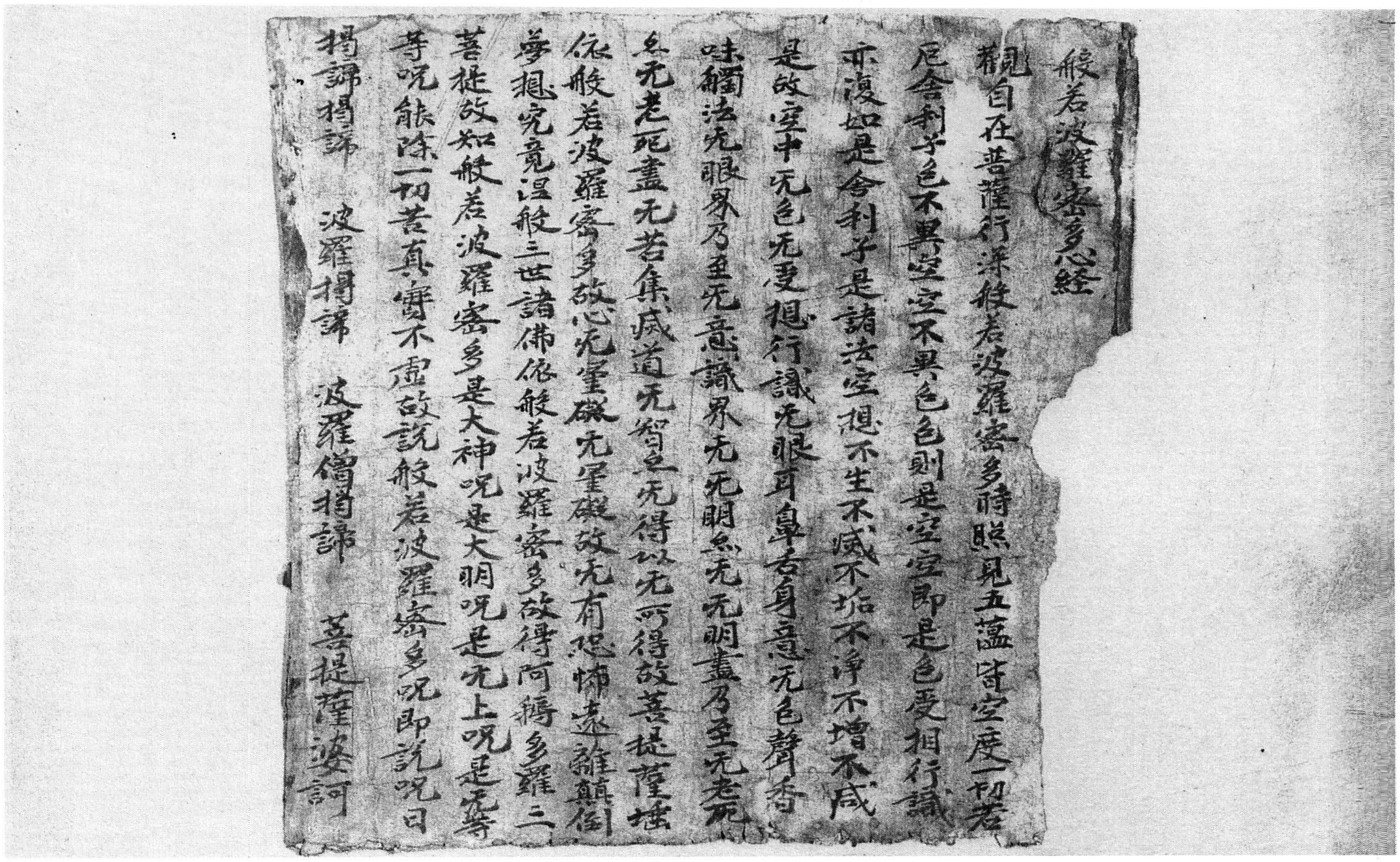

般若波羅蜜多心經
觀自在菩薩行深般若波羅蜜多時照見五蘊皆空度一切苦
厄舍利子色不異空空不異色色則是空空即是色受想行識
亦復如是舍利子是諸法空相不生不滅不垢不淨不增不減
是故空中无色无受想行識无眼耳鼻舌身意无色聲香
味觸法无眼界乃至无意識界无无明亦无无明盡乃至无老死
亦无老死盡无苦集滅道无智亦无得以无所得故菩提薩埵
依般若波羅蜜多故心无罣礙无罣礙故无有恐怖遠離顛倒
夢想究竟涅槃三世諸佛依般若波羅蜜多故得阿耨多羅三
菩提故知般若波羅蜜多是大神呪是大明呪是无上呪是无等
等呪能除一切苦真實不虛故說般若波羅蜜多呪即說呪曰
揭諦揭諦　波羅揭諦　波羅僧揭諦　菩提薩婆訶

BD09104 號　般若波羅蜜多心經　　（1–1）

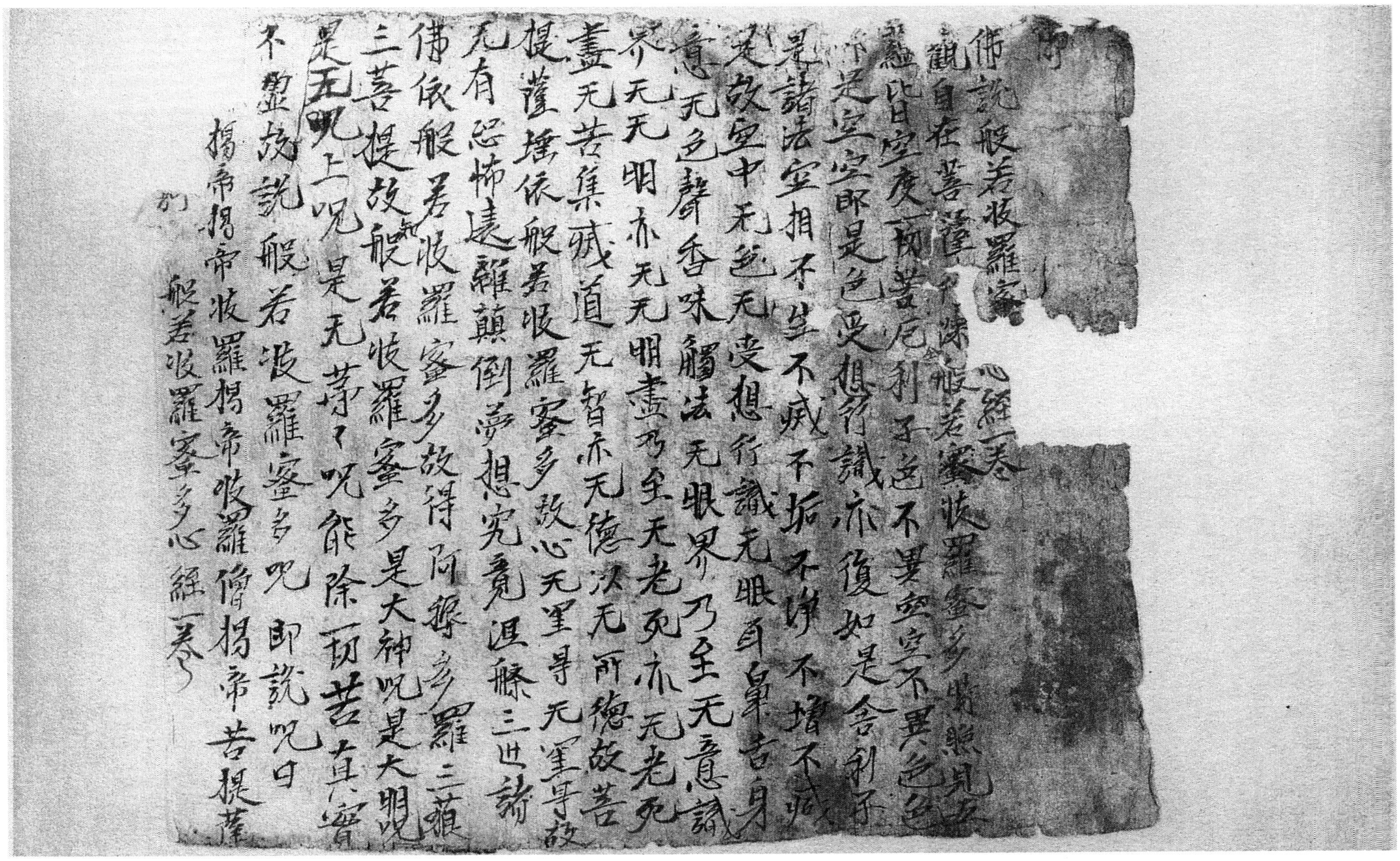

佛說般若波羅蜜心經一卷
觀自在菩薩行深般若波羅蜜多時照見五
蘊皆空度一切苦厄舍利子色不異空空不異色色
即是空空即是色受想行識亦復如是舍利子
是諸法空相不生不滅不垢不淨不增不減
是故空中无色无受想行識无眼耳鼻舌身
意无色聲香味觸法无眼界乃至无意識
界无无明亦无无明盡乃至无老死亦无老死
盡无苦集滅道无智亦无德以无所德故菩
提薩埵依般若波羅蜜多故心无罣导无罣导故
无有恐怖遠離顛倒夢想究竟涅槃三世諸
佛依般若波羅蜜多故得阿耨多羅三藐
三菩提故般若波羅蜜多是大神呪是大明呪
是无上呪是无等等呪能除一切苦真實
不虛故說般若波羅蜜多呪即說呪曰
揭帝揭帝波羅揭帝波羅僧揭帝菩提薩
訶
般若波羅蜜多心經一卷

BD09105 號　般若波羅蜜多心經　　（1–1）

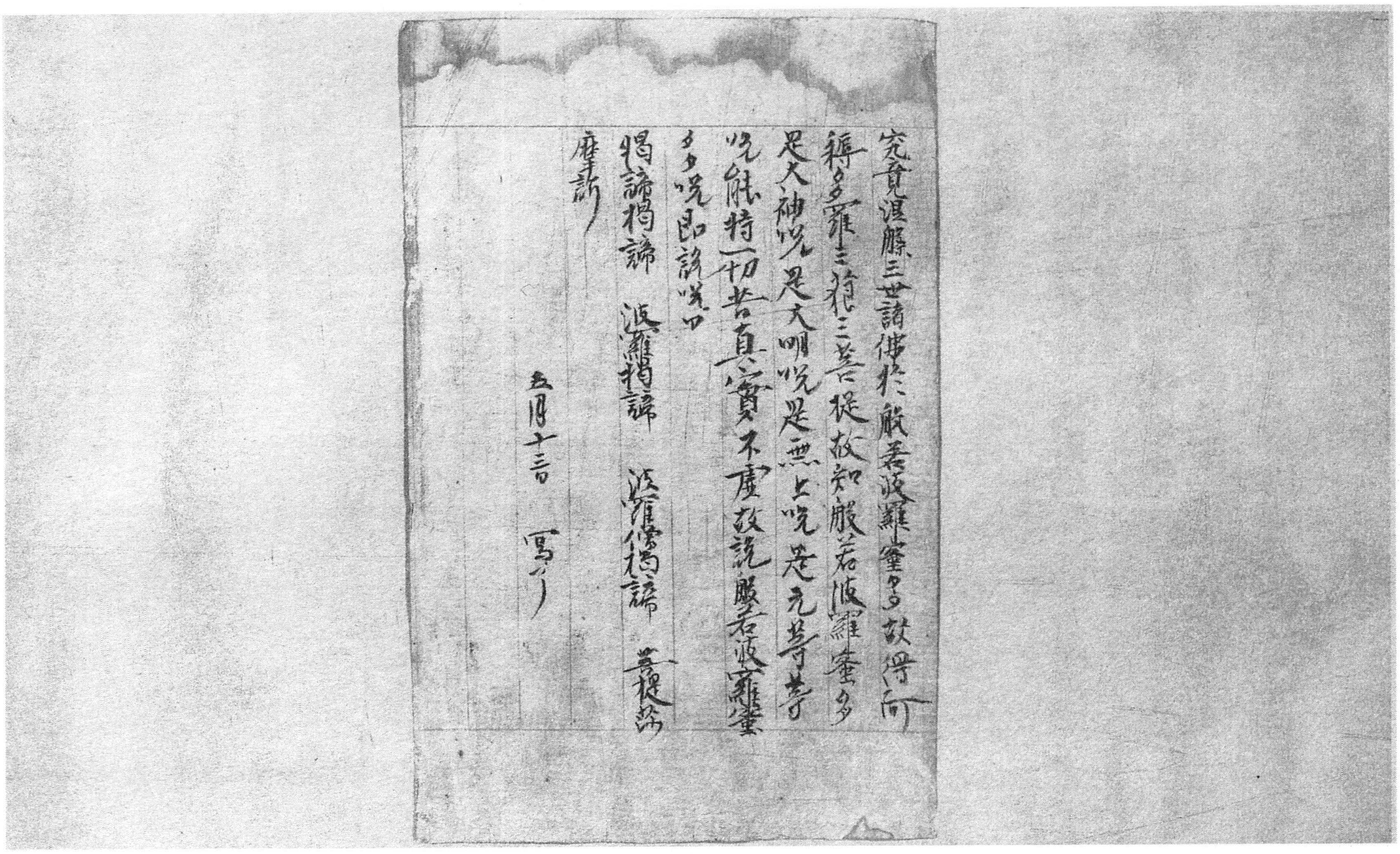

究竟涅槃三世諸佛依般若波羅蜜多故得阿
耨多羅三藐三菩提故知般若波羅蜜多
是大神呪是大明呪是無上呪是无等等
呪能除一切苦真實不虛故說般若波羅蜜
多呪即說呪曰
揭諦揭諦 波羅揭諦 波羅僧揭諦 菩提薩
婆訶
五月十三日 寫了

BD09106 號　般若波羅蜜多心經　　（1–1）

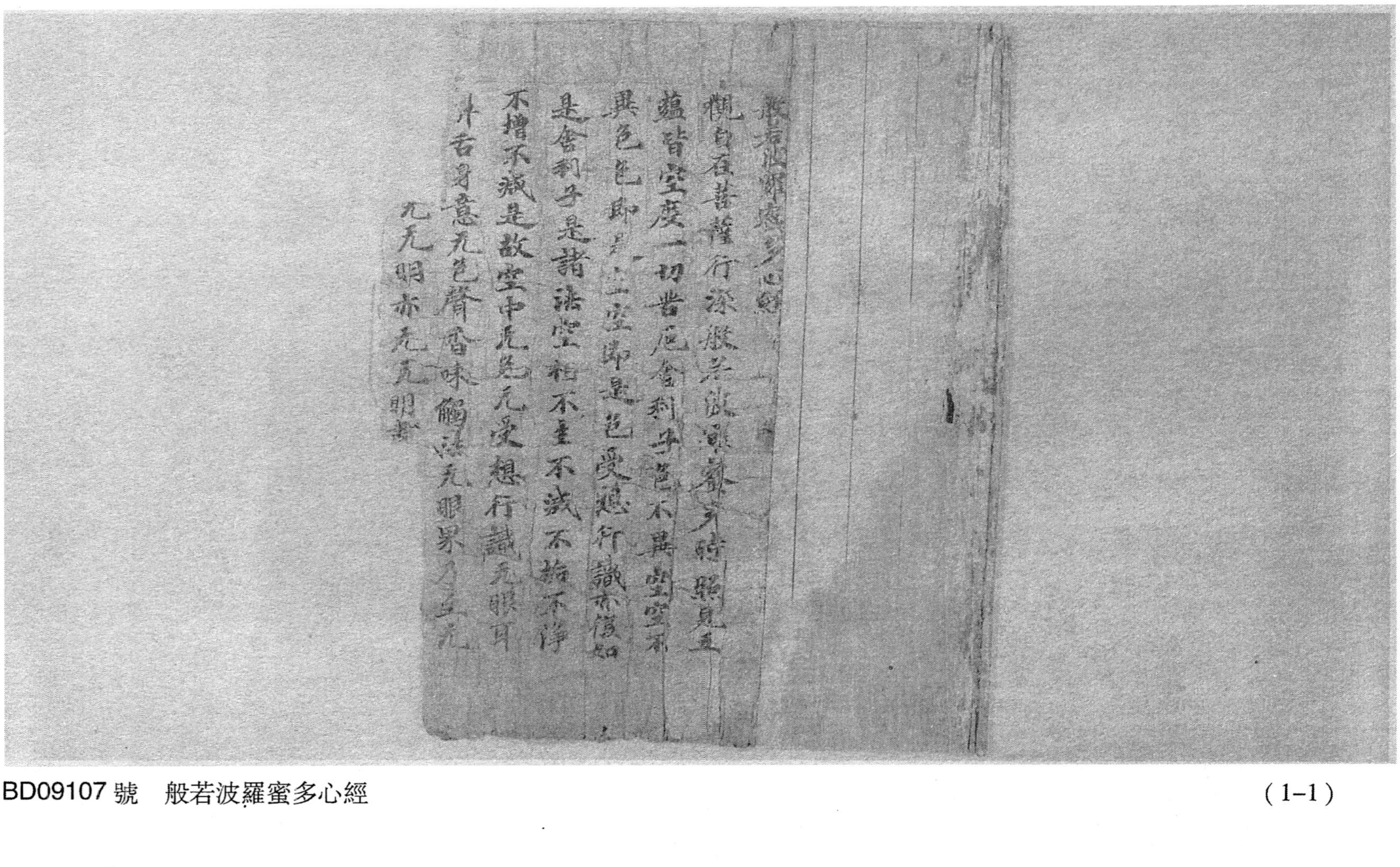

般若波羅蜜多心經
觀自在菩薩行深般若波羅蜜多時照見五
蘊皆空度一切苦厄舍利子色不異空空不
異色色即是空空即是色受想行識亦復如
是舍利子是諸法空相不生不滅不垢不淨
不增不減是故空中无色无受想行識无眼耳
鼻舌身意无色聲香味觸法无眼界乃至无
无无明亦无无明盡

BD09107 號　般若波羅蜜多心經　　（1–1）

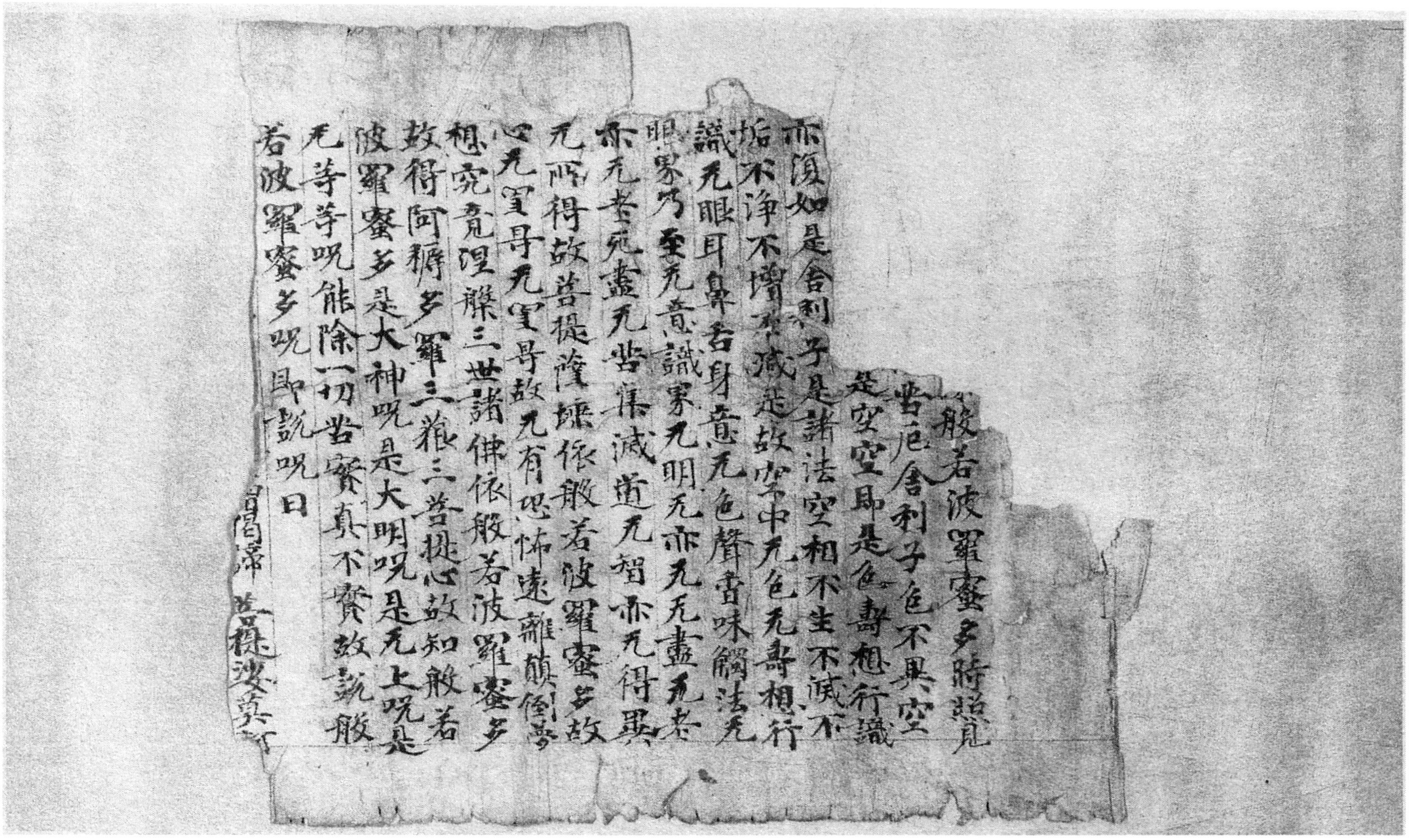
□般若波羅蜜多時照見
苦厄舍利子色不異空
是空空即是色受想行識
亦復如是舍利子是諸法空相不生不滅不
垢不淨不增不減是故空中无色无受想行
識无眼耳鼻舌身意无色聲香味觸法无
眼界乃至无意識界无明亦无无明盡无老
亦无老死盡无苦集滅道无智亦无得以
无所得故菩提薩埵依般若波羅蜜多故
心无罣礙无罣礙故无有恐怖遠離顛倒夢
想究竟涅槃三世諸佛依般若波羅蜜多
故得阿耨多羅三藐三菩提故知般若
波羅蜜多是大神呪是大明呪是无上呪是
无等等呪能除一切苦真實不虛故說般
若波羅蜜多呪即說呪曰
□揭諦　菩提娑婆訶

BD09108 號　般若波羅蜜多心經　（1–1）

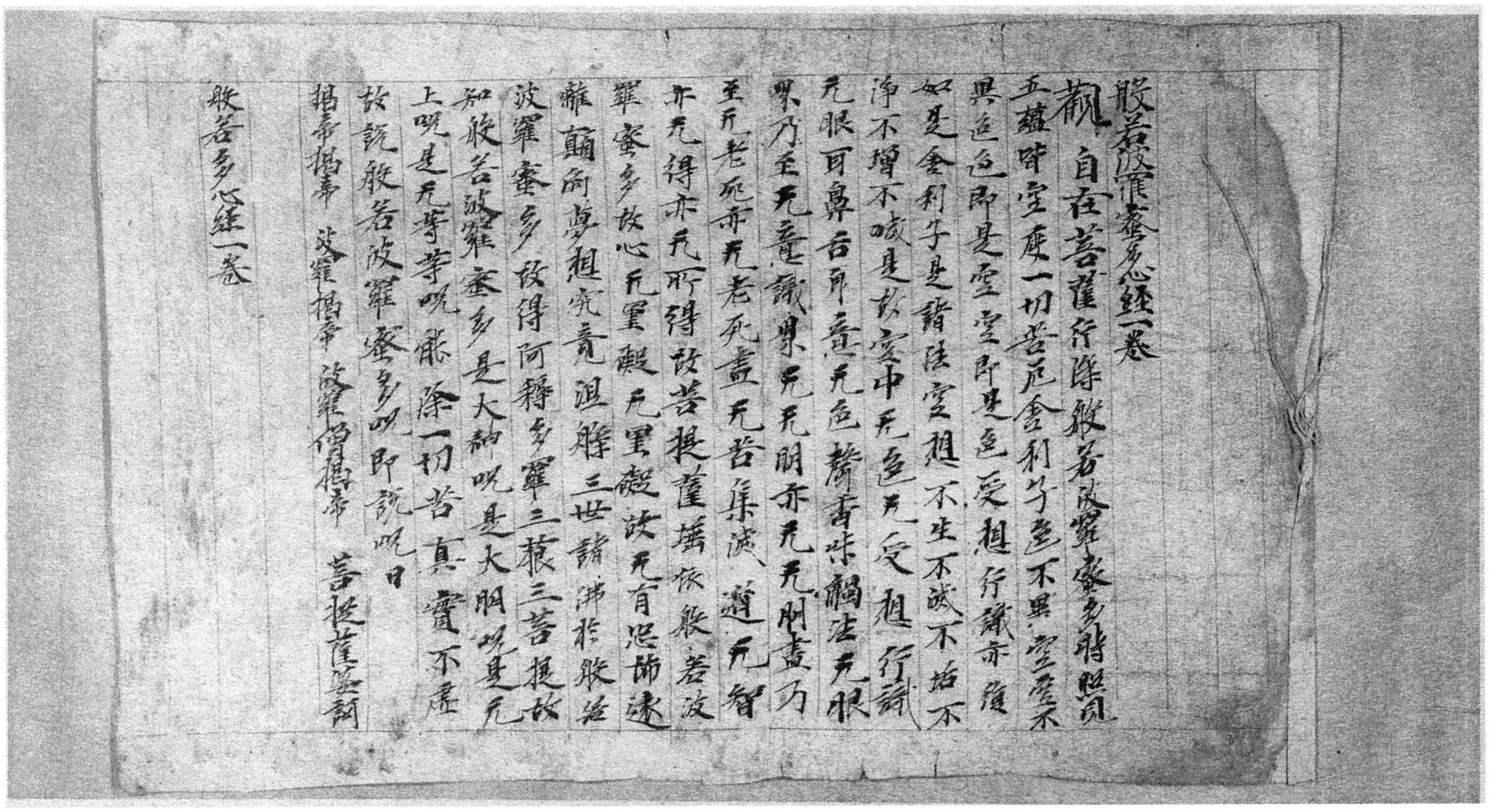
般若波羅蜜多心經一卷
觀自在菩薩行深般若波羅蜜多時照見
五蘊皆空度一切苦厄舍利子色不異空空不
異色色即是空空即是色受想行識亦復
如是舍利子是諸法空相不生不滅不垢不
淨不增不減是故空中无色无受想行識
无眼耳鼻舌身意无色聲香味觸法无眼
界乃至无意識界无无明亦无无明盡乃
至无老死亦无老死盡无苦集滅道无智
亦无得亦无所得故菩提薩埵依般若波
羅蜜多故心无罣礙无罣礙故无有恐怖遠
離顛倒夢想究竟涅槃三世諸佛依般若
波羅蜜多故得阿耨多羅三藐三菩提故
知般若波羅蜜多是大神呪是大明呪是无
上呪是无等等呪能除一切苦真實不虛
故說般若波羅蜜多呪即說呪曰
揭帝揭帝　波羅揭帝　波羅僧揭帝　菩提薩婆訶
般若多心經一卷

BD09109 號　般若波羅蜜多心經　（1–1）

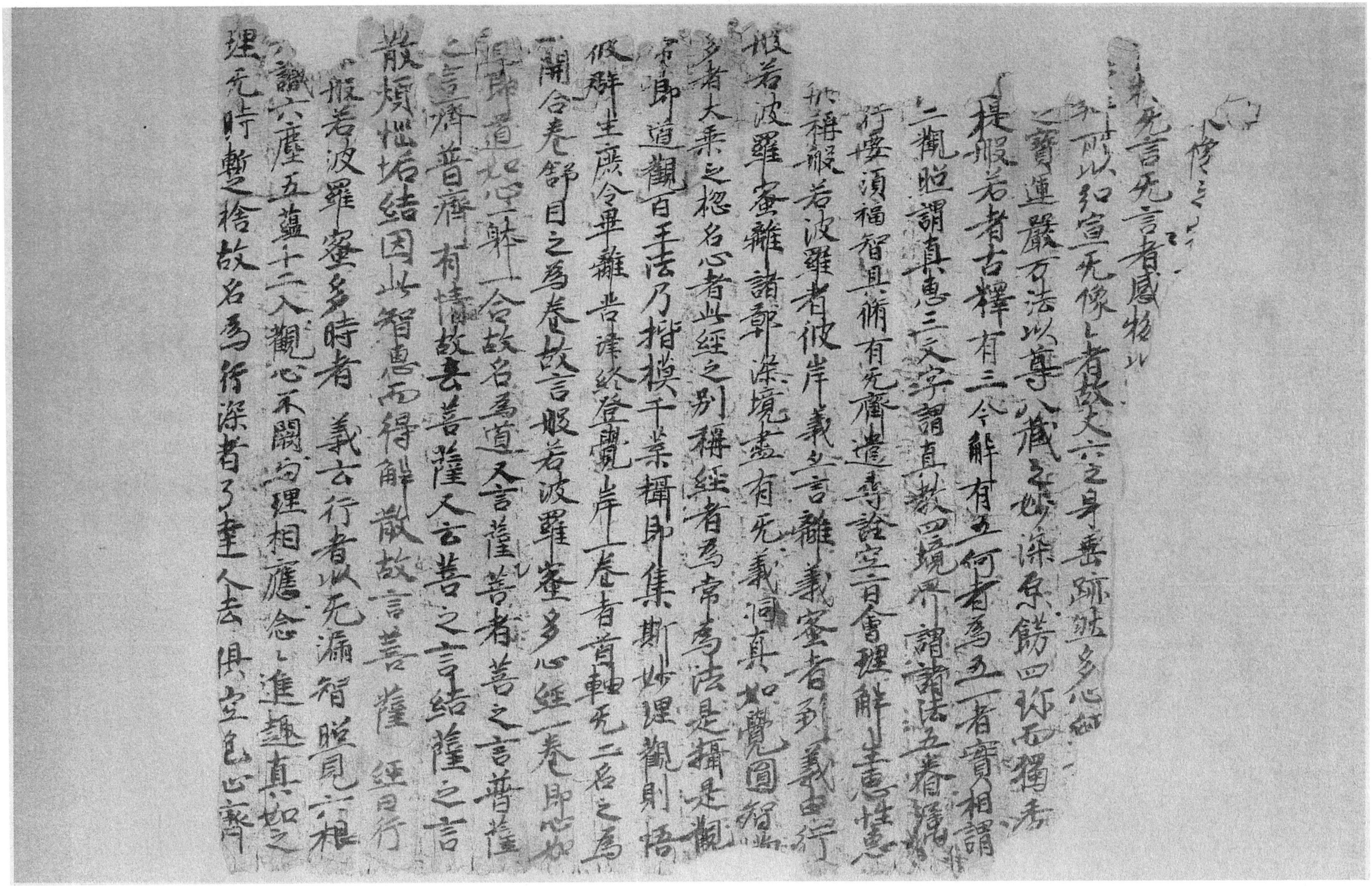

BD09110號　般若波羅蜜多心經疏鈔（智詵疏　擬）　　（1–1）

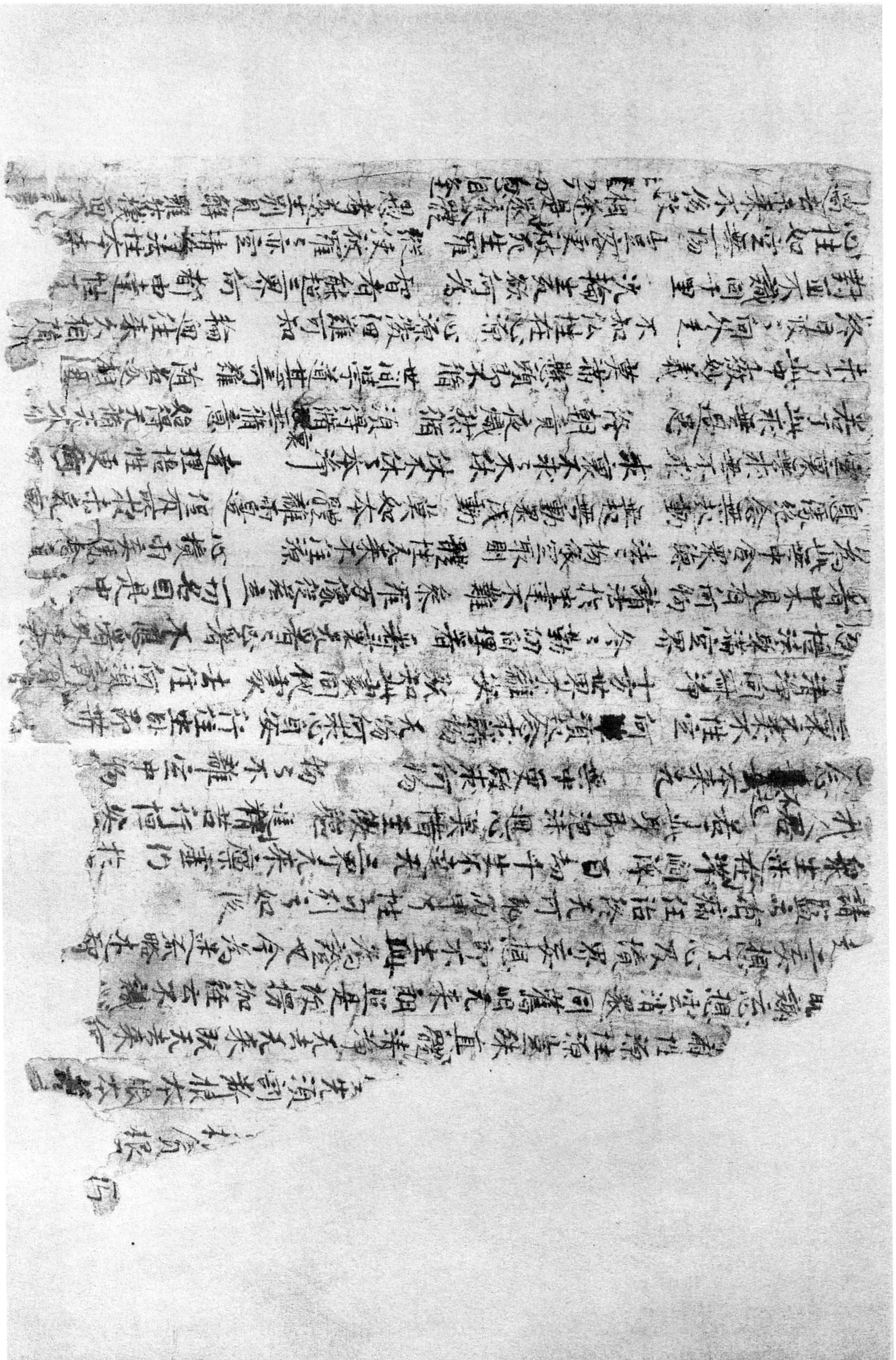

BD09110號背　丁性句並序

（1–1）

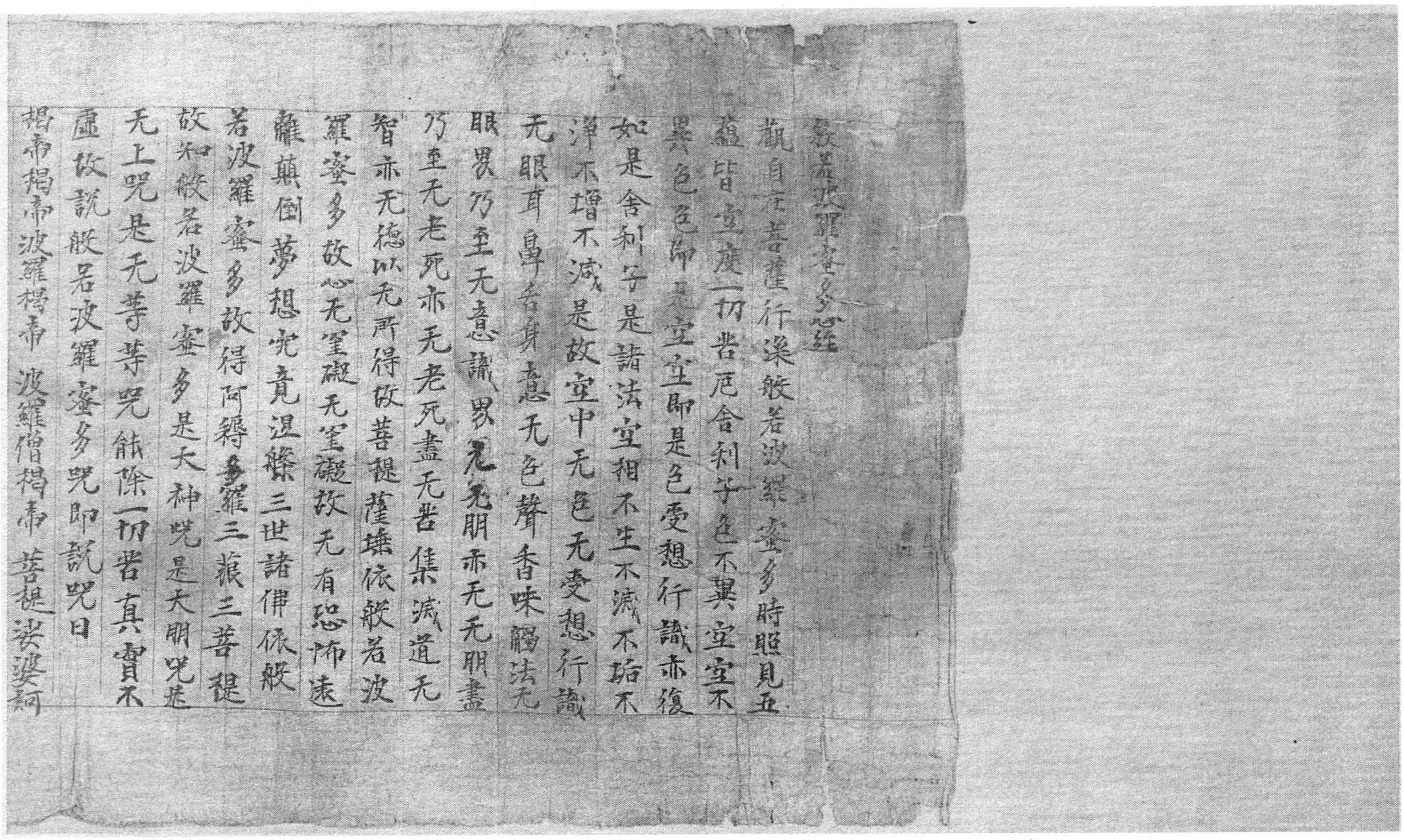

BD09111 號　般若波羅蜜多心經　　（2–1）

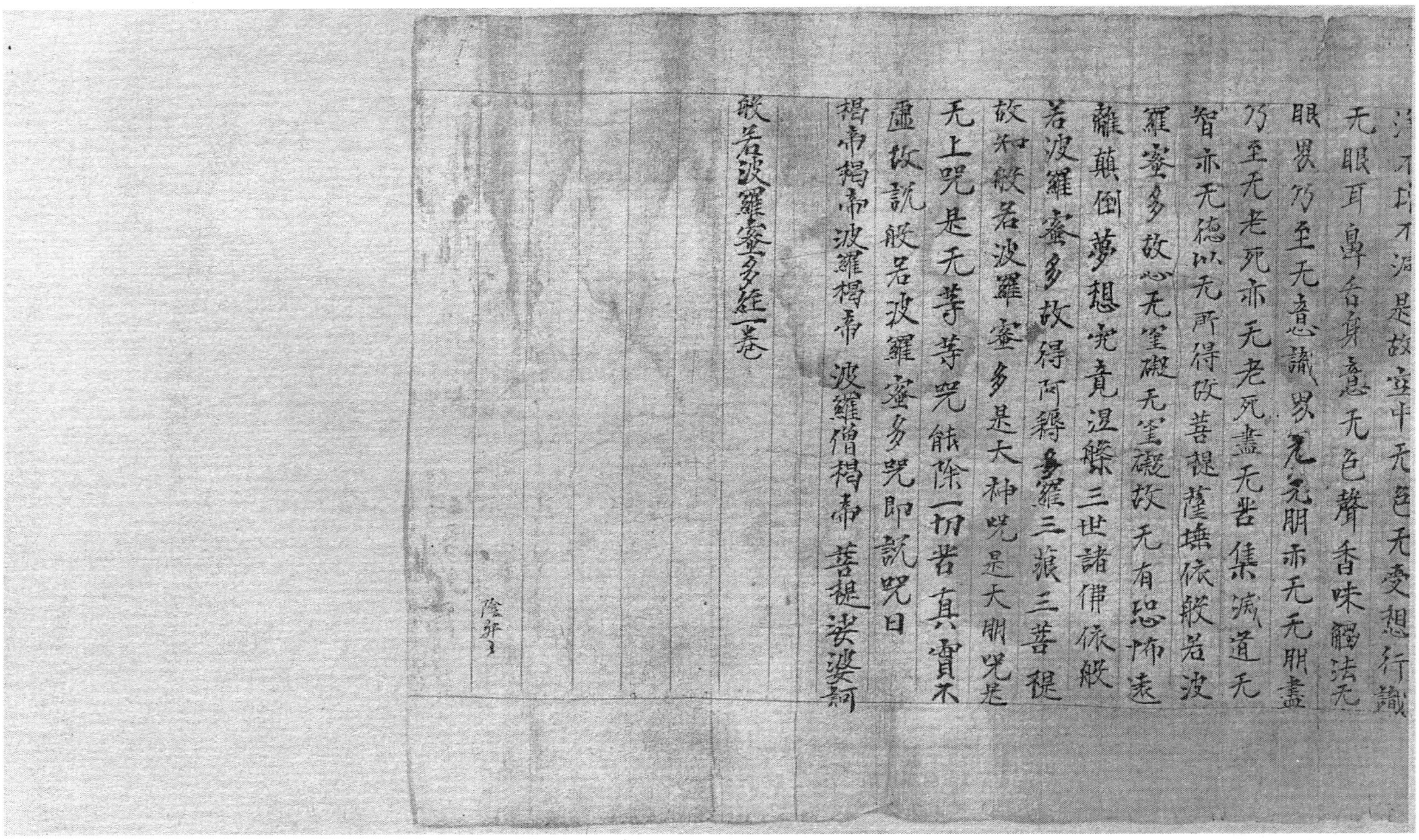

BD09111 號　般若波羅蜜多心經　　（2–2）

BD09111 號背　墨筆雜畫　　（1–1）

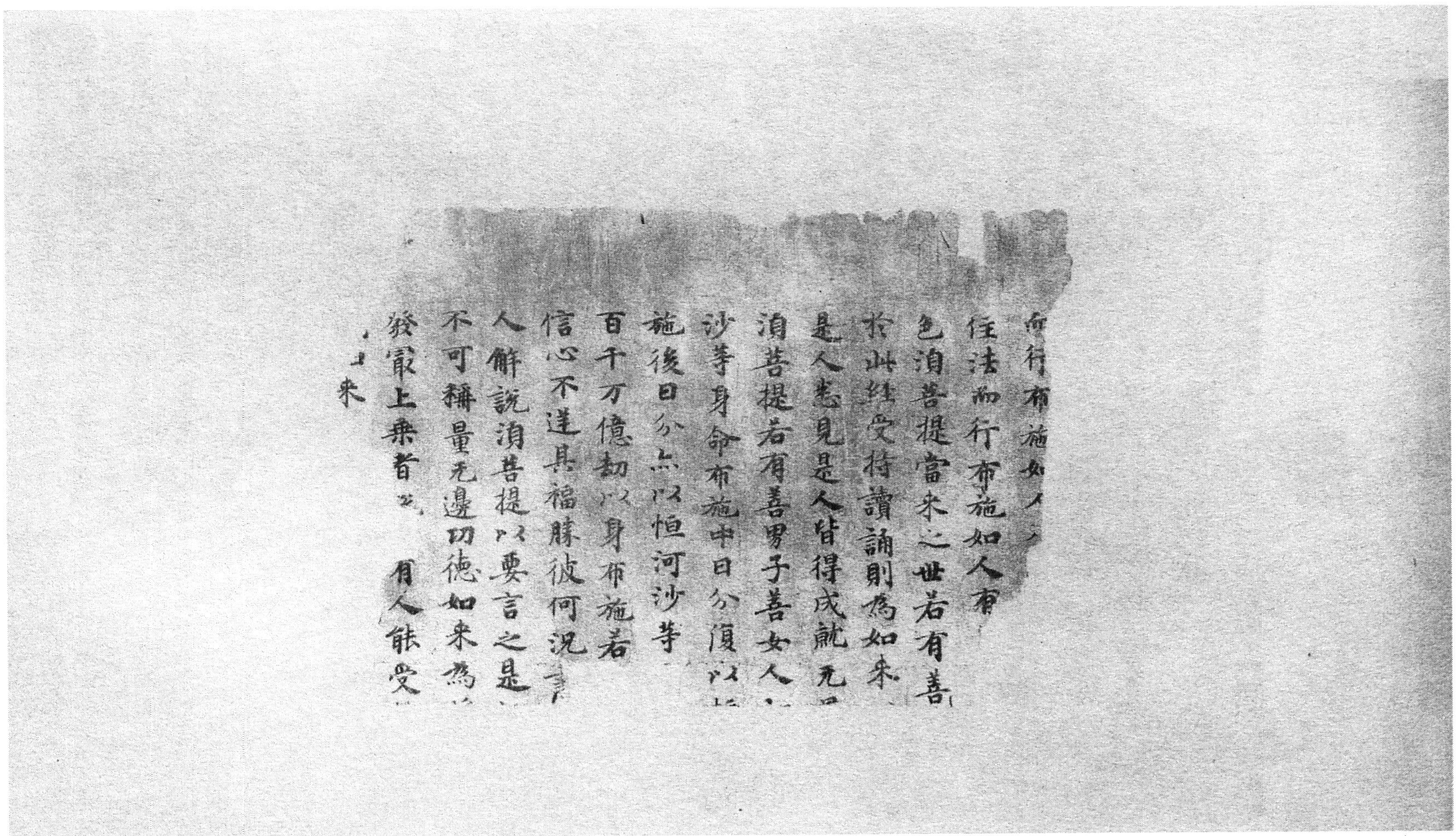

而行布施如人入
住法而行布施如人有
色須菩提當來之世若有善
於此經受持讀誦則為如來
是人悉見是人皆得成就无量
須菩提若有善男子善女人
沙等身命布施中日分復以
施後日分亦以恒河沙等
百千万億劫以身布施若
信心不逆其福勝彼何況
人解說須菩提以要言之是
不可稱量无邊功德如來為
發最上乘者說　有人能受
如來

BD09112 號　金剛般若波羅蜜經　　（1–1）

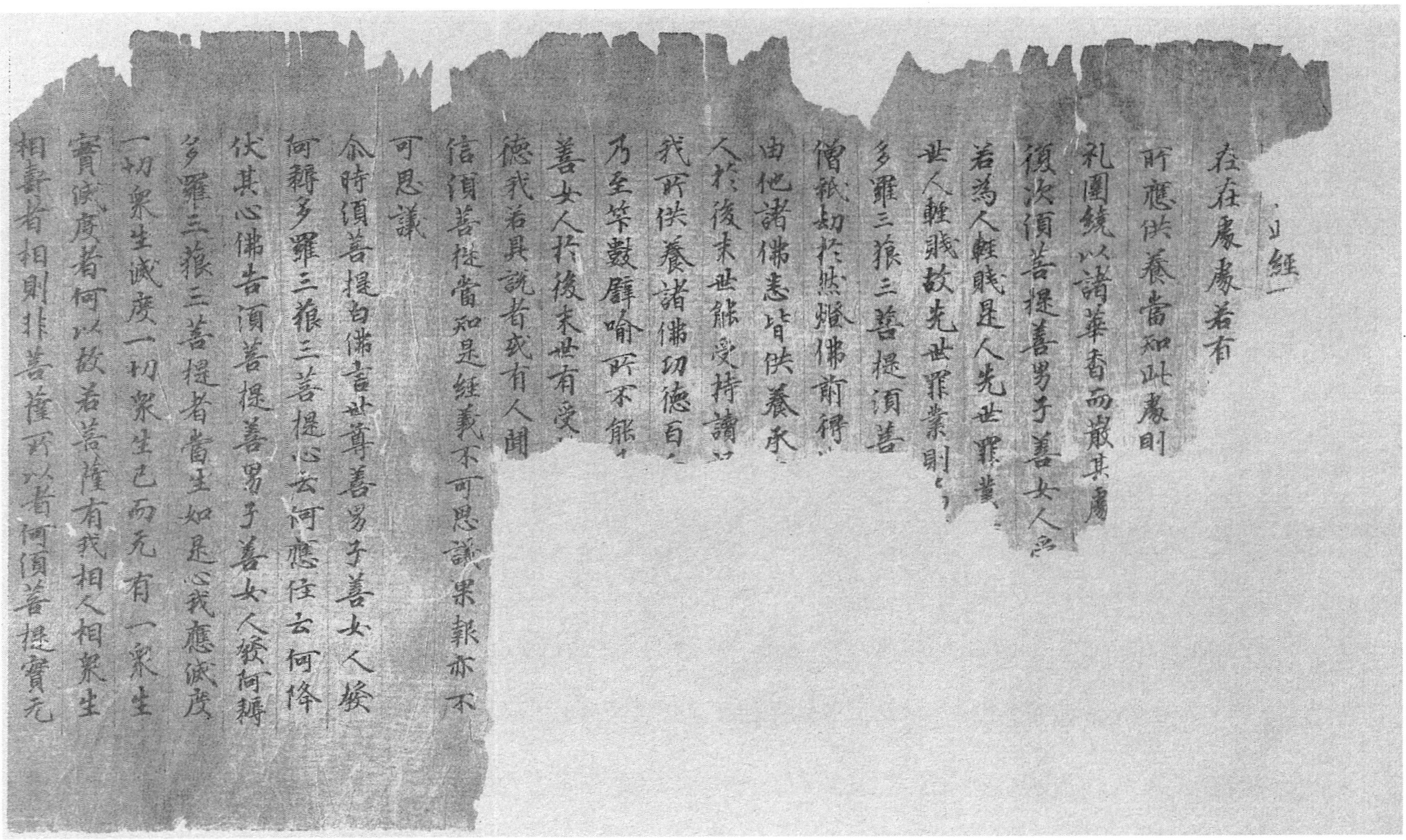
在在處處若有
所應供養當知此處則
礼圍繞以諸華香而散其處
復次須菩提善男子善女人受
若為人輕賤是人先世罪業
世人輕賤故先世罪業則
多羅三藐三菩提須菩
僧祇劫於然燈佛前得
由他諸佛悉皆供養承
人於後末世能受持讀
我所供養諸佛功德百
乃至筭數譬喻所不能
善女人於後末世有受
德我若具說者或有人聞
信須菩提當知是經義不可思議果報亦不
可思議
尒時須菩提白佛言世尊善男子善女人發
阿耨多羅三藐三菩提心云何應住云何降
伏其心佛告須菩提善男子善女人發阿耨
多羅三藐三菩提者當生如是心我應滅度
一切衆生滅度一切衆生已而无有一衆生
實滅度者何以故若菩薩有我相人相衆生
相壽者相則非菩薩所以者何須菩提實无

BD09113 號　金剛般若波羅蜜經　（2–1）

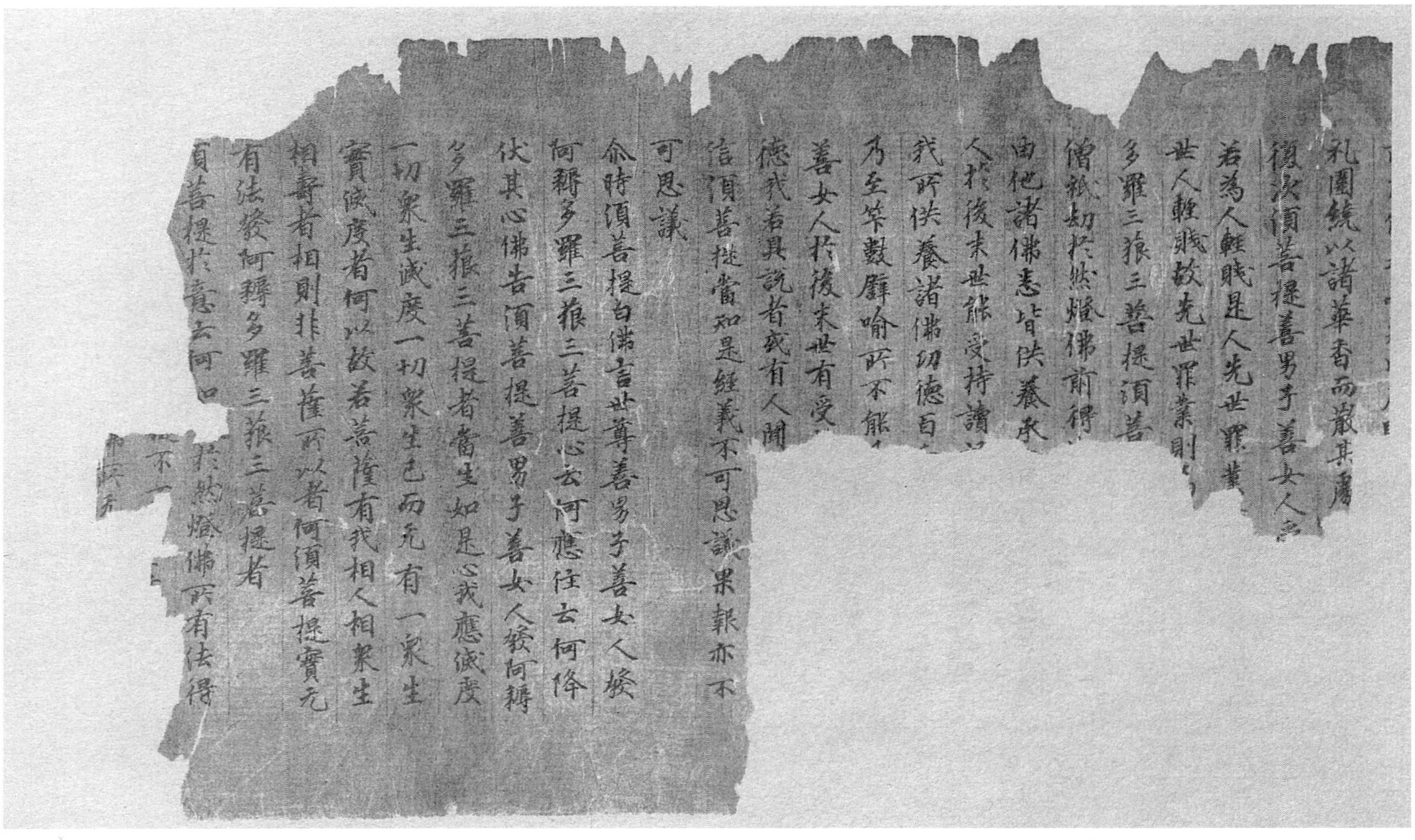
礼圍繞以諸華香而散其處
復次須菩提善男子善女人受
若為人輕賤是人先世罪業
世人輕賤故先世罪業則
多羅三藐三菩提須菩
僧祇劫於然燈佛前得
由他諸佛悉皆供養承
人於後末世能受持讀
我所供養諸佛功德百
乃至筭數譬喻所不能
善女人於後末世有受
德我若具說者或有人聞
信須菩提當知是經義不可思議果報亦不
可思議
尒時須菩提白佛言世尊善男子善女人發
阿耨多羅三藐三菩提心云何應住云何降
伏其心佛告須菩提善男子善女人發阿耨
多羅三藐三菩提者當生如是心我應滅度
一切衆生滅度一切衆生已而无有一衆生
實滅度者何以故若菩薩有我相人相衆生
相壽者相則非菩薩所以者何須菩提實无
有法發阿耨多羅三藐三菩提者
須菩提於意云何[illegible]於然燈佛所有法得
[illegible]不[illegible]

BD09113 號　金剛般若波羅蜜經　（2–2）

不不不也
如來說卅
菩提若有善男子
布施若復有人於
偈為他人說其福
…經深解義趣涕淚悲泣
而白佛言希有世尊佛說如是甚深經典我
從昔來所得慧眼未曾得聞如是之經世尊
若復有人得聞是經信心清淨則生實相當
知是人成就第一希有功德世尊是實相者
則是非相是故如來說名實相世尊我今得
聞如是經典信解受持不足為難若當來
世後五百歲其有眾生得聞是經信解受
持是人則為第一希有何以故此人无我相
人相眾生相壽者相所以者何我相即是非
相人相眾生相壽者相即是非相何以故離
一切諸相則名諸佛

BD09114 號　金剛般若波羅蜜經　（1-1）

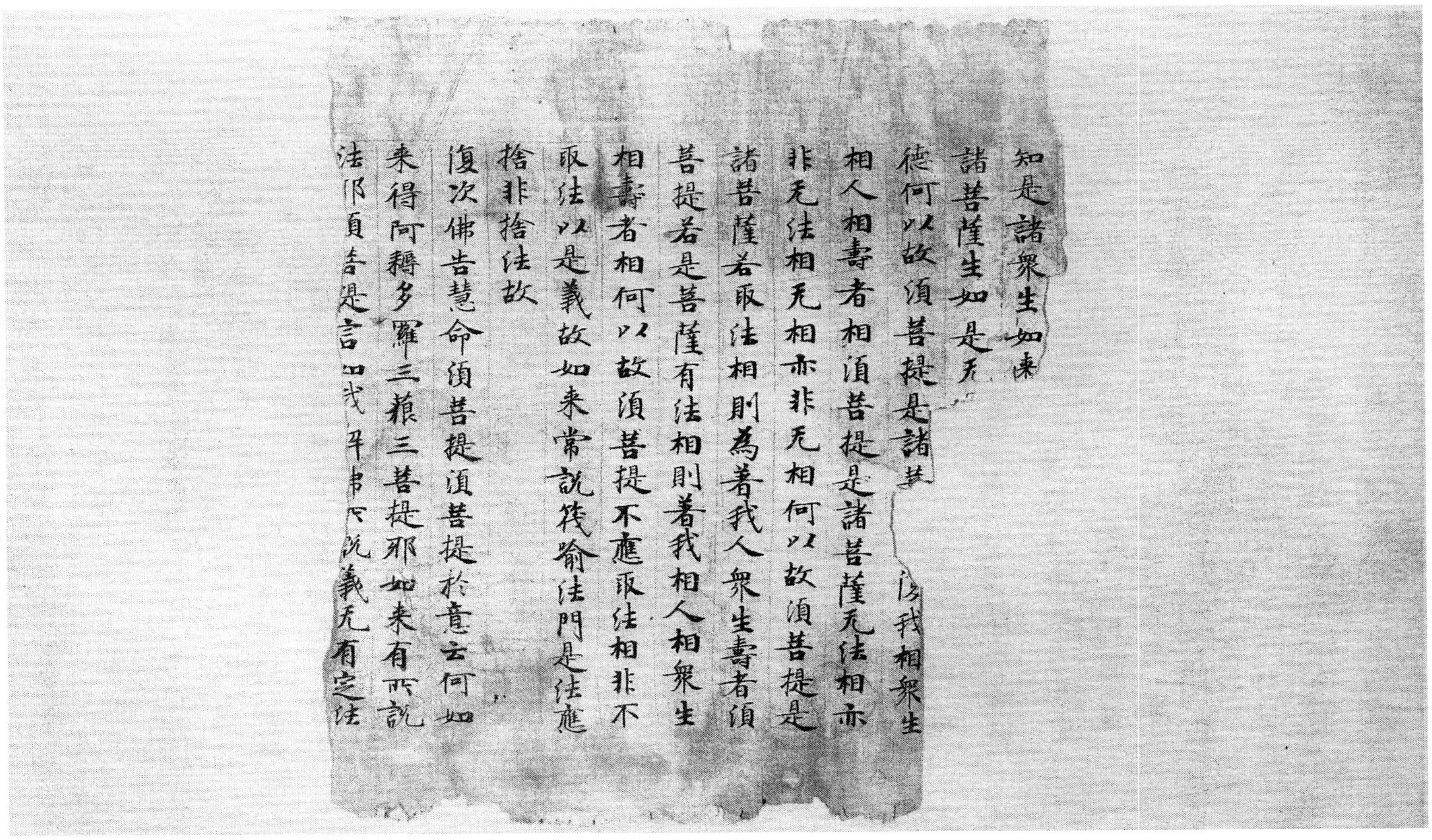

知是諸眾生如來
諸菩薩生如是无
德何以故須菩提是諸菩
復我相眾生
相人相壽者相須菩提是諸菩薩无法相亦
非无法相无相亦非无相何以故須菩提是
諸菩薩若取法相則為著我人眾生壽者須
菩提若是菩薩有法相則著我相人相眾生
相壽者相何以故須菩提不應取法相非不
取法以是義故如來常說筏喻法門是法應
捨非捨法故
復次佛告慧命須菩提須菩提於意云何如
來得阿耨多羅三藐三菩提耶如來有所說
法耶須菩提言如我解佛所說義无有定法

BD09115 號　金剛般若波羅蜜經（菩提留支本）　（1-1）

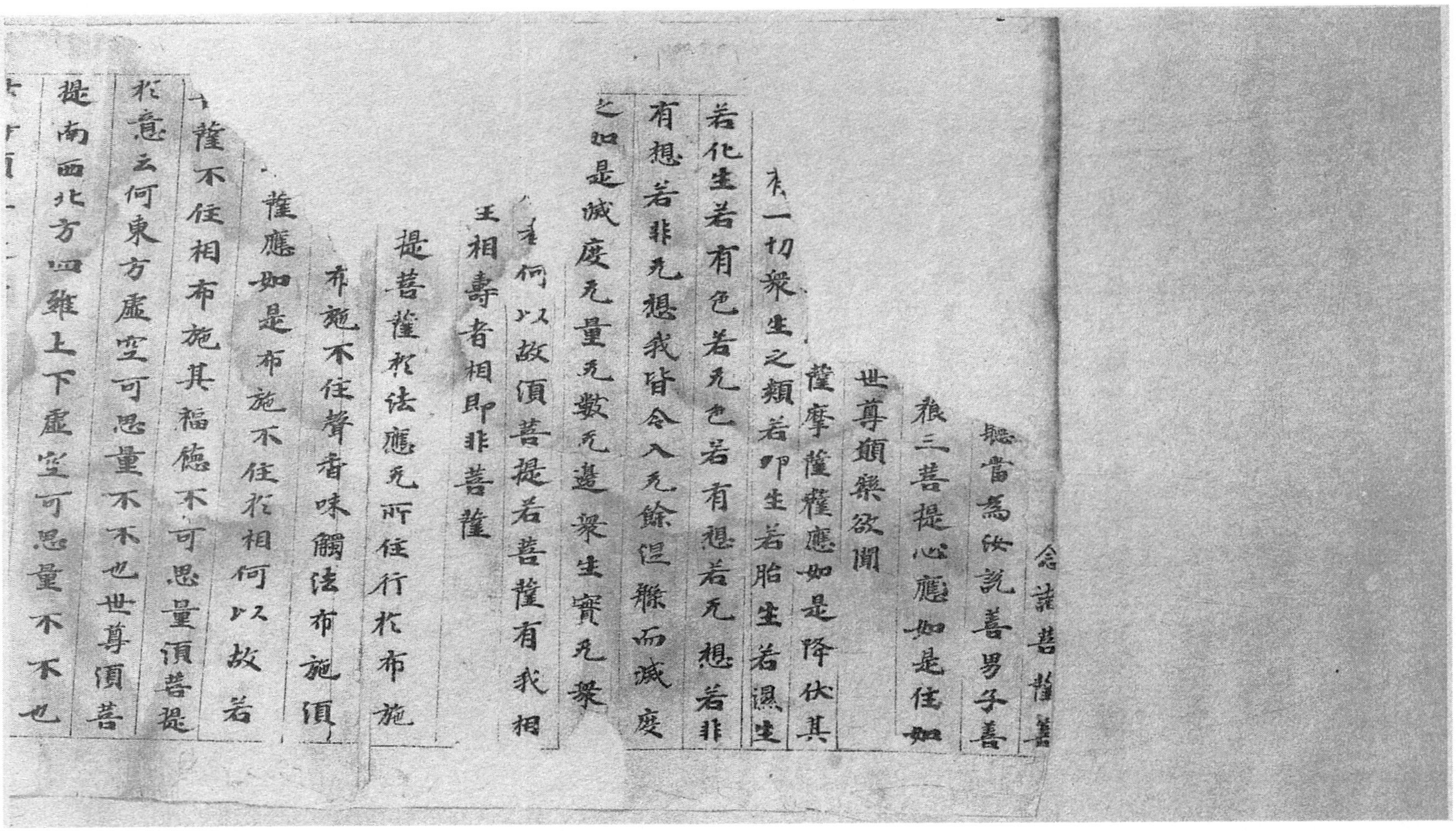
念諸菩薩善
聽當為汝說善男子善
藐三菩提心應如是住如
世尊願樂欲聞
薩摩訶薩應如是降伏其
有一切衆生之類若卵生若胎生若濕生
若化生若有色若无色若有想若无想若非
有想若非无想我皆令入无餘涅槃而滅度
之如是滅度无量无數无邊衆生實无衆
何以故須菩提若菩薩有我相
人相壽者相即非菩薩
提菩薩於法應无所住行於布施
布施不住聲香味觸法布施須
薩應如是布施不住於相何以故若
薩不住相布施其福德不可思量須菩提
於意云何東方虛空可思量不不也世尊須菩
提南西北方四維上下虛空可思量不不也

BD09116 號　金剛般若波羅蜜經　（3–1）

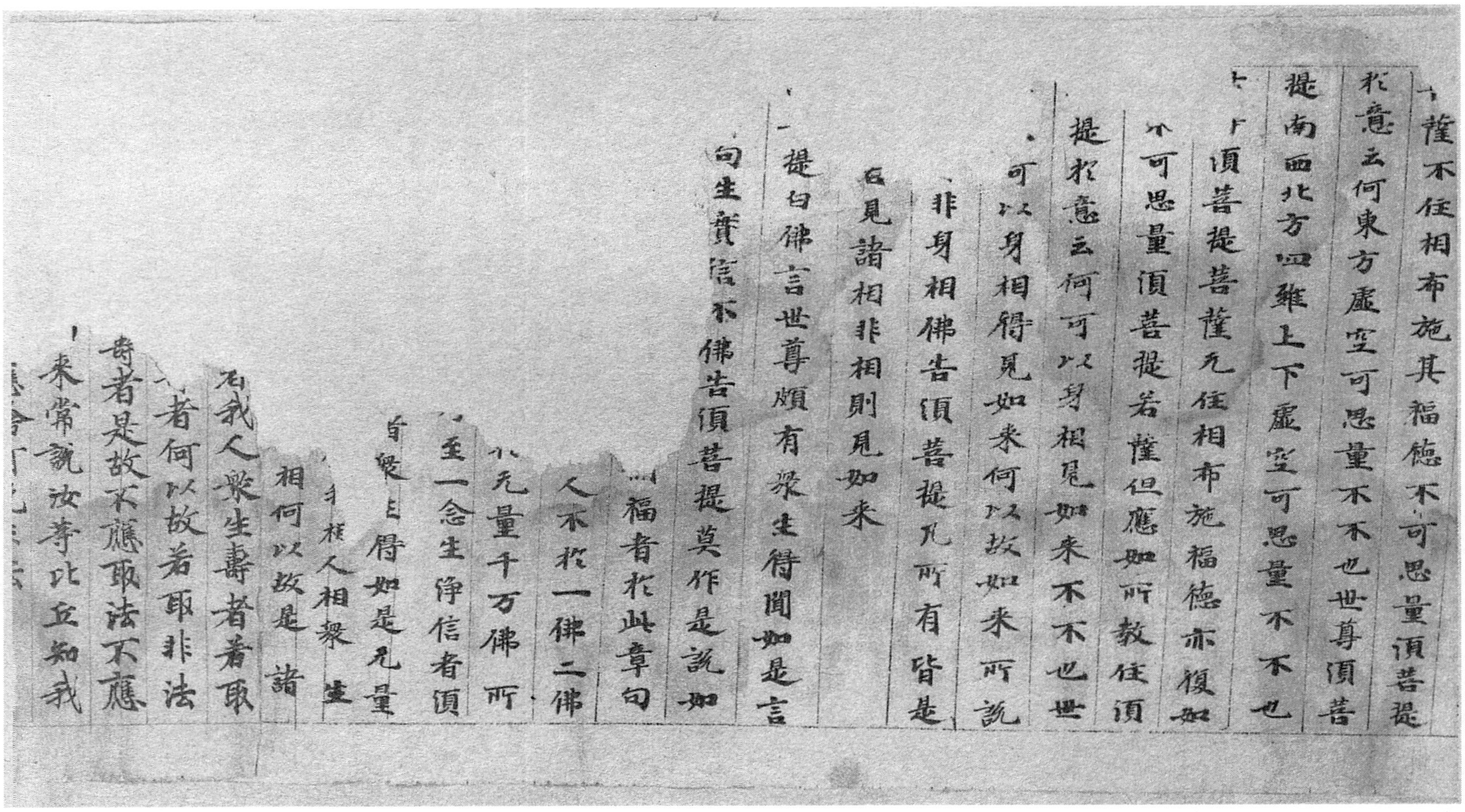
薩不住相布施其福德不可思量須菩提
於意云何東方虛空可思量不不也世尊須菩
提南西北方四維上下虛空可思量不不也
須菩提菩薩无住相布施福德亦復如
不可思量須菩提菩薩但應如所教住須
提於意云何可以身相見如來不不也世
可以身相得見如來何以故如來所說
非身相佛告須菩提凡所有皆是
見諸相非相則見如來
提白佛言世尊頗有衆生得聞如是言
句生實信不佛告須菩提莫作是說如
福者於此章句
人不於一佛二佛
於无量千万佛所
乃至一念生淨信者須
衆生得如是无量
我相人相衆生
相何以故是諸
我人衆生壽者若取
者何以故若取非法
壽者是故不應取法不應
來常說汝等比丘知我

BD09116 號　金剛般若波羅蜜經　（3–2）

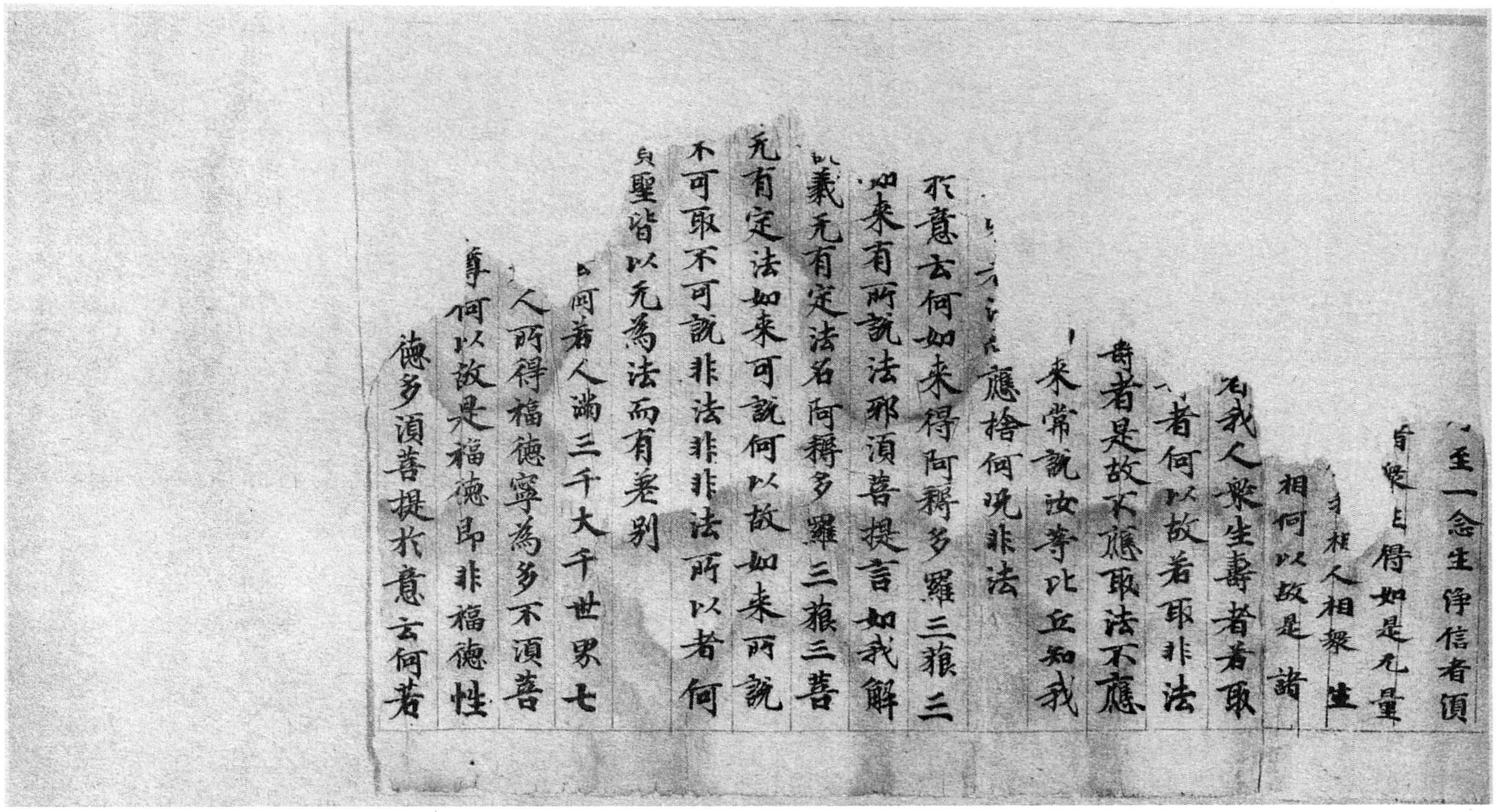

至一念生淨信者須
見是□得如是无量
相人相衆生
相何以故是諸
无我人衆生壽者若取
者何以故若取非法
壽者是故不應取法不應
來常說汝等比丘知我
應捨何況非法
於意云何如來得阿耨多羅三藐三
如來有所說法耶須菩提言如我解
義无有定法名阿耨多羅三藐三菩
无有定法如來可說何以故如來所說
不可取不可說非法非非法所以者何
賢聖皆以无為法而有差別
何若人滿三千大千世界七
人所得福德寧為多不須菩
尊何以故是福德即非福德性
德多須菩提於意云何若

BD09116號　金剛般若波羅蜜經　（3–3）

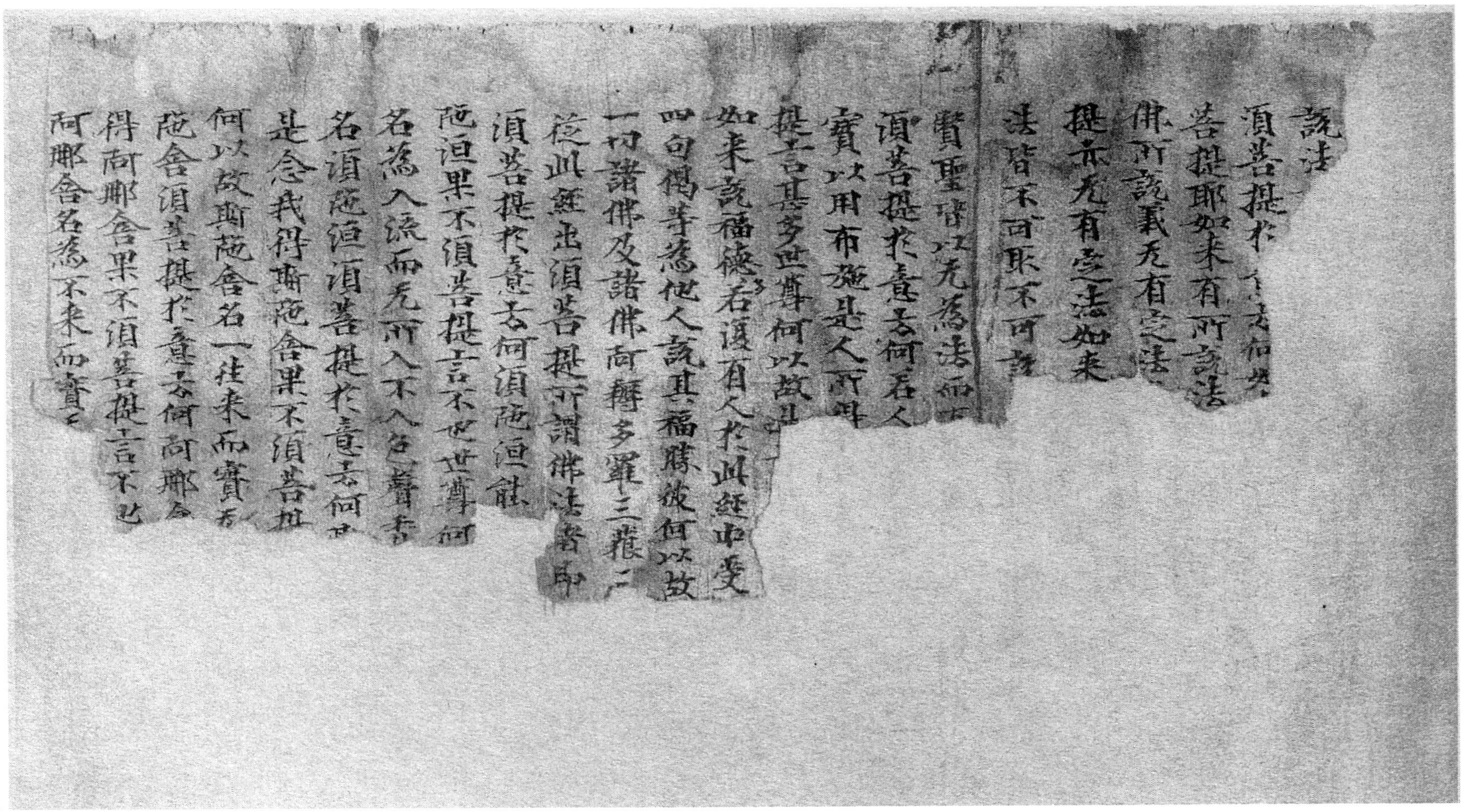

說法
須菩提於意云何如來
菩提耶如來有所說法
佛所說義无有定法
提亦无有定法如來
法皆不可取不可說
賢聖皆以无為法而有
須菩提於意云何若人
寶以用布施是人所得
提言甚多世尊何以故是
如來說福德多若復有人於此經中受
四句偈等為他人說其福勝彼何以故
一切諸佛及諸佛阿耨多羅三藐三
從此經出須菩提所謂佛法者即
須菩提於意云何須陁洹能
陁洹果不須菩提言不也世尊何
名為入流而无所入不入色聲香
名須陁洹須菩提於意云何斯
是念我得斯陁含果不須菩提
何以故斯陁含名一往來而實无
陁含須菩提於意云何阿那含
得阿那含果不須菩提言不也
阿那含名為不來而實无

BD09117號　金剛般若波羅蜜經　（1–1）

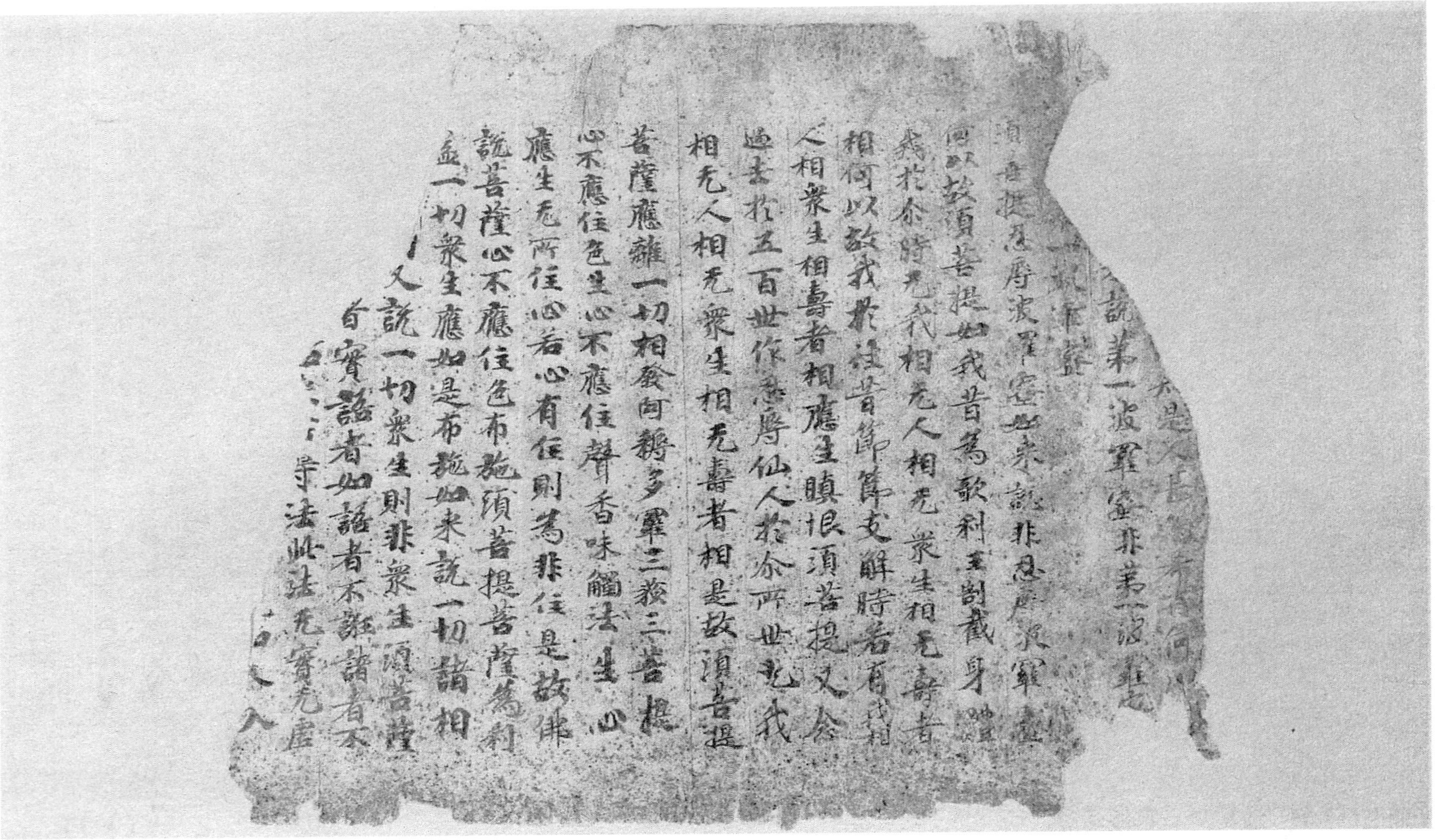

說第一波羅蜜非第一波羅蜜是
須菩提忍辱波羅蜜如來說非忍辱波羅蜜
何以故須菩提如我昔為歌利王割截身體
我於尒時无我相无人相无衆生相无壽者
相何以故我於往昔節節支解時若有我相
人相衆生相壽者相應生瞋恨須菩提又念
過去於五百世作忍辱仙人於尒所世无我
相无人相无衆生相无壽者相是故須菩提
菩薩應離一切相發阿耨多羅三藐三菩提
心不應住色生心不應住聲香味觸法生心
應生无所住心若心有住則為非住是故佛
說菩薩心不應住色布施須菩提菩薩為利
益一切衆生應如是布施如來說一切諸相
又說一切衆生則非衆生須菩提
實語者如語者不誑語者不
法此法无實无虛

BD09118 號　金剛般若波羅蜜經　（1–1）

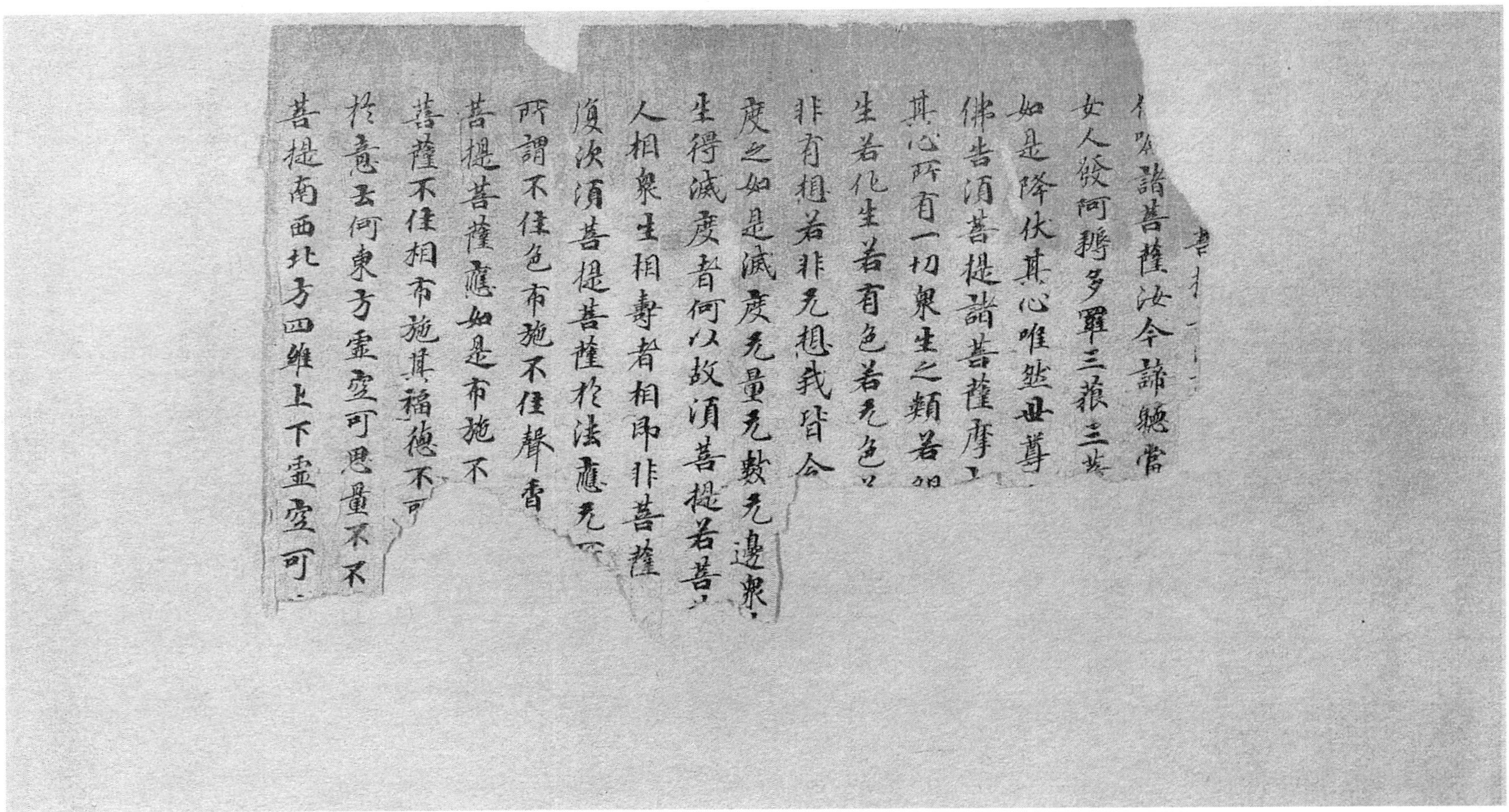

付囑諸菩薩汝今諦聽當
女人發阿耨多羅三藐三菩
如是降伏其心唯然世尊
佛告須菩提諸菩薩摩訶
其心所有一切衆生之類若卵
生若化生若有色若无色若
非有想若非无想我皆令
度之如是滅度无量无數无邊衆
生得滅度者何以故須菩提若菩
人相衆生相壽者相即非菩薩
復次須菩提菩薩於法應无所
所謂不住色布施不住聲香
菩提菩薩應如是布施不
菩薩不住相布施其福德不可
於意云何東方虛空可思量不不
菩提南西北方四維上下虛空可

BD09119 號　金剛般若波羅蜜經　（1–1）

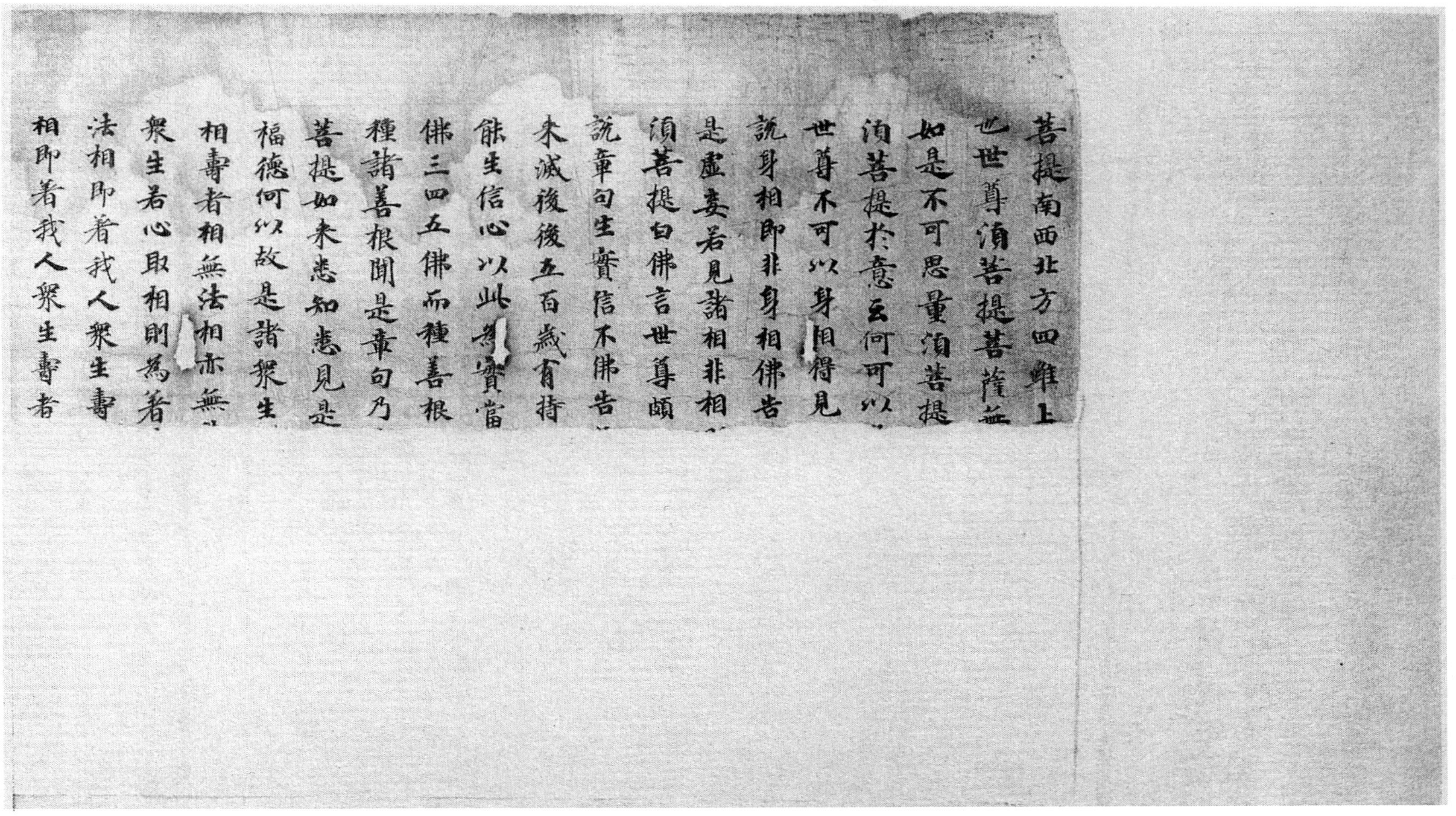
菩提南西北方四維上
也世尊須菩提菩薩無
如是不可思量須菩提
須菩提於意云何可以
世尊不可以身相得見
說身相即非身相佛告
是虛妄若見諸相非相
須菩提白佛言世尊頗
說章句生實信不佛告
來滅後後五百歲有持
能生信心以此為實當
佛三四五佛而種善根
種諸善根聞是章句乃
菩提如來悉知悉見是
福德何以故是諸眾生
相壽者相無法相亦無
眾生若心取相則為着
法相即着我人眾生壽
相即着我人眾生壽者

BD09120 號　金剛般若波羅蜜經　（3–1）

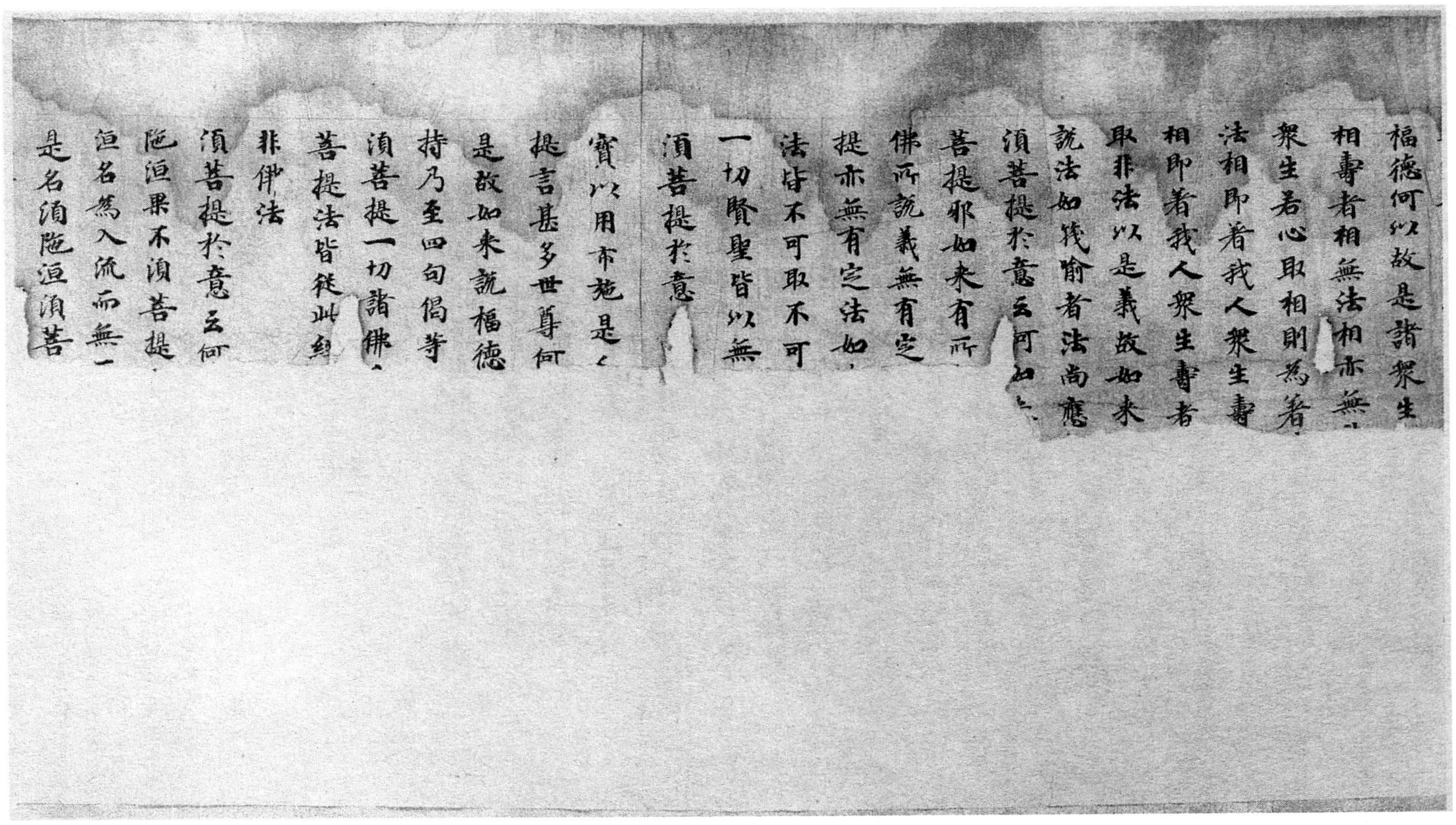
福德何以故是諸眾生
相壽者相無法相亦無
眾生若心取相則為着
法相即着我人眾生壽
相即着我人眾生壽者
取非法以是義故如來
說法如筏喻者法尚應
須菩提於意云何如
菩提耶如來有所
佛所說義無有定
提亦無有定法如
法皆不可取不可
一切賢聖皆以無
須菩提於意
寶以用布施是
提言甚多世尊何
是故如來說福德
持乃至四句偈等
須菩提一切諸佛
菩提法皆從此經
非佛法
須菩提於意云何
陁洹果不須菩提
洹名為入流而無
是名須陁洹須菩

BD09120 號　金剛般若波羅蜜經　（3–2）

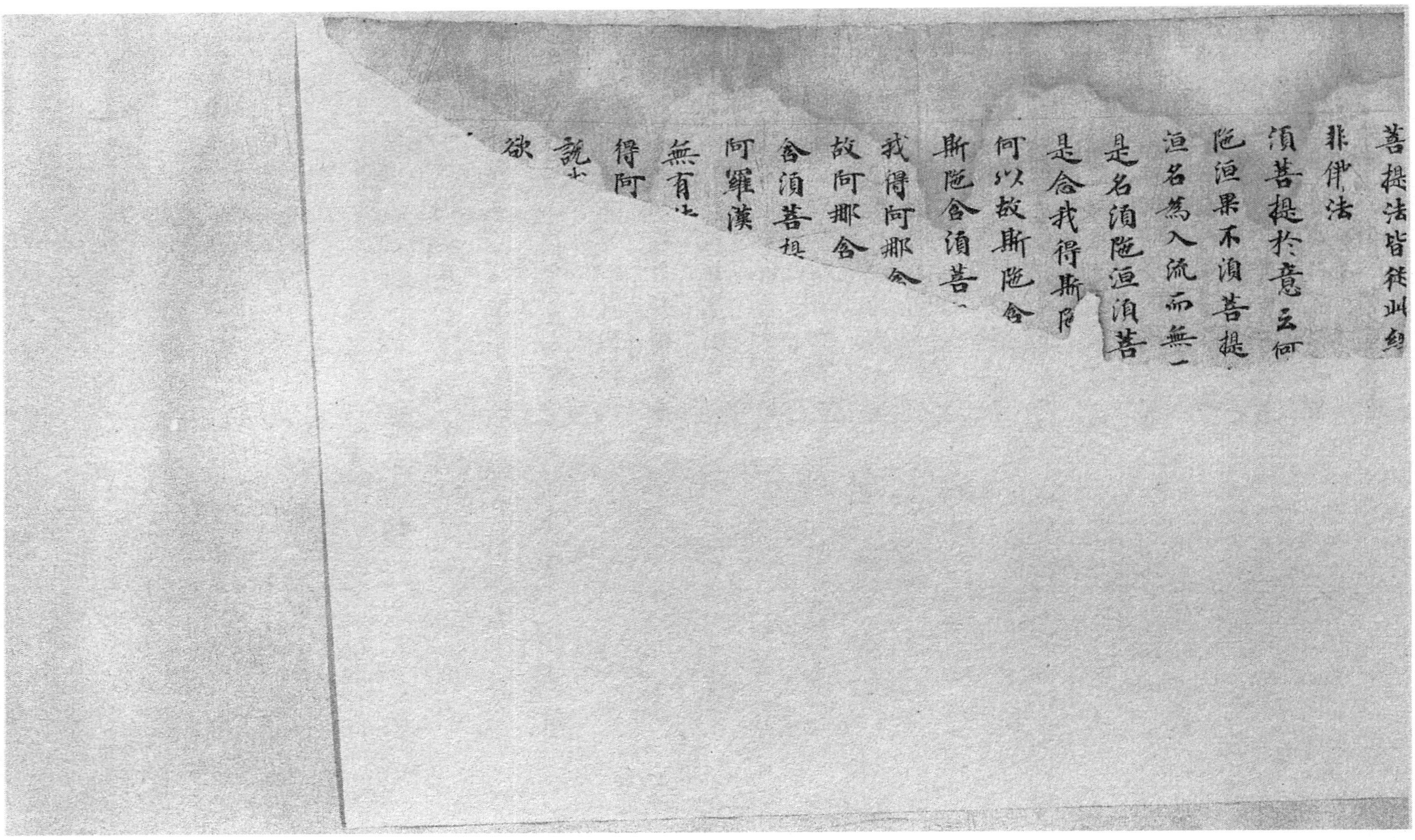

菩提法皆從此經
非佛法
須菩提於意云何
陁洹果不須菩提
洹名為入流而無一
是名須陁洹須菩
是念我得斯陁
何以故斯陁含
斯陁含須菩
我得阿那含
故阿那含
含須菩提
阿羅漢
無有法
得阿
說
欲

BD09120號　金剛般若波羅蜜經　（3–3）

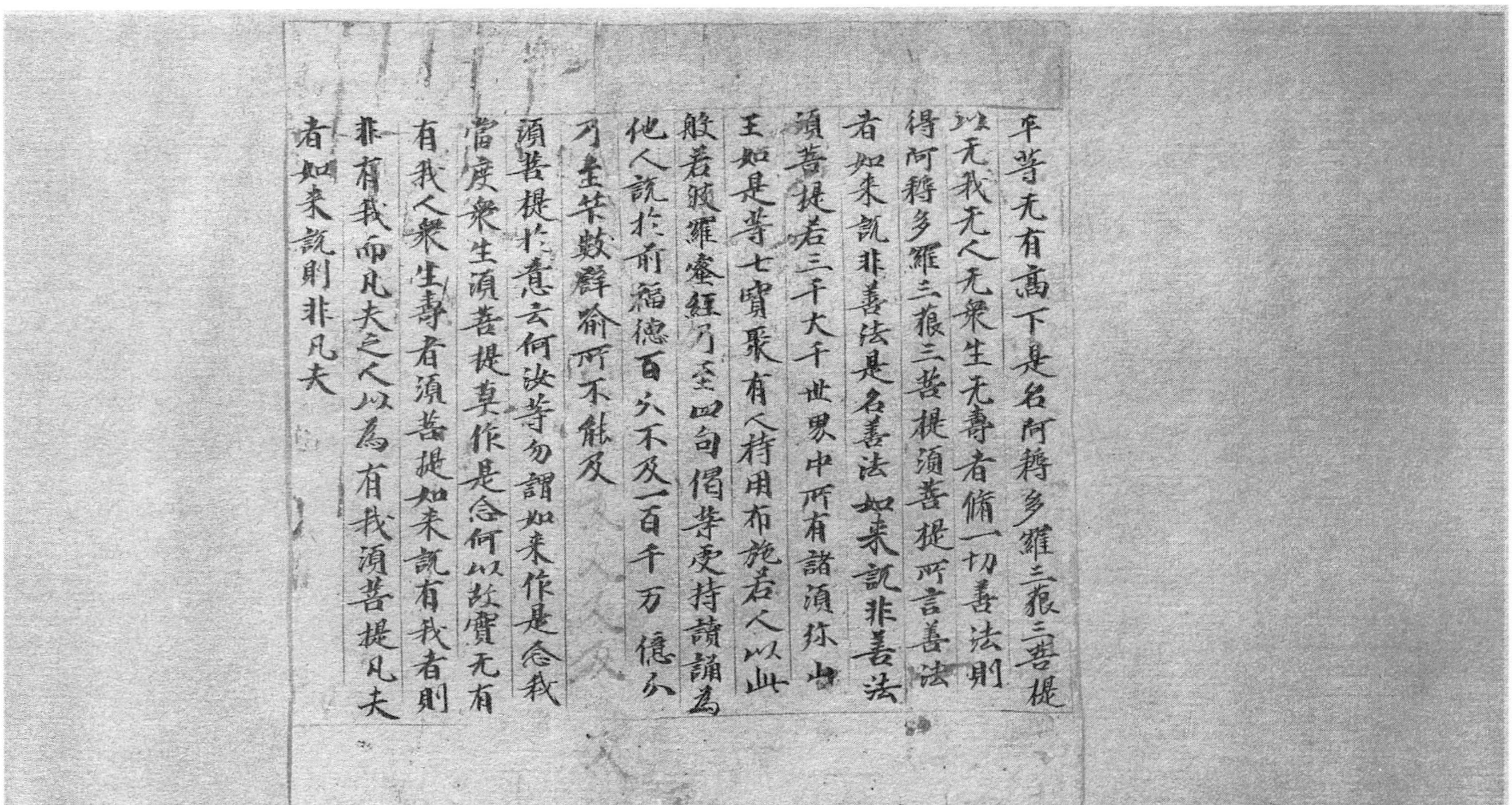

平等无有高下是名阿耨多羅三藐三菩提
以无我无人无衆生无壽者脩一切善法則
得阿耨多羅三藐三菩提須菩提所言善法
者如来說非善法是名善法如来說非善法
須菩提若三千大千世界中所有諸須弥山
王如是等七寶聚有人持用布施若人以此
般若波羅蜜經乃至四句偈等受持讀誦為
他人說於前福德百分不及一百千万億分
乃至筭數譬喻所不能及
須菩提於意云何汝等勿謂如来作是念我
當度衆生須菩提莫作是念何以故實无有
有我人衆生壽者須菩提如来說有我者則
非有我而凡夫之人以為有我須菩提凡夫
者如来說則非凡夫

BD09121號　金剛般若波羅蜜經　（1–1）

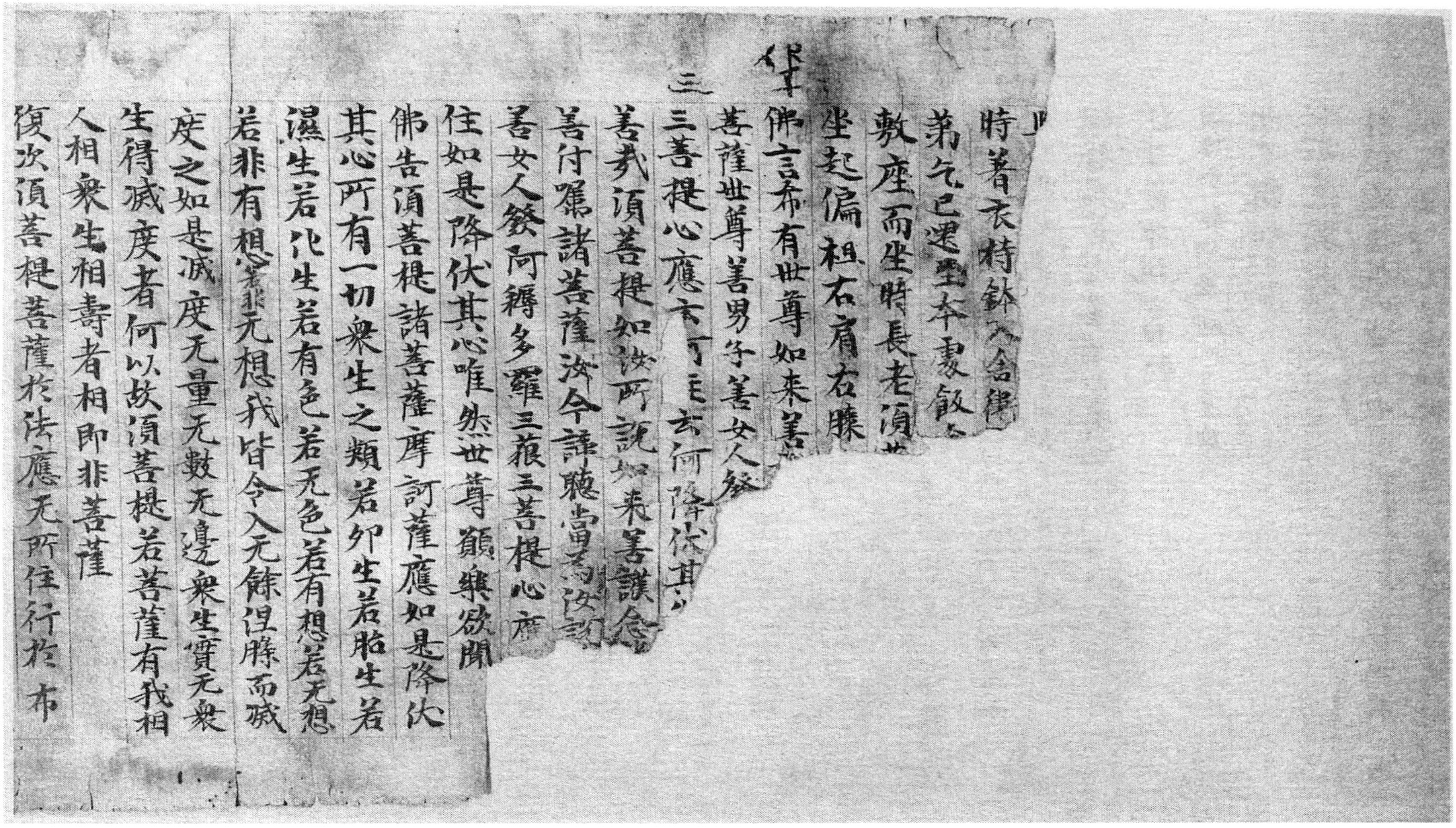

時著衣持鉢入舍衛
弟乞已還至本處飯
敷座而坐時長老須
坐起偏袒右肩右膝
佛言希有世尊如來善
菩薩世尊善男子善女人發
三菩提心應云何住云何降伏其心
善哉須菩提如汝所說如來善護念
善付囑諸菩薩汝今諦聽當為汝說
善女人發阿耨多羅三藐三菩提心應
住如是降伏其心唯然世尊願樂欲聞
佛告須菩提諸菩薩摩訶薩應如是降伏
其心所有一切衆生之類若卵生若胎生若
濕生若化生若有色若无色若有想若无想
若非有想若非无想我皆令入无餘涅槃而滅
度之如是滅度无量无數无邊衆生實无衆
生得滅度者何以故須菩提若菩薩有我相
人相衆生相壽者相即非菩薩
復次須菩提菩薩於法應无所住行於布

BD09122 號　金剛般若波羅蜜經　（2–1）

善女人發阿耨多羅三藐三菩提心應
住如是降伏其心唯然世尊願樂欲聞
佛告須菩提諸菩薩摩訶薩應如是降伏
其心所有一切衆生之類若卵生若胎生若
濕生若化生若有色若无色若有想若无想
若非有想若非无想我皆令入无餘涅槃而滅
度之如是滅度无量无數无邊衆生實无衆
生得滅度者何以故須菩提若菩薩有我相
人相衆生相壽者相即非菩薩
復次須菩提菩薩於法應无所住行於布
施所謂不住色布施不住聲香味觸法布施
須菩提菩薩應如是布施不住於相何以故
若菩薩不住相布施其福德不可思量須菩
提於意云何東方虛空可思量不不也世尊
須菩提南西北方四維上下虛空可思量不

BD09122 號　金剛般若波羅蜜經　（2–2）

故
益一切衆生應如是布施
如來說一切諸相即是非相又說一切衆生
則非衆生須菩提如來是真語者實語者如
語者不誑語者不異語者須菩提如來所得
法此法无實无虛須菩提若菩薩心住於法
而行布施如人入闇則无所見若菩薩心不
住法而行布施如人有目日光明照見種種
色須菩提當來之世若善男子善女人能
於此經受持讀誦則為如來以佛智慧悉知
是人悉見是人皆得成就无量无邊功德
須菩提若有善男子善女日分以恒河
沙等身布施中日分
後日分亦以恒河身
千万億劫以身
心不逆其福勝
解說須菩提以要言之是思議不
可稱量无邊功德如來為發大乘者說為發

BD09123 號　金剛般若波羅蜜經　（2–1）

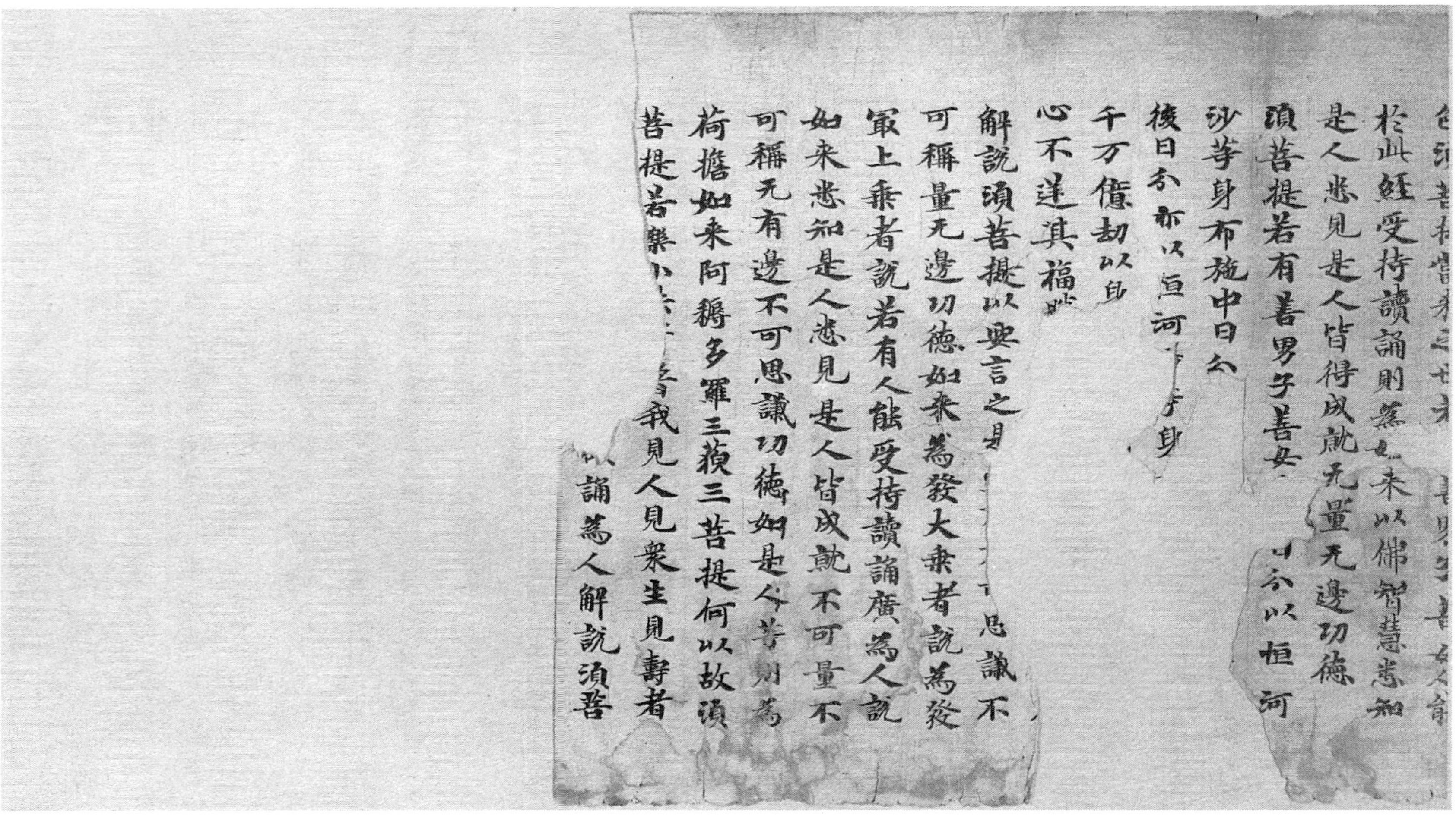

於此經受持讀誦則為如來以佛智慧悉知
是人悉見是人皆得成就无量无邊功德
須菩提若有善男子善女日分以恒河
沙等身布施中日分
後日分亦以恒河身
千万億劫以身
心不逆其福勝
解說須菩提以要言之是思議不
可稱量无邊功德如來為發大乘者說為發
最上乘者說若有人能受持讀誦廣為人說
如來悉知是人悉見是人皆成就不可量不
可稱无有邊不可思議功德如是人等則為
荷擔如來阿耨多羅三藐三菩提何以故須
菩提若樂小法者著我見人見衆生見壽者
誦為人解說須菩

BD09123 號　金剛般若波羅蜜經　（2–2）

……須菩提實无
……須菩提是樂阿蘭那行
佛告須菩提於意云何如來昔在然燈佛所
於法有所得不世尊如來在然燈佛所於法
實无所得須菩提於意云何菩薩莊嚴佛土
不不也世尊何以故莊嚴佛土者則非莊嚴
是名莊嚴是故須菩提諸菩薩摩訶薩應如
是生清淨心不應住色生心不應住聲香味
觸法生心應无所住而生其心須菩提譬如
有人身如須弥山王於意云何是身為大不
須菩提言甚大世尊何以故佛說非身是名
大身須菩提如恒河中所……
恒河於意云何……
提……

BD09124號　金剛般若波羅蜜經　（1–1）

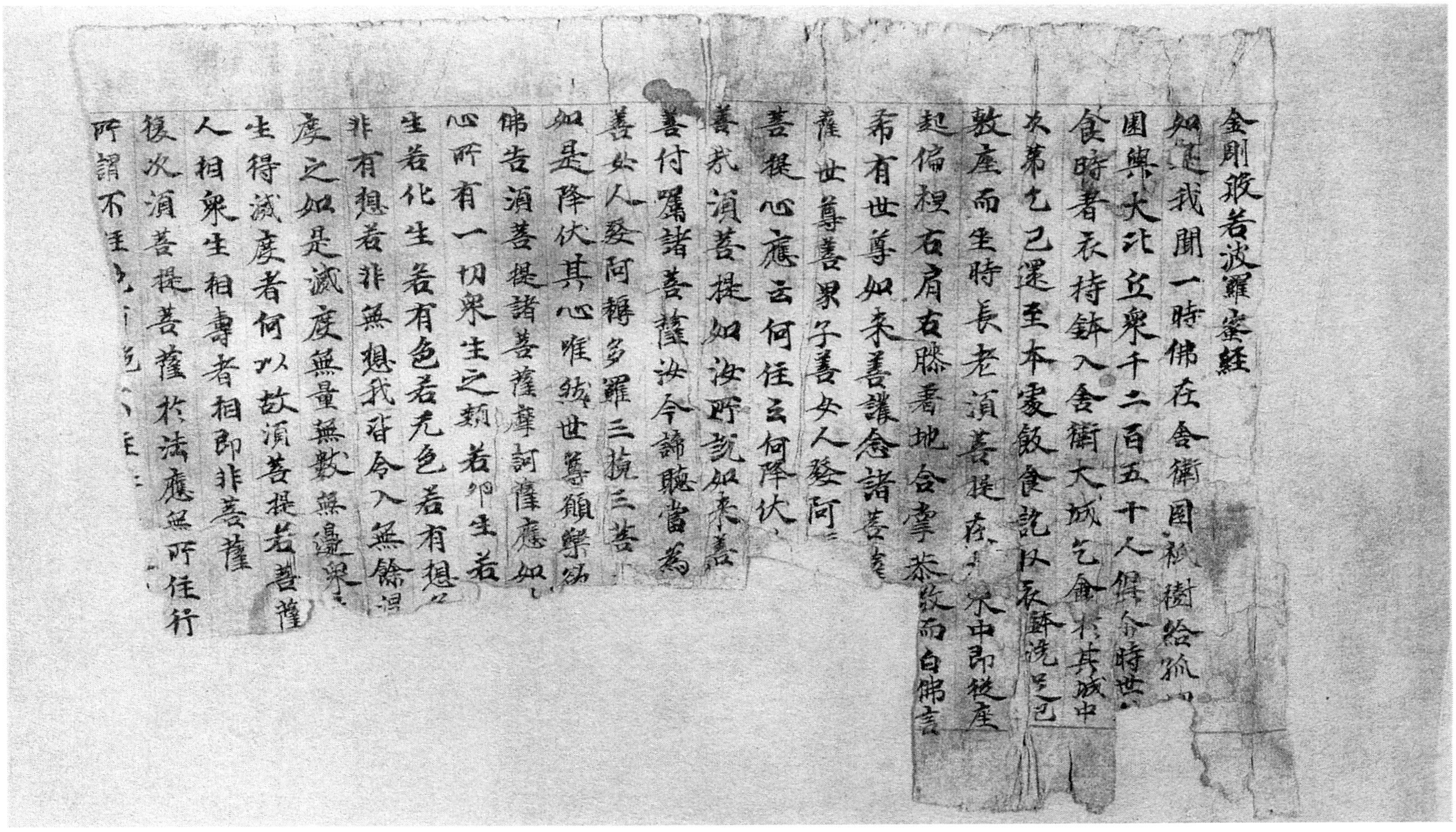

金剛般若波羅蜜經
如是我聞一時佛在舍衛國祇樹給孤……
園與大比丘眾千二百五十人俱尒時世……
食時著衣持鉢入舍衛大城乞食於其城中
次第乞已還至本處飯食訖收衣鉢洗足已
敷座而坐時長老須菩提在大眾中即從座
起偏袒右肩右膝著地合掌恭敬而白佛言
希有世尊如來善護念諸菩薩……
薩世尊善男子善女人發阿……
菩提心應云何住云何降伏……
善哉須菩提如汝所說如來善……
善付囑諸菩薩汝今諦聽當為
善女人發阿耨多羅三藐三菩……
如是降伏其心唯然世尊願樂欲……
佛告須菩提諸菩薩摩訶薩應如……
心所有一切眾生之類若卵生若……
生若化生若有色若无色若有想若……
非有想若非無想我皆令入無餘涅……
度之如是滅度無量無數無邊眾生……
生得滅度者何以故須菩提若菩薩……
人相眾生相壽者相即非菩薩
復次須菩提菩薩於法應無所住行
所謂不住……

BD09125號　金剛般若波羅蜜經　（1–1）

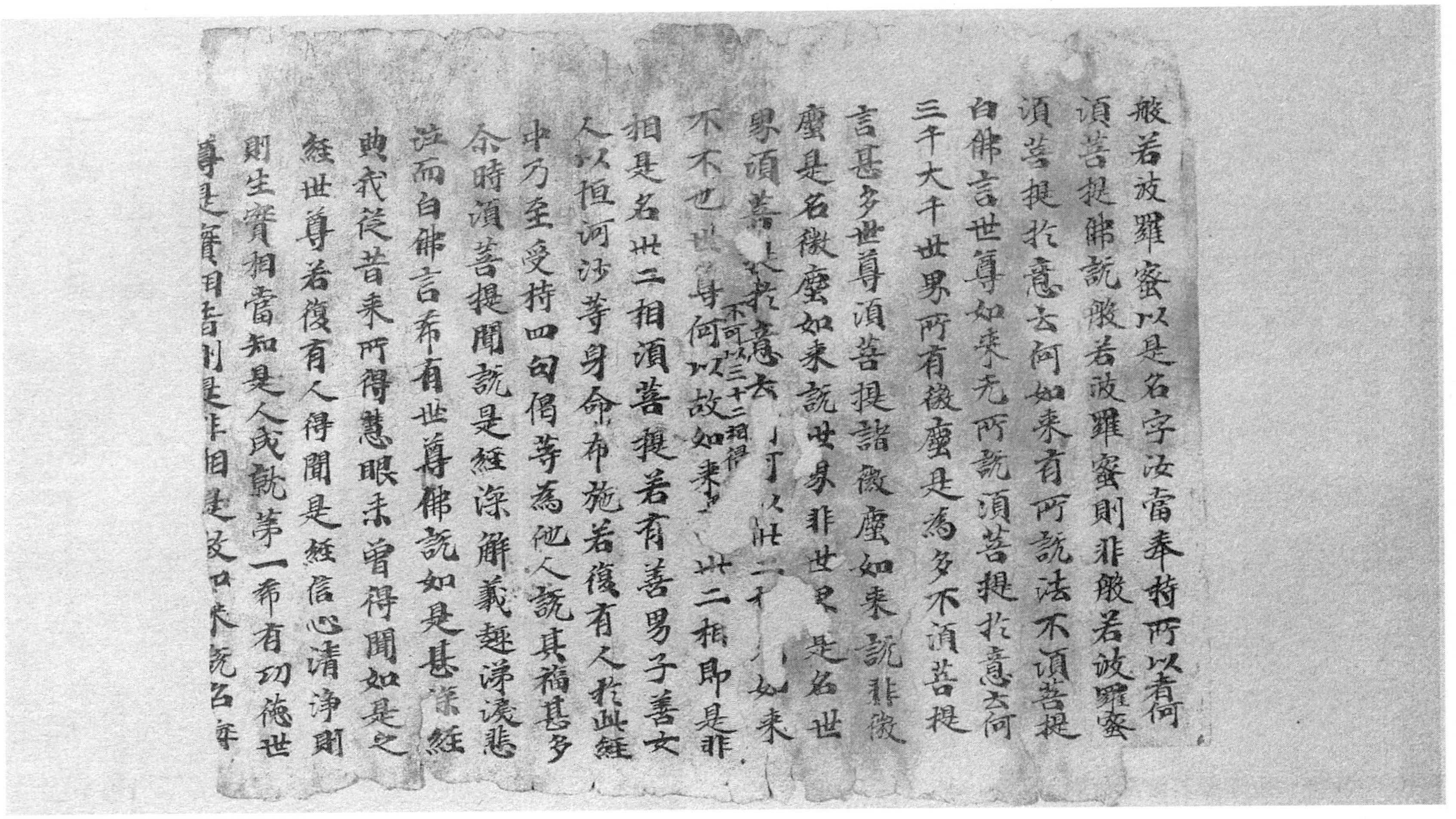
般若波羅蜜以是名字汝當奉持所以者何
須菩提佛說般若波羅蜜則非般若波羅蜜
須菩提於意云何如來有所說法不須菩提
白佛言世尊如來无所說須菩提於意云何
三千大千世界所有微塵是為多不須菩提
言甚多世尊須菩提諸微塵如來說非微
塵是名微塵如來說世界非世界是名世
界須菩提於意云何可以卅二相見如來
不不也世尊何以故如來說卅二相即是非
相是名卅二相須菩提若有善男子善女
人以恒河沙等身命布施若復有人於此經
中乃至受持四句偈等為他人說其福甚多
尒時須菩提聞說是經深解義趣涕淚悲
泣而白佛言希有世尊佛說如是甚深經
典我從昔來所得慧眼未曾得聞如是之
經世尊若復有人得聞是經信心清淨則
則生實相當知是人成就第一希有功德世
尊是實相者則是非相是故如來說名實

BD09126號　金剛般若波羅蜜經　（1-1）

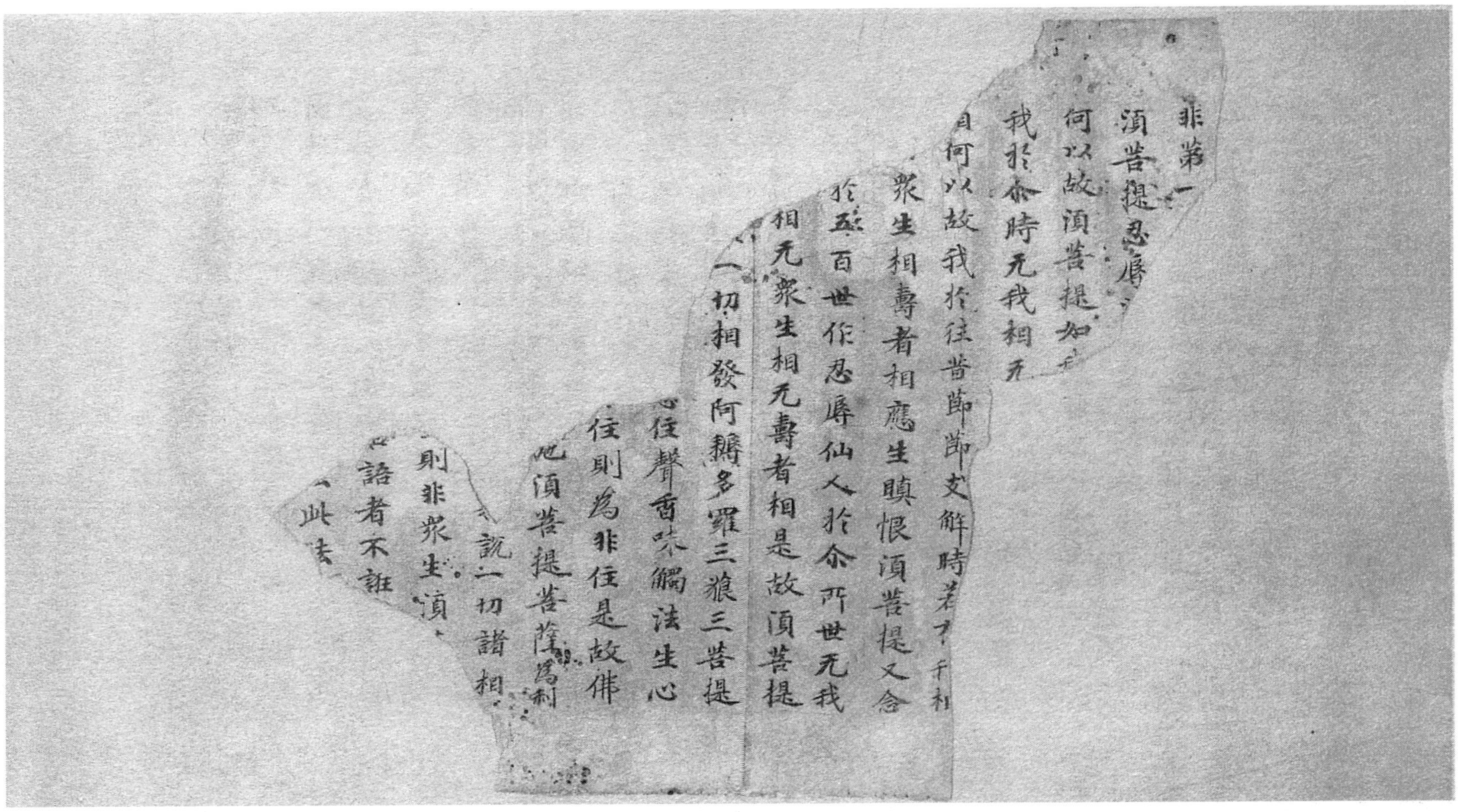
非第一
須菩提忍辱
何以故須菩提如我
我於尒時无我相无
相何以故我於往昔節節支解時若有我相
眾生相壽者相應生瞋恨須菩提又念
於五百世作忍辱仙人於尒所世无我
相无眾生相无壽者相是故須菩提
一切相發阿耨多羅三藐三菩提
心住聲香味觸法生心
住則為非住是故佛
他須菩提菩薩為利
說一切諸相
則非眾生須
語者不誑
此法

BD09127號　金剛般若波羅蜜經　（1-1）

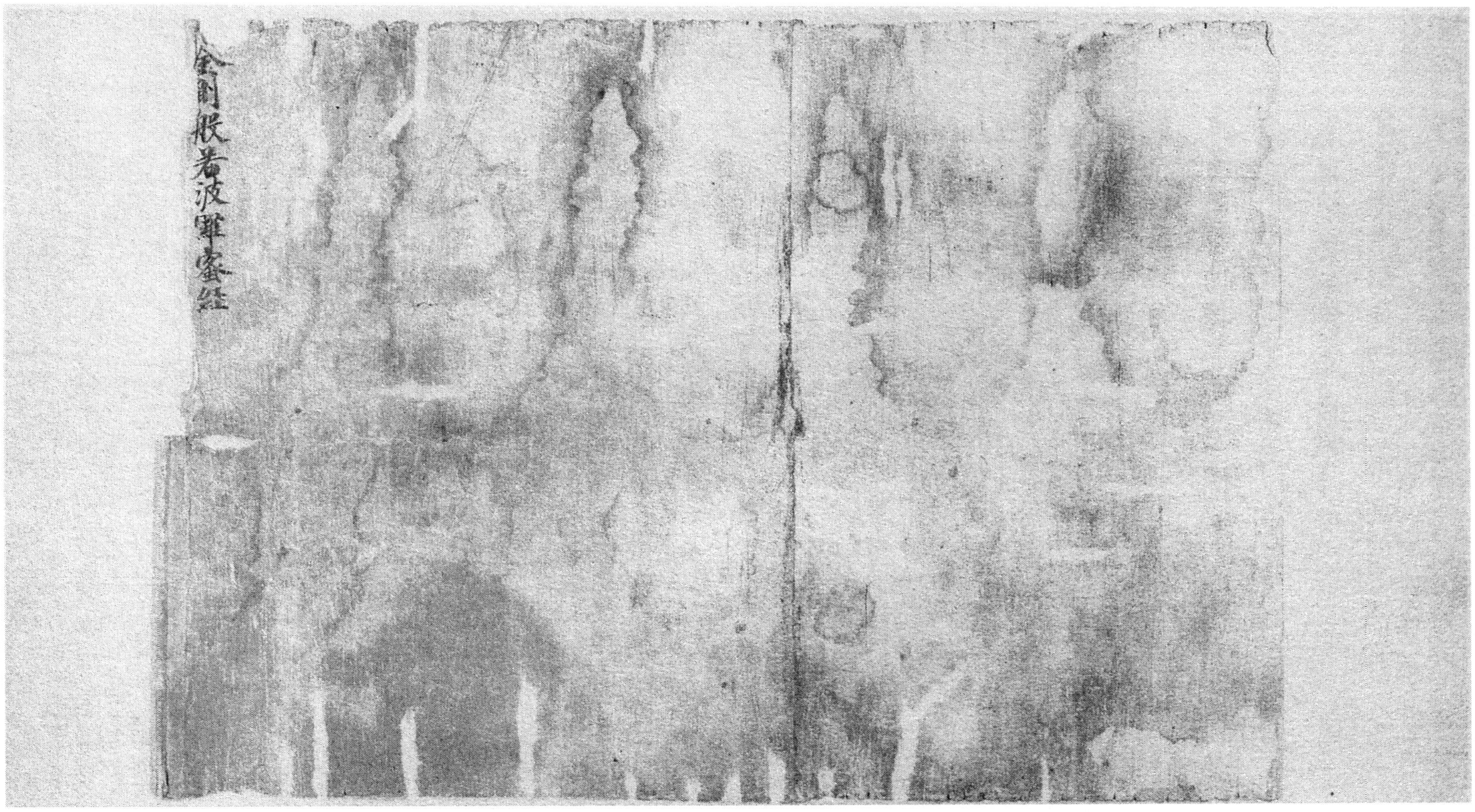

BD09128 號背　護首　　（1–1）

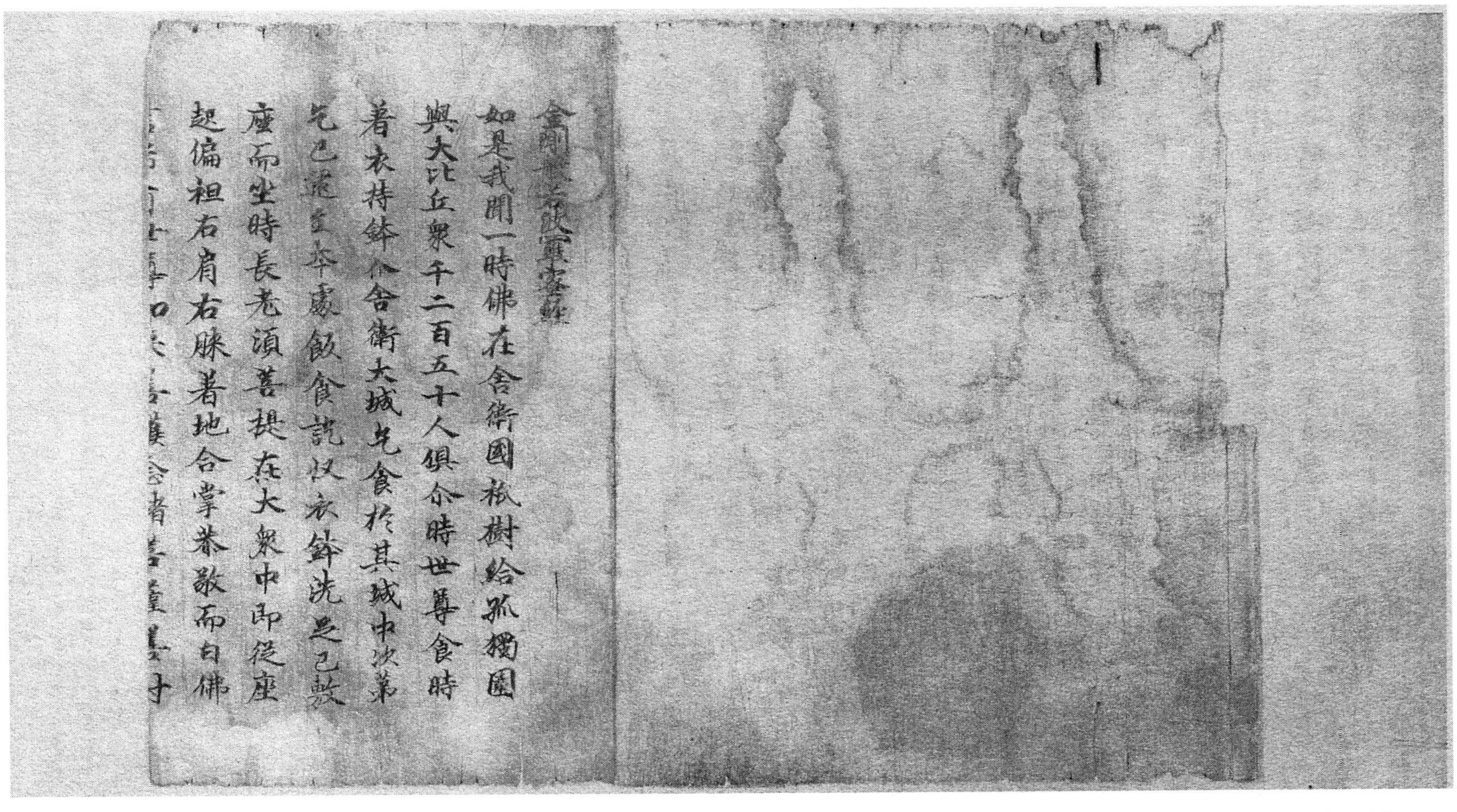
金剛般若波羅蜜經
如是我聞一時佛在舍衛國祇樹給孤獨園
與大比丘衆千二百五十人俱尒時世尊食時
著衣持鉢入舍衛大城乞食於其城中次第
乞已還至本處飯食訖收衣鉢洗足已敷
座而坐時長老須菩提在大衆中即從座
起偏袒右肩右膝著地合掌恭敬而白佛

BD09128 號　金剛般若波羅蜜經　　（1–1）

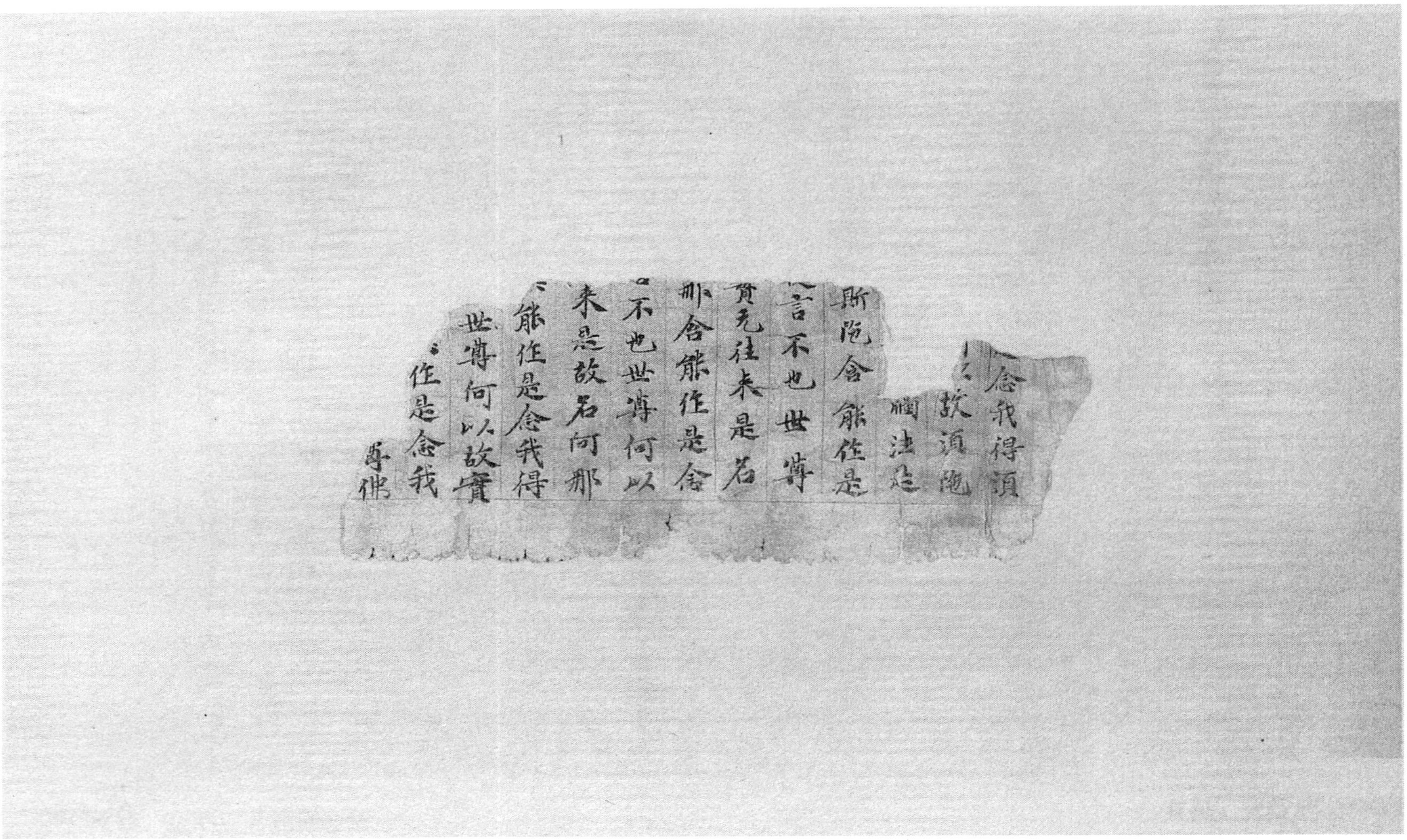

BD09129 號　金剛般若波羅蜜經　（1–1）

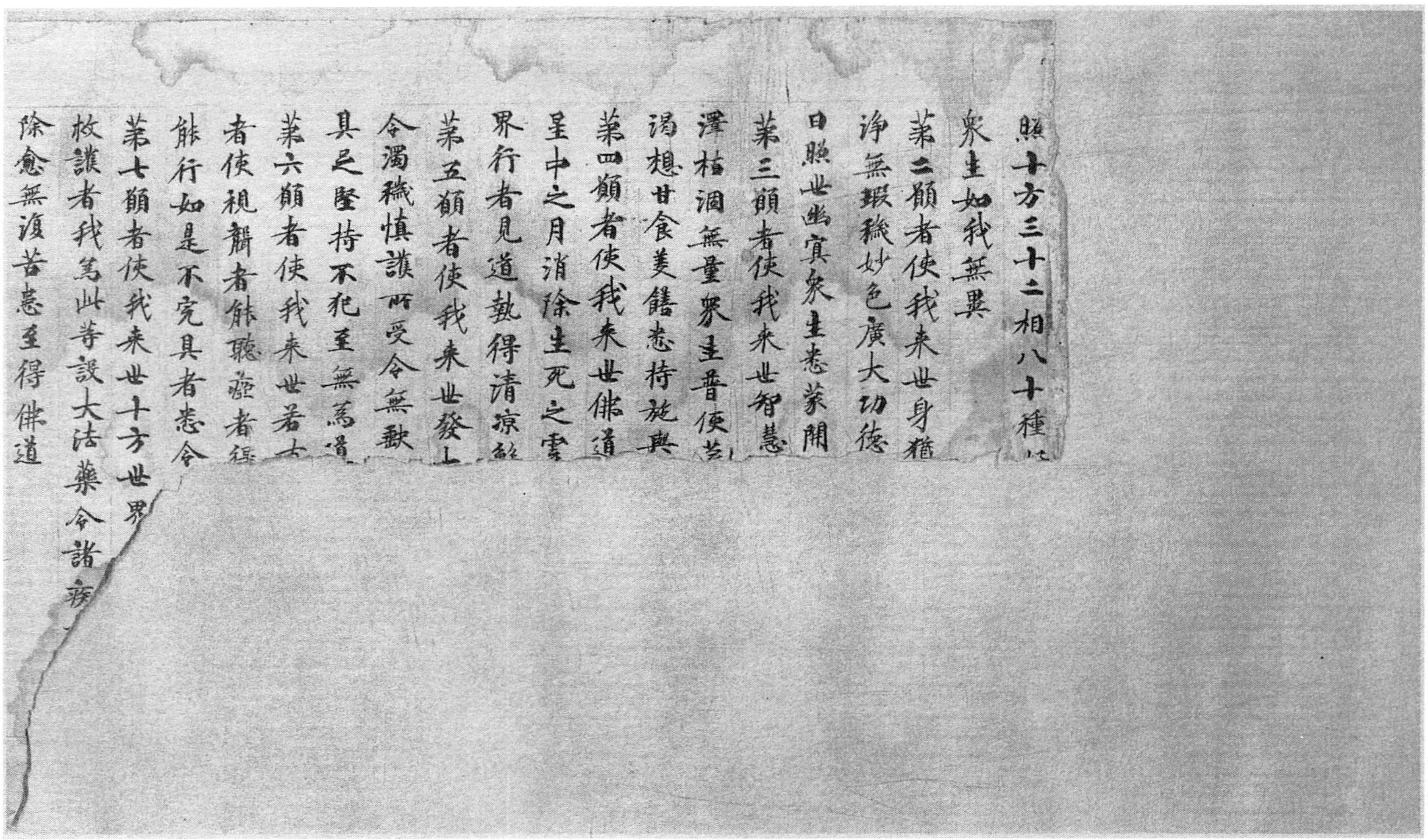

BD09130 號　灌頂章句拔除過罪生死得度經　（2–1）

星中之月消除生死之雲
界行者見道埶得清涼
第五願者使我來世發上
令濁穢慎護所受令無缺
具足堅持不犯至無爲道
第六願者使我來世若有
者使視聾者能聽瘂者
能行如是不完具者悉令
第七願者使我來世十方世界
救護者我爲此等設大法藥令諸疾
除愈無復苦惱至得佛道
第八願者使我來世以善業因緣爲諸愚冥
無量衆生講宣妙法令得度脫入智慧門普
使明了無諸疑惑
第九願者使我來世摧伏惡魔及諸外道顯
揚清淨無上道法使入正真無諸邪僻迴向

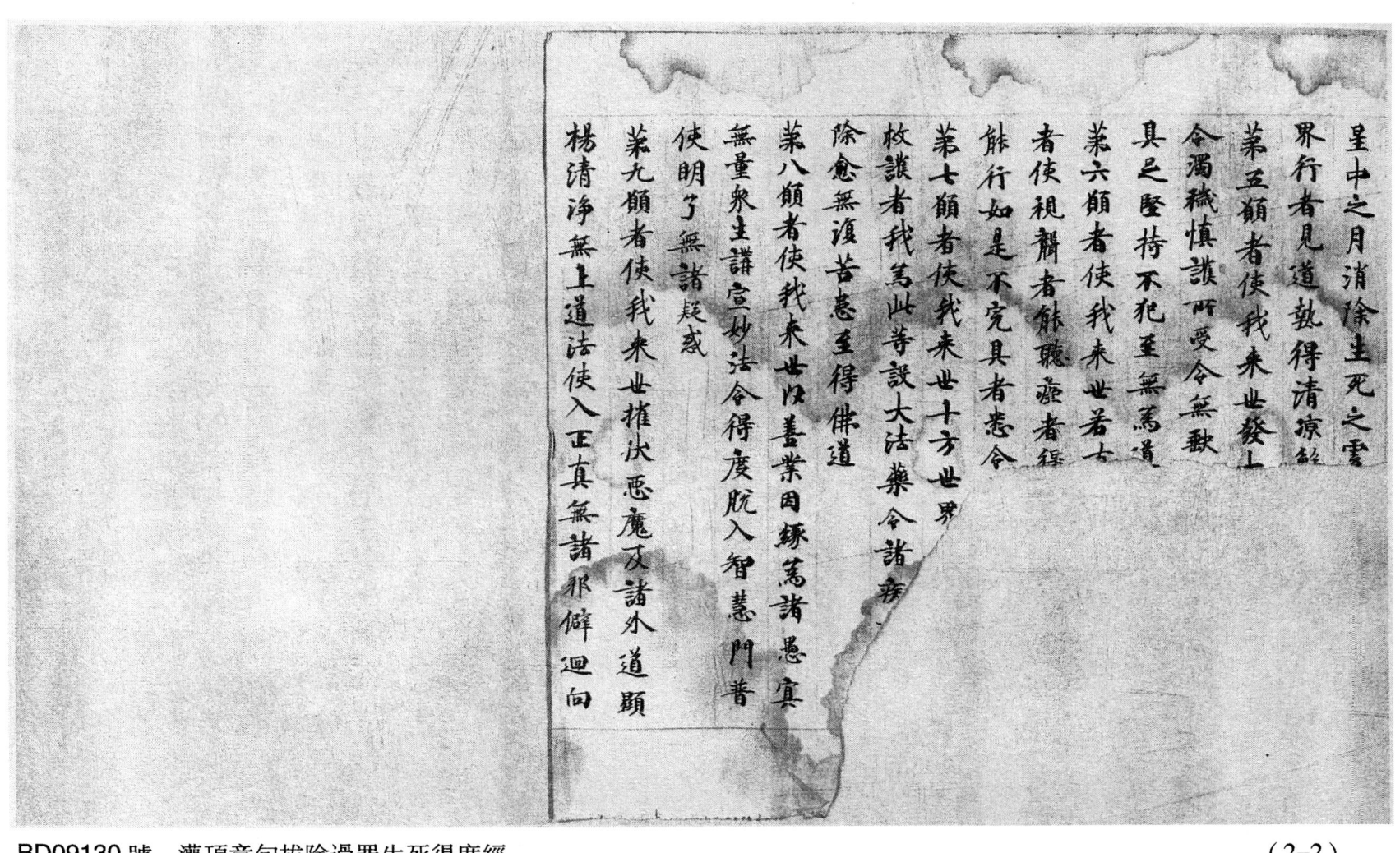

BD09130 號　灌頂章句拔除過罪生死得度經　（2–2）

其體種種惡懼逼切其身如
惚等悉令解脫无有衆難
第十一願者使我來世若有衆
令得種種甘美飲食天諸餚饍
賜與令身充足
第十二願者使我來世若有貧
即得衣服窮之之者施以珍寶倉
所之少一切皆受无量快樂乃至
若使諸衆生和顏悅色形狼端
琴瑟鼓吹如是无量衆上音聲
量衆生是爲十二微妙上願佛告
此藥師琉璃光本願功德如是我今
其國莊嚴之事此藥師琉璃光如來
无五濁无愛欲无意垢以白銀
宮殿樓閣悉用七寶亦如西方
无有異也有二菩薩一名日曜二名
二菩薩次補佛處諸善男子及
願生彼國土也文殊師利白佛
藥師琉璃光如來无量功德饒
佛道
佛言若有善男子善女人新破

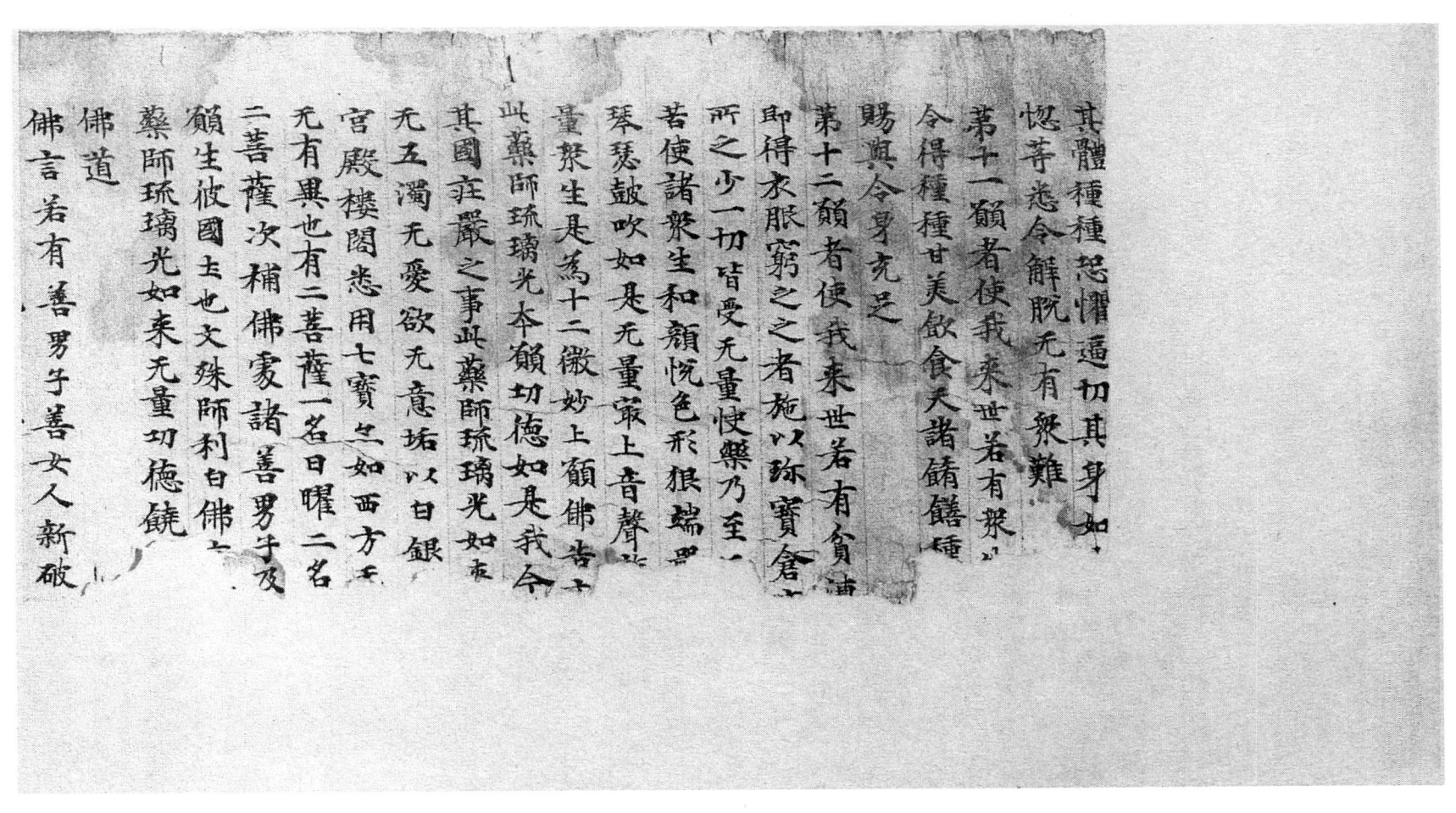

BD09131 號　灌頂章句拔除過罪生死得度經　（2–1）

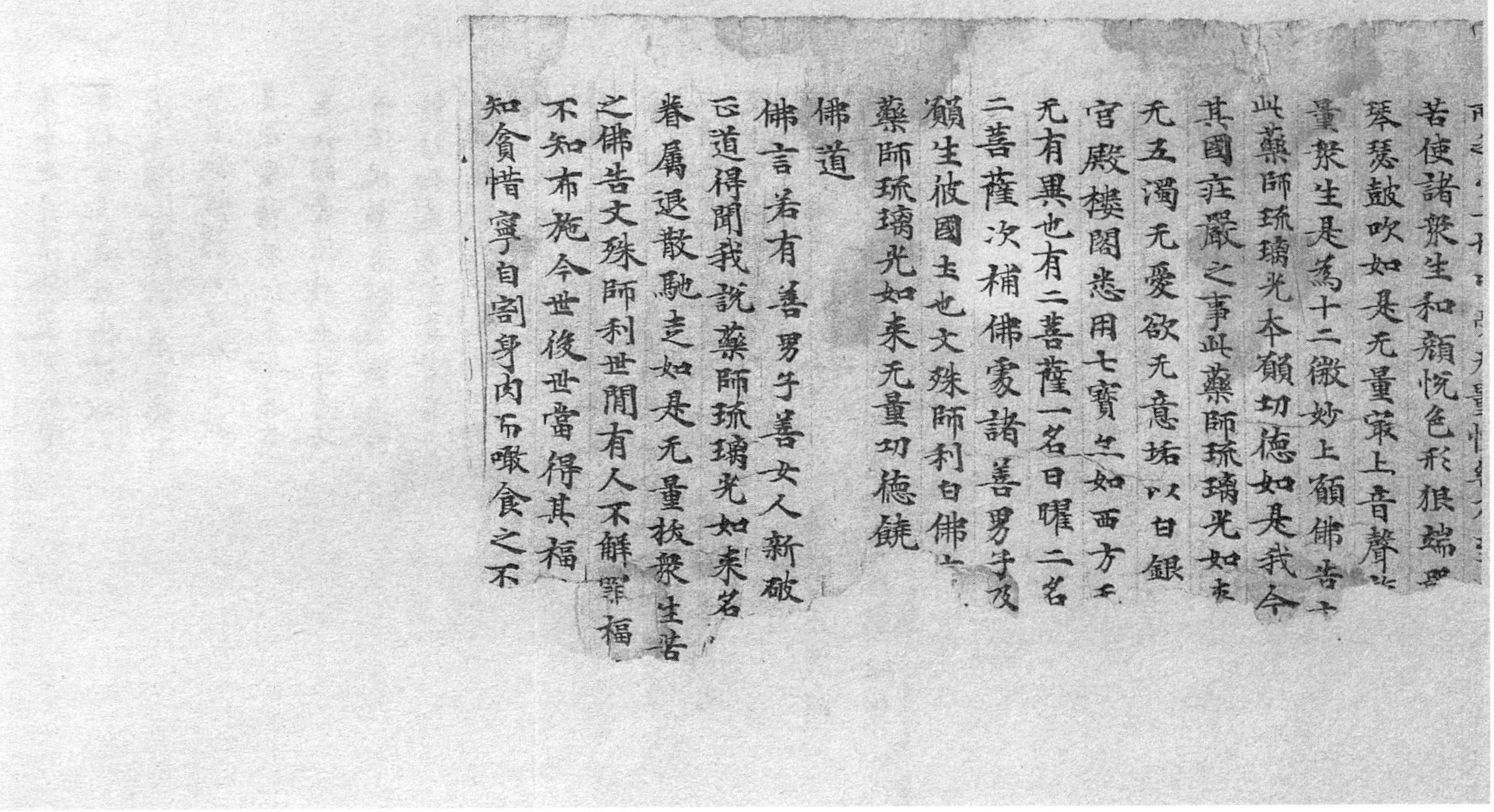

若使諸衆生和顔悦色形狠端
琴瑟鼓吹如是无量最上音聲
量衆生是為十二微妙上願佛告
此藥師琉璃光本願功德如是我今
其國莊嚴之事此藥師琉璃光如來
无五濁无愛欲无意垢以白銀
宮殿樓閣悉用七寶亦如西方
无有異也有二菩薩一名日曜二名
二菩薩次補佛處諸善男子及
願生彼國土也文殊師利白佛
藥師琉璃光如來无量功德巍
佛道
佛言若有善男子善女人新破
正道得聞我說藥師琉璃光如來名
眷屬退散馳走如是无量拔衆生苦
之佛告文殊師利世間有人不解罪福
不知布施今世後世當得其福
知貪惜寧自割身肉而噉食之不

BD09131 號　灌頂章句拔除過罪生死得度經　（2–2）

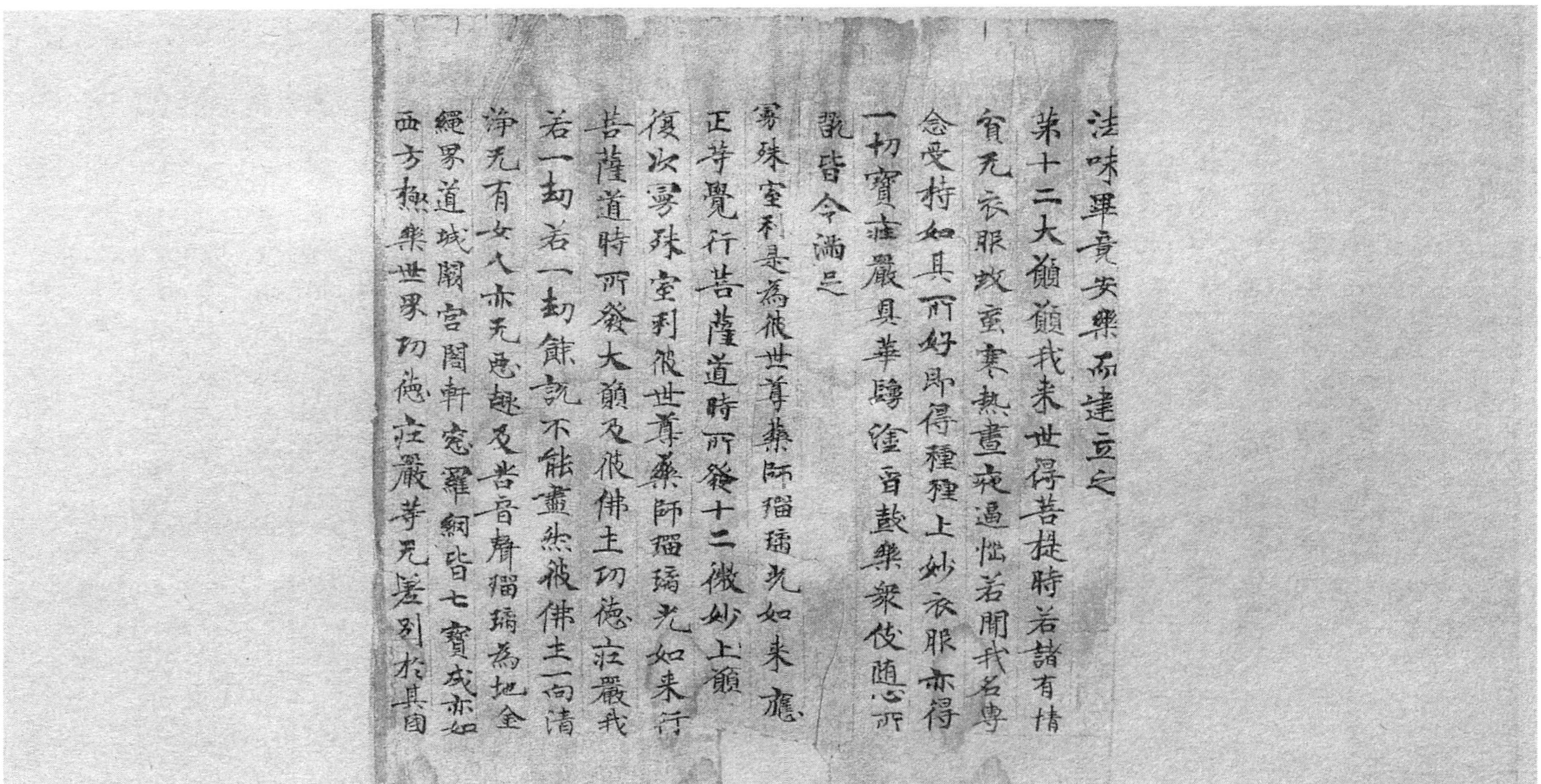

法味畢竟安樂而建立之
第十二大願願我來世得菩提時若諸有情
貧无衣服蚊虻寒熱晝夜逼惱若聞我名專
念受持如其所好即得種種上妙衣服亦得
一切寶莊嚴具華鬘塗香鼓樂衆伎隨心所
翫皆令滿足
曼殊室利是為彼世尊藥師瑠璃光如來應
正等覺行菩薩道時所發十二微妙上願
復次曼殊室利彼世尊藥師瑠璃光如來行
菩薩道時所發大願及彼佛土功德莊嚴我
若一劫若一劫餘說不能盡然彼佛土一向清
淨无有女人亦无惡趣及苦音聲瑠璃為地金
繩界道城闕宮閣軒窗羅網皆七寶成亦如
西方極樂世界功德莊嚴等无差別於其國

BD09132 號　藥師琉璃光如來本願功德經　（1–1）

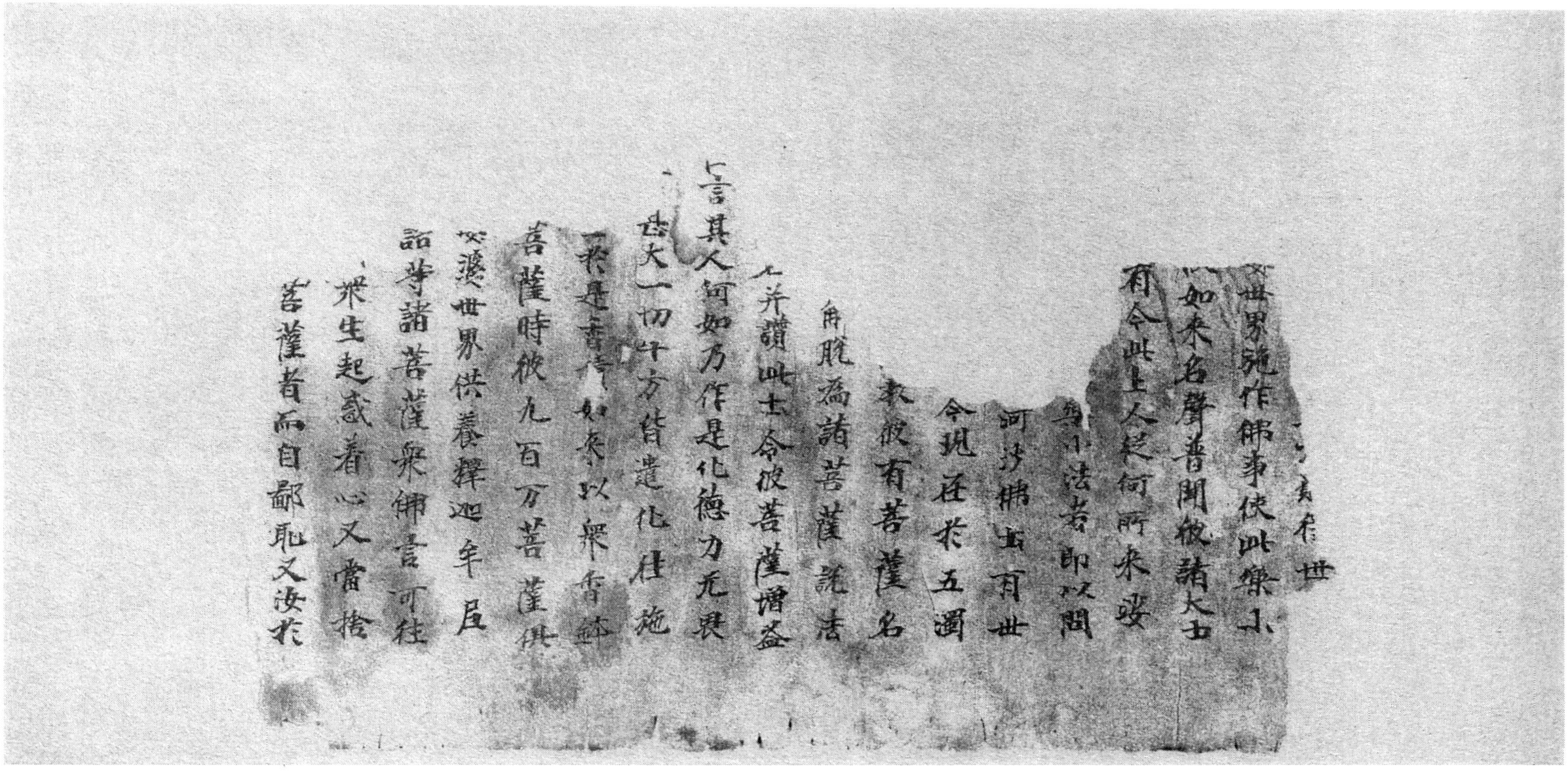
…世界施作佛事從此衆小
…如來名聲普聞彼諸大士
有令此上人從何所來發
…法者即以問
河沙佛土有世
令現在於五濁
教彼有菩薩名
解脫爲諸菩薩說法
并讚此士令彼菩薩增益
言其人何如乃作是化德力无畏
也大一切十方皆遣化往施
於是香…如來以衆香鉢
菩薩時彼九百万菩薩俱
忍世界供養釋迦牟尼
詣等諸菩薩衆佛言可往
衆生起惑著心又當捨
菩薩者而自鄙恥又汝於

BD09133號　維摩詰所說經卷下　（1–1）

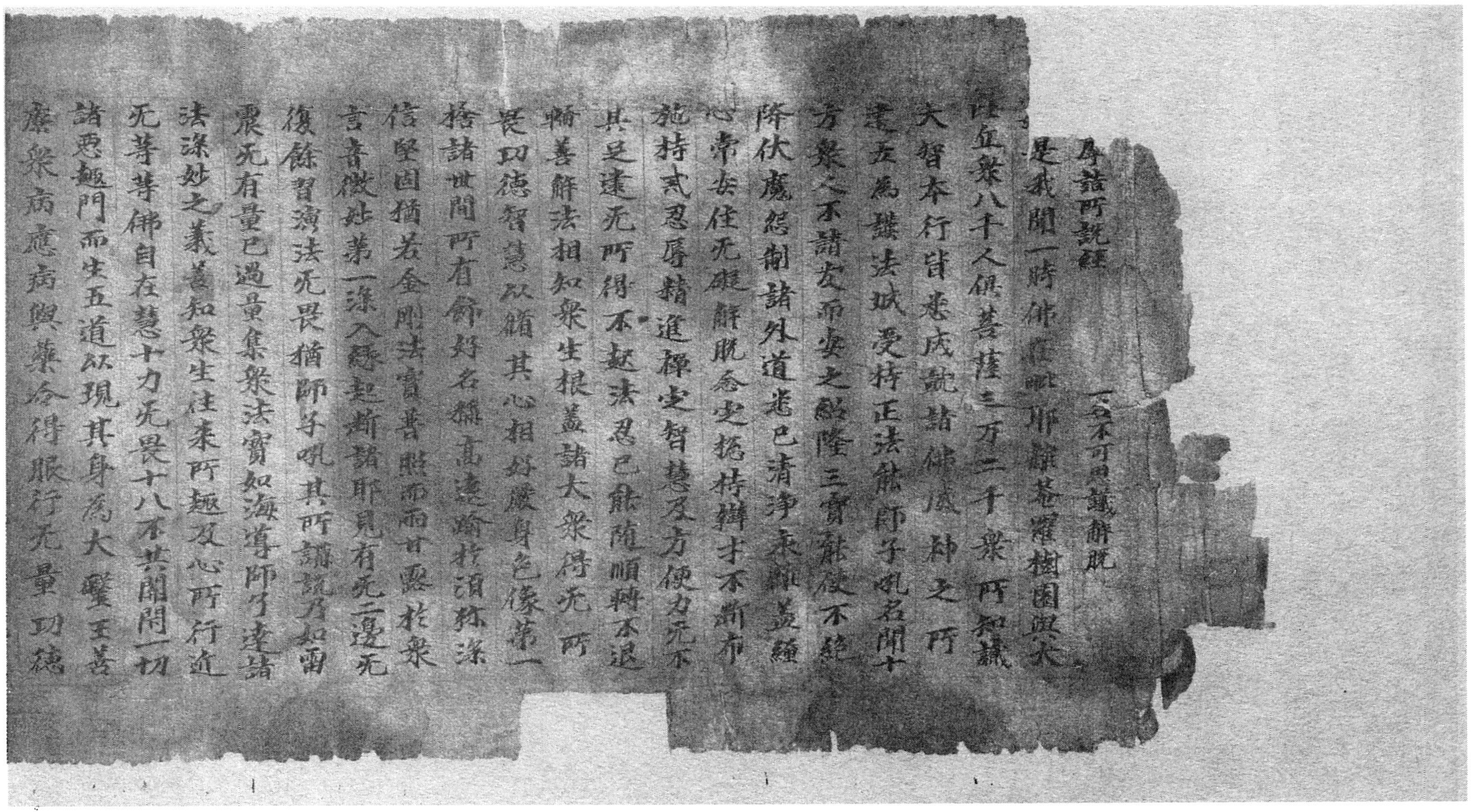
摩詰所說經　一名不可思議解脫
是我聞一時佛在毗耶離菴羅樹園與大
比丘衆八千人俱菩薩三万二千衆所知識
大智本行皆悉成就諸佛威神之所
建立爲護法城受持正法能師子吼名聞十
方衆人不請友而安之紹隆三寶能使不絕
降伏魔怨制諸外道悉已清淨永離蓋纏
心常安住无礙解脫念定總持辯才不斷布
施持戒忍辱精進禪定智慧及方便力无不
具足逮无所得不起法忍已能隨順轉不退
輪善解法相知衆生根蓋諸大衆得无所
畏功德智慧以脩其心相好嚴身色像第一
捨諸世間所有飾好名稱高遠踰於須彌深
信堅固猶若金剛法寶普照而雨甘露於衆
言音微妙第一深入緣起斷諸邪見有无二邊无
復餘習演法无畏猶師子吼其所講說乃如雷
震无有量已過量集衆法寶如海導師了達諸
法深妙之義善知衆生往來所趣及心所行近
无等等佛自在慧十力无畏十八不共關閉一切
諸惡趣門而生五道以現其身爲大醫王善
療衆病應病與藥令得服行无量功德

BD09134號　維摩詰所說經卷上　（2–1）

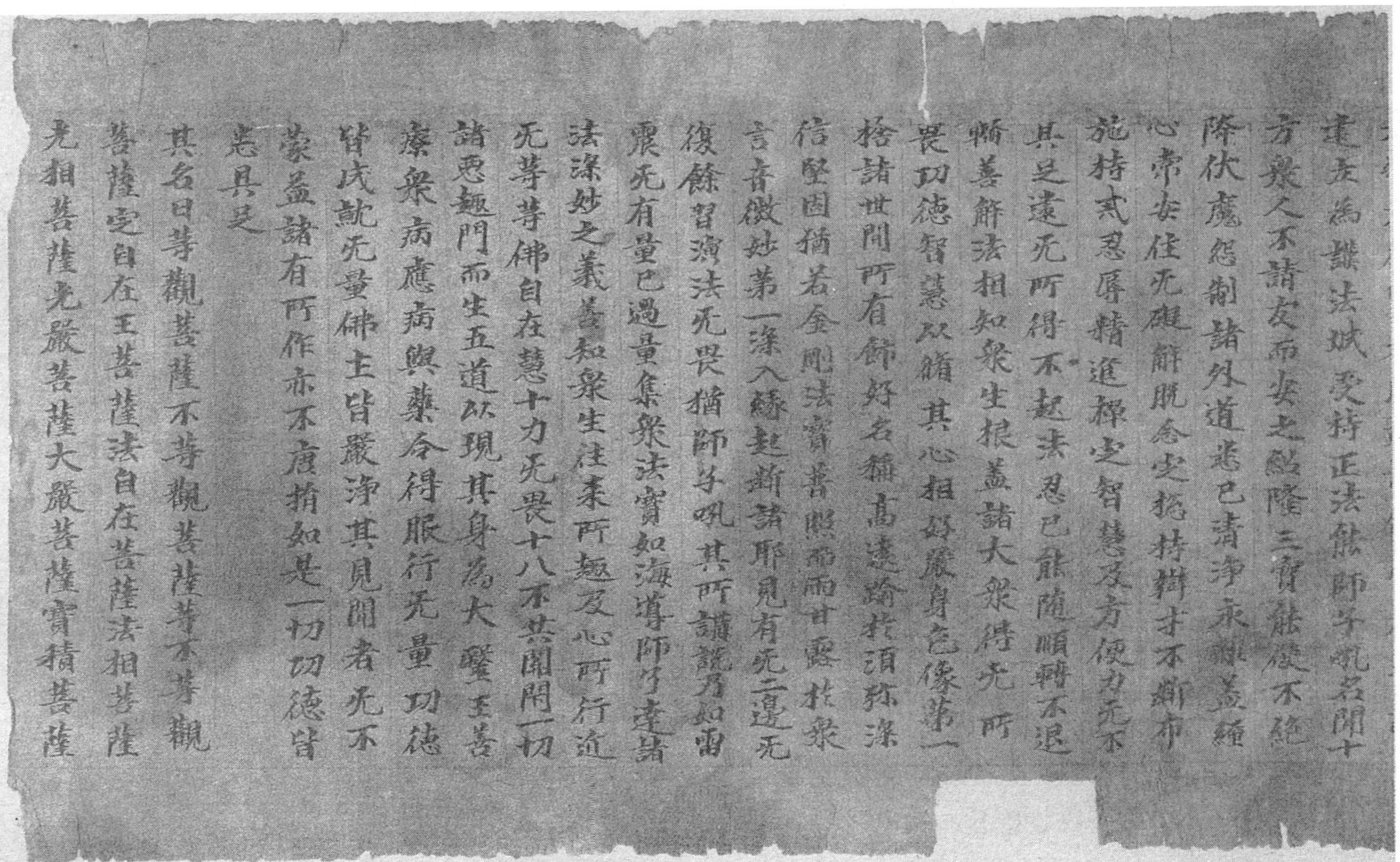

建立為護法城受持正法能師子吼名聞十
方衆人不請友而安之紹隆三寶能使不絶
降伏魔怨制諸外道悉已清淨永離蓋纏
心常安住无閡解脫念定揔持辯才不斷布
施持戒忍辱精進禪定智慧及方便力无不
具足逮无所得不起法忍已能隨順轉不退
輪善解法相知衆生根蓋諸大衆得无所
畏功德智慧以脩其心相好嚴身色像第一
捨諸世間所有飾好名稱高遠踰於須弥深
信堅固猶若金剛法寶普照而雨甘露於衆
言音微妙第一深入緣起斷諸邪見有无二邊无
復餘習演法无畏猶師子吼其所講說乃如雷
震无有量已過量集衆法寶如海導師了達諸
法深妙之義善知衆生往來所趣及心所行近
无等等佛自在慧十力无畏十八不共關閉一切
諸惡趣門而生五道以現其身為大醫王善
療衆病應病與藥令得服行无量功德
皆成就无量佛土皆嚴淨其見聞者无不
蒙益諸有所作亦不唐捐如是一切功德皆
悉具足
其名曰等觀菩薩不等觀菩薩等不等觀
菩薩定自在王菩薩法自在王菩薩法相菩薩
光相菩薩光嚴菩薩大嚴菩薩寶積菩薩

BD09134 號　維摩詰所說經卷上　（2–2）

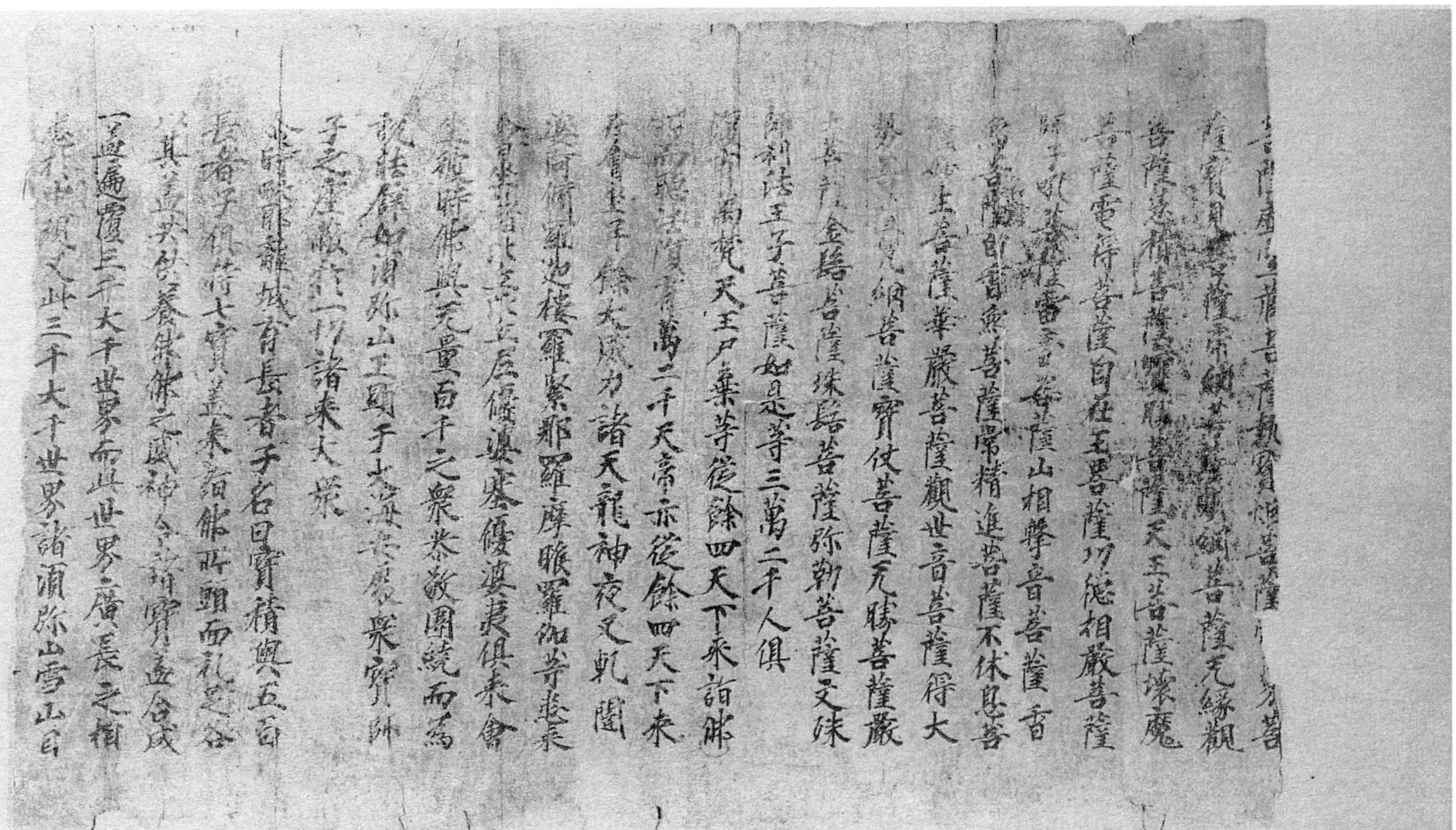

[illegible]
菩薩寶見菩薩帝網菩薩明網菩薩无緣觀
菩薩慧積菩薩寶勝菩薩天王菩薩壞魔
菩薩電得菩薩自在王菩薩功德相嚴菩薩
師子吼菩薩雷音菩薩山相擊音菩薩香
象菩薩白香象菩薩常精進菩薩不休息菩
薩妙生菩薩華嚴菩薩觀世音菩薩得大
勢菩薩梵網菩薩寶杖菩薩无勝菩薩嚴
土菩薩金髻菩薩珠髻菩薩弥勒菩薩文殊
師利法王子菩薩如是等三萬二千人俱
復有萬梵天王尸棄等從餘四天下來詣佛
所而為聽法復有萬二千天帝亦從餘四天下來
在會坐并餘大威力諸天龍神夜叉乾闥
婆阿脩羅迦樓羅緊那羅摩睺羅伽等悉來
會坐諸比丘比丘尼優婆塞優婆夷俱來會
坐彼時佛與无量百千之衆恭敬圍繞而為
說法譬如須弥山王顯于大海安處衆寶師
子之座蔽於一切諸來大衆
爾時毗耶離城有長者子名曰寶積與五百
長者子俱持七寶蓋來詣佛所頭面禮足各
以其蓋共供養佛佛之威神令諸寶蓋合成
一蓋遍覆三千大千世界而此世界廣長之相
悉於中現又此三千大千世界諸須弥山雪山

BD09135 號　維摩詰所說經卷上　（1–1）

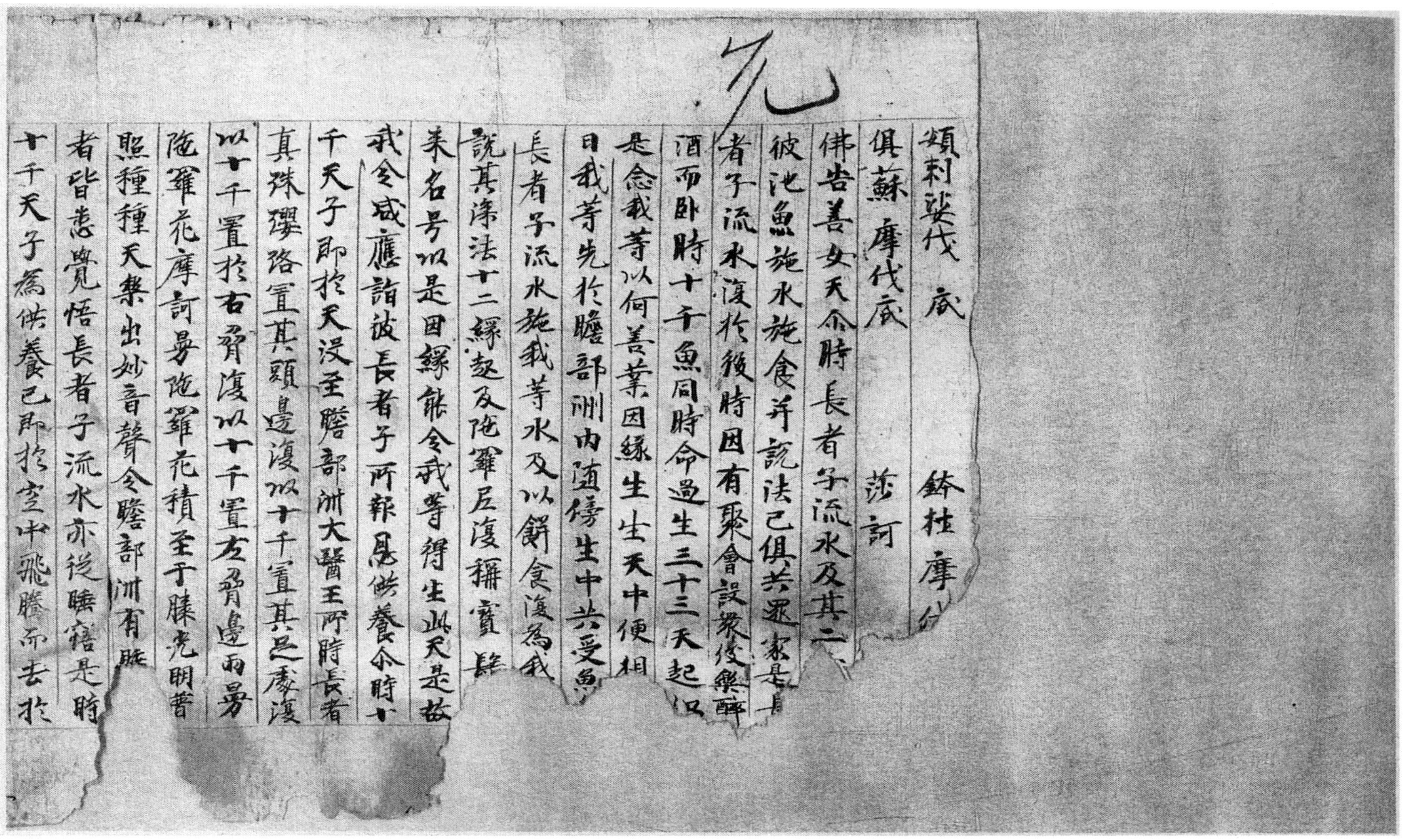
頞剎娑伐底　鉢柱摩伐
俱蘇摩伐底　莎訶
佛告善女天尒時長者子流水及其二
彼池魚施水施食并說法已俱共還家是長
者子流水復於後時因有聚會設眾伎樂醉
酒而臥時十千魚同時命過生三十三天起如
是念我等以何善業因緣生此天中便相
謂曰我等先於贍部洲內墮傍生中共受魚
長者子流水施我等水及以餅食復為我
說甚深法十二緣起及陀羅尼復稱寶髻
如來名號以是因緣能令我等得生此天是故
我今咸應詣彼長者子所報恩供養尒時十
千天子即於天沒至贍部洲大醫王所時長者
真珠瓔珞置其頭邊復以十千置其足處復
以十千置於右脅復以十千置左脅邊雨曼
陀羅花摩訶曼陀羅花積至于膝光明普
照種種天樂出妙音聲令贍部洲有睡
者皆悉覺悟長者子流水亦從睡寤是時
十千天子為供養已即於空中飛騰而去於

BD09136號　金光明最勝王經（兌廢稿）卷九　（2–1）

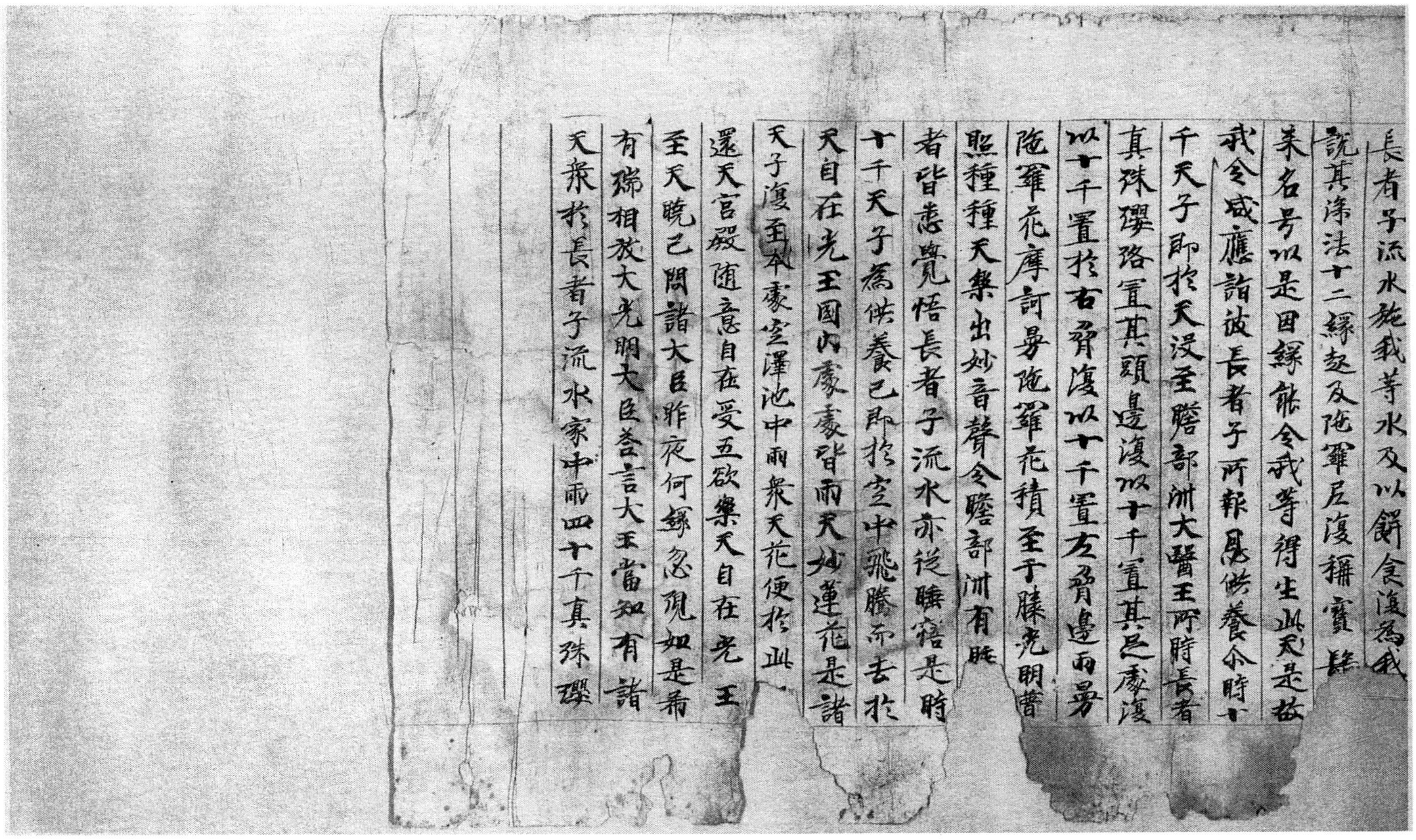
長者子流水施我等水及以餅食復為我
說甚深法十二緣起及陀羅尼復稱寶髻
如來名號以是因緣能令我等得生此天是故
我今咸應詣彼長者子所報恩供養尒時十
千天子即於天沒至贍部洲大醫王所時長者
真珠瓔珞置其頭邊復以十千置其足處復
以十千置於右脅復以十千置左脅邊雨曼
陀羅花摩訶曼陀羅花積至于膝光明普
照種種天樂出妙音聲令贍部洲有睡
者皆悉覺悟長者子流水亦從睡寤是時
十千天子為供養已即於空中飛騰而去於
天自在光王國內處處皆雨天妙蓮花是諸
天子復至本處空澤池中雨眾天花便於此
還天宮殿隨意自在受五欲樂天自在光王
至天曉已問諸大臣昨夜何緣忽現如是希
有瑞相放大光明大臣答言大王當知有諸
天眾於長者子流水家中雨四十千真珠瓔

BD09136號　金光明最勝王經（兌廢稿）卷九　（2–2）

即現執金剛神而為說法无盡意是觀世音菩
薩成就如是功德以種種形遊諸國土度脫眾生是
故汝等應當一心供養觀世音菩薩是觀世
音菩薩摩訶薩於怖畏急難之中能施
无畏是故此娑婆世界皆號之為施无畏

BD09137號　觀世音經　（2–1）

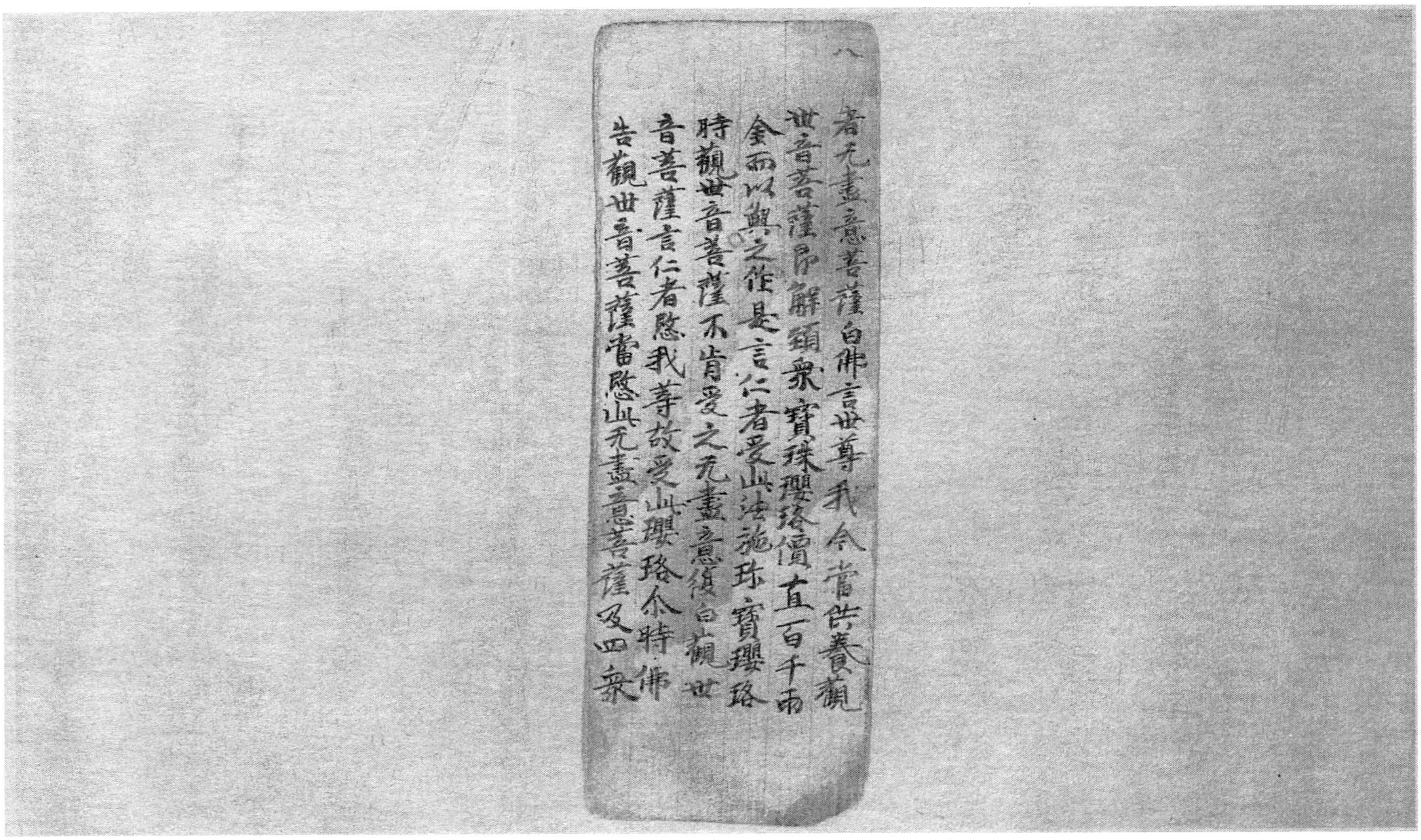
八
者无盡意菩薩白佛言世尊我今當供養觀
世音菩薩即解頸眾寶珠瓔珞價直百千兩
金而以與之作是言仁者受此法施珎寶瓔珞
時觀世音菩薩不肯受之无盡意復白觀世
音菩薩言仁者愍我等故受此瓔珞尒時佛
告觀世音菩薩當愍此无盡意菩薩及四眾

BD09137號　觀世音經　（2–2）

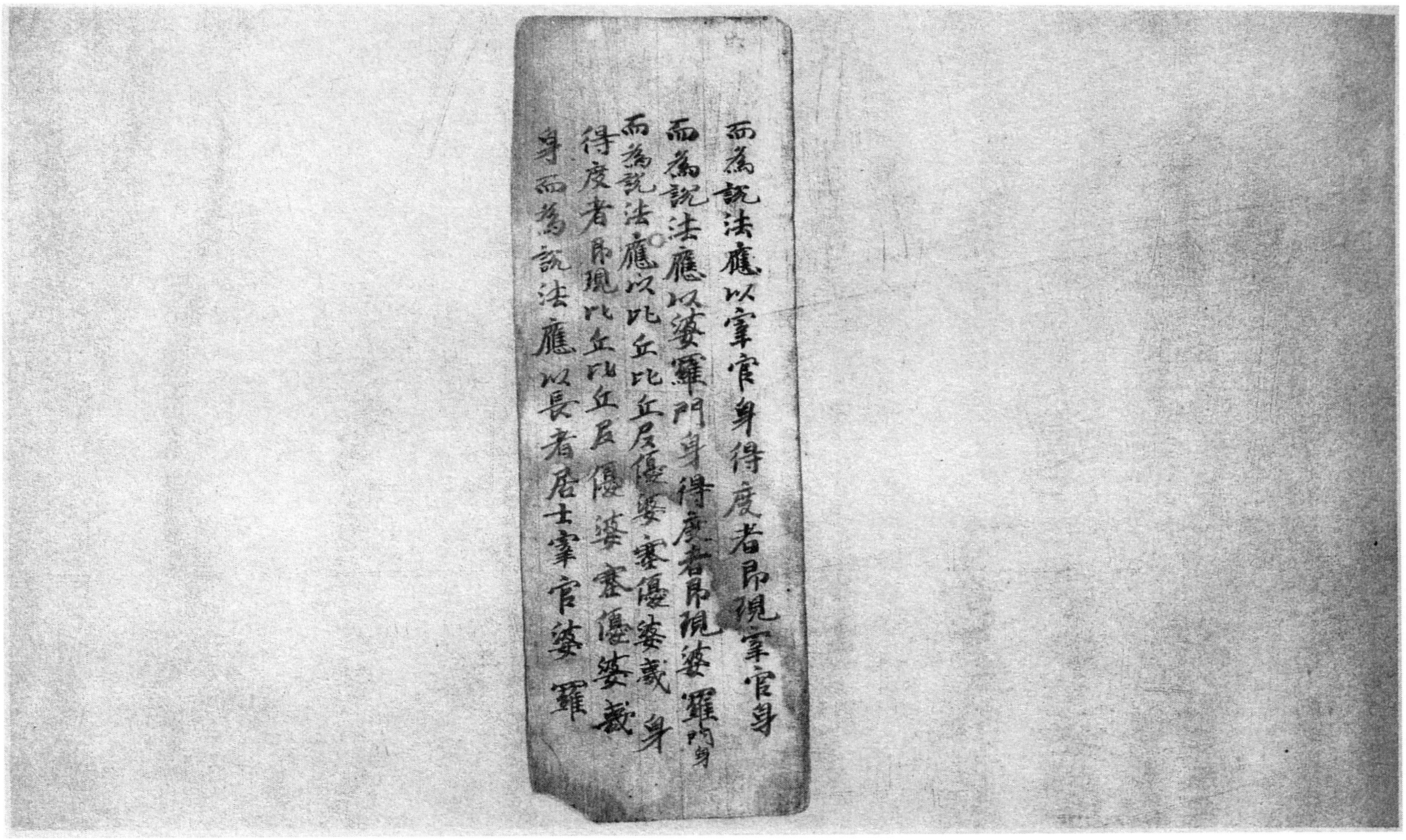
六
而為說法應以宰官身得度者即現宰官身
而為說法應以婆羅門身得度者即現婆羅門身
而為說法應以比丘比丘尼優婆塞優婆夷身
得度者即現比丘比丘尼優婆塞優婆夷
身而為說法應以長者居士宰官婆羅

BD09138 號　觀世音經　（2–1）

七
門婦女身得度者即現婦女身而為說法應
以童男童女身得度者即現童男童女身而
為說法應以天龍夜叉乾闥婆阿脩羅迦樓
羅緊那羅摩睺羅伽人非人等身得度者
即皆現之而為說法應以執金剛身得度者即

BD09138 號　觀世音經　（2–2）

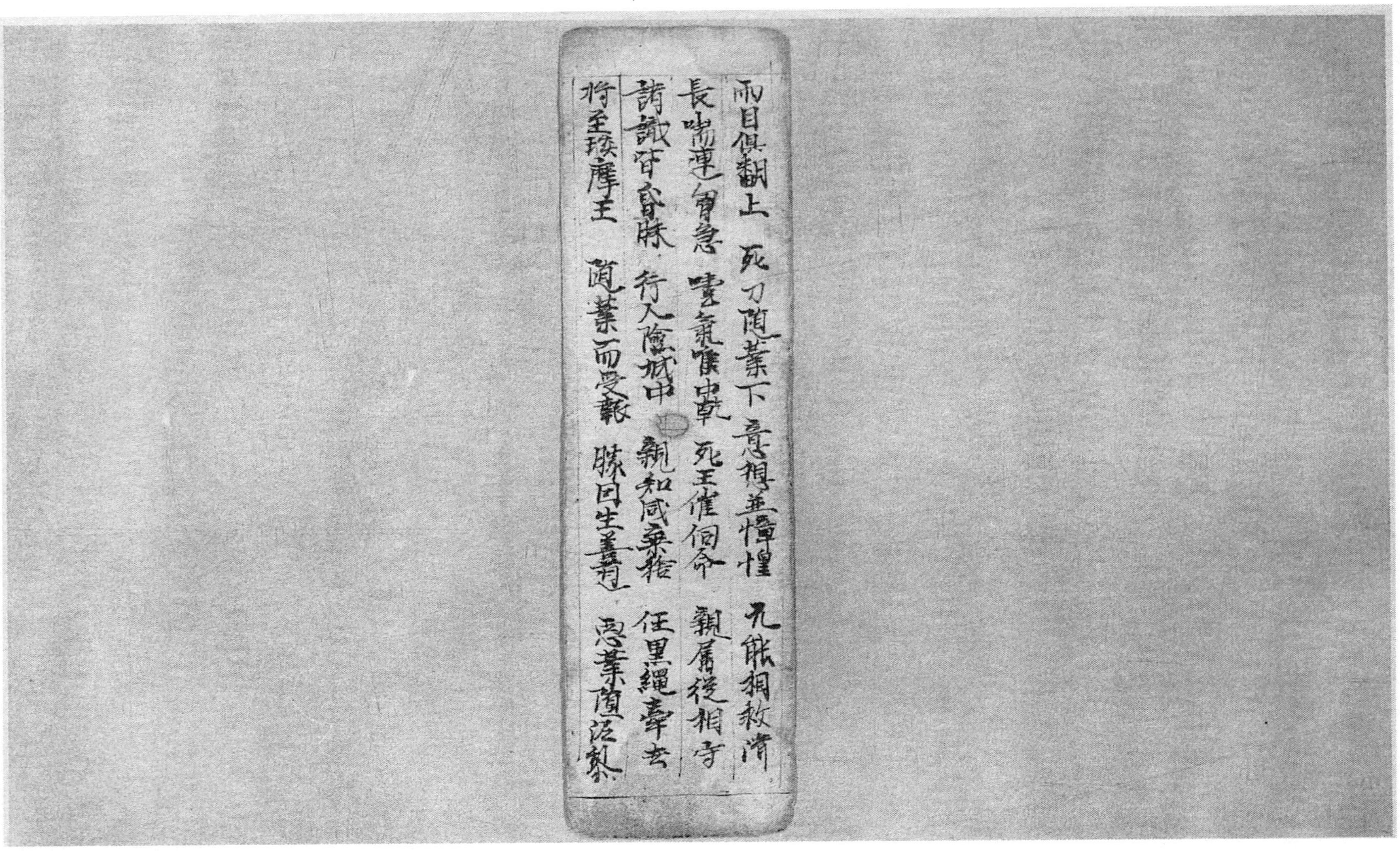
兩目俱翻上　死刀隨業下　意想並慞惶　无能相救濟
長喘連胸急　噎氣喉中乾　死王催伺命　親屬徒相守
諸識皆昏昧　行入險城中　親知咸棄捨　任黑繩牽去
將至琰摩王　隨業而受報　勝因生善道　惡業墮泥梨

BD09139號　無常經　（2–1）

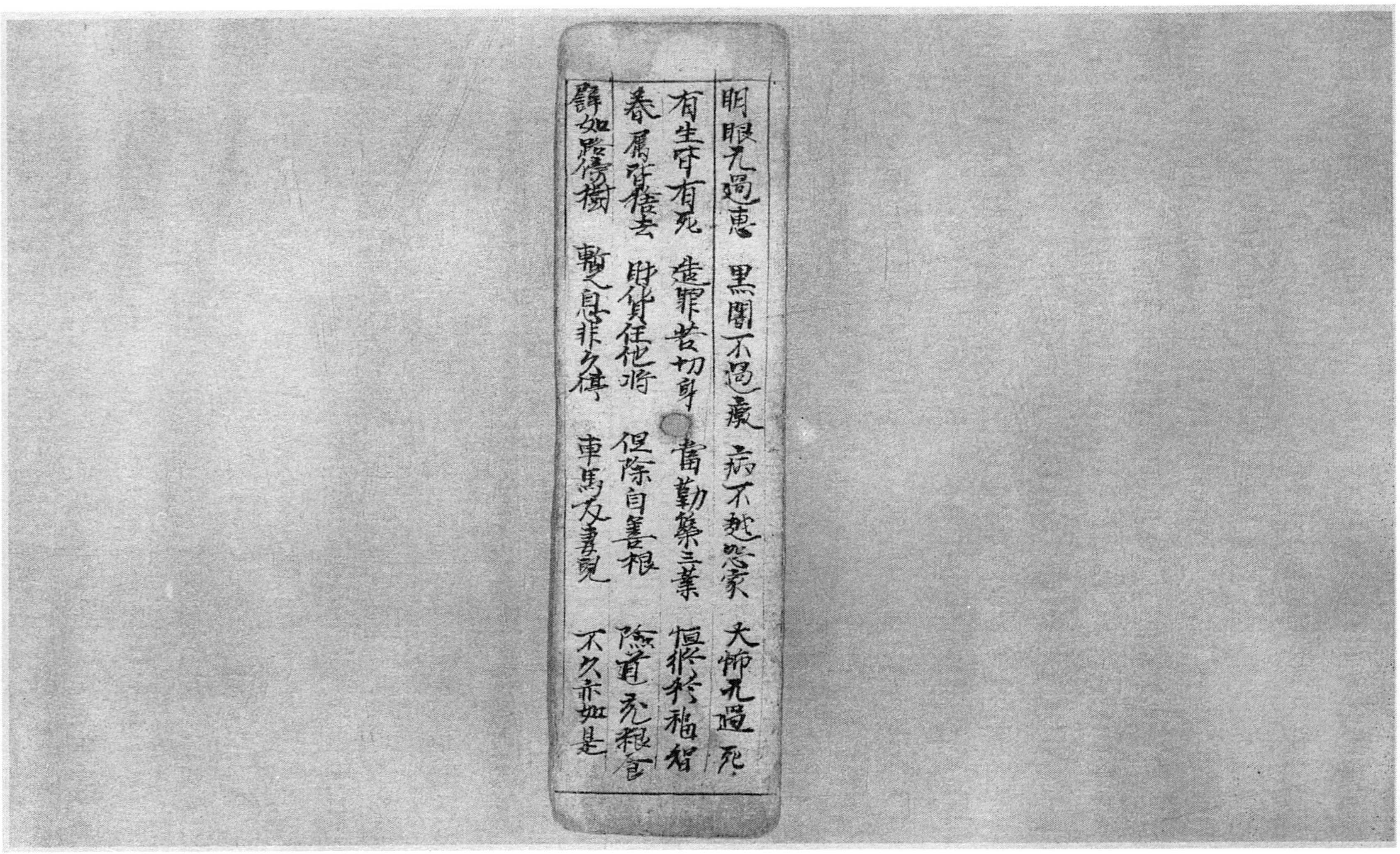
明眼无過慧　黑闇不過癡　病不越怨家　大怖无過死
有生皆有死　造罪苦切身　當勤策三業　恒修於福智
眷屬皆捨去　財貨任他將　但持自善根　險道充粮食
譬如路傍樹　暫息非久停　車馬及妻兒　不久亦如是

BD09139號　無常經　（2–2）

心非一切時以一切種奉施三世諸佛菩薩將金剛者當
佛如來已證大地一切菩薩當攝我令我大福德
智慧資量猛利精進廣大心量寂靜調伏神
通自在波羅蜜多速得圓滿復作是言惟大悲者
當憶念我弟子某甲墮在生死繫以大纏閉居牢獄
離正道法逼以強力煩惱怨敵無怙無救無目無依無
將無道遊行險路趣向生死背大涅槃順諸惡趣將墮

BD09139 號背　齋願文（擬）　（1–1）

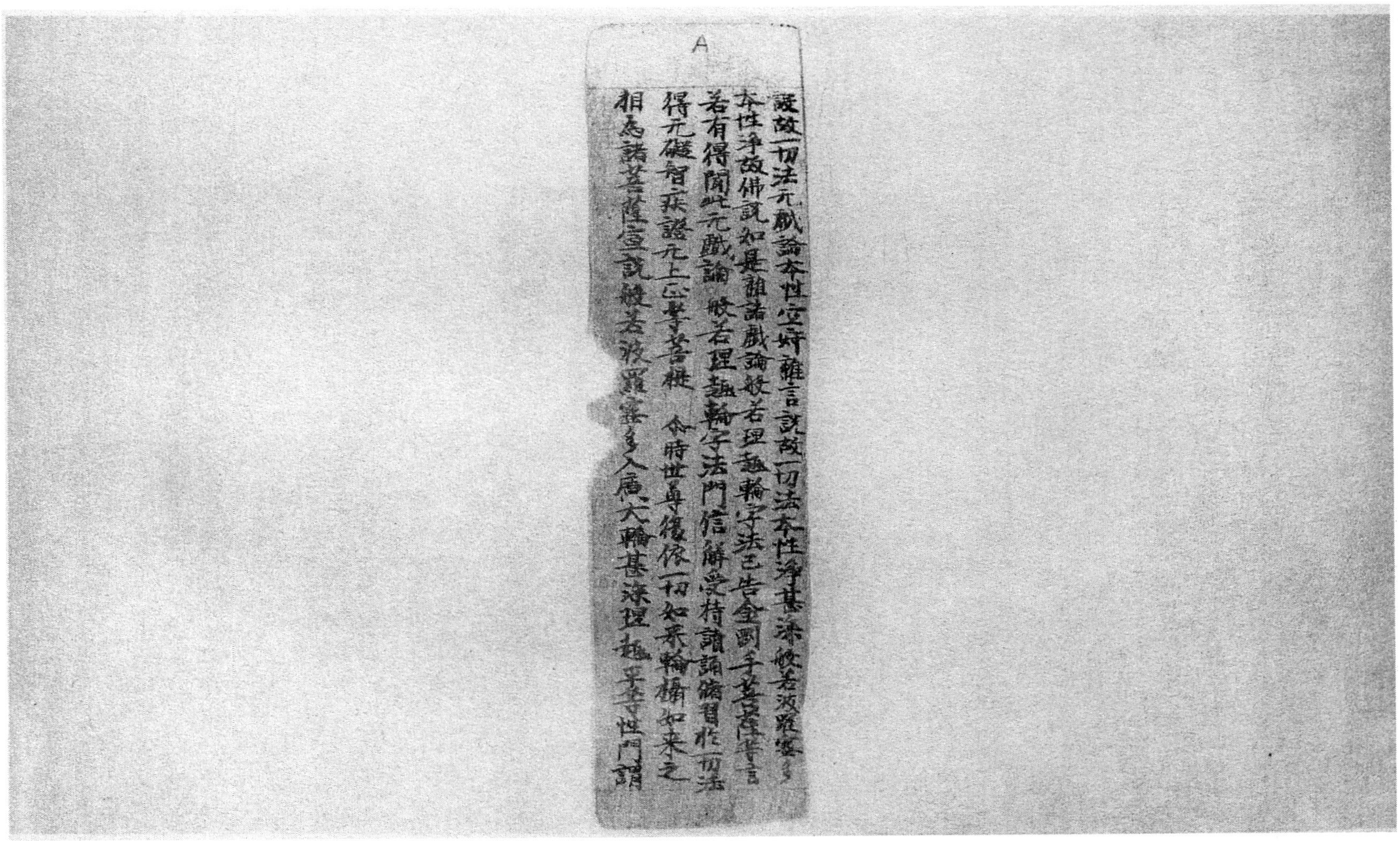

A

波故一切法无戲論本性空寂離言說故一切法本性淨甚深般若波羅蜜多
本性淨故佛說如是離諸戲論般若理趣輪字法已告金剛手菩薩言
若有得聞此无戲論般若理趣輪字法門信解受持讀誦脩習於一切法
得无礙智疾證无上正等菩提　尒時世尊復依一切如來之
相為諸菩薩宣說般若波羅蜜多入廣大輪甚深理趣平等性門謂

BD09140 號　大般若波羅蜜多經卷五七八　（2–1）

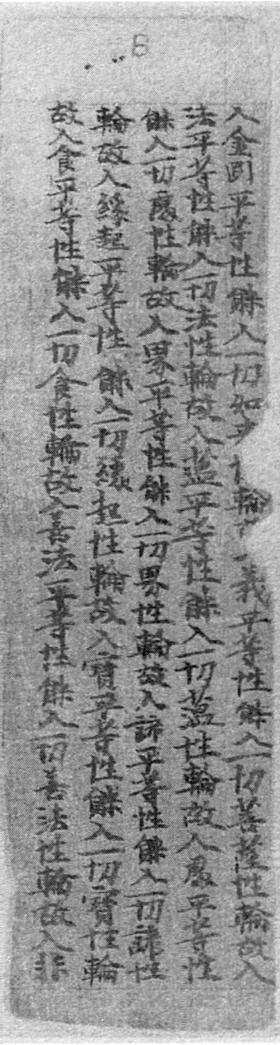
入金剛平等性能入一切如來性輪故入義平等性能入一切菩薩性輪故入
法平等性能入一切法性輪故入蘊平等性能入一切蘊性輪故入處平等性
能入一切處性輪故入界平等性能入一切界性輪故入諦平等性能入一切諦性
輪故入緣起平等性能入一切緣起性輪故入寶平等性能入一切寶性輪
故入食平等性能入一切食性輪故入善法平等性能入一切善法性輪故入非

BD09140 號　大般若波羅蜜多經卷五七八　　（2–2）

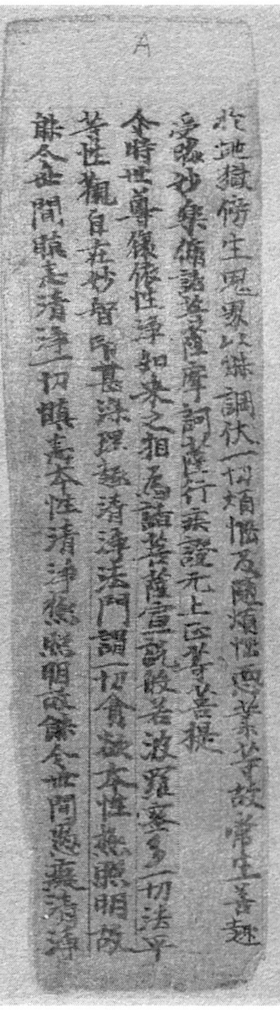
於地獄傍生鬼界以能調伏一切煩惱及隨煩惱惡業等故常生善趣
受勝妙樂修諸菩薩摩訶薩行疾證无上正等菩提
尒時世尊復依性淨如來之相為諸菩薩宣說般若波羅蜜多一切法平
等性觀自在妙智印甚深理趣清淨法門謂一切貪欲本性無染照明故
能令世間離貪清淨一切瞋恚本性清淨照明故能令世間離瞋清淨

BD09141 號　大般若波羅蜜多經卷五七八　　（2–1）

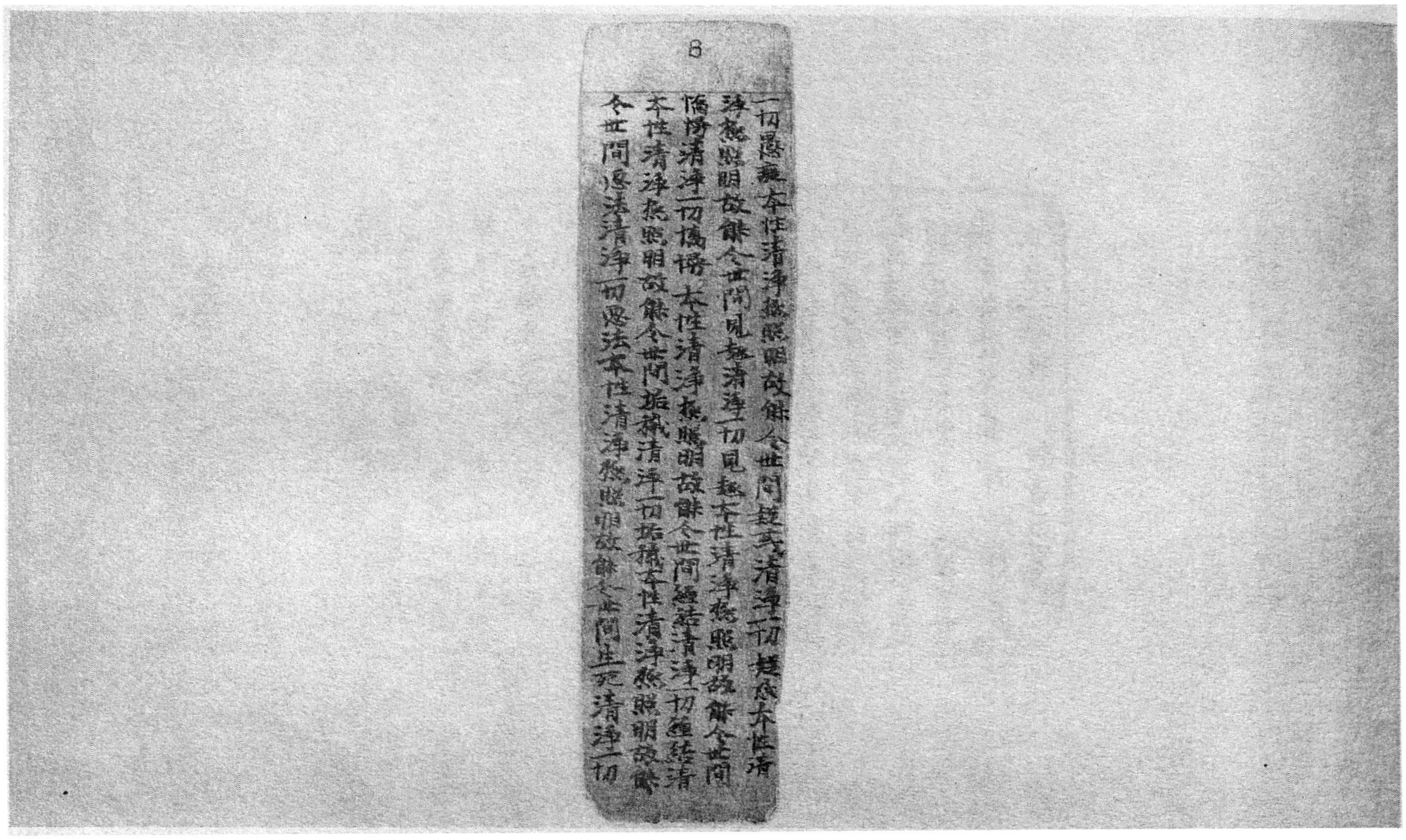

BD09141 號　大般若波羅蜜多經卷五七八　　　（2–2）

BD09142 號 1　觀世音經　　　（5–1）

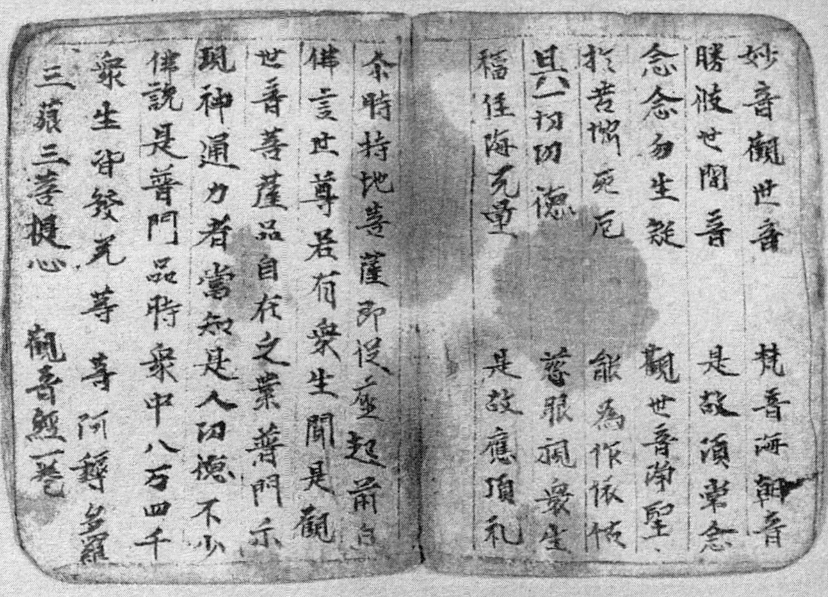

妙音觀世音　梵音海潮音
勝彼世間音　是故須常念
念念勿生疑　觀世音淨聖
於苦惱死厄　能為作依怙
具一切功德　慈眼視衆生
福聚海无量　是故應頂禮
爾時持地菩薩即從座起前白
佛言世尊若有衆生聞是觀
世音菩薩品自在之業普門示
現神通力者當知是人功德不少
佛說是普門品時衆中八万四千
衆生皆發无等等阿耨多羅
三藐三菩提心　觀音經一卷

BD09142 號 1　觀世音經　（5–2）

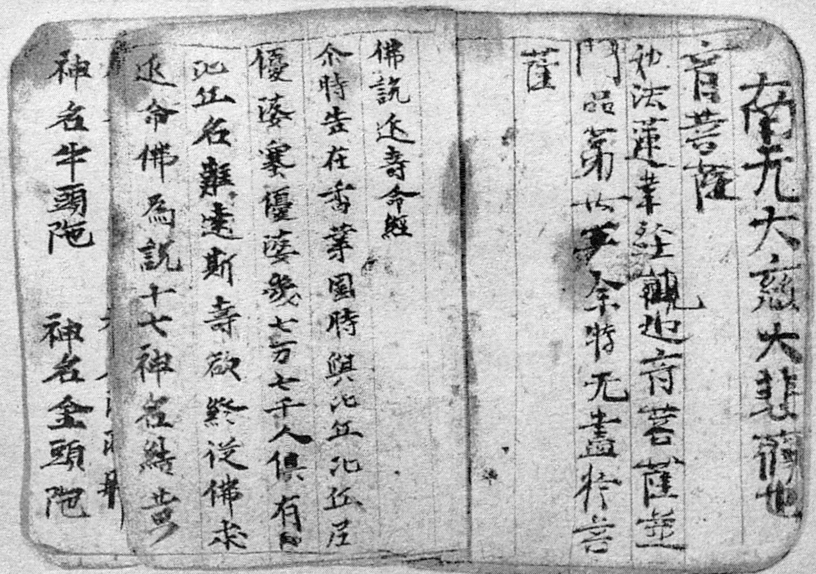

南无大慈大悲觀世
音菩薩
妙法蓮華經觀世音菩薩普
門品第廿五　爾時无盡意
菩
佛說延壽命經
爾時佛在香華國時與比丘比丘尼
優婆塞優婆夷七万七千人俱有一
比丘名難達斯壽欲終從佛求
延命佛為說十七神名結[illegible]
神名牛頭陁
神名金頭陁

BD09142 號 2　延壽命經（小本）　（5–3）

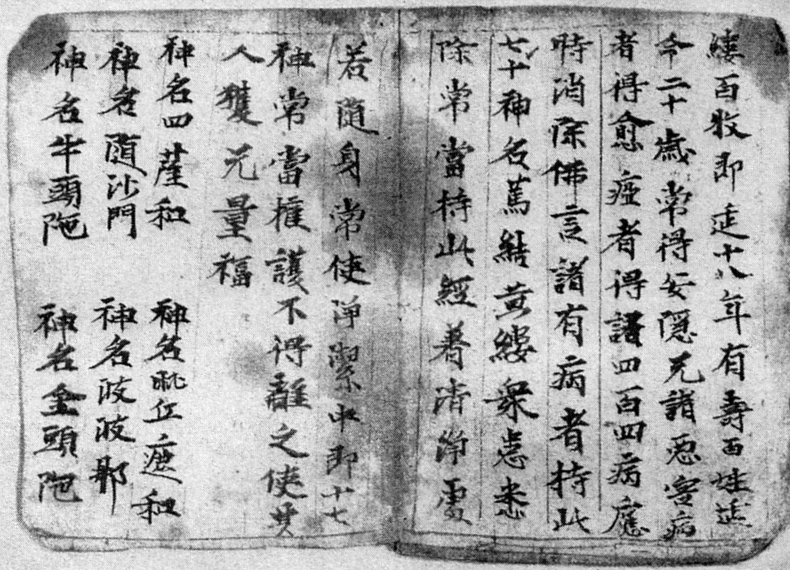

BD09142 號 2　延壽命經（小本）　（5–4）

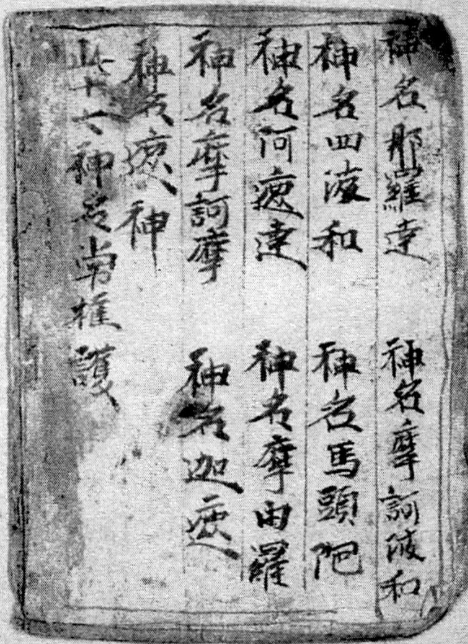

BD09142 號 2　延壽命經（小本）　（5–5）

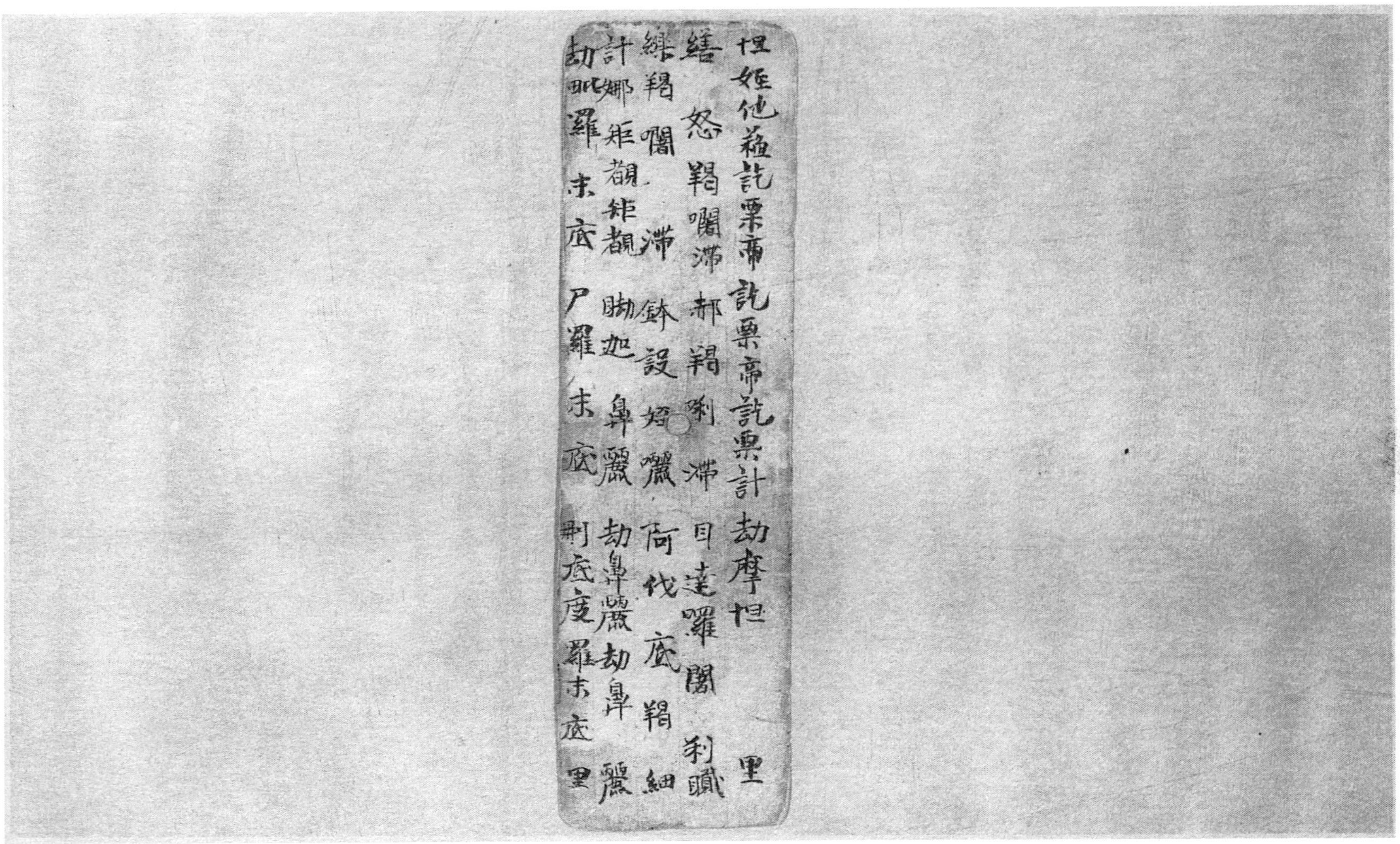
怛姪他蘇訖栗帝 訖栗帝 訖栗計 劫摩怛里
繕怒羯囑滯 都羯剎滯 目達羅闍剎曬
繕羯囑滯 鉢設姪曬 阿伐底羯細
計娜矩覩矩覩 吻迦鼻曬 劫鼻曬 劫鼻曬
劫毗羅末底 尸羅末底 剎底度羅末底里

BD09143號　金光明最勝王經鈔（擬）　　（2–1）

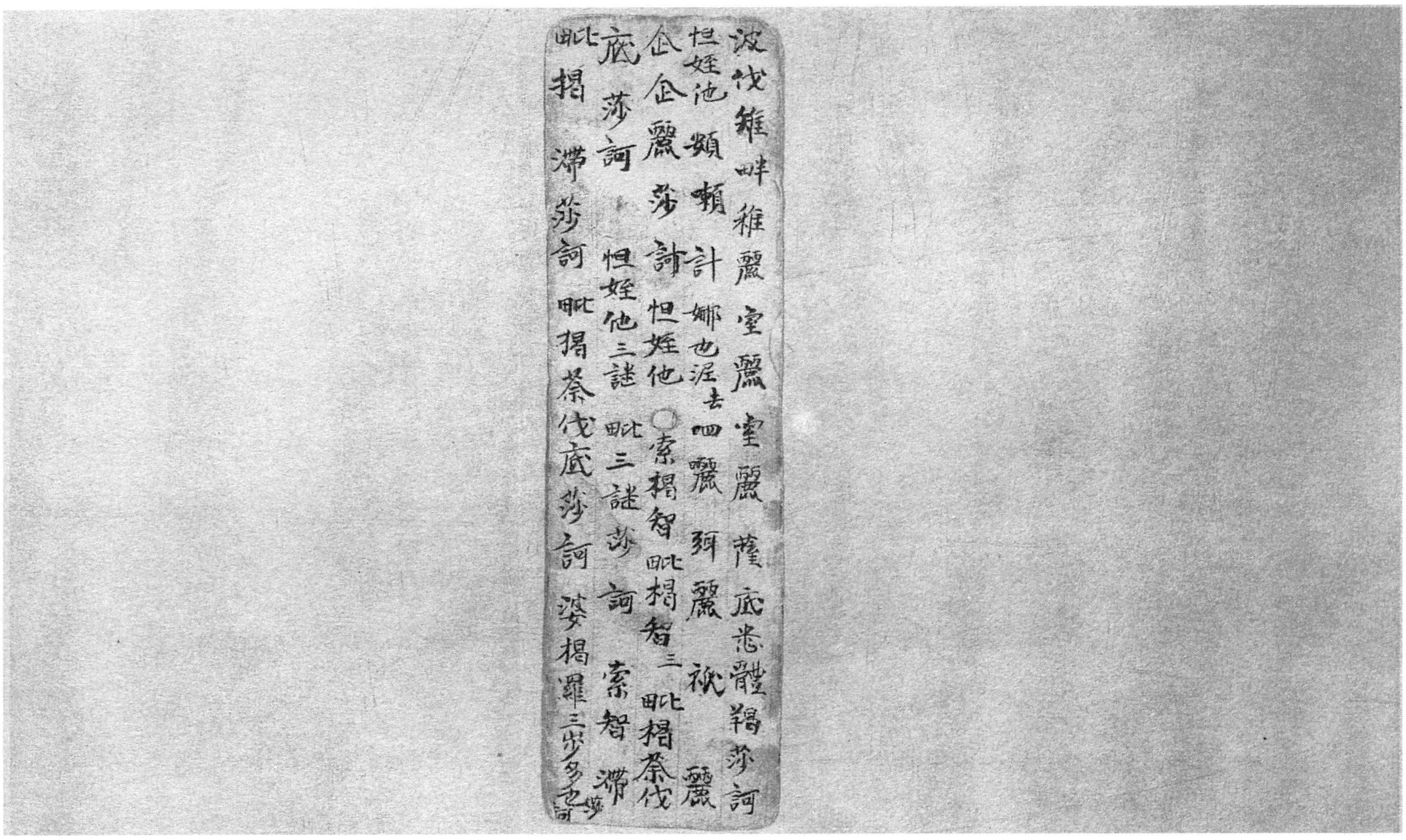
波伐雉畔雉曬 室曬 室曬 薩底悉體羯莎訶
怛姪他頞蝲計娜也涅去四曬 頞曬祇曬
企企曬莎訶 怛姪他索揭智 毗揭智三 毗揭荼伐
底莎訶 怛姪他三謎 毗三謎莎訶 索智滯娑
毗揭滯莎訶 毗揭荼伐底莎訶 娑揭羅三步多也莎訶

BD09143號　金光明最勝王經鈔（擬）　　（2–2）

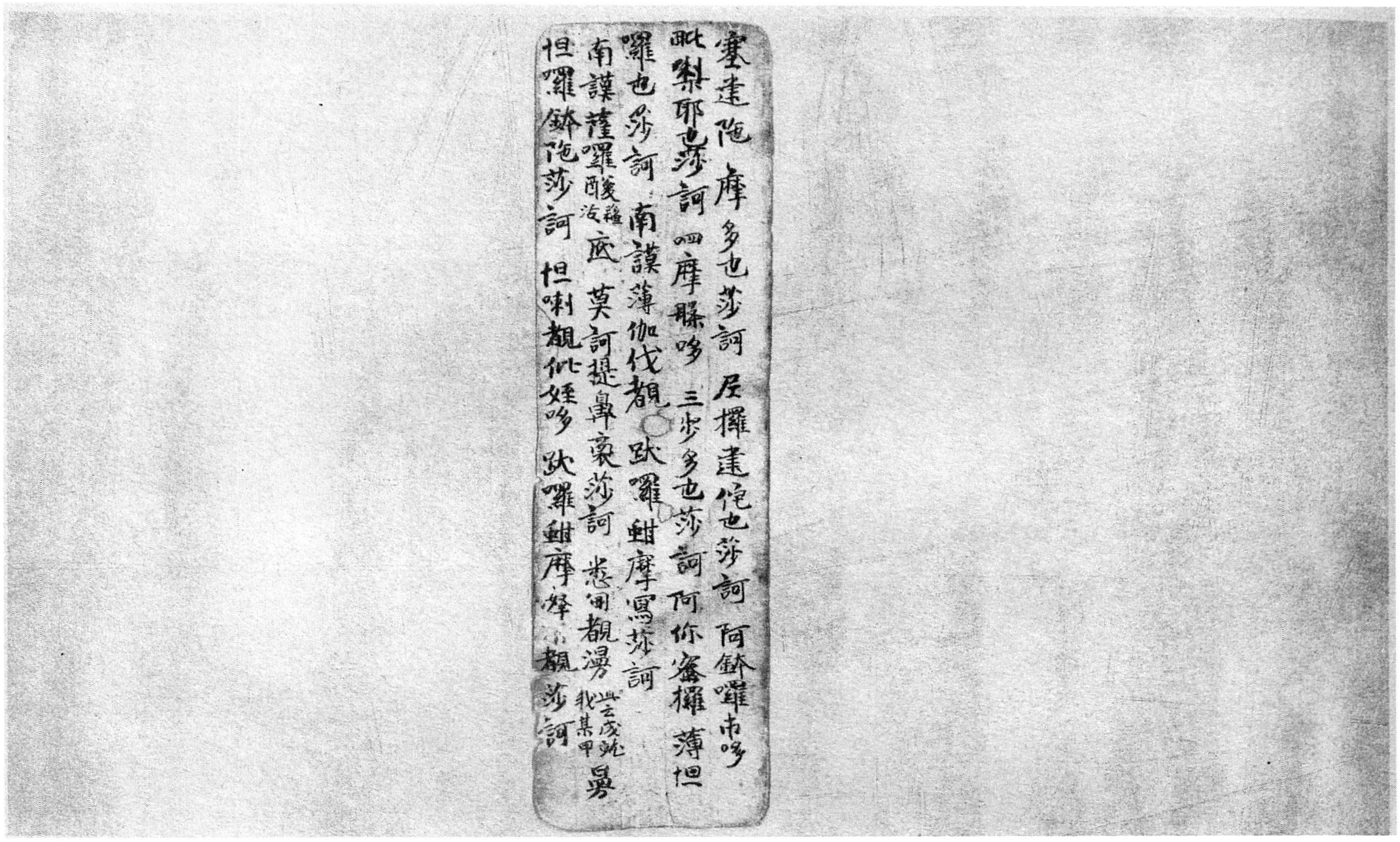

BD09144 號　金光明最勝王經鈔（擬）　（2–1）

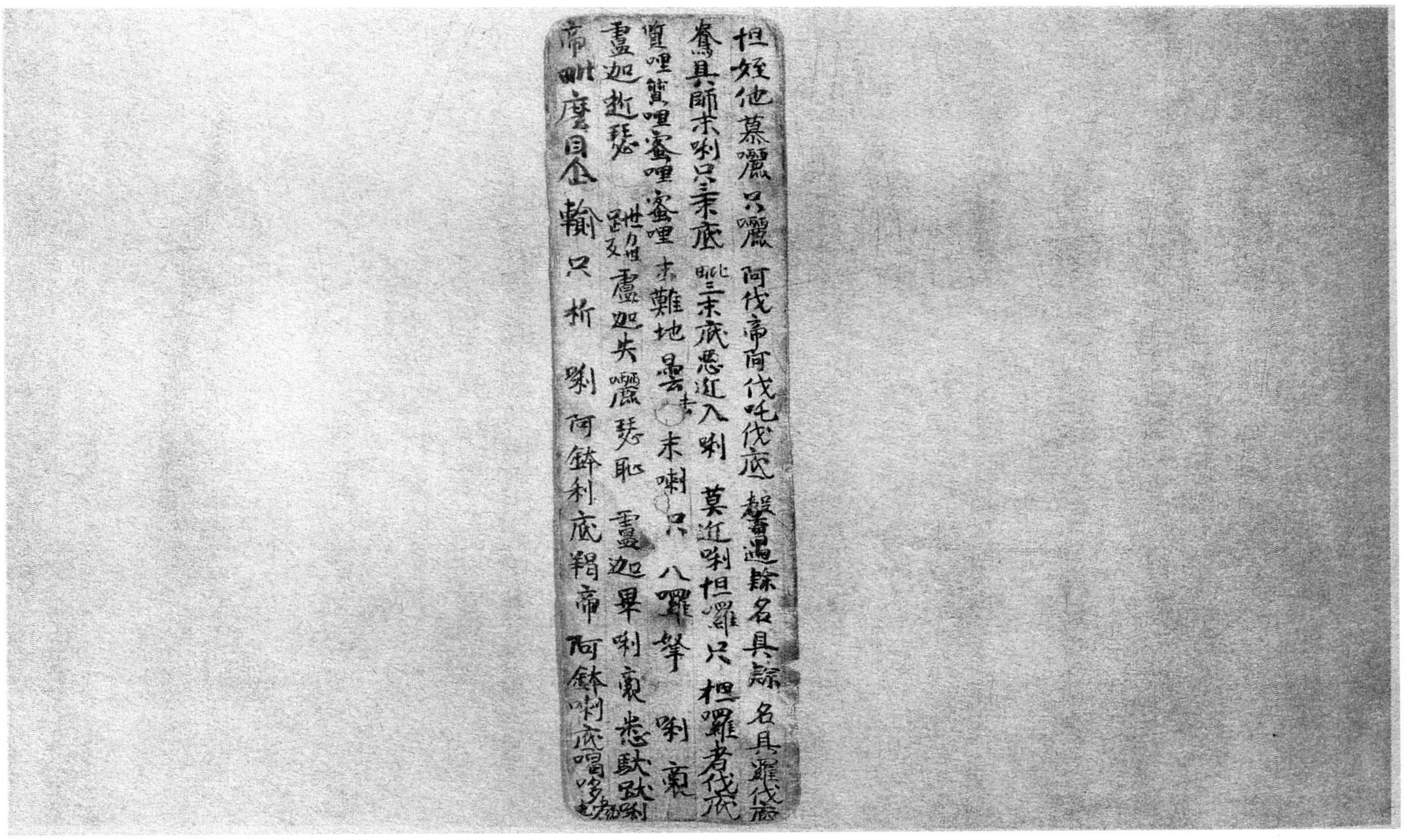

BD09144 號　金光明最勝王經鈔（擬）　（2–2）

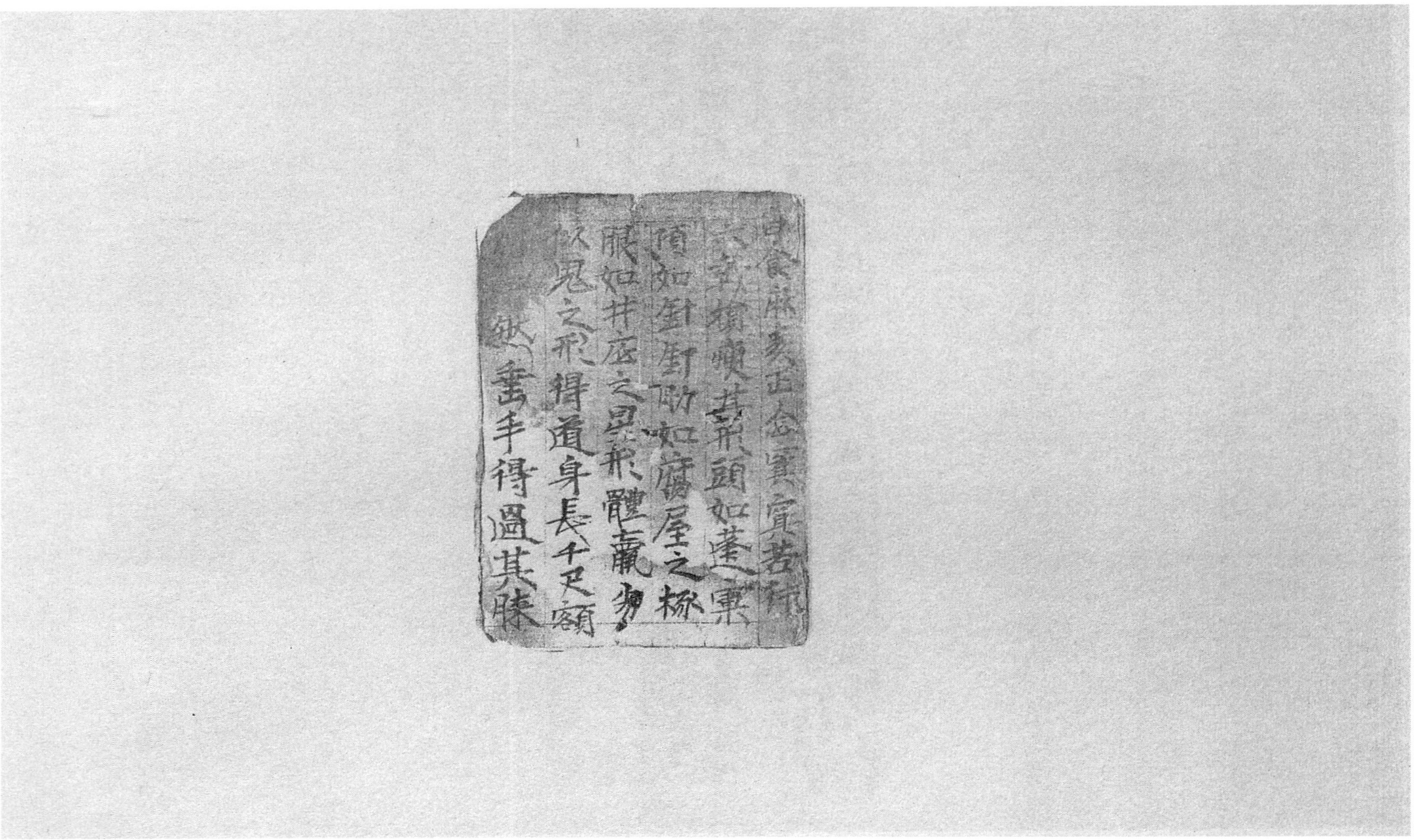
日食麻麥正念寳宜菩薩
六年羸瘦其形頭如蓬藁
項如針針脇如破屋之椽
眼如井底之星形體羸劣
似鬼之形得道身長千尺顔
然垂手得過其膝

BD09145 號 1　如來成道經　（6–1）

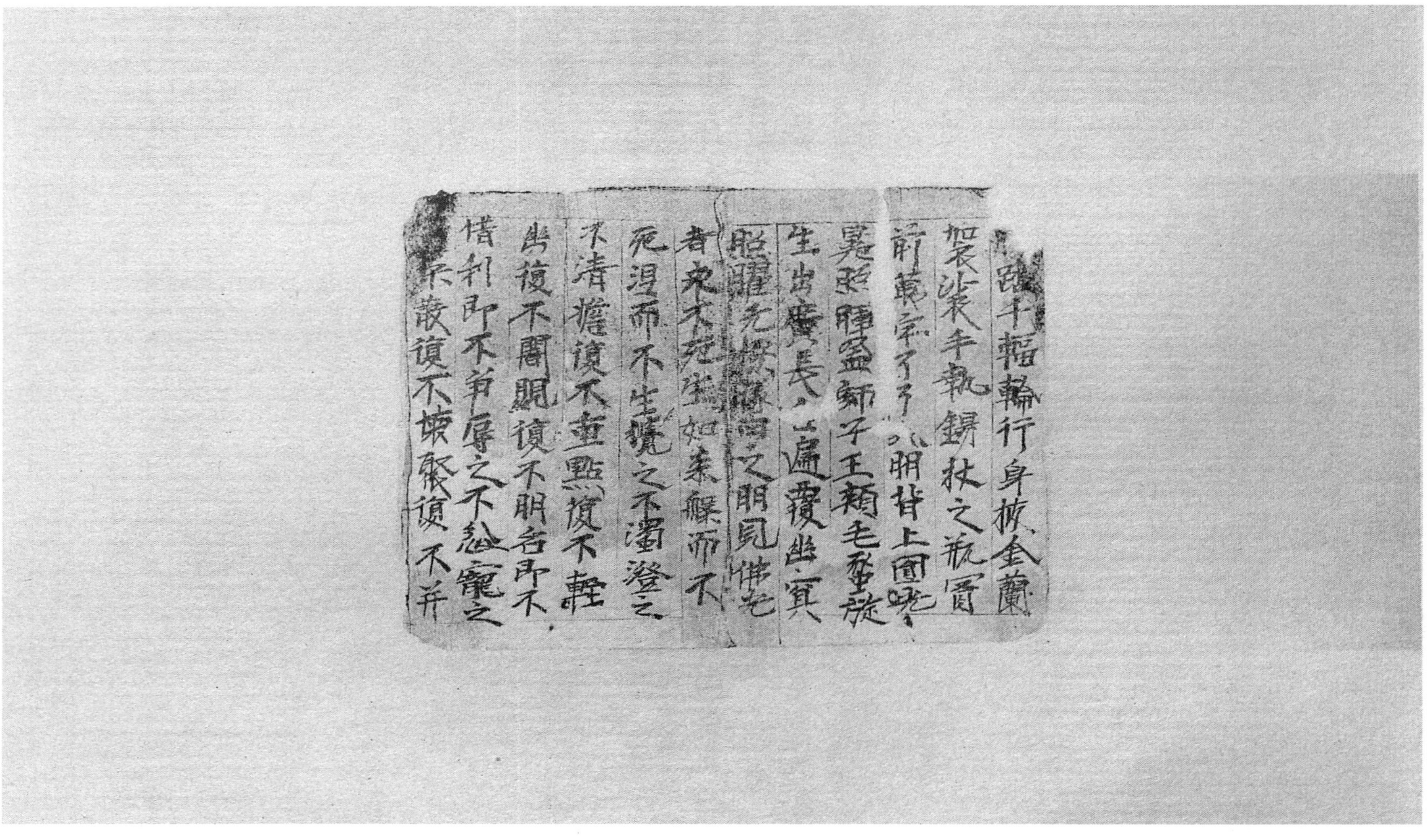
跡千輻輪行身披金蘭
袈裟手執錫杖之瓶實
前藏宗了了明昔上國嘸
異相種盈師子王頰毛螺旋
生出廣長之遍覆出冥
照曜光燄隨向之明見佛光
者必不死如来解而不
死涅而不生境之不濁澄之
求清擔復不垂黜復不輕
出復不闇眠復不明否即不
情利即不弟辱之不忿寵之
不叢復不壞聚復不并

BD09145 號 1　如來成道經　（6–2）

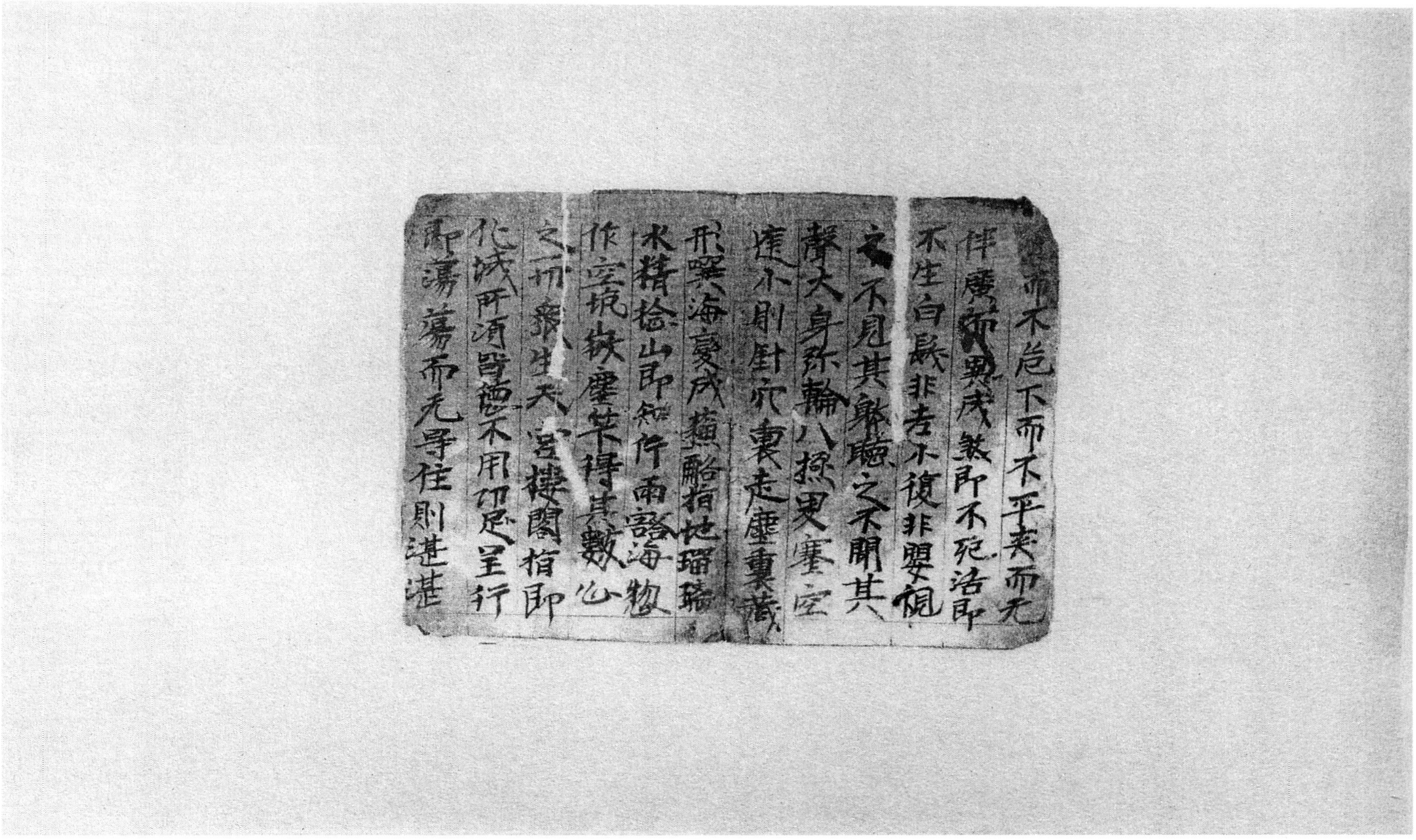
而不危下而不平夷而无
伴廣而無成數即不死活即
不生白長非老不復非嬰視
之不見其躰聽之不聞其
聲大身弥輪八極畢塞空
達不則對穴裏走塵裏藏
形嬰海宴成麵船指地瑠璃
水精捨山即知作雨露海物
作空境秋塵笇得其數心
之所衆生天宮樓閣指即
化成所須皆德不用即足呈行
即蕩蕩而无尋住則湛湛

BD09145 號 1　如來成道經　（6–3）

而不俯樹肉眼觀三世之事
用五眼常同而盲居无非非
之意處无是是之情起三之
境外越六度之衆生振叫威
烈不使指蟄蟯即不着音
即有形无端出没運轉自寧
驗眼即萬里觀眼即停山
即非相可相非名可名號而
不厭溺而不居據而不起抑
不勸善失物
不爆爍溜
祈不根根

BD09145 號 1　如來成道經　（6–4）

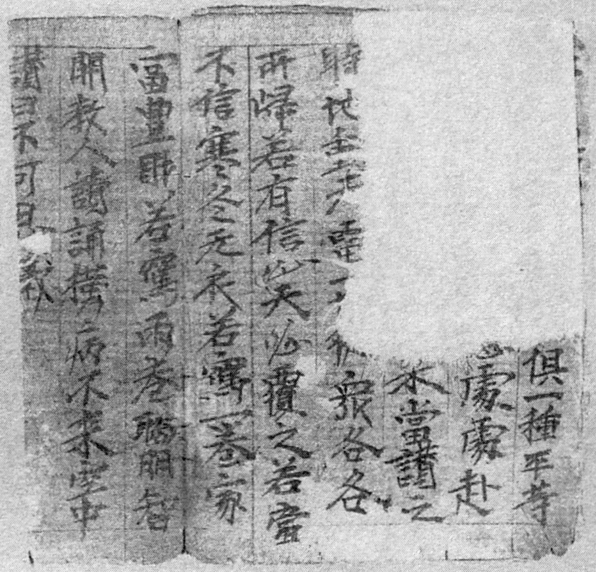

BD09145 號 1　如來成道經　　（6–5）

BD09145 號 2　大威儀請問經　　（6–6）

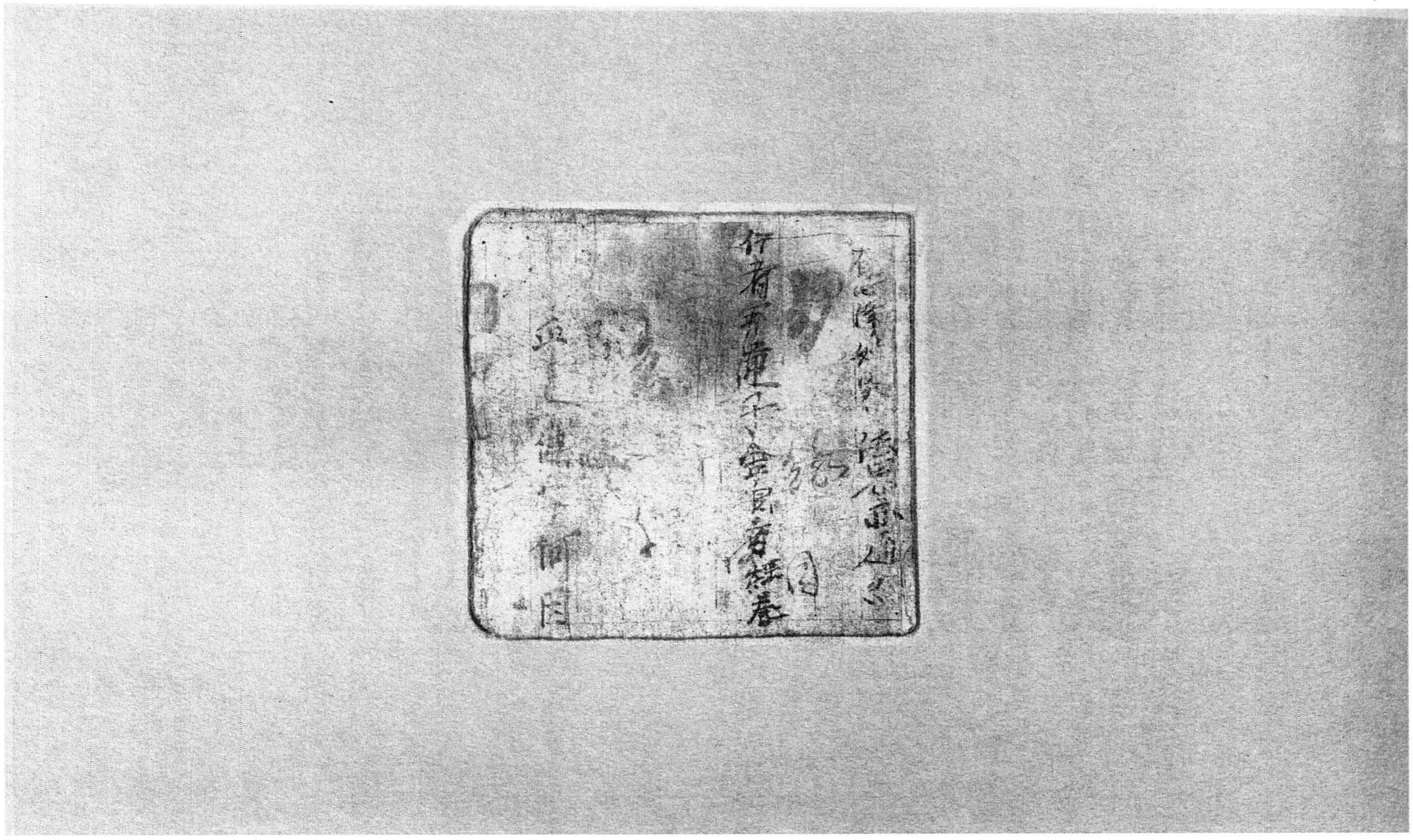

BD09146 號　題記、雜寫　　（7–1）

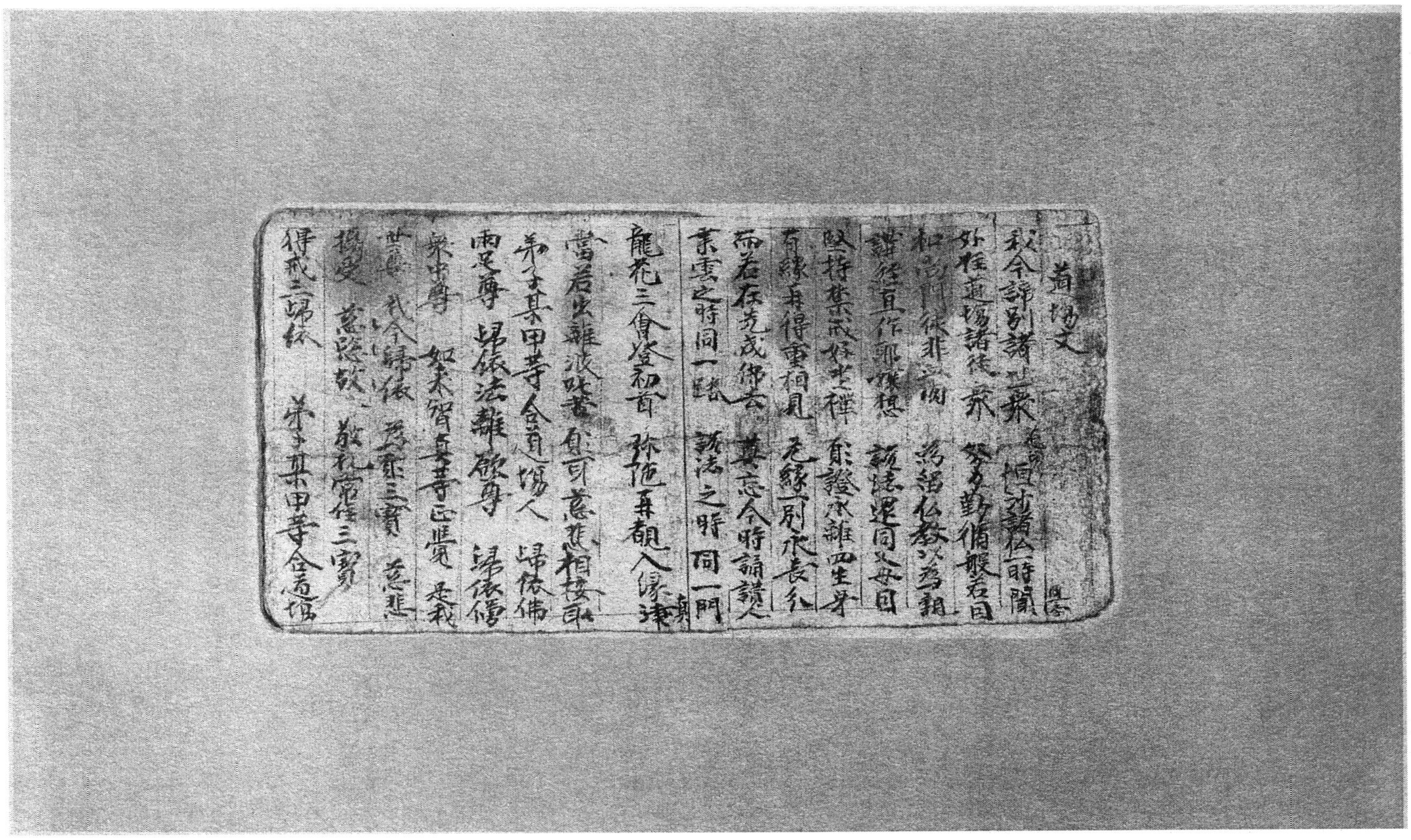

BD09146 號 1　道場文　　（7–2）

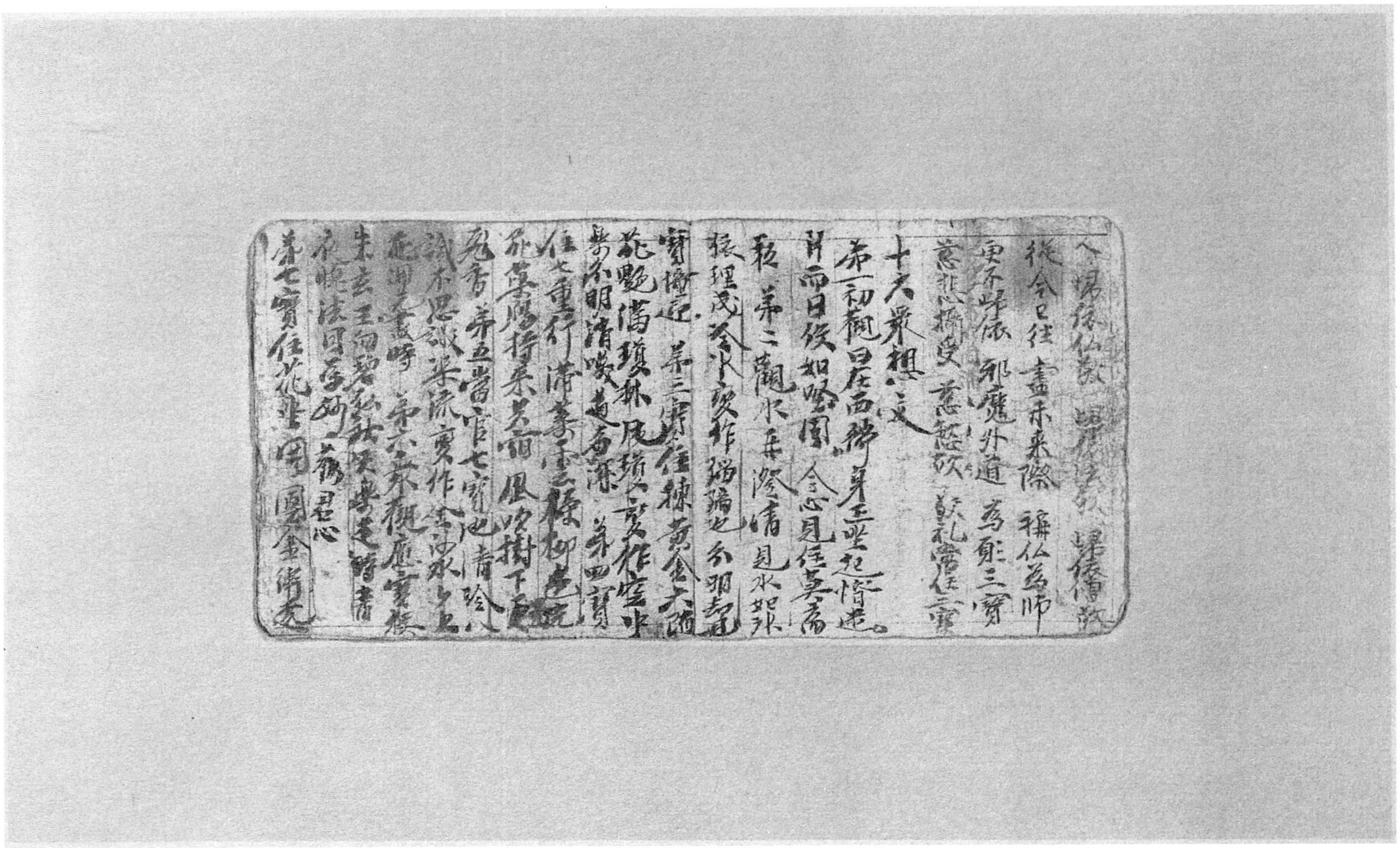

BD09146 號 1　道場文　　　　　　　　　　　　　　（7–3）
BD09146 號 2　十六衆想文

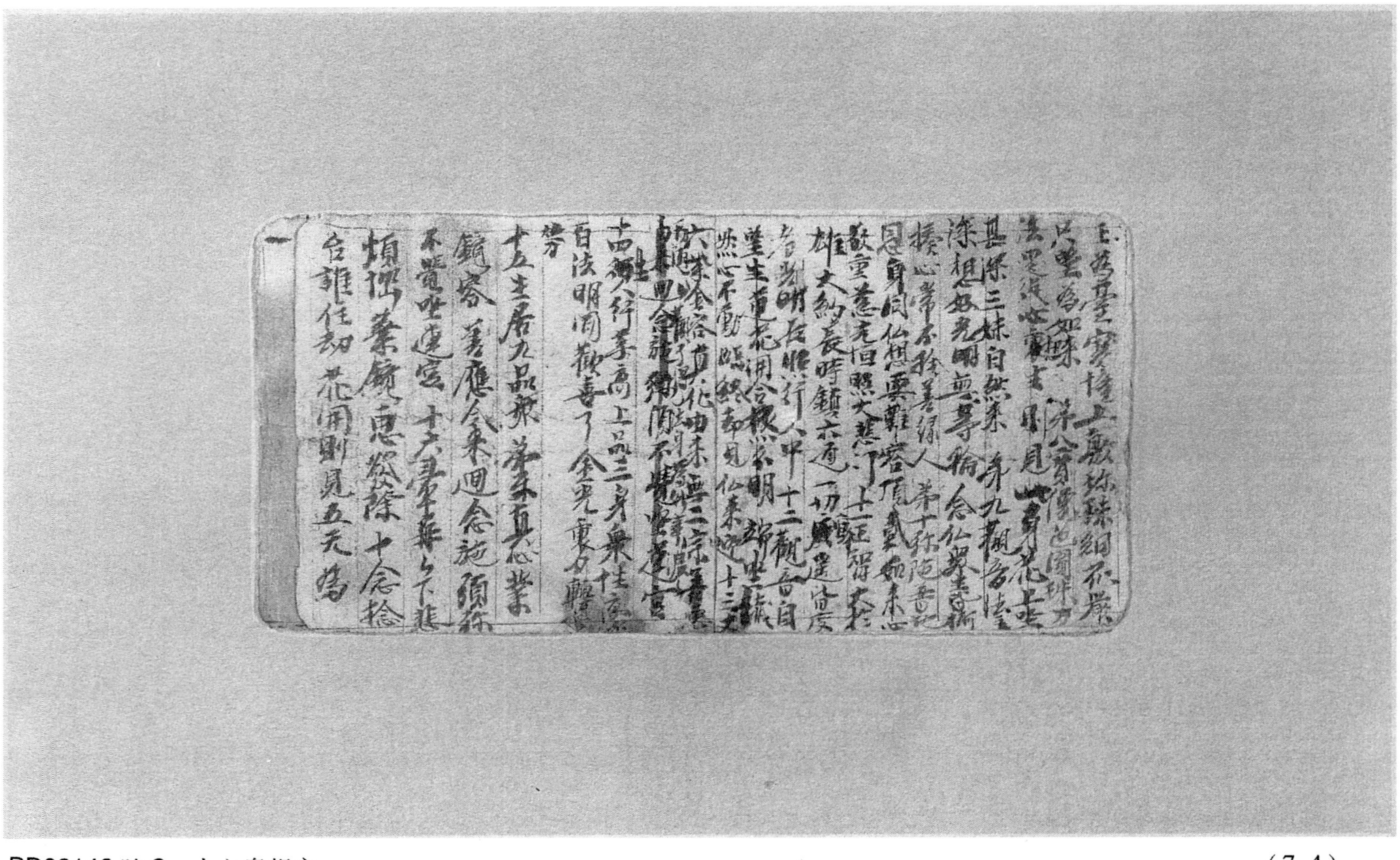

BD09146 號 2　十六衆想文　　　　　　　　　　　　（7–4）

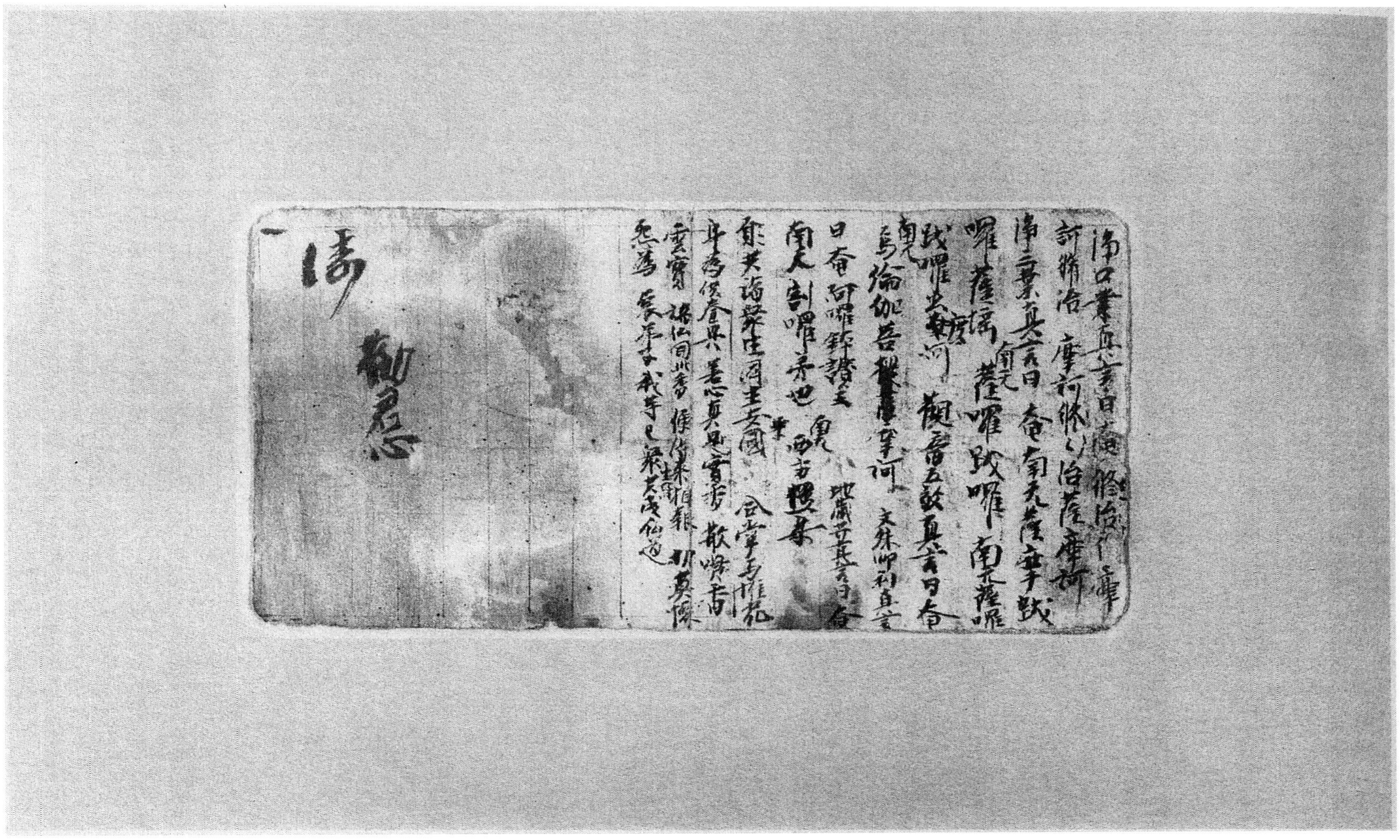

BD09146 號 2　十六衆想文　　　　（7–5）

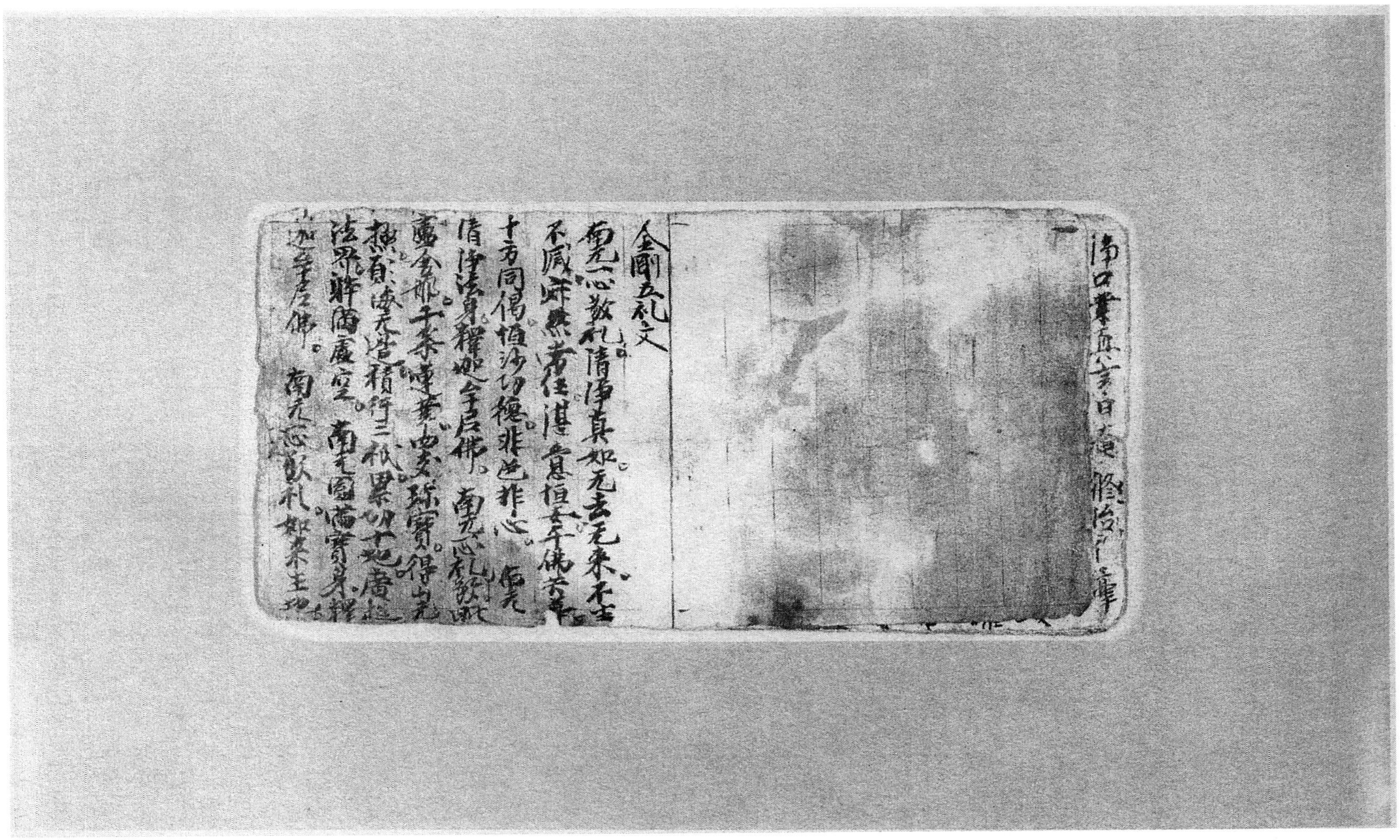

BD09146 號 3　金剛五禮文　　　　（7–6）

BD09146 號 3　金剛五禮文　　（7–7）

BD09147 號 1　護首　　（5–1）

BD09147 號 1　發願文雜寫（擬）　（5–2）
BD09147 號 2　觀世音經

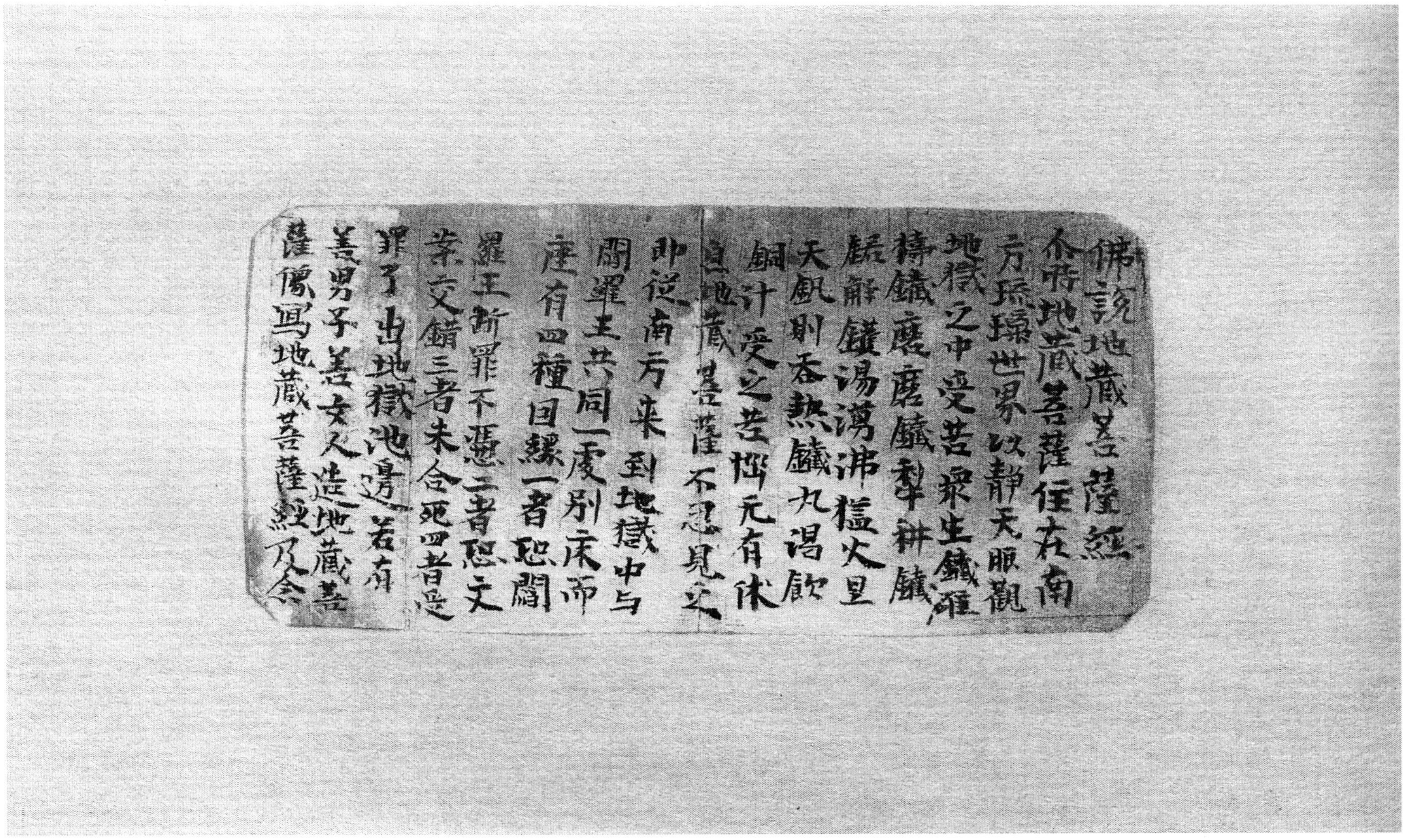

BD09147 號 3　地藏菩薩經　（5–3）

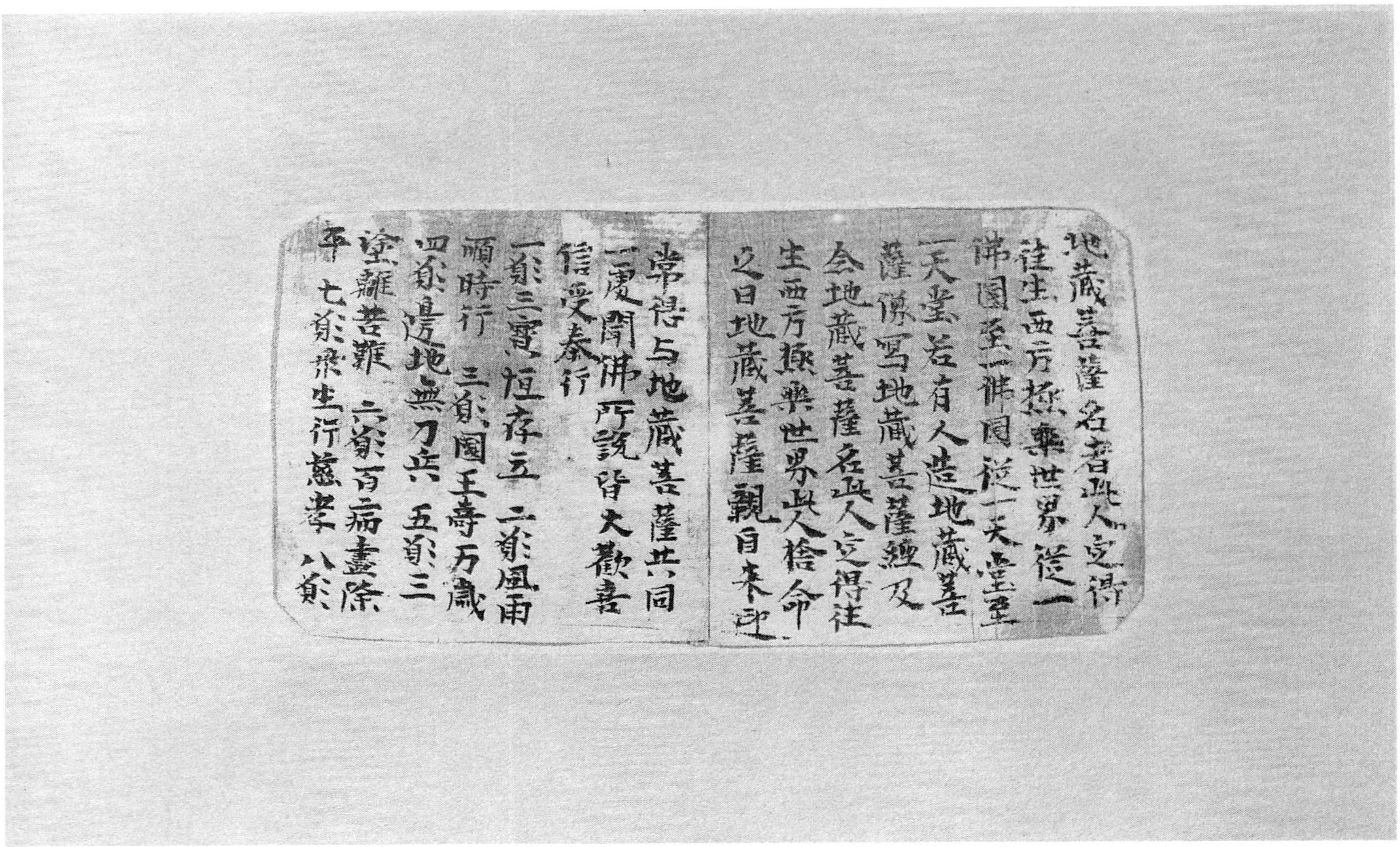
地藏菩薩名者此人定得
往生西方極樂世界從一
佛國至一佛國從一天堂至
一天堂若有人造地藏菩
薩像寫地藏菩薩經及
念地藏菩薩名此人定得往
生西方極樂世界此人捨命
之日地藏菩薩親自來迎
常得与地藏菩薩共同
一處聞佛所說皆大歡喜
信受奉行
一願三寶恒存　二願風雨
順時行　三願國王壽万歲
四願邊地無刀兵　五願三
塗離苦難　六願百病盡除
平　七願衆生行慈孝　八願

BD09147 號 3　地藏菩薩經　（5–4）
BD09147 號 4　發願文（擬）

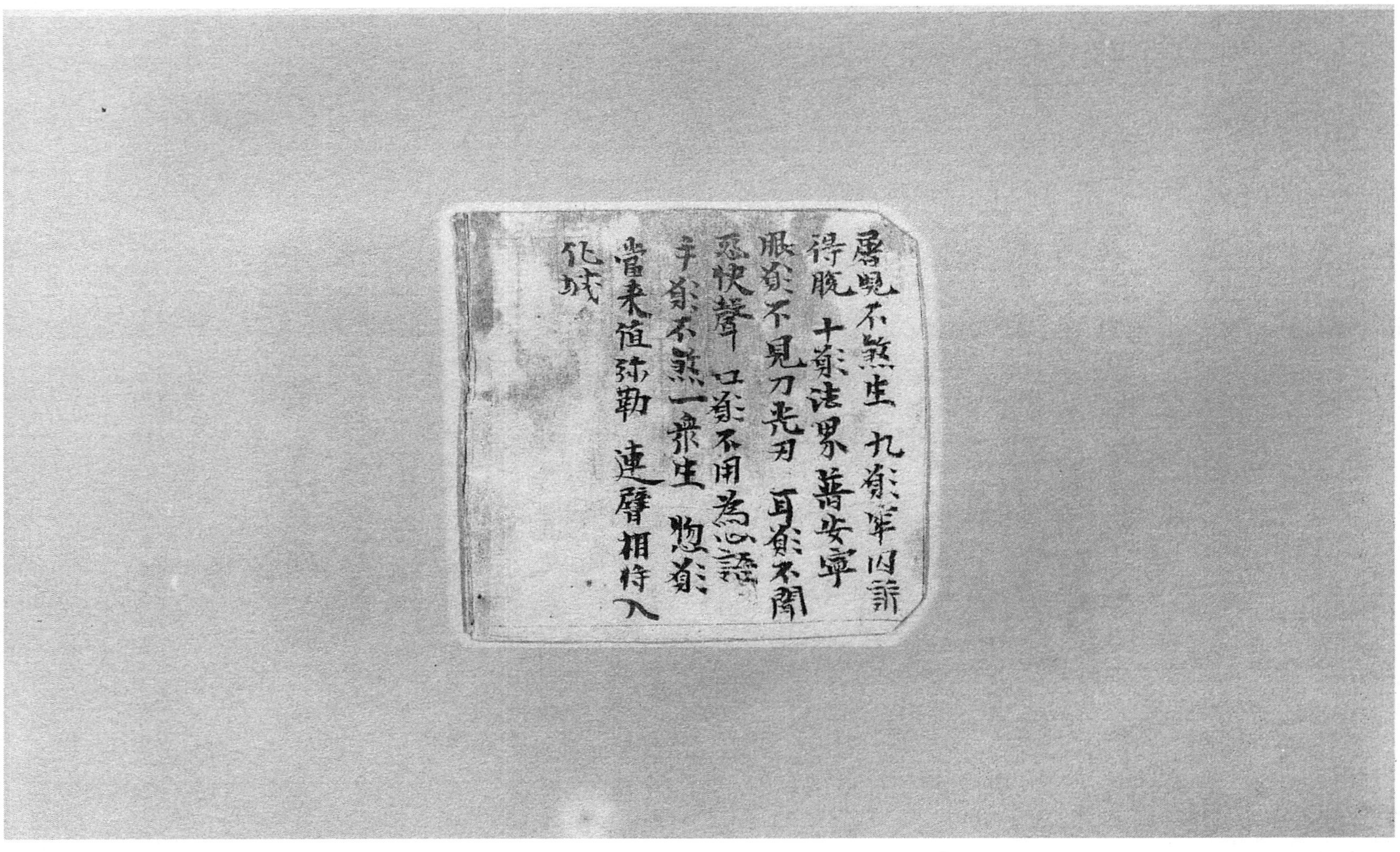
屠兒不煞生　九願牢囚訴
得脫　十願法界普安寧
眼願不見刀光刃　耳願不聞
惡快聲　口願不用為惡語
手願不煞一衆生　惣願
當來值弥勒　連臂相將入
化城

BD09147 號 4　發願文（擬）　（5–5）

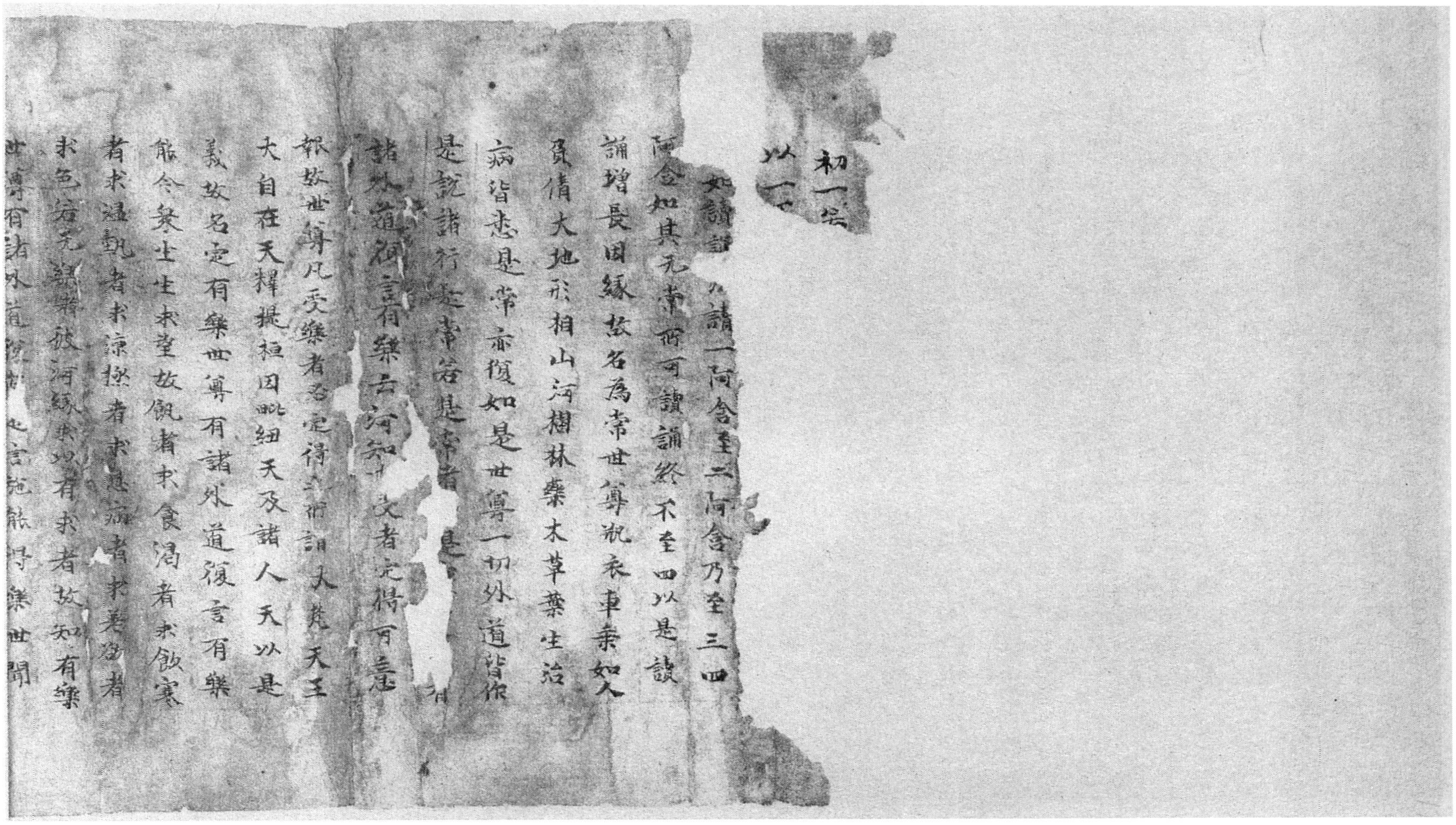
初一分
以一……
如諸部以諸一阿含至二阿含乃至三四
阿含如其无常而可讀誦終不至四以是讀
誦增長因緣故名為常世尊猶衣車乘如人
負債大地形相山河樹林藥木草葉生治
病皆悉是常亦復如是世尊一切外道皆作
是說諸行是常若是常者[illegible]
諸外道復言有樂云何知之受者定得可意
報故世尊凡受樂者定得之而謂大梵天王
大自在天釋提桓因毗紐天及諸人天以是
義故名定有樂世尊有諸外道復言有樂
能令衆生生求望故飢者求食渴者求飲寒
者求溫熱者求涼極者求息病者求差欲者
求色若无樂者彼何緣求以有求者故知有樂
世尊有諸外道復作是言施能得樂世間

BD09148 號　大般涅槃經（北本）卷一三　（5–1）

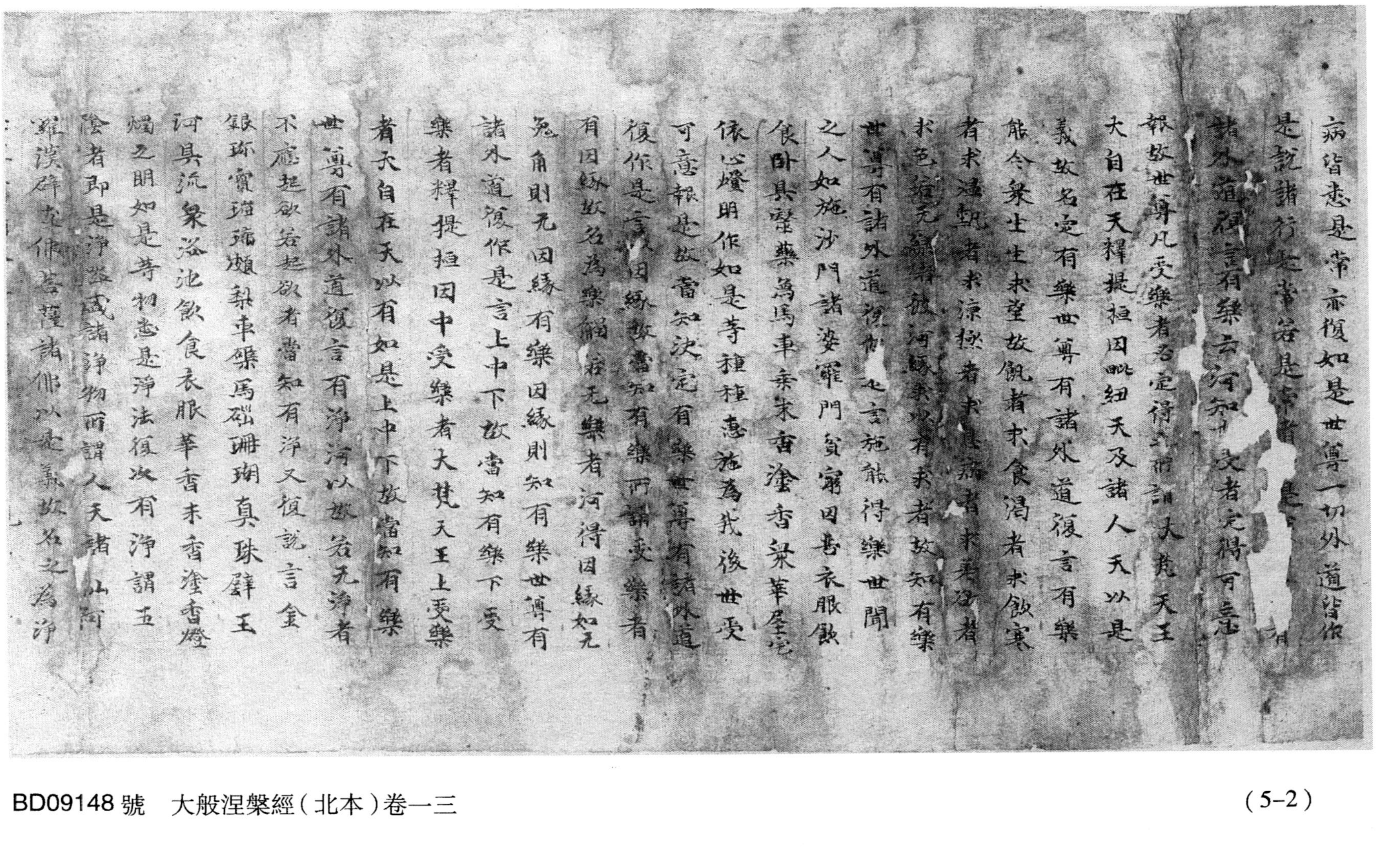
病皆悉是常亦復如是世尊一切外道皆作
是說諸行是常若是常者[illegible]
諸外道復言有樂云何知之受者定得可意
報故世尊凡受樂者定得之而謂大梵天王
大自在天釋提桓因毗紐天及諸人天以是
義故名定有樂世尊有諸外道復言有樂
能令衆生生求望故飢者求食渴者求飲寒
者求溫熱者求涼極者求息病者求差欲者
求色若无樂者彼何緣求以有求者故知有樂
世尊有諸外道復作是言施能得樂世間
之人如施沙門諸婆羅門貧窮困苦衣服飲
食卧具醫藥象馬車乘末香塗香衆華屋宅
依止燈明作如是等種種惠施為於後世受
可意報是故當知決定有樂世尊有諸外道
復作是言以因緣故當知有樂所謂受樂者
有因緣故名為樂觸若无樂者何得因緣如无
兔角則无因緣有樂因緣則知有樂世尊有
諸外道復作是言上中下故當知有樂下受
樂者釋提桓因中受樂者大梵天王上受樂
者大自在天以有如是上中下故當知有樂
世尊有諸外道復言有淨何以故若无淨者
不應起欲若起欲者當知有淨又復說言金
銀琉璃頗梨車磲馬瑙珊瑚真珠璧玉
珂貝流泉浴池飲食衣服華香末香塗香燈
燭之明如是等物悉是淨法復次有淨謂五
陰者即是淨器盛諸淨物所謂人天諸仙阿
羅漢辟支佛菩薩諸佛以是義故名之為淨

BD09148 號　大般涅槃經（北本）卷一三　（5–2）

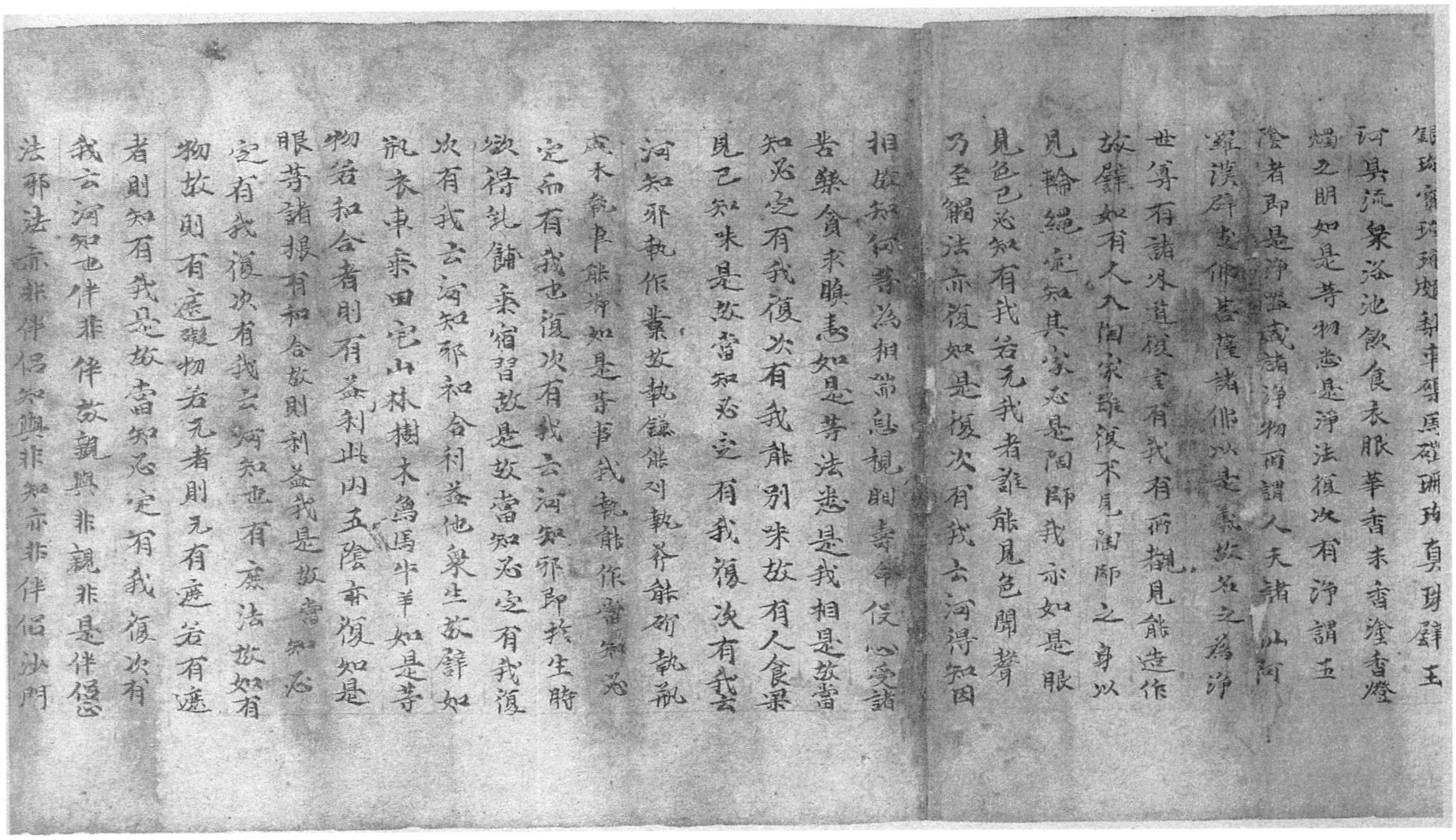
銀琉璃玻瓈頗梨車磲馬碯珊瑚真珠壁玉
珂貝流泉浴池飲食衣服華香末香塗香燈
燭之明如是等物悉是淨法復次有淨謂五
陰者即是淨器盛諸淨物所謂人天諸仙阿
羅漢辟支佛菩薩諸佛以是義故名之為淨
世尊有諸外道復言有我有所覩見能造作
故譬如有人入陶家舍雖復不見陶師之身以
見輪繩定知其家必是陶師我亦如是眼
見色已必知有我若無我者誰能見色聞聲
乃至觸法亦復如是復次有我云何得知因
相故知何等為相出息入息視眴壽命役心受諸
苦樂貪求瞋恚如是等法悉是我相是故當
知必定有我復次有我能別味故有人食果
見已知味是故當知必定有我復次有我云
何知耶執作業故執鐮能刈執斧能斫執瓶
盛水執車能御如是等事我執能作當知必
定而有我也復次有我云何知耶即於生時
欲得乳餔乘宿習故是故當知必定有我復
次有我云何知耶和合利益他眾生故譬如
瓶衣車乘田宅山林樹木象馬牛羊如是等
物若和合者則有益利此內五陰亦復如是
眼等諸根有和合故則利益我是故當知必
定有我復次有我云何知也有遮法故如有
物故則有遮礙物若無者則無有遮若有遮
者則知有我是故當知必定有我復次有
我云何知也伴非伴故親與非親非是伴侶
法邪法亦非伴侶知與非知亦非伴侶沙門

BD09148號　大般涅槃經（北本）卷一三　（5–3）

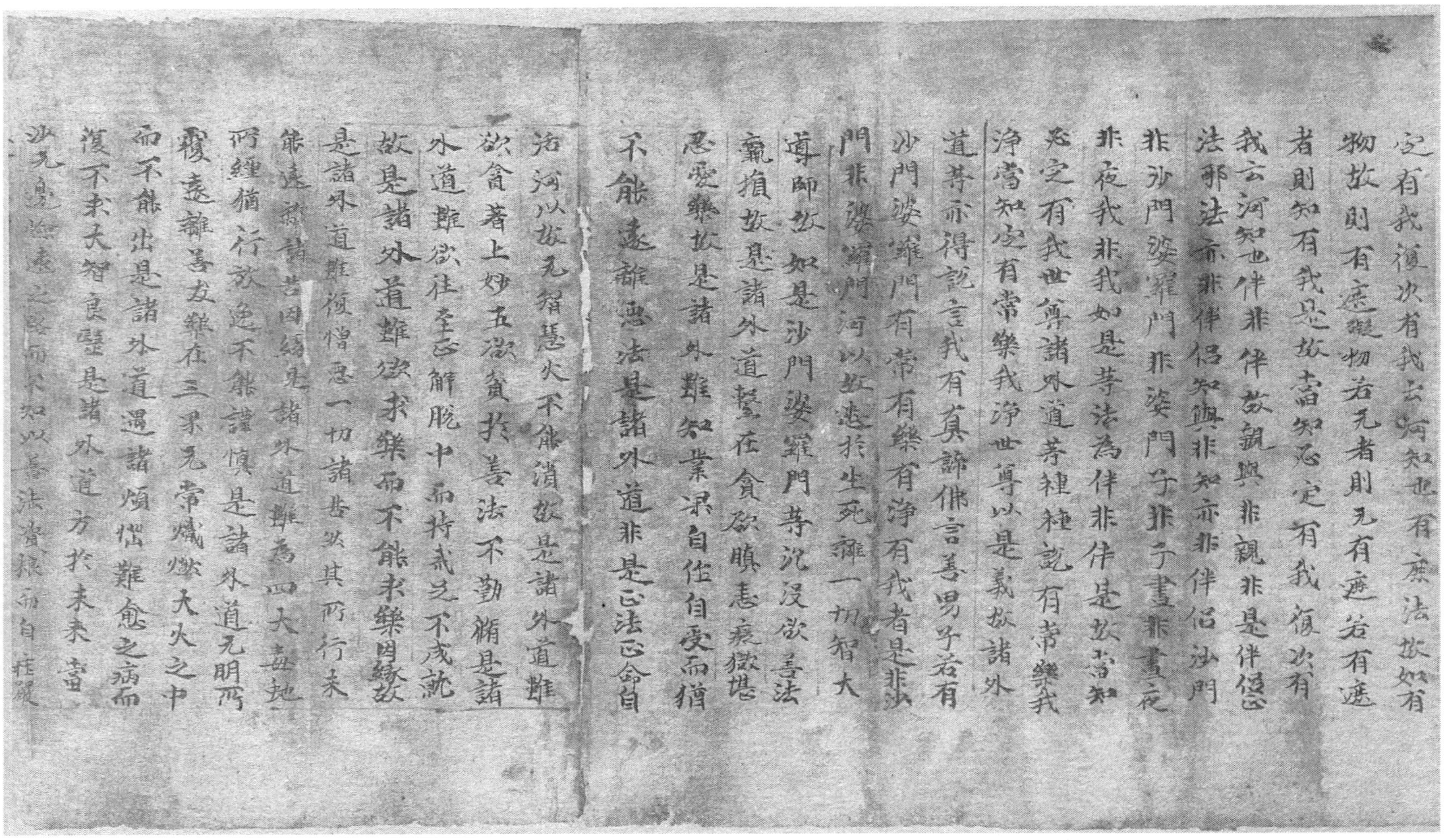
定有我復次有我云何知也有遮法故如有
物故則有遮礙物若無者則無有遮若有遮
者則知有我是故當知必定有我復次有
我云何知也伴非伴故親與非親非是伴侶
法邪法亦非伴侶知與非知亦非伴侶沙門
非沙門婆羅門非婆羅門子非子晝非晝夜
非夜我非我如是等法為伴非伴是故當知
必定有我世尊諸外道等種種說有常樂我
淨當知定有常樂我淨世尊以是義故諸外
道等亦得說言我有真諦佛言善男子若有
沙門婆羅門有常有樂有淨有我者是非沙
門非婆羅門何以故迷於生死離一切智大
導師故如是沙門婆羅門等沉沒欲善法
羸損故是諸外道繫在貪欲瞋恚痴獄堪
忍愛樂故是諸外道雖知業果自作自受而猶
不能遠離惡法是諸外道非是正法正命自
活何以故無智慧火不能消故是諸外道雖
欲貪著上妙五欲貧於善法不勤修習故是諸
外道雖欲往至正解脫中而持戒不成就
故是諸外道雖欲求樂而不能求樂因緣故
是諸外道雖復憎惡一切諸苦然其所行未
能遠離諸苦因緣是諸外道雖為四大毒蛇
所纏猶行放逸不能謹慎是諸外道無明所
覆遠離善友樂在三界無常熾燃大火之中
而不能出是諸外道遇諸煩惱難愈之病而
復不求大智良醫是諸外道方於未來當
涉無邊險遠之路而不知以善法資糧而自莊嚴

BD09148號　大般涅槃經（北本）卷一三　（5–4）

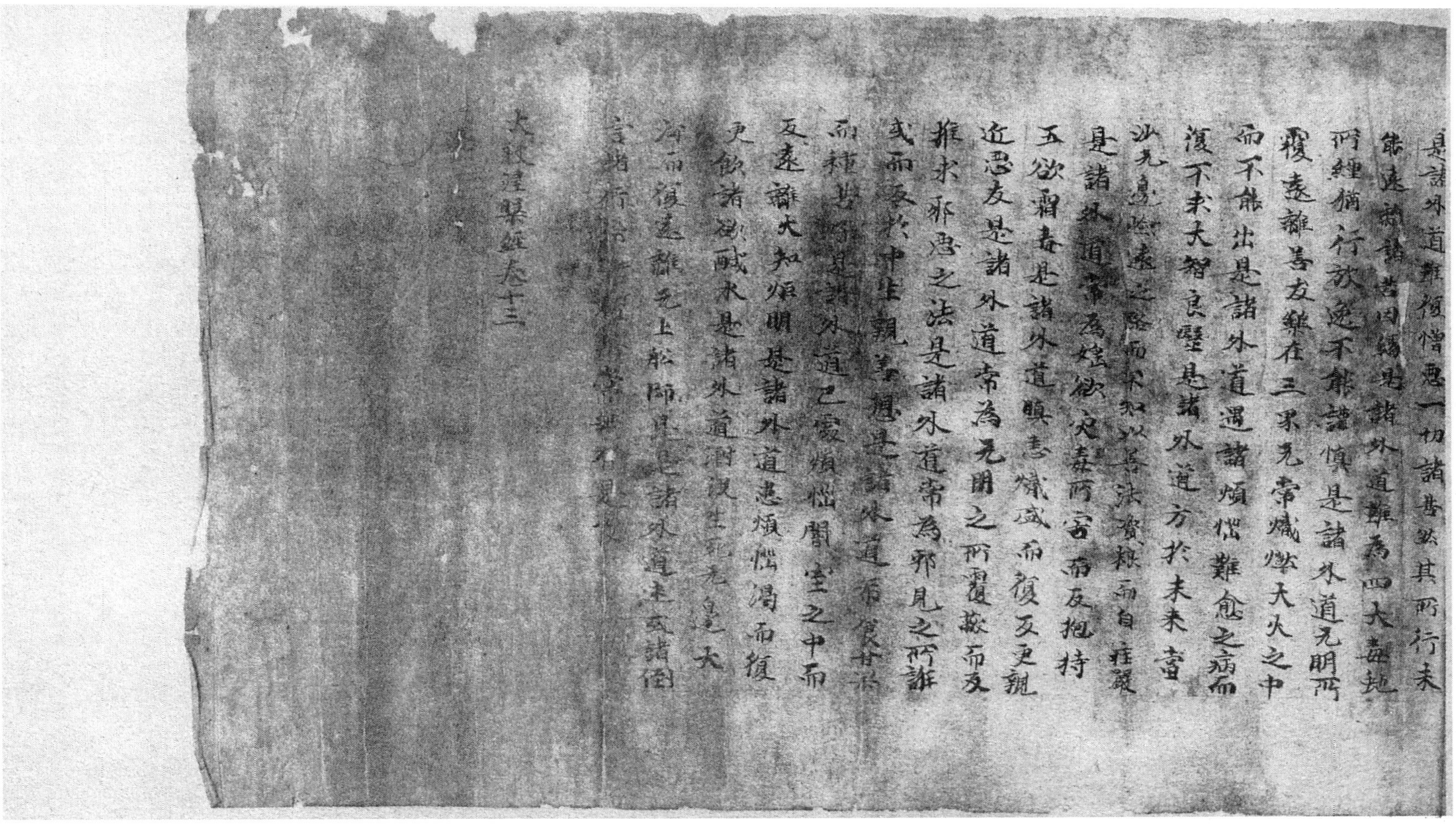
是諸外道雖復憎惡一切諸苦然其所行未
能遠離諸苦因緣是諸外道雖為四大毒蛇
所纏猶行放逸不能謹慎是諸外道无明所
覆遠離善友樂在三界无常熾燃大火之中
而不能出是諸外道遇諸煩惱難愈之病而
復不求大智良醫是諸外道方於未來當
涉无邊險遠之路而不知以善法資粮而自莊嚴
是諸外道常為婬欲之毒所害而反抱持
五欲霜毒是諸外道瞋恚熾盛而復反更親
近惡友是諸外道常為无明之所覆蔽而反
推求邪惡之法是諸外道常為邪見之所誑
惑而反於中生親善想是諸外道欲食甘果
而種苦子是諸外道已處煩惱闇室之中而
反遠離大智炬明是諸外道患煩惱渴而復
更飲諸欲鹹水是諸外道漂沒生死无邊大
河而復遠離无上船師是諸外道迷惑諸倒
言諸行常諸行若常无有是處

大般涅槃經卷十三

BD09148 號　大般涅槃經（北本）卷一三　　（5–5）

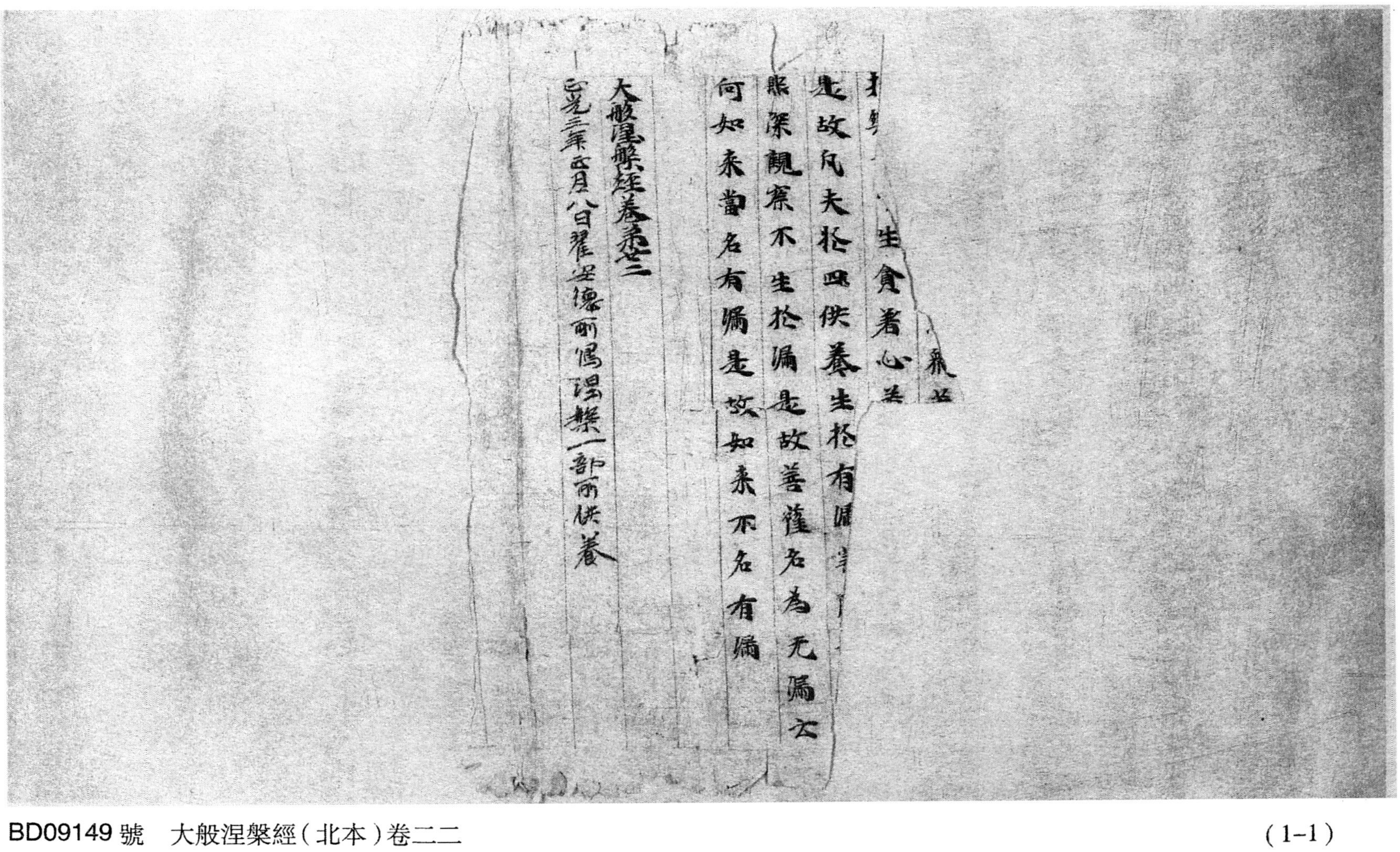
乘若
擭……生貪著心若
是故凡夫於四供養生於有漏是……
能深觀察不生於漏是故菩薩名為无漏云
何如來當名有漏是故如來不名有漏

大般涅槃經卷第廿二
正光三年五月八日翟安德所寫涅槃一部所供養

BD09149 號　大般涅槃經（北本）卷二二　　（1–1）

佛言
善女人
波羅蜜故如是等、
處唯願佛日更不有
四天大王龍神八部諸究
迦鄧波斯迦白佛言世
今為作衛護不令有人
如此人輩必定獲得无量
佛言世尊當何名之佛告慶喜此經名諸
佛要行捨身功德經亦持一切天人阿素洛
聞佛所說信受信行
佛說要行捨身經

BD09150 號　要行捨身經　（1–1）

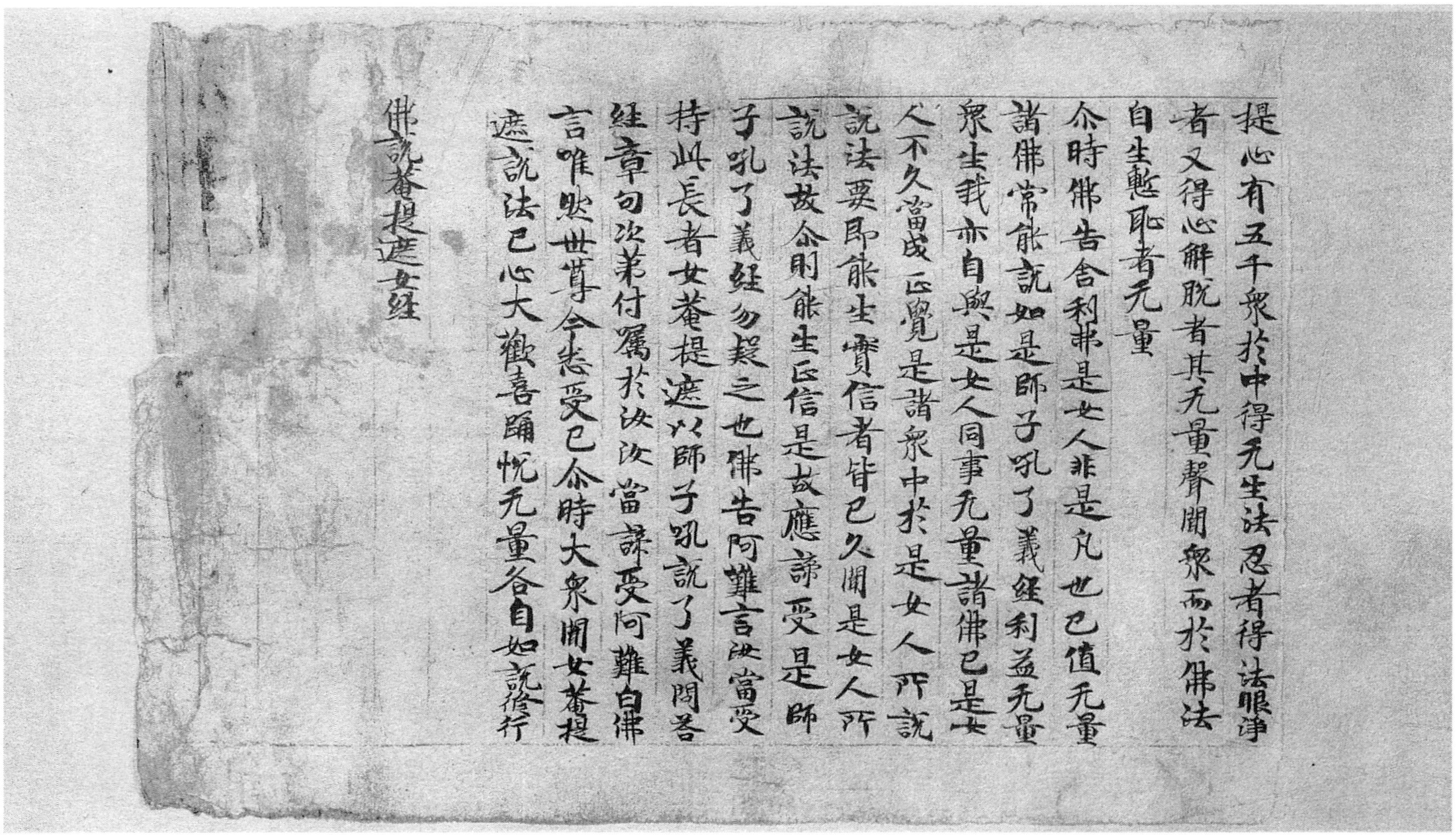

提心有五千衆於中得无生法忍者得法眼淨
者又得心解脫者其无量聲聞衆而於佛法
自生慚恥者无量
尒時佛告舍利弗是女人非是凡世已值无量
諸佛常能說如是師子吼了義經利益无量
衆生我亦自與是女人同事无量諸佛已是女
人不久當成正覺是諸衆中於是女人所說
說法要即能生實信者皆已久聞是女人所
說法故尒明能生正信是故應諦受是師
子吼了義經勿疑之也佛告阿難言汝當受
持此長者女菴提遮以師子吼說了義問答
經章句次第付囑於汝汝當諦受阿難白佛
言唯然世尊今悉受已尒時大衆聞女菴提
遮說法已心大歡喜踊悅无量各自如說修行
佛說菴提遮女經

BD09151 號　長者女庵提遮師子吼了義經　（1–1）

即經七遍、父母即離地獄、而生天上
見佛聞法、悟无生忍、而證菩提。佛
告无导菩薩、毗婆尸佛、有優婆塞、優婆
夷、心不信邪、敬崇佛法、書寫此經、
受持讀誦、所有興作、須作即作、无
所問、以正信兼行布施、平等供養、
得无漏身、成菩提道、号曰普光如來
應正等覺、劫名大滿、國号无邊。
一切人民皆行菩薩无上法、復次
善男子、八陽經行在閻浮提、在在
處處有八陽菩薩、諸梵天王、一切

BD09152 號　天地八陽神咒經　（9–1）

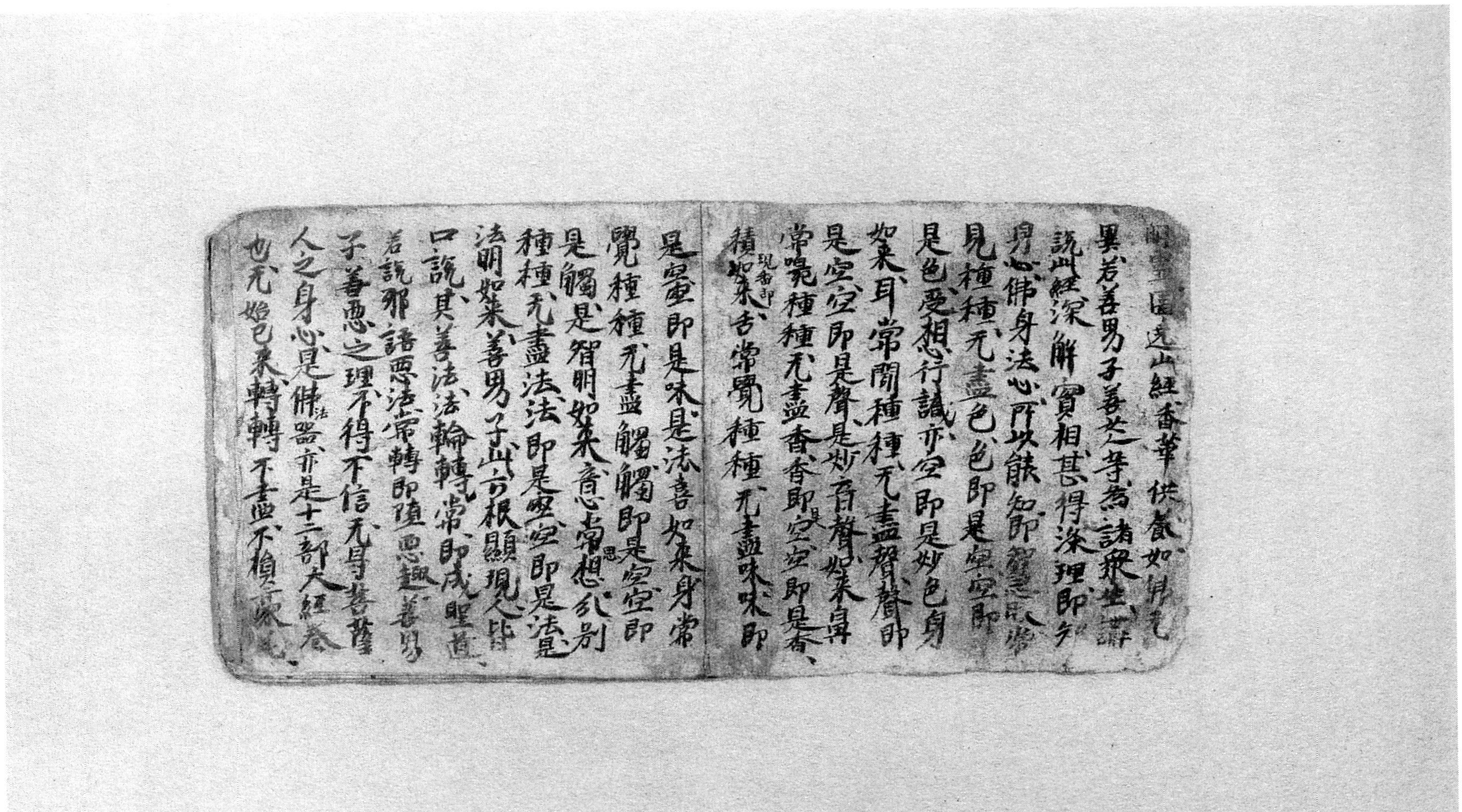

神明□□、□遶此經、香華供養、如佛无
異。若善男子、善女人等為諸眾生講
說此經、深解實相、甚得深理、即知
身心佛身法心、所以能知即智慧、眼常
見種種无盡色、色即是空、空即
是色。受想行識亦空、即是妙色身
如來。耳常聞種種无盡聲、聲即
是空、空即是聲、是妙音聲如來。鼻
常嗅種種无盡香、香即是空、空即是香、
現香積如來。舌常覺種種无盡味、味即
是空、空即是味、是法喜如來。身常
覺種種无盡觸、觸即是空、空即
是觸、是智明如來。意常思想分別
種種无盡法、法即是空、空即是法、是
法明如來。善男子、此六根顯現、人皆
口說其善法、法輪常轉、即成聖道。
若說邪語、惡法常轉、即墮惡趣。善男
子、善惡之理、不得不信。无导菩薩、
人之身心、是佛法器、亦是十二部大經卷
也。无始已來、轉轉不盡、不損豪氂。

BD09152 號　天地八陽神咒經　（9–2）

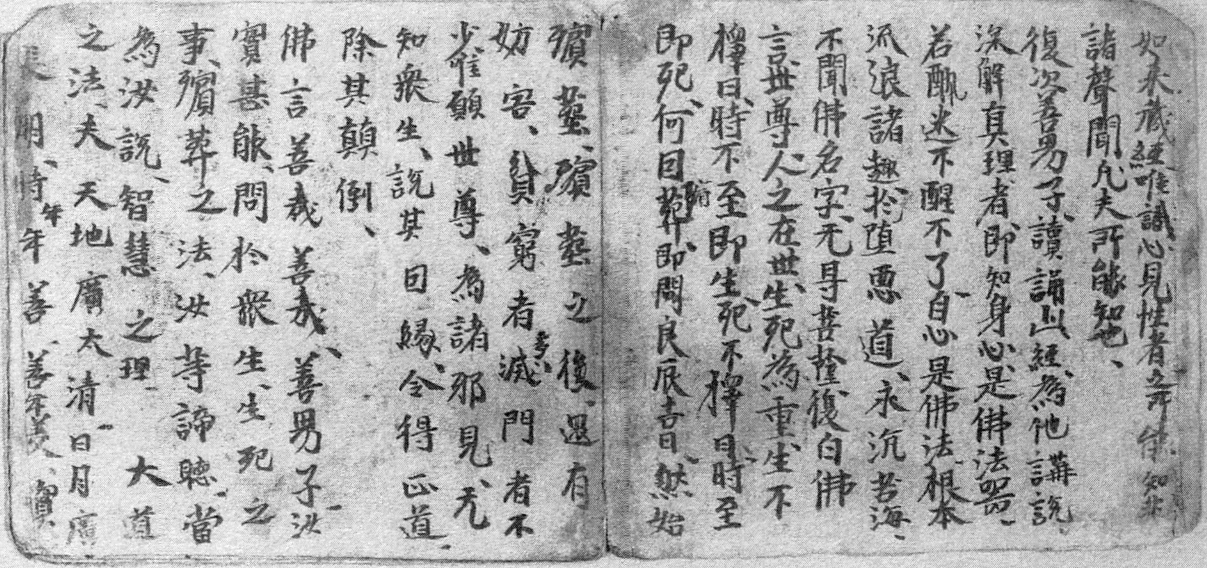

BD09152 號　天地八陽神咒經　　（9–3）

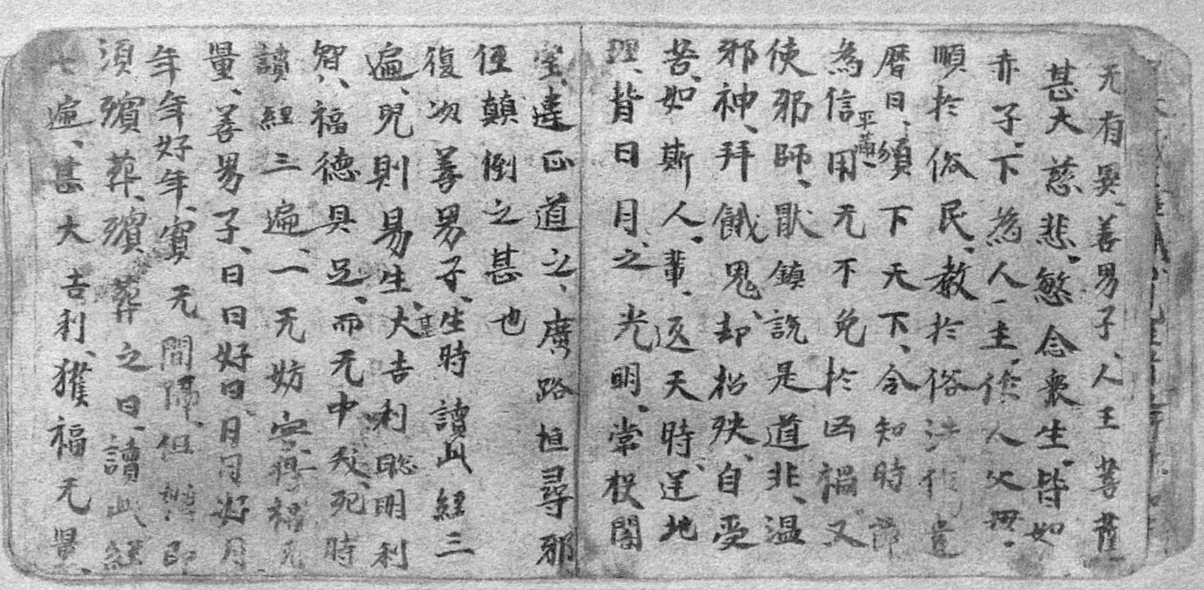

BD09152 號　天地八陽神咒經　　（9–4）

榮人貴，進年益壽，命終
之後，並得成聖。善男子，
殯葬之地，不問東西、南北，
安隱之處，人之愛樂，鬼神愛
樂，即讀此經三遍，便以營
安，置墓田，永无災鄣，家冨人
興，甚大吉利。爾時世尊欲重
宣此義，而說偈言：
營生善善日，休殯好好時，生
死讀誦經，甚得大利益。月月
善明月，年年大好年，讀經即
殯葬，榮華万代昌。爾時衆中，
七万七千人，聞佛所說，心開意
解，捨邪歸正，得佛法分，永
斷疑惑，皆得阿耨多羅三
藐三菩提。无㝵菩薩復白
佛言：世尊，一切凡夫，皆以婚
姻為親，先親先問相宜，
後取吉日，然始成親。已
後冨貴偕老者少，貧寒
生[illegible]者多，一種信

BD09152 號　天地八陽神咒經　（9–5）

相如何而有若別，唯願世尊
為決衆疑。
佛言：善男子，汝等諦聽，當
為汝說。天陰地陽，月陰日陽，
水陰火陽，男陰女陽，天地
氣合，一切草木生焉。日月交
運，四時八節明焉。水火相
承，一切万物熟焉。男女允諧，
子孫興焉。皆是天之常道，
自然之理，世諦之法。善男子，
愚人无智，信其邪師，卜問
望吉，而不修善，造種種
惡業，命終之後，復得人身者，
如指甲上土；墮於地獄，作
餓鬼畜生者，如大地土[illegible]
子，復得人身，正信修善者，如指
甲上土；信邪造惡業者，如大
地土。善男子，若結婚親，莫
問水火相尅，胞胎相壓，唯
看相命，即知福德多少，以
[illegible]阿[illegible]羅[illegible]

BD09152 號　天地八陽神咒經　（9–6）

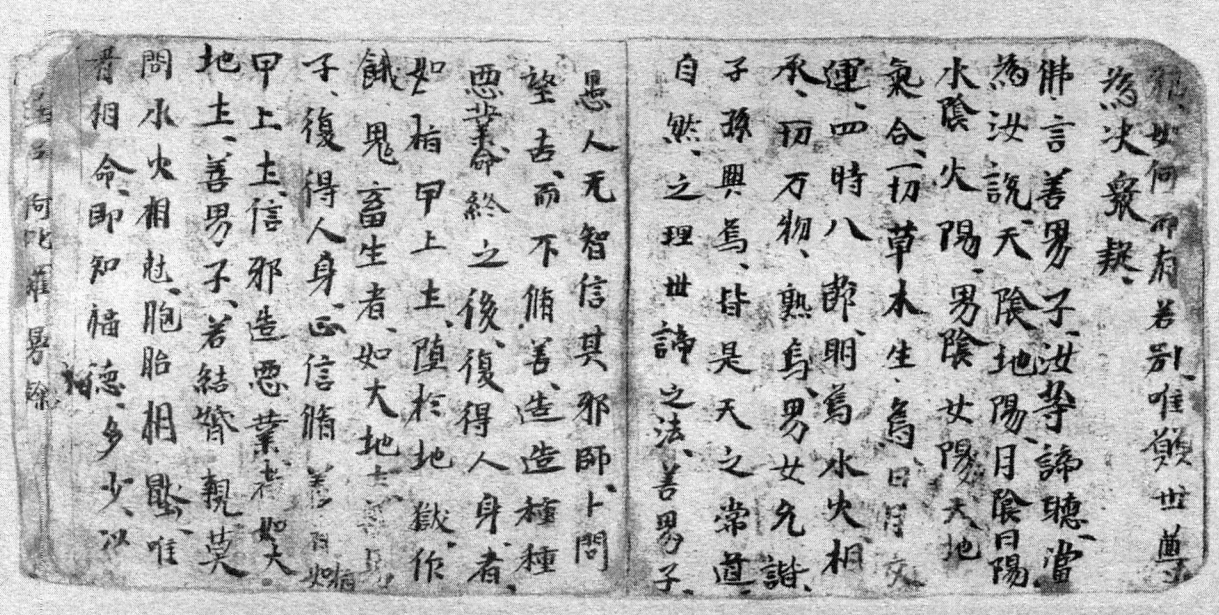

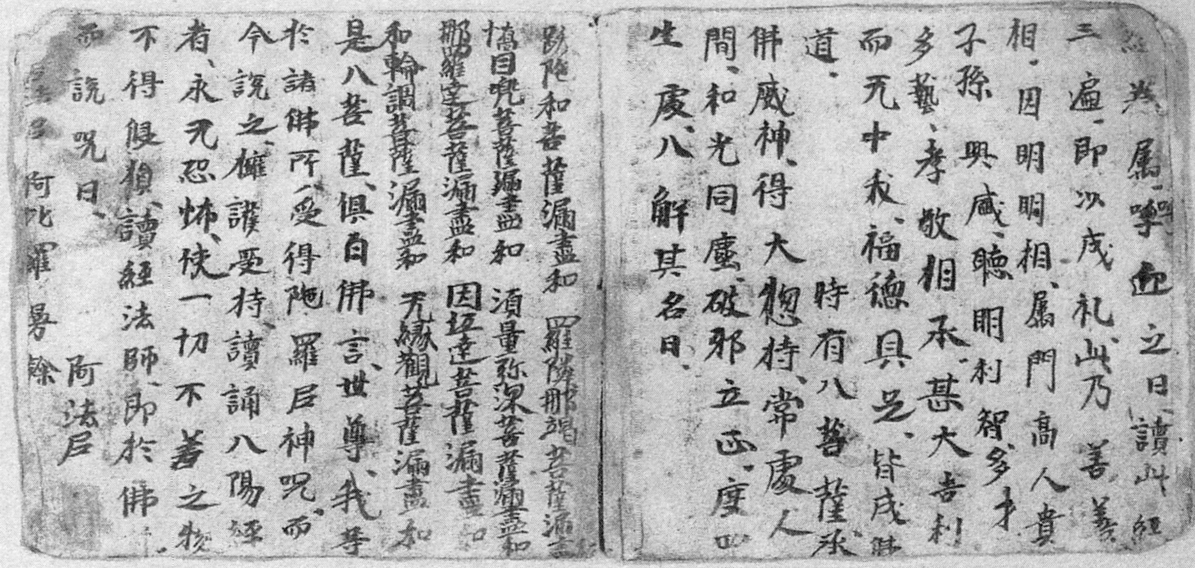

共屬嚀血之日讀此經
三遍即以成礼此乃善
相因明明相屬門高人貴
子孫興盛聰明利智多才
多藝孝敬相承甚大吉利
而无中夭福德具足皆成佛
道 時有八菩薩承
佛威神得大惣持常處人
間和光同塵破邪立正度四
生處八解其名曰
跋陀和菩薩漏盡和 羅隣那竭菩薩漏盡
憍日兜菩薩漏盡和 須彌深菩薩漏盡和
那羅達菩薩漏盡和 因坻達菩薩漏盡和
和輪調菩薩漏盡和 无緣觀菩薩漏盡和
是八菩薩俱白佛言世尊我等
於諸佛所受得陀羅尼神呪而
今說之擁護受持讀誦八陽經
者永无恐怖使一切不善之物
不得侵損讀經法師即於佛
前而說呪曰
多阿叱羅曇除 阿法尼

BD09152 號　天地八陽神咒經　（9–7）

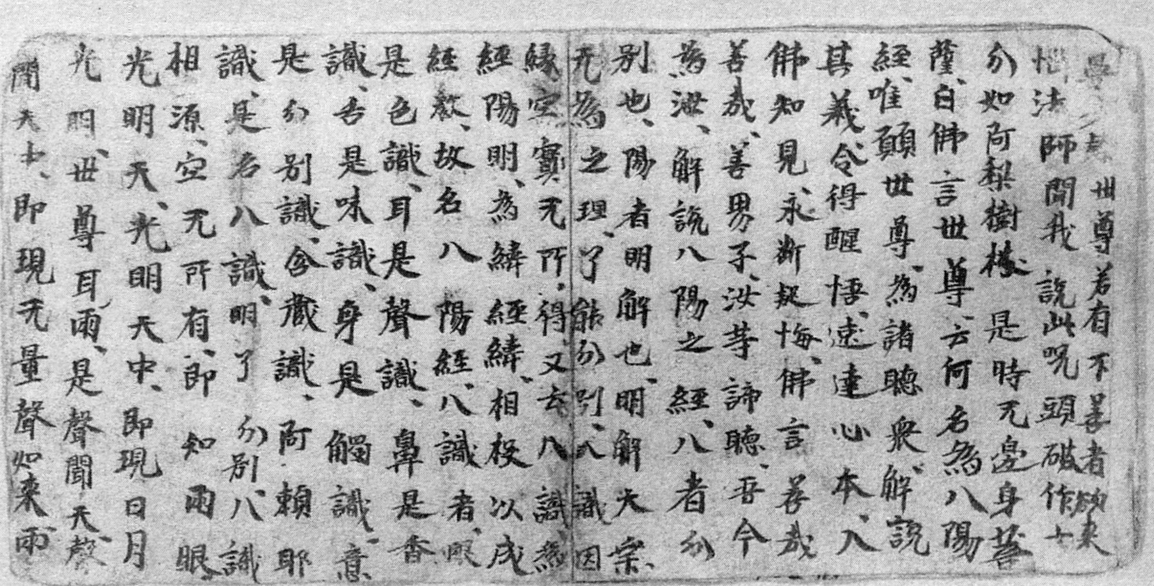

世尊若有不善者來
惱法師聞我說此呪頭破作七
分如阿梨樹枝 是時无邊身菩
薩白佛言世尊云何名為八陽
經唯願世尊為諸聽衆解說
其義令得醒悟速達心本入
佛知見永斷疑悔 佛言善哉
善哉善男子汝等諦聽吾今
為汝解說八陽之經八者分
別也陽者明解也明解大乘
无為之理了能分別八識因
緣空實无所得又云八識為
經陽明為緯經緯相投以成
經教故名八陽經八識者眼
是色識耳是聲識鼻是香
識舌是味識身是觸識意
是分別識含藏識阿賴耶
識是名八識明了分別八識
相源空无所有即知兩眼
光明天光明天中即現日月
光明世尊兩耳是聲聞天聲
聞天中即現无量聲如來兩

BD09152 號　天地八陽神咒經　（9–8）

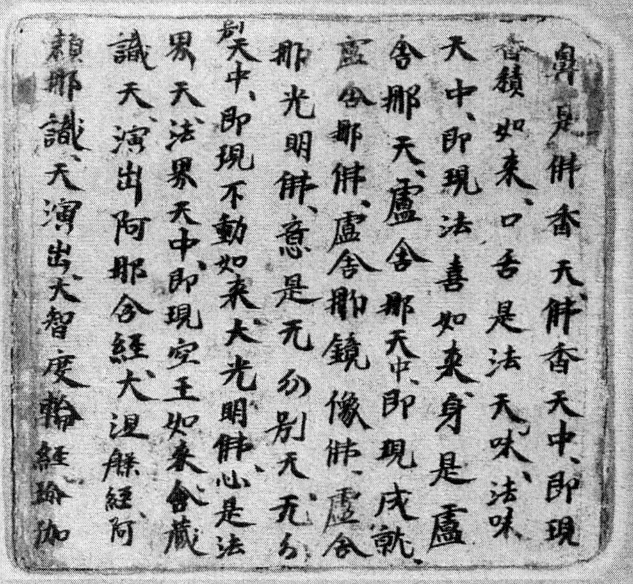

身是佛香天、佛香天中、即現
香積如來、口舌是法天、法味
天中、即現法喜如來、身是盧
舍那天、盧舍那天中、即現成就、
盧舍那佛、盧舍那鏡像佛、盧舍
那光明佛、意是无分別天、无分
別天中、即現不動如來、大光明佛、心是法
界天、法界天中、即現空王如來、含藏
識天、演出阿那含經、大涅槃經、阿
賴耶識、天演出大智度論經、瑜伽

BD09152號　天地八陽神咒經　　（9–9）

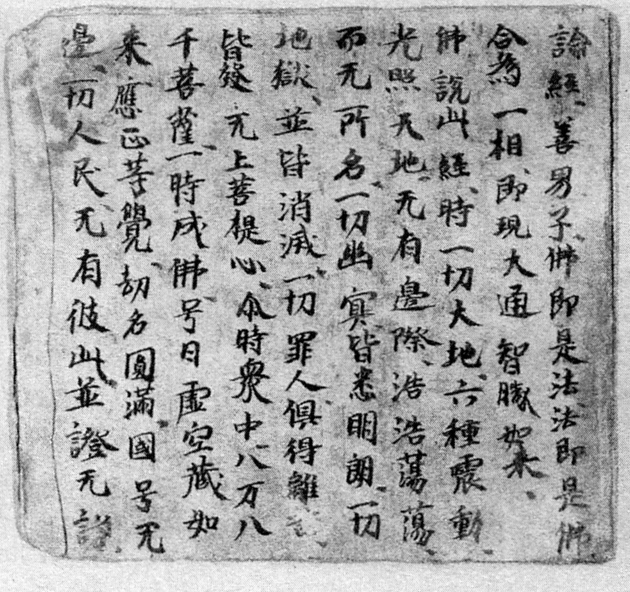

論經、善男子、佛即是法、法即是佛、
合為一相、即現大通智勝如來、
佛說此經時、一切大地六種震動、
光照天地、无有邊際、浩浩蕩蕩、
所无所名、一切幽冥皆悉明朗、一切
地獄、並皆消滅、一切罪人俱得離苦、
皆發无上菩提心、尒時衆中八万八
千菩薩、一時成佛、号曰虛空藏如
來應正等覺、劫名圓滿、國号无
邊、一切人民无有彼此、並證无諍

BD09153號 1　天地八陽神咒經（異本）　　（6–1）

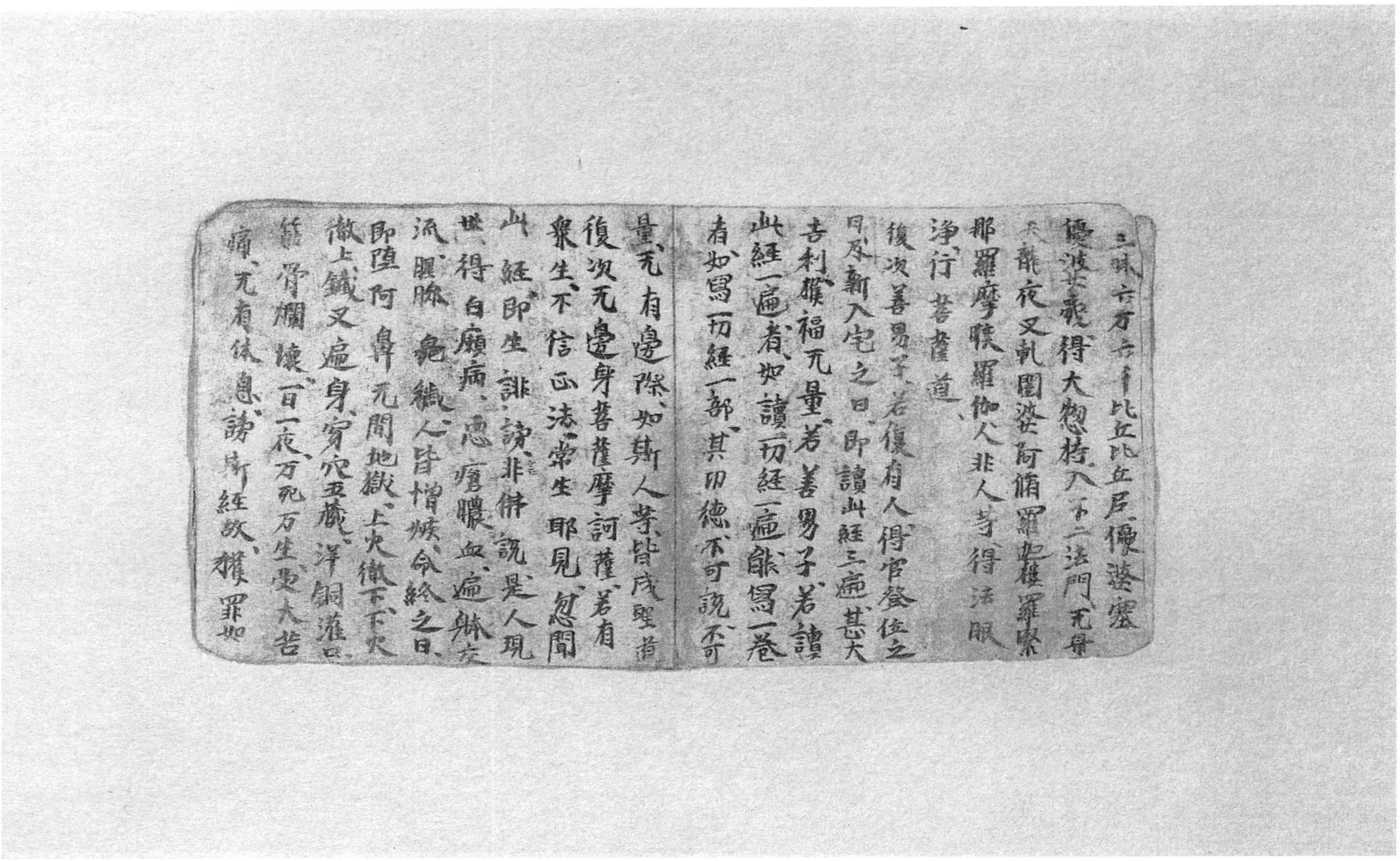

三昧六万六千比丘比丘尼優婆塞
優婆夷衆得大揔持入不二法門无量
天龍夜叉乾闥婆阿脩羅迦樓羅緊
那羅摩睺羅伽人非人等得法眼
淨、行菩薩道、
復次善男子、若復有人得官登位之
日及新入宅之日、即讀此經三遍、甚大
吉利、獲福无量、若善男子、若讀
此經一遍者、如讀一切經一遍、能寫一卷
者、如寫一切經一部、其功德不可說不可
量无有邊際、如斯人等、皆成聖道
復次无邊身菩薩摩訶薩、若有
衆生、不信正法、常生耶見、忽聞
此經、即生誹謗、言非佛說、是人現
世得白癩病、惡瘡膿血、遍體交
流、腥臊臭穢、人皆憎嫉、命終之日、
即墮阿鼻无間地獄、上火徹下、下火
徹上、鐵叉遍身、穿穴五藏、洋銅灌口、
筋骨爛壞、一日一夜、万死万生、受大苦
痛、无有休息、謗斯經故、獲罪如

BD09153 號 1　天地八陽神咒經（異本）　（6–2）

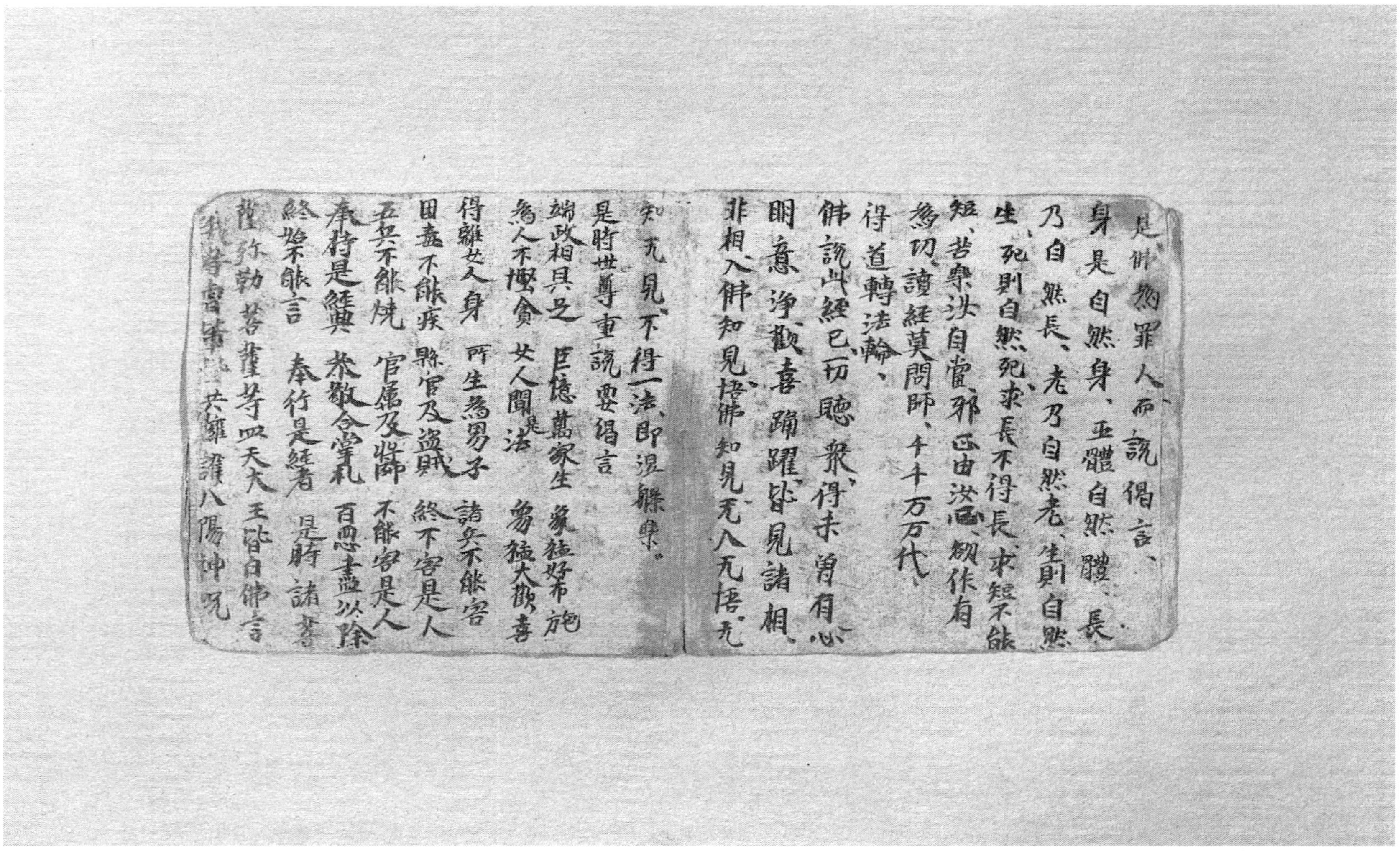

是佛為罪人而說偈言、
身是自然身、五體自然體、長
乃自然長、老乃自然老、生則自然
生、死則自然死、求長不得長、求短不能
短、苦樂汝自當、邪正由汝心、欲作有
為功、讀經莫問師、千千万万代、
得道轉法輪、
佛說此經已、一切聽衆、得未曾有、心
明意淨、歡喜踊躍、皆見諸相、
非相、入佛知見、悟佛知見、无入无悟、无
知无見、不得一法、即涅槃樂。
是時世尊重說要偈言
端政相具足　巨德萬家生　象辯好布施
為人不慳貪　女人聞是法　勇猛大歡喜
得離女人身　所生為男子　諸兵不能害
田蠶不能疾　縣官及盜賊　終不害是人
五兵不能燒　官屬及將帥　不能害是人
奉持是經典　恭敬合掌禮　百惡盡以除
終始不能言　奉行是經者　是時諸菩
薩弥勒菩薩等四天大王皆白佛言
我等當諸佛共擁護八陽神咒

BD09153 號 1　天地八陽神咒經（異本）　（6–3）

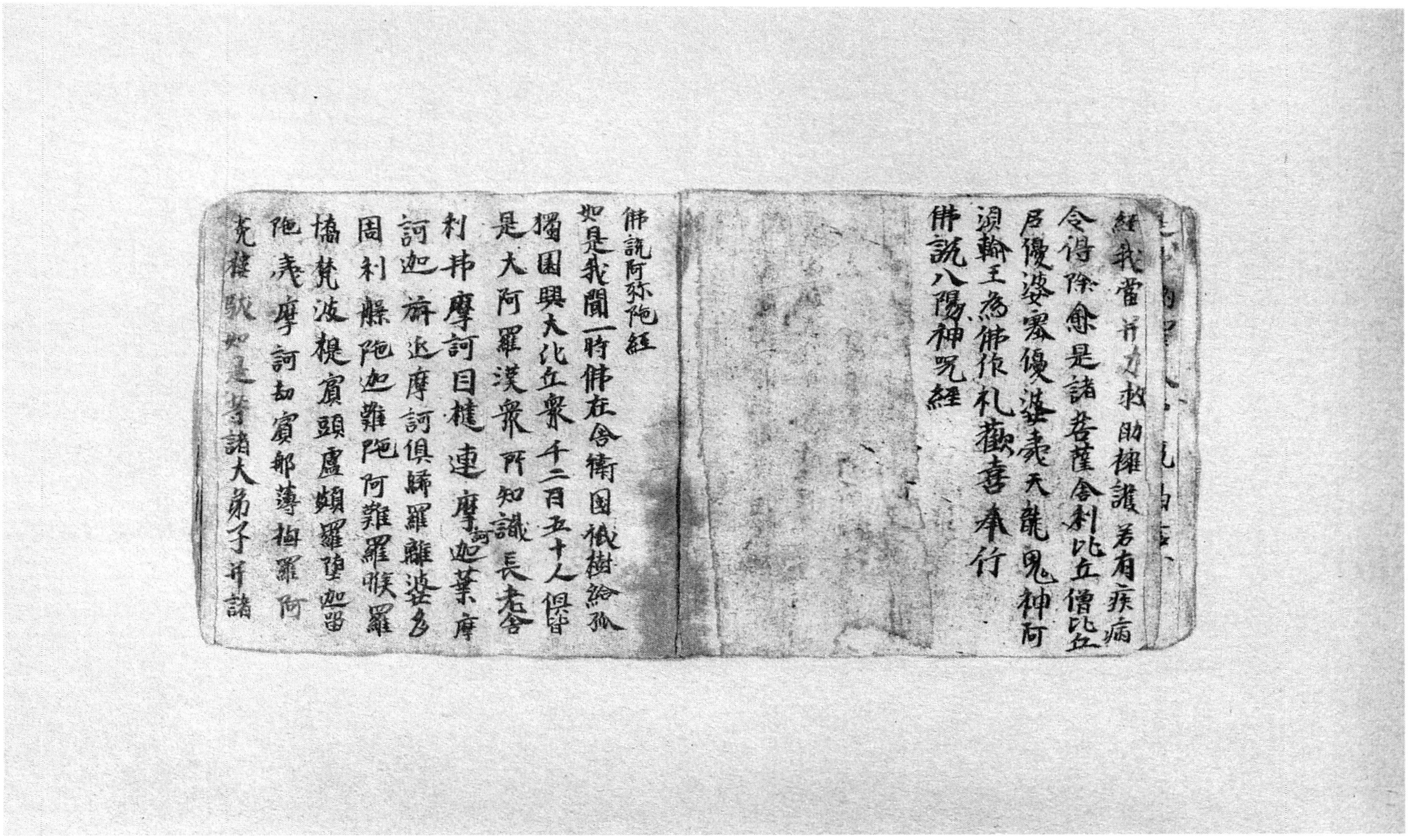
經我當并力救助擁護若有疾病
令得除愈是諸菩薩舍利比丘僧比丘
尼優婆塞優婆夷天龍鬼神阿
須輪王為佛作礼歡喜奉行
佛說八陽神呪經
佛說阿弥陁經
如是我聞一時佛在舍衛國祇樹給孤
獨園與大比丘衆千二百五十人俱皆
是大阿羅漢衆所知識長老舍
利弗摩訶目揵連摩訶迦葉摩
訶迦旃延摩訶俱絺羅離婆多
周利槃陁迦難陁阿難羅睺羅
憍梵波提賓頭盧頗羅墮迦留
陁夷摩訶劫賓那薄拘羅阿
菟樓馱如是等諸大弟子并諸

BD09153 號 1　天地八陽神咒經（異本）　（6–4）
BD09153 號 2　阿彌陀經

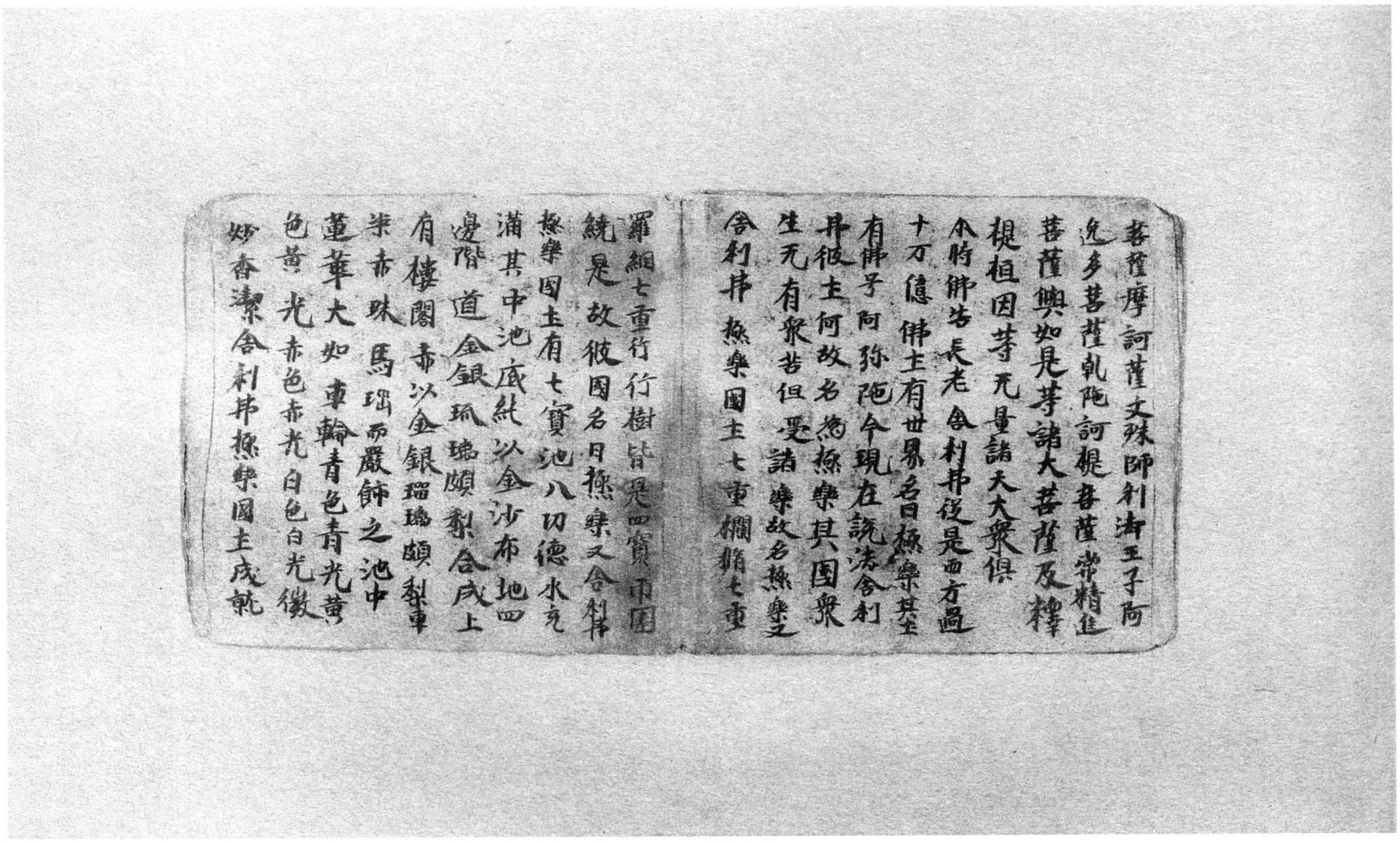
菩薩摩訶薩文殊師利法王子阿
逸多菩薩乾陁訶提菩薩常精進
菩薩與如是等諸大菩薩及釋
提桓因等无量諸天大衆俱
尒時佛告長老舍利弗從是西方過
十万億佛土有世界名曰極樂其土
有佛号阿弥陁今現在說法舍利
弗彼土何故名為極樂其國衆
生无有衆苦但受諸樂故名極樂又
舍利弗極樂國土七重欄楯七重
羅網七重行行樹皆是四寶帀圍
繞是故彼國名曰極樂又舍利弗
極樂國土有七寶池八功德水充
滿其中池底純以金沙布地四
邊階道金銀琉璃頗梨合成上
有樓閣亦以金銀瑠璃頗梨車
渠赤珠馬瑙而嚴飾之池中
蓮華大如車輪青色青光黃
色黃光赤色赤光白色白光微
妙香潔舍利弗極樂國土成就

BD09153 號 2　阿彌陀經　（6–5）

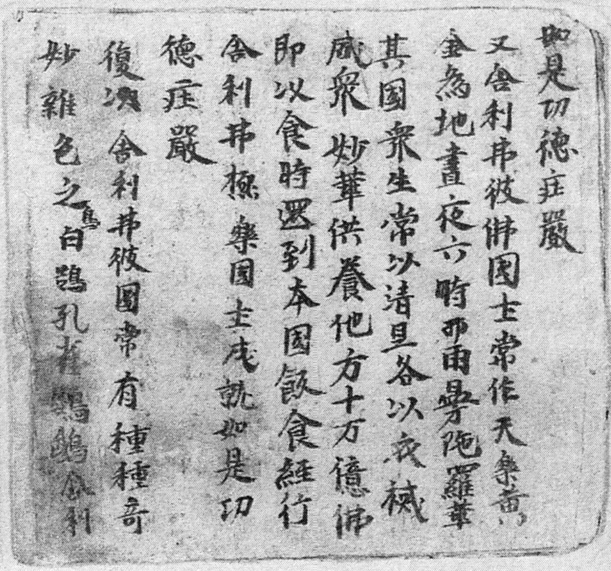

如是功德莊嚴
又舍利弗彼佛国土常作天樂黄
金為地晝夜六時雨曼陁羅華
其国衆生常以清旦各以衣裓
盛衆妙華供養他方十万億佛
即以食時還到本国飯食經行
舍利弗極樂国土成就如是功
德莊嚴
復次舍利弗彼国常有種種奇
妙雜色之白鵠孔雀鸚鵡舍利

BD09153 號 2　阿彌陀經　　（6–6）

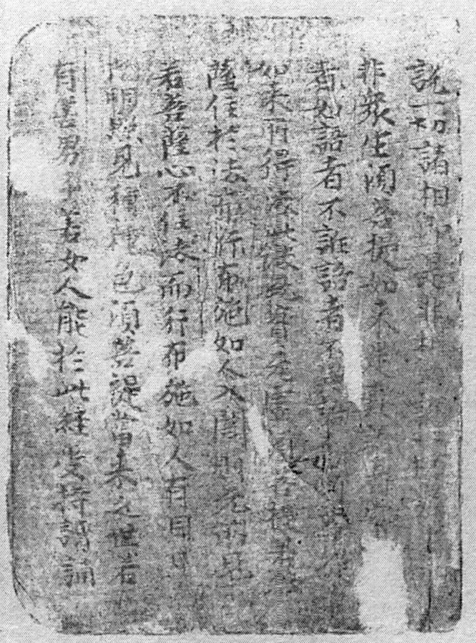

BD09154 號　金剛般若波羅蜜經（三十二分本）　　（5–1）

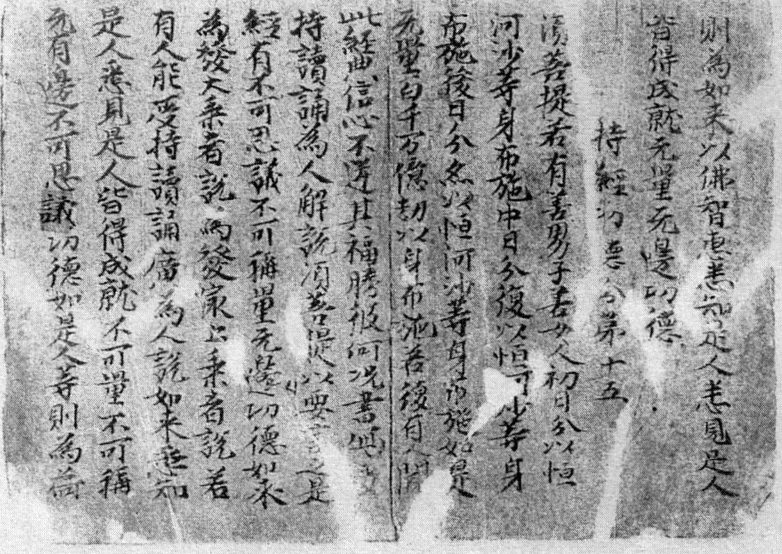

則為如來以佛智慧悉知是人悉見是人
皆得成就无量无邊功德。
持經功德分第十五
須菩提若有善男子善女人初日分以恒
河沙等身布施中日分復以恒河沙等身
布施後日分亦以恒河沙等身布施如是
无量百千万億劫以身布施若復有人聞
此經典信心不逆其福勝彼何況書寫受
持讀誦為人解說須菩提以要言之是
經有不可思議不可稱量无邊功德如來
為發大乘者說為發最上乘者說若
有人能受持讀誦廣為人說如來悉知
是人悉見是人皆得成就不可量不可稱
无有邊不可思議功德如是人等則為荷

BD09154 號　金剛般若波羅蜜經（三十二分本）　（5–2）

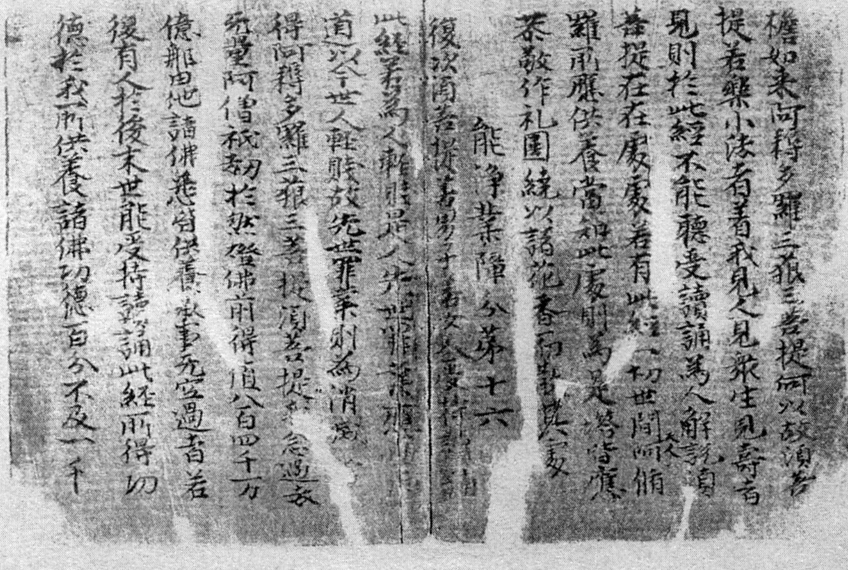

擔如來阿耨多羅三藐三菩提何以故須菩
提若樂小法者著我見人見衆生見壽者
見則於此經不能聽受讀誦為人解說須
菩提在在處處若有此經一切世間天人阿脩
羅所應供養當知此處則為是塔皆應
恭敬作禮圍繞以諸花香而散其處
能淨業障分第十六
復次須菩提善男子善女人受持讀誦
此經若為人輕賤是人先世罪業應墮惡
道以今世人輕賤故先世罪業則為消滅當
得阿耨多羅三藐三菩提須菩提我念過去
无量阿僧祇劫於然燈佛前得值八百四千万
億那由他諸佛悉皆供養承事无空過者若
復有人於後末世能受持讀誦此經所得功
德於我所供養諸佛功德百分不及一千

BD09154 號　金剛般若波羅蜜經（三十二分本）　（5–3）

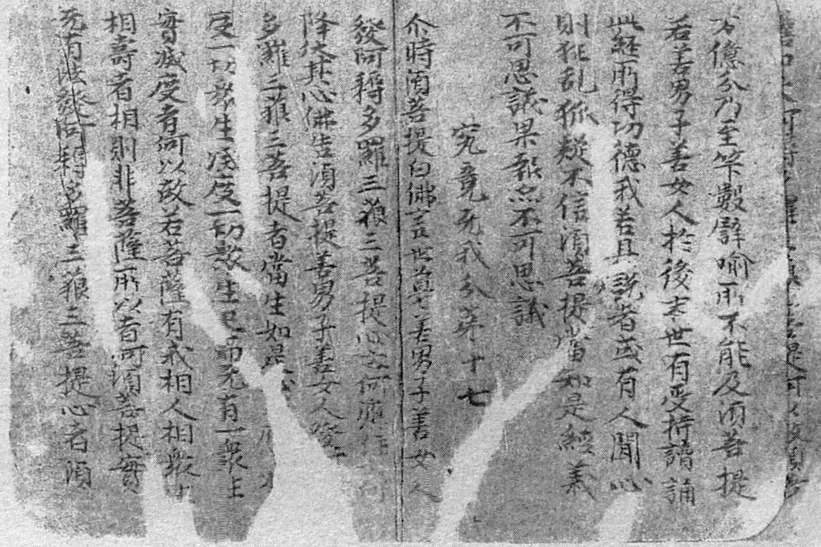

万億分乃至筭數譬喻所不能及須菩提
若善男子善女人於後末世有受持讀誦
此經所得功德我若具說者或有人聞心
則狂亂狐疑不信須菩提當知是經義
不可思議果報亦不可思議
究竟无我分第十七
尒時須菩提白佛言世尊善男子善女人
發阿耨多羅三藐三菩提心云何應住
降伏其心佛告須菩提善男子善女人發
多羅三藐三菩提者當生如是心
度一切衆生滅度一切衆生已而无有一衆生
實滅度者何以故若菩薩有我相人相衆生
相壽者相則非菩薩所以者何須菩提實
无有法發阿耨多羅三藐三菩提心者須

BD09154 號　金剛般若波羅蜜經（三十二分本）　　（5–4）

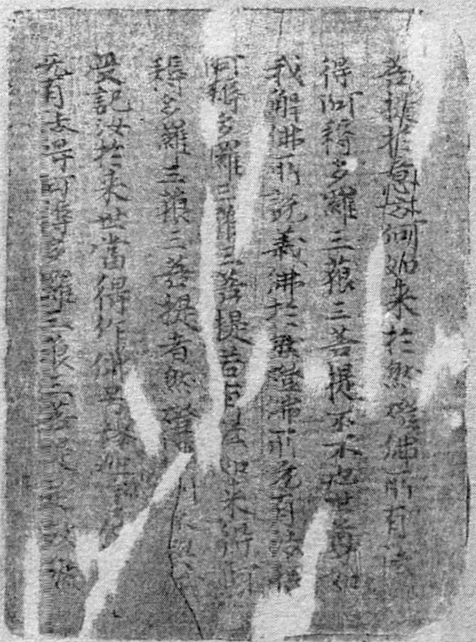

菩提於意云何如來於然燈佛所有法
得阿耨多羅三藐三菩提不不也世尊如
我解佛所說義佛於然燈佛所无有法
阿耨多羅三藐三菩提須菩提若有法如來得
耨多羅三藐三菩提者然燈佛則不與我
受記汝於來世當得作佛號釋迦牟尼
无有法得阿耨多羅三藐三菩提是故

BD09154 號　金剛般若波羅蜜經（三十二分本）　　（5–5）

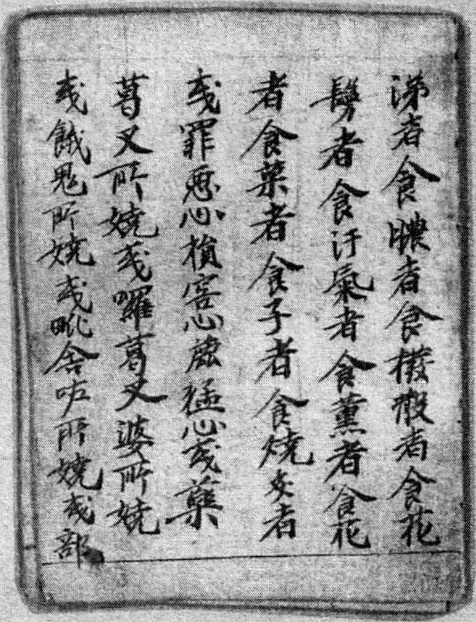
涕者食膿者食檳椵者食花
髓者食汗氣者食薰者食花
者食菓者食子者食燒炙者
或罪惡心楨害心瞋猛心或藥
著叉所嬈或囉著叉婆所嬈
或餓鬼所嬈或毗舍闍所嬈或部

BD09155 號　大佛頂如來頂髻白蓋陀羅尼神咒鈔（擬）　（9–1）

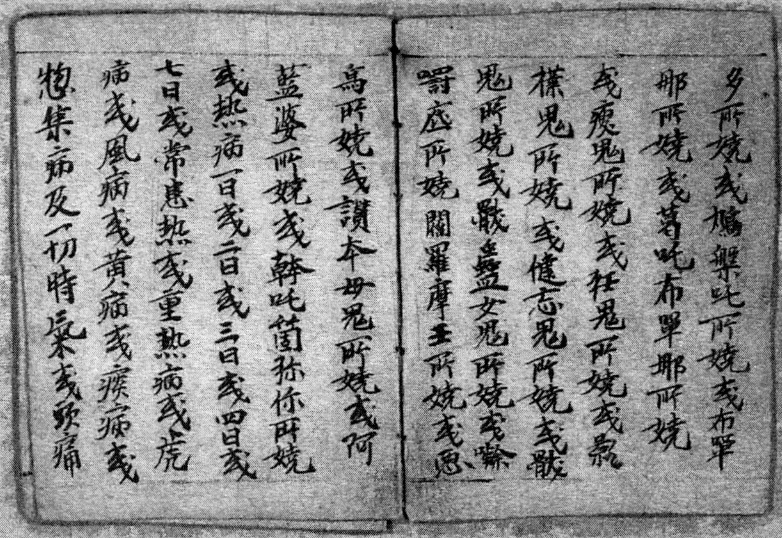
多所嬈或鳩槃吒所嬈或布單
那所嬈或羯吒布單那所嬈
或瘦鬼所嬈或狂鬼所嬈或梟
樣鬼所嬈或健忘鬼所嬈或獸
鬼所嬈或獸蠱女鬼所嬈或噤
嚼痃所嬈閻羅摩王所嬈或惡
高所嬈或讚本母鬼所嬈或阿
藍婆所嬈或韓吒簡孫侪所嬈
或熱病一日或二日或三日或四日或
七日或常患熱或重熱病或虎
病或風病或黃病或瘀病或
惣集病及一切時氣或頭痛

BD09155 號　大佛頂如來頂髻白蓋陀羅尼神咒鈔（擬）　（9–2）

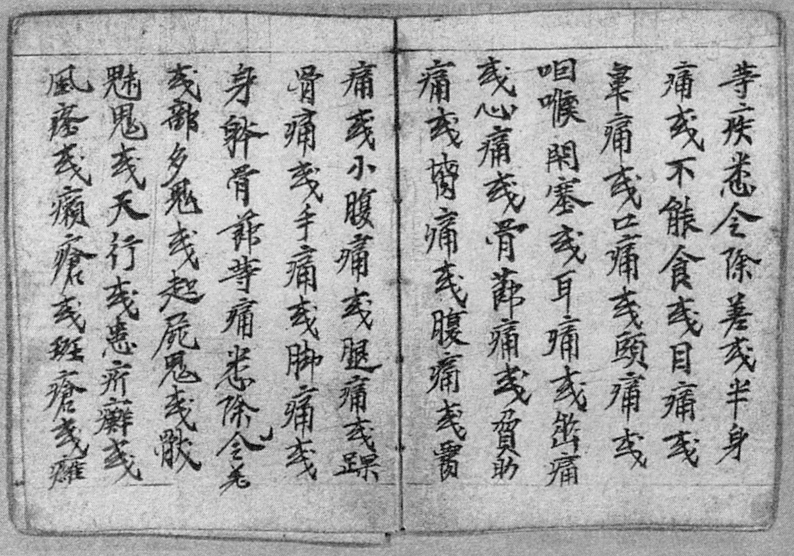

等疾悉令除差或半身
痛或不能食或目痛或
鼻痛或口痛或頭痛或
咽喉閉塞或耳痛或齒痛
或心痛或骨節痛或脅肋
痛或背痛或腹痛或胃
痛或小腹痛或腿痛或踝
骨痛或手痛或腳痛或
身幹骨節等痛悉除令差
或部多鬼或起屍鬼或猷
魅鬼或天行或惡疥癬或
風瘙或癩瘡或斑瘡或癰

BD09155 號　大佛頂如來頂髻白蓋陀羅尼神咒鈔（擬）　（9–3）

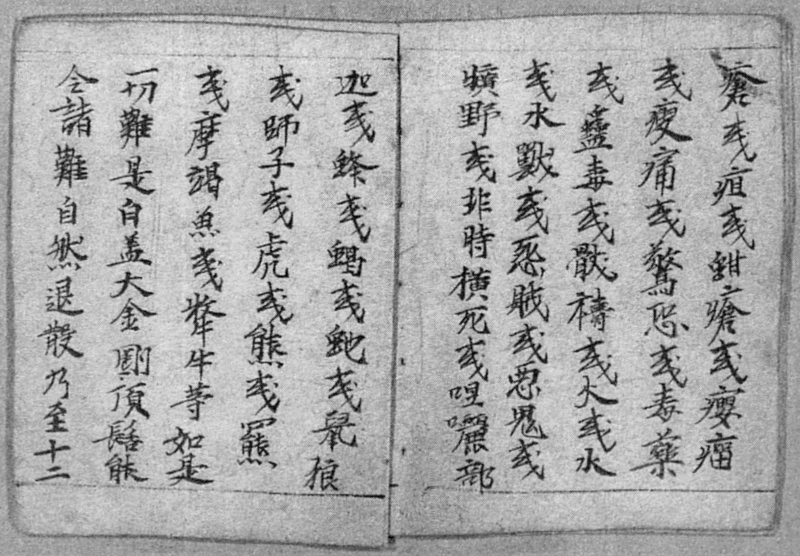

瘡或疽或甜瘡或瘻瘤
或瘦痛或鶩惡或毒藥
或蠱毒或獸禱或火或水
或水獸或惡賊或惡鬼或
蟥野或非時橫死或哩囉鄔
迦或蜂或蠆或虵或鼠狼
或師子或虎或熊或羆
或摩竭魚或犛牛等如是
一切難是白蓋大金剛頂髻能
令諸難自然退散乃至十二

BD09155 號　大佛頂如來頂髻白蓋陀羅尼神咒鈔（擬）　（9–4）

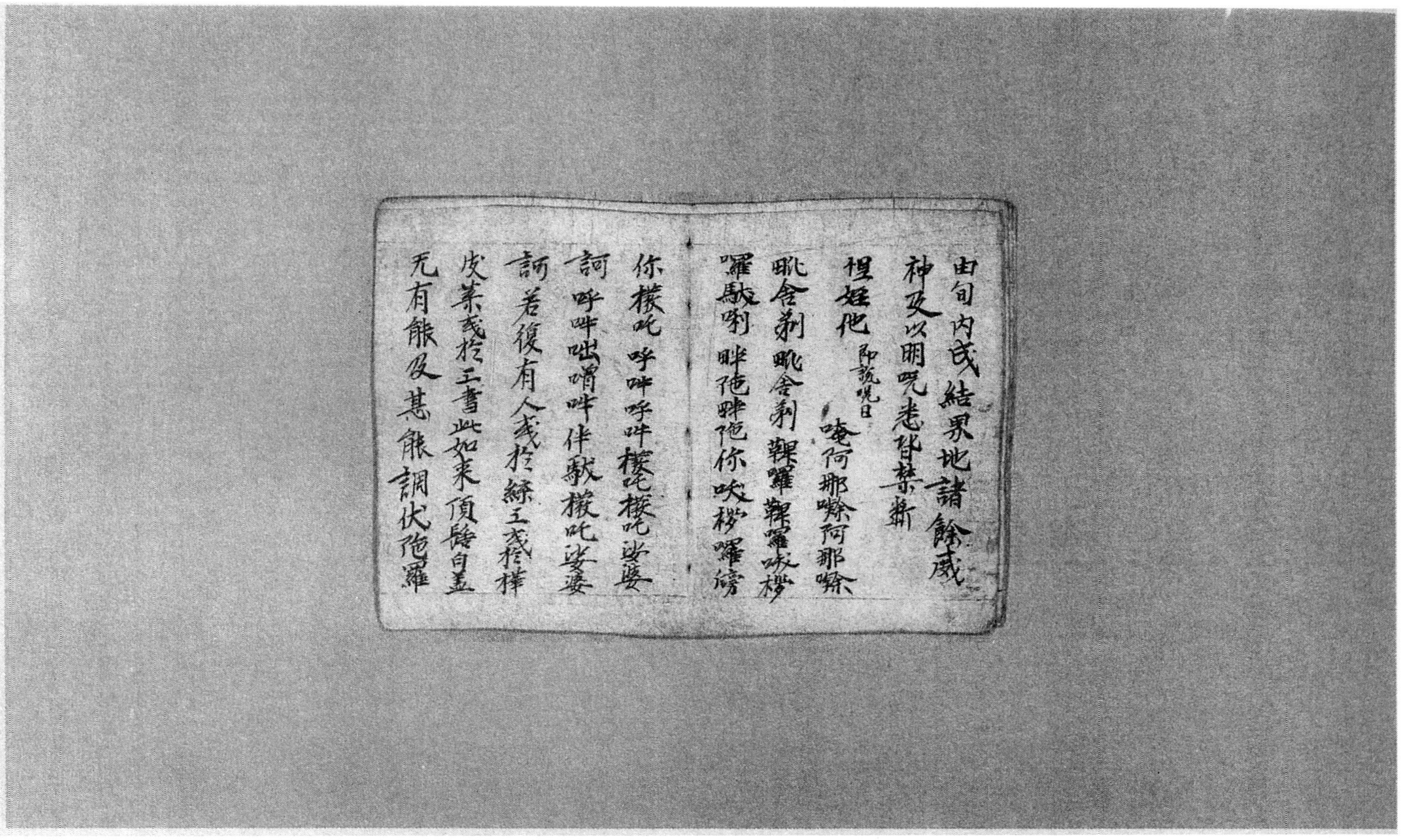

由旬内戓結界地諸餘威
神及以明呪悉皆禁斷
怛姪他 即説呪曰 唵阿那嚟阿那嚟
毗舍剃毗舍剃鞞囉鞞囉跋䶮
囉馱唎畔陁畔陁你跋䶮囉謗
你㨖吒呼吽呼吽㨖吒㨖吒娑婆
訶 呼吽咄嘀吽泮馱㨖吒娑婆
訶若復有人戓於絲上戓於樺
皮葉戓於上書此如來頂髻白蓋
无有能及甚能調伏陁羅

BD09155 號　大佛頂如來頂髻白蓋陀羅尼神咒鈔（擬）　（9–5）

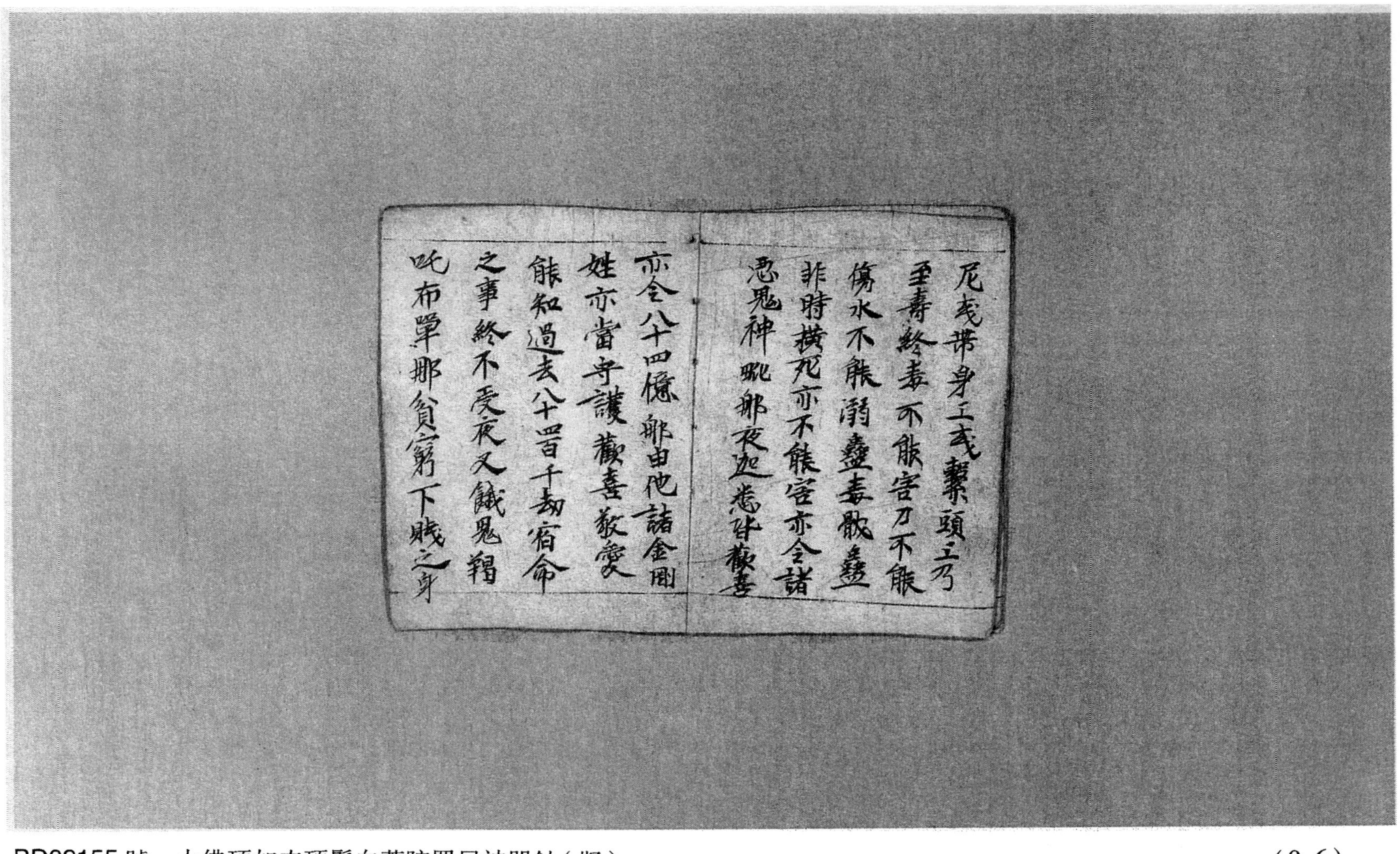

尼戓帶身上戓繫頭上乃
至壽終毒不能害刀不能
傷水不能溺蠱毒厭蠱
非時横死亦不能害亦令諸
惡鬼神毗那夜迦悉皆歡喜
亦令八十四億那由他諸金剛
姓亦當守護歡喜敬愛
能知過去八十四千劫宿命
之事終不受夜叉餓鬼羇
吒布單那貧窮下賤之身

BD09155 號　大佛頂如來頂髻白蓋陀羅尼神咒鈔（擬）　（9–6）

亦能圓滿无量无邊恒河
沙數諸佛世尊福德之聚
若有特此如來頂髻白蓋
無有能及甚能調伏陁羅
尼者非梵行者亦成梵行
不調伏者亦自調伏不清淨
者能使清淨不一食者自當
一食作五逆罪亦自消滅
宿世業障滅盡无餘若
有女人設欲求男持此如

BD09155 號　大佛頂如來頂髻白蓋陀羅尼神咒鈔（擬）　（9–7）

來頂髻白蓋无有能及
甚能調伏陁羅尼者便生
有想福德具足長壽之男
從此命終生極樂國若有
疫癘及六畜疫或有災
祟或外惡賊來相侵惱者
或於城門聚落村邑或多人
處或曠野處安置高幢懸
此如來頂髻白蓋无有能及
甚能調伏陁羅尼恭敬礼拜
所有災祟及外惡賊相來
侵惱者尋便退散
呪曰

BD09155 號　大佛頂如來頂髻白蓋陀羅尼神咒鈔（擬）　（9–8）

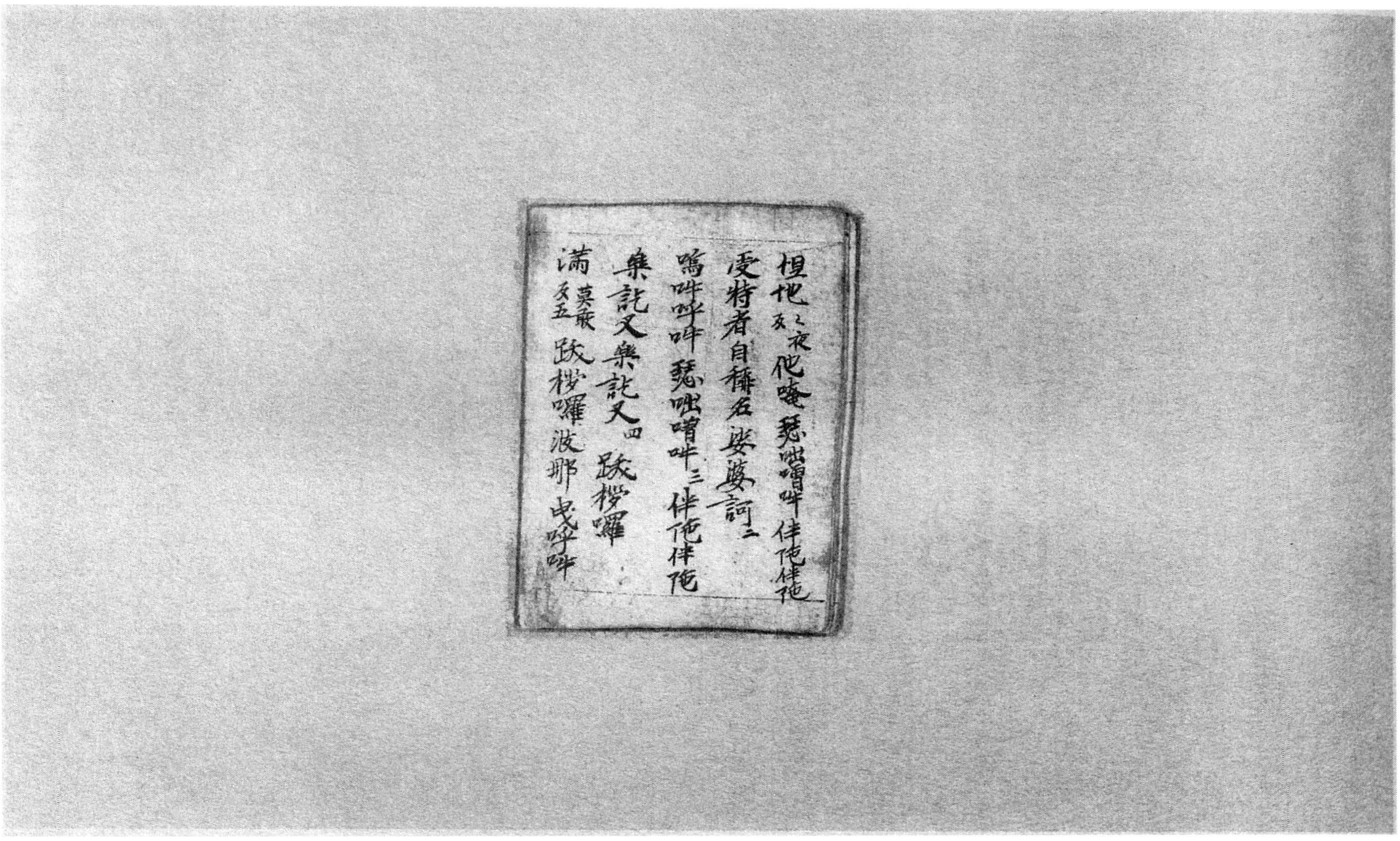

怛他多夜他唵 毖咄嚕吽 伴陀伴陀
受持者自稱名 娑婆訶 二
唵吽吽吽 毖咄嚕吽 三 伴陀伴陀
集訖又集訖又 四 跋樓囉
滿 莫蕺 多五 跋樓囉波那 曳吽吽

BD09155 號　大佛頂如來頂髻白蓋陀羅尼神咒鈔（擬）　（9–9）

願文 夫至聖法王運一乘而化物
大雄利見越三界以居尊故能廣布
慈雲普洽無邊之潤恕甯惠日咸暉
有識之緣方顯壬中之玉為四生之父母
像身之像建六趣之津梁妙覺巍巍
々理絕名言者也厥今陳玉手捧金爐
捨淨財設清供所申意為保平

BD09156 號 1　願文　（12–1）

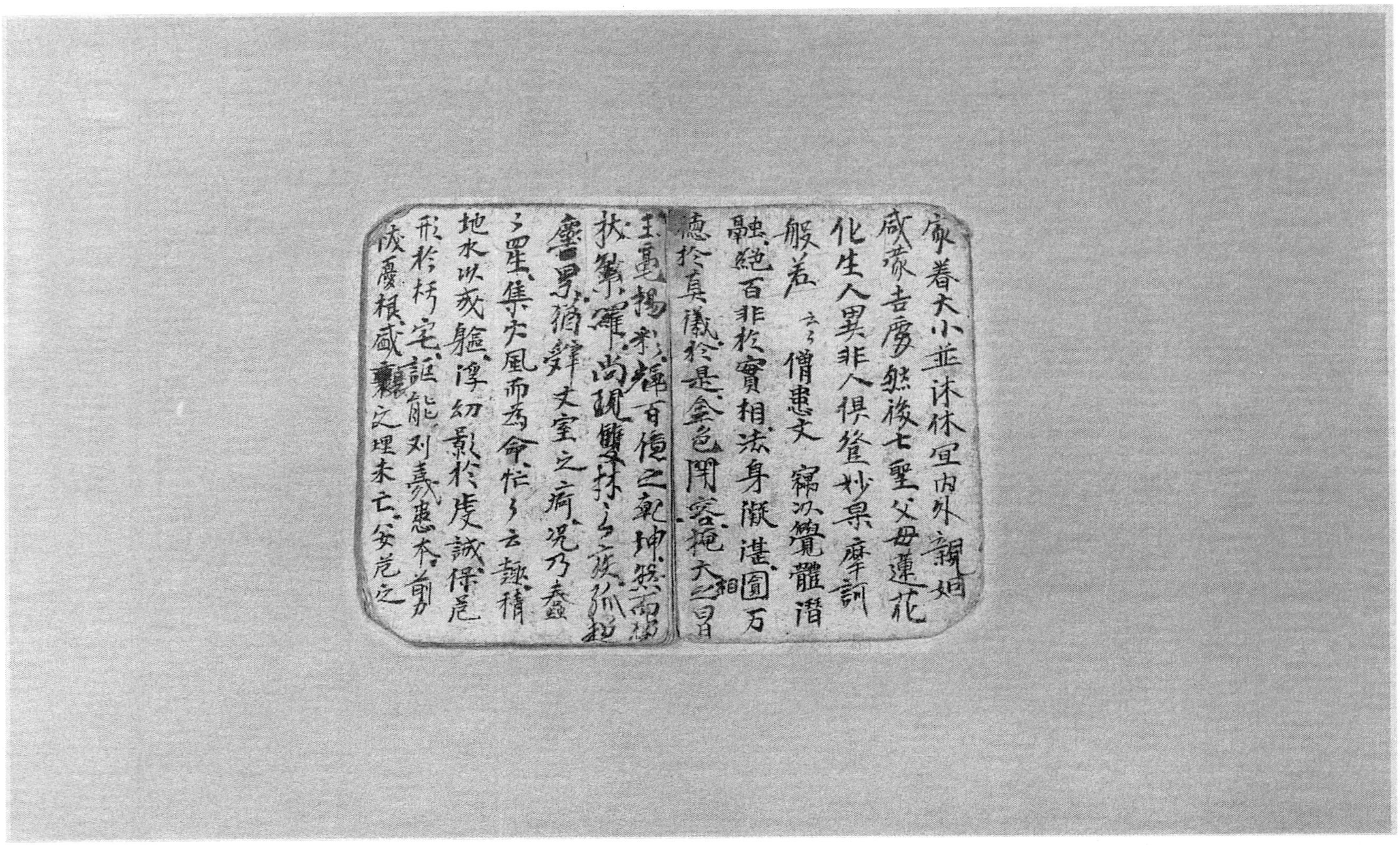
家眷大小並沐休宜内外親姻
咸蒙吉慶然後七聖父母蓮花
化生人畀非人俱登妙果摩訶
般若 云云 僧患文 竊以覺體潛
融絶百非於實相法身凝湛圓万
德於真儀於是金色開容掩大千之日
玉毫揚彩輝百億之乾坤然而猶
扶繫羅尚現雙林之疾孤起
靈界猶辭丈室之病況乃叅
叅羅集火風而為命忙忙云趣積
地水以成軀浮幻影於虔誠保危
形於朽宅詎能刈義患本萌
成憂根感藏之理未亡安危之

BD09156 號 1　願文　（12–2）
BD09156 號 2　僧患文

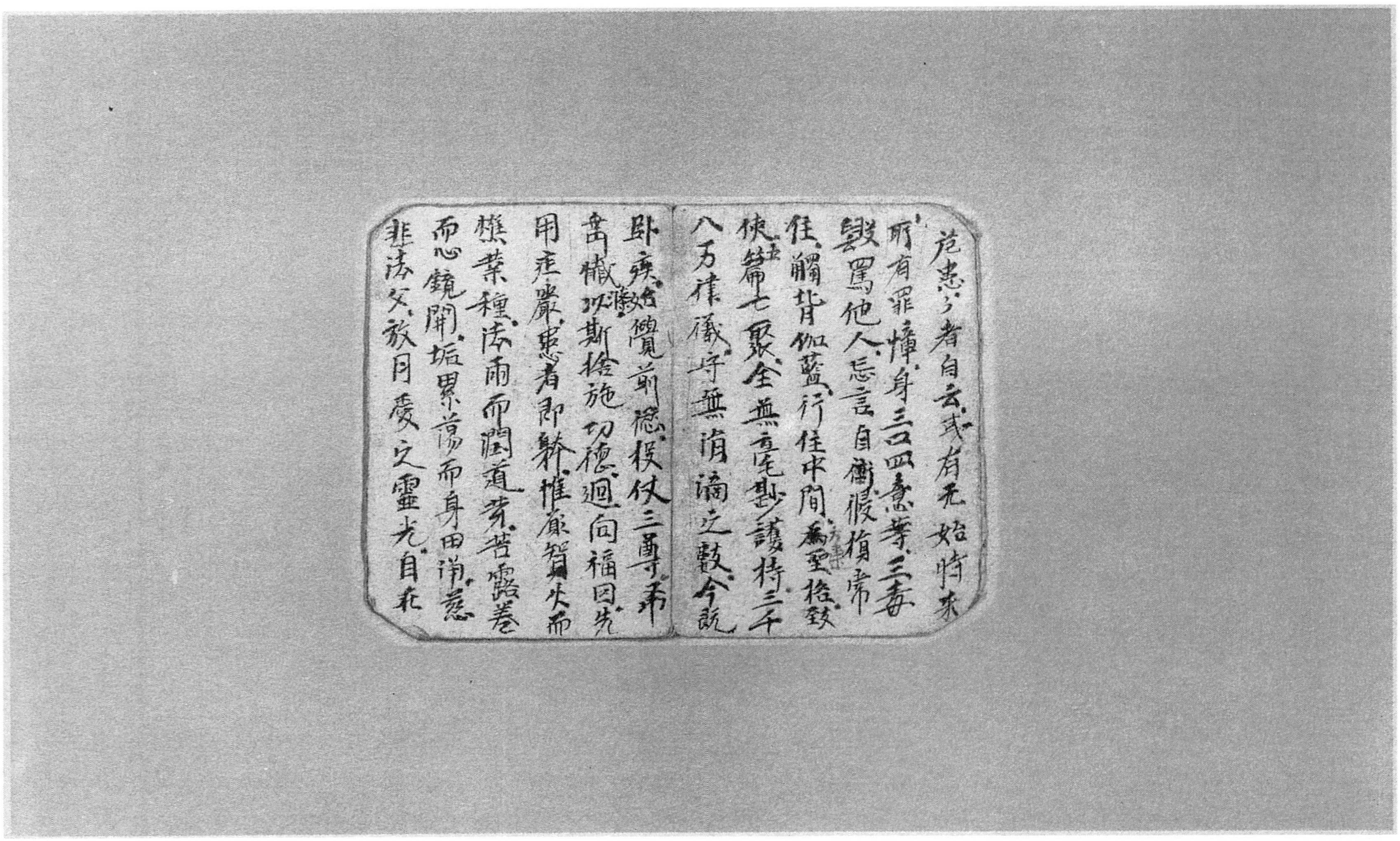
危患患者自云或有无始時來
所有罪障身三口四意等三毒
毀罵他人忘言自衛假復常
住觸背伽藍行住中間為聖格致
俠篇七聚全無毫毛讃持三千
八万律儀守無消滴之數今訖
卧疾始覺前德投仗三尊希
齋懺以斯捨施功德迴向福因先
用庄嚴患者即體惟康智火而
焚葉種法雨而潤道芽菩露卷
而心鏡開垢累蕩而身田淨慈
悲法父救月愛之靈光自在

BD09156 號 2　僧患文　（12–3）

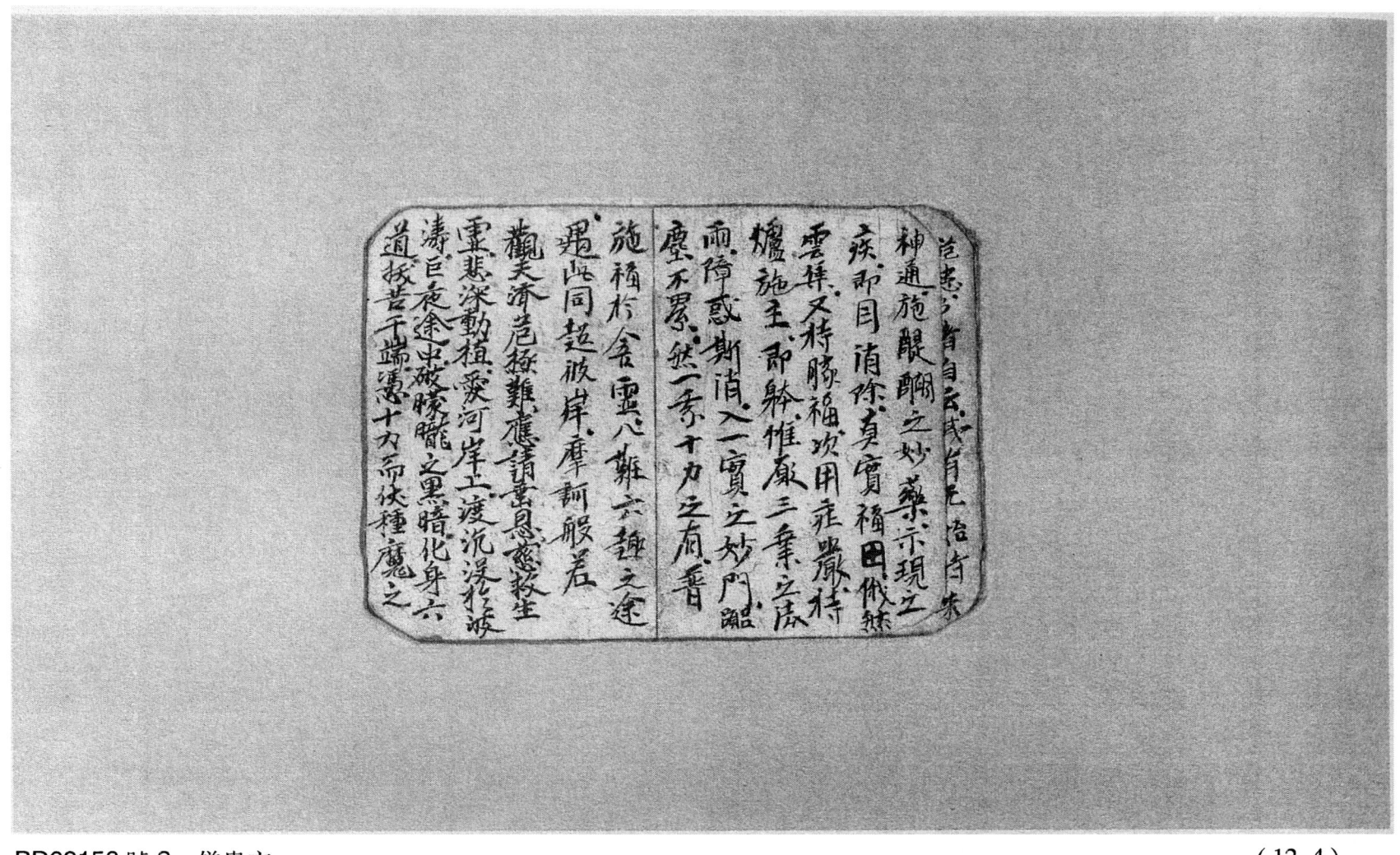

苍患者自云或有先治方朱
神通，施醍醐之妙藥，示現之
疾，即日消除；貞寶福田，儼然
雲集。又持勝福，次用莊嚴持
爐施主，即躰惟康，三業之疾
雨障惑，斯消入一實之妙門，蹈
塵不累。然一乘十力之府，晉
施福於含靈，八難六趣之途
㪅此同超彼岸。摩訶般若
觀夫濟苦拯難，應請垂恩，慈救生
靈，悲深動植。愛河岸上，渡沉溺於波
濤；巨夜途中，破朦朧之黑暗。化身六
道，拔苦千端；應十方而伏種魔之

BD09156 號 2　僧患文 （12–4）
BD09156 號 3　願文（擬）

慈排四生而登涅槃之域，我大
雄而應物，無遠近而不彰其德
勲哉！豈揚能盡者也。今者時人
盡太簇，節及初春，發和氣於東郊
解凝陰於北陸。是以除災禍，降
福迎祥，鎮白傘於八陽，竪素幢
於千閣。開針咽之閉塞，息焰口
之煙燃；施淨食而頻飽，飢羸脫
幽途而超生善趣。僧徒念佛，厄衆
持花；朱紫虔心，白衣渴仰。於是歌
樂振地，螺鈸搖天；將以聖謂之降臨
部謂之潛護。一旋一遶，滌業累於

BD09156 號 3　願文（擬） （12–5）

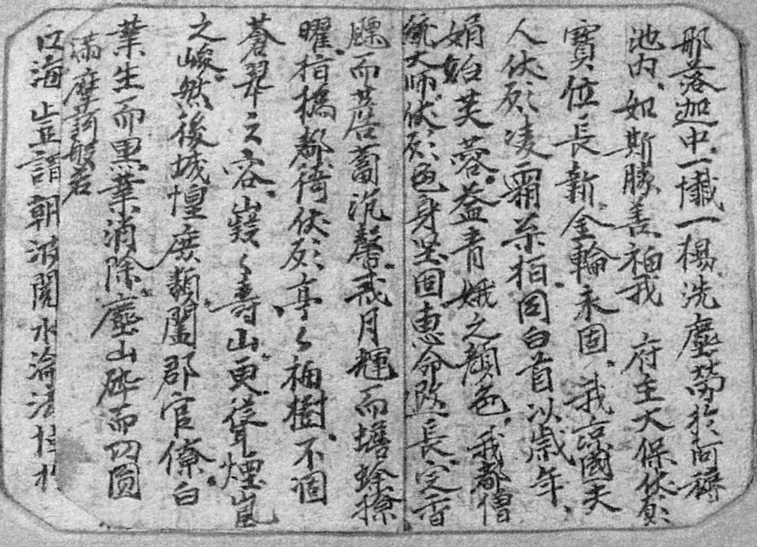

那落迦中一撼一揚洗塵勞於[illegible]
池內。如斯勝善，福我 府主大保伏願
寶位長新，金輪永固；我涼國夫
人伏願浚霜莽栢，同白首以歲年，
婦姑芙蓉，益青娥之顏色；我尚書
統大師伏願色身堅固，惠命延長，安[illegible]
[illegible]而[illegible]居蓊流馨，武月輝而[illegible]
曜指橋鄰倚伏願享享福樹，不凋
蒼翠之容；巍巍壽山，更增煙嵐
之峻。然後城隍廣郡，闔郡官僚，白
業生而黑業消除，塵山殞而功圓
滿。摩訶般若
以海，豈謂朝波闌水，淪法[illegible]於

BD09156 號 3　願文（擬）　（12–6）

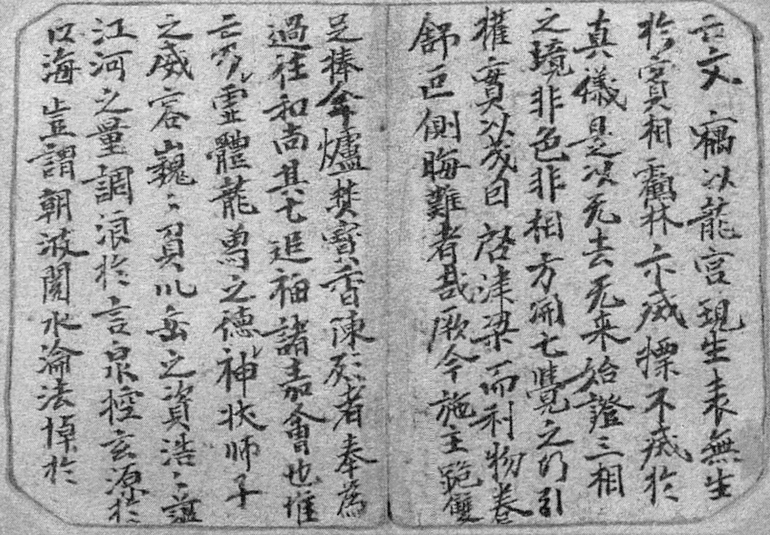

亡文　竊以龍宮現生表無生
於實相，鶴林示滅標不滅於
真儀。是以无去无來，始證三相
之境；非色非相，方滿七覺之[illegible]
權實以茲曰，啓津梁而利物，眷
[illegible]臣側聆難者甚，今施主[illegible]
足捧金爐，焚寶香，陳者，奉為
過往和尚其七追福，諸嘉會也。惟
亡靈體龍象之德，神狀師子
之威，容巍巍之貿，以岳之資；浩浩之[illegible]
江河之量，調浪於言泉，控玄源於
以海，豈謂朝波闌水，淪法棹於

BD09156 號 4　亡文　（12–7）

亡文　蓋以花宮現生表無生
四流夜壑蒼弟弱仁航於五濁
故使十方衆統統耀景落而行
迷七衆悲號痛恐惟而亦攀至
孝等積疊尤深殊軫尊蘊攀
號一絕痛列五情曰月往來條
經幺乙故使法場霜訓相七月而
星流禪室寂然惡逝水之東浪
是日也吉之草分滿五庭功德之森
藂連寬障鴻鍾野切清梵朝
爐香焚靈樹之巧供康苑園之

BD09156號4　亡文　　　　(12–8)

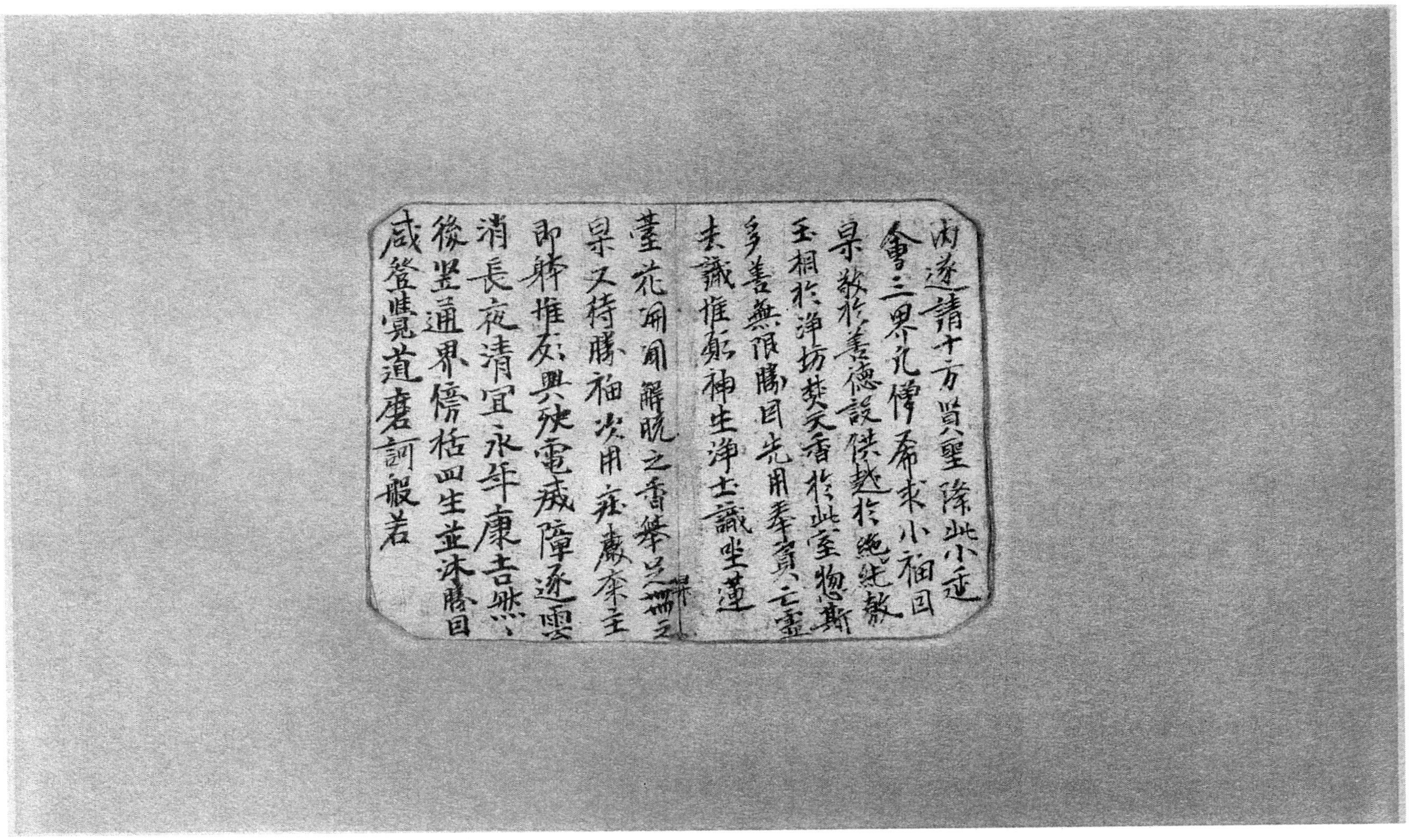

內遂請十方賢聖降此小延
會三界凡僧希來小福因
果敬於善德設供越於絕紀敷
玉相於淨坊焚天香於此室惣斯
多善無限勝因先用奉資亡靈
去識惟願神生淨土識坐蓮
臺花開聞解脫之香舉足之無之
果又持勝福次用莊嚴齋主
即轉推灰興殃電滅障逐雲
消長夜清宜永年康吉然後
後豎通界傍括四生並沐勝因
咸登覺道摩訶般若

BD09156號4　亡文　　　　(12–9)

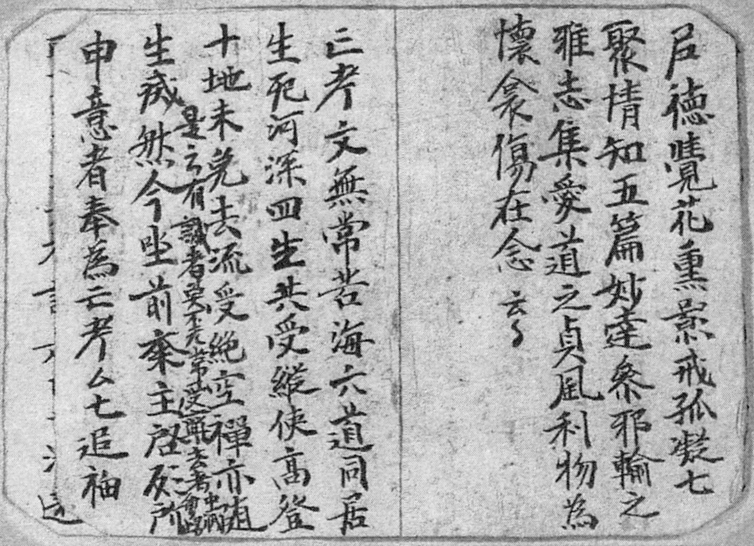

尼德慧覺花熏景戒孤潔七
聚情知五篇妙達叅邪輪之
雅志集愛道之貞風利物為
懷衾傷在念 云云

亡考文 無常苦海六道同居
生死河深四生共受縱使高登
十地未免去流受絕空禪亦迶
生滅然今坐前齋主啓處所
中意者奉為亡考厶七追福

BD09156 號 5　亡尼文號頭（擬）　　（12–10）
BD09156 號 6　亡考文

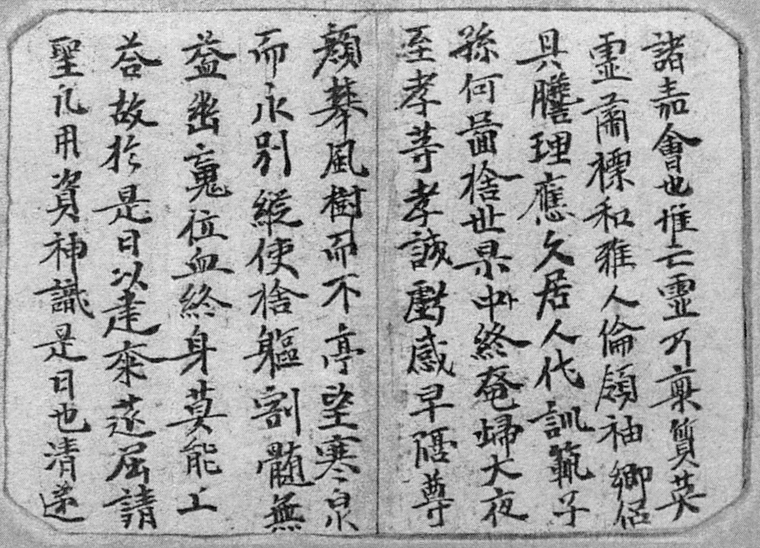

諸者會也惟亡靈乃稟質英
靈肅標和雅人倫領袖鄉伍
具瞻理應久居人代訓範子
孫何圖捨世杲中終奄歸大夜
至孝等孝誠感早隱尊
顏攀風樹而不停望寒泉
而永別縱使捨軀割髓無
益幽冥泣血終身莫能上
答故於是日以建齋筵屈請
聖凡用資神識是日也清遂

BD09156 號 6　亡考文　　（12–11）

赴於紙陁爐英百和之香厨
饌七珎之味惣斯多善無限勝
因先用莊嚴亡者所生冥路
堆灰神生淨識坐蓮臺常辭
五濁之中永出六道之外又持

BD09156 號 6　亡考文　　（12–12）

慳貪者多念佛者少利
者多正直者少曲諂者多
清慎者少濁濫者多
世俗淺薄官法荼毒
輕慢酒[illegible]

BD09157 號　天地八陽神咒經　　（21–1）

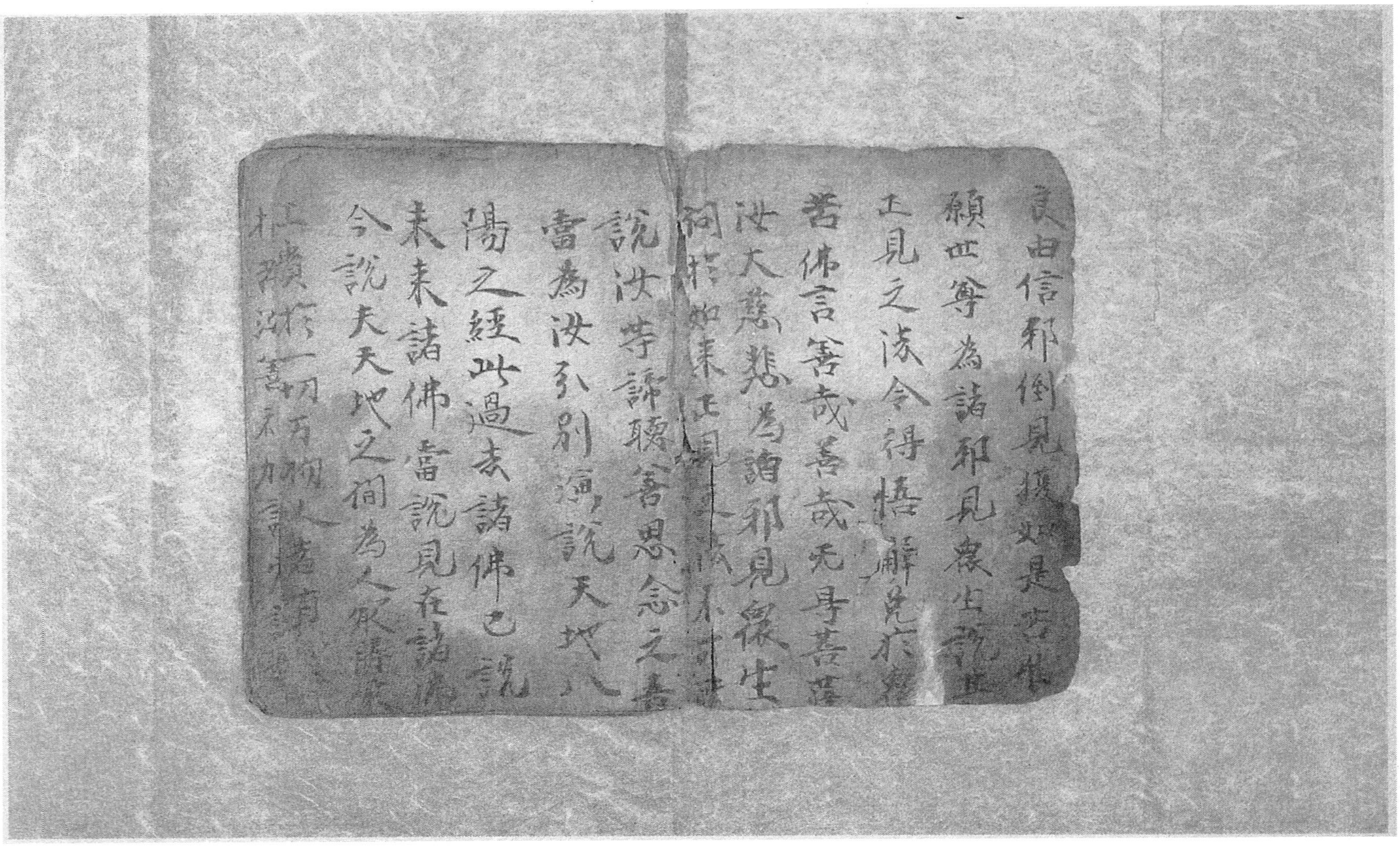

良由信邪倒見獲如是苦惱
願世尊為諸邪見衆生說其
正見之法令得悟解免於衆
苦佛言善哉善哉无㝵菩薩
汝大慈悲為諸邪見衆生
問於如來正見之法不可思
議汝等諦聽善思念之吾
當為汝分別解說天地八
陽之經此過去諸佛已說
未來諸佛當說見在諸佛
今說夫天地之間為人最勝
[illegible]

BD09157 號　天地八陽神咒經　（21–2）

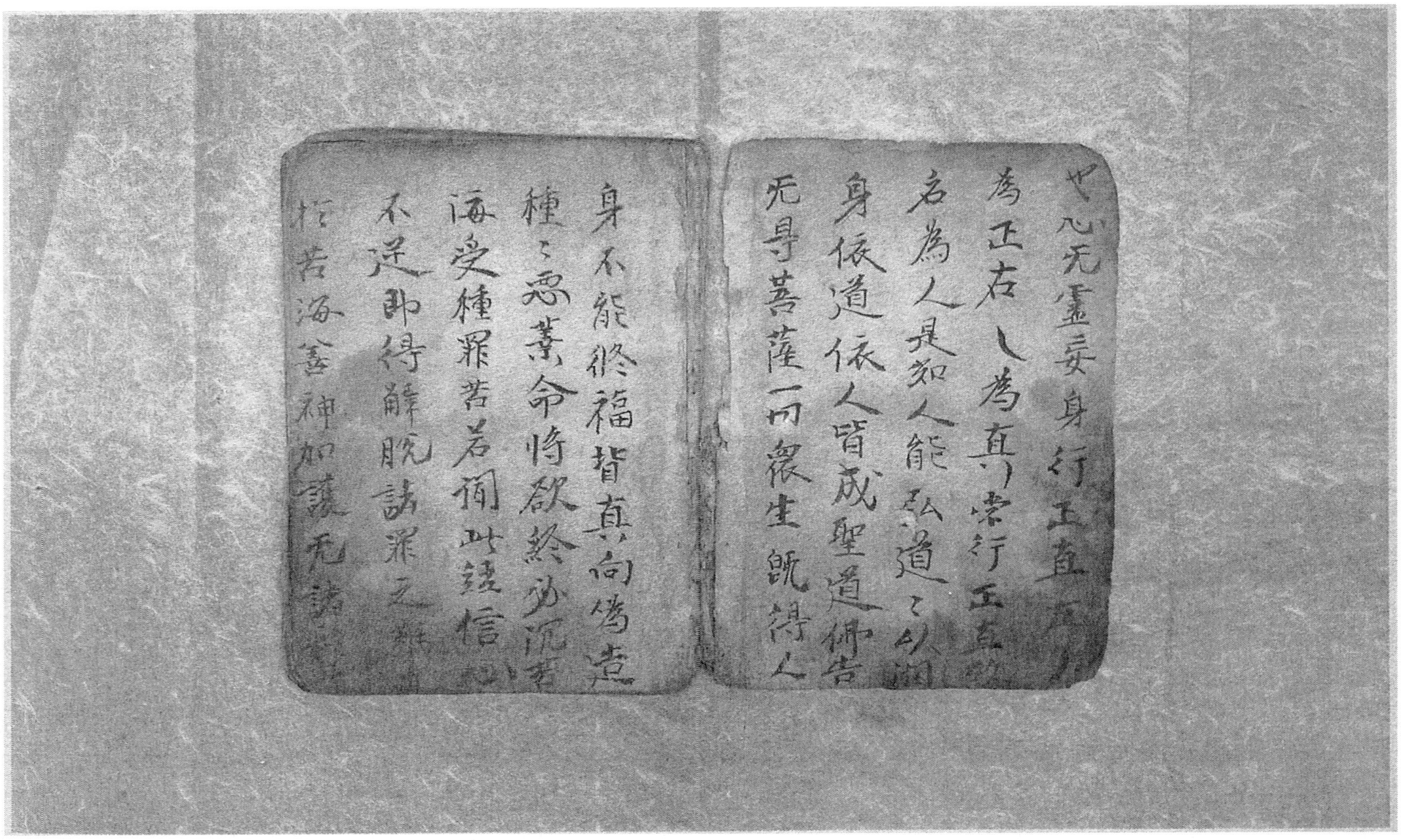

也心无虛妄身行正直
為正右乀為真常行正直故
名為人是知人能弘道道以潤
身依道依人皆成聖道佛告
无㝵菩薩一切衆生既得人
身不能修福背真向偽造
種種惡業命將欲終必沉苦
海受種種罪若聞此經信受
不逆即得解脫諸罪之難
於苦海善神加護无諸[illegible]

BD09157 號　天地八陽神咒經　（21–3）

延年益壽而无横夭从信力故
獲如斯福
復次无导菩薩若有善男子
善女人信邪倒見即被邪魔外
道魑魅魍魎鳥鳴百怪諸
惡鬼競来惱乱興其横禍惡
腫惡注受其痛苦无有休息
皆悉遇善知識為讀八陽經
三遍是諸惡鬼悉皆消滅
病即除愈身強力足讀經

BD09157 號　天地八陽神咒經　（21–4）

功德獲如斯福若有衆生多
於淫欲嗔恚愚癡慳貪嫉
妬若見此經信敬供養即讀
三遍愚癡等惡並皆除滅慈
悲喜捨得佛法分
復次无导菩薩若有善男子
善女人等興有為法先讀此
經三遍築墙動土安立家宅
南堂北堂東廂西廂廚舍
客屋門户井竈碓磑庫藏

BD09157 號　天地八陽神咒經　（21–5）

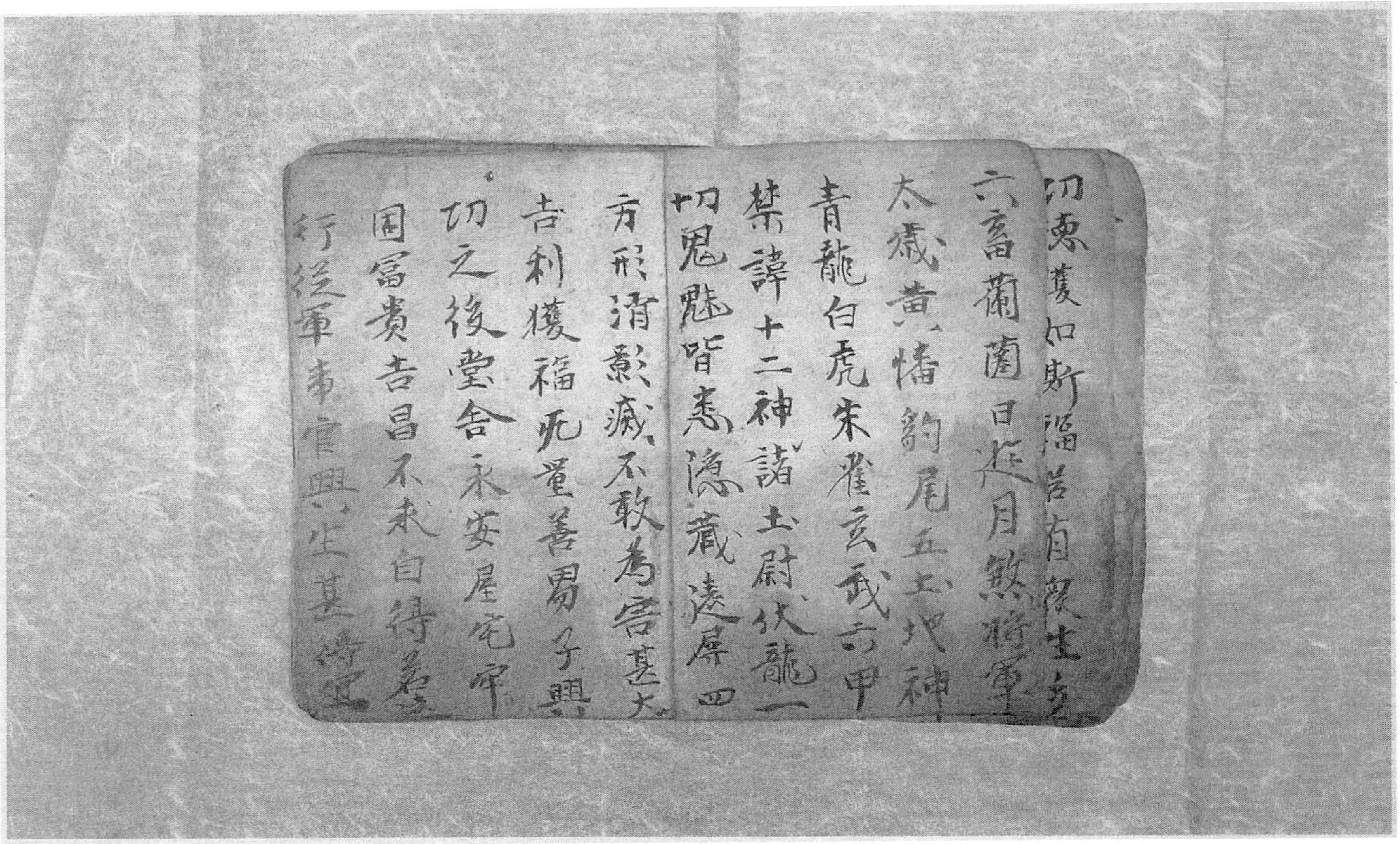

切惡獲如斯福吉自然生
六畜蘭園日遊月煞將軍
太歲黃幡豹尾五土地神
青龍白虎朱雀玄武六甲
禁諱十二神諸土尉伏龍一
切鬼魅皆悉隱藏遠屏四
方形消影滅不敢為害甚大
吉利獲福无量善男子興
功之後堂舍永安屋宅牢
固富貴吉昌不求自得若
行從軍事官興生甚得宜

BD09157號　天地八陽神咒經　（21–6）

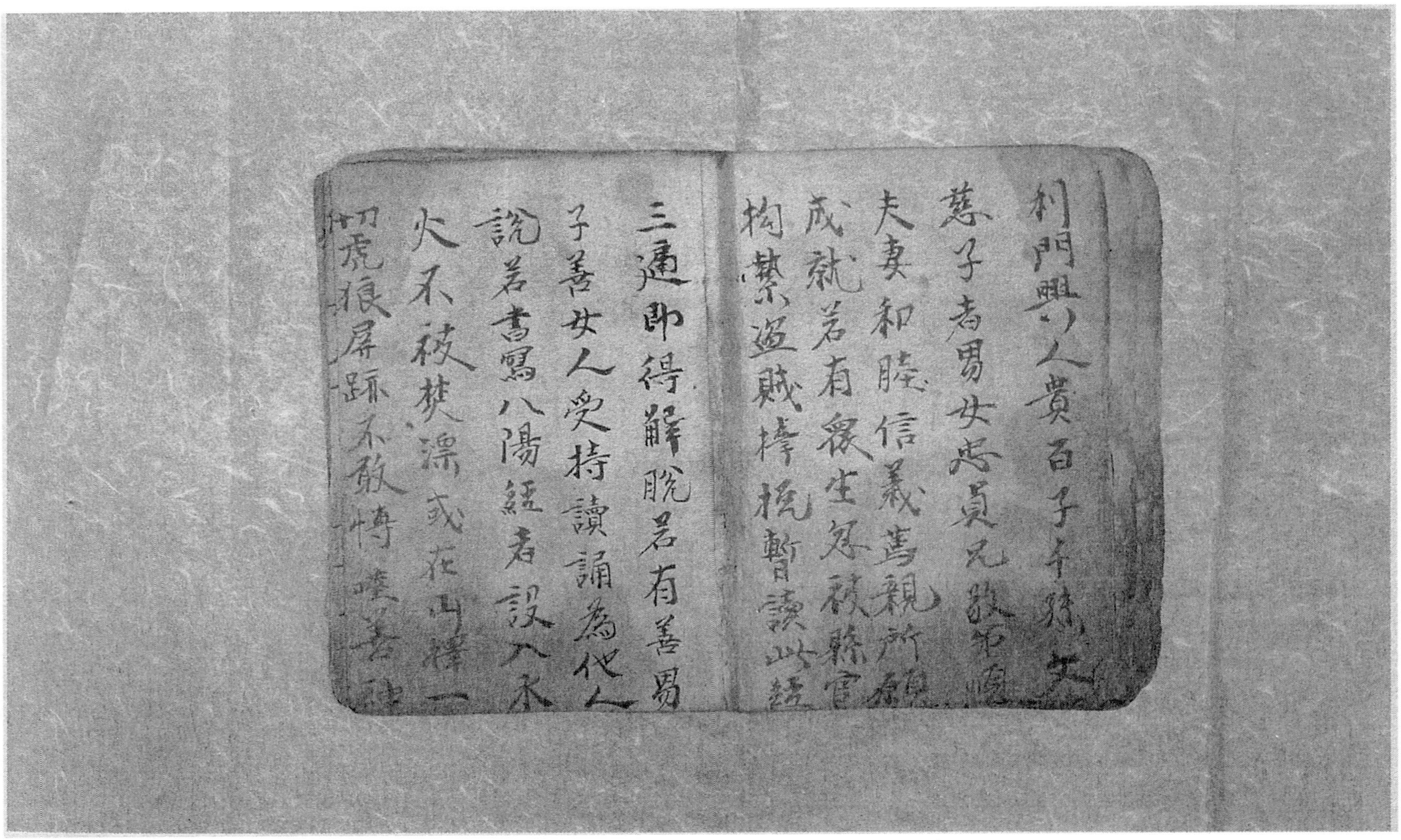

利門興人貴百子千孫父
慈子孝男女忠貞兄敬弟順
夫妻和睦信義篤親所願
成就若有衆生忽被縣官
拘禁盜賊牽挽暫讀此經
三遍即得解脫若有善男
子善女人受持讀誦為他人
說若書寫八陽經者設入水
火不被焚漂或在山澤一
切虎狼屏跡不敢傷噬善神

BD09157號　天地八陽神咒經　（21–7）

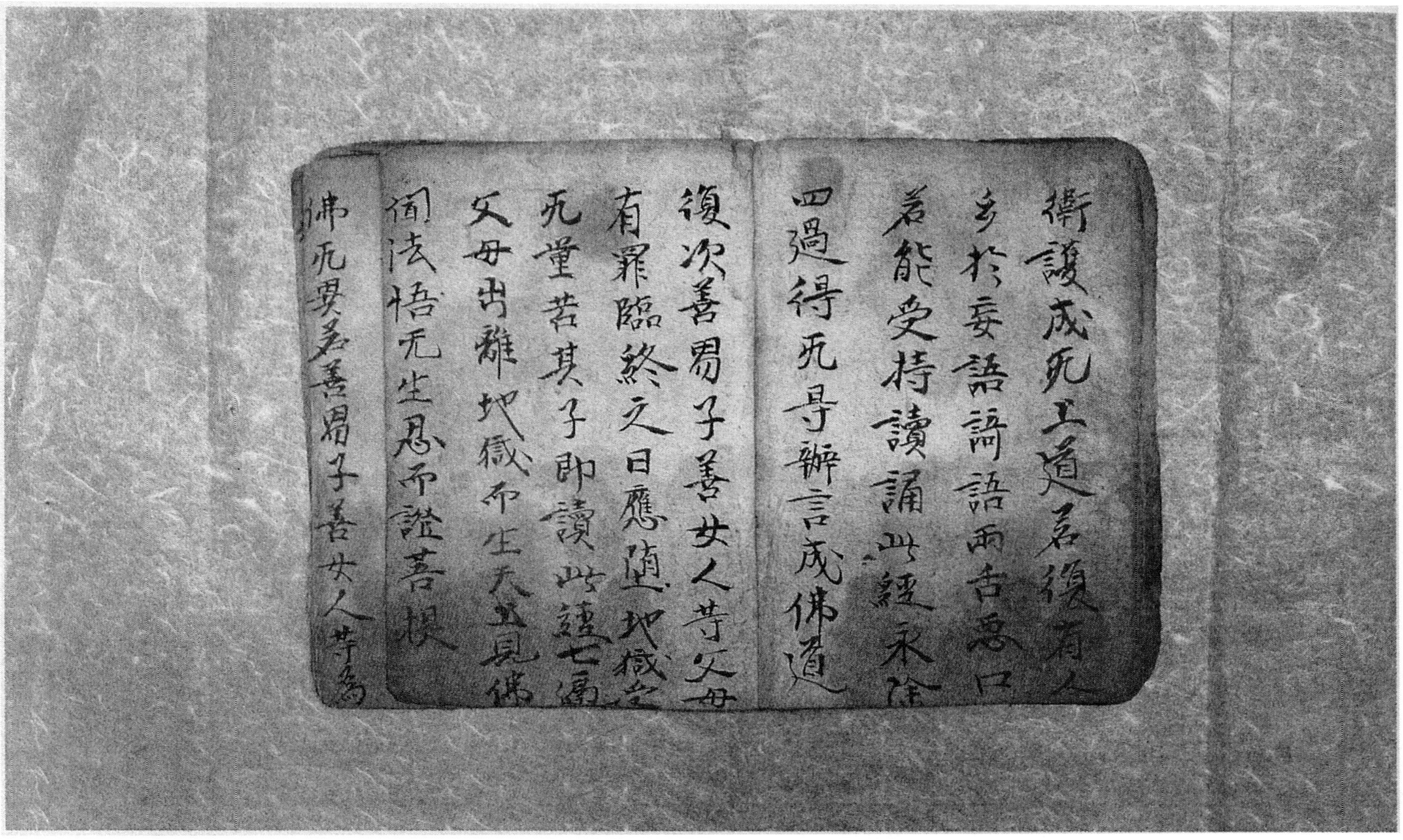

衛護成无上道若復有人
乡於妄語綺語兩舌惡口
若能受持讀誦此經永除
四過得无㝵辯言成佛道
復次善男子善女人等父母
有罪臨終之日應墮地獄受
无量苦其子即讀此經七遍
父母出離地獄而生天上見佛
聞法悟无生忍而證菩提
佛說要名善男子善女人等為

BD09157 號　天地八陽神咒經　（21–8）

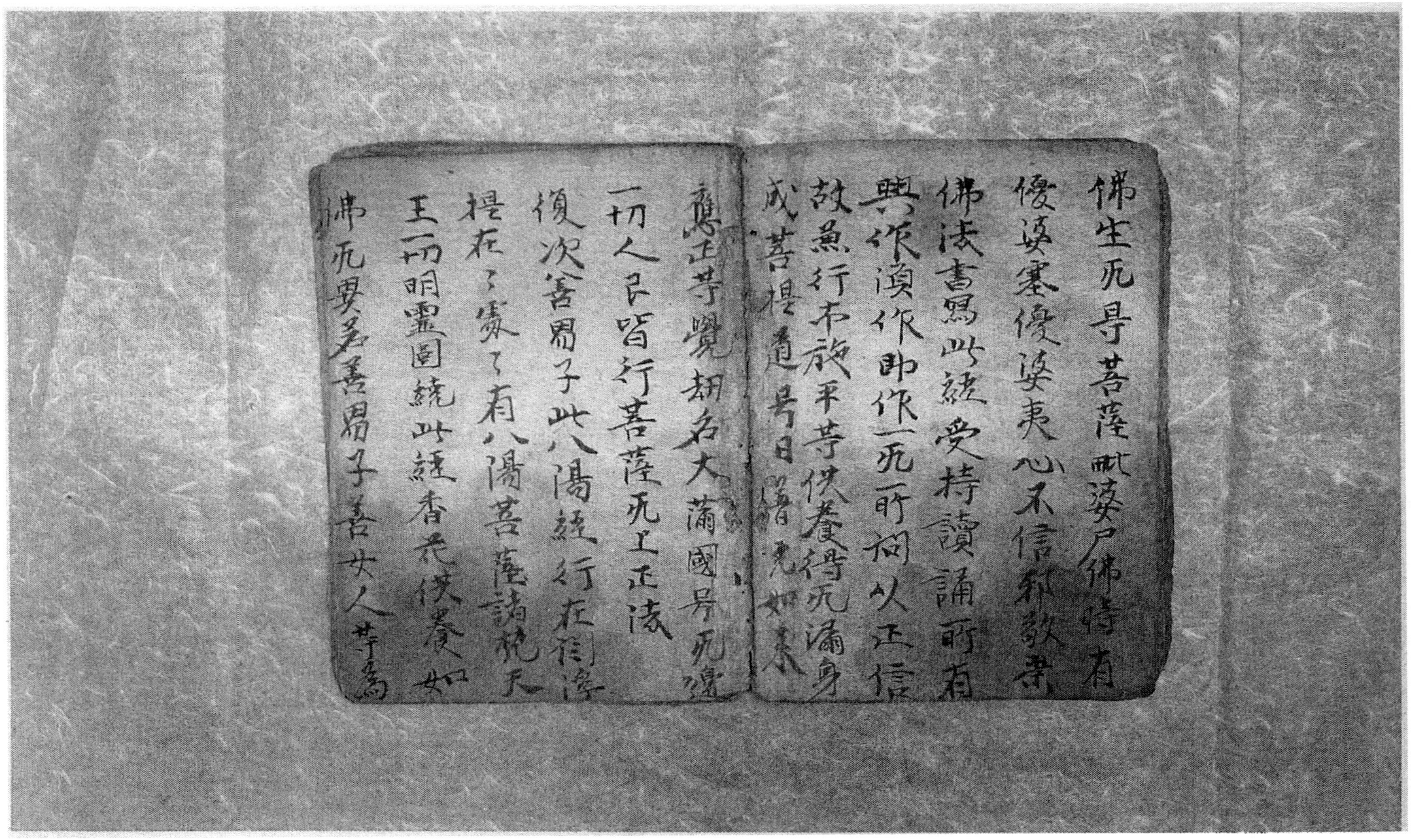

佛生无㝵菩薩毗婆尸佛時有
優婆塞優婆夷心不信邪敬崇
佛法書寫此經受持讀誦所有
興作須作即作一无所問以正信
故兼行布施平等供養得无漏身
成菩提道号曰普光如來
應正等覺劫名大滿國号无邊
一切人民皆行菩薩无上正法
復次善男子此八陽經行在閻浮
提在在處處有八陽菩薩請梵天
王一切明靈圍繞此經香花供養如
佛說要名善男子善女人等為

BD09157 號　天地八陽神咒經　（21–9）

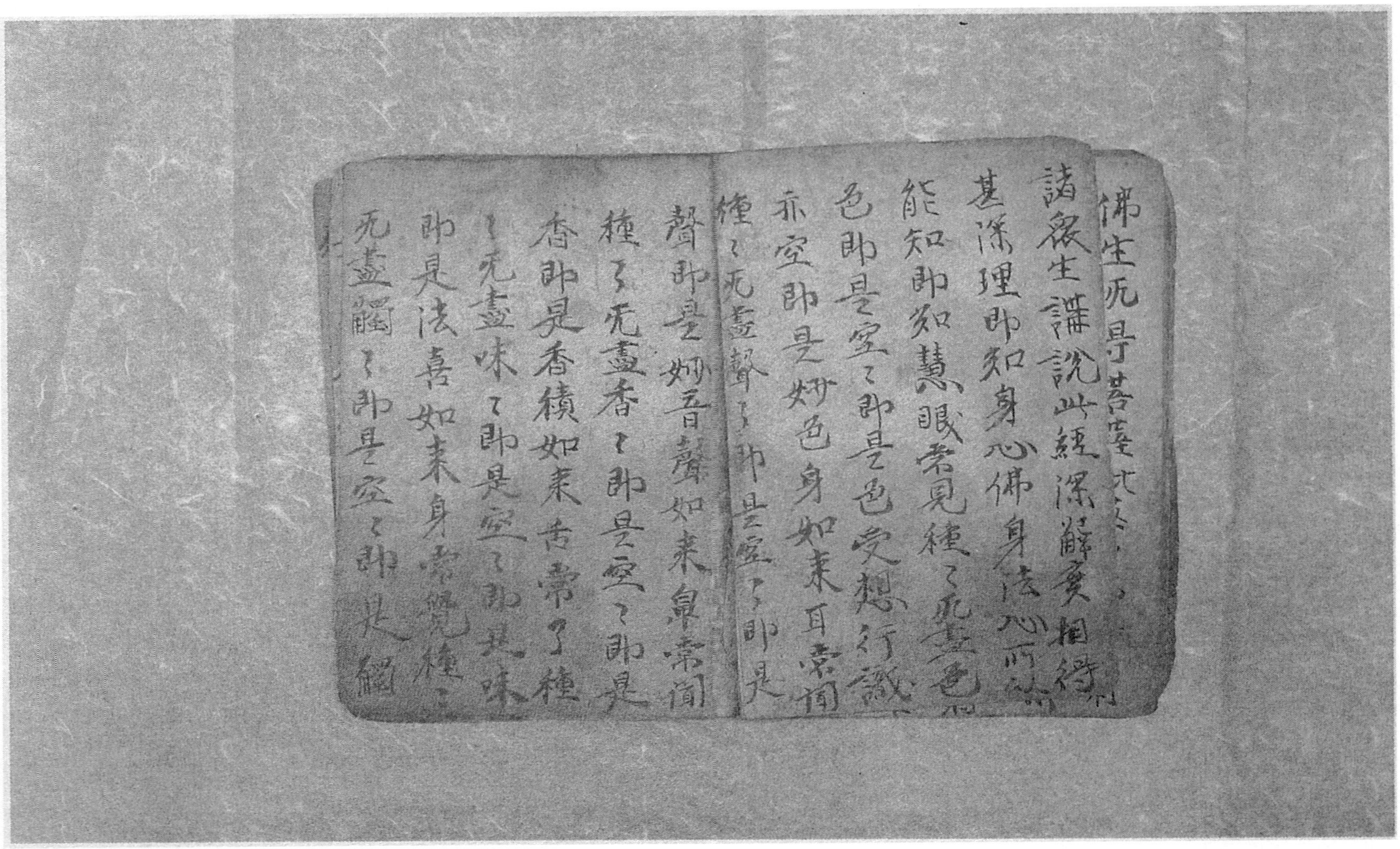
佛生死号菩薩也
諸衆生讃說此經深解實相得
甚深理即知身心佛身法心所以
能知即知慧眼常見種々无盡色
色即是空々即是色受想行識
亦空即是妙色身如来耳常聞
種々无盡聲々即是空々即是
聲即是妙音聲如来鼻常聞
種々无盡香々即是空々即是
香即是香積如来舌常了種
々无盡味々即是空々即是味
即是法喜如来身常覺種々
无盡觸々即是空々即是觸

BD09157 號　天地八陽神咒經　（21–10）

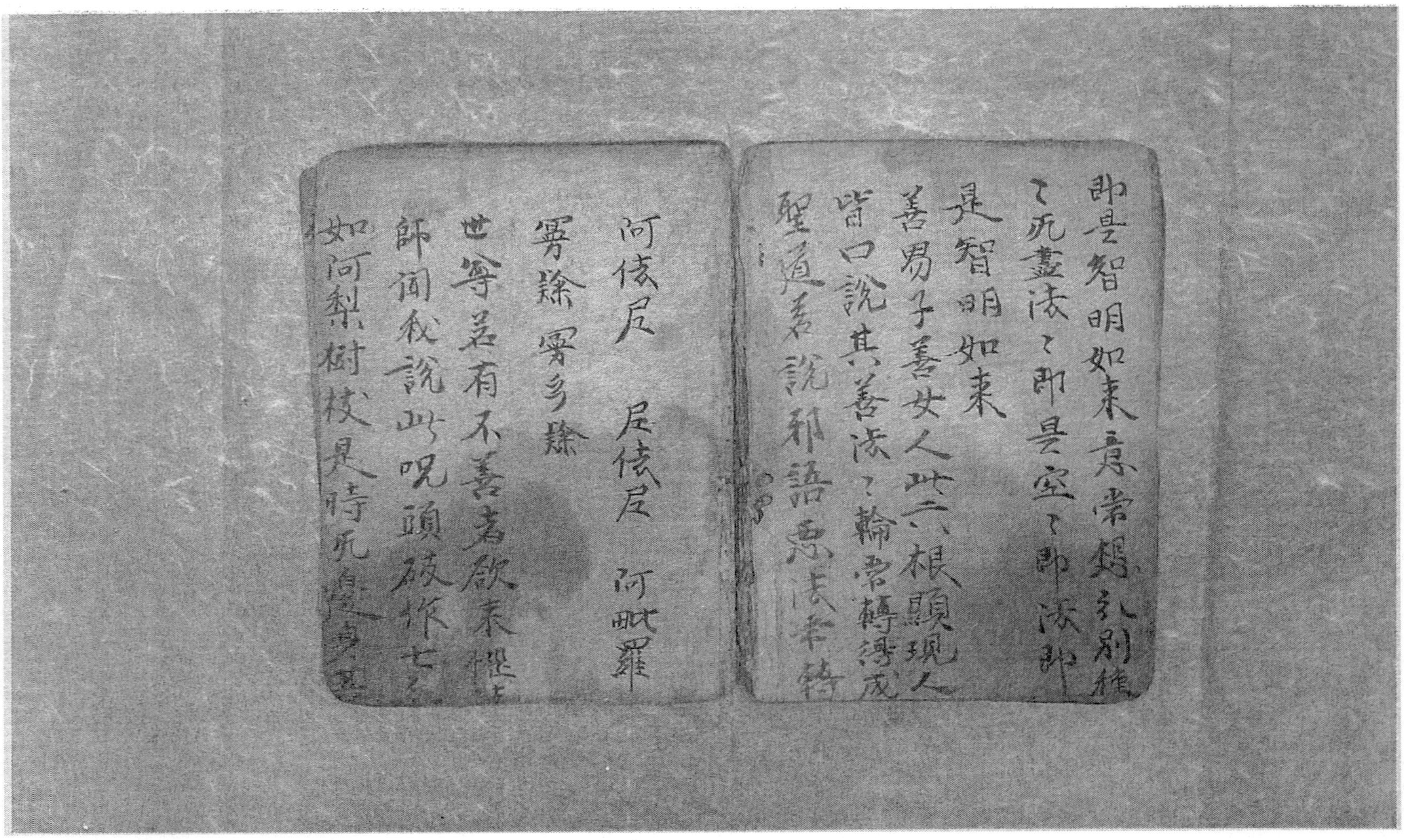
即是智明如来意常思分別種
々无盡法々即是空々即是法即
是智明如来
善男子善女人此六根顯現人
皆口說其善法々輪常轉得成
聖道若說邪語惡法常轉
阿佉尼　尼佉尼　阿毗羅
曼隷　曼多隷
世尊若有不善衆生欲来惱
亂法師聞我說此呪頭破作七分
如阿梨樹枝是時无量

BD09157 號　天地八陽神咒經　（21–11）

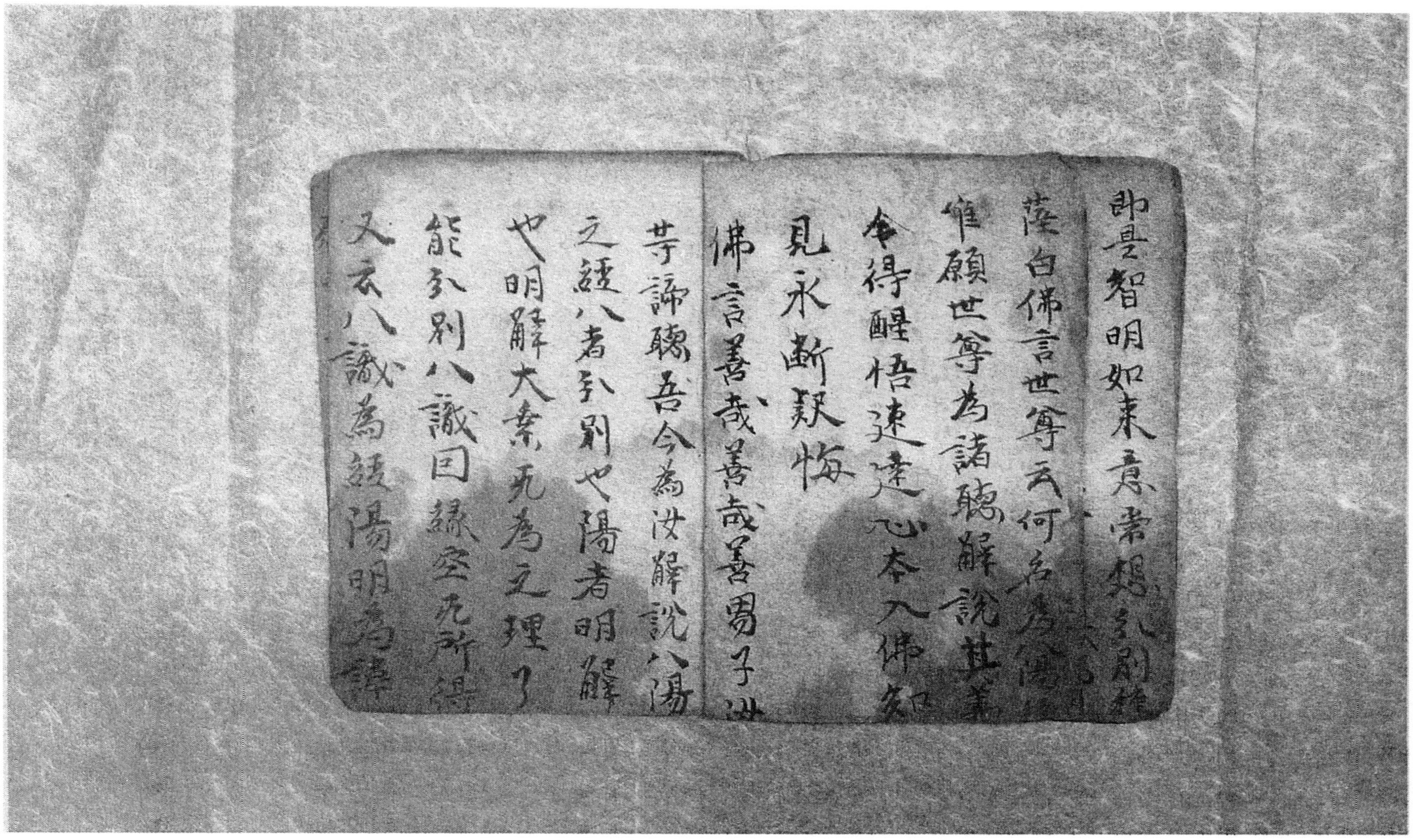
即是智明如來意常覩分別種
薩白佛言世尊云何名為陽
唯願世尊為諸聽解說其義
令得醒悟速達心本入佛知
見永斷疑悔
佛言善哉善哉善男子汝
等諦聽吾今為汝解說八陽
之經八者分別也陽者明解
也明解大乘无為之理了
能分別八識因緣空无所得
又云八識為經陽明為緯

BD09157 號　天地八陽神咒經　（21–12）

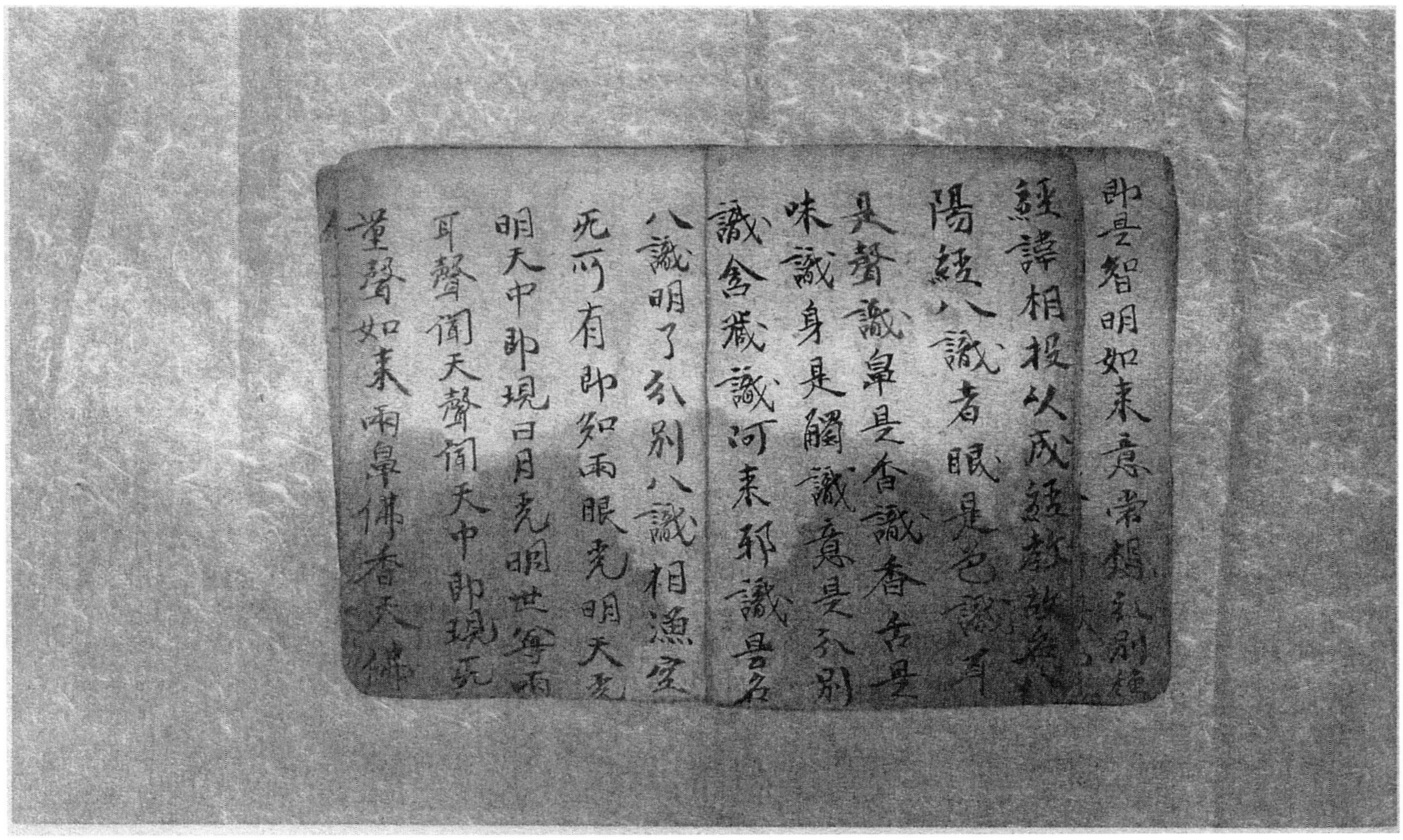
即是智明如來意常覩分別種
經緯相投以成經教故名八
陽經八識者眼是色識耳
是聲識鼻是香識舌是
味識身是觸識意是分別
識含藏識阿賴耶識是名
八識明了分別八識相通空
无所有即知兩眼光明天光
明天中即現日月光明世尊兩
耳聲聞天聲聞天中即現无
量聲如來兩鼻佛香天佛

BD09157 號　天地八陽神咒經　（21–13）

即是智明如來意常想、分別種
香天中即現香積如來口常
舌是法味天法味天中即現
法喜如來身是盧舍那天
盧舍那天中即現成就盧舍
那佛盧舍那鏡像佛盧舍
那光明佛意是無分別天
無分別天中即現不動如來
大光明佛心是法界天法
界天中即現空王如來含藏
識天演出阿那含經大涅槃

BD09157號　天地八陽神咒經　（21–14）

經阿賴耶識天演出大智度
論經瑜伽論經善男子佛即
是法法即是佛合為一相即
現大通智勝如來佛說此經
時一切大地六種震動光照
天地無有邊際浩浩蕩蕩
無所名一切幽冥皆悉明朗
一切地獄亦皆消滅一切罪人俱
得離苦皆說無上菩提心
爾時眾中八萬八千人菩薩
復次善男子若得人身得

BD09157號　天地八陽神咒經　（21–15）

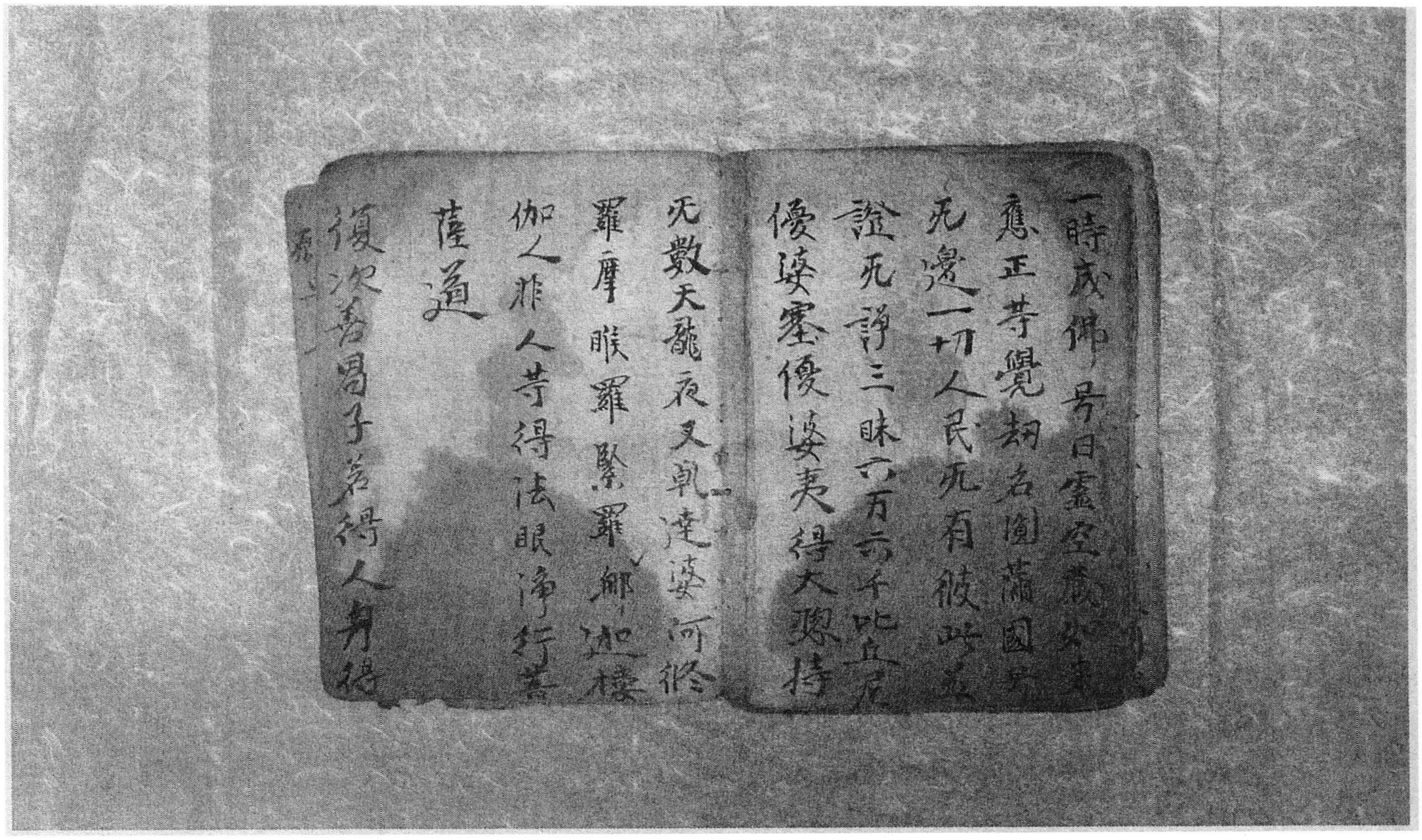
一時成佛号曰虛空藏如來
應正等覺劫名阐蒲國[illegible]
无邊一切人民无有彼此之
證无諍三昧六万六千比丘尼
優婆塞優婆夷得大惣持
无數天龍夜叉乾達婆阿脩
羅摩睺羅緊羅那迦樓
伽人非人等得法眼淨行菩
薩道
復次善男子若得人身得

BD09157 號　天地八陽神咒經　（21–16）

官登位之日及新入宅即讀
此經三遍甚大吉利獲福无
量善男子若讀此經一遍
者如讀一切經一遍能寫一卷
如寫一切經一部其功德不可
稱量无有邊如斯人等即
成聖道
復次无邊身菩薩摩訶薩
若有衆生不信正法常生
邪見忽聞此經即生誹謗

BD09157 號　天地八陽神咒經　（21–17）

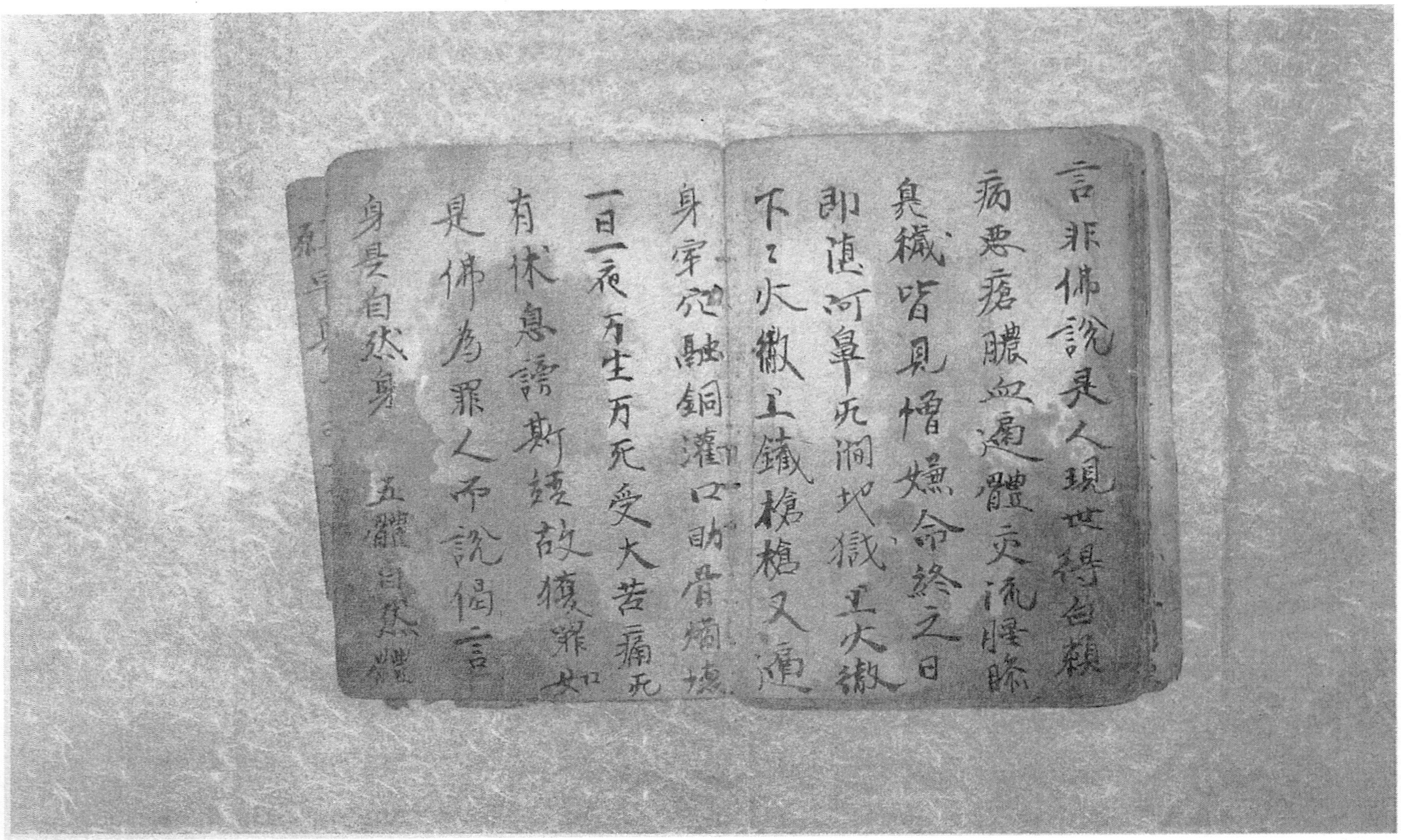
言非佛說是人現世得白癩
病惡瘡膿血遍體交流腥臊
臭穢皆見憎嫌命終之日
即墮阿鼻无間地獄上火徹
下下火徹上鐵槍槍又遍
身穿穴融銅灌口助骨爛壞
一日一夜万生万死受大苦痛死
有休息謗斯經故獲罪如
是佛為罪人而說偈言
身是自然身　五體自然體

BD09157號　天地八陽神咒經　（21–18）

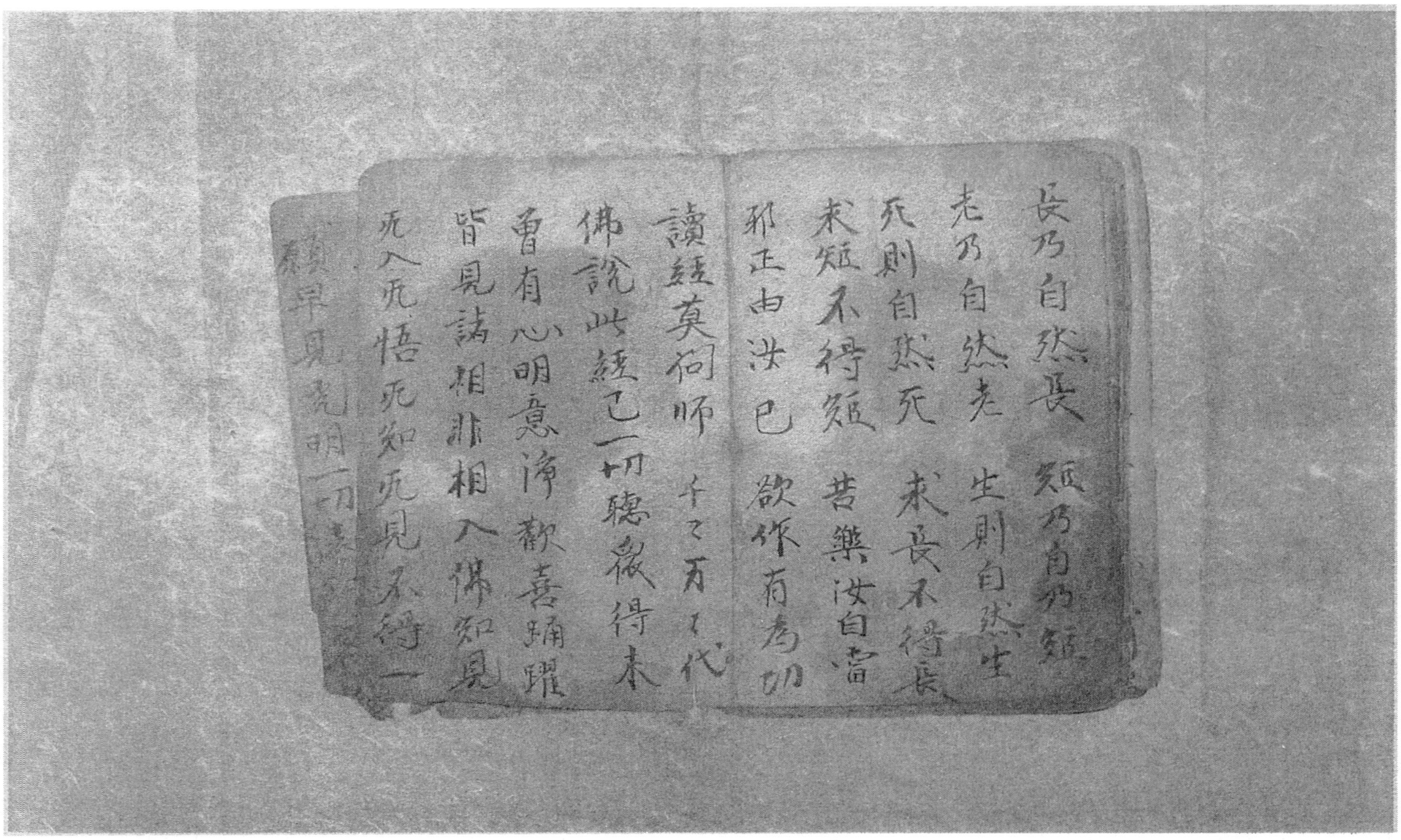
長乃自然長　短乃自然短
老乃自然老　生則自然生
死則自然死　求長不得長
求短不得短　苦樂汝自當
邪正由汝己　欲作有為功
讀經莫詢師　千千万万代
佛說此經已一切聽衆得未
曾有心明意淨歡喜踊躍
皆見諸相非相入佛知見
死入死悟死知死見不得一

BD09157號　天地八陽神咒經　（21–19）

法即得涅槃樂
佛說天地八陽神呪經
右从可轉經文並皆迴
施四生六道水沫發空一切
令離苦未得樂者令得
樂未發心者願早發已發
心者願發菩提一切因
願枷鎖倒身懷胎母子
願早見光明一切遠行

BD09157 號　天地八陽神咒經　　（21–20）

早達鄉井一切床上
願疼差宅中怨有終
願死魂歸一所有情
願西方見佛一切宿世冤家債
經願更莫相酬役願

BD09157 號　天地八陽神咒經　　（21–21）

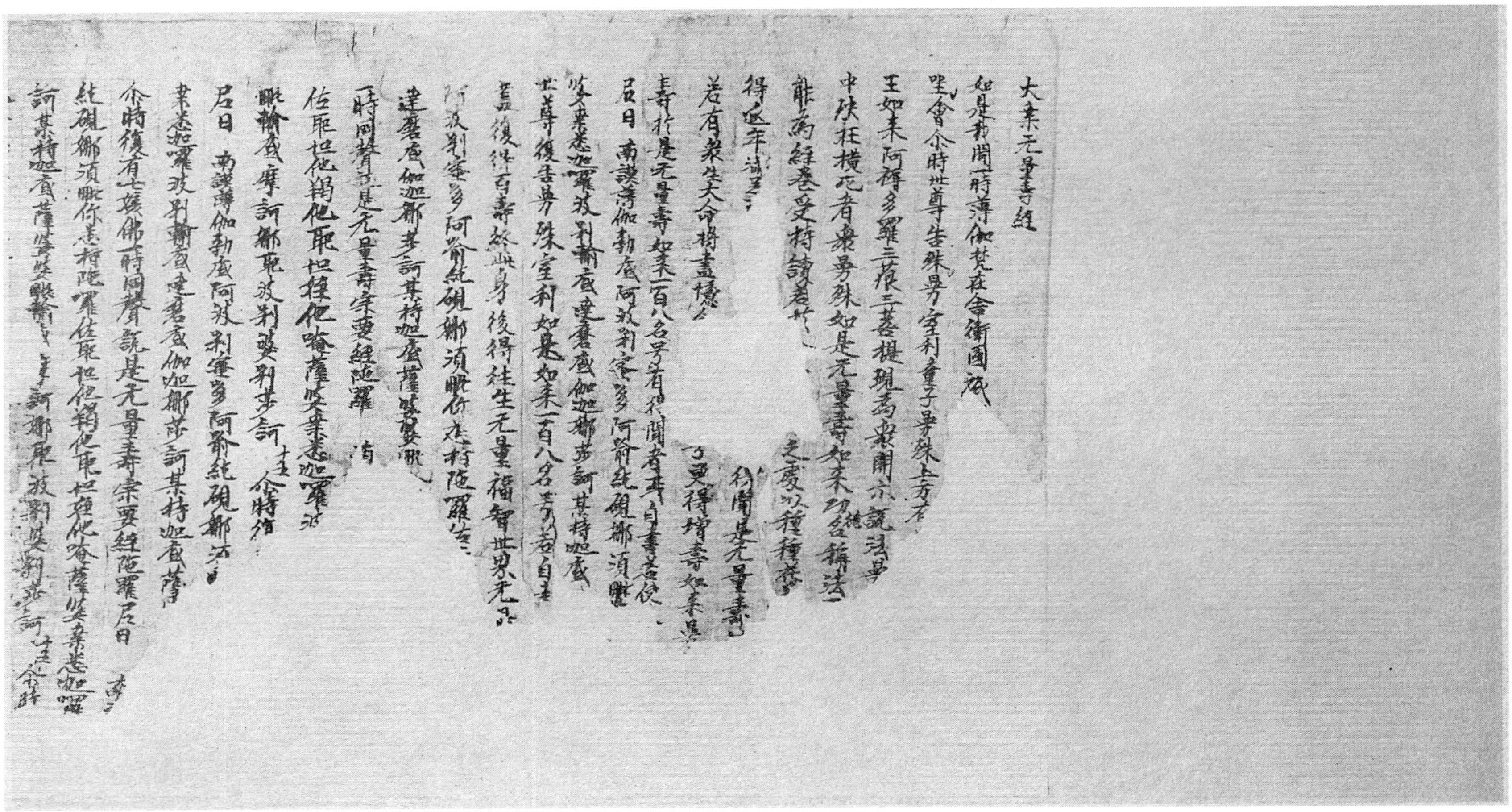

BD09158 號 1　無量壽宗要經　（8–1）

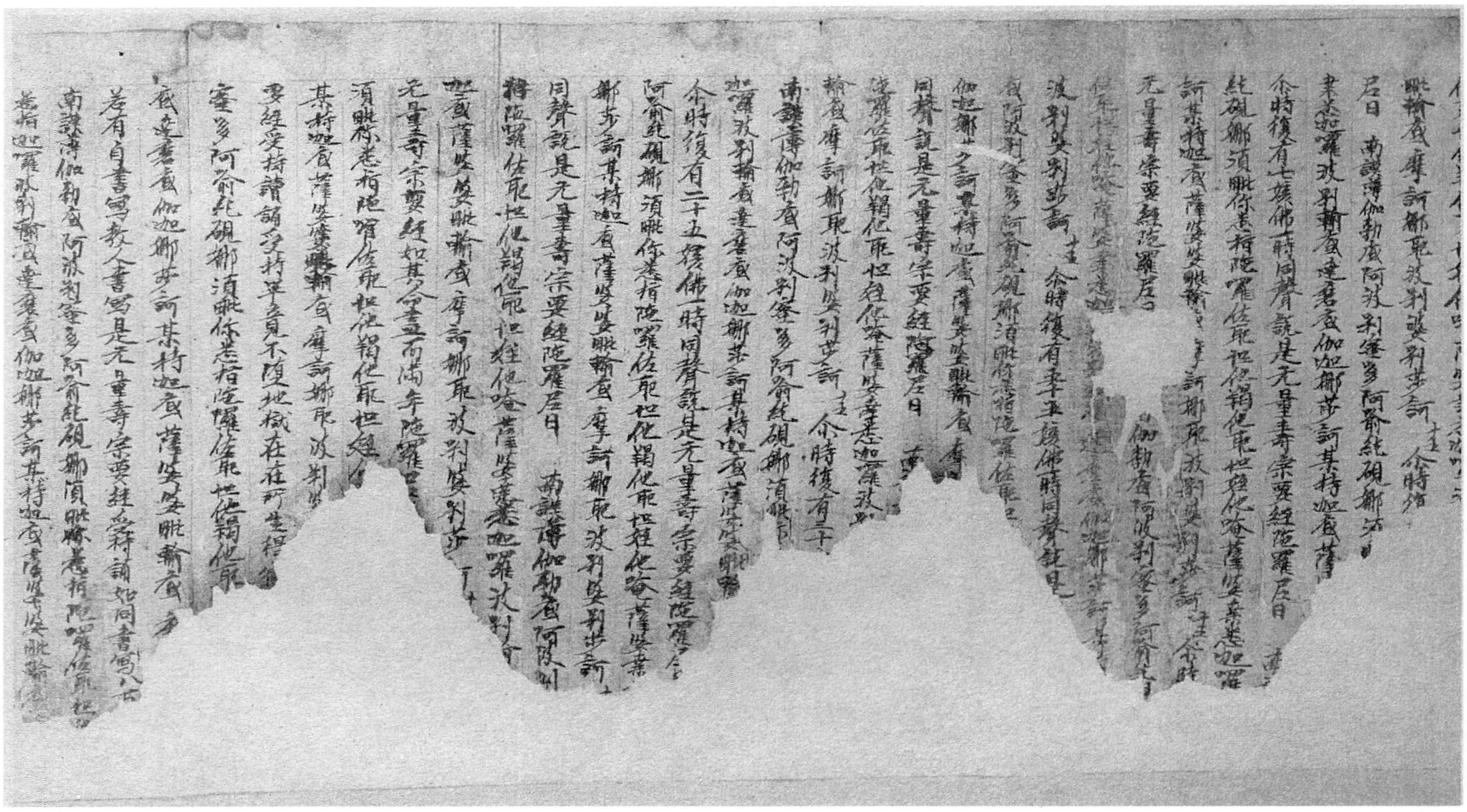

BD09158 號 1　無量壽宗要經　（8–2）

BD09158 號 1　無量壽宗要經　（8–3）

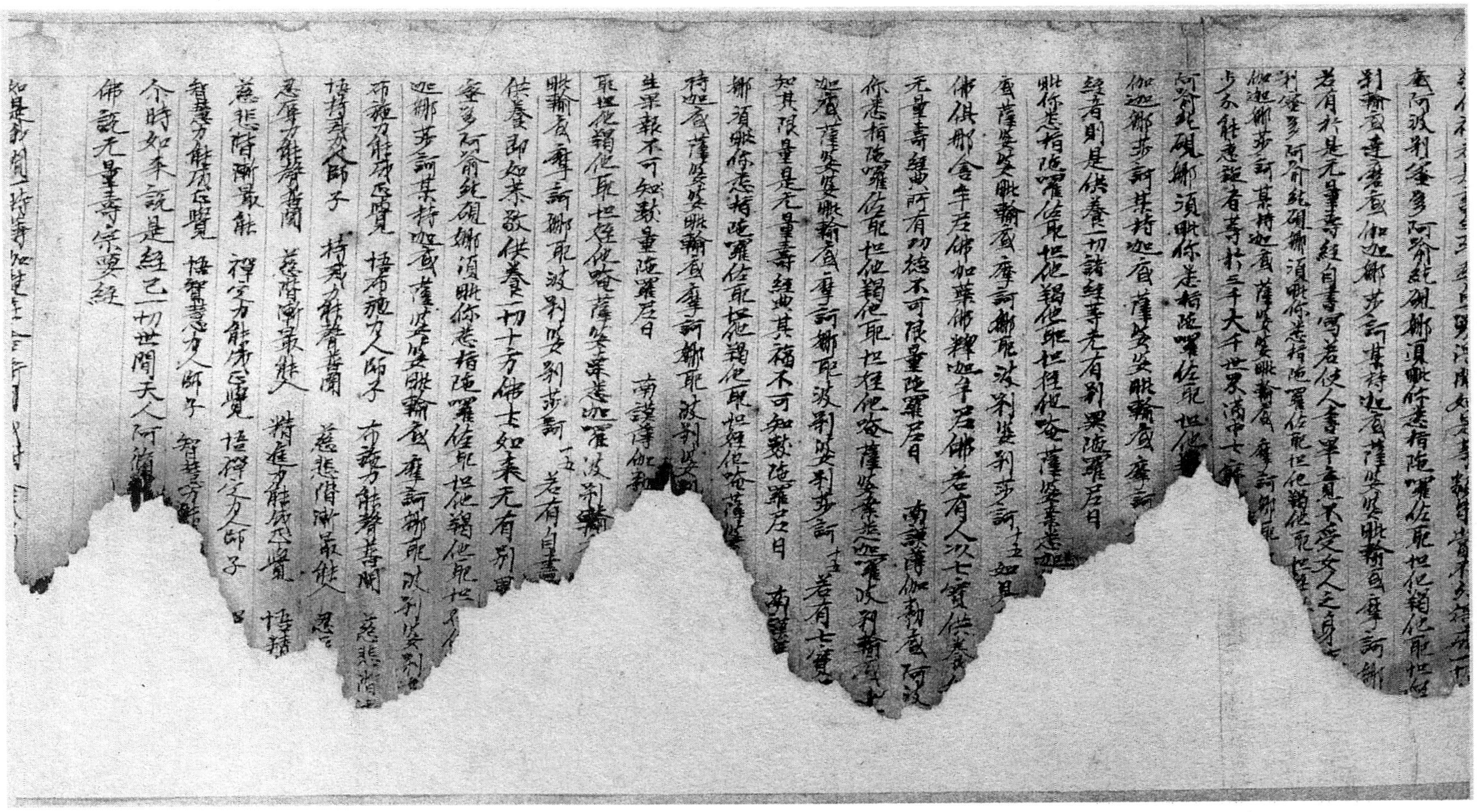

BD09158 號 1　無量壽宗要經　（8–4）

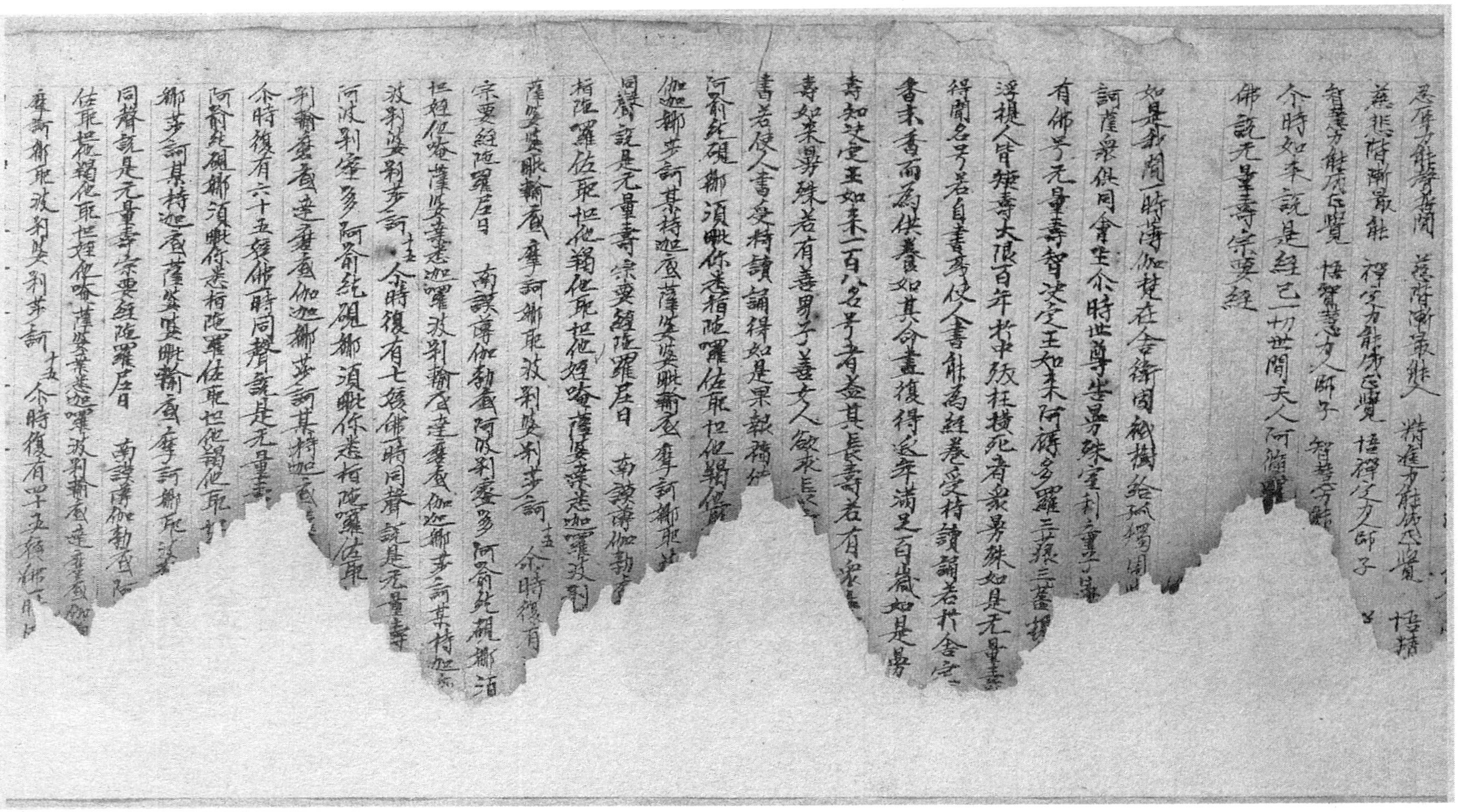

BD09158 號 2　無量壽宗要經　（8–5）

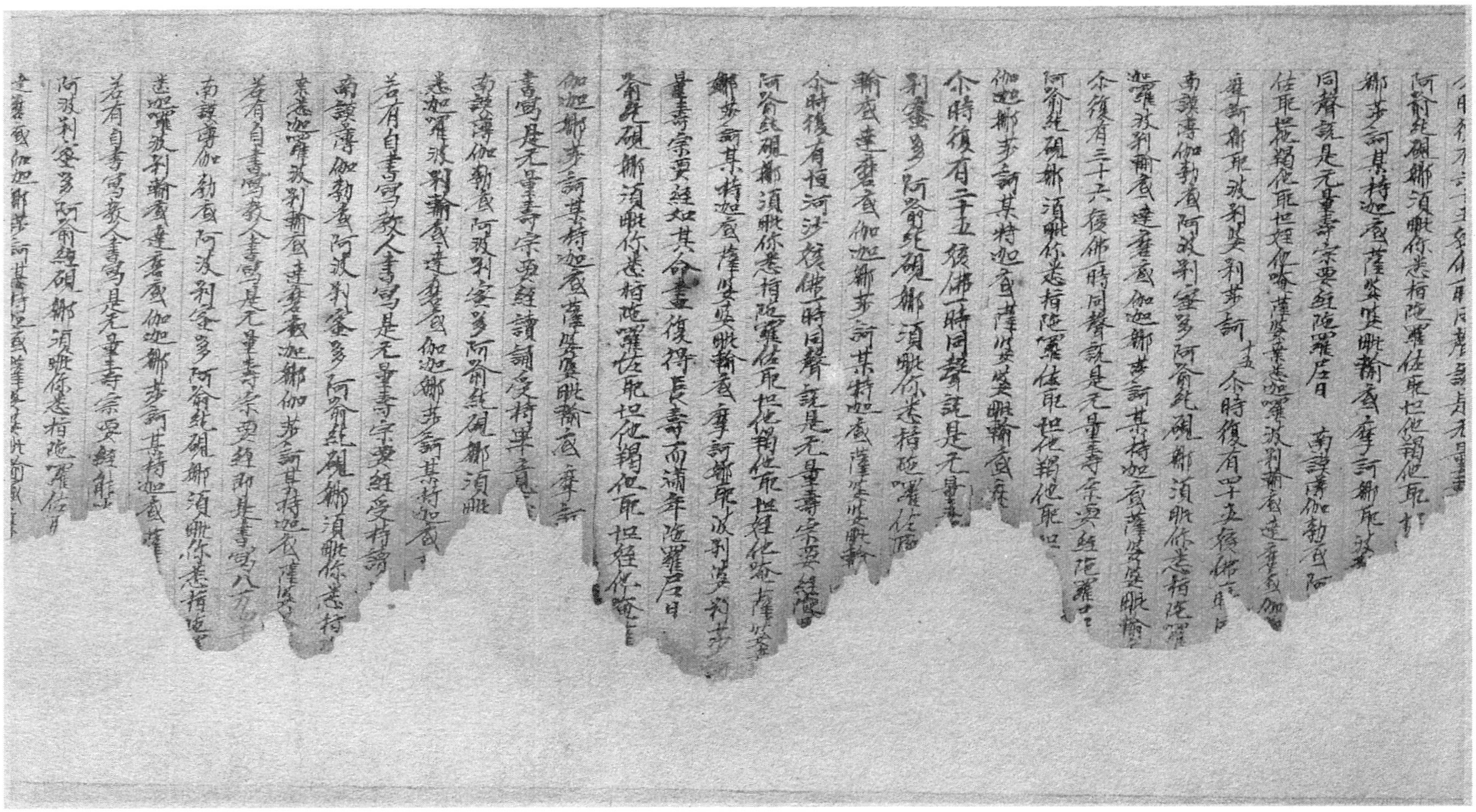

BD09158 號 2　無量壽宗要經　（8–6）

若有自書寫教人書寫是无量壽宗要經即是書寫八万
南謨薄伽勒底阿波利蜜多阿喻紇硯娜須毗你悉指陀
悉迦囉波利輸底達摩底伽迦娜莎訶其持迦底薩
若有自書寫教人書寫是无量壽宗要經能
阿波利蜜多阿喻紇硯娜須毗你悉指陀囉佐耶
達摩底伽迦娜莎訶其持迦底薩婆毗輸底摩
書寫是无量壽宗要經受持讀誦設有重罪猶如
波利蜜多阿喻紇硯娜須毗你悉指陀囉佐耶怛他揭他
達摩底伽迦娜莎訶其持迦底薩婆毗輸底摩訶娜耶
教人書寫是无量壽宗要經受持讀誦當命終時有九十九億佛
切佛剎莫於此經生於疑惑 陀羅尼曰 南謨薄伽勒底
怛他揭他耶怛姪他唵薩婆桑悉迦囉波利輸底達摩
訶娜耶波利莎訶 十五 若有自書寫教人
隨其所在 陀羅尼曰 南謨薄伽勒底阿波利蜜
他唵薩婆桑悉迦囉波利輸底達摩底伽迦娜莎訶其持迦
若有自書寫教人書寫是无量壽宗要經受持讀誦當
南謨薄伽勒底阿波利蜜多阿喻紇硯娜須毗你悉指
悉迦囉波利輸底達摩底伽迦娜莎訶其持迦底薩婆
莎訶 十五 若有方所自書寫使人書寫是无量壽
畜生或為鳥獸得聞是經如是等類皆不久得成
阿波利蜜多阿喻紇硯娜須毗你悉指陀囉佐耶怛
輸底達摩底伽迦娜莎訶其持迦底薩婆
若有於是无量壽經自書寫使人書畢竟不
利蜜多阿喻紇硯娜須毗你悉指陀囉佐耶怛他
達摩底伽迦娜莎訶其持迦底薩婆毗
若有能作是經少分能惠施者等於三千大千世界
南謨薄伽勒底阿波利蜜多阿喻紇硯娜須毗你悉指陀囉
囉波利輸底達摩底伽迦娜莎訶其持迦底薩婆毗
若有能於供養是經者則是諸經等无有別異
多阿喻紇硯娜須毗你悉指陀囉佐耶怛他揭
莎訶其持迦底薩婆毗輸底摩訶娜耶波利婆
婆金淨佛俱留孫佛迦葉佛釋迦牟尼佛若有人

BD09158 號 2　無量壽宗要經　（8–7）

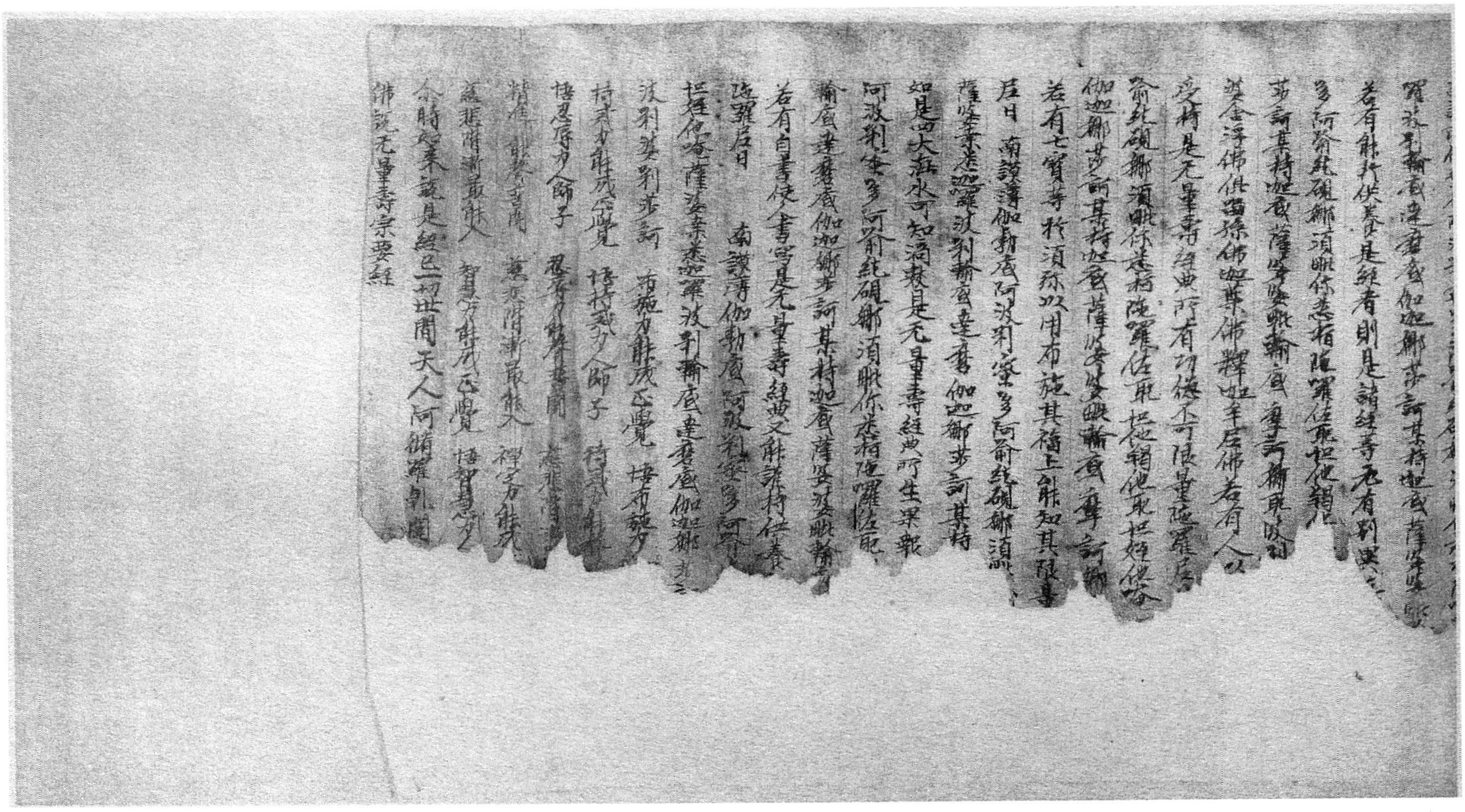

羅波利輸底達摩底伽迦娜莎訶其持迦底薩婆毗
若有能於供養是經者則是諸經等无有別異
多阿喻紇硯娜須毗你悉指陀囉佐耶怛他揭
莎訶其持迦底薩婆毗輸底摩訶娜耶波利
婆金淨佛俱留孫佛迦葉佛釋迦牟尼佛若有人以
受持是无量壽經典所有功德不可限量陀羅尼
喻紇硯娜須毗你悉指陀囉佐耶怛他揭他耶怛姪他
伽迦娜莎訶其持迦底薩婆毗輸底摩訶娜
若有七寶等於須弥以用布施其福上能知其限量
尼曰 南謨薄伽勒底阿波利蜜多阿喻紇硯娜須
薩婆桑悉迦囉波利輸底達摩底伽迦娜莎訶其持
如是四大海水可知滴數是无量壽經典所生果報
阿波利蜜多阿喻紇硯娜須毗你悉指陀囉佐耶
輸底達摩底伽迦娜莎訶其持迦底薩婆毗輸
若有自書寫使人書寫是无量壽經典又能誦持供養
陀羅尼曰 南謨薄伽勒底阿波利蜜多阿喻
怛姪他唵薩婆桑悉迦囉波利輸底達摩底伽迦娜
波利婆莎訶 布施力能成正覺 布施力
持戒力能成正覺 持戒力獅子 持戒
忍辱力獅子 忍辱力能成
精進力能成正覺 精進
禪定力獅子 智惠力能成正覺 智惠力
佛說是經已一切世間天人阿脩羅乾闥
佛說无量壽宗要經

BD09158 號 2　無量壽宗要經　（8–8）

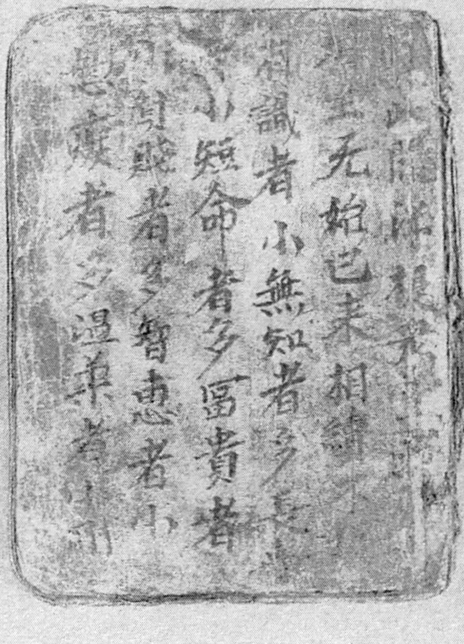
生无始已來相續不
相識者小無知者多長
小短命者多富貴者
貧賤者多智惠者小
愚癡者多溫卑者小

BD09159 號　天地八陽神咒經　　（22–1）

強者多念佛者小求神者
多正直者小曲謟者多清
慎者小濁濫者多致使
世俗淺薄官法荼毒賦
役煩重百姓窮苦所求
難得良由信邪倒見護
如是苦唯願世尊為諸
邪見衆生說其正見之
法令得悟解免於衆苦
佛言善哉无礙菩薩汝
大慈悲為諸邪見衆
生問於如來正見之法不

BD09159 號　天地八陽神咒經　　（22–2）

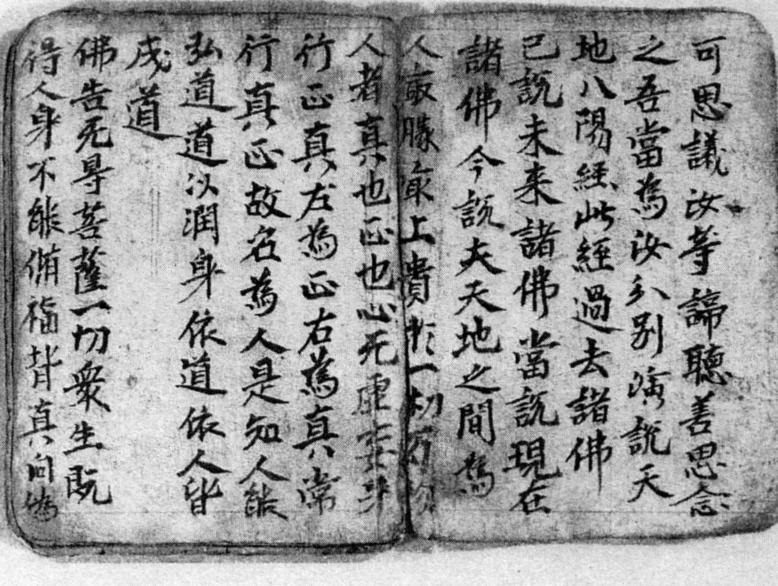

可思議汝等諦聽善思念
之吾當為汝分別演說天
地八陽經此經過去諸佛
已說未來諸佛當說現在
諸佛今說夫天地之間為
人最勝最上貴於一切
人者真也正也心无虚妄身
行正真左ノ為正右乀為真常
行真正故名為人是知人能
弘道道以潤身依道依人皆
成道
佛告无㝵菩薩一切衆生既
得人身不能修福背真向偽

BD09159 號　天地八陽神咒經　（22–3）

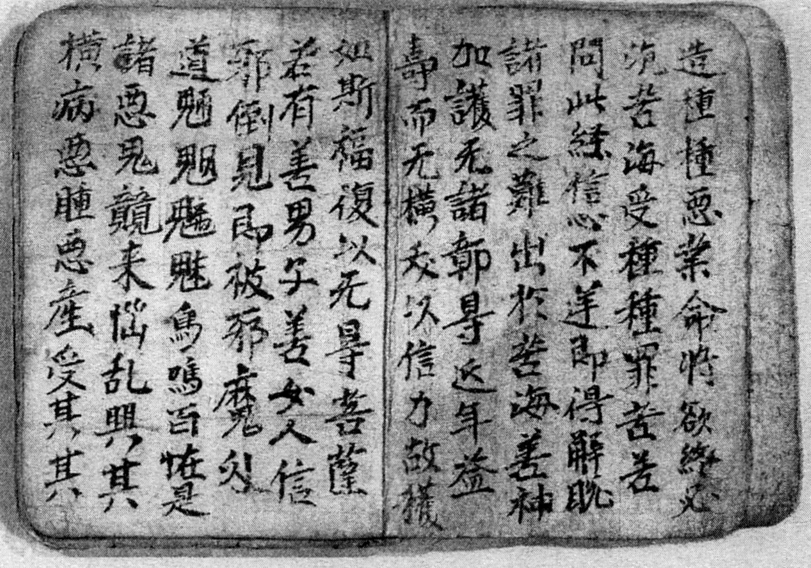

造種種惡業命將欲終必
沉苦海受種種罪苦若
聞此經信心不逆即得解脫
諸罪之難出於苦海善神
加護无諸鄣㝵延年益
壽而无橫夭以信力故獲
如斯福復以无㝵菩薩
若有善男子善女人信
邪倒見即被邪魔外
道魍魎魑魅烏鳴百怪是
諸惡鬼競來惱亂與其
橫病惡腫惡瘡受其

BD09159 號　天地八陽神咒經　（22–4）

痛若无有休息皆悉消滅
病識為讀八陽經三遍是
諸惡鬼皆悉消滅病即除
愈身強力足讀經功德
獲如斯福若有衆生多
於婬欲瞋恚愚癡慳貪
嫉妒若見此經信敬供養
即讀三遍愚癡等惡並
皆除滅慈悲喜捨得佛法分
復次无㝵菩薩若有善男
子善女人等興有為法先
讀此經三遍築墻動土安

BD09159 號　天地八陽神咒經　　（22–5）

立家宅南廳北堂東序
西序廚舍客屋門戶井
竈碓磑庫藏六畜欄
圂日遊月殺將軍太歲
黃幡豹尾五土地神青
龍白虎朱雀玄武六
甲禁諱十二諸神土尉伏
龍一切鬼魅皆悉隱藏
遠屏四方形消影滅不敢
為害甚大吉利獲福无量
善男子興功之後堂舍永
安屋宅牢固富貴吉昌

BD09159 號　天地八陽神咒經　　（22–6）

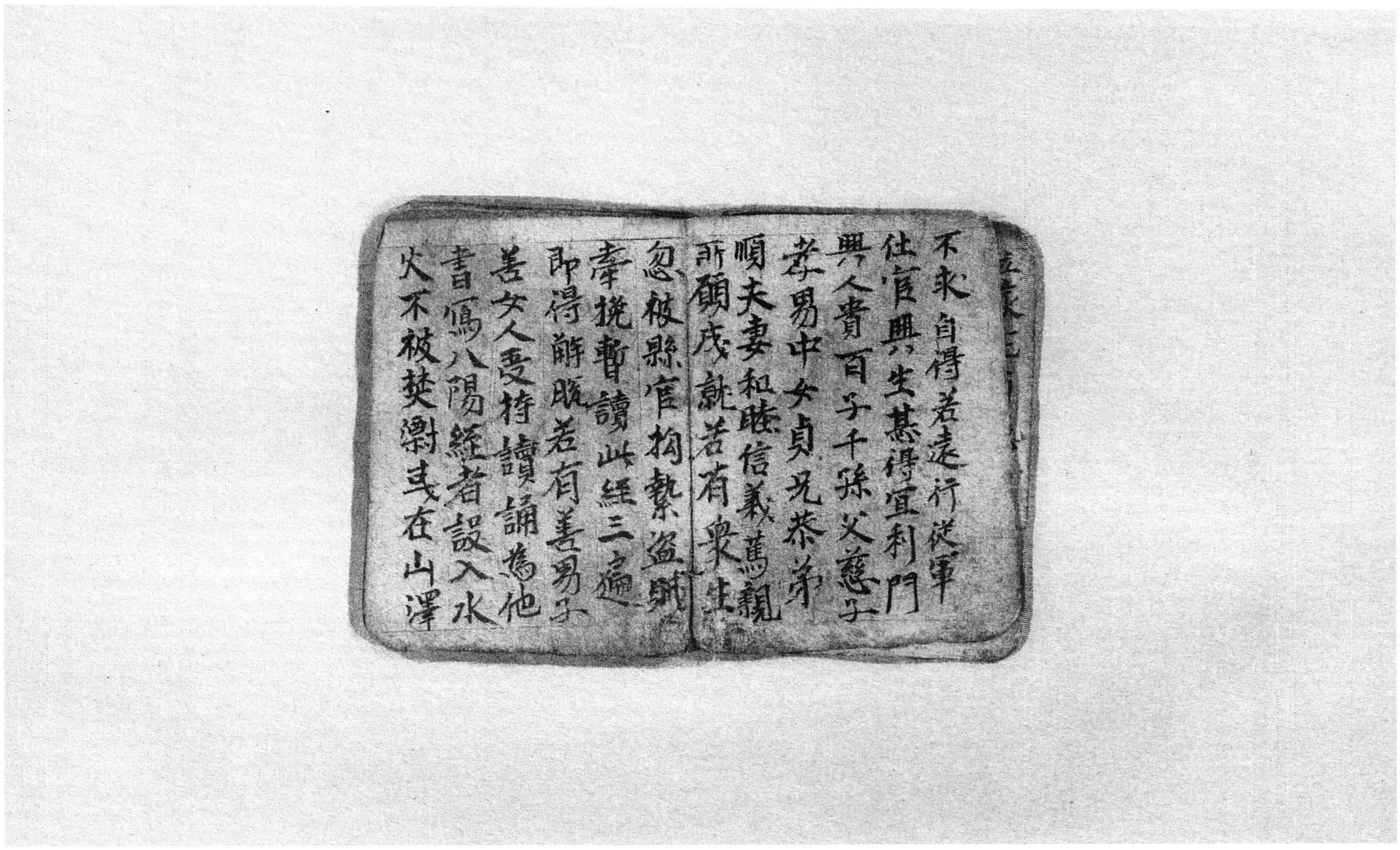

不求自得若遠行從軍
仕宦興生甚得宜利門
興人貴百子千孫父慈子
孝男中女貞兄恭弟
順夫妻和睦信義篤親
所願成就若有衆生
忽被縣官拘繫盜賊
牽挽暫讀此經三遍
即得解脫若有善男子
善女人受持讀誦爲他
書寫八陽經者設入水
火不被焚溺或在山澤

BD09159 號　天地八陽神咒經　　（22–7）

一切虎狼屏跡不敢傳
噬善神衛護成无上道
若復有人多於妄語綺
語兩舌惡口若能受持
讀誦此經永除四過得四无
导而成佛道
復次善男子善女人父母
有罪臨終之日應墮地
獄受无量苦其子即爲
讀斯經典七遍尋而證
菩菩薩
佛告无导菩薩毗婆尸

BD09159 號　天地八陽神咒經　　（22–8）

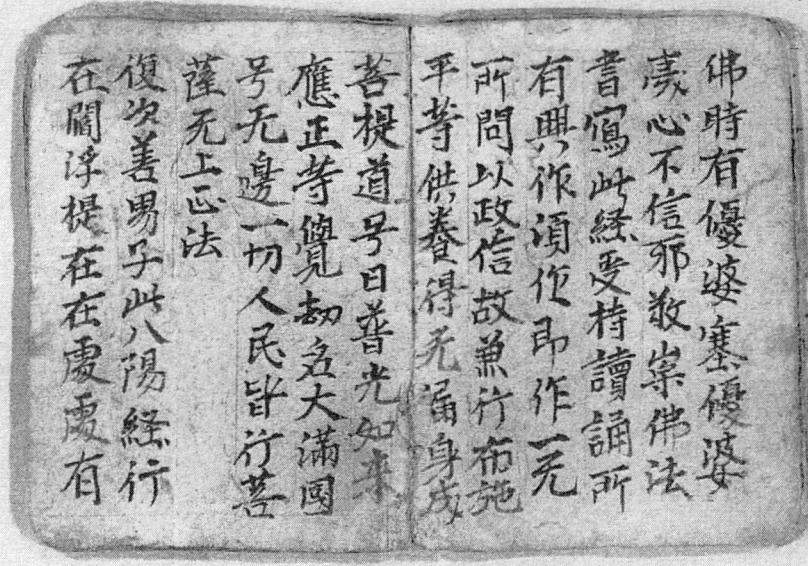

佛時有優婆塞優婆
夷心不信邪敬崇佛法
書寫此經受持讀誦所
有興作須作即作一无
所問以政信故兼行布施
平等供養得无漏身成
菩提道号日普光如來
應正等覺見劫名大滿國
号无邊一切人民皆行菩
薩无上正法
復次善男子此八陽經行
在閻浮提在在處處有

BD09159 號　天地八陽神咒經　　(22–9)

八陽菩薩諸梵天王一切明
靈圍遶此經香華供養
如佛无異若善男子善
女人等為諸衆生講說
此經深解實相得甚深
理即知身心佛身法心所
以能知即有慧眼常見
種種无盡色色即是空
空即是色受想行識亦
空即是妙色身如來耳
常聞種種无盡聲聲
即是空空即是聲是妙

BD09159 號　天地八陽神咒經　　(22–10)

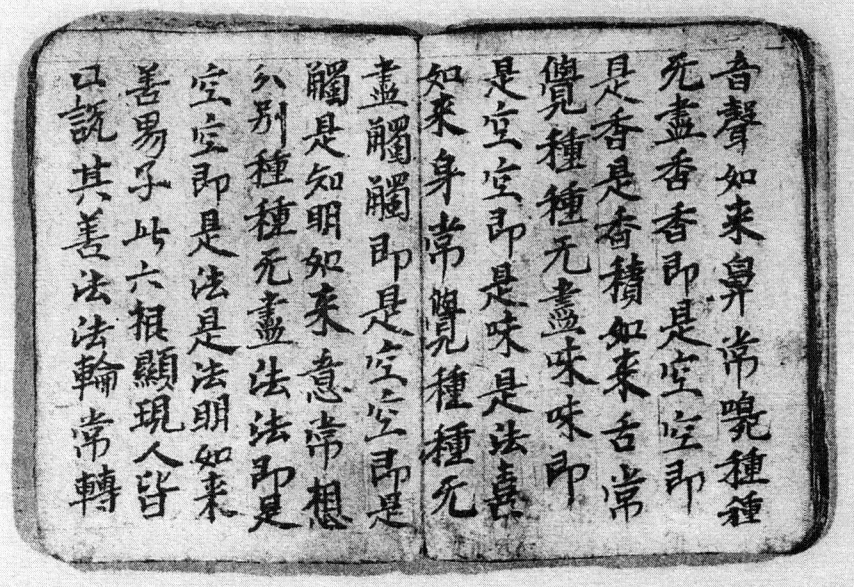

音聲如来鼻常嗅種種
无盡香香即是空空即
是香是香積如来舌常
覺種種无盡味味即
是空空即是味是法喜
如來身常覺種種无
盡觸觸即是空空即是
觸是知明如來意常想
分別種種无盡法法即是
空空即是法是法明如来
善男子此六根顯現人皆
口說其善法法輪常轉

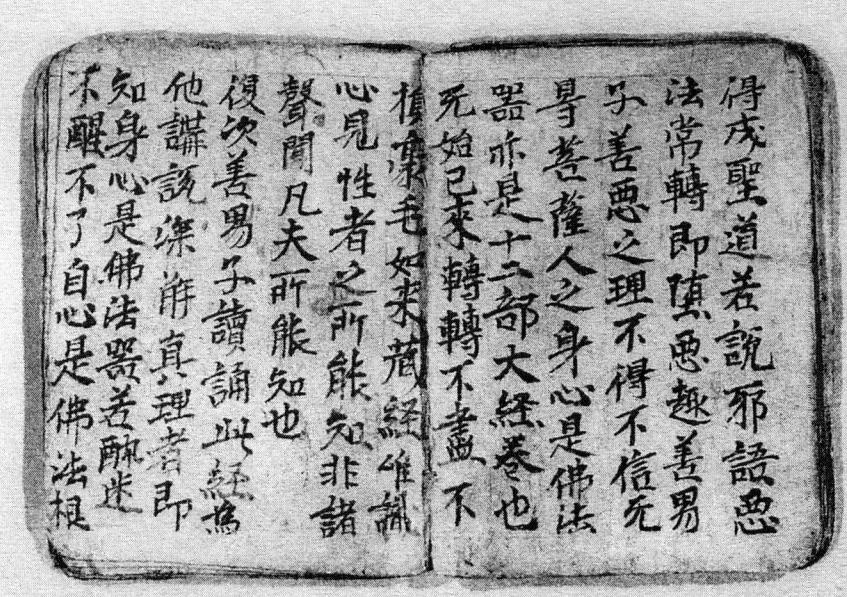

BD09159 號　天地八陽神咒經　（22-11）

得成聖道若說邪語恶
法常轉即墮恶趣善男
子善恶之理不得不信无
号菩薩人之身心是佛法
器亦是十二部大經卷也
无始已來轉轉不盡不
損豪毛如来藏經唯識
心見性者之所能知非諸
聲聞凡夫所能知也
復次善男子讀誦此經為
他講說深解真理者即
知身心是佛法器若醉迷
不醒不了自心是佛法根

BD09159 號　天地八陽神咒經　（22-12）

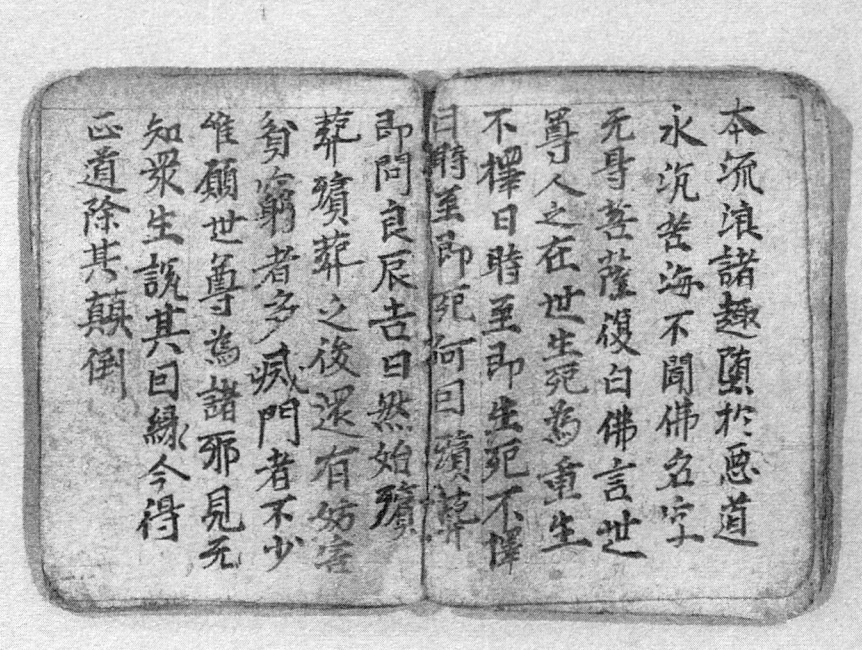

本流浪諸趣墮於惡道
永沉苦海不聞佛名字
无导菩薩復白佛言世
尊人之在世生死為重生
不擇日時至即生死不擇
日時至即死何因殯葬
即問良辰吉日然始殯
葬殯葬之後還有妨害
貧窮者多滅門者不少
唯願世尊為諸邪見无
知衆生說其因緣令得
正道除其顛倒

BD09159 號　天地八陽神咒經　（22–13）

佛言善哉善哉善男子
汝實甚能問於衆生死
生之事殯葬之後汝等諦
聽當為汝說智慧之理
大道之法夫天地廣大清
日月廣長明時年善
美實无有異善男子
人王菩薩甚大慈悲愍
念衆生皆如赤子下為
人主作人父母順於俗人教
於俗法遣作曆日頒下
天下令知時節為有平

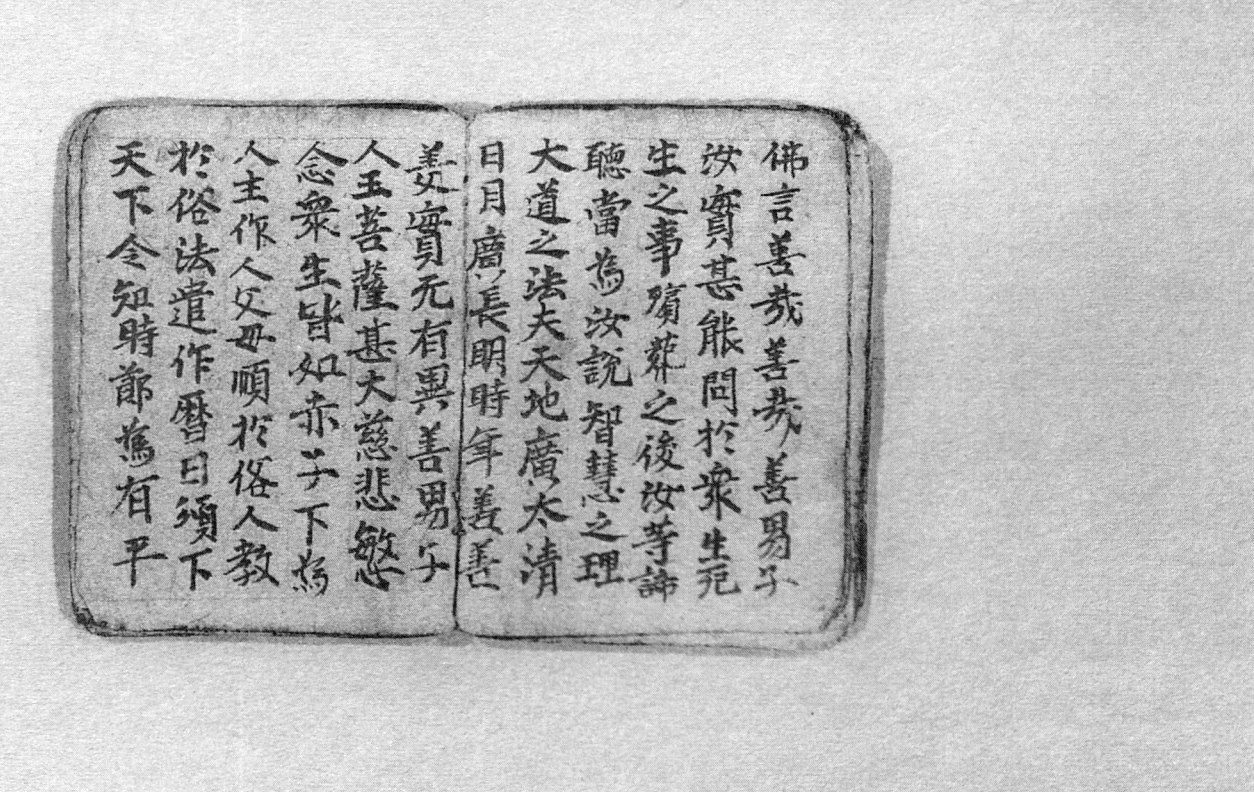

BD09159 號　天地八陽神咒經　（22–14）

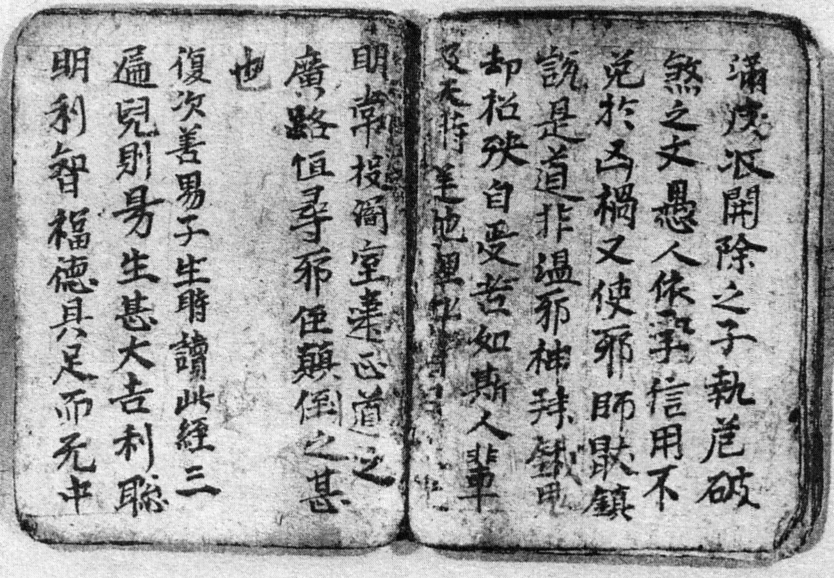
滿虔派開除之子執崖破
煞之文愚人依承信用不
免於凶禍又使邪師厭鎮
說是道非溫邪神拜鐵
却招殃自受苦如斯人輩
及天符並地[illegible]
明常投濁室違正道之
廣路恒尋邪徑顛倒之甚
也
復次善男子生時讀此經三
遍兒則易生甚大吉利聰
明利智福德具足而无中

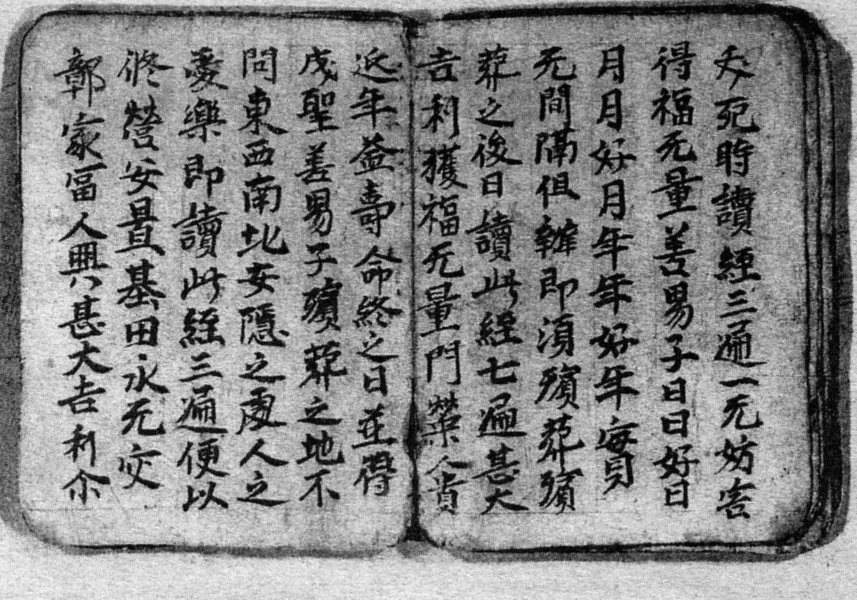
夭死時讀經三遍一无妨害
得福无量善男子日日好日
月月好月年年好年實
无間隔但辦即須殯葬殯
葬之後日讀此經七遍甚大
吉利獲福无量門榮人貴
延年益壽命終之日並得
成聖善男子殯葬之地不
問東西南北安隱之處人之
愛樂即讀此經三遍便以
脩營安置基田永无灾
鄣家富人興甚大吉利亦

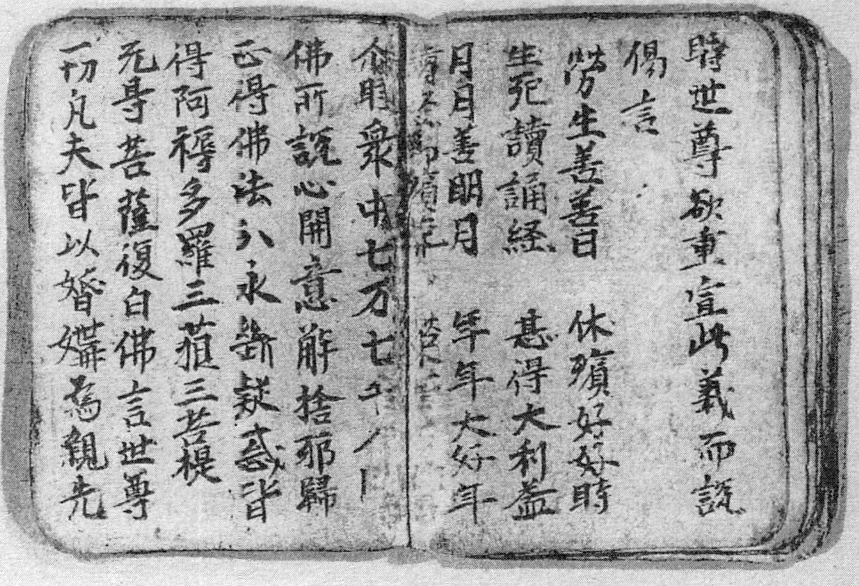

爾時世尊欲重宣此義而說
偈言
勞生善善日　休殯好好時
生死讀誦經　甚得大利益
月月善明月　年年大好年
讀經即殯葬　[illegible]
爾時眾中七万七千人
佛所說心開意解捨邪歸
正得佛法永斷疑惑皆
得阿耨多羅三藐三菩提
無邊身菩薩復白佛言世尊
一切凡夫皆以婚姻為親先

BD09159 號　天地八陽神咒經　（22–17）

問相宜後取吉日然始成親
已後富貴偕老者少貧
窮生離死別者多一種信
邪如何而有差別唯願
世尊為決眾疑佛言善
男子汝等諦聽當為汝
東大光明佛心是法界天中
即現空王如來含藏識天
演出阿那含經大涅槃經
阿賴耶識天演出大智度
論經瑜伽論經善男子佛
即是法法即是佛合為一相

BD09159 號　天地八陽神咒經　（22–18）

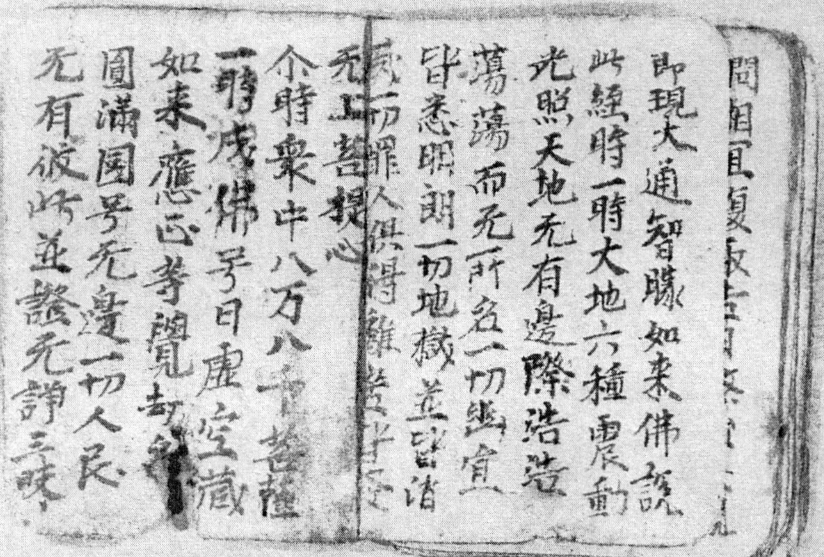
即現大通智勝如來佛說
此經時一時大地六種震動
光照天地无有邊際浩浩
蕩蕩而无所𡰪一切幽冥
皆悉明朗一切地獄並皆消
滅一切罪人俱得離苦皆發
无上菩提心
尒時衆中八万八千菩薩
一時成佛号曰虛空藏
如來應正等覺劫名
圓滿國号无邊一切人民
无有彼此並發无諍三昧

BD09159 號　天地八陽神咒經　（22–19）

六万六千比丘比丘尼優婆
塞優婆夷得大惣持
入不二法門无量天龍夜
叉乾闥婆阿脩羅迦樓
羅緊那羅摩睺羅伽
人非人等得法眼淨
薩道
復次善男子若復有人得
官登之日及新入宅之日
即讀此經三遍其大吉
福无量善男子若讀
一遍者如讀一切經一遍

BD09159 號　天地八陽神咒經　（22–20）

BD09159 號　天地八陽神咒經　　　　（22–21）

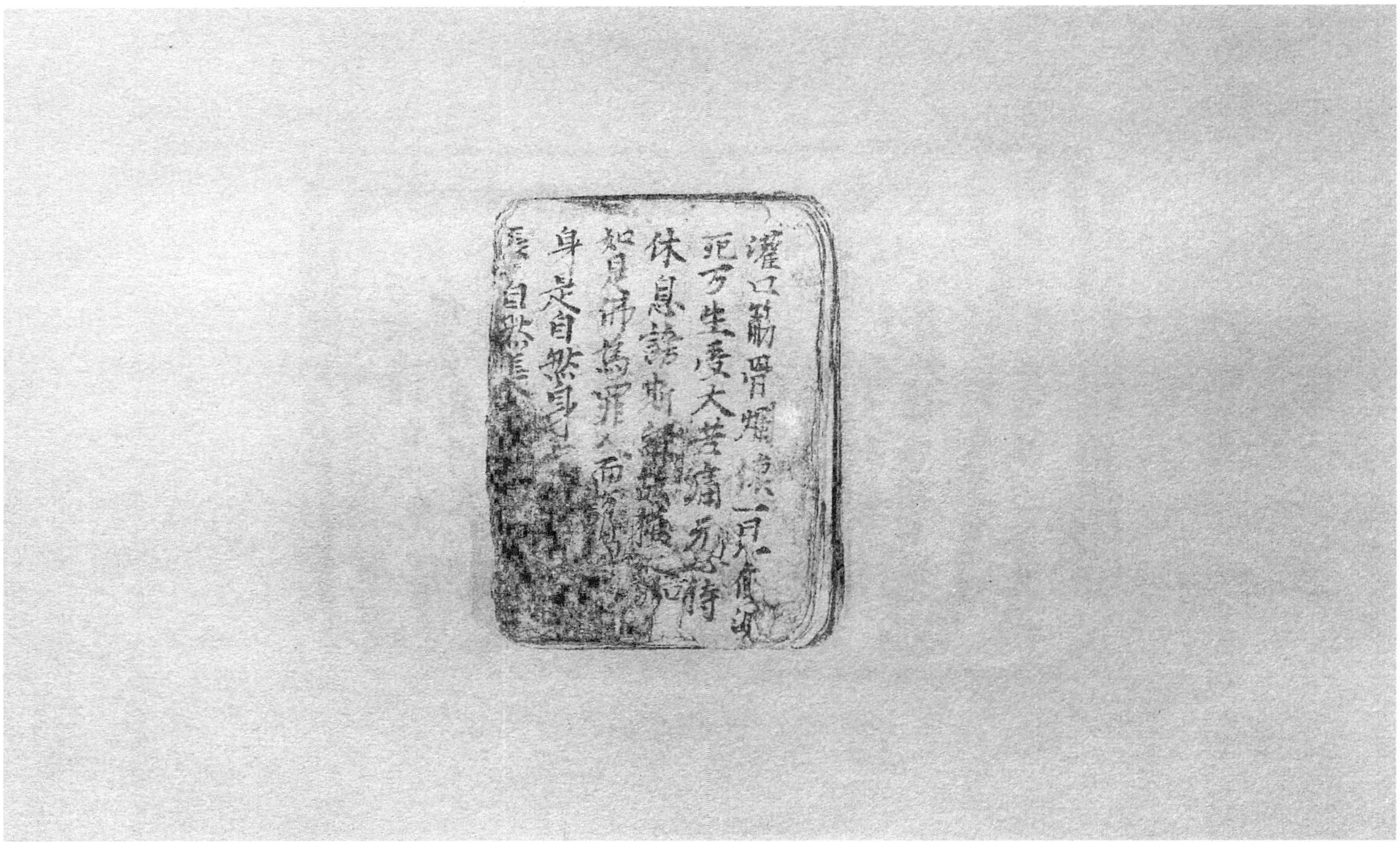

BD09159 號　天地八陽神咒經　　　　（22–22）

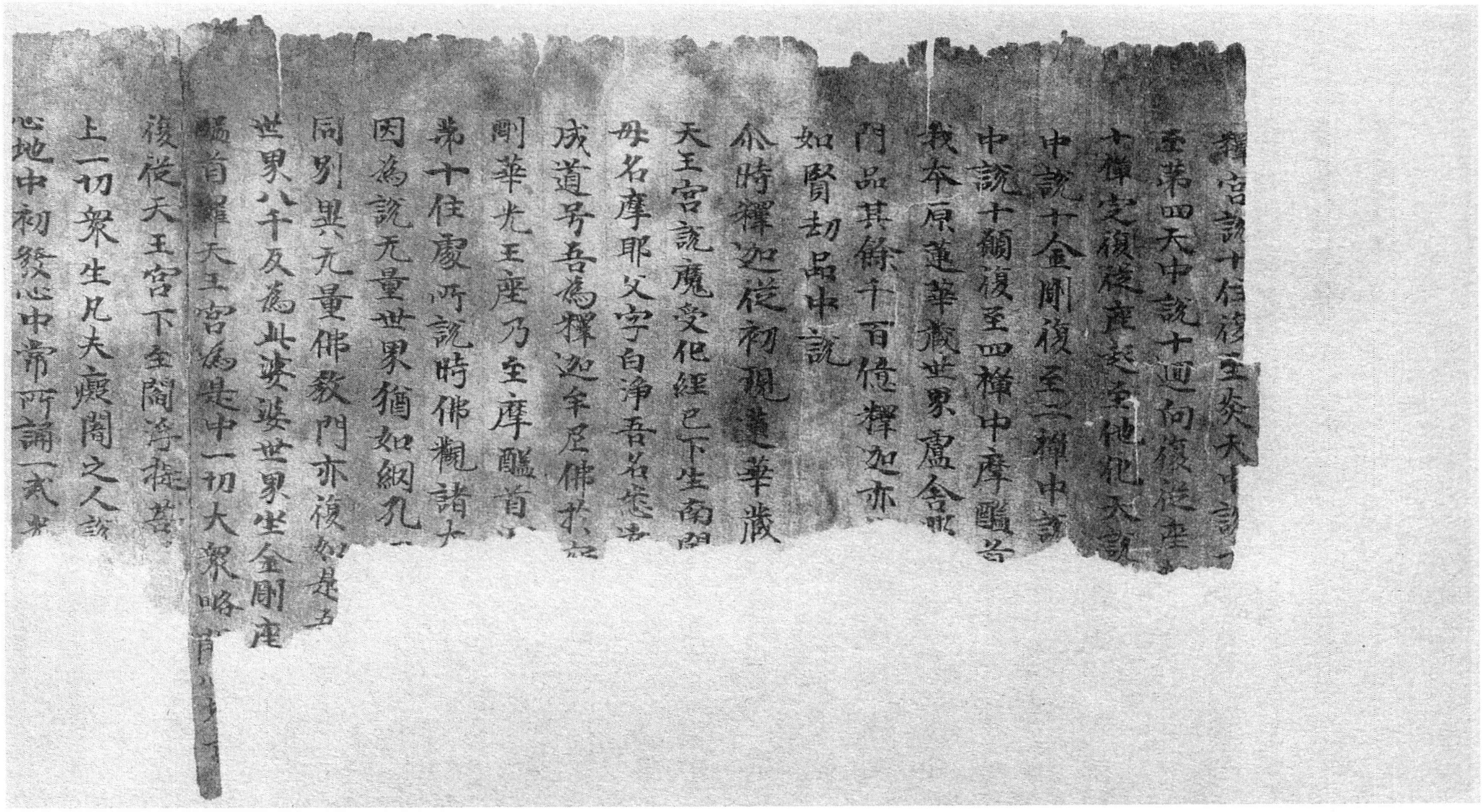
釋宮說十住復至炎天中說十
至第四天中說十迴向復從座
十禪定復從座起至他化天說
中說十金剛復至二禪中說
中說十願復至四禪中摩醯首
羅本原蓮華藏世界盧舍那
門品其餘千百億釋迦亦
如賢劫品中說
尒時釋迦從初現蓮華藏
天王宮說魔受化經已下生南閻
毋名摩耶父字白淨吾名悉達
成道號吾爲釋迦牟尼佛於寂
剛華光王座乃至摩醯首
弟十住處所說時佛觀諸大
因爲說无量世界猶如網孔
同別異无量佛教門亦復如是吾
世界八千反爲此娑婆世界坐金剛座
醯首羅天王宮爲是中一切大衆略
復從天王宮下至閻浮提菩
上一切衆生凡夫癡闇之人說
心地中初發心中常所誦一戒光

BD09160號　梵網經盧舍那佛說菩薩心地戒品第十卷下　（2–1）

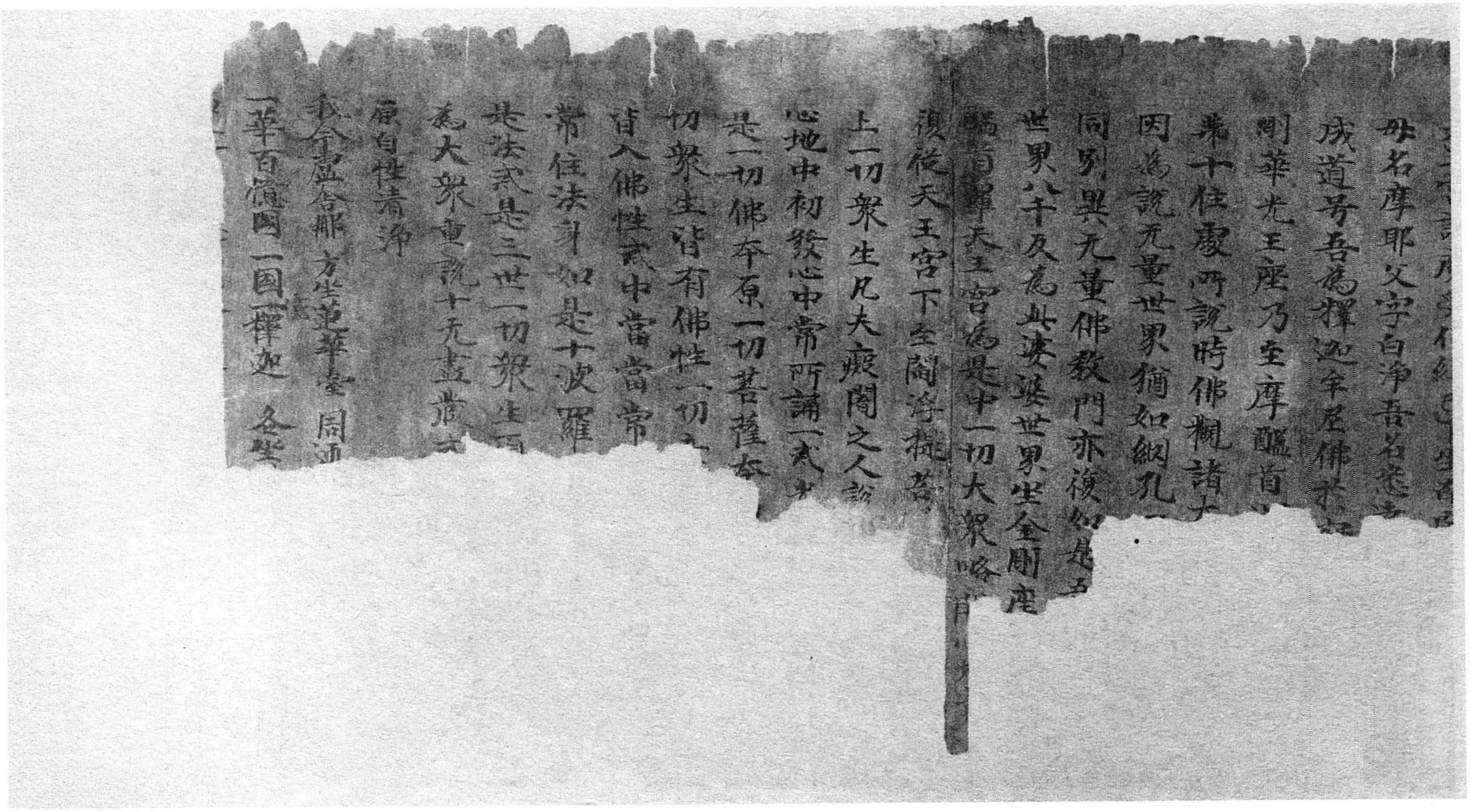
毋名摩耶父字白淨吾名悉達
成道號吾爲釋迦牟尼佛於寂
剛華光王座乃至摩醯首
弟十住處所說時佛觀諸大
因爲說无量世界猶如網孔
同別異无量佛教門亦復如是吾
世界八千反爲此娑婆世界坐金剛座
醯首羅天王宮爲是中一切大衆略
復從天王宮下至閻浮提菩
上一切衆生凡夫癡闇之人說
心地中初發心中常所誦一戒光
是一切佛本原一切菩薩本
切衆生皆有佛性一切
皆入佛性戒中當當常
常住法身如是十波羅
是法戒是三世一切衆生
爲大衆更說十无盡藏
原自性清淨
我今盧舍那方坐蓮華臺周遍
一華百億國一國一釋迦各坐

BD09160號　梵網經盧舍那佛說菩薩心地戒品第十卷下　（2–2）

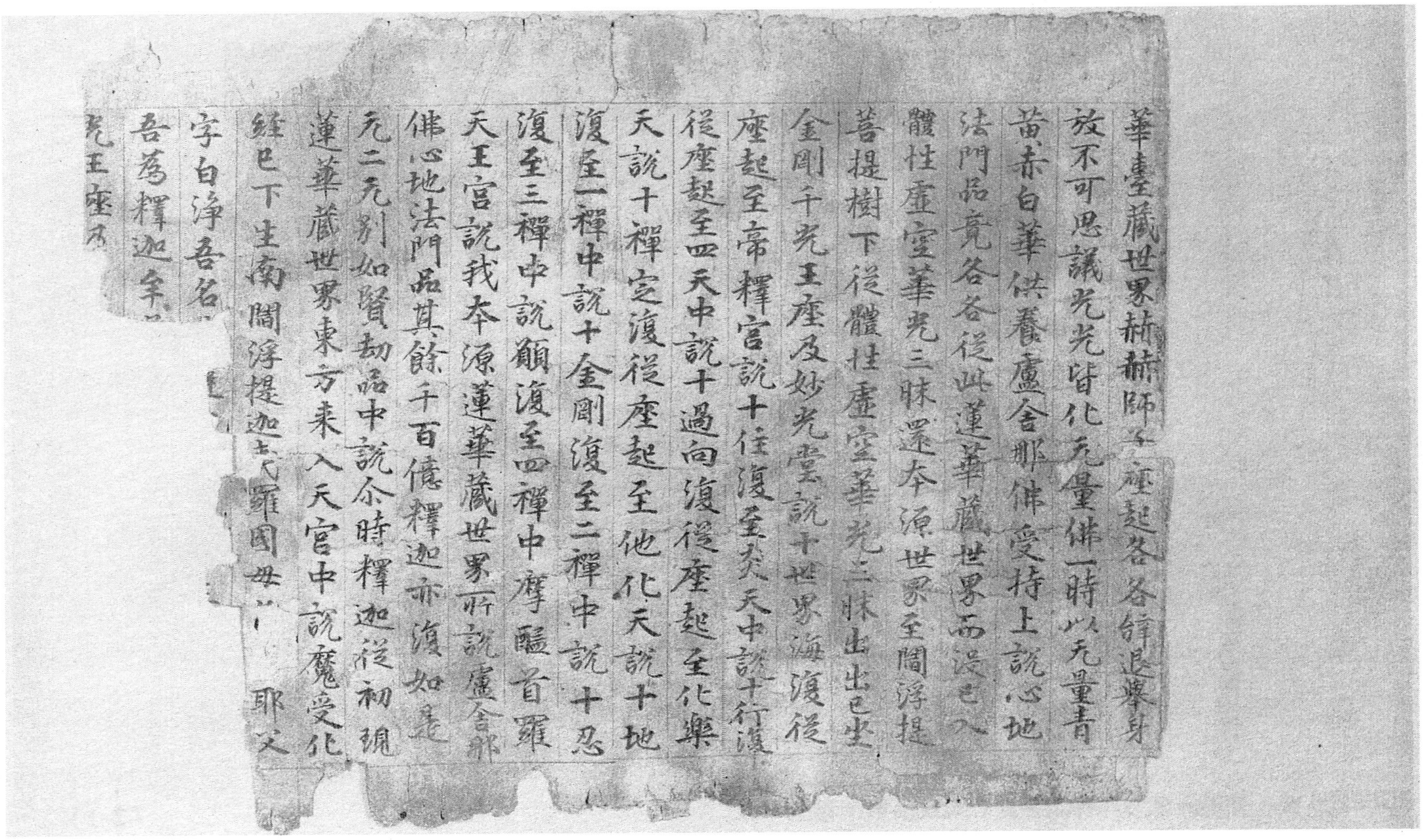
華臺藏世界赫赫師子座起各各辭退舉身
放不可思議光光皆化无量佛一時以无量青
黃赤白華供養盧舍那佛受持上說心地
法門品竟各各從此蓮華藏世界而沒已入
體性虛空華光三昧還本源世界至閻浮提
菩提樹下從體性虛空華光三昧出出已坐
金剛千光王座及妙光堂說十世界海復從
座起至帝釋宮說十住復至炎天中說十行復
從座起至四天中說十迴向復從座起至化樂
天說十禪定復從座起至他化天說十地
復至一禪中說十金剛復至二禪中說十忍
復至三禪中說十願復至四禪中摩醯首羅
天王宮說我本源蓮華藏世界盧舍那
佛心地法門品其餘千百億釋迦亦復如是
无二无別如賢劫品中說尒時釋迦從初現
蓮華藏世界東方來入天宮中說魔受化
經已下生南閻浮提迦夷羅國母……耶父
字白淨吾名
吾為釋迦牟
光王座

BD09161 號　梵網經盧舍那佛說菩薩心地戒品第十卷下　（1–1）

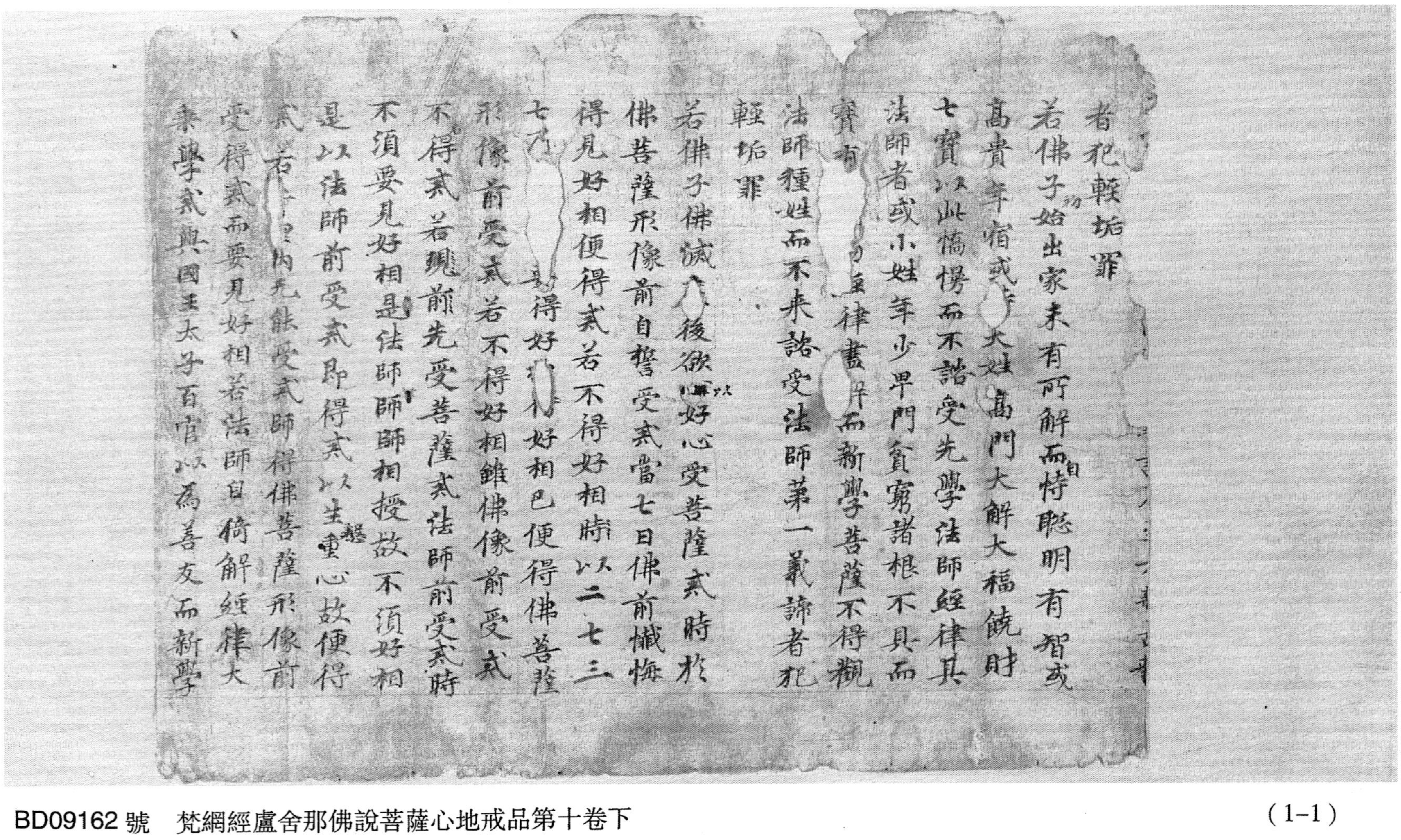
者犯輕垢罪
若佛子初始出家未有所解而自恃聰明有智或
高貴年宿或恃大姓高門大解大福饒財
七寶以此憍慢而不諮受先學法師經律其
法師者或小姓年少卑門貧窮諸根不具而
實有德一切經律盡解而新學菩薩不得觀
法師種姓而不來諮受法師第一義諦者犯
輕垢罪
若佛子佛滅度後欲以好心受菩薩戒時於
佛菩薩形像前自誓受戒當七日佛前懺悔
得見好相便得戒若不得好相時以二七三
七乃至一年要得好相得好相已便得佛菩薩
形像前受戒若不得好相雖佛像前受戒
不得戒若現前先受菩薩戒法師前受戒時
不須要見好相是法師師師相授故不須好相
是以法師前受戒即得戒以生重心故便得
戒若千里內无能受戒師得佛菩薩形像前
受得戒而要見好相若法師自倚解經律大
乘學戒與國王太子百官以為善友而新學

BD09162 號　梵網經盧舍那佛說菩薩心地戒品第十卷下　（1–1）

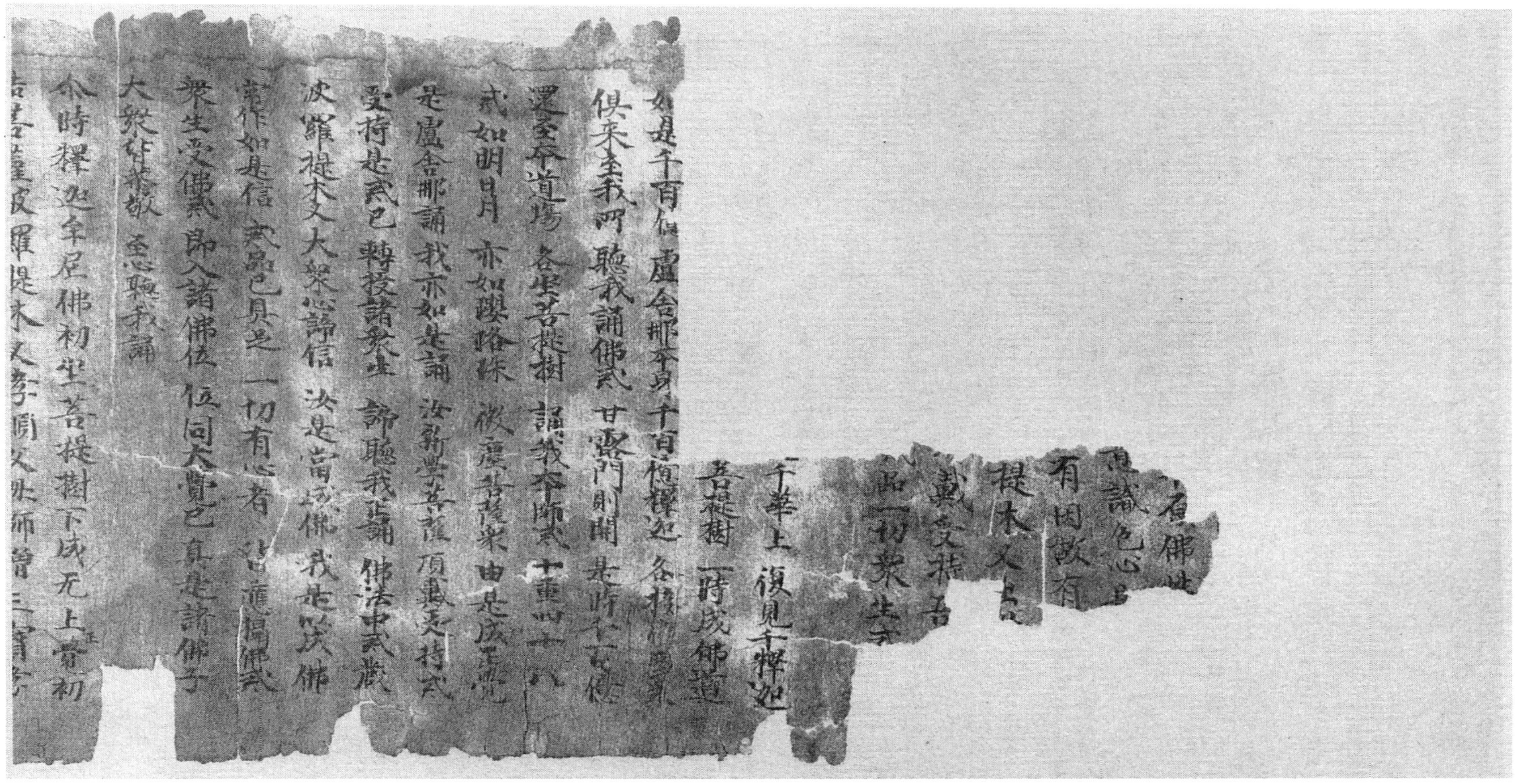
如是千百億盧舍那本身千百億釋迦各接微塵衆
俱來至我所聽我誦佛戒甘露門則開是時千百億
還至本道場各坐菩提樹誦我本師戒十重四十八
戒如明日月亦如瓔珞珠微塵菩薩衆由是成正覺
是盧舍那誦我亦如是誦汝新學菩薩頂戴受持戒
受持是戒已轉授諸衆生諦聽我正誦佛法中戒藏
波羅提木叉大衆心諦信汝是當成佛我是已成佛
常作如是信戒品已具足一切有心者皆應攝佛戒
衆生受佛戒即入諸佛位位同大覺已真是諸佛子
大衆皆恭敬至心聽我誦
爾時釋迦牟尼佛初坐菩提樹下成无上覺初
結菩薩波羅提木叉孝順父母師僧三寶

BD09163號　梵網經盧舍那佛說菩薩心地戒品第十卷下　（2–1）

常作如是信戒品已具足一切有心者皆應攝佛戒
衆生受佛戒即入諸佛位位同大覺已真是諸佛子
大衆皆恭敬至心聽我誦
爾時釋迦牟尼佛初坐菩提樹下成无上覺初
結菩薩波羅提木叉孝順父母師僧三寶孝
順至道之法孝名為戒亦名制止佛即口放无
量光明是時百萬億大衆諸菩薩十八梵六欲天
子十六大國王合掌至心聽佛誦一切諸佛大乘
戒佛告諸菩薩言我今半月半月自誦諸佛
法戒汝等一切發心菩薩亦誦乃至十發趣十
長養十金剛十地諸菩薩亦誦是故戒光從
口出有緣非无因故光光非青黃赤白黑
非色非心非有非无非因果法是諸佛之
本原行菩薩道之根本是大衆諸佛子之
根本是故大衆諸佛子應受持應讀誦善
學諦聽若受佛戒者國王王子百官宰
相比丘比丘尼十八梵六欲天子庶民黃門婬男
鬼神金剛神畜生乃至變化
日名第一清淨者
羅提木叉若受
薩非佛種子
菩薩當

BD09163號　梵網經盧舍那佛說菩薩心地戒品第十卷下　（2–2）

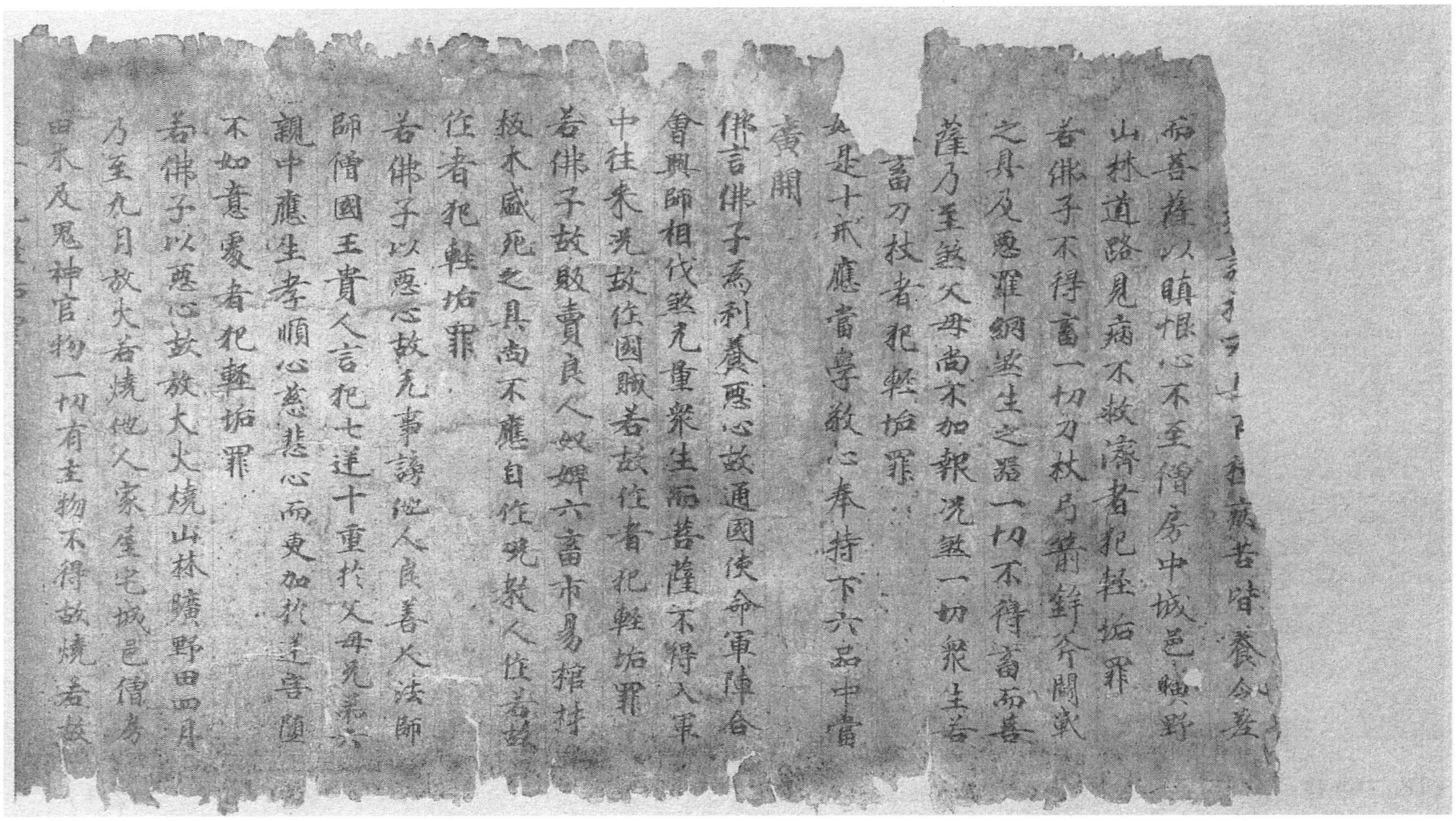

而菩薩以瞋恨心不至僧房中城邑曠野
山林道路見病不救濟者犯輕垢罪
若佛子不得畜一切刀杖弓箭鉾斧鬪戰
之具及惡羅網煞生之器一切不得畜而菩
薩乃至煞父母尚不加報況煞一切衆生若
畜刀杖者犯輕垢罪
如是十戒應當學敬心奉持下六品中當
廣開
佛言佛子為利養惡心故通國使命軍陣合
會興師相伐煞无量衆生而菩薩不得入軍
中往來況故作國賊若故作者犯輕垢罪
若佛子故販賣良人奴婢六畜市易棺材
板木盛死之具尚不應自作況教人作若故
作者犯輕垢罪
若佛子以惡心故无事謗他人良善人法師
師僧國王貴人言犯七逆十重於父母兄弟六
親中應生孝順心慈悲心而更加於逆害墮
不如意處者犯輕垢罪
若佛子以惡心故放大火燒山林曠野四月
乃至九月放火若燒他人家屋宅城邑僧房
田木及鬼神官物一切有主物不得故燒若故

BD09164 號　梵網經盧舍那佛說菩薩心地戒品第十卷下　（2–1）

如是十戒應當學敬心奉持下六品中當
廣開
佛言佛子為利養惡心故通國使命軍陣合
會興師相伐煞无量衆生而菩薩不得入軍
中往來況故作國賊若故作者犯輕垢罪
若佛子故販賣良人奴婢六畜市易棺材
板木盛死之具尚不應自作況教人作若故
作者犯輕垢罪
若佛子以惡心故无事謗他人良善人法師
師僧國王貴人言犯七逆十重於父母兄弟六
親中應生孝順心慈悲心而更加於逆害墮
不如意處者犯輕垢罪
若佛子以惡心故放大火燒山林曠野四月
乃至九月放火若燒他人家屋宅城邑僧房
田木及鬼神官物一切有主物不得故燒若故
燒者犯輕垢罪
若佛子自佛弟子及外道惡人六親一切善
知識應一一教持大乘經律教解義理使
發菩提心十發趣心十長養心十金剛心一一解
其次弟法用而菩薩以惡心瞋心橫教他二
乘聲聞戒經律外道邪見論等犯輕垢罪

BD09164 號　梵網經盧舍那佛說菩薩心地戒品第十卷下　（2–2）

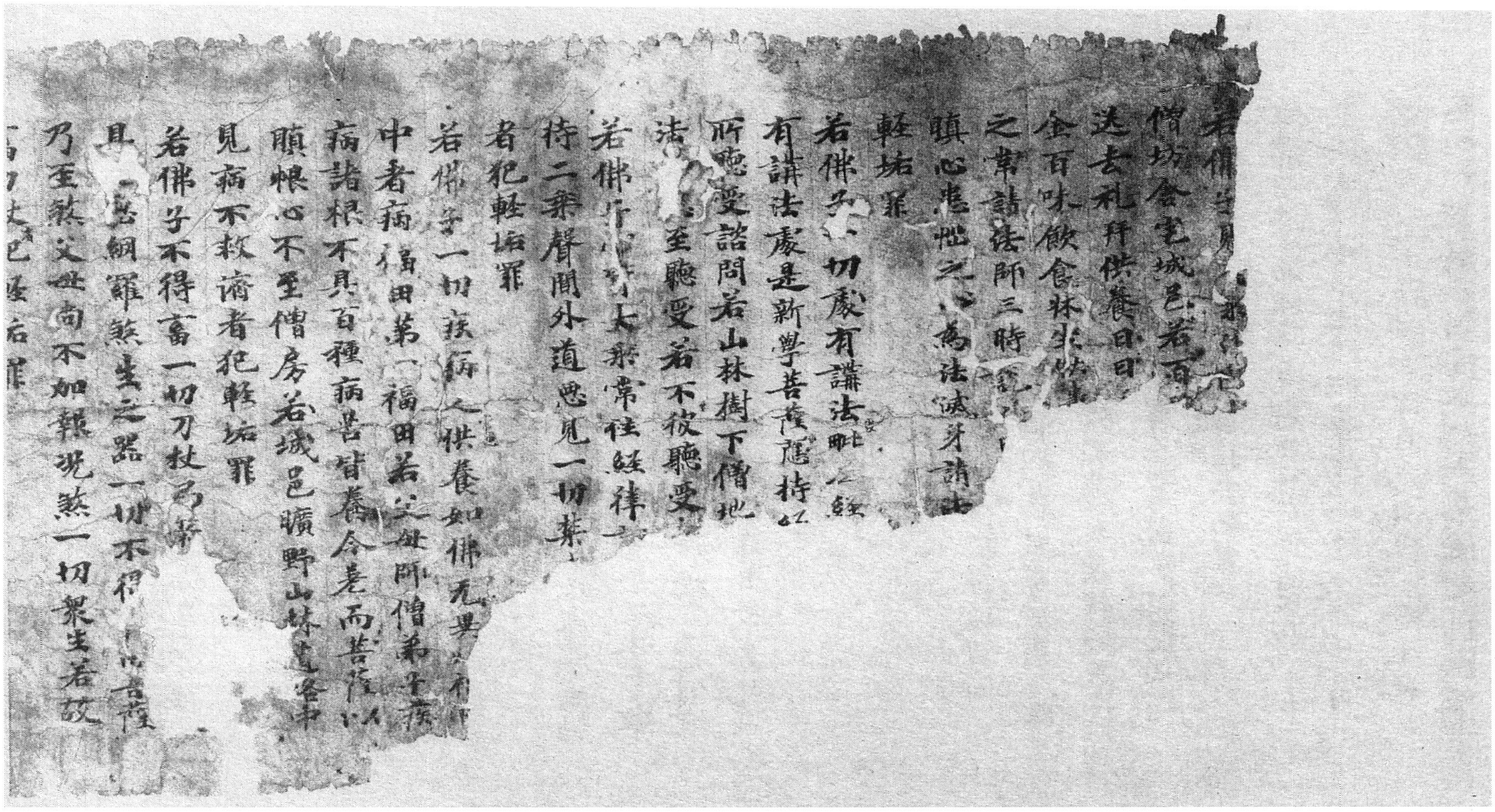

若佛子見…
僧坊舍宅城邑若百…
送去礼拜供養日日…
金百味飲食牀坐…
之事請法師三時說…
瞋心患惱之心為法滅身請法…
輕垢罪
若佛子一切處有講法毗尼經…
有講法處是新學菩薩應持經…
所聽受諮問若山林樹下僧地…
法悉至聽受若不彼聽受…
若佛子心背大乘常住經律…
持二乘聲聞外道惡見一切禁…
者犯輕垢罪
若佛子一切疾病人供養如佛无異八福田
中看病福田第一福田若父母師僧弟子疾
病諸根不具百種病苦皆養令差而菩薩以
瞋恨心不至僧房若城邑曠野山林道路中
見病不救濟者犯輕垢罪
若佛子不得畜一切刀杖弓箭
具鬪諍之具及惡網羅殺生之器一切不得…而菩薩
乃至殺父母尚不加報況殺一切衆生若故

BD09165 號　梵網經盧舍那佛說菩薩心地戒品第十卷下　（5–1）

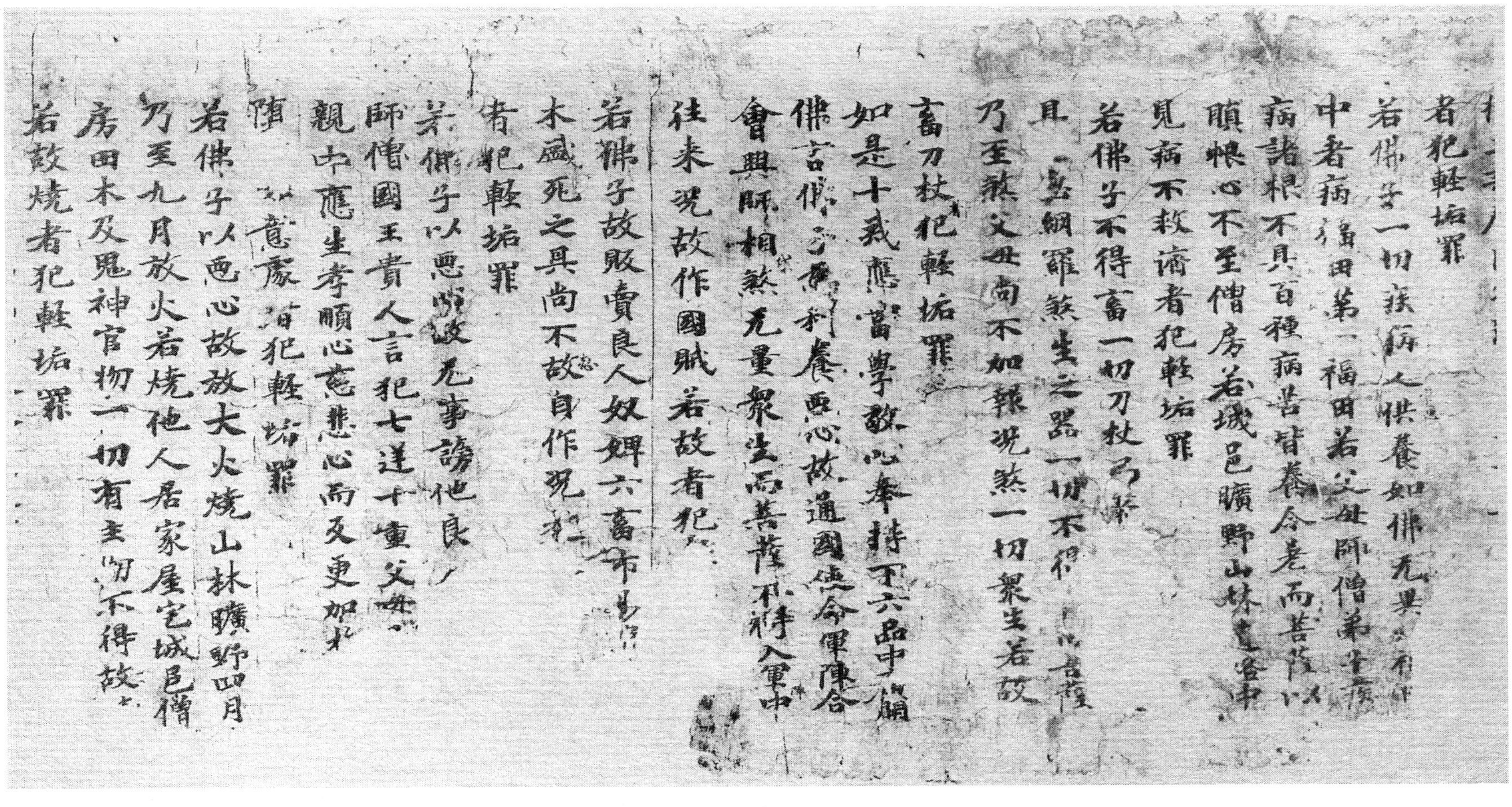

者犯輕垢罪
若佛子一切疾病人供養如佛无異八福田
中看病福田第一福田若父母師僧弟子疾
病諸根不具百種病苦皆養令差而菩薩以
瞋恨心不至僧房若城邑曠野山林道路中
見病不救濟者犯輕垢罪
若佛子不得畜一切刀杖弓箭
具鬪諍之具及惡網羅殺生之器一切不得畜而菩薩
乃至殺父母尚不加報況殺一切衆生若故
畜刀杖犯輕垢罪
如是十戒應當學敬心奉持下六品中廣
佛言佛子不得為利養惡心故通國使命軍陣合
會興師相殺无量衆生而菩薩不得入軍中
往來況故作國賊若故者犯…
若佛子故販賣良人奴婢六畜市易棺
木盛死之具尚不故自作況教人…
者犯輕垢罪
若佛子以惡心故无事謗他良
師僧國王貴人言犯七逆十重父母…
親中應生孝順心慈悲心而反更加於
墮…意處者犯輕垢罪
若佛子以惡心故放大火燒山林曠野四月
乃至九月放火若燒他人家屋宅城邑僧
房田木及鬼神官物一切有主物不得故燒
若故燒者犯輕垢罪

BD09165 號　梵網經盧舍那佛說菩薩心地戒品第十卷下　（5–2）

陸
若佛子以悪心故放大火燒山林曠野四月
乃至九月放火若燒他人居家屋宅城邑僧
房田木及鬼神官物一切有主物不得故燒
若故燒者犯輕垢罪
若佛子自佛弟子及外道悪人六
識應一一教受持大乘經律教
菩提心發十心長養心金剛心
第法用而菩薩以悪心瞋心横
聞戒經律外道邪見論等犯輕垢罪
若佛子應好心先學大乘威儀經律廣開解
義味見後新學菩薩有百里千里來求大乘
經律應如法為說一切苦行若燒身燒臂燒
指若不燒身臂指供養諸佛非出家菩薩乃
至餓虎狼師子一切餓鬼悉應捨身
而供養之然後一一次第為說正法
意而菩薩為利養故應荅不荅
文字无前无後謗三寶說者犯輕垢罪
若佛子自為飲食錢物利養名譽故親近國
王王子大臣百官恃作形勢乞索打拍牽挽
横取錢物一切求利名為悪求多求教他人
求都无慈心无孝順心者犯輕垢罪
若佛子學誦戒法者應日日六時持菩
解其義理佛性之性而菩薩不解一偈
戒律因緣詐言能解者即為自欺誑亦欺誑他
人一一不解一切法不知而為他人作師受

BD09165 號　梵網經盧舍那佛說菩薩心地戒品第十卷下　（5-3）

求都无慈心无孝順心者犯輕垢罪
若佛子學誦戒法者應日日六時持菩
解其義理佛性之性而菩薩不解一偈
戒律因緣詐言能解者即為自欺誑亦欺誑他
人一一不解一切法不知而為他人作師受
戒者犯輕垢罪
若佛子以悪心故見持戒比丘手捉香爐行
菩薩行而鬪遘兩頭謗欺賢人无悪不造若
故作者犯輕垢罪
若佛子以慈心故行放生業一切男子是我
父一切女人是我母我生生无不從之受生
故六道衆生皆是我父母而殺而食者即殺
我父母亦殺我故身一切地水是我先身一
切火風是我本體故常行放生生生受生若見
世人殺畜生時應方便救護解其苦難常教
化講說菩薩戒救度衆生若父母兄弟死亡
之日應請法師講菩薩戒福資亡者得見諸
佛生人天上若不介者犯輕垢罪
如是十戒應當學敬心奉持如滅罪品中廣明
佛言佛子以瞋報瞋以打報打若殺父母
弟六親不得加報若國主為他人殺者
得加報殺生報生不順孝道尚不畜奴
罵辱日日起三業口罪无量况故作七逆之罪
菩薩无慈報讎乃至六親中故作者犯
若佛子始出家未有所解而自恃聰明
或高貴年宿或恃大姓高門大解大福饒

BD09165 號　梵網經盧舍那佛說菩薩心地戒品第十卷下　（5-4）

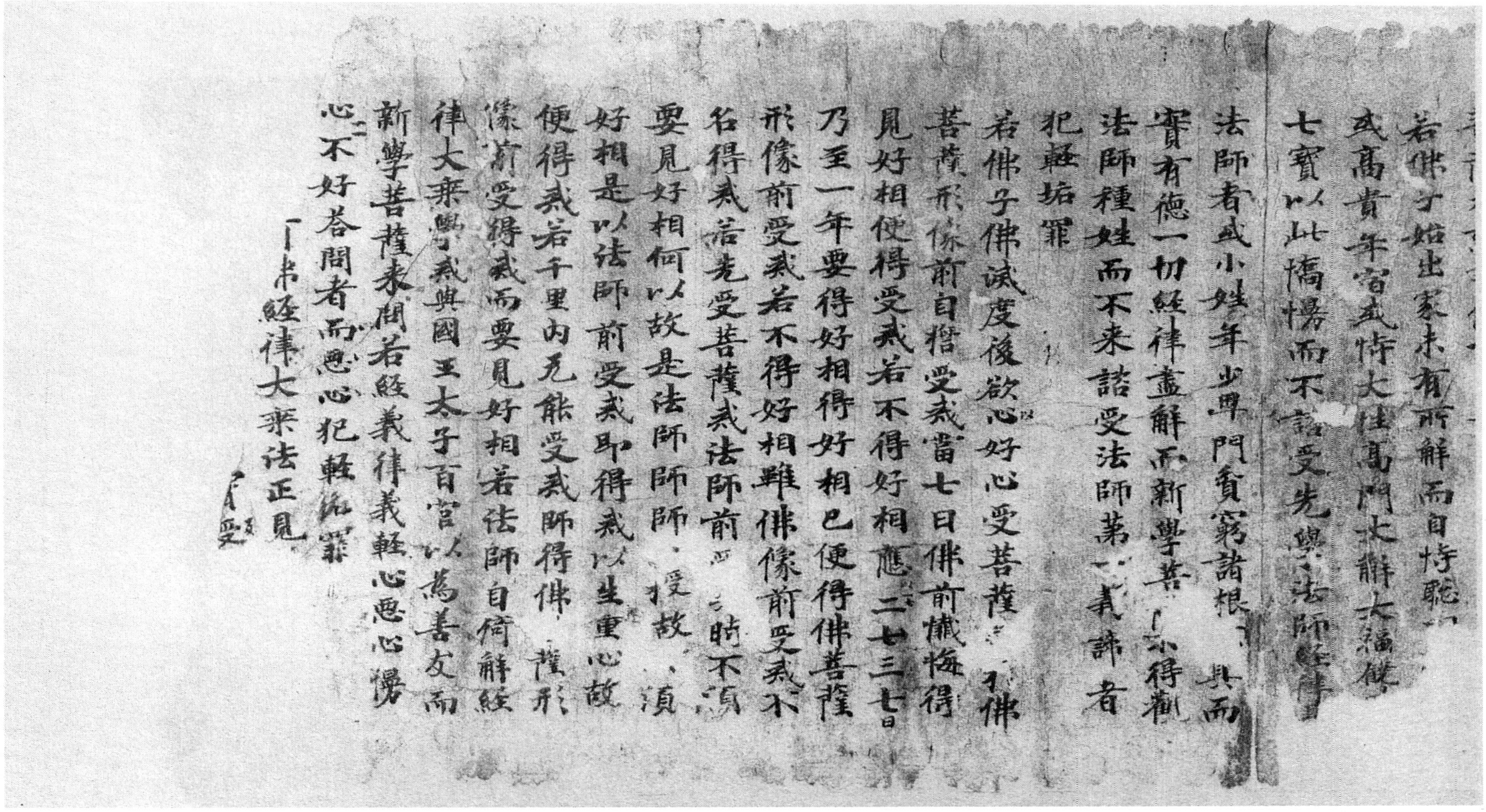

若佛子始出家未有所解而自恃聰明
或高貴年宿或恃大姓高門大解大福饒
七寶以此憍慢而不諮受先學法師經律
法師者或小姓年少卑門貧窮諸根不具而
實有德一切經律盡解而新學菩薩不得觀
法師種姓而不來諮受法師第一義諦者
犯輕垢罪
若佛子佛滅度後欲以好心受菩薩戒時於佛
菩薩形像前自誓受戒當七日佛前懺悔得
見好相便得受戒若不得好相應二七三七日
乃至一年要得好相得好相已便得佛菩薩
形像前受戒若不得好相雖佛像前受戒不
名得戒若先受菩薩戒法師前受戒時不須
要見好相何以故是法師師師相授故不須
好相是以法師前受戒即得戒以生重心故
便得戒若千里內无能受戒師得佛菩薩形
像前受得戒而要見好相若法師自倚解經
律大乘學戒與國王太子百官以為善友而
新學菩薩來問若經義律義輕心惡心慢
心不好荅問者而惡心犯輕垢罪
丁未經律大乘法正見

BD09165 號　梵網經盧舍那佛說菩薩心地戒品第十卷下　（5–5）

BD09165 號背　雜寫　（1–1）

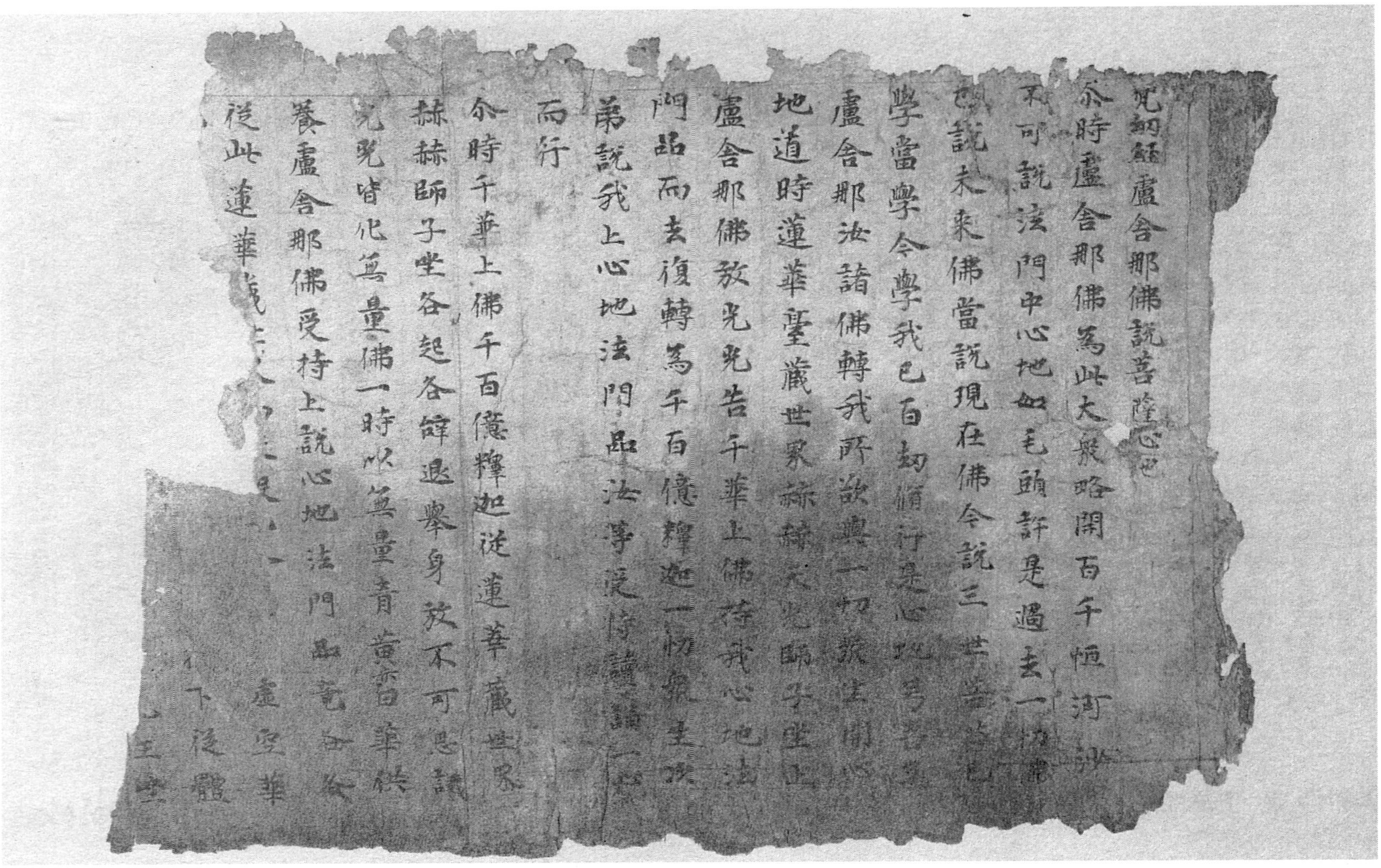
梵網經盧舍那佛說菩薩心地
爾時盧舍那佛為此大衆略開百千恒河沙
不可說法門中心地如毛頭許是過去一切佛
已說未來佛當說現在佛今說三世菩薩已
學當學今學我已百劫修行是心地號吾為
盧舍那汝諸佛轉我所說與一切衆生開心
地道時蓮華臺藏世界赫赫天光師子座上
盧舍那佛放光光告千華上佛持我心地法
門品而去復轉為千百億釋迦一切衆生次
第說我上心地法門品汝等受持讀誦一心
而行
爾時千華上佛千百億釋迦從蓮華藏世界
赫赫師子坐各起各辭退擧身放不可思議
光光皆化無量佛一時以無量青黃赤白華供
養盧舍那佛受持上說心地法門品竟各各
從此蓮華……虛空華
……下從體
……生

BD09166 號　梵網經盧舍那佛說菩薩心地戒品第十卷下　　（1–1）

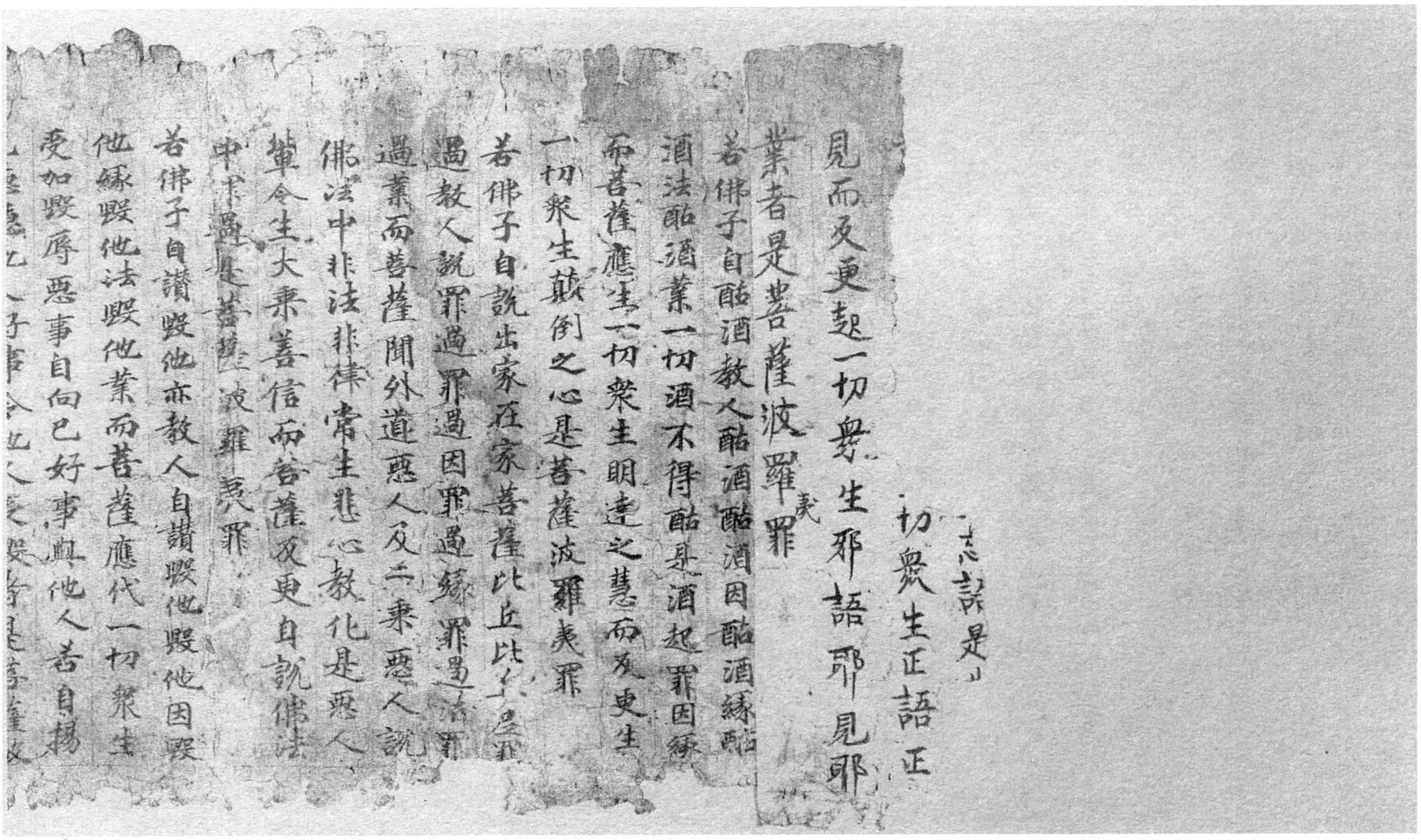
……誘是
切衆生正語正
見而反更起一切衆生邪語邪見
業者是菩薩波羅夷罪
若佛子自酤酒教人酤酒酤酒因酤酒緣酤
酒法酤酒業一切酒不得酤是酒起罪因緣
而菩薩應生一切衆生明達之慧而反更生
一切衆生顛倒之心是菩薩波羅夷罪
若佛子自說出家在家菩薩比丘比丘尼罪
過教人說罪過罪過因罪過緣罪過法罪
過業而菩薩聞外道惡人及二乘惡人說
佛法中非法非律常生悲心教化是惡人
輩令生大乘善信而菩薩反更自說佛法
中罪過是菩薩波羅夷罪
若佛子自讚毀他亦教人自讚毀他毀他因毀
他緣毀他法毀他業而菩薩應代一切衆生
受加毀辱惡事自向己好事與他人若自揚
……子事……他人受毀……是菩薩波

BD09167 號　梵網經盧舍那佛說菩薩心地戒品第十卷下　　（2–1）

而菩薩應生一切衆生[illegible][illegible]之慧而反更生
一切衆生顛倒之心是菩薩波羅夷罪
若佛子自說出家在家菩薩比丘比丘尼罪
過教人說罪過罪過因罪過緣罪過法罪
過業而菩薩聞外道惡人及二乘惡人說
佛法中非法非律常生悲心教化是惡人
輩令生大乘善信而菩薩反更自說佛法
中罪過是菩薩波羅夷罪
若佛子自讚毀他亦教人自讚毀他毀他因毀
他緣毀他法毀他業而菩薩應代一切衆生
受加毀辱惡事自向己好事與他人若自揚
己德隱他人好事令他人受毀者是菩薩波
羅夷罪
若佛子自慳教人慳慳因慳緣慳法慳業而
菩薩見一切貧窮人來乞者隨前人所須一
切給與而菩薩以惡心瞋心乃至[illegible]
一針一草有法求者亦不
微塵許法而反更加罵

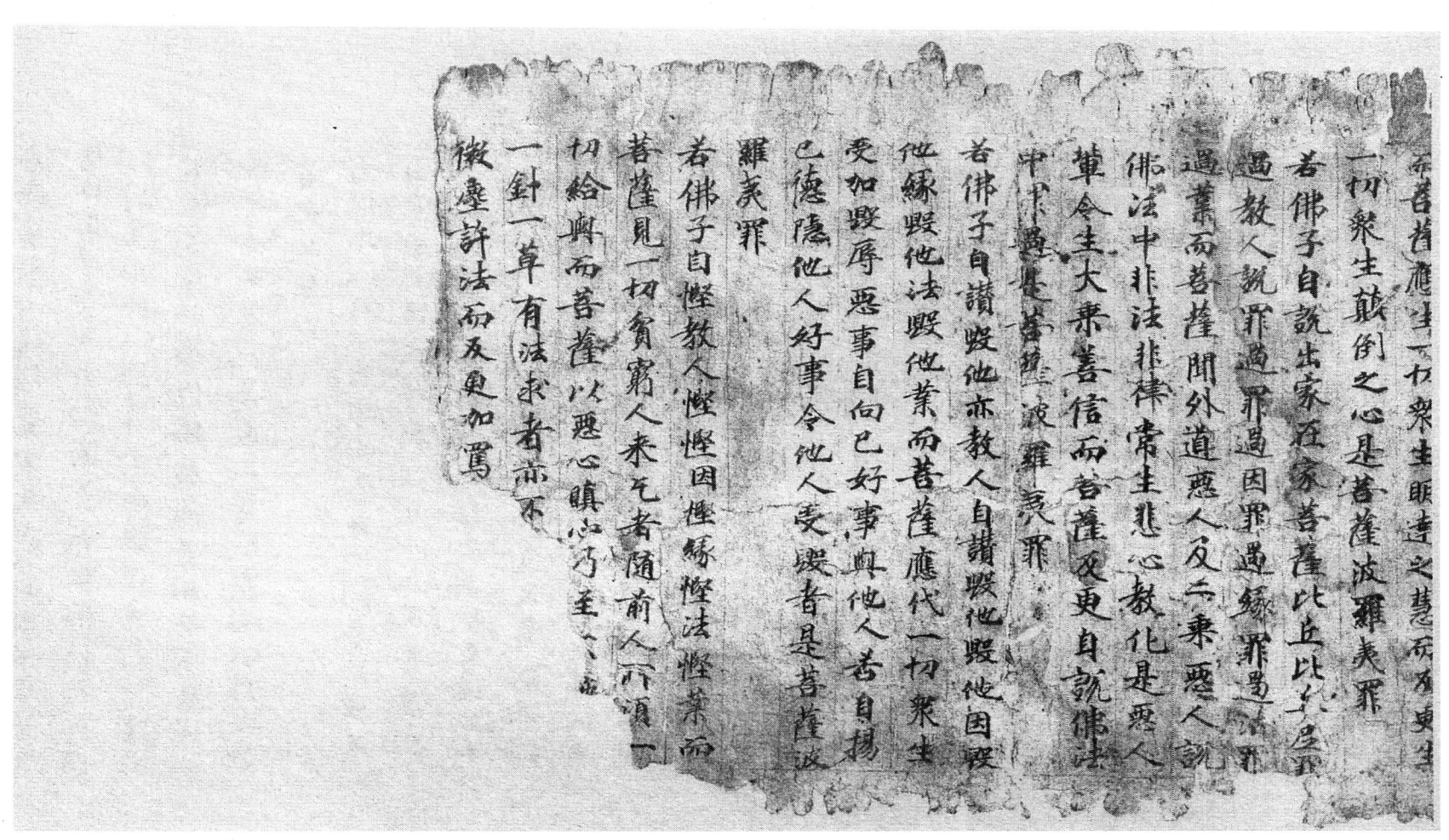

BD09167 號　梵網經盧舍那佛說菩薩心地戒品第十卷下　（2–2）

言汝是畜生發菩提心而菩薩入一切處山
林川野皆使一切衆生發菩提心是菩薩若
不發教化衆生心者犯輕垢罪
若佛子常行教化起大悲心入檀越貴人家
一切衆中不得立爲白衣說法應在白衣四
衆前高座上坐法師比丘不得地立爲四衆
說法若說法時法師高坐香華供養四衆
聽者下坐如孝順父母敬順師教如事火婆
羅門其說法者若不如法說犯輕垢罪
若佛子皆以信心受佛戒者若國王太子百
官四部弟子莫自恃高貴破滅佛法戒律明
作制法制我四部弟子不聽出家行道亦復
不聽造立形像佛塔經律若國王百官好心
受佛戒時莫作是破三寶之罪而故作破法

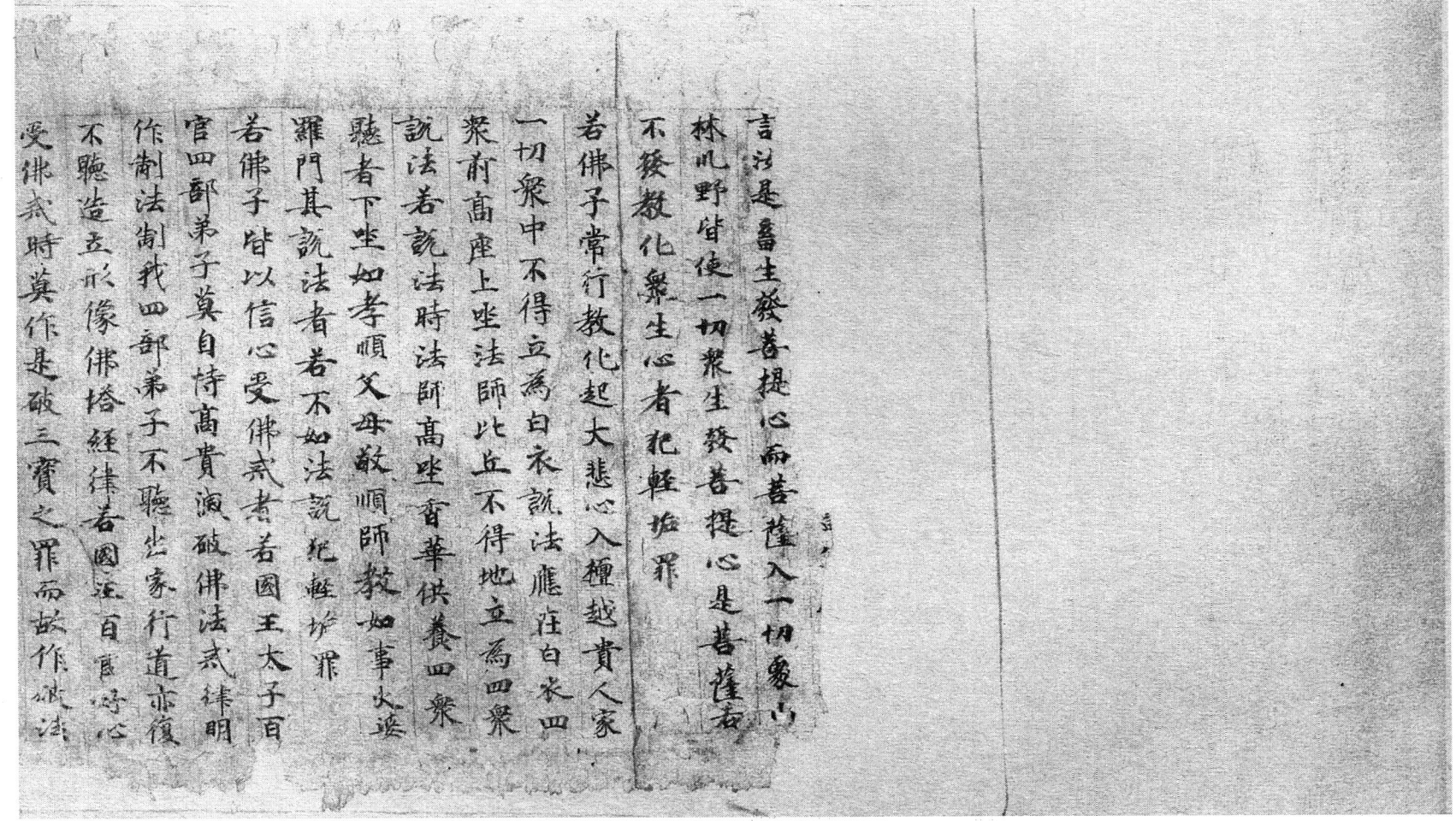

BD09168 號　梵網經盧舍那佛說菩薩心地戒品第十卷下　（3–1）

若佛子皆以信心受佛戒者若國王太子百
官四部弟子莫自恃高貴滅破佛法戒律明
作制法制我四部弟子不聽出家行道亦復
不聽造立形像佛塔經律若國王百官好心
受佛戒時莫作是破三寶之罪而故作破法
者犯輕垢罪
若佛子以好心出家而爲名聞利養於國王
百官前說佛戒橫與比丘比丘尼菩薩戒
弟子作繫縛事如獄囚法如兵奴之法如師
子身中虫自食師子肉非外道天魔能破壞
若受佛戒者應護佛戒如念一子如事父母
不可毀壞若菩薩聞外道惡人以惡言謗
佛戒時如三百鉾刺心千刀万杖打拍其身
等无有異寧自入地獄逕於百劫而不一用
聞惡言謗破佛戒之聲而況自破佛戒教
人破法因緣亦无孝順之心若故作者犯輕
垢罪
如是九戒應當學敬心奉持
諸佛子是四十八輕戒汝等受持過去諸佛
菩薩已誦未來諸佛菩薩當誦現在諸佛
菩薩今誦諸佛子善聽十重四十八輕戒三
世諸佛菩薩已誦當誦今誦我今亦如是
誦汝等一切大衆若國王王子、
丘尼信男信女受持菩薩者
誦解說書寫佛性常住戒卷
衆生化化不絕得見千佛佛

BD09168 號　梵網經盧舍那佛說菩薩心地戒品第十卷下　（3–2）

如是九戒應當學敬心奉持
諸佛子是四十八輕戒汝等受持過去諸佛
菩薩已誦未來諸佛菩薩當誦現在諸佛
菩薩今誦諸佛子善聽十重四十八輕戒三
世諸佛菩薩已誦當誦今誦我今亦如是
誦汝等一切大衆若國王王子、
丘尼信男信女受持菩薩者
誦解說書寫佛性常住戒卷
衆生化化不絕得見千佛佛
隨惡道八難常生人道天、
略開七佛法界汝等當
又歡喜奉行如无相天
廣明三千學士時坐
頂戴喜躍受持

梵網經

BD09168 號　梵網經盧舍那佛說菩薩心地戒品第十卷下　（3–3）

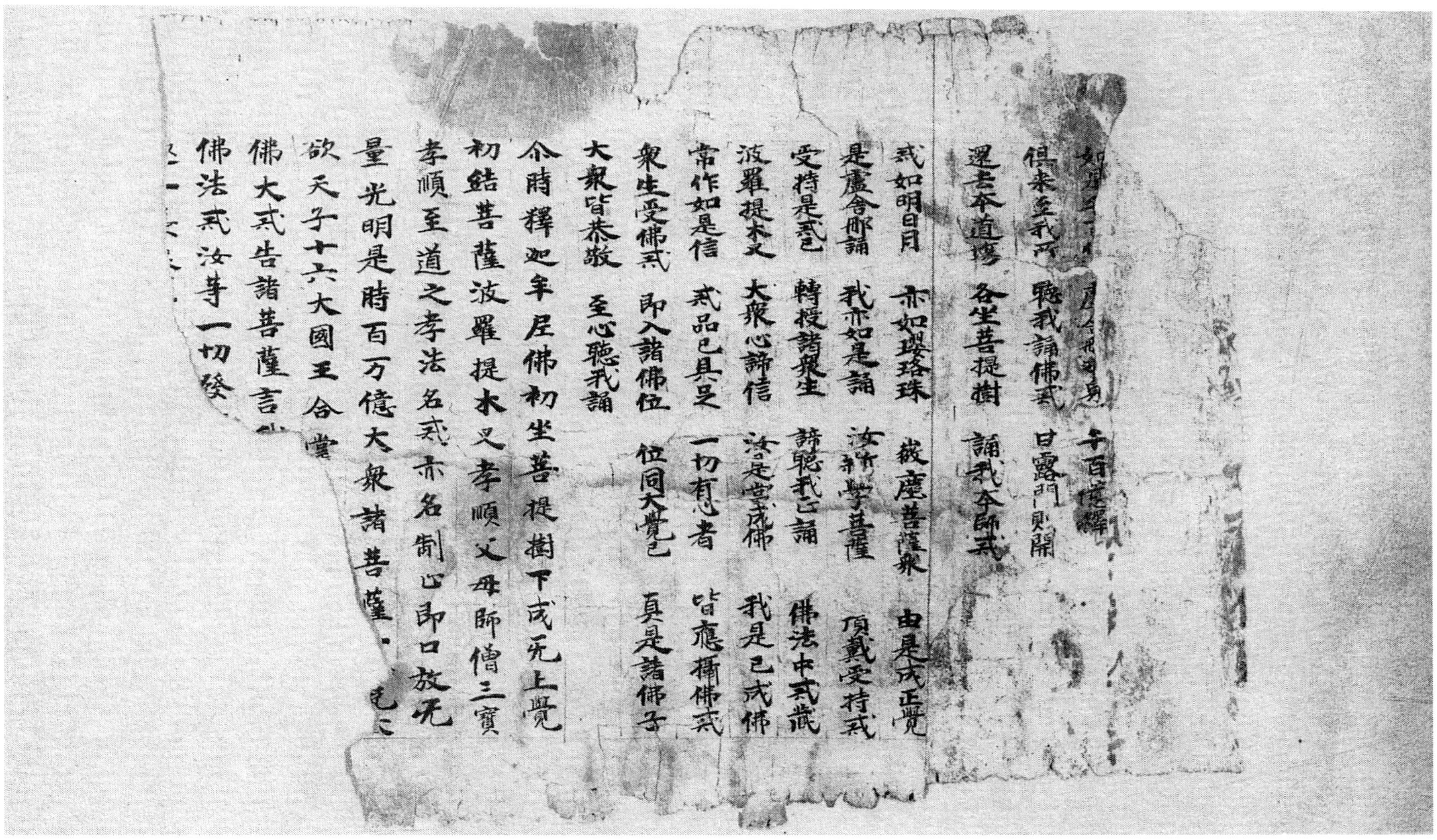

如□□□…盧舍那本身 千百億釋…
俱來至我所 聽我誦佛戒 甘露門則開
還至本道場 各坐菩提樹 誦我本師戒
戒如明日月 亦如瓔珞珠 微塵菩薩衆 由是成正覺
是盧舍那誦 我亦如是誦 汝新學菩薩 頂戴受持戒
受持是戒已 轉授諸衆生 諦聽我正誦 佛法中戒藏
波羅提木叉 大衆心諦信 汝是當成佛 我是已成佛
常作如是信 戒品已具足 一切有心者 皆應攝佛戒
衆生受佛戒 即入諸佛位 位同大覺已 真是諸佛子
大衆皆恭敬 至心聽我誦
爾時釋迦牟尼佛初坐菩提樹下成无上覺
初結菩薩波羅提木叉孝順父母師僧三寶
孝順至道之孝法名戒亦名制心即口放无
量光明是時百万億大衆諸菩薩[illegible]
欲天子十六大國王合掌[illegible]
佛大戒告諸菩薩言[illegible]
佛法戒汝等一切發[illegible]

BD09169 號 1　狀封（擬）　（1–1）

BD09169 號 2　梵網經盧舍那佛說菩薩心地戒品第十卷下

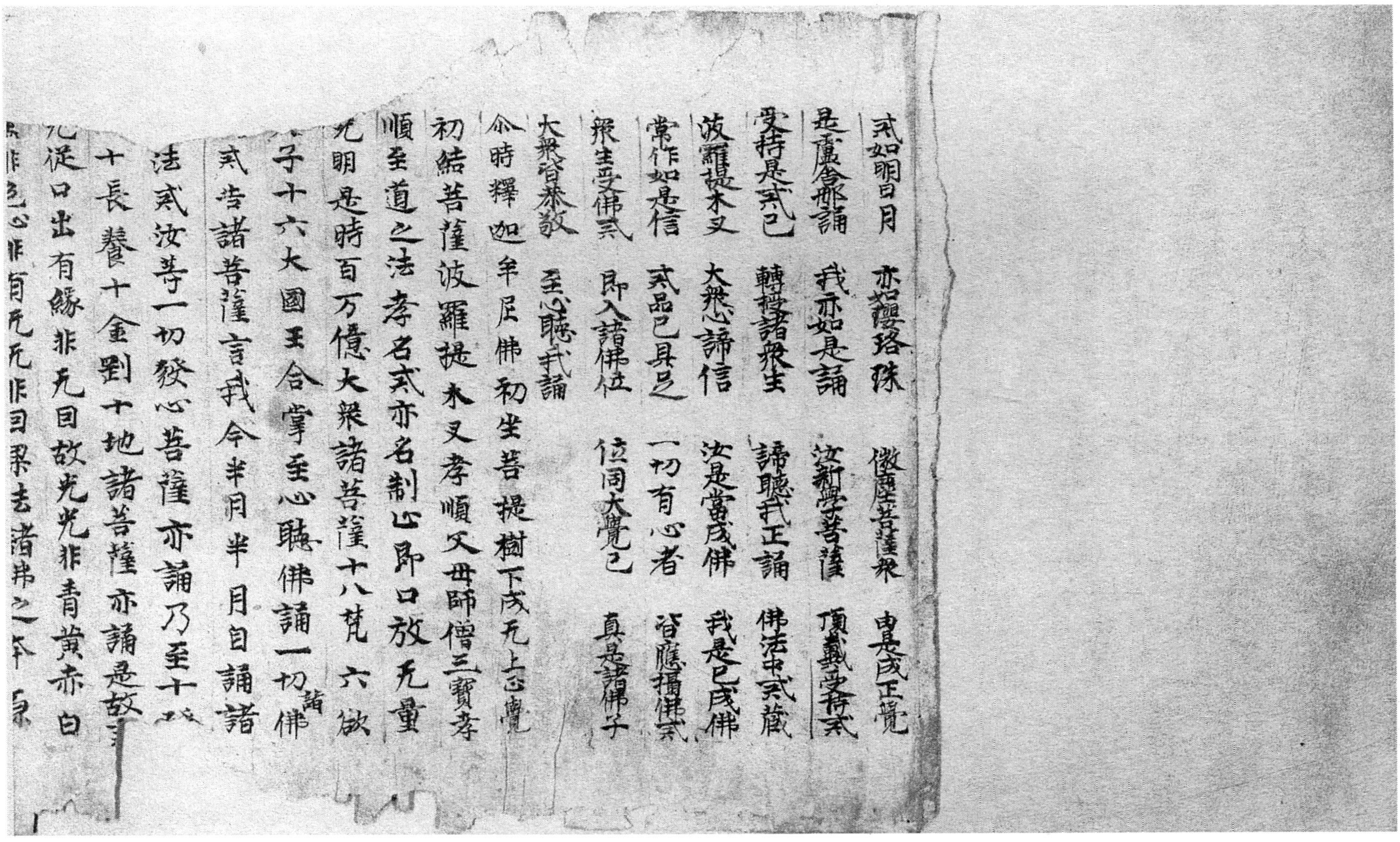

戒如明日月 亦如瓔珞珠 微塵菩薩衆 由是成正覺
是盧舍那誦 我亦如是誦 汝新學菩薩 頂戴受持戒
受持是戒已 轉授諸衆生 諦聽我正誦 佛法中戒藏
波羅提木叉 大衆心諦信 汝是當成佛 我是已成佛
常作如是信 戒品已具足 一切有心者 皆應攝佛戒
衆生受佛戒 即入諸佛位 位同大覺已 真是諸佛子
大衆皆恭敬 至心聽我誦
爾時釋迦牟尼佛初坐菩提樹下成无上正覺
初結菩薩波羅提木叉孝順父母師僧三寶孝
順至道之法孝名戒亦名制止即口放无量
光明是時百万億大衆諸菩薩十八梵六欲
天子十六大國王合掌至心聽佛誦一切諸佛
戒告諸菩薩言我今半月半月自誦諸
法戒汝等一切發心菩薩亦誦乃至十發
十長養十金剛十地諸菩薩亦誦是故
光從口出有緣非无因故光光非青黃赤白
[illegible]非色心非有无非因果法諸佛之本原

BD09170 號　梵網經盧舍那佛說菩薩心地戒品第十卷下　（2–1）

[illegible]
尒時釋迦牟尼佛初坐菩提樹下成无上正覺
初結菩薩波羅提木叉孝順父母師僧三寶孝
順至道之法孝名戒亦名制止即口放无量
光明是時百万億大眾諸菩薩十八梵六欲
天子十六大國王合掌至心聽佛誦一切諸佛
戒告諸菩薩言我今半月半月自誦諸
法戒汝等一切發心菩薩亦誦乃至十發
十長養十金剛十地諸菩薩亦誦是故
光從口出有緣非无因故光光非青黃赤白
黑非色心非有无非因果法諸佛之本原
行菩薩之根本是大眾諸佛子之根本是大
眾諸佛子應受持應誦善學佛子諦聽若
受佛戒者國王王子百官宰相比丘比丘尼
十八梵六天庶民黃門婬男婬女奴婢八部鬼
神金剛神畜生乃至變化人但解法師語盡
受得戒皆名第一清淨者佛告諸佛子言有
十重波羅提木叉若受菩薩戒不誦此戒者
非菩薩非佛種子我亦如是誦一切菩薩已

BD09170號　梵網經盧舍那佛說菩薩心地戒品第十卷下　（2–2）

若□
受戒者在□
國王王子乃至黃門奴婢皆應
前坐後受戒者隨次第坐莫
老若少无前无後坐无次第兵
法中先者先坐後者後坐而菩薩不
坐犯者輕垢罪
若佛子常應教化一切眾生建立
園田立作佛塔冬夏安居坐禪
道處皆應立之而菩薩
大乘經律若疾病國難
阿闍梨亡滅之日及三七日四五七、
亦應讀誦講說大乘經律齋會求
生大火所燒大水所漂黑風所
大海羅剎之難乃至一切罪報三惡七逆

BD09171號　梵網經盧舍那佛說菩薩心地戒品第十卷下　（3–1）

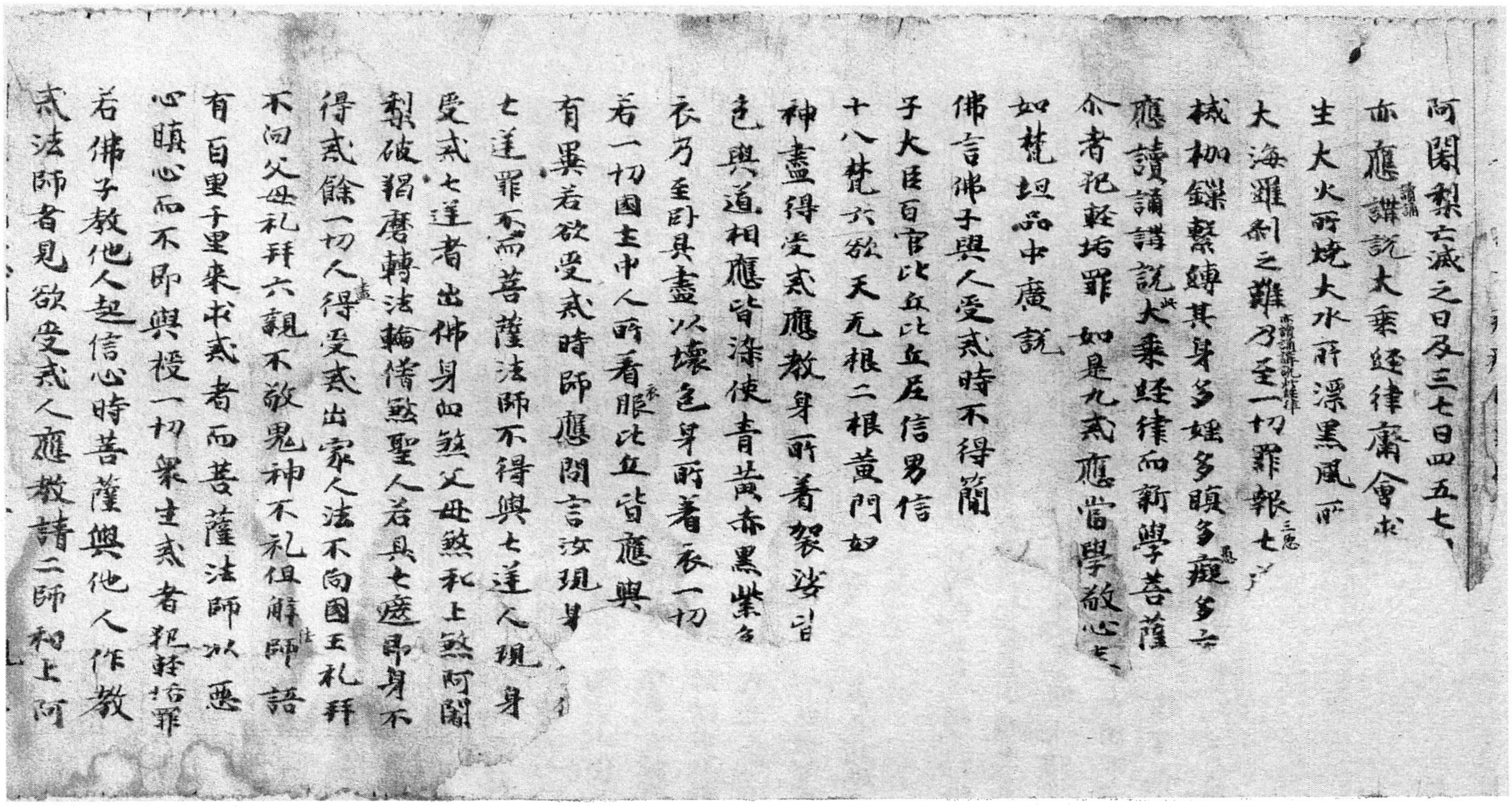

阿闍梨亡滅之日及三七日四五七、
亦應讀誦講說大乘經律齋會求
生大火所燒大水所漂黑風所
大海羅剎之難乃至一切罪報七
械枷鎖繫縛其身多婬多瞋多癡多病
應讀誦講說此大乘經律而新學菩薩
爾者犯輕垢罪 如是九戒應當學敬心奉
如梵壇品中廣說
佛言佛子與人受戒時不得簡
子大臣百官比丘比丘尼信男信
十八梵六欲天無根二根黃門奴
神盡得受戒應教身所著袈裟皆
色與道相應皆染使青黃赤黑紫色
衣乃至臥具盡以壞色身所著衣一切
若一切國土中人所看服比丘皆應與
有異若欲受戒時師應問言汝現身
七逆罪不而菩薩法師不得與七逆人現身
受戒七逆者出佛身血殺父母殺和上殺阿闍
梨破羯磨轉法輪僧殺聖人若具七遮即身不
得戒餘一切人得受戒出家人法不向國王禮拜
不向父母禮拜六親不敬鬼神不禮但解師語
有百里千里來求戒者而菩薩法師以惡
心瞋心而不即與授一切眾生戒者犯輕垢罪
若佛子教他人起信心時菩薩與他人作教
戒法師者見欲受戒人應教請二師和上阿

BD09171 號　梵網經盧舍那佛說菩薩心地戒品第十卷下　（3–2）

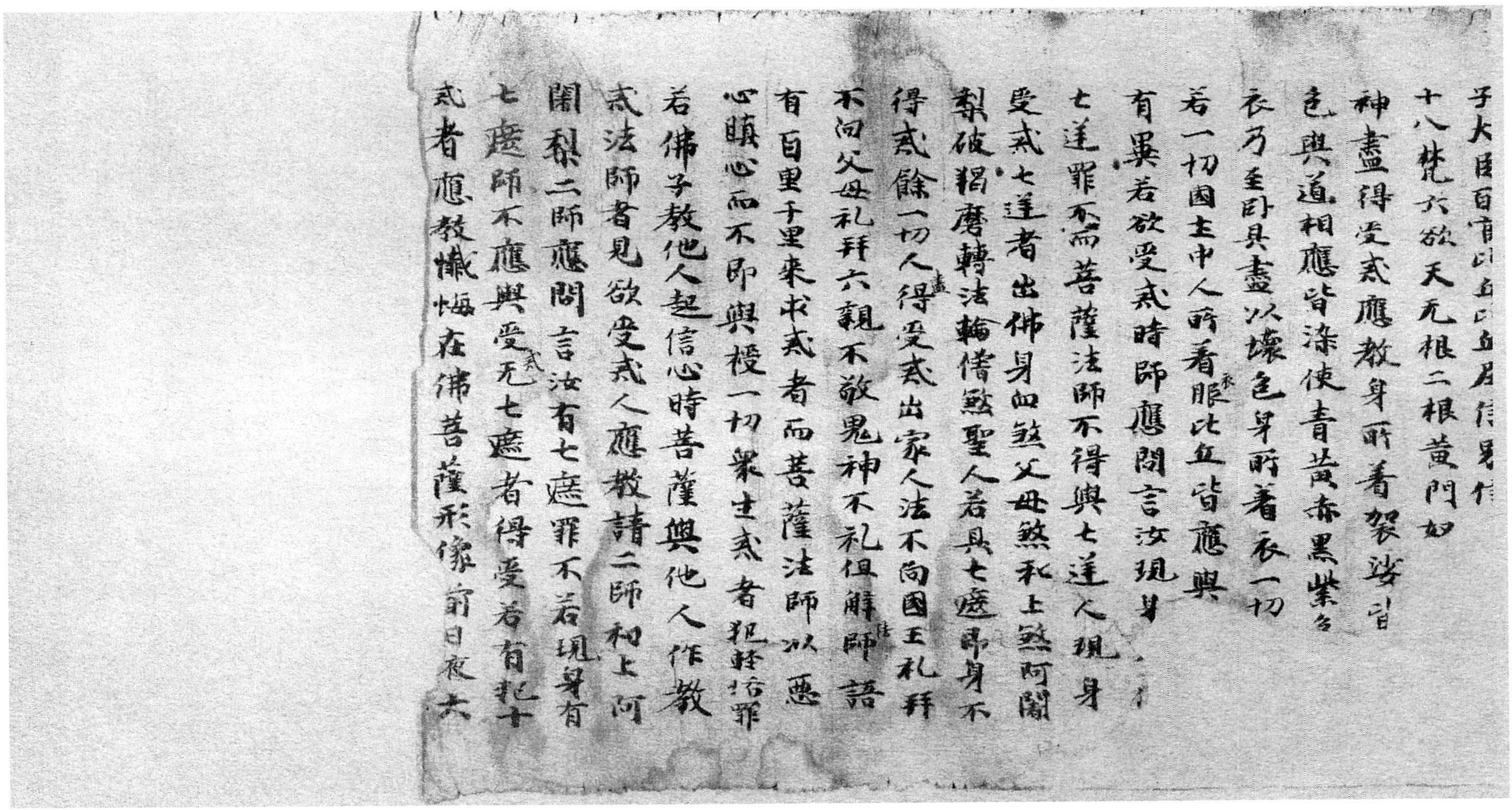

子大臣百官比丘比丘尼信男信
十八梵六欲天無根二根黃門奴
神盡得受戒應教身所著袈裟皆
色與道相應皆染使青黃赤黑紫色
衣乃至臥具盡以壞色身所著衣一切
若一切國土中人所看服比丘皆應與
有異若欲受戒時師應問言汝現身
七逆罪不而菩薩法師不得與七逆人現身
受戒七逆者出佛身血殺父母殺和上殺阿闍
梨破羯磨轉法輪僧殺聖人若具七遮即身不
得戒餘一切人得受戒出家人法不向國王禮拜
不向父母禮拜六親不敬鬼神不禮但解師語
有百里千里來求戒者而菩薩法師以惡
心瞋心而不即與授一切眾生戒者犯輕垢罪
若佛子教他人起信心時菩薩與他人作教
戒法師者見欲受戒人應教請二師和上阿
闍梨二師應問言汝有七遮罪不若現身有
七遮師不應與受戒無七遮者得受若有犯十
戒者應教懺悔在佛菩薩形像前日夜六

BD09171 號　梵網經盧舍那佛說菩薩心地戒品第十卷下　（3–3）

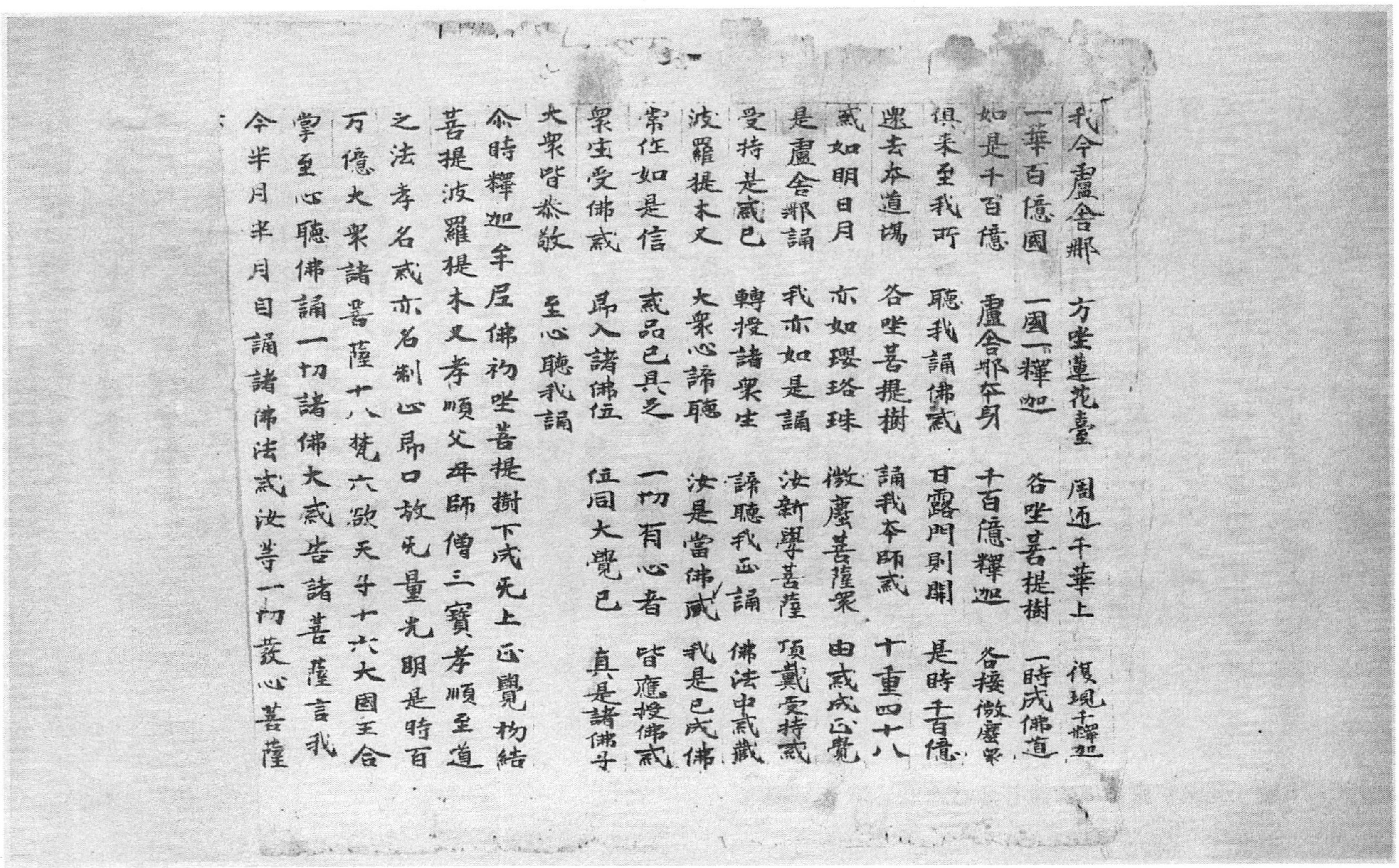
我今盧舍那　方坐蓮花臺　周匝千華上　復現千釋迦
一華百億國　一國一釋迦　各坐菩提樹　一時成佛道
如是千百億　盧舍那本身　千百億釋迦　各接微塵衆
俱來至我所　聽我誦佛戒　甘露門則開　是時千百億
還至本道場　各坐菩提樹　誦我本師戒　十重四十八
戒如明日月　亦如瓔珞珠　微塵菩薩衆　由是成正覺
是盧舍那誦　我亦如是誦　汝新學菩薩　頂戴受持戒
受持是戒已　轉授諸衆生　諦聽我正誦　佛法中戒藏
波羅提木叉　大衆心諦聽　汝是當佛戒　我是已成佛
常作如是信　戒品已具足　一切有心者　皆應攝佛戒
衆生受佛戒　即入諸佛位　位同大覺已　真是諸佛子
大衆皆恭敬　至心聽我誦
爾時釋迦牟尼佛初坐菩提樹下成无上正覺初結
菩提波羅提木叉孝順父母師僧三寶孝順至道
之法孝名為戒亦名制止即口放无量光明是時百
万億大衆諸菩薩十八梵六欲天子十六大國王合
掌至心聽佛誦一切諸佛大乘戒佛告諸菩薩言我
今半月半月自誦諸佛法戒汝等一切發心菩薩

BD09172號　梵網經盧舍那佛說菩薩心地戒品第十卷下　（1–1）

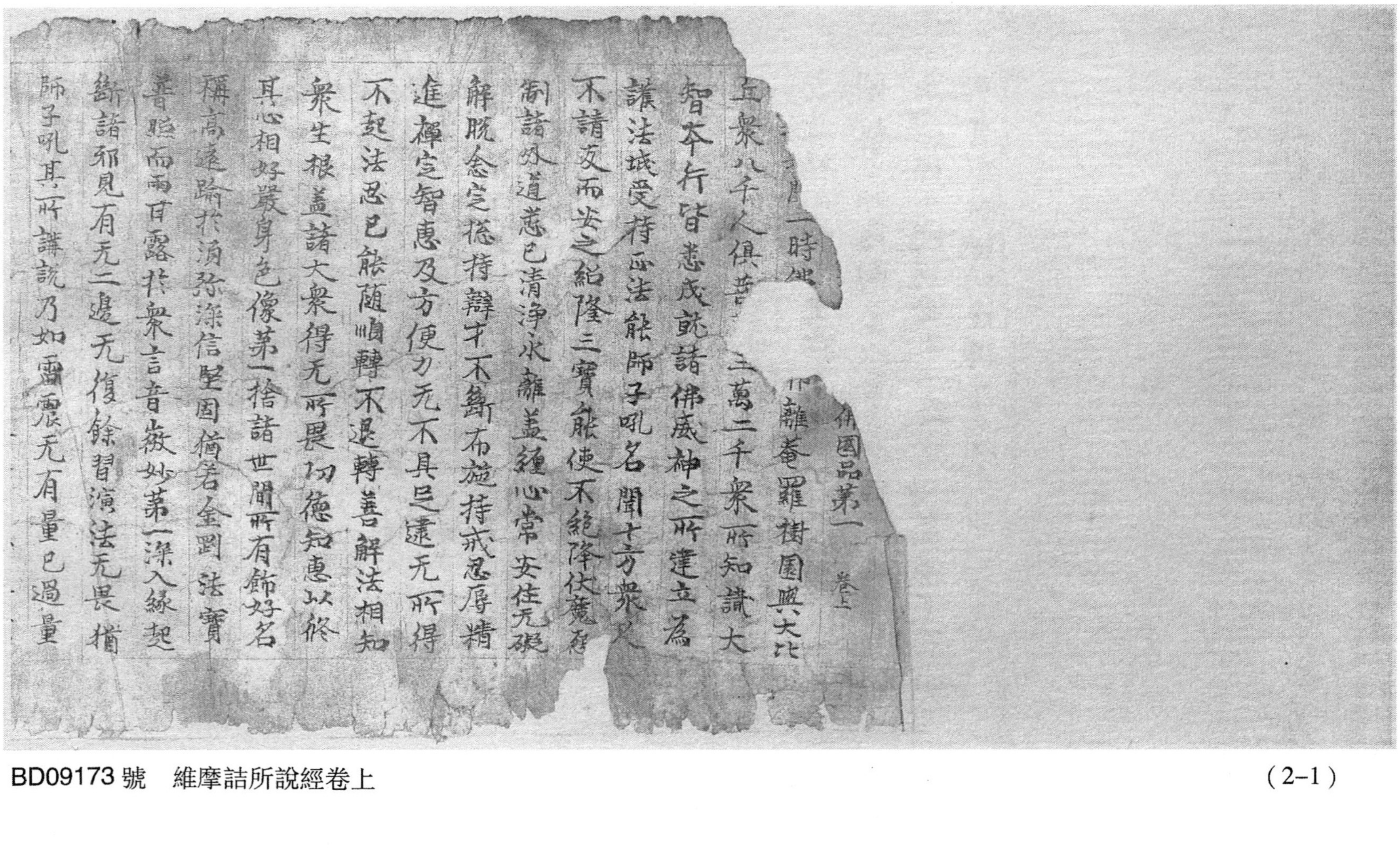
佛國品第一　卷上
[illegible]一時佛[illegible]離奄羅樹園與大比
丘衆八千人俱菩[illegible]三萬二千衆所知識大
智本行皆悉成就諸佛威神之所建立為
護法城受持正法能師子吼名聞十方衆人
不請友而安之紹隆三寶能使不絕降伏魔怨
制諸外道悉已清淨永離蓋纏心常安住无礙
解脫念定總持辯才不斷布施持戒忍辱精
進禪定智慧及方便力无不具足逮无所得
不起法忍已能隨順轉不退轉善解法相知
衆生根蓋諸大衆得无所畏功德知慧以修
其心相好嚴身色像第一捨諸世間所有飾好名
稱高遠踰於須彌深信堅固猶若金剛法寶
普照而雨甘露於衆言音微妙第一深入緣起
斷諸邪見有无二邊无復餘習演法无畏猶
師子吼其所講說乃如雷震无有量已過量

BD09173號　維摩詰所說經卷上　（2–1）

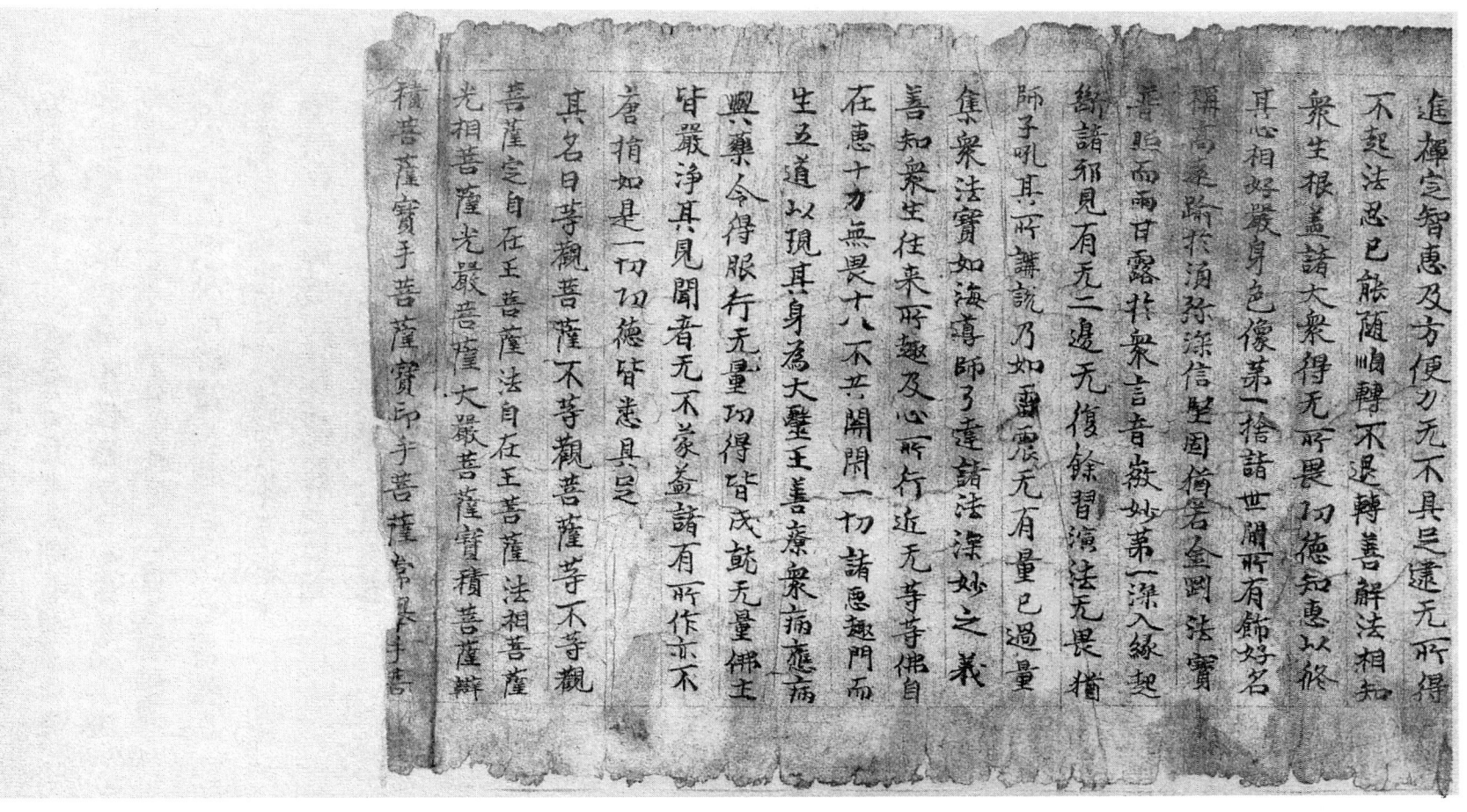

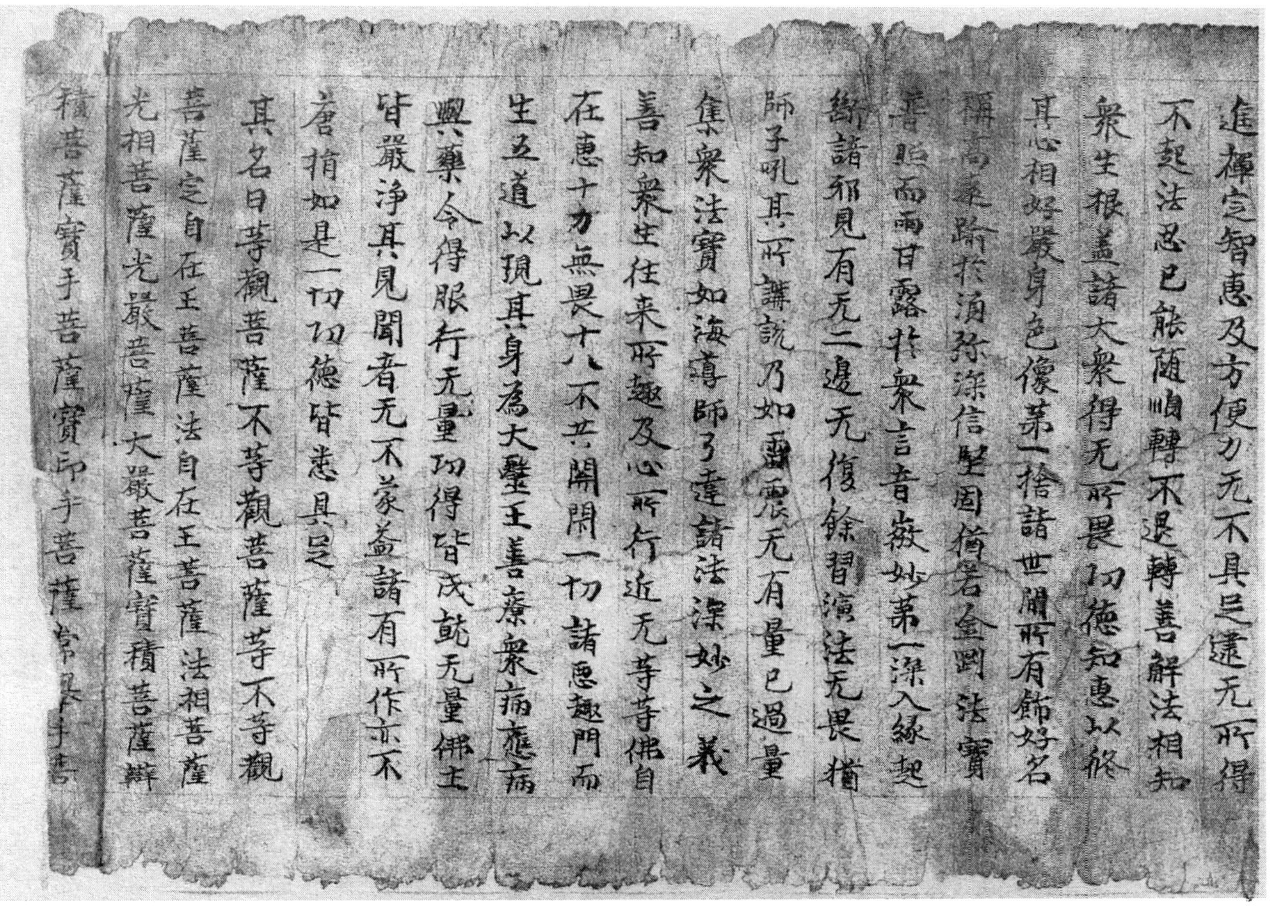

進禪定智惠及方便力无不具足逮无所得
不起法忍已能隨順轉不退轉善解法相知
衆生根蓋諸大衆得无所畏功德知惠以修
其心相好嚴身色像第一捨諸世間所有飾好名
稱高遠踰於須弥深信堅固猶若金剛法寶
普照而雨甘露於衆言音微妙第一深入緣起
斷諸邪見有无二邊无復餘習演法无畏猶
師子吼其所講說乃如雷震无有量已過量
集衆法寶如海導師了達諸法深妙之義
善知衆生往來所趣及心所行近无等等佛自
在惠十力無畏十八不共關閉一切諸惡趣門而
生五道以現其身為大醫王善療衆病應病
與藥令得服行无量功得皆成就无量佛土
皆嚴淨其見聞者无不蒙益諸有所作亦不
唐捐如是一切功德皆悉具足
其名曰等觀菩薩不等觀菩薩等不等觀
菩薩定自在王菩薩法自在王菩薩法相菩薩
光相菩薩光嚴菩薩大嚴菩薩寶積菩薩辯
積菩薩寶手菩薩寶印手菩薩常舉手菩

BD09173號　維摩詰所說經卷上　（2–2）

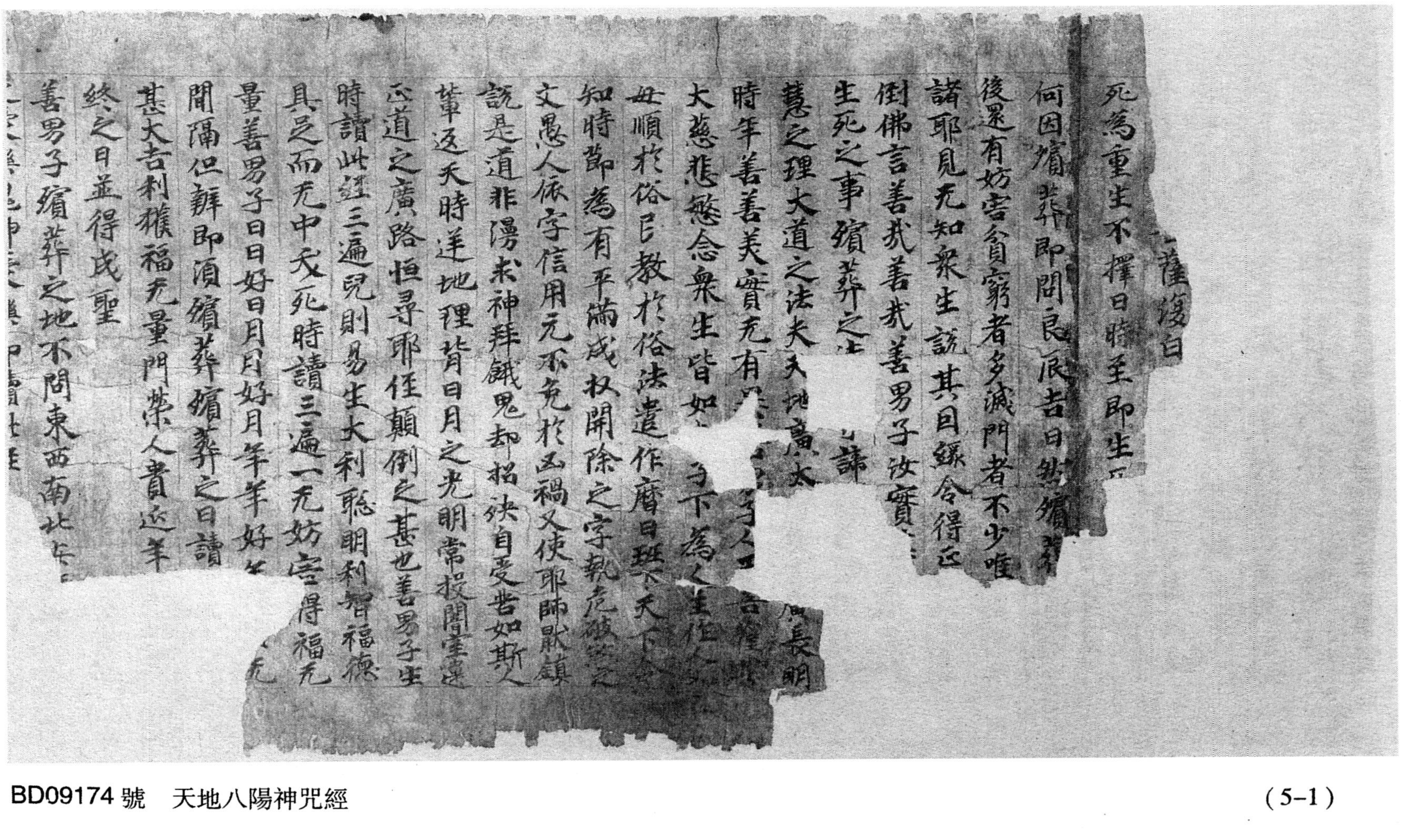

死爲重生不擇日時至即生[illegible]
[illegible]薩復白
何因殯葬即問良辰吉日然殯葬
後還有妨害貧窮者多滅門者不少唯
諸耶見无知衆生說其因緣令得正
倒佛言善哉善哉善男子汝實[illegible]
生死之事殯葬之[illegible]諦
慧之理大道之法夫天地高大
時年善善美實无有[illegible]月長明
大慈悲愍念衆生皆如[illegible]下為人[illegible]
毋順於俗已教於俗法遣作曆日班下天下令
知時節為有平滿成收開除之字執危破之
文愚人依字信用无不免於凶禍又使耶師厭鎮
說是道非湯求神拜餓鬼却招殃自受苦如斯人
輩返天時逆地理背日月之光明常投闇室違
正道之廣路恒尋耶徑顛倒之甚也善男子生
時讀此經三遍兒則易生大利聰明利智福德
具足而无中夭死時讀三遍一无妨害得福无
量善男子日日好日月月好月年年好年
聞隔但辦即須殯葬殯葬之日讀
甚大吉利獲福无量門榮人貴延年
終之日並得成聖
善男子殯葬之地不問東西南北
[illegible]

BD09174號　天地八陽神咒經　（5–1）

說是道非湯求神拜餓鬼却福殃自受苦如斯人
華返天時逆地理背日月之光明常投闇室違
正道之廣路恒尋邪徑顛倒之甚也善男子生
時讀此經三遍兒則易生大利聰明利智福德
具足而无中夭死時讀三遍一无妨害得福无
量善男子日日好日月月好月年年好年
聞隔但辦即須殯葬殯葬之日讀
甚大吉利獲福无量門榮人貴延年
終之日並得成聖
善男子殯葬之地不問東西南北安〻
之愛樂鬼神愛樂即讀此經三
安置墓田永无災鄣家富人〻
時世尊欲重宣此義而說偈〻
營生善日月　殯葬好好時節
月月善明月　年年大好年　讀經
尒時衆中七万千人聞佛所說心開
歸正得佛法分永斷疑惑皆得阿耨
三菩提无量菩薩復白佛言世尊一切凡夫皆
以婚姻為親先問相宜後取吉日然始成親成親
已後富貴偕老者少貧寒生離死別者多一種
信邪如何而有差別唯願世尊為決衆疑佛
言善男子汝等諦聽當為汝說天陰地陽月
陰日陽水陰火陽男陰女陽天地氣合一切草
木生焉日月交運四時八節明焉水火相承一切
万物熟焉男女允諧子孫興焉皆是天之常
道自然之理世諦之法善男子愚人无智信其
邪師卜問望吉而不修善造種種惡業命終之
後復得人身者如指甲上土

BD09174 號　天地八陽神咒經　（5–2）

陰日陽水陰火陽男陰女陽天地氣合一切草
木生焉日月交運四時八節明焉水火相承一切
万物熟焉男女允諧子孫興焉皆是天之常
道自然之理世諦之法善男子愚人无智信其
邪師卜問望吉而不修善造種種惡業命終之
後復得人身者如指甲上土墮於地獄作餓鬼
畜生者如大地土善男子復得人身正信修善
者如指甲上土信邪造惡業者如大地土善男
子若結婚親莫問水火相剋胎胞相壓一看祿
命書即知福德多少以為眷屬呼迎之日讀
此經三遍即以成礼此乃善善相因明明相屬
門高人貴子孫興盛聰明利智多才藝孝
敬相承甚大吉利而无中夭福德具足皆
成佛道
時有八菩薩承佛威神得大總持常處人間
和光同塵破邪立正度四生處八解其名曰
跋陀和菩薩漏盡和　羅隣那竭菩薩漏盡和
憍目兜菩薩漏盡和　須彌深菩薩漏盡和
那羅達菩薩漏盡和　因坻達菩薩漏盡和
和輪調菩薩漏盡和　无緣觀菩薩漏盡和
是八菩薩俱白佛言世尊我等於諸佛所受
得陁羅尼神呪而今說之擁護受持讀誦八
陽經者永无恐怖使一切不善之物不得侵損
讀經法師即於佛前而說呪曰
阿佉尼　尼佉尼　阿毗羅　曼隸　曼多隸
世尊若有不善者欲來惱法師聞我說此
呪頭破作七分如阿梨樹枝
是時无邊身菩薩白佛言世尊云何名為

BD09174 號　天地八陽神咒經　（5–3）

是八菩薩[illegible]
得陁羅尼神呪而今說之擁護受持讀誦八
陽經者永无恐怖使一切不善之物不得侵損
讀經法師即於佛前而說呪曰
阿佉尼 尼佉尼 阿毗羅 曼隸 曼多隸
世尊若有不善者欲來惱法師聞我說此
呪頭破作七分如阿梨樹枝
是時无邊身菩薩白佛言世尊云何名為
八陽經唯願世尊為諸聽衆解說其義令得
醒悟速達心本入佛知見永斷疑悔
佛言善哉善哉善男子汝等諦聽吾今
為汝解說八陽之經八者分別也陽者明解也
明解大乘无為之理了能分別八識因緣空无所得
得又云八識為經陽明為緯經緯相投以成經教
故名八陽經八識者眼是色識耳是聲識鼻是
香識舌是味識身是細
賴耶識是名八識明了分
知兩眼光明天光明天中
兩耳聲聞天聲聞天
兩鼻佛香天佛香天
舌是法味天法味天
盧舍那天盧舍那
盧舍那鏡像佛盧
別天光分別天中即日
心是法界天法界天中
識天演出阿那含經、
出大智度論經瑜伽
法法即是佛合為

BD09174 號　天地八陽神呪經　（5–4）

佛言善哉善哉善男子汝等諦聽吾今
為汝解說八陽之經八者分別也陽者明解也
明解大乘无為之理了能分別八識因緣空无所得
得又云八識為經陽明為緯經緯相投以成經教
故名八陽經八識者眼是色識耳是聲識鼻是
香識舌是味識身是細
賴耶識是名八識明了分
知兩眼光明天光明天中
兩耳聲聞天聲聞天
兩鼻佛香天佛香天
舌是法味天法味天
盧舍那天盧舍那
盧舍那鏡像佛盧
別天光分別天中即日
心是法界天法界天中
識天演出阿那含經、
出大智度論經瑜伽
法法即是佛合為
佛說此經時一切大地
无有邊際浩浩蕩
皆悉明朗一切地獄

BD09174 號　天地八陽神呪經　（5–5）

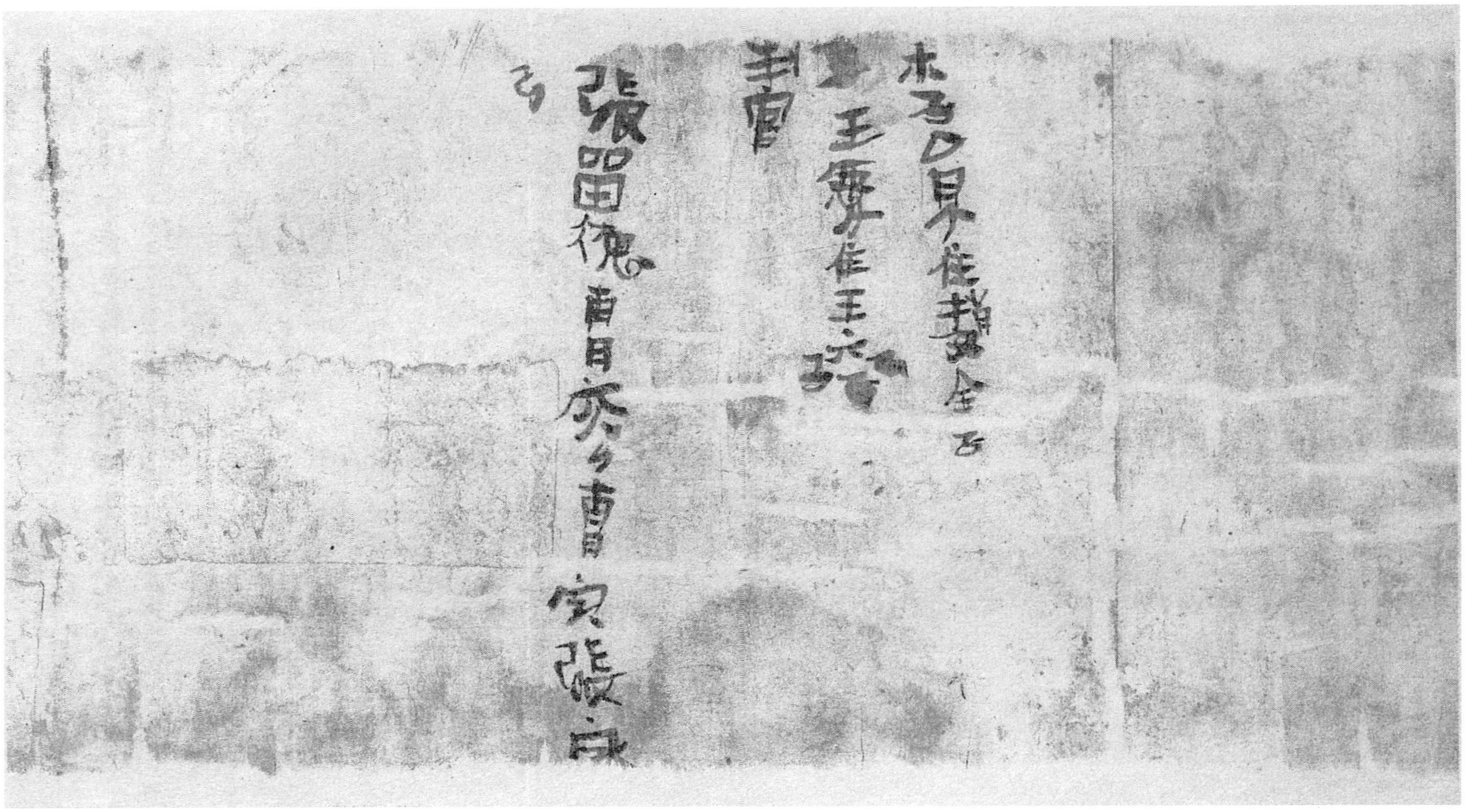

BD09174 號背　雜寫　（2–1）

BD09174 號背　雜寫　（2–2）

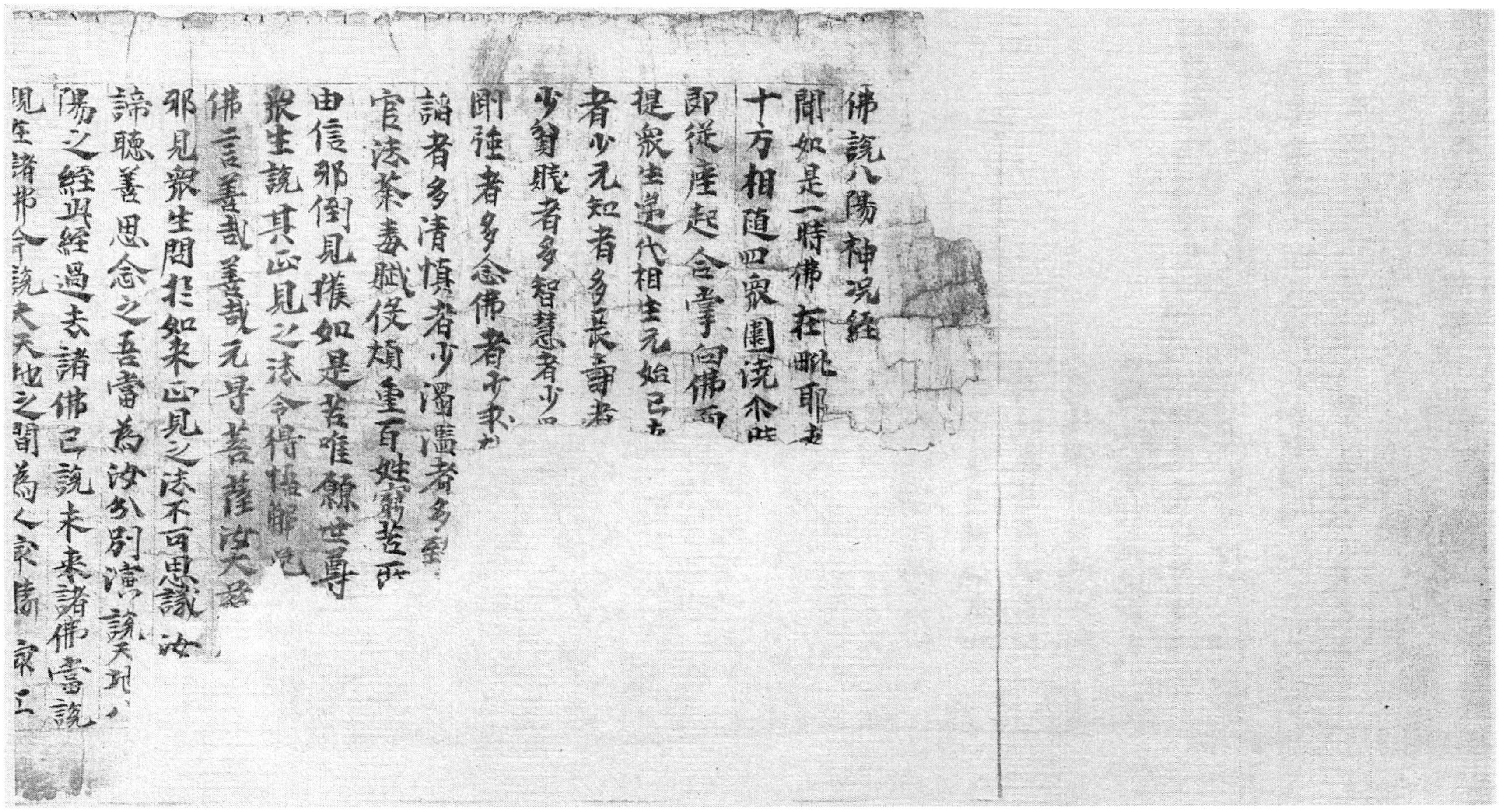
佛說八陽神呪經
聞如是一時佛在毗耶達
十方相隨四衆圍遶尒時
即從座起合掌向佛而
提衆生遞代相生无始已來
者少无知者多長壽者
少貧賤者多智慧者少
剛強者多念佛者少求
諂者多清慎者少濁濫者多
官法荼毒賦役煩重百姓窮苦所
由信邪倒見獲如是苦唯願世尊
衆生說其正見之法令得悟解
佛言善哉善哉无㝵菩薩汝大慈
邪見衆生問於如來正見之法不可思議汝
諦聽善思念之吾當為汝分別演說天地八
陽之經此經過去諸佛已說未來諸佛當說
現在諸佛今說夫天地之間為人最勝最上

BD09175 號　天地八陽神咒經　（2–1）

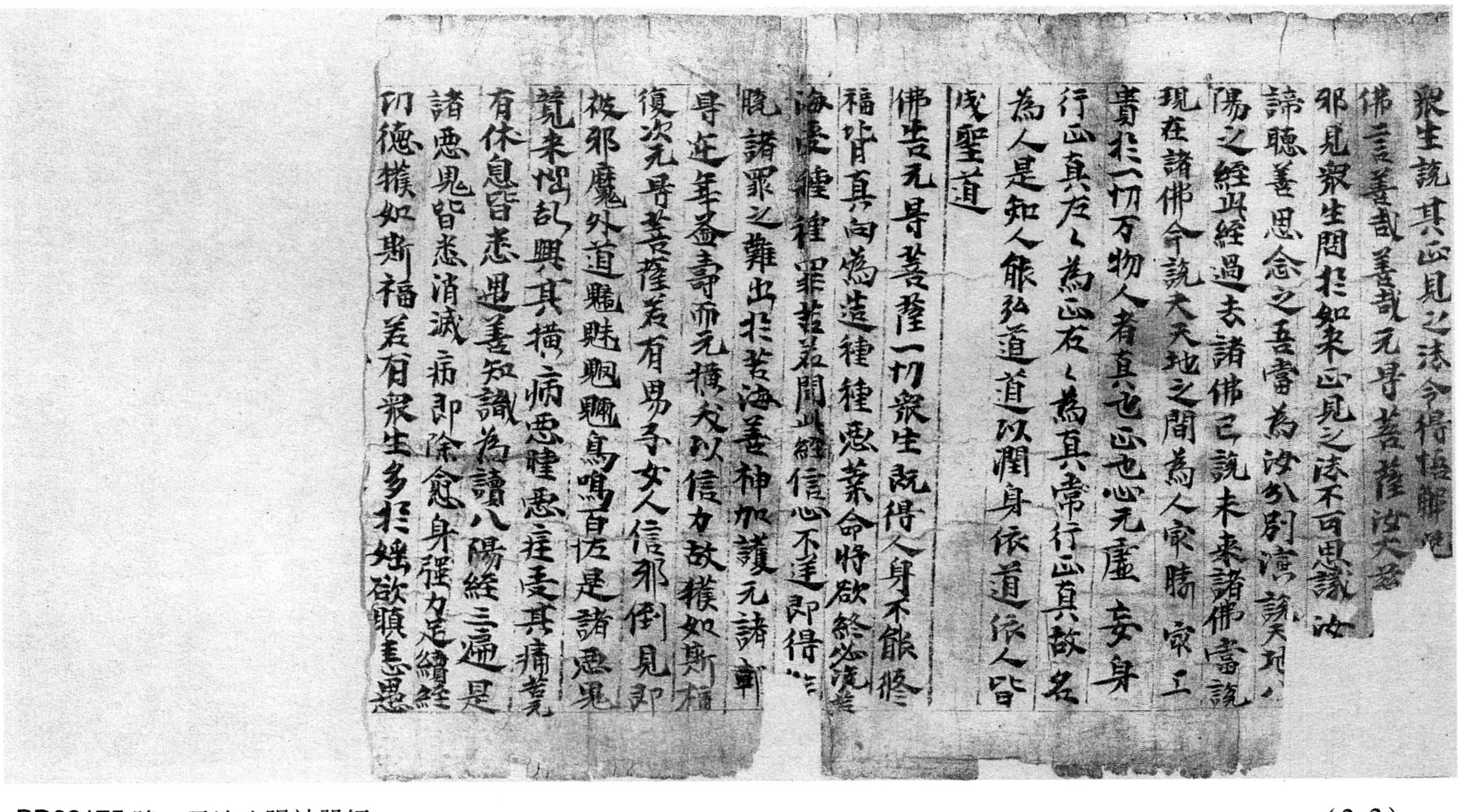
衆生說其正見之法令得悟解
佛言善哉善哉无㝵菩薩汝大慈
邪見衆生問於如來正見之法不可思議汝
諦聽善思念之吾當為汝分別演說天地八
陽之經此經過去諸佛已說未來諸佛當說
現在諸佛今說夫天地之間為人最勝最上
貴於一切万物人者真也正也心无虛妄身
行正真左丿為正右乀為真常行正真故名
為人是知人能弘道道以潤身依道依人皆
成聖道
佛告无㝵菩薩一切衆生既得人身不能脩
福背真向偽造種種惡業命將欲終必沉苦
海受種種罪若聞此經信心不逆即得解
脫諸罪之難出於苦海善神加護无諸鄣
㝵延年益壽而无橫夭以信力故獲如斯福
復次无㝵菩薩若有男子女人信邪倒見即
被邪魔外道魑魅魍魎烏鳴百怪是諸惡鬼
競來惱亂興其橫病惡腫惡疰受其痛苦无
有休息若遇善知識為讀八陽經三遍是
諸惡鬼皆悉消滅病即除愈身强力足讀經
功德獲如斯福若有衆生多於婬欲瞋恚愚

BD09175 號　天地八陽神咒經　（2–2）

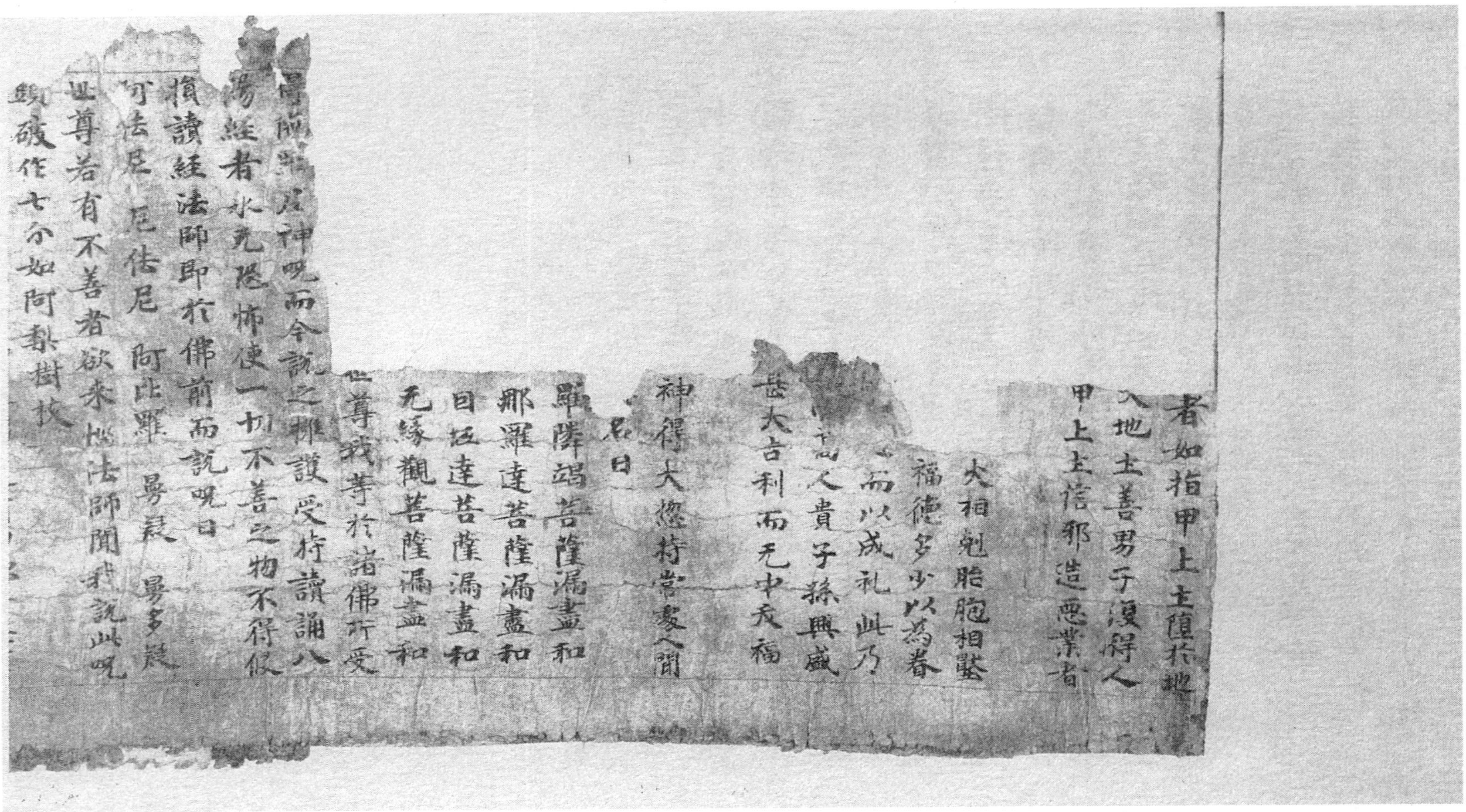
者如指甲上土墮於地
入地土善男子復得人
甲上土信邪造惡業者
大相剋胎胞相墮
福德多少以爲眷
而以成礼此乃
貴子孫興盛
甚大吉利而无中夭福
神得大感持常處人間
君曰
畢陵迦菩薩漏盡和
那羅達菩薩漏盡和
因坻達菩薩漏盡和
无緣觀菩薩漏盡和
世尊我等於諸佛所受
聞前□□神呪而今說之擁護受持讀誦八
陽經者永无恐怖使一切不善之物不得侵
損讀經法師即於佛前而說呪曰
阿法尼　尼佉尼　阿比羅　曼隸　曼多隸
世尊若有不善者欲來惱法師聞我說此呪
頭破作七分如阿梨樹枝

BD09176 號　天地八陽神呪經　　（2–1）

世尊若有不善者欲來惱法師聞我說此呪
頭破作七分如阿梨樹枝
時无邊身菩薩即從座起前白佛言世尊
何名爲八陽經唯願世尊爲諸聽衆解說
其義令得覺悟速達心本入佛知見永斷疑
悔佛言善哉善哉善男子汝等諦聽吾今爲
汝解說八陽之經八者分別也陽者明解也
明解大乘無爲之理了能分別八識因緣空
无所得又云八識爲經陽明爲緯經緯相投
以成經教故名八陽經云何名八識六根是
六識含藏識阿賴耶識是名八識明了分別
无所有即知兩眼是光明天光
日月光明世尊
天聲聞天中即現无量聲如來
八佛□中即現香積如來
天中即現法喜如來身是
中即現成就盧舍那佛
舍那光明佛意是无分別
如來大光明佛
中即現空王如來舍
即□天演出大智度
佛即是法法即是佛
如來

BD09176 號　天地八陽神呪經　　（2–2）

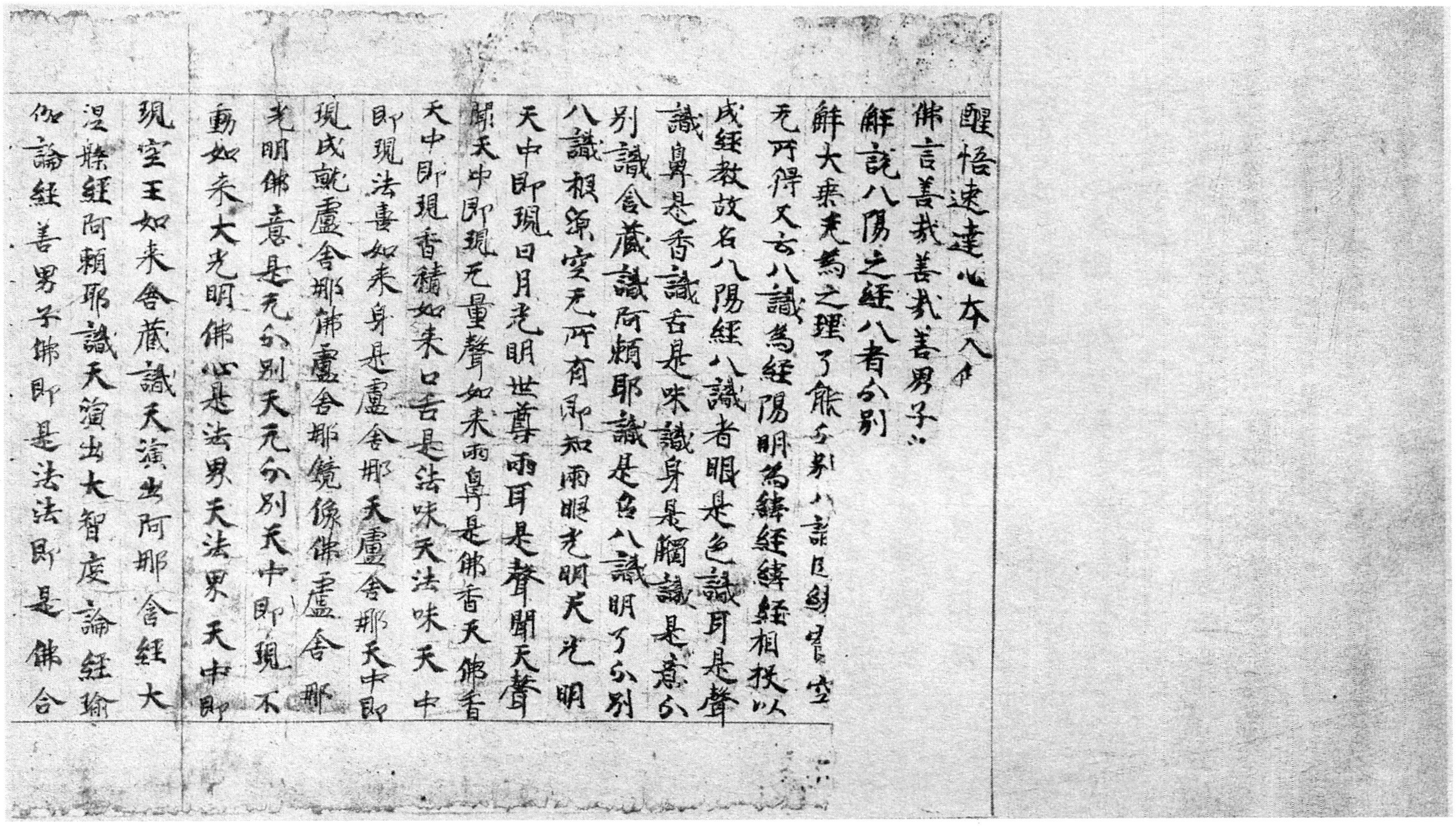
醒悟速達心本八卷
佛言善哉善哉善男子
解說八陽之經八者分別
解大乘无爲之理了能分別八識因緣空
无所得又云八識爲經陽明爲緯經緯相投以
成經教故名八陽經八識者眼是色識耳是聲
識鼻是香識舌是味識身是觸識意是意分
別識含藏識阿賴耶識是名八識明了分別
八識根源空无所有即知兩眼光明天光明
天中即現日月光明世尊兩耳是聲聞天聲
聞天中即現无量聲如來兩鼻是佛香天佛香
天中即現香積如來口舌是法味天法味天中
即現法喜如來身是盧舍那天盧舍那天中即
現成就盧舍那佛盧舍那鏡像佛盧舍那
光明佛意是无分別天无分別天中即現不
動如來大光明佛心是法界天法界天中即
現空王如來含藏識天演出阿那含經大
涅槃經阿賴耶識天演出大智度論經瑜
伽論經善男子佛即是法法即是佛合

BD09177 號　天地八陽神咒經　（3–1）

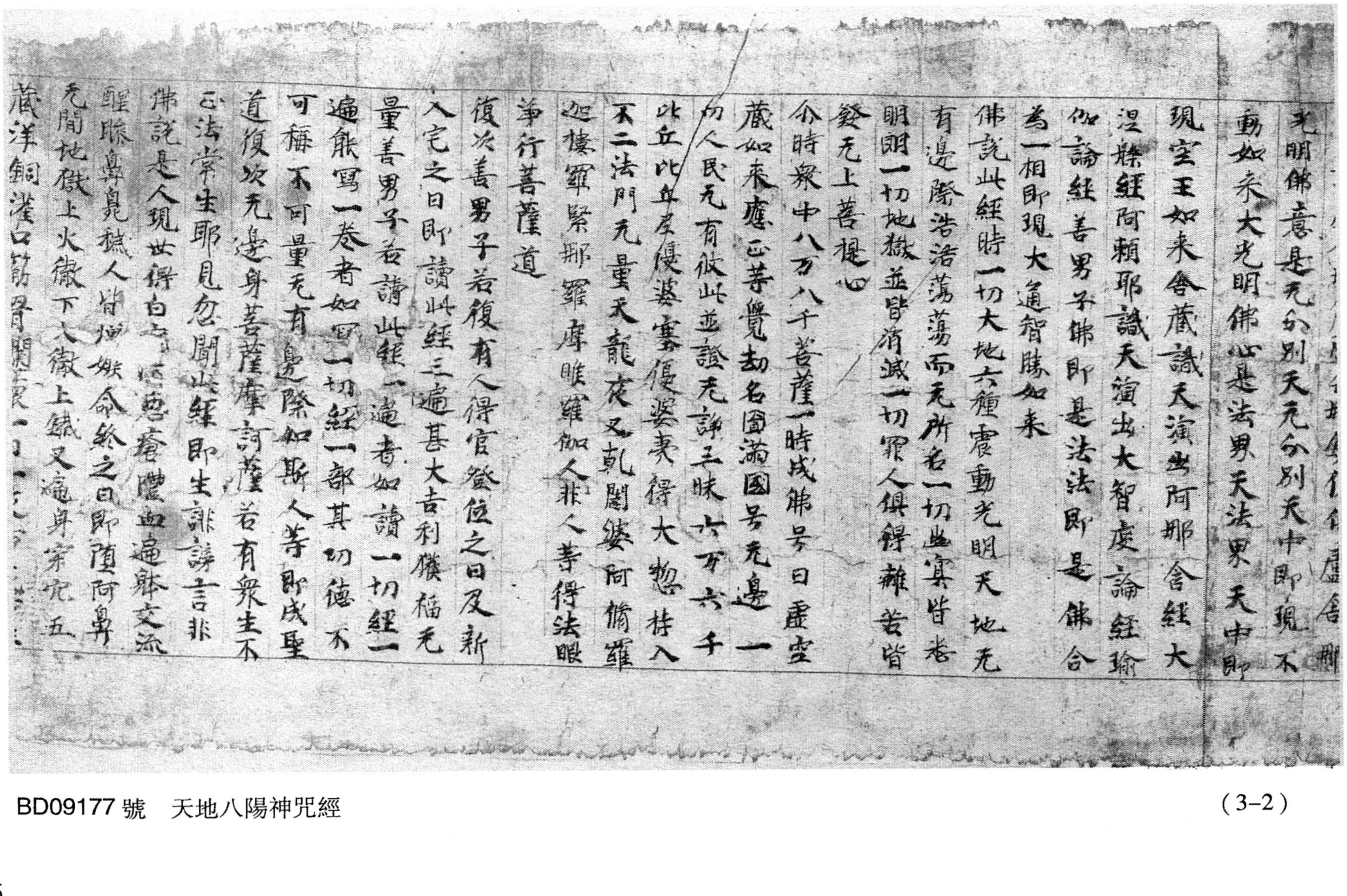
……盧舍那
光明佛意是无分別天无分別天中即現不
動如來大光明佛心是法界天法界天中即
現空王如來含藏識天演出阿那含經大
涅槃經阿賴耶識天演出大智度論經瑜
伽論經善男子佛即是法法即是佛合
爲一相即現大通智勝如來
佛說此經時一切大地六種震動光明天地无
有邊際浩浩蕩蕩而无所名一切幽冥皆悉
明朗一切地獄並皆消滅一切罪人俱得離苦皆
發无上菩提心
尒時衆中八万八千菩薩一時成佛号曰虛空
藏如來應正等覺劫名圓滿國号无邊一
切人民无有彼此並證无諍三昧六万六千
比丘比丘尼優婆塞優婆夷得大惣持入
不二法門无量天龍夜叉乾闥婆阿脩羅
迦樓羅緊那羅摩睺羅伽人非人等得法眼
淨行菩薩道
復次善男子若復有人得官登位之日及新
入宅之日暫讀此經三遍甚大吉利獲福无
量善男子若讀此經一遍者如讀一切經一
遍能寫一卷者如寫一切經一部其功德不
可稱不可量无有邊際如斯人等即成聖
道復次无邊身菩薩摩訶薩若有衆生不
正法常生耶見忽聞此經即生誹謗言非
佛說是人現世得白癩惡瘡膿血遍身交流
腥臊臭穢人皆憎嫉命終之日即墮阿鼻
无間地獄上火徹下下火徹上鐵叉攙身宍五
藏洋銅灌口筋骨爛壞一日一

BD09177 號　天地八陽神咒經　（3–2）

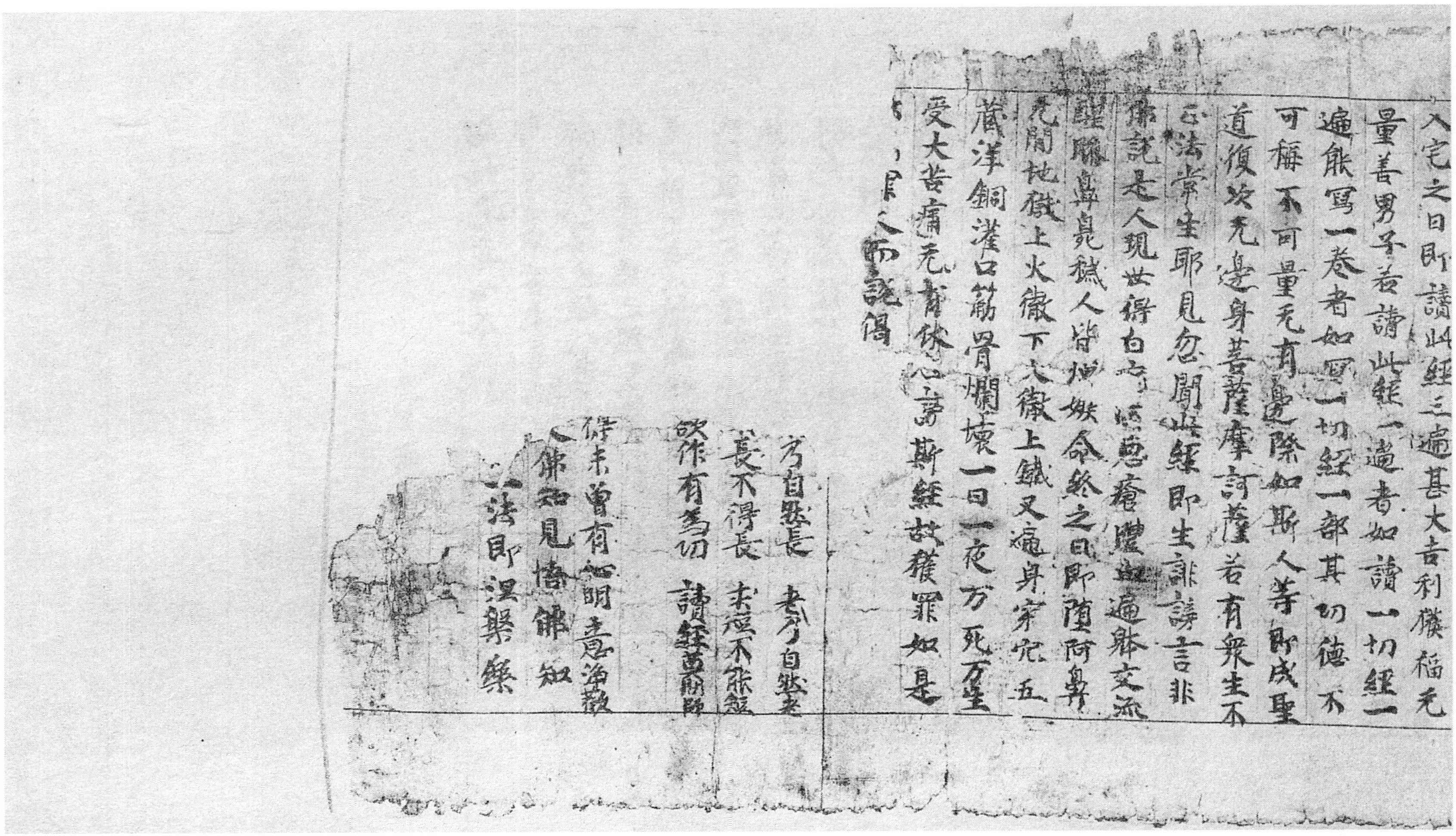

BD09177 號　天地八陽神咒經　（3–3）

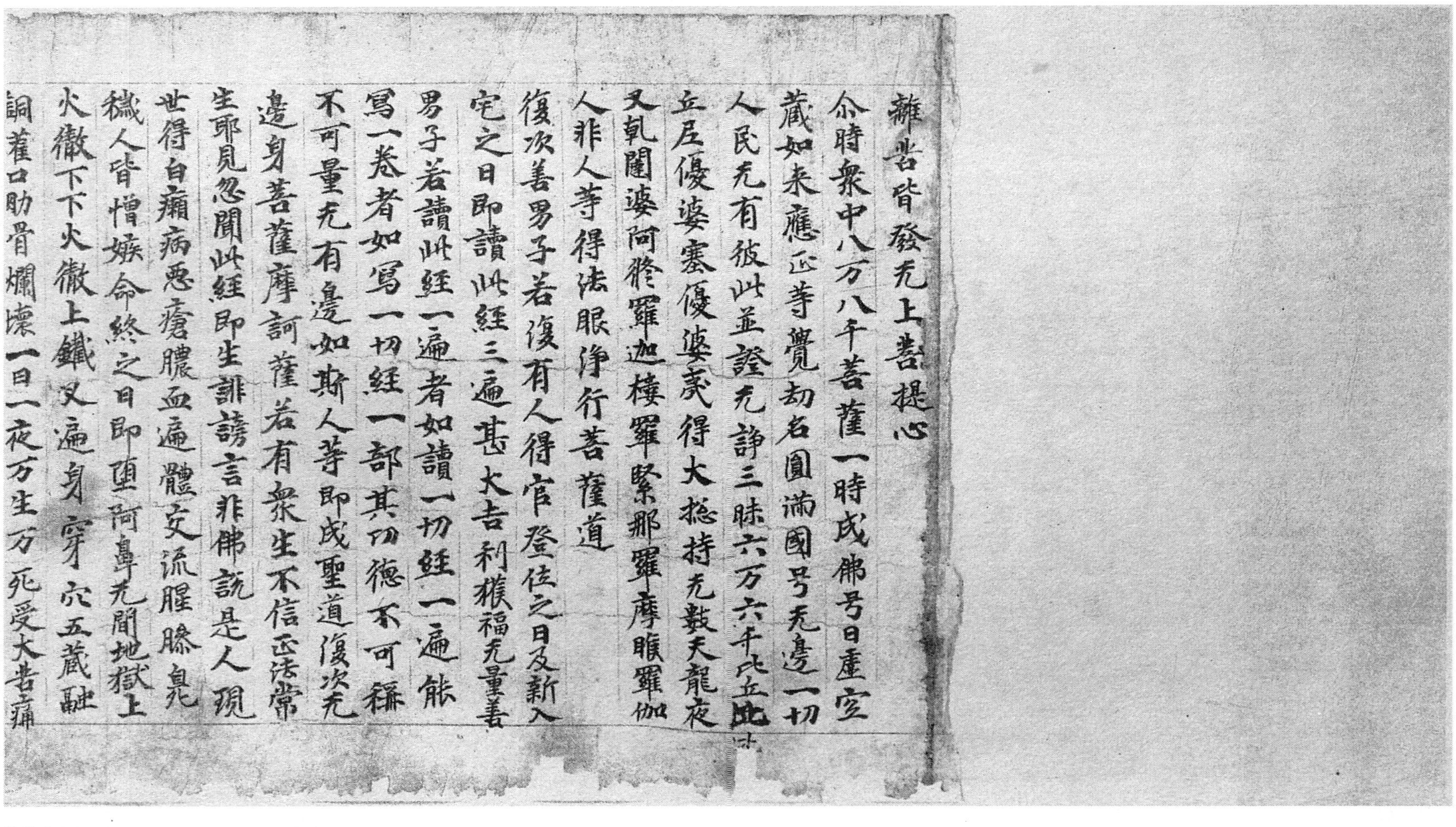

BD09178 號　天地八陽神咒經　（2–1）

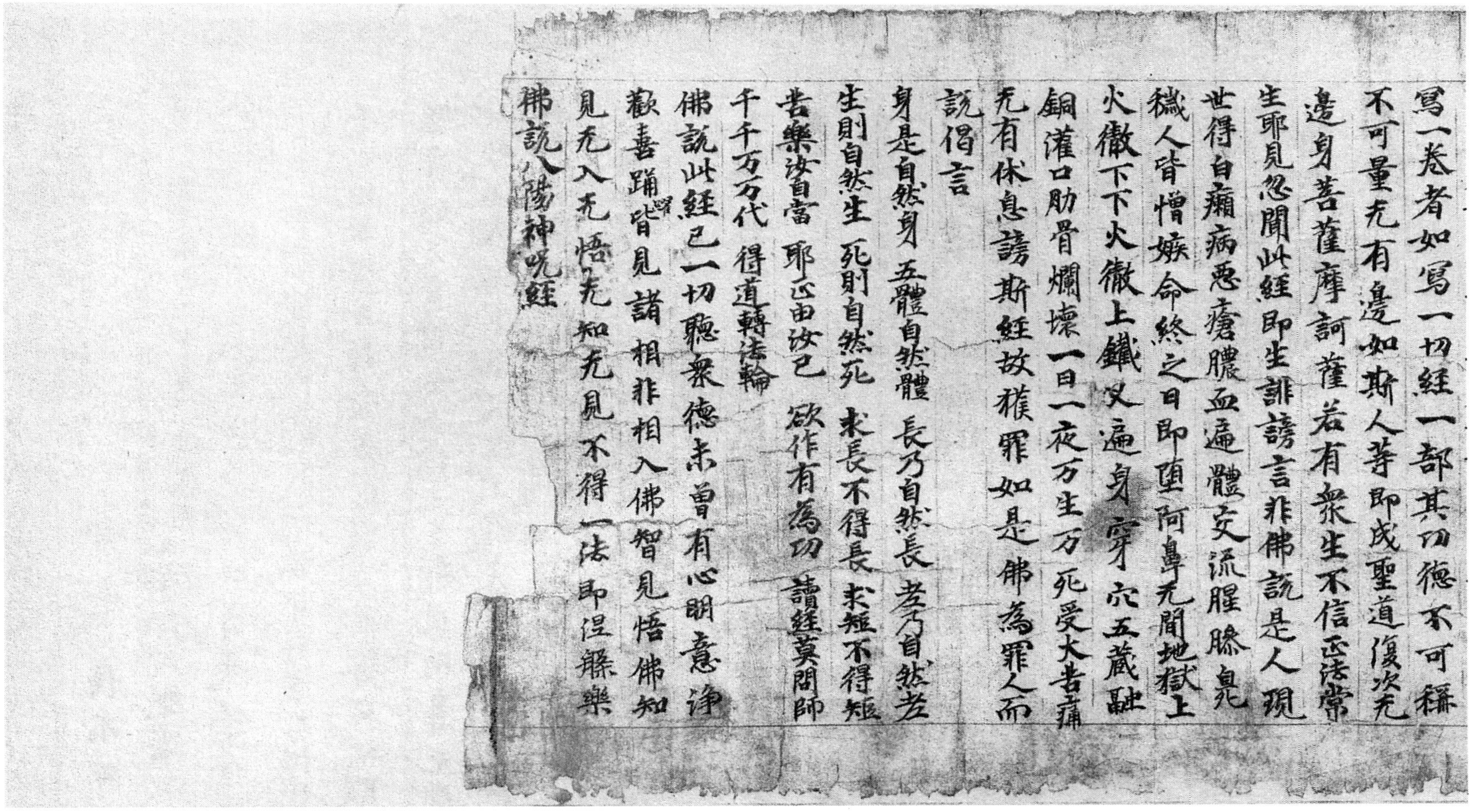
寫一卷者如寫一切經一部其功德不可稱
不可量无有邊如斯人等即成聖道復次无
邊身菩薩摩訶薩若有衆生不信正法常
生耶見忽聞此經即生誹謗言非佛說是人現
世得白癩病惡瘡膿血遍體交流腥臊臭
穢人皆憎嫉命終之日即墮阿鼻无間地獄上
火徹下下火徹上鐵叉遍身穿穴五藏融
銅灌口肋骨爛壞一日一夜万生万死受大苦痛
无有休息謗斯經故獲罪如是佛為罪人而
說偈言
身是自然身　五體自然體　長乃自然長　老乃自然老
生則自然生　死則自然死　求長不得長　求短不得短
苦樂汝自當　耶正由汝已　欲作有為功　讀經莫問師
千千万万代　得道轉法輪
佛說此經已一切聽衆德未曾有心明意淨
歡喜踊躍皆見諸相非相入佛智見悟佛知
見无入无悟无知无見不得一法即涅槃樂
佛說八陽神呪經

BD09178號　天地八陽神咒經　（2–2）

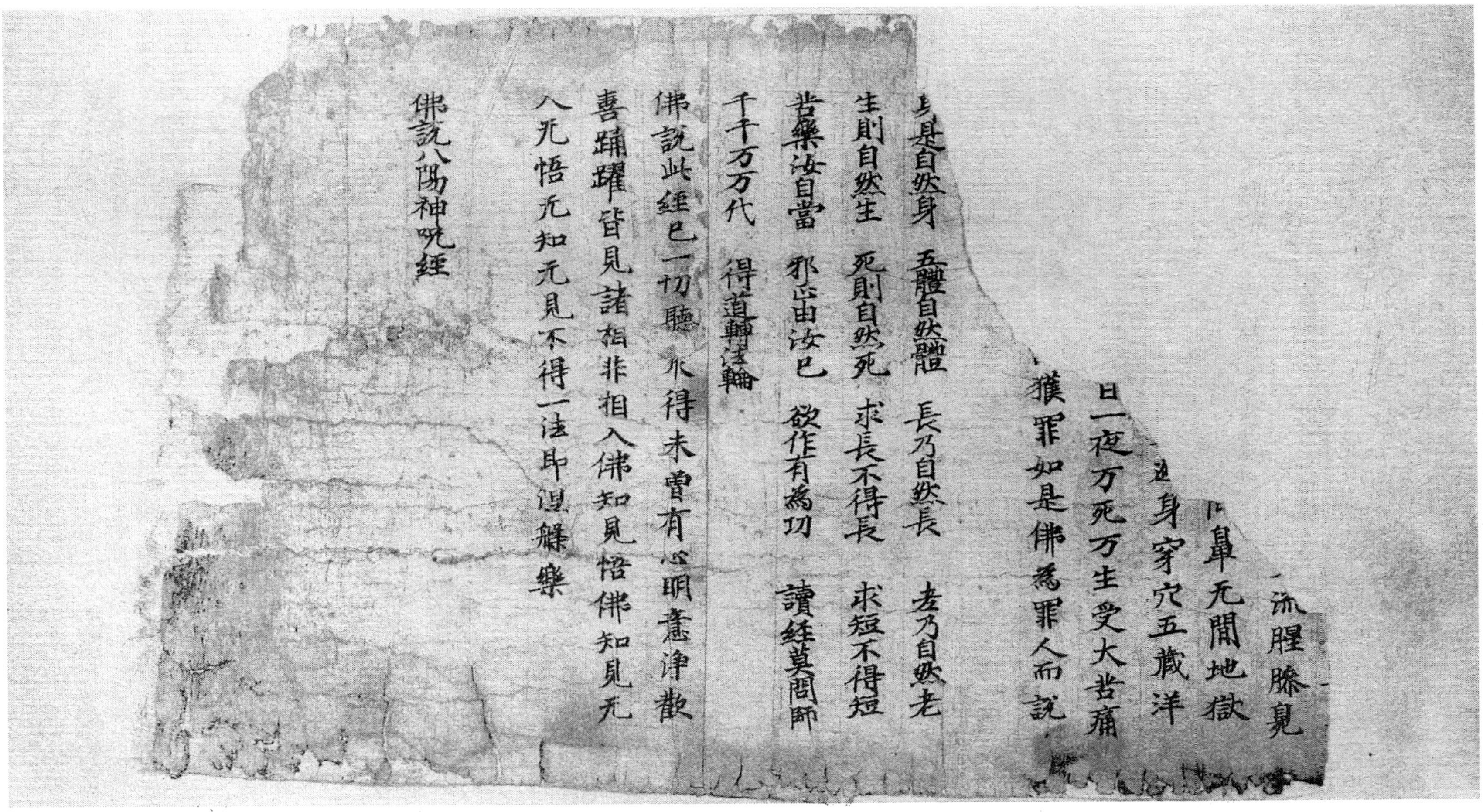
流腥臊臭
鼻无間地獄
遍身穿穴五藏洋
日一夜万死万生受大苦痛
獲罪如是佛為罪人而說
身是自然身　五體自然體　長乃自然長　老乃自然老
生則自然生　死則自然死　求長不得長　求短不得短
苦樂汝自當　邪正由汝已　欲作有為功　讀經莫問師
千千万万代　得道轉法輪
佛說此經已一切聽衆得未曾有心明意淨歡
喜踊躍皆見諸相非相入佛知見悟佛知見无
入无悟无知无見不得一法即涅槃樂
佛說八陽神呪經

BD09179號　天地八陽神咒經　（1–1）

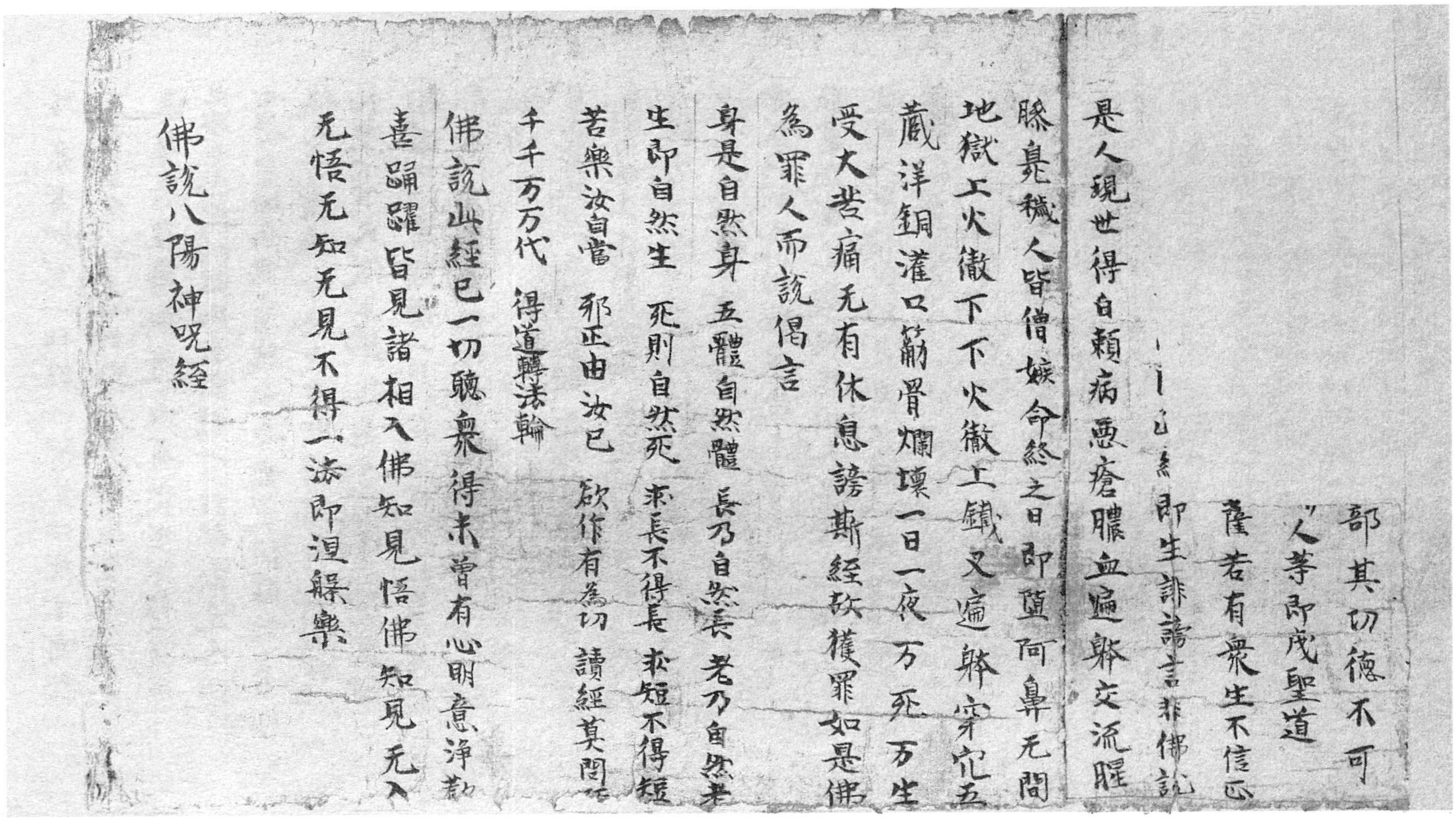

部其切德不可
〃人等即成聖道
薩若有衆生不信正
……經即生誹謗言非佛說
是人現世得白賴病惡瘡膿血遍躰交流腥
膝臭穢人皆憎嫉命終之日即墮阿鼻无間
地獄上火徹下下火徹上鐵叉遍躰穿穴五
藏洋銅灌口筋骨爛壞一日一夜万死万生
受大苦痛无有休息謗斯經故獲罪如是佛
為罪人而說偈言
身是自然身　五體自然體　長乃自然長　老乃自然老
生即自然生　死則自然死　求長不得長　求短不得短
苦樂汝自當　邪正由汝已　欲作有為功　讀經莫問師
千千万万代　得道轉法輪
佛說此經已一切聽衆得未曾有心明意淨歡
喜踊躍皆見諸相入佛知見悟佛知見无入
无悟无知无見不得一法即涅槃樂
佛說八陽神呪經

BD09180 號　天地八陽神咒經　　（1–1）

BD09180 號背　雜寫　　（1–1）

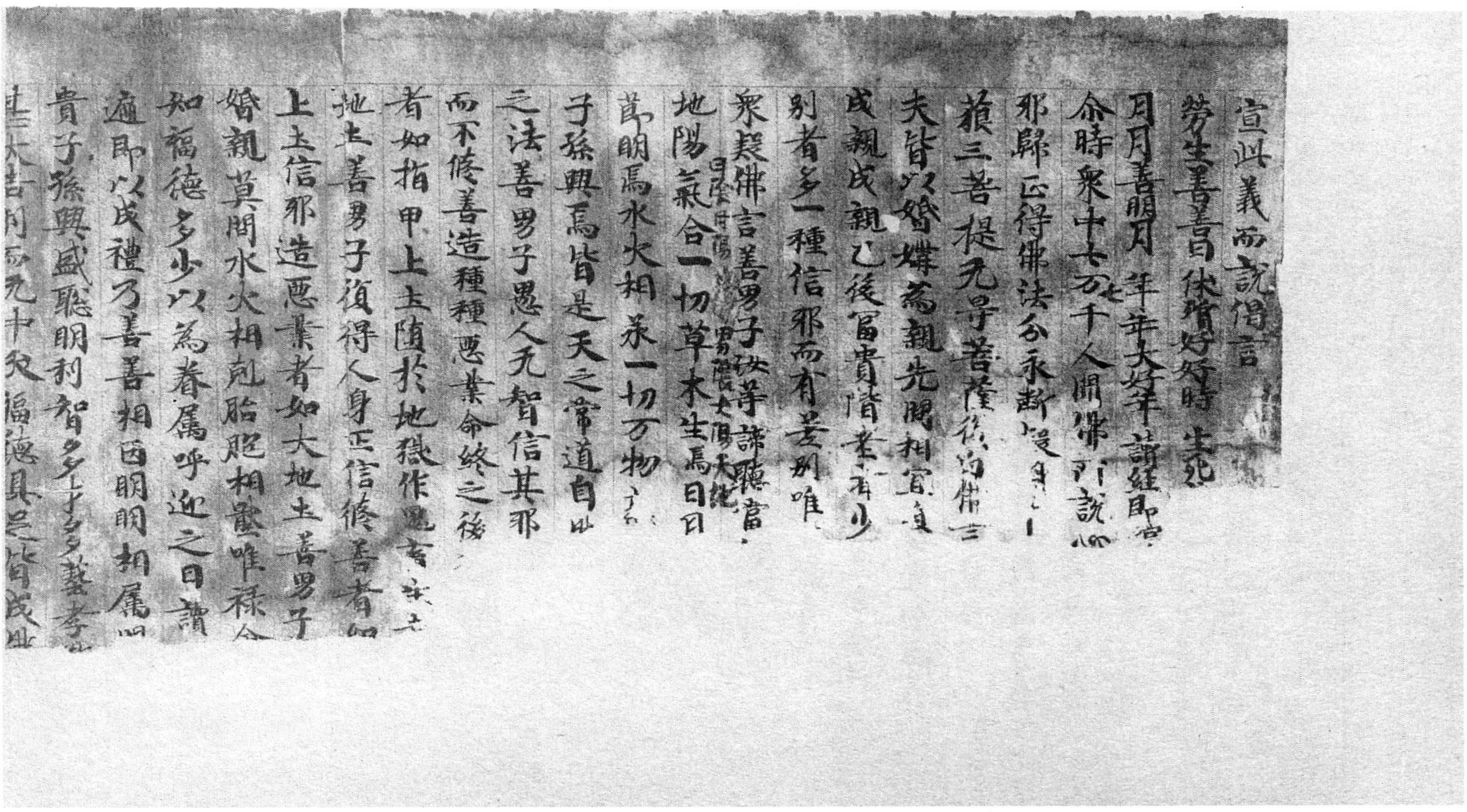

宣以義而說偈言
勞生善善日休好好時生死
月月善明月年年大好年讀經即
佘時衆中七万七千人聞佛所說
邪歸正得佛法分永斷疑
藐三菩提无导菩薩復白佛言
夫皆以婚媾為親先問相宜
成親成親已後冨貴偕老者少
別者多一種信邪而有差別唯
衆疑佛言善男子汝等諦聽當
地陽氣合一切草木生焉日月
薄明焉水火相承一切万物
子孫興焉皆是天之常道自然
之法善男子愚人无智信其邪
而不修善造種種惡業命終之後
者如指甲上土墮於地獄作餓鬼者如
地土善男子復得人身正信修善者如
上土信邪造惡業者如大地土善男子
婚親莫問水火相克胎胞相厭唯祿命
知福德多少以為眷屬呼迎之日讀
適即以成禮乃善善相因明明相屬門
貴子孫興盛聰明利智多才多藝孝敬
甚大吉利而无中夭福德具足皆成佛

BD09181 號　天地八陽神咒經　（3–1）

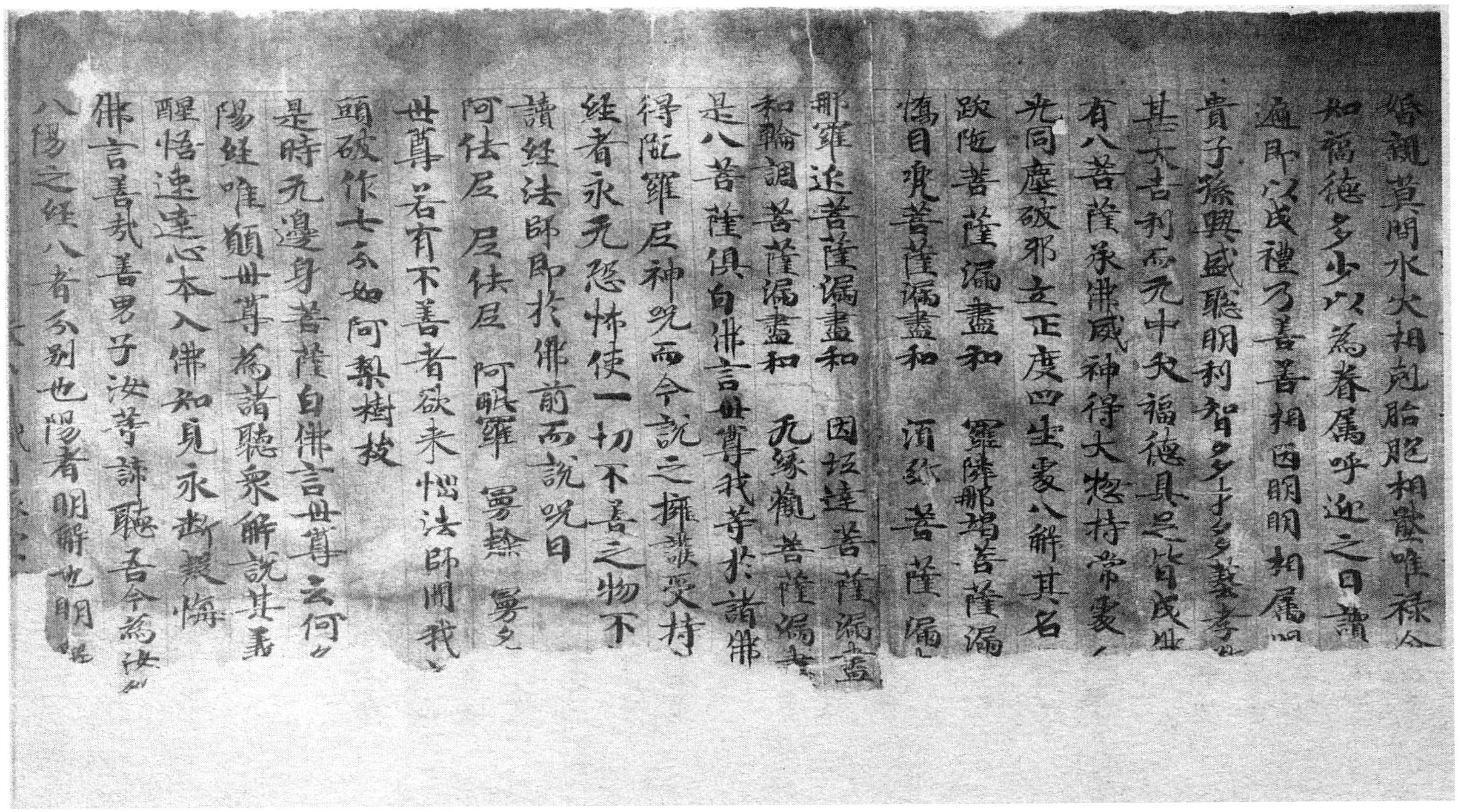

婚親莫問水火相克胎胞相厭唯祿命
知福德多少以為眷屬呼迎之日讀
適即以成禮乃善善相因明明相屬門
貴子孫興盛聰明利智多才多藝孝敬
甚大吉利而无中夭福德具足皆成佛
有八菩薩承佛威神得大惣持常處人
光同塵破邪立正度四生處八解其名
跋陀菩薩漏盡和　羅隣那竭菩薩漏
憍目兜菩薩漏盡和　須彌深菩薩漏
那羅達菩薩漏盡和　因坻達菩薩漏盡
和輪調菩薩漏盡和　无緣觀菩薩漏盡
是八菩薩俱白佛言世尊我等於諸佛
得陀羅尼神呪而今說之擁護受持
經者永无恐怖使一切不善之物不
讀經法師即於佛前而說呪曰
阿佉尼　尼佉尼　阿毗羅　曼隸　曼多
世尊若有不善者欲來惱法師聞我
頭破作七分如阿梨樹枝
是時无邊身菩薩白佛言世尊云何
陽經唯願世尊為諸聽衆解說其義
醒悟速達心本入佛知見永斷疑悔
佛言善哉善男子汝等諦聽吾今為汝
八陽之經八者分別也陽者明解也明

BD09181 號　天地八陽神咒經　（3–2）

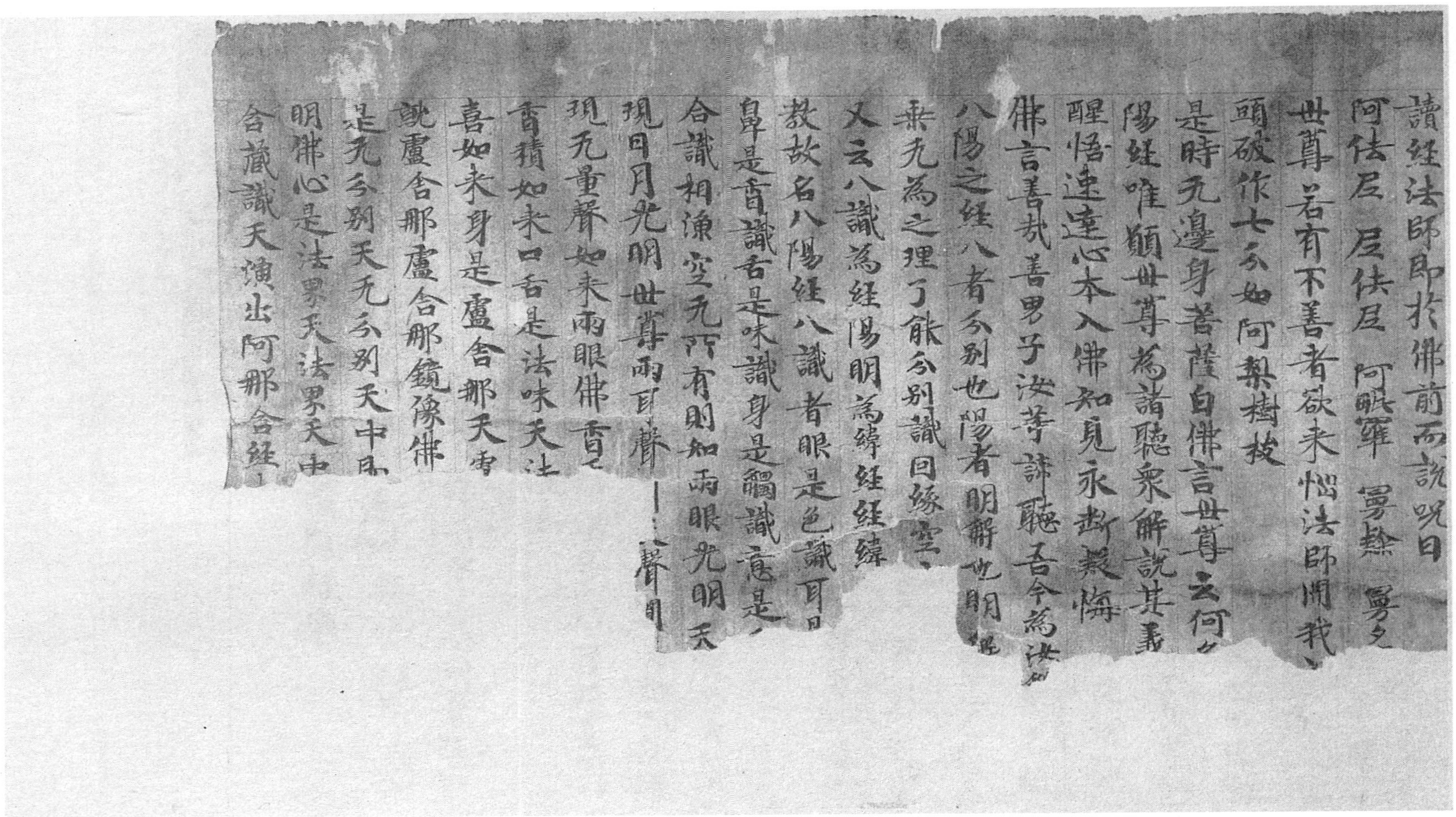

讀經法師即於佛前而說呪曰
阿佉尼 尼佉尼 阿毗羅 曼隸 曼多
世尊若有不善者欲來惱法師用我、
頭破作七分如阿梨樹枝
是時无邊身菩薩白佛言世尊云何名
陽經唯願世尊爲諸聽衆解說其義
醒悟速達心本入佛知見永斷疑悔
佛言善哉善男子汝等諦聽吾今爲汝
八陽之經八者分別也陽者明解也明
乘无爲之理了能分別識因緣空
又云八識爲經陽明爲緯經緯
教故名八陽經八識者眼是色識耳
鼻是香識舌是味識身是觸識意是
合識相滲空无所有即知兩眼光明天
現日月光明世尊兩耳聲 聲聞
現无量聲如來兩鼻佛香
香積如來口舌是法味天法
喜如來身是盧舍那天香
說盧舍那盧舍那鏡像佛
是无分別天无分別天中
明佛心是法界天法界天中
含藏識天演出阿那含經

BD09181號　天地八陽神咒經　（3–3）

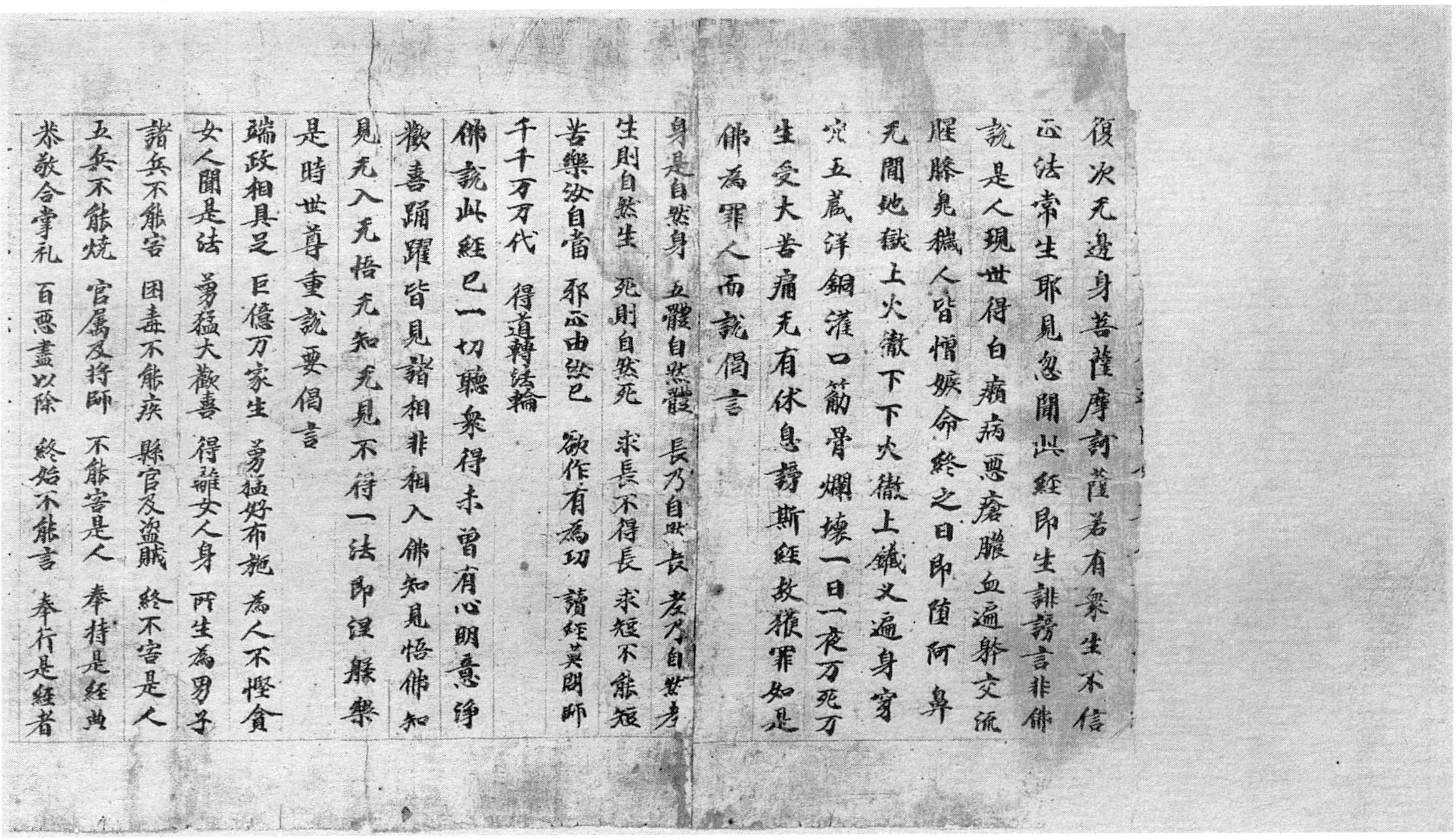

復次无邊身菩薩摩訶薩若有衆生不信
正法常生耶見忽聞此經即生誹謗言非佛
說是人現世得白癩病惡瘡膿血遍體交流
腥臊臭穢人皆憎嫉命終之日即墮阿鼻
无間地獄上火徹下下火徹上鐵叉遍身穿
穴五藏洋銅灌口筋骨爛壞一日一夜万死万
生受大苦痛无有休息謗斯經故獲罪如是
佛爲罪人而說偈言
身是自然身　五體自然體　長乃自然長　老乃自然老
生則自然生　死則自然死　求長不得長　求短不能短
苦樂汝自當　耶正由汝已　欲作有爲功　讀經莫問師
千千万万代　得道轉法輪
佛說此經已一切聽衆得未曾有心明意淨
歡喜踊躍皆見諸相非相入佛知見悟佛知
見无入无悟无知无見不得一法即涅槃樂
是時世尊重說要偈言
端政相具足　巨億万家生　勇猛好布施　爲人不慳貪
女人聞是法　勇猛大歡喜　得離女人身　所生爲男子
諸兵不能害　因毒不能疾　縣官及盜賊　終不害是人
五兵不能燒　官屬及將師　不能害是人　奉持是經典
恭敬合掌禮　百惡盡以除　終始不能言　奉行是經者

BD09182號　天地八陽神咒經（異本）　（2–1）

見无入无悟无知无見不得一法即湼槃樂
是時世尊重說要偈言
端政相具足　巨億万家生　勇猛好布施　為人不慳貪
女人聞是法　勇猛大歡喜　得離女人身　所生為男子
諸兵不能害　困毒不能疾　縣官及盜賊　終不害是人
五兵不能燒　官屬及將師　不能害是人　奉持是經典
恭敬合掌礼　百惡盡以除　終始不能害　奉行是經者
是時諸菩薩弥勒菩薩等四天大王皆　白
佛言我等皆共擁護八陽神呪經我當併
力救助擁護若有疾病令得除愈是諸菩
薩舍利弗比丘僧比丘尼優婆塞優婆夷
天龍鬼神阿須輪王為佛作礼歡喜奉行
佛說八陽神呪經

BD09182 號　天地八陽神咒經（異本）　（2–2）

有盡妄身行
具故名為人
弘道道以清身依道人修成
聖道
佛告無导菩薩一切衆生既得人身不能脩
福背真向偽造種種惡業命將欲終必沉苦
海受種種罪苦若聞此經信心不疑即得解
脫諸罪之難出於苦海善神加護无諸鄣
导延年益壽而无橫夭以信力故獲如斯福
復次无导菩薩若有男子女人信邪倒見即
爲邪魔外道魑魅魍魎鳥鳴百怪諸惡神鬼
惱乱興其橫病惡腫惡疰受其痛苦
息惠遇善知識爲讀八陽經三遍是
惠消滅病即除愈身强力足讀經
福若有衆生多於婬欲瞋恚愚
若見此經信敬供養即讀三
並皆除滅慈悲喜捨得佛法分
薩若有善男子善女人等營
三遍築牆動土安立家宅南
房廂舍客屋門户井竈碓
蘭園日遊月殺將軍太歲黃幡
上地神青龍白虎朱雀玄武六甲禁
諸神土尉伏龍一切鬼魅皆悉隱
消影滅不敢

BD09183 號　天地八陽神咒經　（1–1）

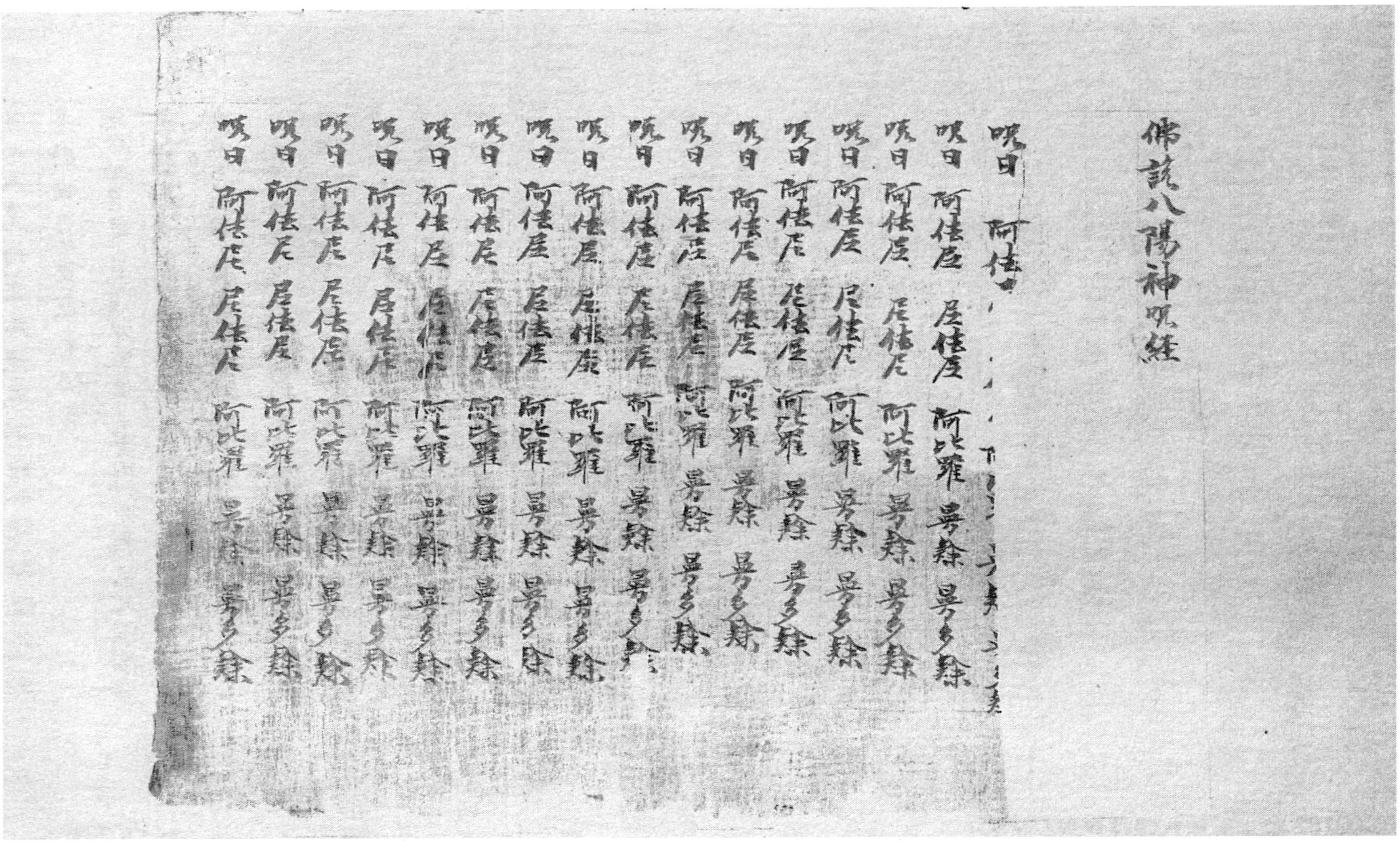
佛說八陽神呪經
呪曰 阿佉[illegible]
呪曰 阿佉尼 尼佉尼 阿比羅 曼隸 曼多隸
呪曰 阿佉尼 尼佉尼 阿比羅 曼隸 曼多隸
呪曰 阿佉尼 尼佉尼 阿比羅 曼隸 曼多隸
呪曰 阿佉尼 尼佉尼 阿比羅 曼隸 曼多隸
呪曰 阿佉尼 尼佉尼 阿比羅 曼隸 曼多隸
呪曰 阿佉尼 尼佉尼 阿比羅 曼隸 曼多隸
呪曰 阿佉尼 尼佉尼 阿比羅 曼隸 曼多隸
呪曰 阿佉尼 尼佉尼 阿比羅 曼隸 曼多隸
呪曰 阿佉尼 尼佉尼 阿比羅 曼隸 曼多隸
呪曰 阿佉尼 尼佉尼 阿比羅 曼隸 曼多隸
呪曰 阿佉尼 尼佉尼 阿比羅 曼隸 曼多隸
呪曰 阿佉尼 尼佉尼 阿比羅 曼隸 曼多隸
呪曰 阿佉尼 尼佉尼 阿比羅 曼隸 曼多隸
呪曰 阿佉尼 尼佉尼 阿比羅 曼隸 曼多隸
呪曰 阿佉尼 尼佉尼 阿比羅 曼隸 曼多隸

BD09184 號　天地八陽神咒經咒語雜寫（擬）　（1–1）

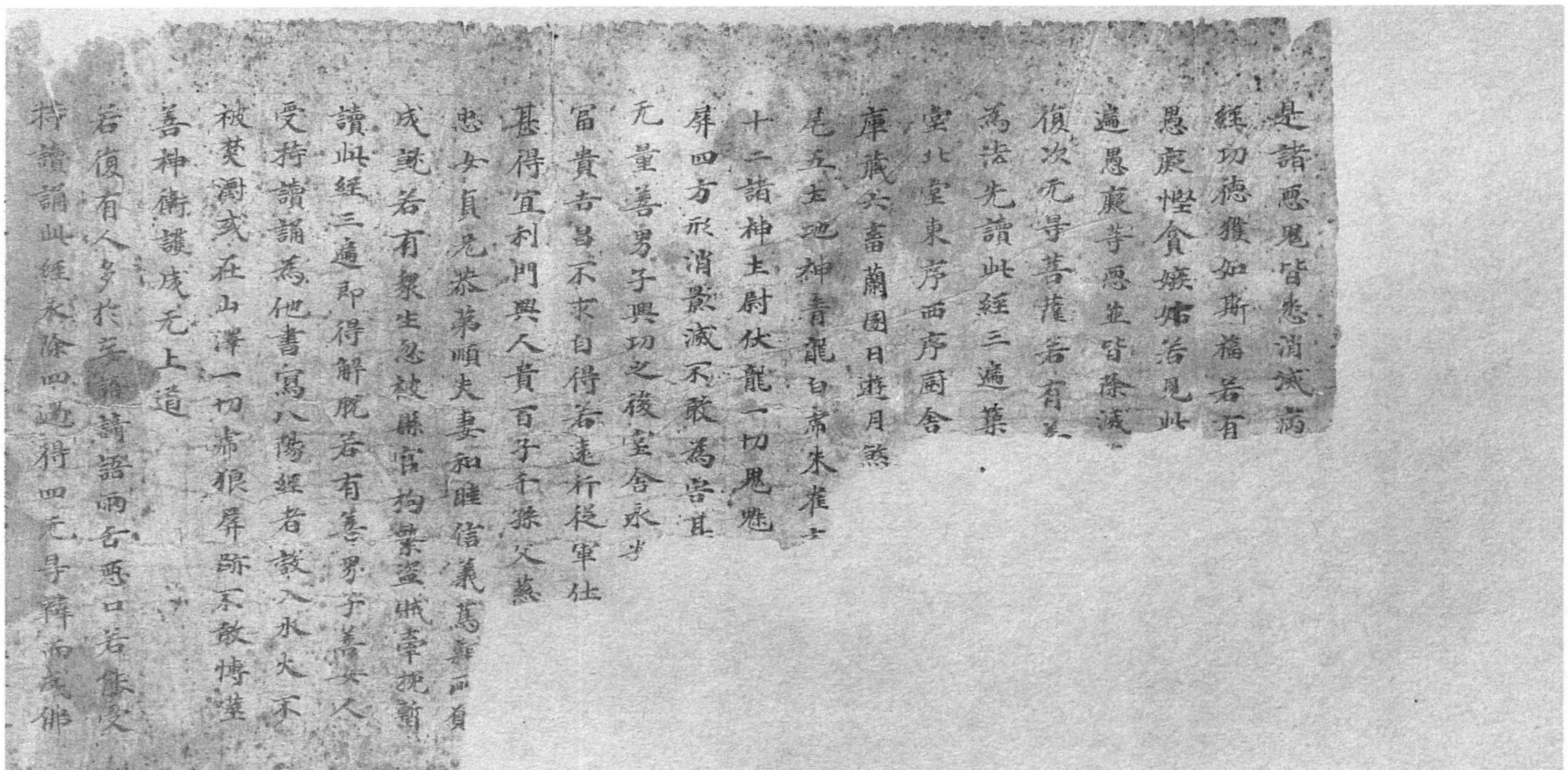
是諸惡鬼皆悉消滅爲
經功德猶如斯福若有
愚癡慳貪嫉妬若見此
遍愚癡等惡並皆除滅
復次无导菩薩若有人
爲法先讀此經三遍築
室北堂東序西序廚舍
庫藏六畜蘭圂日遊月殺
𥘉土地神青龍白虎朱雀玄
十二諸神土尉伏龍一切鬼魅
屏四方形消影滅不敢爲害甚
无量善男子興功之後室舍永安
富貴吉昌不求自得若遠行從軍仕
甚得宜利門興人貴百子千孫父慈
忠女貞兄恭弟順夫妻和睦信義篤親
成就若有衆生忽被縣官拘繫盜賊牽挽暫
讀此經三遍即得解脫若有善男子善女人
受持讀誦爲他書寫八陽經者設入水火不
被焚溺或在山澤一切虎狼屏跡不敢侵
善神衛護成无上道
若復有人多於妄語綺語兩舌惡口若能受
持讀誦此經永除四過得四无导辯而成佛

BD09185 號　天地八陽神咒經　（2–1）

甚得宜利門興人貴百子千孫父慈
忠女貞兒恭弟順夫妻和睦信義篤親而貞
成就若有衆生忽被縣官拘繫盜賊牽挽暫
讀此經三遍即得解脫若有善男子善女人
受持讀誦為他書寫八陽經者設入水火不
被焚溺或在山澤一切虎狼屏跡不敢博噬
善神衛護成无上道
若復有人多於妄語綺語兩舌惡口若能受
持讀誦此經永除四過得四无导辯而成佛
道復次善男子善女人若父母有罪臨終之
日應墮地獄受无量苦其子即為讀斯經典七
遍父母即離地獄而生天上見佛聞法悟无
生忍而證菩提
佛告无导菩薩毗婆尸佛時有優婆塞優婆
夷心不信耶敬崇佛法書寫此經受持讀誦
……信敬……
身成菩提道号曰普
光滿國号……一切
伴在閑……在家

BD09185 號　天地八陽神咒經　（2–2）

官陞位
宅之日即讀此經三遍甚大吉利
善男子若讀此經一遍者如讀一切經
寫一卷者如寫一切經一部其功德不可
可量无有邊際如斯人等即成聖道
復次无邊身菩薩摩訶薩若有衆生不信
法常生耶見忽聞此經即生誹謗言非佛說
是人現世得白癩病惡瘡膿血遍體交流腥
臊臭穢人皆憎嫉命終之日即墮阿鼻无間
地獄上火徹下下火徹上
洋銅灌口筋骨爛壞一日
苦痛无有休息謗斯經
人而說偈言
身是自然身　五體自然體
生則自然生　死則自然死　求
苦樂汝自當　邪正由汝已　欲作有為功
千千万万代　得道轉法輪
佛說此經已一切聽衆得未曾有

BD09186 號　天地八陽神咒經　（2–1）

地獄上火徹下下火徹上鐵叉…
洋銅灌口筋骨爛壞一日…
苦痛无有休息諸斯經
人而說偈言
身是自然身 五體自然體
生則自然生 死則自然死 求…
苦樂汝自當 邪正由汝已 欲作有為功…
千千万万代 得道轉法輪
佛說此經已一切聽衆得未曾有心明…
喜踊躍皆見諸相非相入佛知見…
入无悟无知无見不得一法即涅槃樂
佛說八陽神咒經一卷

BD09186號　天地八陽神咒經　（2–2）

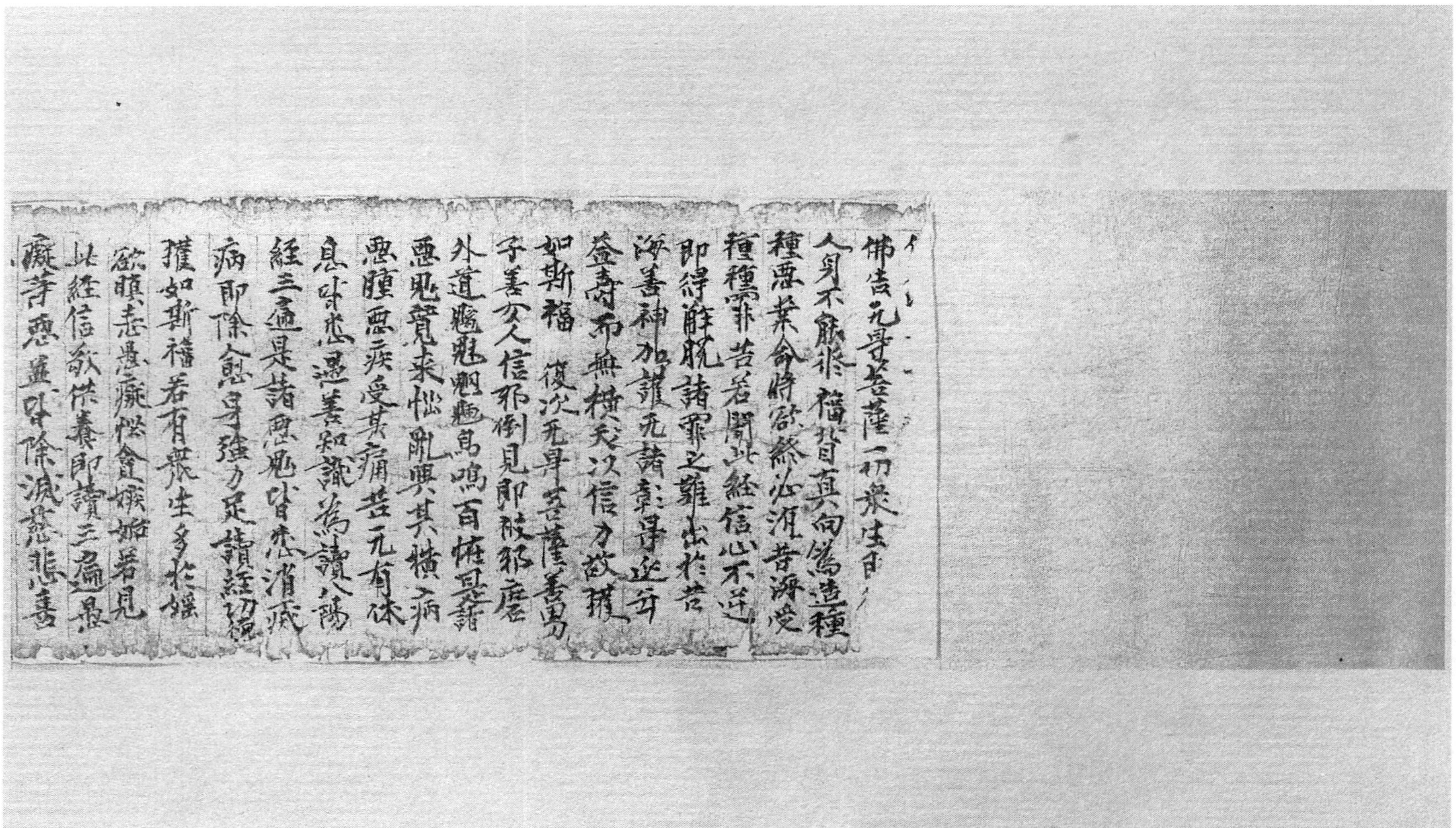
佛告无导菩薩一切衆生…
人身不能修福背真向偽造種
種惡業命終必沉苦海受
種種罪若聞此經信心不逆
即得解脫諸罪之難出於苦
海善神加護无諸鄣㝵延年
益壽而無橫夭以信力故獲
如斯福 復次无导菩薩善男
子善女人信邪倒見即被邪魔
外道魑魅魍魎烏鳴百怪惡諸
惡鬼競來惱亂與其橫病
惡腫惡疾受其痛苦无有休
息皆悉遇善知識為讀八陽
經三遍是諸惡鬼皆悉消滅
病即除愈身強力足讀經功德
獲如斯福若有衆生多於婬
欲瞋恚愚癡慳貪嫉妬若見
此經信敬供養即讀三遍愚
癡等惡並皆除滅慈悲喜

BD09187號　天地八陽神咒經　（2–1）

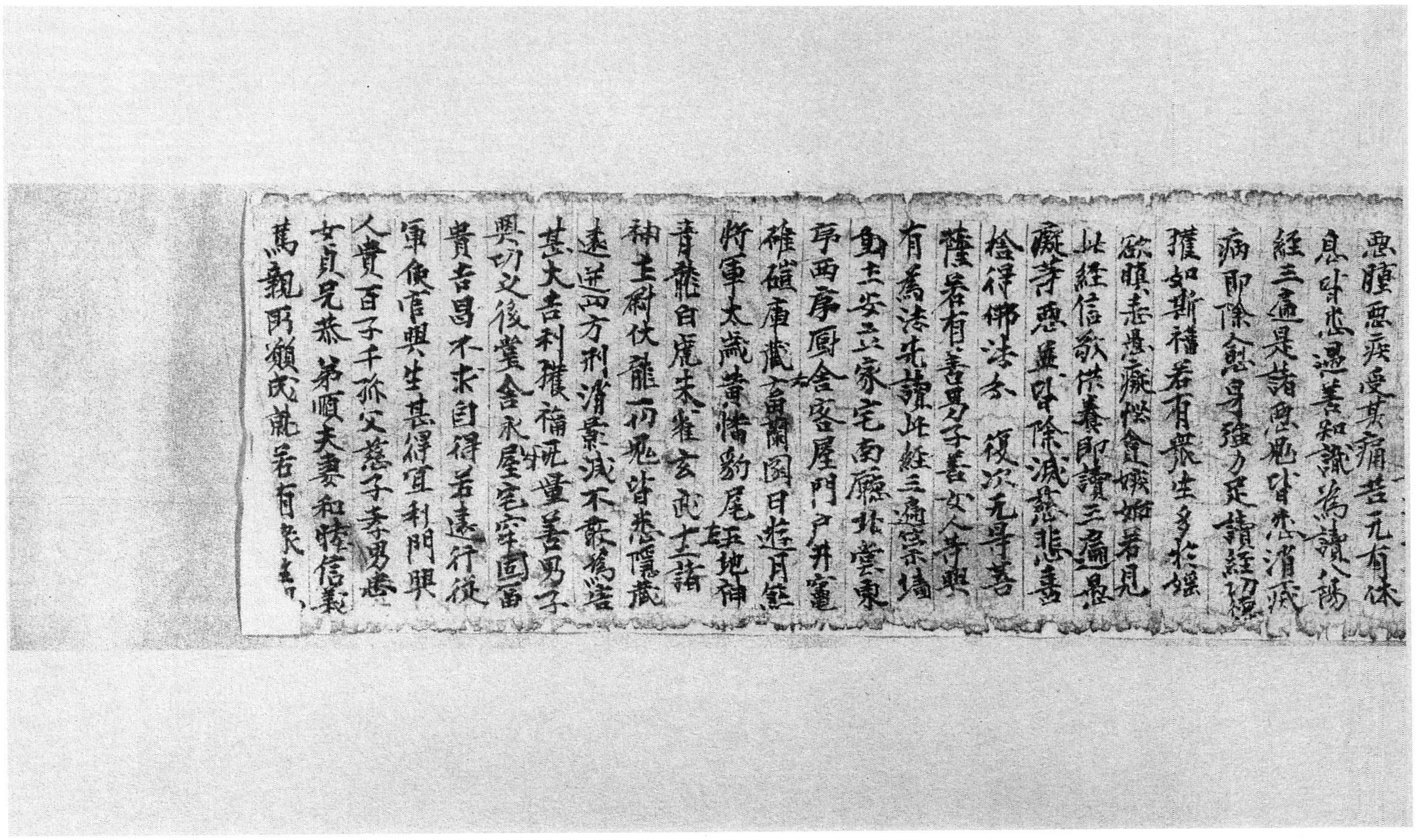

惡腫惡疾受其痛苦无有休
息皆悉遇善知識為讀八陽
經三遍是諸惡鬼皆悉消滅
病即除愈身強力足讀經功德
獲如斯福若有眾生多於婬
欲瞋恚愚癡慳貪嫉妬若見
此經信敬供養即讀三遍愚
癡等惡並皆除滅慈悲喜
捨得佛法分　復次无导菩
薩若有善男子善女人等興
有為法先讀此經三遍築墻
動土安立家宅南廳北堂東
序西序廚舍客屋門戶井竈
碓磑庫藏六畜欄圈日遊月殺
將軍太歲黃幡豹尾五土地神
青龍白虎朱雀玄武十二諸
神土府伏龍一切鬼魅皆悉隱藏
遠迸四方形消影滅不敢為害
甚大吉利獲福无量善男子
興功之後堂舍永安屋宅牢固富
貴吉昌不求自得若遠行從
軍仕官興生甚得宜利門興
人貴百子千孫父慈子孝男忠
女貞兄恭弟順夫妻和睦信義
篤親所願成就若有眾生忽

BD09187 號　天地八陽神咒經　（2–2）

強者多念佛者少求神者多
正直者少曲諂者多清慎者
濁濫者多致使世俗淺薄官
法荼毒賦役煩重百姓窮苦
所求難得良由信邪倒見獲
如是苦唯願世尊為諸邪見
眾生說正見之法令得悟解
免於眾苦
佛言善哉善哉无导菩薩汝
大慈悲為諸邪見眾生問於如
來正見之法不可思議汝等諦
聽善思念之吾當為汝分別
演說天地八陽之經此經過去
諸佛已說未來諸佛當說現
在諸佛今說夫天地之間為人最
勝最上貴於一切萬物人者真也正
也心无虛妄身行正真左ノ為正
右ㄟ為真常行正真故名為人
是諸人能弘道道以潤身依道
依人皆成聖道
无得

BD09188 號 A　天地八陽神咒經　（1–1）

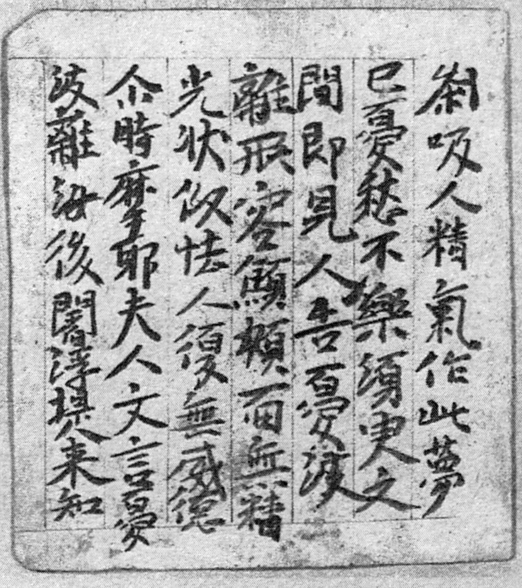
剎吸人精氣作此夢
已憂愁不樂須臾之
間即見人告言憂波
離形容顦顇面無精
光狀似怯人復無威德
尒時摩耶夫人又言憂
波離汝後閻浮提來知

BD09188 號 B　佛母經　　　　（3–1）

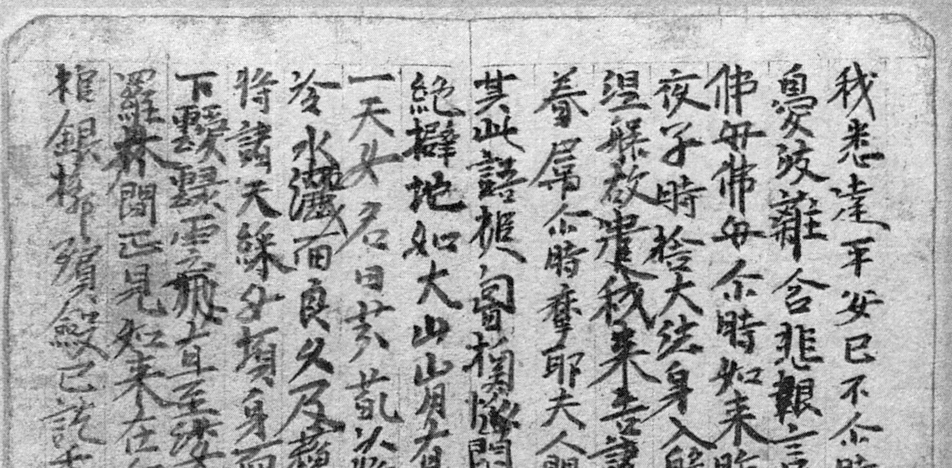
我悉達平安已不尒時
憂波離含悲報言
佛母佛母尒時如來昨
夜子時捨大法身入涅
槃故遣我來告請
眷屬尒時摩耶夫人聞
其此語搥胸懊惱悶
絕躄地如大山崩有
一天女名曰芬蒀將
谷水灑面良久乃穌
將諸天綵女頭身而
下飜墮雲飛直至娑
羅林間已見如來在金
棺銀椁須臾已訖香

BD09188 號 B　佛母經　　　　（3–2）

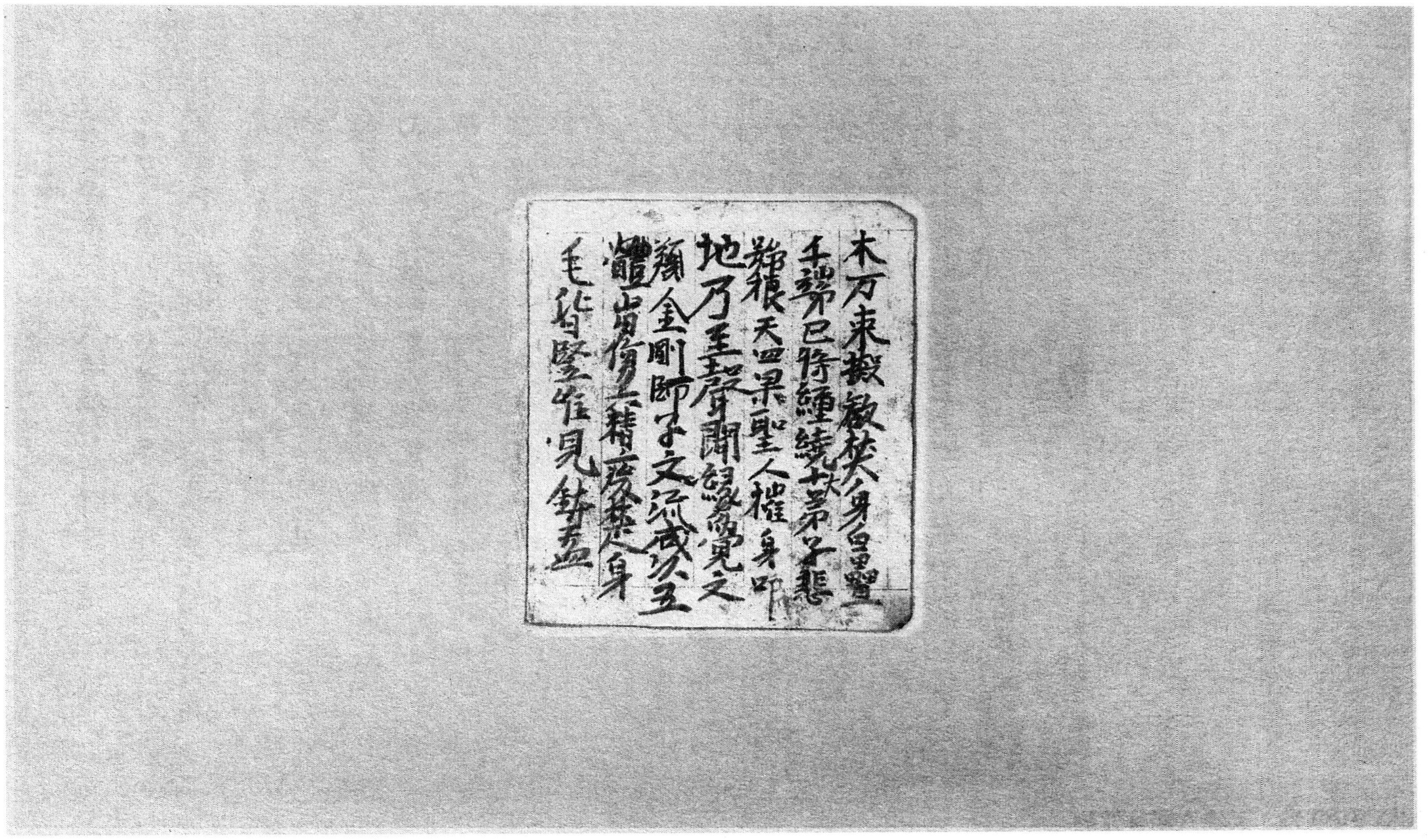
未万來擬殺梵大身白疊
千歸已侍纏繞大弟子悲
鄰根天四果聖人禮身叩
地乃至聲聞緣覺之
類金剛師子文殊藏經
體山崩傷人精魔禁人身
毛皆豎唯見針孟

BD09188 號 B　佛母經　（3–3）

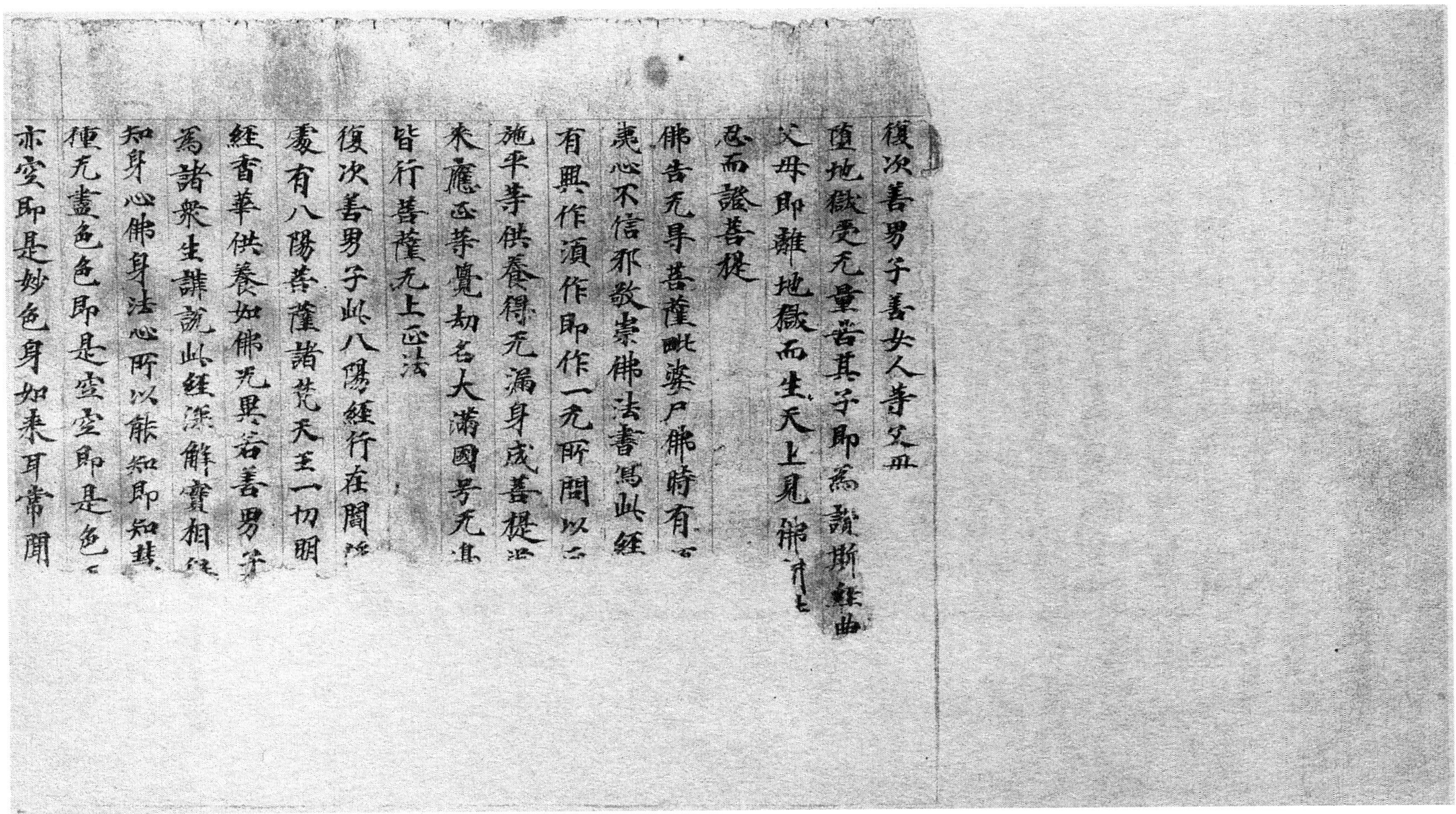
復次善男子善女人等父母
墮地獄受无量苦其子即爲讀斯經由
父母即離地獄而生天上見佛聞法
忍而證菩提
佛告无导菩薩毗婆尸佛時有
夷心不信邪敬崇佛法書寫此經
有興作須作即作一无所閡以
施平等供養得无漏身成菩提
來應正等覺劫名大滿國号无
皆行菩薩无上正法
復次善男子此八陽經行在閻
處有八陽菩薩諸梵天王一切明
經香華供養如佛无異若善男子
爲諸衆生講說此經深解實相
知身心佛身法心所以能知即知甚
種无盡色色即是空空即是色
亦空即是妙色身如來耳常聞

BD09189 號　天地八陽神咒經　（2–1）

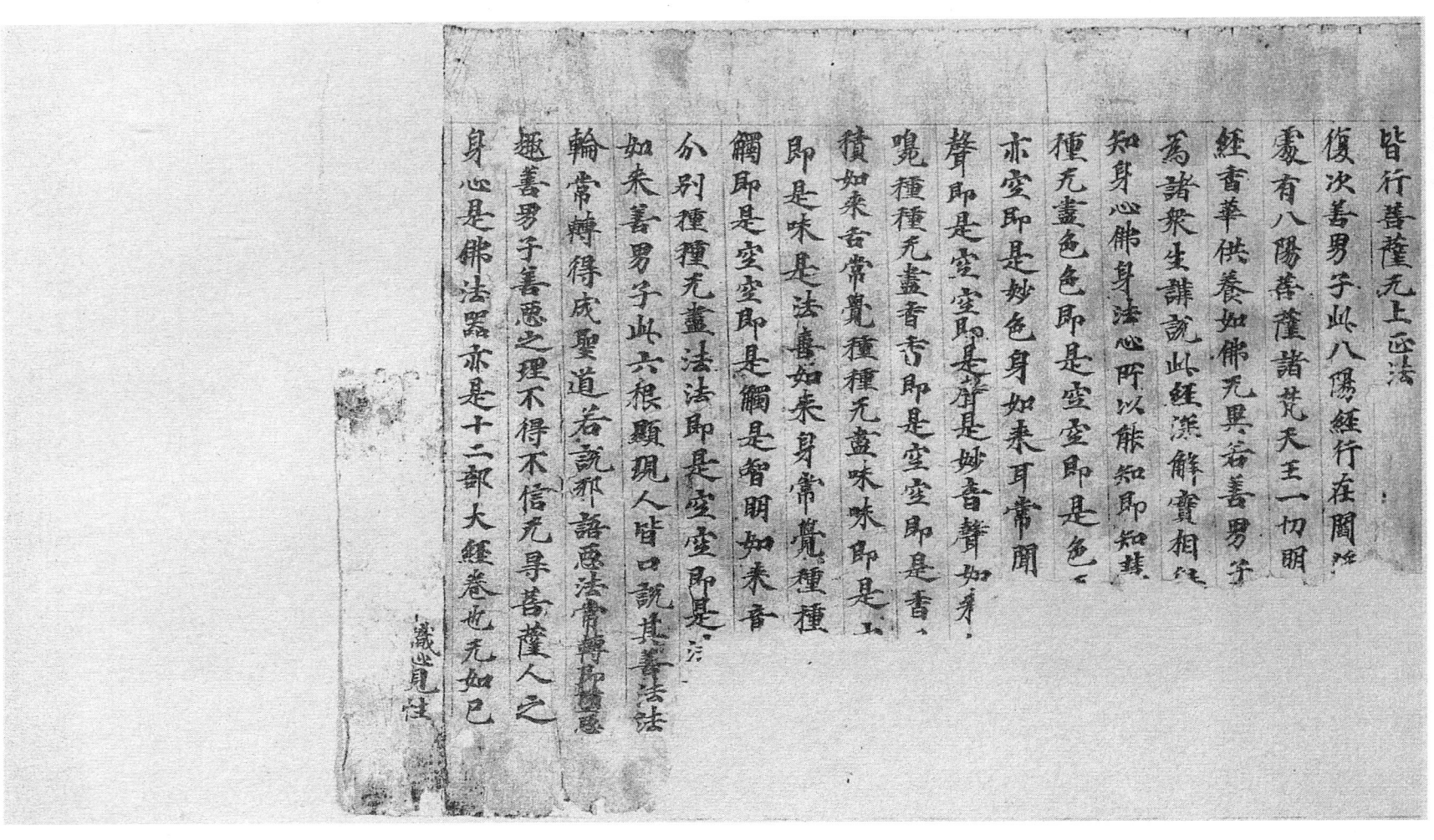

皆行菩薩无上正法
復次善男子此八陽經行在閻
處有八陽菩薩諸梵天王一切明
經書華供養如佛无異若善男子
為諸衆生講說此經深解實相
知身心佛身法心所以能知即知慧
種无盡色色即是空空即是色
亦空即是妙色身如來耳常聞
聲聲即是空空即是聲是妙音聲如來
嗅種種无盡香香即是空空即是香
積如來舌常覺種種无盡味味即是
即是味是法喜如來身常覺種種
觸觸即是空空即是觸是智明如來意
分別種種无盡法法即是空空即是
如來善男子此六根顯現人皆口說其善法法
輪常轉得成聖道若說邪語惡法常轉即墮惡
趣善男子善惡之理不得不信无尋菩薩人之
身心是佛法器亦是十二部大經卷也无如已
識心見性

BD09189 號　天地八陽神咒經　　　（2–2）

妙法蓮華經觀世音菩薩普門品
第廿五
爾時无盡意菩薩即從座起偏袒右
肩合掌向佛而作是言世尊觀世
音菩薩以何因緣名觀世音佛
告无盡意菩薩善男子若有
无量百千万億衆生受諸苦惱
聞是觀世音菩薩一心稱觀世音
菩薩即時觀其音聲皆得解脫
若有持是觀世音菩薩名者設
入大火火不能燒由是菩薩威神力
故若為大水所漂稱其名号即得
淺處若有百千万億衆生為求金
銀琉璃車磲馬瑙珊瑚虎珀真珠
等寶入於大海假使黑風吹其船舫
漂墮羅刹鬼國其中若有乃至一人
稱觀世音菩薩名者

BD09190 號　觀世音經　　　（1–1）

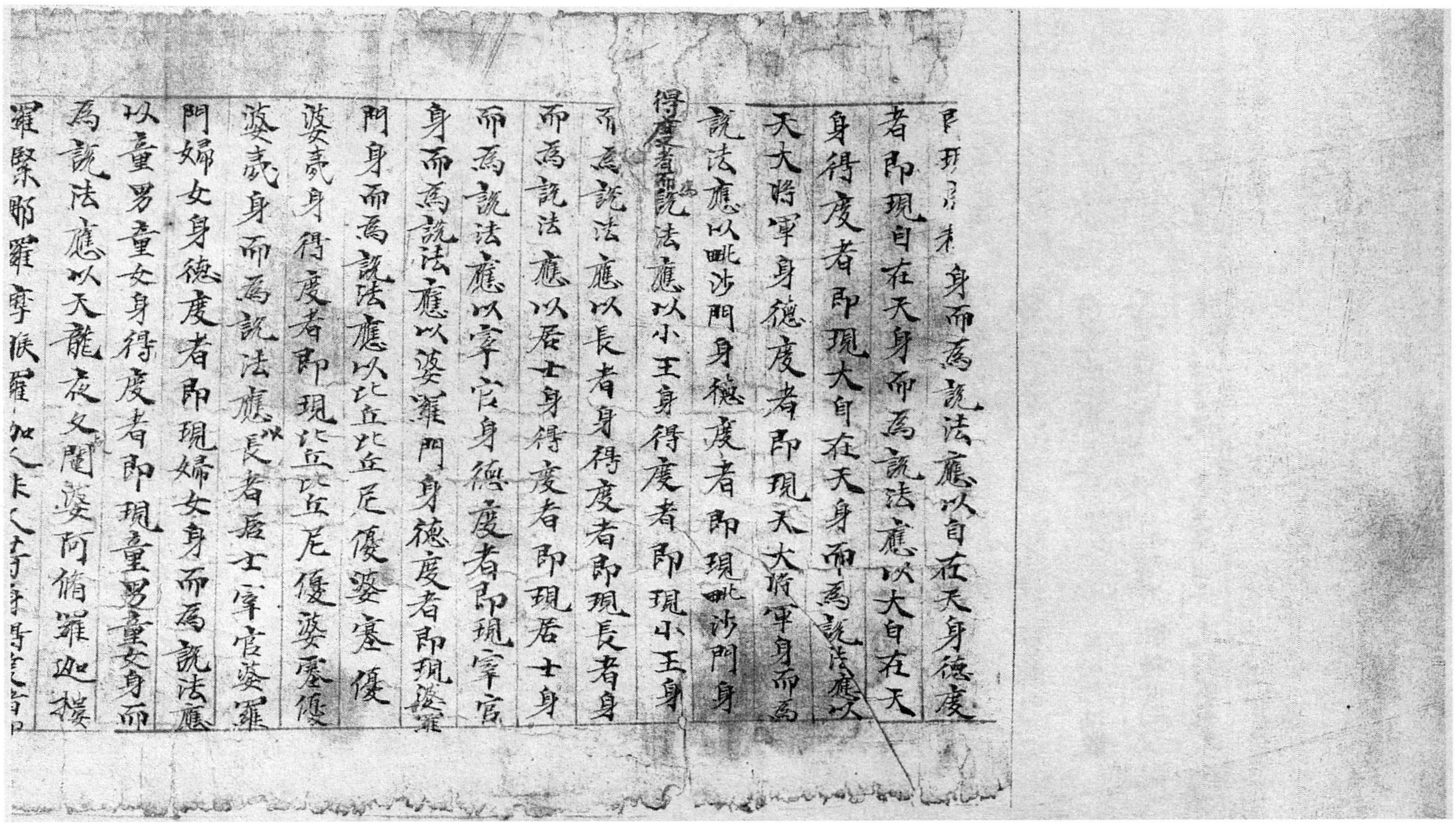
即現帝釋身而為說法應以自在天身得度
者即現自在天身而為說法應以大自在天
身得度者即現大自在天身而為說法應以
天大將軍身得度者即現天大將軍身而為
說法應以毗沙門身得度者即現毗沙門身
得度者即現而為說法應以小王身得度者即現小王身
而為說法應以長者身得度者即現長者身
而為說法應以居士身得度者即現居士身
而為說法應以宰官身得度者即現宰官
身而為說法應以婆羅門身得度者即現婆羅
門身而為說法應以比丘比丘尼優婆塞優
婆夷身得度者即現比丘比丘尼優婆塞優
婆夷身而為說法應以長者居士宰官婆羅
門婦女身得度者即現婦女身而為說法應
以童男童女身得度者即現童男童女身而
為說法應以天龍夜叉乾闥婆阿脩羅迦樓

BD09191 號　妙法蓮華經卷七　（3–1）

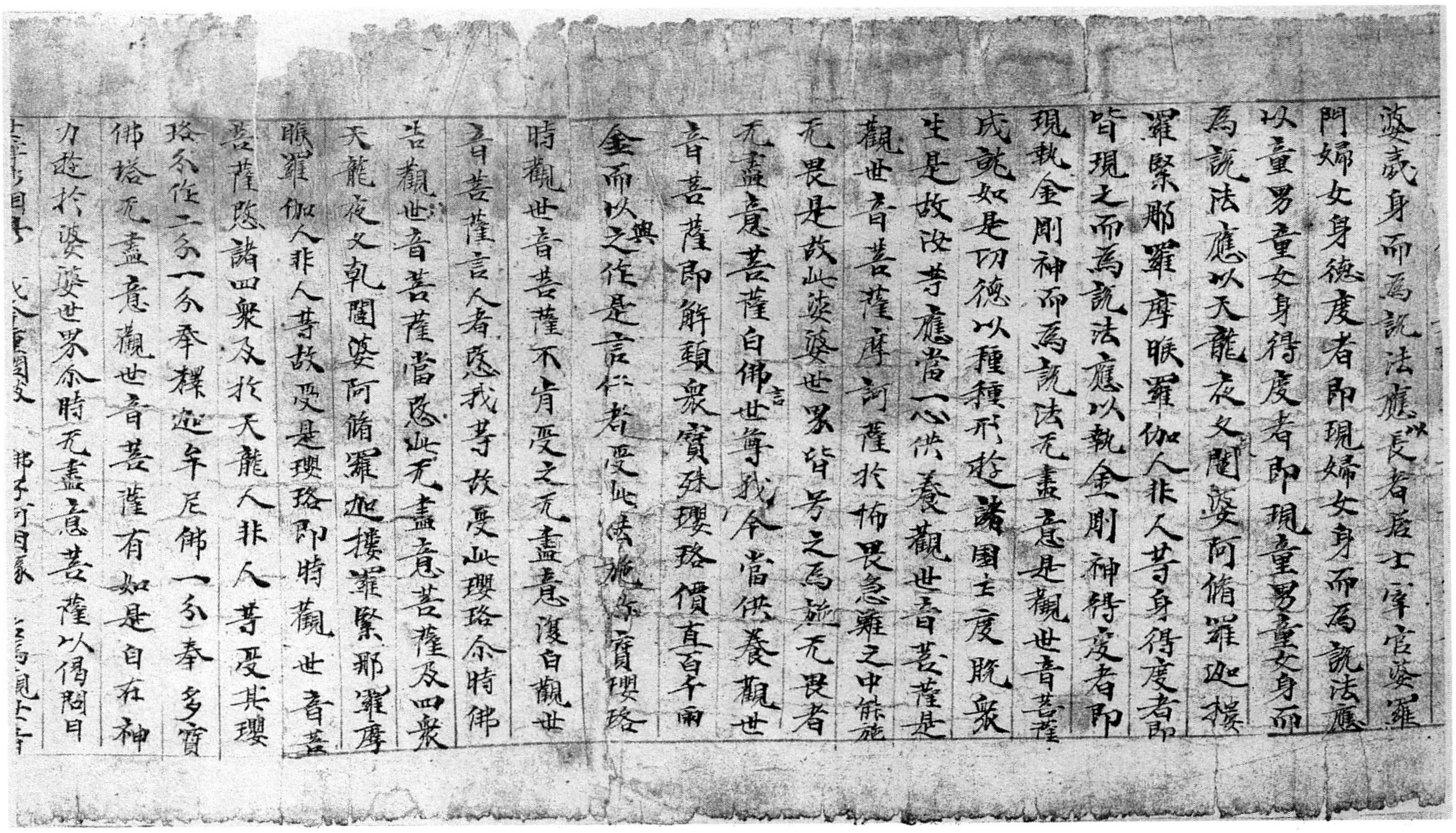
婆夷身而為說法應以長者居士宰官婆羅
門婦女身得度者即現婦女身而為說法應
以童男童女身得度者即現童男童女身而
為說法應以天龍夜叉乾闥婆阿脩羅迦樓
羅緊那羅摩睺羅伽人非人等身得度者即
皆現之而為說法應以執金剛身得度者即
現執金剛神而為說法无盡意是觀世音菩薩
成就如是功德以種種形遊諸國土度脫眾
生是故汝等應當一心供養觀世音菩薩是
觀世音菩薩摩訶薩於怖畏急難之中能施
无畏是故此娑婆世界皆號之為施无畏者
无盡意菩薩白佛言世尊我今當供養觀世
音菩薩即解頸眾寶珠瓔珞價直百千兩
金而以與之作是言仁者受此法施珍寶瓔珞
時觀世音菩薩不肯受之无盡意復白觀世
音菩薩言仁者愍我等故受此瓔珞尒時佛
告觀世音菩薩當愍此无盡意菩薩及四眾
天龍夜叉乾闥婆阿脩羅迦樓羅緊那羅摩
睺羅伽人非人等故受是瓔珞即時觀世音菩
薩愍諸四眾及於天龍人非人等受其瓔
珞分作二分一分奉釋迦牟尼佛一分奉多寶
佛塔无盡意觀世音菩薩有如是自在神
力遊於娑婆世界尒時无盡意菩薩以偈問曰

BD09191 號　妙法蓮華經卷七　（3–2）

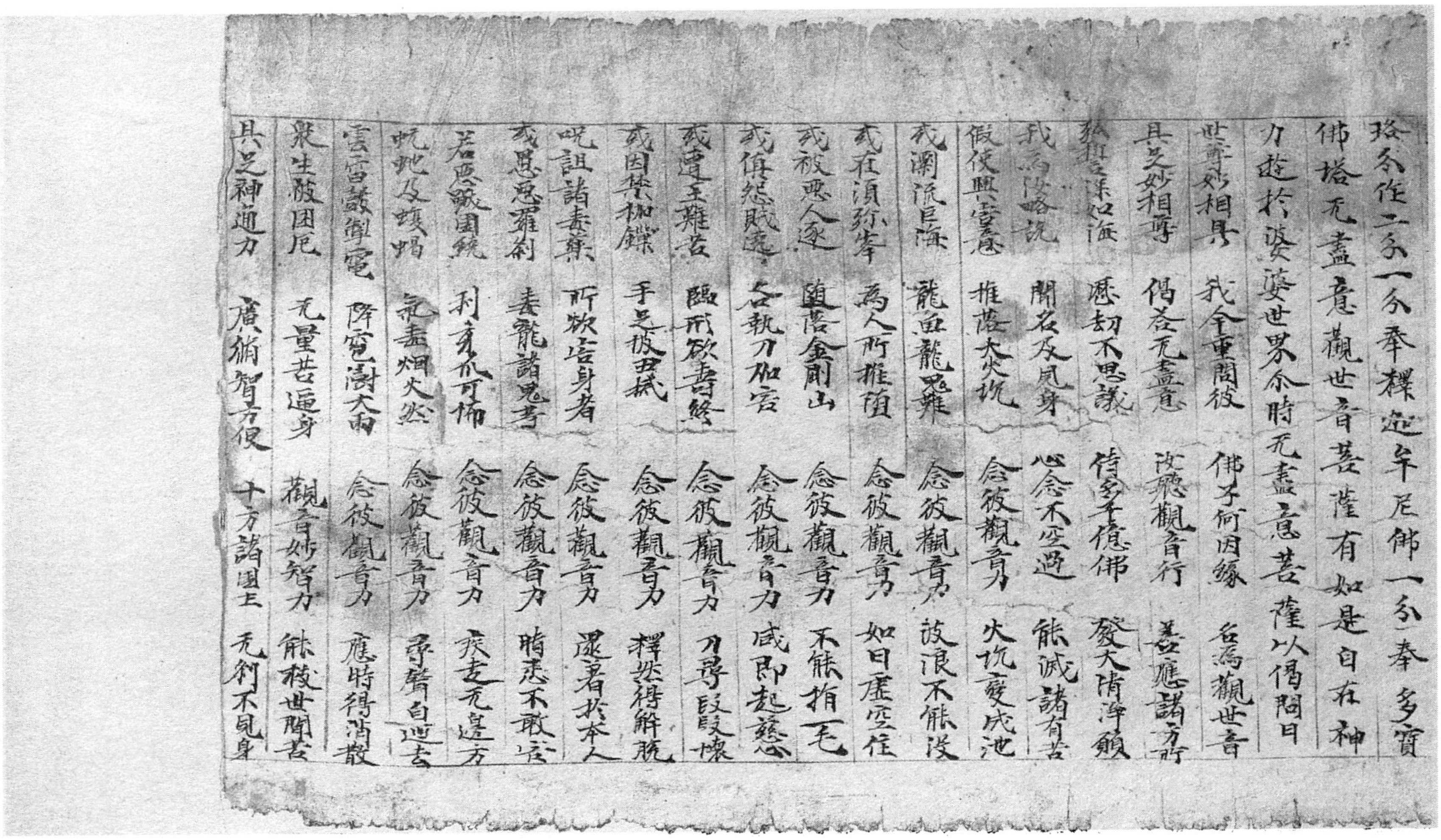

珞分作二分一分奉釋迦牟尼佛一分奉多寶
佛塔无盡意觀世音菩薩有如是自在神
力遊於娑婆世界尒時无盡意菩薩以偈問曰
世尊妙相具 我今重問彼 佛子何因緣 名為觀世音
具足妙相尊 偈答无盡意 汝聽觀音行 善應諸方所
弘誓深如海 歷劫不思議 侍多千億佛 發大清淨願
我為汝略說 聞名及見身 心念不空過 能滅諸有苦
假使興害意 推落大火坑 念彼觀音力 火坑變成池
或漂流巨海 龍魚諸鬼難 念彼觀音力 波浪不能沒
或在須彌峯 為人所推墮 念彼觀音力 如日虛空住
或被惡人逐 墮落金剛山 念彼觀音力 不能損一毛
或值怨賊遶 各執刀加害 念彼觀音力 咸即起慈心
或遭王難苦 臨刑欲壽終 念彼觀音力 刀尋段段壞
或囚禁枷鏁 手足被杻械 念彼觀音力 釋然得解脫
呪詛諸毒藥 所欲害身者 念彼觀音力 還著於本人
或遇惡羅剎 毒龍諸鬼等 念彼觀音力 時悉不敢害
若惡獸圍繞 利牙爪可怖 念彼觀音力 疾走无邊方
蚖蛇及蝮蝎 氣毒煙火然 念彼觀音力 尋聲自迴去
雲雷鼓掣電 降雹澍大雨 念彼觀音力 應時得消散
眾生被困厄 无量苦逼身 觀音妙智力 能救世間苦
具足神通力 廣脩智方便 十方諸國土 无剎不現身

BD09191 號　妙法蓮華經卷七　　（3–3）

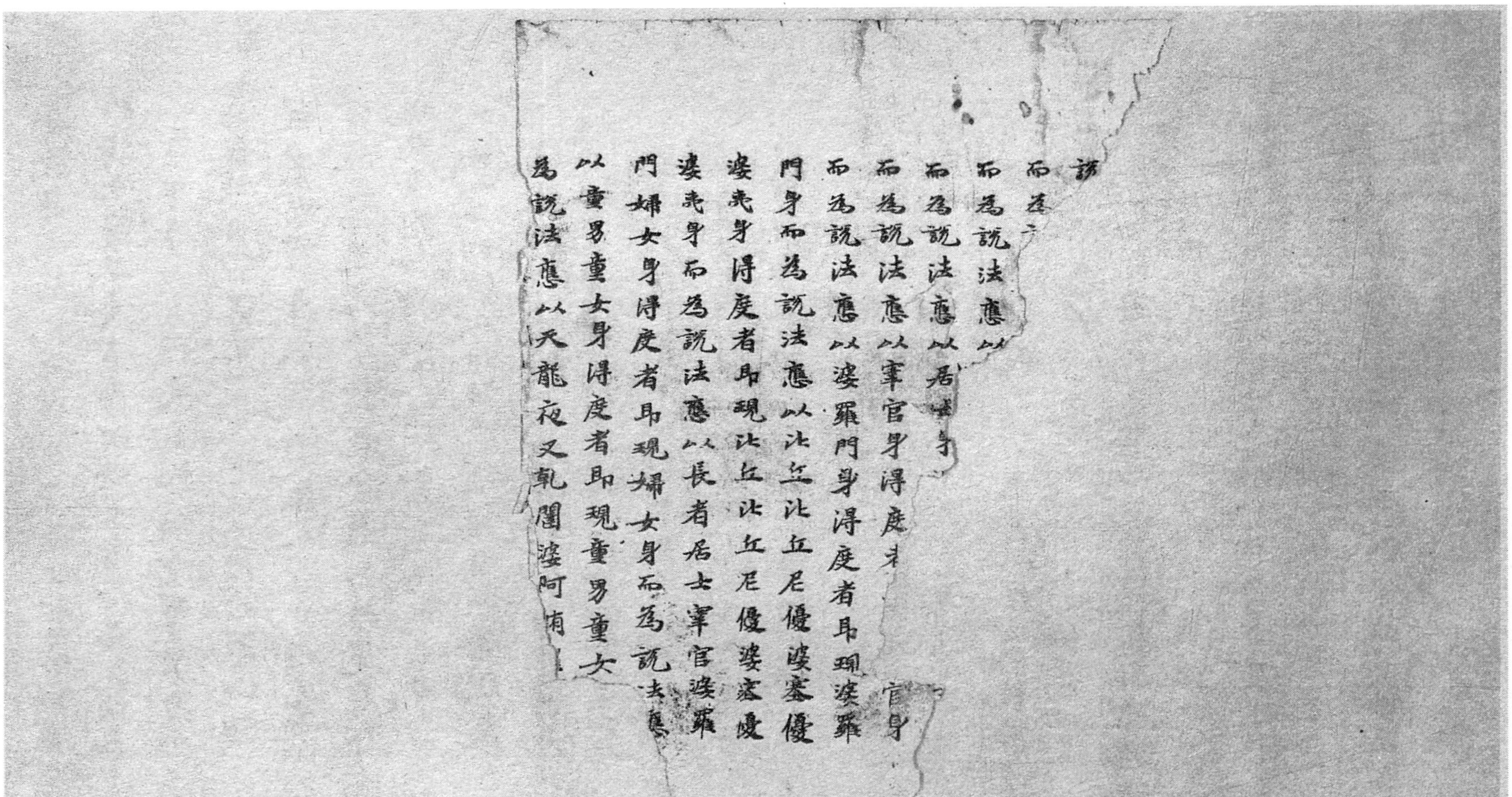

說
而差
而為說法應以
而為說法應以居士身
而為說法應以宰官身得度者 官身
而為說法應以婆羅門身得度者即現婆羅
門身而為說法應以比丘比丘尼優婆塞優
婆夷身得度者即現比丘比丘尼優婆塞優
婆夷身而為說法應以長者居士宰官婆羅
門婦女身得度者即現婦女身而為說法應
以童男童女身得度者即現童男童女
為說法應以天龍夜叉乾闥婆阿脩

BD09192 號　妙法蓮華經卷七　　（1–1）

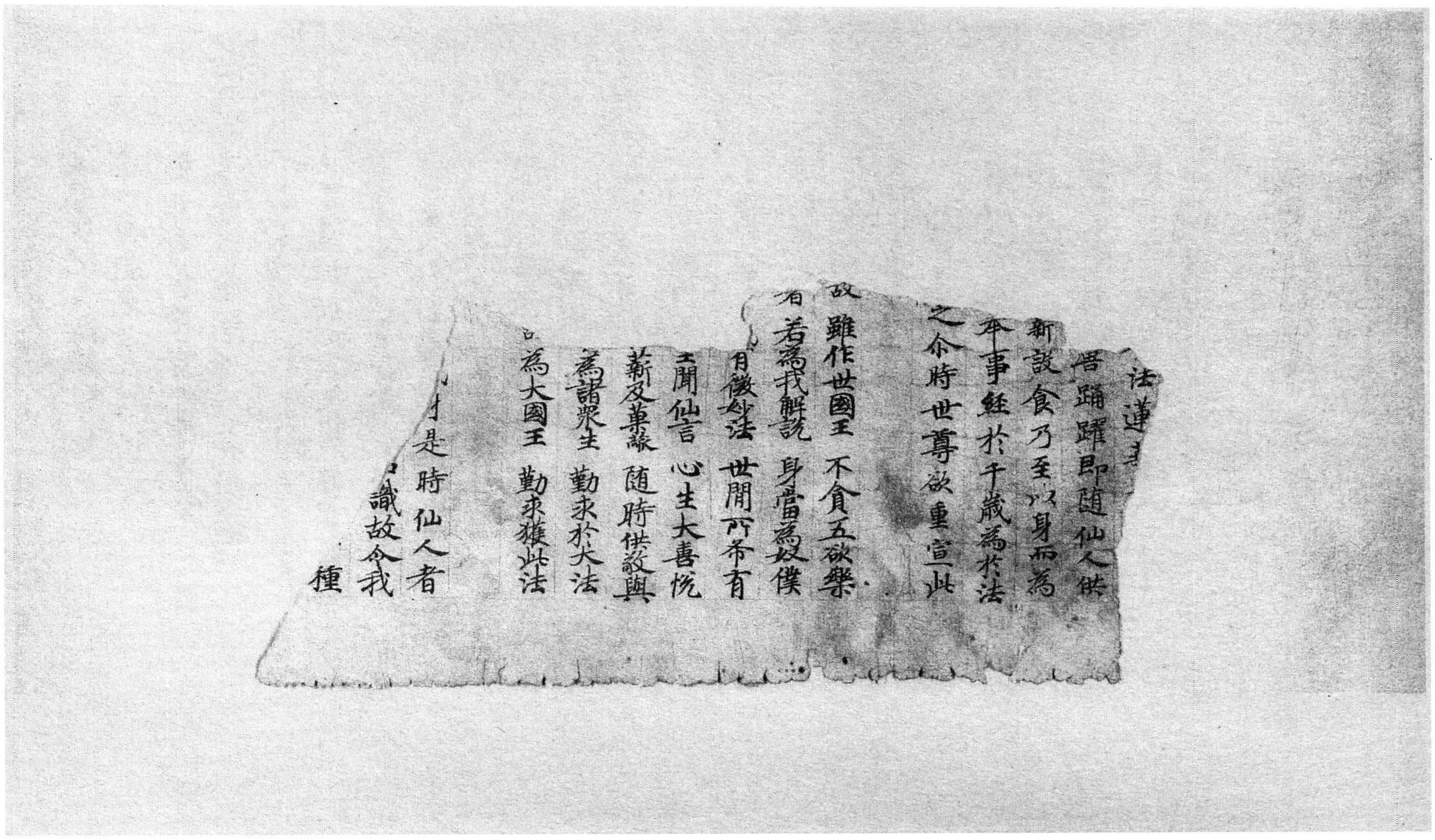

法蓮華
喜踊躍即隨仙人供
薪設食乃至以身而為
奉事經於千歲爲於法
乏尒時世尊欲重宣此
故
雖作世國王　不貪五欲樂
者　若爲我解說　身當爲奴僕
月微妙法　世間所希有
王聞仙言　心生大喜悅
薪及菓蓏　隨時恭敬與
普爲諸衆生　勤求於大法
故爲大國王　勤求獲此法
身是　時仙人者
知識故令我
種

BD09193號　妙法蓮華經卷四　（1–1）

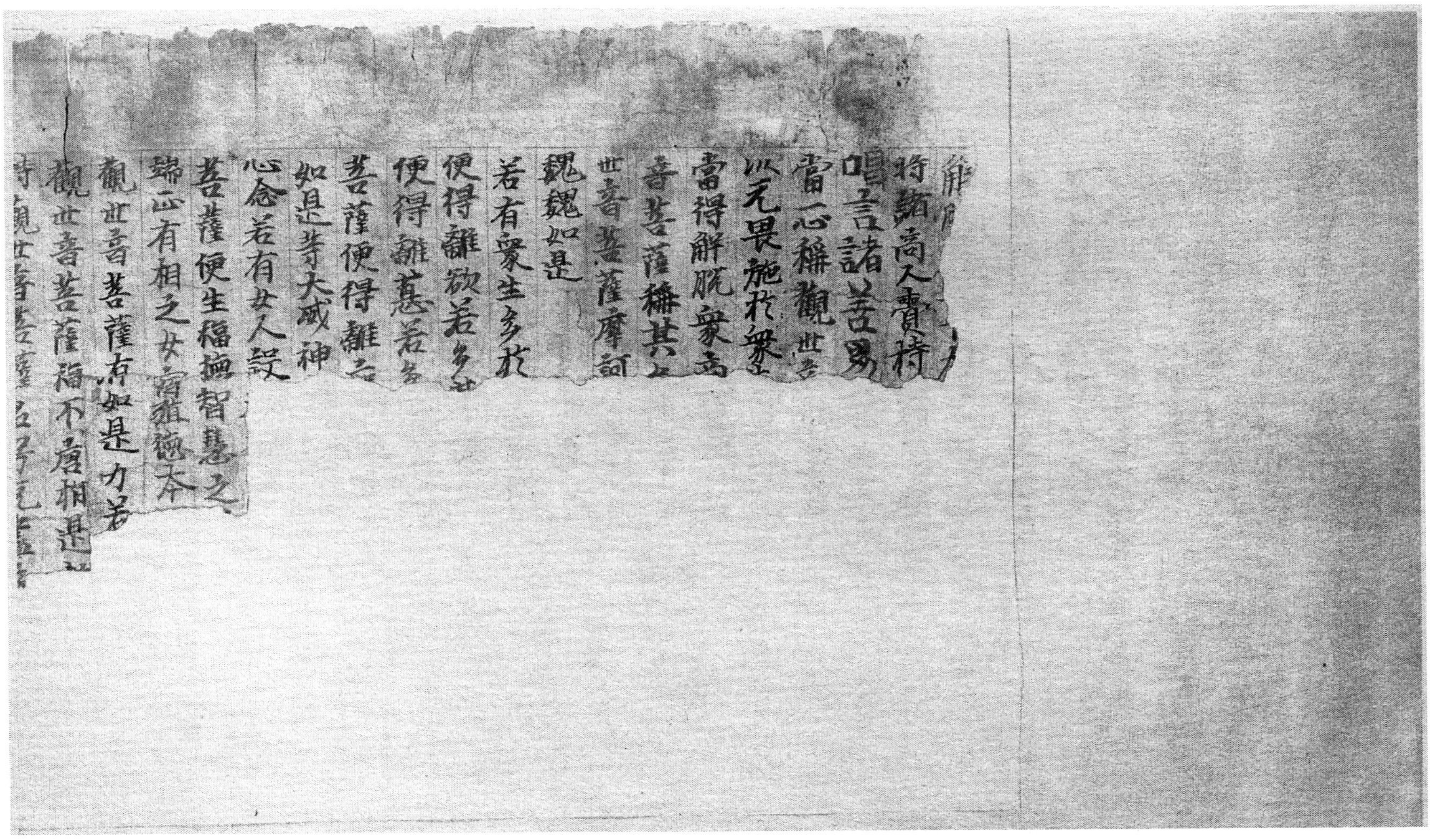

能
將諸商人齎持
唱言諸善男
當一心稱觀世音
以无畏施於衆生
當得解脫衆商
音菩薩稱其名
世音菩薩摩訶
巍巍如是
若有衆生多於
便得離欲若多
便得離恚若多
菩薩便得離癡
如是等大威神
心念若有女人設
菩薩便生福德智慧之
端正有相之女宿殖德本
觀世音菩薩有如是力若
觀世音菩薩福不唐捐是
持觀世音菩薩名字

BD09194號　妙法蓮華經卷七　（4–1）

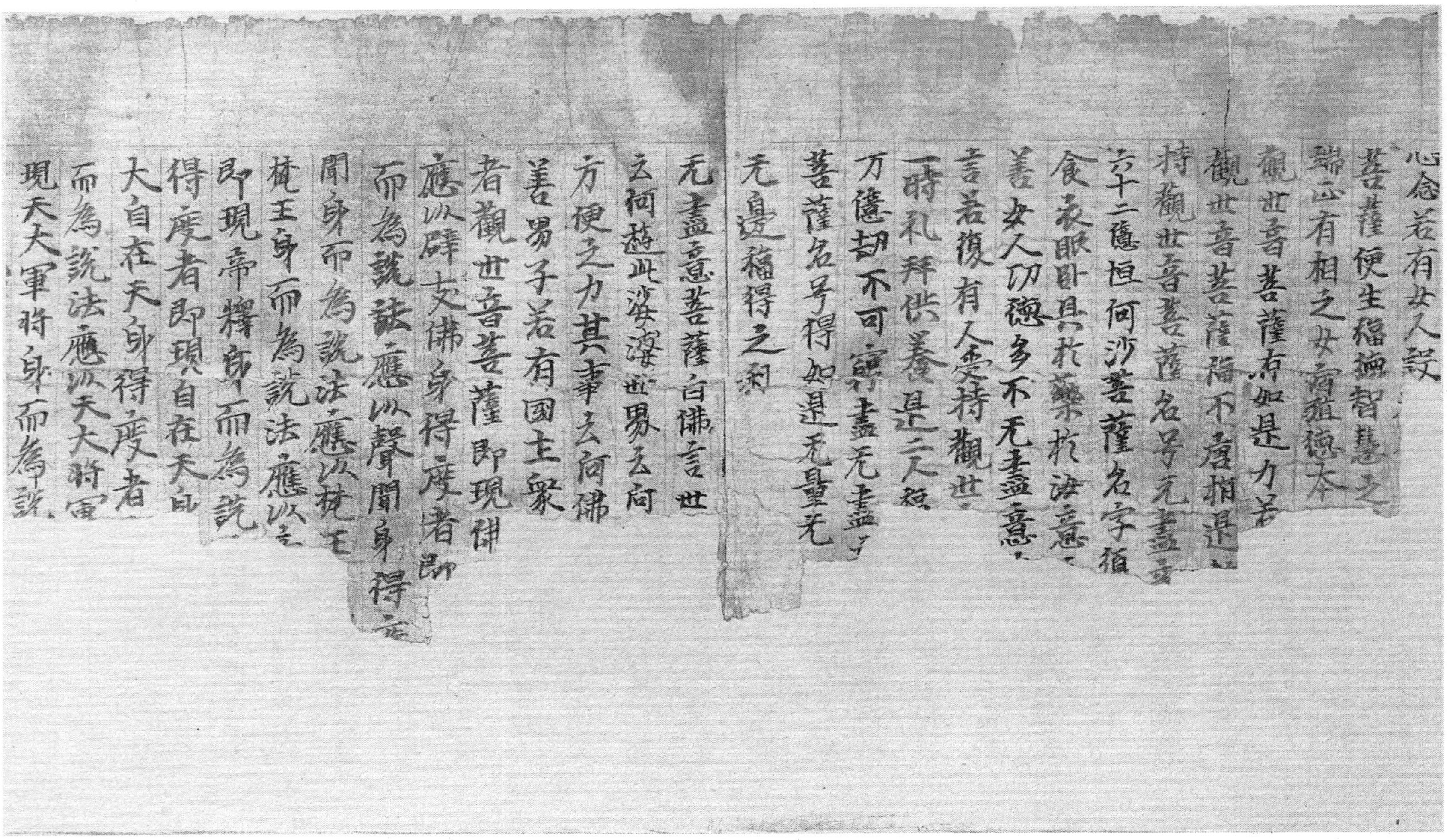
心念若有女人設
菩薩便生福德智慧之
端正有相之女宿植德本
觀世音菩薩有如是力若
觀世音菩薩福不唐捐是故
持觀世音菩薩名号无盡意
六十二億恒河沙菩薩名字復
食衣服卧具醫藥於汝意云
善女人功德多不无盡意
言若復有人受持觀世
一時礼拜供養是二人福
万億劫不可窮盡无盡意
菩薩名号得如是无量无
无邊福得之利
无盡意菩薩白佛言世
云何遊此娑婆世界云何
方便之力其事云何佛
善男子若有國土衆
者觀世音菩薩即現佛
應以辟支佛身得度者即
而為説法應以聲聞身得
聞身而為説法應以梵王
梵王身而為説法應以
即現帝釋身而為説
得度者即現自在天身
大自在天身得度者
而為説法應以天大將軍
現天大軍將身而為説

BD09194號　妙法蓮華經卷七　（4–2）

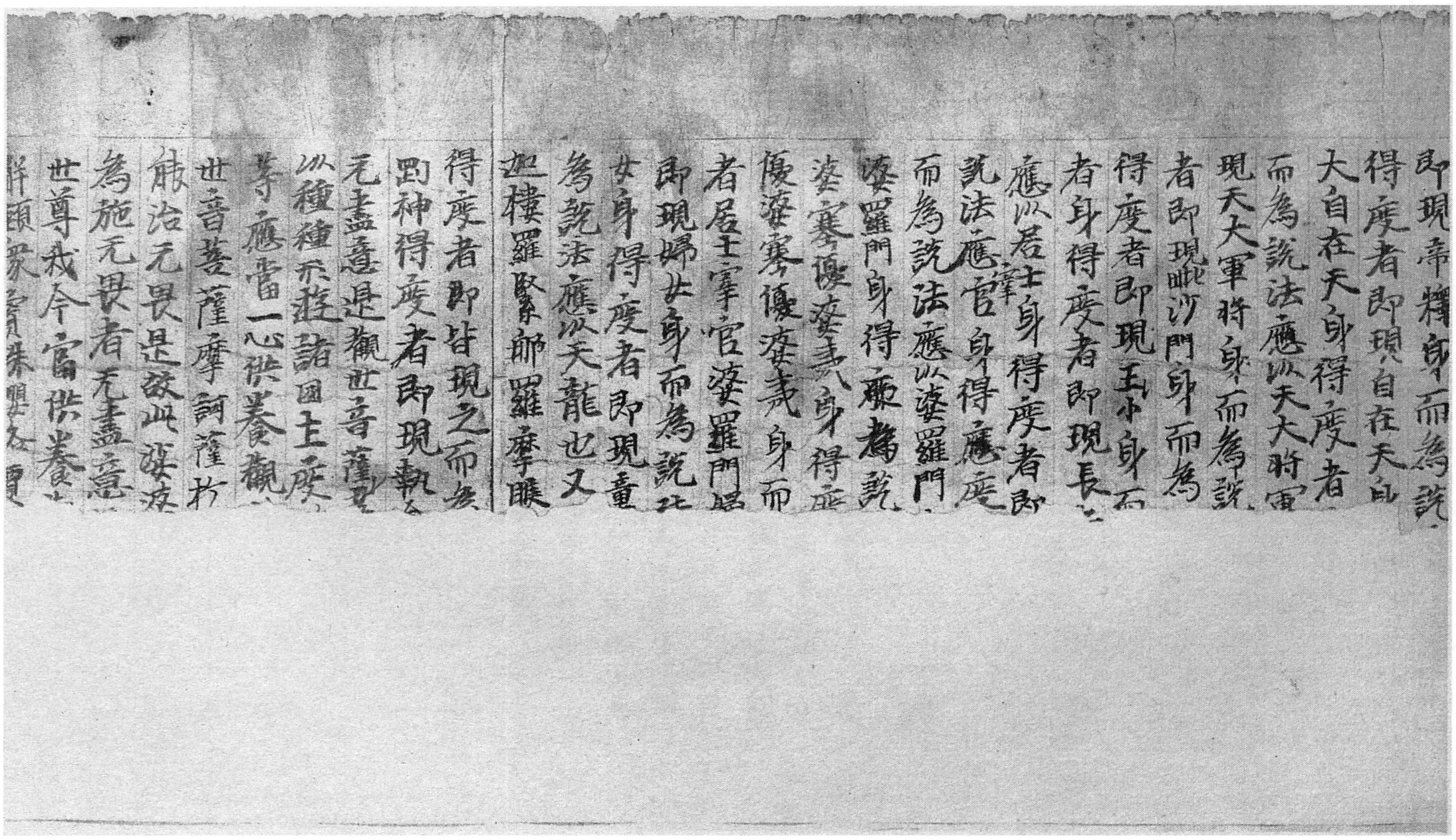
即現帝釋身而為説
得度者即現自在天身
大自在天身得度者
而為説法應以天大將軍
現天大軍將身而為説
者即現毗沙門身而為
得度者即現小王身而
者身得度者即現長者
應以居士身得度者即
説法應以宰官身得度
而為説法應以婆羅門
婆羅門身得度者
婆塞優婆夷身得度
優婆塞優婆夷身而
者居士宰官婆羅門婦
即現婦女身而為説
女身得度者即現童
為説法應以天龍夜叉
迦樓羅緊那羅摩睺
得度者即皆現之而為
剛神得度者即現執金
无盡意是觀世音菩薩
以種種形遊諸國土度
等應當一心供養觀
世音菩薩摩訶薩於
能施无畏是故此娑婆
為施无畏者无盡意
世尊我今當供養
頸衆寶珠瓔珞

BD09194號　妙法蓮華經卷七　（4–3）

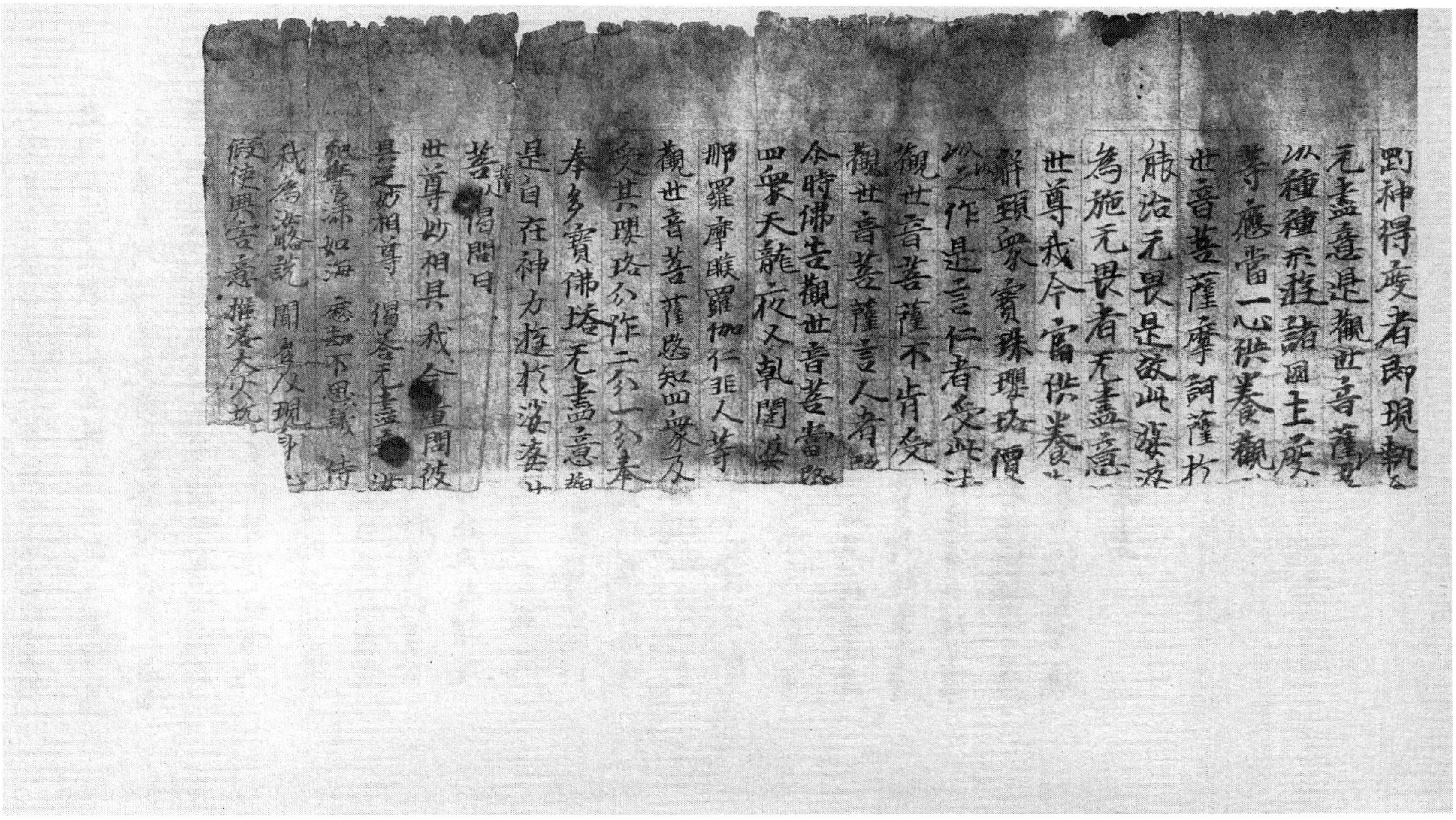
剛神得度者即現執
无盡意是觀世音菩薩
以種種形遊諸國土度
等應當一心供養觀
世音菩薩摩訶薩於
能施无畏是故此娑婆
為施无畏者无盡意
世尊我今當供養
解頸眾寶珠瓔珞價
以之作是言仁者受此法
觀世音菩薩不肯受
觀世音菩薩言仁者愍
尒時佛告觀世音菩薩當愍
四眾天龍夜叉乾闥婆
那羅摩睺羅伽人非人等
觀世音菩薩愍知四眾及
受其瓔珞分作二分一分奉
奉多寶佛塔无盡意觀
是自在神力遊於娑婆世
菩薩以偈問曰
世尊妙相具我今重問彼
具足妙相尊偈答无盡意
弘誓深如海歷劫不思議 侍
我為汝略說聞名及見身
假使興害意推落大火坑

BD09194 號　妙法蓮華經卷七　（4–4）

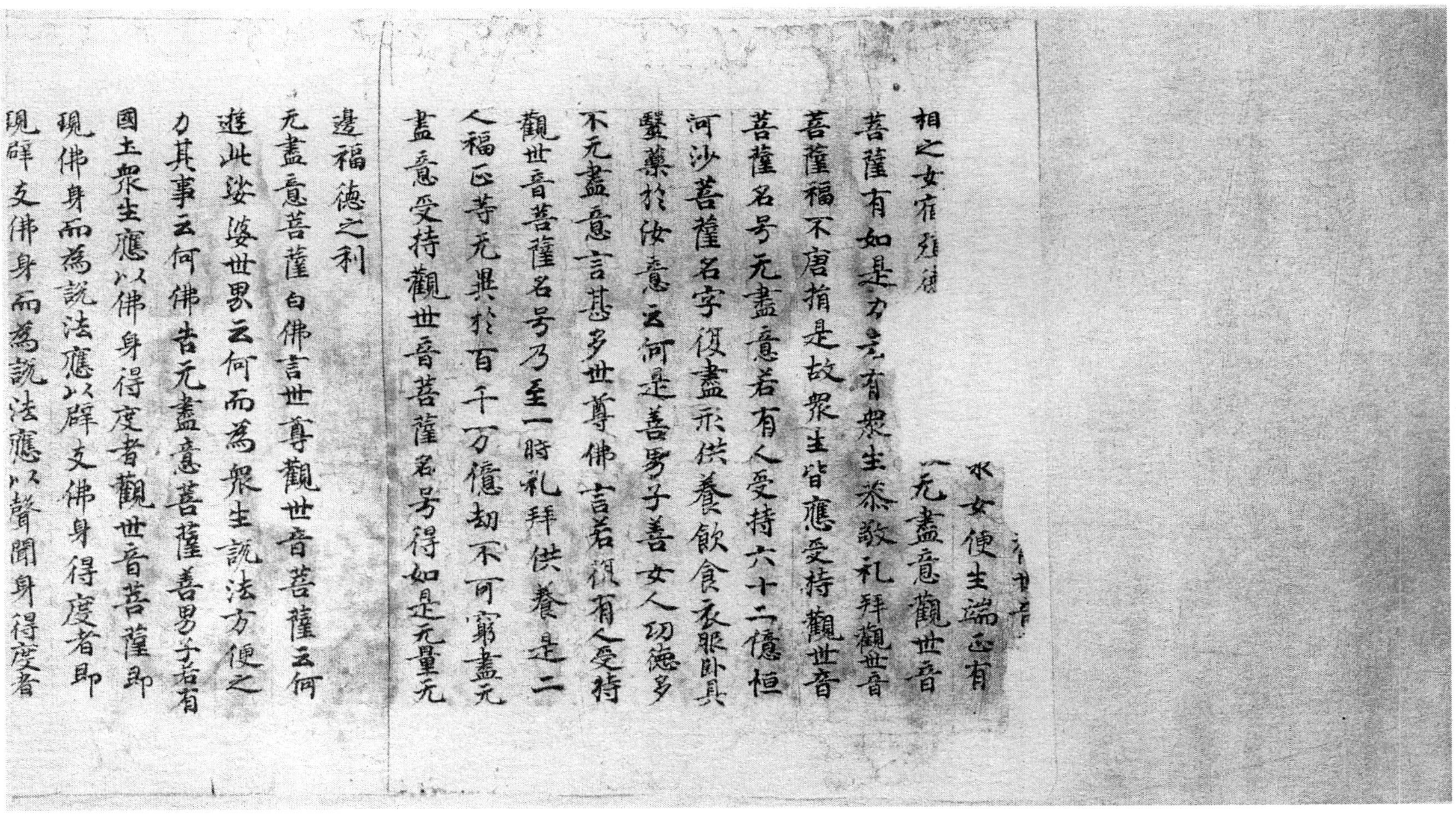
求女便生端正有
相之女宿殖德　无盡意觀世音
菩薩有如是力若有眾生恭敬礼拜觀世音
菩薩福不唐捐是故眾生皆應受持觀世音
菩薩名号无盡意若有人受持六十二億恒
河沙菩薩名字復盡形供養飲食衣服卧具
醫藥於汝意云何是善男子善女人功德多
不无盡意言甚多世尊佛言若復有人受持
觀世音菩薩名号乃至一時礼拜供養是二
人福正等无異於百千万億劫不可窮盡无
盡意受持觀世音菩薩名号得如是无量无
邊福德之利
无盡意菩薩白佛言世尊觀世音菩薩云何
遊此娑婆世界云何而為眾生說法方便之
力其事云何佛告无盡意菩薩善男子若有
國土眾生應以佛身得度者觀世音菩薩即
現佛身而為說法應以辟支佛身得度者即
現辟支佛身而為說法應以聲聞身得度者

BD09195 號　妙法蓮華經卷七　（2–1）

无盡意菩薩白佛言世尊觀世音菩薩云何
遊此娑婆世界云何而為衆生說法方便之
力其事云何佛告无盡意菩薩善男子若有
國土衆生應以佛身得度者觀世音菩薩即
現佛身而為說法應以辟支佛身得度者即
現辟支佛身而為說法應以聲聞身得度者
即現聲聞身而為說法應以梵王身得度者
即現梵王身而為說法應以帝釋身得度者
即現帝釋身而為說法應以自在天身得度
者即現自在天身而為說法應以大自在天
身得度者即現大自在天身而為說法應以
天大將軍身得度者即現天大將軍身而為
說法應以毗沙門身得度者即現毗沙門身
而為說法應以小王身得度者即現小王身
而為說法應以長者身得度者即現長者身
而為說法應以居士身得度者即現居士身
而為說法應以宰官身得度者即現宰官身
而為說法應以婆羅門身得度者即現婆羅
門身而為說法應以比丘比丘尼優婆塞優
婆夷身得度者即現比丘比丘尼優婆塞優
婆夷身而為說法應以長者居士

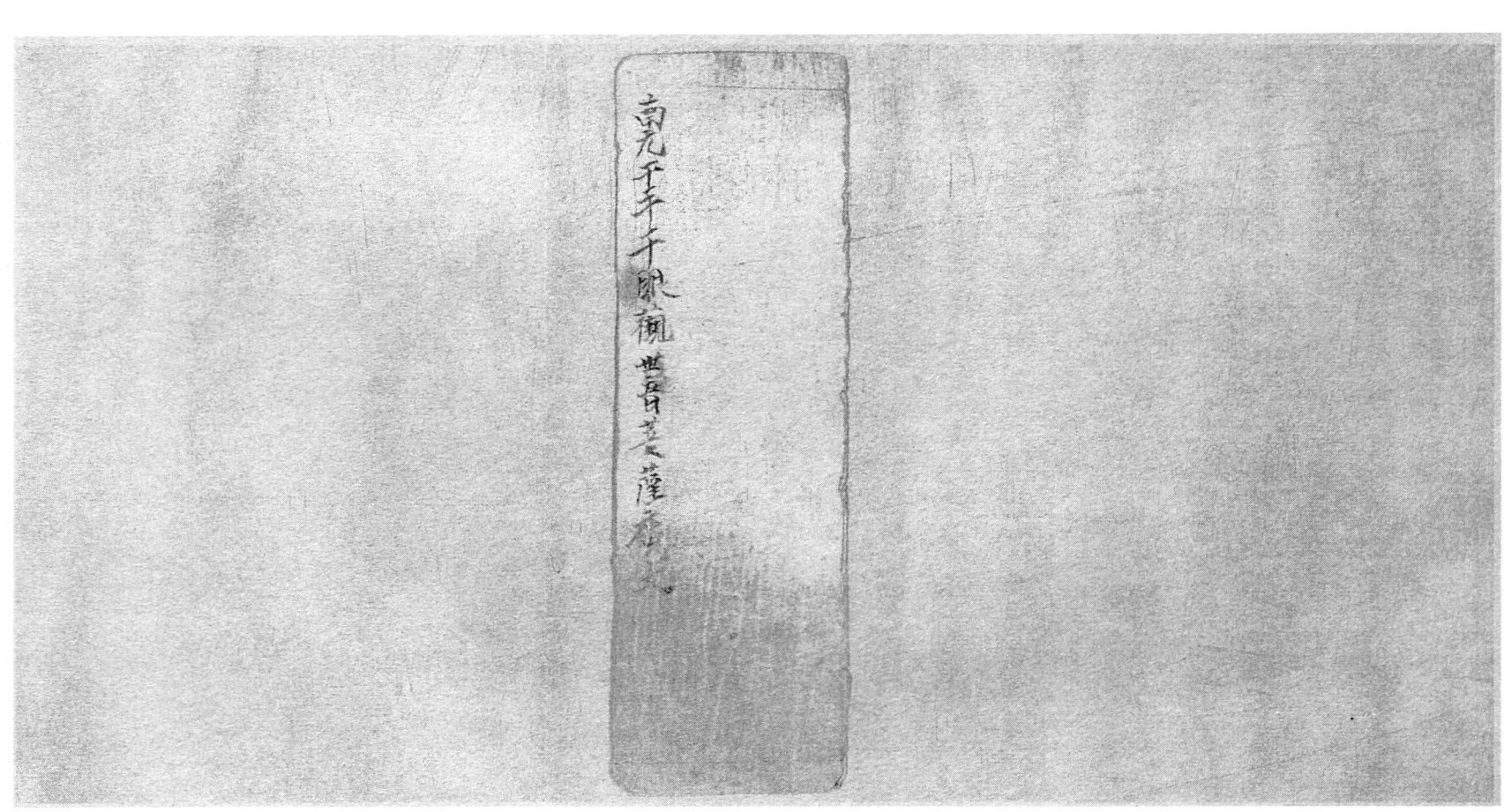

BD09195號　妙法蓮華經卷七　（2–2）

南无千手千眼觀世音菩薩

BD09196號背　護首及雜寫　（1–1）

妙法蓮華經觀世音菩薩普門品第廿五
尒時无盡意菩薩即從座起偏袒右肩合
掌向佛而作是言世尊觀世音菩薩以

BD09196號　觀世音經　（1–1）

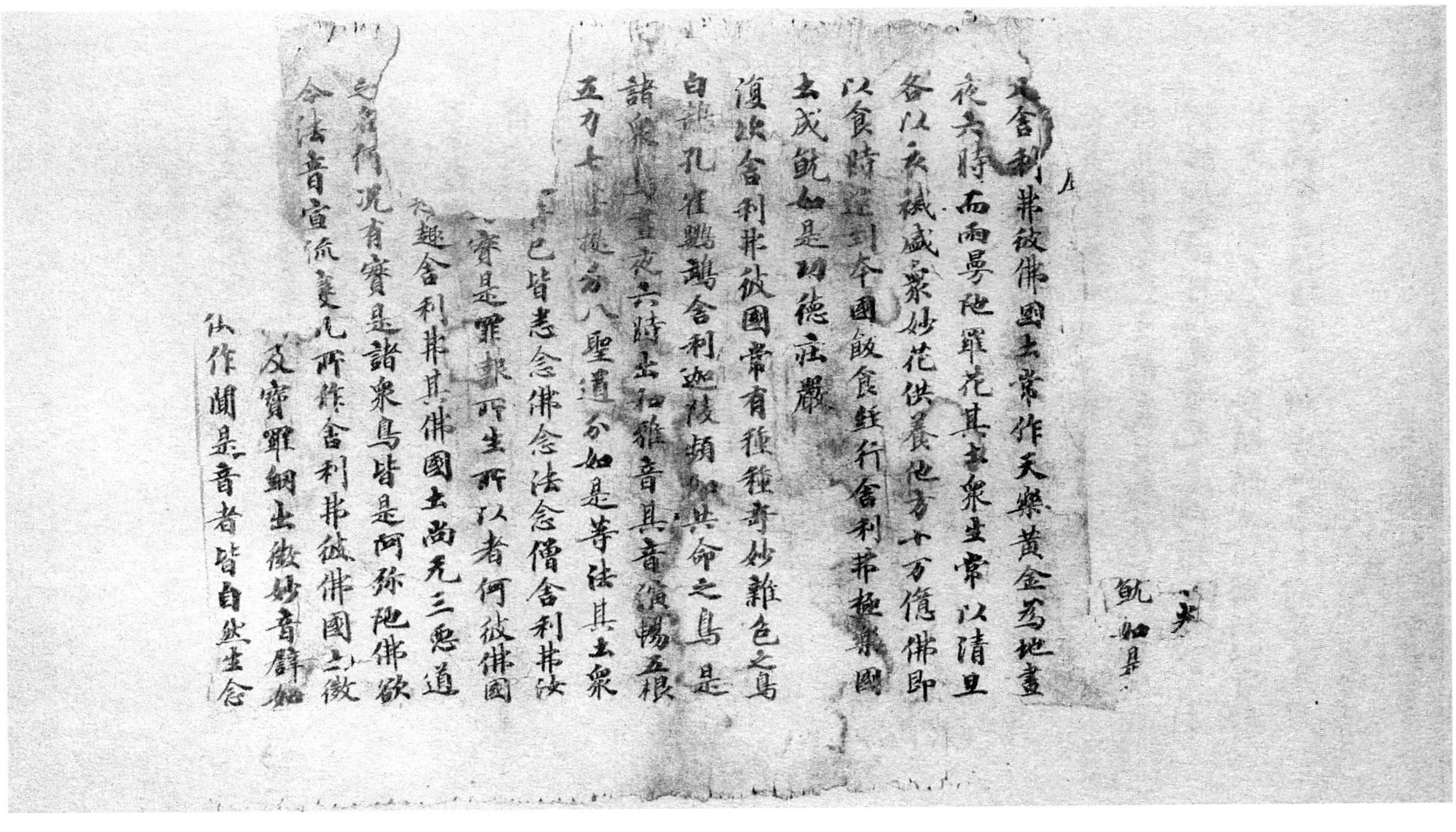

就如是
又舍利弗彼佛國土常作天樂黃金為地晝
夜六時而雨曼陁羅花其土衆生常以清旦
各以衣裓盛衆妙花供養他方十万億佛即
以食時還到本國飯食經行舍利弗極樂國
土成就如是功德莊嚴
復次舍利弗彼國常有種種奇妙雜色之鳥
白鵠孔雀鸚鵡舍利迦陵頻伽共命之鳥是
諸衆鳥晝夜六時出和雅音其音演暢五根
五力七菩提分八聖道分如是等法其土衆
已皆悉念佛念法念僧舍利弗汝
實是罪報所生所以者何彼佛國
趣舍利弗其佛國土尚无三惡道
之名何況有寶是諸衆鳥皆是阿弥陁佛欲
令法音宣流變化所作舍利弗彼佛國土微
及寶羅網出微妙音譬如
作聞是音者皆自然生念

BD09197號　阿彌陀經　（1–1）

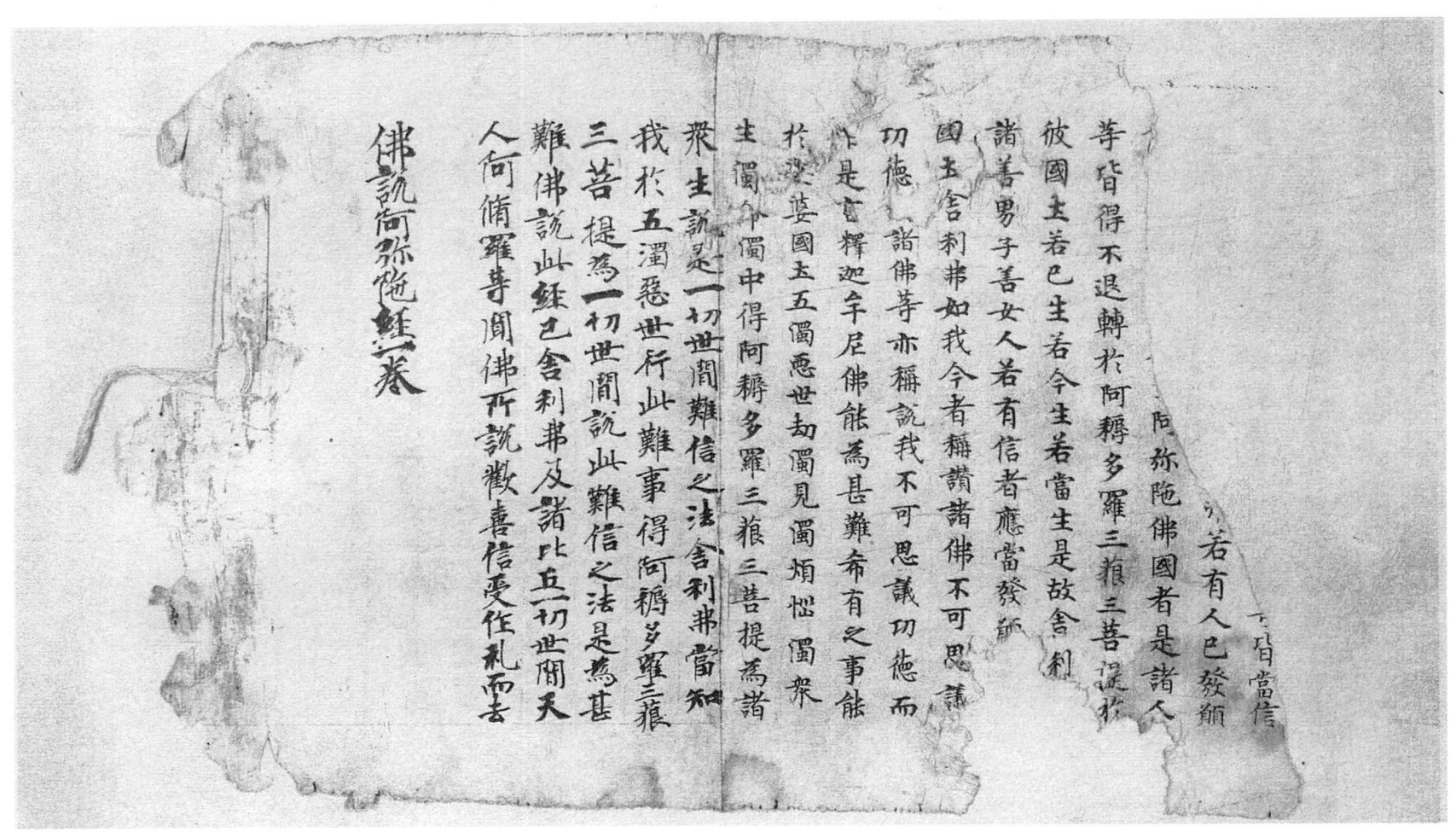

皆當信
若有人已發願
阿弥陁佛國者是諸人
等皆得不退轉於阿耨多羅三藐三菩提於
彼國土若已生若今生若當生是故舍利
諸善男子善女人若有信者應當發願
國土舍利弗如我今者稱讚諸佛不可思議
功德諸佛等亦稱說我不可思議功德而
作是言釋迦牟尼佛能為甚難希有之事能
於娑婆國土五濁惡世劫濁見濁煩惱濁眾
生濁命濁中得阿耨多羅三藐三菩提為諸
眾生說是一切世間難信之法舍利弗當知
我於五濁惡世行此難事得阿耨多羅三藐
三菩提為一切世間說此難信之法是為甚
難佛說此經已舍利弗及諸比丘一切世間天
人阿脩羅等聞佛所說歡喜信受作禮而去

佛說阿弥陁經一卷

BD09198號　阿彌陀經　（1–1）

土无三惡趣舍利弗其佛
名何況有實是諸眾鳥皆是
令法音宣流變化所作舍利弗
風吹動諸寶行樹及寶羅網
百千種樂同時俱作聞是音
佛念法念僧之心舍利弗其佛國土成就如是
功德莊嚴
舍利弗於汝意云何彼佛何故号阿弥陁舍
利弗彼佛光明无量照……礙是
故号為阿弥陁又舍利弗
民无量无邊阿僧祇劫故名阿
阿弥陁佛成佛已來於今十劫又舍利弗彼佛
有无量无邊聲聞弟子皆阿羅漢非是筭
數之所能知諸菩薩亦如是舍利弗彼佛國
土成就如是功德莊嚴
又舍利弗極樂國土眾生生者皆是
致其中多有一生補處其數甚多非是筭數
所能知之但可以无量无邊阿僧祇劫說舍利
弗眾生聞者應當發願願生彼國所以者何
得與如是諸上善人俱會一處舍利弗不可

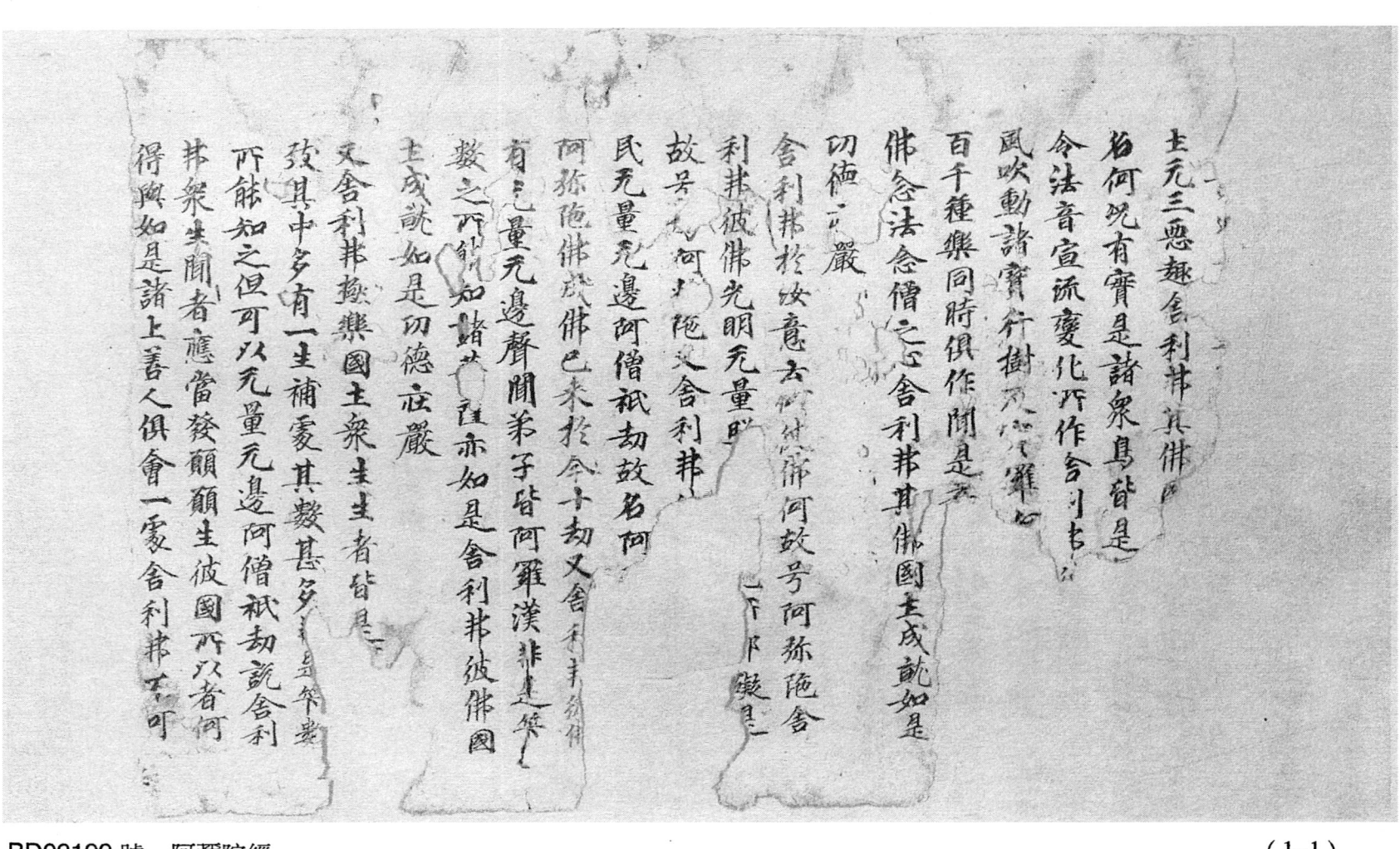

BD09199號　阿彌陀經　（1–1）

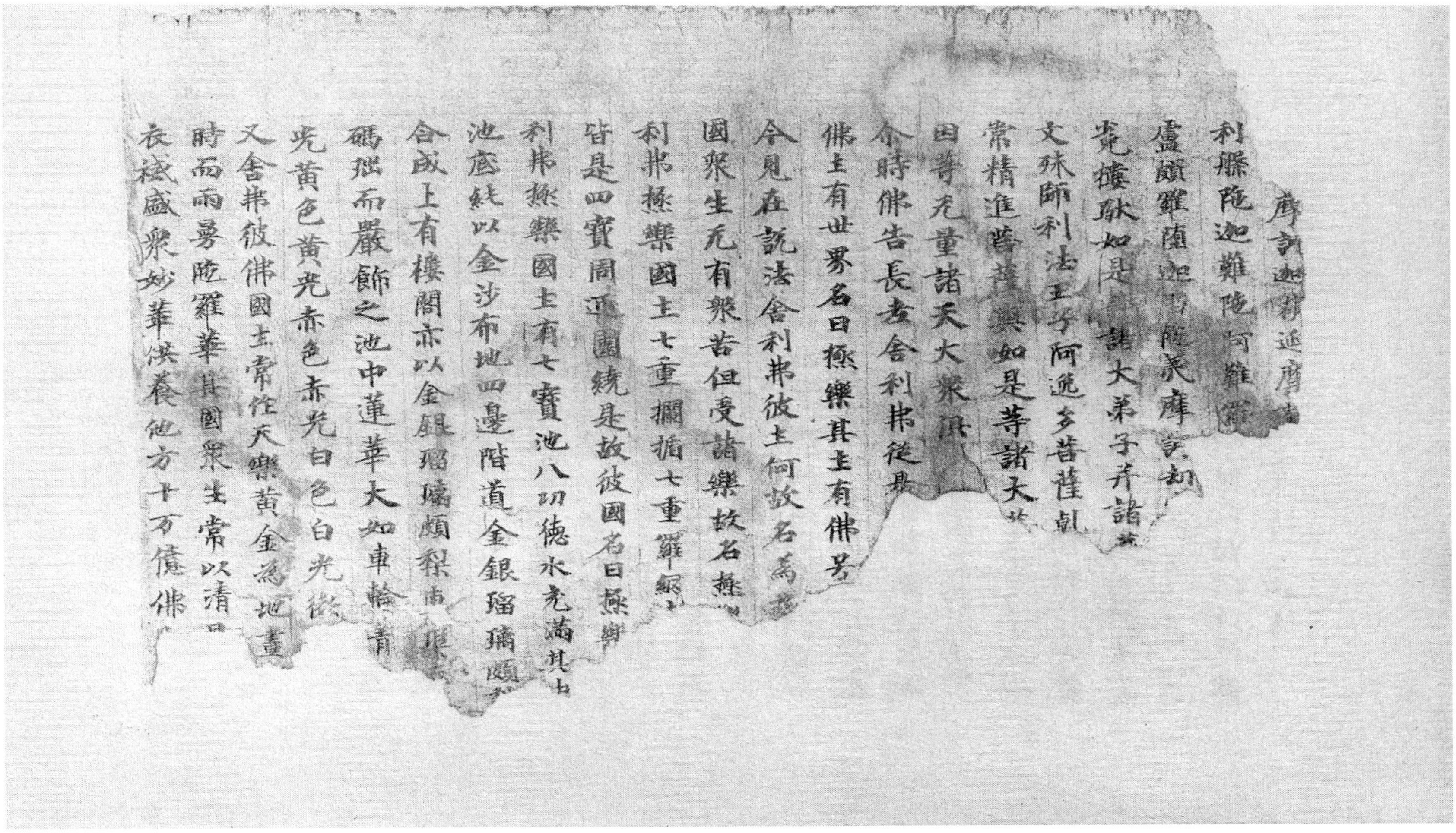
摩訶迦栴延摩訶
利槃陀伽難陀阿難陀
盧頗羅墮迦留陀夷摩訶劫
竟樓䭾如是等諸大弟子并諸菩
文殊師利法王子阿逸多菩薩乾
常精進菩薩與如是等諸天大
因等无量諸天大衆俱
尒時佛告長老舍利弗從是
佛土有世界名曰極樂其土有佛号
今現在說法舍利弗彼土何故名為極
國衆生无有衆苦但受諸樂故名極
利弗極樂國土七重欄楯七重羅網七
皆是四寶周匝圍繞是故彼國名曰極樂
利弗極樂國土有七寶池八功德水充滿其中
池底純以金沙布地四邊階道金銀瑠璃頗
合成上有樓閣亦以金銀瑠璃頗梨車
碼瑙而嚴飾之池中蓮華大如車輪青
光黃色黃光赤色赤光白色白光微
又舍利弗彼佛國土常作天樂黃金為地晝
時而雨曼陀羅華其國衆生常以清旦
衣祴盛衆妙華供養他方十万億佛

BD09200號　阿彌陀經　　（1–1）

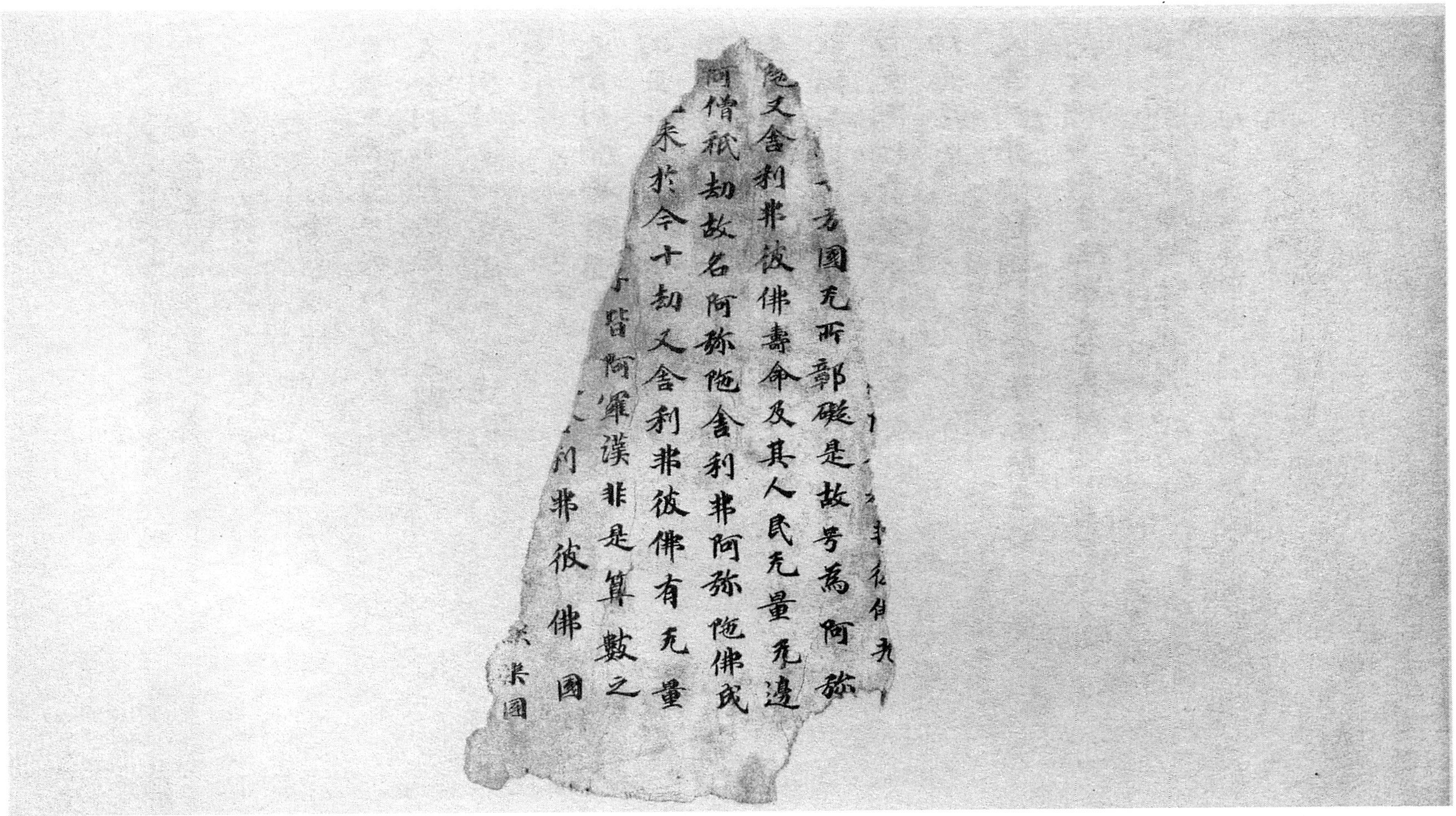
…弗彼佛无
方國无所鄣礙是故号為阿弥
陁又舍利弗彼佛壽命及其人民无量无邊
阿僧祇劫故名阿弥陁舍利弗阿弥陁佛成
来於今十劫又舍利弗彼佛有无量
皆阿羅漢非是算數之
利弗彼佛國
[illegible]國

BD09201號　阿彌陀經　　（1–1）

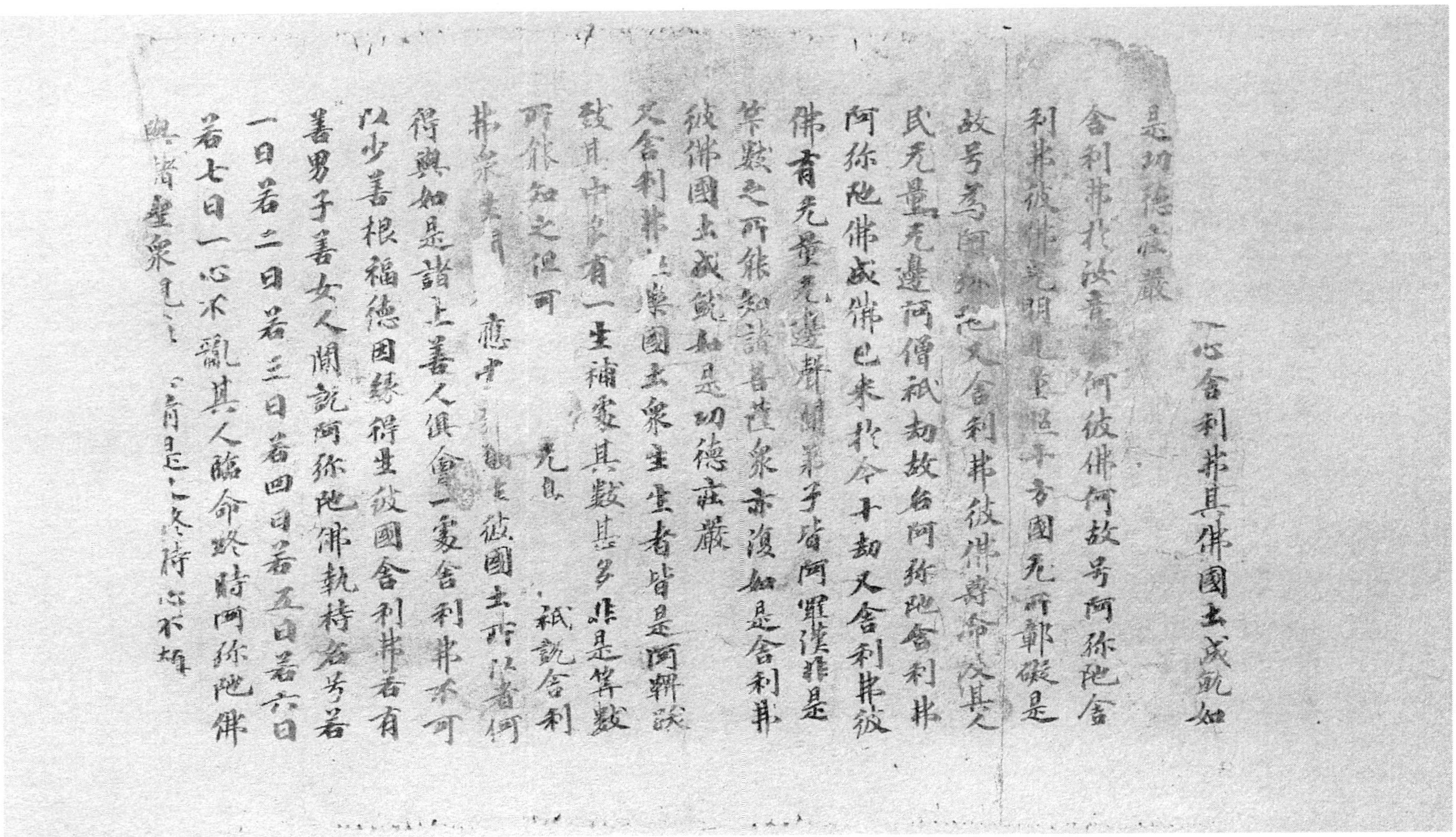
一心舍利弗其佛國土成就如
是功德莊嚴
舍利弗於汝意云何彼佛何故号阿彌陀舍
利弗彼佛光明無量照十方國无所鄣礙是
故号為阿彌陀又舍利弗彼佛壽命及其人
民无量无邊阿僧祇劫故名阿彌陀舍利弗
阿彌陀佛成佛已來於今十劫又舍利弗彼
佛有无量无邊聲聞弟子皆阿羅漢非是
筭數之所能知諸菩薩衆亦復如是舍利弗
彼佛國土成就如是功德莊嚴
又舍利弗極樂國土衆生生者皆是阿鞞跋
致其中多有一生補處其數甚多非是筭數
所能知之但可　无邊　祇說舍利
弗衆生聞者應當發願願生彼國所以者何
得與如是諸上善人俱會一處舍利弗不可
以少善根福德因緣得生彼國舍利弗若有
善男子善女人聞說阿彌陀佛執持名号若
一日若二日若三日若四日若五日若六日
若七日一心不亂其人臨命終時阿彌陀佛
與諸聖衆現在其前是人終時心不顛

BD09202 號　阿彌陀經　　（1–1）

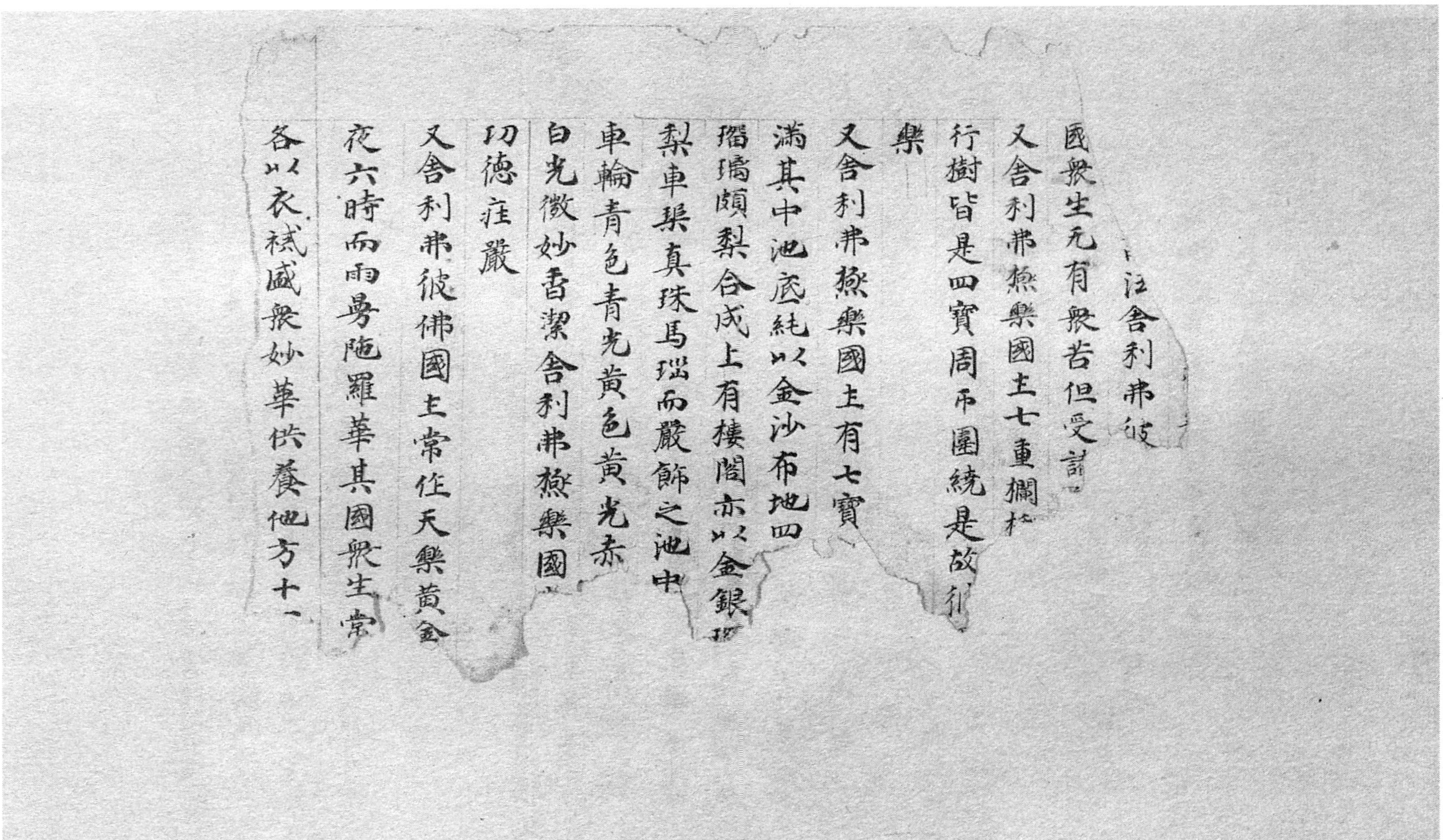
法舍利弗彼
國衆生无有衆苦但受諸
又舍利弗極樂國土七重欄楯
行樹皆是四寶周帀圍繞是故彼
樂
又舍利弗極樂國土有七寶
滿其中池底純以金沙布地四
瑠璃頗梨合成上有樓閣亦以金銀
梨車渠真珠馬瑙而嚴飾之池中
車輪青色青光黃色黃光赤
白光微妙香潔舍利弗極樂國
功德莊嚴
又舍利弗彼佛國土常作天樂黃金
夜六時而雨曼陀羅華其國衆生常
各以衣裓盛衆妙華供養他方十

BD09203 號　阿彌陀經　　（1–1）

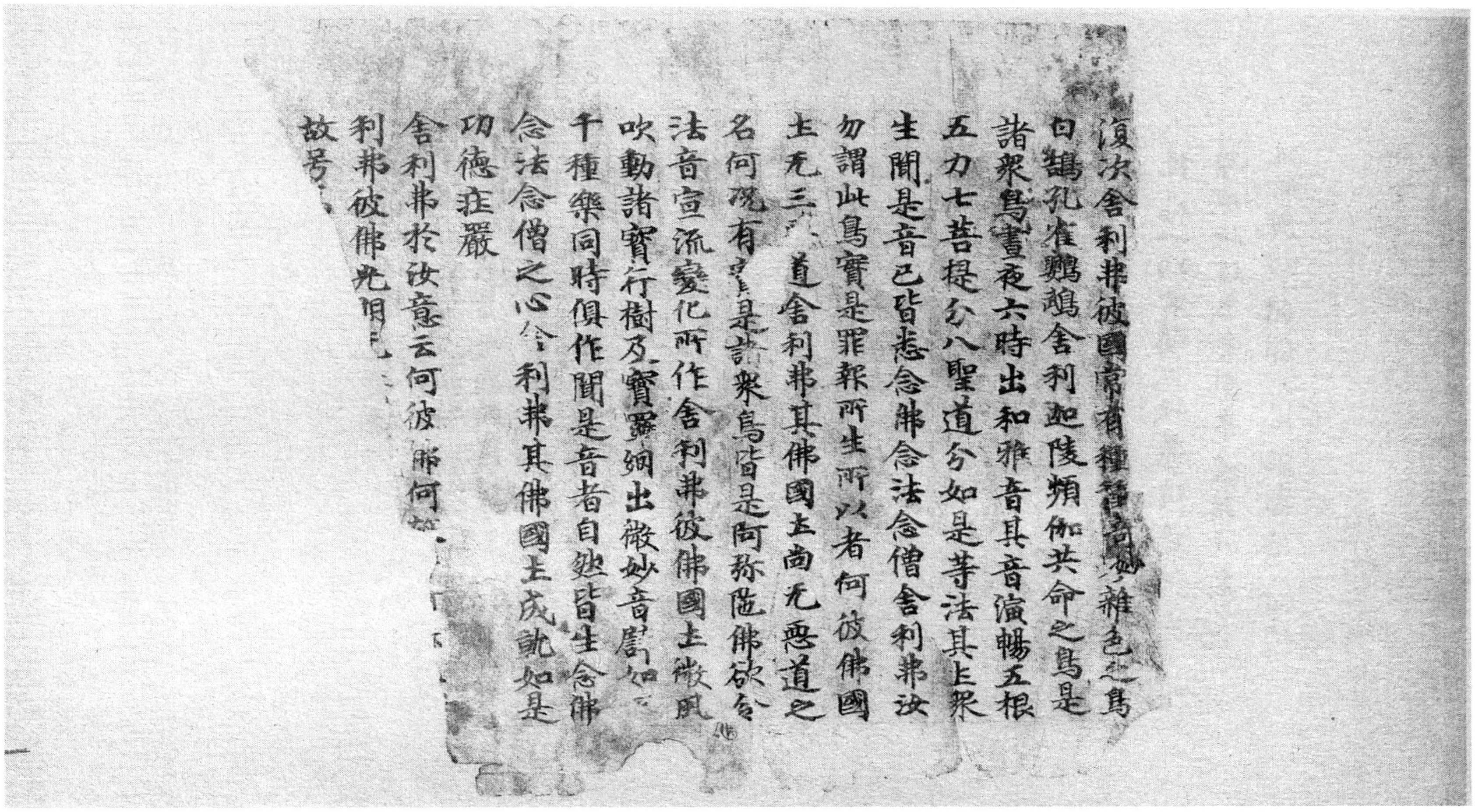
復次舍利弗彼國常有種種奇妙雜色之鳥
白鵠孔雀鸚鵡舍利迦陵頻伽共命之鳥是
諸衆鳥晝夜六時出和雅音其音演暢五根
五力七菩提分八聖道分如是等法其土衆
生聞是音已皆悉念佛念法念僧舍利弗汝
勿謂此鳥實是罪報所生所以者何彼佛國
土无三惡道舍利弗其佛國土尚无惡道之
名何況有實是諸衆鳥皆是阿弥陁佛欲令
法音宣流變化所作舍利弗彼佛國土微風
吹動諸寶行樹及寶羅網出微妙音譬如百
千種樂同時俱作聞是音者自然皆生念佛
念法念僧之心舍利弗其佛國土成就如是
功德莊嚴
舍利弗於汝意云何彼佛何
利弗彼佛光明
故号

BD09204號　阿彌陀經　　(1-1)

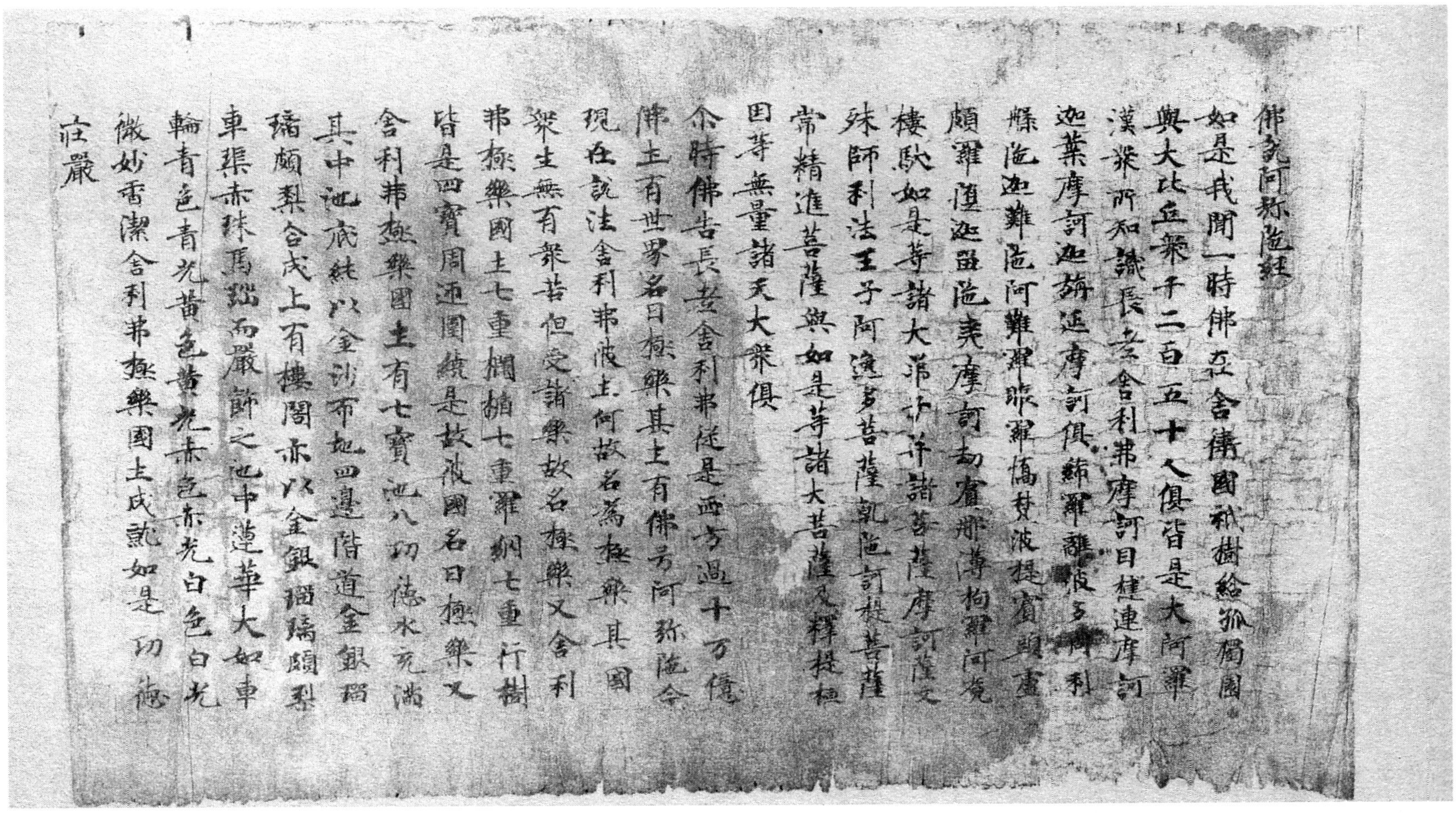
佛說阿弥陁經
如是我聞一時佛在舍衛國祇樹給孤獨園
與大比丘衆千二百五十人俱皆是大阿羅
漢衆所知識長老舍利弗摩訶目揵連摩訶
迦葉摩訶迦旃延摩訶俱絺羅離婆多周利
槃陁迦難陁阿難羅睺羅憍梵波提賓頭盧
頗羅墮迦留陁夷摩訶劫賓那薄拘羅阿㝹
樓馱如是等諸大弟子并諸菩薩摩訶薩文
殊師利法王子阿逸多菩薩乾陁訶提菩薩
常精進菩薩與如是等諸大菩薩及釋提桓
因等無量諸天大衆俱
尒時佛告長老舍利弗從是西方過十万億
佛土有世界名曰極樂其土有佛号阿弥陁今
現在說法舍利弗彼土何故名爲極樂其國
衆生無有衆苦但受諸樂故名極樂又舍利
弗極樂國土七重欄楯七重羅網七重行樹
皆是四寶周匝圍繞是故彼國名曰極樂又
舍利弗極樂國土有七寶池八功德水充滿
其中池底純以金沙布地四邊階道金銀瑠
璃頗梨合成上有樓閣亦以金銀瑠璃頗梨
車𤦲赤珠馬瑙而嚴飾之池中蓮華大如車
輪青色青光黃色黃光赤色赤光白色白光
微妙香潔舍利弗極樂國土成就如是功德
莊嚴

BD09205號　阿彌陀經　　(1-1)

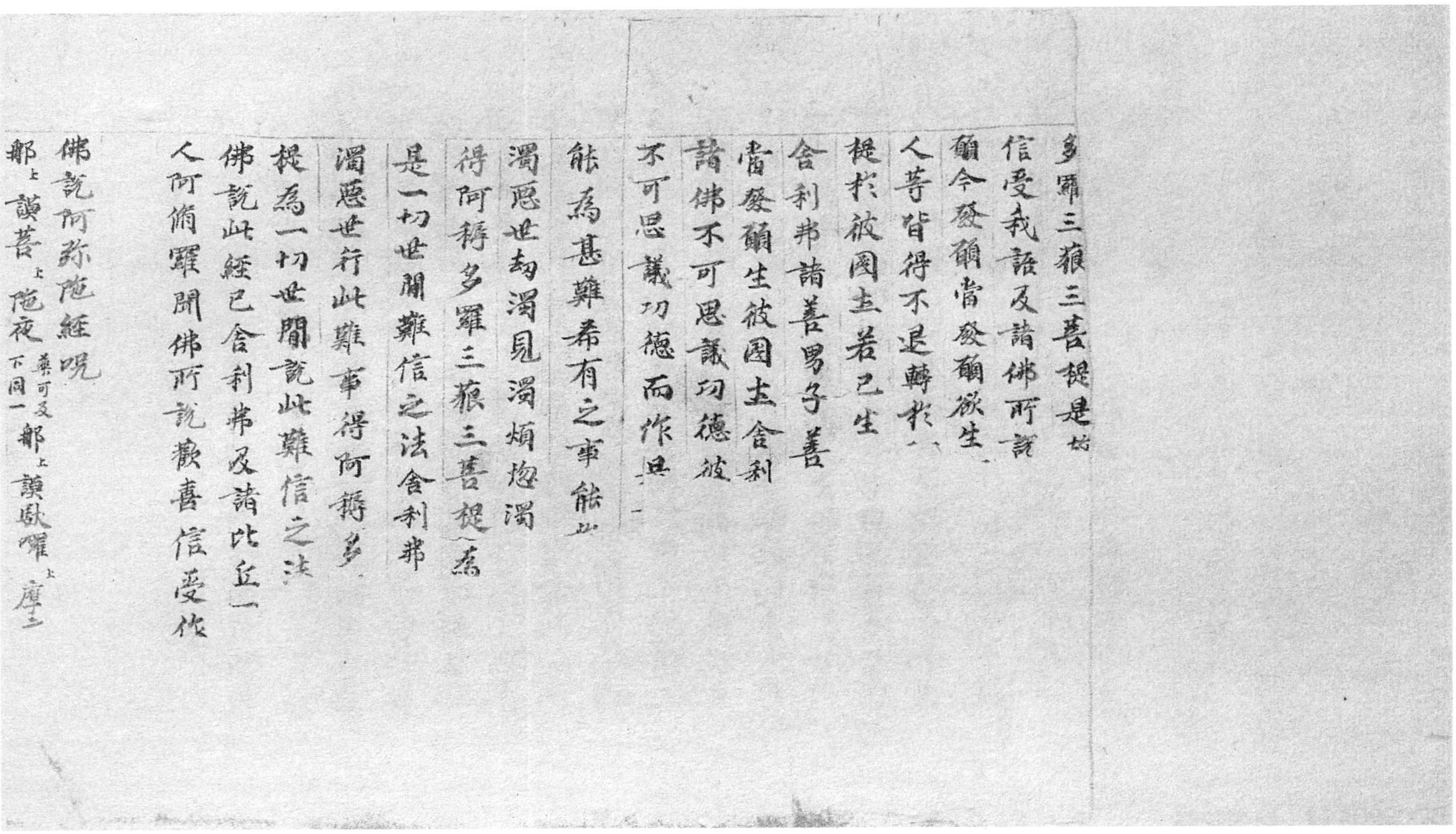

多羅三藐三菩提是故
信受我語及諸佛所說
願今發願當發願欲生
人等皆得不退轉於
提於彼國土若已生
舍利弗諸善男子善
當發願生彼國土舍利
諸佛不可思議功德彼
不可思議功德而作是
能為甚難希有之事能於
濁惡世劫濁見濁煩惱濁
得阿耨多羅三藐三菩提為
是一切世間難信之法舍利弗
濁惡世行此難事得阿耨多
提為一切世間說此難信之法
佛說此經已舍利弗及諸比丘一
人阿脩羅聞佛所說歡喜信受作
佛說阿弥陁經呪
郍上謨菩上陁夜葉可反下同一郍上謨馱囉上摩上

BD09206 號 1　阿彌陀經　（2–1）

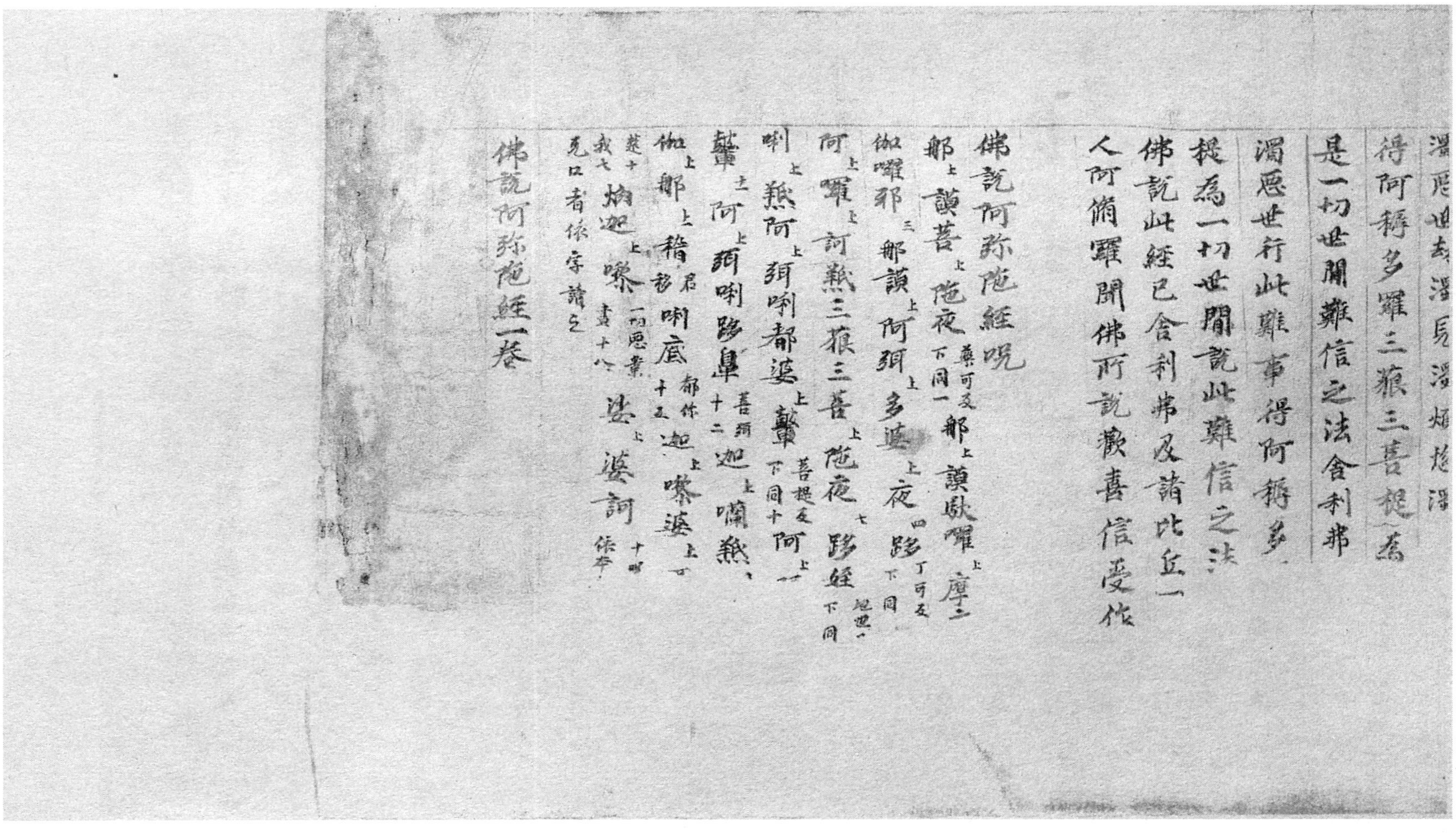

濁惡世劫濁見濁煩惱濁
得阿耨多羅三藐三菩提為
是一切世間難信之法舍利弗
濁惡世行此難事得阿耨多
提為一切世間說此難信之法
佛說此經已舍利弗及諸比丘一
人阿脩羅聞佛所說歡喜信受作
佛說阿弥陁經呪
郍上謨菩上陁夜葉可反下同一郍上謨馱囉上摩上
伽囉邪三郍謨上阿上彌上多婆上夜四跢丁可反下同
阿上囉上訶羝三藐三菩上陁夜七跢姪下同他也一
唎上羝阿上弭上唎都婆上鞞上菩提反下同十阿上
鞞十一阿上弭上唎跢鼻十二菩弭迦上蘭羝、
伽上郍上稽君彩唎底十五都你迦上嚓婆上十四
莎十我七炳迦上嚓書十八一切惡業婆上婆訶十九依本
見口者依字讀之
佛說阿弥陁經一卷

BD09206 號 2　.阿彌陀佛說咒　（2–2）

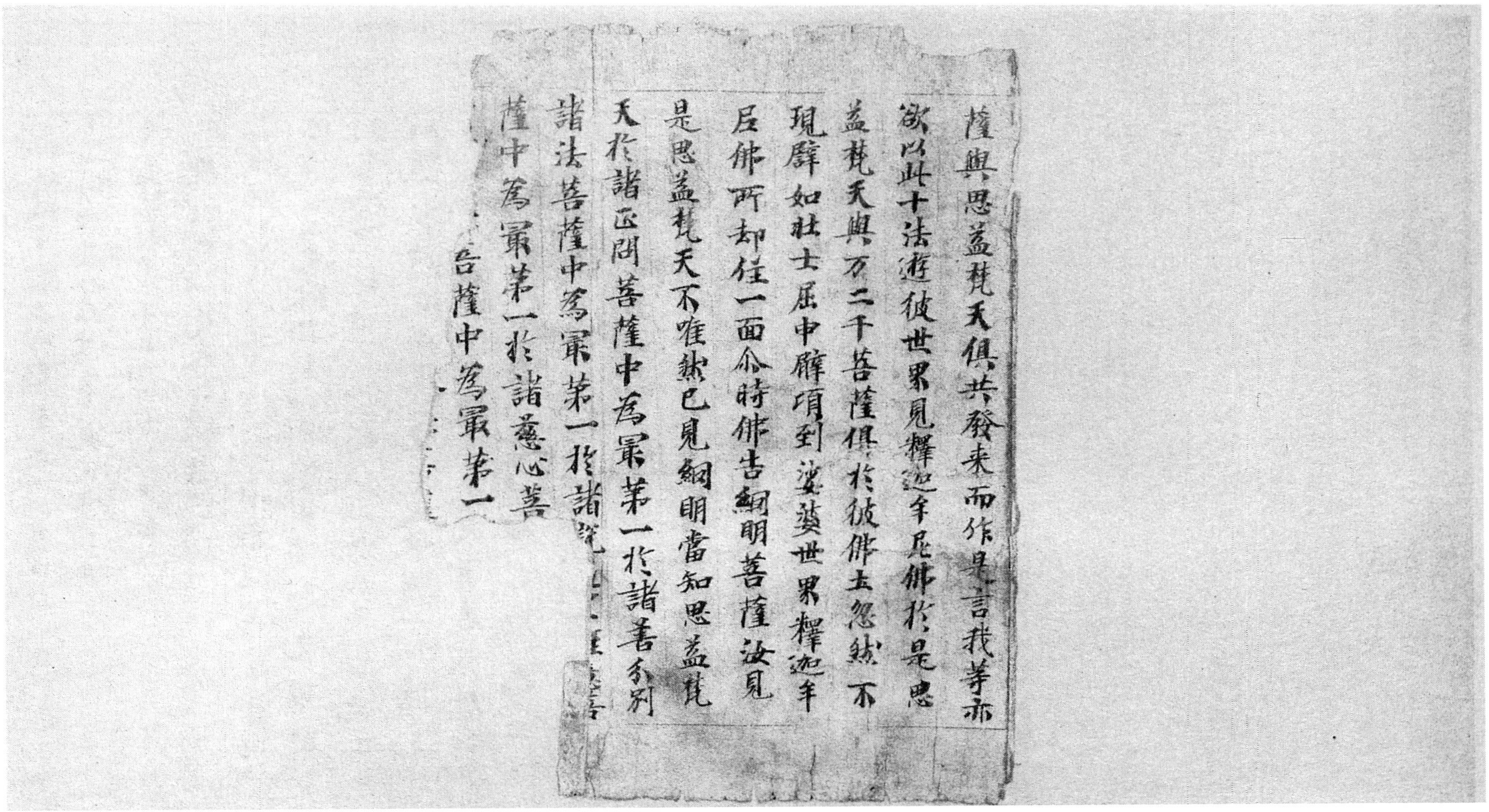

BD09207 號　思益梵天所問經卷一　（1–1）

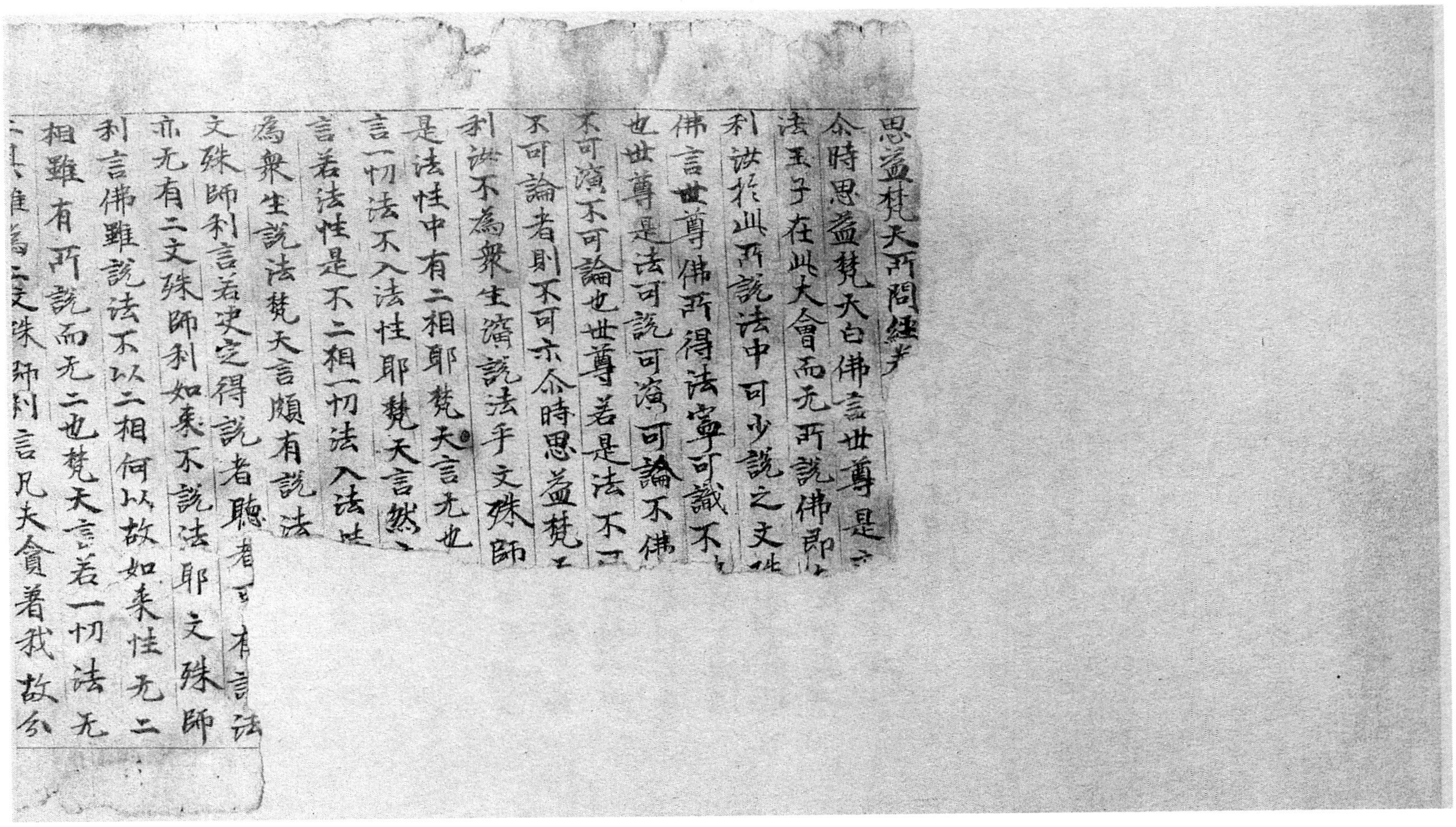

BD09208 號　思益梵天所問經卷三　（2–1）

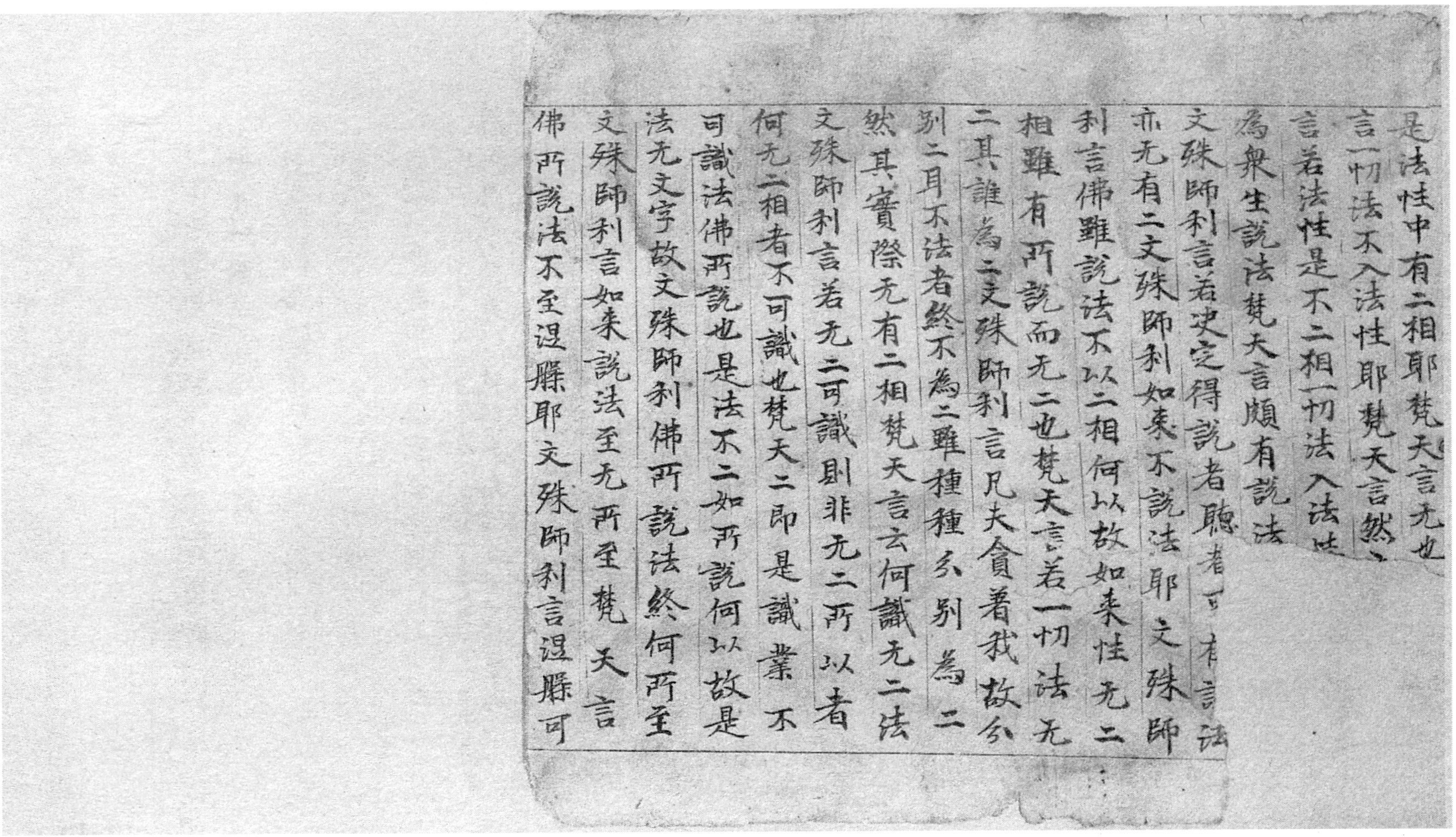

是法性中有二相耶梵天言无也
言一切法不入法性耶梵天言然
言若法性是不二相一切法入法性
為衆生說法梵天言頗有說法
文殊師利言若决定得說者聽者亦有說法
亦无有二文殊師利如來不說法耶文殊師
利言佛雖說法不以二相何以故如來性无二
相雖有所說而无二也梵天言若一切法无
二其誰為二文殊師利言凡夫貪著我故分
別二耳不法者終不為二雖種種分別為二
然其實際无有二相梵天言云何識无二法
文殊師利言若无二可識則非无二所以者
何无二相者不可識也梵天二即是識業不
可識法佛所說也是法不二如所說何以故是
法无文字故文殊師利佛所說法終何所至
文殊師利言如來說法至无所至梵天言
佛所說法不至涅槃耶文殊師利言涅槃可

BD09208號　思益梵天所問經卷三　　（2–2）

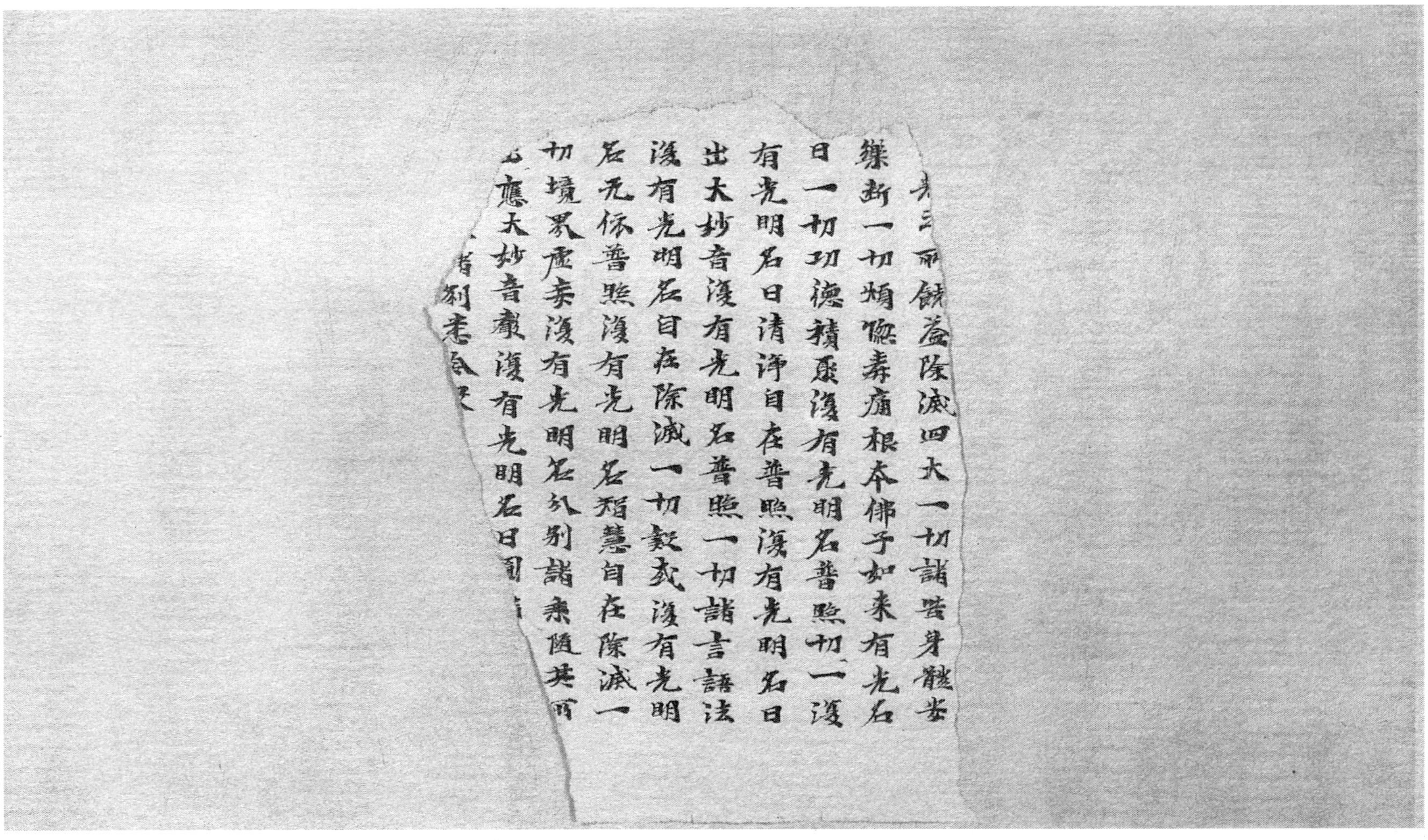

而能蓋除滅四大一切諸苦身體安
樂斷一切煩惱壽痛根本佛子如來有光名
日一切功德積聚復有光明名普照切一復
有光明名日清淨自在普照復有光明名日
出大妙音復有光明名普照一切諸言語法
復有光明名自在除滅一切疑惑復有光明
名无係普照復有光明名智慧自在除滅一
切境界虛妄復有光明名分別諸衆隨其所
應大妙音聲復有光明名日
者別意令

BD09209號　大方廣佛華嚴經（晉譯五十卷本）卷二九　　（1–1）

忠推為采女　甘露為美食　解脫味為漿　遊戲於三乘
此諸菩薩等　微妙轉增上　无量劫修行　其心不猒足
供養一切佛　嚴淨一切剎　普令一切衆　安住一切智
一切剎微塵　悉可知其數　一切虛空界　一沙可度量
一切衆生心　念念可數知　佛子諸功德　說之不可盡
欲具此功德　及諸上妙法　欲使諸衆生　離苦常安樂
欲令身語意　悉與諸佛等　應發金剛心　學此功德行

大方廣佛花嚴經卷五十九

BD09210號　大方廣佛華嚴經（唐譯八十卷本）卷五九　　（1–1）

智惠方
善根長養无量種〻善根分別境界善能
善根清淨善根一向善根循習善根行善根
攝善根平等廣說善根菩薩摩訶薩如是
有種〻門種〻境界種〻相種〻事種〻分无
量行无量語言道出生无量分別循行種〻
嚴善根悉能正持十力諸乘菩薩摩訶薩循習
如是種〻善根一觀无二一切智境菩薩摩訶
薩以如是等善根迴向欲令具滿无㝵身循菩
薩行欲令口業清淨无㝵循菩薩行欲令具足
无㝵心業安住大乘具无㝵心令菩薩行皆悉
清淨得无量大悲心充滿一切衆生得法自在
心照一切法普示世間得冣勝不可壞　　　　著
淨一切種智發菩提心普一切正念
諸佛念佛三昧悉得具足滿足離害正直之
遠離怨敵任持衆生充滿一切而无休息於十
力智悉得安住得深三昧悉能遍遊一切世界
无可染著悉住一切剎而无戢足化度衆生未
曾休息出生无量巧便恩惠具足成熟一切菩
薩不思議惠得離癡智悉能分別一切世界於
一念中悉能嚴淨一切佛剎於諸通惠而得自

BD09211號　大方廣佛華嚴經（晉譯五十卷本）卷一七　　（2–1）

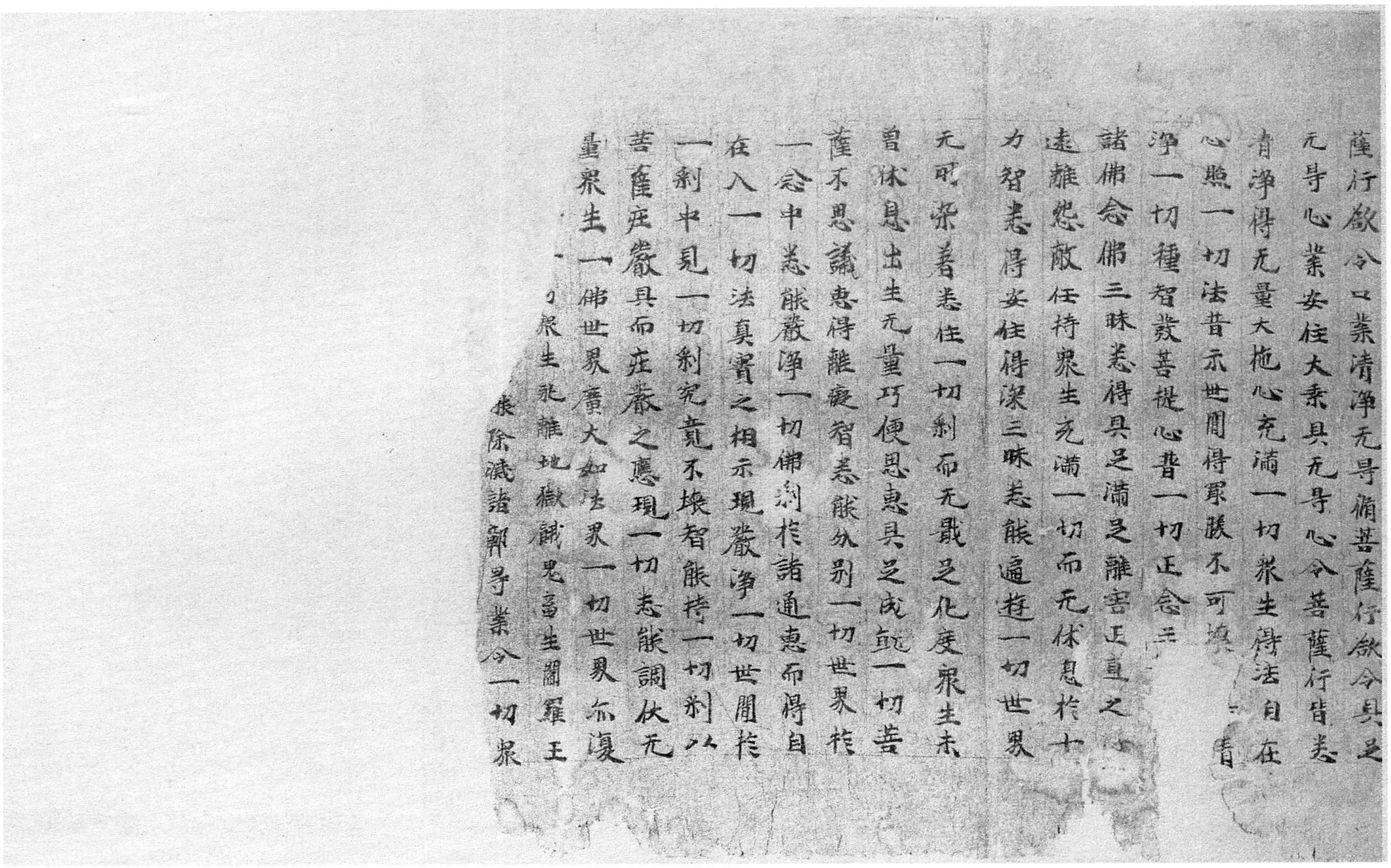
薩行欲令口業清淨无导循菩薩行欲令具足
无导心業安住大乘具无导心令菩薩行皆悉
清淨得无量大悲心充滿一切衆生得法自在
心照一切法普示世間得冣勝不可壞　青
淨一切種智發菩提心普一切正念三
諸佛念佛三昧悉得具足滿足離害正直之
遠離怨敵任持衆生充滿一切而无休息於十
力智悉得安住得深三昧悉能遍遊一切世界
无所染着悉住一切剎而无戲足化度衆生未
曾休息出生无量巧便恩惠具足成就一切菩
薩不思議惠得離癡智悉能分別一切世界於
一念中悉能嚴淨一切佛剎於諸通惠而得自
在入一切法真實之相示現嚴淨一切世間於
一剎中見一切剎究竟不壞智能持一切剎以
菩薩莊嚴具而莊嚴之應現一切悉能調伏无
量衆生一佛世界廣大如法界一切世界亦復
衆生永離地獄餓鬼畜生閻羅王
悉除滅諸鄣导業令一切衆

BD09211 號　大方廣佛華嚴經（晉譯五十卷本）卷一七　（2–2）

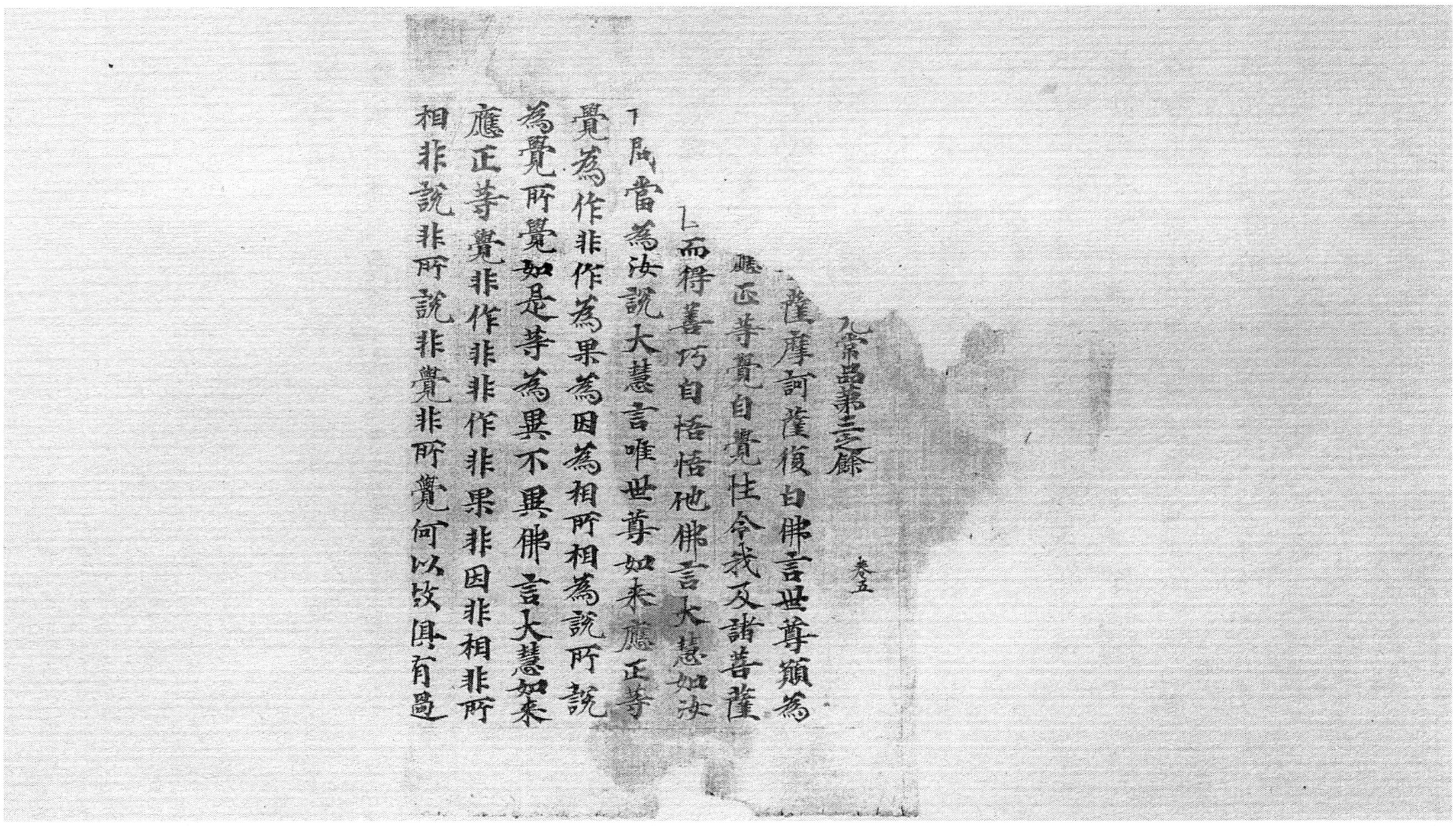
卷五
无常品第三之餘
薩摩訶薩復白佛言世尊願為
應正等覺自覺性令我及諸菩薩
而得善巧自悟悟他佛言大慧如汝
當為汝說大慧言唯世尊如來應正等
覺為作非作為果為因為相所相為說所說
為覺所覺如是等為異不異佛言大慧如來
應正等覺非作非非作非果非因非相非所
相非說非所說非覺非所覺何以故俱有過

BD09212 號　大乘入楞伽經卷五　（1–1）

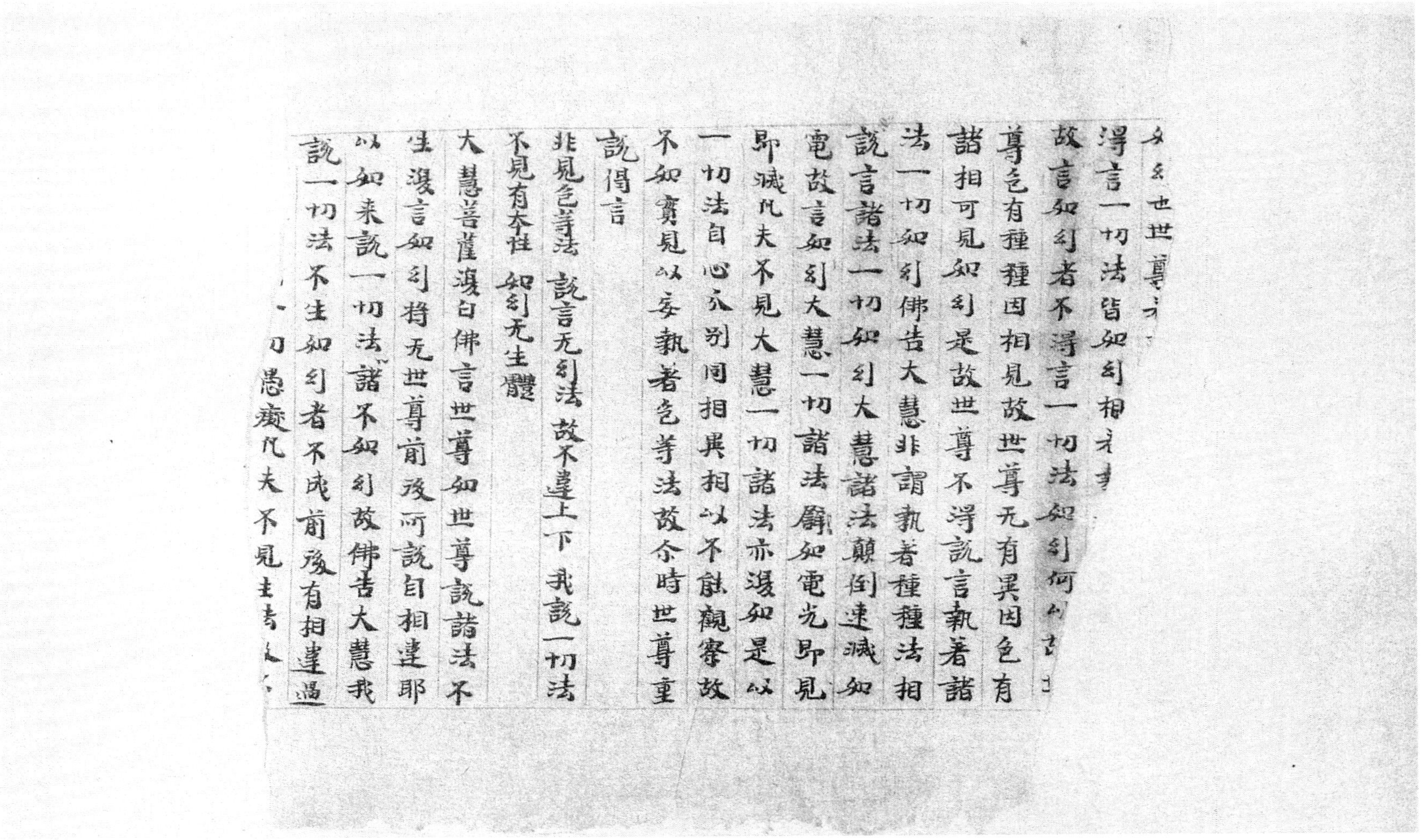
幻世世尊者
得言一切法皆如幻相者
故言如幻者不得言一切法如幻何以故
尊色有種種因相見故世尊无有異因色有
諸相可見知幻是故世尊不得說言執著諸
法一切如幻佛告大慧非謂執著種種法相
說言諸法一切如幻大慧諸法顛倒速滅如
電故言如幻大慧一切諸法譬如電光即見
即滅凡夫不見大慧一切諸法亦復如是以
一切法自心分別同相異相以不能觀察故
不知實見以妄執著色等法故尒時世尊重
說偈言
非見色等法　說言无幻法　故不違上下　我說一切法
不見有本性　知幻无生體
大慧菩薩復白佛言世尊如世尊說諸法不
生復言如幻將无世尊前後所說自相違耶
以如来說一切法諸不知幻故佛告大慧我
說一切法不生如幻者不成前後有相違過
一切愚癡凡夫不見生者

BD09213 號　入楞伽經卷四　（1–1）

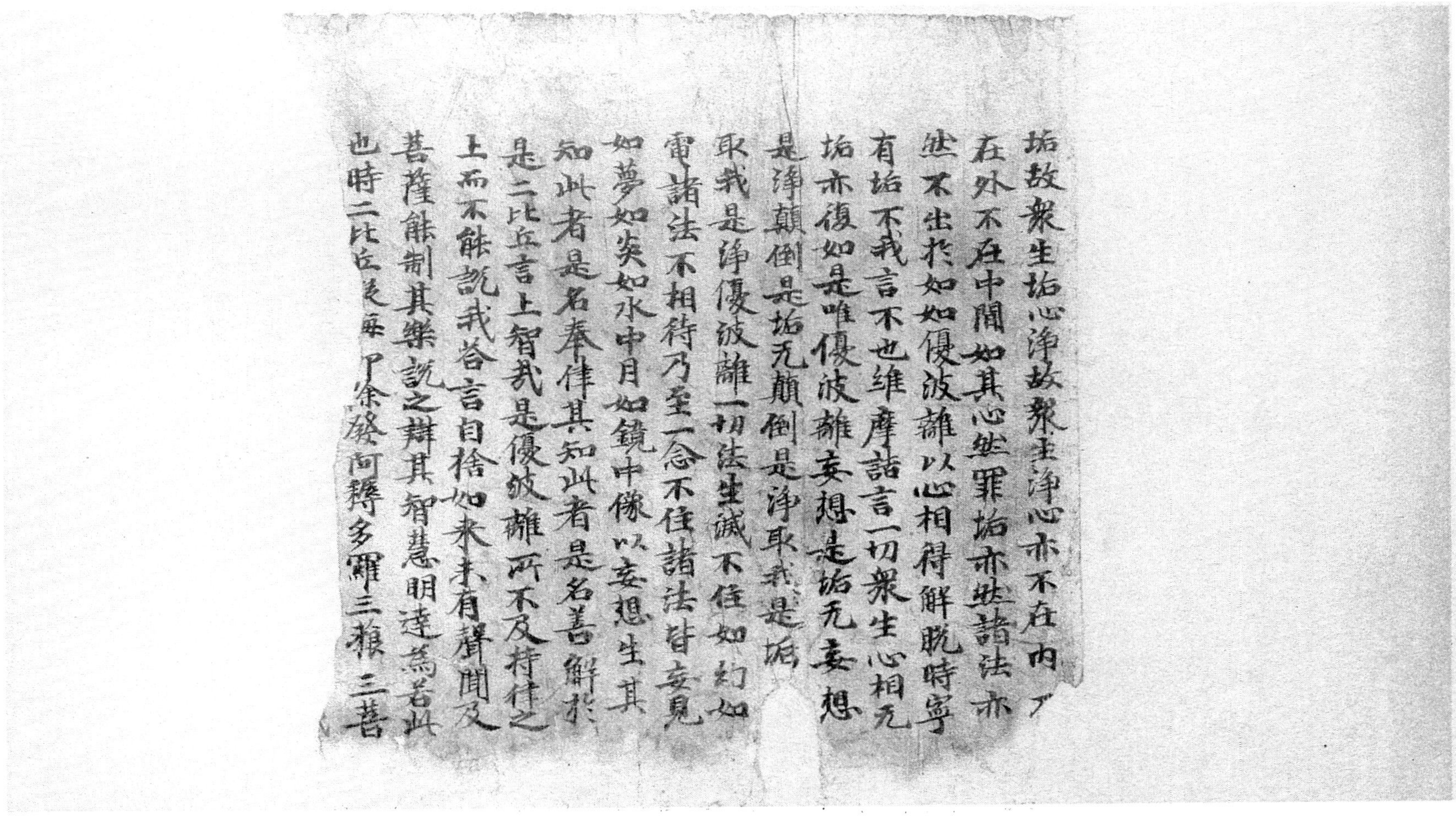
垢故衆生垢心淨故衆生淨心亦不在內
在外不在中間如其心然罪垢亦然諸法亦
然不出於如如優波離以心相得解脫時寧
有垢不我言不也維摩詰言一切衆生心相无
垢亦復如是唯優波離妄想是垢无妄想
是淨顛倒是垢无顛倒是淨取我是垢不
取我是淨優波離一切法生滅不住如幻如
電諸法不相待乃至一念不住諸法皆妄見
如夢如炎如水中月如鏡中像以妄想生其
知此者是名奉律其知此者是名善解於
是二比丘言上智哉是優波離所不及持律之
上而不能說我荅言自捨如来未有聲聞及
菩薩能制其樂說之辯其智慧明達為若此
也時二比丘疑悔即除發阿耨多羅三藐三菩

BD09214 號　維摩詰所說經卷上　（1–1）

……觀諸菩
……著者已斷一切分別想故譬如人畏
時非人得其便如是弟子畏生死故色聲香
味觸得其便也已離畏者一切五欲无能為
也結習未盡華著身耳結習盡者華不著也
舍利弗言天止此室其已久如答曰我止此
室如耆年解脫舍利弗言止此室久耶天曰
耆年解脫亦何如久舍利弗嘿然不答天曰
如何耆舊大智而嘿答曰解脫者无所言說
故吾於是不知所云天曰言說文字皆解脫
相所以者何解脫者不內不外不在兩間文
字亦不內不外不在兩間是故舍利弗无離
文字說解脫也所以者何一切諸法是解脫
相舍利弗言不復以離婬怒癡為解脫乎
天曰佛為增上慢人說離婬怒癡為解脫耳
……怒癡性即是解……

BD09215號　維摩詰所說經卷中　（1–1）

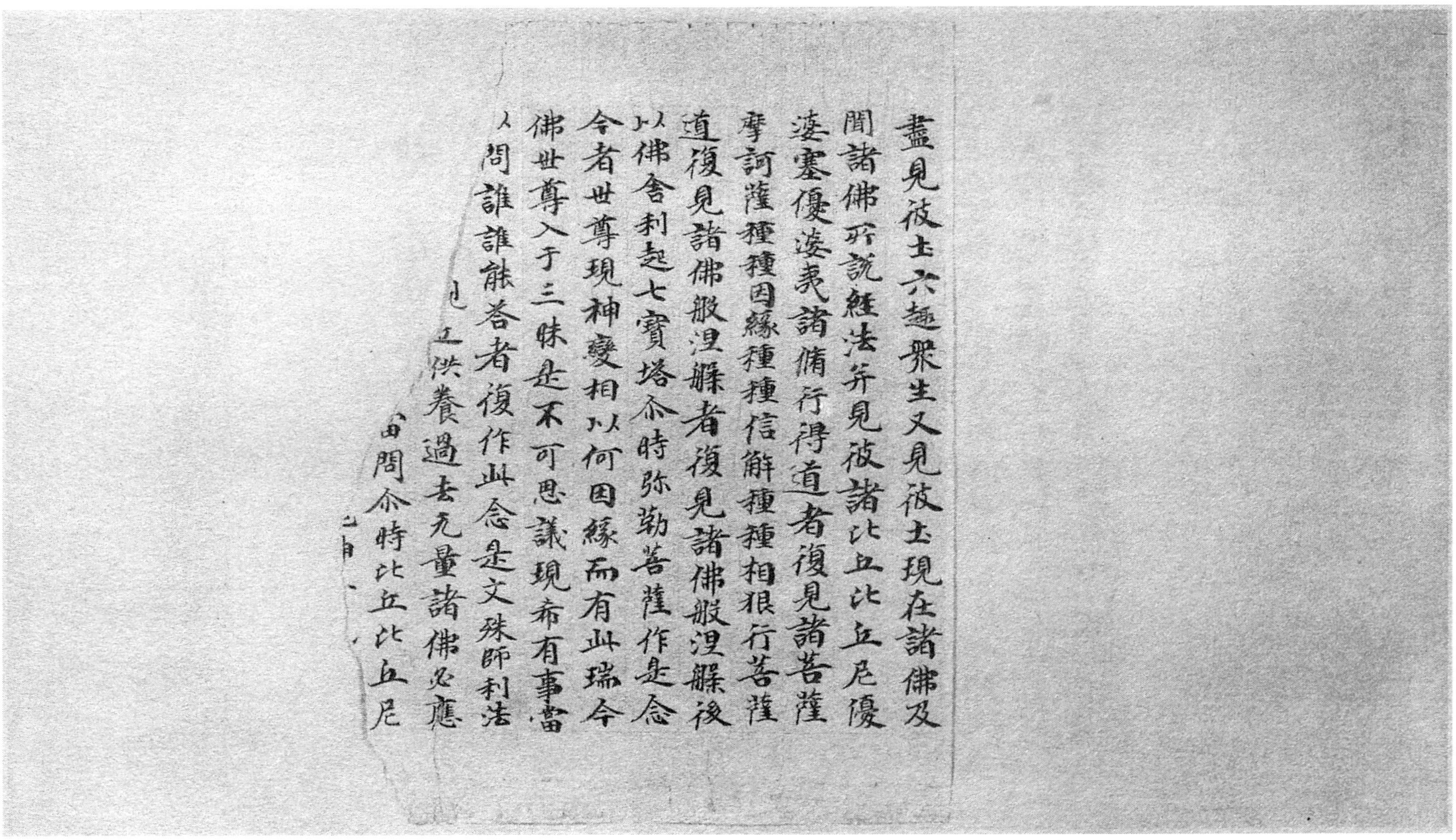

盡見彼土六趣衆生又見彼土現在諸佛及
聞諸佛所說經法并見彼諸比丘比丘尼優
婆塞優婆夷諸修行得道者復見諸菩薩
摩訶薩種種因緣種種信解種種相貌行菩薩
道復見諸佛般涅槃者復見諸佛般涅槃後
以佛舍利起七寶塔尒時弥勒菩薩作是念
今者世尊現神變相以何因緣而有此瑞今
佛世尊入于三昧是不可思議現希有事當
以問誰誰能答者復作此念是文殊師利法
……丘供養過去无量諸佛必應
……問尒時比丘比丘尼
……

BD09216號　妙法蓮華經卷一　（1–1）

菩薩各有六万恒河沙眷屬是諸人等能於
我滅後護持讀誦廣說此經佛說是時娑婆
世界三千大千國土地皆震裂而於其中有
无量千万億菩薩摩訶薩同時踊出是諸菩
薩身皆金色三十二相无量光明先盡在此
娑婆世界之下此界虛空中住是諸菩薩聞
釋迦牟尼佛所說音聲從下發來一一菩薩
皆是大衆唱導之首各將六万恒河沙眷屬
況將五万四万三万二万一万恒河沙等眷
屬者況復乃至一恒河沙半恒河沙四分之
一乃至千万億那由他分之一況復千万億
那由他眷屬況復億万眷屬況復千万百万

BD09217 號　妙法蓮華經卷五　　（1–1）

眉間白毫相光遍照東方百八万億那由他
恒河沙等諸佛世界過是數已有世界名淨
光莊嚴其國有佛号淨華宿王智如來應供
正遍知明行足善逝世間解无上士調御丈
夫天人師佛世尊為无量无邊菩薩大衆恭
敬圍繞而為說法釋迦牟尼佛白毫光明遍
照其國尒時一切淨光莊嚴國中有一菩薩
名曰妙音久已殖衆德本供養親近无量百
千万億諸佛而悉成就甚深智慧得妙幢相
三昧法華三昧淨德三昧宿王戲三昧无緣
三昧智印三昧解一切衆生語言三昧集一
切功德三昧清淨三昧神通遊戲三昧慧炬
三昧莊嚴王三昧淨光明三昧淨藏三昧不
共三昧日旋三昧得如是等百千万億恒河
沙等諸大三昧釋迦牟尼佛光照其身即白
淨華宿王智佛言世尊我當往詣娑婆世界

BD09218 號 A　妙法蓮華經卷七　　（1–1）

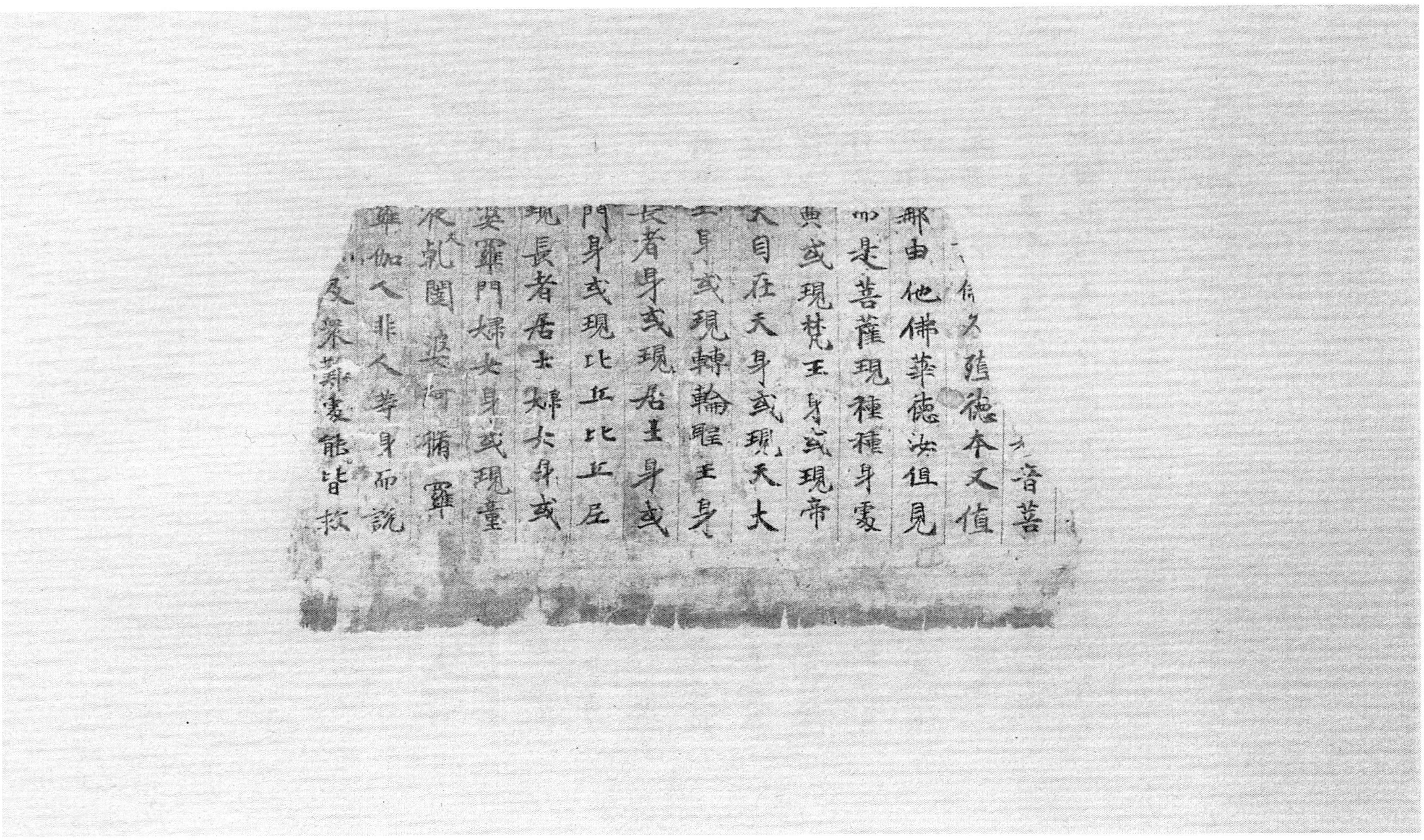
…音菩
…久殖德本又值
那由他佛華德汝但見
如是菩薩現種種身處
典或現梵王身或現帝
大自在天身或現天大
王身或現轉輪聖王身
長者身或現居士身或
門身或現比丘比丘尼
現長者居士婦女身或
婆羅門婦女身或現童
依乾闥婆阿脩羅
羅伽人非人等身而說
及衆難處皆能救

BD09218號 B　妙法蓮華經卷七　　（1-1）

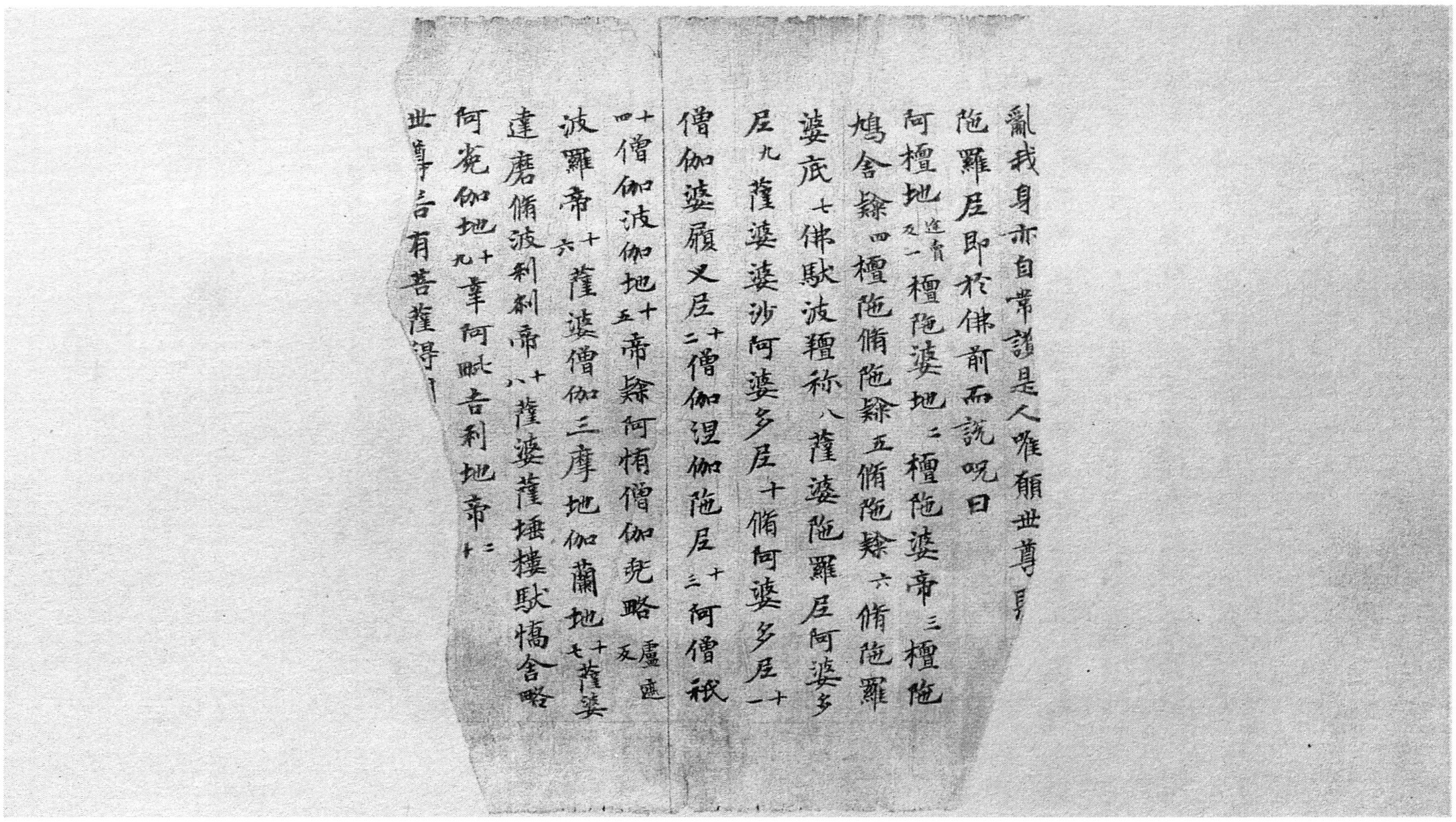
亂我身亦自當護是人唯願世尊
陀羅尼即於佛前而說呪曰
阿檀地連賣反一 檀陀婆地二 檀陀婆帝三 檀陀
鳩舍隸四 檀陀脩陀隸五 脩陀隸六 脩陀羅
婆底七 佛馱波羶禰八 薩婆陀羅尼阿婆多
尼九 薩婆婆沙阿婆多尼十 脩阿婆多尼十一
僧伽婆履叉尼十二 僧伽涅伽陀尼十三 阿僧祇
十四 僧伽波伽地十五 帝隸阿惰僧伽兜略盧遮反
波羅帝十六 薩婆僧伽三摩地伽蘭地十七 薩婆
達磨脩波利剎帝十八 薩婆薩埵樓馱憍舍略
阿㝹伽地十九 辛阿毗吉利地帝二十
世尊若有菩薩得…

BD09219號　妙法蓮華經卷七　　（1-1）

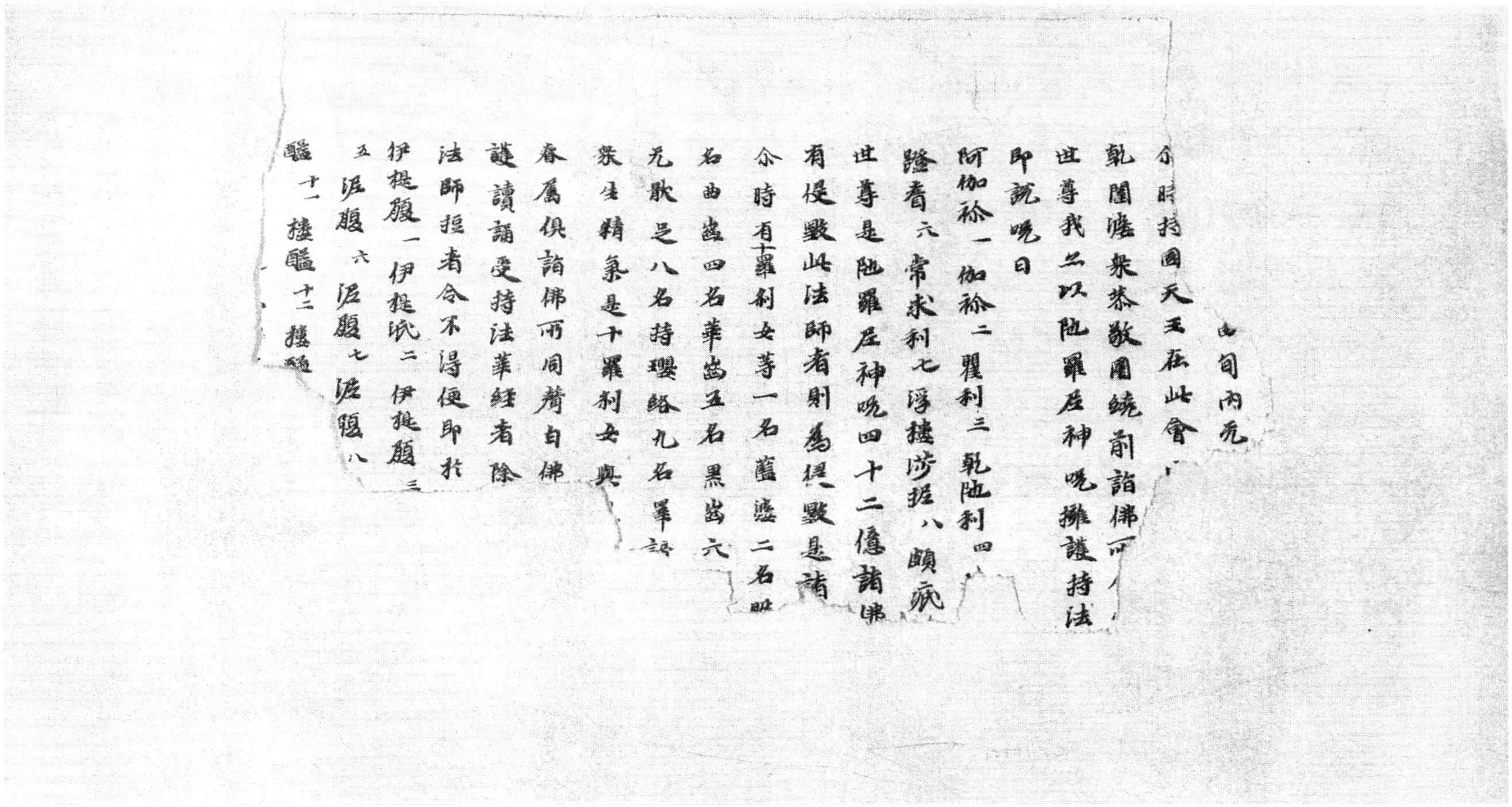
由旬內无
尒時持國天王在此會中
乾闥婆衆恭敬圍繞前詣佛所合
世尊我亦以陁羅尼神呪擁護持法
即說呪曰
阿伽祢一 伽祢二 瞿利三 乾陁利四
蹬耆六 常求利七 浮樓莎柅八 頞底
世尊是陁羅尼神呪四十二億諸佛
有侵毀此法師者則為侵毀是諸
尒時有十羅剎女等一名藍婆二名毗
名曲齒四名華齒五名黑齒六
无猒足八名持瓔珞九名睾諦
衆生精氣是十羅剎女與
眷屬俱詣佛所同聲白佛
護讀誦受持法華經者除
法師短者令不得便即於
伊提履一 伊提泯二 伊提履三
五 泥履六 泥履七 泥履八
醯十一 樓醯十二 樓醯

BD09220 號　妙法蓮華經卷七　　（1–1）

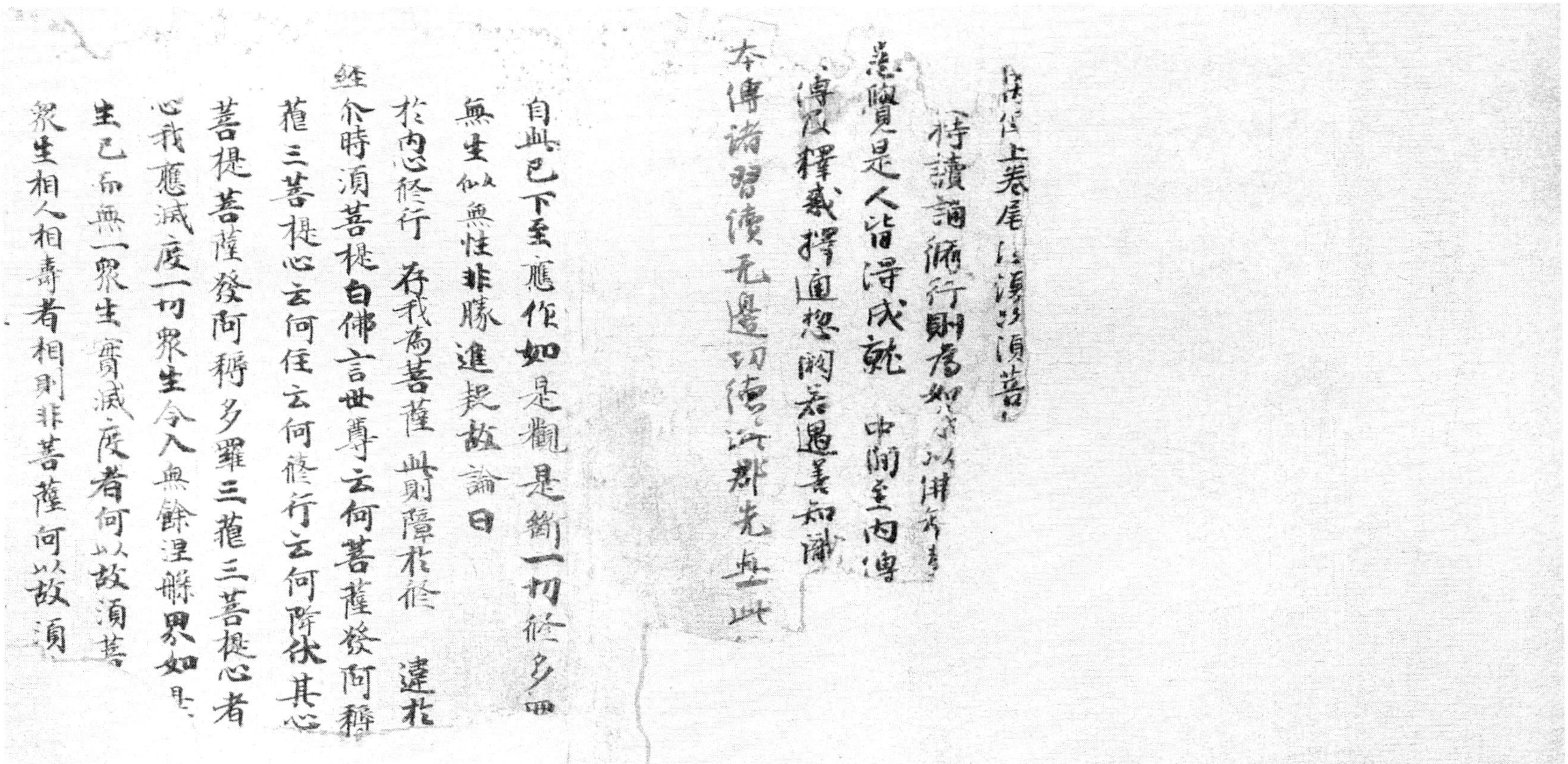
上卷尾以須菩
持讀誦脩行則為如來以佛智
悉覺是人皆得成就 中間至內傳
傳及釋義擇通惣兩家遇善知識
本傳諸習讀无邊功德河郡光與此
自此已下至應作如是觀是斷一切修多羅
無生似無性非勝進趣故論曰
於內心修行 存我為菩薩 此則障於修 違於
經 尒時須菩提白佛言世尊云何菩薩發阿耨
藐三菩提心云何住云何修行云何降伏其心
菩提菩薩發阿耨多羅三藐三菩提心者
心我應滅度一切衆生令入無餘涅槃界如是
生已而無一衆生實滅度者何以故須菩
衆生相人相壽者相則非菩薩何以故須

BD09221 號　金剛經傳（擬）　　（2–1）

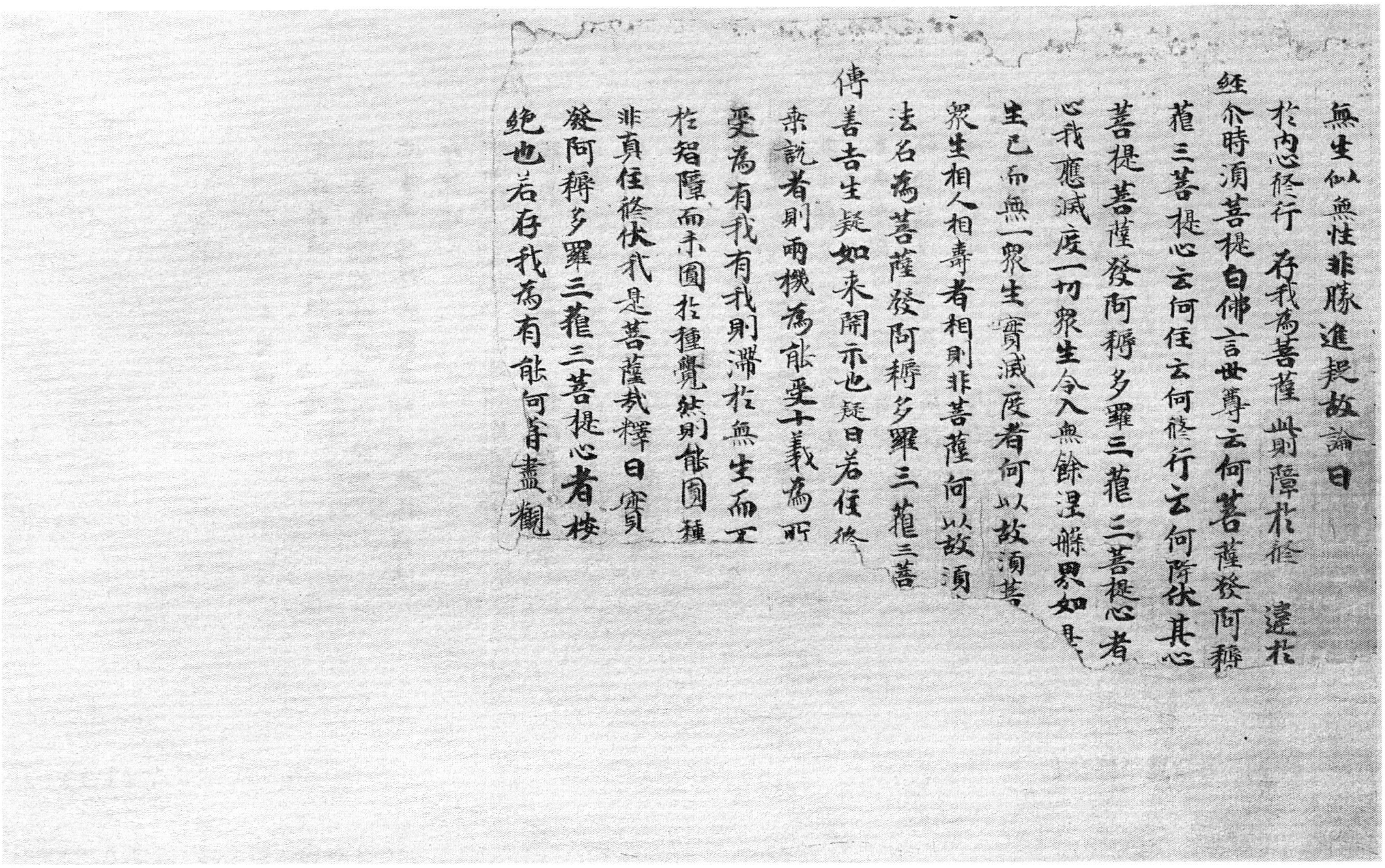
無生似無性非滕進趣故論曰
於內心修行　存我為菩薩　此則障於修　違於
經　尒時須菩提白佛言世尊云何菩薩發阿耨
藐三菩提心云何住云何修行云何降伏其心
菩提菩薩發阿耨多羅三藐三菩提心者
心我應滅度一切眾生令入無餘涅槃界如是
生已而無一眾生實滅度者何以故須菩
眾生相人相壽者相則非菩薩何以故須
法名為菩薩發阿耨多羅三藐三菩
傳　善吉生疑如來開示也疑曰若住修
乘說者則兩機為能受十義為所
受為有我有我則滯於無生而不
於智障而未圓於種覺然則能圓種
非真住修伏我是菩薩我釋曰實
發阿耨多羅三藐三菩提心者棲
絕也若存我為有能何肯盡觀

BD09221號　金剛經傳（擬）　（2–2）

BD09222號　般若波羅蜜多心經疏（智詵疏）

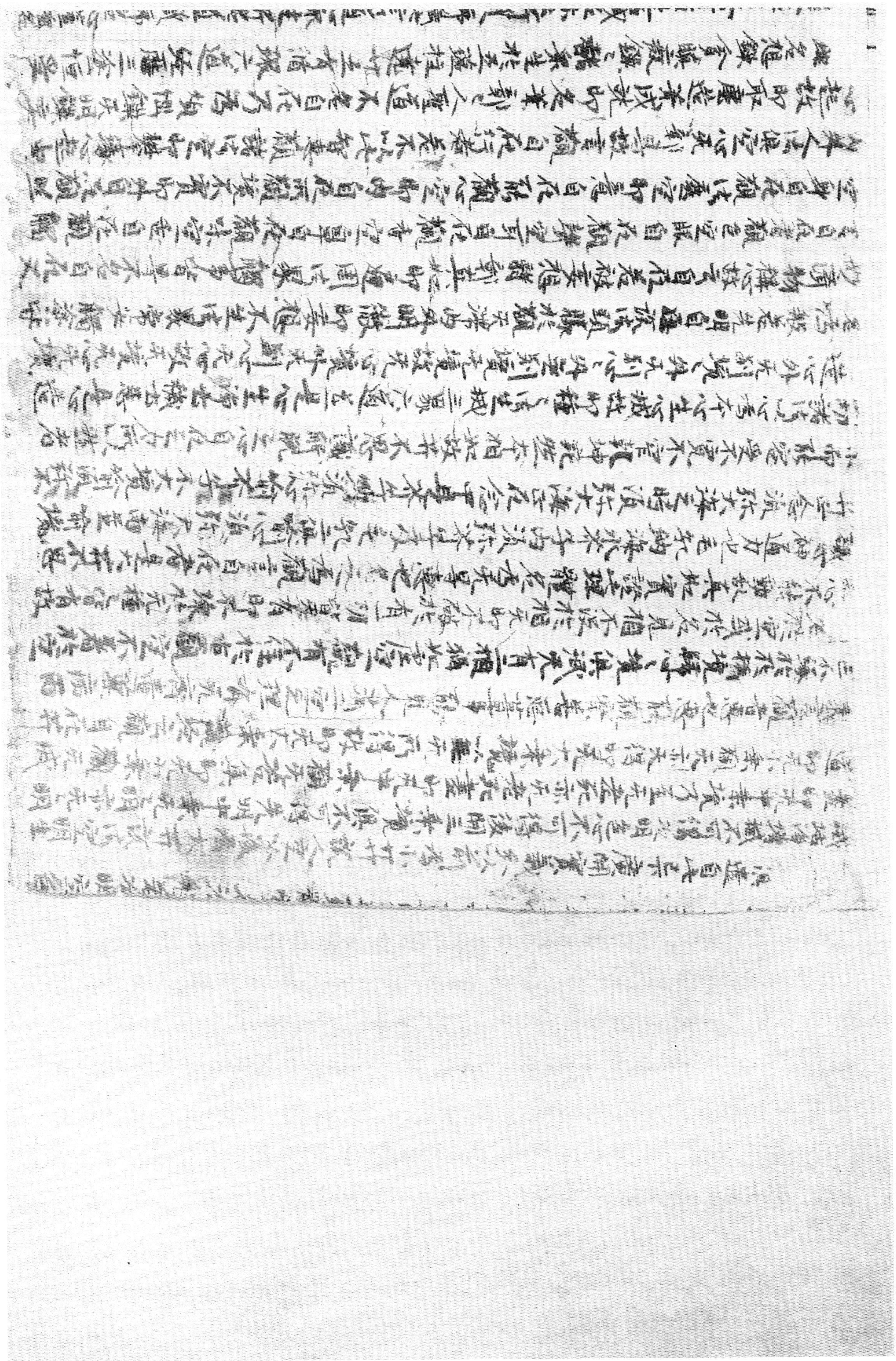

（2–1）

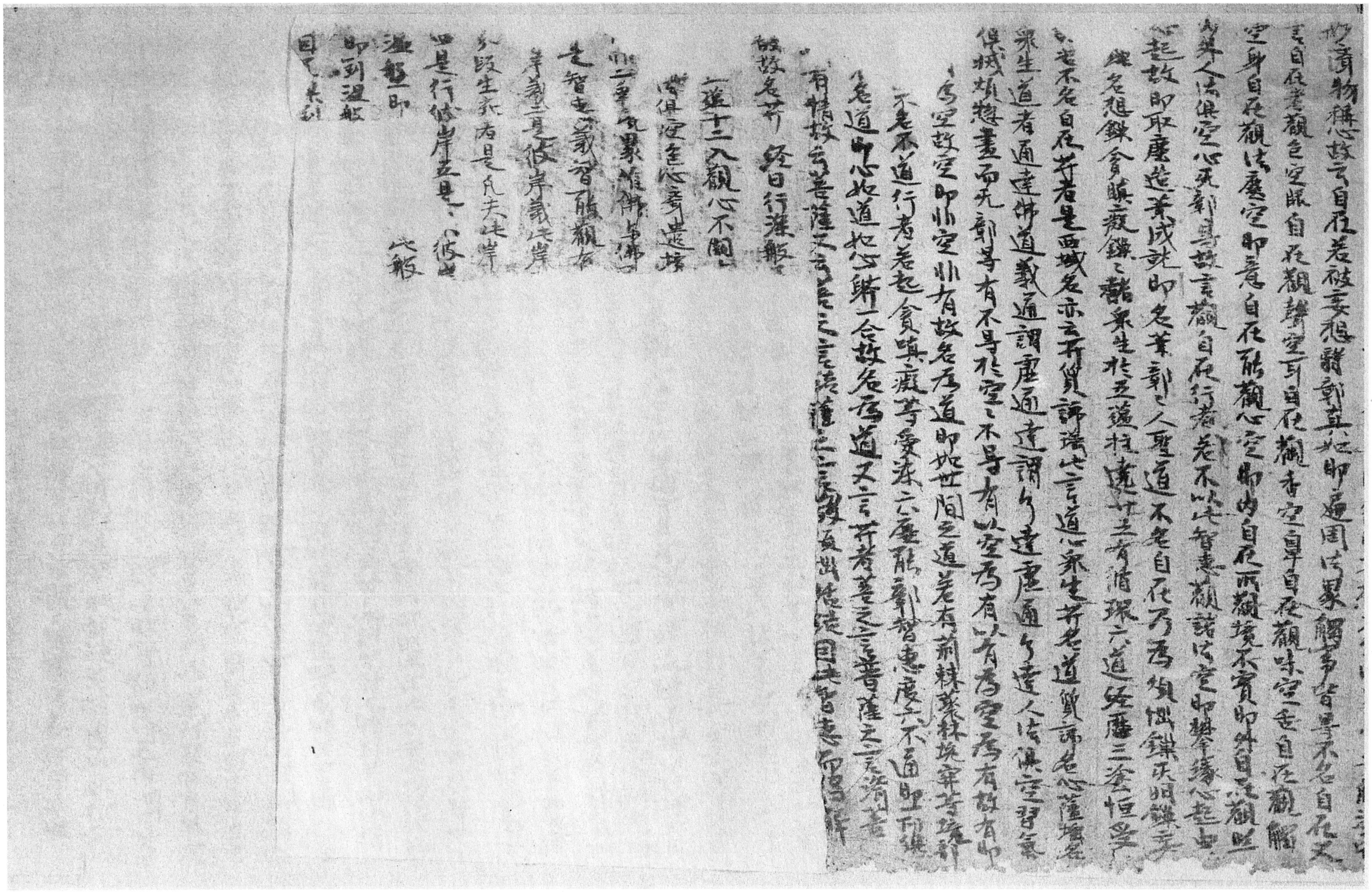

BD09222 號　般若波羅蜜多心經疏（智詵疏）　（2–2）

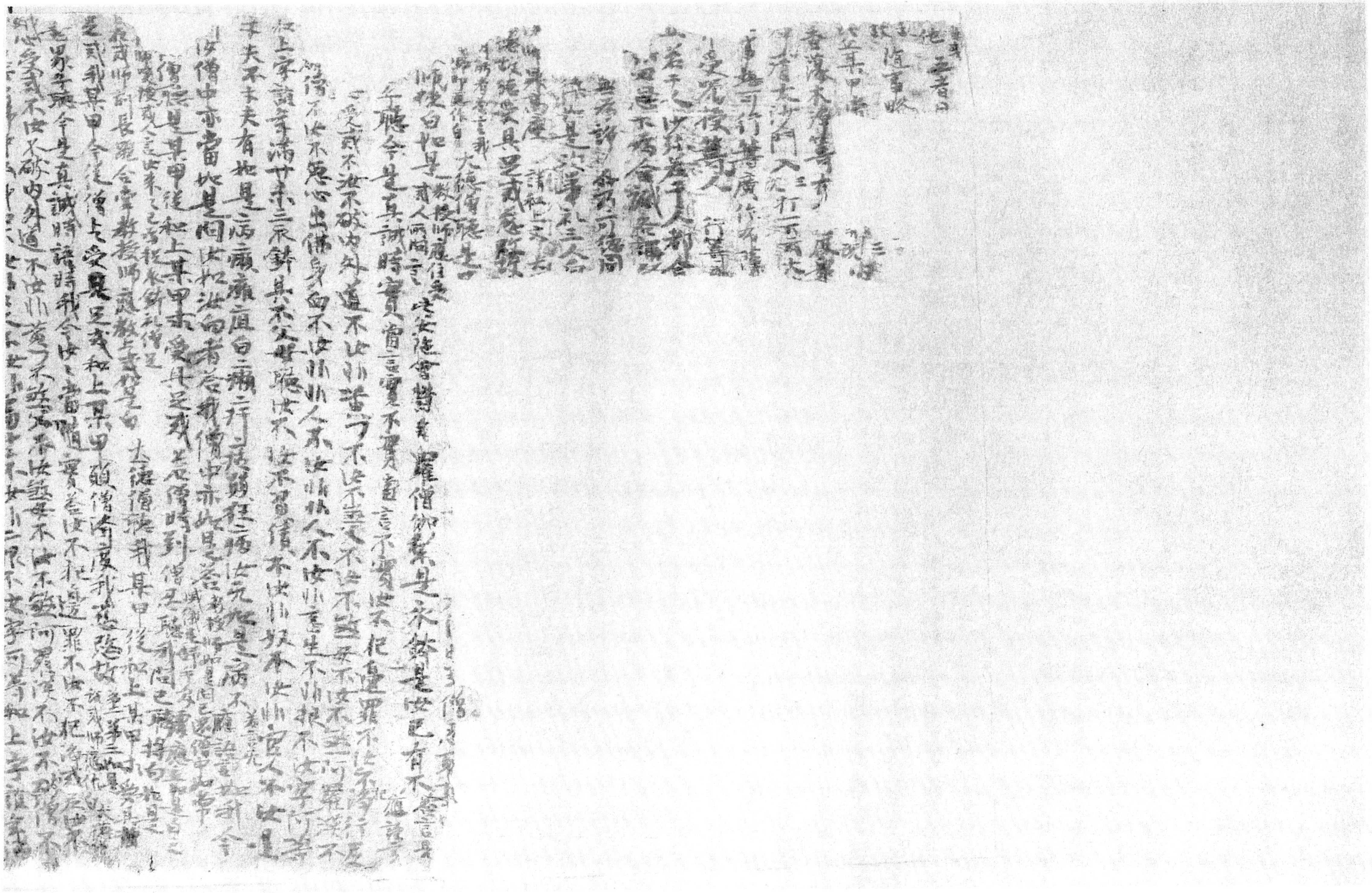

BD09222 號背　授大戒羯磨（擬）　　（2–1）

BD09222號背　授大戒羯磨（擬）

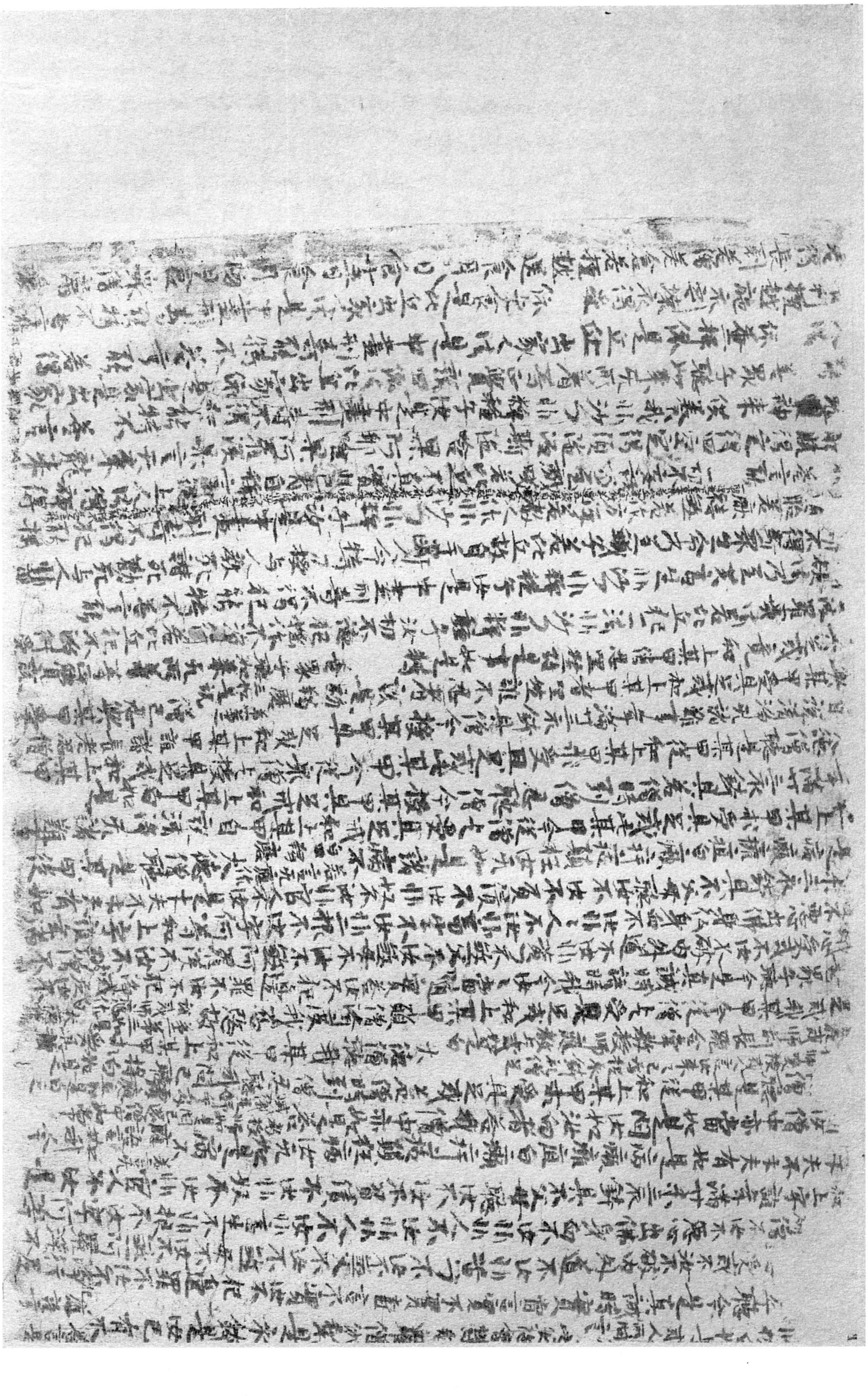

（2-2）

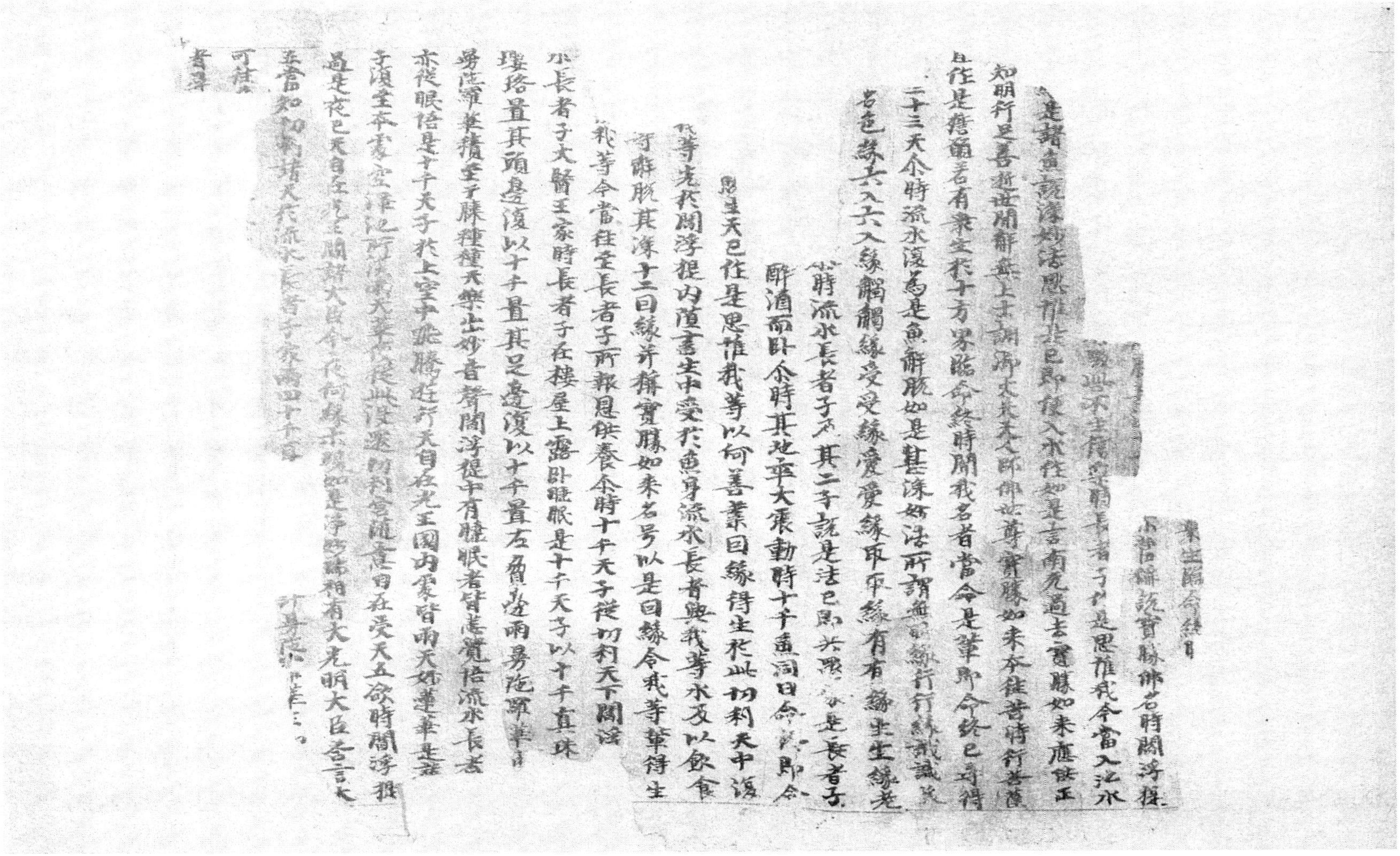

BD09223號　金光明經卷四　（1-1）

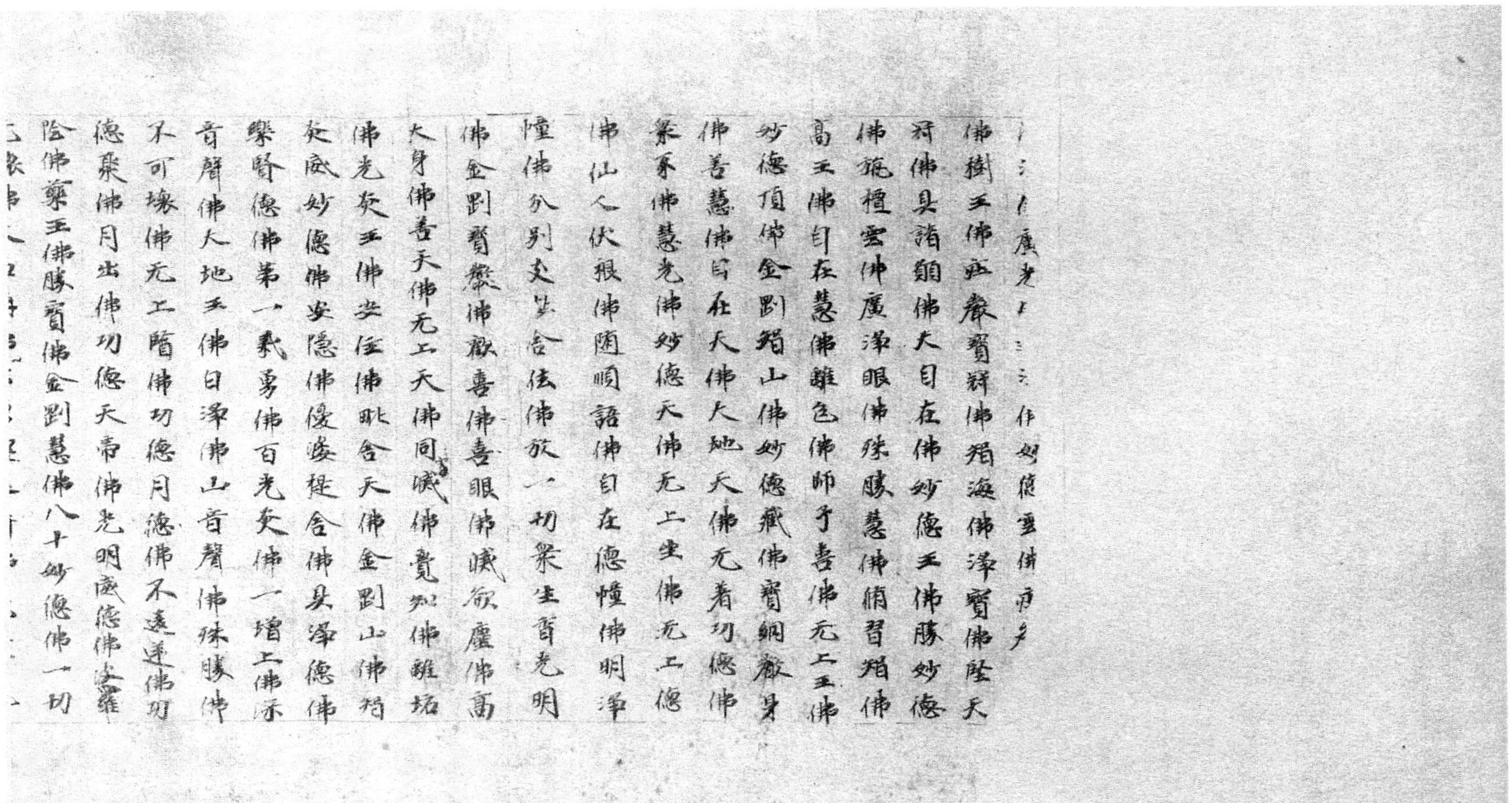

佛樹王佛普嚴寶稱佛焰海佛淨寶佛堅天
稱佛具諸願佛大自在佛妙德王佛勝妙德
佛施檀雲佛廣淨眼佛殊勝慧佛精習焰佛
高王佛自在慧佛離色佛師子喜佛无上王佛
妙德頂佛金剛焰山佛妙德藏佛寶網嚴身
佛善慧佛自在天佛大地天佛无着功德佛
衆系佛慧光佛妙德天佛无上生佛无上德
佛仙人伏根佛隨順語佛自在德幢佛明淨
幢佛分別丈夫舍法佛放一切衆生普光明
佛金剛寶燄佛歡喜佛喜眼佛滅欲塵佛高
大身佛善天佛无上天佛同滅佛覺知佛離垢
佛光炎王佛安住佛毗舍天佛金剛山佛焰
炎威妙德佛安隱佛優婆提舍佛具淨德佛
樂賢德佛第一勢勇佛百光炎佛一增上佛添
音聲佛大地王佛日淨佛山音聲佛殊勝佛
不可壞佛无工瞻佛功德月德佛不遠逆佛功
德聚佛月出佛功德天帝佛光明威德佛娑羅
陰佛藥王佛勝寶佛金剛慧佛八十妙德佛一切

BD09224號　大方廣佛華嚴經（晉譯五十卷本）卷四八　（2-1）

樂賢德佛第一勳勇佛百光炎佛一增上佛河
音聲佛大地王佛日淨佛山音聲佛殊勝佛
不可壞佛无上踊佛功德月德佛不遠迷佛功
德聚佛月出佛功德天帝佛光明盛德佛波羅
陰佛藥王佛勝寶佛金剛慧佛八十妙德佛一切
无壞佛大名稱佛王勇健進持佛无量光
佛大莊嚴炎佛法王不虛佛法不退地佛明淨
天佛苦行佛淨天佛同意佛解脫音佛无壞
王佛滅諍為佛淨瞻蔔光佛善勝月佛執明
燈佛莊嚴身佛不可說佛親衆生无量光明
佛无畏音佛衆勝天佛无長焰盛佛妙德花佛月
光炎佛不退慧佛離愛佛不著慧佛長養德
聚佛滅惡道佛无量化師子吼佛勇不退佛
見无畏佛降衆魔佛不著相佛離虛妄海佛
清淨海佛不可沮壞須弥山佛无著焰佛无
量坐佛与魔戰佛隨師行佛无上調佛常月
佛饒益佛王不動陰佛饒益名佛饒益慧佛
壽持佛名佛滿稱佛无壞盛佛色明淨佛无
相焰佛勇无動佛難思妙德佛同月行佛
无量身佛隨順王佛壞增壽天佛佛子如
是等賢劫一切佛於此世界成等正覺我
悉為毋只於十方一切世界教化衆生令
時善財白言大聖得此法門其已久如答

BD09224號　大方廣佛華嚴經（晉譯五十卷本）卷四八　（2–2）

七衆生身雜色香雲雨一
出諸天女雲各持妙寶於虛空中迴轉
莊嚴一切衆寶鉢臺摩尼雜寶師子坐莊嚴
虛空尒時東方過不可說佛刹微塵等世界
海有世界名金剛雲明淨燈莊嚴佛号明障
妙德王彼大衆中有菩薩名明淨願光明
不可說佛刹微塵等菩薩俱來向此土興
了冐興天華雲散天末香
莊嚴雲天寶衣雲
寶莊嚴來

BD09225號　大方廣佛華嚴經（晉譯五十卷本）卷三七　（1–1）

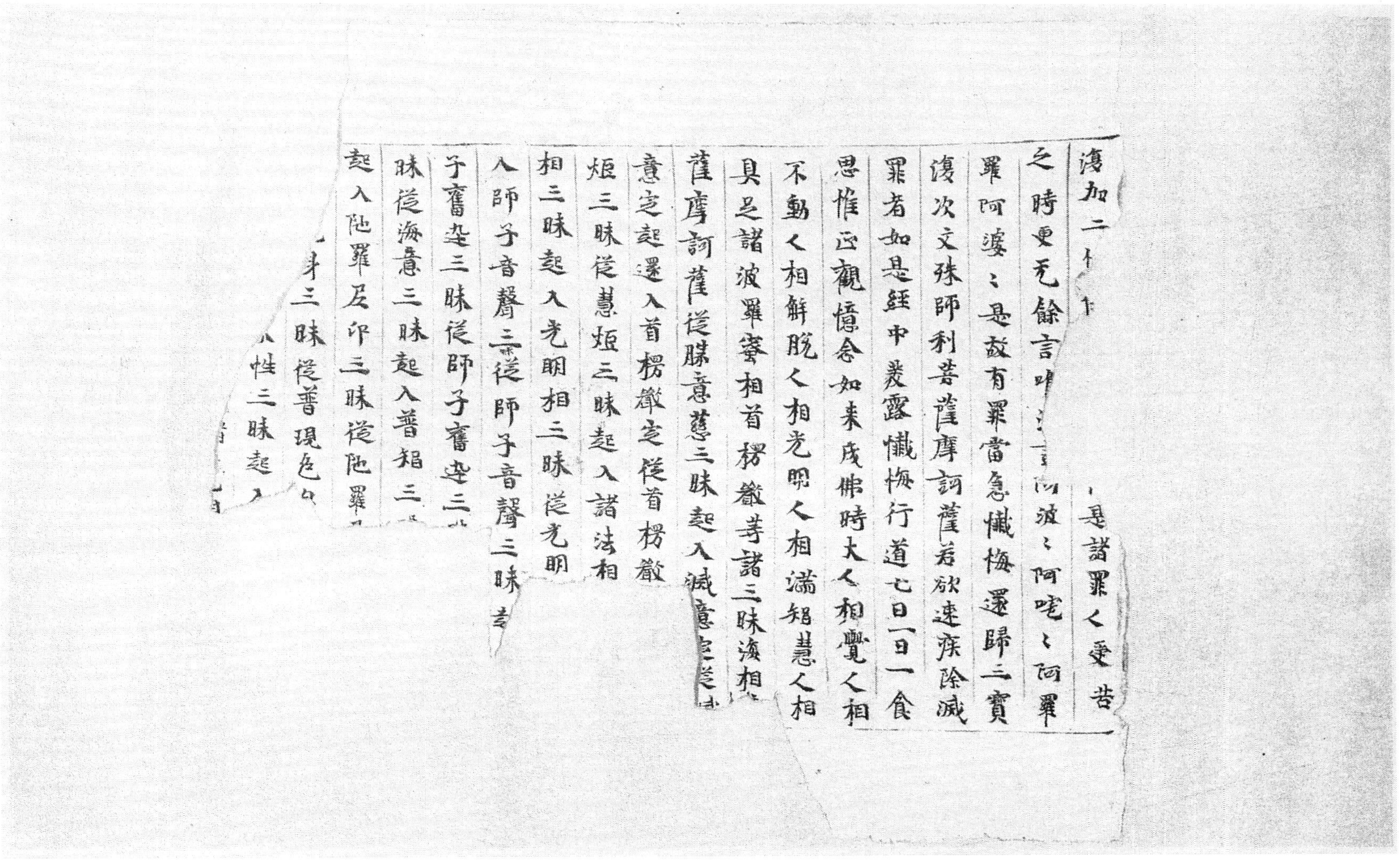
復加二……是諸罪人受苦
之時更无餘言唯……阿波ゝ阿吒ゝ阿羅
羅阿婆ゝ是故有罪當急懺悔還歸三寶
復次文殊師利菩薩摩訶薩若欲速疾除滅
罪者如是經中發露懺悔行道七日一日一食
思惟正觀憶念如來成佛時大人相覺人相
不動人相解脫人相光明人相滿智慧人相
具足諸波羅蜜相首楞嚴等諸三昧復相……
薩摩訶薩從勝意慧三昧起入滅意定……
意定起還入首楞嚴定從首楞嚴
炬三昧從慧炬三昧起入諸法相
相三昧起入光明相三昧從光明
入師子音聲三昧從師子音聲三昧起
子奮迅三昧從師子奮迅三……
昧從海意三昧起入普智三……
起入陀羅尼印三昧從陀羅……
……身三昧從普現色……
……性三昧起入……

BD09226 號　大通方廣懺悔滅罪莊嚴成佛經卷下　　（1–1）

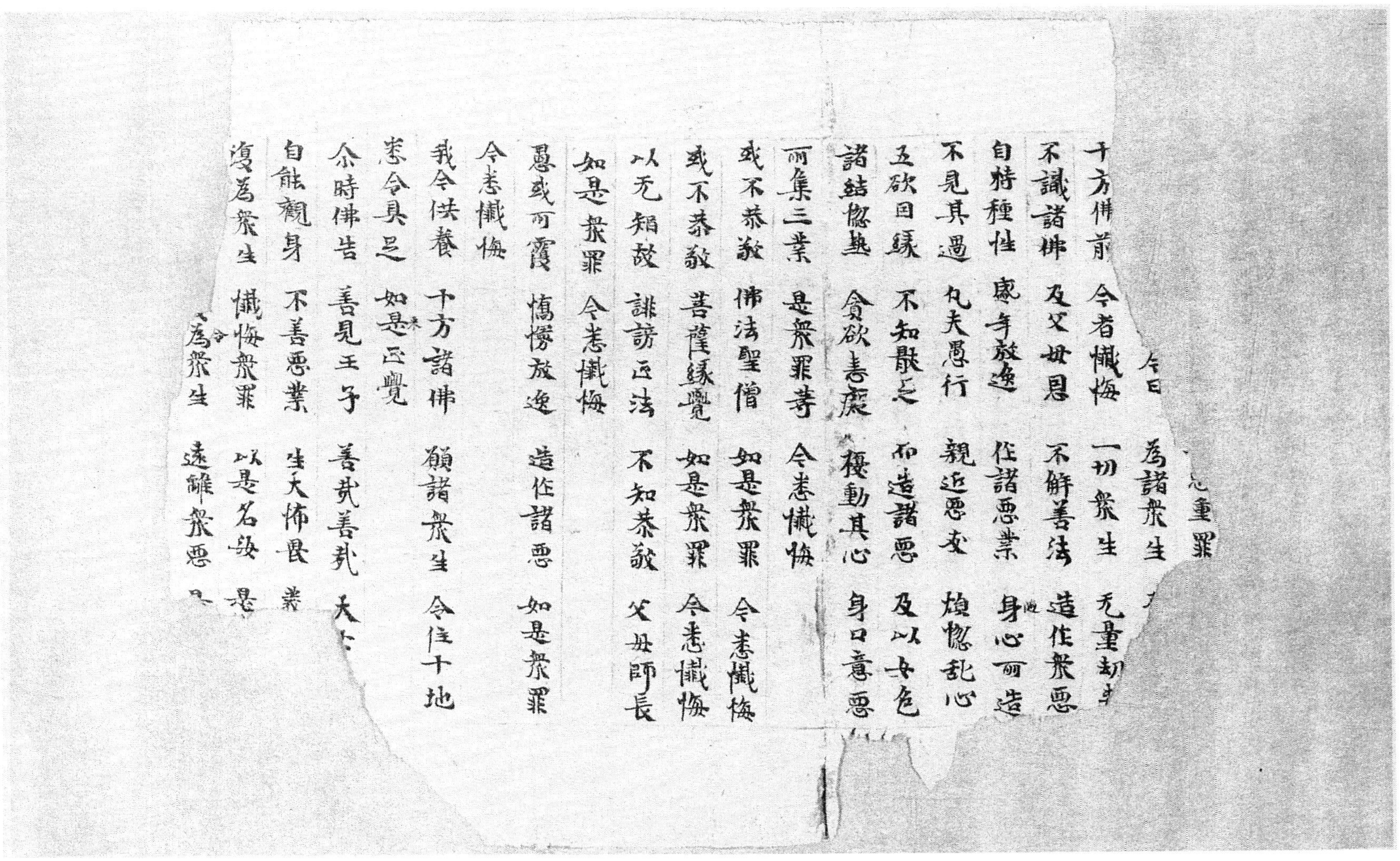
……重罪
今日　為諸衆生　……
十方佛前　今者懺悔　一切衆生　无量劫來
不識諸佛　及父母恩　不解善法　造作衆惡
自恃種性　康年放逸　作諸惡業　身心所造
不見其過　凡夫愚行　親近惡友　煩惱亂心
五欲因緣　不知厭足　而造諸惡　及以女色
諸結煩惱　貪欲焦處　擾動其心　身口意惡
所集三業　是衆罪等　今悉懺悔
或不恭敬　佛法聖僧　如是衆罪　今悉懺悔
或不恭敬　菩薩緣覺　如是衆罪　今悉懺悔
以无智故　誹謗正法　不知恭敬　父母師長
如是衆罪　今悉懺悔
愚或所覆　憍慢放逸　造作諸惡　如是衆罪
今悉懺悔
我今供養　十方諸佛　願諸衆生　令住十地
悉令具足　如是正覺
尒時佛告　善見王子　善哉善哉　大……
自能觀身　不善惡業　生大怖畏……
復為衆生　懺悔衆罪　以是名安……
……為衆生　遠離衆惡……

BD09227 號　大通方廣懺悔滅罪莊嚴成佛經卷下　　（1–1）

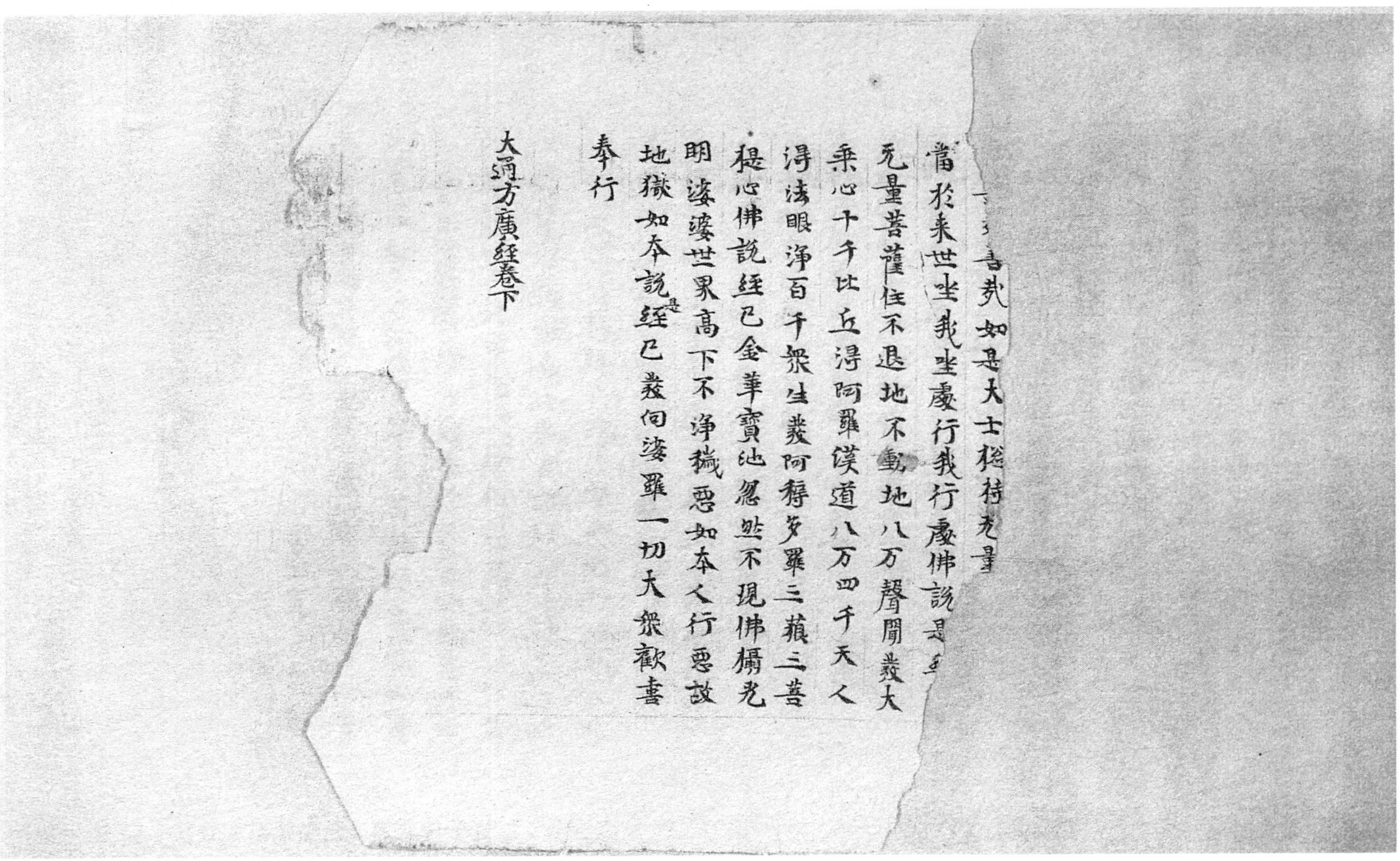

……善哉如是大士總持无量
當於来世坐我坐處行我行處佛說是……
无量菩薩住不退地不動地八万聲聞發大
乘心十千比丘得阿羅漢道八万四千天人
得法眼淨百千衆生發阿耨多羅三藐三菩
提心佛說經已金華寶池忽然不現佛囑无
明婆婆世界高下不淨穢惡如本人行惡故
地獄如本說是經已發向婆羅一切大衆歡喜
奉行

大通方廣經卷下

BD09228 號　大通方廣懺悔滅罪莊嚴成佛經卷下　　（1–1）

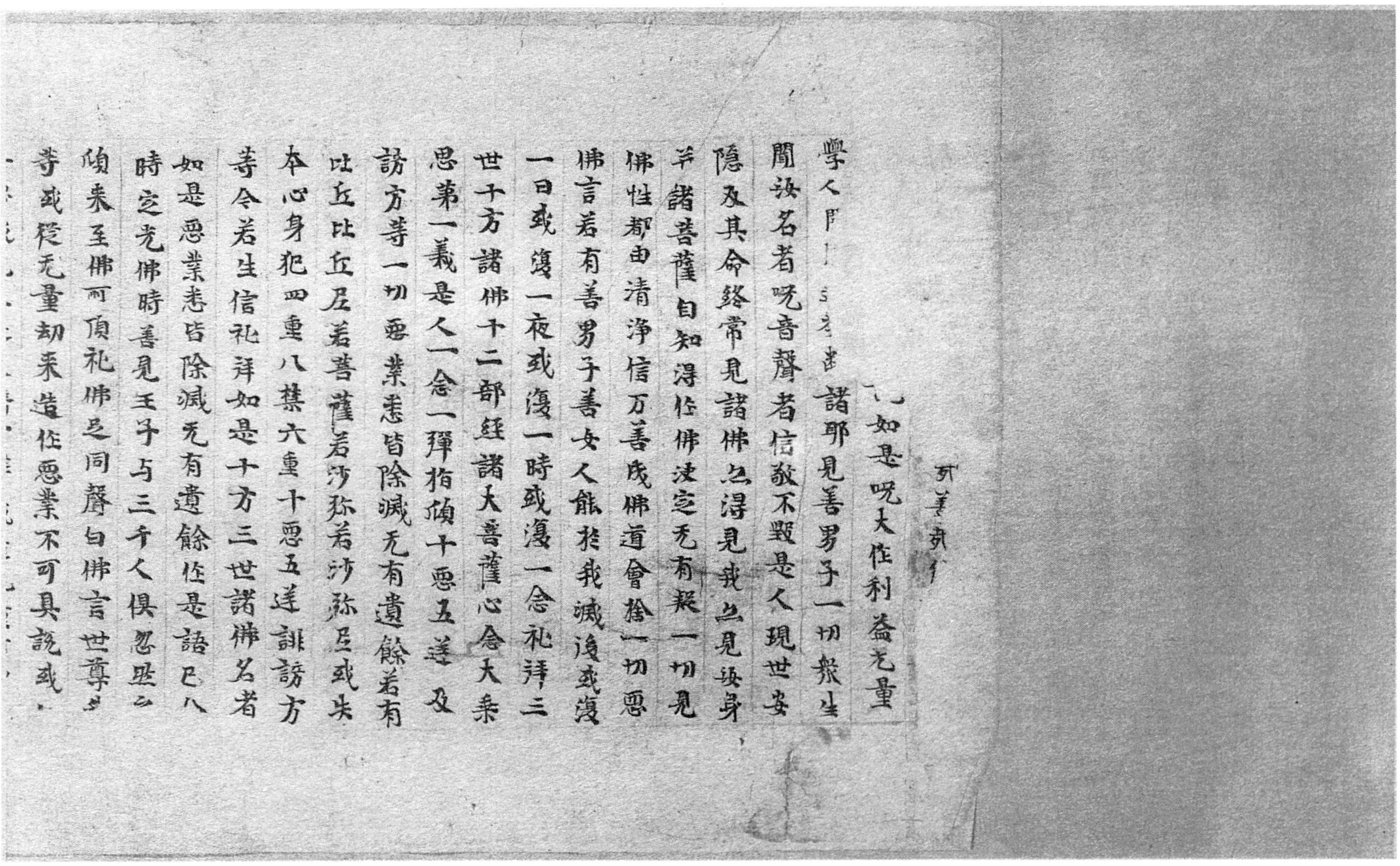

……如是呪大作利益无量
學人……諸耶見善男子一切衆生
聞汝名者呪音聲者信敬不毀是人現世安
隱及其命終常見諸佛必得見我必見汝身
汝諸菩薩自知得作佛决定无有疑一切見
佛性都由清淨信万善成佛道會捨一切惡
佛言若有善男子善女人能於我滅後或復
一日或復一夜或復一時或復一念礼拜三
世十方諸佛十二部經諸大菩薩心念大乘
思第一義是人一念一彈指頃十惡五逆及
謗方等一切惡業悉皆除滅无有遺餘若有
比丘比丘尼若菩薩若沙弥若沙弥尼或失
本心身犯四重八禁六重十惡五逆誹謗方
等令若生信礼拜如是十方三世諸佛名者
如是惡業悉皆除滅无有遺餘作是語已八
時定光佛時善見王子与三千人俱忽然而
傾来至佛所頂礼佛足同聲白佛言世尊多
等或從无量劫来造作惡業不可具說或

BD09229 號　大通方廣懺悔滅罪莊嚴成佛經卷下　　（2–1）

比丘比丘尼若菩薩若沙弥若沙弥尼或失
本心身犯四重八禁六重十惡五逆誹謗方
等令若生信礼拜如是十方三世諸佛名者
如是惡業悉皆除滅无有遺餘作是語已八
時空光佛時善見王子与三千人俱忽然之
傾來至佛所頂礼佛足同聲白佛言世尊身
等或從无量劫來造作惡業不可具說或
十惡或犯五逆及謗方等或造无量阿僧祇
罪求依如來十二部經諸菩薩衆發露
唯願聽許佛言善哉怖心難生善根難
懺十惡欲懺五逆乃至一闡提欲見佛性
應當如是隨意說之尒時三千人聞佛慈音
整理衣服合掌作礼偏袒右肩右膝着地作
如是言世尊我等今者歸命十方佛歸命十
方法歸命十方僧次復歸命稽首東方阿閦
佛亦復歸命南方寶相稽首西方阿弥陁佛
方妙勝稽首上方香積如々
像稽首東方普賢大
稽首西方觀音大
首上方虛空大士
本師空光如來
他方分身化佛歸命
雖尊[illegible]

BD09229 號　大通方廣懺悔滅罪莊嚴成佛經卷下　（2–2）

新菩薩經一卷
勑貿航須下諸州衆生每日念阿弥陁佛一千口斷
惡令年大熟无人收刈有數種病死第一虐病死第二天行
死第三卒死第四腫病死第五產生死第六患腹病死第
七血癰死第八風黃病死第九水痢病死第十患眼死今勸普
衆生寫一本免一身寫兩本免一門寫三本免一村若不信
者滅門門上傍之得過此難但看七八月三家使一牛五男
同一婦僧君此門勸寫此經甘經西涼州正月一日感中時雷鳴
雨降有一石下大如斗石遂兩分即見此經報諸衆生令誡
誡惡

新菩薩經一卷
新菩薩經一卷　勑貿航須下諸州衆生每日念阿弥陁佛一
千口斷惡行善令年大熟无人收刈有數種病死第一虐病
第二天行病死第三卒死第四腫病死第五產生死第六患
腹死第七血癰死第八風黃病死第九水痢病死第十患

BD09230 號 1　新菩薩經　（2–1）

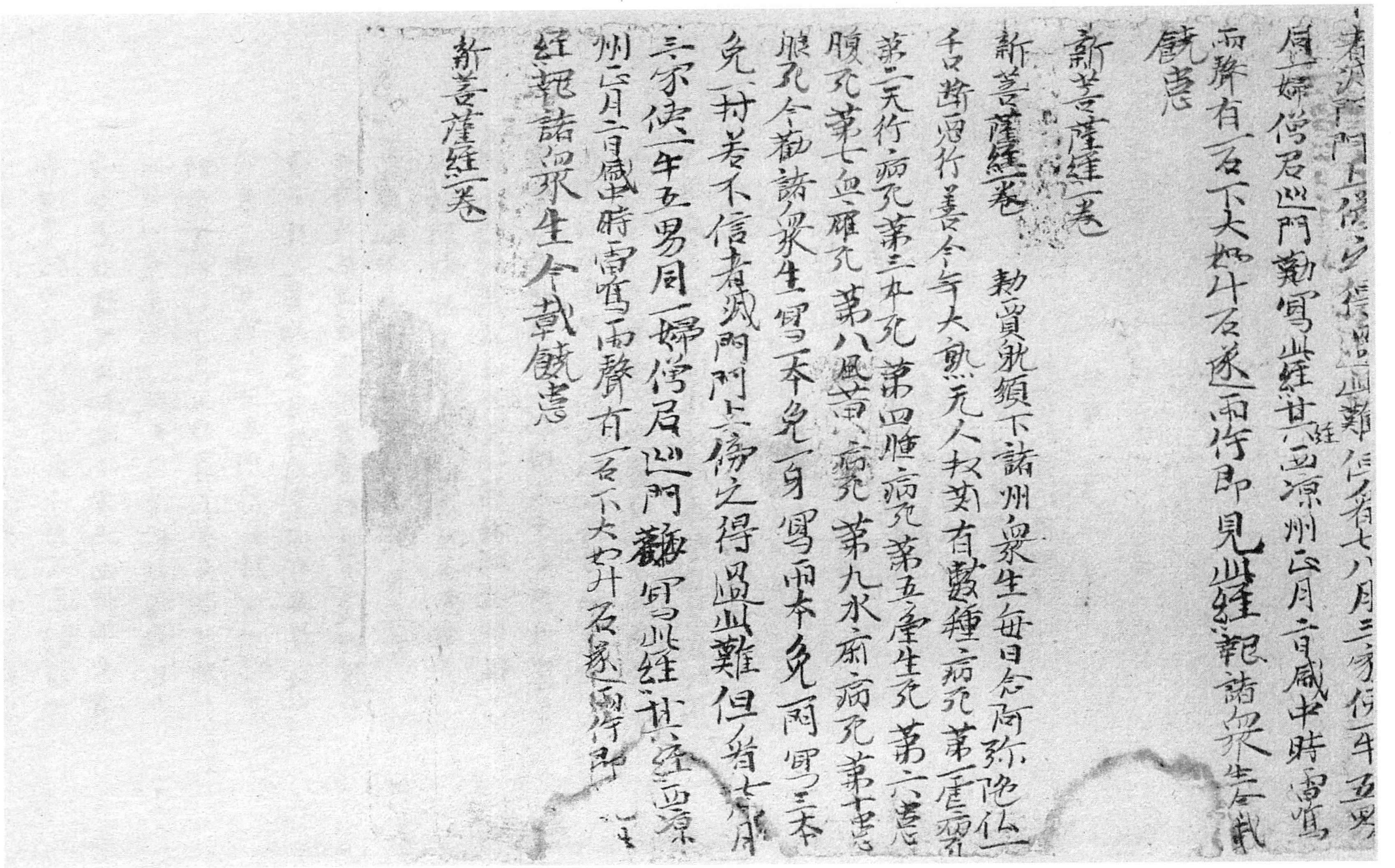
者滅門門上傍之得過此難但看七八月三家使一牛五男
同一婦停居此門勸寫此經其經從西涼州正月二日咸中時雷鳴
雨聲有一石下大如斗石遂雨停即見此經報諸衆生今載
饑患
新菩薩經一卷
新菩薩經一卷　勅賈就須下諸州衆生每日念阿弥陀仏一
千口斷惡行善今年大熟无人收刈有數種病死第一瘧病
死第二天行病死第三卒死第四腫病死第五產生死第六患
腹死第七血癰死第八風黃病死第九水痢病死第十患
眼死今勸諸衆生寫一本免一身寫兩本免兩門寫三本
免一村若不信者滅門門上傍之得過此難但看七八月
三家使一牛五男同一婦停居此門勸寫此經其經從西涼
州正月二日咸中時雷鳴雨聲有一石下大如斗石遂雨停即
經報諸衆生今載饑患
新菩薩經一卷

BD09230 號 2　新菩薩經　　（2–2）

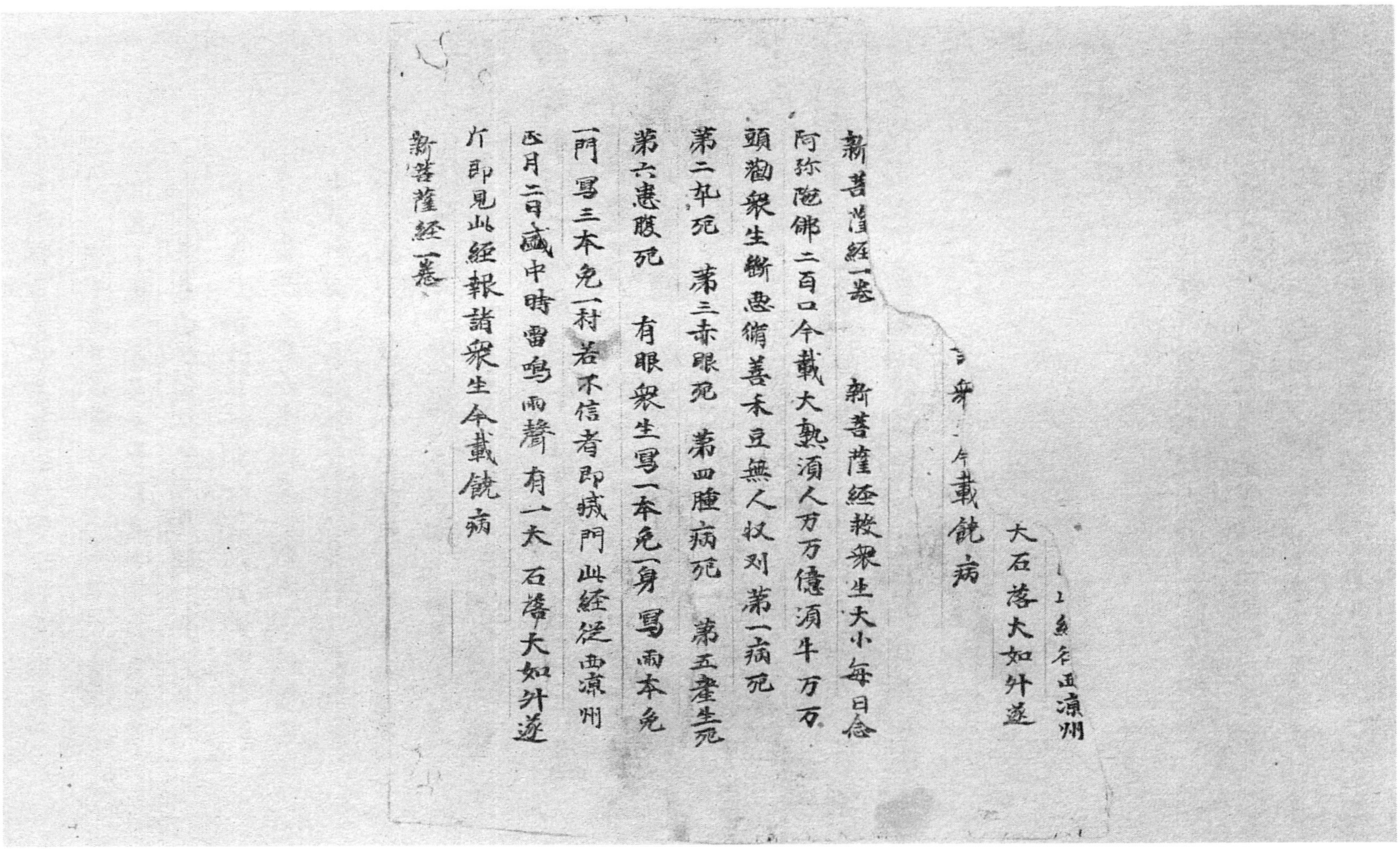
……西涼州
大石落大如升遂
……今載饑病
新菩薩經一卷
新菩薩經救衆生大小每日念
阿弥陀佛二百口今載大熟須人力万億須牛万万
頭勸衆生斷惡脩善禾豆無人收刈第一病死
第二卒死　第三赤眼死　第四腫病死　第五產生死
第六患腹死　有眼衆生寫一本免一身寫兩本免
一門寫三本免一村若不信者即滅門此經從西涼州
正月二日咸中時雷鳴雨聲有一大石落大如升遂
片即見此經報諸衆生今載饑病
新菩薩經一卷

BD09231 號 1　新菩薩經（異本）　　（1–1）
BD09231 號 2　新菩薩經（異本）

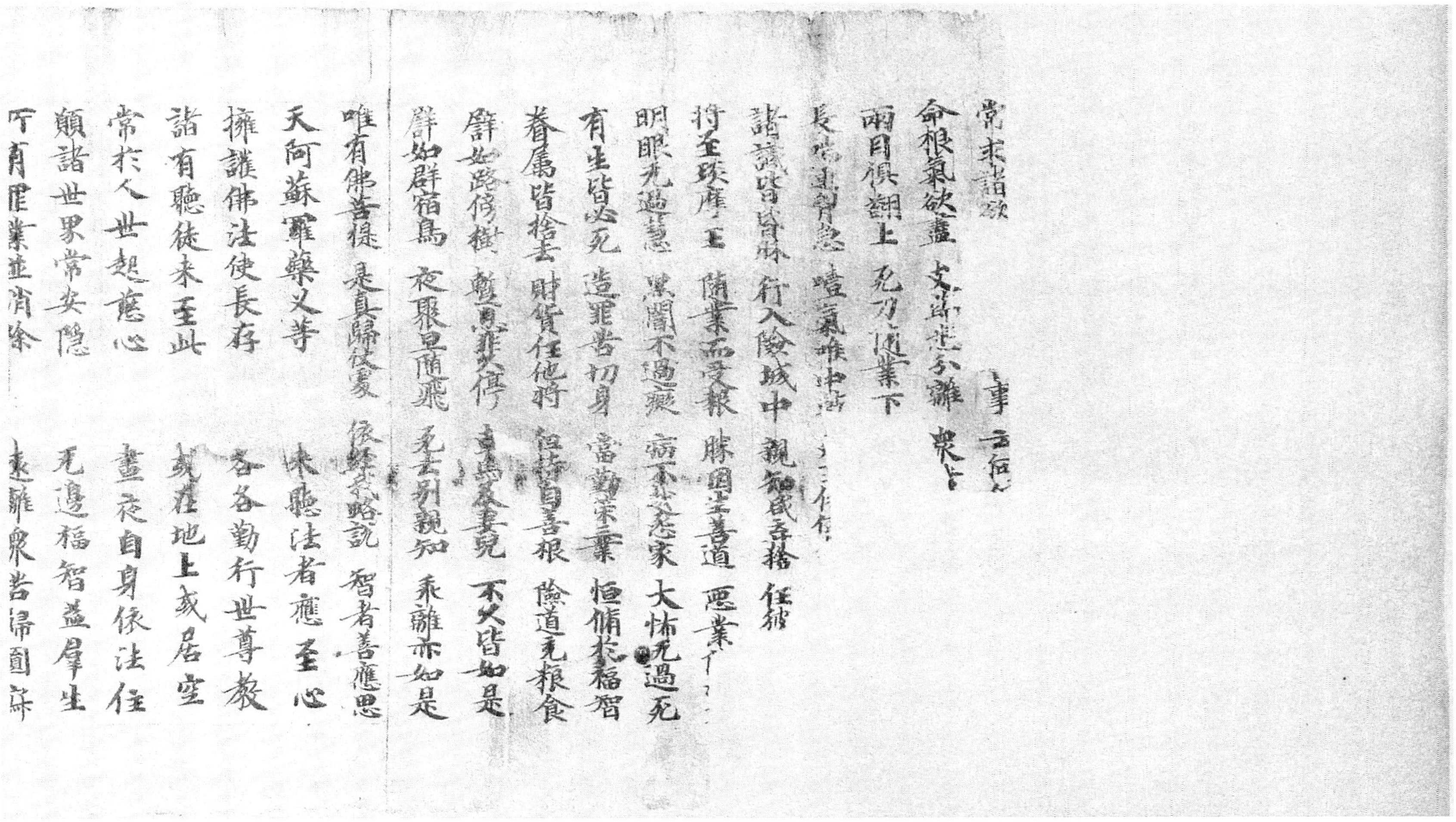

常求諸欲　事　[illegible]
命根氣欲盡　支節悉分離　衆[illegible]
兩目俱翻上　死刀隨業下
長時逼[illegible]　喘氣唯中[illegible]　[illegible]
諸識皆昏昧　行入險城中　親知咸棄捨　任彼
將至琰摩王　隨業而受報　勝因生善道　惡業[illegible]
明眼无過慧　黑闇不過癡　病不越怨家　大怖无過死
有生皆必死　造罪苦切身　當勤策三業　恒脩於福智
眷屬皆捨去　財貨任他將　但持自善根　險道充粮食
譬如路傍樹　蹔息非久停　車馬及妻兒　不久皆如是
譬如群宿鳥　夜聚旦隨飛　死去別親知　乖離亦如是
唯有佛菩提　是真歸依處　依經我略說　智者善應思
天阿蘇羅藥叉等　來聽法者應至心
擁護佛法使長存　各各勤行世尊教
諸有聽徒來至此　或在地上或居空
常於人世起慈心　晝夜自身依法住
願諸世界常安隱　无邊福智益羣生
所有罪業並消除　遠離衆苦歸圓寂

BD09232 號 1　無常經　　（2–1）

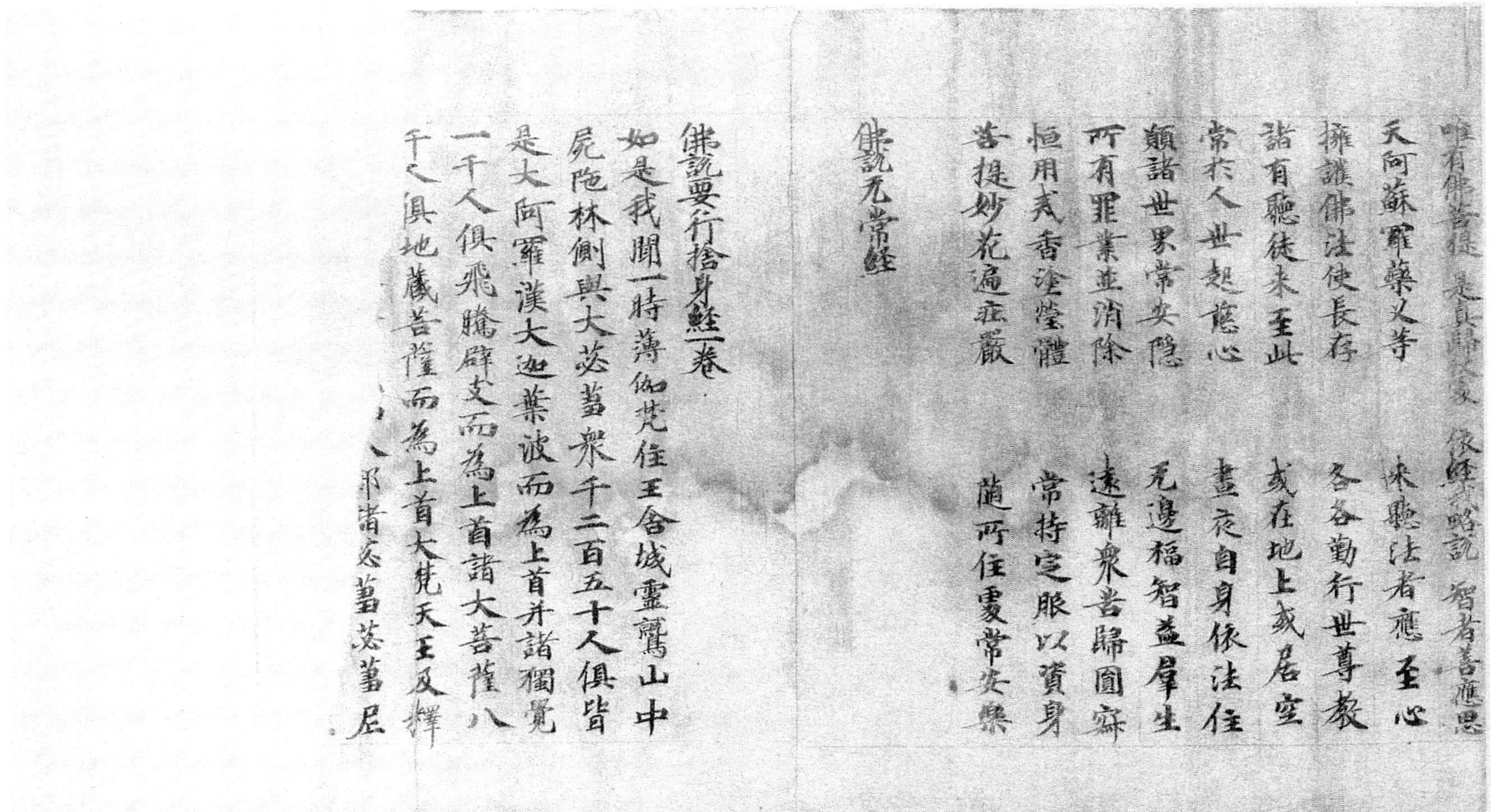

唯有佛菩提　是真歸依處　依經我略說　智者善應思
天阿蘇羅藥叉等　來聽法者應至心
擁護佛法使長存　各各勤行世尊教
諸有聽徒來至此　或在地上或居空
常於人世起慈心　晝夜自身依法住
願諸世界常安隱　无邊福智益羣生
所有罪業並消除　遠離衆苦歸圓寂
恒用戒香塗瑩體　常持定服以資身
菩提妙花遍莊嚴　隨所住處常安樂
佛說无常經
佛說要行捨身經一卷
如是我聞一時薄伽梵住王舍城靈鷲山中
尸陁林側與大苾蒭衆千二百五十人俱皆
是大阿羅漢大迦葉波而為上首并諸獨覺
一千人俱飛騰辟支而為上首諸大菩薩八
千人俱地藏菩薩而為上首大梵天王及釋
[illegible]部諸苾蒭苾蒭尼

BD09232 號 1　無常經　　（2–2）
BD09232 號 2　要行捨身經

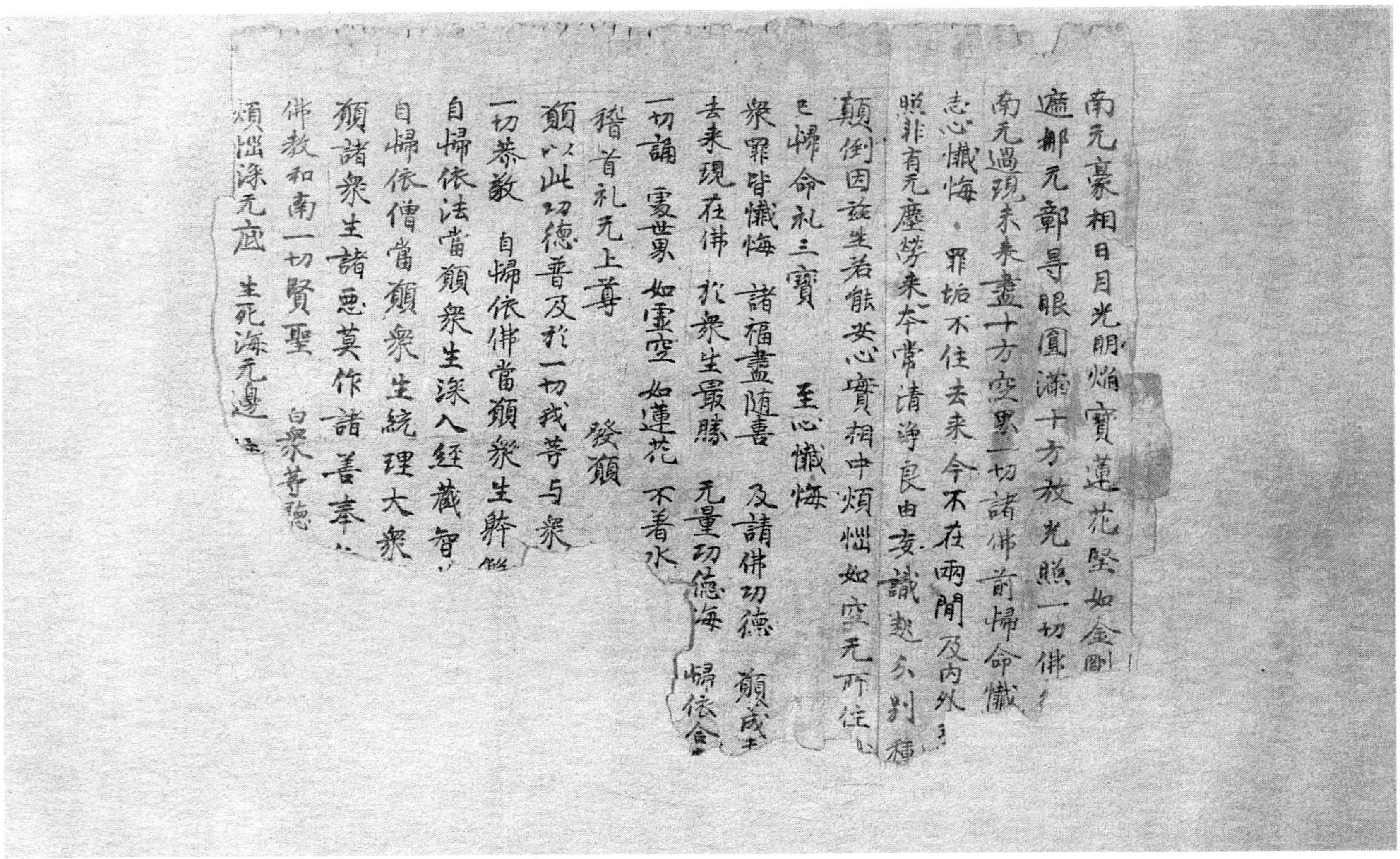

南无豪相日月光明焰寶蓮花堅如金剛
遮那无鄣导眼圓滿十方放光照一切佛[…]
南无過現未來盡十方空界一切諸佛前歸命懺
志心懺悔。罪垢不住去來今不在兩間及内外[…]
照非有无塵勞未本常清淨良由妄識起分別穢
顛倒因兹生若能安心寶相中煩惱如空无所住[…]
已歸命礼三寶　　至心懺悔
衆罪皆懺悔　諸福盡隨喜　及請佛功德　願成[…]
去來現在佛　於衆生最勝　无量功德海　歸依合[…]
一切誦　處世界　如虛空　如蓮花　不著水
稽首礼无上尊　　發願
願以此功德普及於一切我等与衆
一切恭敬　自歸依佛當願衆生體解[…]
自歸依法當願衆生深入經藏智[…]
自歸依僧當願衆生統理大衆[…]
願諸衆生諸惡莫作諸善奉[…]
佛教和南一切賢聖　白衆等聽
煩惱深无底　生死海无邊[…]

BD09233 號　七階佛名經　　　　（1–1）

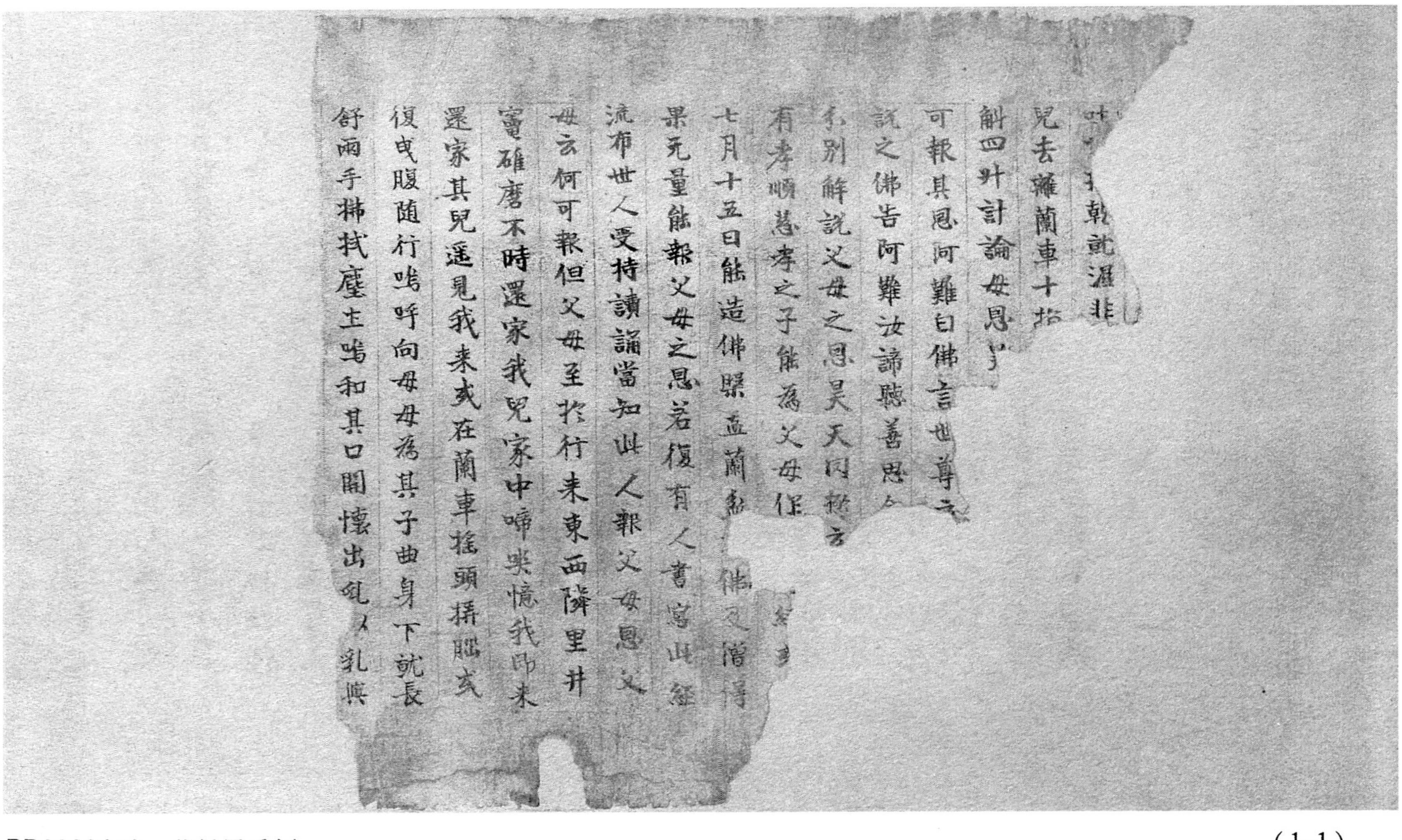

[…]乾就濕非
兒去離蘭車十指
斛四升計論母恩[…]
可報其恩阿難白佛言世尊云
説之佛告阿難汝諦聽善思念
分別解説父母之恩昊天罔極云
有孝順慈孝之子能為父母作
七月十五日能造佛槃盂蘭盆　佛及僧得
果无量能報父母之恩若復有人書寫此經
流布世人受持讀誦當知此人報父母恩父
母云何可報但父母至於行來東西隣里井
竈碓磨不時還家我兒家中啼哭憶我即來
還家其兒遥見我來或在蘭車搖頭弄腦或
復曳腹隨行嗚呼向母母為其子曲身下就長
舒兩手拂拭塵土嗚和其口開懷出乳以乳與

BD09234 號　父母恩重經　　　　（1–1）

此經者一發善心得生淨土佛告菩薩聞我說者心生
歡喜如旱得水苗稼蘇活不受我語者如石潑水
無有閏時
尒時阿難白佛言世尊汝等見振旦國有人從七歲脩福至老
百年臨命終時破其五戒此人得福以不
尒時世尊復語阿難喻如般車上万里之坂臨頭翻車

BD09235號　無量大慈教經　（2–1）

運本所損何有得期縱此少多如雲翳日行時之光喻如
一口之食能得久飽佛語衆生我等廣說因緣共同
成佛普勸衆生同脩淨行一切世間天人阿脩羅
等聞佛所說皆大歡喜作礼而去
佛說无量大慈教經一卷
佛說善惡因果經

BD09235號　無量大慈教經　（2–2）

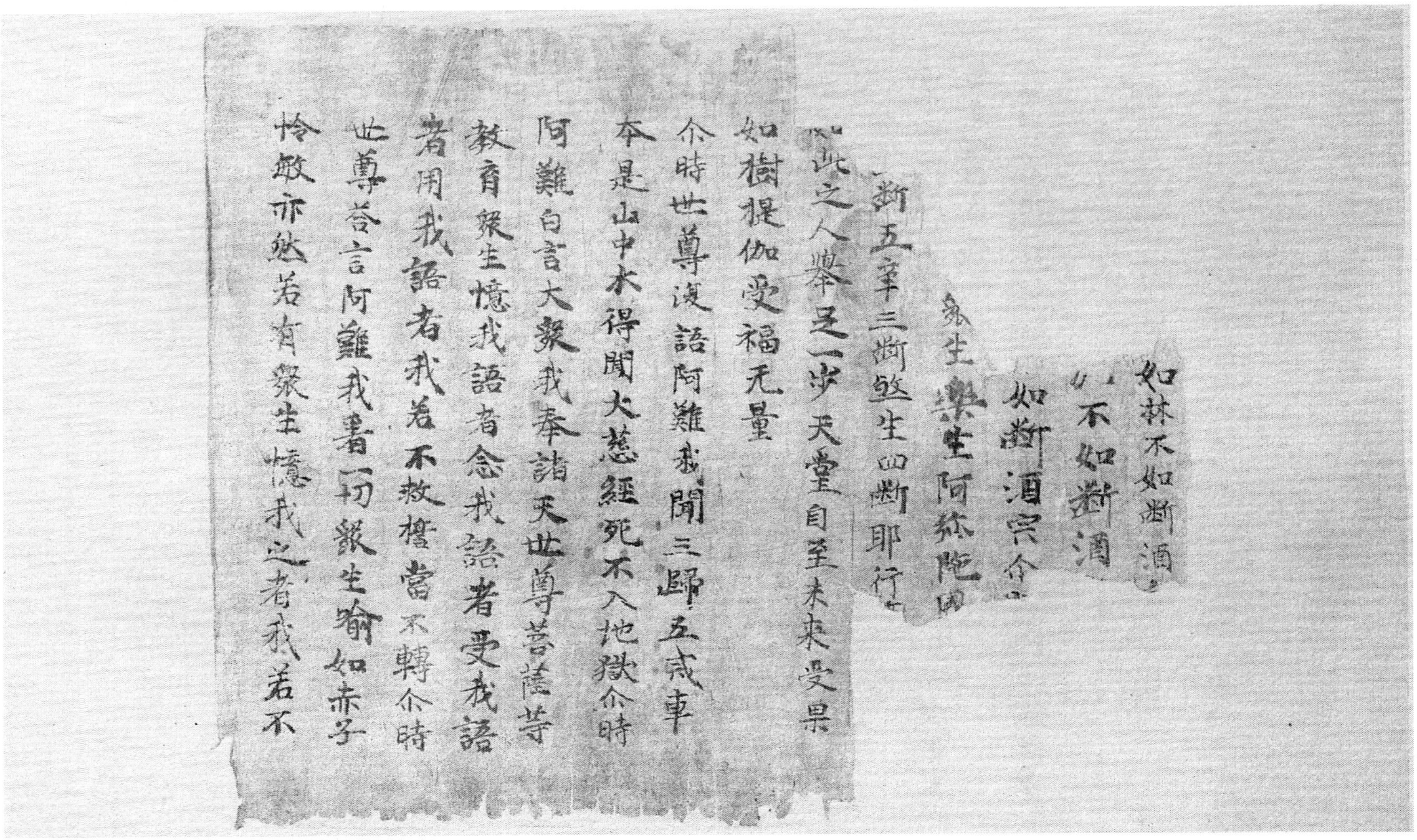

如林不如斷酒
不如斷酒
如斷酒宍合
衆生樂生阿弥陀國
斷五辛三斷煞生四斷耶行
如此之人舉足一步天堂自至未來受果
如樹提伽受福无量
尒時世尊復語阿難我聞三歸五戒車
本是山中木得聞大慈經死不入地獄尒時
阿難白言大衆我奉諸天世尊菩薩等
教育衆生憶我語者念我語者受我語
者用我語者我若不救墮當不轉尒時
世尊告言阿難我書一切衆生喻如赤子
怜愍亦然若有衆生憶我之者我若不

BD09236 號　無量大慈教經　　（1–1）

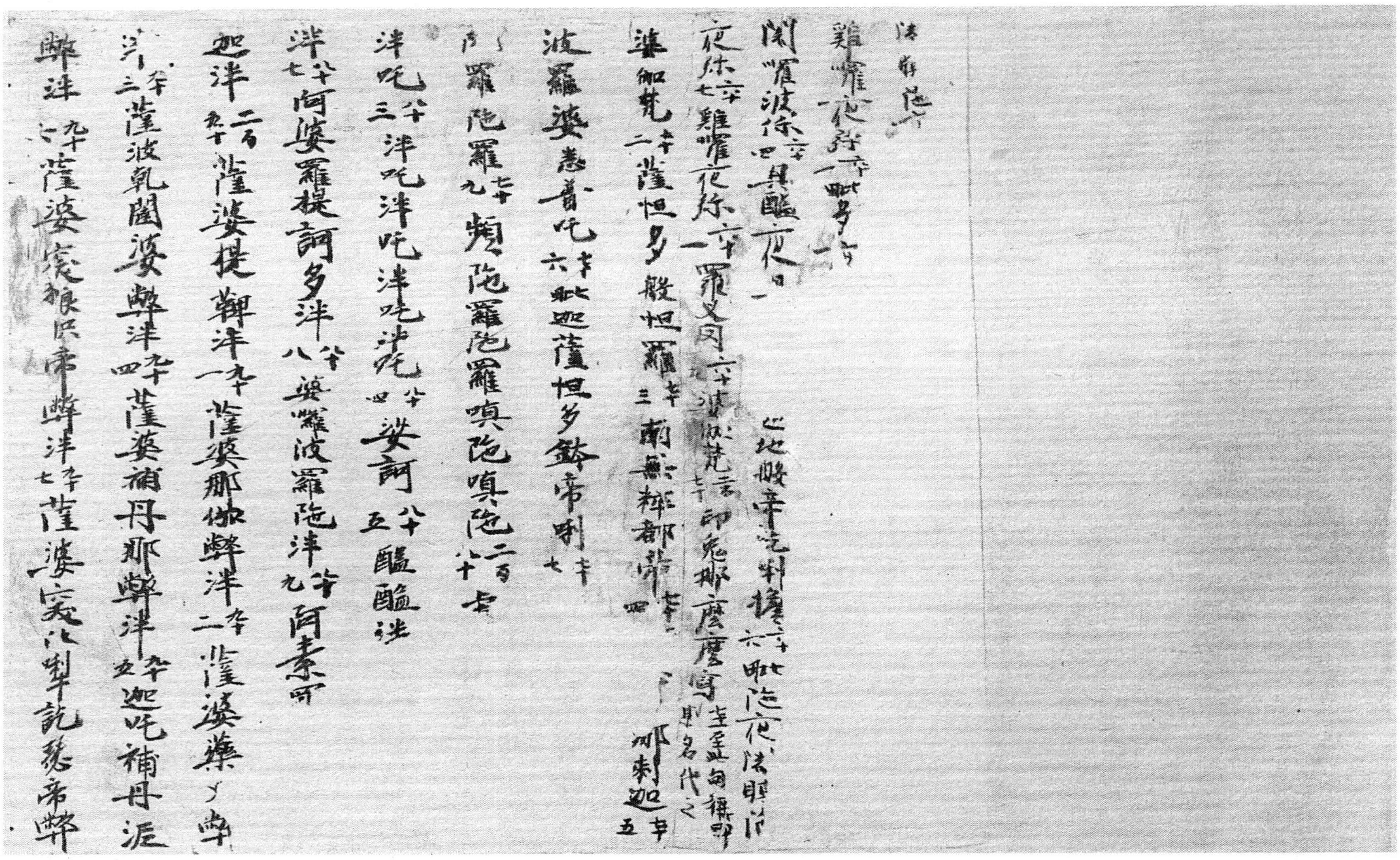

雞囉夜弥 一毗多
闍囉波你 具臨夜他 也地暶帝吃料攘 毗陀夜他
夜你 雞囉夜你 羅叉罔 波你梵言 印兎耶摩摩寫
準伽梵 薩怛多般怛羅 南無粹都帝 那剌迦
波羅娑 慕耆吒 毗迦薩怛多鉢帝唎
羅陀羅 頻陀羅陀羅嗔陀嗔陀
泮吒 泮吒泮吒泮吒泮吒 娑訶 醯醯泮
泮 阿牟羅提訶多泮 婆囉波羅陀泮 阿素呵
迦泮 薩婆提鞞泮 薩婆那伽弊泮 薩婆藥叉弊
泮 薩波乳闍婆弊泮 薩婆補丹那弊泮 迦吒補丹泥
弊泮 薩婆突狼枳帝弊泮 薩婆突澀比犁訖瑟帝弊

BD09237 號　大佛頂如來密因修證了義諸菩薩萬行首楞嚴經咒（嘉興本）　　（4–1）

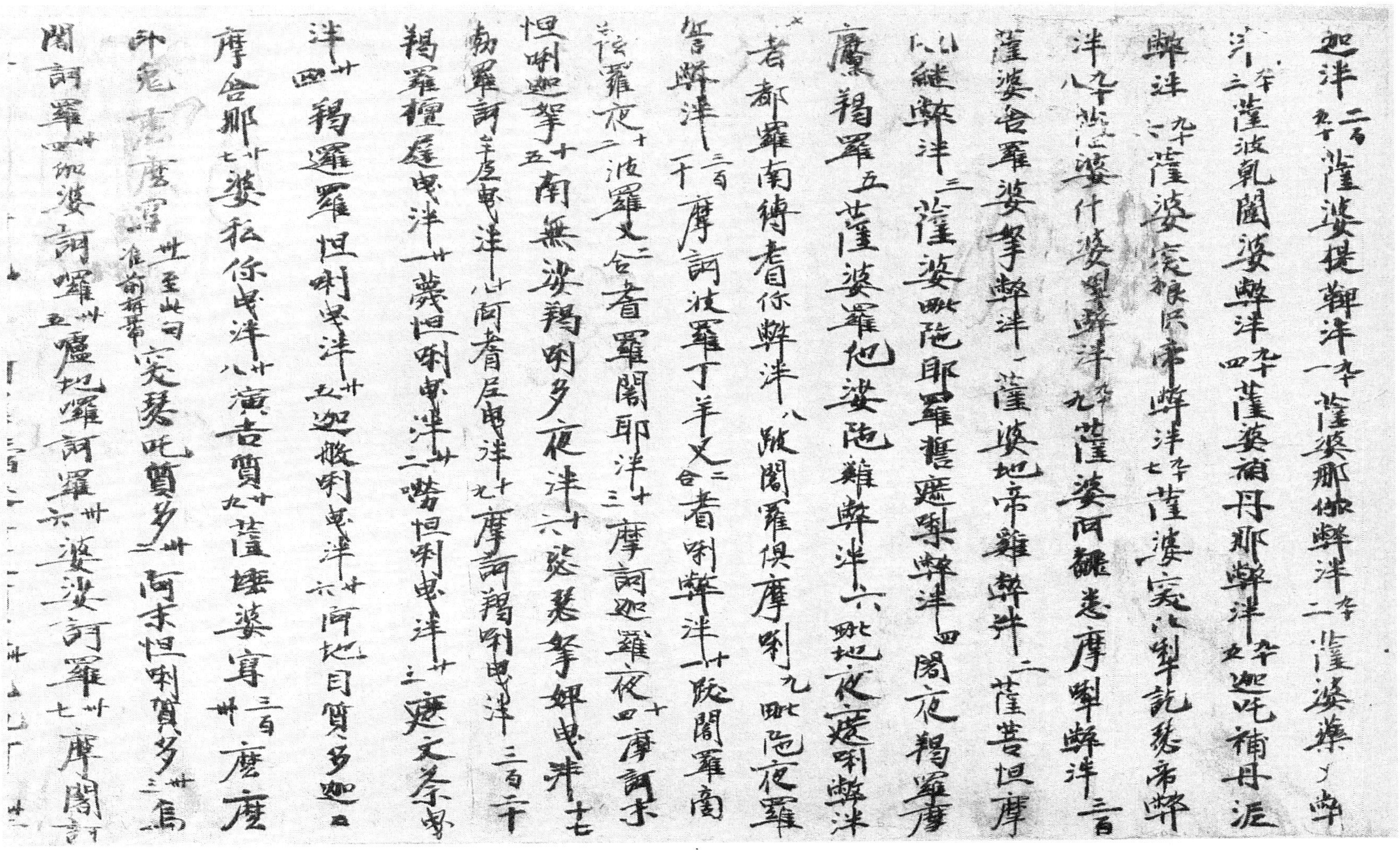

BD09237 號　大佛頂如來密因修證了義諸菩薩萬行首楞嚴經咒（嘉興本）　（4–2）

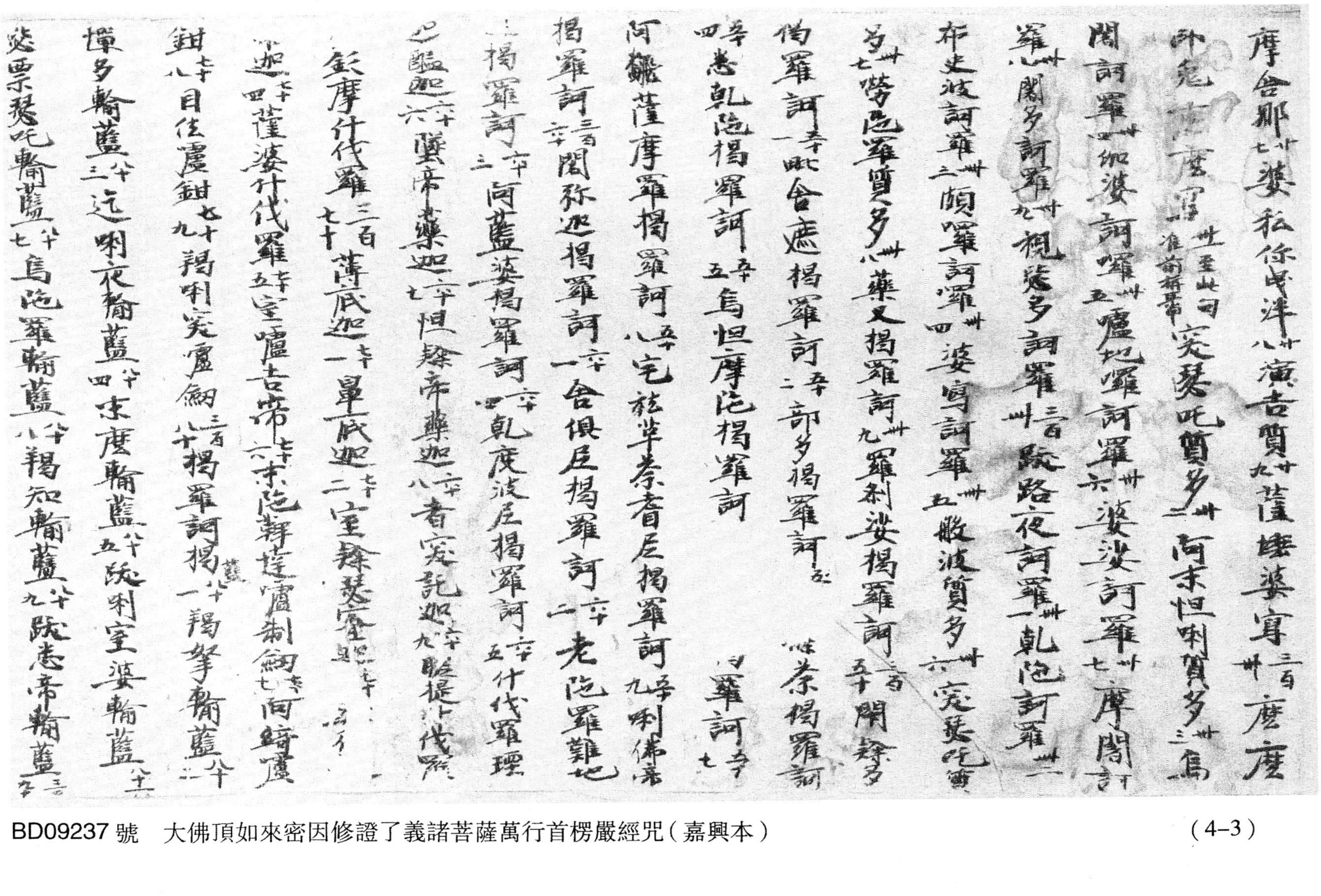

BD09237 號　大佛頂如來密因修證了義諸菩薩萬行首楞嚴經咒（嘉興本）　（4–3）

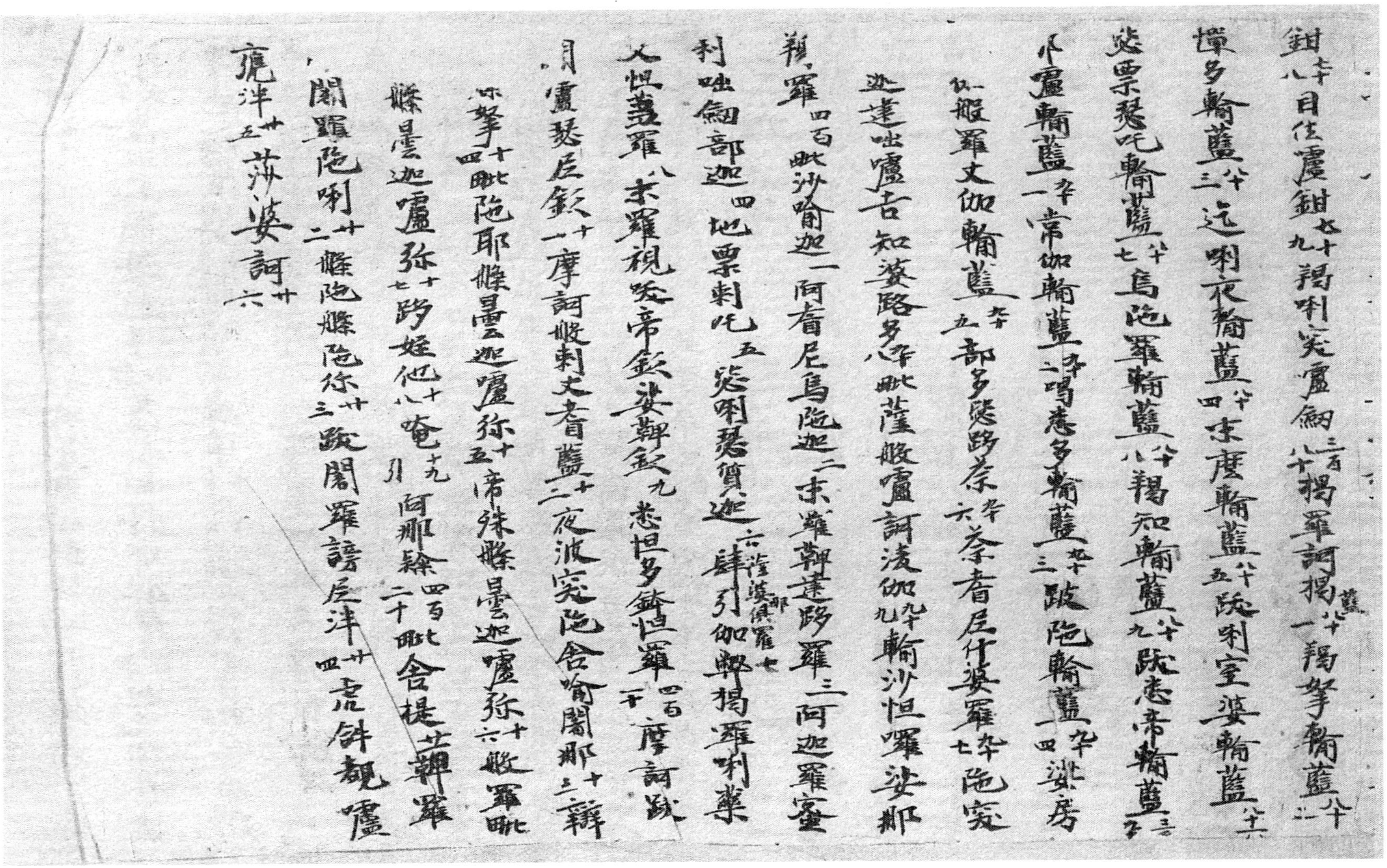
鉗三百七十八目佉盧鉗三百七十九羯唎突盧鉗三百八十羯羅訶揭藍三百八十一羯拏輸藍三百八十二
憚多輸藍三百八十三迄唎夜輸藍三百八十四末麼輸藍三百八十五跋唎室婆輸藍三百八十六
毖栗瑟吒輸藍三百八十七烏陀羅輸藍三百八十八羯知輸藍三百八十九跋悉帝輸藍三百九十
鄔盧輸藍三百九十一常伽輸藍三百九十二喝悉多輸藍三百九十三跋陀輸藍三百九十四娑房
盎伽般羅丈伽輸藍三百九十五部多毖跢荼三百九十六荼耆尼什婆羅三百九十七陀突
嚧吉知婆路多三百九十八毗薩般嚧訶淩伽三百九十九輸沙怛囉娑那
羯羅四百毗沙喻迦四百一阿耆尼烏陀迦四百二末囉鞞囉建跢羅四百三阿迦羅蜜
唎咄嚕部迦四百四地栗剌吒四百五毖唎瑟質迦四百六薩婆那俱羅四百七肆引伽弊揭囉唎藥
叉怛囉芻四百八末羅視吠帝釤娑鞞釤四百九悉怛多缽怛囉四百十摩訶跋
闍嚧瑟尼釤四百十一摩訶般賴丈耆藍四百十二夜波突陀舍喻闍那四百十三辮
怛隸拏四百十四毗陀耶槃曇迦嚧彌四百十五帝殊槃曇迦嚧彌四百十六般囉毗
陀槃曇迦嚧彌四百十七跢姪他四百十八唵四百十九阿那隸四百廿毗舍提鞞囉
跋闍囉陀唎四百廿二槃陀槃陀你四百廿三跋闍囉謗尼泮四百廿四虎𤙖都嚧
甕泮四百廿五莎婆訶四百廿六

BD09237 號　大佛頂如來密因修證了義諸菩薩萬行首楞嚴經咒（嘉興本）　（4–4）

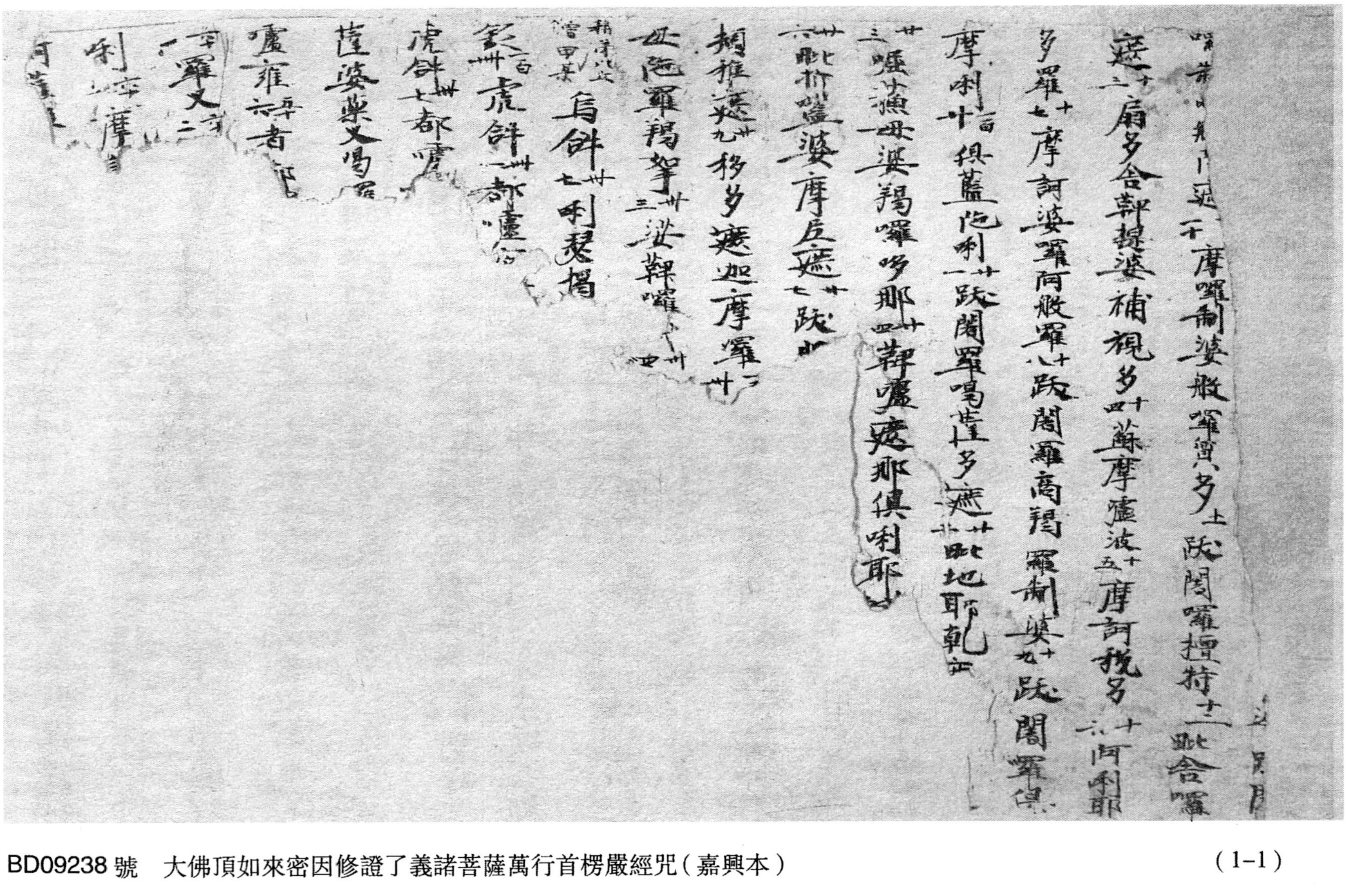
[illegible]遮十一摩囉制婆般囉質多十二跋闍囉擅持十二毗舍囉
遮十三扇多舍鞞提婆補視多十四蘇摩嚧波十五摩訶稅多十六阿唎耶
多羅十七摩訶婆羅阿般羅十八跋闍羅商羯羅制婆十九跋闍羅俱
摩唎廿俱藍陀唎廿一跋闍羅喝薩多遮廿二毗地耶乾遮
廿三嘛麼沙悉多婆羯囉多那廿四鞞嚧遮那俱唎耶
廿六毗折嚧婆摩尼遮廿七跋
揭稚遮廿九移多遮迦摩囉卅
嘛陀羅羯拏卅三娑鞞囉卅四
烏𤙖卅七唎瑟揭
釤卅虎𤙖卅一都嚧甕
虎𤙖卅七都嚧[illegible]
薩婆藥叉喝囉
嚧雍卅六者都
一囉叉卅二
唎卅摩
[illegible]

BD09238 號　大佛頂如來密因修證了義諸菩薩萬行首楞嚴經咒（嘉興本）　（1–1）

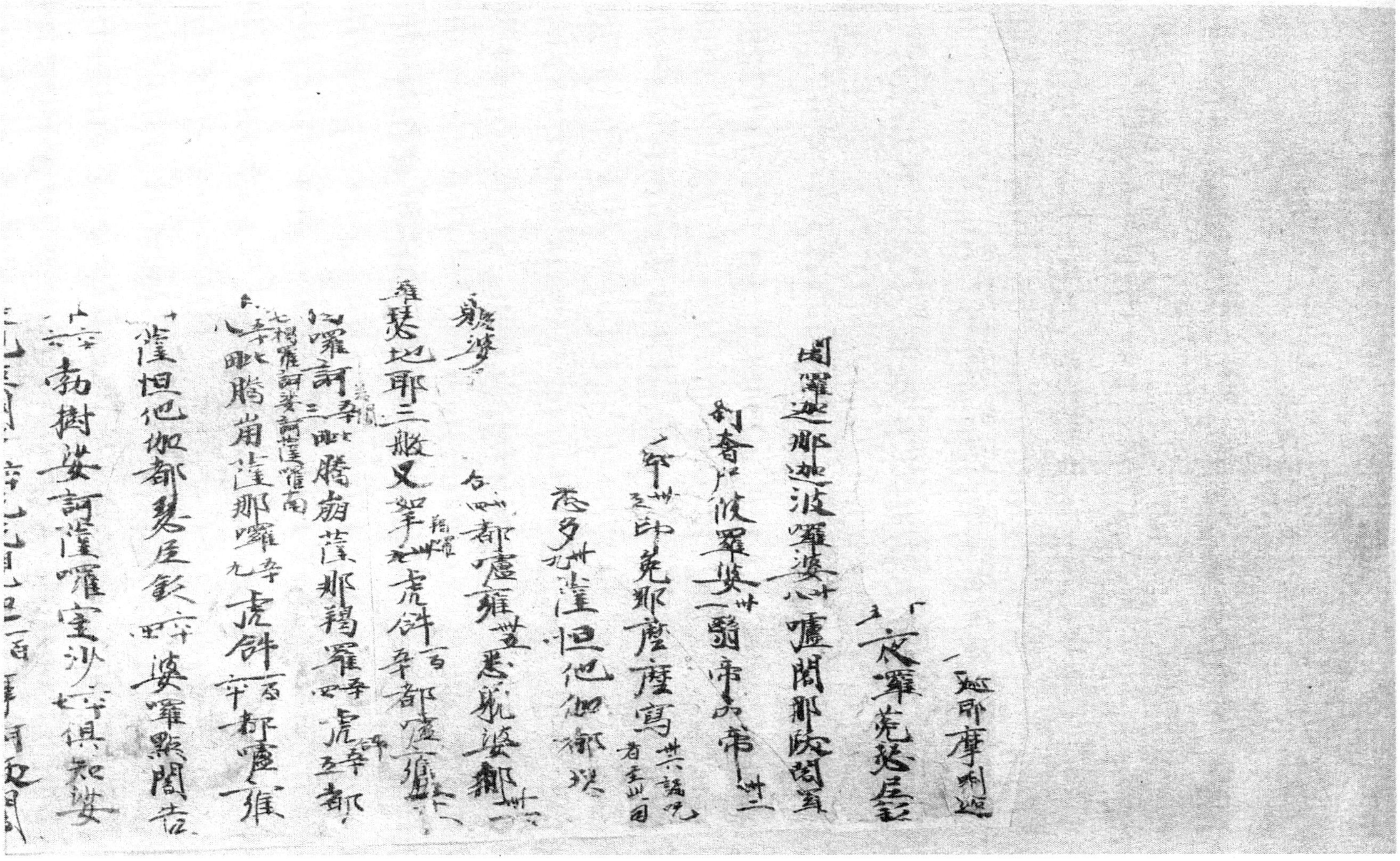

BD09239 號　大佛頂如來密因修證了義諸菩薩萬行首楞嚴經咒（嘉興本）　（4–1）

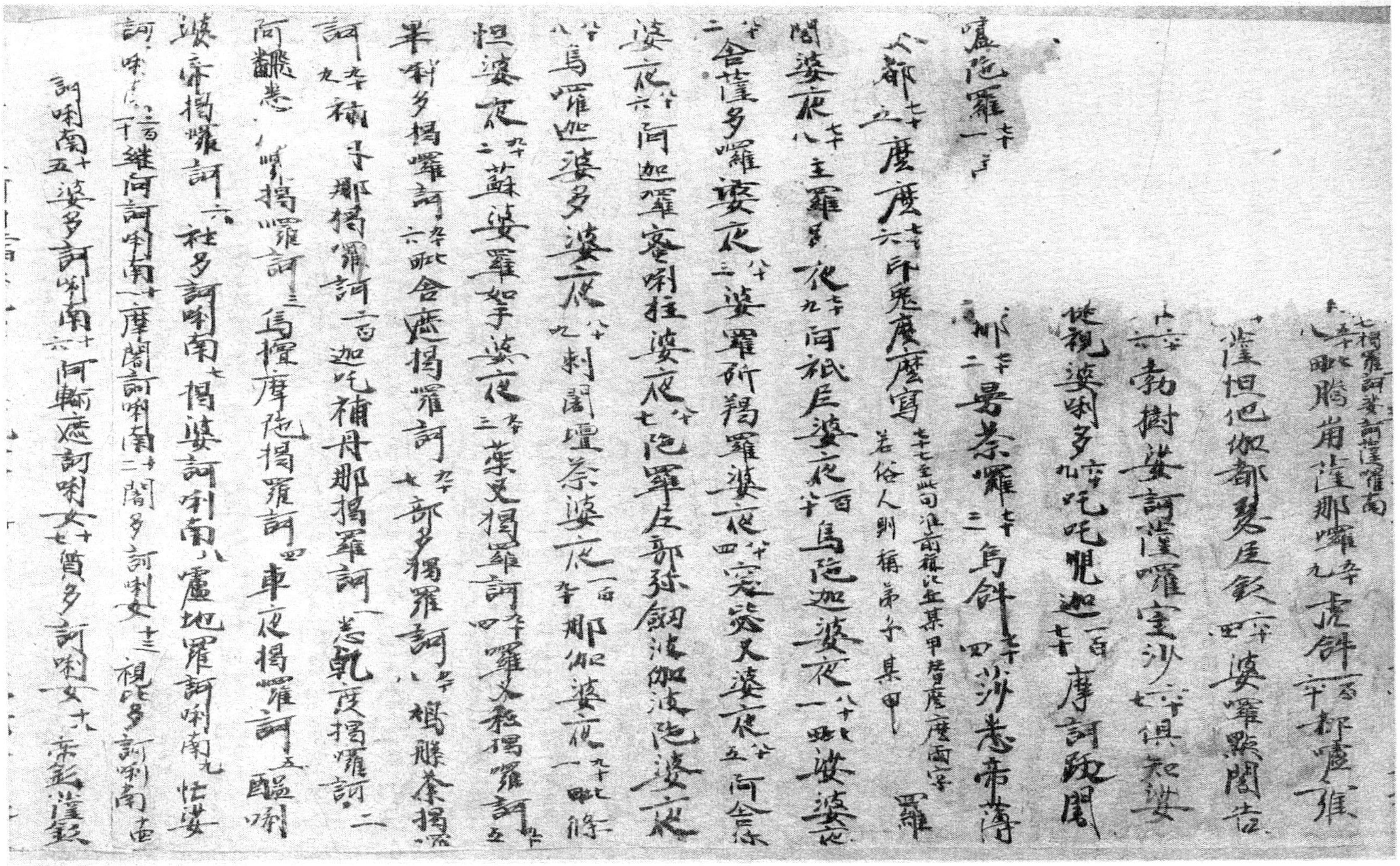

BD09239 號　大佛頂如來密因修證了義諸菩薩萬行首楞嚴經咒（嘉興本）　（4–2）

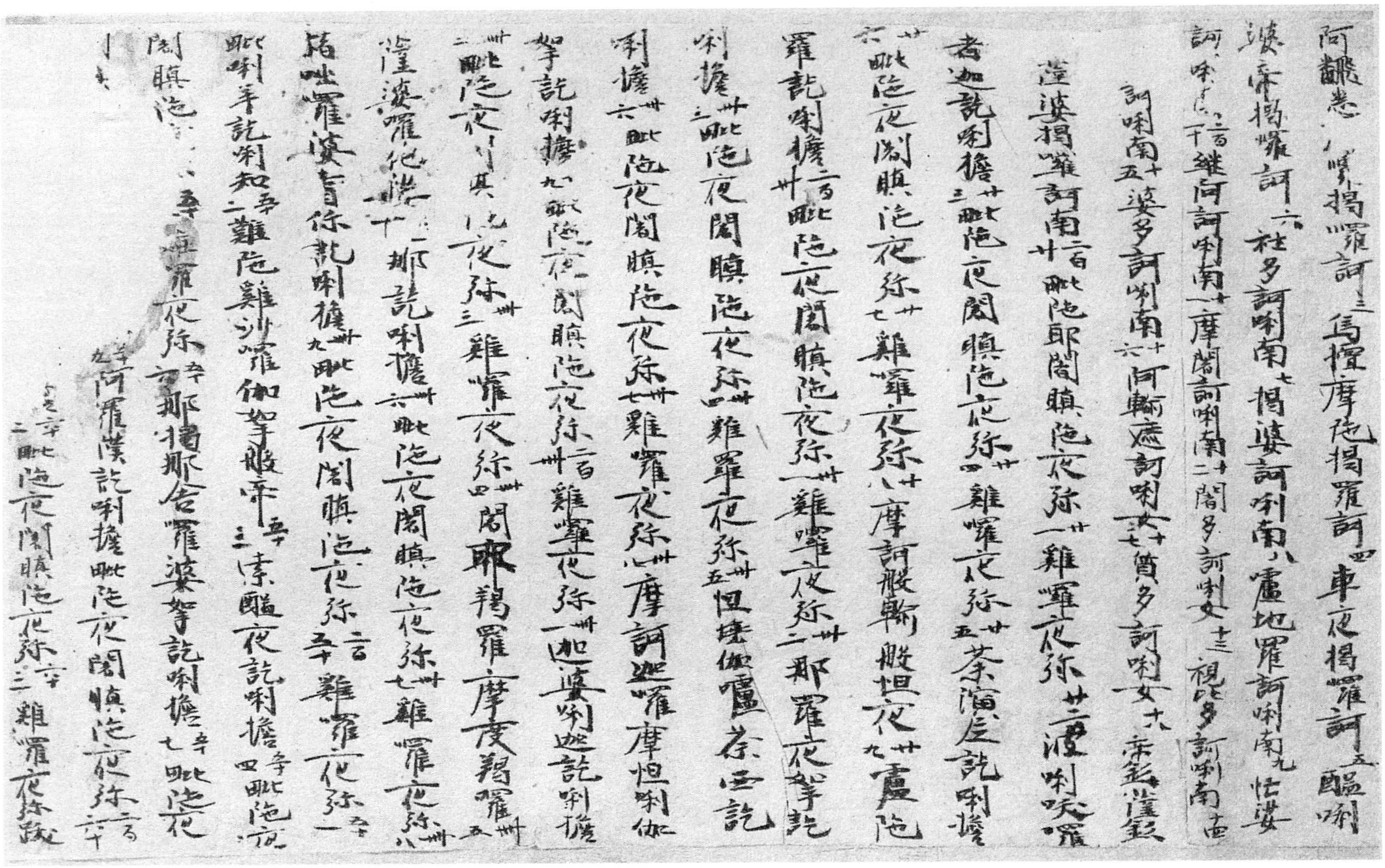

BD09239 號　大佛頂如來密因修證了義諸菩薩萬行首楞嚴經咒（嘉興本）　（4–3）

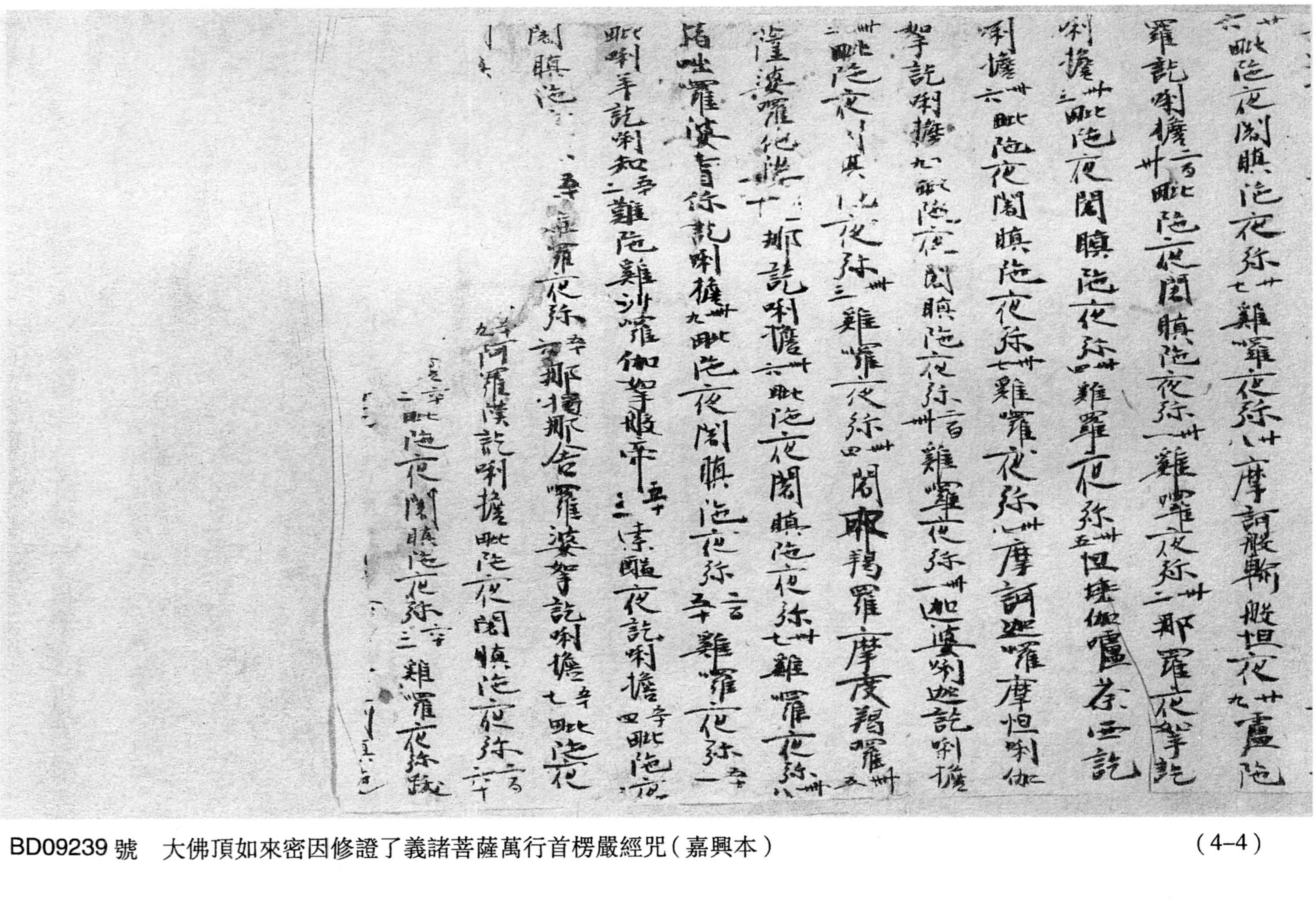

BD09239 號　大佛頂如來密因修證了義諸菩薩萬行首楞嚴經咒（嘉興本）　（4–4）

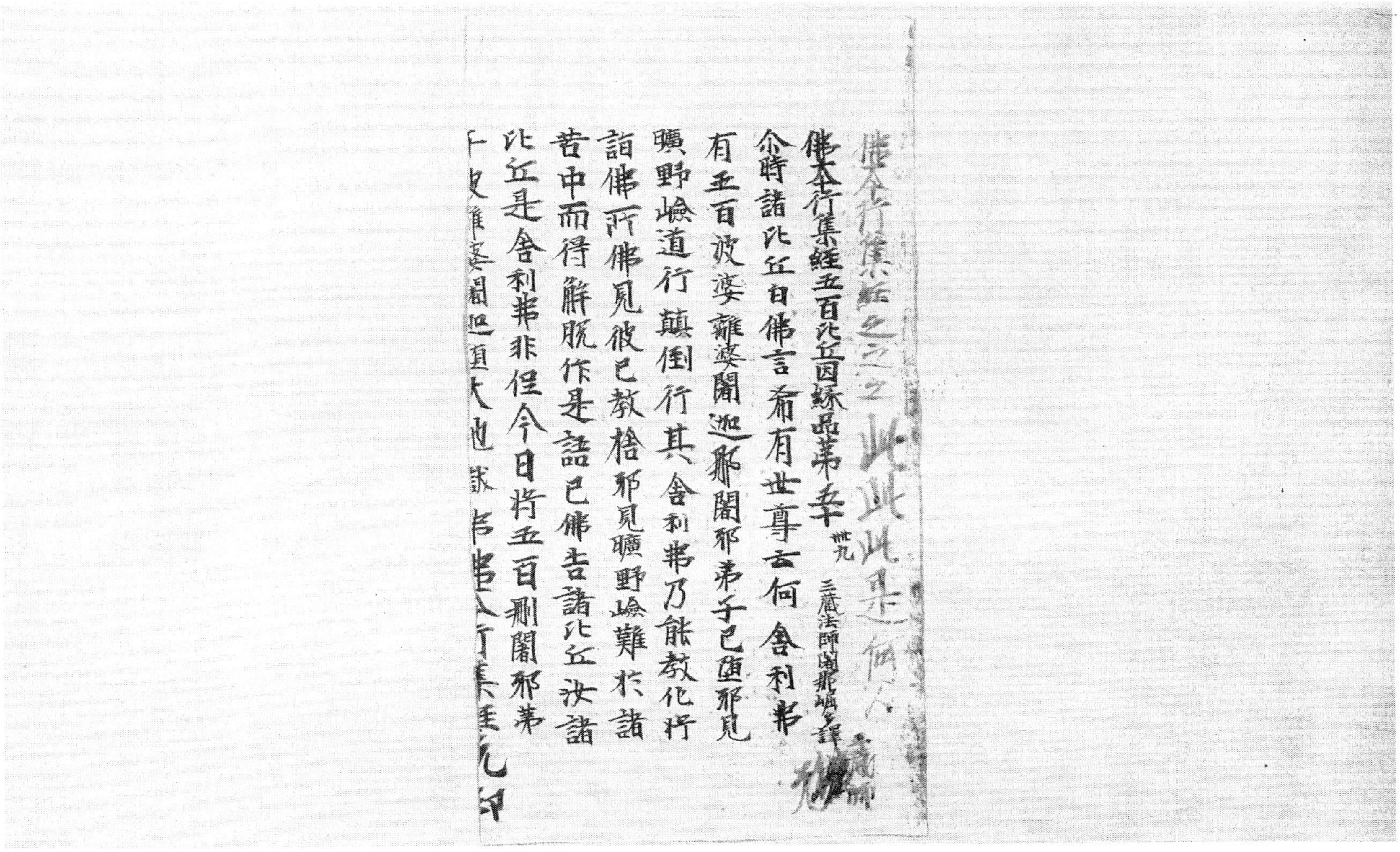
佛本行集經之之之此此此此是何人
佛本行集經五百比丘因緣品第五十 卌九 三藏法師闍那崛多譯
尒時諸比丘白佛言希有世尊云何舍利弗
有五百波婆離婆闍迦耶闍耶弟子已墮邪見
曠野嶮道行顛倒行其舍利弗乃能教化將
詣佛所佛見彼已教捨邪見曠野嶮難於諸
苦中而得解脫作是語已佛告諸比丘汝諸
比丘是舍利弗非但今日將五百刪闍耶弟

BD09240號　佛本行集經（兌廢稿）卷四九　（1–1）

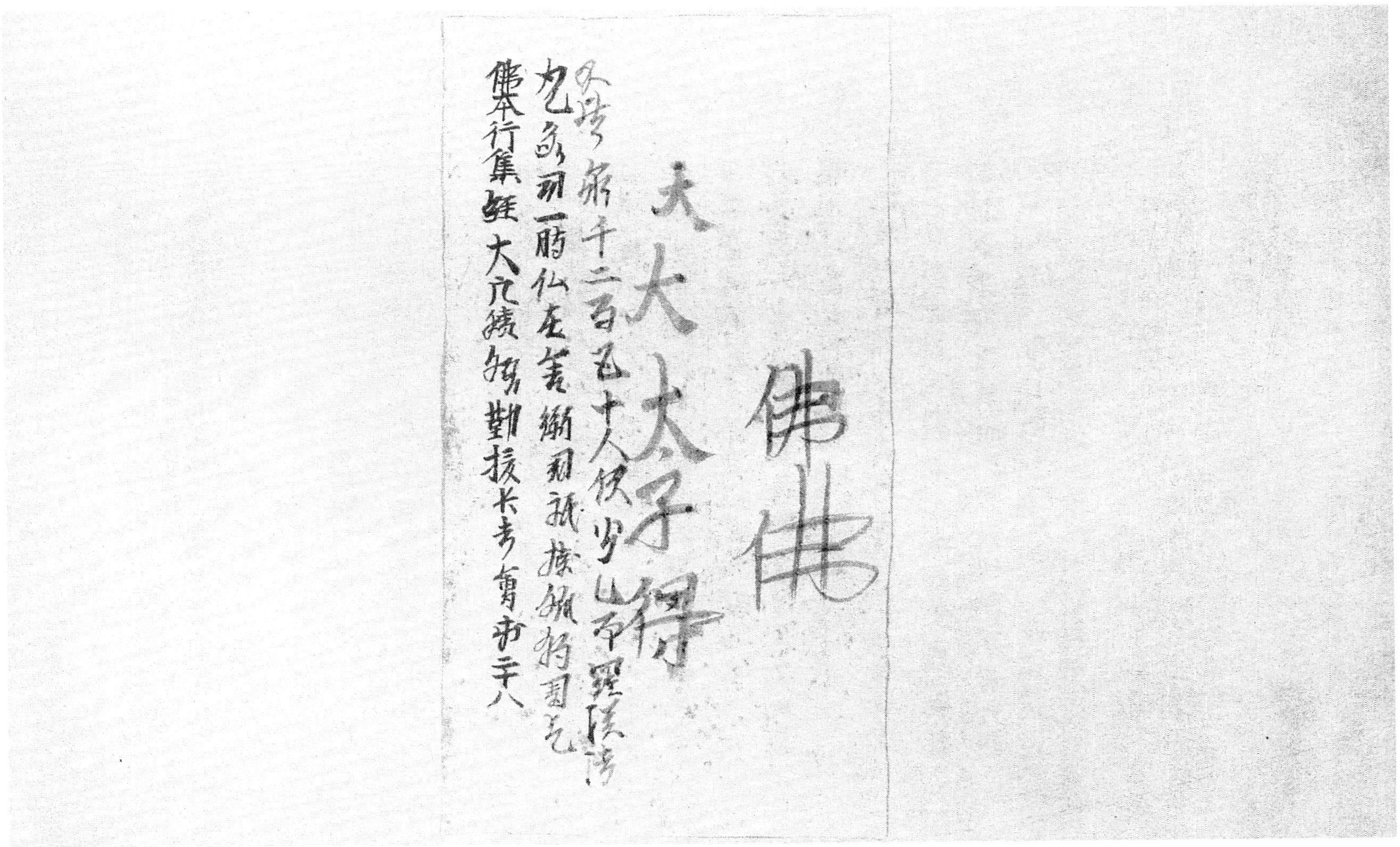

BD09240號背　雜寫　（1–1）

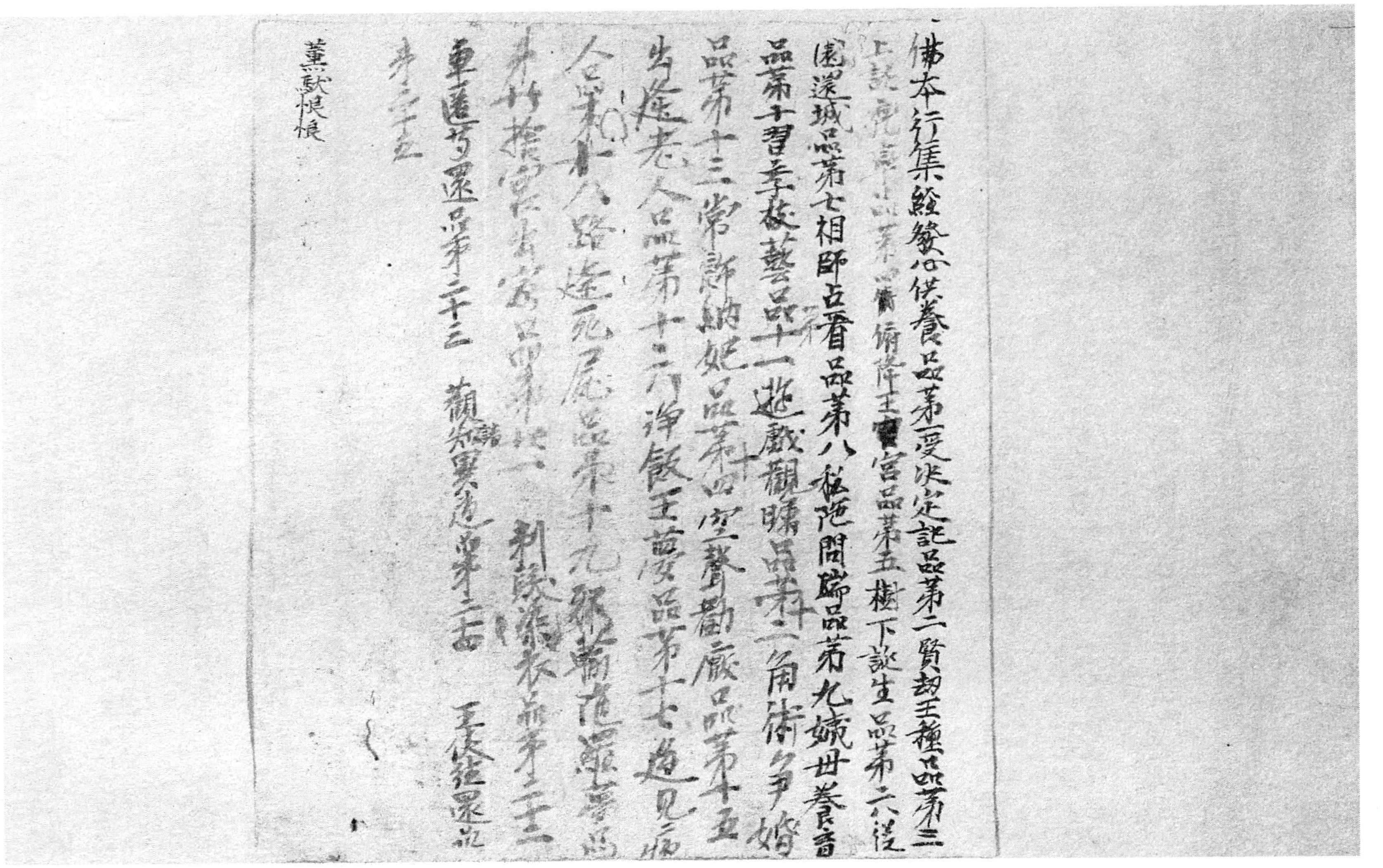

佛本行集經發心供養品第一受決定記品第二賢劫王種品第三
上託兜率品第四俯降王宮品第五樹下誕生品第六從
園還城品第七相師占看品第八私陁問瑞品第九姨母養育
品第十習學技藝品第十一遊戲觀矚品第十二角術爭婚
品第十三常飾納妃品第十四空聲勸厭品第十五
出逢老人品第十六淨飯王夢品第十七道見病
人品第十八路逢死屍品第十九耶輸陁羅夢品
第廿捨宮出家品第廿一 剃髮染衣品第廿二
車匿等還品第二十三 觀諸異道品第二十四 王使往還品
第二十五
薰馱怳悵

BD09241號　佛本行集經品次錄（擬）　（1–1）

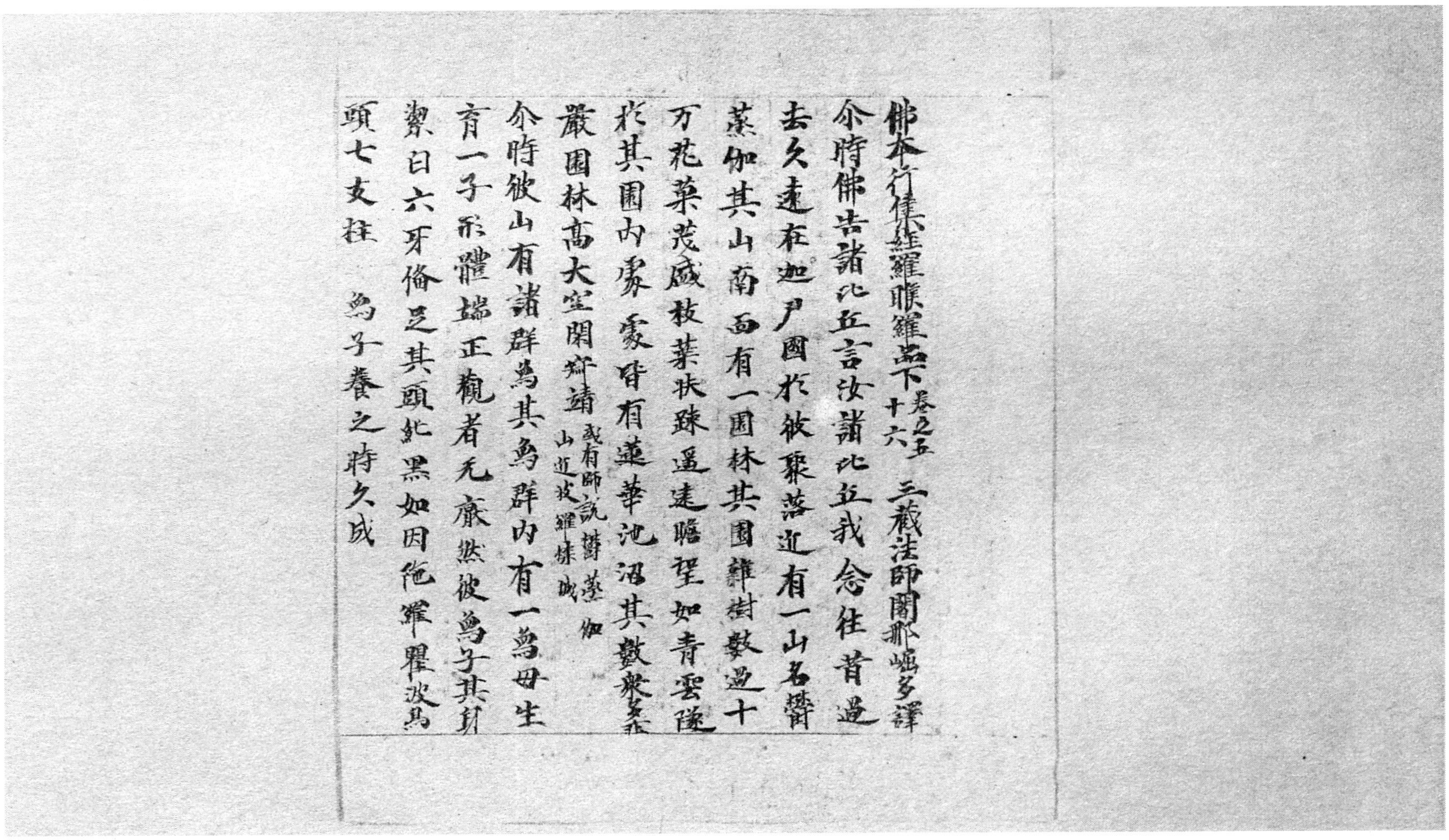

佛本行集經羅睺羅因緣品下 卷五十六 三藏法師闍那崛多譯
尒時佛告諸比丘言汝諸比丘我念往昔過
去久遠在迦尸國於彼聚落近有一山名聲
葉伽其山南面有一園林其園雜樹數過十
万花菓茂盛枝葉扶踈遙遠瞻望如青雲隆
於其園內處處皆有蓮華池沼其數衆多莊
嚴園林高大寬閑安靜 或有師說聲葉伽山近波羅捺城
尒時彼山有諸群鳥其鳥群內有一鳥母生
育一子形體端正觀者無厭然彼鳥子其身
翼白六牙脩足其頭紅黑如因陁羅瞿波鳥
頭七支拄 為子養之時久感

BD09242號　佛本行集經（兌廢稿）卷五六　（1–1）

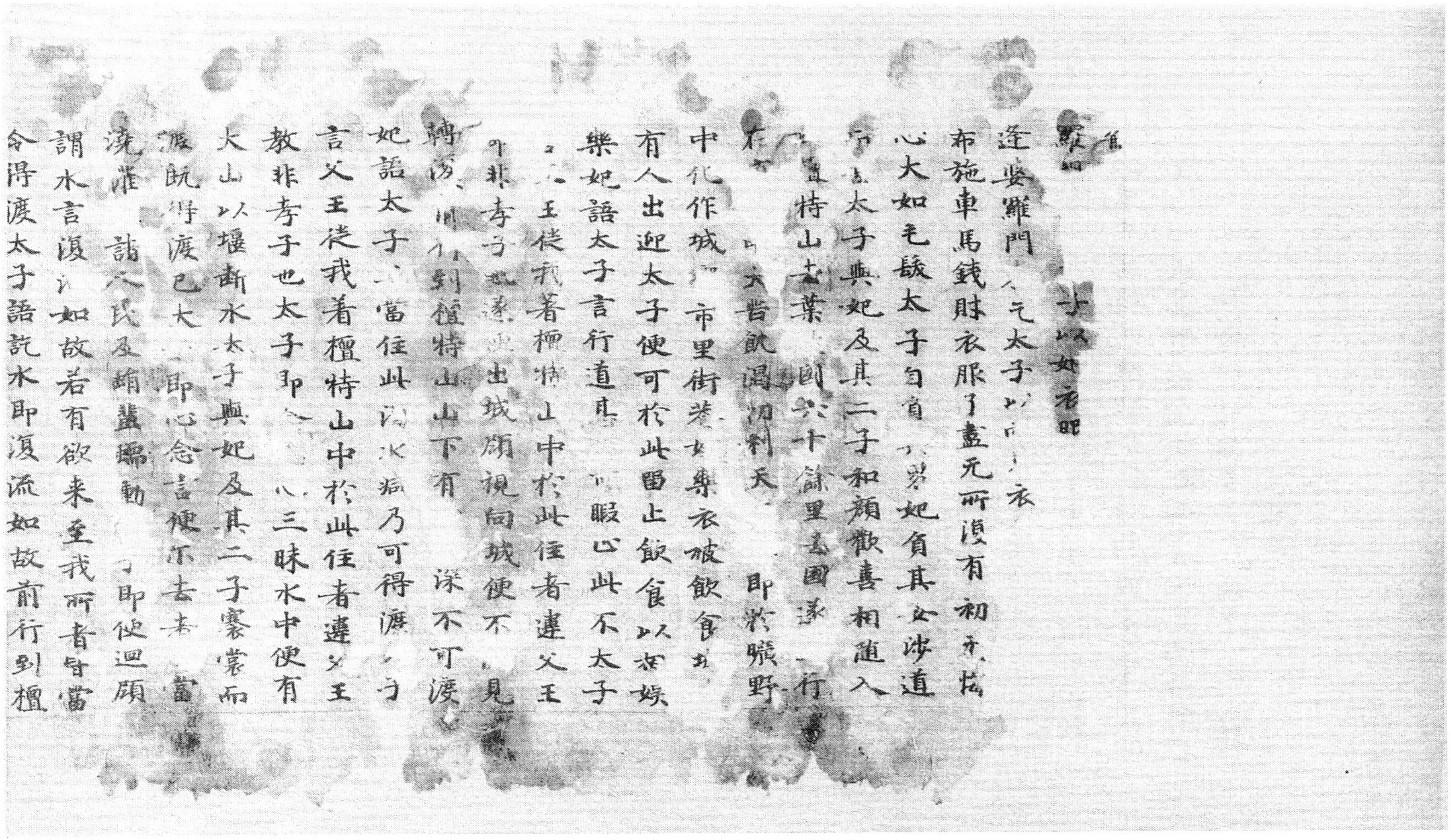

逢婆羅門乞太子以□□衣
布施車馬錢財衣服了盡无所復有初示怯
心大如毛髮太子自首□□妃負其女涉道
而去太子與妃及其二子和顏歡喜相隨入
二□檀特山去葉國六十餘里去國遂行
在□□大皆飢渴忉利天　即於曠野
中化作城□市里街巷女樂衣被飲食□
有人出迎太子使可於此留止飲食以相娛
樂妃語太子言行道□□暇心此不太子
之□王徙我著檀特山中於此住者違父王
可非孝子也遂出城顧視向城便不見
轉涉□□到檀特山山下有　深不可渡
妃語太子□當住此□水漲乃可得渡□
言父王徙我著檀特山中於此住者違父王
教非孝子也太子即□　□三昧水中便有
大山以壅斷水太子與妃及其二子褰裳而
渡既得渡已太□即心念言便不去者當
流灌　諸人民及蜎蜚蠕動　□即使迴顧
謂水言復□如故若有欲來至我所者皆當
令得渡太子語訖水即復流如故前行到檀

BD09243號　太子須大拏經　（3–1）

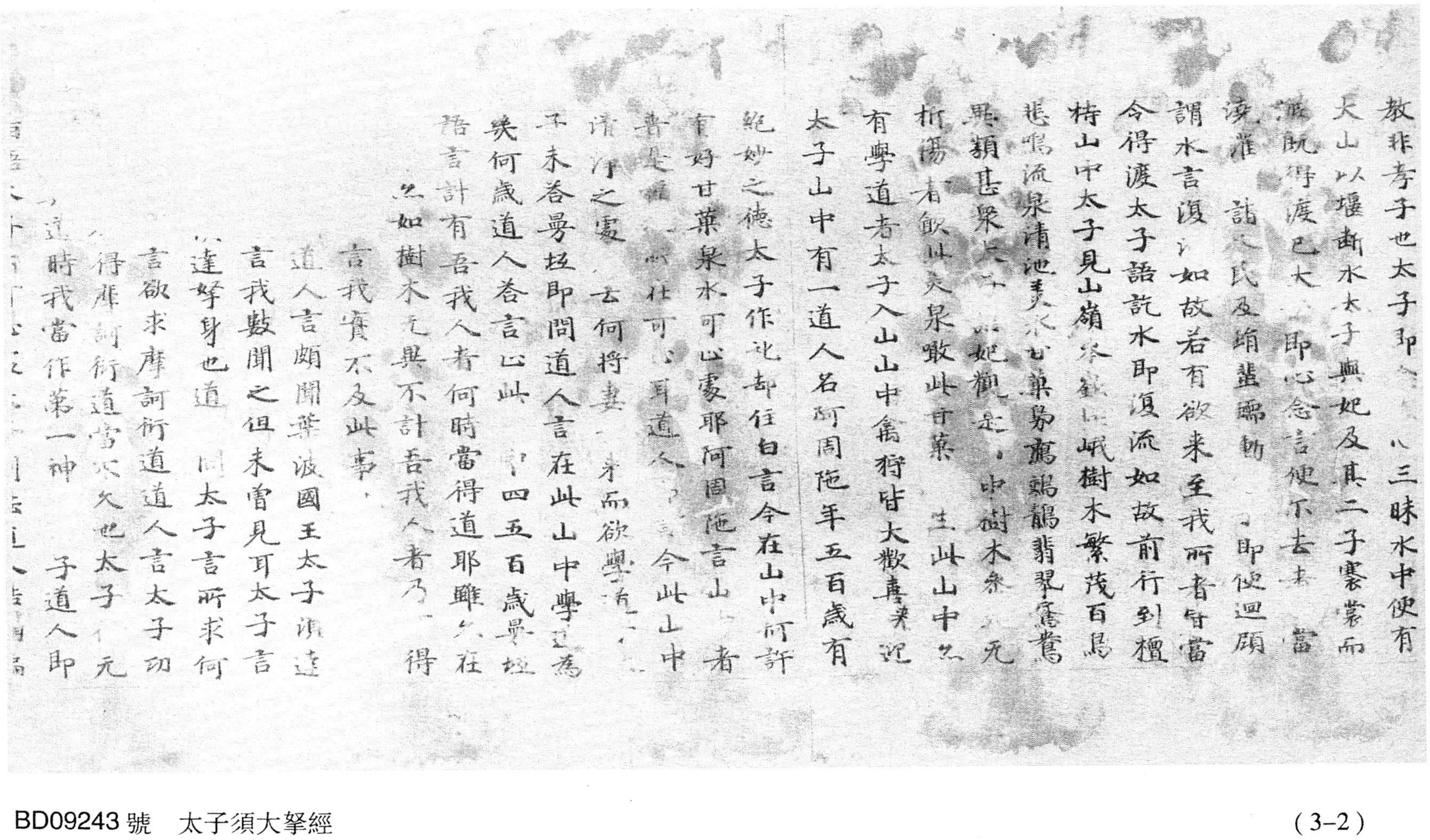

教非孝子也太子即□　□三昧水中便有
大山以壅斷水太子與妃及其二子褰裳而
渡既得渡已太□即心念言便不去者當
流灌　諸人民及蜎蜚蠕動　□即使迴顧
謂水言復□如故若有欲來至我所者皆當
令得渡太子語訖水即復流如故前行到檀
特山中太子見山嶺參□□峨樹木繁茂百鳥
悲鳴流泉清池美水甘菓鳥獸鶬鶴翡翠鴛鴦
異類甚衆□□妃觀□□中樹木□□元
析□有飲□美泉敢此甘菓　生此山中□
有學道者太子入山山中禽狩皆大歡喜来迎
太子山中有一道人名阿周陁年五百歲有
絕妙之德太子作禮却住白言今在山中何許
有好甘菓泉水可以處耶阿周陁言山□者
善是□□□在可□耳道人□□□今此山中
清淨之處　云何將妻□来而欲學道
子未若學趣即問道人言在此山中學道爲
幾何歲道人答言以此□四五百歲學趣
語言計有吾我人者何時當得道耶雖久在
□如樹木无異不計吾我人者乃□得
言我實不及此事
道人言頗聞葉波國王太子須達
言我數聞之但未曾見耳太子言
□達拏身也道　問太子言所求何
言欲求摩訶衍道道人言太子功
□得摩訶衍道當□久也太子□元
□道時我當作第一神　子道人即

BD09243號　太子須大拏經　（3–2）

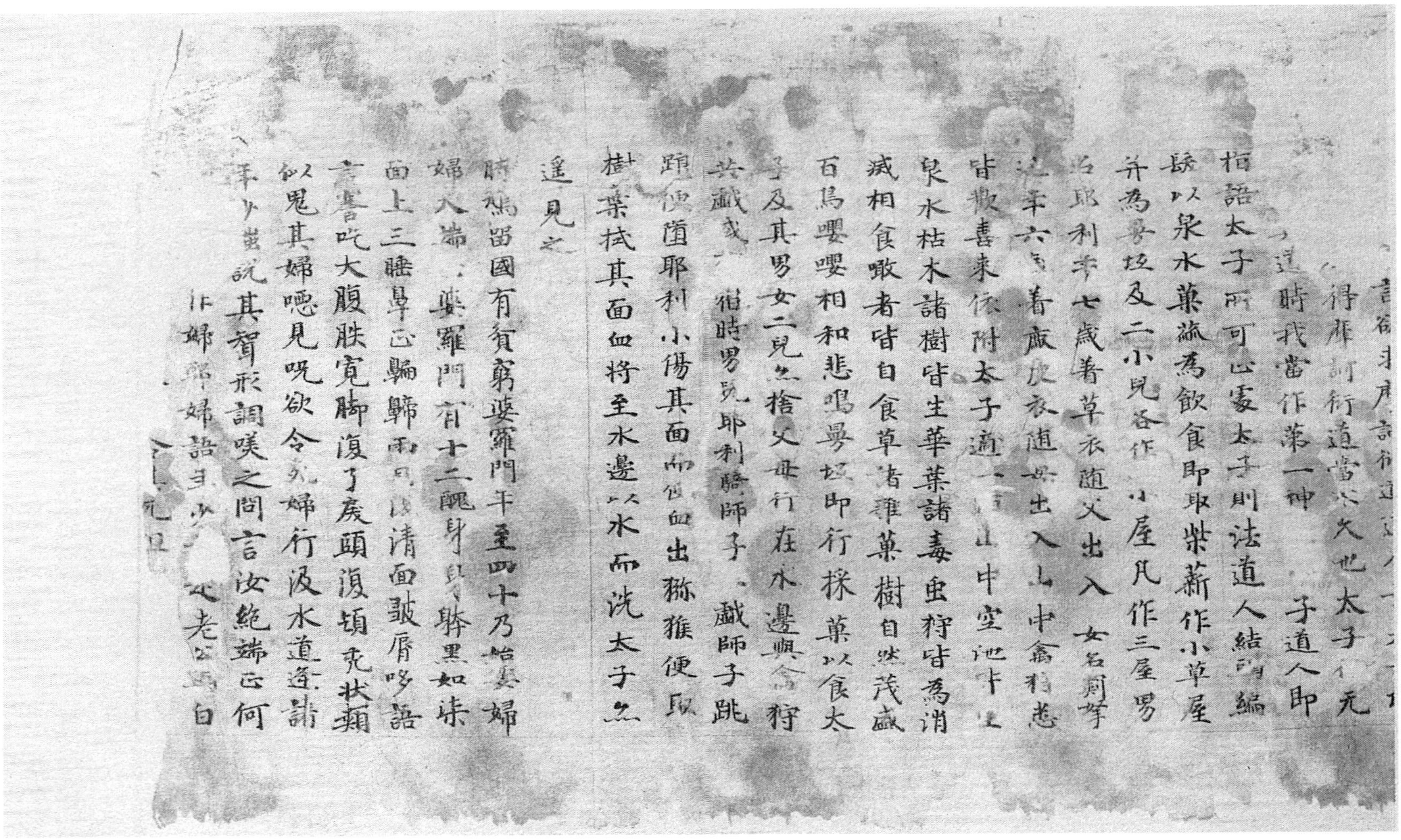

言欲求摩訶衍道當…
得摩訶衍道當久也太子无
道時我當作第一神　子道人即
栢語太子所可止處太子則法道人結髮編
髮以泉水菓蓏為飲食即取柴薪作小草屋
并為曼坻及二小兒各作小屋凡作三屋男
名耶利年七歲著草衣隨父出入　女名罽拏
延年六歲著鹿皮衣隨母出入山中禽狩悉
皆歡喜來依附太子適一入山中空池中生
泉水枯木諸樹皆生華葉諸毒虫狩皆為消
滅相食噉者皆自食草諸雜菓樹自然茂盛
百鳥嚶嚶相和悲鳴曼坻即行採菓以食太
子及其男女二兒太子捨父母行在水邊與禽狩
共戲戲　㑹時男兒耶利騎師子　戲師子跳
蹹便墮耶利小傷其面面血出獼猴便取
樹葉拭其面血將至水邊以水而洗太子太
遥見之
時鳩留國有貧窮婆羅門年至四十乃始娶婦
婦大端正婆羅門有十二醜身體黧黑如柒
面上三黶鼻正匾𥑑兩目復清面皺脣哆語
言謇吃大腹胅寬脚復了戾頭復頓禿狀類
似鬼其婦嗯見呪欲令死婦行汲水道逢諸
年少調戲其貌形調嘆之問言汝絕端正何
作婦乃作此婦語曰少女老公白

BD09243 號　太子須大拏經　　　　（3–3）

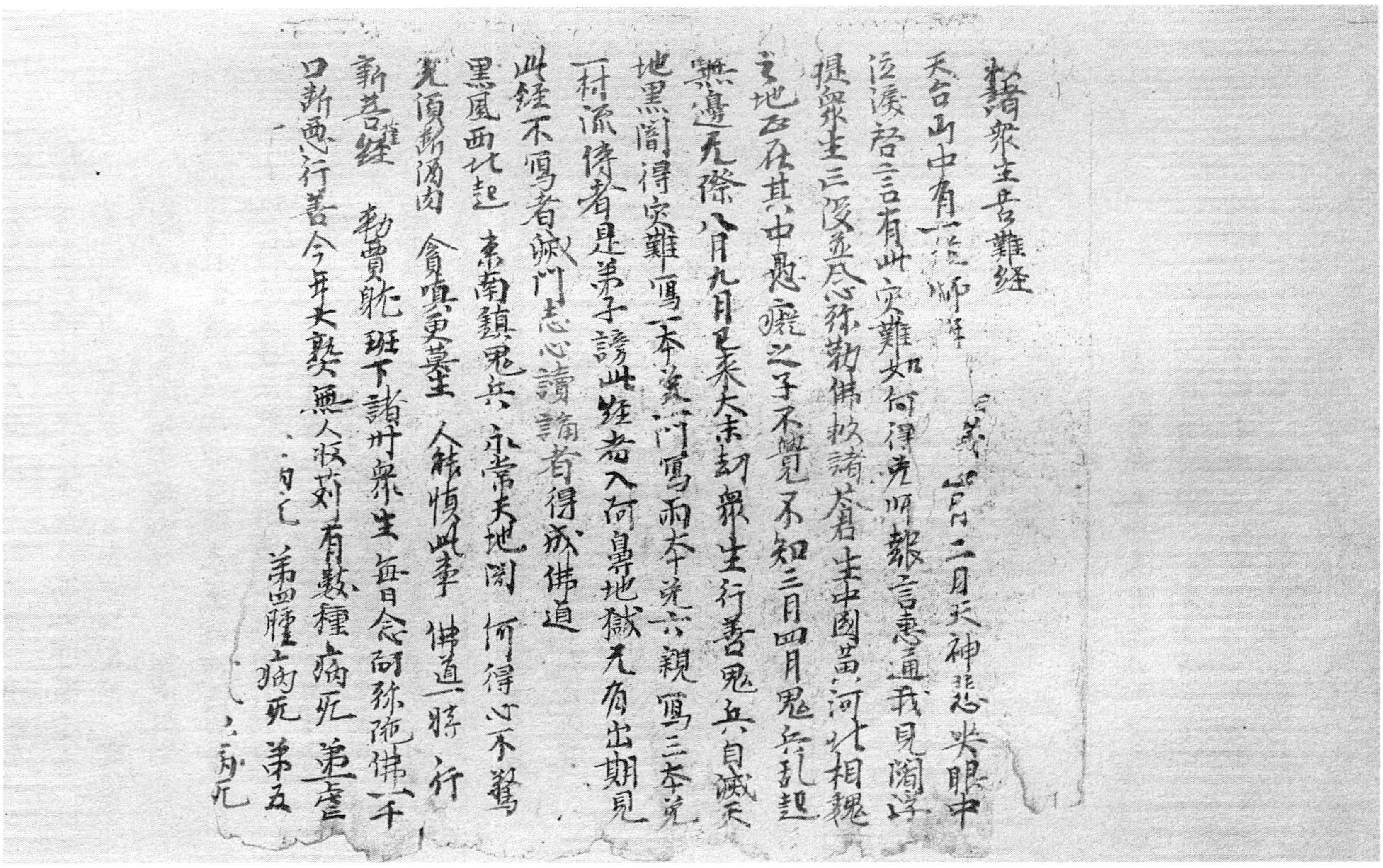

救諸衆生苦難經
天台山中有一道師　…年二月天神悲哭眼中
泣淚唇言有此灾難如何得免師報言惠通我見閻浮
提衆生三災並盡心称勒佛救諸蒼生中國黃河北相魏
之地在其中惡癡之子不覺不知三月四月鬼兵亂起
無邊无際八月九月已來大末劫衆生行善鬼兵自滅天
地黑闇得灾難寫一本免一門寫兩本免六親寫三本免
一村流傳者是弟子謗此經者入阿鼻地獄无有出期見
此經不寫者滅門志心讀誦者得成佛道
新菩薩經
黑風西北起　東南鎮鬼兵　永常失地闇　何得心不驚
先須斷酒肉　貪嗔更莫生　人能慎此事　佛道一時行
勸貴賤班下諸州衆生每日念阿弥陁佛一千
口斷惡行善今年大熟無人收刈有數種病死　第一虐
病死　第二…　第四腫病死　第五…病死

BD09244 號 1　救諸衆生苦難經　　　　（1–1）
BD09244 號 2　新菩薩經

BD09245號　父母恩重經　（2–1）

不哺渴時須飲非母不乳母若不叱悲
中飢時嚥苦吐甘迴乾就濕非義不
不養慈母養兒去離闌車十指甲
淨應各八斛四斗計論母恩昊天罔極
母去何可報若有眾生能為父母書寫
流布世人受持讀誦當知是報父母恩父母去
何可報其恩但父母至於行來東西隣里井竈
碓磑不時還家即如家中戲兒啼哭憶母母即
心驚兩乳汁出即本還家兒或在闌車遙見
母來搖頭弄腦或復曳腹隨行嗚呼向母母為
其子屈身下就長舒兩手拂拭塵土嗚和其
口開懷出乳以乳與之母見兒歡兒見母喜二情
恩悲慈愛親重莫復過此二歲三歲弄意始
行於其食時非母不知父母行來値他座席
或得餅肉不敢啜味懷挾來歸將与其子十
來九得恒常歡喜一過不得驕啼佯哭驕兒不
孝又心五擿孝子不驕必有慈順遂至長大朋
友相隨梳頭摩髮欲得好衣
衣破故父母自着好衣好帛
行來官私急疾

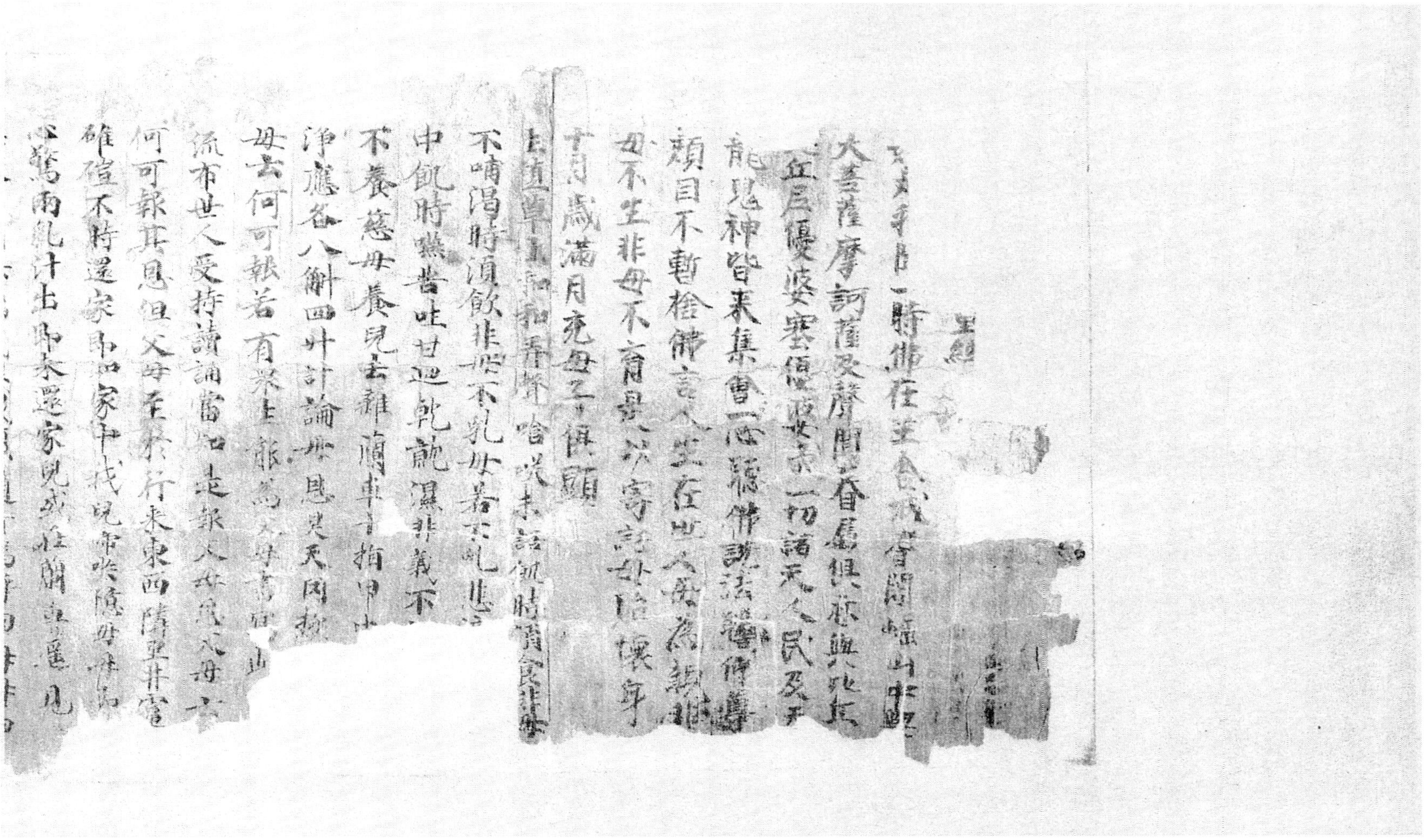

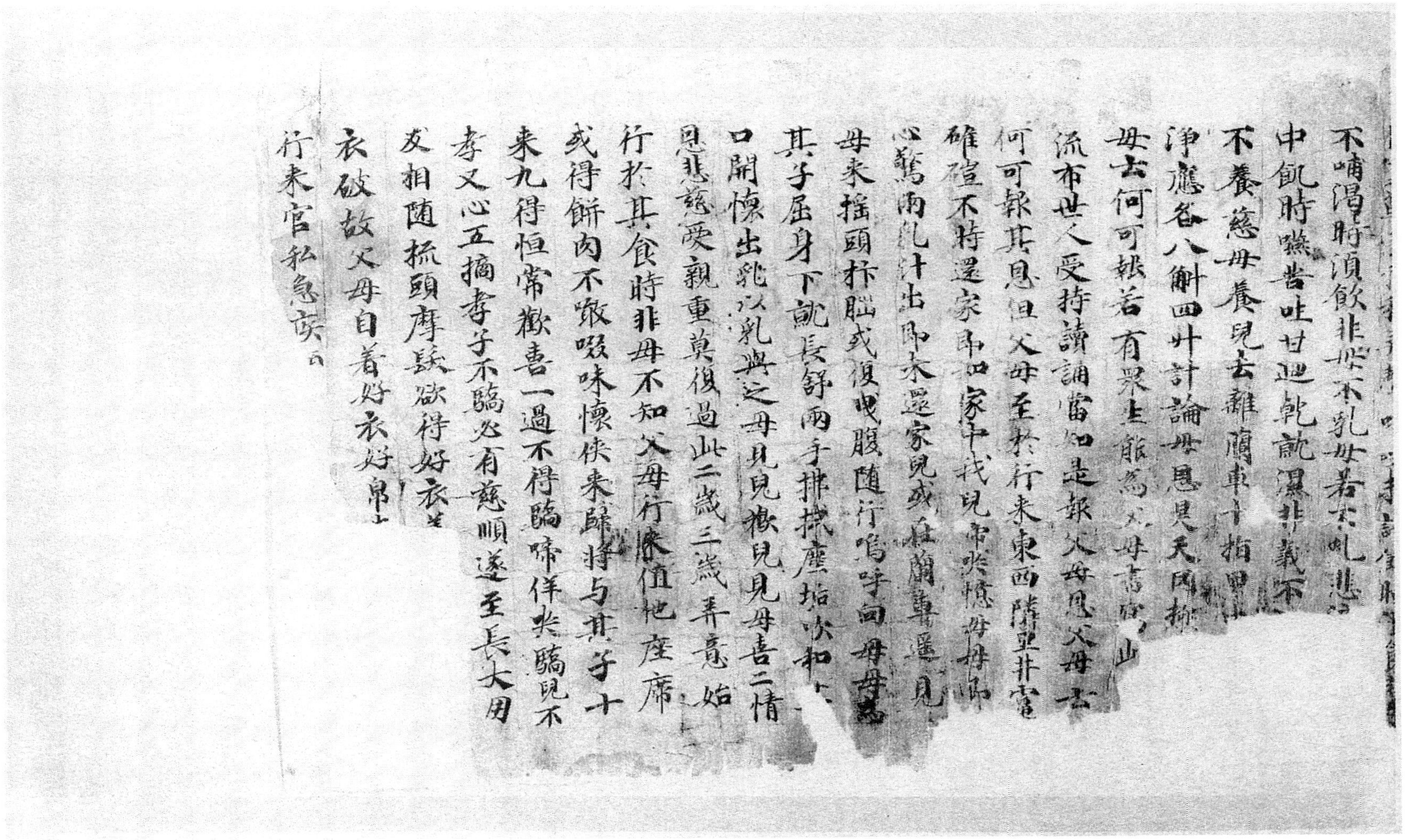

BD09245號　父母恩重經　（2–2）

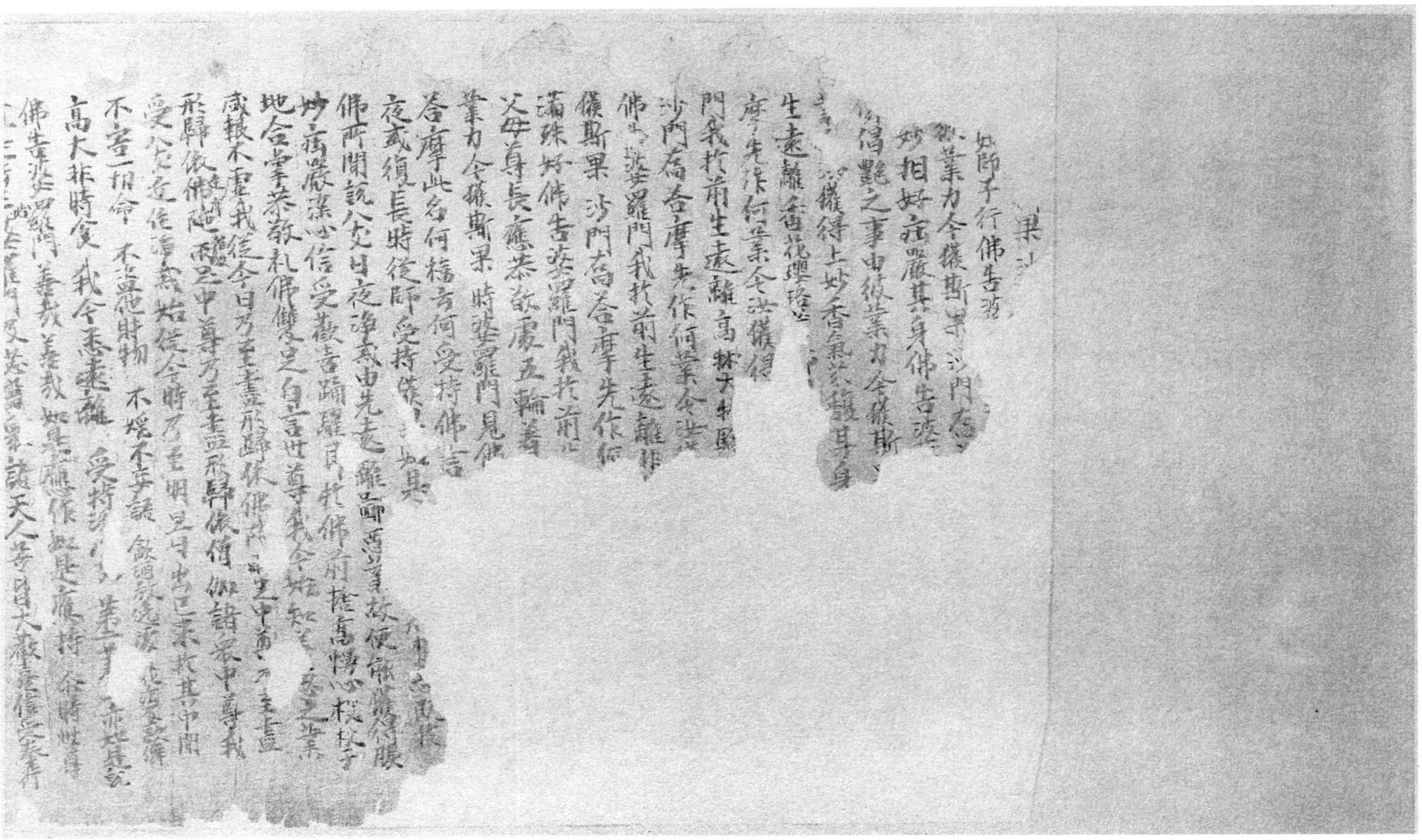

BD09246 號 1　長爪梵志請問經　　（2–1）

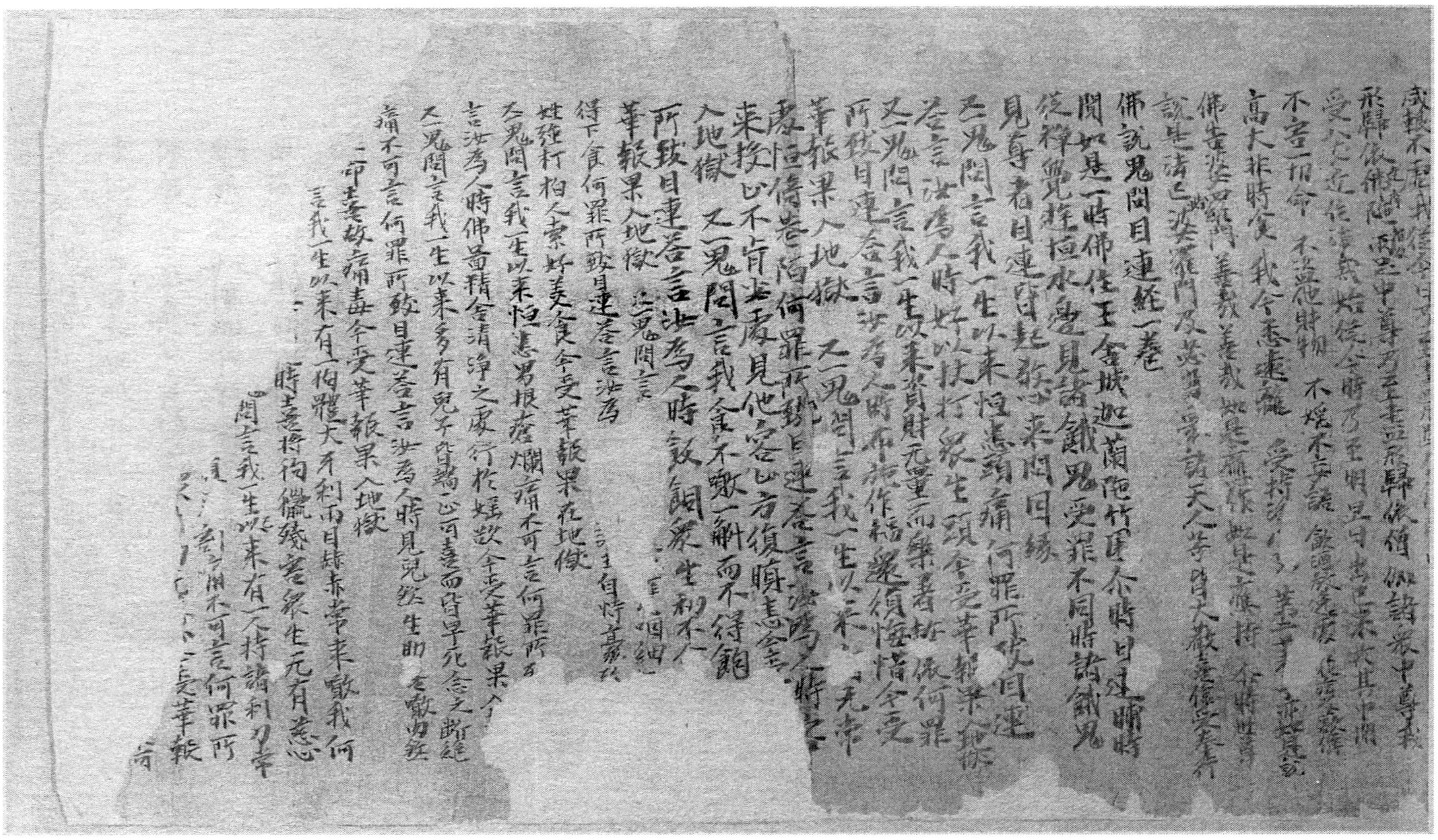

BD09246 號 1　長爪梵志請問經　　（2–2）
BD09246 號 2　鬼問目連經

BD09246 號 2 背　勘記　（1–1）

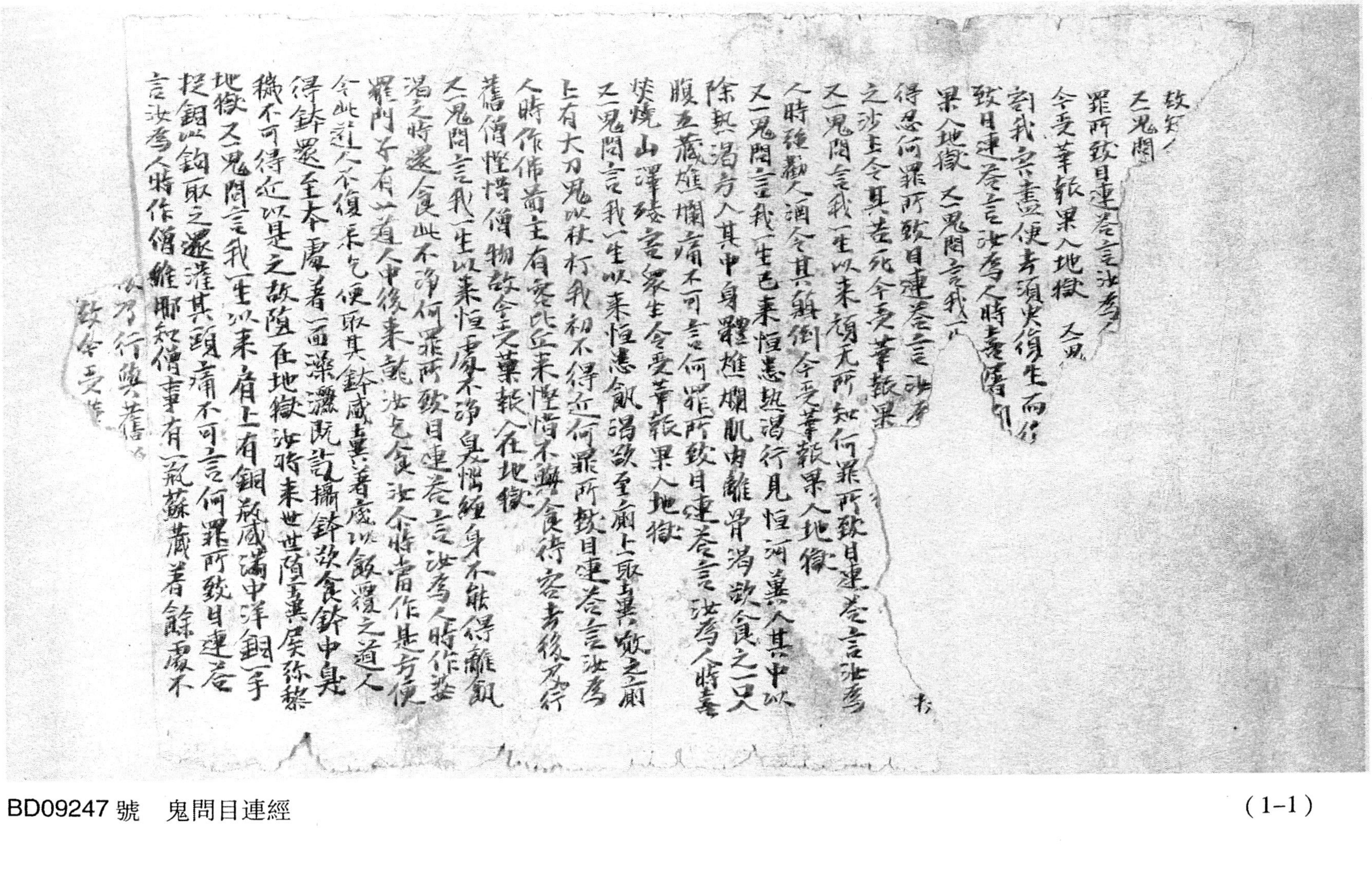

致[illegible]
又一鬼問
罪所致目連答言汝爲
今受華報果入地獄 又[illegible]
剖我宍盡便書須臾復生而行
致目連答言汝爲人時毒害衆生
果入地獄 又一鬼問言我一
得忍何罪所致目連答言汝爲
之沙上令其苦死今受華報果
又一鬼問言我一生以來頭无所知何罪所致目連答言汝爲
人時強勸人酒令其顛倒今受華報果入地獄
又一鬼問言我一生已來恒患熱渴行見恒河莫入其中以
除熱渴身入其中身體雄爛肌肉離骨渴欲食之一口入
腹五藏雄爛痛不可言何罪所致目連答言汝爲人時毒
燒山澤殘害衆生今受華報果入地獄
又一鬼問言我一生以來恒患飢渴欲至廁上取其糞食之廁
上有大刀鬼以杖打我初不得近何罪所致目連答言汝爲
人時作佛齋主有客比丘來慳惜不與食待客去後方行
舊僧慳惜僧物故令受之華報入在地獄
又一鬼問言我一生以來恒處不淨臭惱纏身不能得離飢
渴之時還食此不淨何罪所致目連答言汝爲人時作婆
羅門子有一道人中後來就汝乞食汝不時當作是方便
令此道人不復來乞便取其鉢盛著糞著處以飯覆之道人
得鉢還至本處著一面澡灑既訖攝鉢欲食鉢中臭
穢不可得近以是之故墮在地獄汝將來世世墮糞屎泥黎
地獄 又一鬼問言我一生以來肩上有銅瓶盛滿中洋銅一手
捉銅以鉤取之還灌其頭痛不可言何罪所致目連答
言汝爲人時作僧維那知僧事有一瓶蘇藏著餘處不
乃行與舊
致今受華

BD09247 號　鬼問目連經　（1–1）

鷄猪毒蛇一切重罪應入地獄十劫五劫若
造此經及諸尊像記在業鏡閻羅歡喜判放
其人生富貴家免其罪過若有善男子善女
人比丘比丘尼優婆塞優婆夷預修生七齋
者每月二時十五[illegible]若是新死家依
從一七計乃至七七日百日一年三年並須
請此十王名字每七有[illegible]王下檢察必須作
齋有无即報天曹地府供養三寶祈請十王
唱名納狀狀上六曹官善惡童子奏上天曹
地府冥官等記在名案身到日時當便配生
快樂之處不住中陰四十九日身死已後若
待男女六親眷屬追救命過十王若闕一齋
乖在一王并新死人留連受苦不得出[illegible]
滯一劫是故勸汝作此齋事如至齋日
財物及有事忙不得作齋請佛延僧[illegible]

BD09248號　十王經（乙本）　　（1–1）

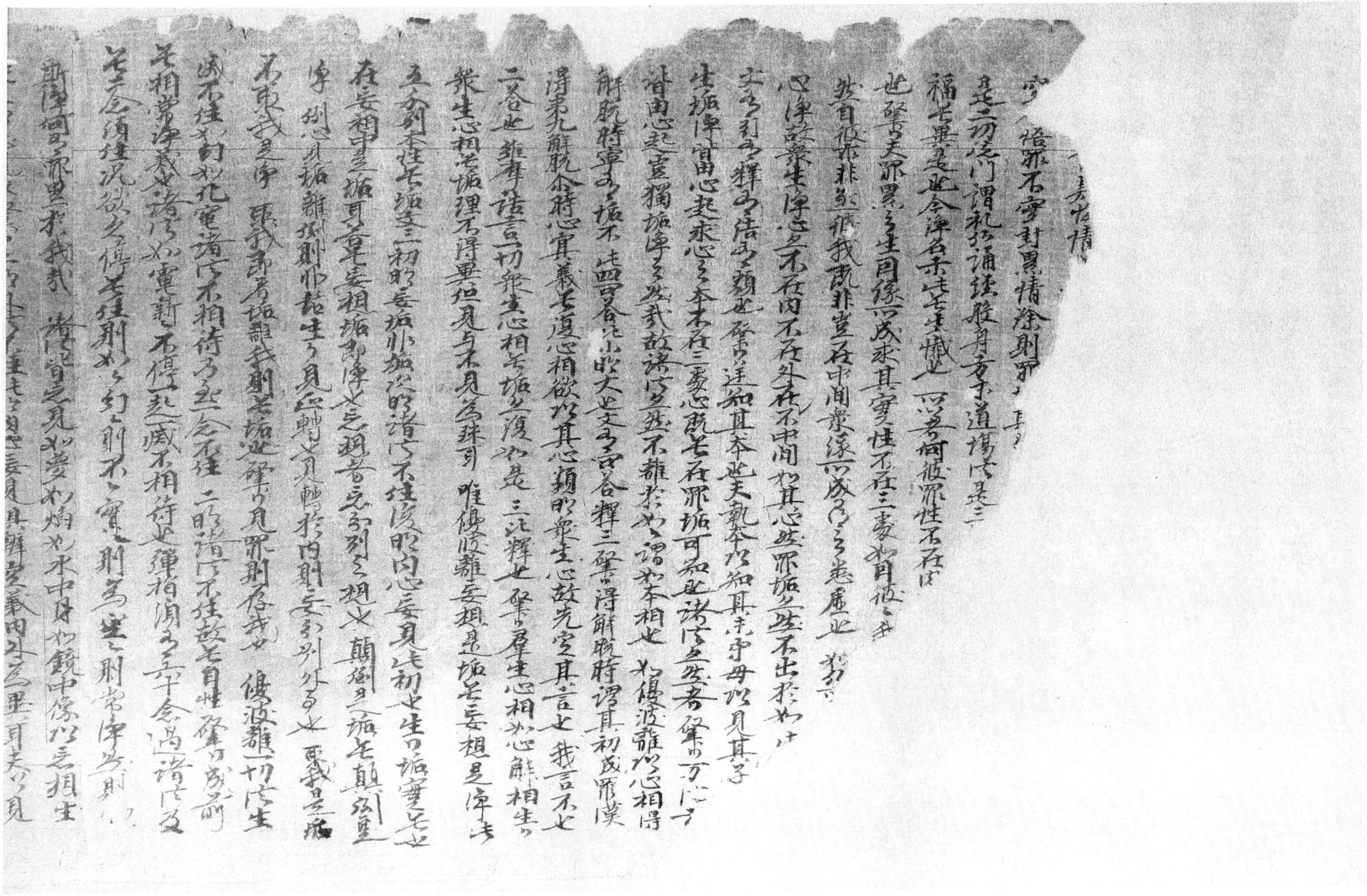

BD09249號　淨名經集解關中疏卷上　（2–1）

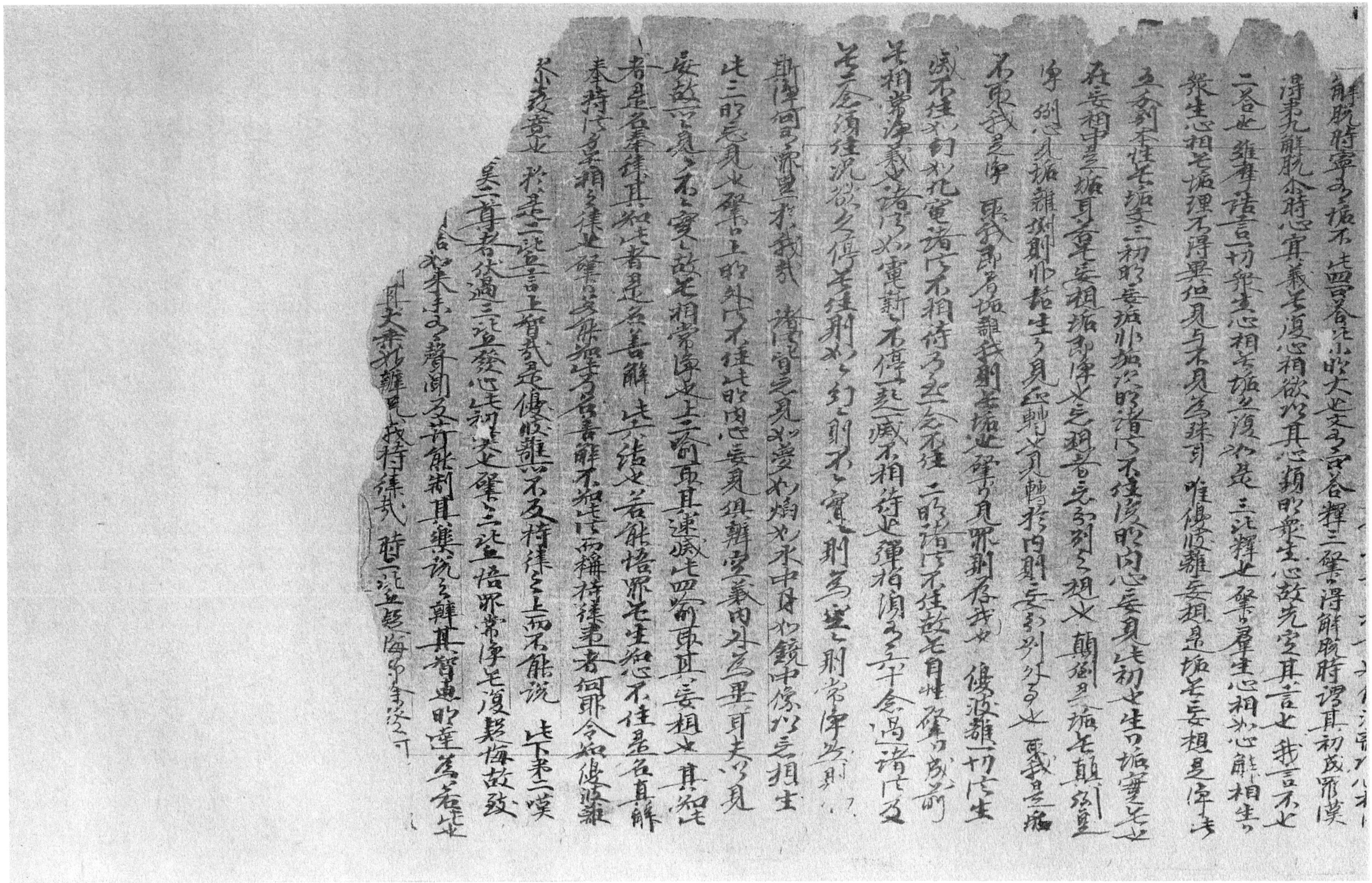

解脫時寧有垢不　此四答先小明大也　次三答釋三　肇曰得解脫時謂其初成羅漢
得無垢解脫尔時心寧有義也復心相欲以其心類明衆生心故先定其言也　我言不也
二答也　維摩詰言一切衆生心相无垢亦復如是　三正釋也　肇曰群生心相如心解相生
衆生心相无垢理不得異但見与不見為殊耳　唯優波離妄想是垢无妄想是淨
五示三初明妄垢非垢次明諸法不住後明内心妄見　此初也　生曰垢實无也
在妄相中无垢耳若无妄相垢即淨也　無妄想者空無別之想也　顛倒是垢无顛倒是
淨　例心及垢離則非垢生乃見在轉公見轉於内則妄有別外有也　取我是垢
不取我是淨　取我即有垢離我則無垢也　肇曰見罪則存我也　優波離一切法生
滅不住如幻如電諸法不相待乃至一念不住　二明諸法不住故无自性　肇曰成前
无相常淨義也　諸法如電新新不停一起便滅不相待也　彈指頃有六十念過諸法及
我一念頃住況欲久停无住則如幻如幻則不實不實則為空空則常淨然則
斯淨何可罪生於我哉　諸法皆妄見如夢如焰如水中月如鏡中像以妄想生
此三明妄見也　肇曰上明外法不住此明内心妄見俱辯空義内外為異耳夫以見
妄故所見不實不實故无相常淨也　上二喻取其速滅此四喻取其妄相也　其知此
者是名奉律其知此者是名善解　此是結也　若能悟罪无生知心不住是名真解
奉持法者无相之律也　肇曰若能知法无相名善解不知法相而稱持律者何耶令知優波離
未小故言也　於是二比丘言上智哉是優波離所不及持律之上而不能說　此下第二嘆
美二　尊者伏過三比丘發心此初也　肇曰二比丘悟罪常淨无復疑悔故致
斯嘆　我答言自捨如來未有聲聞及菩薩能制其樂說之辯其智慧明達為若此也
其大乘於難見我持律哉　時二比丘疑悔即除發

BD09249號　淨名經集解關中疏卷上

（2–2）

BD09250 號　淨名經關中釋抄卷上　　（1–1）

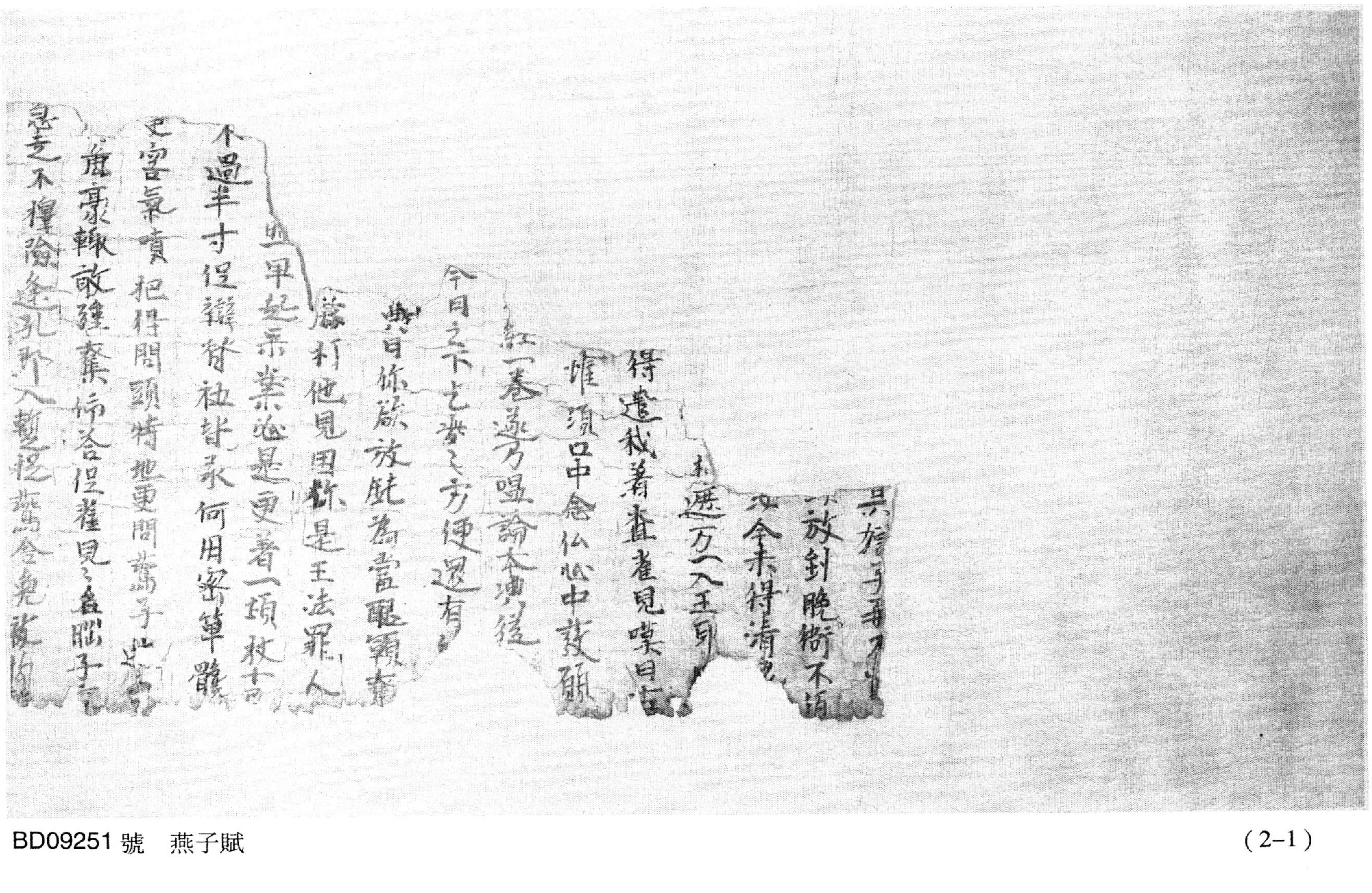

BD09251 號　燕子賦　　（2–1）

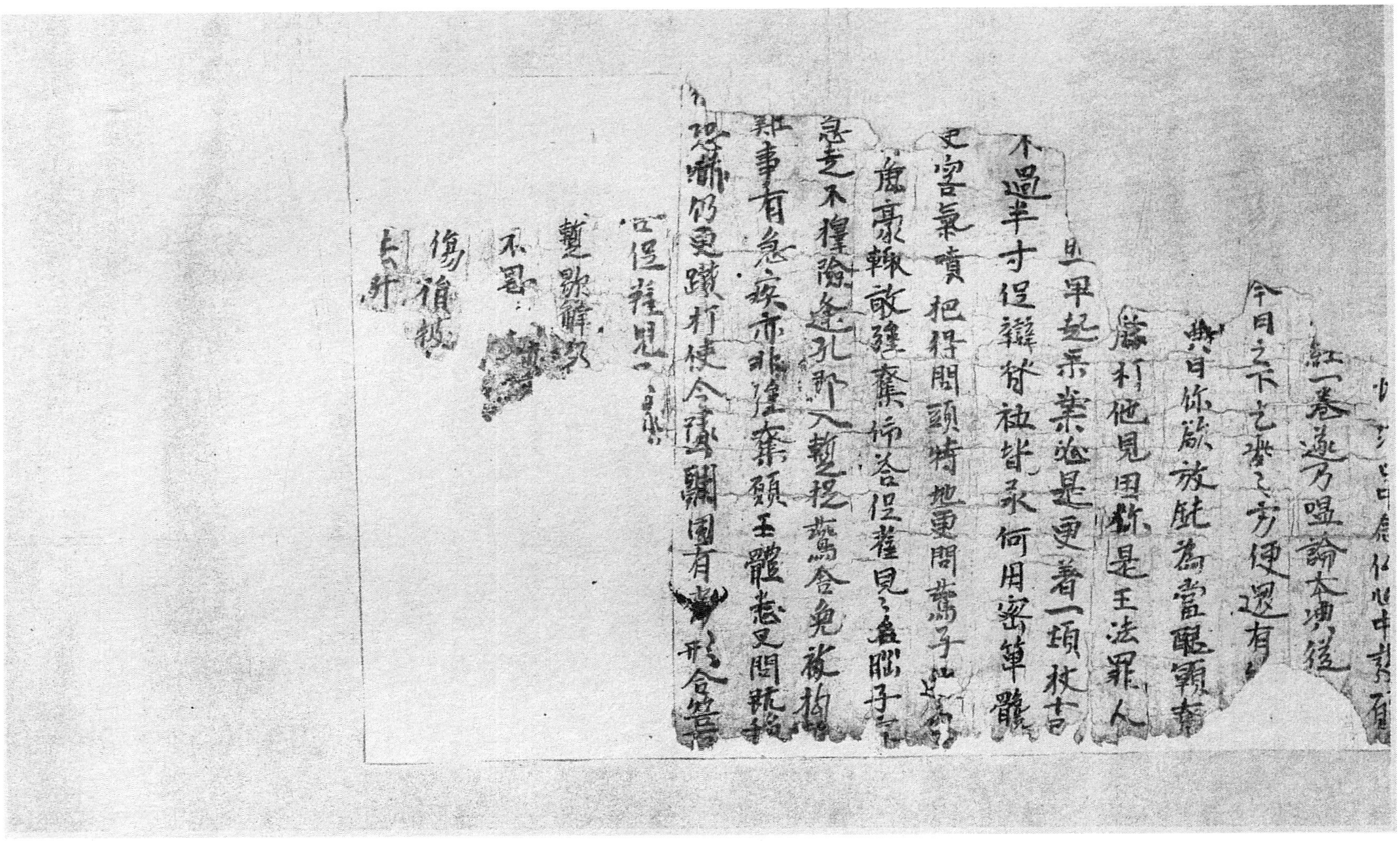

BD09251 號　燕子賦　　　　　　（2–2）

BD09251 號背　雜寫　　　　　　（1–1）

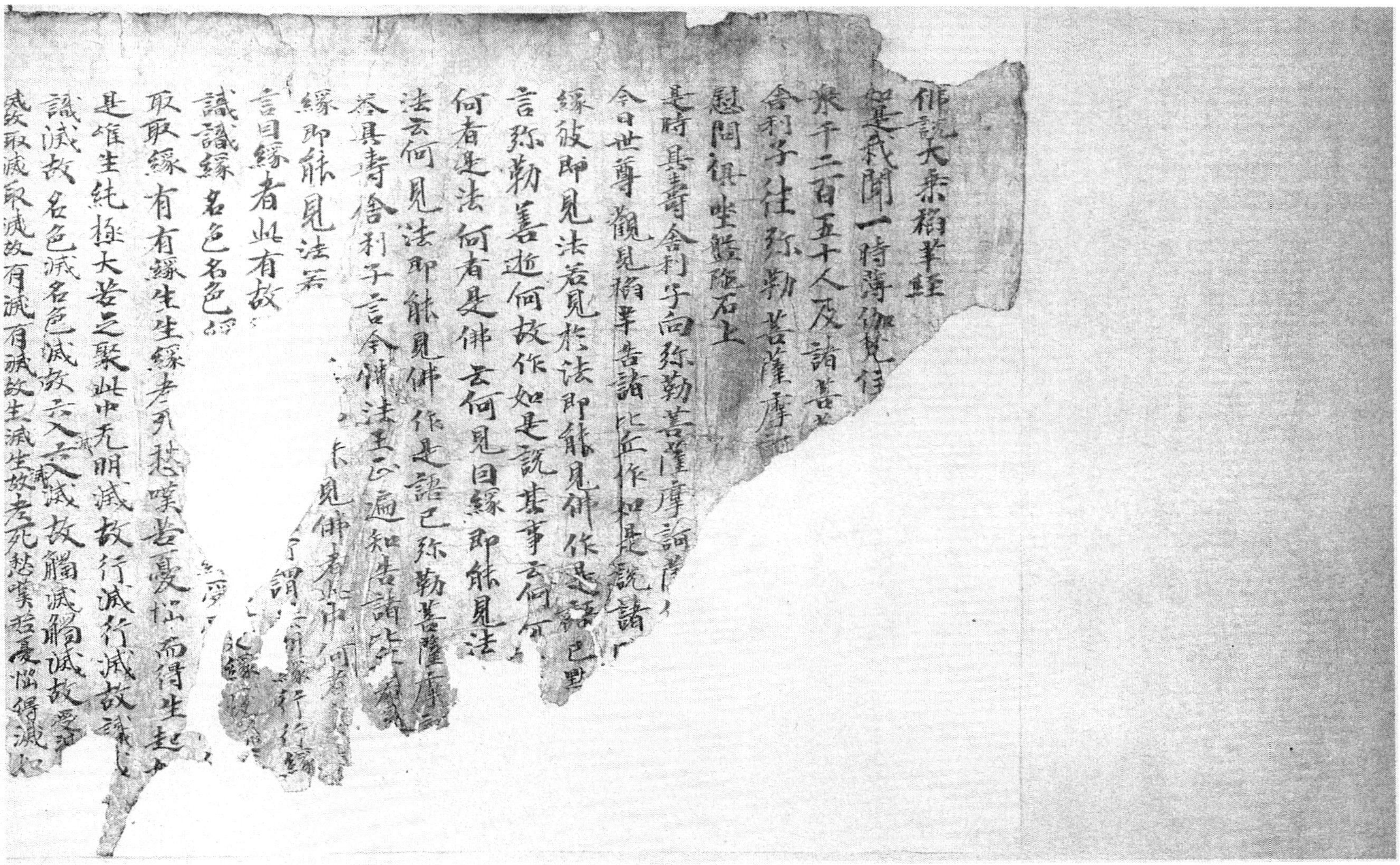

佛說大乘稻芊經
如是我聞一時薄伽梵住……
衆千二百五十人及諸菩……
舍利子往弥勒菩薩摩……
慰問俱坐盤陁石上
是時具壽舍利子而弥勒菩薩摩訶薩……
今日世尊觀見稻芊告諸比丘作如是說諸……
緣彼即見法若見於法即能見佛作是語已默……
言弥勒善逝何故作如是說其事云何……
何有是法何有是佛云何見因緣即能見法
法云何見法即能見佛作是語已弥勒菩薩摩……
荅具壽舍利子言今佛法王正遍知告諸比……
……見佛者此中何……
緣即能見法若……謂……行緣……
言因緣者此有故……
識識緣名色名色緣……
取取緣有有緣生生緣老死愁嘆苦憂惱而得生起……
是唯生純極大苦之聚此中无明滅故行滅行滅故識……
識滅故名色滅名色滅故六入滅六入滅故觸滅觸滅故受……
滅故取滅取滅故有滅有滅故生滅生滅故老死愁嘆苦憂惱得滅如……

BD09252 號　大乘稻芊經　（2–1）

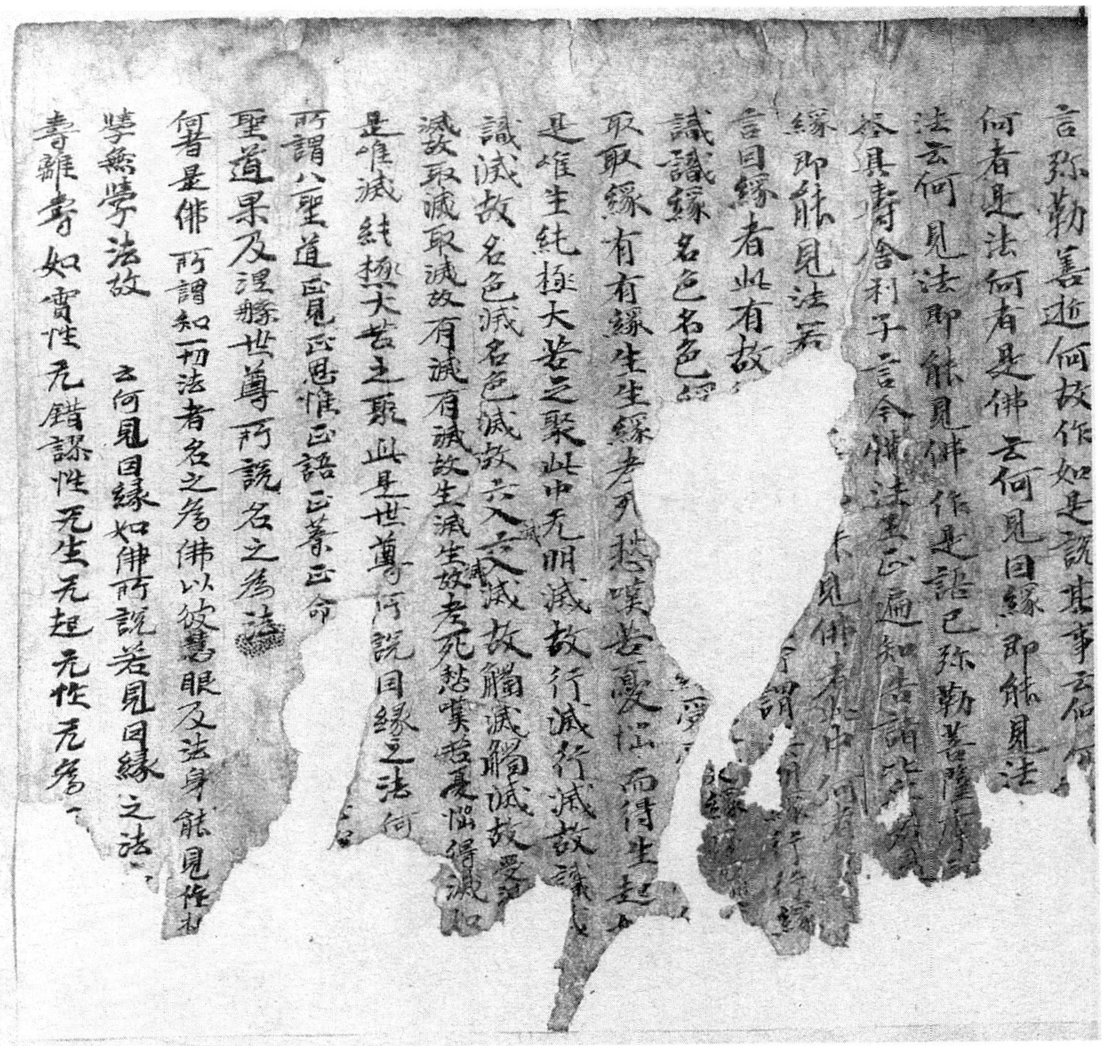

言弥勒善逝何故作如是說其事云何……
何有是法何有是佛云何見因緣即能見法
法云何見法即能見佛作是語已弥勒菩薩摩……
荅具壽舍利子言今佛法王正遍知告諸比……
……見佛者此中何……
緣即能見法若……
言因緣者此有故……
識識緣名色名色緣……
取取緣有有緣生生緣老死愁嘆苦憂惱而得生起……
是唯生純極大苦之聚此中无明滅故行滅行滅故識……
識滅故名色滅名色滅故六入滅六入滅故觸滅觸滅故受……
滅故取滅取滅故有滅有滅故生滅生滅故老死愁嘆苦憂惱得滅如……
是唯滅純極大苦之聚此是世尊所說因緣之法何……
所謂八聖道正見正思惟正語正業正命……
聖道果及涅槃世尊所說名之爲法
何者是佛　所謂知一切法者名之爲佛以彼慧眼及法身能見作……
學無學法故　云何見因緣如佛所說若見因緣之法……
壽離壽如實性无錯謬性无生无起无作无爲……

BD09252 號　大乘稻芊經　（2–2）

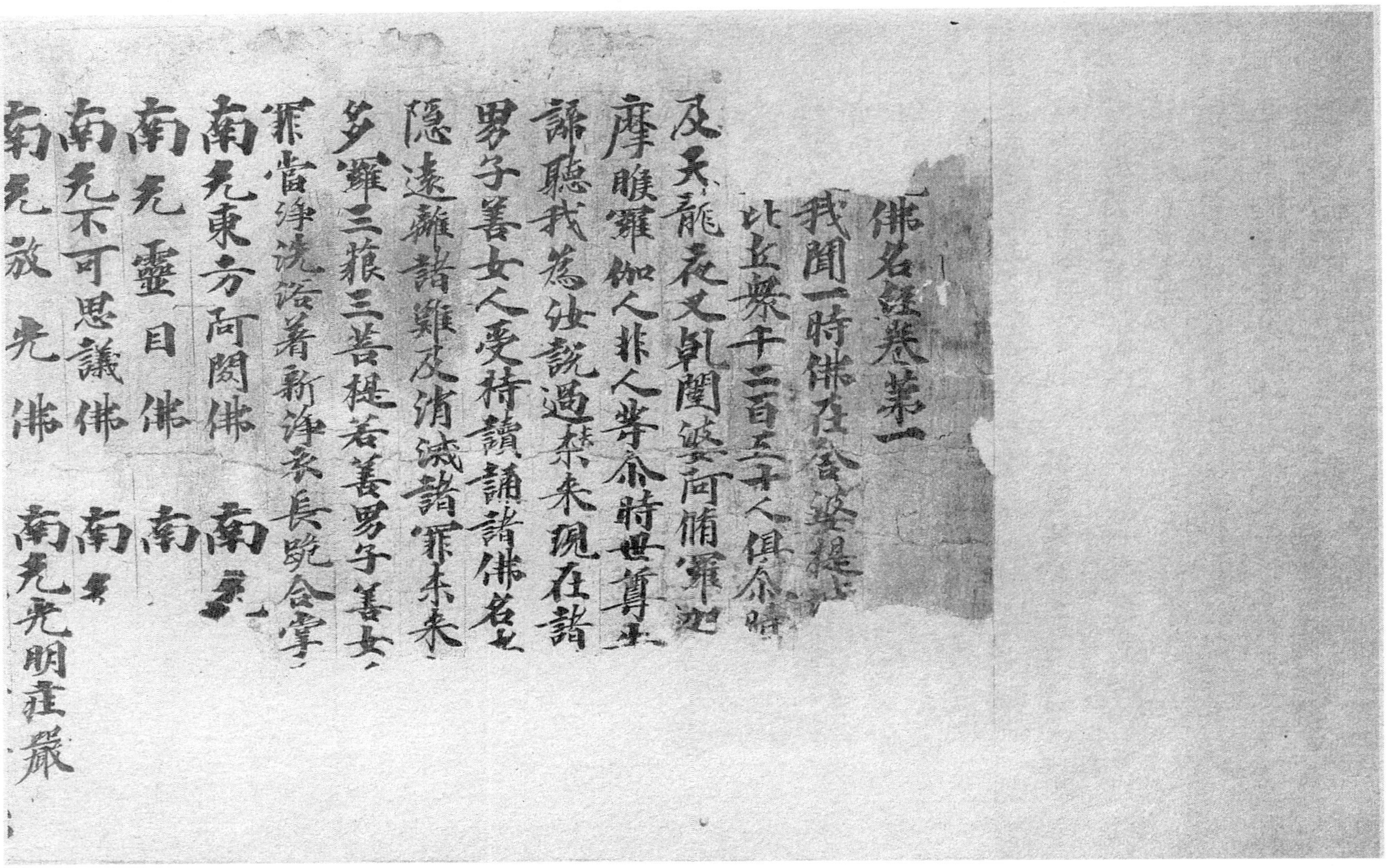

佛名經卷第一
我聞一時佛在舍婆提
比丘衆千二百五十人俱尒時
及天龍夜叉乾闥婆阿脩羅迦
摩睺羅伽人非人等尒時世尊告
諦聽我爲汝說過去未來現在諸
男子善女人受持讀誦諸佛名者
隱遠離諸難及消滅諸罪未来
多羅三藐三菩提若善男子善女人
罪當淨洗浴著新淨衣長跪合掌
南无東方阿閦佛　南无
南无靈目佛　南
南无不可思議佛　南无
南无放光佛　南无光明莊嚴
南

BD09253 號　佛名經（十六卷本）卷一　（3–1）

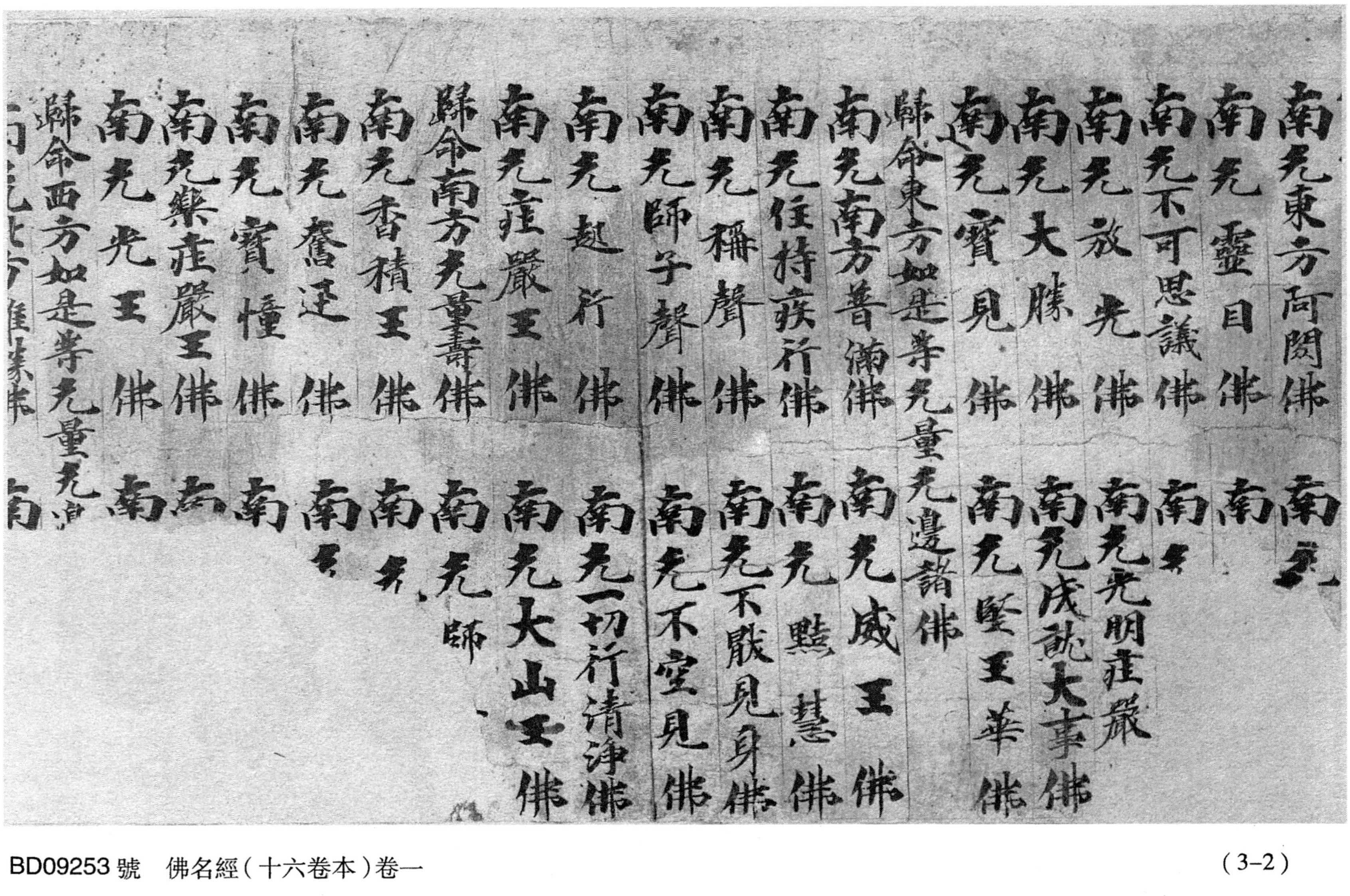

南无東方阿閦佛　南无
南无靈目佛　南
南无不可思議佛　南无
南无放光佛　南无光明莊嚴
南无大勝佛　南无成就大事佛
南无寶見佛　南无堅王華佛
歸命東方如是等无量无邊諸佛
南无南方普滿佛　南无威王佛
南无任持疾行佛　南无點慧佛
南无稱聲佛　南无不厭見身佛
南无師子聲佛　南无不空見佛
南无趣行佛　南无一切行清淨佛
南无莊嚴王佛　南无大山王佛
歸命南方无量壽佛　南无師
南无香積王佛　南无
南无奮迅佛　南无
南无寶幢佛　南
南无樂莊嚴王佛　南
南无光王佛　南
歸命西方如是等无量无邊
南无北方[illegible]佛　南

BD09253 號　佛名經（十六卷本）卷一　（3–2）

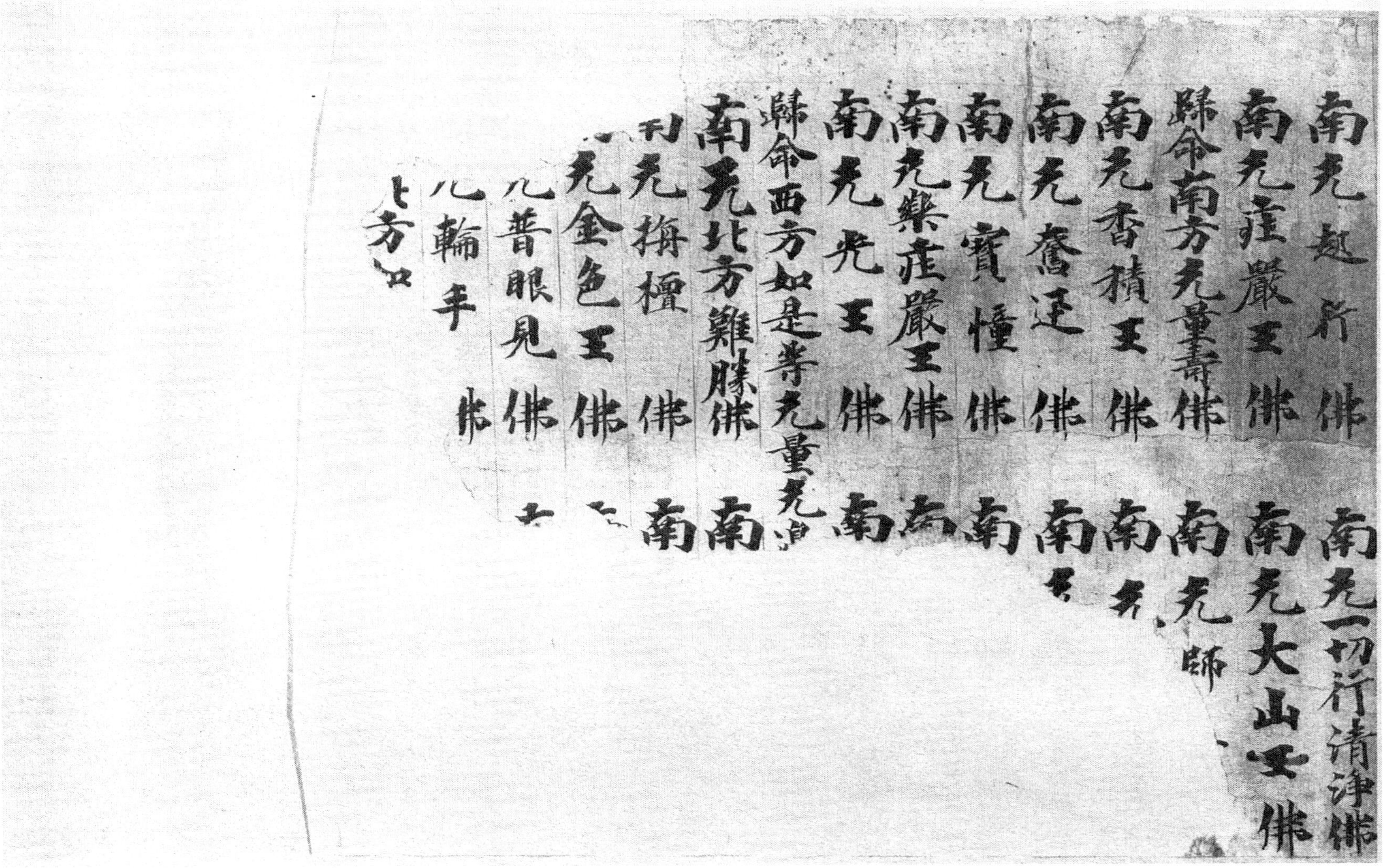

南无趣行佛　南无一切行清淨佛
南无莊嚴王佛　南无大山王佛
歸命南方无量壽佛　南无師……
南无香積王佛　南无……
南无奮迅佛　南无……
南无寶幢佛　南……
南无樂莊嚴王佛　南……
南无光王佛　南……
歸命西方如是等无量无邊……
南无北方難勝佛　南……
……无栴檀佛　南……
……无金色王佛　……
……无普眼見佛　……
……无輪手佛
……北方……

BD09253號　佛名經（十六卷本）卷一　（3–3）

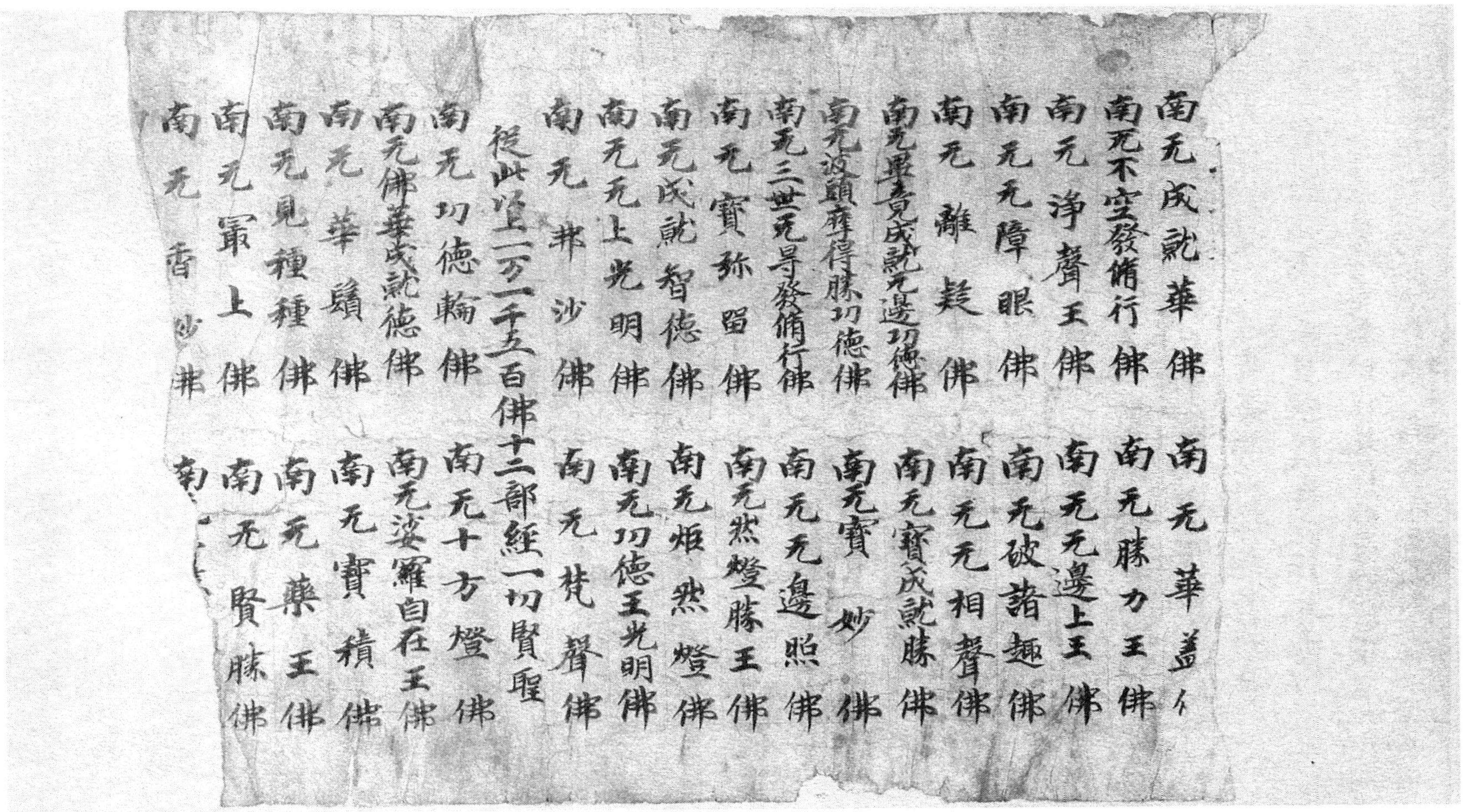

南无成就華佛　南无華蓋……
南无不空發脩行佛　南无勝力王佛
南无淨聲王佛　南无无邊上王佛
南无无障眼佛　南无破諸趣佛
南无離疑佛　南无无相聲佛
南无畢竟成就无邊功德佛　南无寶成就勝佛
南无波頭摩得勝功德佛　南无寶妙佛
南无三世无导發脩行佛　南无无邊照佛
南无寶弥留佛　南无然燈勝王佛
南无成就智德佛　南无炬然燈佛
南无无上光明佛　南无功德王光明佛
南无那沙佛　南无梵聲佛
從此以上一万一千五百佛十二部經一切賢聖
南无功德輪佛　南无十方燈佛
南无佛華成就德佛　南无婆羅自在王佛
南无華嶺佛　南无寶積佛
南无見種種佛　南无藥王佛
南无眾上佛　南无賢勝佛
南无香妙佛　南……

BD09254號　佛名經（十六卷本）卷一五　（1–1）

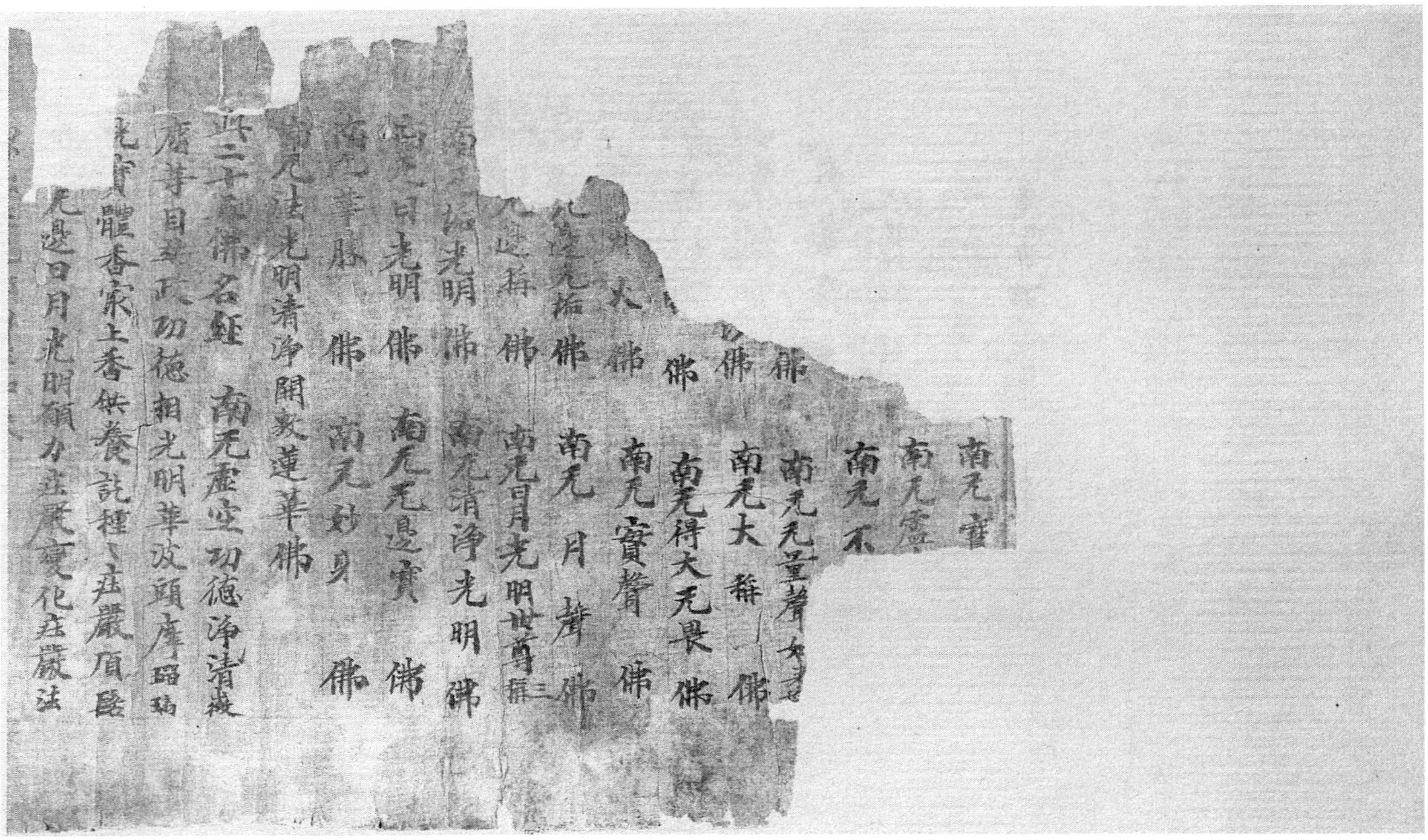
南无寶
南无盧
南无不
佛 南无无量聲如來
佛 南无大稱 佛
佛 南无得大无畏佛
大佛 南无寶聲 佛
无邊无垢佛 南无 月 聲 佛
无邊稱 佛 南无日月光明世尊 佛 三
光明佛 南无清淨光明佛
南无日光明佛 南无无邊寶 佛
南无華勝 佛 南无妙身 佛
南无法光明清淨開敷蓮華佛
卌二十七佛名經 南无虛空功德淨清微
塵等目端正功德相光明華波頭摩瑠璃
光寶體香象上香供養訖種種莊嚴頂髻
无邊日月光明願力莊嚴變化莊嚴法

BD09255 號　七階佛名經　(3–1)

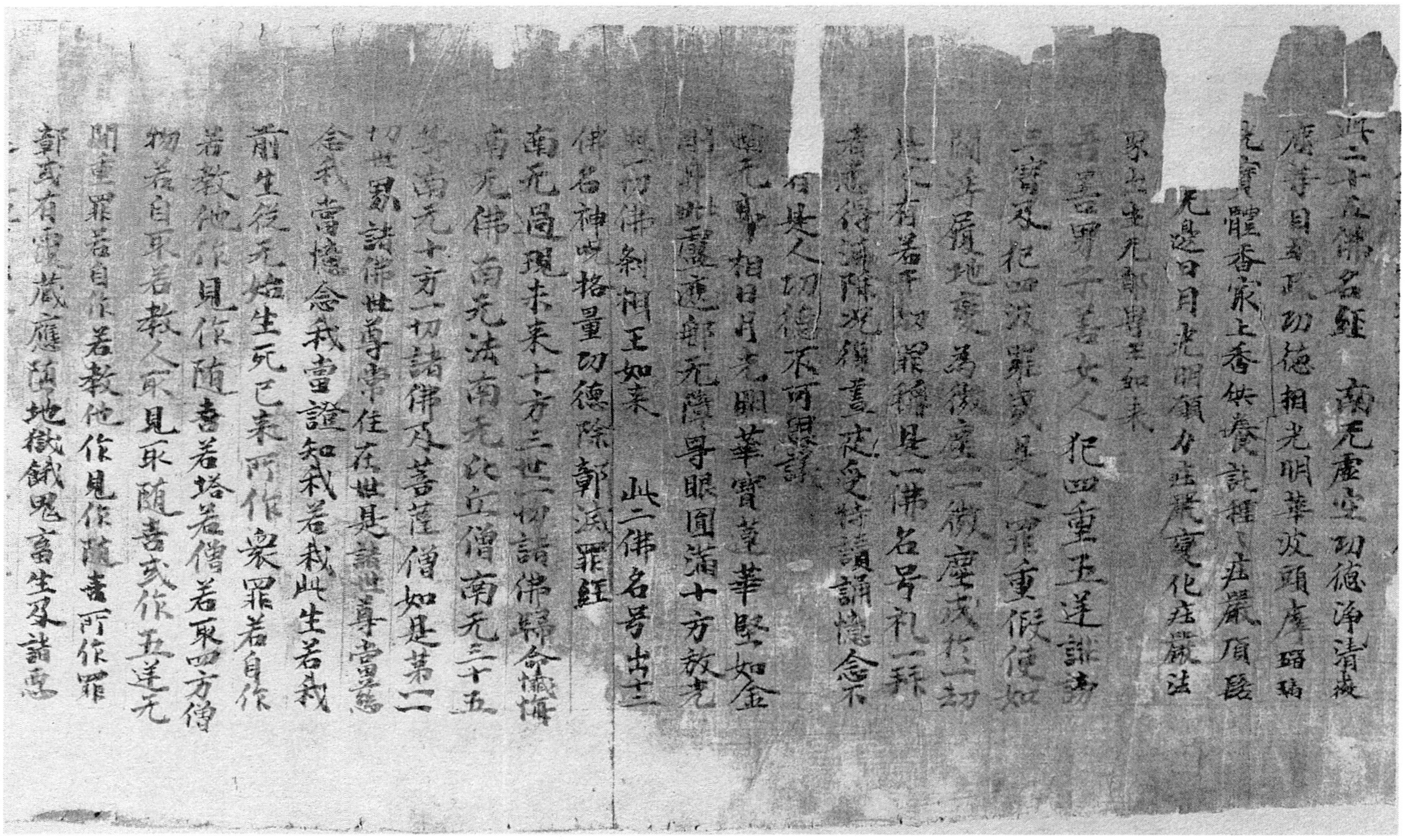
卌二十七佛名經 南无虛空功德淨清微
塵等目端正功德相光明華波頭摩瑠璃
光寶體香象上香供養訖種種莊嚴頂髻
无邊日月光明願力莊嚴變化莊嚴法
界出生无鄣礙王如來
若善男子善女人犯四重五逆誹謗
三寶及犯四波羅夷是人罪重假使如
閻浮提地變為微塵一一微塵成於一劫
是人有若干劫罪稱是一佛名号礼一拜
者悉得滅除况復盡形受持讀誦憶念不
得是人功德不可思議
南无寶相日月光明華寶蓮華堅如金
剛師子蔵遊戲鄣无礙导眼圓滿十方放光
明一切佛剎相王如來 此二佛名号出三
佛名神力格量功德除鄣滅罪經
南无過現未來十方三世一切諸佛歸命懺悔
南无佛 南无法 南无比丘僧 南无三十五
佛 南无十方一切諸佛及菩薩僧如是第二
切世界諸佛世尊常住在世是諸世尊當慈
念我當憶念我當證知我若我此生若我
前生從无始生死已來所作衆罪若自作
若教他作見作隨喜若塔若僧若四方僧
物若自取若教人取見取隨喜或作五逆无
間重罪若自作若教他作見作隨喜所作罪
鄣或有覆藏應隨地獄餓鬼畜生及諸惡

BD09255 號　七階佛名經　(3–2)

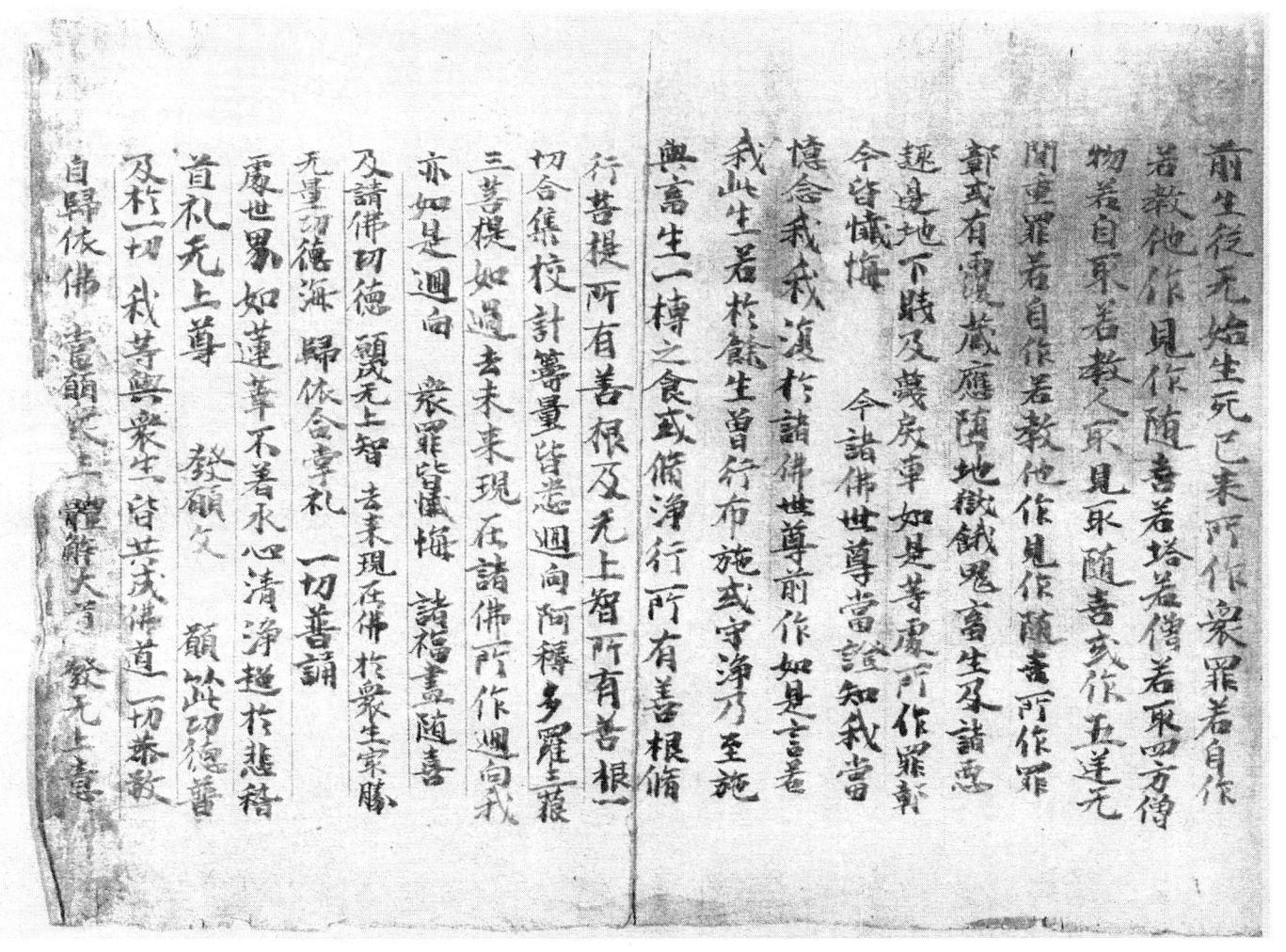

前生從无始生死已來所作衆罪若自作
若教他作見作隨喜若塔若僧若四方僧
物若自取若教人取見取隨喜或作五逆无
間重罪若自作若教他作見作隨喜所作罪
鄣或有覆藏應墮地獄餓鬼畜生及諸惡
趣邊地下賤及蔑戾車如是等處所作罪鄣
今皆懺悔　今諸佛世尊當證知我當
憶念我我復於諸佛世尊前作如是言若
我此生若於餘生曾行布施或守淨戒乃至施
與畜生一摶之食或脩淨行所有善根脩
行菩提所有善根及无上智所有善根一
切合集校計籌量皆悉迴向阿耨多羅三藐
三菩提如過去未來現在諸佛所作迴向我
亦如是迴向　衆罪皆懺悔　諸福盡隨喜
及請佛功德　願成无上智　去來現在佛　於衆生最勝
无量功德海　歸依合掌礼　一切菩薩
處世界如蓮華不著水心清淨超於彼稽
首礼无上尊　　發願文　　願此功德普
及於一切　我等與衆生　皆共成佛道　一切恭敬
自歸依佛　當願衆生　體解大道　發无上意

BD09255號　七階佛名經　　　　　　（3–3）

佛說佛名經卷第一
如是我聞一時佛在舍衛國祇樹給孤
獨園與大比丘衆千二百五十人俱尒時世尊
四衆圍遶及天龍夜叉乾闥婆阿脩羅迦樓
羅緊那羅摩睺羅伽人非人等尒時世尊
告諸大衆汝當諦聽我爲汝說過去未來
現在諸佛名字善男子善女人受持讀
誦諸佛名者是人現世安隱遠離諸難及
消滅諸罪未來當得阿耨多羅三藐三菩
提若善男子善女人欲消滅諸罪當淨洗
[illegible]淨衣　長跪合掌而作是言
南无靈目佛　　南无火光佛
南无不可思議佛　　南无无畏佛
南无放光佛　　南无燈王佛
南无大勝佛　　南无光明莊嚴佛
南无寶見佛　　南无成就大事佛
南无堅王華佛
歸命東方如是等无量无邊諸佛
南无[illegible]佛　　南无[illegible]佛

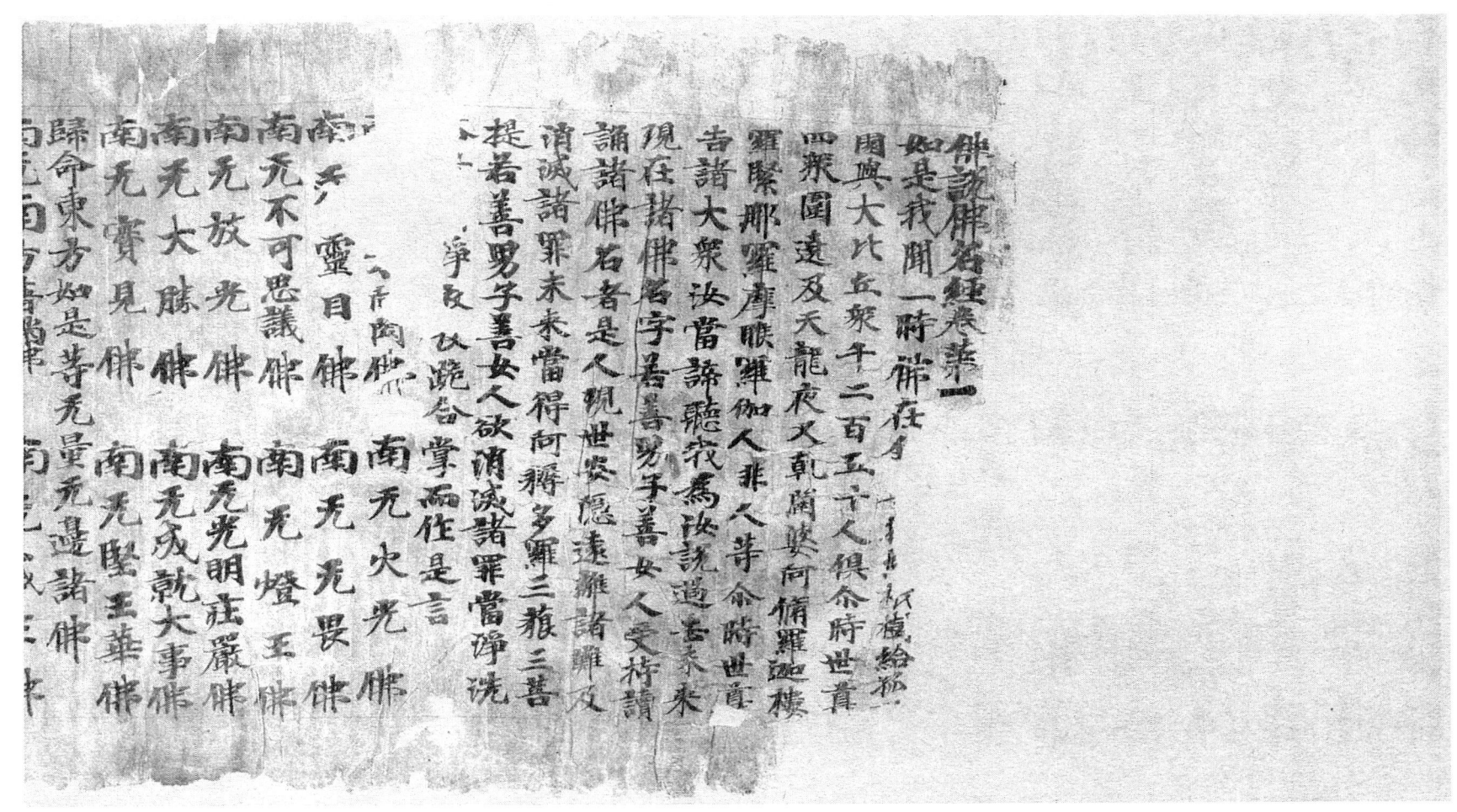

BD09256號　佛名經（十六卷本）卷一　　　　　　（2–1）

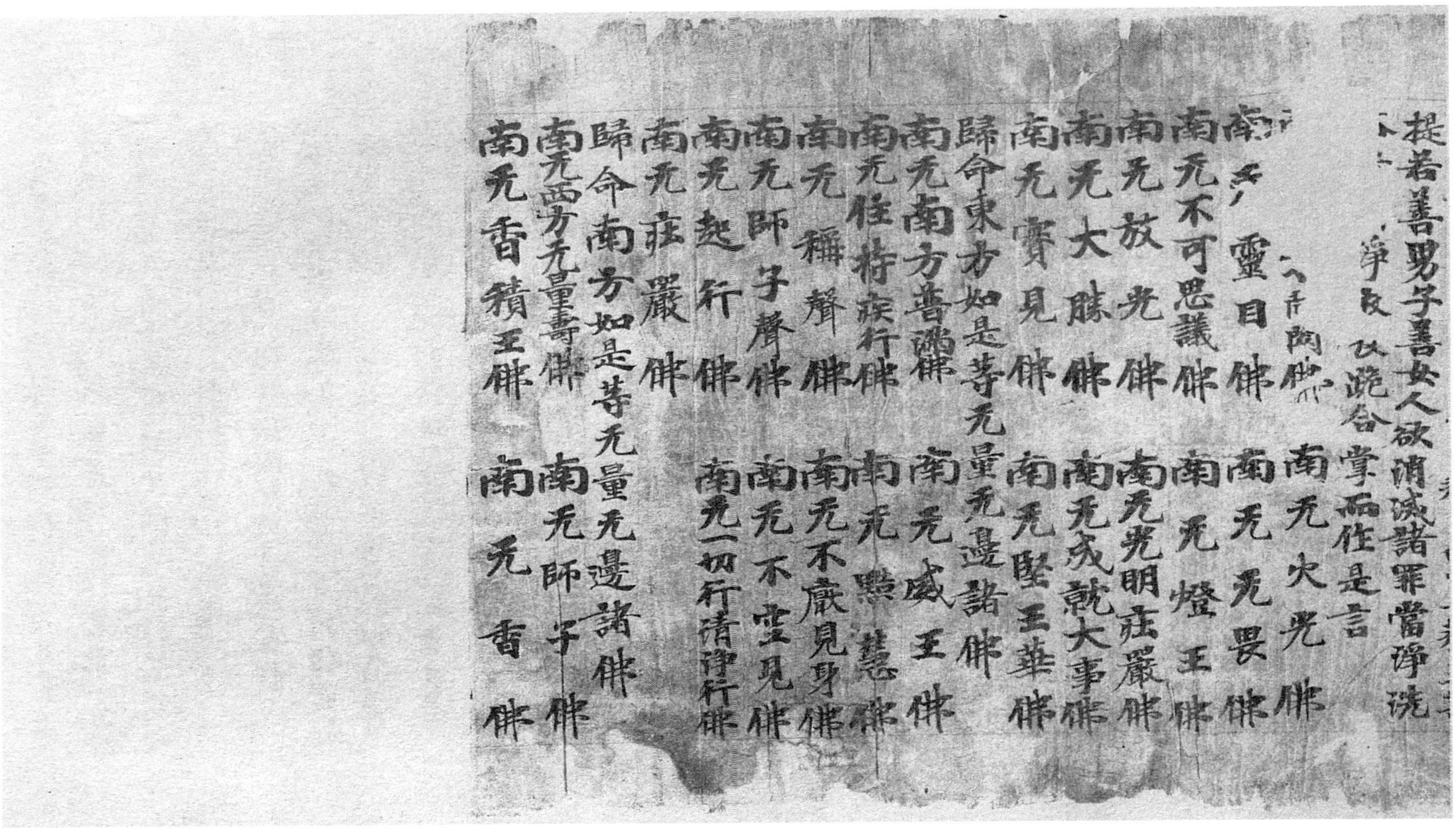

提若善男子善女人欲消滅諸罪當淨洗
淨衣以跪合掌而作是言
南无靈目佛　南无火光佛
南无无畏佛
南无不可思議佛　南无燈王佛
南无放光佛　南无光明莊嚴佛
南无大勝佛　南无成就大事佛
南无寶見佛　南无堅王華佛
歸命東方如是等无量无邊諸佛
南无南方善諦佛　南无威王佛
南无住持疾行佛　南无點慧佛
南无稱聲佛　南无不厭見身佛
南无師子聲佛　南无不空見佛
南无起行佛　南无一切行清淨行佛
南无莊嚴佛
歸命南方如是等无量无邊諸佛
南无西方无量壽佛　南无師子佛
南无香積王佛　南无香佛

BD09256號　佛名經（十六卷本）卷一　（2–2）

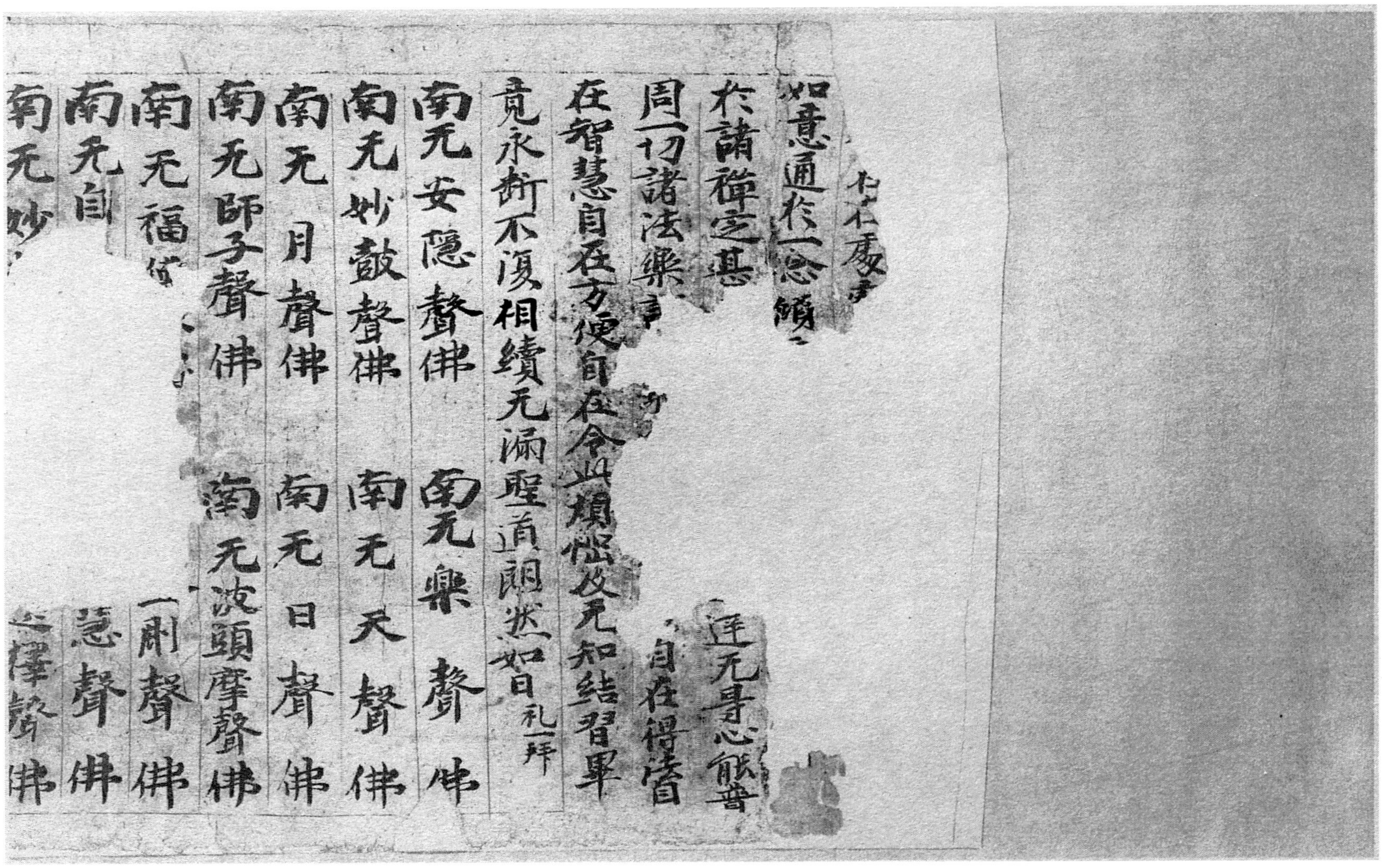

如意通於一念頃[illegible]
於諸禪定甚[illegible]逕无量心能普
周一切諸法樂[illegible]自在得皆
在智慧自在方便自在令斷煩惱及无知結習畢
竟永斷不復相續无漏聖道朗然如日　礼一拜
南无安隱聲佛　南无樂聲佛
南无妙鼓聲佛　南无天聲佛
南无月聲佛　南无日聲佛
南无師子聲佛　南无波頭摩聲佛
南无福[illegible]　[illegible]一剛聲佛
南无自[illegible]　[illegible]慧聲佛
南无妙[illegible]　[illegible]擇聲佛

BD09257號　佛名經（十六卷本）卷二　（3–1）

南无師子聲佛　南无波頭摩聲佛
南无福□…　…剛聲佛
南无自…　…意聲佛
南无妙…　…檡聲佛
南无甘露聲佛　南无□幢佛
南无金剛幢佛　南无法幢佛
南无住持法佛　南无藥法佛
南无讃法佛　南无曇无竭佛
南无法誓迂佛　南无法界華佛
南无讃法眼佛　南无□法迂燎佛
南无法自在佛　南无人自在佛
南无功德自在佛　南无聲自在佛
南无世…　…觀世自在佛
南无无量自…　…思住持佛
南无地住持佛　南无尼弥住持佛
南无器住持佛　南无功德性住持佛
南无勝色佛　南无轉發起佛
南无一切觀形相佛　南无發一切无厭足行佛
南无發成就佛　南无善讃佛

BD09257號　佛名經（十六卷本）卷二　（3–2）

南无器住持佛　南无功德性住持佛
南无勝色佛　南无轉發起佛
南无一切觀形相佛　南无發一切无厭足行佛
南无發成就佛　南无善讃佛
南无善思惟佛　南无善喜佛
南无善處佛　南无普禪佛
南无甘露功德佛　南无善眼佛
南无師子…　…佛眼佛
南无合聚佛　南无疾智勇佛
南无善住佛　南无寶行佛
南无師子手佛　南无海満佛
南无善思惟佛　南无稱王佛
南无住慈佛　南无善夜摩佛
南无善行佛　南无善功德佛
南无善色佛　南无善識佛
南无善心佛　南无善光佛

BD09257號　佛名經（十六卷本）卷二　（3–3）

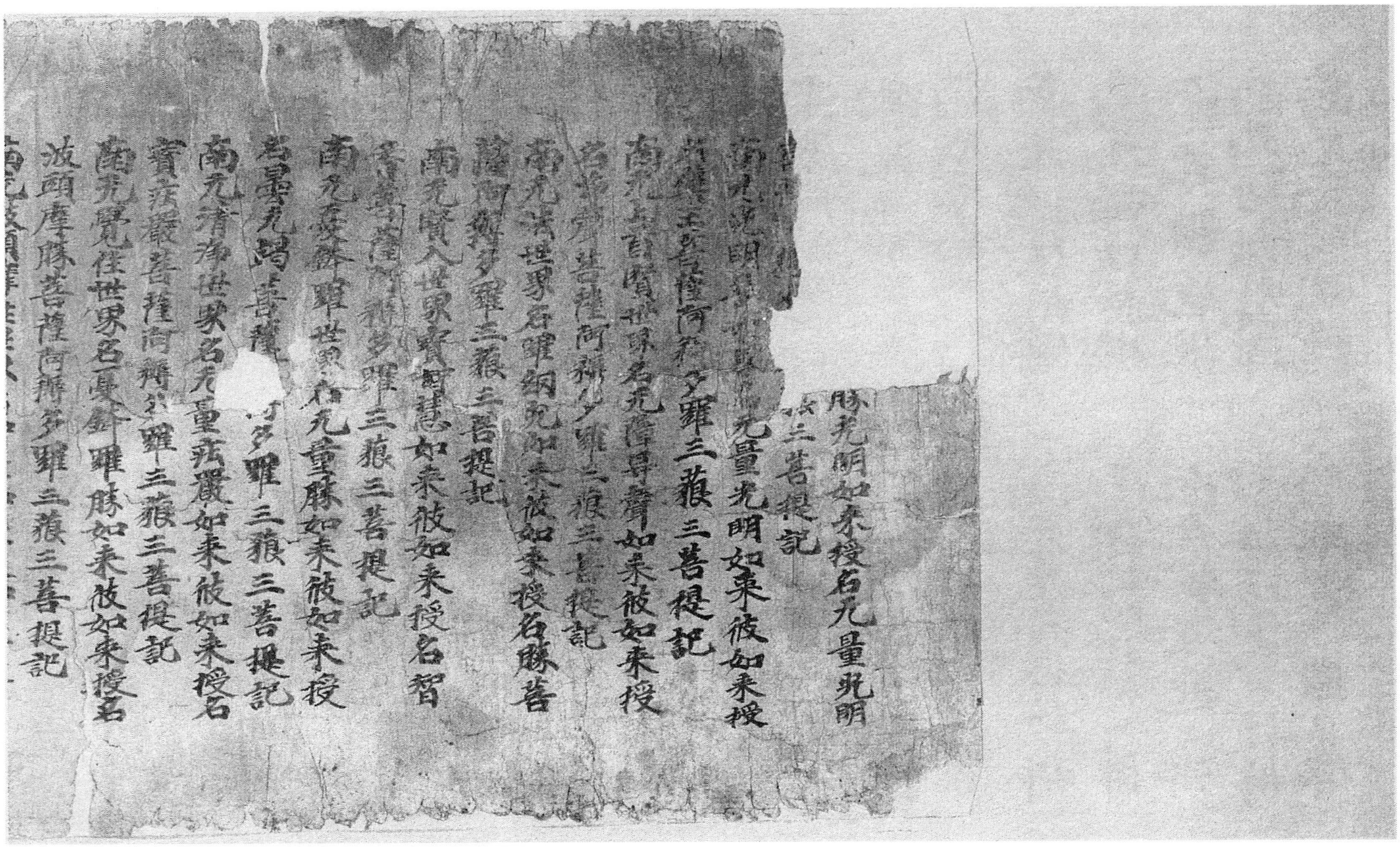
勝光明如來授名无量光明
[illegible]三菩提記
南无[illegible]无量光明如來彼如來授
[illegible]菩薩阿[illegible]多羅三藐三菩提記
南无[illegible]世界名无[illegible]聲如來彼如來授
名[illegible]菩薩阿耨多羅三藐三菩提記
南无[illegible]世界名[illegible]如來彼如來授名勝菩
薩阿耨多羅三藐三菩提記
南无賢入世界[illegible]智慧如來彼如來授名智
[illegible]菩薩阿耨多羅三藐三菩提記
南无[illegible]鉢羅世界名无量勝如來彼如來授
名曇无竭菩薩阿耨多羅三藐三菩提記
南无清淨世界名无量莊嚴如來彼如來授名
寶莊嚴菩薩阿耨多羅三藐三菩提記
南无覺住世界名憂鉢羅勝如來彼如來授名
波頭摩勝菩薩阿耨多羅三藐三菩提記
南无波頭摩[illegible]

BD09258 號　佛名經（十六卷本）卷三　（2–1）

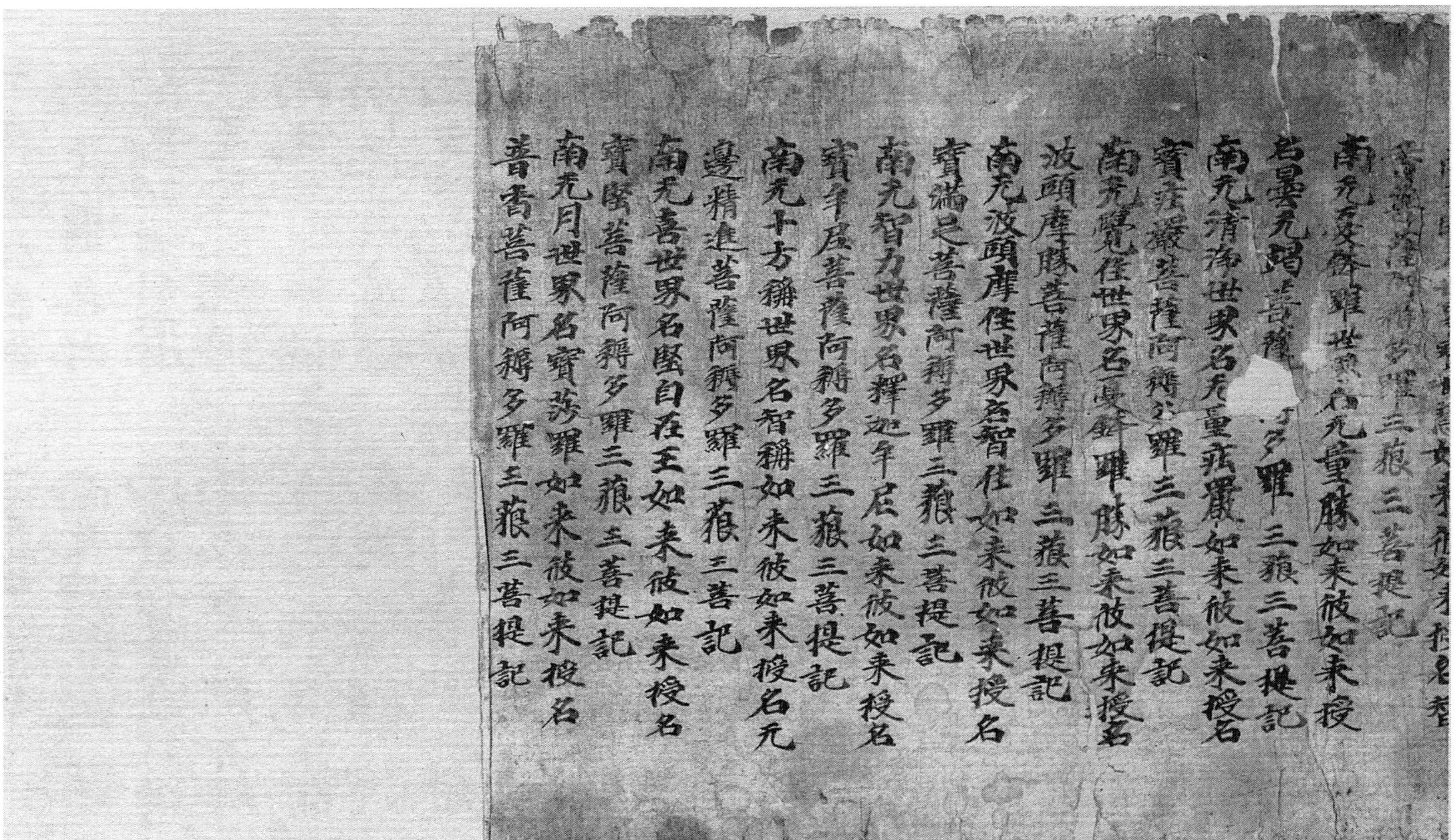
[illegible]如來彼如來授名智
[illegible]菩薩阿耨多羅三藐三菩提記
南无[illegible]鉢羅世界名无量勝如來彼如來授
名曇无竭菩薩阿耨多羅三藐三菩提記
南无清淨世界名无量莊嚴如來彼如來授名
寶莊嚴菩薩阿耨多羅三藐三菩提記
南无覺住世界名憂鉢羅勝如來彼如來授名
波頭摩勝菩薩阿耨多羅三藐三菩提記
南无波頭摩住世界名智住如來彼如來授名
寶滿足菩薩阿耨多羅三藐三菩提記
南无智力世界名釋迦牟尼如來彼如來授名
寶牟尼菩薩阿耨多羅三藐三菩提記
南无十方稱世界名智稱如來彼如來授名无
邊精進菩薩阿耨多羅三藐三菩提記
南无喜世界名堅自在王如來彼如來授名
寶堅菩薩阿耨多羅三藐三菩提記
南无月世界名寶莎羅如來彼如來授名
普香菩薩阿耨多羅三藐三菩提記

BD09258 號　佛名經（十六卷本）卷三　（2–2）

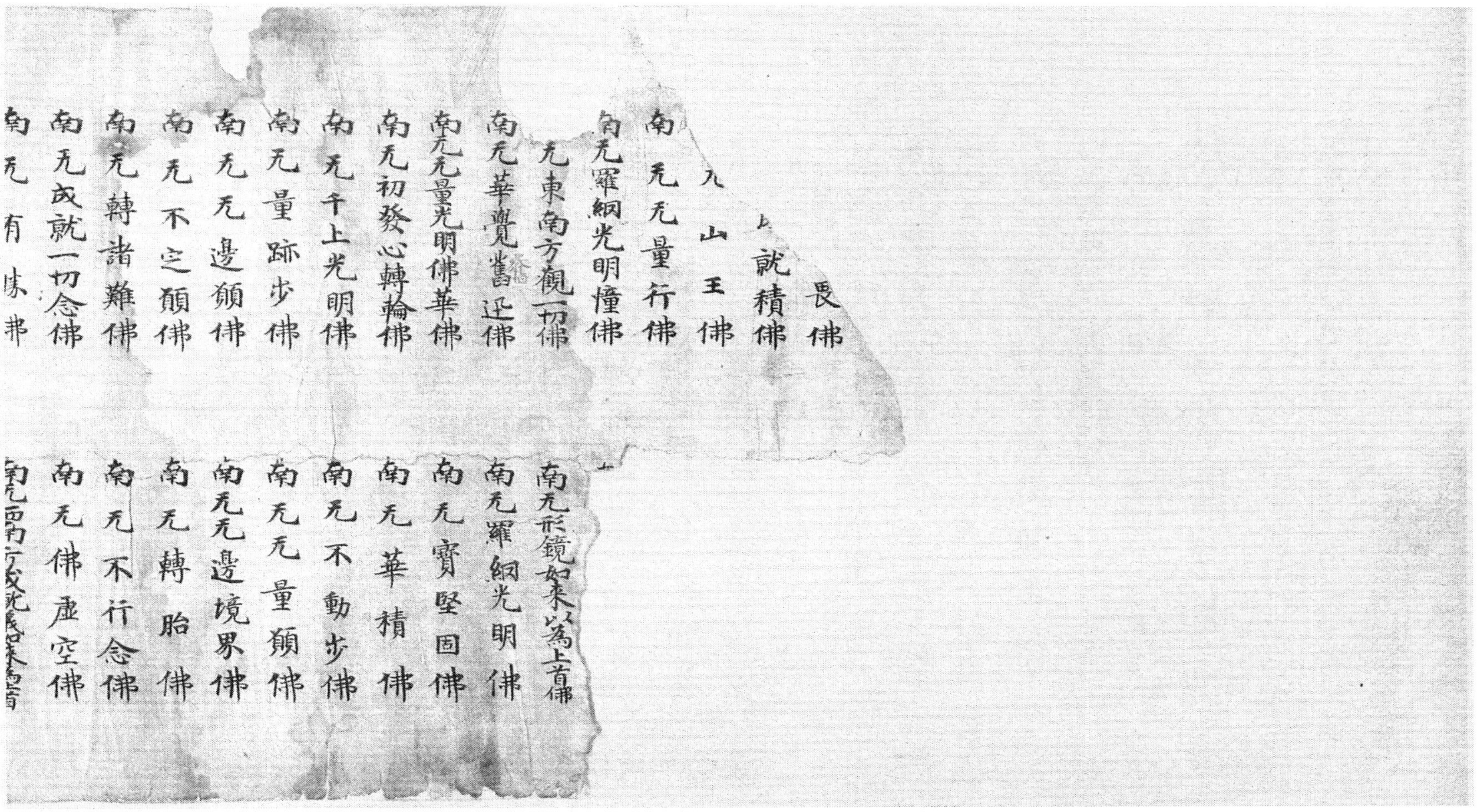

畏佛
就積佛
九山王佛
南无无量行佛
南无羅網光明幢佛
无東南方觀一切佛
南无華覺舊迋佛
南无无量光明佛華佛
南无初發心轉輪佛
南无千上光明佛
南无量跡步佛
南无无邊頻佛
南无不乏頻佛
南无轉諸難佛
南无成就一切念佛
南无有脒佛

南无形鏡如來以爲上首佛
南无羅網光明佛
南无寶堅固佛
南无華積佛
南无不動步佛
南无无量頻佛
南无无邊境界佛
南无轉胎佛
南无不行念佛
南无佛虛空佛
南无西南方成就義如來爲首

BD09259號　佛名經（十二卷本）卷三　（2–1）

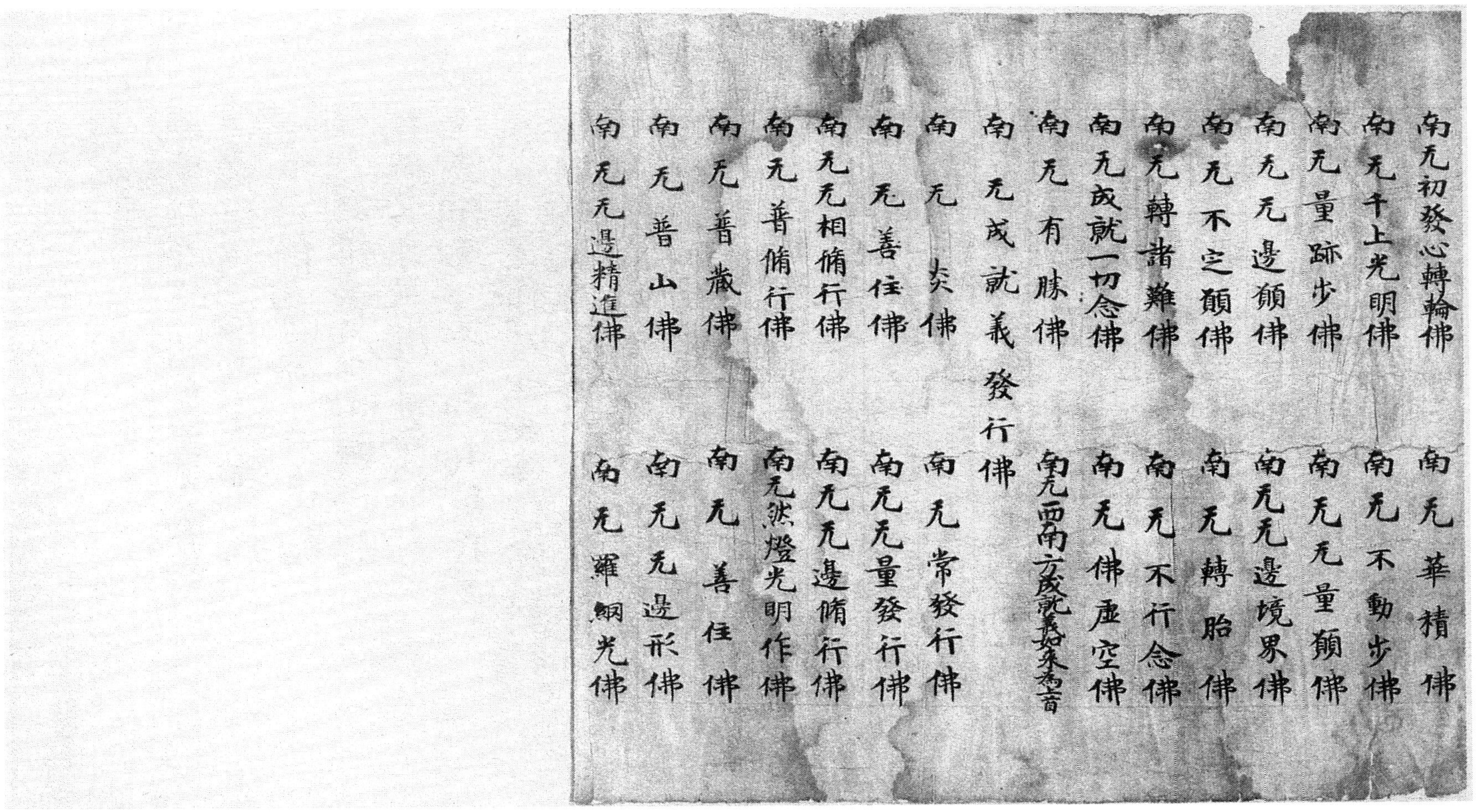

南无初發心轉輪佛
南无千上光明佛
南无量跡步佛
南无无邊頻佛
南无不乏頻佛
南无轉諸難佛
南无成就一切念佛
南无有脒佛
南无成就義發行佛
南无炎佛
南无善住佛
南无无相脩行佛
南无普脩行佛
南无普藏佛
南无普山佛
南无无邊精進佛

南无華積佛
南无不動步佛
南无无量頻佛
南无无邊境界佛
南无轉胎佛
南无不行念佛
南无佛虛空佛
南无西南方成就義如來爲首
南无常發行佛
南无无量發行佛
南无无邊脩行佛
南无然燈光明作佛
南无善住佛
南无无邊形佛
南无羅網光佛

BD09259號　佛名經（十二卷本）卷三　（2–2）

BD09259 號背　勘記、雜寫　（1–1）

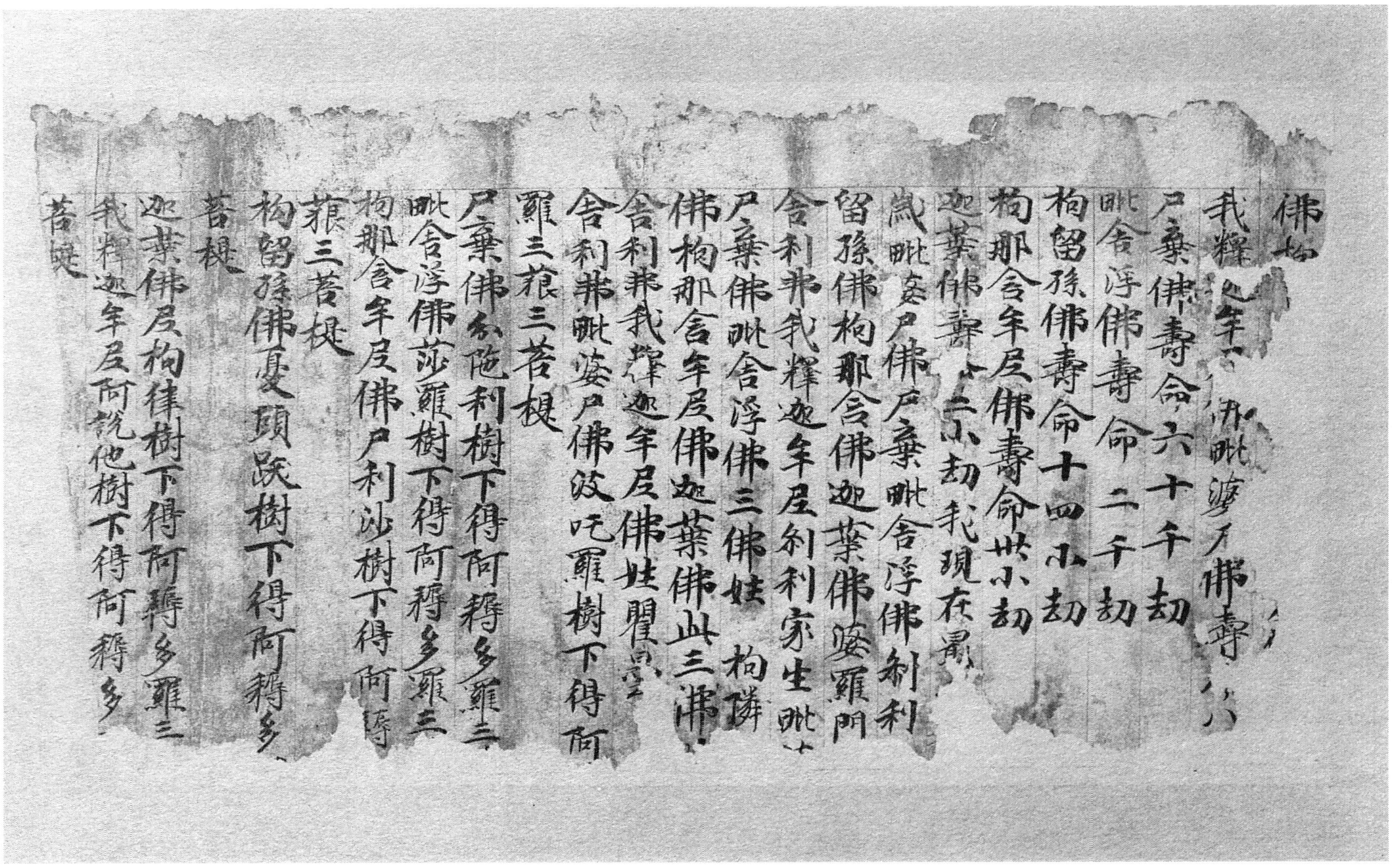
佛如
釋迦牟□佛毗婆尸佛壽八
尸棄佛壽命六十千劫
毗舍浮佛壽命二千劫
拘留孫佛壽命十四小劫
拘那含牟尼佛壽命卅小劫
迦葉佛壽□二小劫釋現在歲
歲毗婆尸佛尸棄毗舍浮佛剎利
留孫佛拘那含佛迦葉佛婆羅門
舍利弗釋迦牟尼剎利家生毗
尸棄佛毗舍浮佛三佛姓　拘隣
佛拘那含牟尼佛迦葉佛此三佛
舍利弗釋迦牟尼佛姓瞿曇
舍利弗毗婆尸佛波吒羅樹下得阿
羅三藐三菩提
尸棄佛分陁利樹下得阿耨多羅三
毗舍浮佛莎羅樹下得阿耨多羅三
拘那含牟尼佛尸利沙樹下得阿耨
藐三菩提
拘留孫佛憂頭跋樹下得阿耨多
菩提
迦葉佛尼拘律樹下得阿耨多羅三
釋迦牟尼阿說他樹下得阿耨多
菩提

BD09260 號　佛名經（十六卷本）卷一一　（1–1）

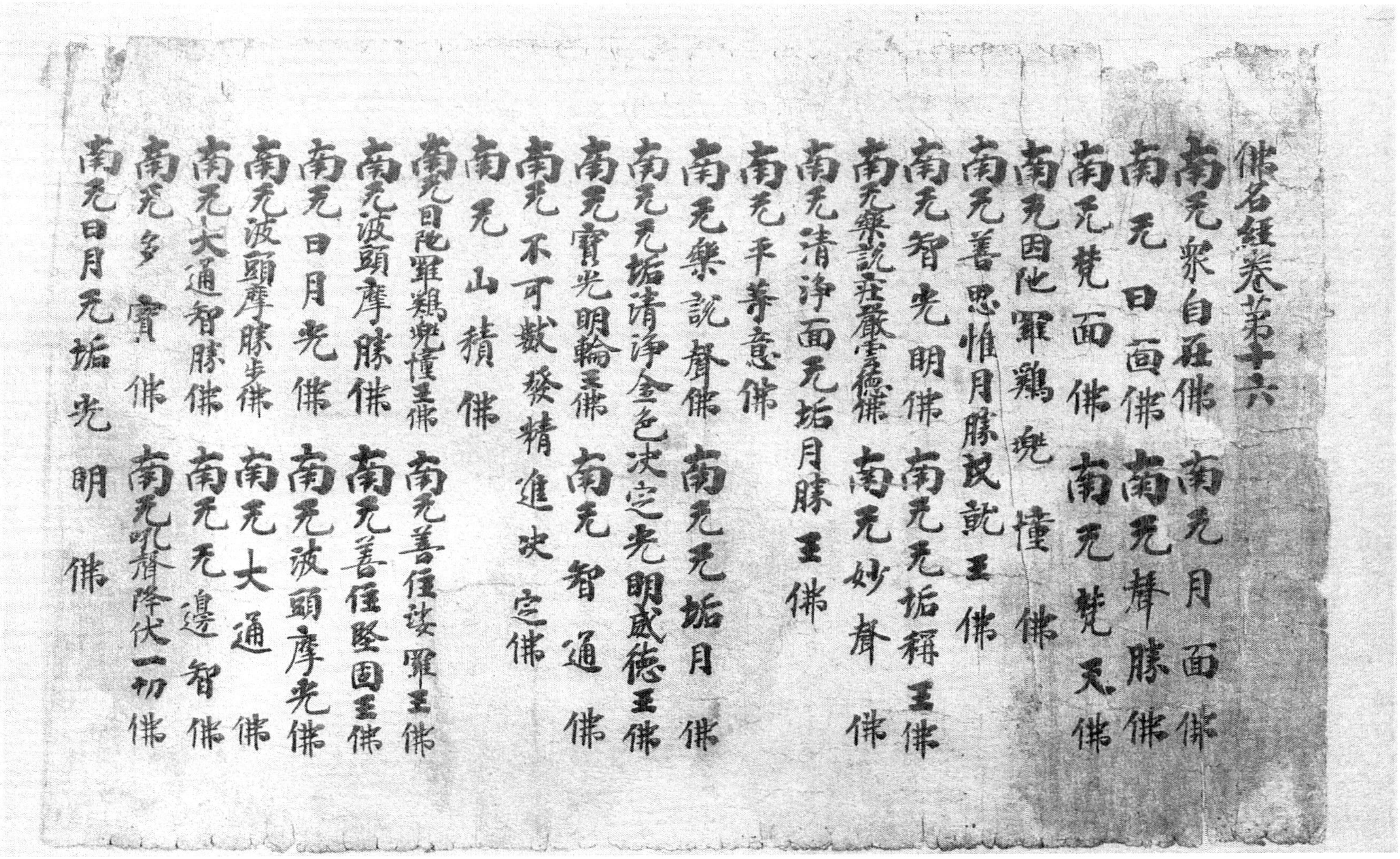
佛名經卷第十六
南无衆自在佛　南无月面佛
南无日面佛　南无聲勝佛
南无梵面佛　南无梵天佛
南无因陁羅鷄兜幢佛
南无善思惟月勝成就王佛
南无智光明佛　南无无垢稱王佛
南无樂說莊嚴雲德佛　南无妙聲佛
南无清淨面无垢月勝王佛
南无平等意佛
南无樂說聲佛　南无无垢月佛
南无无垢清淨金色決定光明威德王佛
南无寶光明輪王佛　南无智通佛
南无不可數發精進決定佛
南无山積佛
南无因陁羅鷄兜幢王佛　南无善住娑羅王佛
南无波頭摩勝佛　南无善住堅固王佛
南无日月光佛　南无波頭摩光佛
南无波頭摩勝步佛　南无大通佛
南无大通智勝佛　南无无邊智佛
南无多寶佛　南无吼聲降伏一切佛
南无日月无垢光明佛

BD09261號　佛名經（十六卷本）卷一六　（1–1）

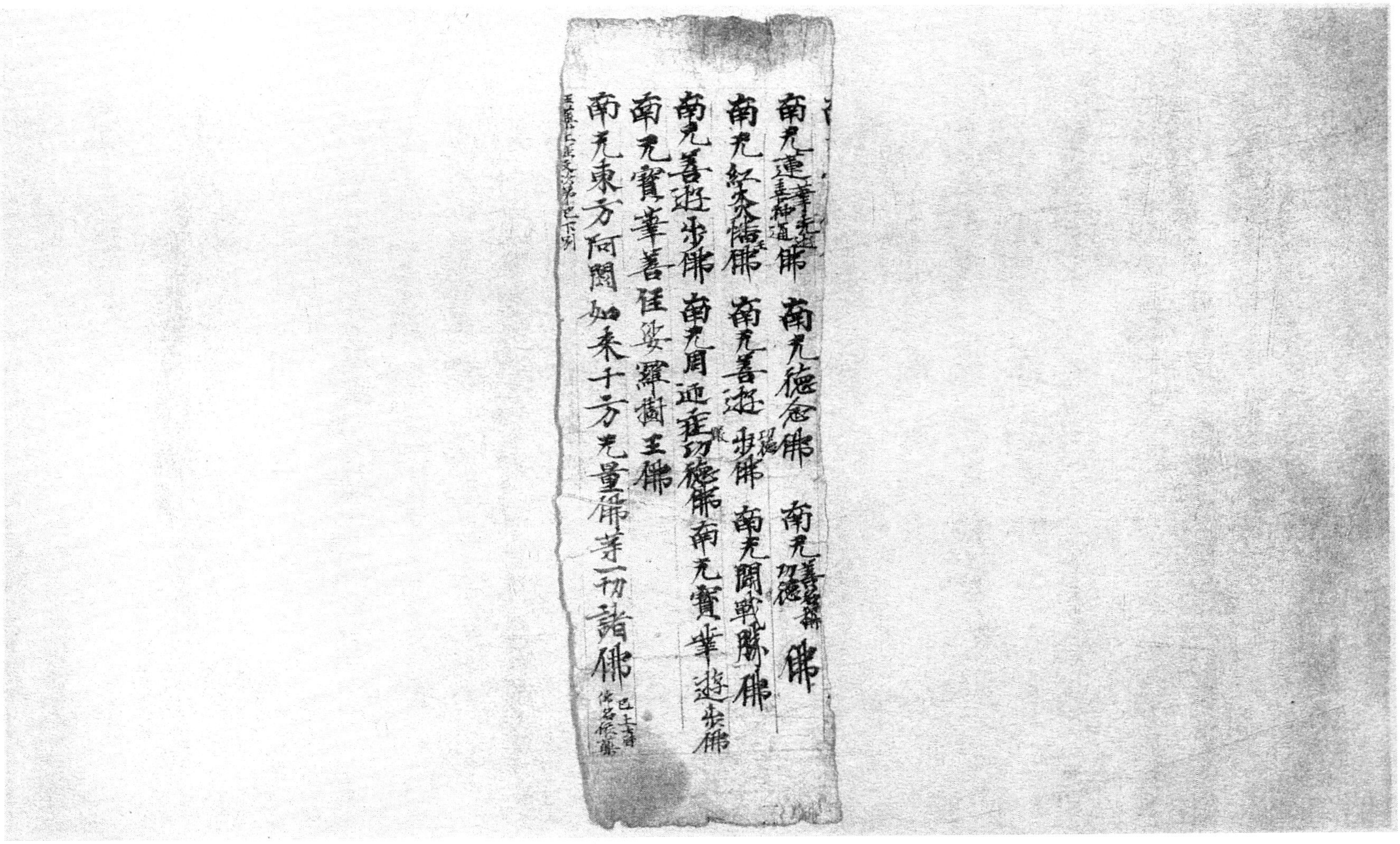
南无蓮華光遊戲神通佛　南无德念佛　南无善名稱功德佛
南无紅炎帝幢王佛　南无善遊步功德佛　南无鬪戰勝佛
南无善遊步佛　南无周匝莊嚴功德佛　南无寶華遊步佛
南无寶華善住娑羅樹王佛
南无東方阿閦如來十方无量佛等一切諸佛
已上七階佛名經

BD09262號　七階佛名經　（1–1）

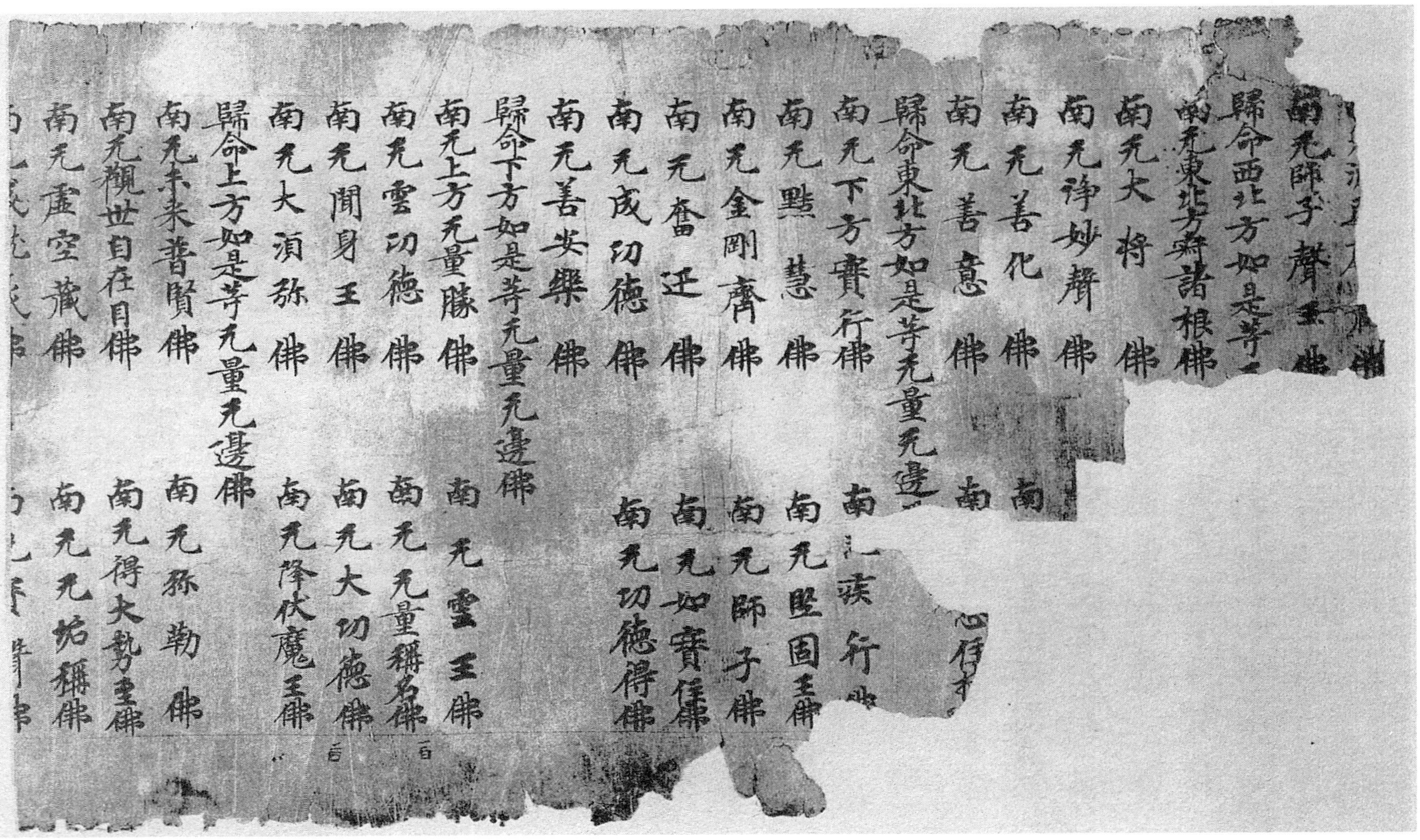
南无師子聲王佛
歸命西北方如是等无[illegible]
南无東北方寂諸根佛
南无大將佛　南[illegible]
南无淨妙聲佛　南[illegible]
南无善化佛　南[illegible]
南无善意佛　南[illegible]
歸命東北方如是等无量无邊[illegible]
南无下方賓行佛　南[illegible]疾行[illegible]
南无黠慧佛　南无堅固王佛
南无金剛齊佛　南无師子佛
南无奮迅佛　南无如賓住佛
南无成功德佛　南无功德得佛
南无善安樂佛
歸命下方如是等无量无邊佛
南无上方无量勝佛　南无雲王佛
南无雲功德佛　南无无量稱名佛
南无聞身王佛　南无大功德佛
南无大須弥佛　南无降伏魔王佛
歸命上方如是等无量无邊佛
南无未來普賢佛　南无弥勒佛
南无觀世自在目佛　南无得大勢至佛
南无虛空藏佛　南无无垢稱佛
[illegible]

BD09263 號　佛名經（十二卷本）卷一　　（1–1）

[illegible]日光[illegible]肩佛　南[illegible]
南无波頭摩藏佛　南无波[illegible]佛
南无師子聲王佛　南无善住意佛
歸命西北方如是等无量无諸佛
南无東北方寂諸根佛　南无寂滅佛
南无[illegible]佛　南无淨勝佛
南无淨妙聲佛　南无淨天供養佛
南无善化佛　南无化佛
南无善意佛　南无善意住持佛
歸命東北方如是等无量无邊諸佛
南无下方賓行佛　南无疾行佛
南无黠慧佛　南无堅固王佛
南无金剛齊佛　南无師子佛
南无奮[illegible]
從此以上一百佛
南无如賓住佛　南无成功德佛
[illegible]无功德得佛　南无善安樂佛
[illegible]佛
[illegible]无邊諸佛

BD09264 號　佛名經（十六卷本）卷一　　（2–1）

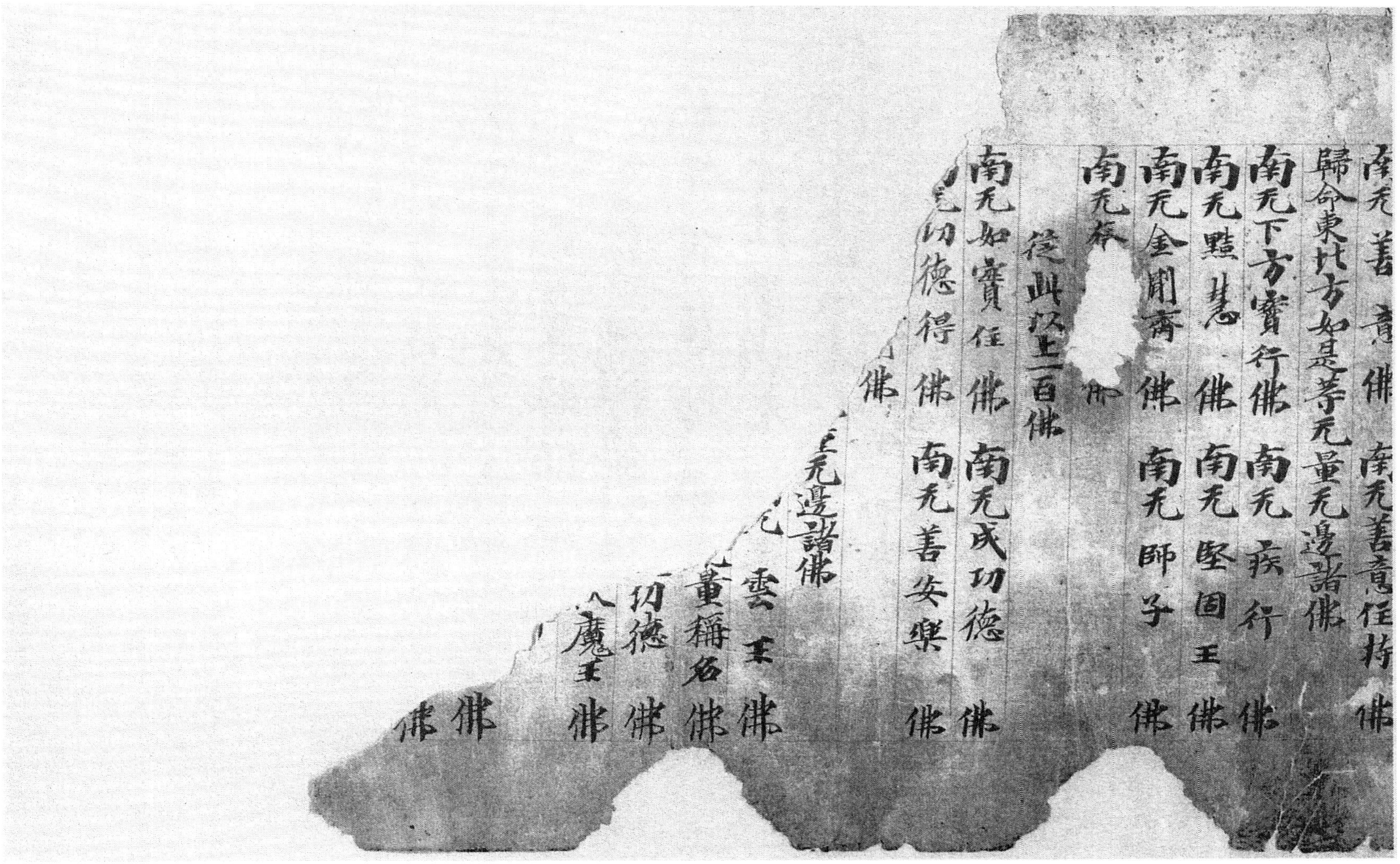

南无善意佛　南无善意任持佛
歸命東北方如是等无量无邊諸佛
南无下方寶行佛　南无疾行佛
南无黠慧佛　南无堅固王佛
南无金剛齊佛　南无師子佛
南无存…佛
從此以上一百佛
南无如寶任佛　南无成功德佛
…功德得佛　南无善安樂佛
…佛　…无邊諸佛
…雲王佛
…蓮稱名佛
…功德佛
…魔王佛
…佛
…佛

BD09264號　佛名經（十六卷本）卷一　（2–2）

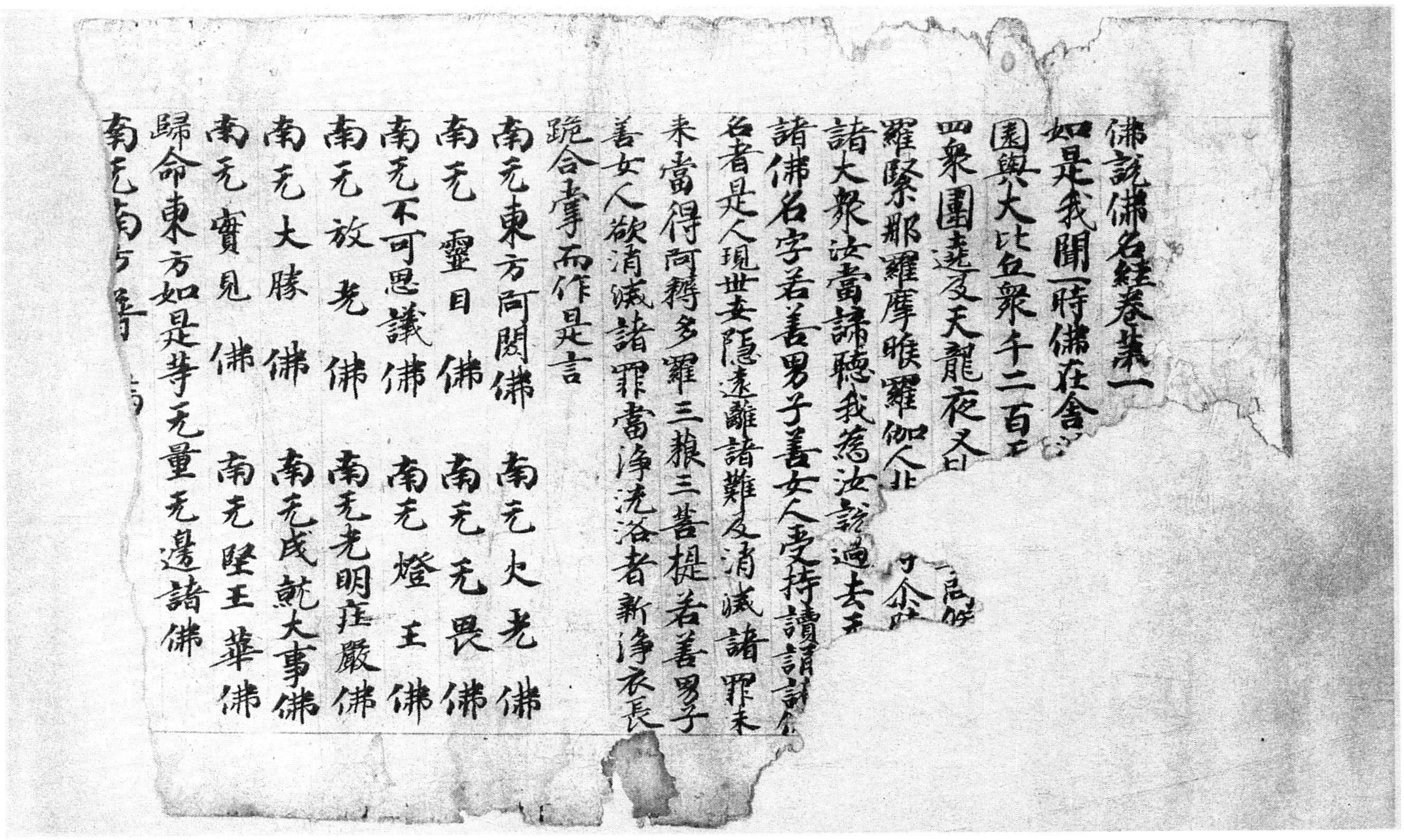

佛説佛名經卷苐一
如是我聞一時佛在舍…
園與大比丘衆千二百…
四衆圍遶及天龍夜叉…
羅緊那羅摩睺羅伽人非…
諸大衆汝當諦聽我爲汝説過去未…
諸佛名字若善男子善女人受持讀誦…
名者是人現世安隱遠離諸難及消滅諸罪未
來當得阿耨多羅三藐三菩提若善男子
善女人欲消滅諸罪當淨洗浴者新淨衣長
跪合掌而作是言
南无東方阿閦佛　南无火光佛
南无靈目佛　南无无畏佛
南无不可思議佛　南无燈王佛
南无放光佛　南无光明莊嚴佛
南无大勝佛　南无成就大事佛
南无寶見佛　南无堅王華佛
歸命東方如是等无量无邊諸佛
南无南方寶…

BD09265號　佛名經（十六卷本）卷一　（1–1）

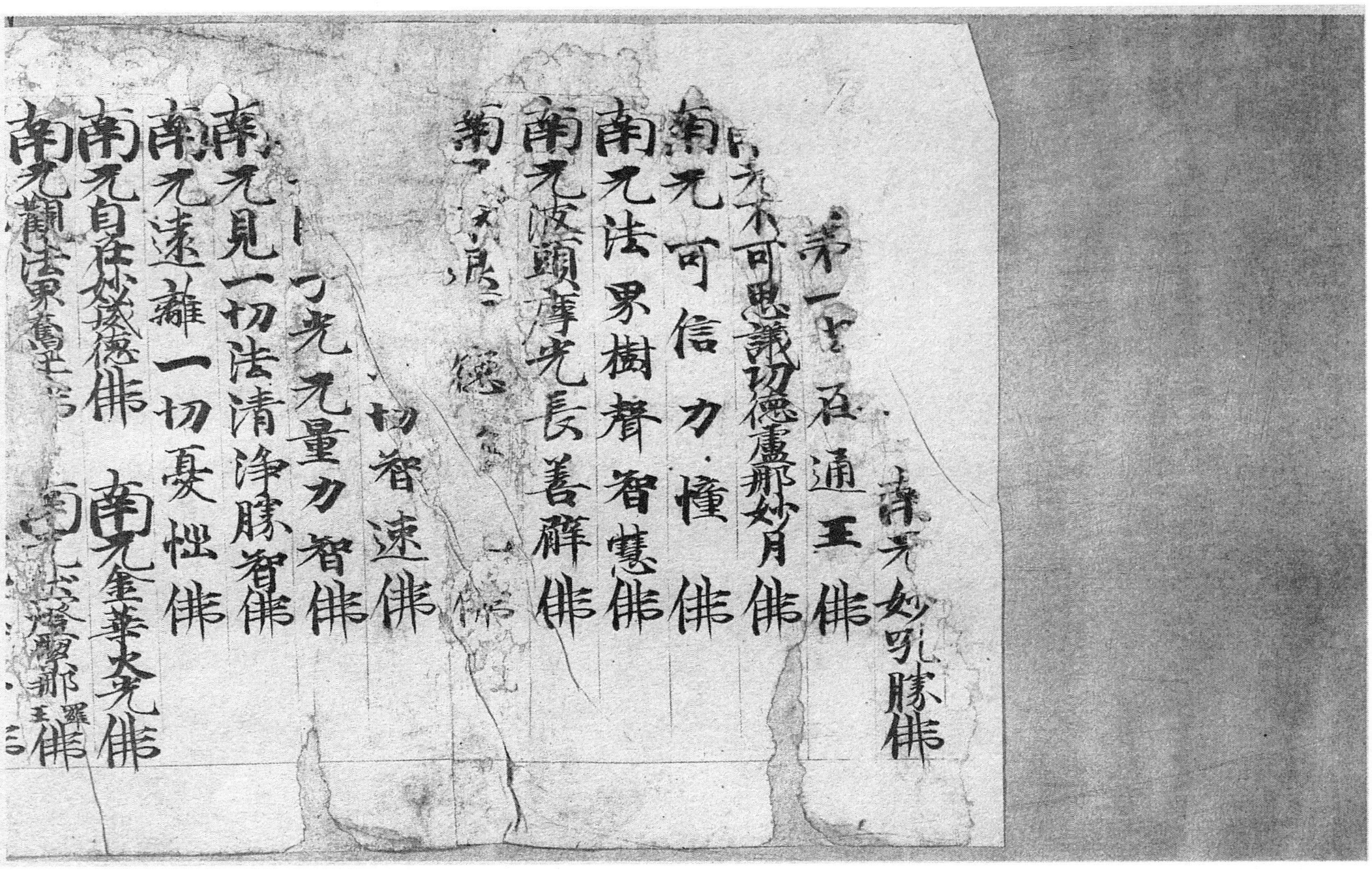
南无妙吼勝佛
弟一七百通王佛
南无不可思議功德盧那妙月佛
南无可信力幢佛
南无法界樹聲智慧佛
南无波頭摩光長善辟佛
…德…佛
…切智速佛
…无量力智佛
南无見一切法清淨勝智佛
南无遠離一切憂惱佛
南无自在妙燄德佛　南无金華大光佛
南无觀法界奮迅王佛　南无…燈摩那羅王佛

BD09266號　佛名經（十六卷本）卷八　（5–1）

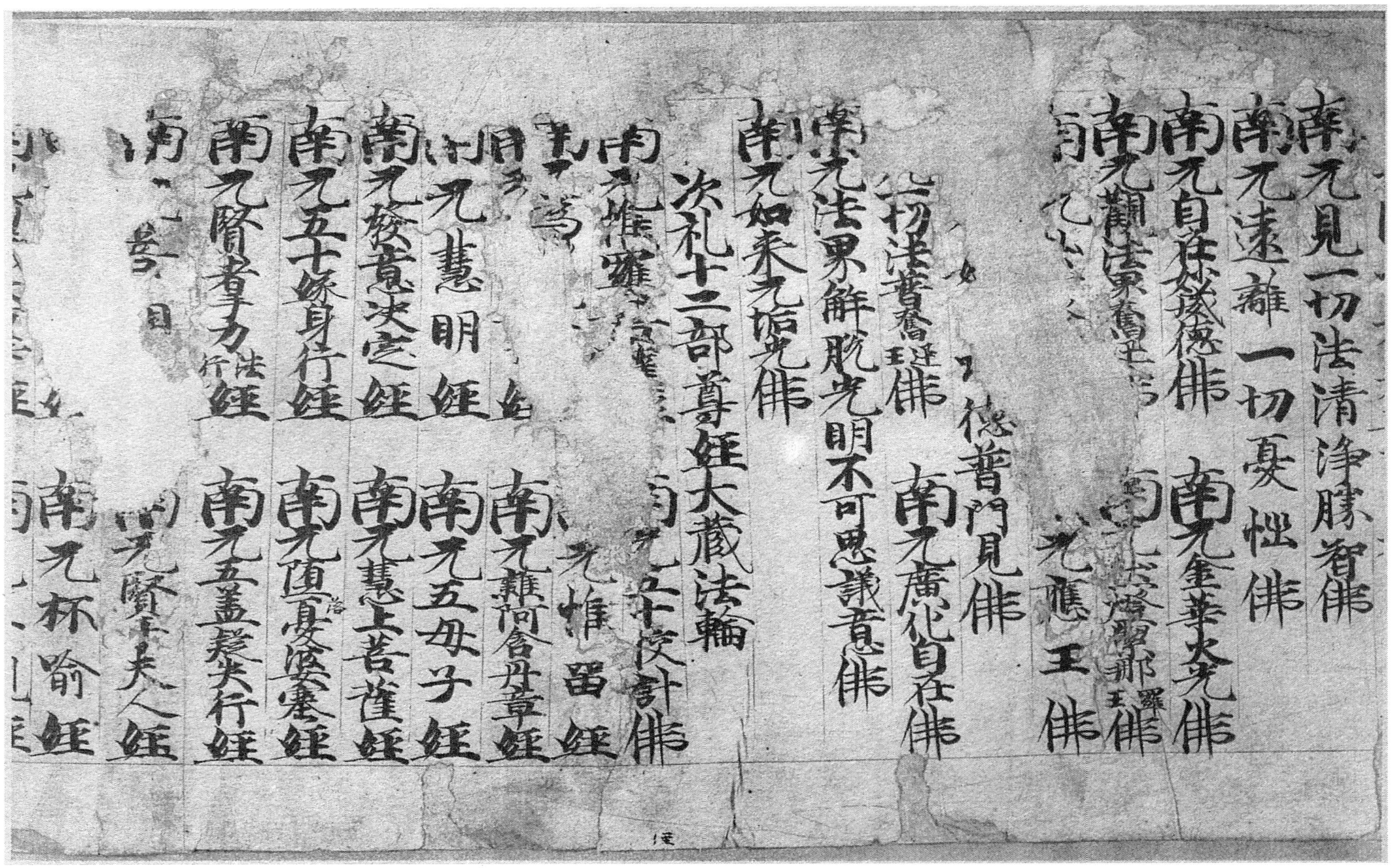
南无見一切法清淨勝智佛
南无遠離一切憂惱佛
南无自在妙燄德佛　南无金華大光佛
南无觀法界奮迅王佛　南无…燈摩那羅王佛
…德普門見佛　…无應王佛
…一切法普奮迅王佛　南无廣化自在佛
南无法界解脫光明不可思議意佛
南无如来无垢光佛
次礼十二部尊經大藏法輪
南无維摩…經　南无…五千…討佛
…經　…无惟留經
…无慧明經　南无離尚舍丹章經
南无般竟决定經　南无五母子經
南无五十緣身行經　南无慧上菩薩經
南无賢者力法行經　南无須真浴夏婆塞經
…經　南无五蓋疑失行經
…　…无賢者夫人經
…　南无杯喻經

BD09266號　佛名經（十六卷本）卷八　（5–2）

南无賢者五方法行經　南无五蓋疑失行經
南□□□目　南无賢首夫人經
南无內藏大方等經　南无杯喻經
南无淨行經　南无五觀經
南无佛侍父弟調達經　南无內藏百品經
南无難提迦羅越經　南无人賢乐事經
南无如是有諸□經
次礼十方諸大菩薩
□□□□菩[illegible]　南无文殊師利菩薩
□□□□薩　南无地藏菩薩
[南无]虛空藏菩薩　南无觀世音菩薩
[南]无大勢菩薩　南无香象菩薩
南无大香象菩薩　南无藥王菩薩
南无藥上菩薩　南无金剛藏菩薩
南无解脫月菩薩　南无弥勒菩薩
南□□□子菩[illegible]　南无无所發菩薩
□□陀羅□□菩薩　南无堅意菩薩
南无无盡意菩薩
歸命如是等无量无邊菩薩
[illegible]

BD09266 號　佛名經（十六卷本）卷八　（5–3）

南□陀□□菩薩　南无堅意菩薩
南无无盡意菩薩
歸命如是等无量无邊菩薩
東无東方九十億百千方同名梵息菩薩
南无南方九十億百千方同名不隣陀羅菩薩
南无□方九十[illegible]名□□切德菩薩
[illegible]億百千同名大尊王菩薩
從此以上六千八百佛十二部經一切賢聖
歸命如是等无量无邊无量无邊諸大菩薩
次礼聲聞緣覺一切賢聖
南无耶離辟支佛　南无俱薩羅辟支佛
南无婆藪[illegible]　南无□淨□辟支佛
南□□□[illegible]　南无福德辟支佛
南无黑□支佛　南无惟里辟支佛
南无自福德辟支佛　南无識辟支佛
歸命如是等十方无量无邊辟支佛
礼三寶以次復懺悔
夫論懺悔者本是改往脩來滅惡興
善人□□□[illegible]人尖念尚起煩惱
[illegible]

BD09266 號　佛名經（十六卷本）卷八　（5–4）

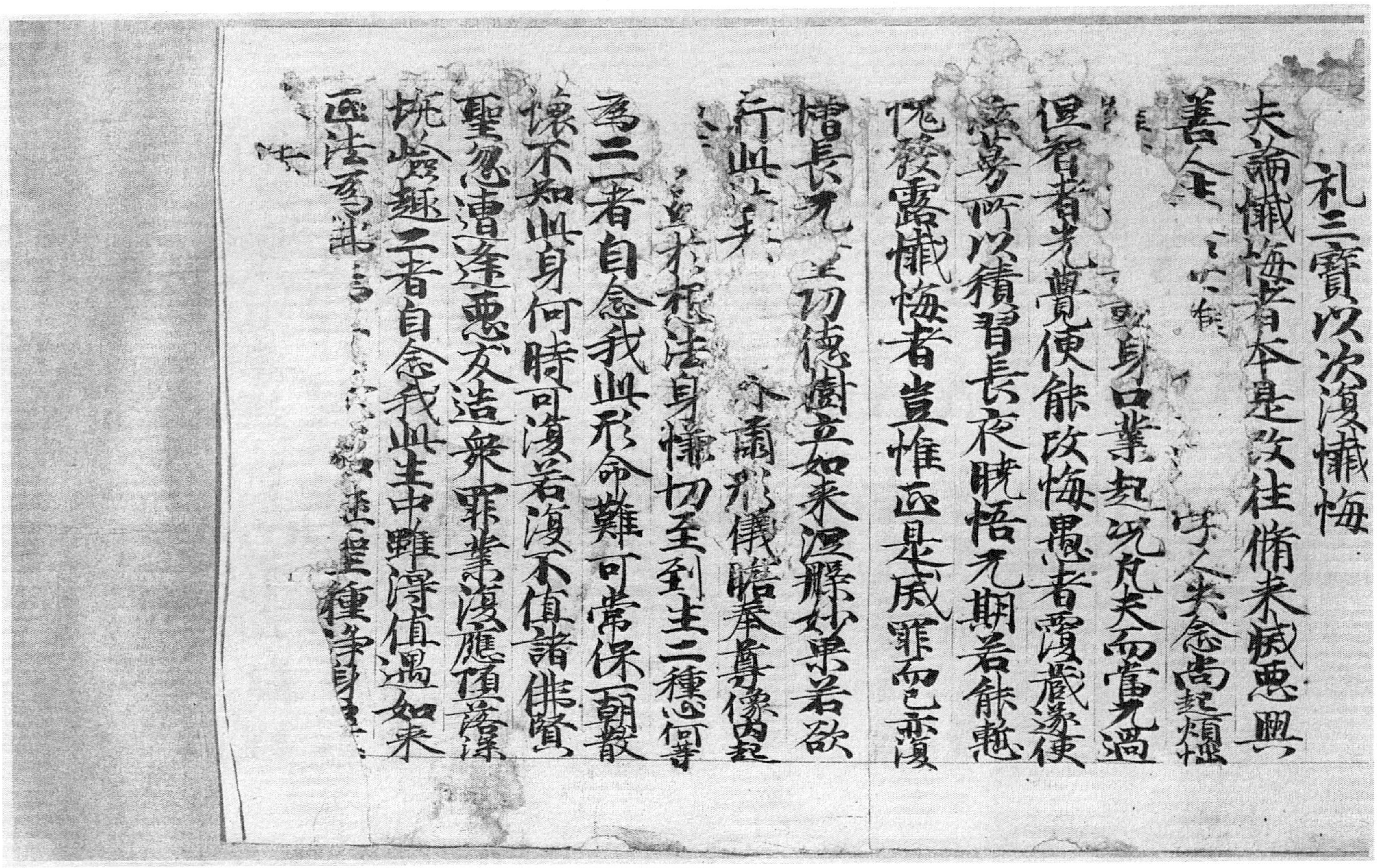
礼三寶以次復懺悔
夫論懺悔者本是改往脩来滅惡興
善人之……人夫念尚起煩惱
……身口業起况凡夫而當无過
但習者光覺便能改悔愚者覆藏遂使
滋蔓所以積習長夜曉悟无期若能慚
愧發露懺悔者豈惟滅是威罪而已亦復
增長无量一切德樹立如来涅槃妙果若欲
行此法者……肅形儀瞻奉尊像內起
……於法身慚愧至到生二種心何等
爲二一者自念我此形命難可常保一朝散
壞不知此身何時可復若復不值諸佛賢
聖忽遭逢惡友造衆罪業復應墮落深
坑嶮趣二者自念我此生中雖得值遇如来
正法爲……種淨身……

BD09266號　佛名經（十六卷本）卷八　（5–5）

南无法淩佛　南无……
南无不動佛　南无色威德佛
南无能覺王佛　南无善眼佛
南无堅固義佛　南无智光明佛
從此以上三千五百佛十二部經一切賢聖
南无香威德佛　南无无病脩佛
南无海覺佛　南无勝色佛
南无善步佛　南无吼稱佛
南无覺身佛　南无然燈日佛
……佛　南无定身佛

BD09267號　佛名經（十二卷本）卷四　（1–1）

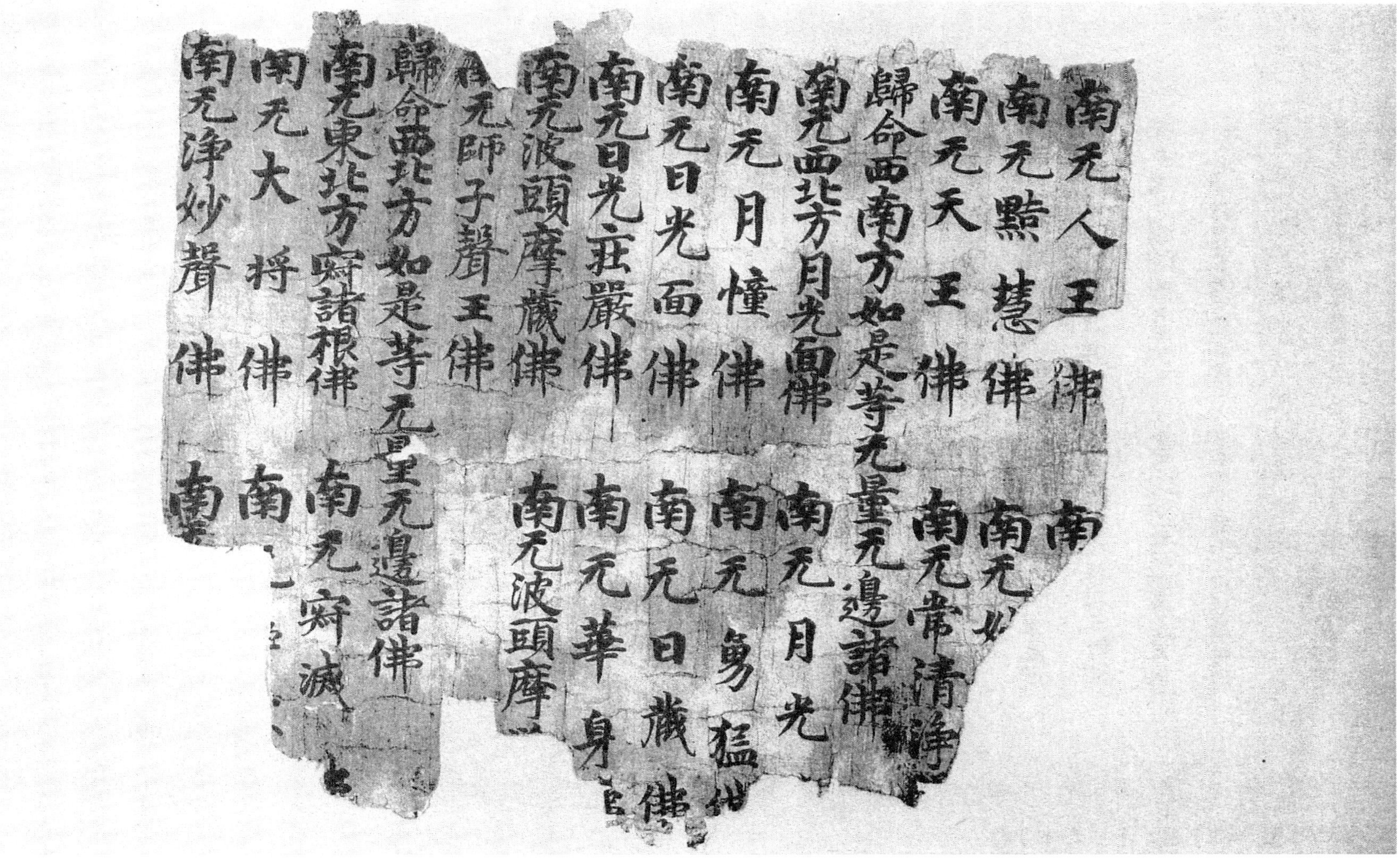

南无人王佛 南
南无黠慧佛 南无妙
南无天王佛 南无常清淨
歸命西南方如是等无量无邊諸佛
南无西北方月光面佛 南无月光
南无月幢佛 南无勇猛仙
南无日光面佛 南无日藏佛
南无日光莊嚴佛 南无華身
南无波頭摩藏佛 南无波頭摩
南无師子聲王佛
歸命西北方如是等无量无邊諸佛
南无東北方寂諸根佛 南无寂滅
南无大將佛 南
南无淨妙聲佛 南

BD09268 號　佛名經（十六卷本）卷一　　（1–1）

BD09268 號背　勘記　　（1–1）

南无十千清淨面蓮華香積佛
南无一切同名清淨面蓮華香積佛
南无十千莊嚴王佛　南无一切同名莊嚴王佛
南无十千星宿佛　南无一切同名星宿佛
南无一万八千娑羅王佛　南无一切同名娑羅王佛
南无一万八千普讃佛　南无一切同名普讃佛
南无四万願莊嚴佛　南无一切同名願莊嚴佛
南无三千毗盧舍那佛　南无一切同名盧舍那佛
南无三千放光佛　南无一切同名放光佛
南无三千釋迦牟尼佛　南无一切同名釋迦牟尼佛
南无三万日月太白佛　南无一切同名日月太白佛
南无六万波頭摩上王佛　南无一切同名波頭摩上王佛
南无六万能令衆生離諸見佛　南无六万百千万成就義見佛
南无一切同名能令衆生離諸見佛
南无一切同名成就義見佛　南无無量百千万名不可勝佛
南无一切同名不可勝佛　南无二億拘隣佛

BD09269號　佛名經（十二卷本）卷一　（2–1）

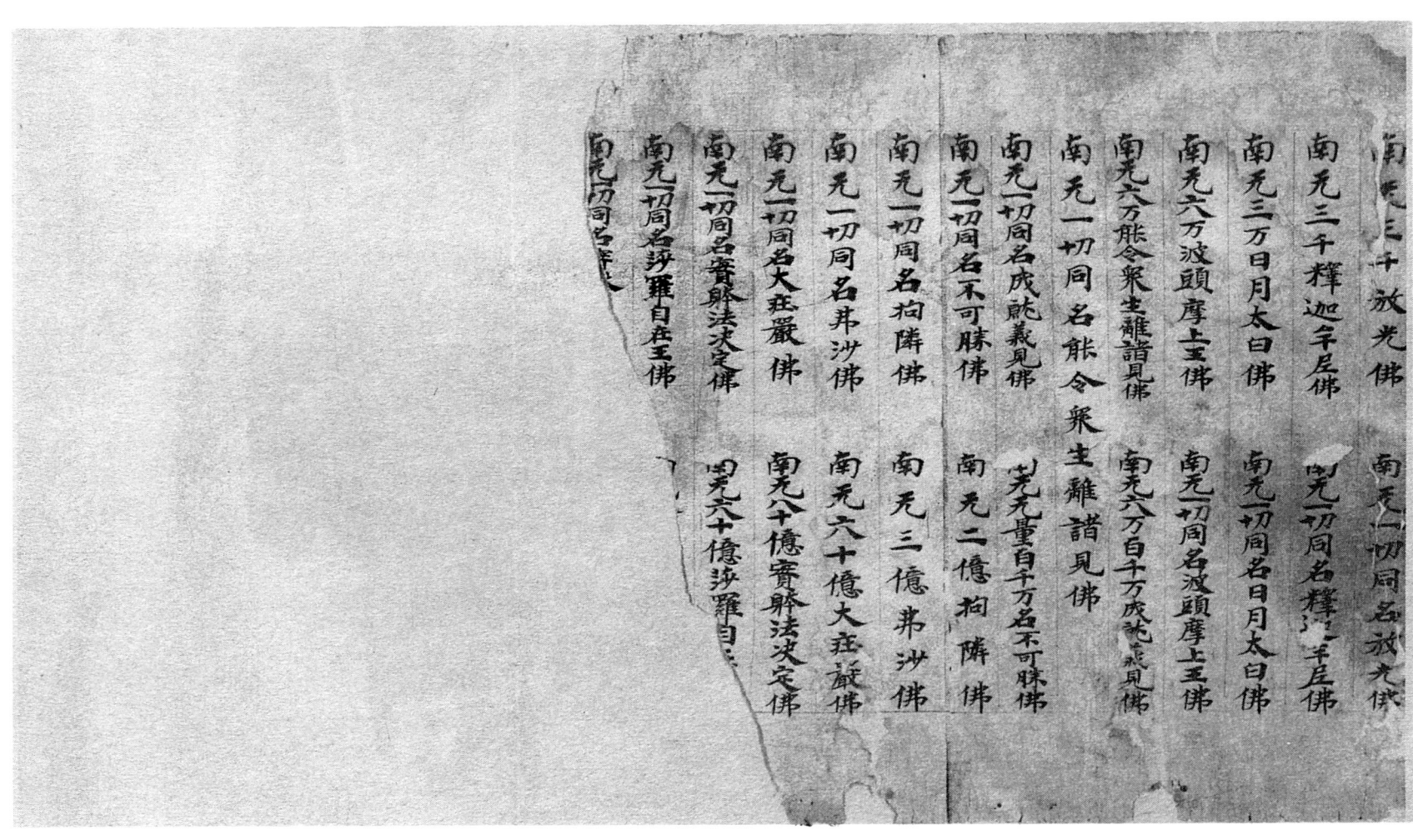

南无三千放光佛　南无一切同名放光佛
南无三千釋迦牟尼佛　南无一切同名釋迦牟尼佛
南无三万日月太白佛　南无一切同名日月太白佛
南无六万波頭摩上王佛　南无一切同名波頭摩上王佛
南无六万能令衆生離諸見佛　南无六万百千万成就義見佛
南无一切同名能令衆生離諸見佛
南无一切同名成就義見佛　南无無量百千万名不可勝佛
南无一切同名不可勝佛　南无二億拘隣佛
南无一切同名拘隣佛　南无三億弗沙佛
南无一切同名弗沙佛　南无六十億大莊嚴佛
南无一切同名大莊嚴佛　南无八十億寶髻法決定佛
南无一切同名寶髻法決定佛　南无六十億娑羅自
南无一切同名娑羅自在王佛
南无一切同名

BD09269號　佛名經（十二卷本）卷一　（2–2）

南无好成世界智積菩薩
南无寂靜世界進淨菩薩
南无善信淨菩薩
現在西北方菩薩名
南无旃檀香世界普明菩
南无旃

BD09270號　佛名經（十六卷本）卷一六　（1–1）

殺害等罪所生功德生生世世得金剛身壽命无窮永離怨憎危害
想於諸衆生得一子地若見危難急厄之者不惜身命方便救解
脫然後爲說彼妙正法使諸衆生覩形見影皆蒙其樂聞名聽
聲恐怖悉除礼一拜
佛名經卷第九

BD09271號　佛名經（十六卷本）卷九　（1–1）

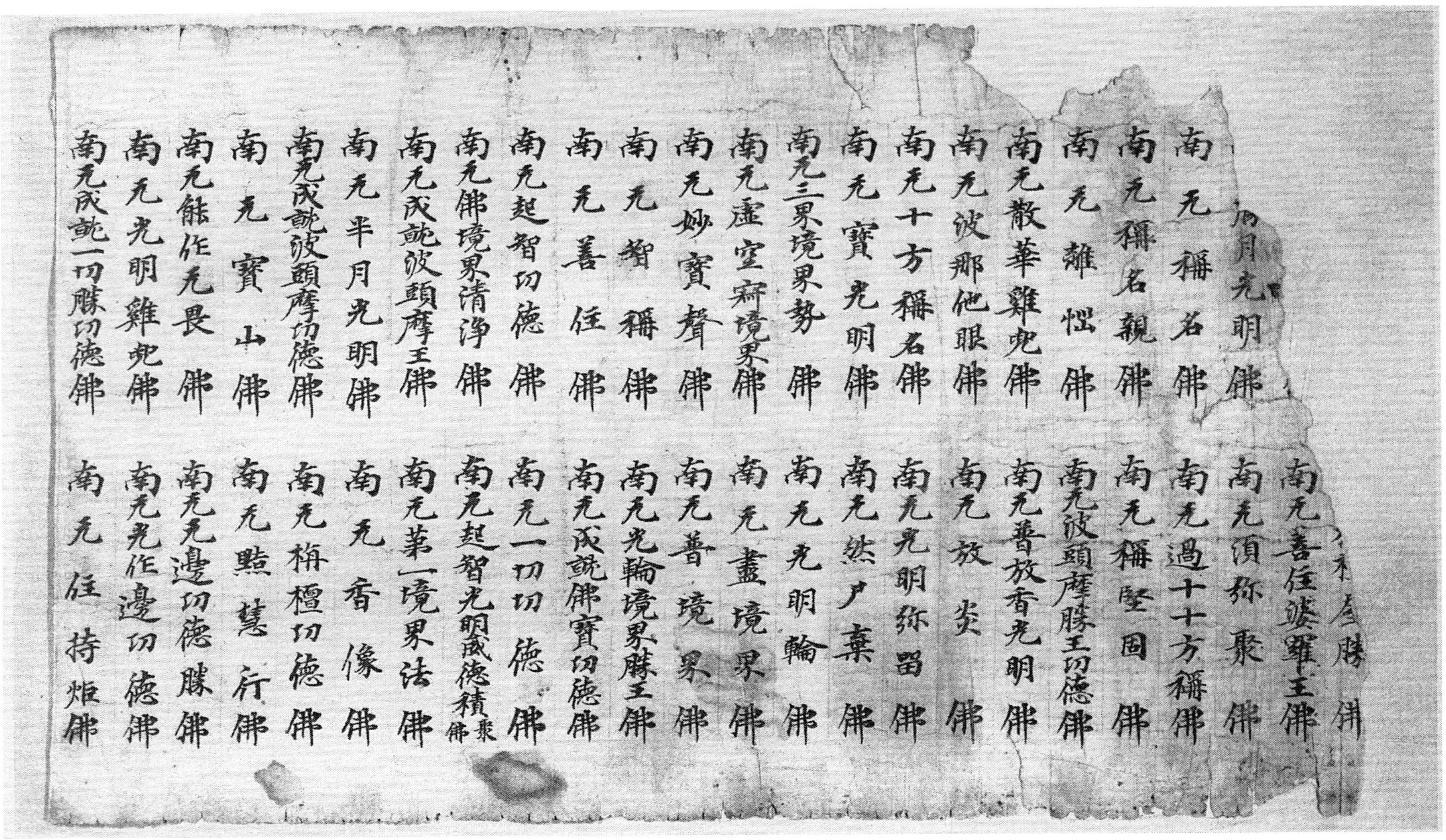

…月光明佛　南无須弥聚佛
…勝佛
南无善住波羅王佛
南无稱名佛　南无過十十方稱佛
南无稱名親佛　南无稱堅固佛
南无離惱佛　南无波頭摩勝王功德佛
南无散華雜光佛　南无普放香光明佛
南无波那他眼佛　南无放炎佛
南无十方稱名佛　南无光明弥留佛
南无寶光明佛　南无然尸棄佛
南无三界境界勢佛　南无光明輪佛
南无虛空寂境界佛　南无盡境界佛
南无妙寶聲佛　南无普境界佛
南无智稱佛　南无光輪境界勝王佛
南无善住佛　南无成就佛寶功德佛
南无起智功德佛　南无一切功德佛
南无佛境界清淨佛　南无起智光明威德積聚佛
南无成就波頭摩王佛　南无第一境界法佛
南无半月光明佛　南无香像佛
南无成就波頭摩功德佛　南无栴檀功德佛
南无寶山佛　南无點慧行佛
南无能作无畏佛　南无无邊功德勝佛
南无光明雜光佛　南无光作邊功德佛
南无成就一切勝功德佛　南无住持炬佛

BD09272 號　佛名經（十二卷本）卷一一　　（1-1）

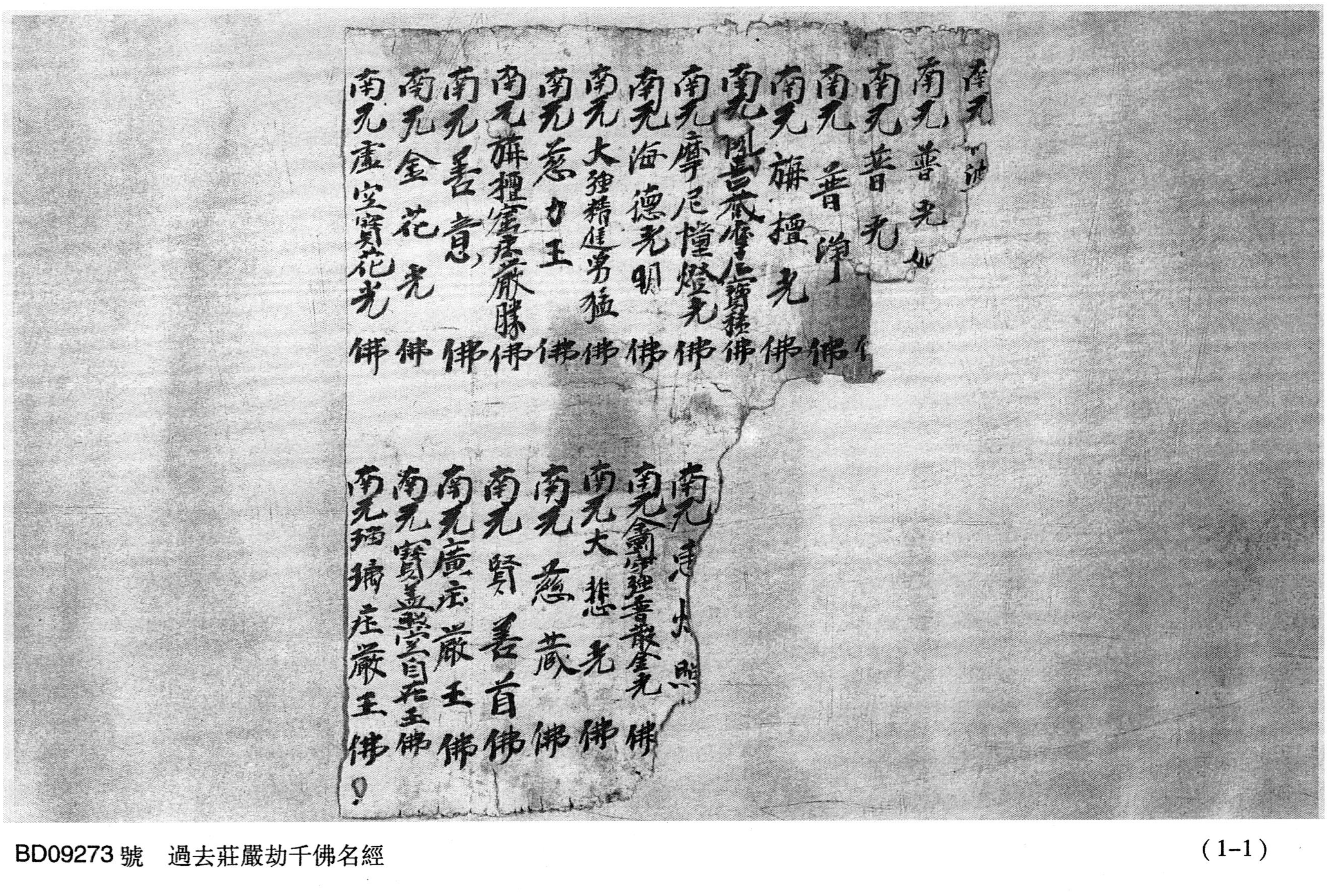

南无…
南无普光如…
南无普光…佛
南无普淨佛
南无栴檀光佛
南无閻浮檀摩尼寶積佛
南无摩尼幢燈光佛
南无海德光明佛　南无寶火照…
南无大強精進勇猛佛　南无金剛牢強普散金光佛
南无慈力王佛　南无大悲光佛
南无栴檀窟莊嚴勝佛　南无慈藏佛
南无善意佛　南无賢善首佛
南无金花光佛　南无廣莊嚴王佛
南无盧空寶花光佛　南无寶蓋照空自在王佛
南无瑠璃莊嚴王佛

BD09273 號　過去莊嚴劫千佛名經　　（1-1）

BD09274 號　佛頂尊勝陀羅尼咒　　（2–1）

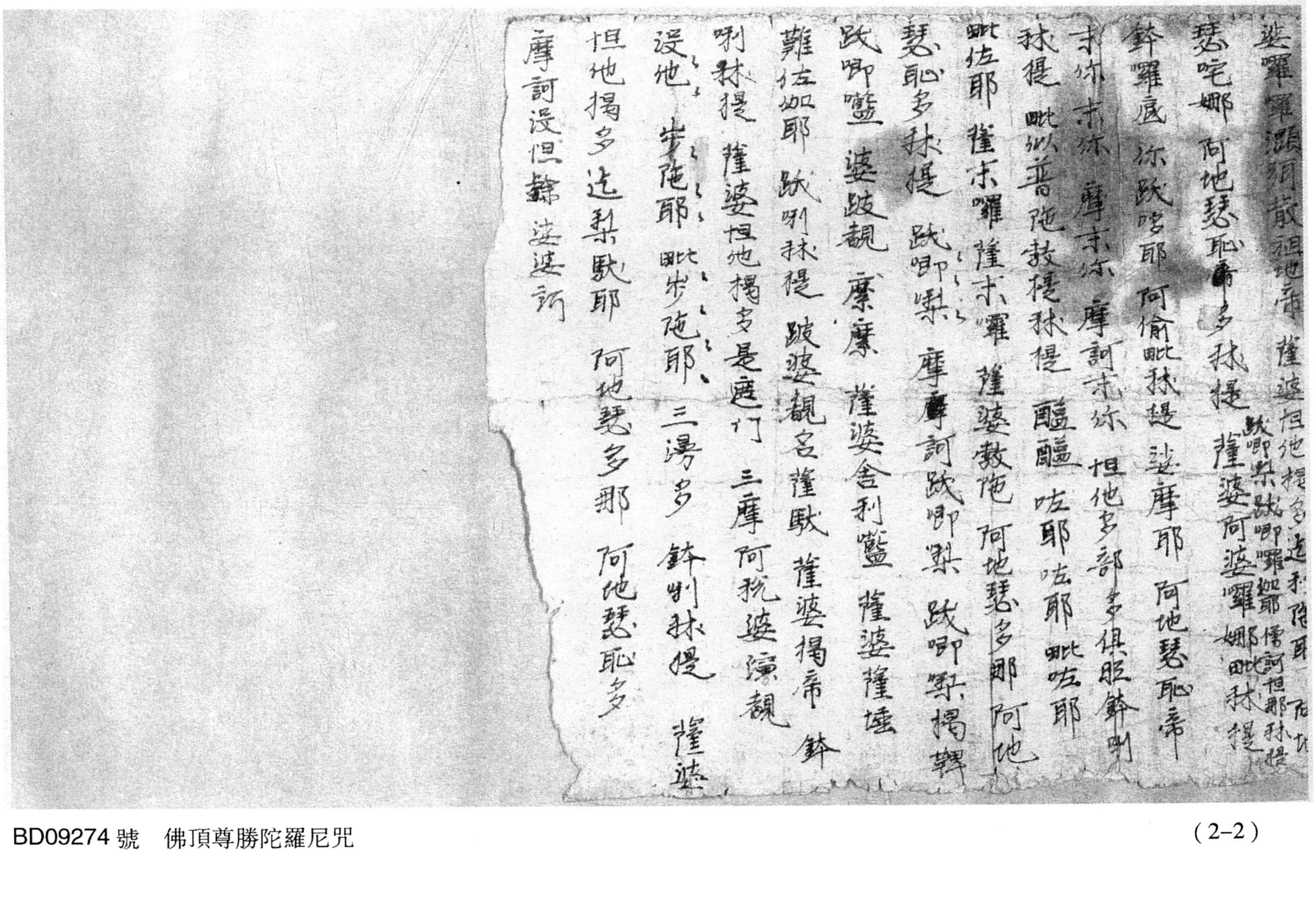

BD09274 號　佛頂尊勝陀羅尼咒　　（2–2）

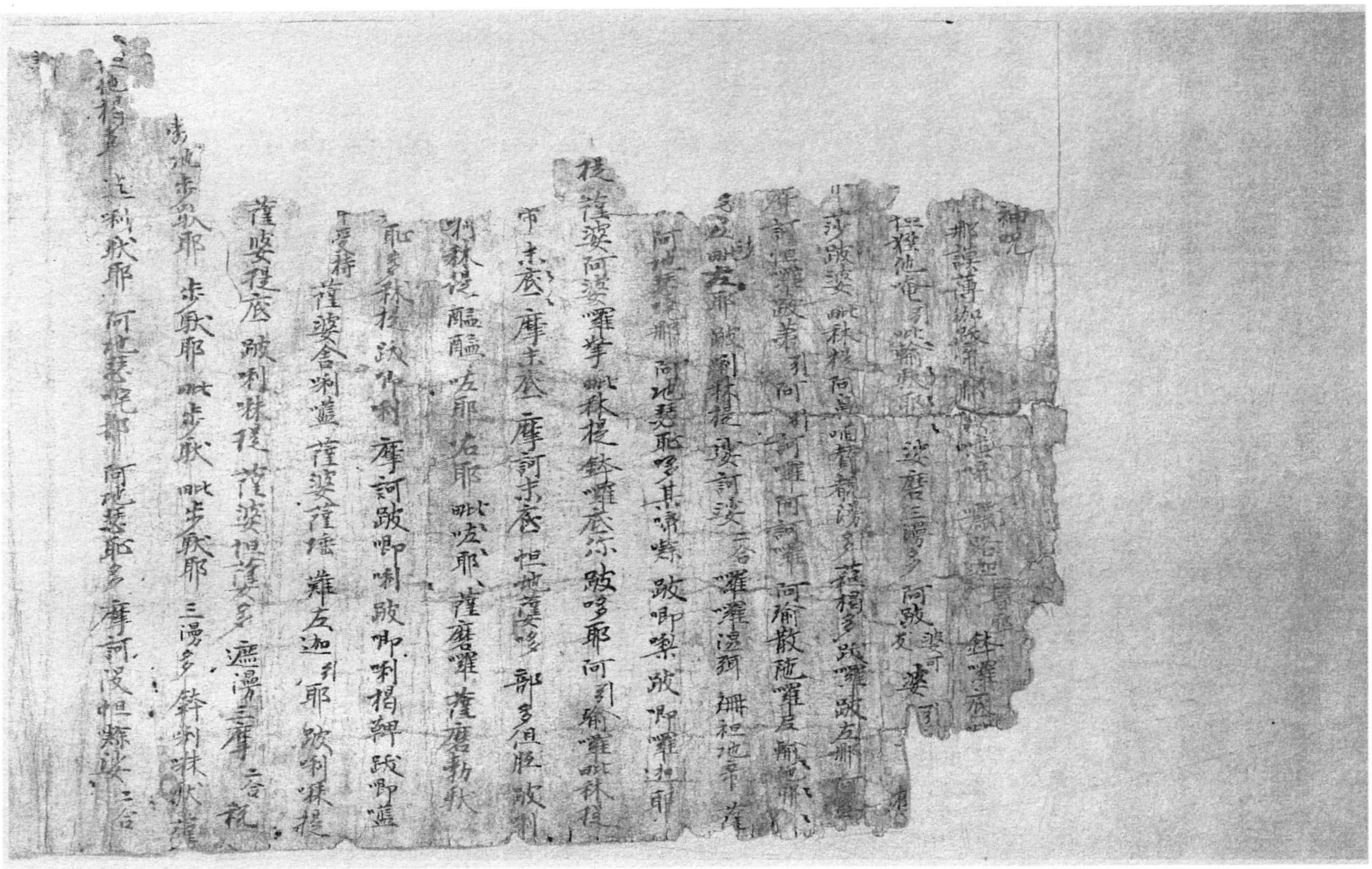

BD09275 號　佛頂尊勝陀羅尼咒　（2–1）

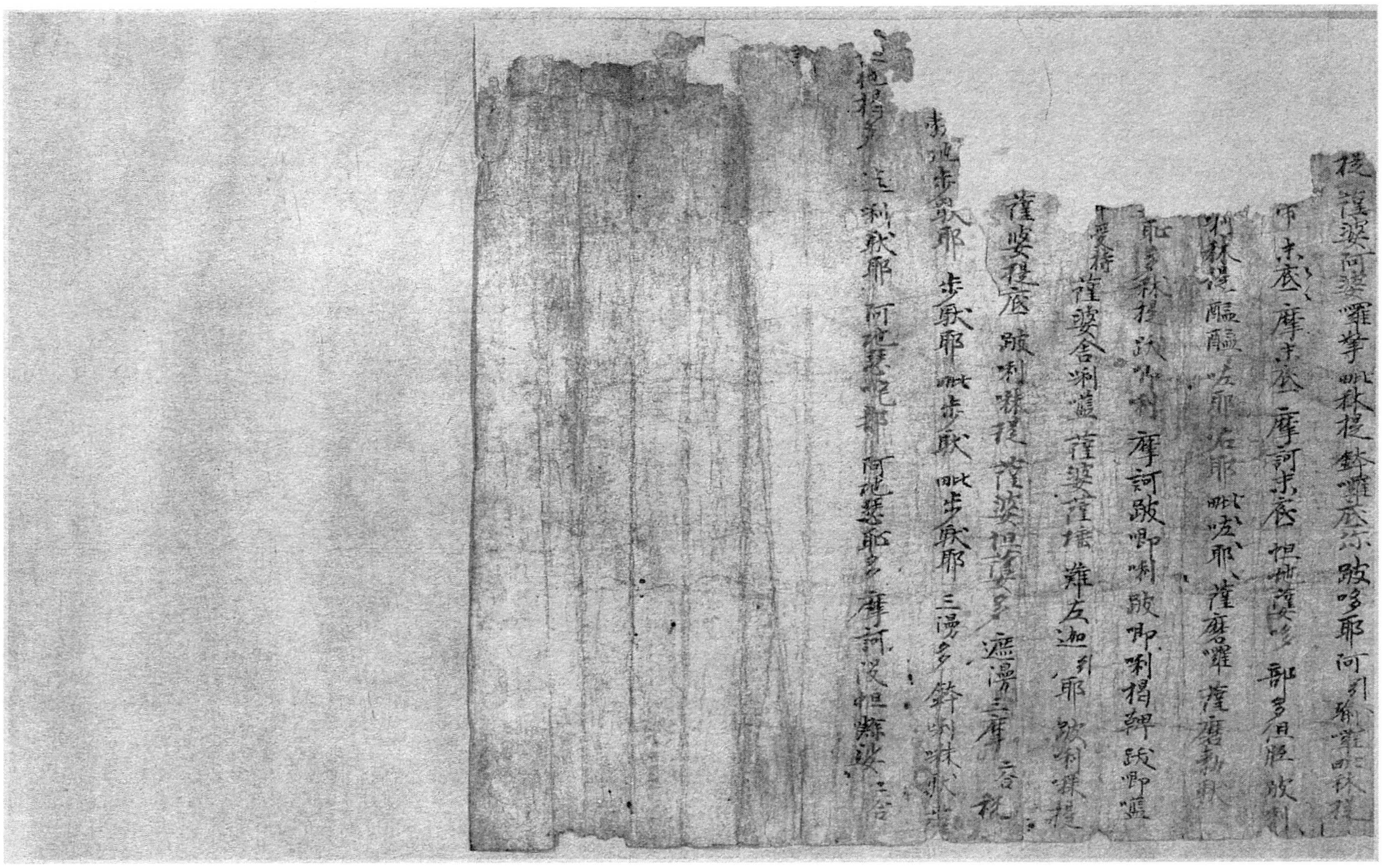

BD09275 號　佛頂尊勝陀羅尼咒　（2–2）

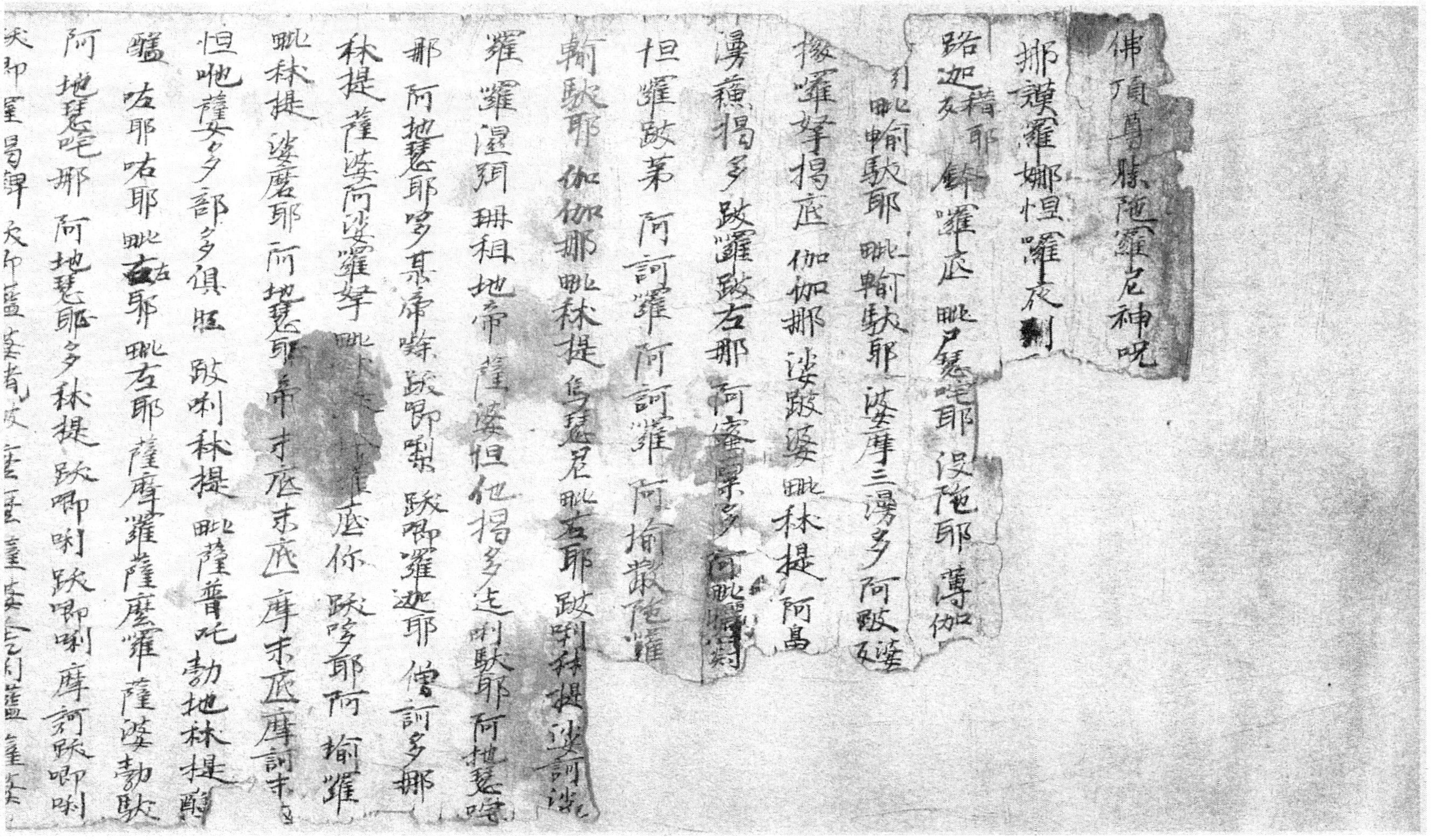

BD09276 號　佛頂尊勝陀羅尼咒　　　　（2–1）

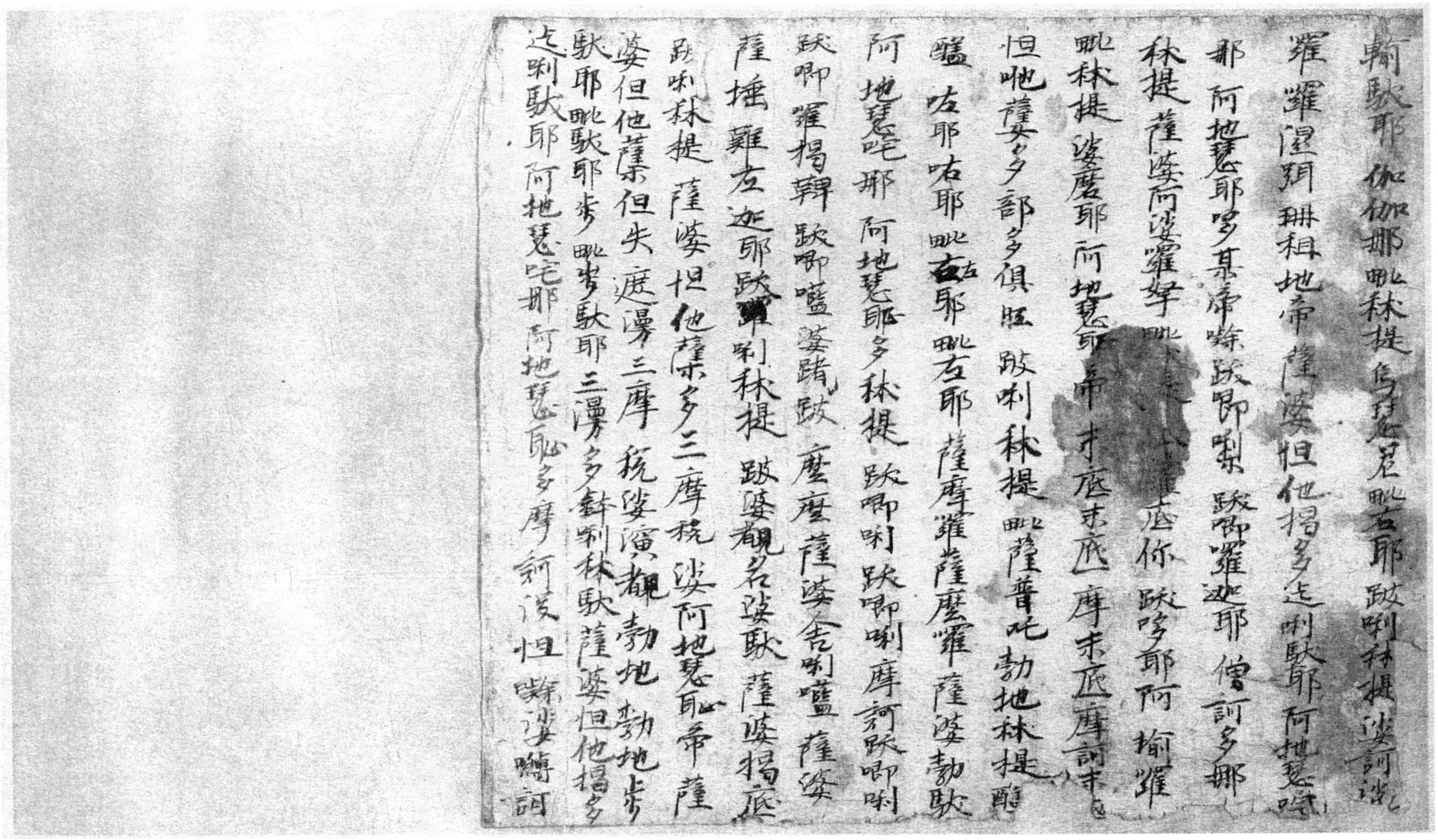

BD09276 號　佛頂尊勝陀羅尼咒　　　　（2–2）

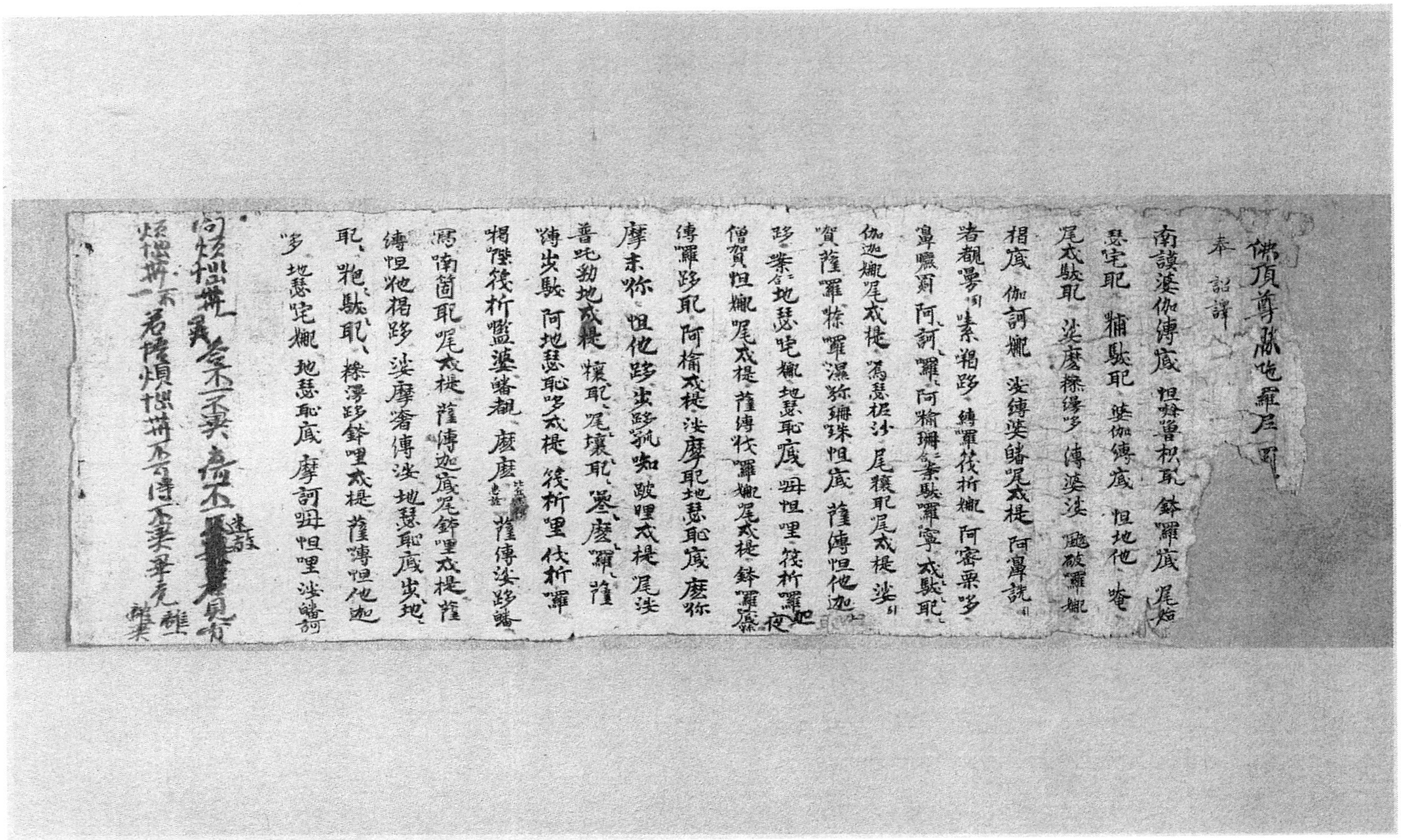

BD09277 號 1　佛頂尊勝陀羅尼咒　（1–1）
BD09277 號 2　煩惱涅槃一異問答（擬）

BD09278 號　大佛頂尊勝出字心咒　（2–1）

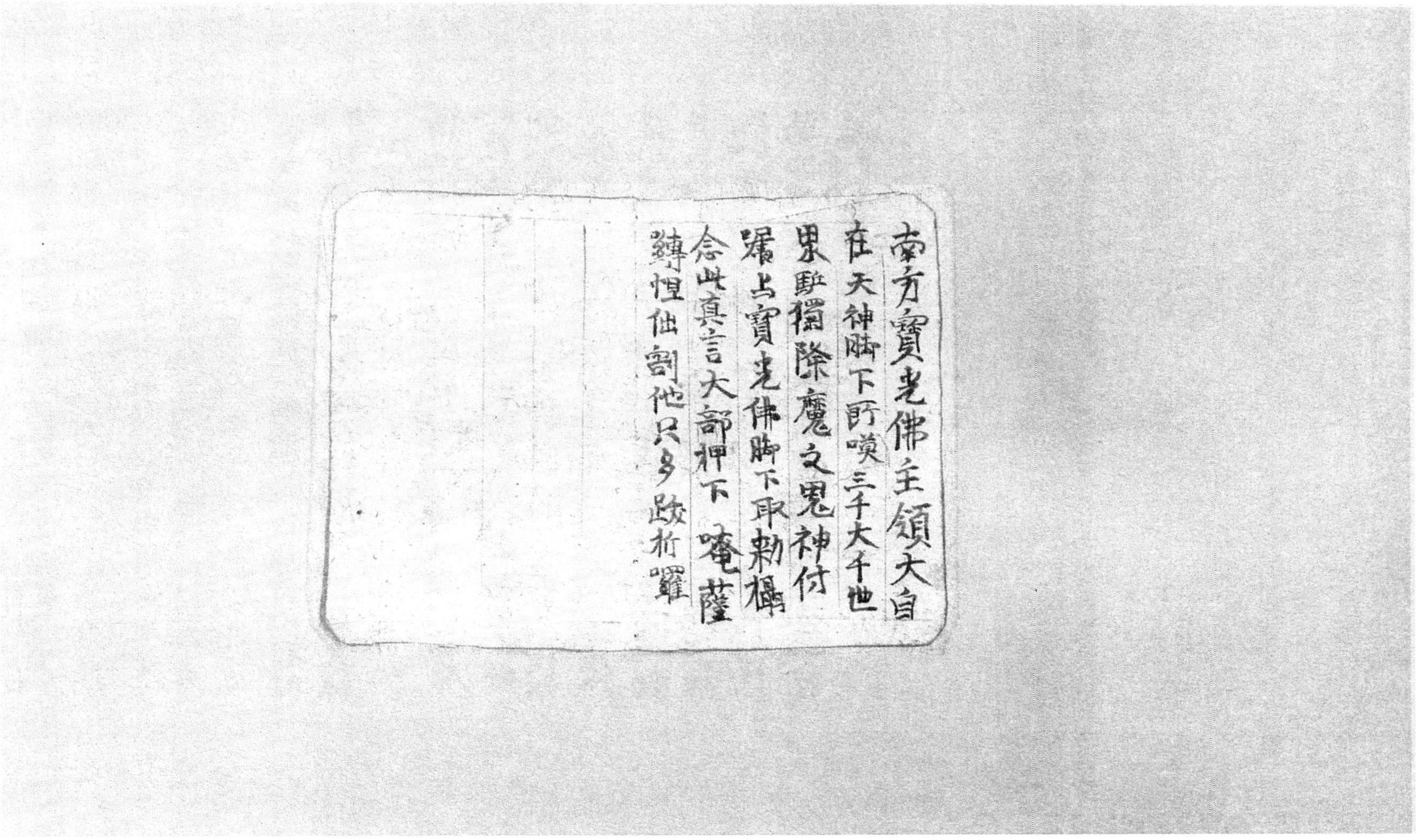

BD09278 號　大佛頂尊勝出字心咒　　（2–2）

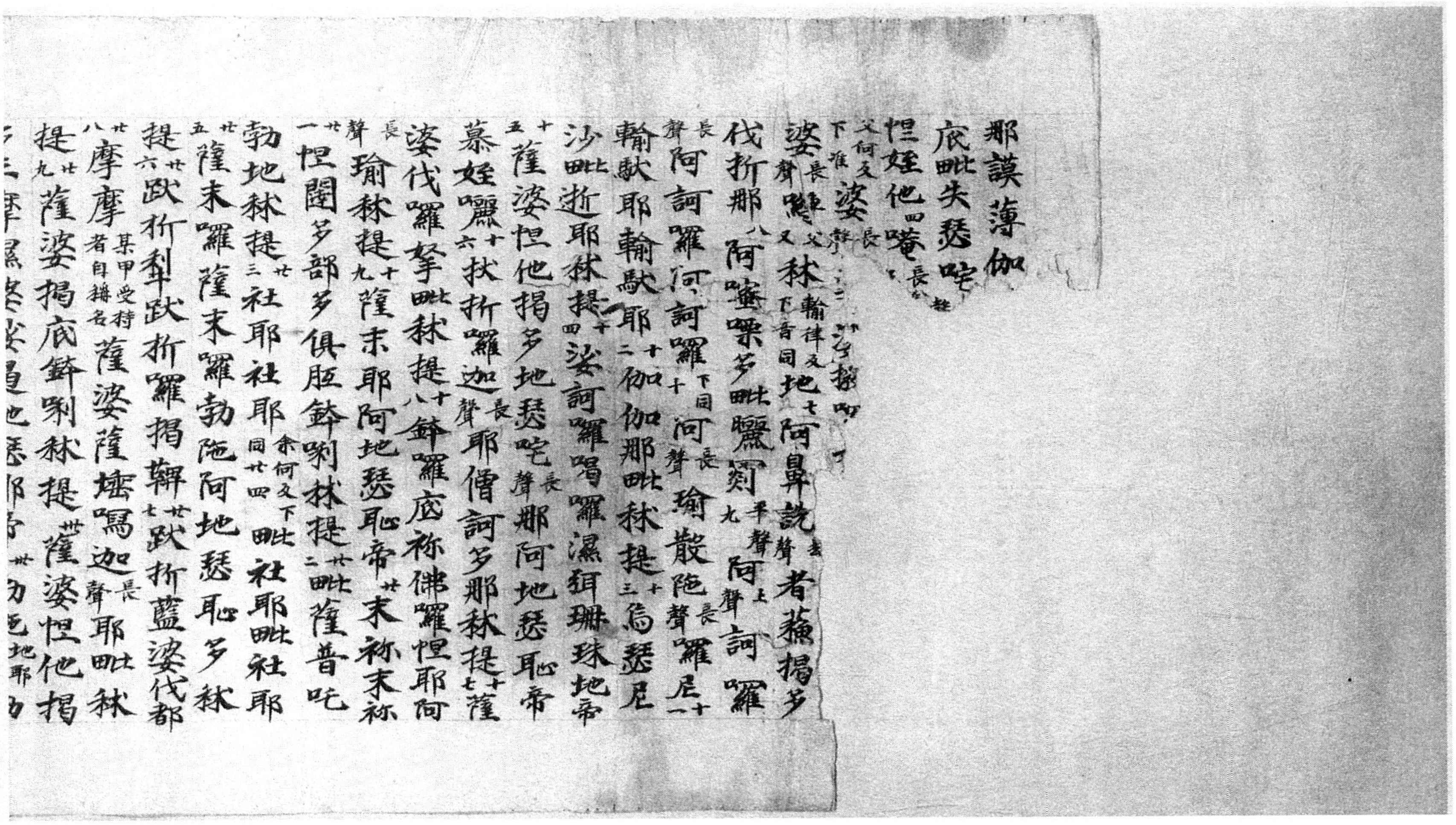

BD09279 號　佛頂尊勝陀羅尼咒　　（2–1）

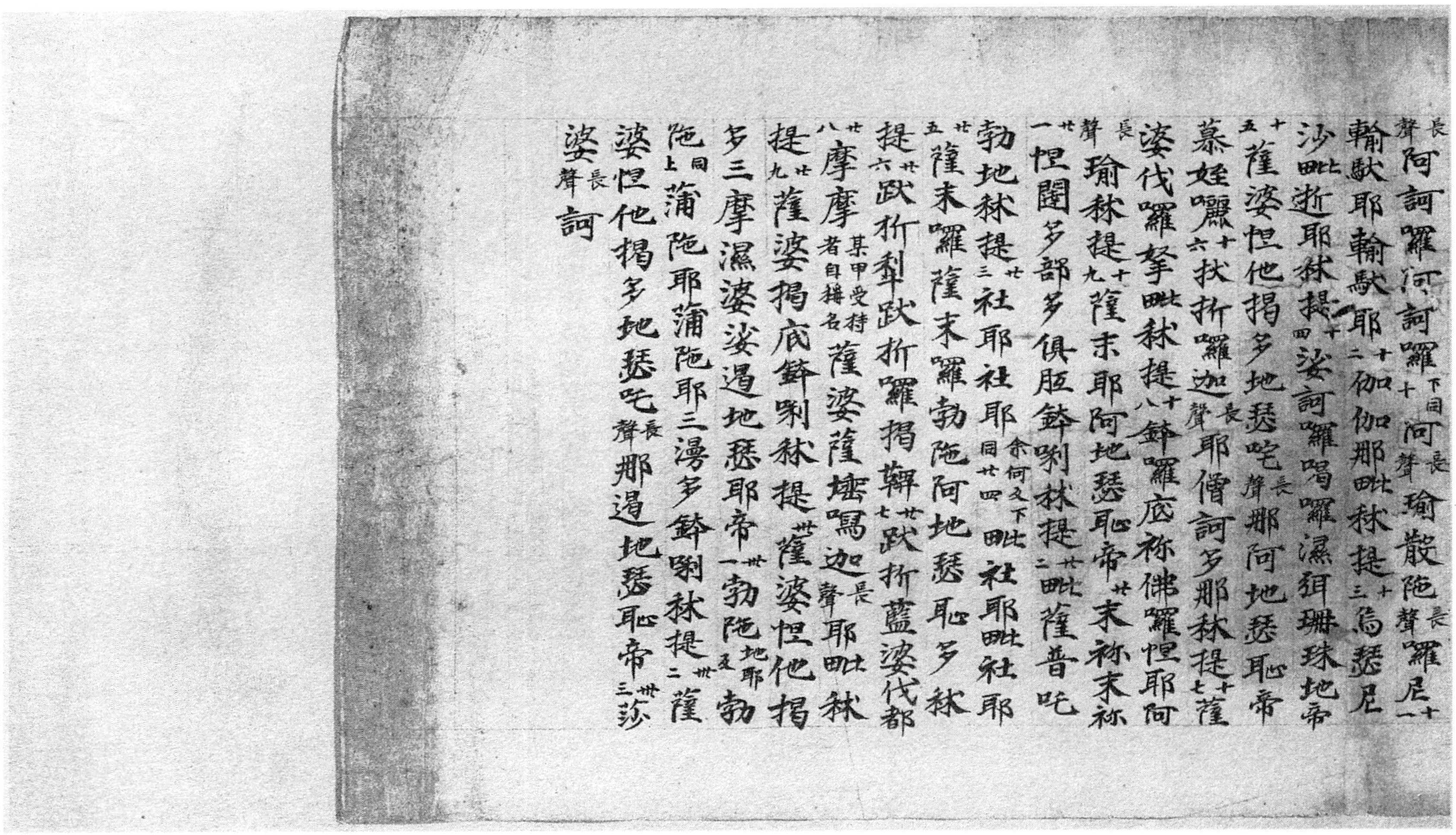

BD09279 號　佛頂尊勝陀羅尼咒　　（2–2）

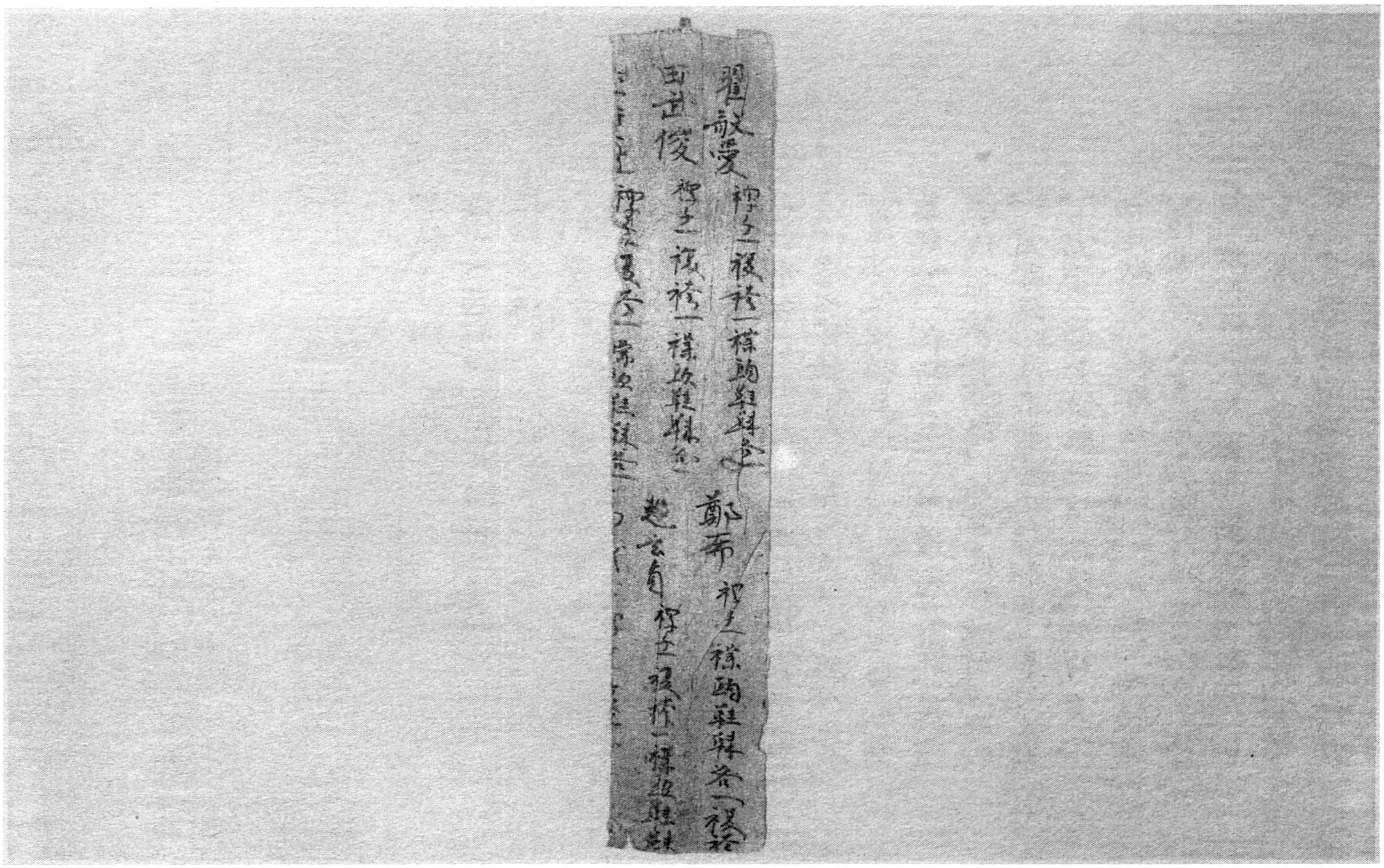

BD09280 號　某年給瞿敬愛等冬衣狀（擬）　　（1–1）

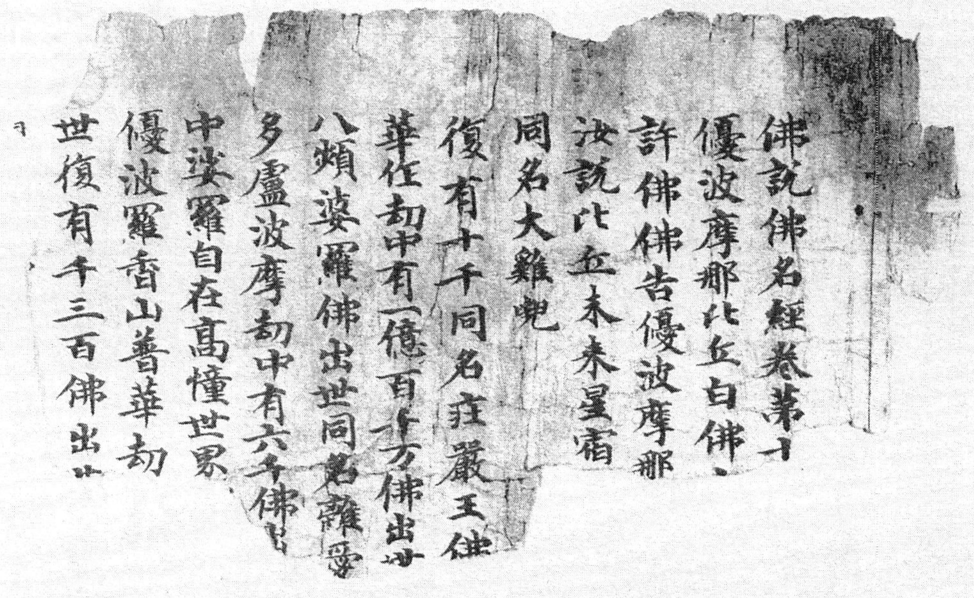

佛說佛名經卷第十
優波摩那比丘白佛
許佛佛告優波摩那
汝說比丘未來星宿
同名大雞兜
復有十千同名莊嚴王佛
華任劫中有一億百千万佛出
八頻婆羅佛出世同名離垢
多盧波摩劫中有六千佛
中婆羅自在高幢世界
優波羅香山普華劫
世復有千三百佛出

BD09281 號　佛名經（十六卷本）卷一〇　（1–1）

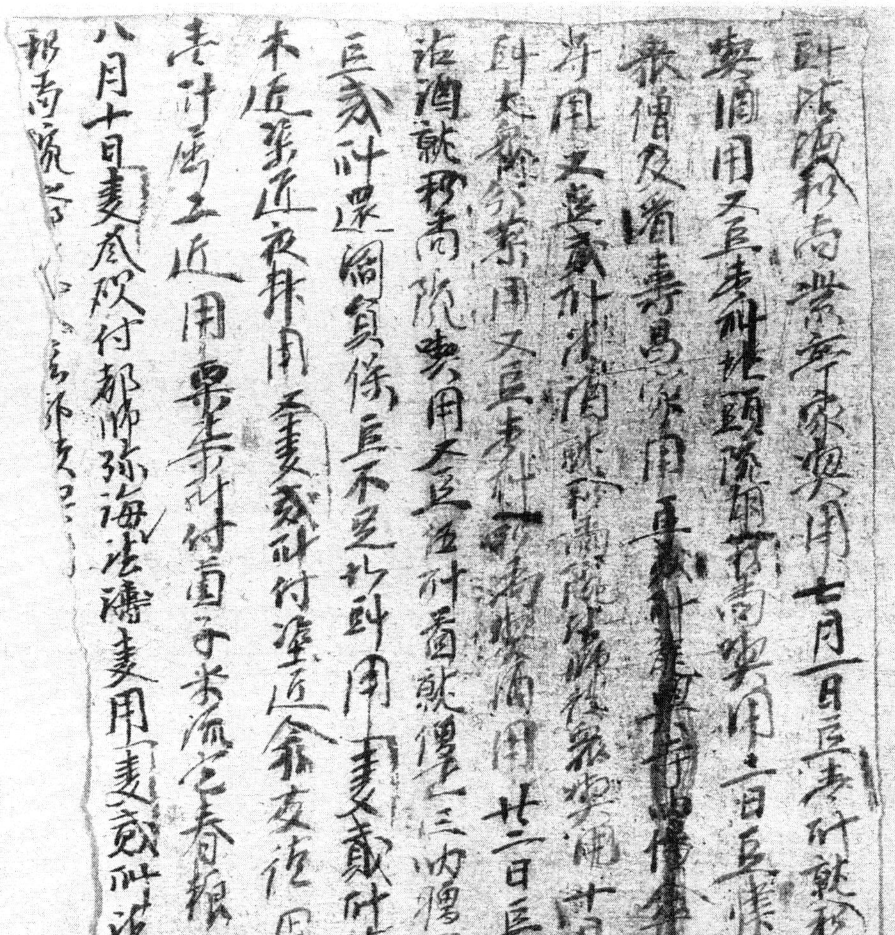

BD09282 號　某寺某年六月到八月諸色斛斗破歷（擬）　（1–1）

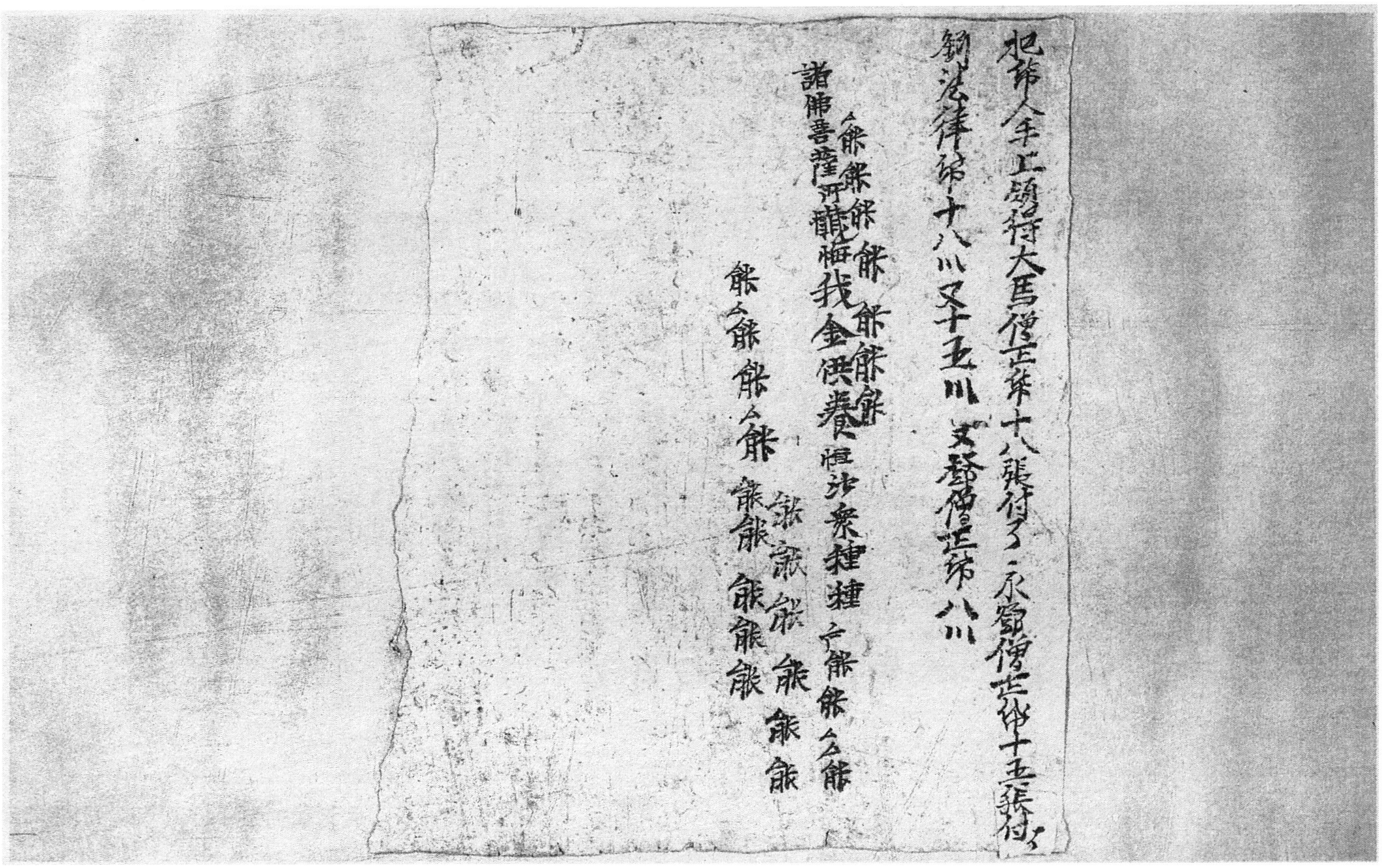

BD09282 號背　諸寺配經付紙歷（擬）　　（1–1）

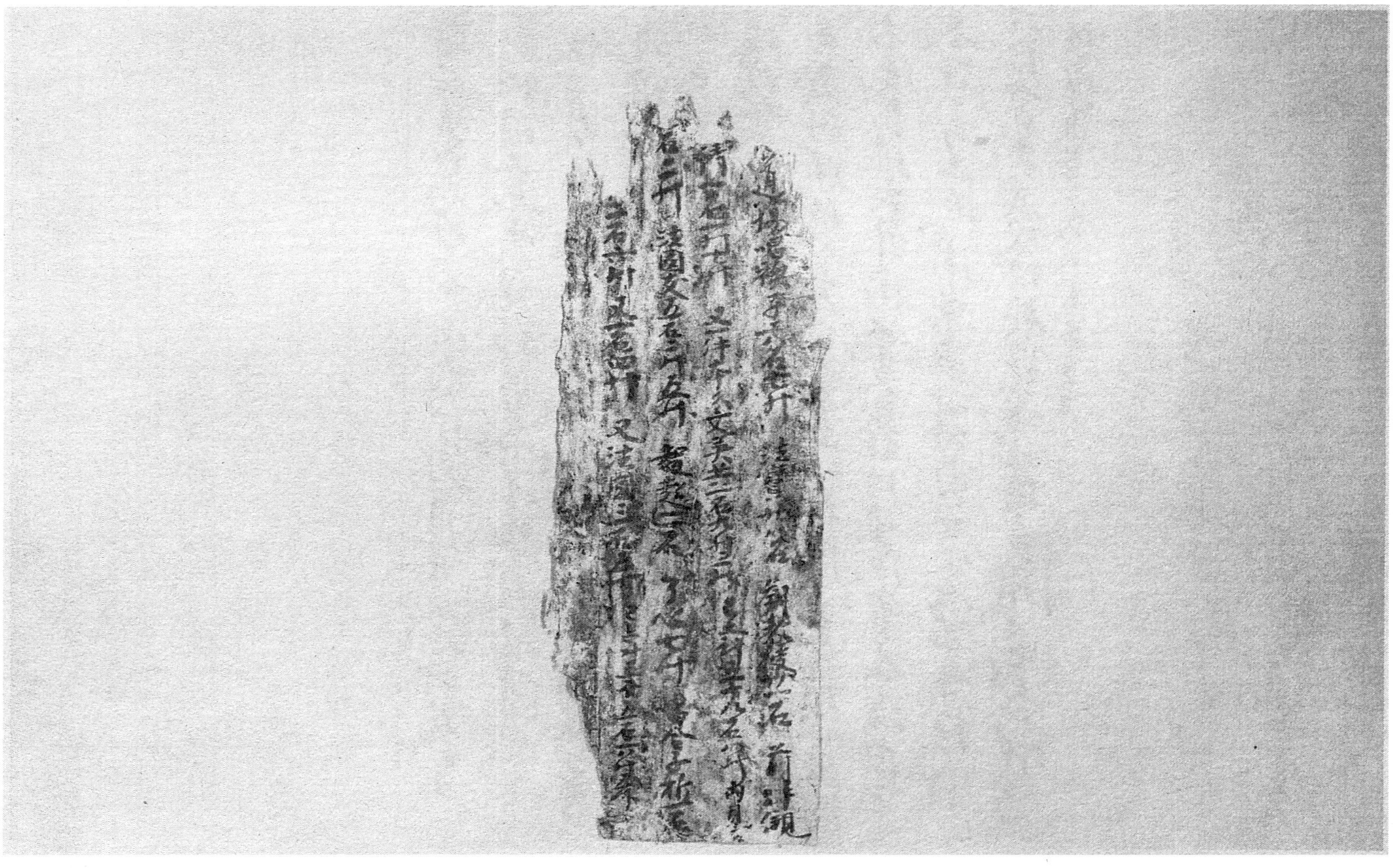

BD09283 號　某年乾元寺出唱歷（擬）　　（1–1）

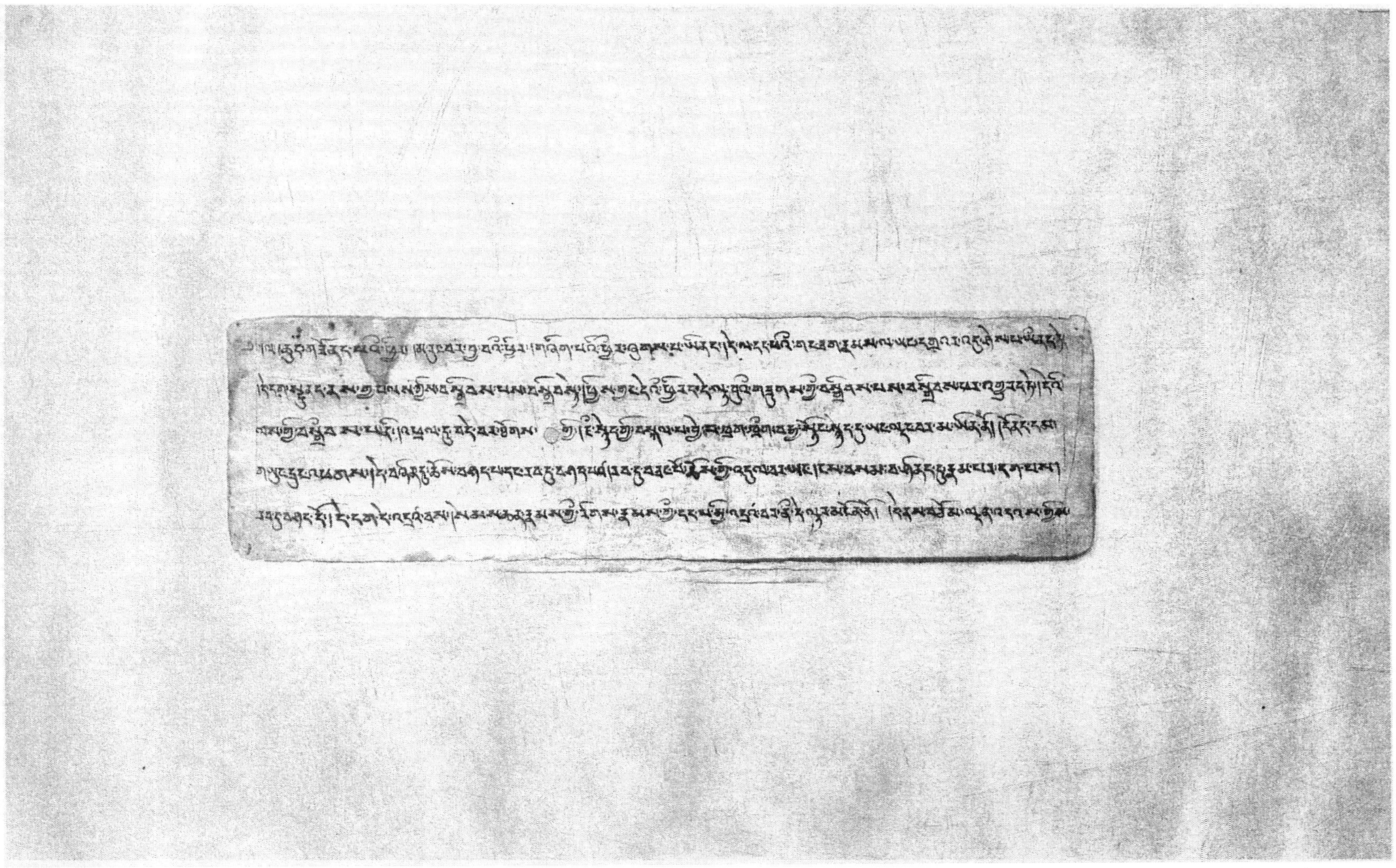

BD09284 號　藏文文獻（擬）　　（2–1）

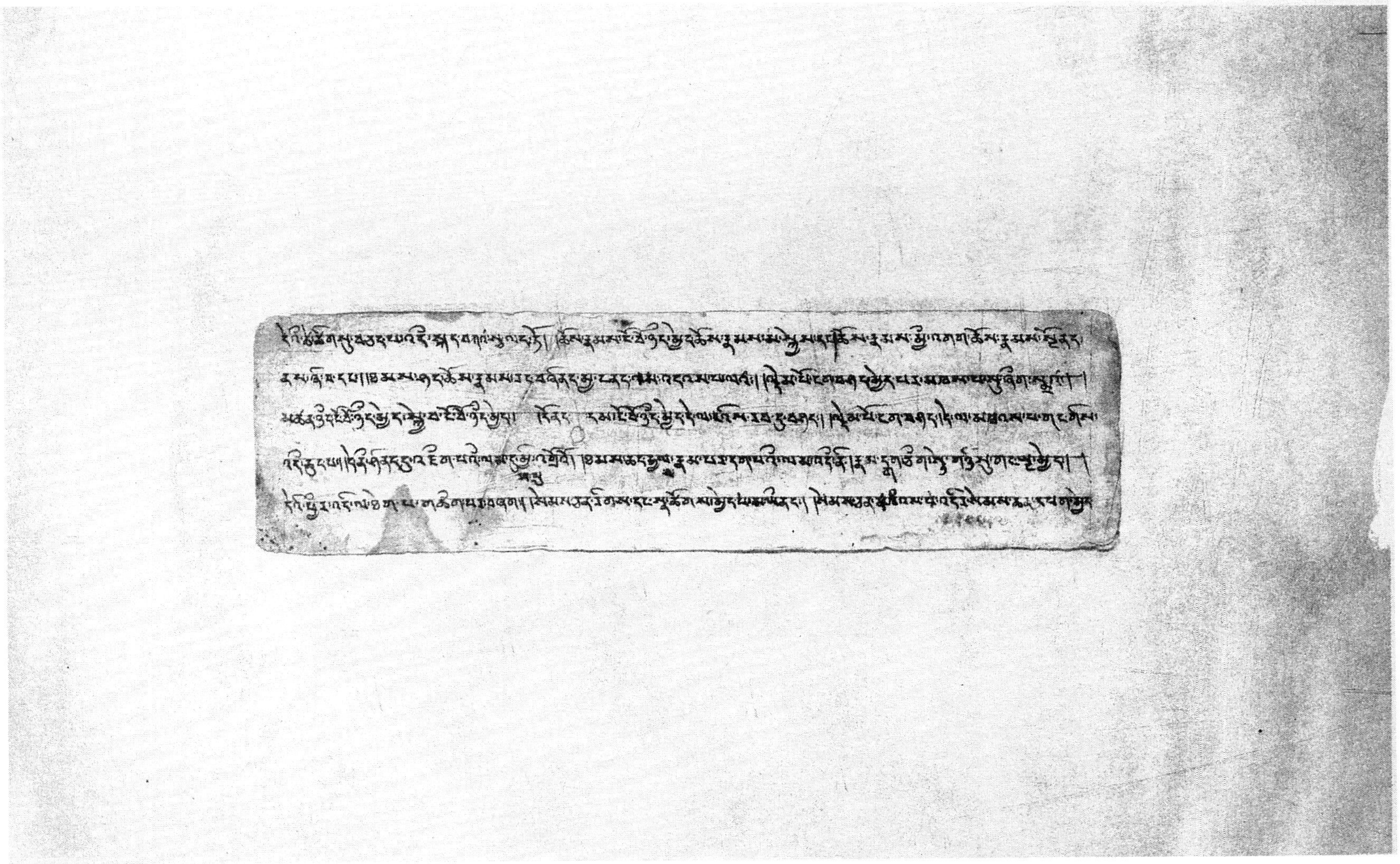

BD09284 號　藏文文獻（擬）　　（2–2）

BD09285 號　藏文文獻（擬）　　（2–1）

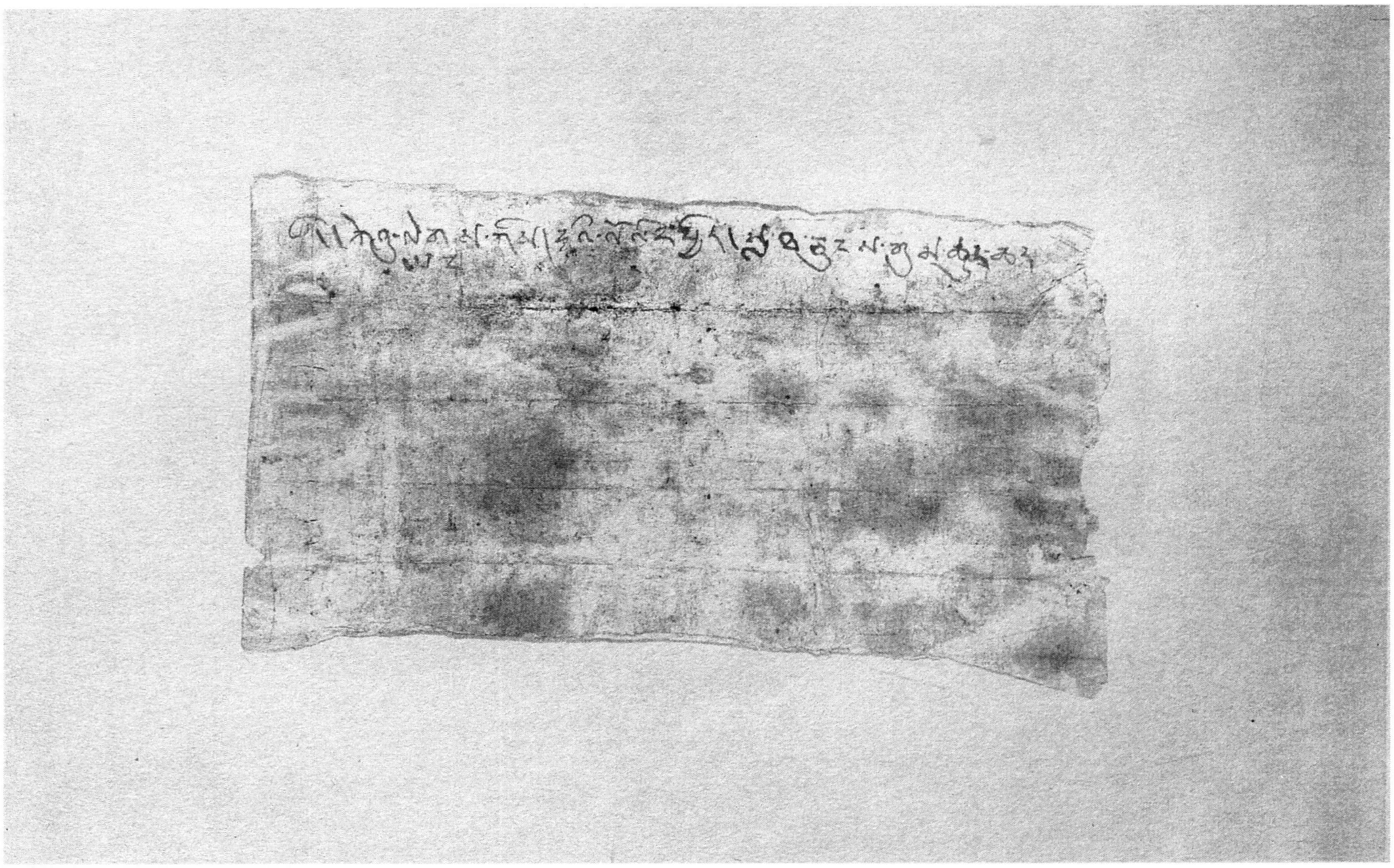

BD09285 號背　藏文文獻（擬）　　（2–2）

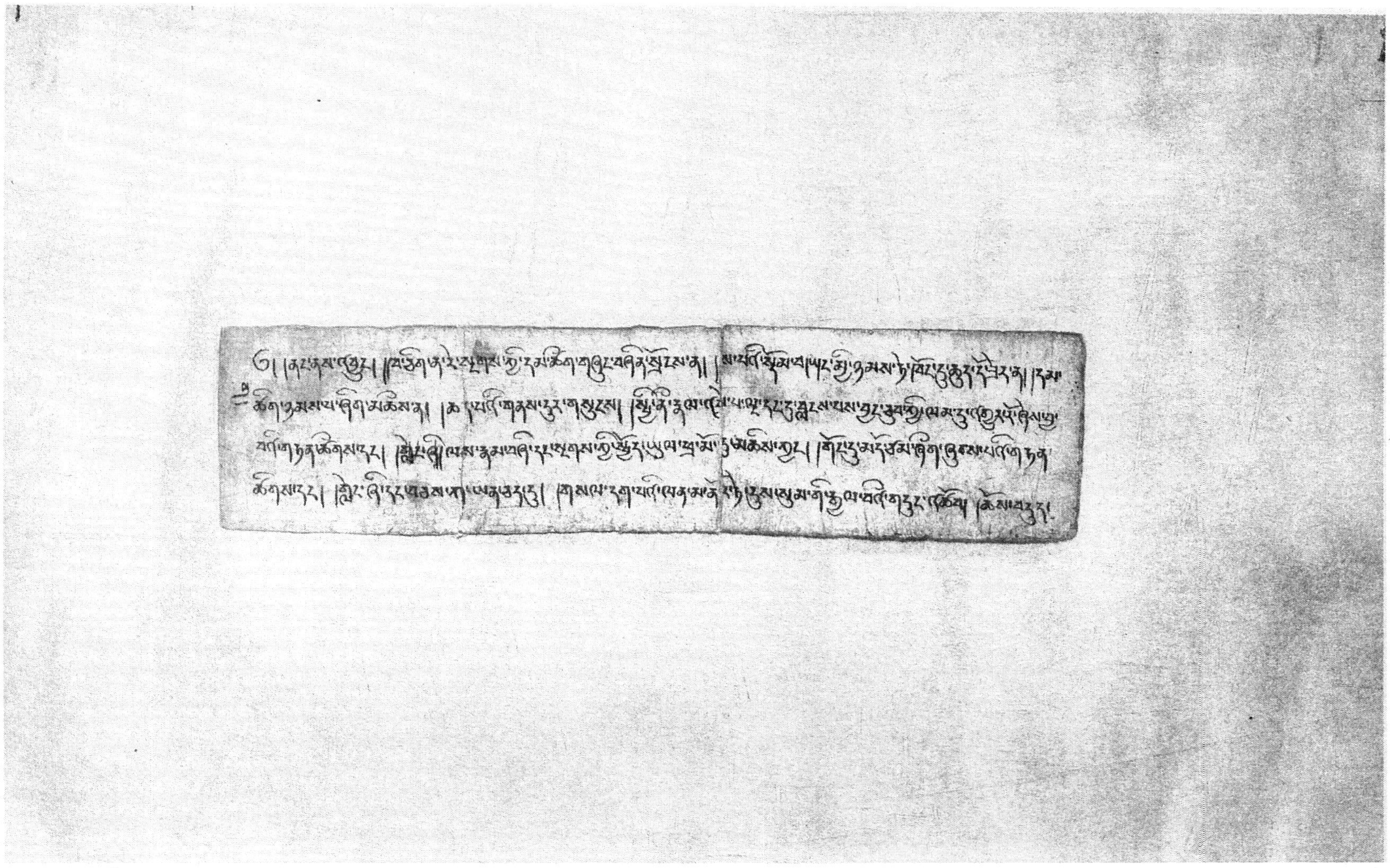

BD09286 號　藏文文獻(擬)　　(2–1)

BD09286 號背　藏文文獻(擬)　　(2–2)

BD09287 號　藏文文獻（擬）　　（2–1）

BD09287 號背　藏文文獻（擬）　　（2–2）

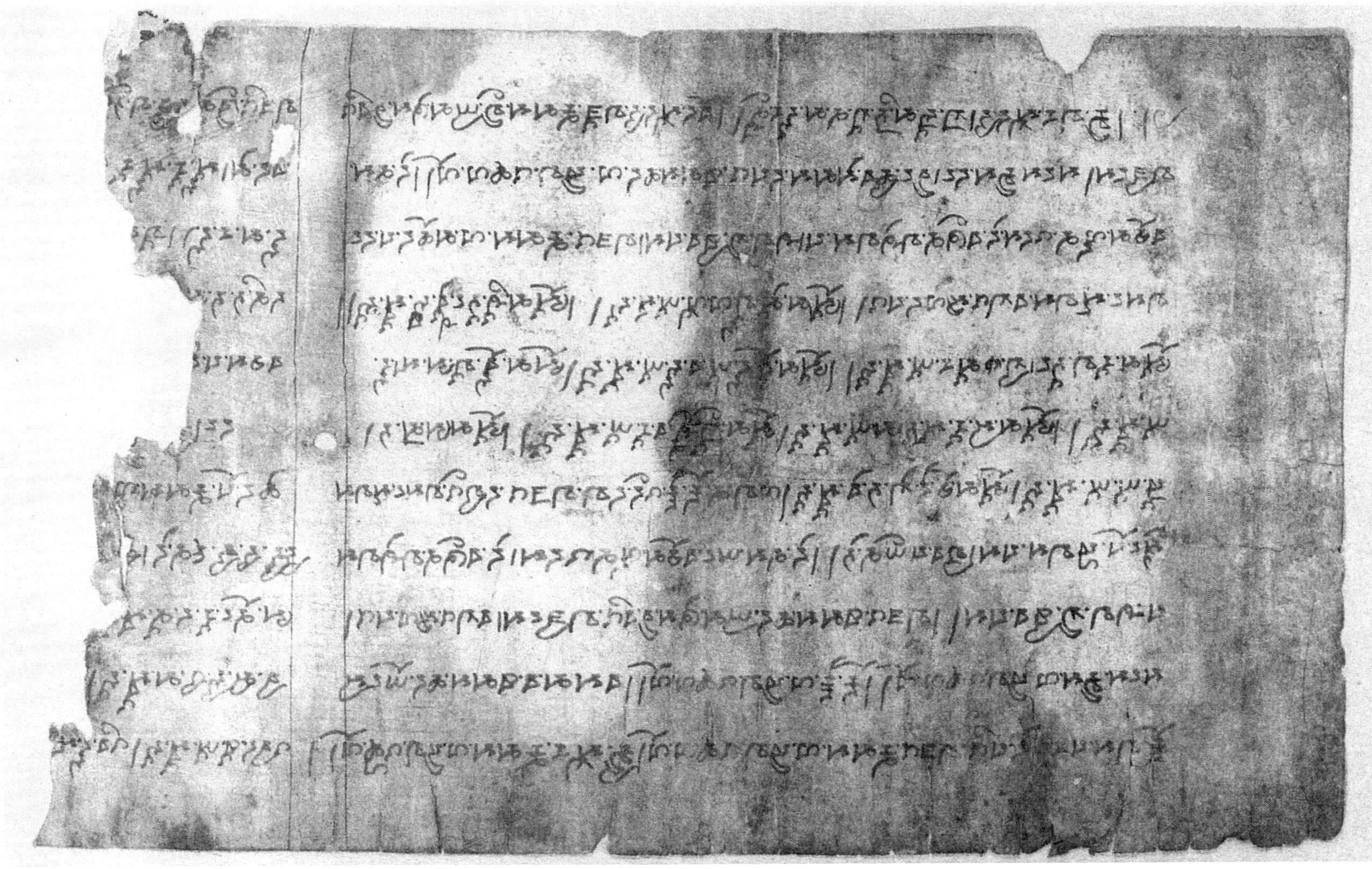

BD09288 號　藏文文獻（擬）　（1–1）

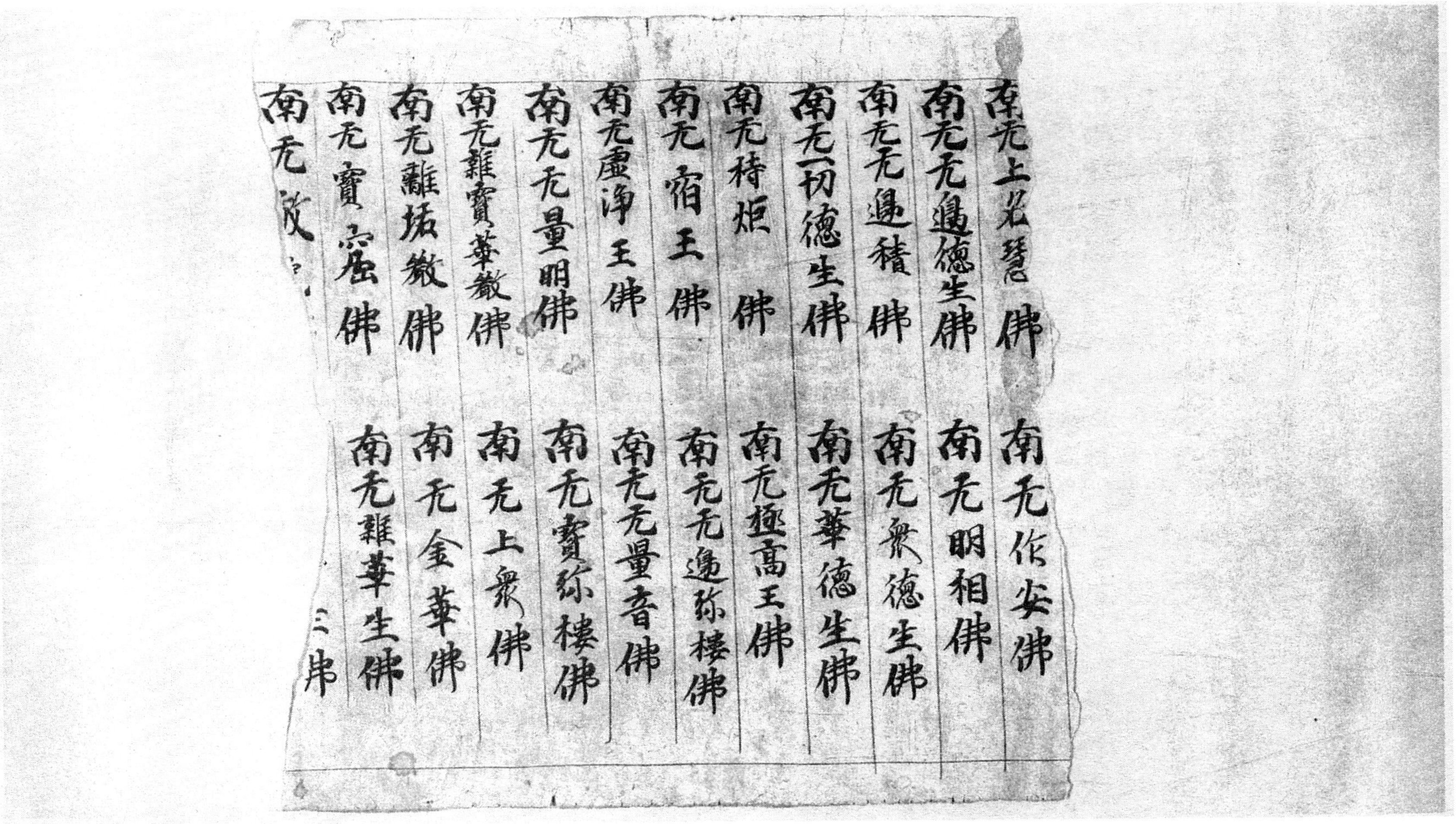

南无上名慧佛　南无作安佛
南无无邊德生佛　南无明相佛
南无无邊積佛　南无衆德生佛
南无一切德生佛　南无華德生佛
南无持炬佛　南无極高王佛
南无宿王佛　南无无邊彌樓佛
南无盧淨王佛　南无无量音佛
南无无量明佛　南无寶彌樓佛
南无雜寶華嚴佛　南无上衆佛
南无離垢嚴佛　南无金華佛
南无寶盛佛　南无雜華生佛
南无

BD09289 號　十方千五百佛名經　（1–1）

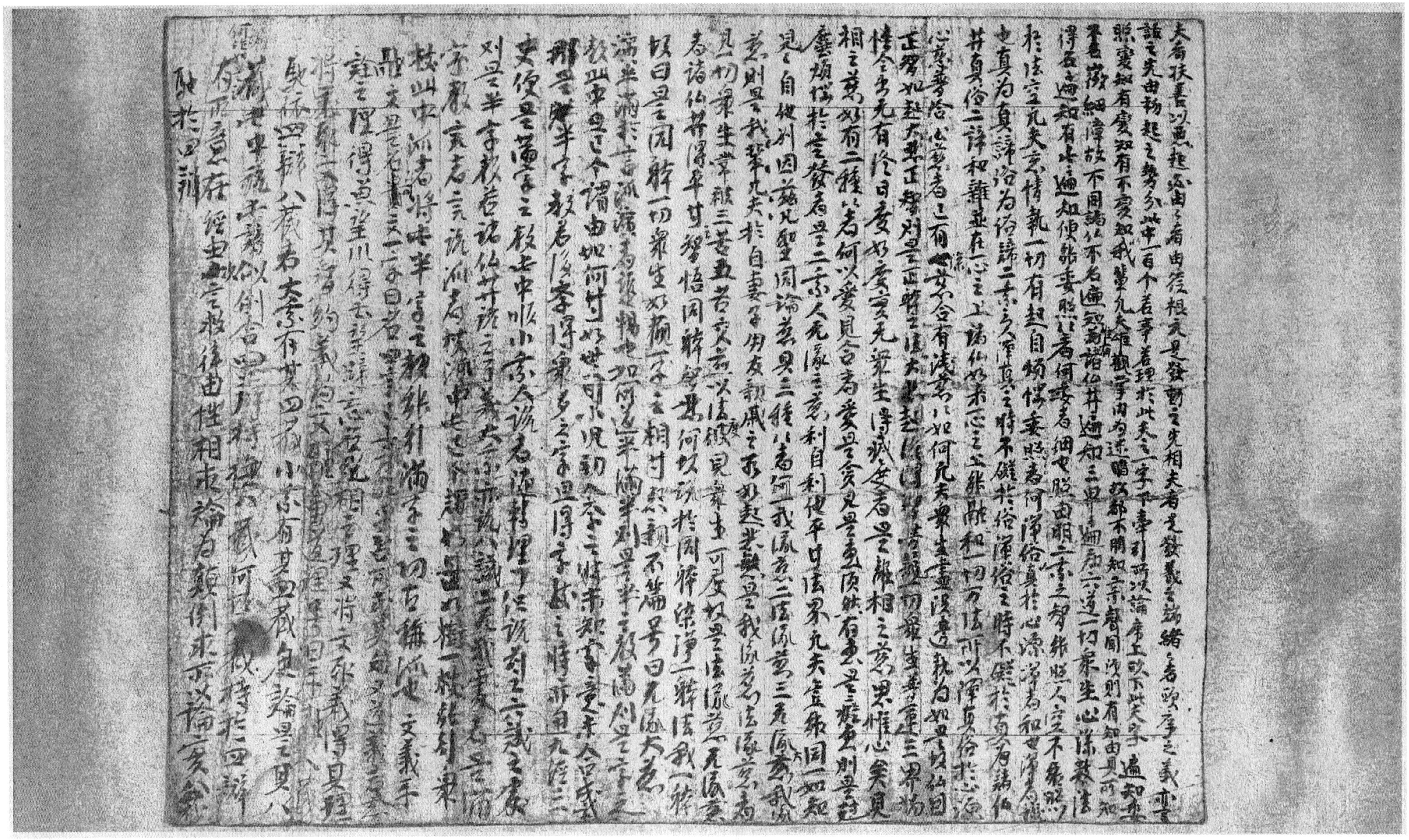

BD09290 號　大乘百法明門論開宗義記疏（擬）　（2–1）

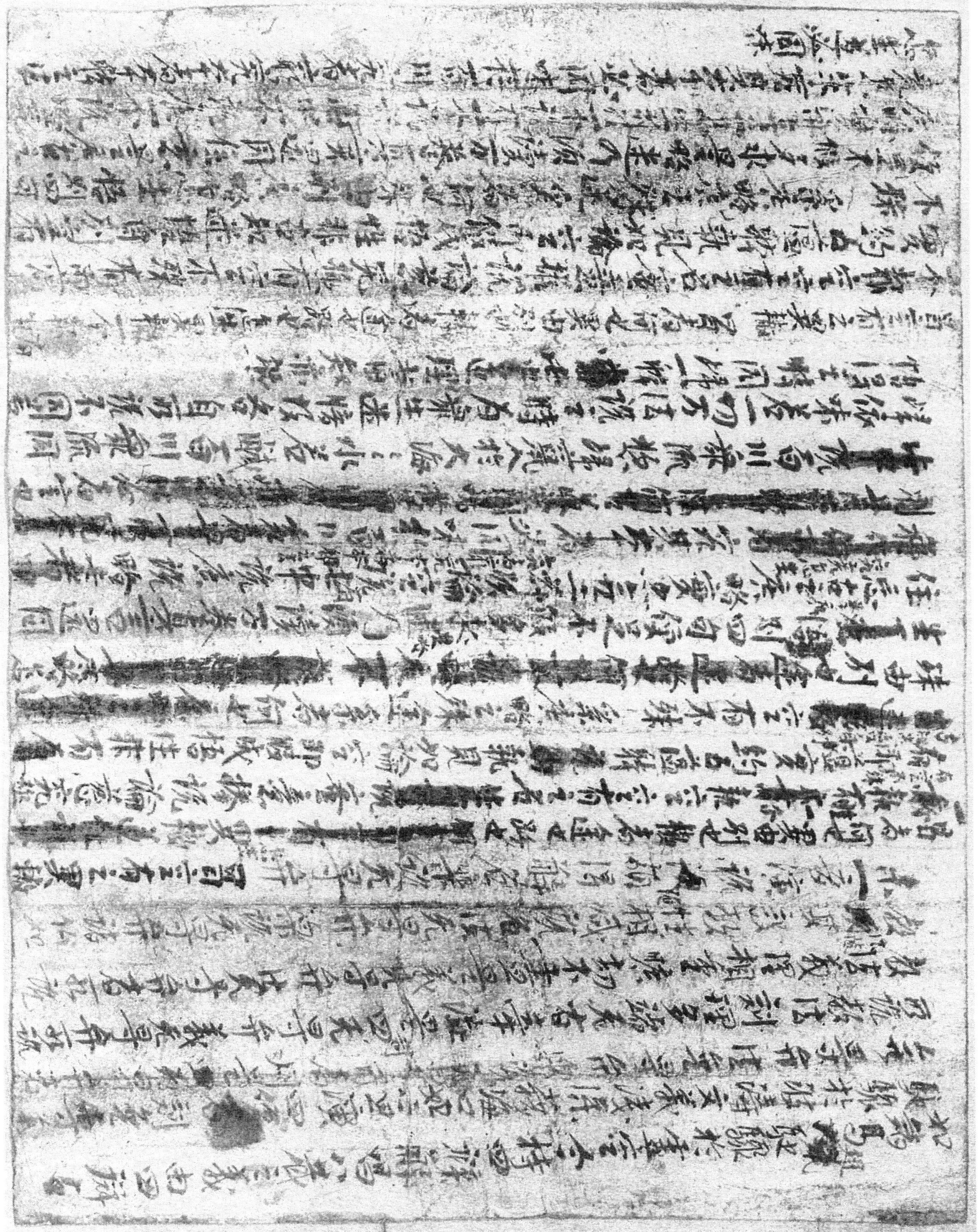

BD09290號背　大乘百法明門論開宗義記疏（擬）

（2–2）

BD09291 號　寅年八月右將欠負名目（擬）　（1–1）

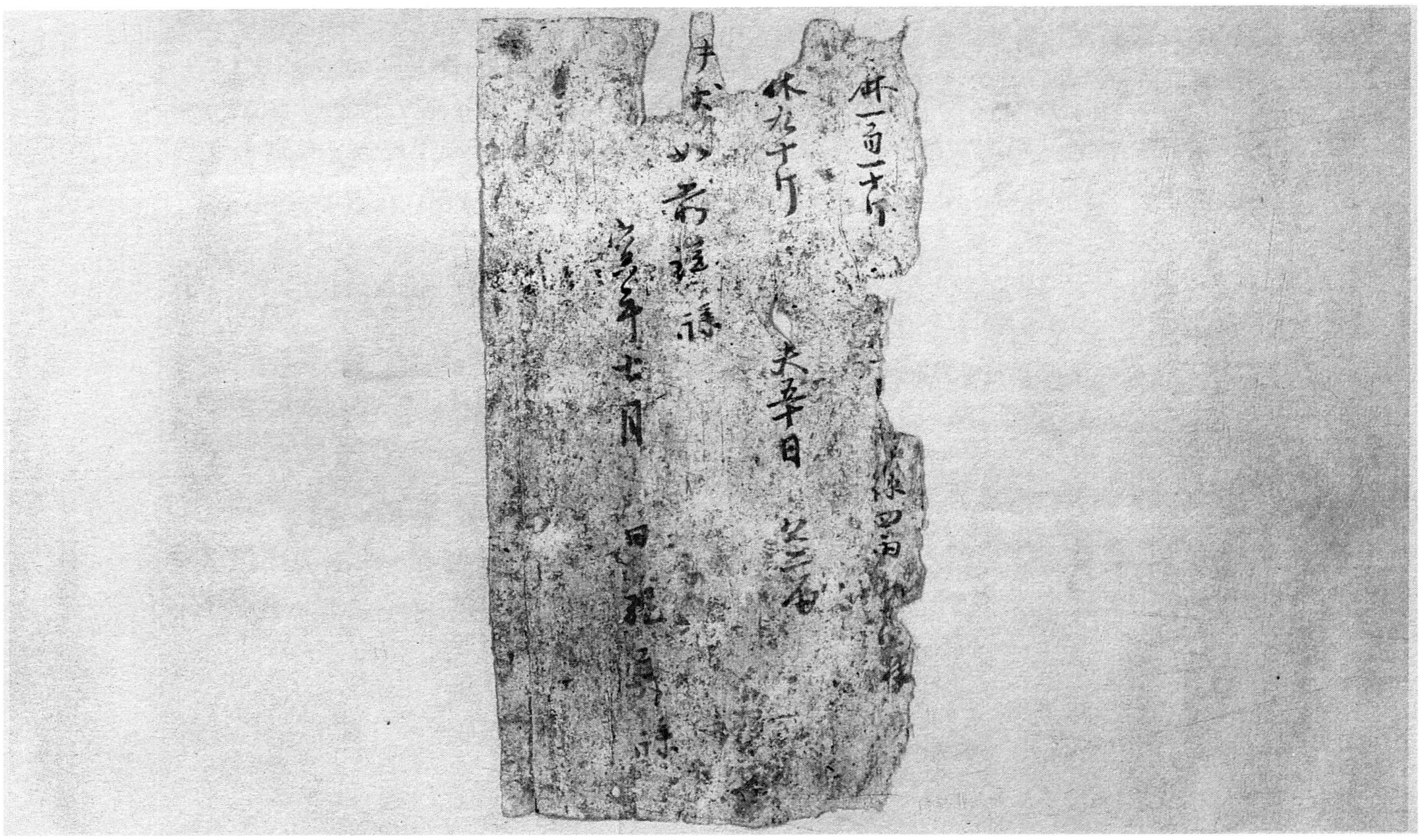

BD09292 號　寅年七月某將欠負名目（擬）　（1–1）

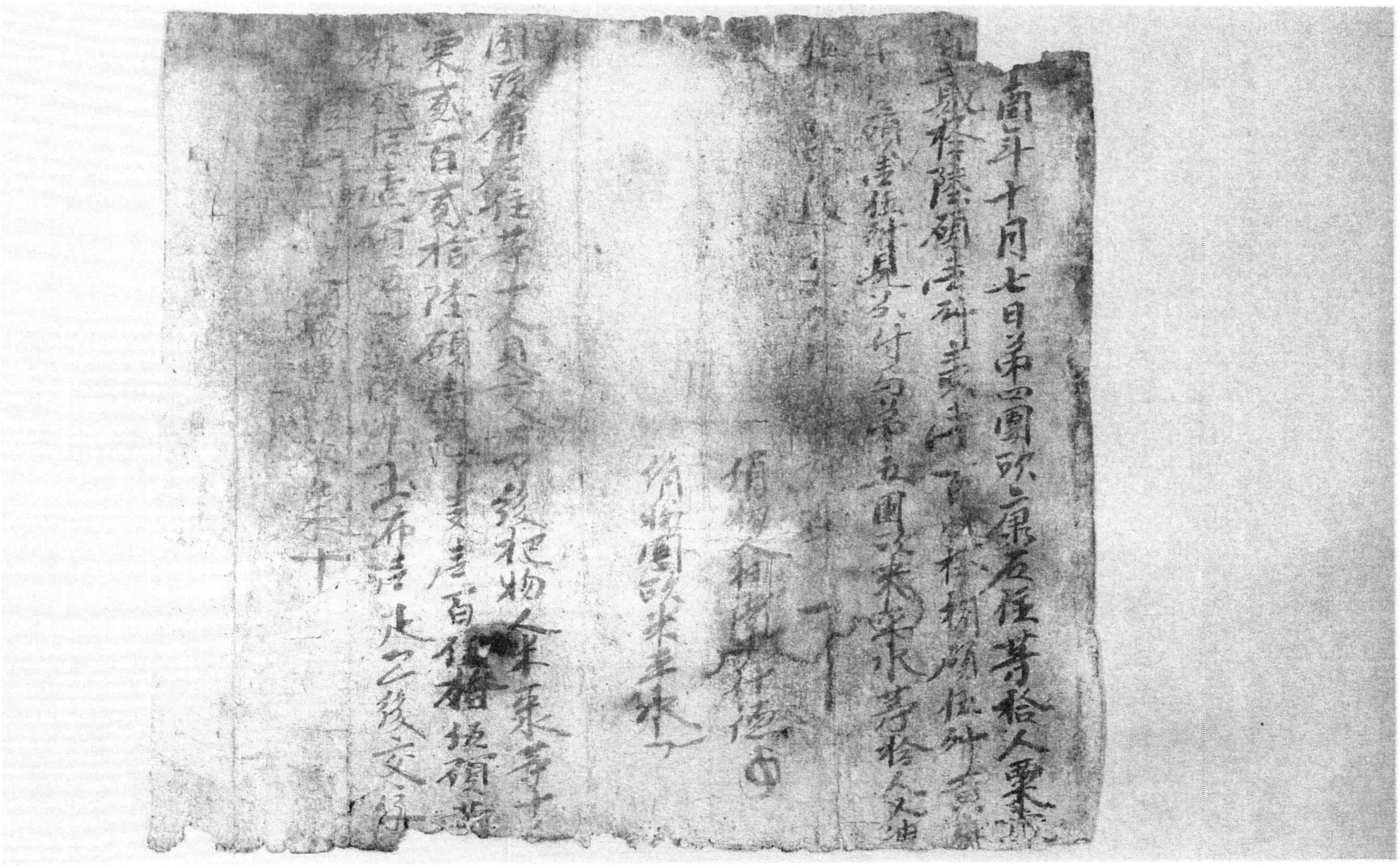

BD09293 號 A　辛酉年（901 年？）團頭康石柱米平水交付諸物凭（擬）　（1–1）

BD09293 號 B　丙辰年（956 年？）神沙鄉氾流□賣鐺契（擬）　（1–1）

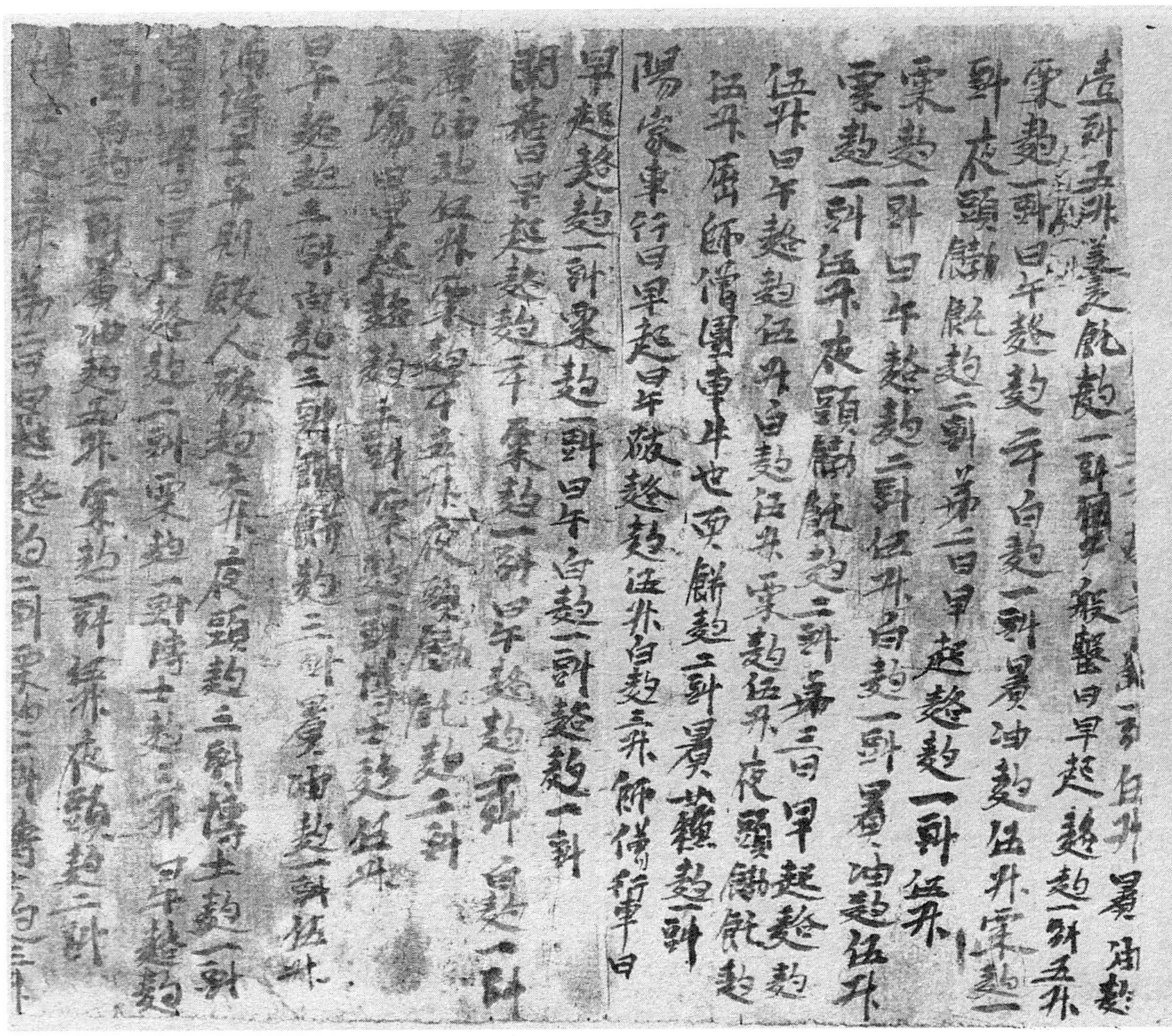

BD09294 號　某年某寺香積廚諸色斛斗破歷（擬）　　（3–1）

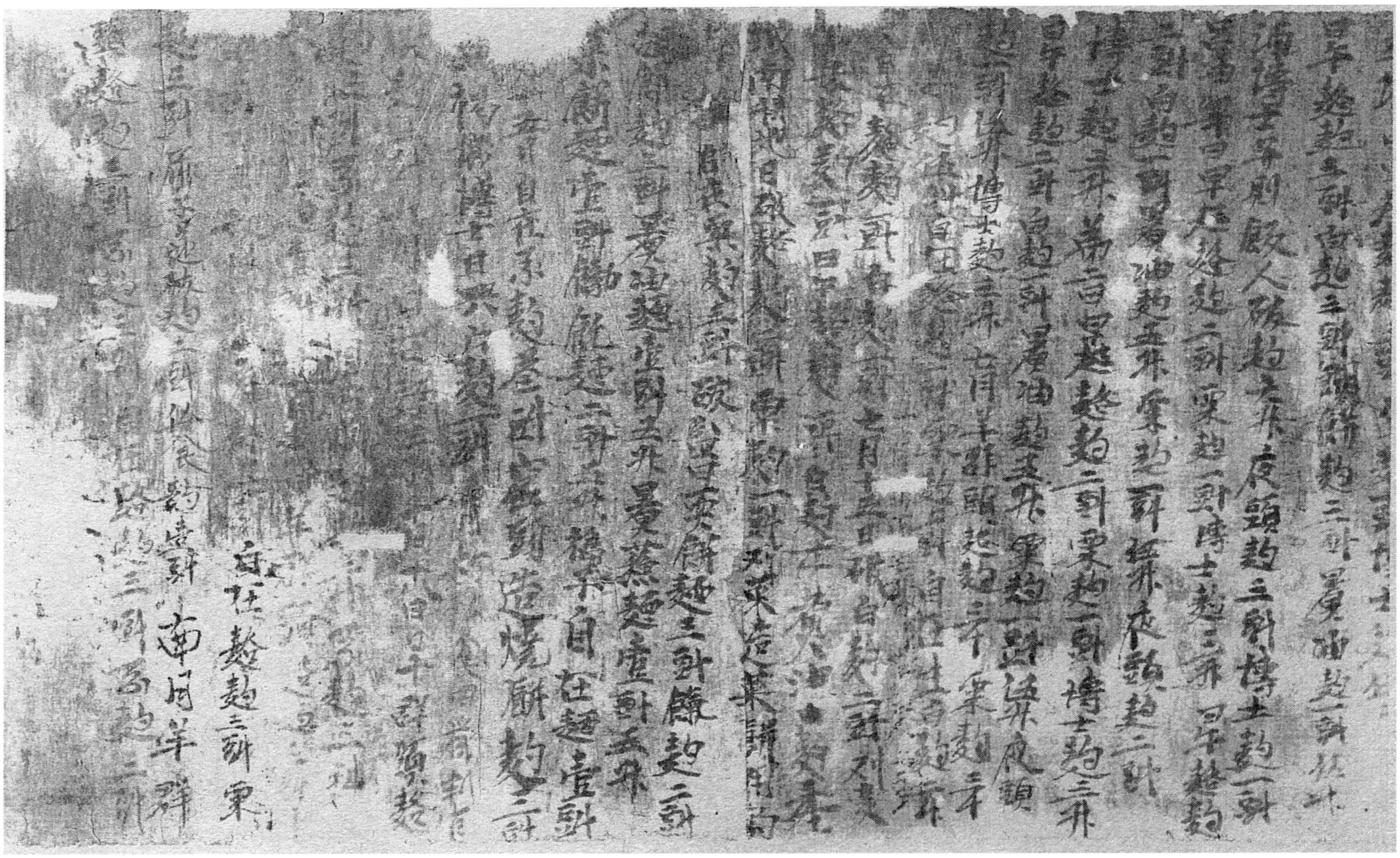

BD09294 號　某年某寺香積廚諸色斛斗破歷（擬）　　（3–2）

BD09294 號　某年某寺香積廚諸色斛斗破歷（擬）　（3–3）

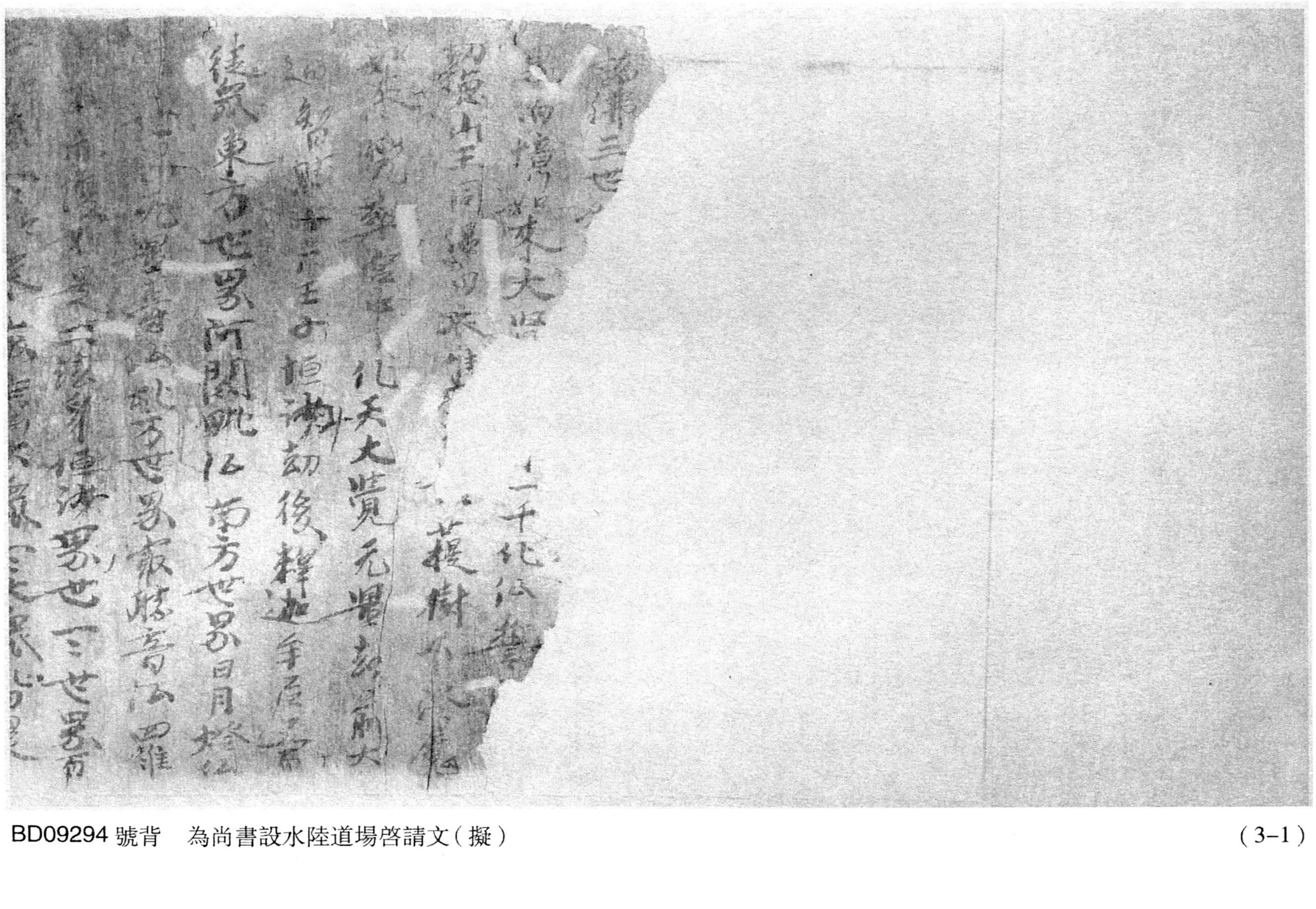

BD09294 號背　為尚書設水陸道場啓請文（擬）　（3–1）

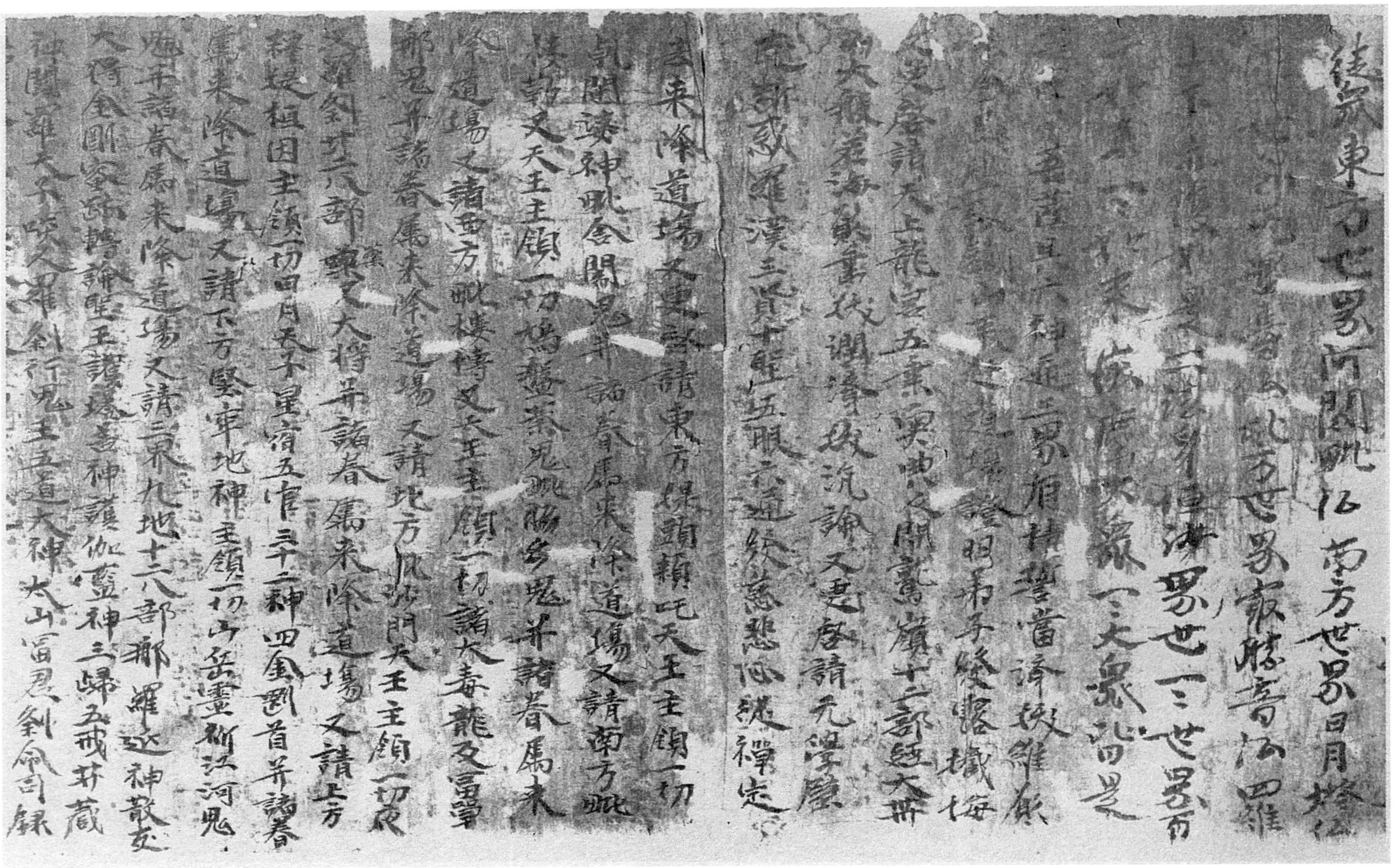

徒衆東方世界阿閦佛 南方世界日月燈佛 [illegible]
[illegible]
乞來降道場 文更啓請東方提頭賴吒天王主領一切
乾闥婆神毗舍闍鬼并諸眷屬來降道場 文請南方毗
樓勒叉天王主領一切鳩槃荼鬼薜荔多鬼并諸眷屬來
降道場 文請西方毗樓博叉天王主領一切諸大毒龍及富單
那鬼并諸眷屬來降道場 文請北方毗沙門天王主領一切夜
叉羅剎廿八部藥叉大將并諸眷屬來降道場 文請上方
釋提桓因主領一切日月天子星宿五官三十二神四金剛首并諸眷
屬來降道場 文請下方堅牢地神主領一切山岳靈祇江河鬼
魅并諸眷屬來降道場 文請三界九地十八部那羅延神散支
大將金剛密跡護法聖王護境善神護伽藍神三歸五戒廿藏
神閻羅天子五道大神太山府君察命司錄

BD09294 號背　為尚書設水陸道場啓請文（擬）　（3–2）

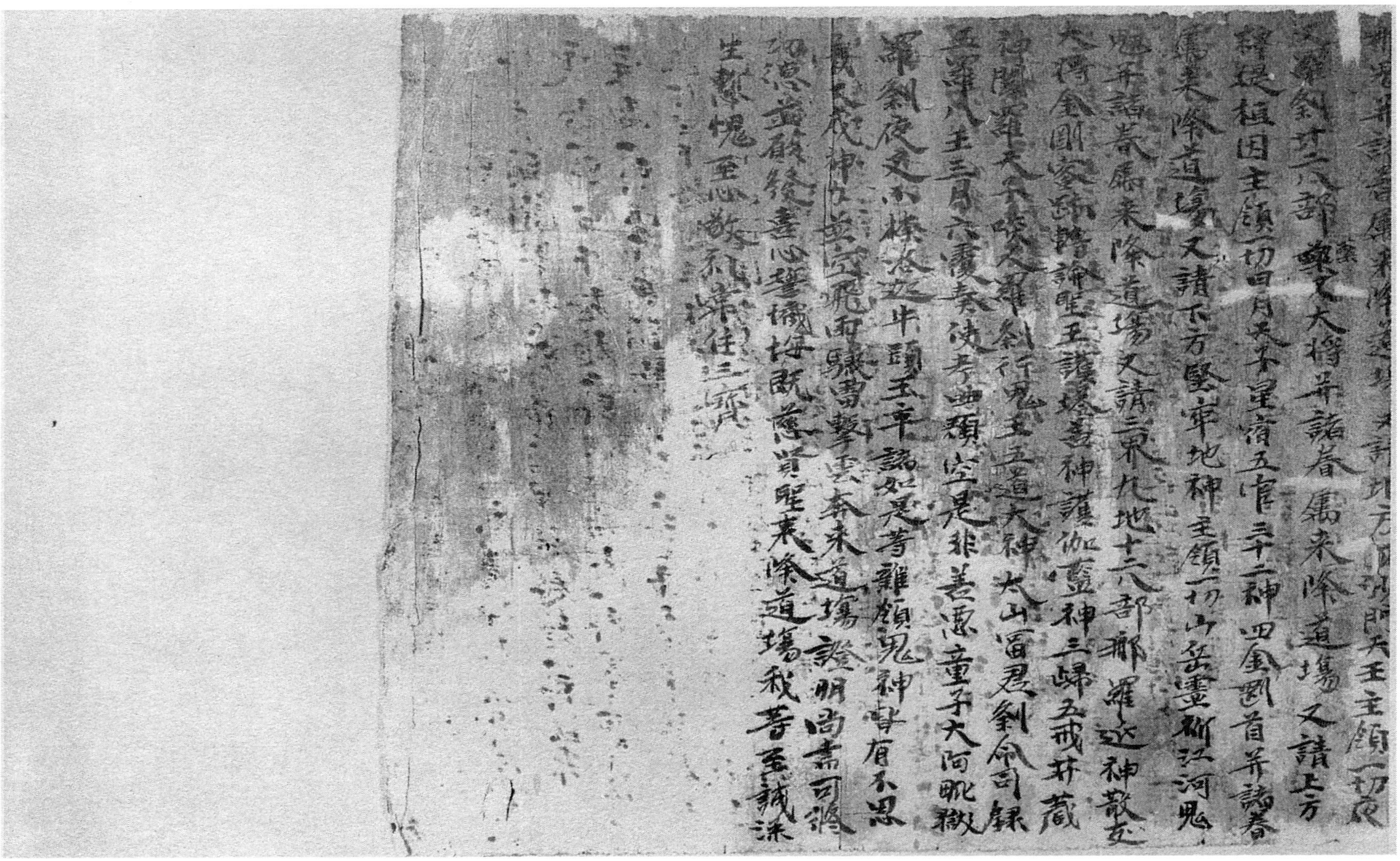

[illegible]
叉羅剎廿八部藥叉大將并諸眷屬來降道場 文請上方
釋提桓因主領一切日月天子星宿五官三十二神四金剛首并諸眷
屬來降道場 文請下方堅牢地神主領一切山岳靈祇江河鬼
魅并諸眷屬來降道場 文請三界九地十八部那羅延神散支
大將金剛密跡護法聖王護境善神護伽藍神三歸五戒廿藏
神閻羅天子五道大神太山府君察命司錄
五羅八王三司六曹奏使考典預空是非善惡童子大阿毗獄
羅剎夜叉水陸空牛頭王卒諸如是等雜類鬼神皆有不思
議威神力無比飛行騰雲奔來道場證明尚書所[illegible]
[illegible]發善心懺悔既蒙賢聖來降道場我等至誠
生慚愧至心敬禮常住三寶

BD09294 號背　為尚書設水陸道場啓請文（擬）　（3–3）

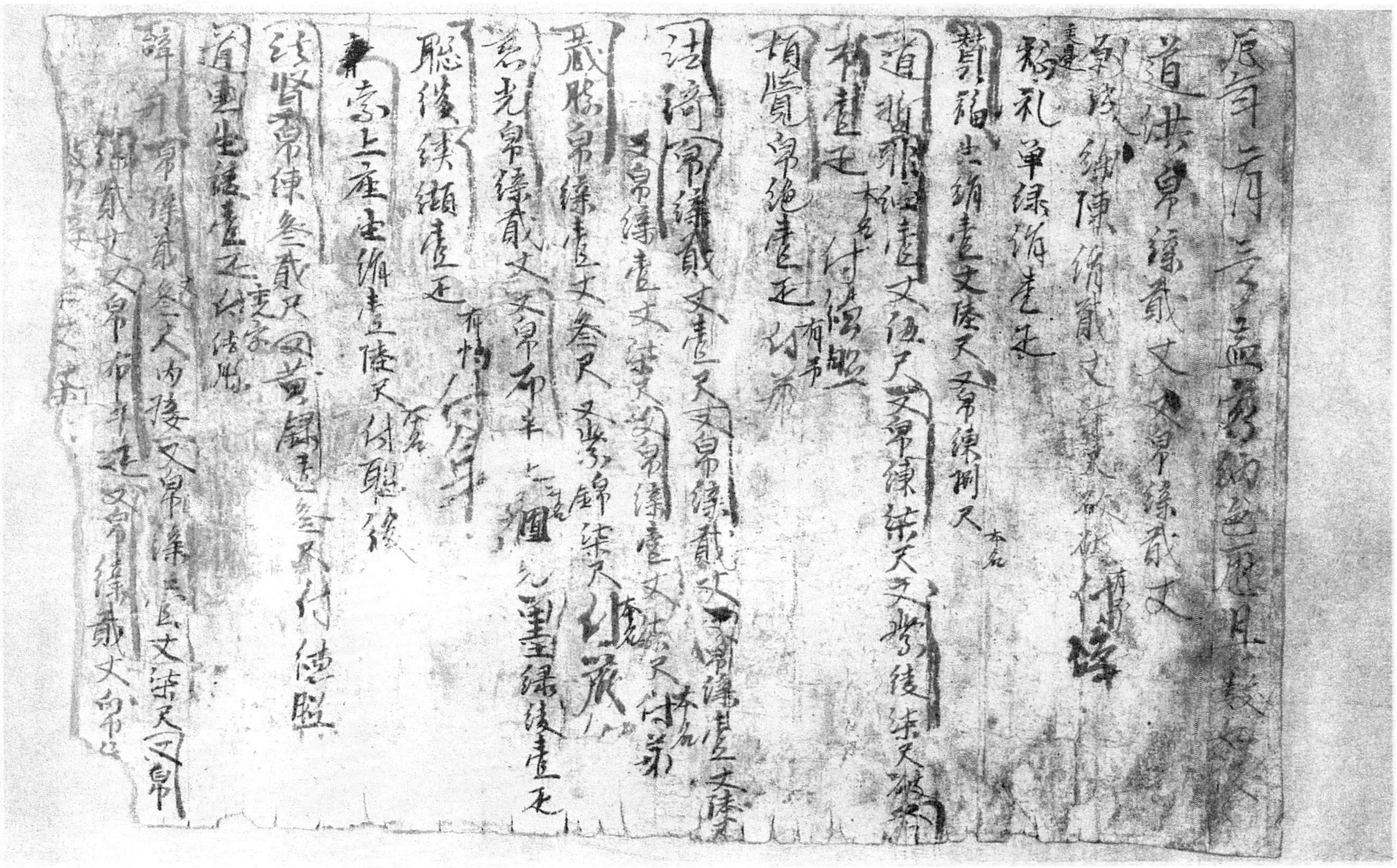

BD09295 號　辰年二月三日孟家納色歷　（2–1）

BD09295 號背　辰年二月三日孟家納色歷　（2–2）

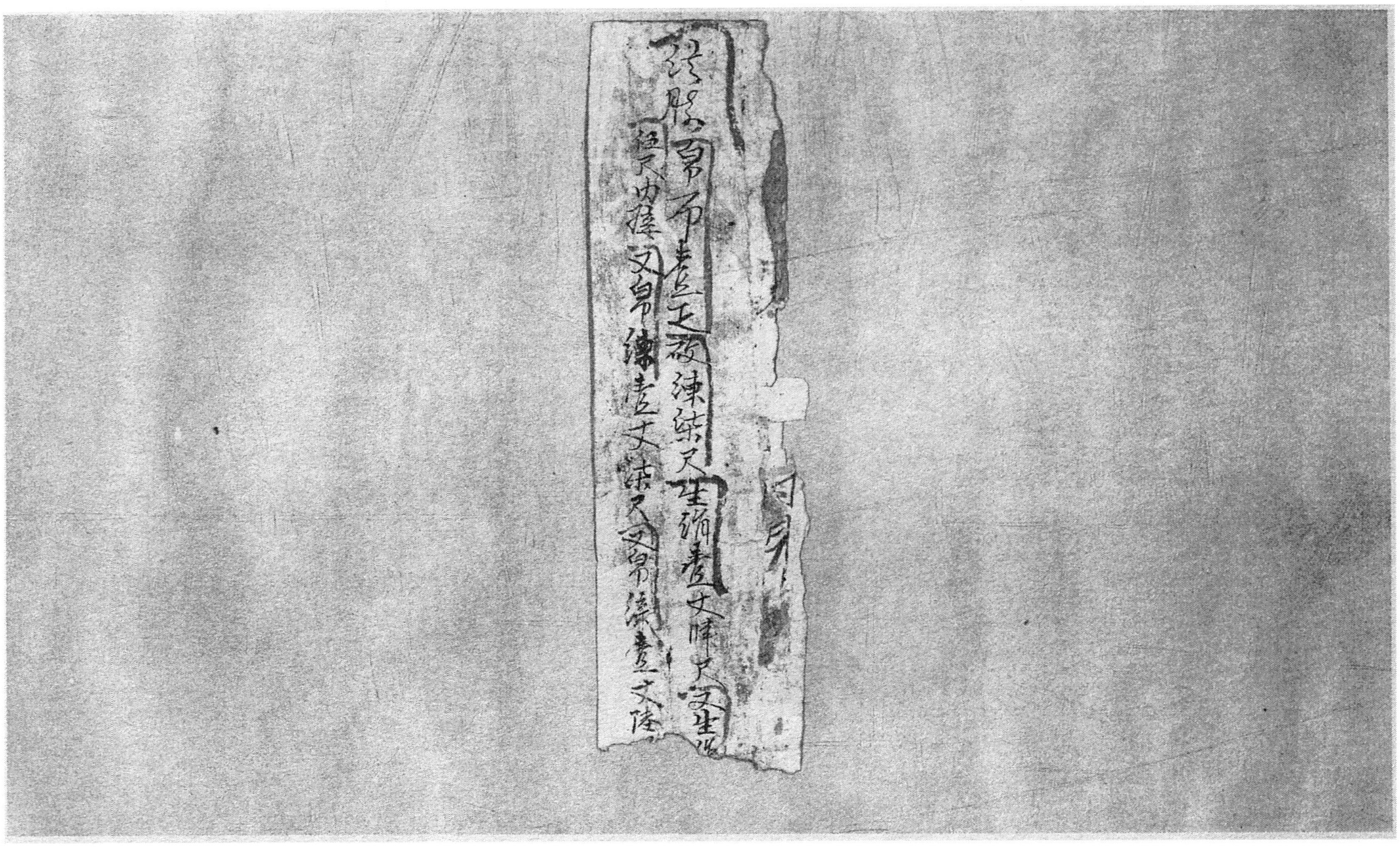

BD09296 號　辰年二月三日孟家納色歷　（2–1）

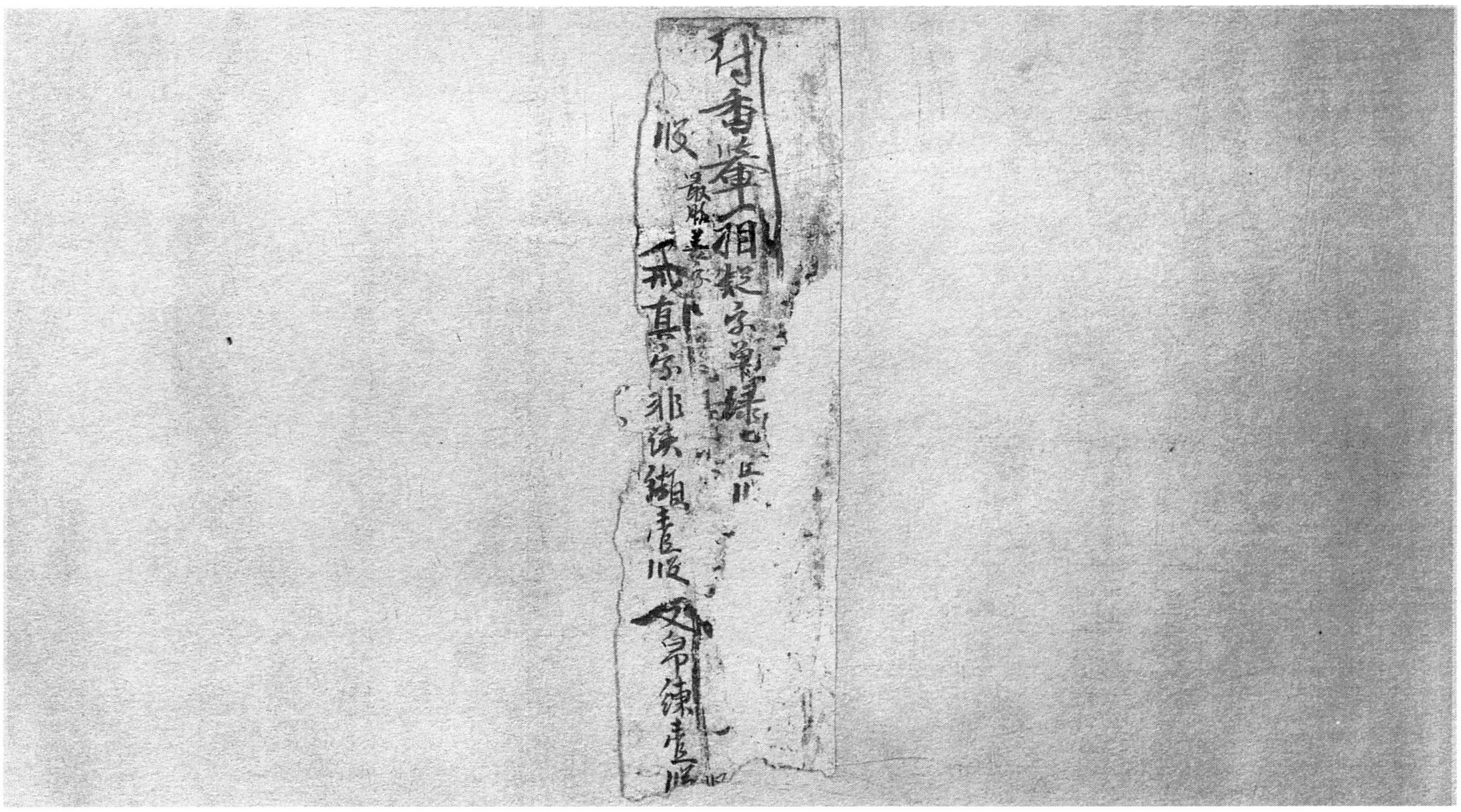

BD09296 號背　辰年二月三日孟家納色歷　（2–2）

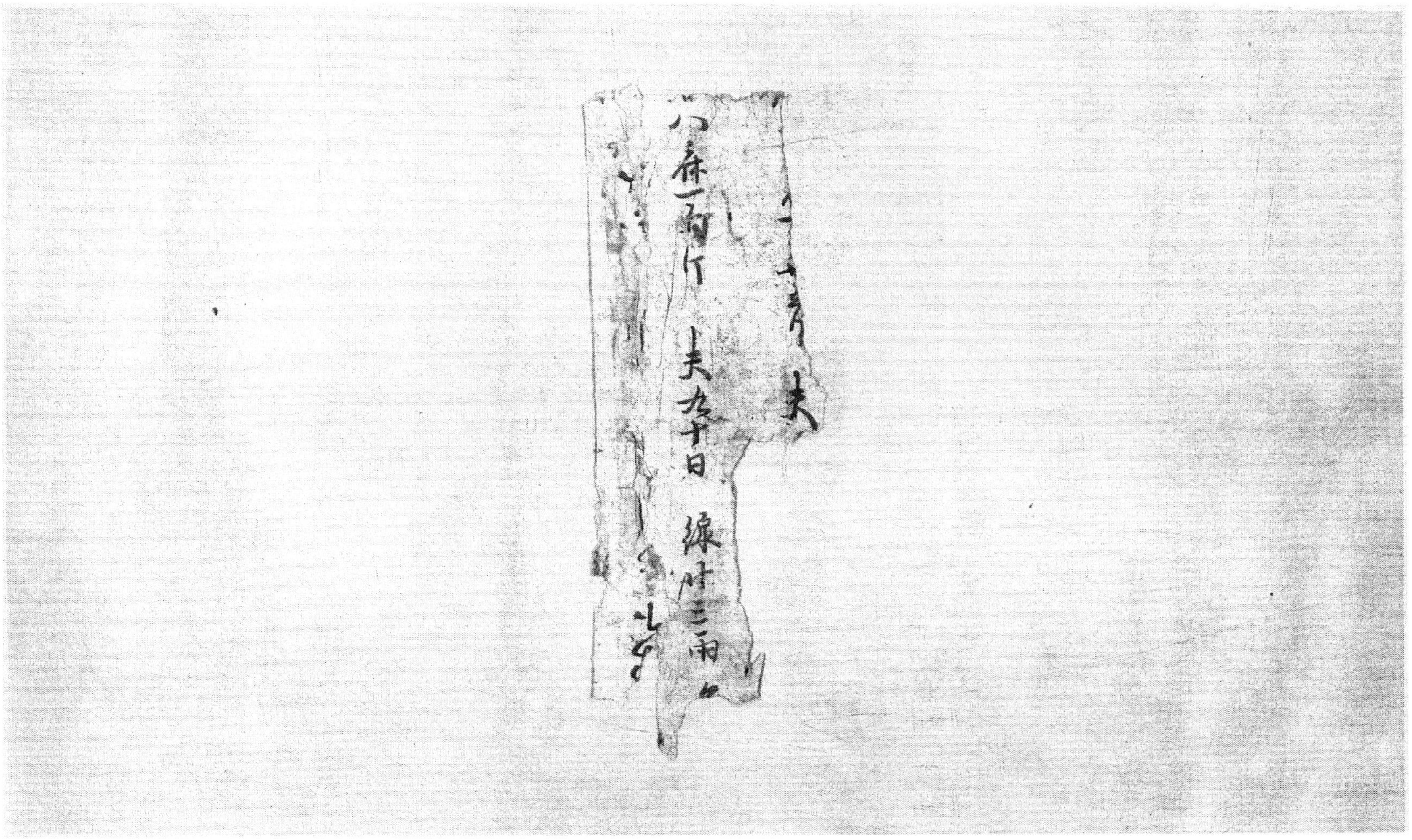

BD09297 號　某年某月某將欠負名目（擬）　　　（1–1）

BD09297 號背　雜寫　　　（1–1）

BD09298 號　納贈歷（擬）　（1–1）

BD09299 號　納贈歷（擬）　（2–1）

BD09299 號　納贈歷（擬）　（2–2）

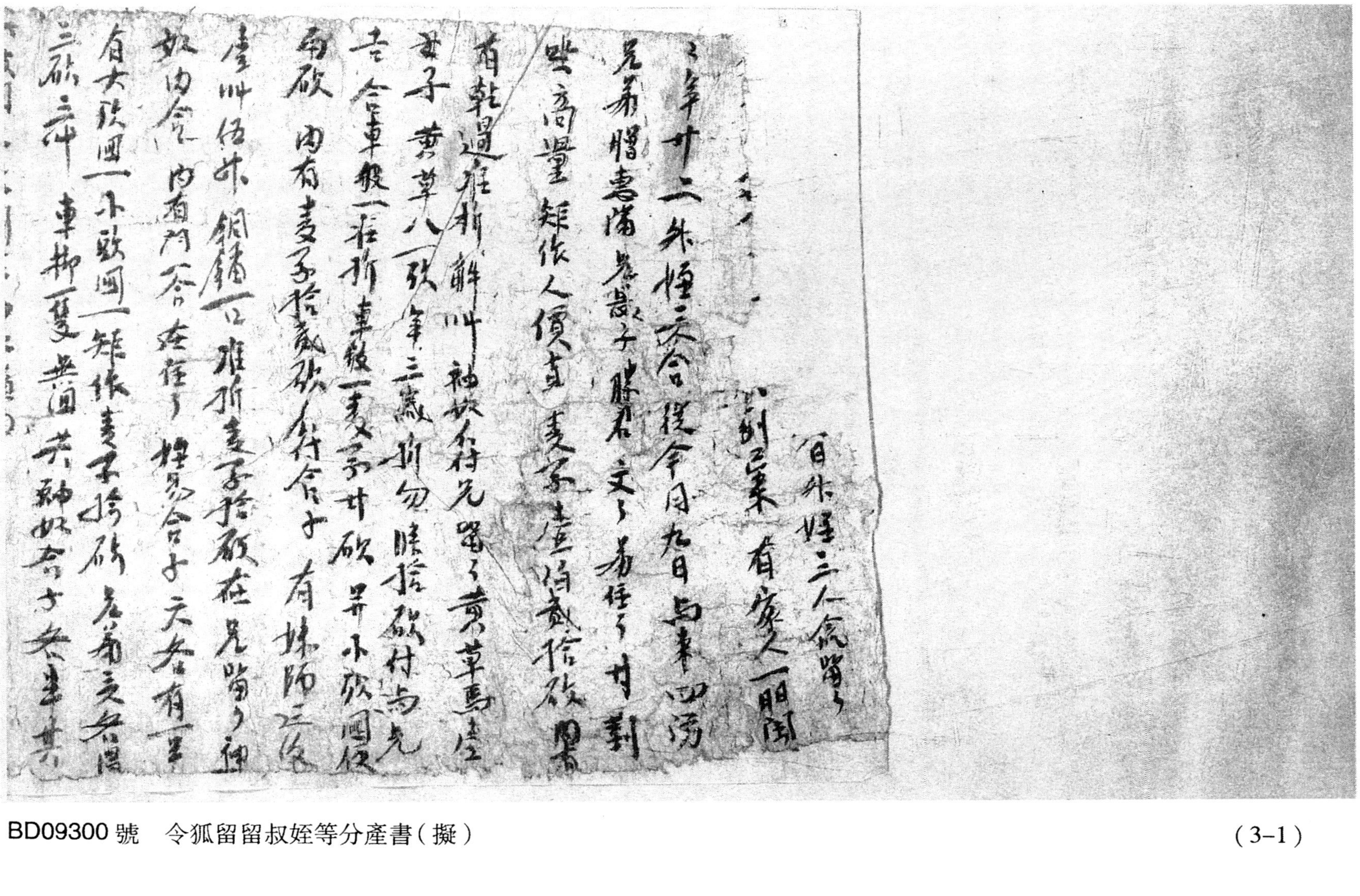

BD09300 號　令狐留留叔姪等分產書（擬）　（3–1）

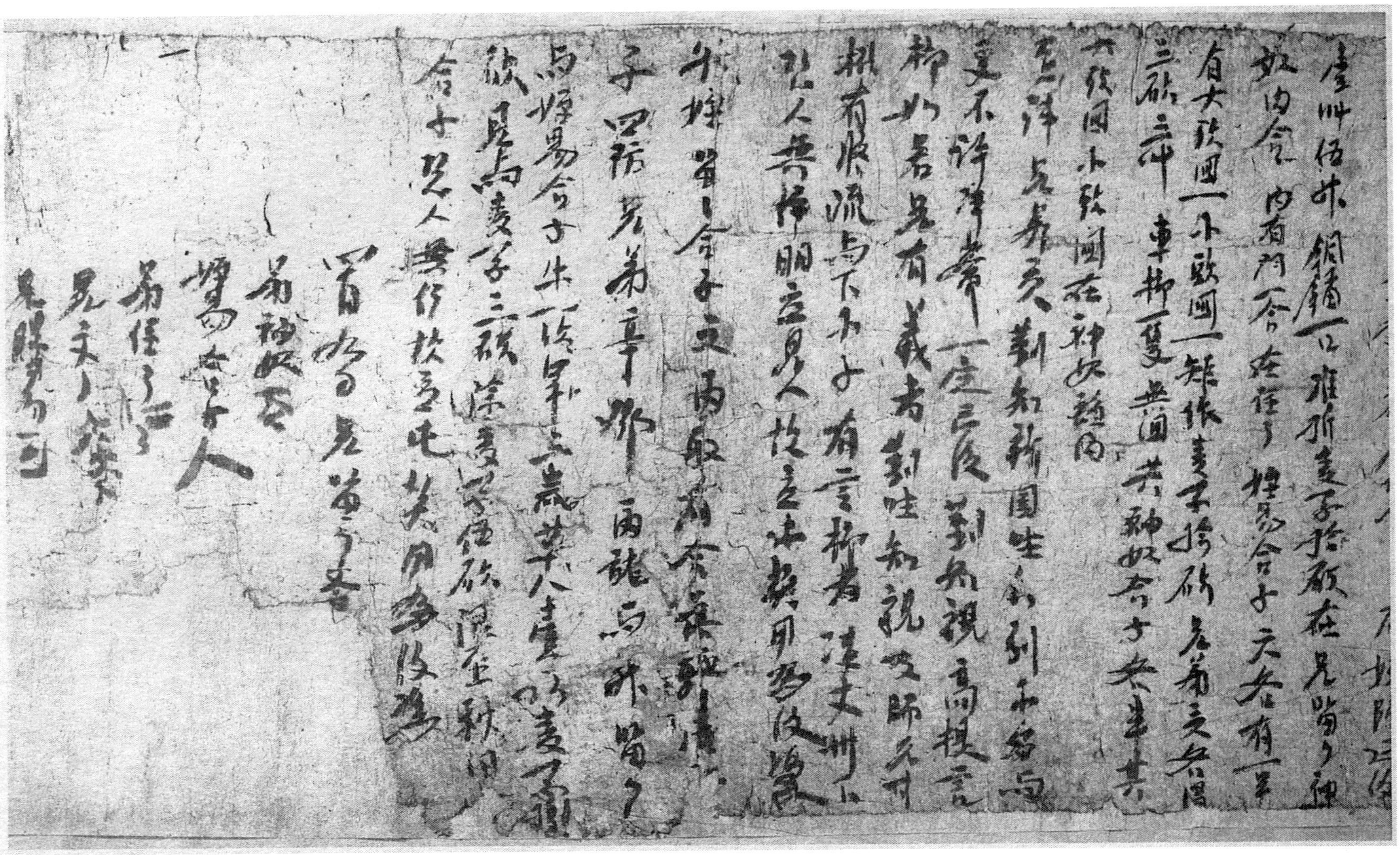

BD09300號　令狐留留叔姪等分產書（擬）　（3–2）

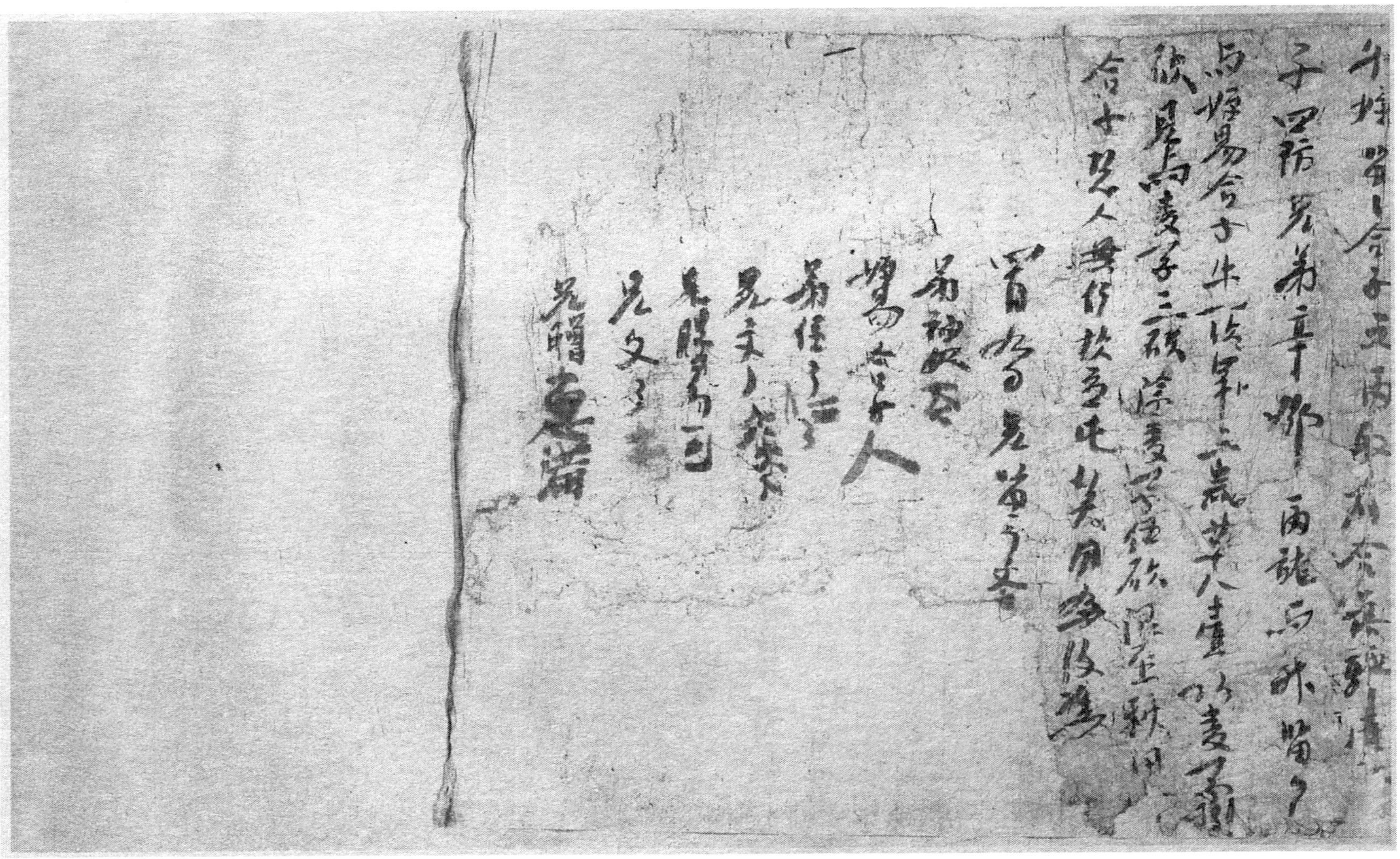

BD09300號　令狐留留叔姪等分產書（擬）　（3–3）

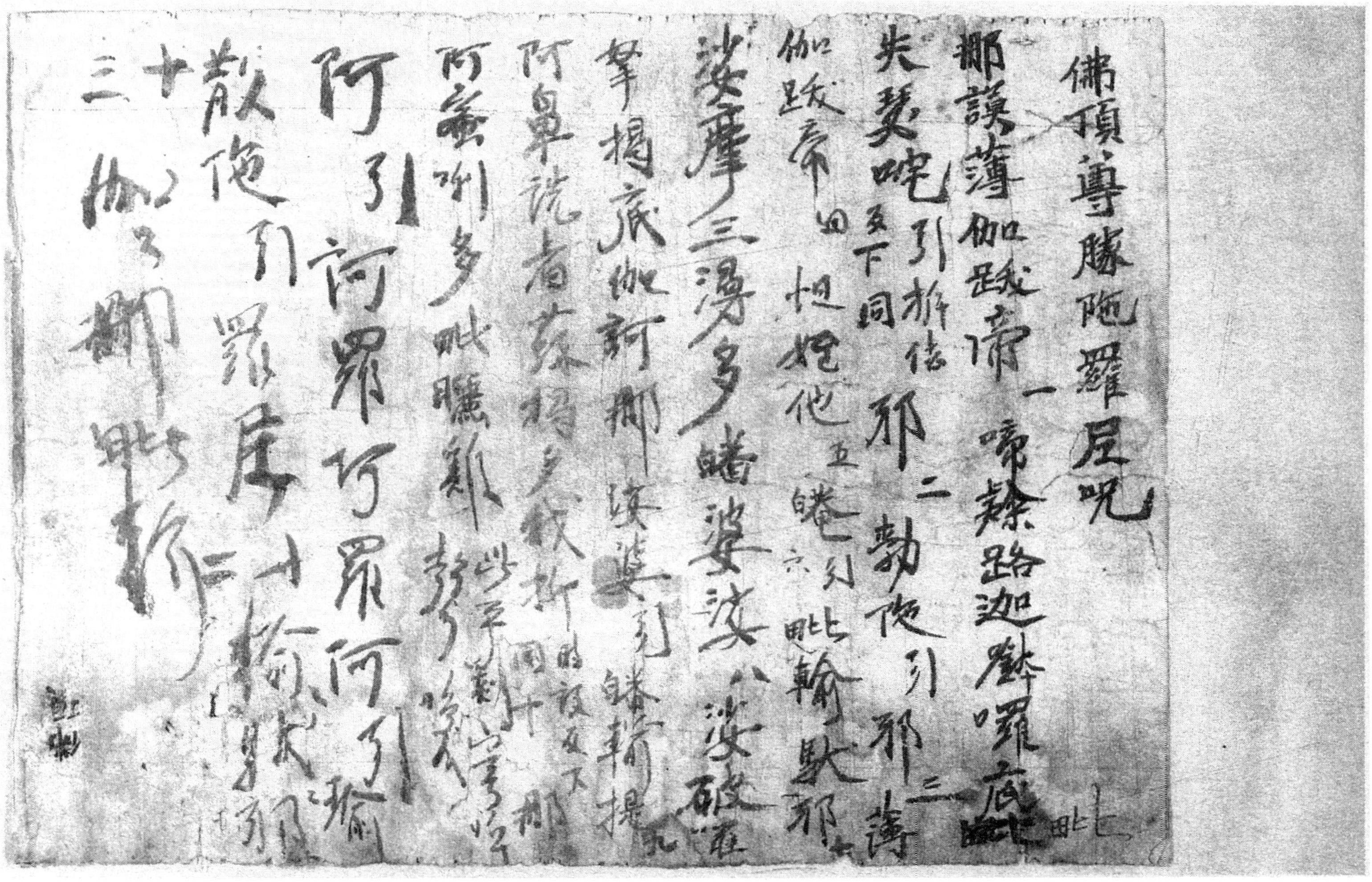
佛頂尊勝陀羅尼呪

BD09301 號　佛頂尊勝陀羅尼呪（佛陀波利本　思溪本）　　（1–1）

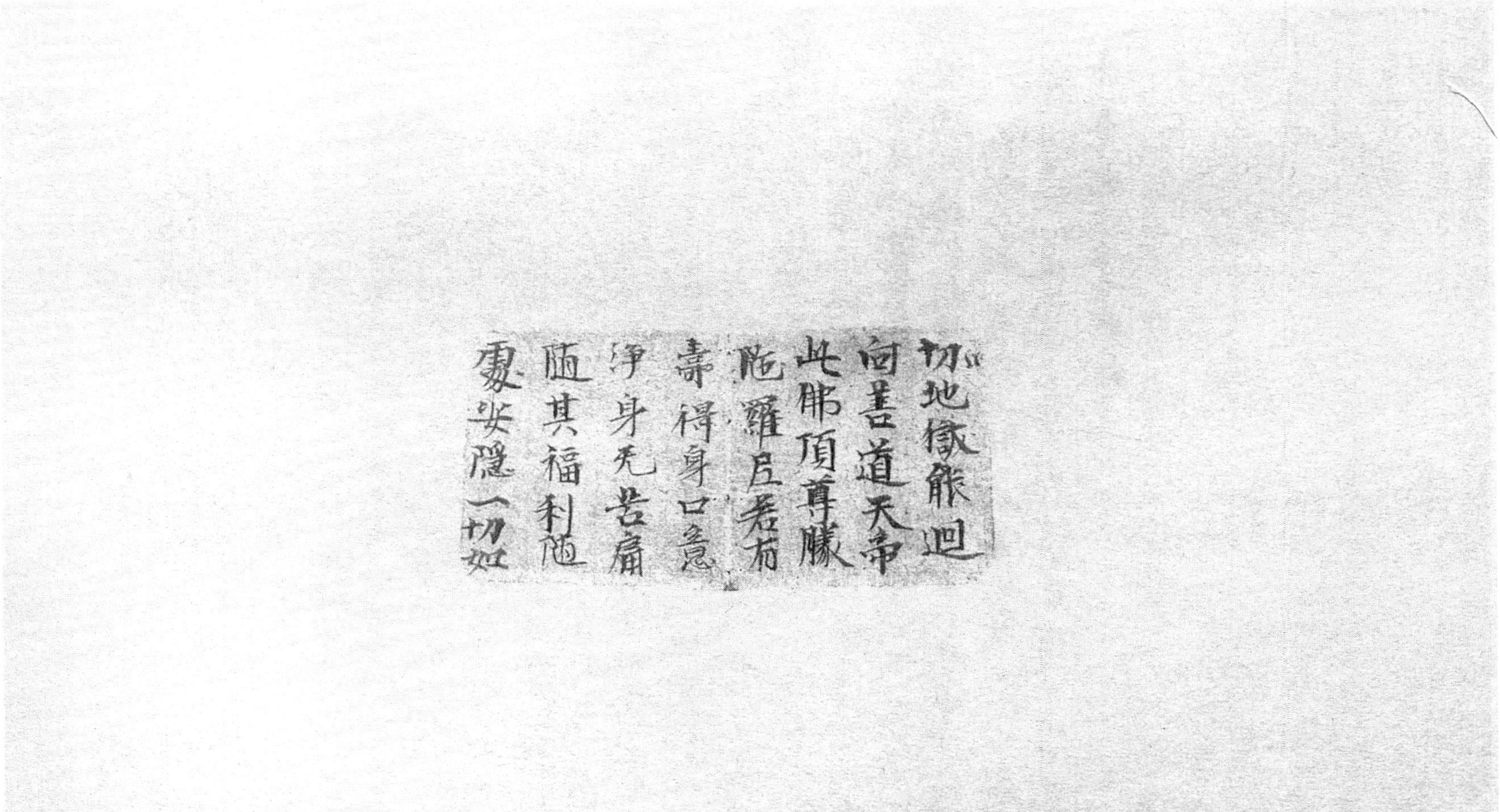
切地獄能迴
向善道天帝
此佛頂尊勝
陀羅尼若有
壽得身口意
淨身无苦惱
隨其福利隨
處安隱一切如

BD09302 號　佛頂尊勝陀羅尼經（佛陀波利本）　　（2–1）

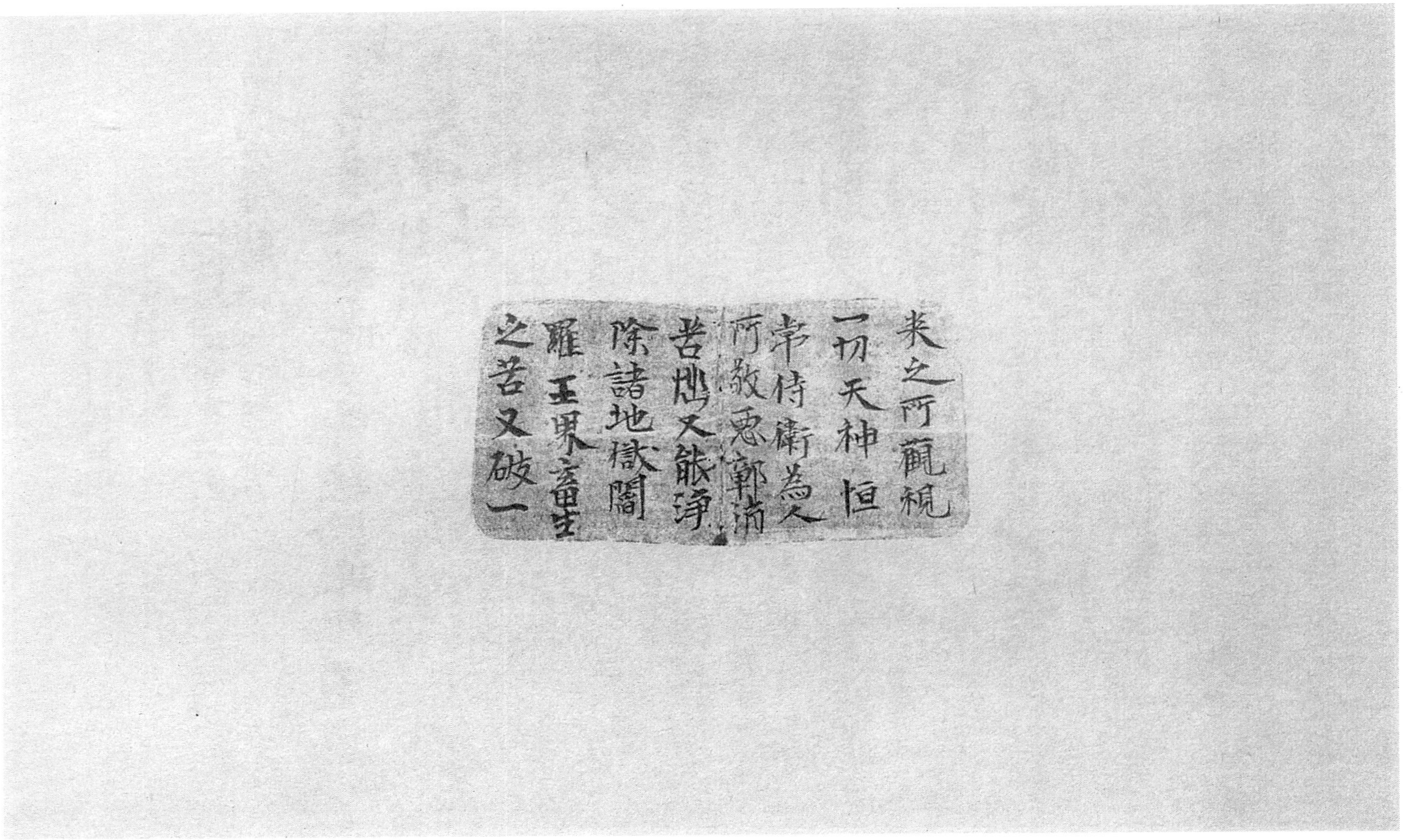

来之所覩視
一切天神恒
常侍衛為人
所敬惡鄣消
苦惱又能淨
除諸地獄閻
羅王界畜生
之苦又破一

BD09302號　佛頂尊勝陀羅尼經（佛陀波利本）　（2–2）

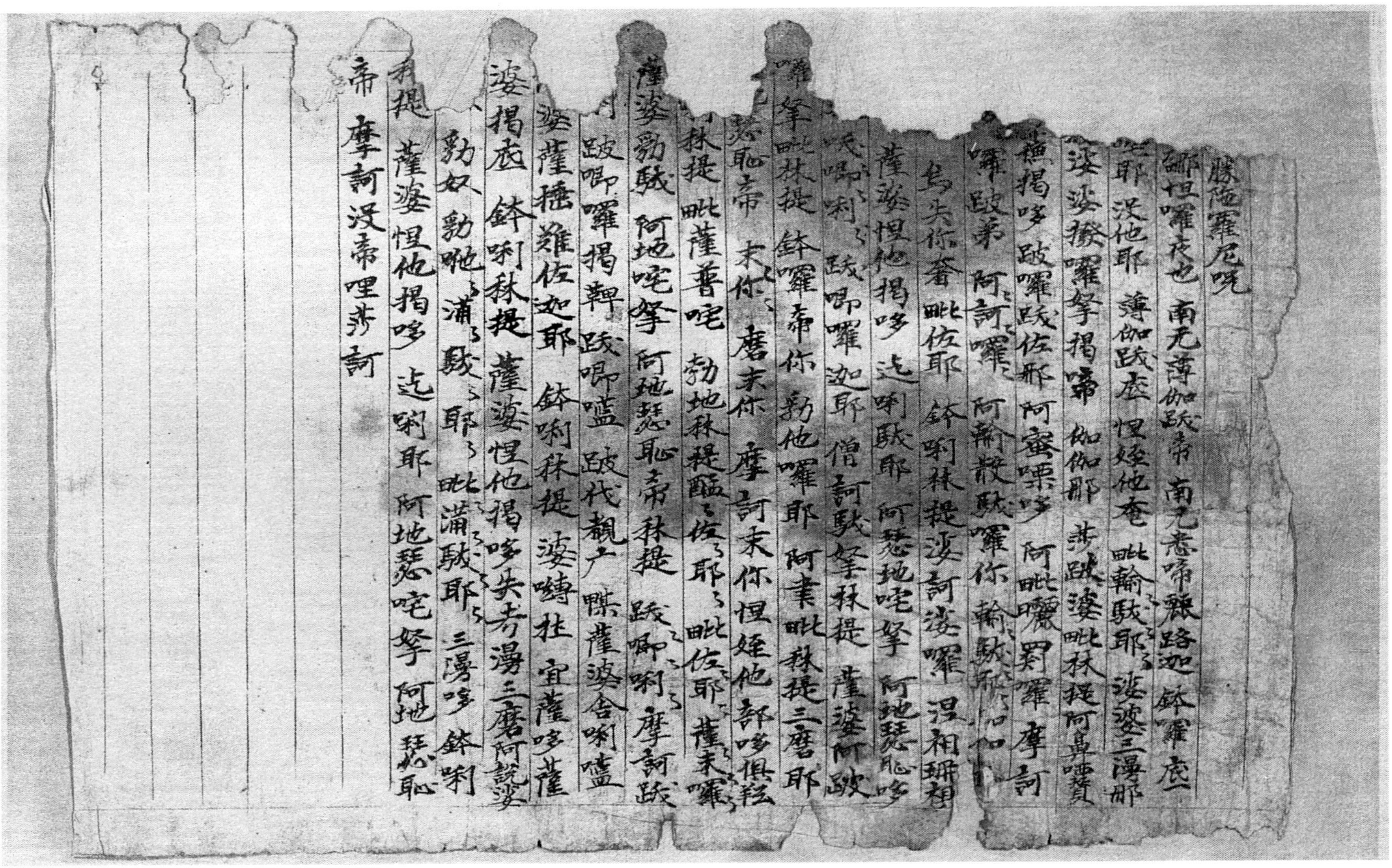

勝陁羅尼呪
𡅏怛囉夜也　南无薄伽跋帝　南无毖唎䶩路迦　鉢囉底
毖耶　沒他耶　薄伽跋底　怛姪他奄　毗輸馱耶〻　娑婆三漫那
婆娑　婆撥囉拏揭𠼝　伽伽那　莎跋婆　毗林提　阿鼻嚧嚌
㮛揭哆　跛囉跋佐那　阿蜜㗚哆　阿毗嚧　罰囉　摩訶
囉䟦弟　阿〻訶〻囉〻　阿瑜散馱囉你　輸馱耶〻
烏失你奢　毗佐耶　鉢唎林提　婆訶婆囉　𣾘相珊知
薩婆怛他揭哆　迄唎馱耶　阿瑟𢒎唭拏　阿地瑟恥哆
唎〻跋唎囉迦耶　僧訶馱拏林提　薩婆阿跛
囉拏毗林提　鉢囉帝你　勠他囉耶　阿害毗林提三磨耶
瑟恥帝　末你〻　磨末你　摩訶末你　怛姪他　部哆俱䋞
林提　毗薩普吒　勃地林提　醯〻佐〻耶〻　毗佐耶〻　薩末囉
薩婆勠馱　阿地瑟恥帝　林提　跋唎〻　摩訶跋
跛唎囉揭鞞　跋唎嚧　跛代靚广　髒薩婆舍唎嚧
婆薩㩲雉佐迦耶　鉢唎林提　婆嚩柱　宜薩哆薩
婆揭底　鉢唎林提　薩婆怛他揭哆失考湯三磨阿說婆
勠奴　勠馳〻　浦〻　馱〻　耶〻　毗滿馱耶〻　三漫哆　鉢唎
林提　薩婆怛他揭哆　迄唎耶　阿地瑟吒拏　阿地瑟恥
帝　摩訶沒帝哩莎訶

BD09303號　佛頂尊勝陀羅尼咒（佛陀波利本　思溪本）　（1–1）

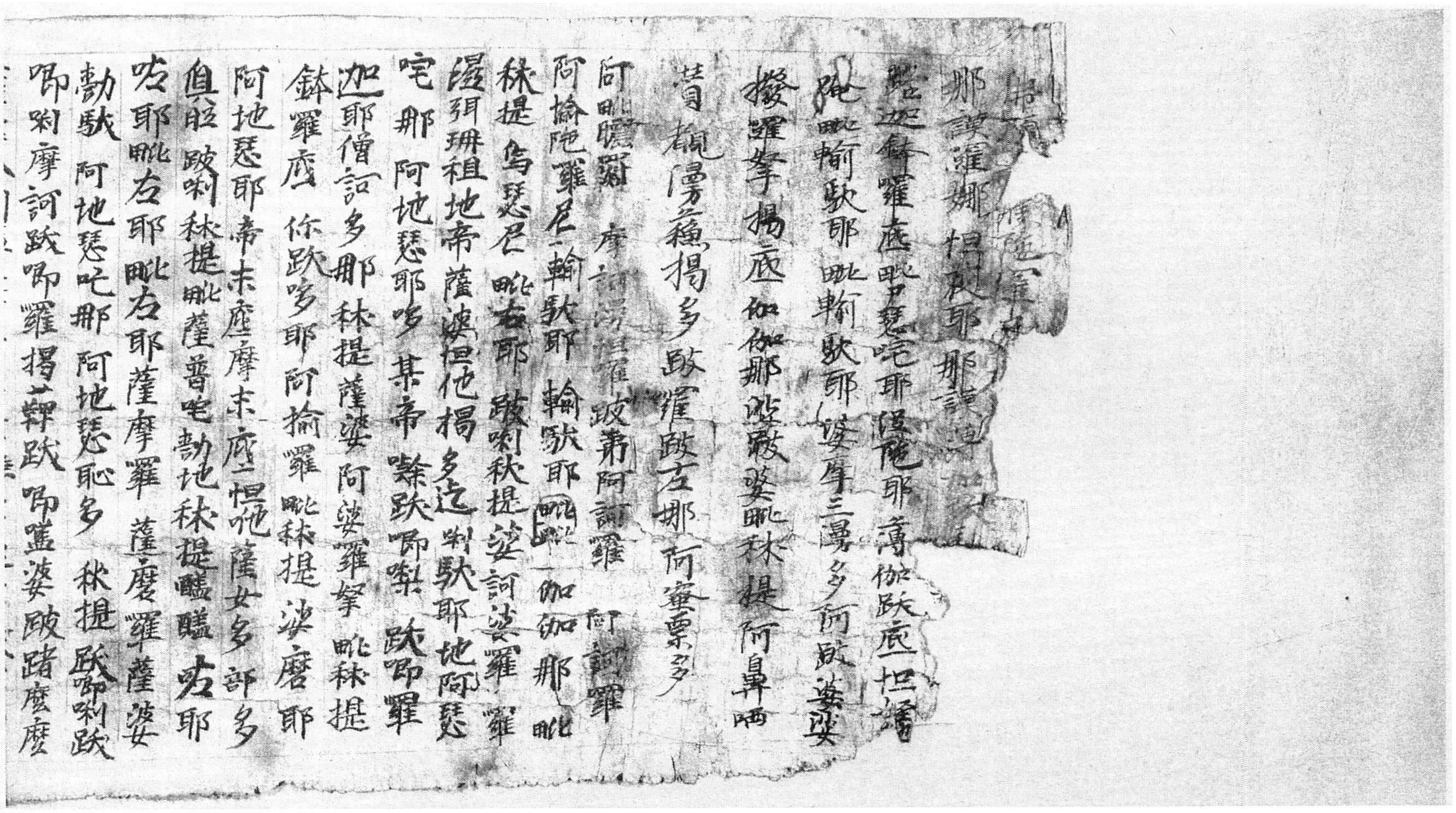

BD09304 號　佛頂尊勝陀羅尼咒（佛陀波利本　思溪本）　（2–1）

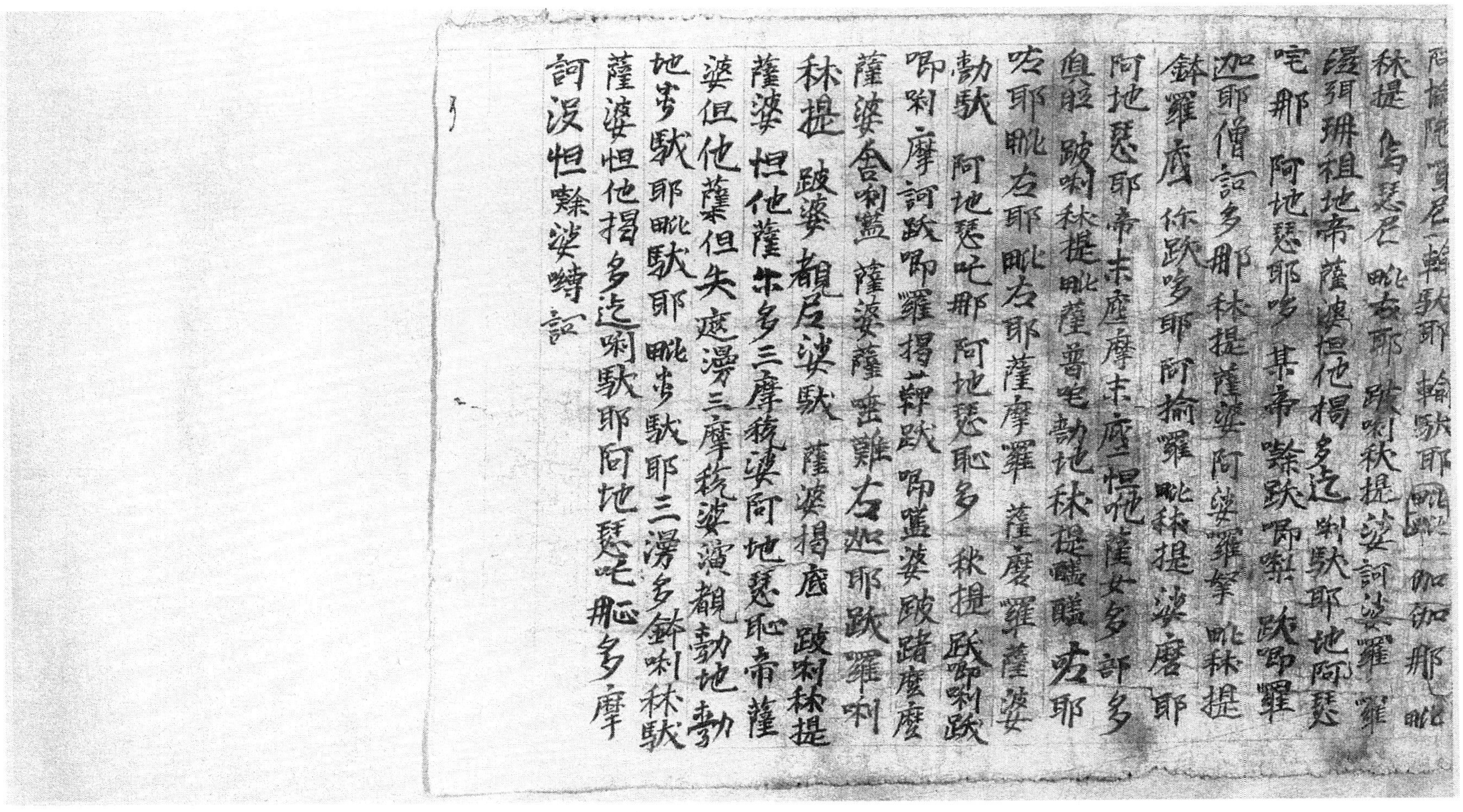

BD09304 號　佛頂尊勝陀羅尼咒（佛陀波利本　思溪本）　（2–2）

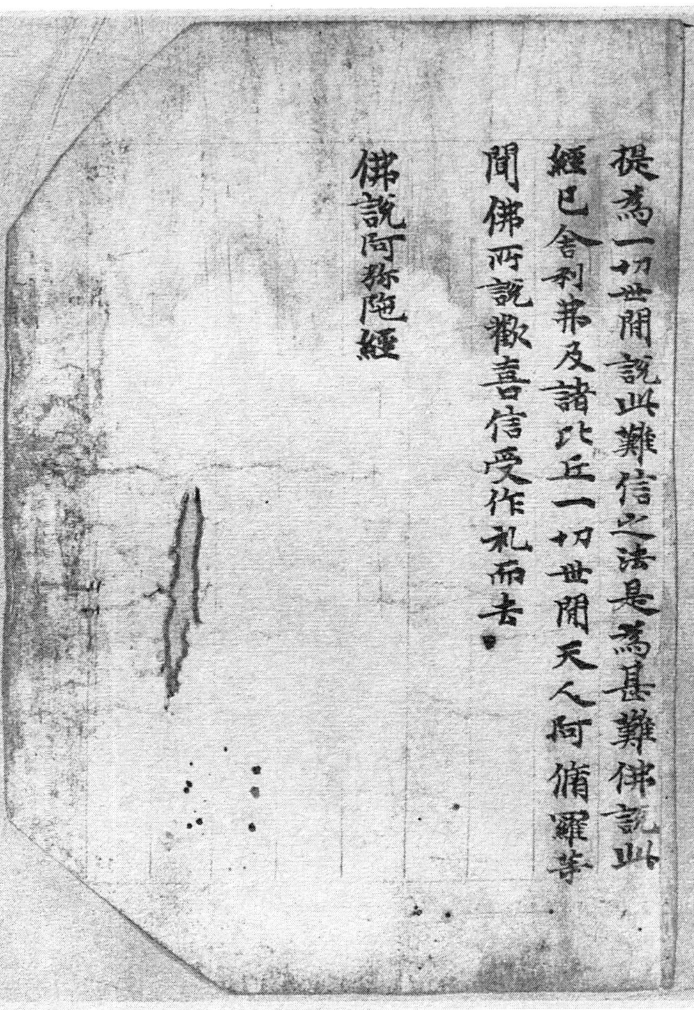

提為一切世間說此難信之法是為甚難佛說此
經已舍利弗及諸比丘一切世間天人阿脩羅等
聞佛所說歡喜信受作禮而去
佛說阿弥陀經

BD09305 號　阿彌陀經　　（1–1）

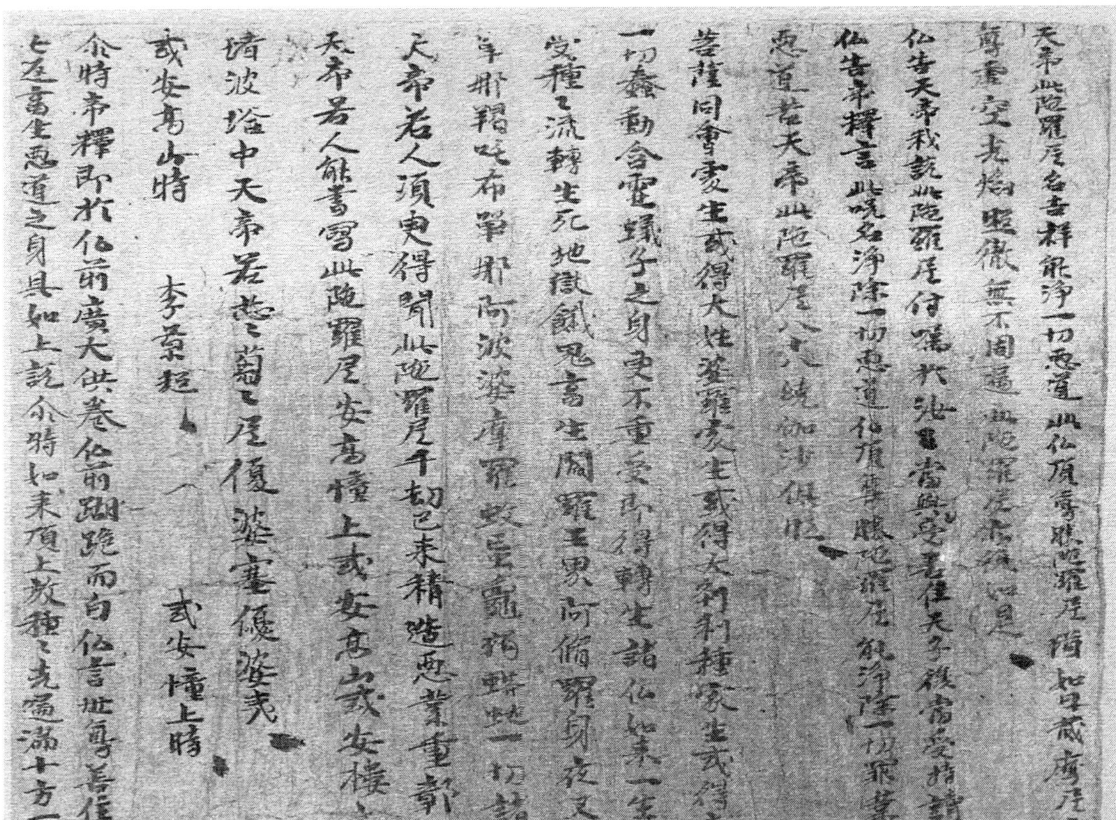

天帝此陀羅尼名吉祥能淨一切惡道 此佛頂尊勝陀羅尼猶如日藏摩尼之寶淨無瑕穢淨
等虛空光焰照徹無不周遍 此陀羅尼亦復如是
佛告天帝我說此陀羅尼付囑於汝 汝當與善住天子受持讀誦思惟愛樂
佛告帝釋言 此呪名淨除一切惡道佛頂尊勝陀羅尼 能淨除一切罪業等障能破一切穢
惡道苦 天帝此陀羅尼八十八殑伽沙俱胝
菩薩同會處生或得大姓婆羅門家生或得大刹利種家生或得豪貴家生
一切蠢動含靈蜎子之身更不重受 即得轉生諸佛如來一生補處
受種種流轉生死地獄餓鬼畜生閻羅王界阿脩羅身夜叉羅剎鬼神布
單那羯吒布單那阿波娑摩羅蚊虻龜狗蟒蛇一切諸鳥及諸猛獸
天帝若人須臾得聞此陀羅尼千劫已來積造惡業重鄣應
天帝若人能書寫此陀羅尼安高幢上或安高山或安樓上乃至安置窣
堵波塔中 天帝若苾芻苾芻尼優婆塞優婆夷
或安高山時　李景題　一　或安幢上時
尒時帝釋即於佛前廣大供養 佛前䠒跪而白佛言世尊善住天子去何當受
七返畜生惡道之身具如上說 尒時如來頂上放種種光遍滿十方一切世界已其光還來

BD09306 號　佛頂尊勝陀羅尼經變榜題（擬）　　（2–1）

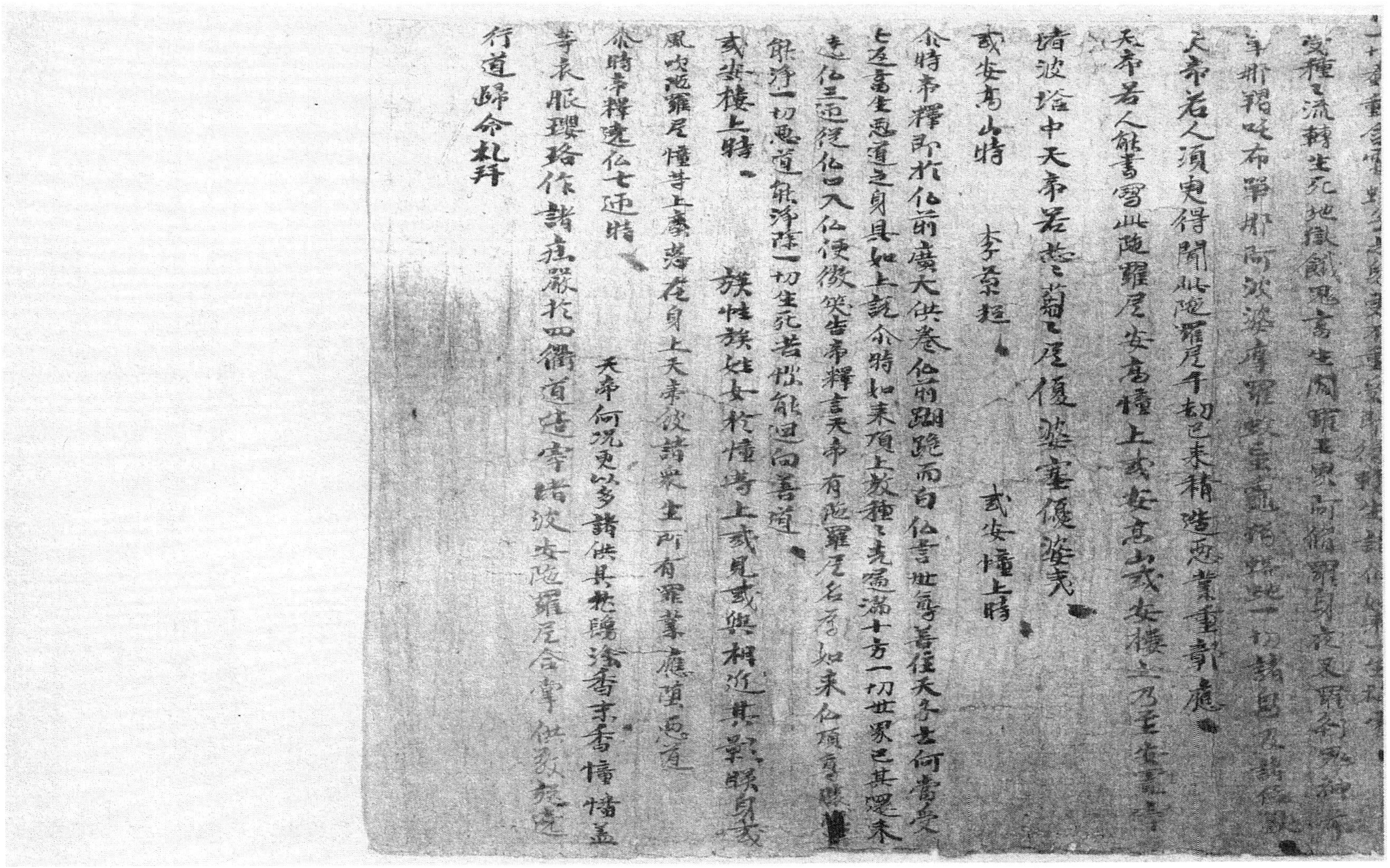
受種種流轉生死地獄餓鬼畜生閻羅王界阿脩羅身夜叉羅剎鬼神
富單那羯吒布單那阿波娑摩羅蚊虻龜狗蟒蛇一切諸鳥及諸猛獸
天帝若人須臾得聞此陀羅尼千劫已來積造惡業重鄣應
天帝若人能書寫此陀羅尼安高幢上或安高山或安樓上乃至安置窣
堵波塔中天帝若苾芻苾芻尼優婆塞優婆夷
或安高山時　李榮題
或安幢上時
尒時帝釋即於佛前廣大供養佛前胡跪而白佛言世尊善住天子當受
七返畜生惡道之身具如上說尒時如來頂上放種種光遍滿十方一切世界已其光來
遶佛三匝從佛口入佛便微笑告帝釋言天帝有陀羅尼名爲如來佛頂尊勝
能淨一切惡道能淨除一切生死苦惱能迴向善道
或安樓上時　族姓族姓女於幢等上或見或與相近其影映身或
風吹陀羅尼幢等上塵落在身上天帝彼諸眾生所有罪業應墮惡道
尒時帝釋遶佛七匝時　天帝何況更以多諸供具花鬘塗香末香幢幡蓋
等衣服瓔珞作諸莊嚴於四衢道造窣堵波安陀羅尼合掌供敬旋遶
行道歸命禮拜

BD09306 號　佛頂尊勝陀羅尼經變榜題（擬）　　（2–2）

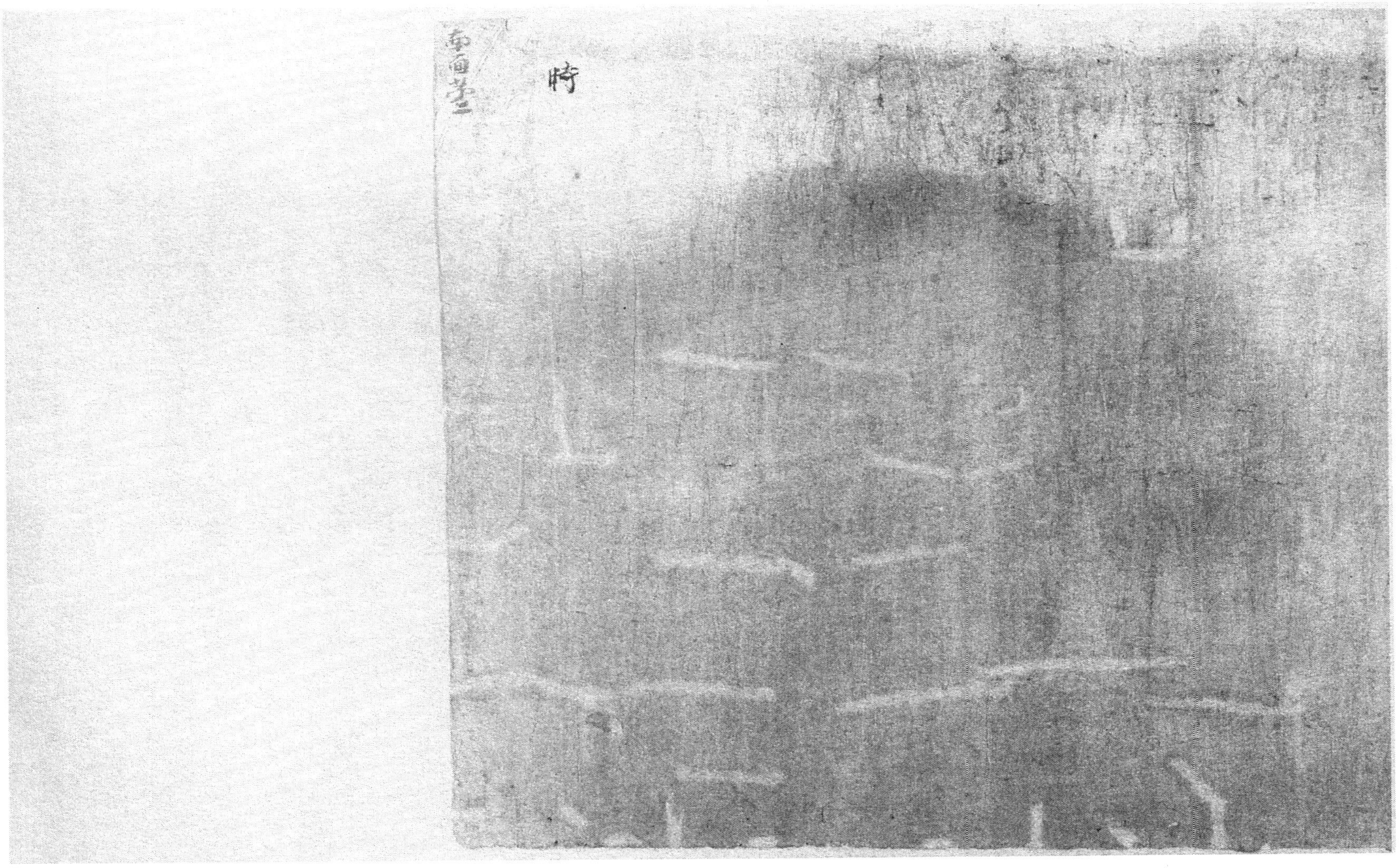
南田堂
時

BD09306 號背　勘記、雜寫　　（1–1）

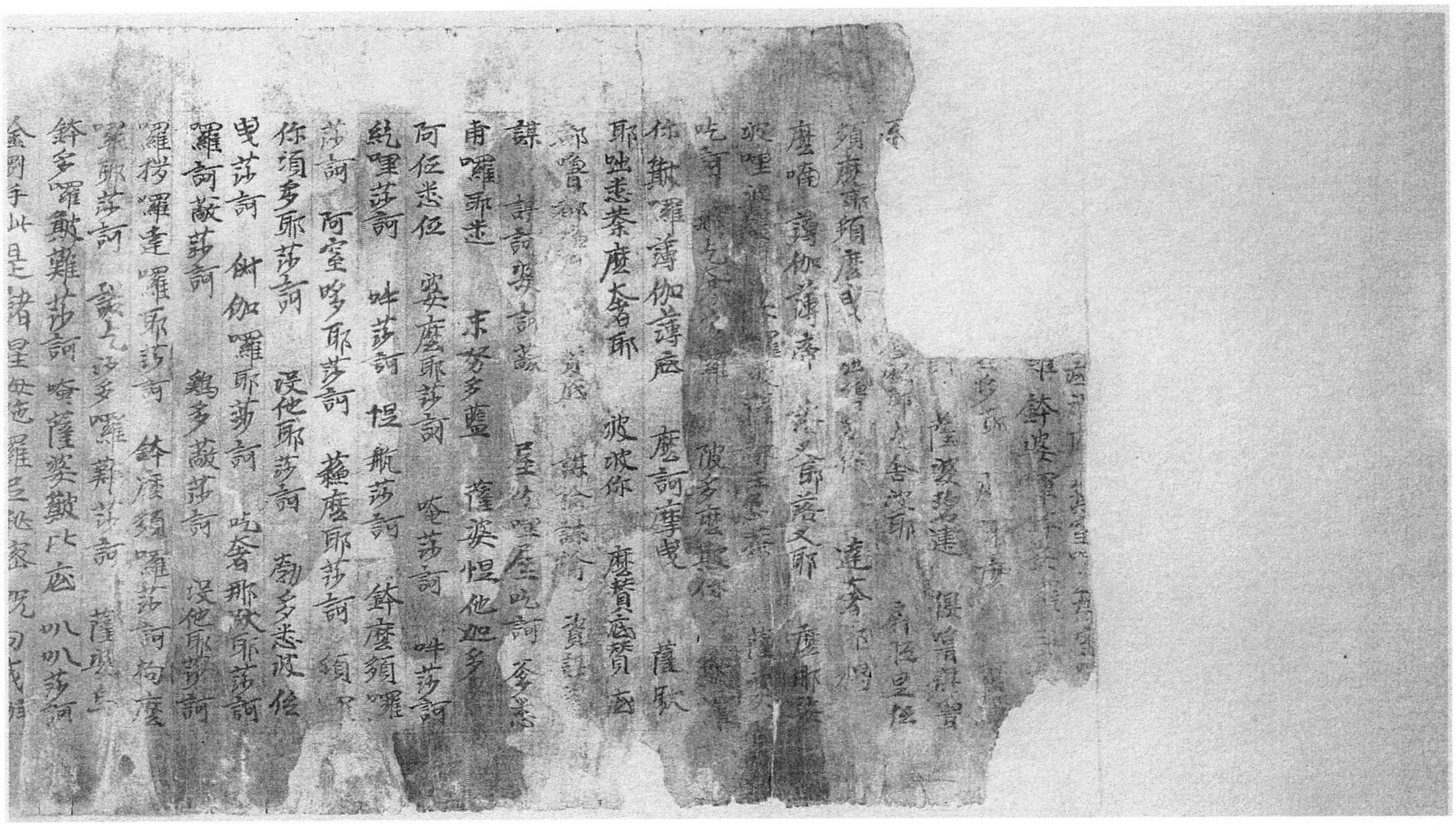
須麼耶須麼□
麼喃 薄伽薄帝
波哩波
吃肆
你馱囉薄伽薄底 麼訶寧曳 薩馱
耶蚍悉棻麼大奢耶 波呔你 麼賛底賛底
鄔嚕鄔嚕
謨 訶訶婆訶 星什囉底吃訶 多悉
甫囉耶悉 末芬多藍 薩婆怛他伽多
阿伍悉伍 娑麼耶莎訶 唵莎訶 吽莎訶
紇哩莎訶 吽莎訶 怛𦘗莎訶 鉢麼頞囉
莎訶 阿室哆耶莎訶 蘓麼耶莎訶 頞□
你須多耶莎訶 沒他耶莎訶 勃多悉底伍
曳茲訶 餉伽囉耶莎訶 吃舍那耶莎訶
羅訶蔽莎訶 雞多蔽莎訶 沒他耶莎訶
囉撈囉達囉耶莎訶 鉢底頞囉莎訶 拘摩
囉耶莎訶 謨乞沙多囉 蔴莎訶 薩婆乞
鉢多囉馱難莎訶 唵薩婆馱比底 叭叭莎訶
金剛手此是諸星母陀羅尼秘密呪句成就

BD09307 號　諸星母陀羅尼經　（2–1）

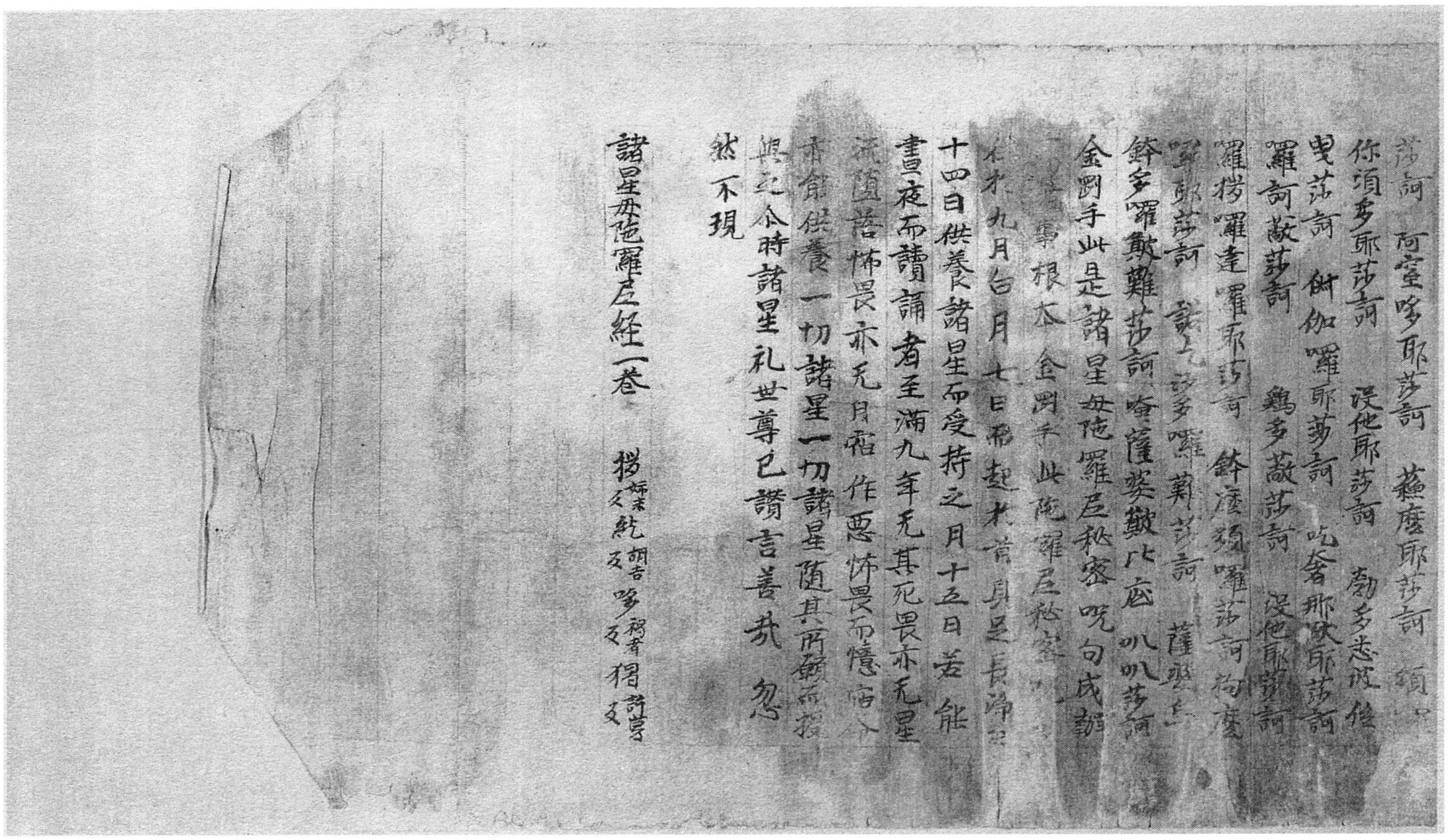
莎訶 阿室哆耶莎訶 蘓麼耶莎訶 頞□
你須多耶莎訶 沒他耶莎訶 勃多悉底伍
曳茲訶 餉伽囉耶莎訶 吃舍那耶莎訶
羅訶蔽莎訶 雞多蔽莎訶 沒他耶莎訶
囉撈囉達囉耶莎訶 鉢底頞囉莎訶 拘摩
囉耶莎訶 謨乞沙多囉 蔴莎訶 薩婆乞
鉢多囉馱難莎訶 唵薩婆馱比底 叭叭莎訶
金剛手此是諸星母陀羅尼秘密呪句成就
□事根本 金剛手此陀羅尼秘密
若於九月白月七日而起於首月是長淨日
十四日供養諸星而受持之 月十五日若能
晝夜而讀誦者至滿九年无其死畏亦无星
流随落怖畏亦无月宿作惡怖畏而憶宿入
亦能供養一切諸星一切諸星随其所願而
與之 介時諸星礼世尊已讚言善哉 忽
然不現
諸星母陀羅尼經一卷

BD09307 號　諸星母陀羅尼經　（2–2）

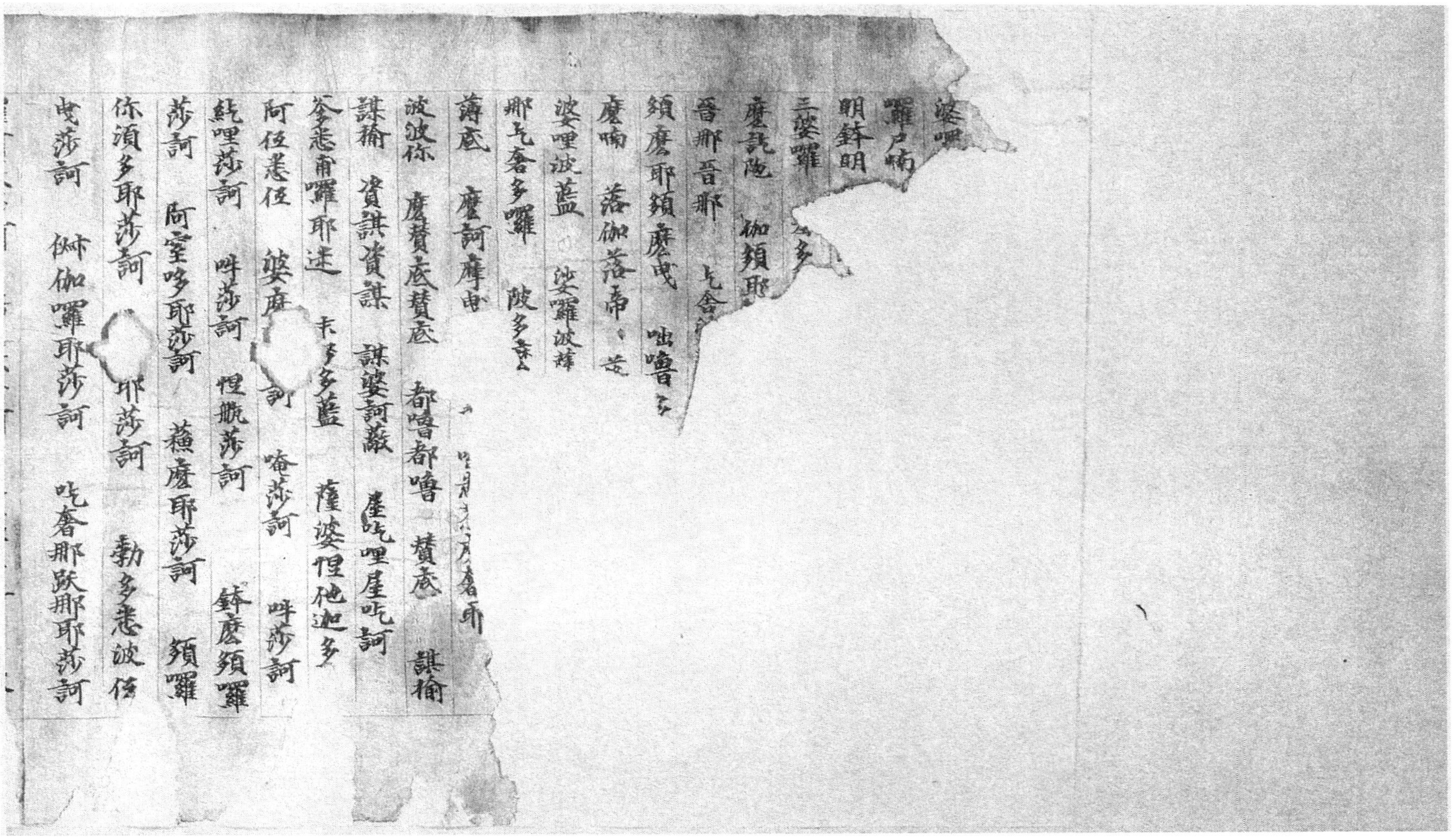

婆唎
囉戶喃
朗鉢朗
三婆囉　多
麼訖陁　伽頞耶
晉那晉耶　乞舍
頞麼耶頞麼吒　咄嚕
麼喃　落伽落帝　茫
婆哩波藍　婆羅波棒
那乞奢多囉　陂多音
薄底　麼訶摩由
波波你　麼賛底賛底　都嚕都嚕　賛底　諜揄
諜揄　賨諆賨諜　諜婆訶薮　䧱吃哩㕓吃訶
参悉甫囉耶迷　未多多藍　薩婆怛他迦多
阿任恙任　婆麻　訶　唵莎訶　吽莎訶
紇哩莎訶　吽莎訶　怛眈莎訶　鉢麼頞囉
莎訶　阿室哆耶莎訶　蘊麼耶莎訶　頞囉
伱須多耶莎訶　耶莎訶　勃多恙波佉
曳莎訶　㑨伽囉耶莎訶　吃奢那跃那耶莎訶

BD09308 號　諸星母陀羅尼經　　（2–1）

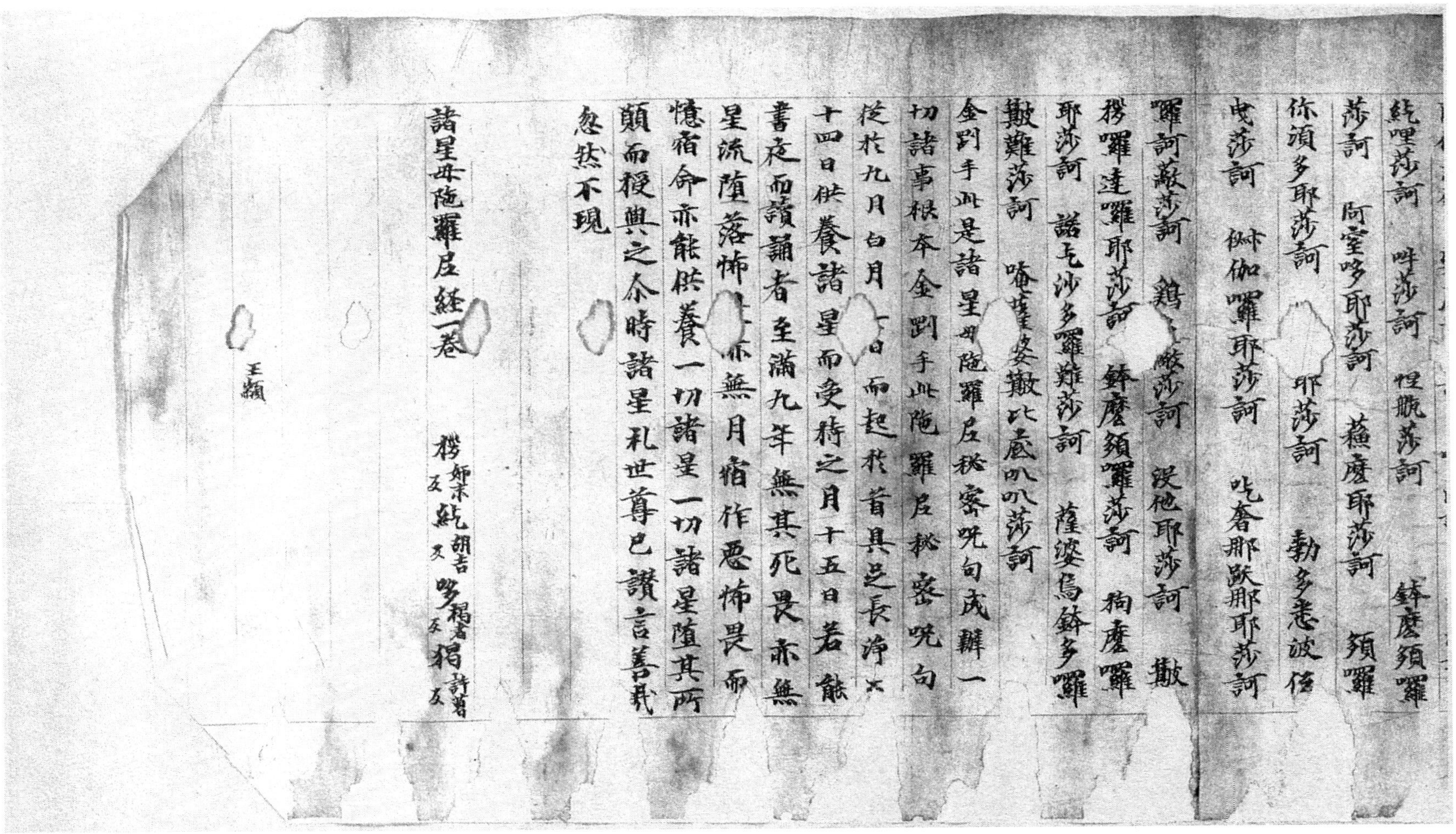

紇哩莎訶　吽莎訶　怛眈莎訶　鉢麼頞囉
莎訶　阿室哆耶莎訶　蘊麼耶莎訶　頞囉
伱須多耶莎訶　耶莎訶　勃多恙波佉
曳莎訶　㑨伽囉耶莎訶　吃奢那跃那耶莎訶
囉訶薮莎訶　鷄　敝莎訶　沒他耶莎訶　撒
務囉達囉耶莎訶　鉢麼頞囉莎訶　枸麼囉
耶莎訶　諾乞沙多囉難莎訶　薩婆烏鉢多羅
撒難莎訶　唵薩婆撒比底叭叭莎訶
金剛手此是諸星母陁羅尼秘密呪句成辦一
切諸事根本金剛手此陁羅尼秘密呪句
從於九月白月一日而起於首其足長淨
十四日供養諸星而受持之月十五日若能
晝夜而讀誦者至滿九年無其死畏亦無
星流墮落怖畏亦無月宿作惡怖畏而
憶宿命亦能供養一切諸星一切諸星墮其所
願而授與之尒時諸星礼世尊已讚言善哉
忽然不現
諸星母陁羅尼經一卷
王類

BD09308 號　諸星母陀羅尼經　　（2–2）

BD09309 號 1　六門陀羅尼經　（2–1）

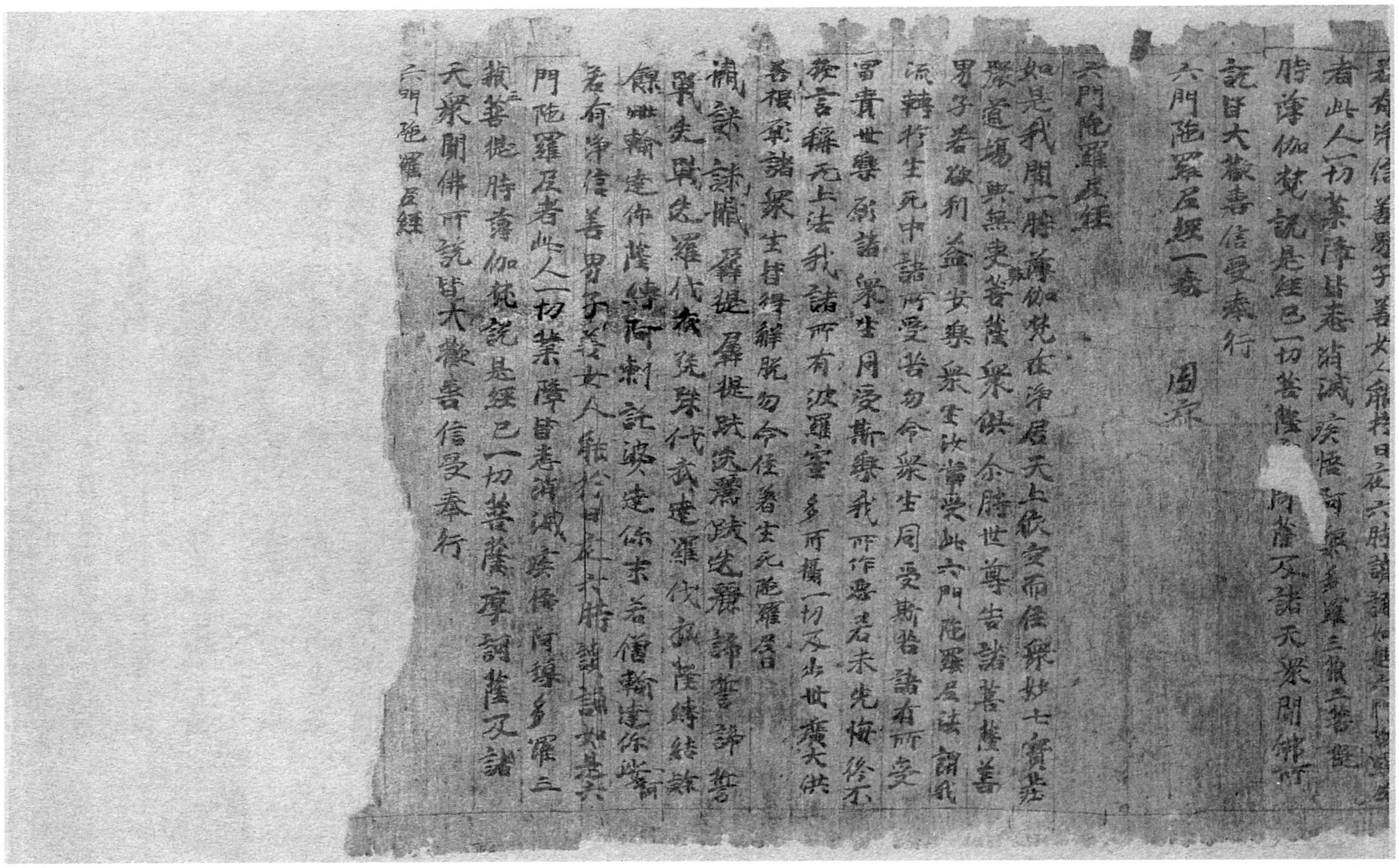

BD09309 號 2　六門陀羅尼經　（2–2）

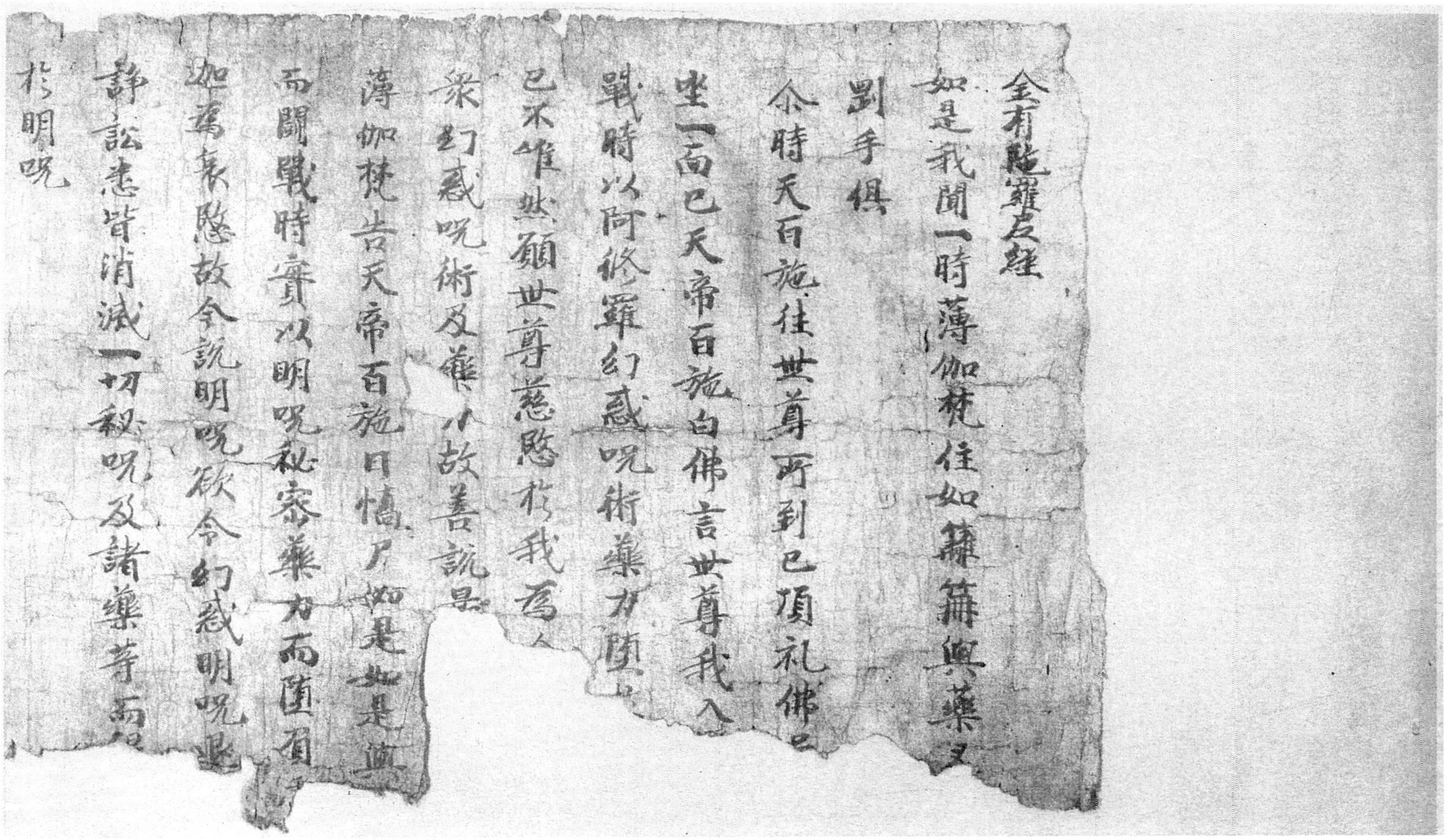
金有陀羅尼經
如是我聞一時薄伽梵住如蘿篩與藥叉
剝手俱
尒時天百施往世尊所到已頂礼佛足
坐一面已天帝百施白佛言世尊我入
戰時以阿修羅幻惑呪術藥力隨
已不唯然願世尊慈愍於我爲人
衆幻惑呪術及藥八故善說是
薄伽梵告天帝百施曰憍尸迦如是如是適
而鬪戰時齎以明呪秘密藥力而隨盾
迦爲哀愍故今說明呪欲令幻惑明呪退
諍訟悉皆消滅一切秘呪及諸藥等而
於明呪

BD09310 號　金有陀羅尼經　（2–1）

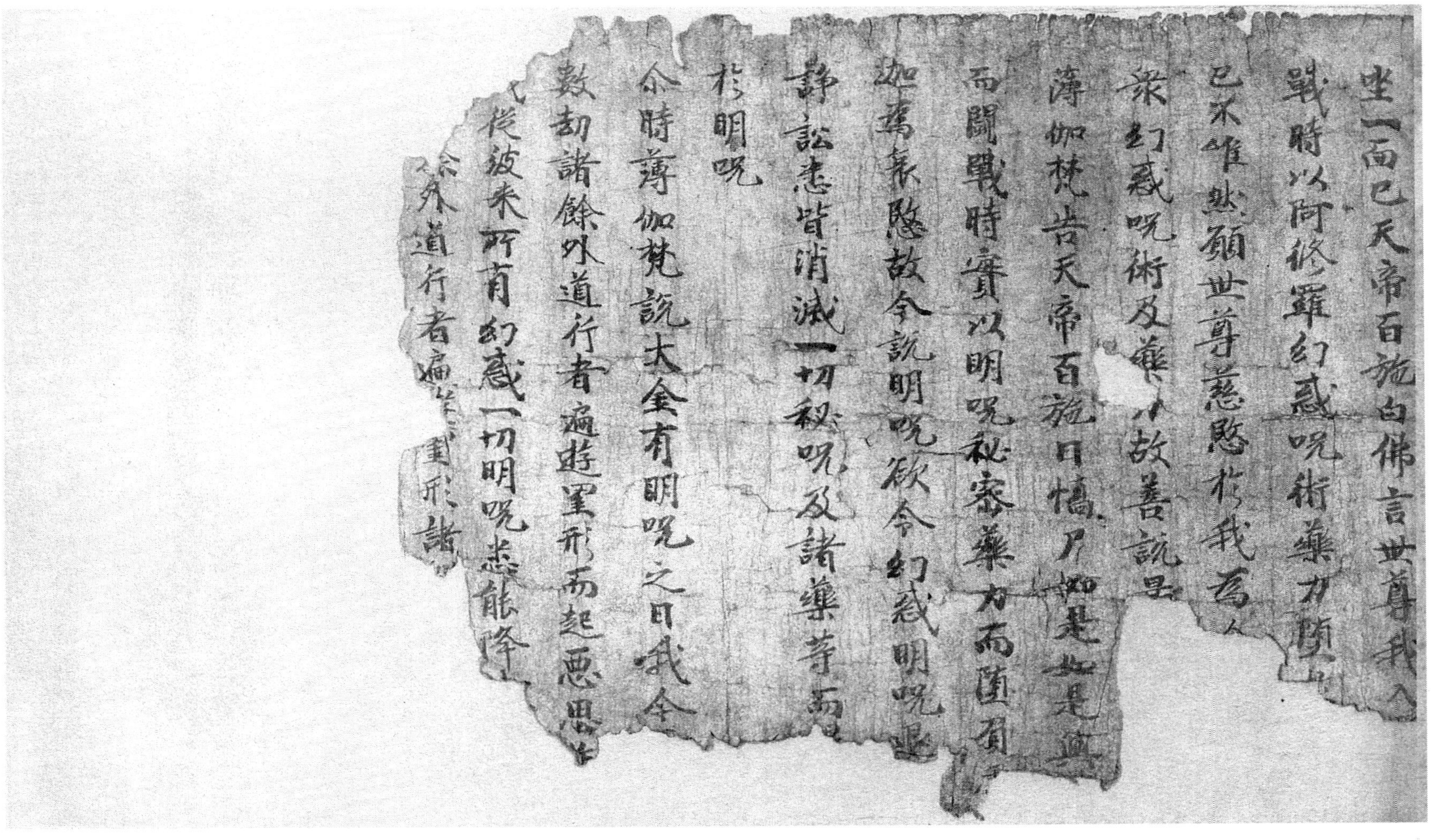
坐一面已天帝百施白佛言世尊我入
戰時以阿修羅幻惑呪術藥力隨
已不唯然願世尊慈愍於我爲人
衆幻惑呪術及藥八故善說是
薄伽梵告天帝百施曰憍尸迦如是如是適
而鬪戰時齎以明呪秘密藥力而隨盾
迦爲哀愍故今說明呪欲令幻惑明呪退
諍訟悉皆消滅一切秘呪及諸藥等而
於明呪
尒時薄伽梵說大金有明呪之曰我今
數劫諸餘外道行者遍遊置形而起惡思
從彼來所有幻惑一切明呪悉能降
尒外道行者遍［illegible］置形諸

BD09310 號　金有陀羅尼經　（2–2）

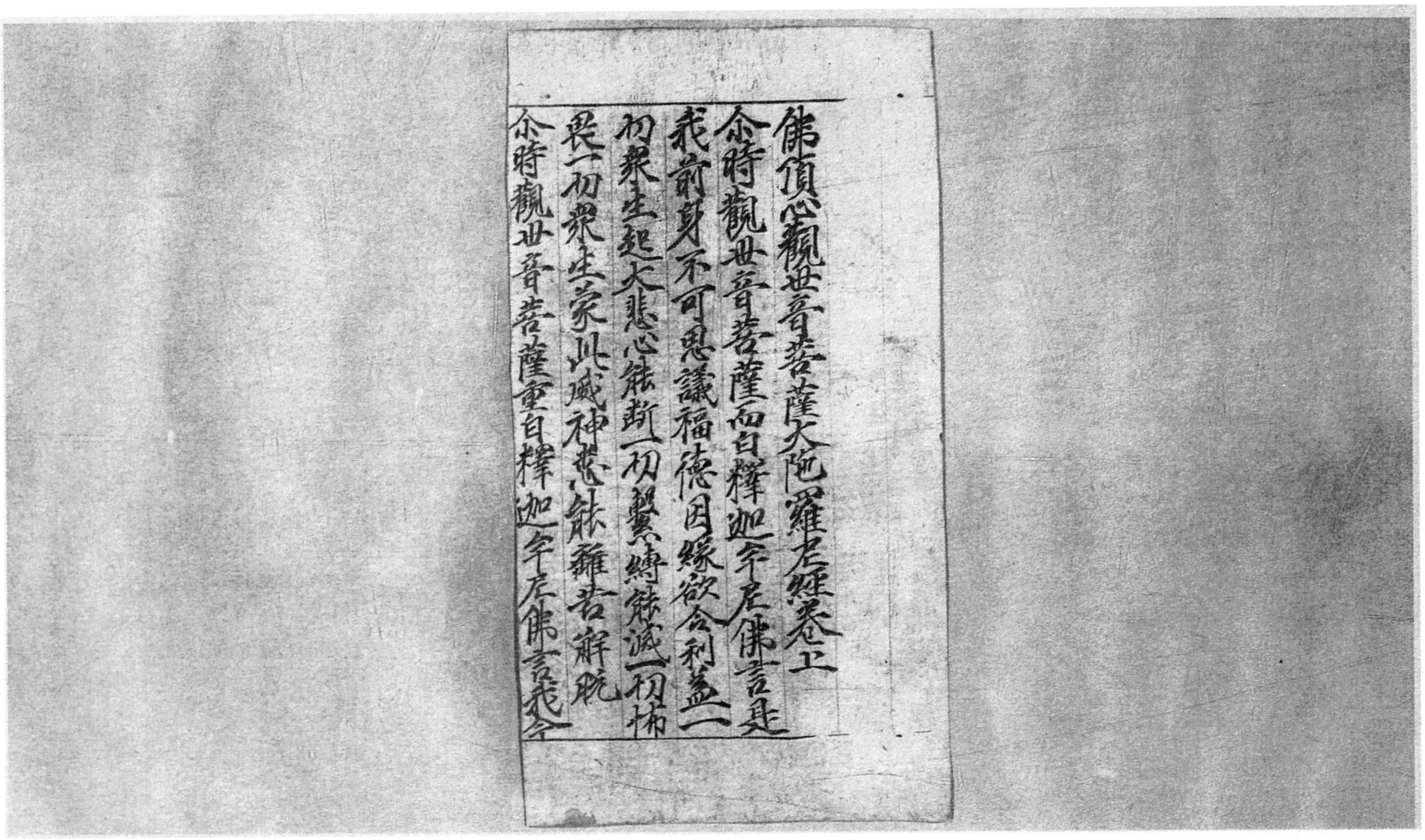

佛頂心觀世音菩薩大陀羅尼經卷上
尒時觀世音菩薩白釋迦牟尼佛言是
我前身不可思議福德因緣欲令利益一
切衆生起大悲心能斷一切繫縛能滅一切怖
畏一切衆生蒙此威神悉能離苦解脫
尒時觀世音菩薩重白釋迦牟尼佛言我今

BD09311 號　佛頂心觀世音菩薩大陀羅尼經卷上　　　　（1–1）

BD09312 號 1　救諸衆生苦難經　　　　（1–1）
BD09312 號 2　新菩薩經

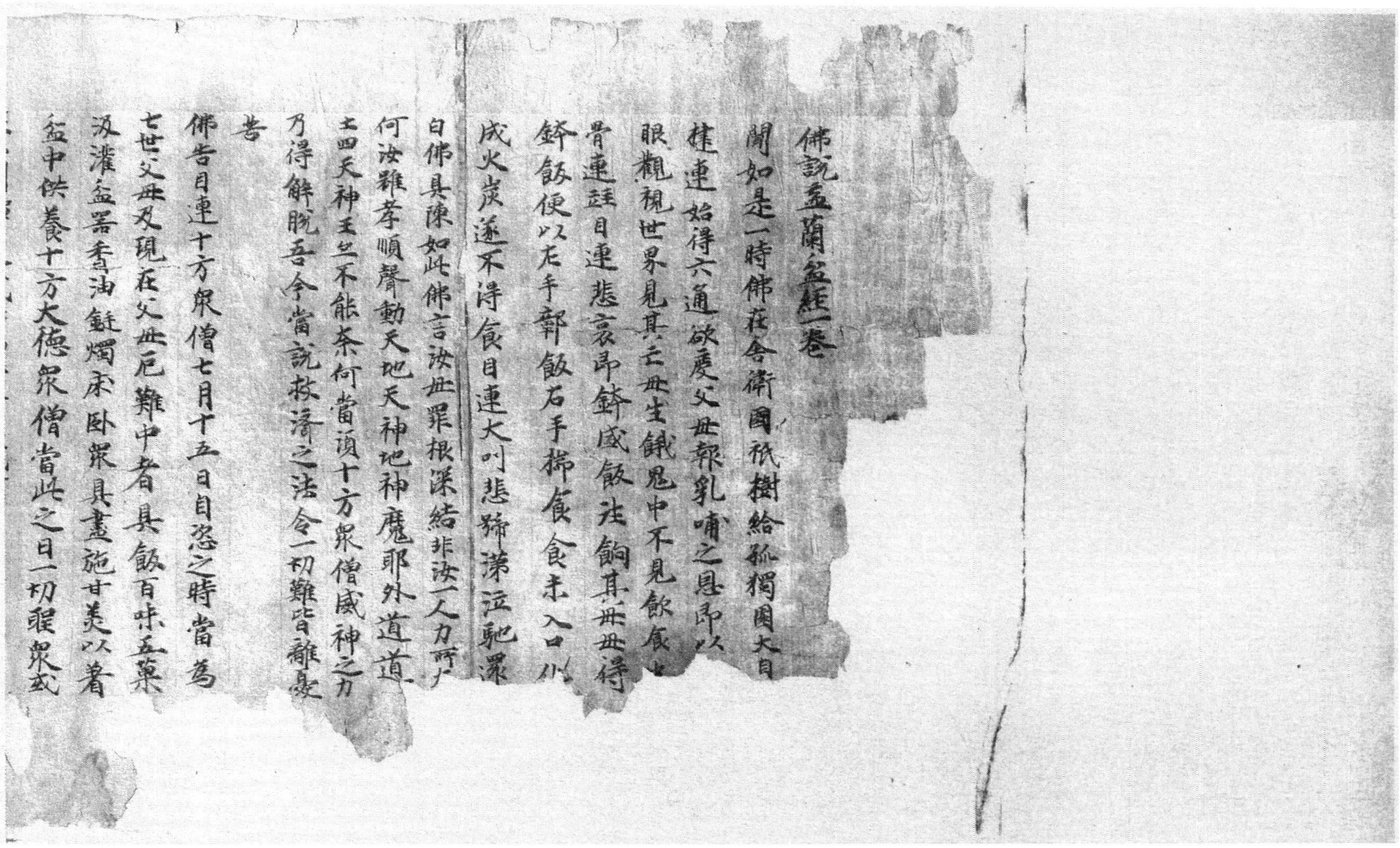

佛說盂蘭盆經一卷
聞如是一時佛在舍衛國祇樹給孤獨園大目
揵連始得六通欲度父母報乳哺之恩即以
眼觀視世界見其亡母生餓鬼中不見飲食
骨連挂目連悲哀即鉢盛飯往餉其母母得
鉢飯便以左手鄣飯右手摶食食未入口化
成火炭遂不得食目連大叫悲號涕泣馳還
白佛具陳如此佛言汝母罪根深結非汝一人力所
何汝雖孝順聲動天地天神地神邪魔外道道
士四天神王亦不能奈何當須十方衆僧威神之力
乃得解脫吾今當說救濟之法令一切難皆離憂
苦
佛告目連十方衆僧七月十五日自恣之時當爲
七世父母及現在父母厄難中者具飯百味五菓
汲灌盆器香油錠燭床敷臥具盡世甘美以著
盆中供養十方大德衆僧當此之日一切聖衆或

BD09313 號　盂蘭盆經　（3–1）

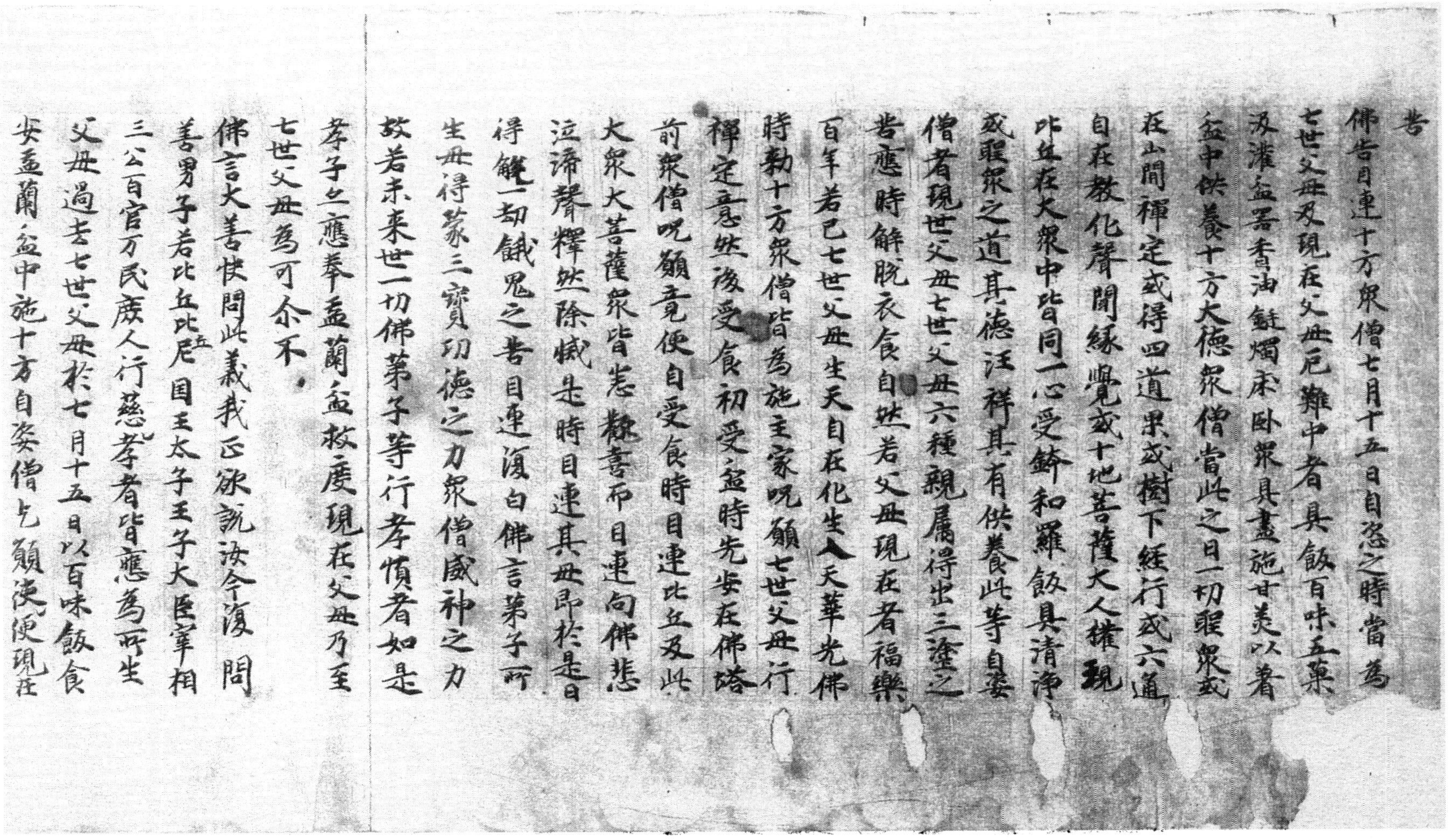

苦
佛告目連十方衆僧七月十五日自恣之時當爲
七世父母及現在父母厄難中者具飯百味五菓
汲灌盆器香油錠燭床敷臥具盡世甘美以著
盆中供養十方大德衆僧當此之日一切聖衆或
在山間禪定或得四道果或樹下經行或六通
自在教化聲聞緣覺或十地菩薩大人權現
比丘在大衆中皆同一心受鉢和羅飯具清淨
戒聖衆之道其德汪洋其有供養此等自恣
僧者現世父母七世父母六種親屬得出三塗之
苦應時解脫衣食自然若父母現在者福樂
百年若已七世父母生天自在化生入天華光佛
時勑十方衆僧皆爲施主家呪願七世父母行
禪定意然後受食初受盆時先安在佛塔
前衆僧呪願竟便自受食時目連比丘及此
大衆大菩薩衆皆悉歡喜而目連悲
泣涕聲釋然除滅是時目連其母即於是日
得脫一劫餓鬼之苦目連復白佛言弟子所
生母得蒙三寶功德之力衆僧威神之力
故若未來世一切佛弟子等行孝慎者如是
孝子亦應奉盂蘭盆救度現在父母乃至
七世父母爲可爾不
佛言大善快問此義我正欲說汝今復問
善男子若比丘比丘尼國王太子王子大臣宰相
三公百官万民庶人行慈孝者皆應爲所生
父母過去七世父母於七月十五日以百味飯食
安盂蘭盆中施十方自恣僧乞願使現在

BD09313 號　盂蘭盆經　（3–2）

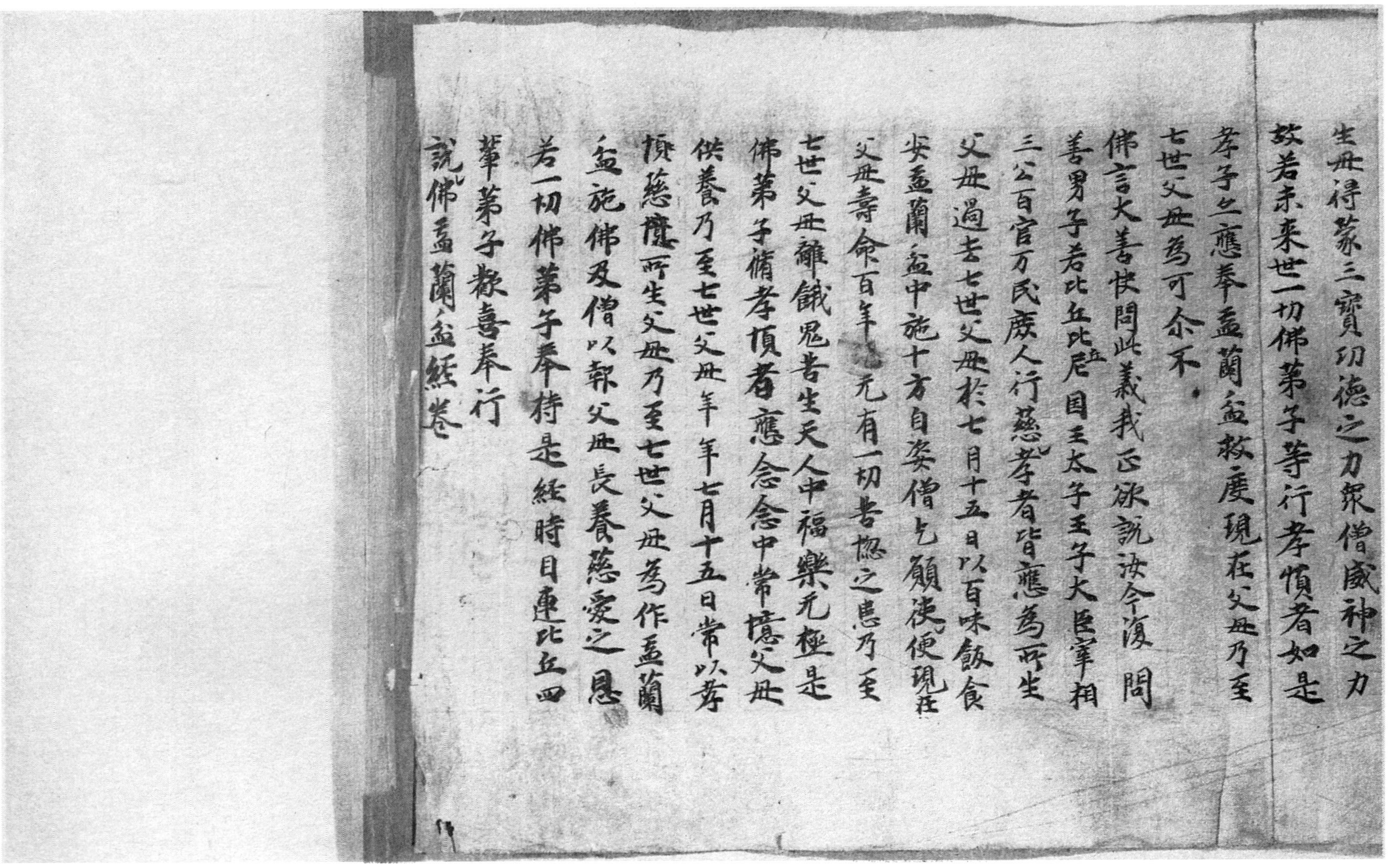

生父母得蒙三寶功德之力衆僧威神之力
故若未来世一切佛弟子等行孝順者如是
孝子之應奉盂蘭盆救度現在父母乃至
七世父母為可尒不。
佛言大善快問此義我正欲說汝今復問
善男子若比丘比丘尼國王太子王子大臣宰相
三公百官万民庶人行慈孝者皆應為所生
父母過去七世父母於七月十五日以百味飯食
安盂蘭盆中施十方自恣僧乞願使現在
父母壽命百年无有一切苦惱之患乃至
七世父母離餓鬼苦生天人中福樂无極是
佛弟子脩孝順者應念念中常憶父母
供養乃至七世父母年年七月十五日常以孝
順慈憶所生父母乃至七世父母為作盂蘭
盆施佛及僧以報父母長養慈愛之恩
若一切佛弟子奉持是經時目連比丘四
輩弟子歡喜奉行
說佛盂蘭盆經卷

BD09313 號　盂蘭盆經　（3–3）

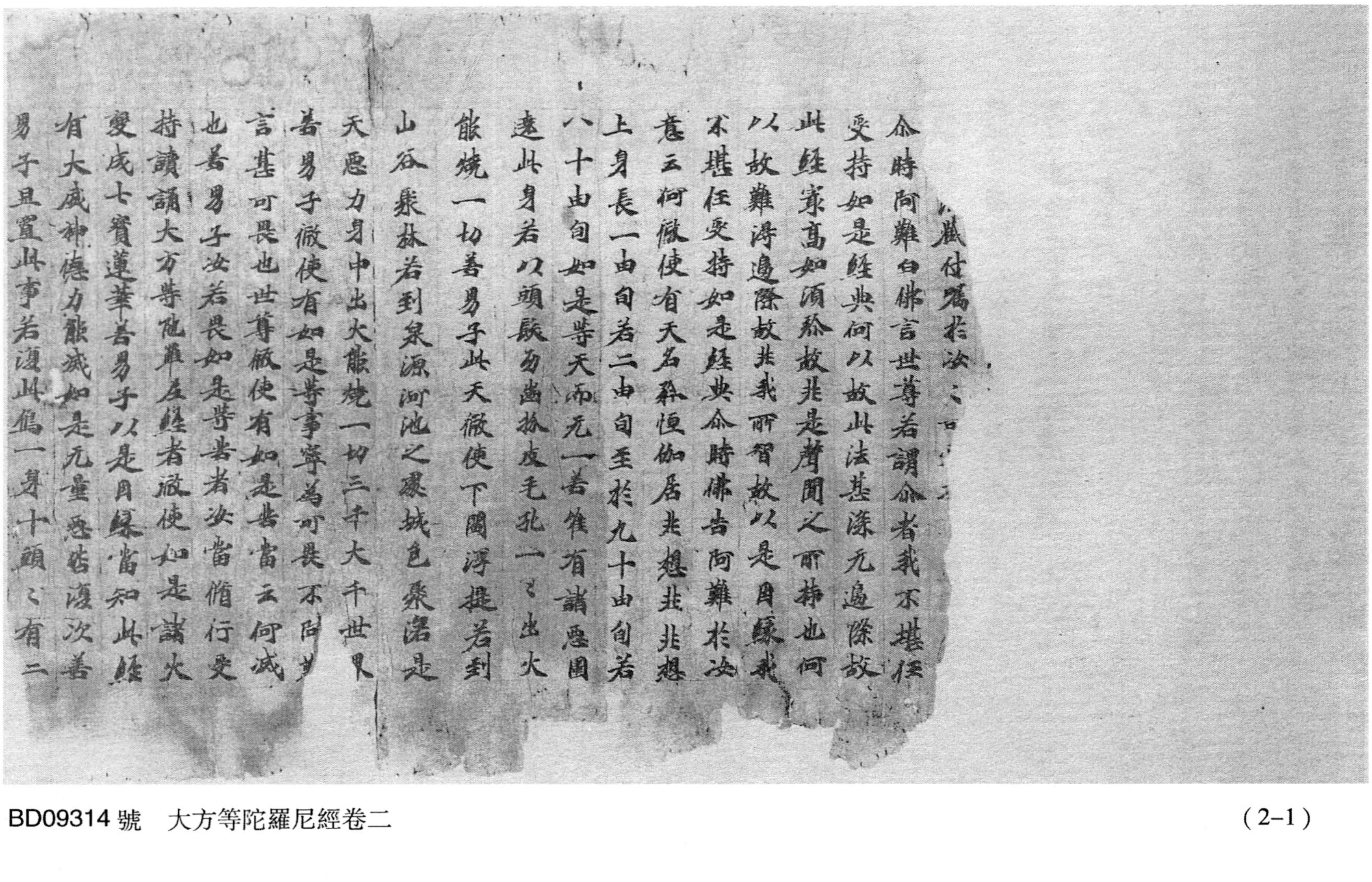

尒時阿難白佛言世尊若謂尒者我不堪任
受持如是經典何以故此法甚深无邊際故
此經寂高如須弥故非是聲聞之所持也何
以故難得邊際故非我所智故以是因緣我
不堪任受持如是經典尒時佛告阿難於汝
意云何微使有天名稱恒伽居非想非非想
上身長一由旬若二由旬至於九十由旬若
八十由旬如是等天而无一善唯有諸惡因
遠此身若以頭髮爪齒皮毛孔一一出大
能燒一切善男子此天微使下閻浮提若到
山谷聚林若到泉源河池之處城邑聚落是
天惡力身中出大火能燒一切三千大千世界
善男子微使有如是等事寧為可畏不阿難
言甚可畏也世尊微使有如是患當云何滅
也善男子汝若畏如是等患者汝當脩行受
持讀誦大方等陀羅尼經者微使如是諸火
變成七寶蓮華善男子以是因緣當知此經
有大威神德力能滅如是无量惡皆復次善
男子且置此事若復此侷一身十頭頭有二

BD09314 號　大方等陀羅尼經卷二　（2–1）

上[illegible]長一由旬[illegible]二由[illegible]九十由旬[illegible]
八十由旬如是等天而无一善唯有諸惡圍
遶此身若以頭髮爪齒筋皮毛孔一々出火
能燒一切善男子此天假使下閻浮提若到
山谷叢林若到泉源河池之處城邑聚落之
天惡力身中出大能燒一切三千大千世界
善男子假使有如是等事寧為可畏不[illegible][illegible]
言甚可畏也世尊假使有如是惡害云何滅
也善男子汝若畏如是苦惡者汝當脩行受
持讀誦大方等陀羅尼經者假使如是諸大
變成七寶蓮華善男子以是因緣當知此經
有大威神德力能滅如是无量惡害復次善
男子且置此事若復此鳥一身十頭々々有二
刃身有四足如是等鳥世間暴惡日々食時
而不擇處於其日々食時中有四生衆生如
是惡鳥悉皆食噉其中衆生若有覺者跳騰
走之而永得脫若不覺此惡鳥者而為所食
善男子如是等鳥寧[illegible]
可畏世尊若有[illegible]
言有何難言[illegible]
陀羅尼[illegible]
[illegible]

BD09314號　大方等陀羅尼經卷二　　(2-2)

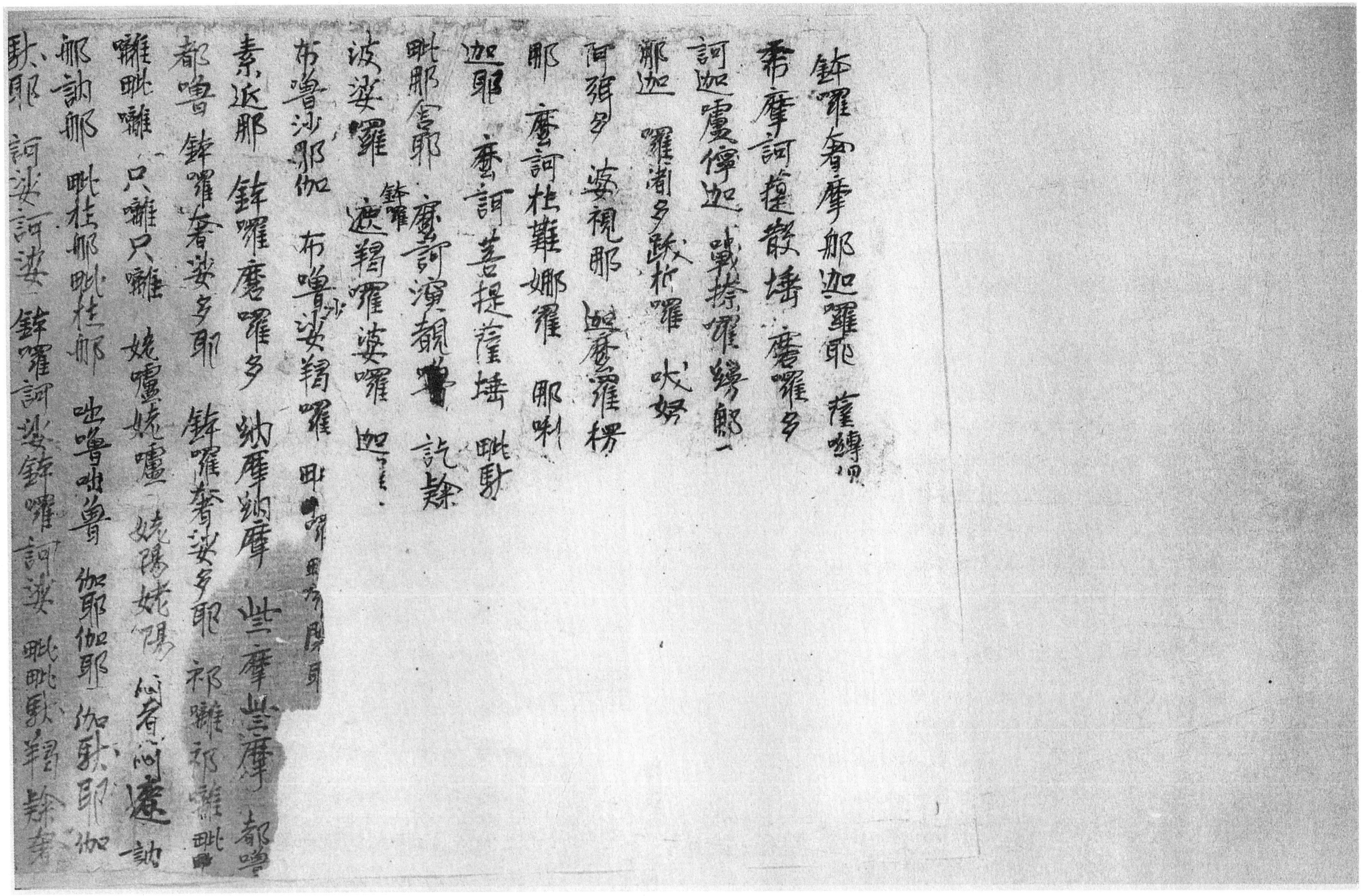

鉢囉奢摩那迦羅耶 薩嚩
希摩訶薩埵 麼囉多
訶迦盧儜迦 戰捺囉鄔一
那迦 囉淅多跋柁囉 吠努
阿弭多 娑視那 迦麼羅楞
那 麼訶杜難娜羅 那剛
迦耶 麼訶菩提薩埵 毗馱
毗那舍耶 麼訶演覩[illegible] 訖隸
波娑羅 遮羯囉娑囉 迦
布嚕沙那伽 布嚕沙羯囉 毗[illegible]
素返那 鉢囉麼囉多 納摩納摩 [illegible]
都嚕 鉢囉奢婆多耶 鉢囉奢婆多耶 祁囉祁囉 [illegible]
囉毗囉 只囉只囉 娩嚧娩嚧 娩陽娩陽 [illegible]
那訥那 毗杜那毗杜那 咄嚕咄嚕 伽耶伽耶 伽馱耶伽
馱耶 訶婆訶婆 鉢囉訶婆鉢囉訶婆 毗毗馱羯隸奢

BD09315號　真言雜鈔（擬）　　（3–1）

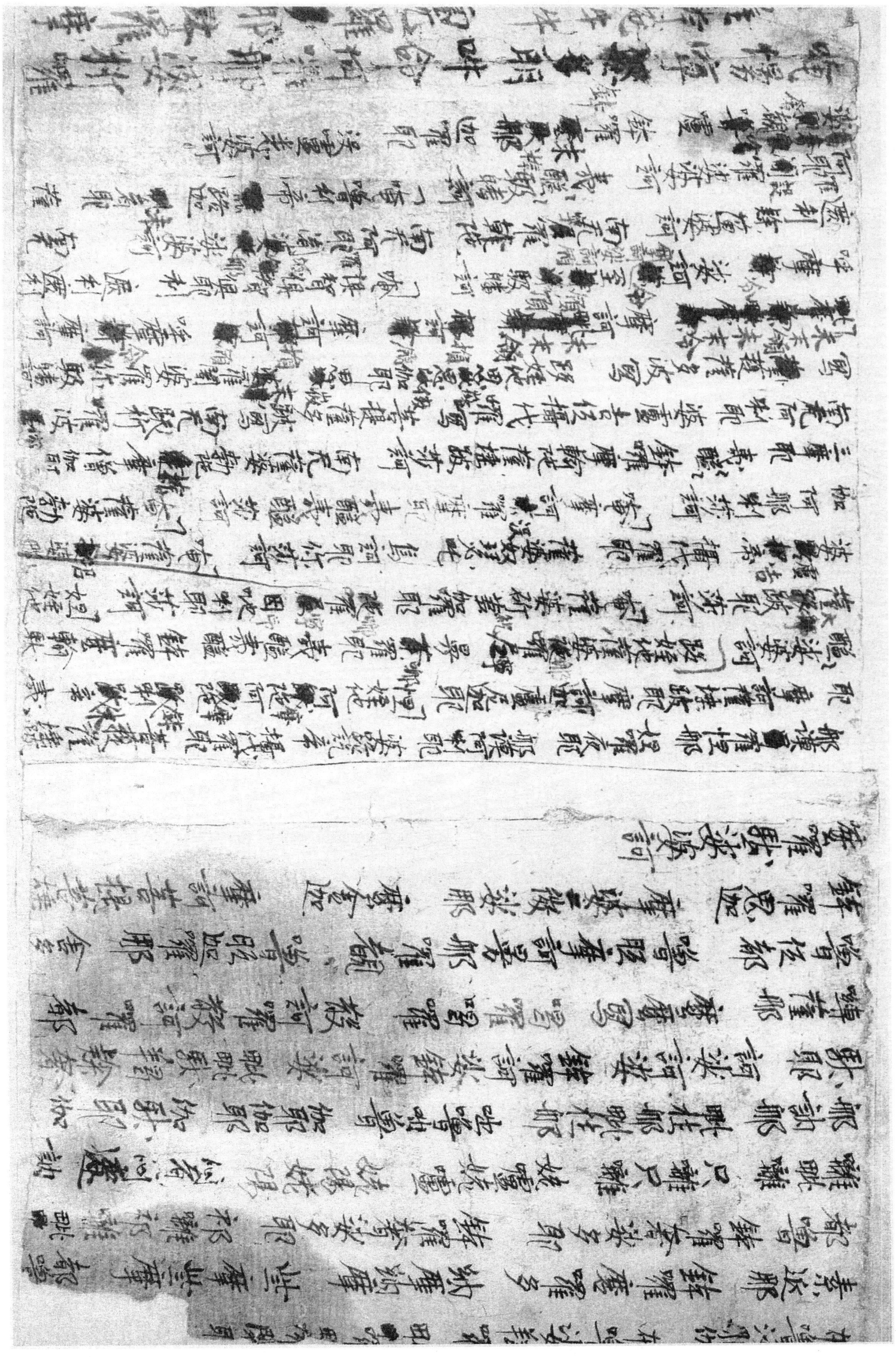

BD09315號　真言雜鈔（擬）

（3-2）

BD09315號　真言雜鈔（擬）

（3–3）

橖中心……

唵一薩婆怛他揭多毗補羅……末居

迦華 曷喇析哆三毗 菩瑟哆寔瑟擻四 柱嚕柱嚕五 三

哆毗七嚕吉帝六 薩囉薩囉播跛輸達尼七 菩達尼三

達尼八 鉢囉上伐囉上屯瑟擻伐囉九 末底脫權十 鶻嚕心囉

僧囉上毗弍第十一吽莎訶

善男子應當如法書寫此呪九十九本於相輪橖四周安置

又寫此呪及功能法於橖中心密處安處如是作已則爲建

九万九千相輪橖已亦爲安置九万九千佛舍利已亦爲已

造九万九千佛舍利塔亦爲已造九万九千八大寶塔亦爲已

造九万九千菩提場塔若造一小泥塔於中安置此陁羅

尼者則爲已造九万九千諸小寶塔若有衆生右遶此塔

或礼一拜或一合掌或以一花或以一香燒香塗香鈴鐸幡蓋

而供養者則爲供養者則爲供養九万九千諸佛塔已

是則成就廣大善根福德之聚若有飛鳥蚊虻蠅等至塔

BD09316號　無垢淨光大陀羅尼經　（2–1）

又寫此呪及功能法於橖中心密處安處如是作已則爲建

九万九千相輪橖已亦爲安置九万九千佛舍利已亦爲已

造九万九千佛舍利塔亦爲已造九万九千八大寶塔亦爲已

造九万九千菩提場塔若造一小泥塔於中安置此陁羅

尼者則爲已造九万九千諸小寶塔若有衆生右遶此塔

或礼一拜或一合掌或以一花或以一香燒香塗香鈴鐸幡蓋

而供養者則爲供養者則爲供養九万九千諸佛塔已

是則成就廣大善根福德之聚若有飛鳥蚊虻蠅等至塔

影中當得授記於阿耨多羅三藐三菩提而不退轉若遥

見此塔或聞鈴聲或聞其名彼人所有五无間業一切罪障

皆得消滅常爲一切諸佛護念得於如来清淨之道是

名相輪陁羅尼法善男子今爲汝說脩造佛塔陁羅

尼法即說呪曰　唵一 薩婆怛他揭多二 末羅毗輸達尼

上三 健陁鞞梨鉢娜伐囉四 鉢喇底僧塞迦囉五 怛他揭多

馱都達囉六 達囉達囉七 珊達囉珊達囉八 薩婆怛他揭

……訶

婆義若自造塔若教人造若

BD09316號　無垢淨光大陀羅尼經　（2–2）

BD09317號　最上乘修持法（擬）

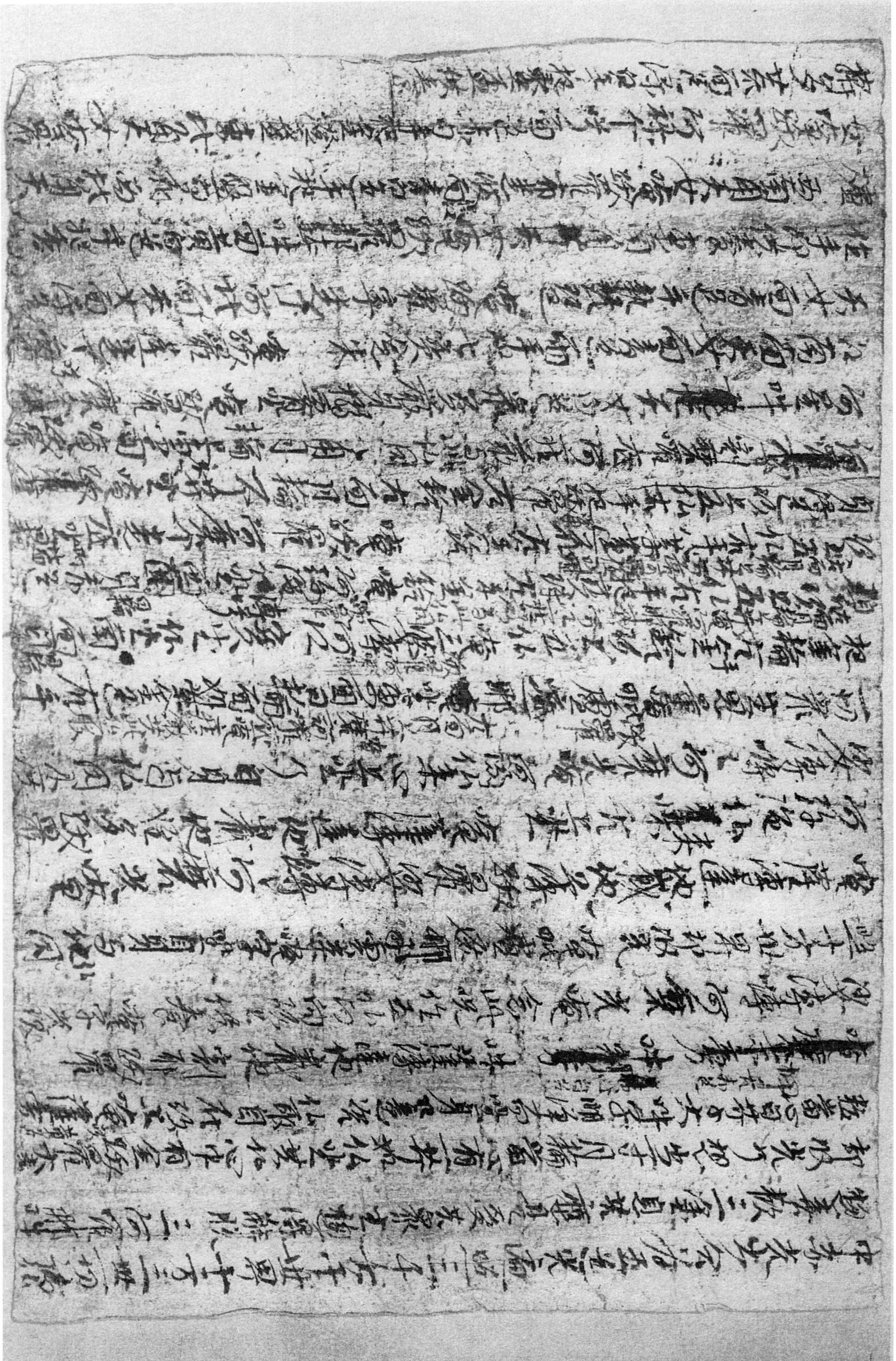

（2–1）

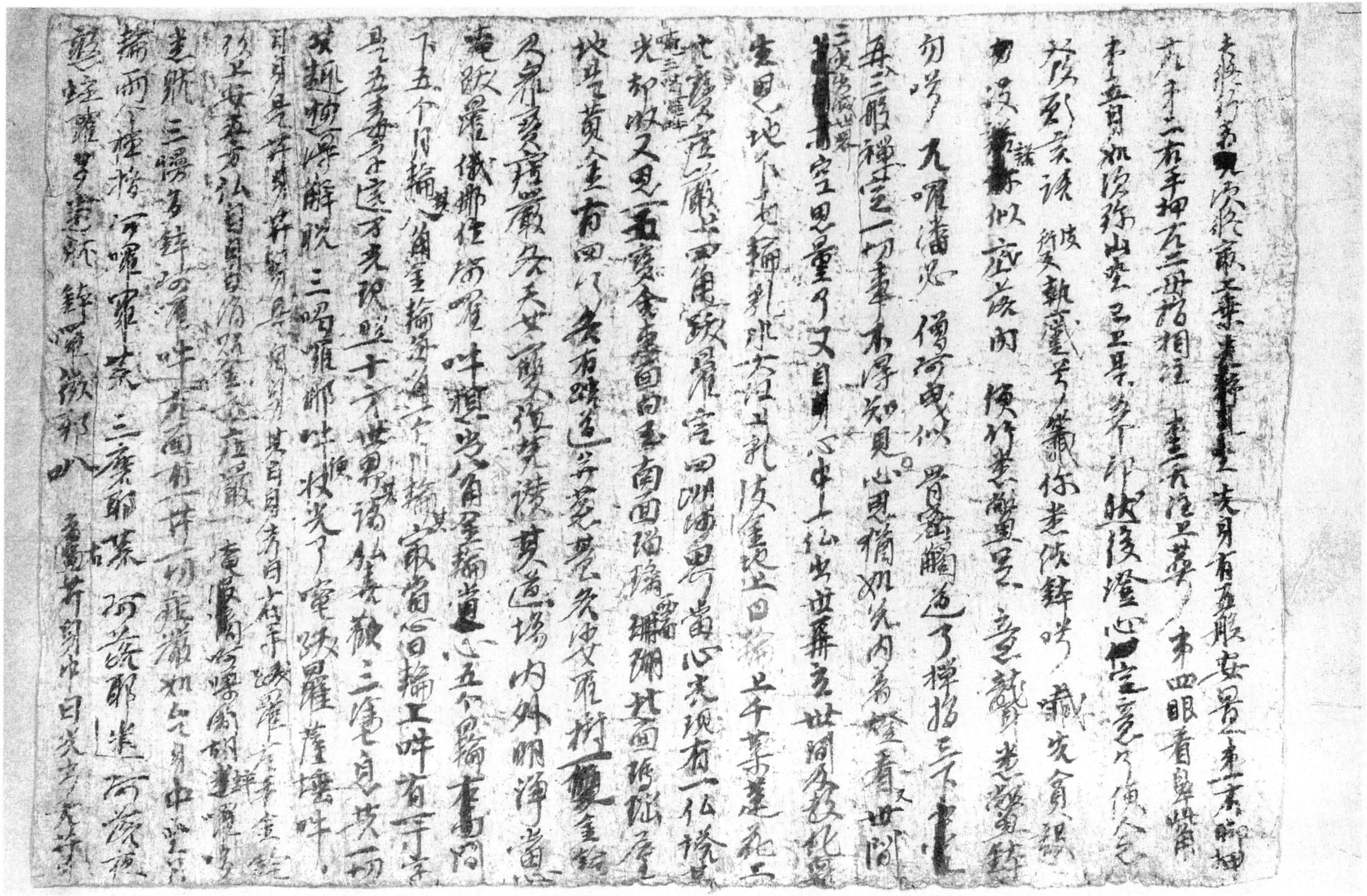

BD09317 號背　最上乘修持法（擬）　（2–2）

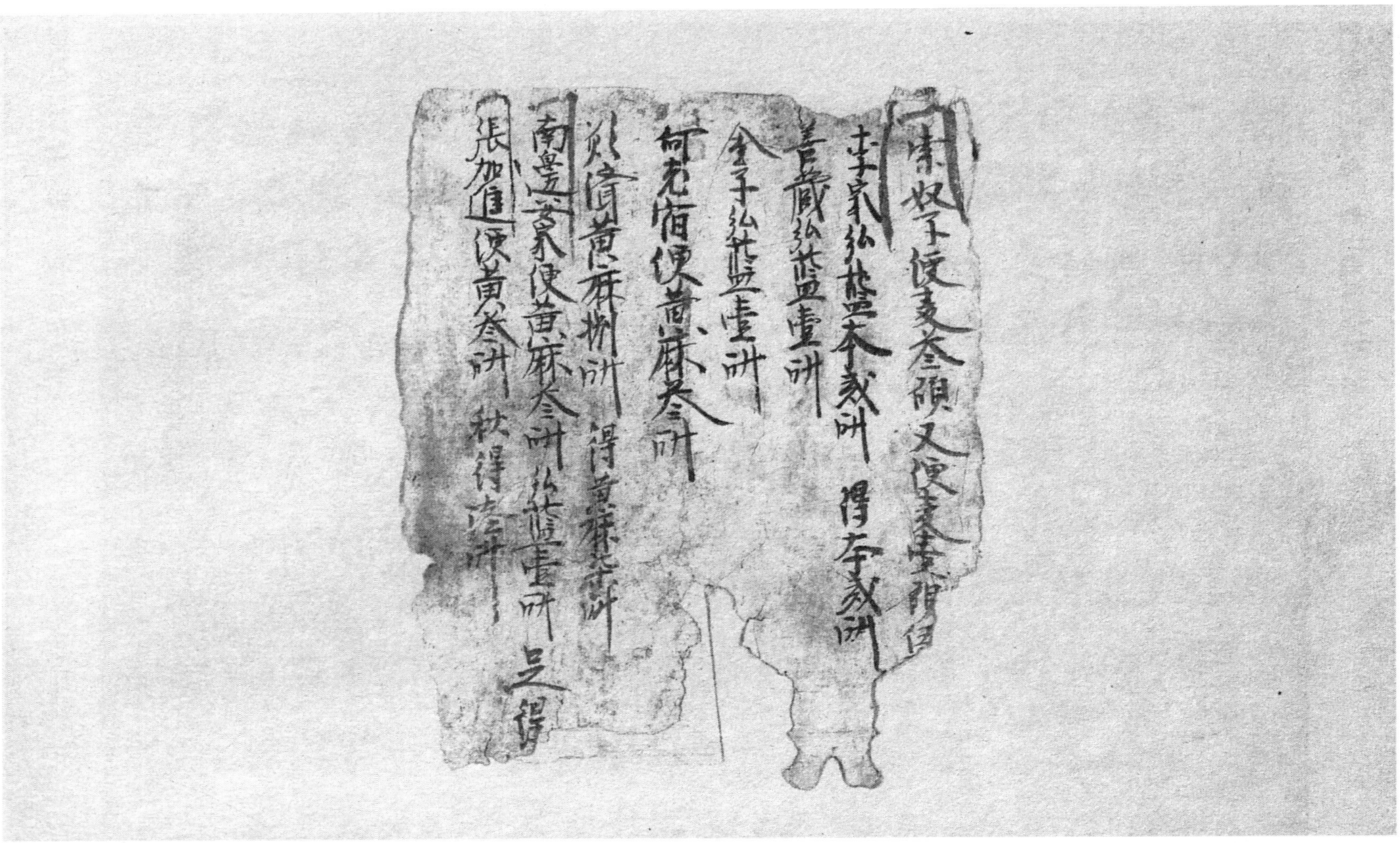

BD09318 號 A　便物歷（擬）　（1–1）

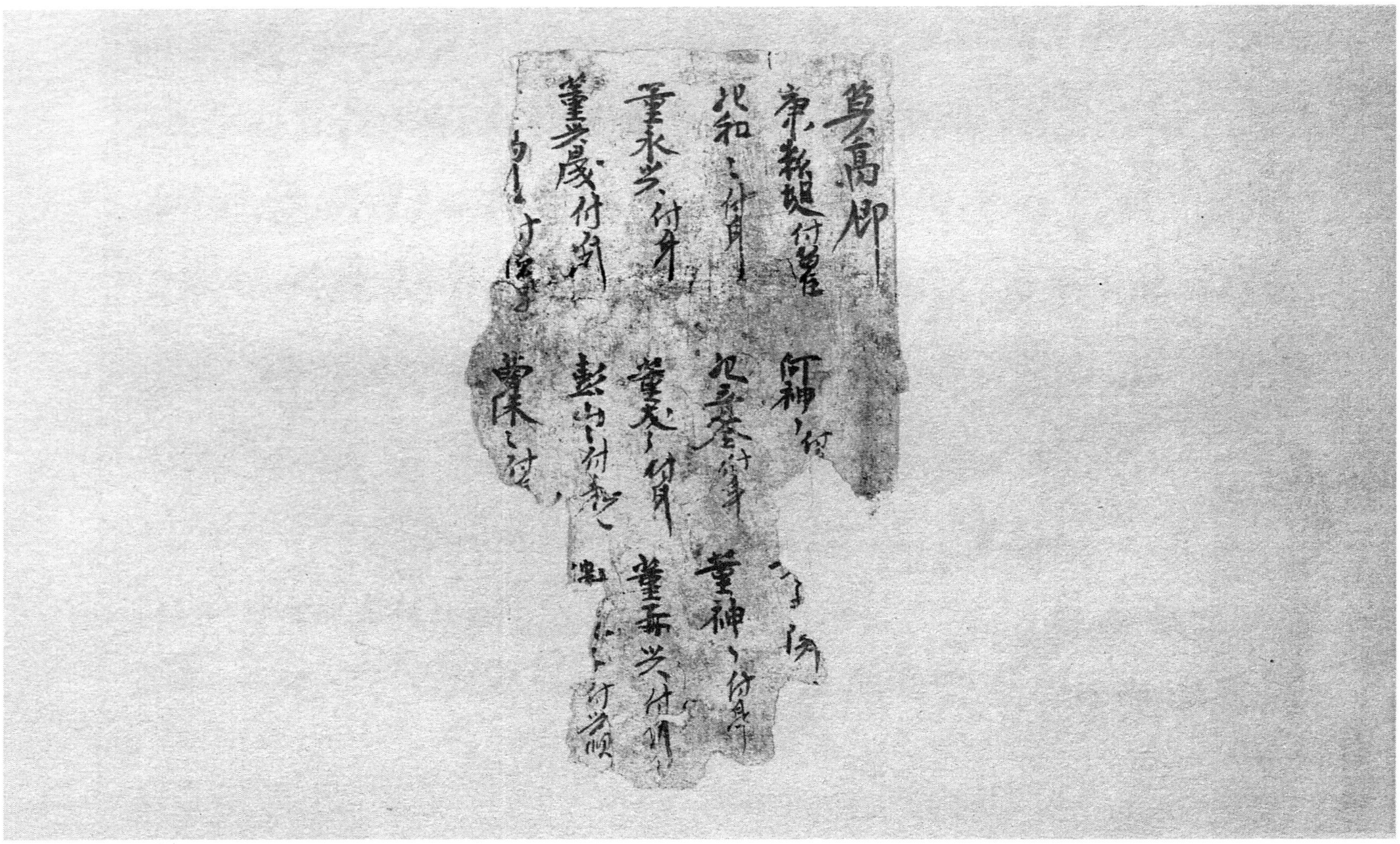

BD09318 號 B　某年莫高鄉付物歷（擬）　（1–1）

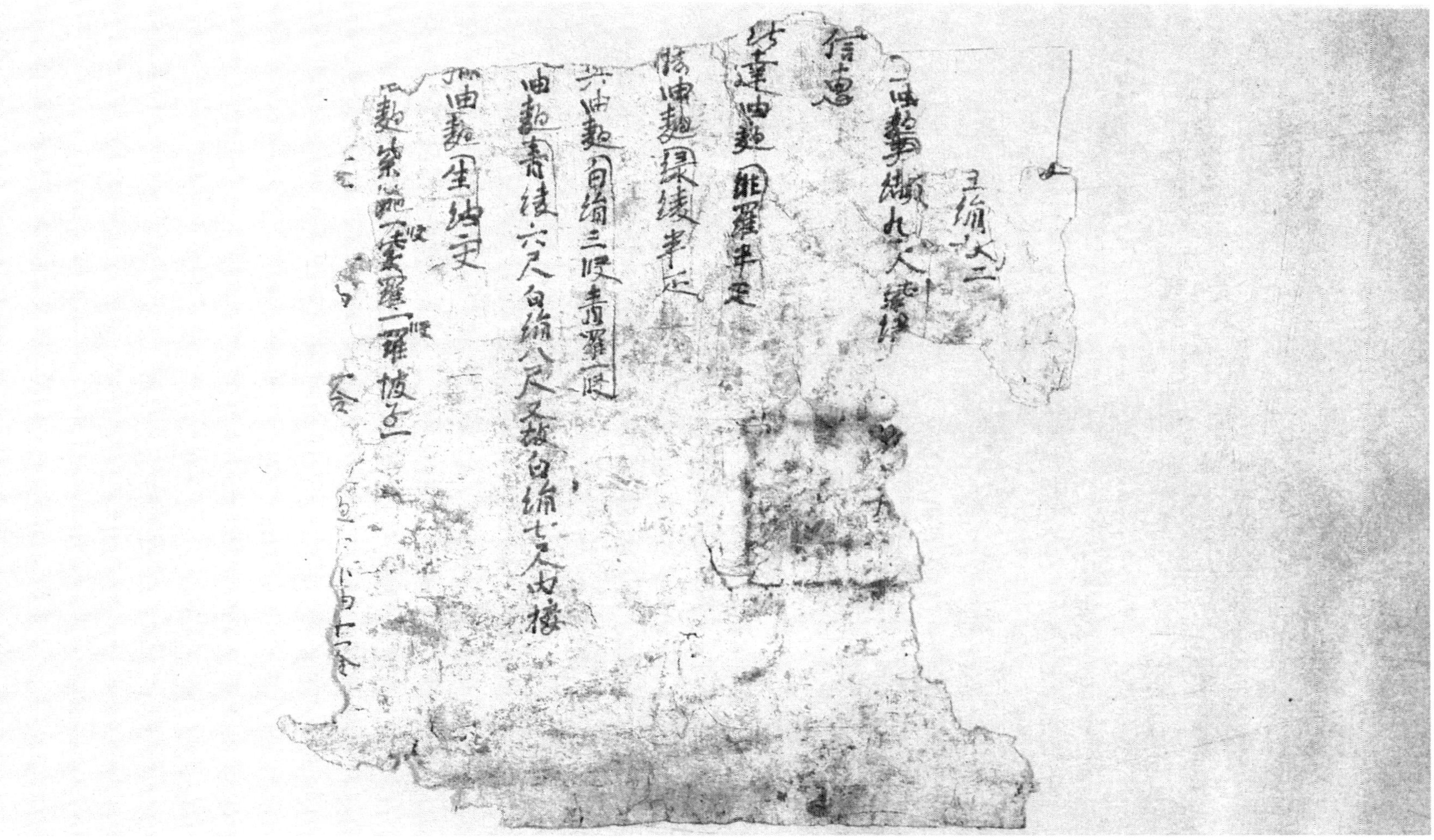

BD09319 號　納贈歷（擬）　（1–1）

BD09319 號背　袟皮（擬）　（1–1）

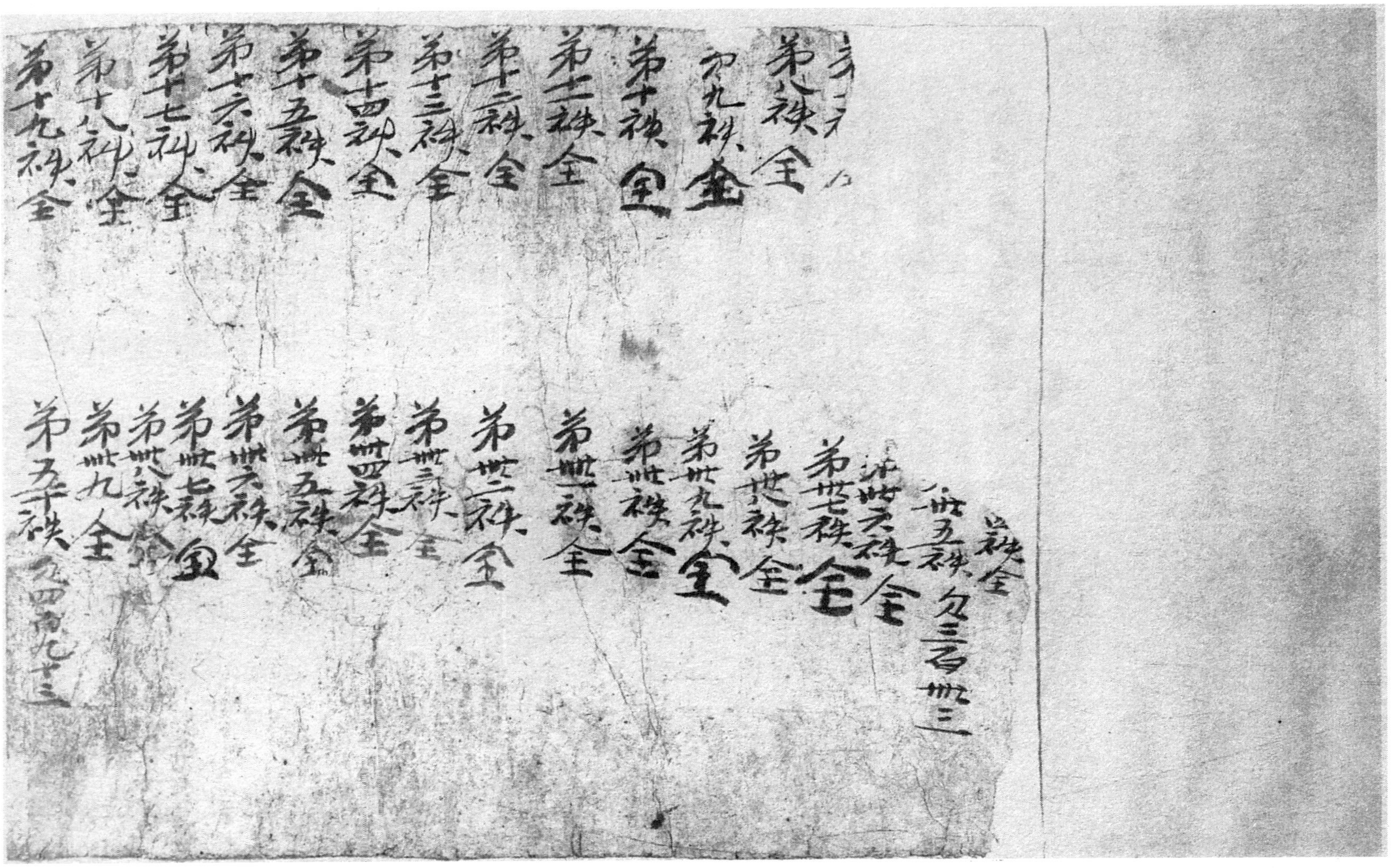

BD09320 號　大般若波羅蜜多經點勘錄（擬）　（2–1）

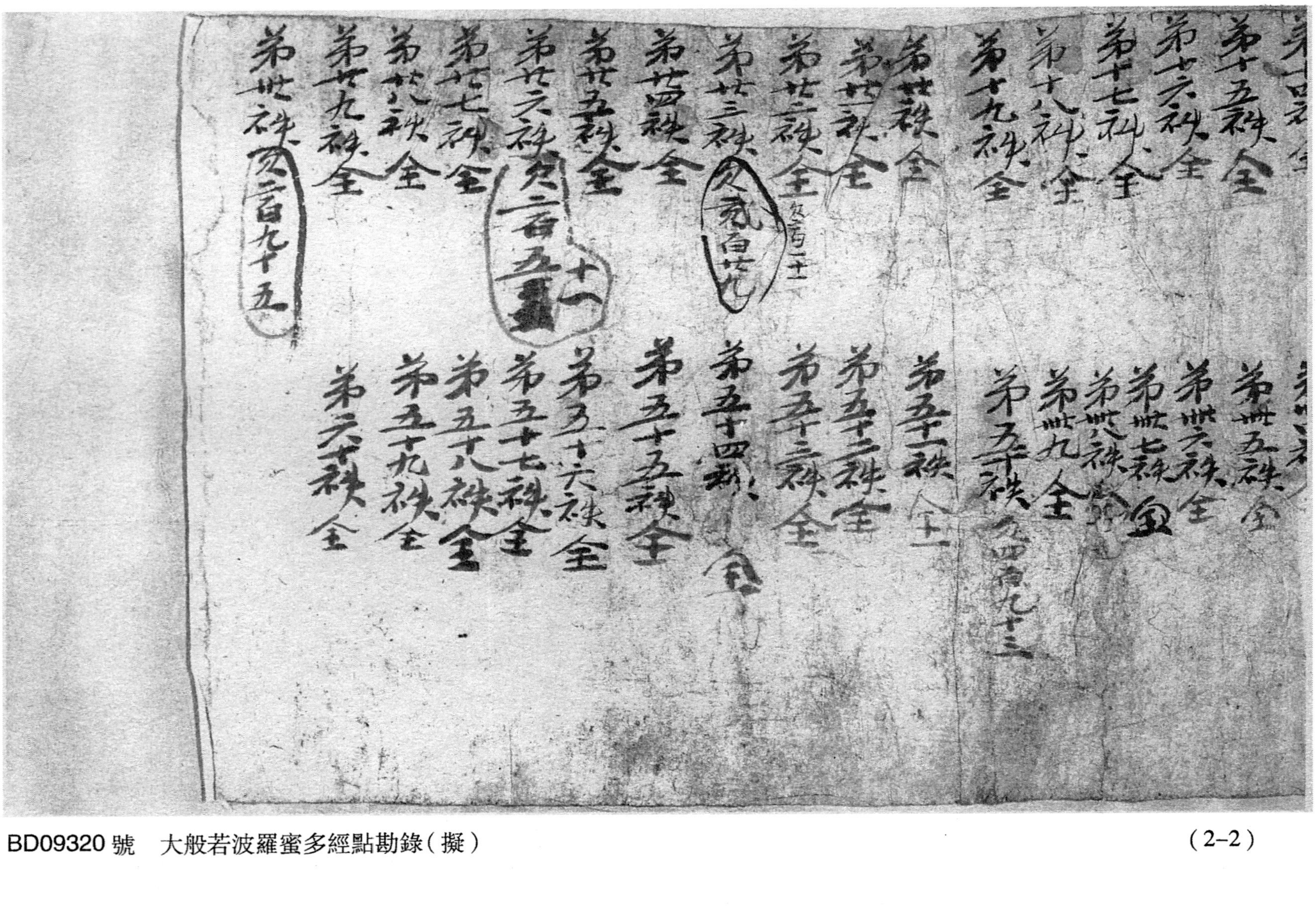

BD09320 號　大般若波羅蜜多經點勘錄（擬）　（2–2）

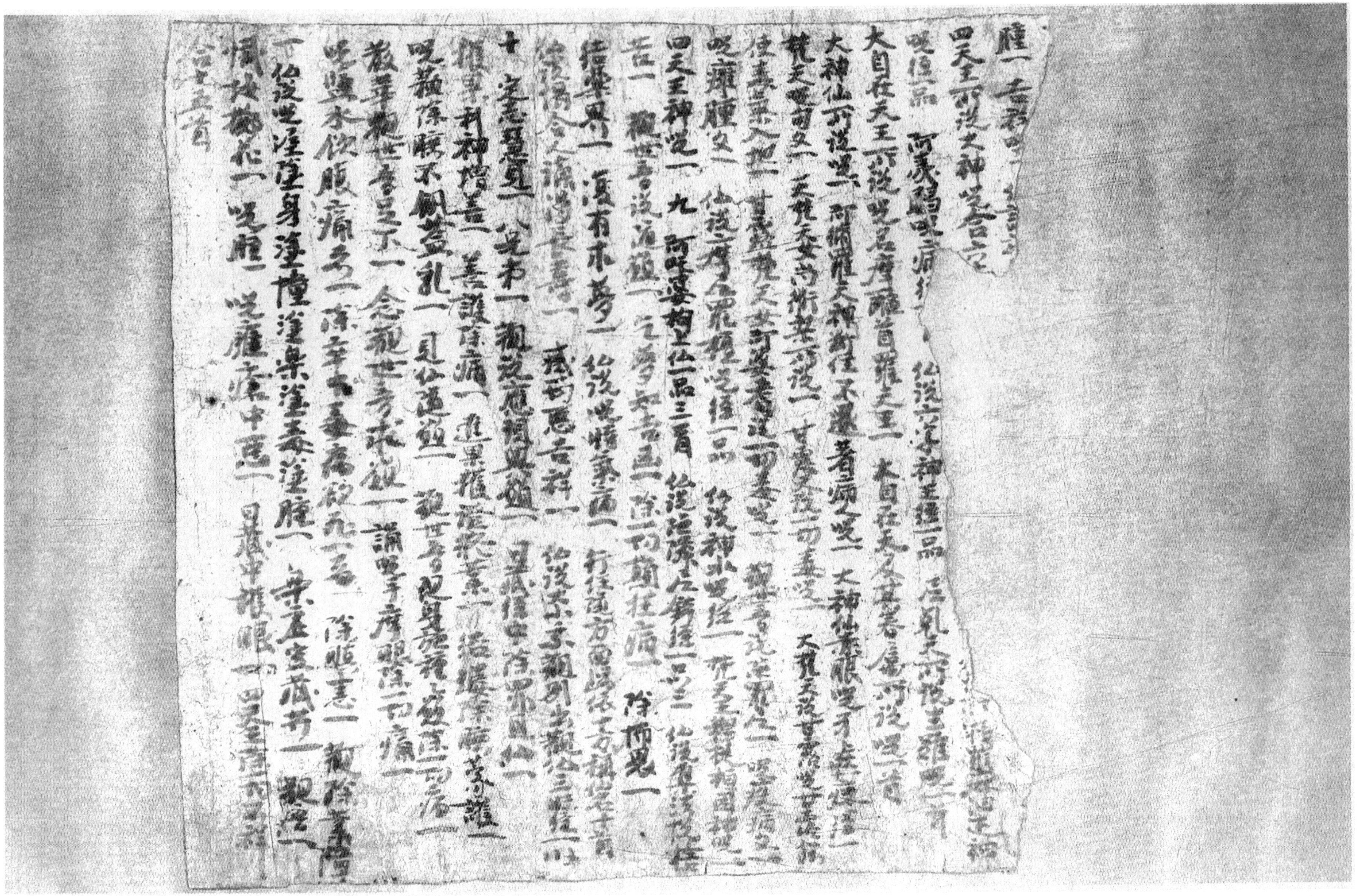

BD09321 號　敦煌密教經錄（擬）

（1–1）

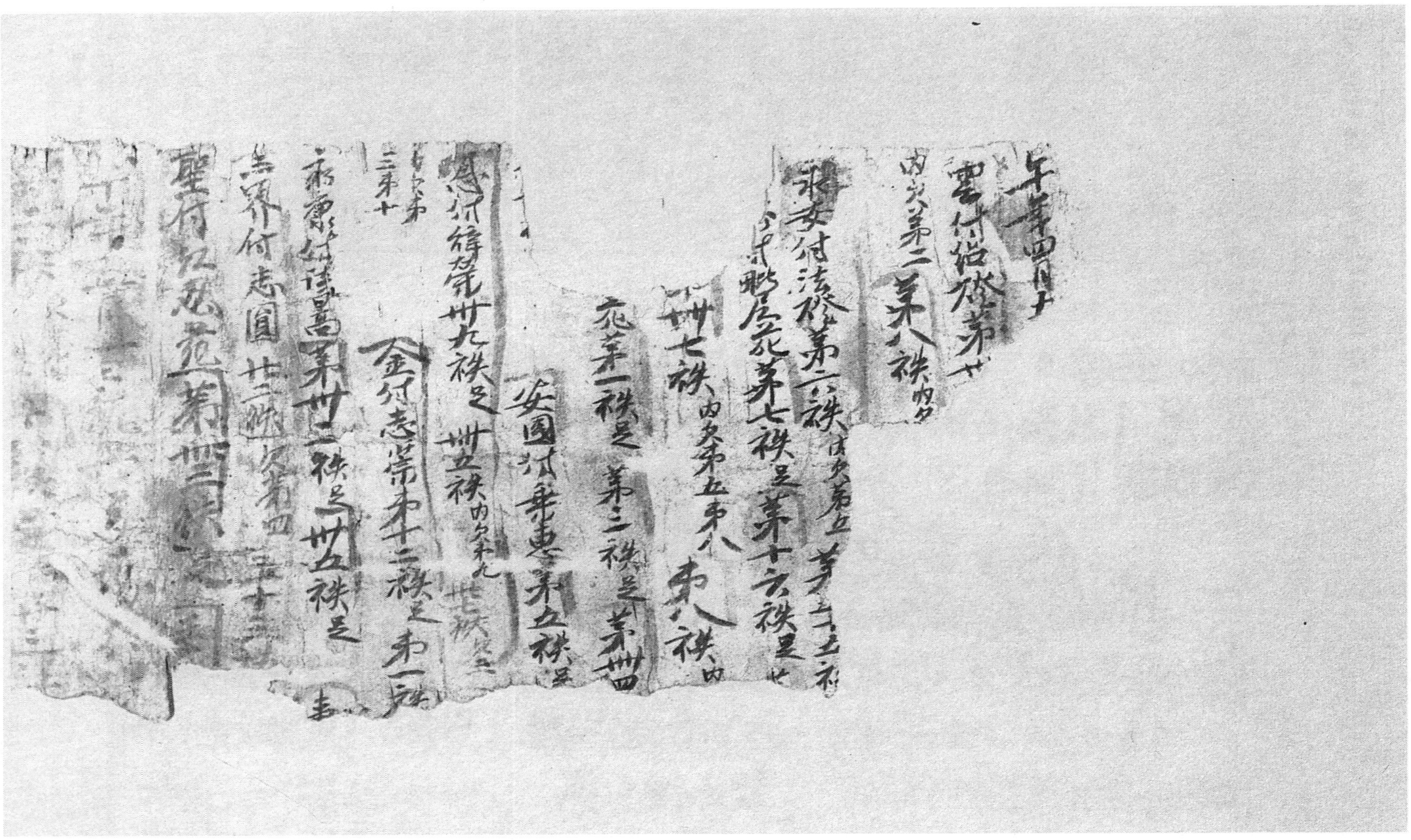

BD09322 號　午年四月大般若波羅蜜多經點勘錄（擬）　（2–1）

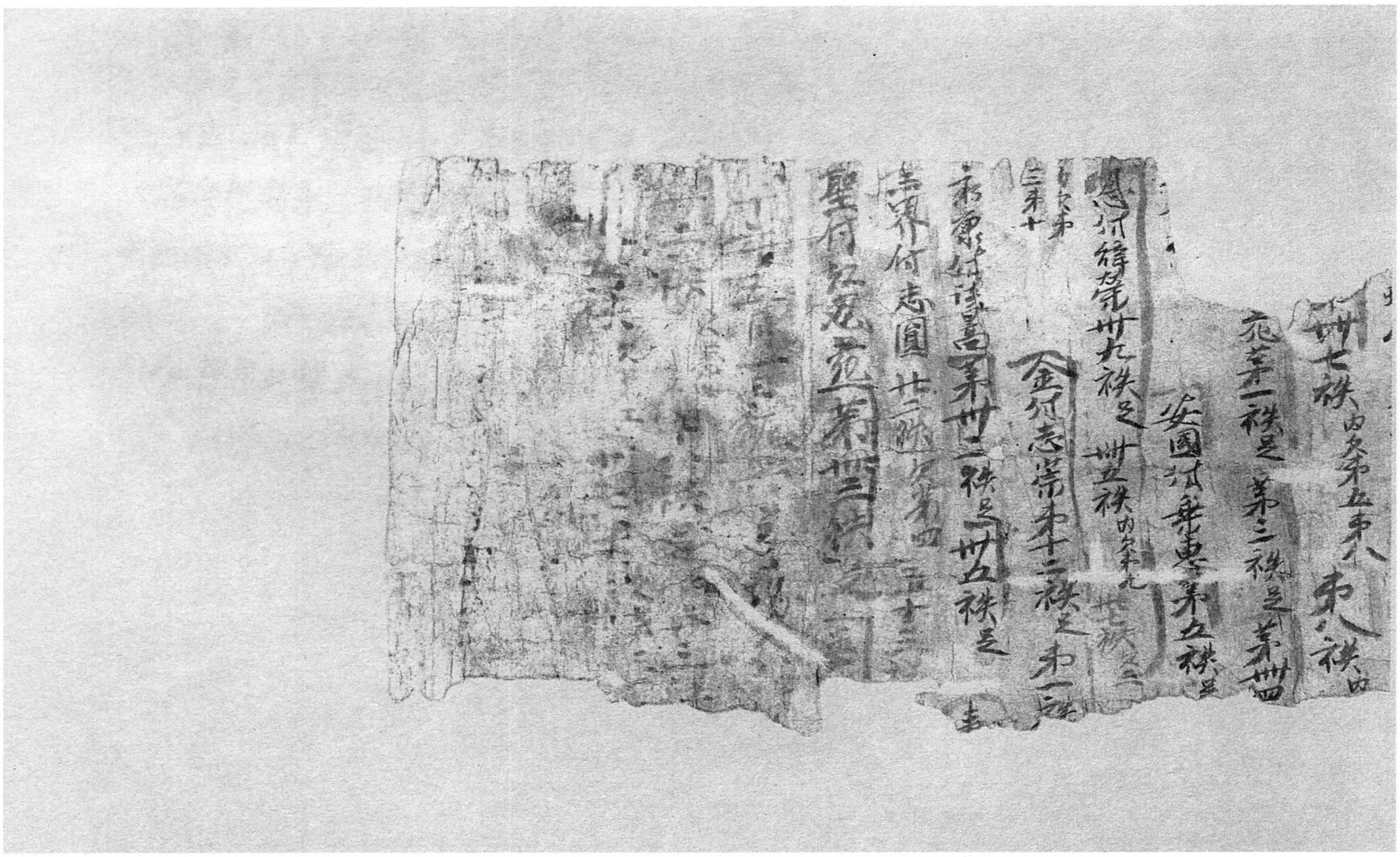

BD09322 號　午年四月大般若波羅蜜多經點勘錄（擬）　（2–2）

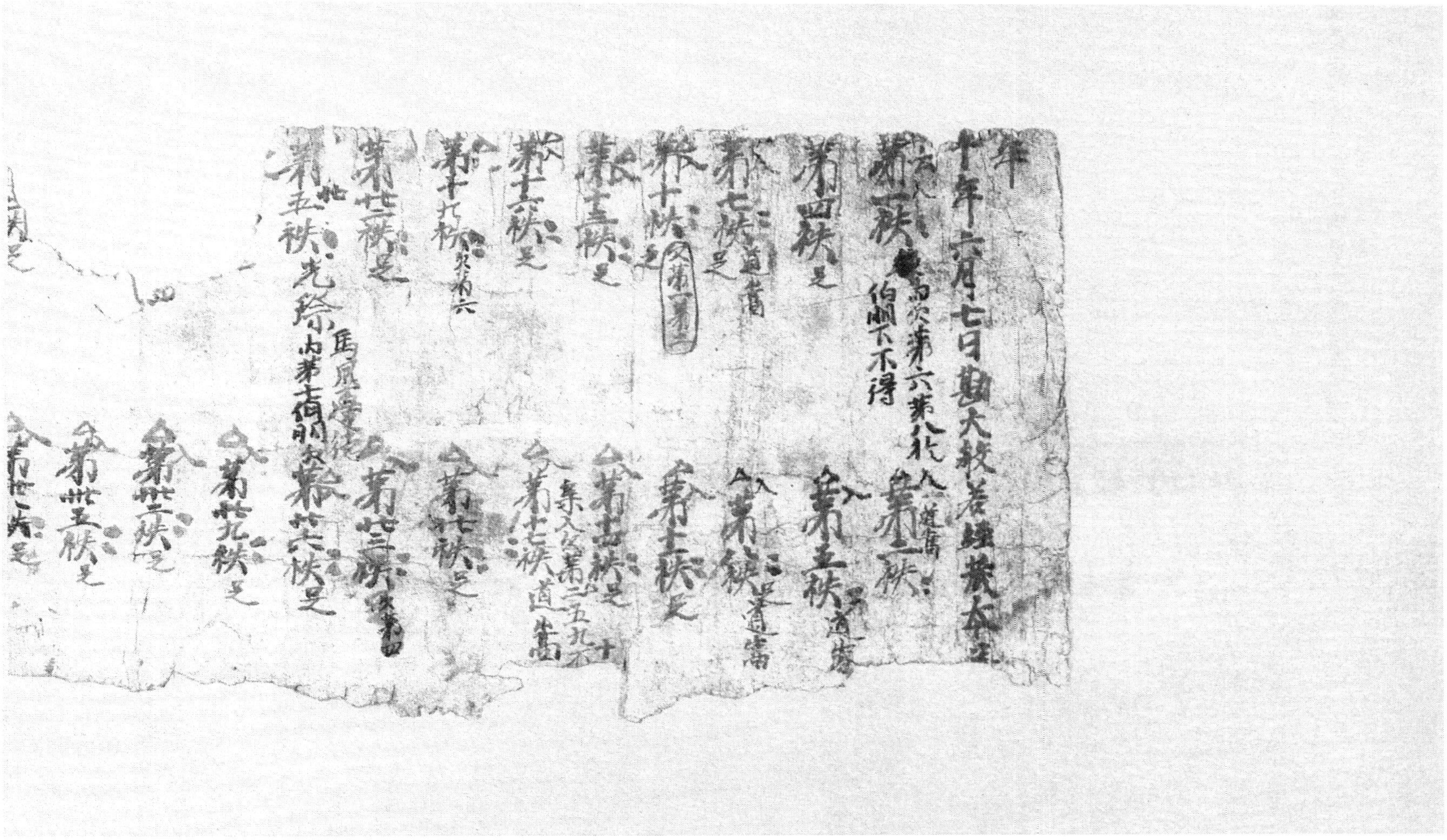

BD09322 號背　午年六月七日大般若波羅蜜多經藏本點勘録（擬）　（2–1）

BD09322 號背　午年六月七日大般若波羅蜜多經藏本點勘録（擬）　（2–2）

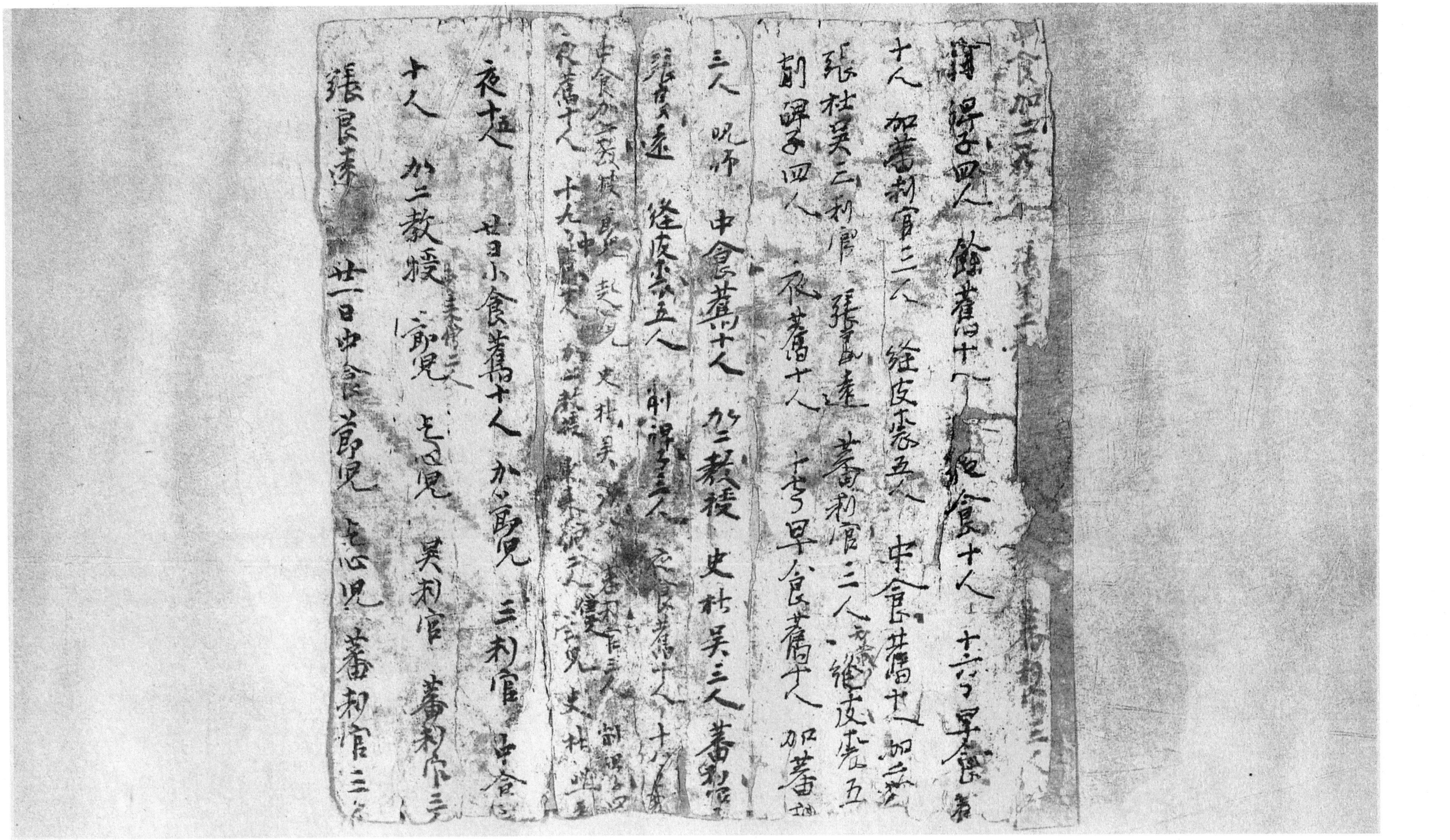

BD09323號　吐蕃時期某寺香積廚手帖（擬）　（1-1）

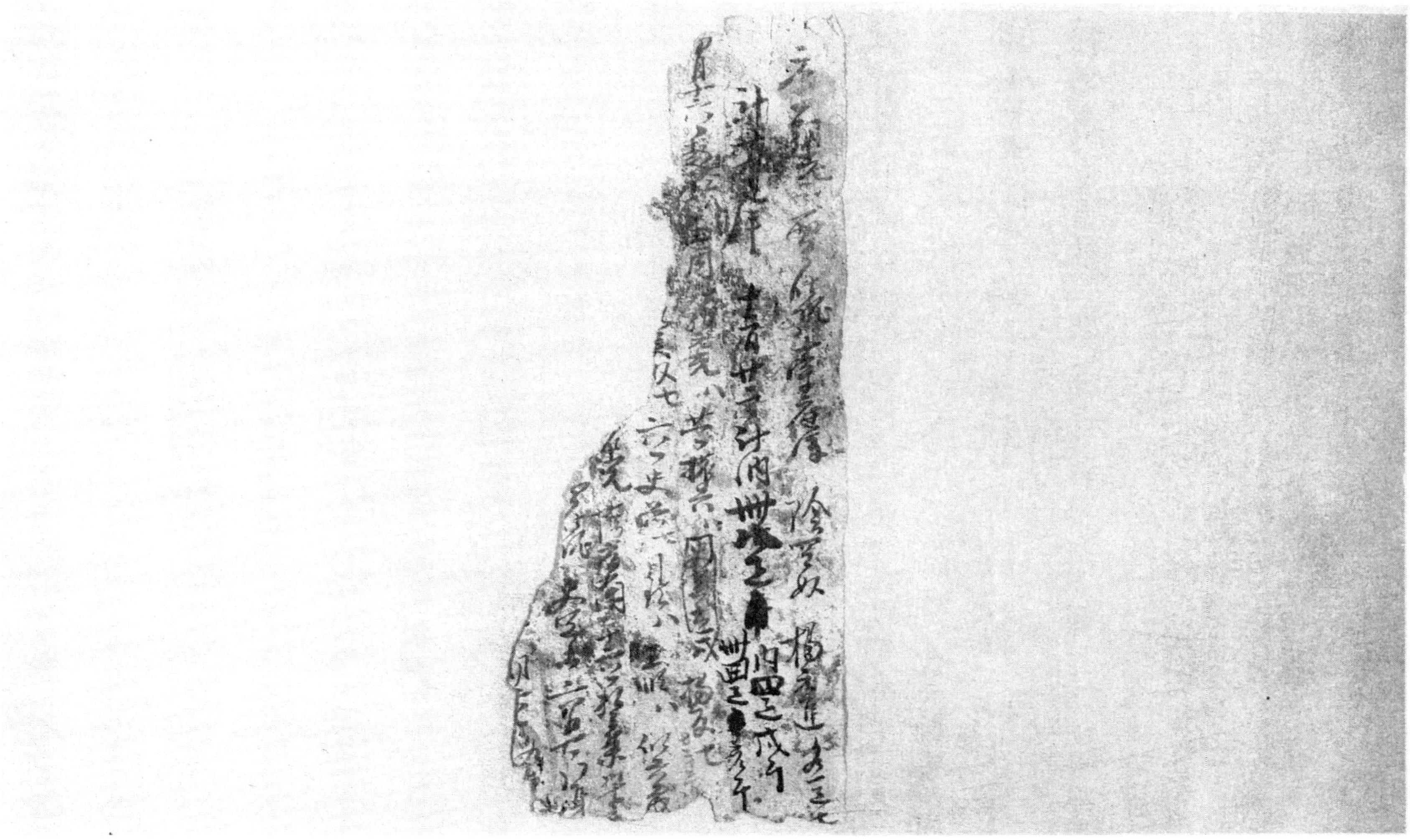

BD09324 號　吐蕃時期某寺諸色物歷（擬）　　（2–1）

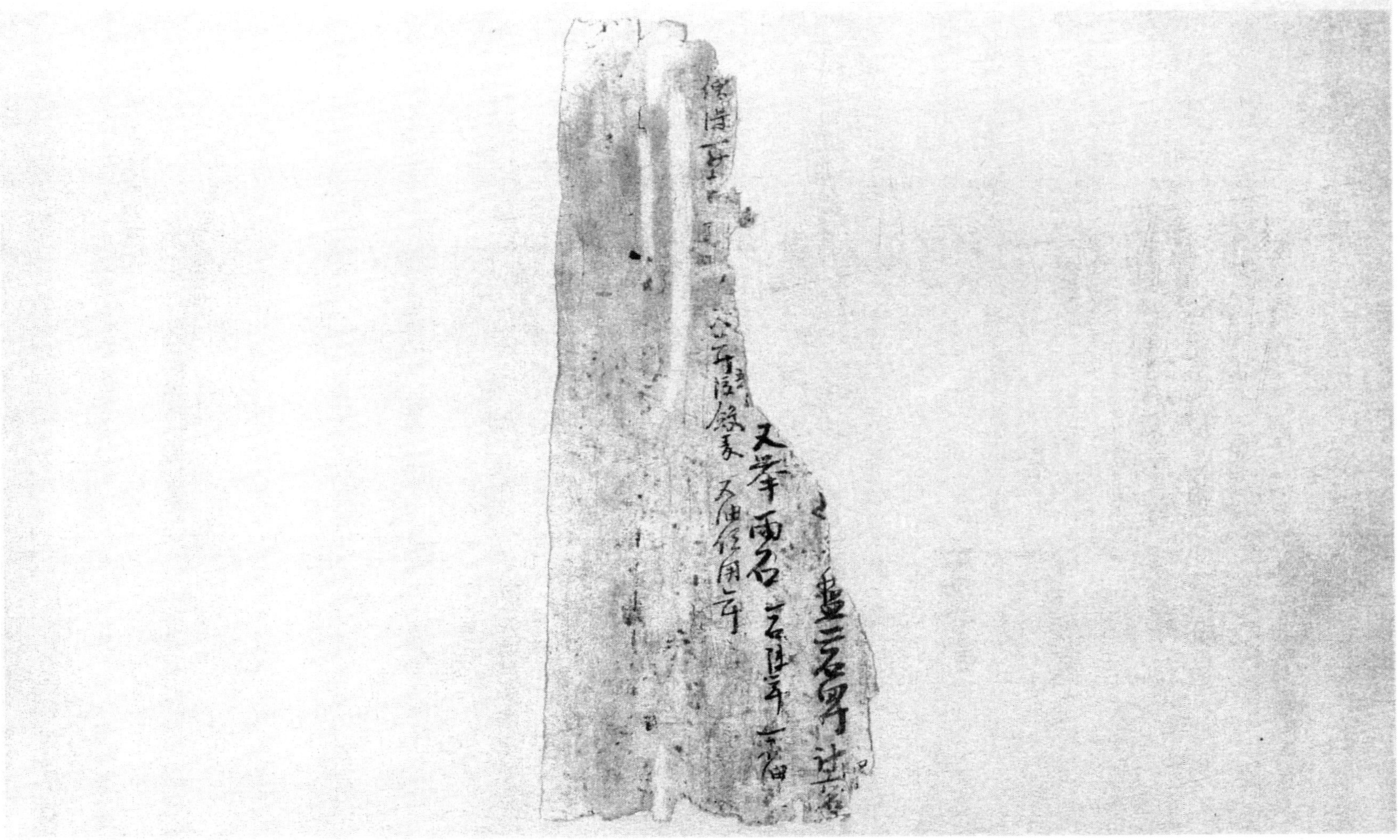

BD09324 號背　吐蕃時期某寺諸色物歷（擬）　　（2–2）

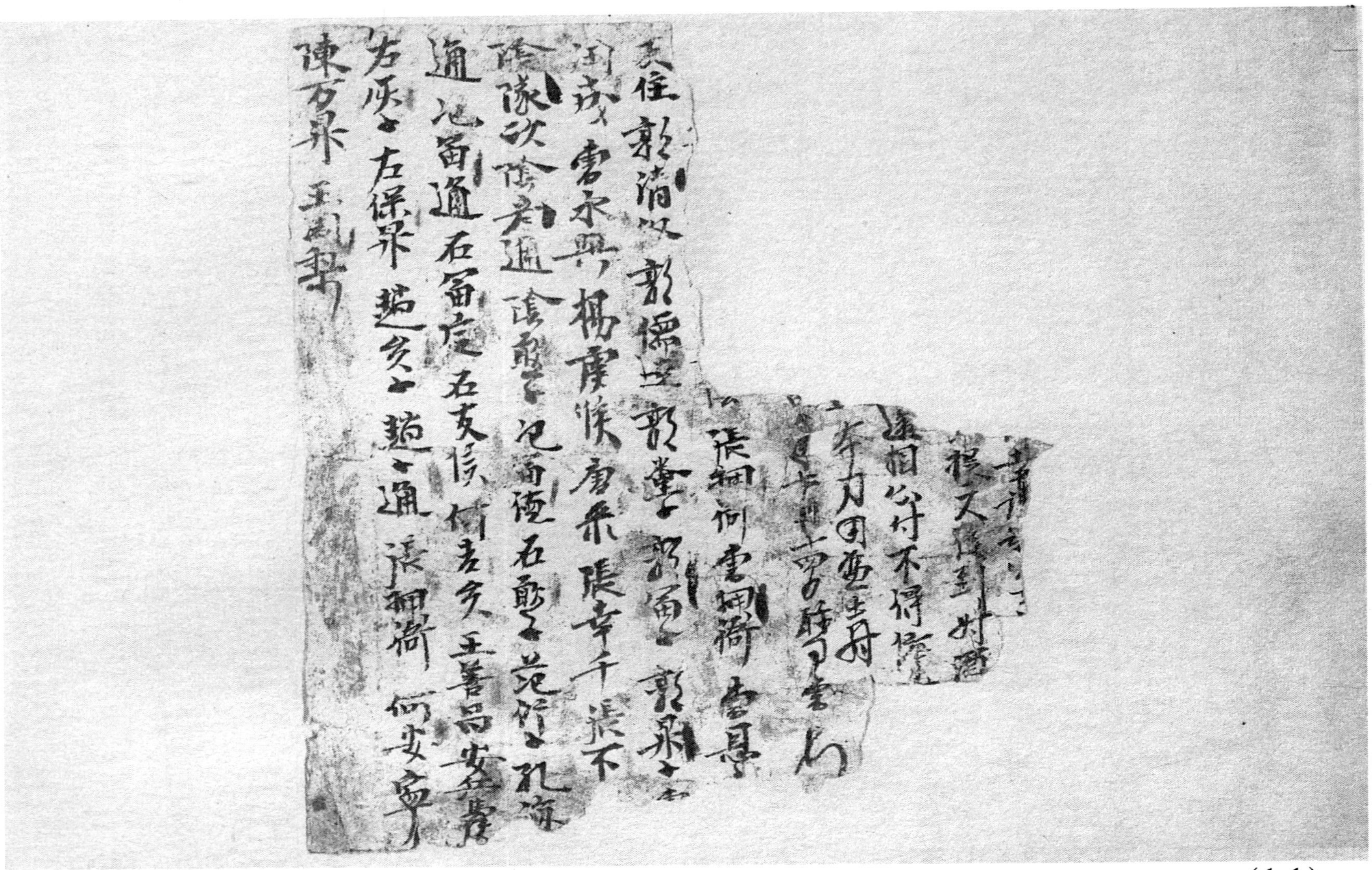

BD09325 號　社司轉帖（擬）　（1–1）

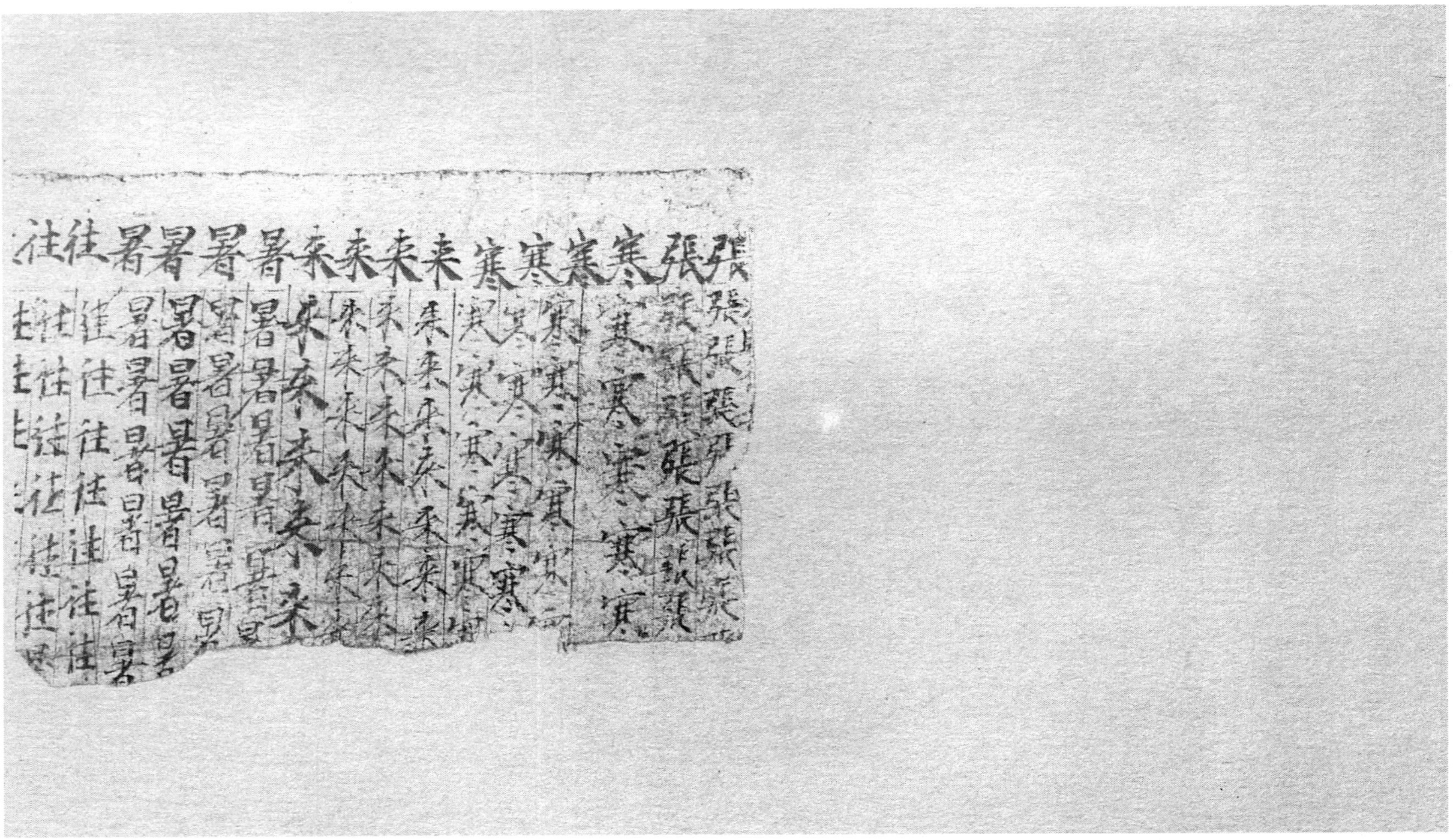

BD09326 號　千字文習字（擬）　（4–1）

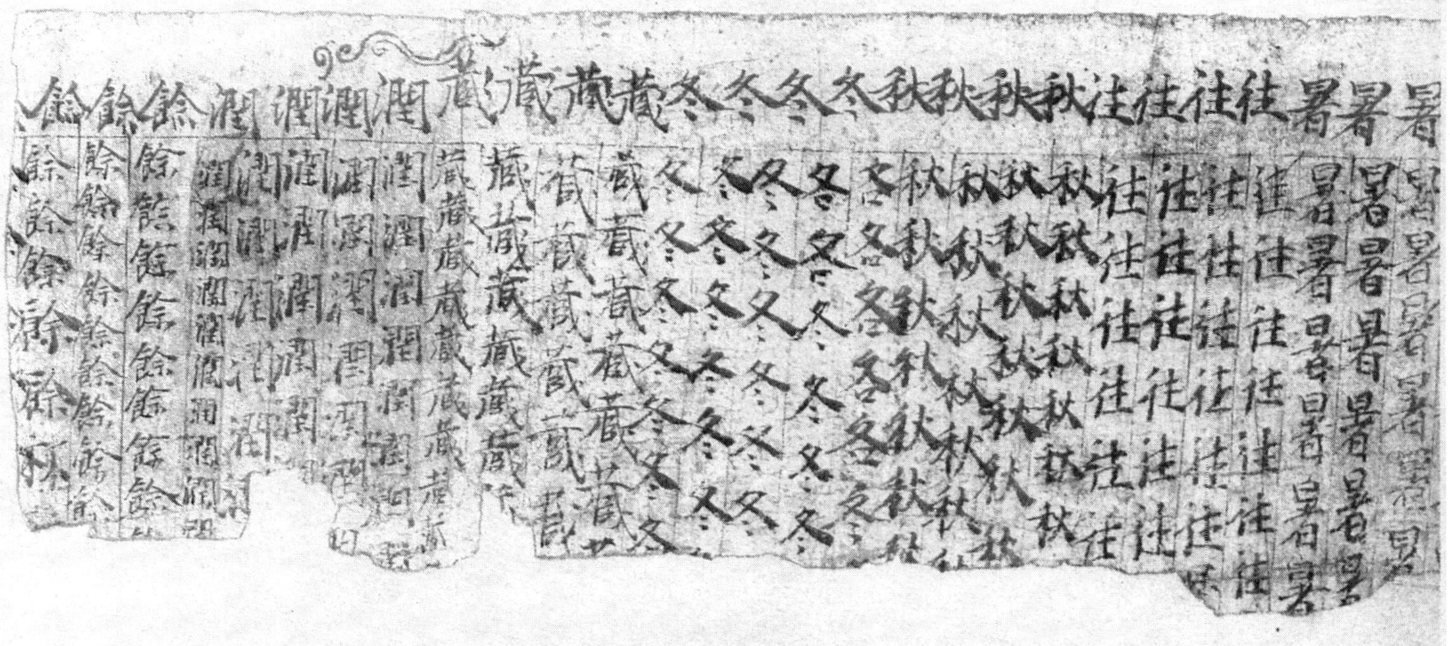

BD09326 號　千字文習字（擬）　　（4–2）

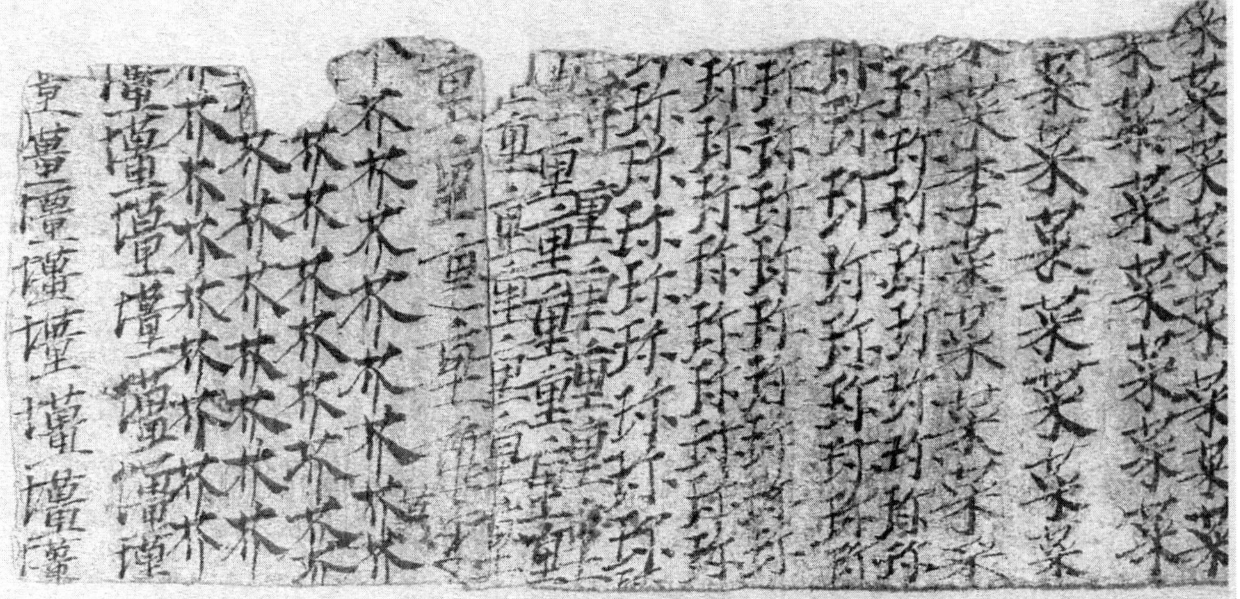

BD09326 號背　千字文習字（擬）　　（4–3）

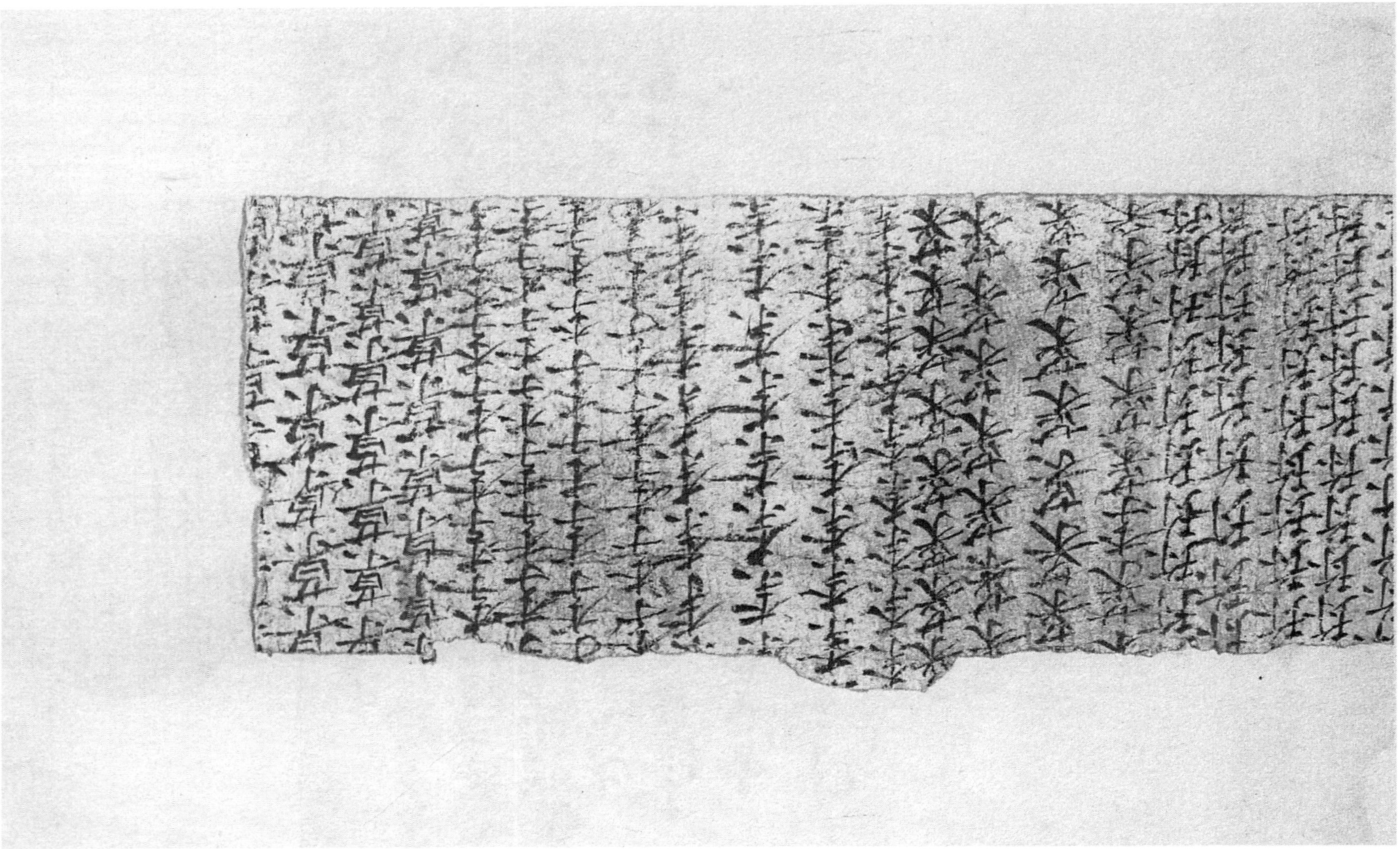

BD09326 號背　千字文習字（擬）　　（4–4）

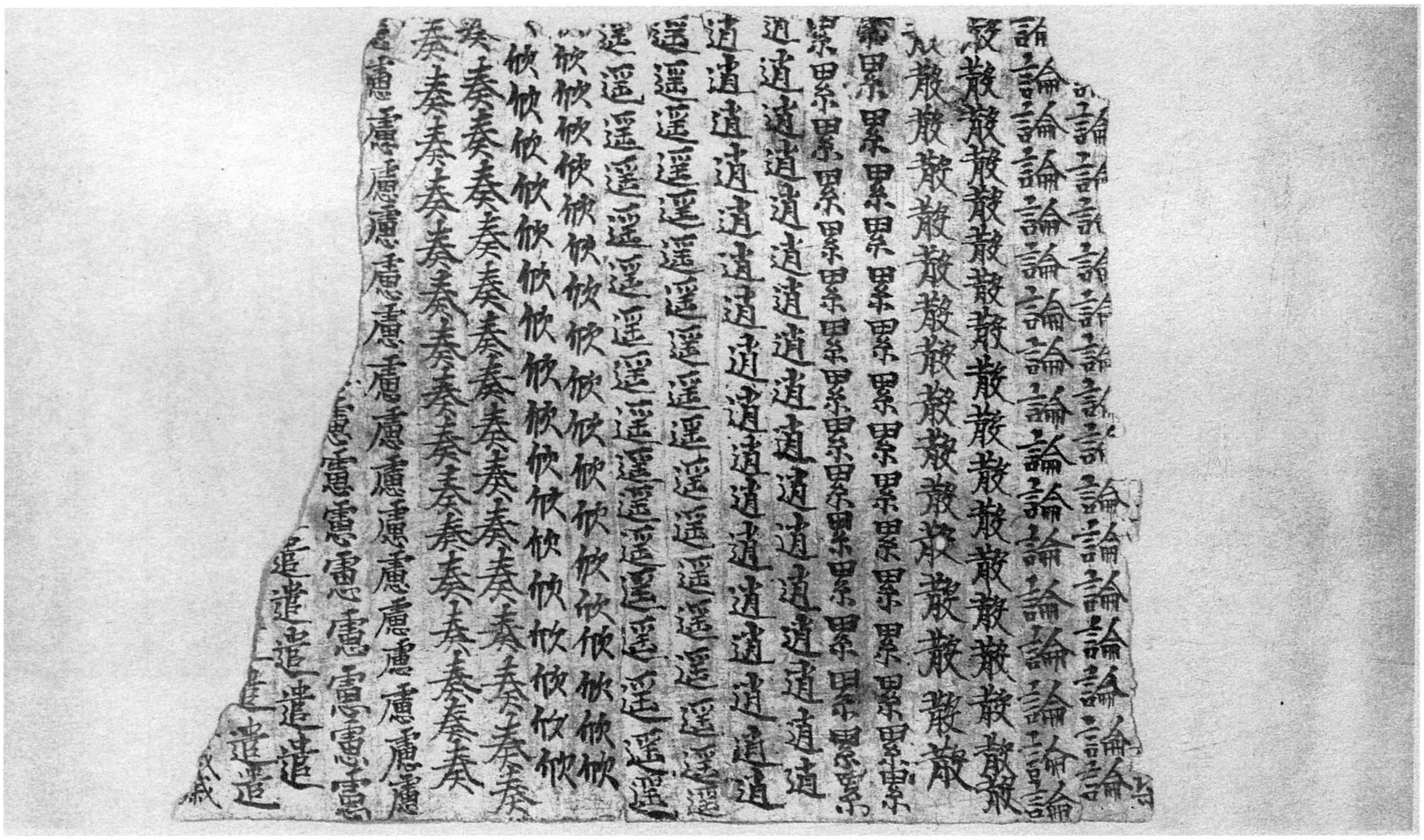

BD09327 號　千字文習字（擬）　　（1–1）

BD09328 號　千字文習字（擬）　（2–1）

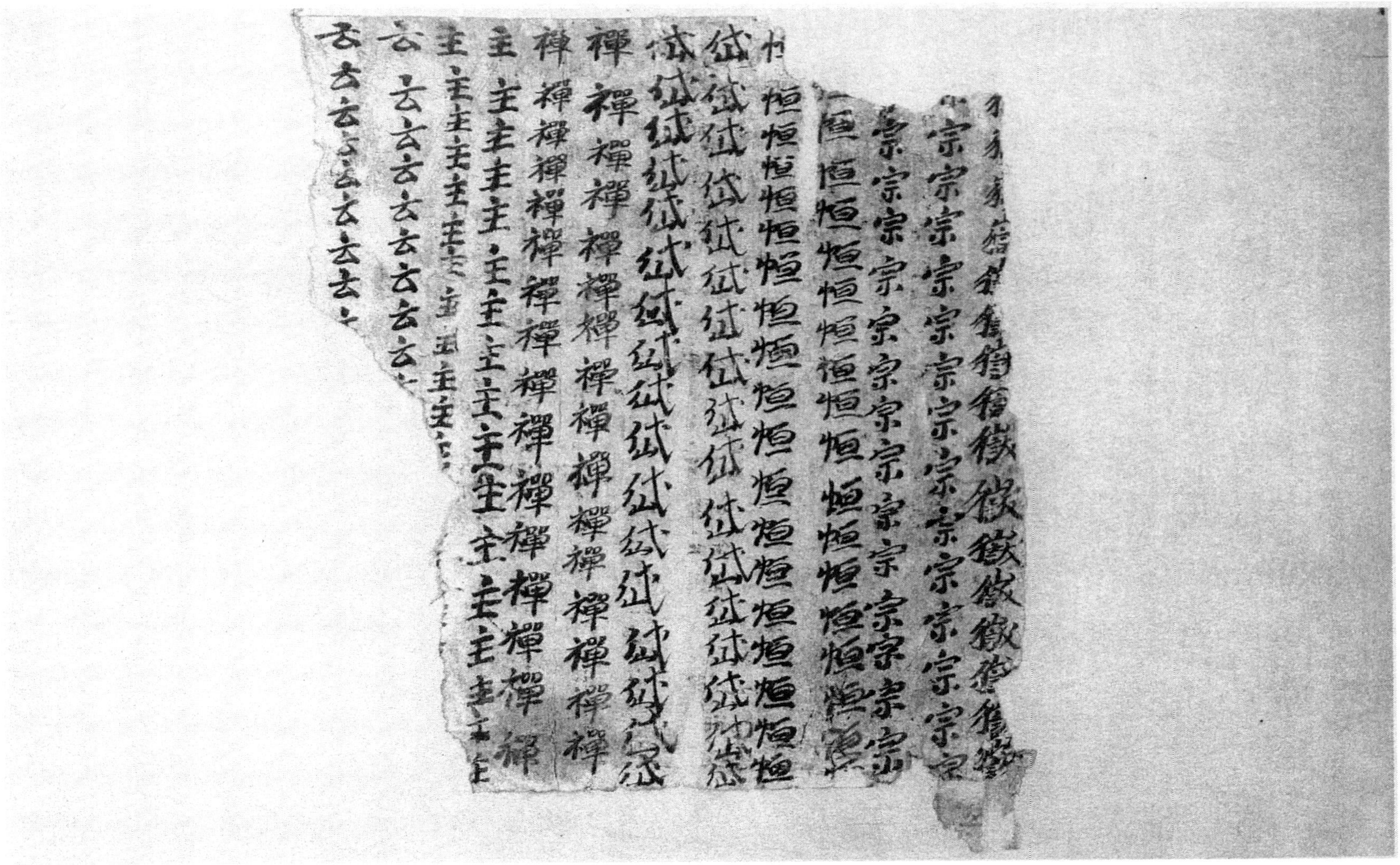

BD09328 號背　千字文習字（擬）　（2–2）

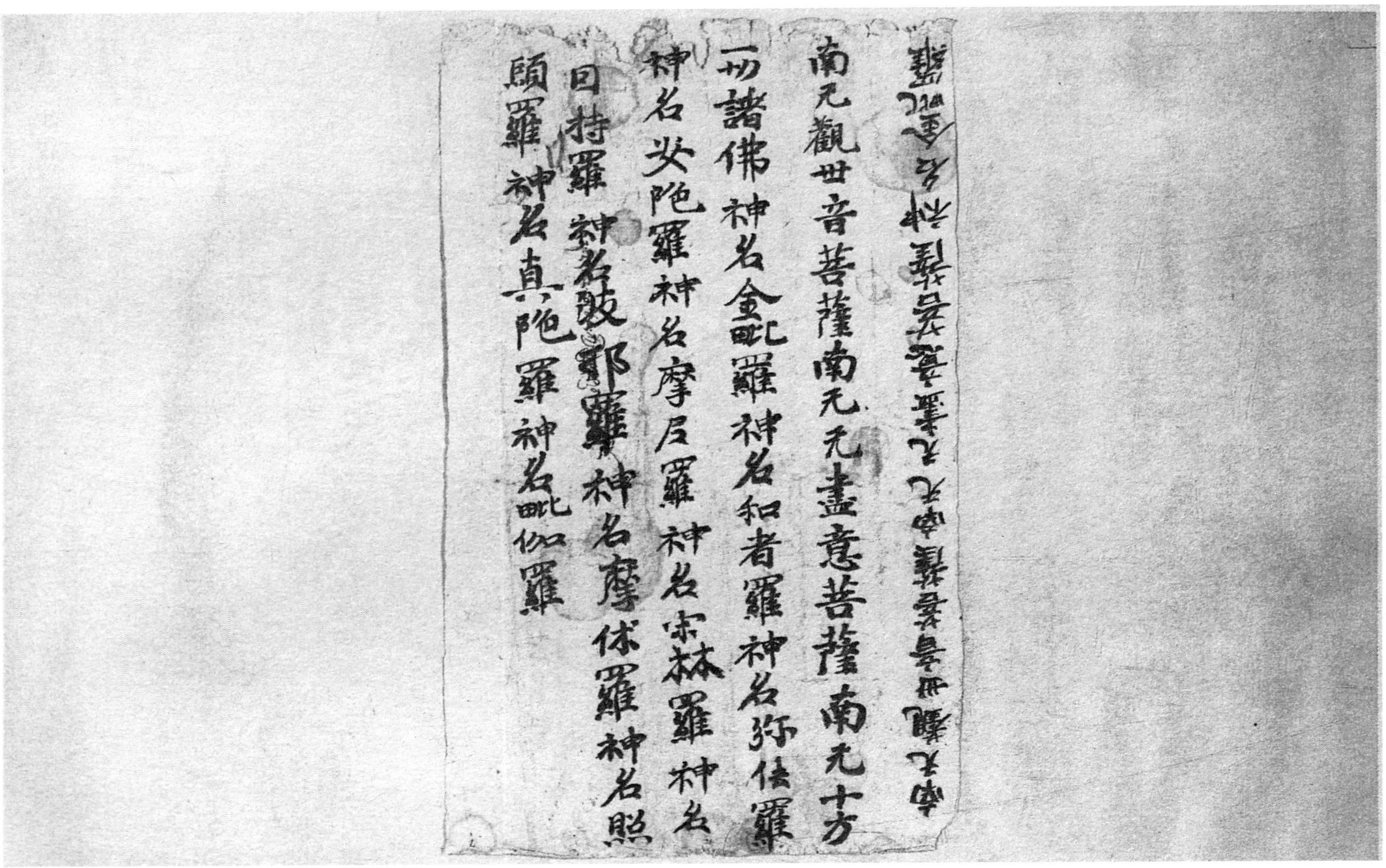

南无觀世音菩薩南无无盡意菩薩南无十方
一切諸佛神名金毗羅神名和者羅神名彌佉羅
神名安陁羅神名摩尼羅神名宋林羅神名
因持羅神名波耶羅神名摩休羅神名照
頭羅神名真陁羅神名毗伽羅

BD09329 號　敬禮十二神王（擬）　（1–1）

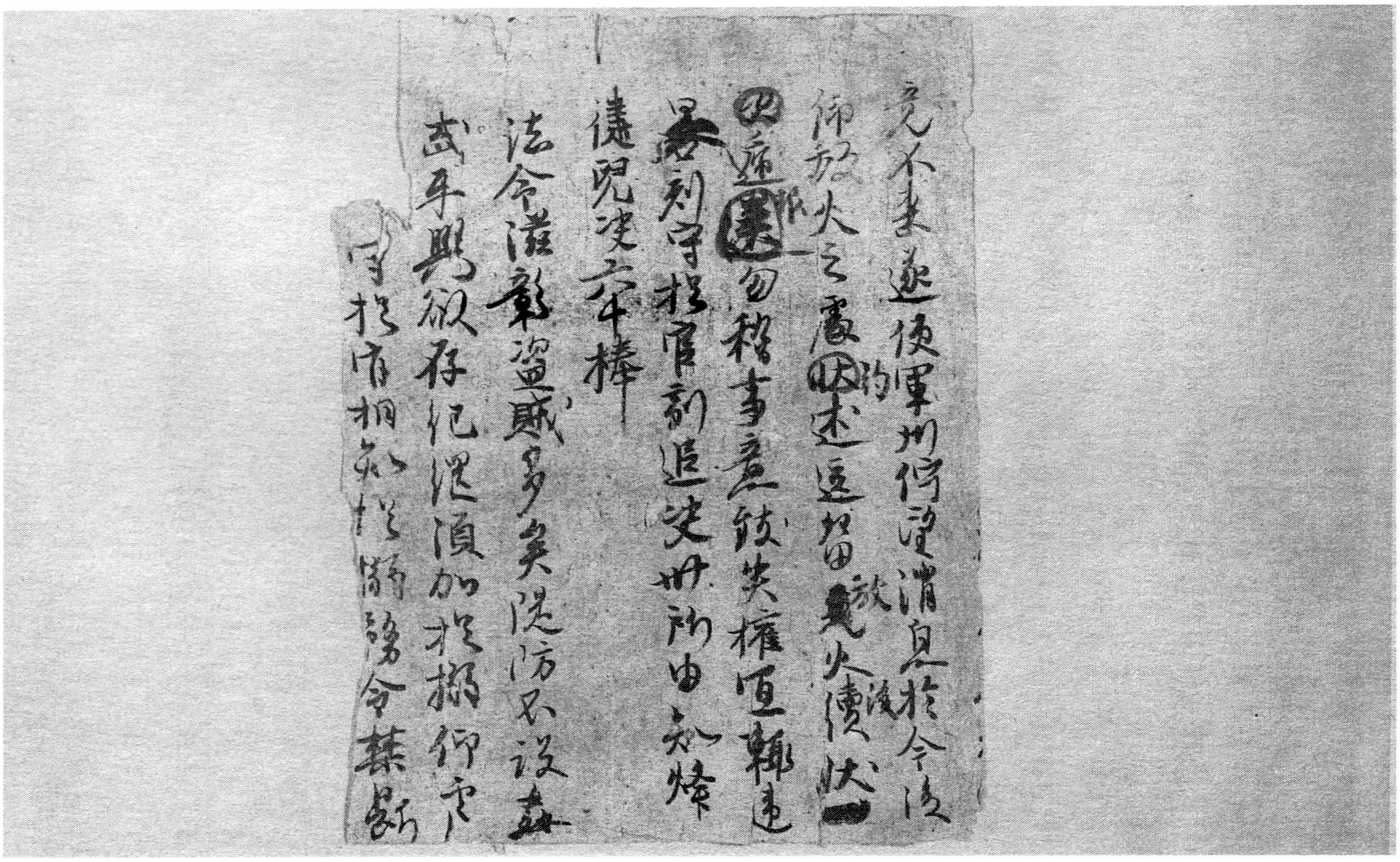

BD09330 號　令烽燧守捉官存紀綱加捉搦文（擬）　（1–1）

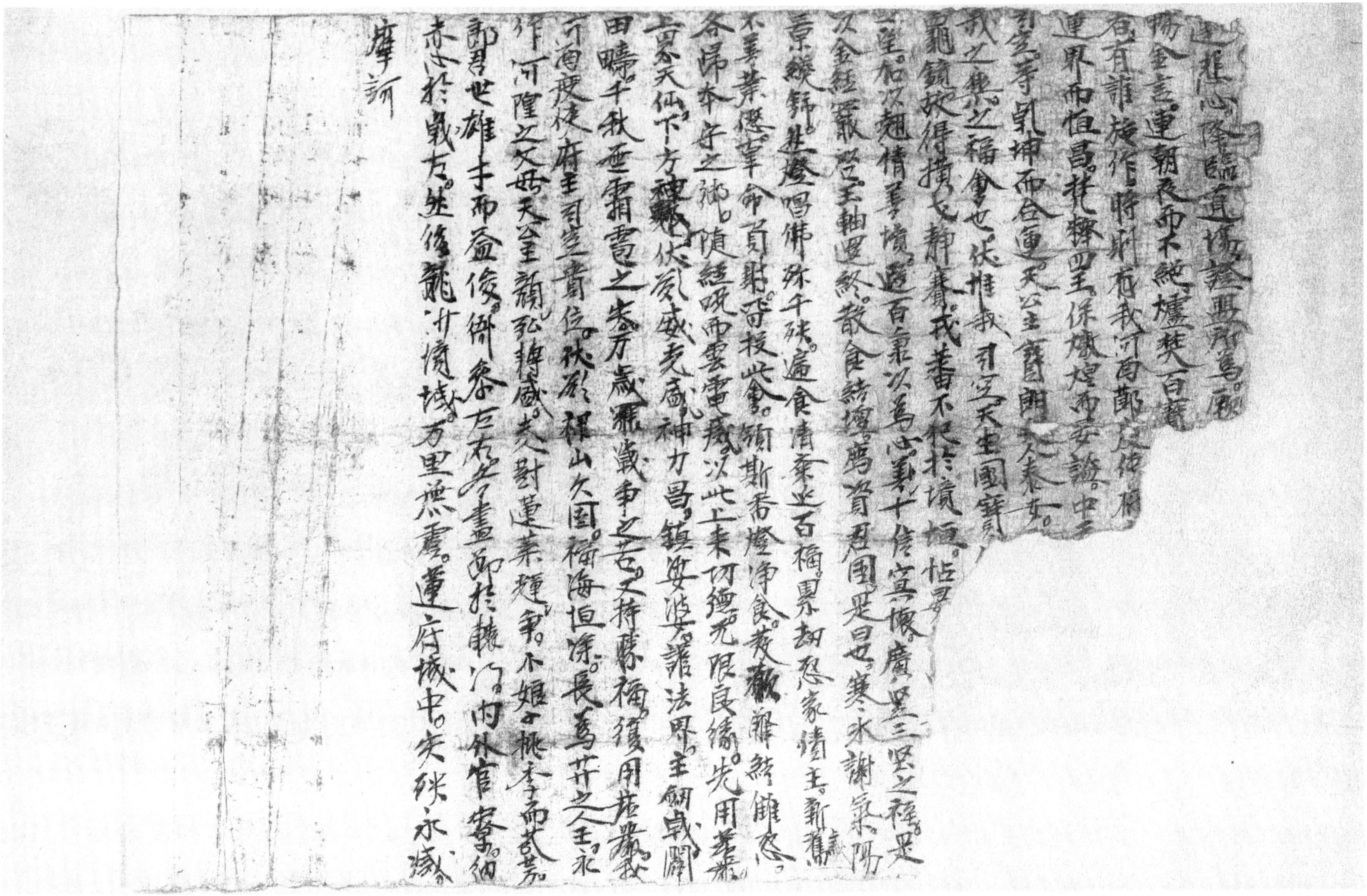

BD09331號　散食結壇文（擬）

（1-1）

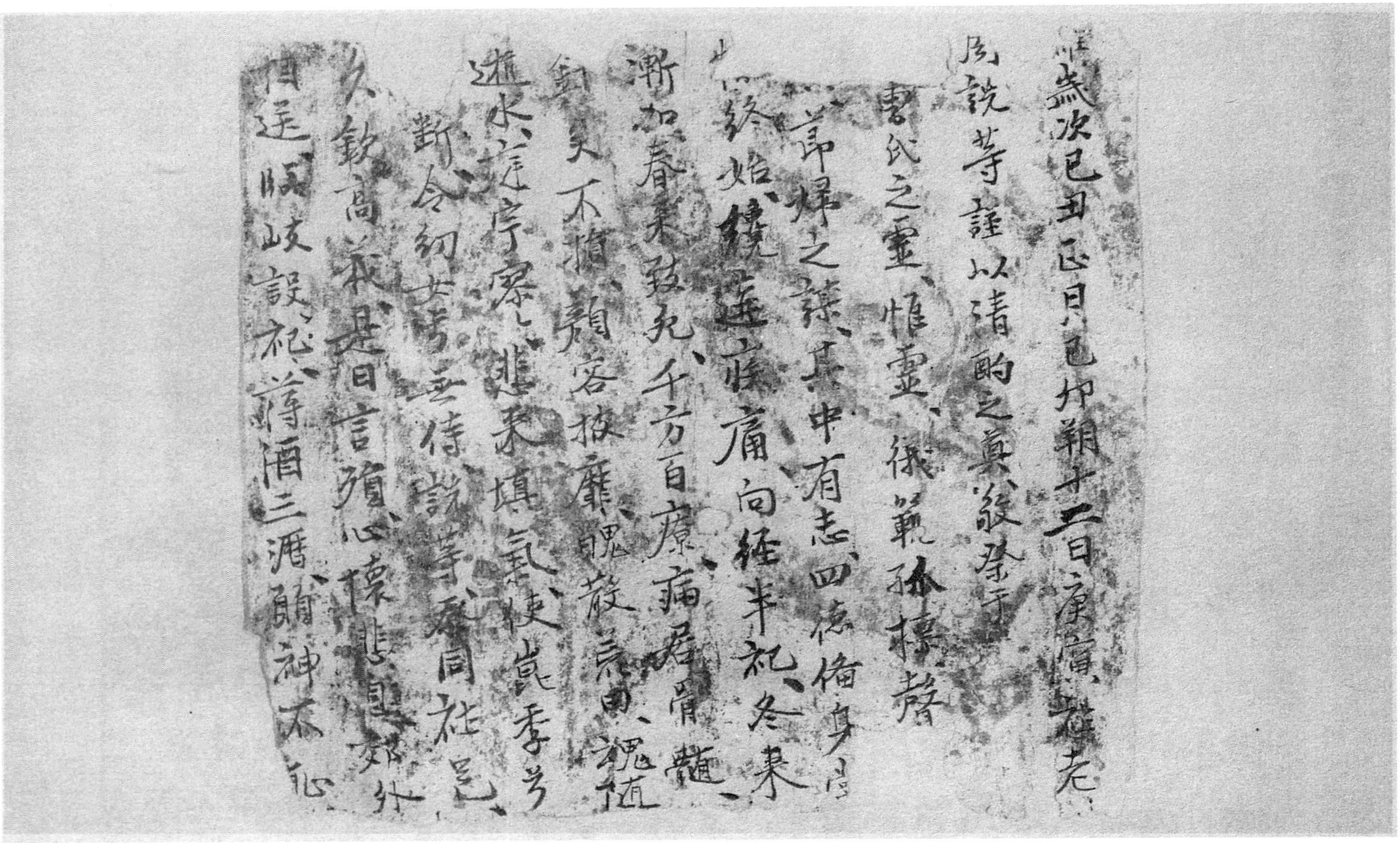

BD09332 號　己丑正月周詵等同社邑人祭曹氏文（擬）　（1–1）

BD09332 號背　己丑正月曹仁德妻亡納贈歷（擬）　（1–1）

BD09333 號　諸色破歷（擬）　　（1–1）

BD09333 號背 1　戊子年正月周祿子等祭丈母文（擬）　　（1–1）

BD09333 號背 2　戊年賣麥廿馱牒（擬）

BD09333 號背 3　百姓張萬興牒（擬）

BD09334 號　某年給姜玄表等冬衣狀（擬）　　（1–1）

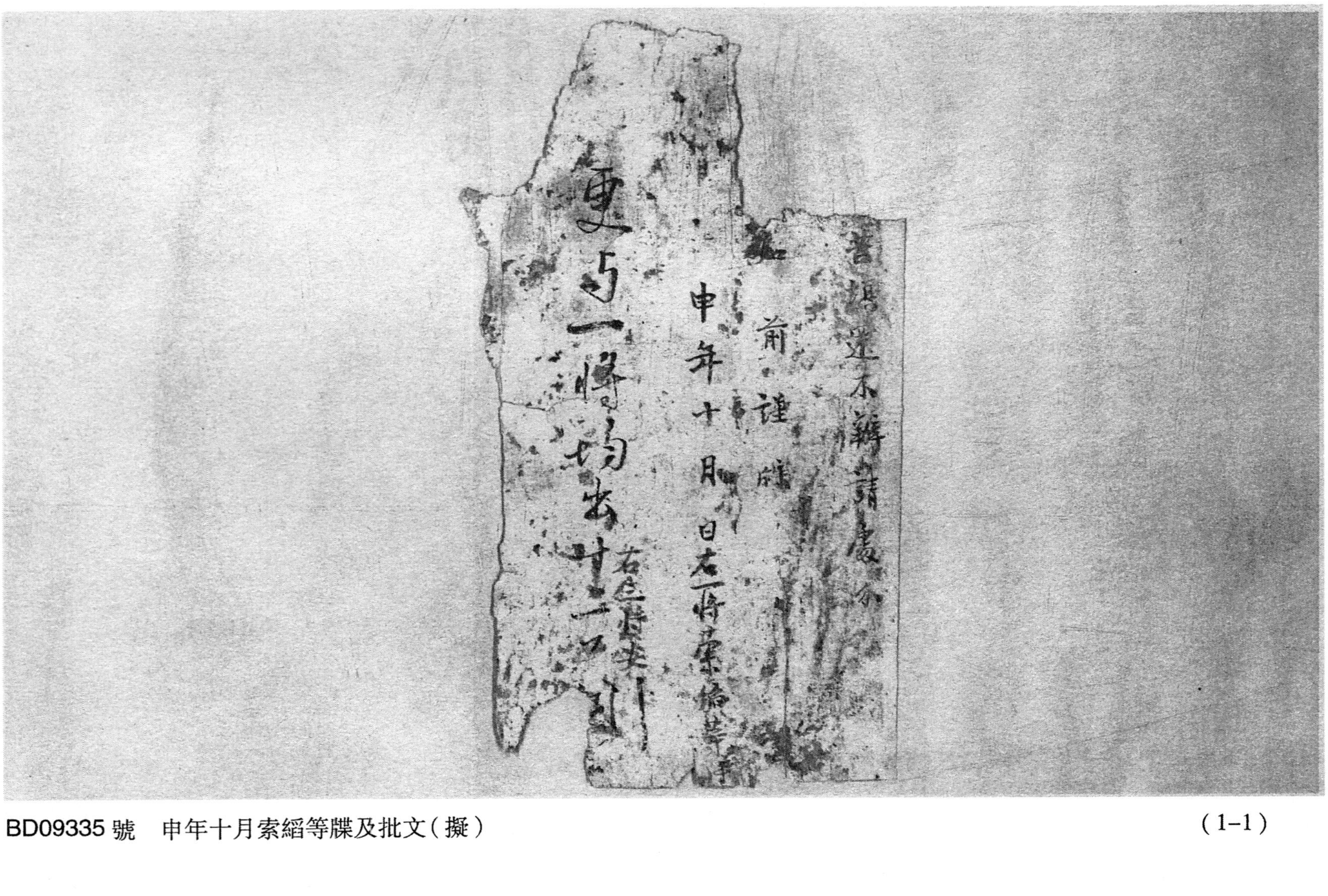

BD09335 號　申年十月索縚等牒及批文（擬）　　（1–1）

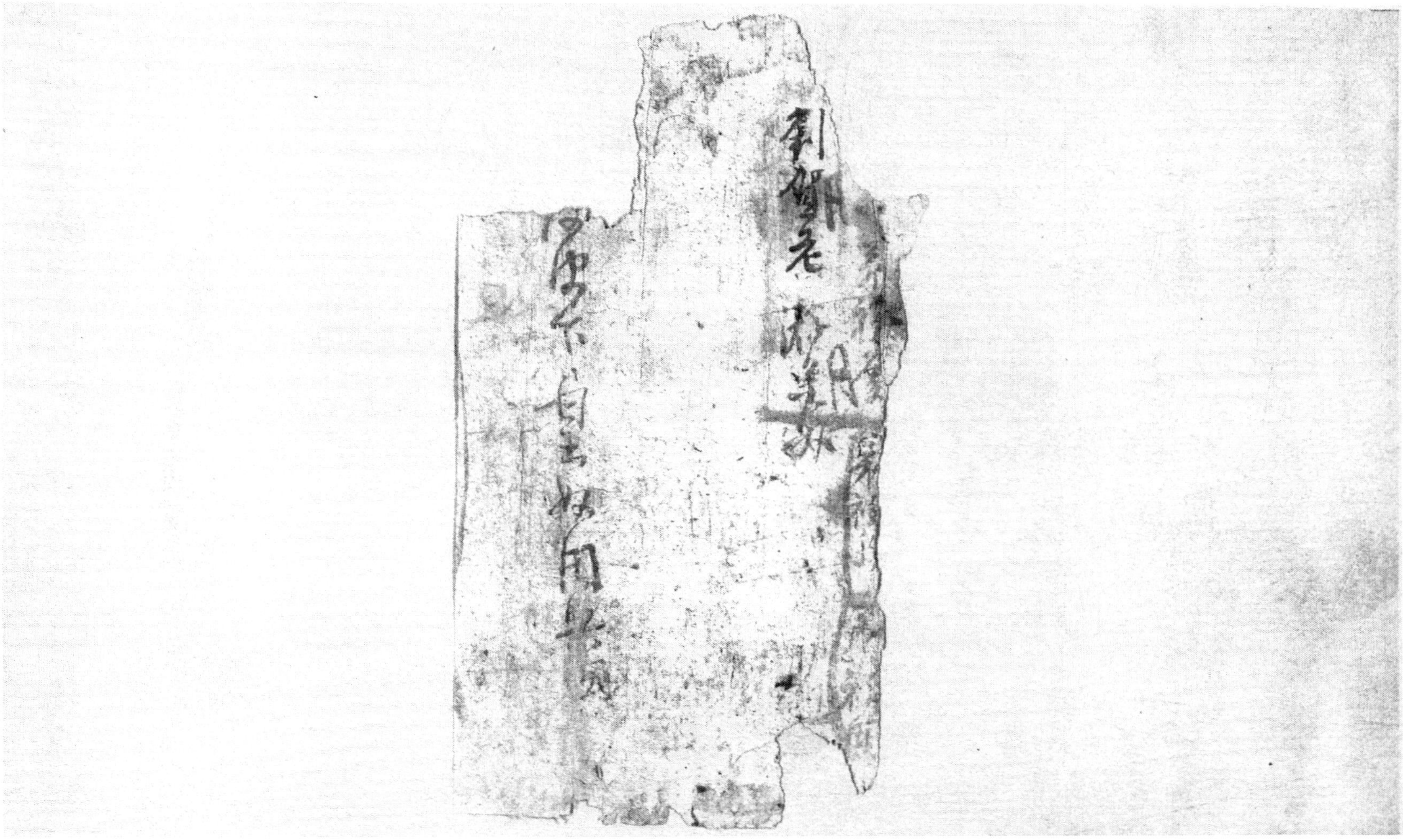

BD09335 號背　殘名錄（擬）　　（1–1）

BD09336 號　沙州刺史致僧錄和尚狀（擬）　　（1–1）

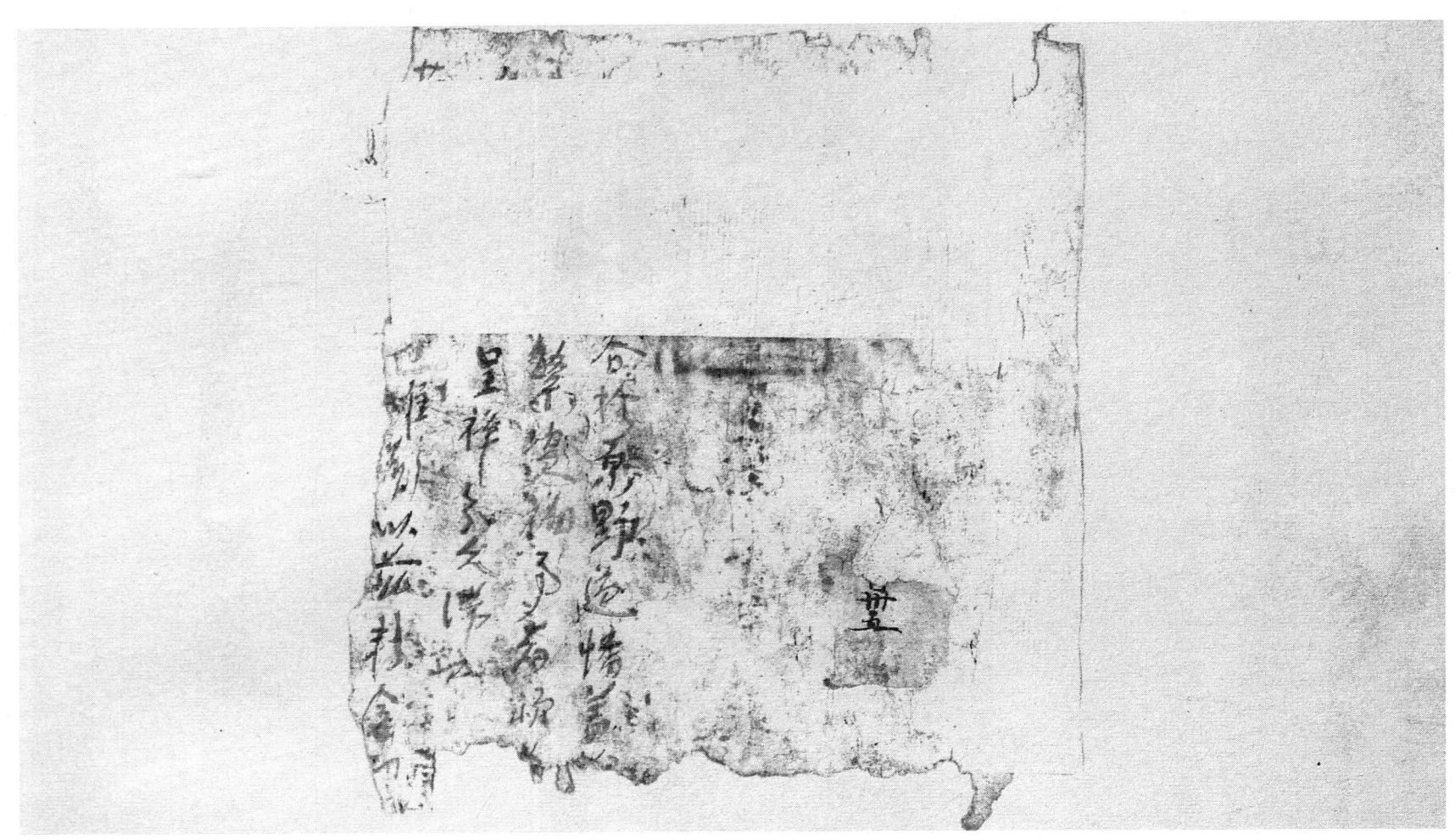

BD09336 號背　轉經功德迴施疏（擬）　　（1–1）

BD09337 號+BD09342 號+BD09347 號　孝方等求補車坊官狀並判詞（擬）

（2–1）

BD09337 號+BD09342 號+BD09347 號　孝方等求補車坊官狀並判詞（擬）

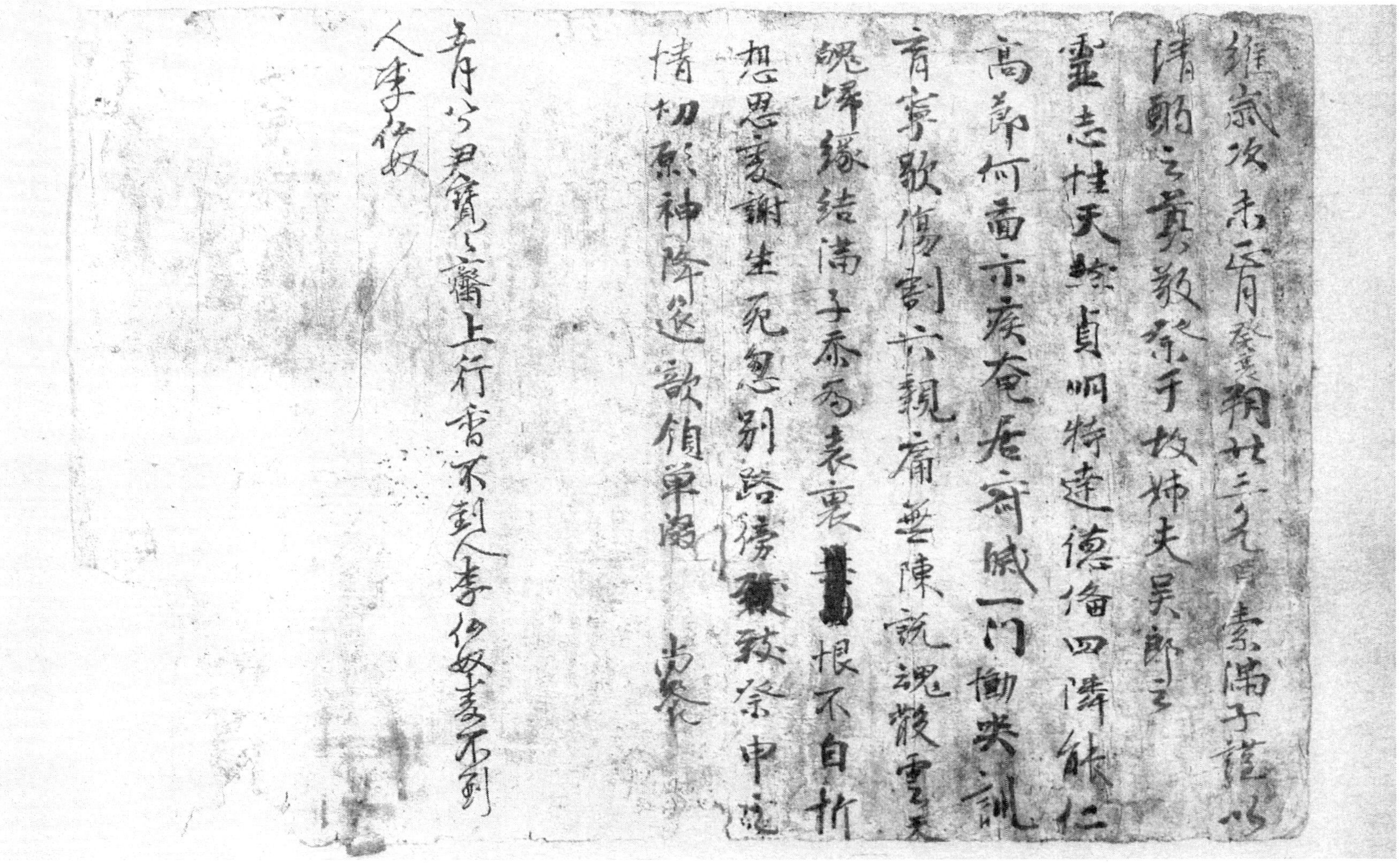

BD09338號1　未年正月索滿子祭姊丈吳郎文（擬）　（1-1）
BD09338號2　某年五月八日尹寶寶齋上行香不到人物條記（擬）

BD09339號　諸色破歷（擬）　（1-1）

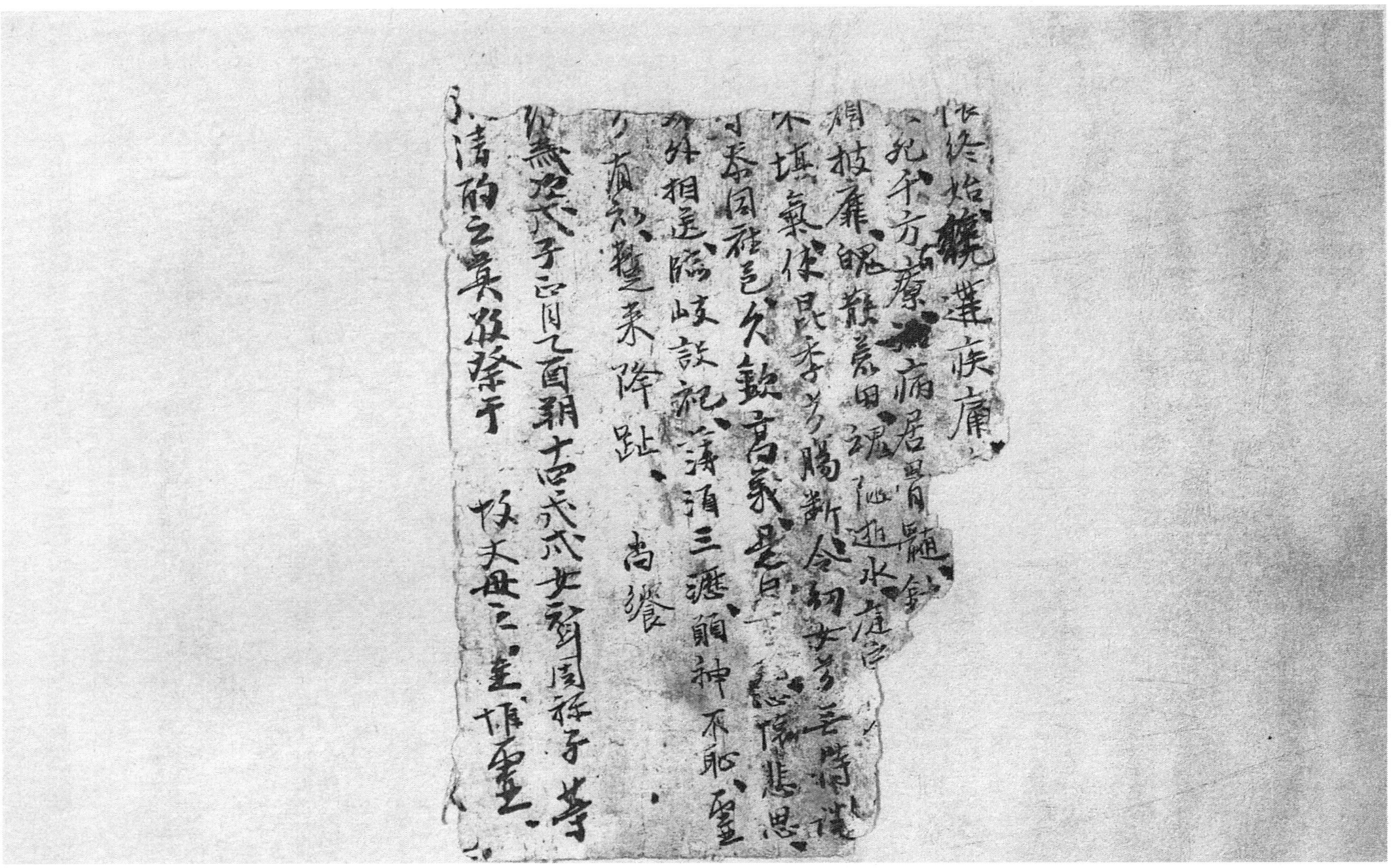

BD09339 號背 1　己丑正月周詵等同社邑人祭曹氏文（擬）　（1–1）

BD09339 號背 2　戊子年正月周禄子等祭丈母文（擬）

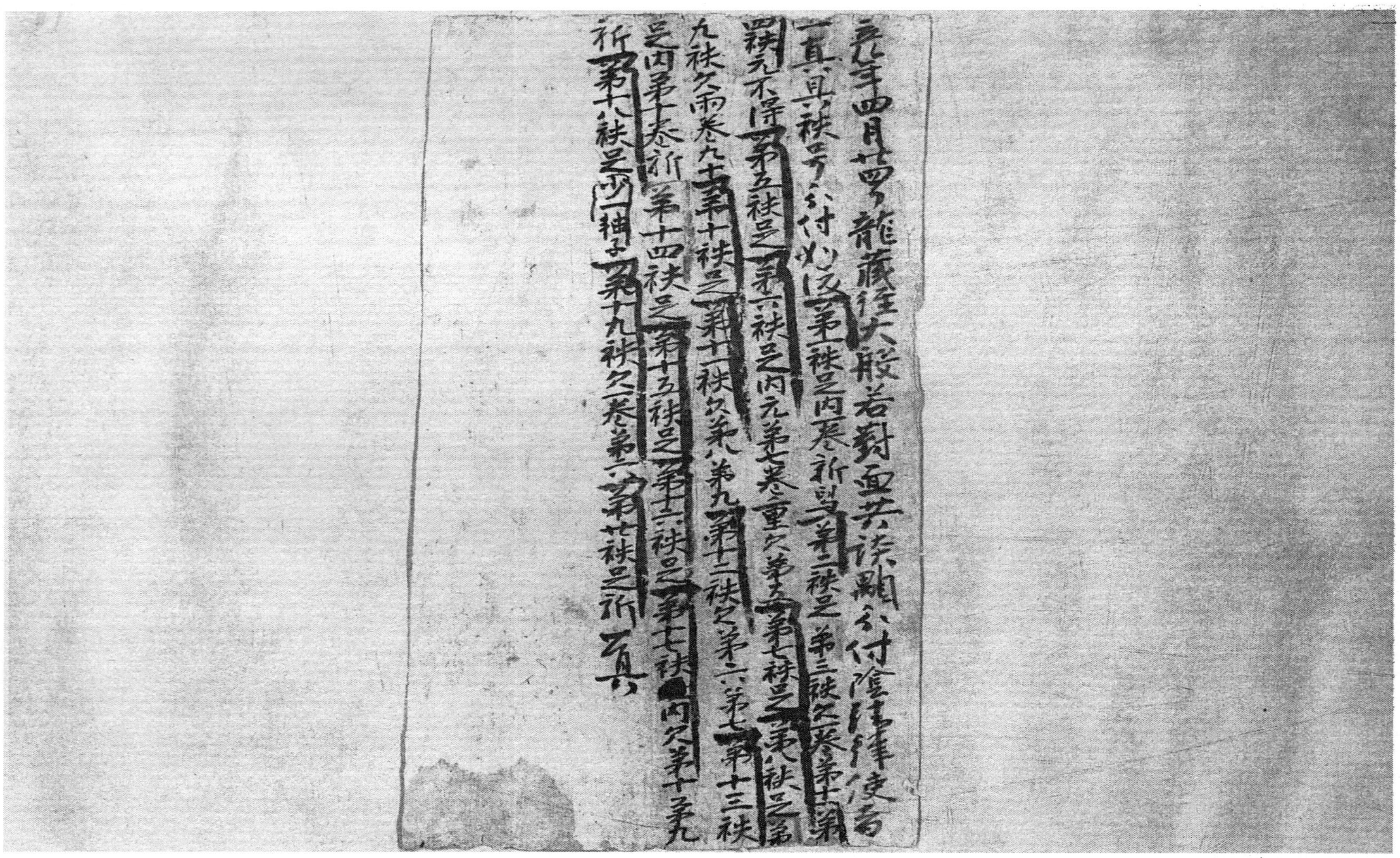

BD09340 號　亥年四月二十四日一真借龍興寺《大般若經》錄（擬）　（1–1）

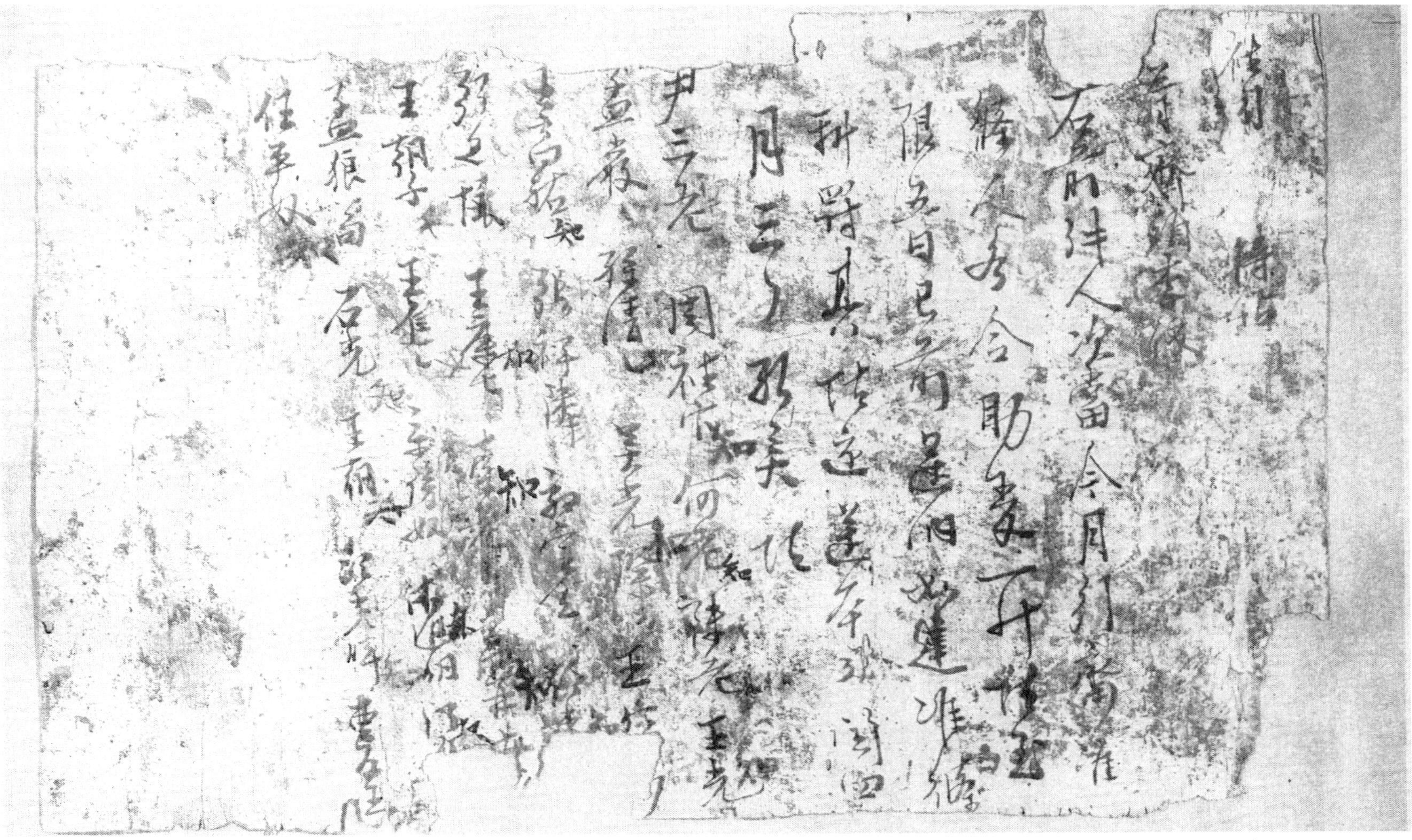

BD09341 號　社司轉帖　（1–1）

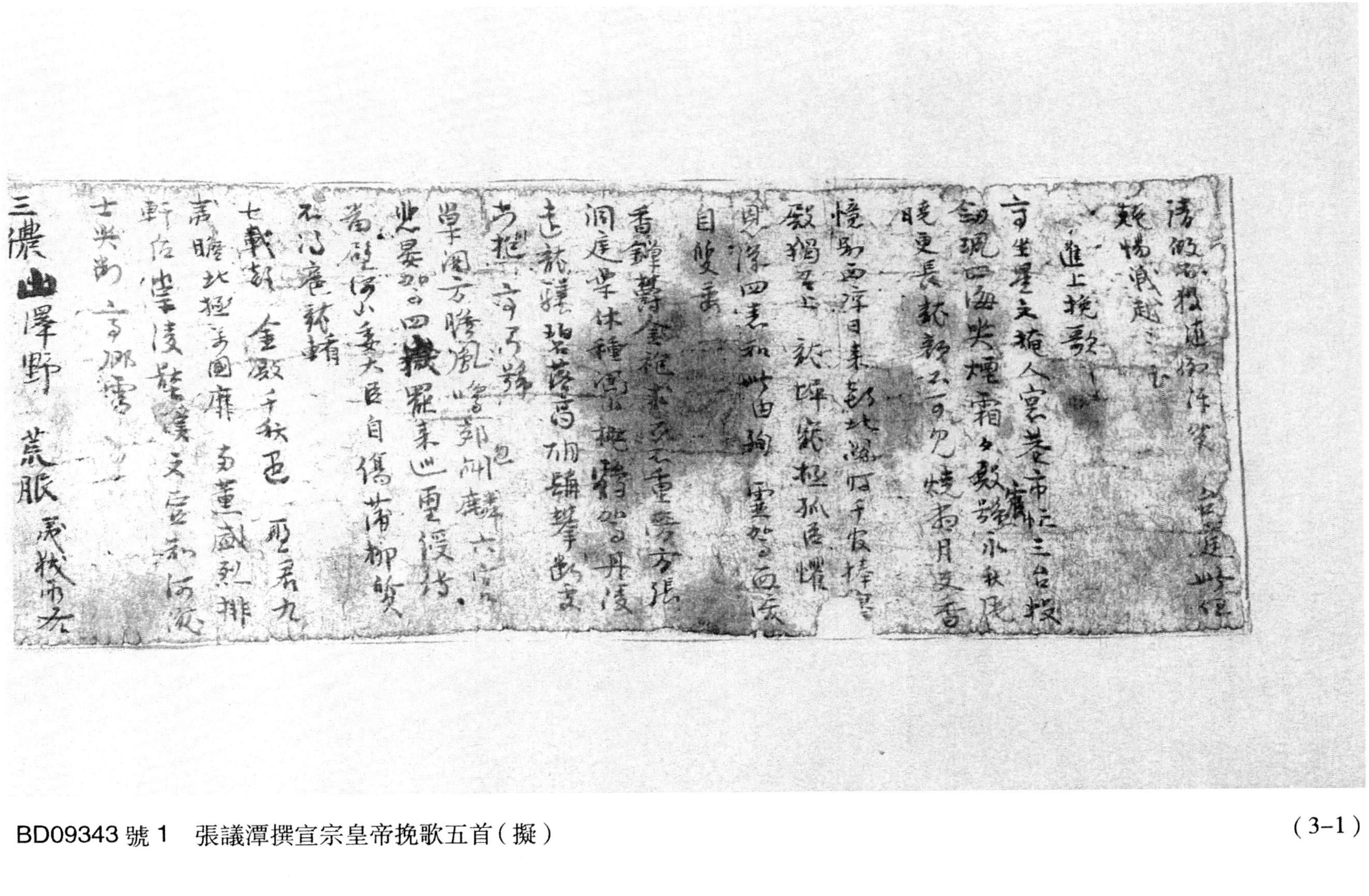

BD09343 號 1　張議潭撰宣宗皇帝挽歌五首（擬）　（3–1）

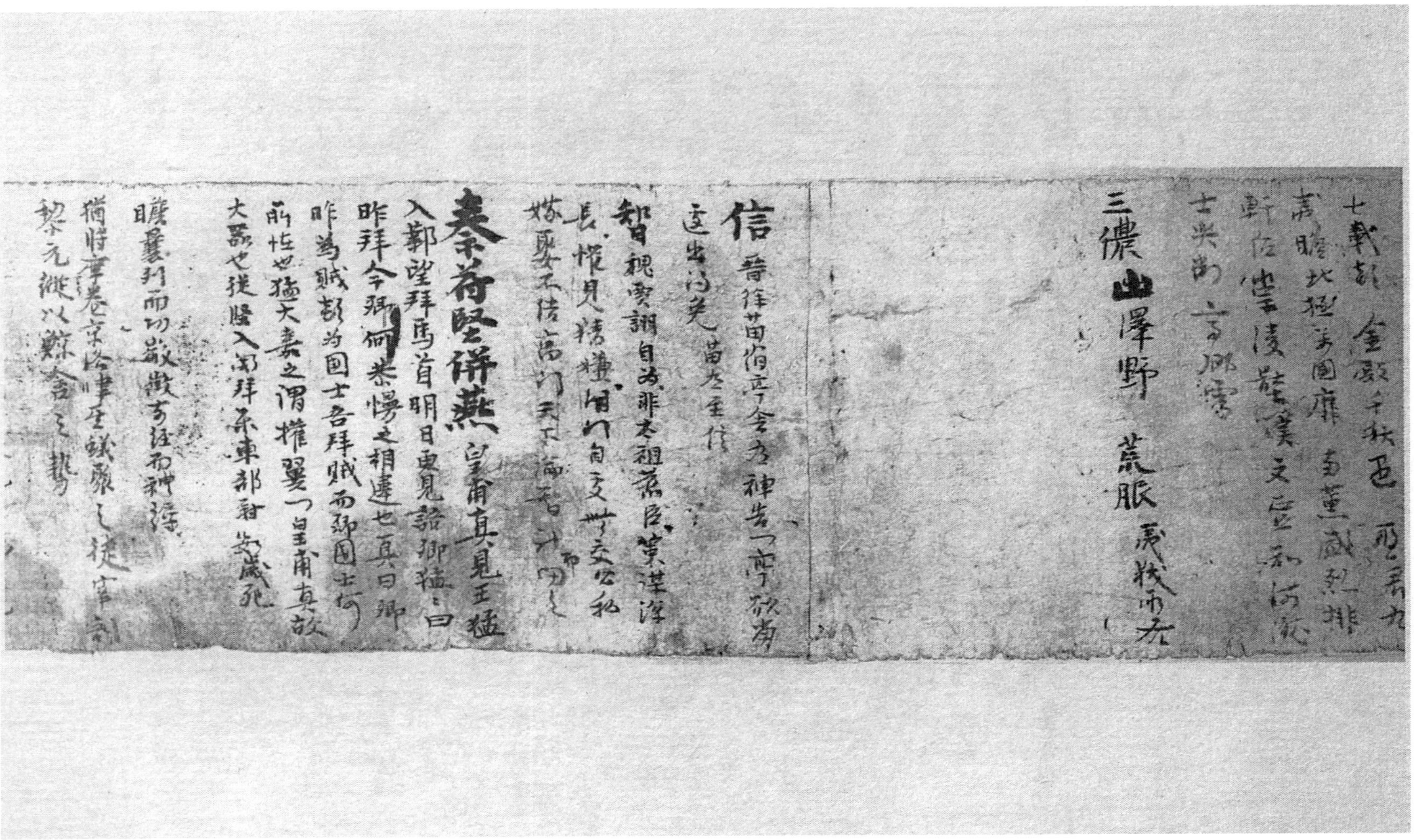

BD09343 號 2　不知名類書鈔（擬）　（3–2）

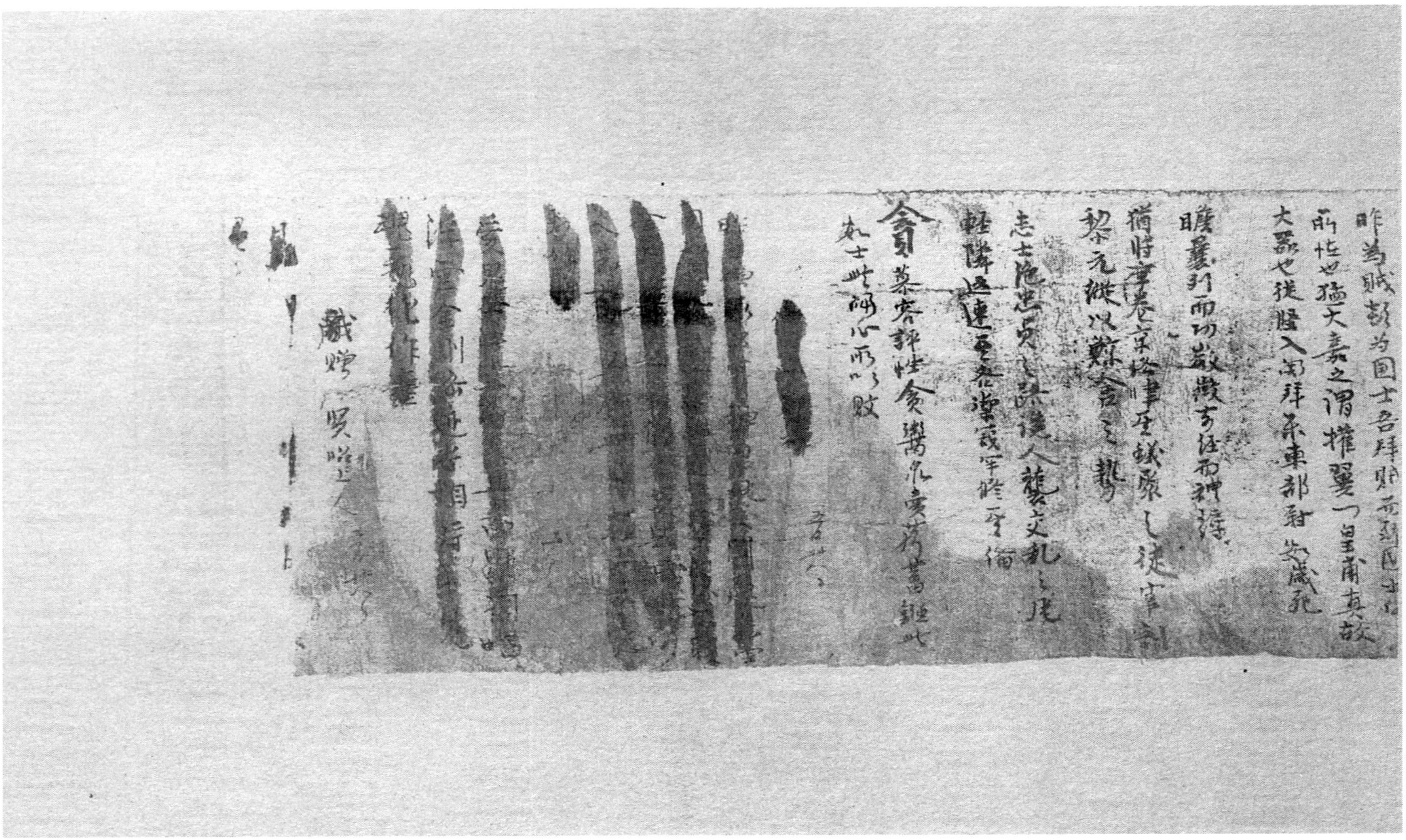

BD09343 號 2　不知名類書鈔（擬）　（3–3）
BD09343 號 3　僧家賽神等詩二首（擬）

BD09344 號　諸色破歷（擬）　　（1-1）

BD09344 號背　丁未年十月社長瞿良友祭太原王丈人文（擬）　　（1-1）

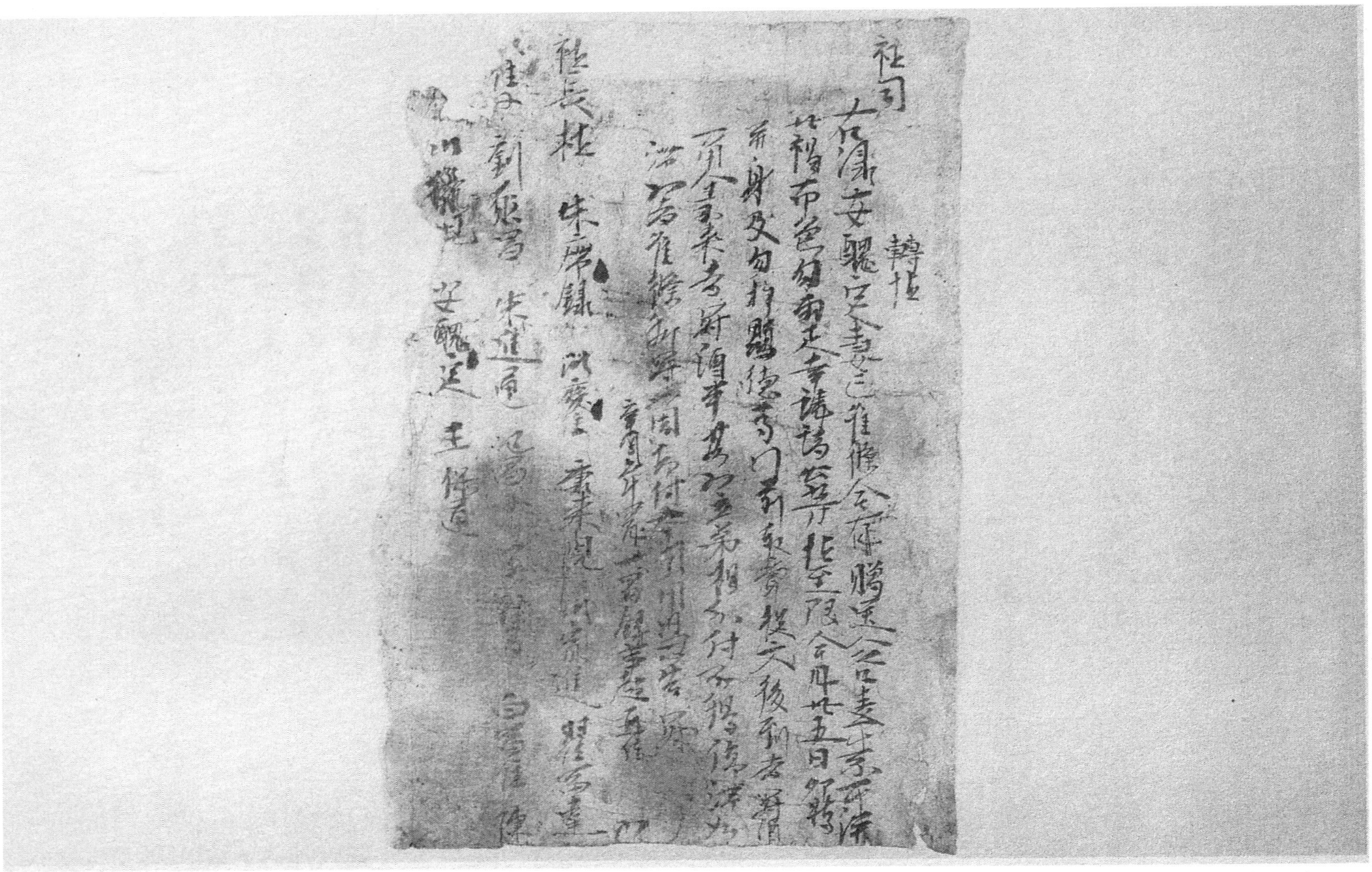

BD09345 號 A　辛酉年（961）四月安醜定妻亡社司轉帖（擬）　　（1–1）

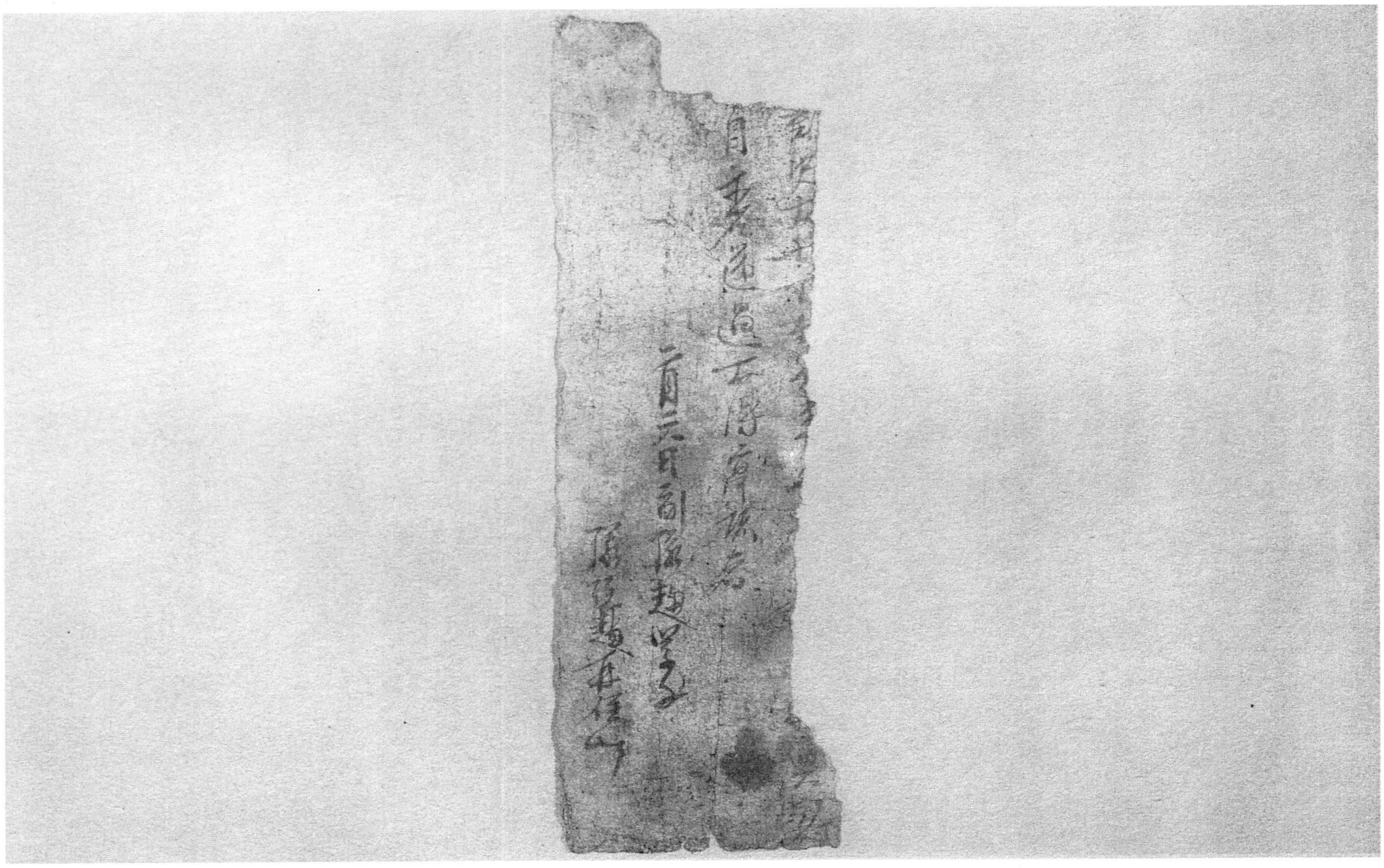

BD09345 號 B　某年二月隊頭趙再住等轉帖（擬）　　（1–1）

BD09346 號　令知蕃法師廚費帖（擬）　（1–1）

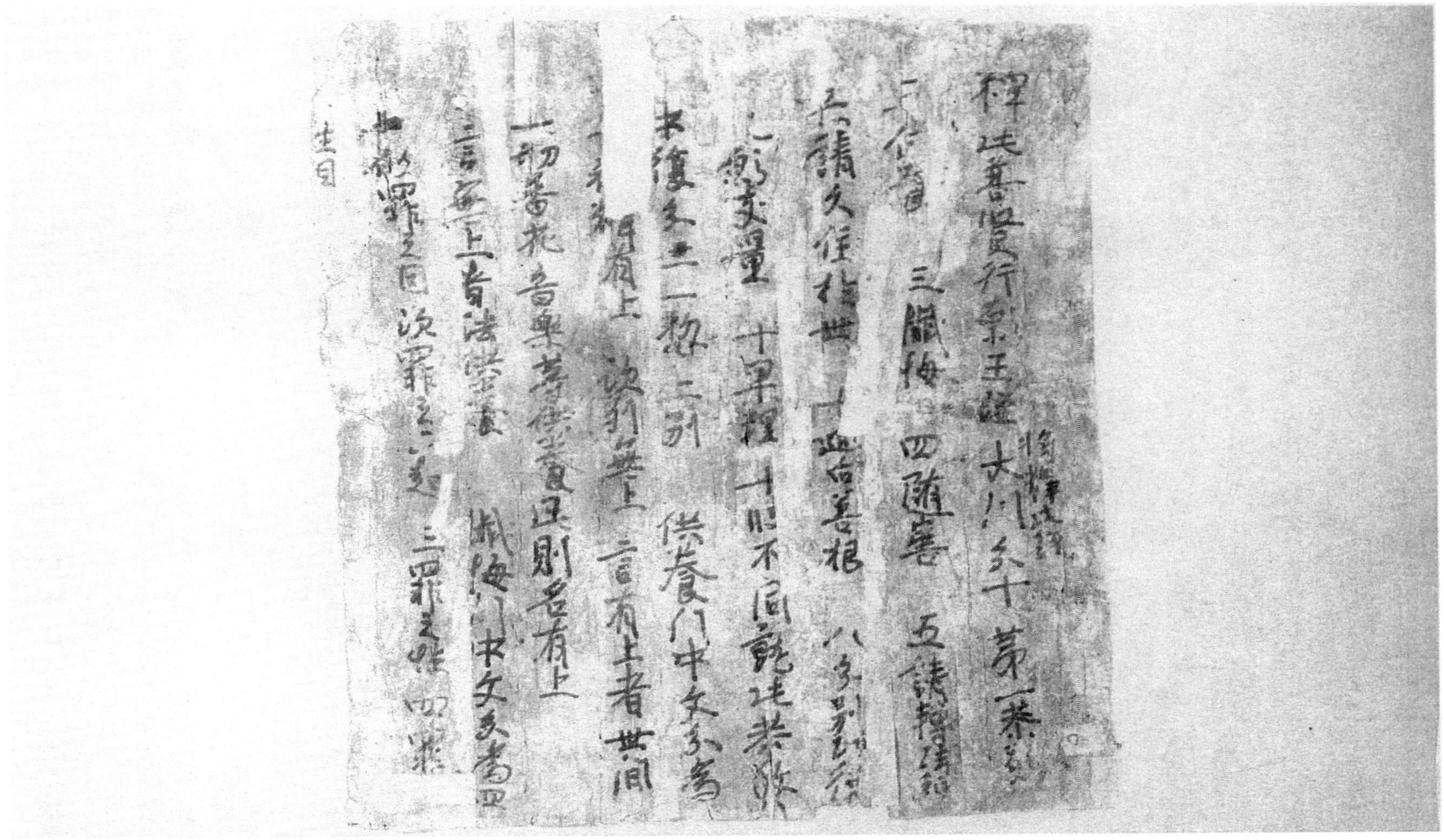

BD09346 號背　普賢行願王經科分（擬）　（1–1）

勑天下百姓口分
典貼頻有處分如
冨兼并自今以後已
地還本主所買人亦
征防老丁等州仍
加罰一丁有資蔭者
科違勑罪若地主
科仍量与優復三兩
州縣長官不存捉搦計
其百姓買勲蔭地者
非允絶不在收授限

開元廿三年

勑天下諸州縣并府鎮戍官
須預造薄申省仍令州縣所由官
原及元租價對定其元本六升已下

BD09348號　開元新格卷三（擬）

（3–1）

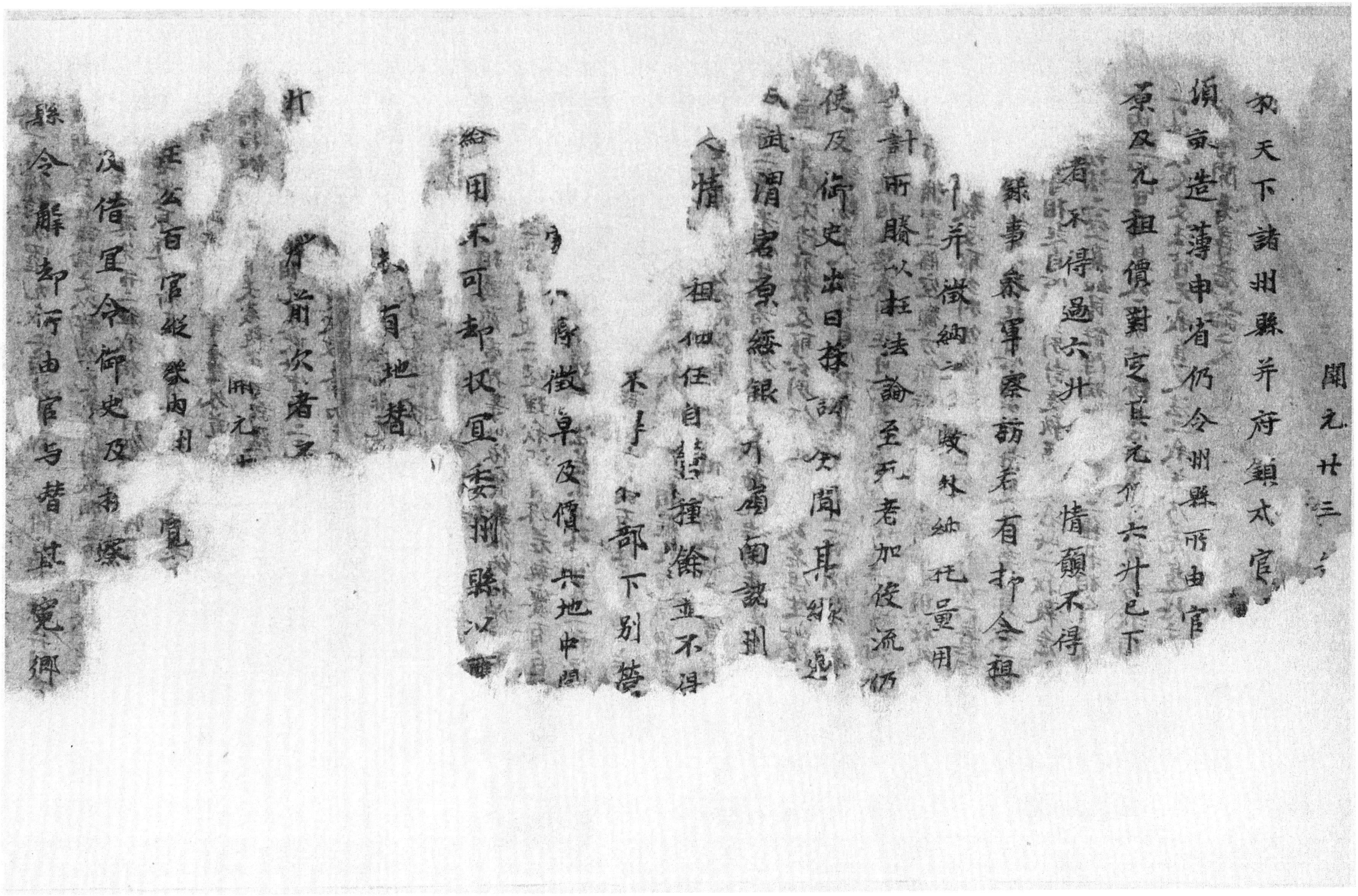

BD09348 號　開元新格卷三（擬）　　（3–2）

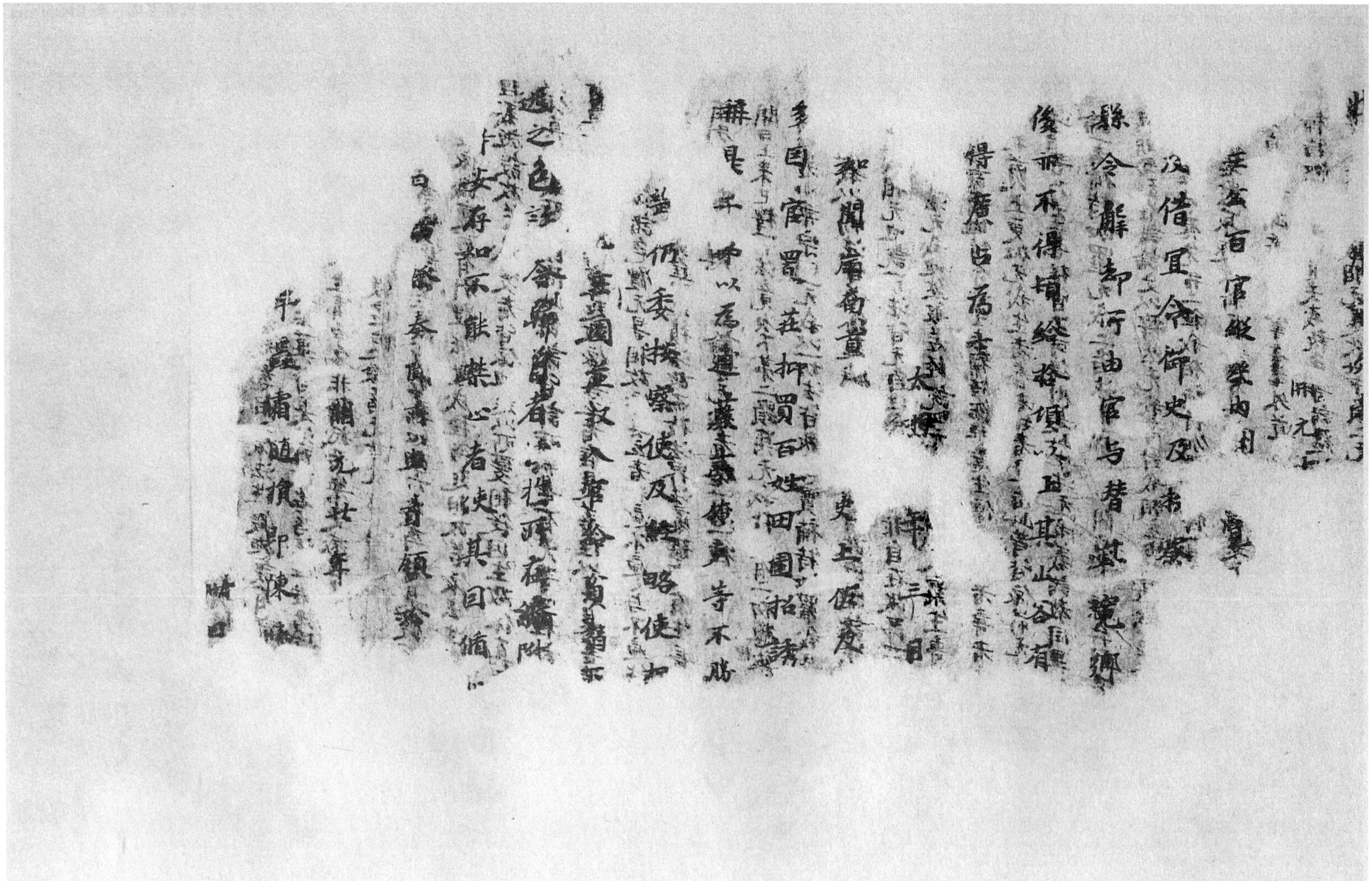

BD09348號　開元新格卷三（擬）

（3–3）

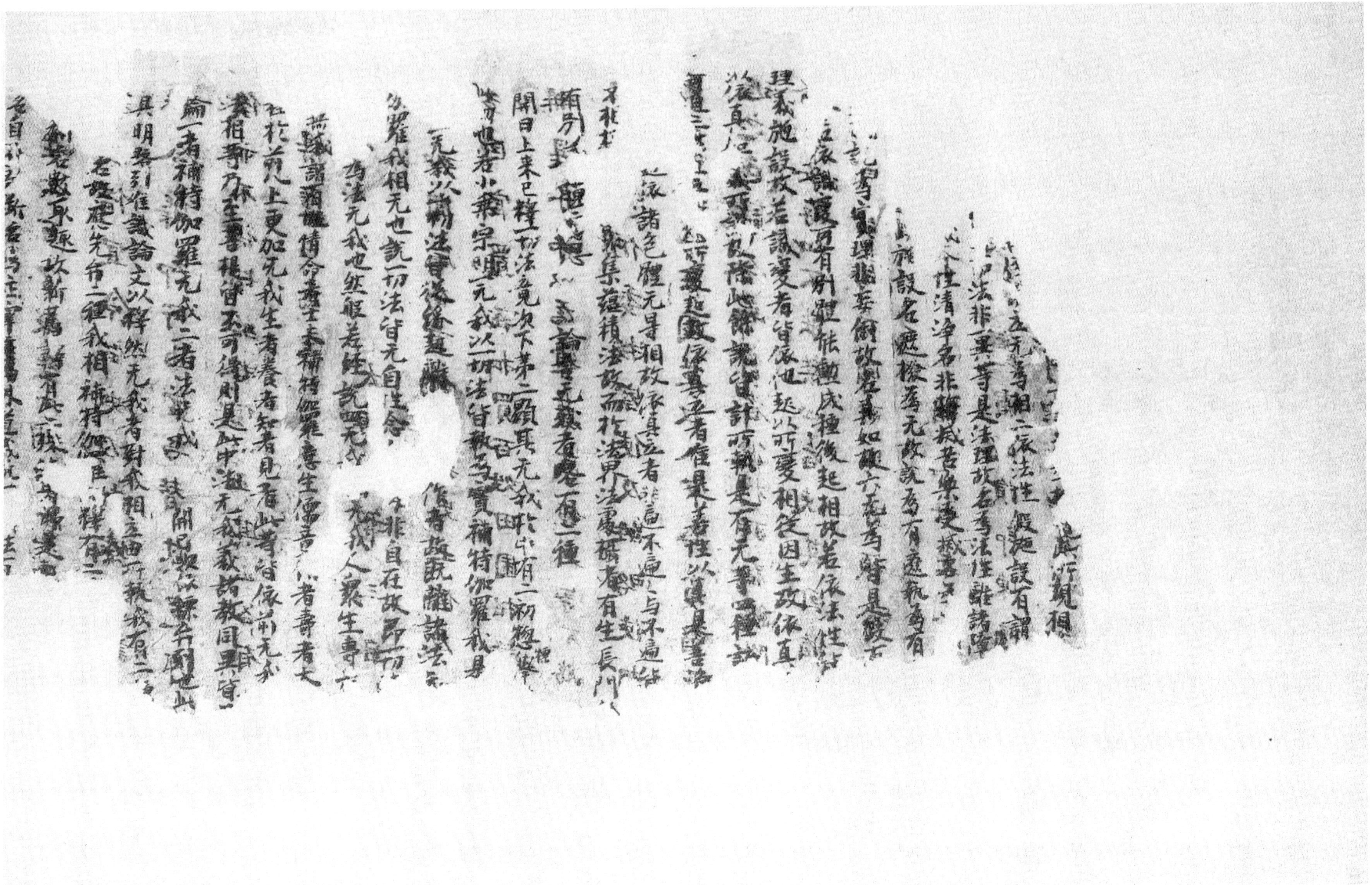

BD09348號背　大乘百法明門論開宗義記　　（2-1）

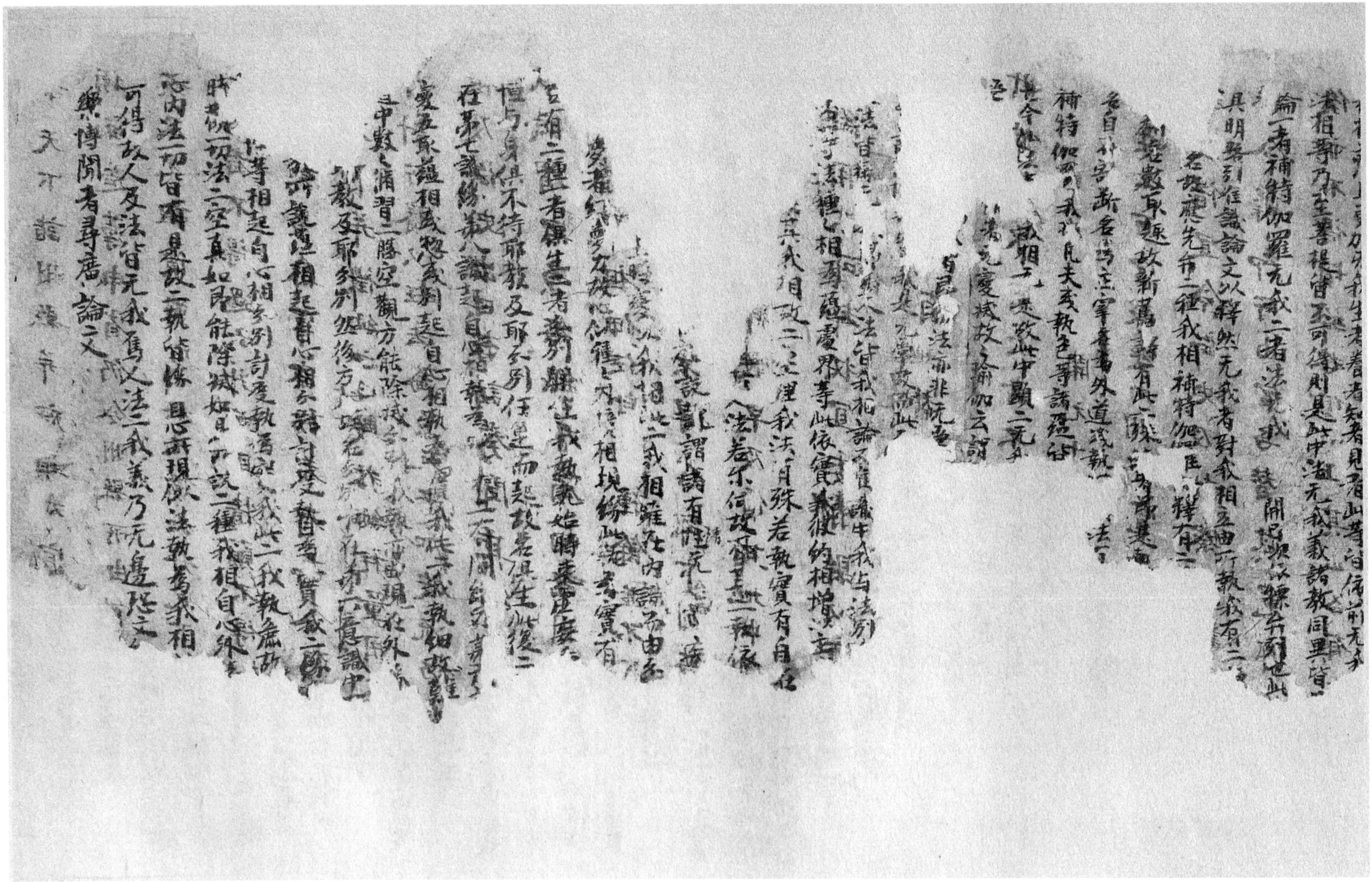

BD09348號背　大乘百法明門論開宗義記　　（2–2）

皇帝詣
高祖罇彝所執罇者舉冪侍中取爵於坫進
皇帝受爵侍中贊酌汎齊訖大明之舞作太常卿引
皇帝進
高祖神坐前北向跪奠爵少東俛伏興太常卿又引
再訖太常卿引
向跪奠爵少西訖太
上太祝持版進於

BD09349 號 A　大唐開元禮卷四一　（1-1）

末有女名六々卅六道諸相魚宗
五々廿五人民還本土本何從東西千里無國主
四々一十六逆謀相窮逆老胡不見風道滿里相殘戮
三々和如九漢兒坐地永老胡自頭斬尾惟趣首
二々有如四漢兒坐當視聖君出中州五胡絕盡死
一々數大戰於帝京兩五曰婦千万千万無人朝太平三年
天下事
如之何　志公曰天下將傾覆
兩諧絕
壽百年正月六日寶公志公
辛私識見聖君吉惡事
曰善思吾姓老口字可憐此語
何井還去來愁煞人衆生
事欲至但看念

BD09349 號 A 背　太平年志公讖記偽經（擬）　（1-1）

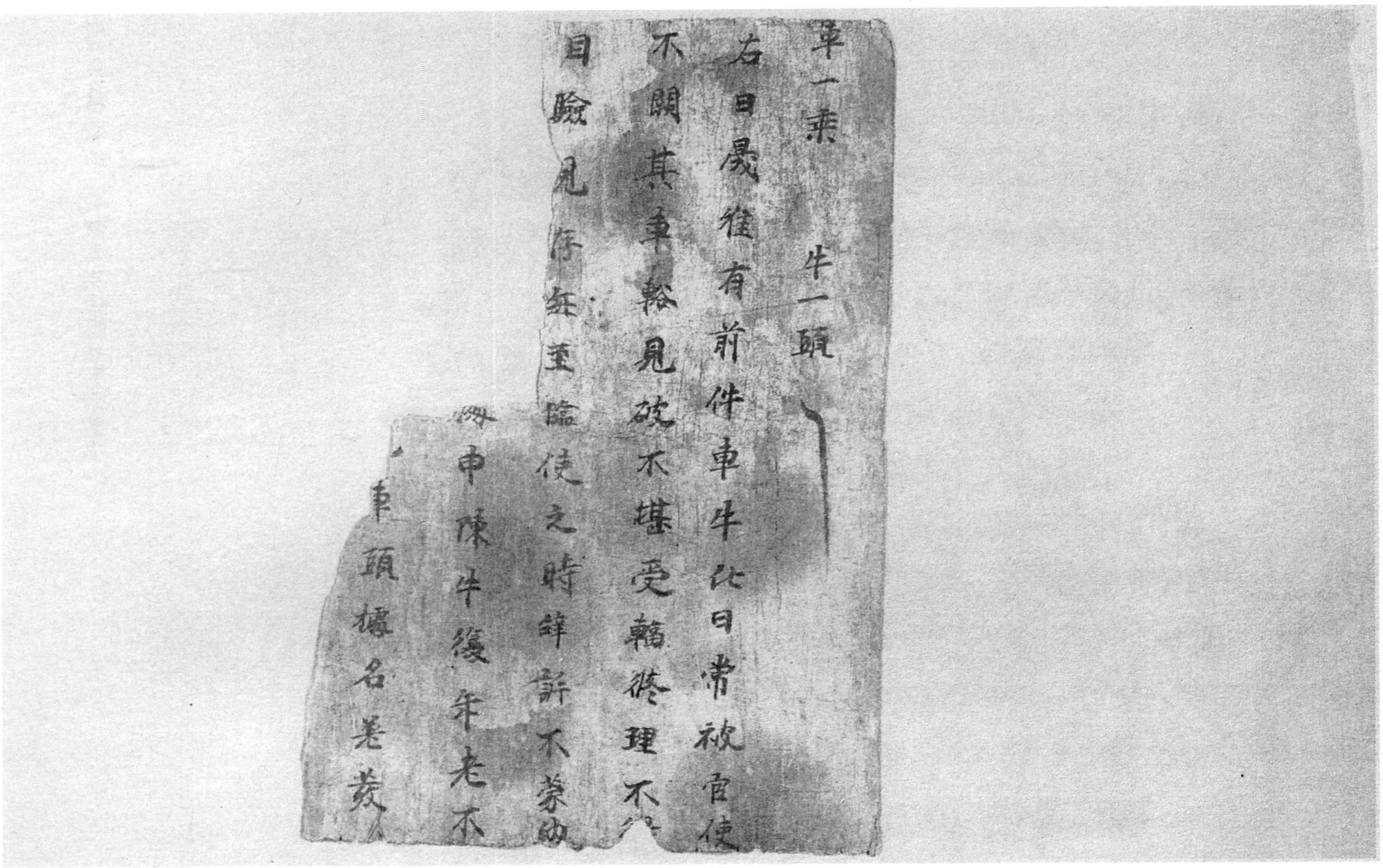

BD09349 號 B　日晟請免差發牒（擬）　　（1–1）

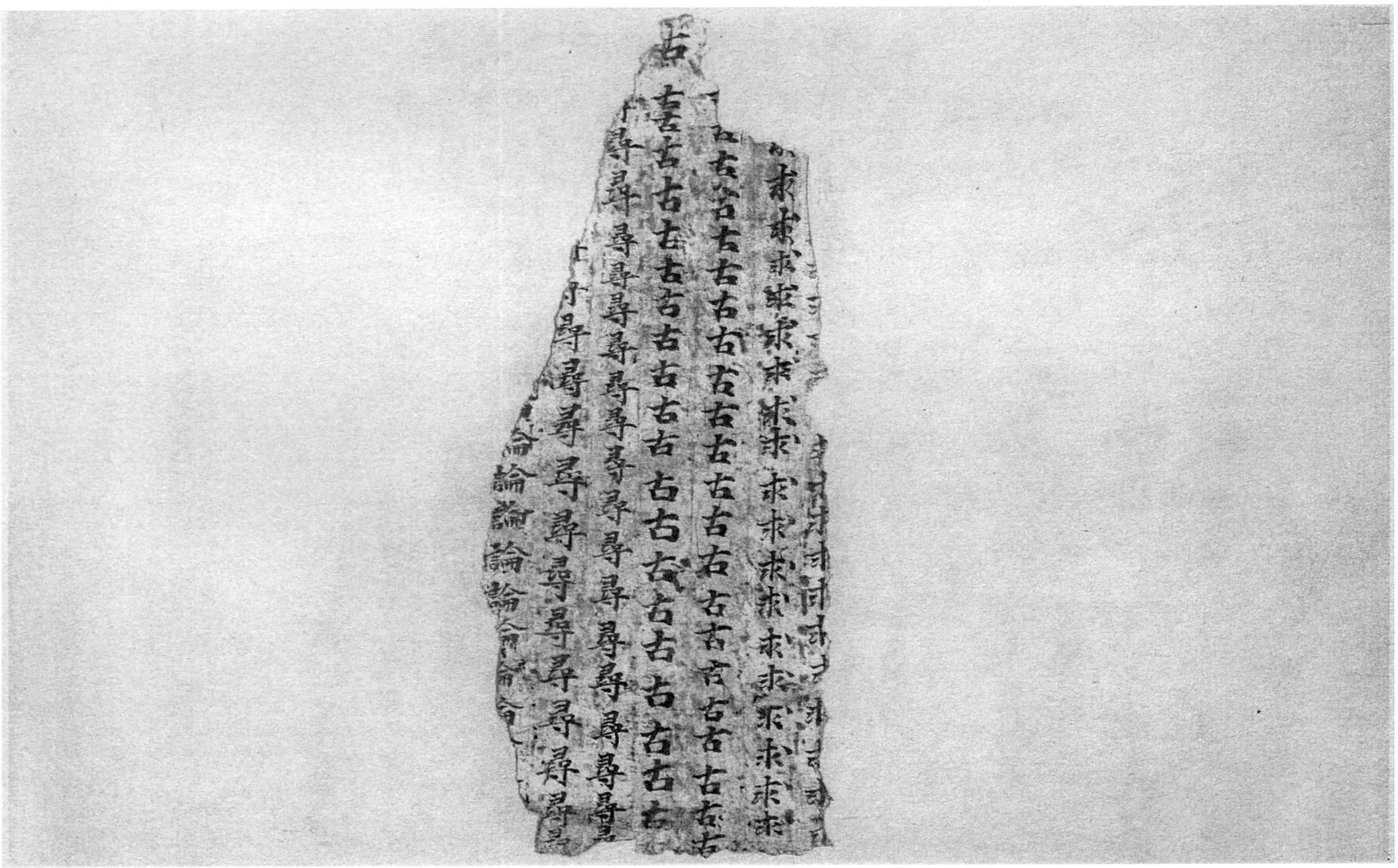

BD09350 號　千字文習字（擬）　　（2–1）

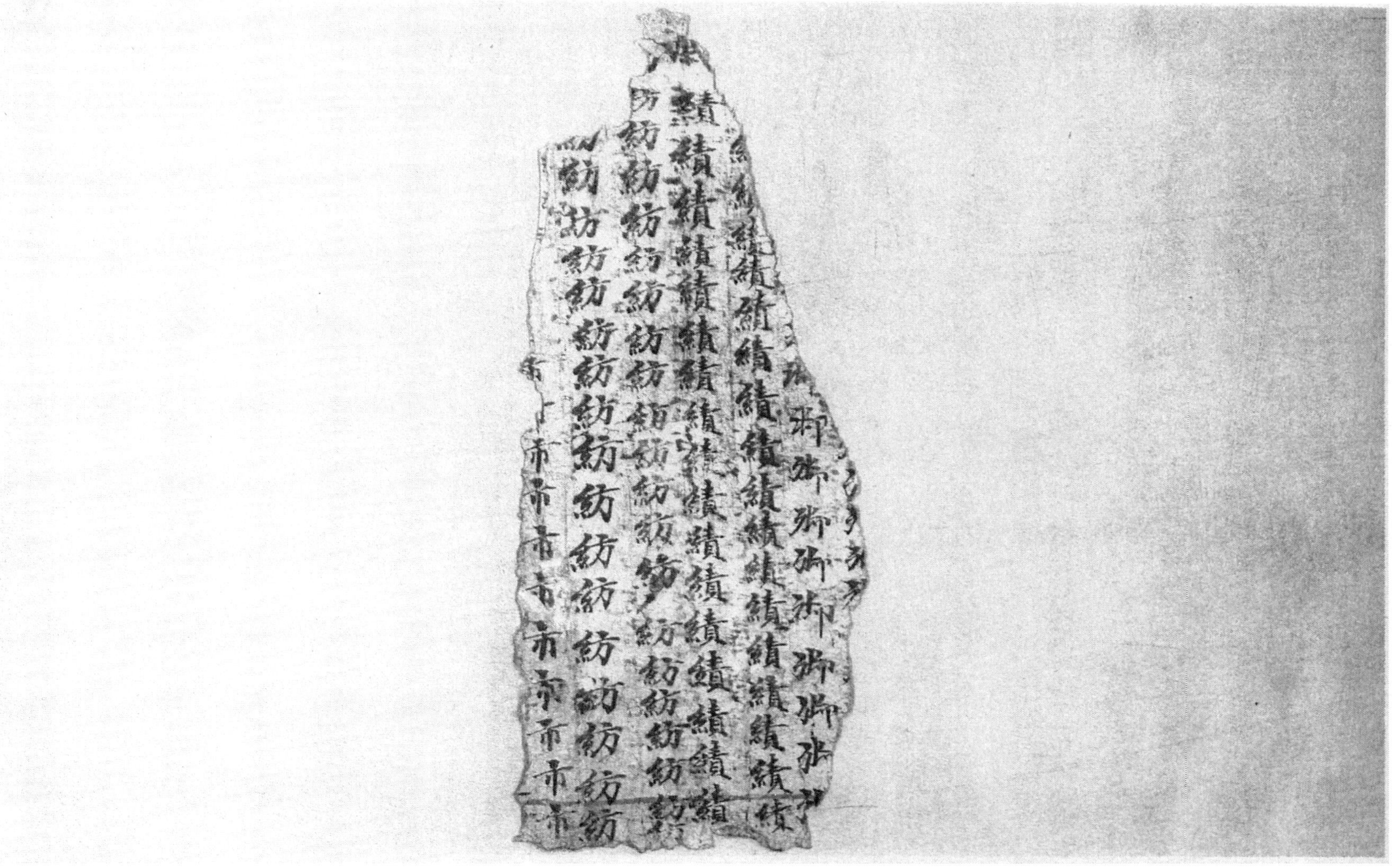

BD09350 號背　千字文習字（擬）　（2–2）

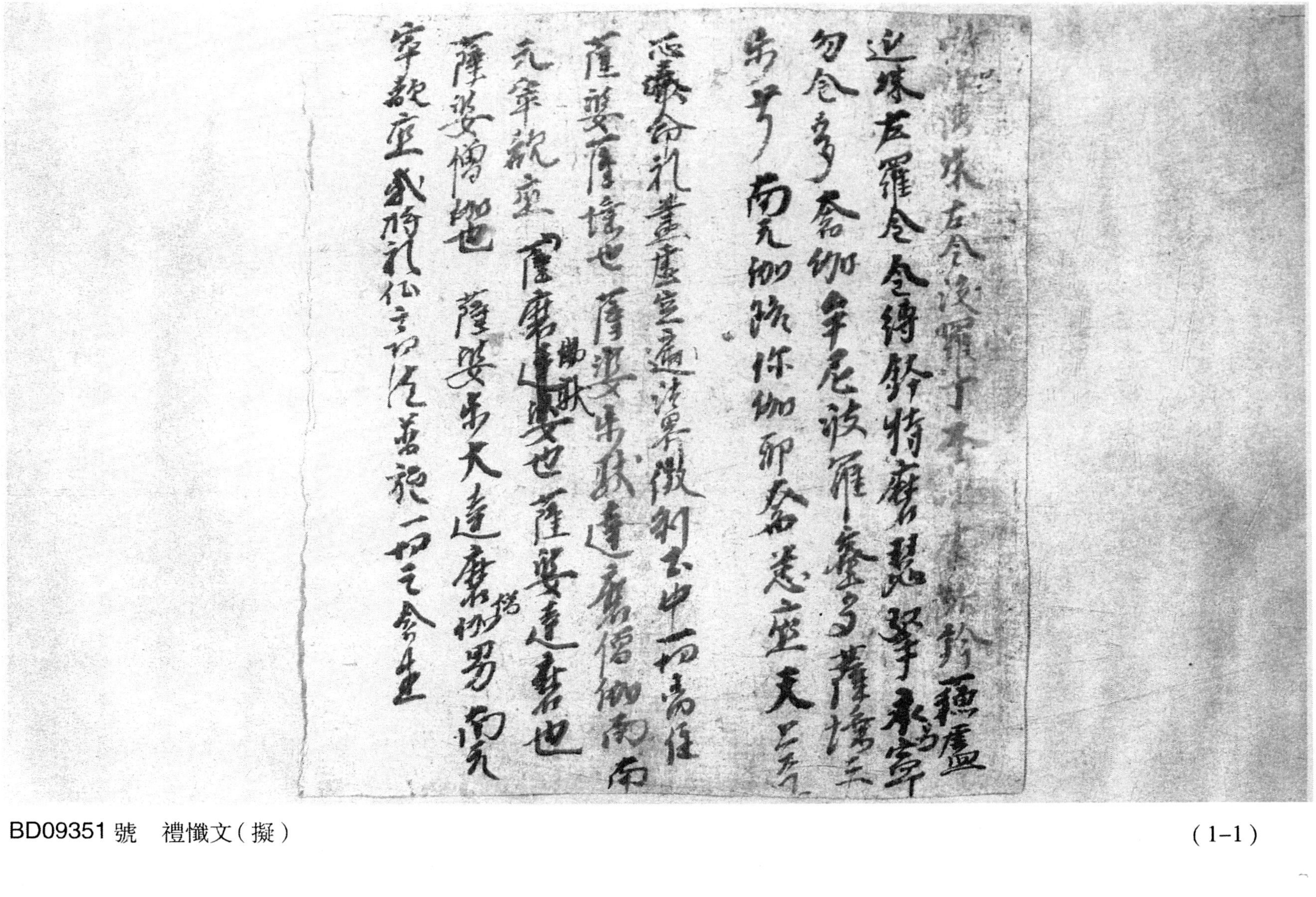

BD09351 號　禮懺文（擬）　（1–1）

BD09352 號　處置亡故阿張家資什物狀（擬）　　（2–1）

BD09352 號　處置亡故阿張家資什物狀（擬）　　（2–2）

BD09352 號背　袟皮（擬）　　（1–1）

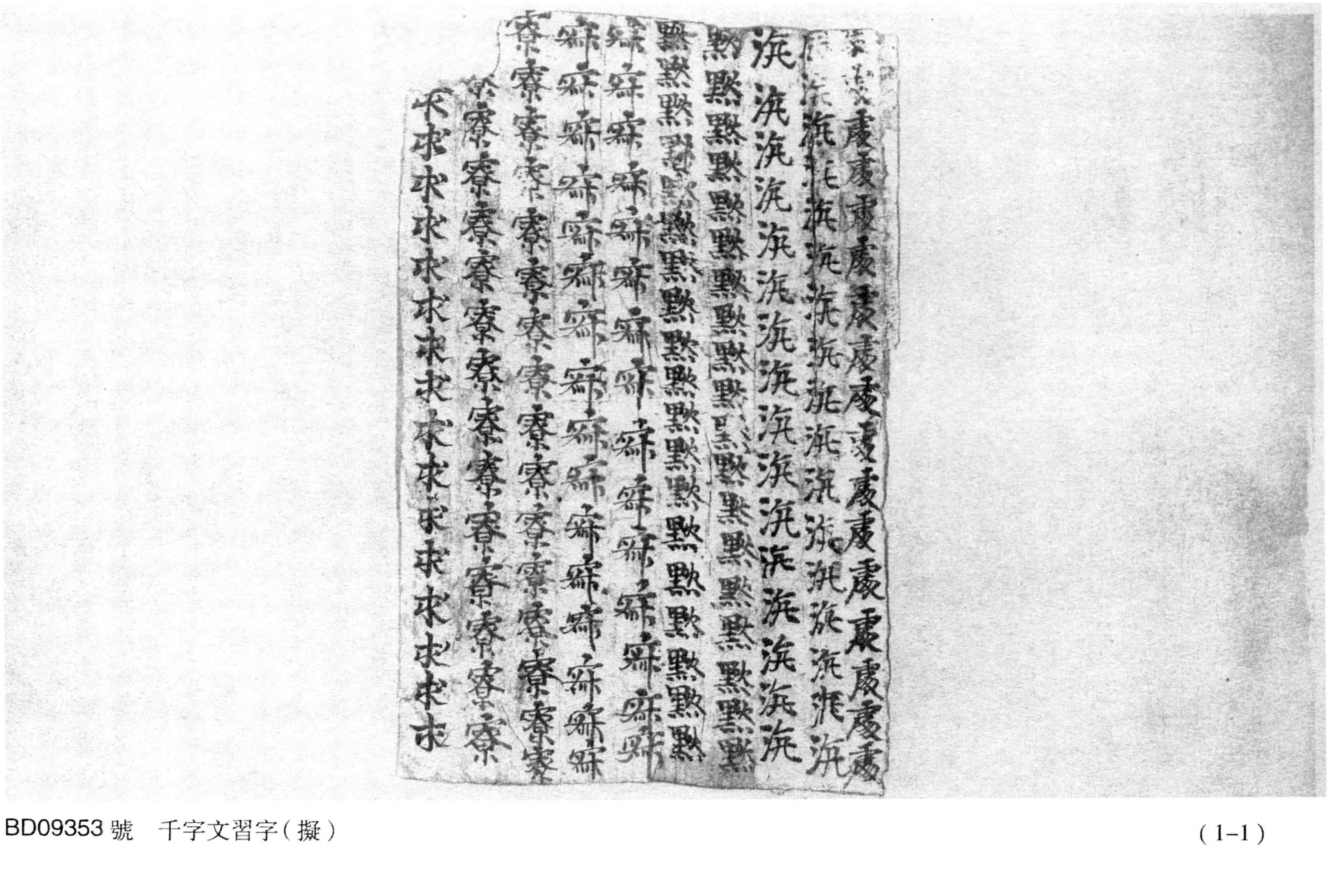

BD09353 號　千字文習字（擬）　　（1–1）

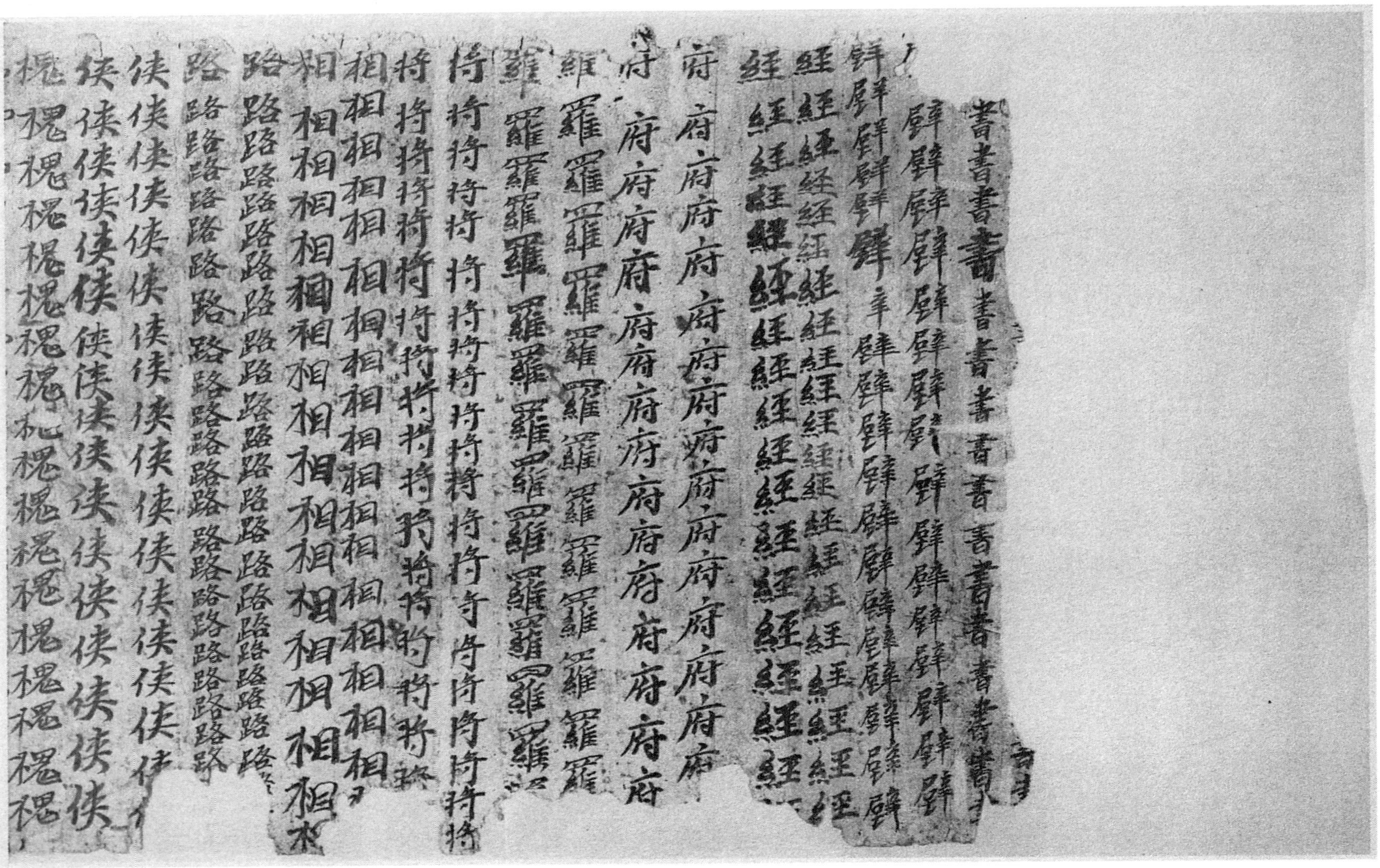

BD09354 號　千字文習字（擬）　（4–1）

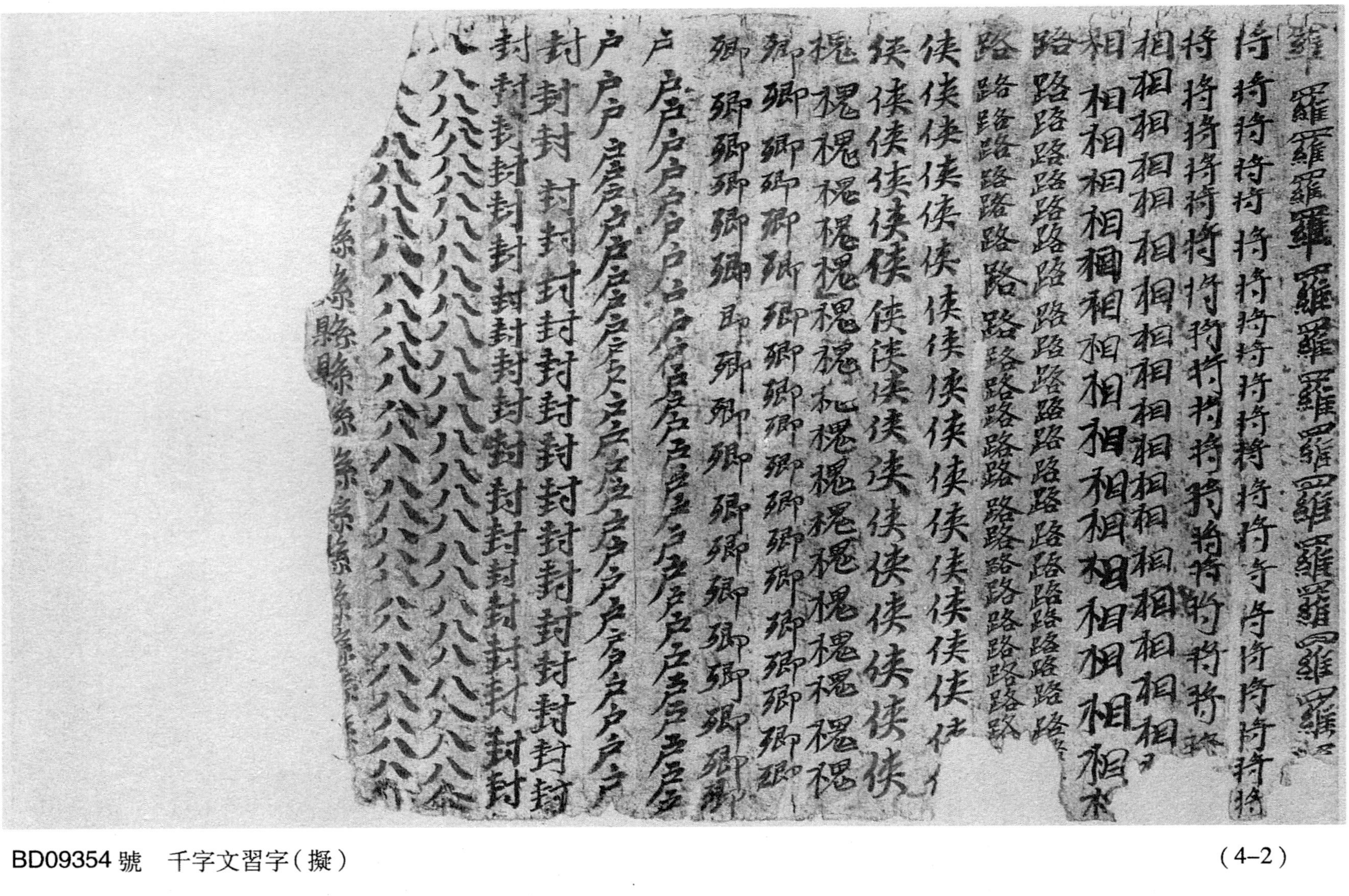

BD09354 號　千字文習字（擬）　（4–2）

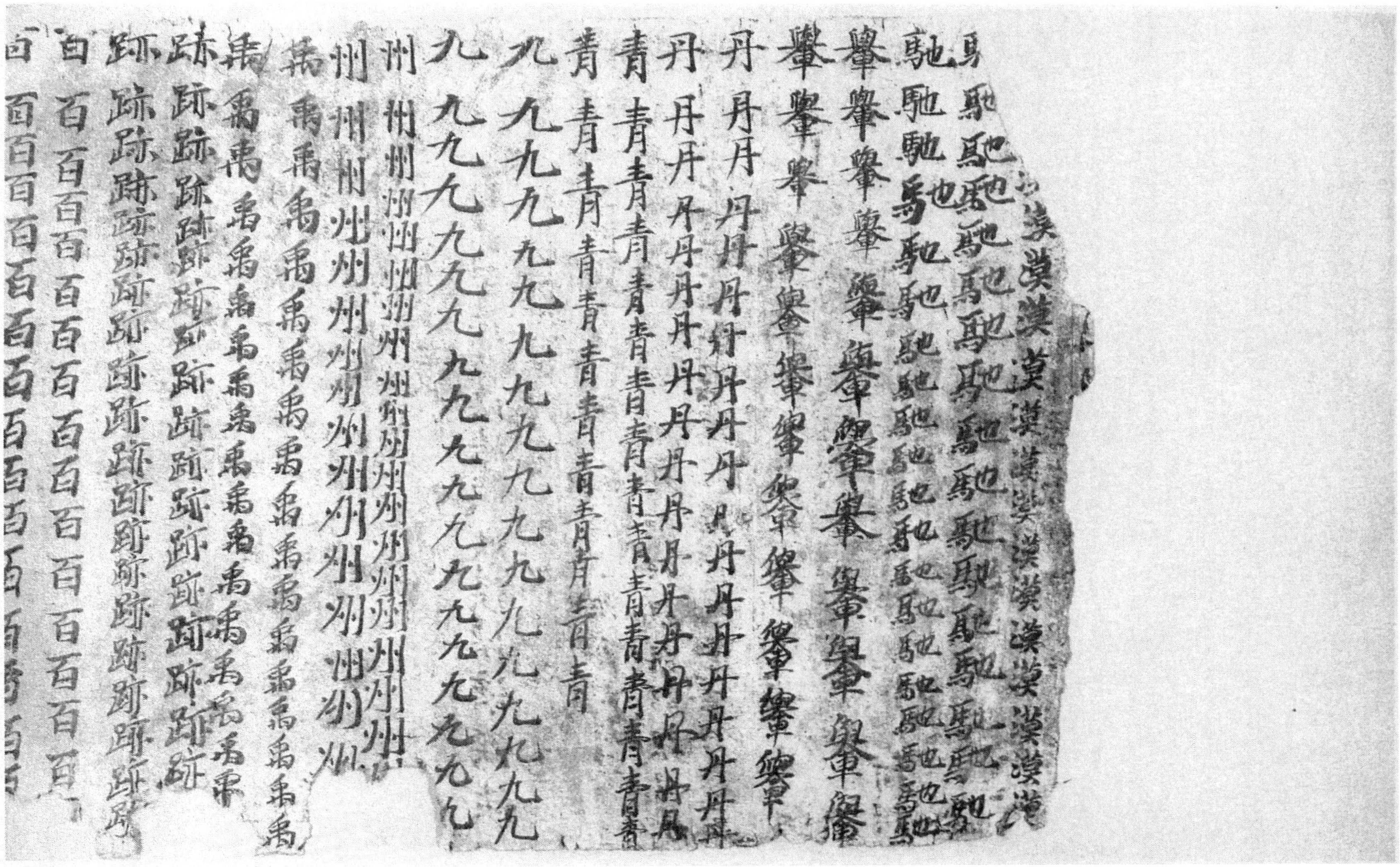

BD09354號背　千字文習字（擬）　　（4–3）

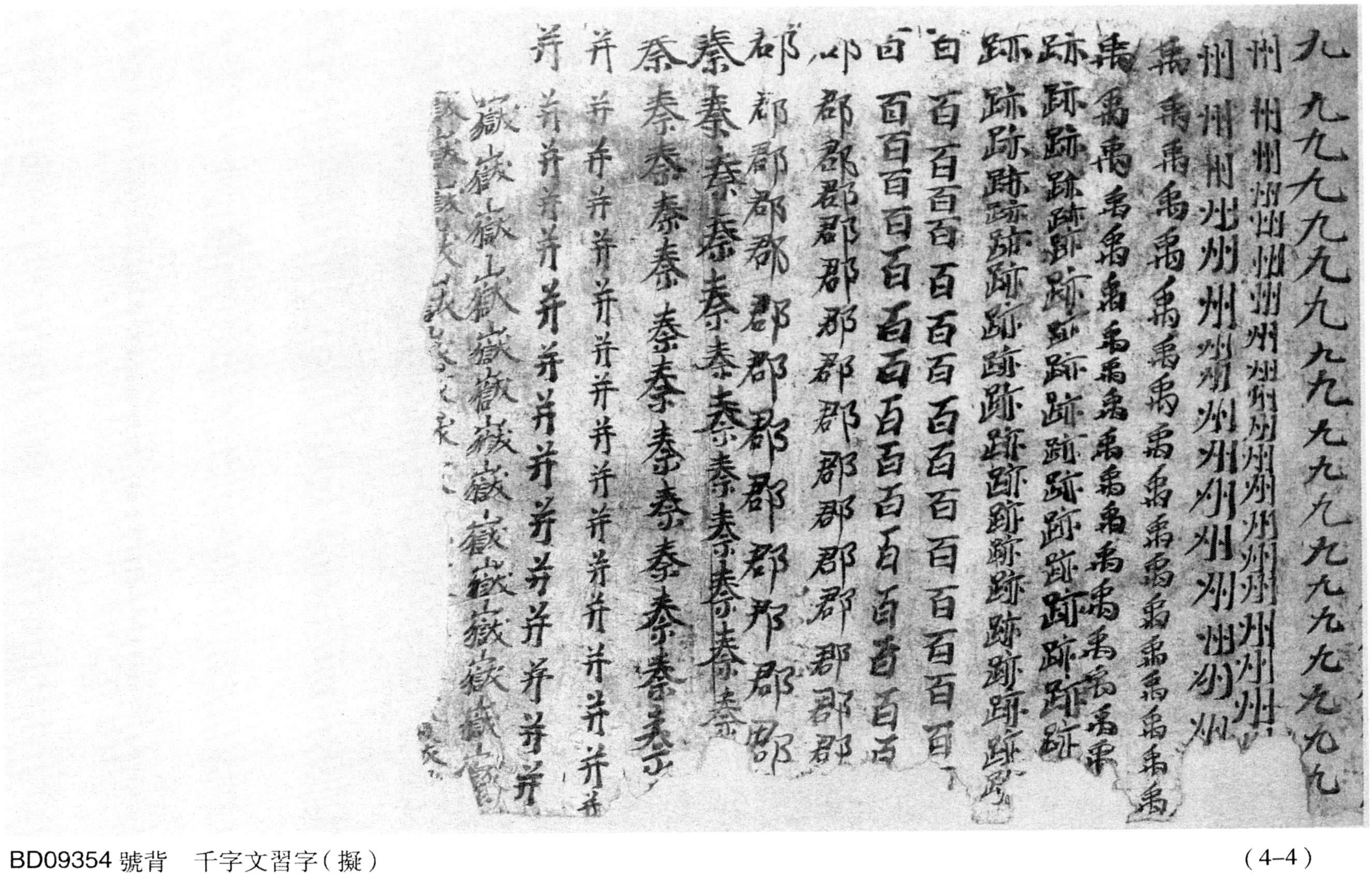

BD09354號背　千字文習字（擬）　　（4–4）

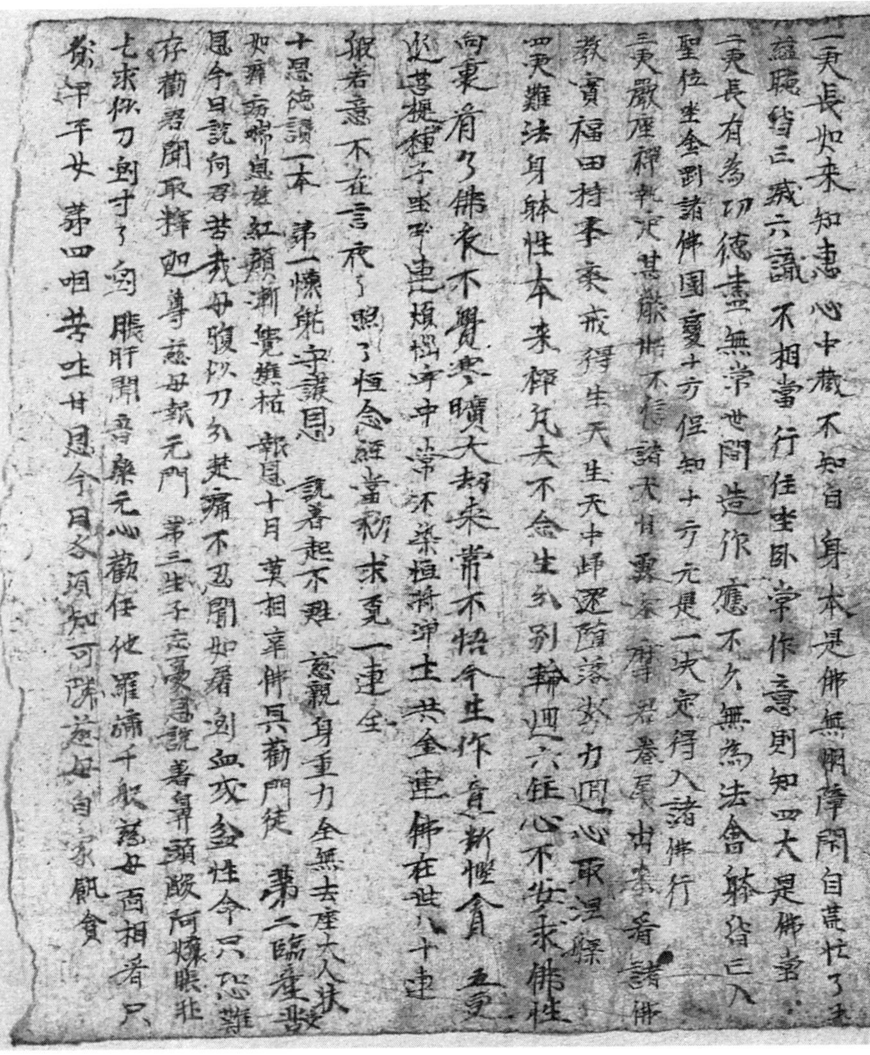

一更長如來知惠心中藏不知自身本是佛無明障閉自慌忙了无
益聽皆三藏六識不相當行住坐臥常作意則知四大是佛堂
二更長有為功德盡無常世間造作應不久無為法會體皆亡入
聖位坐金剛諸佛國實十方但知十方元是一決定得入諸佛行
三更嚴坐禪執定甚能不信諸天甘露家摩君養看由來看諸佛
教實福田持齋戒得生天生天中歸還墮落努力迴心取涅槃
四更難法身體性本來禪凡夫不念生分別輪迴六趣心不安求佛性
向東看々佛衣不覺寒曠大劫來常不悟今生作意斷慳貪 五更
迷菩提種子坐中生煩惱淨中常不染恒將淨土共金連佛在世八十連
般若意不在言夜々照了恒念經當初求覓一連全
十恩德讚一本 第一懷躭守護恩 說著起不難 慈親身重力全無 去座大人扶
如醉病喘息麁 紅顏漸覺憔枯 報恩十月莫相辜 佛具勸門徒 第二臨產受
恩今日說向君 苦哉母腹似刀分 楚痛不忍聞 如屠劍血成盆 性命只恐難
存勸君聞取辯四尊 慈母報元門 第三生子忘憂恩 說著鼻頭酸 阿孃眼壯
七求似刀劍寸々割 腸肝開音樂元心歡 任他羅漸千般 慈母兩相看 只
發得平安 第四咽苦吐甘恩 今日各須知 可憐慈母自家飢 貪

BD09355 號 1　五更轉·南宗讚　　（1–1）

BD09355 號 2　十恩德讚

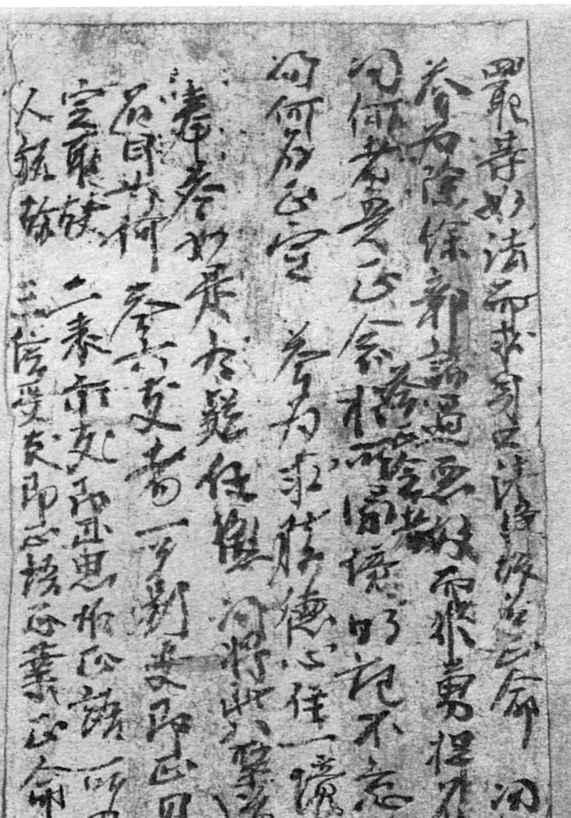

BD09356 號　大乘稻芉經隨聽疏問答（擬）　　（2–1）

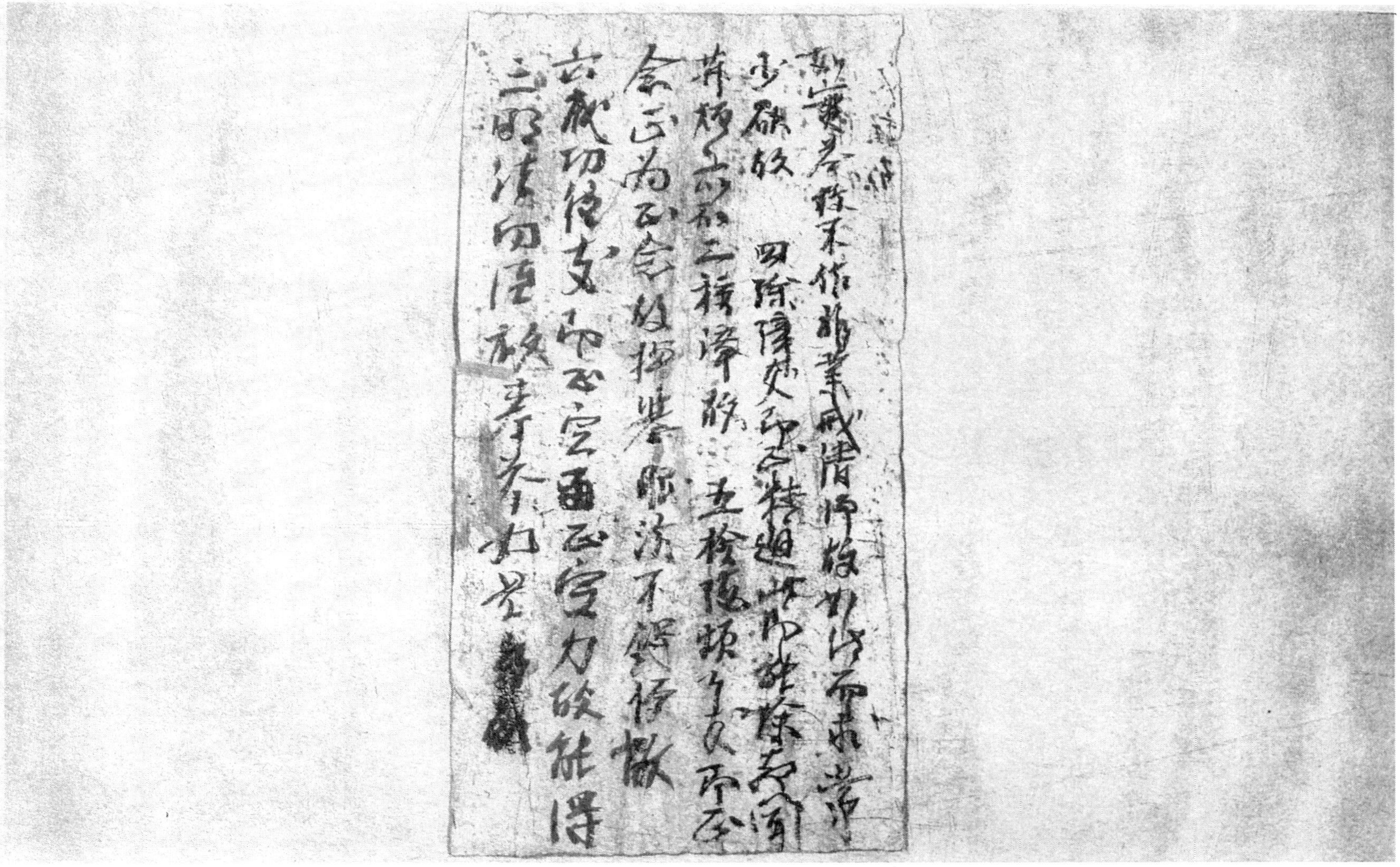

BD09356 號背　大乘稻芉經隨聽疏問答（擬）　　（2–2）

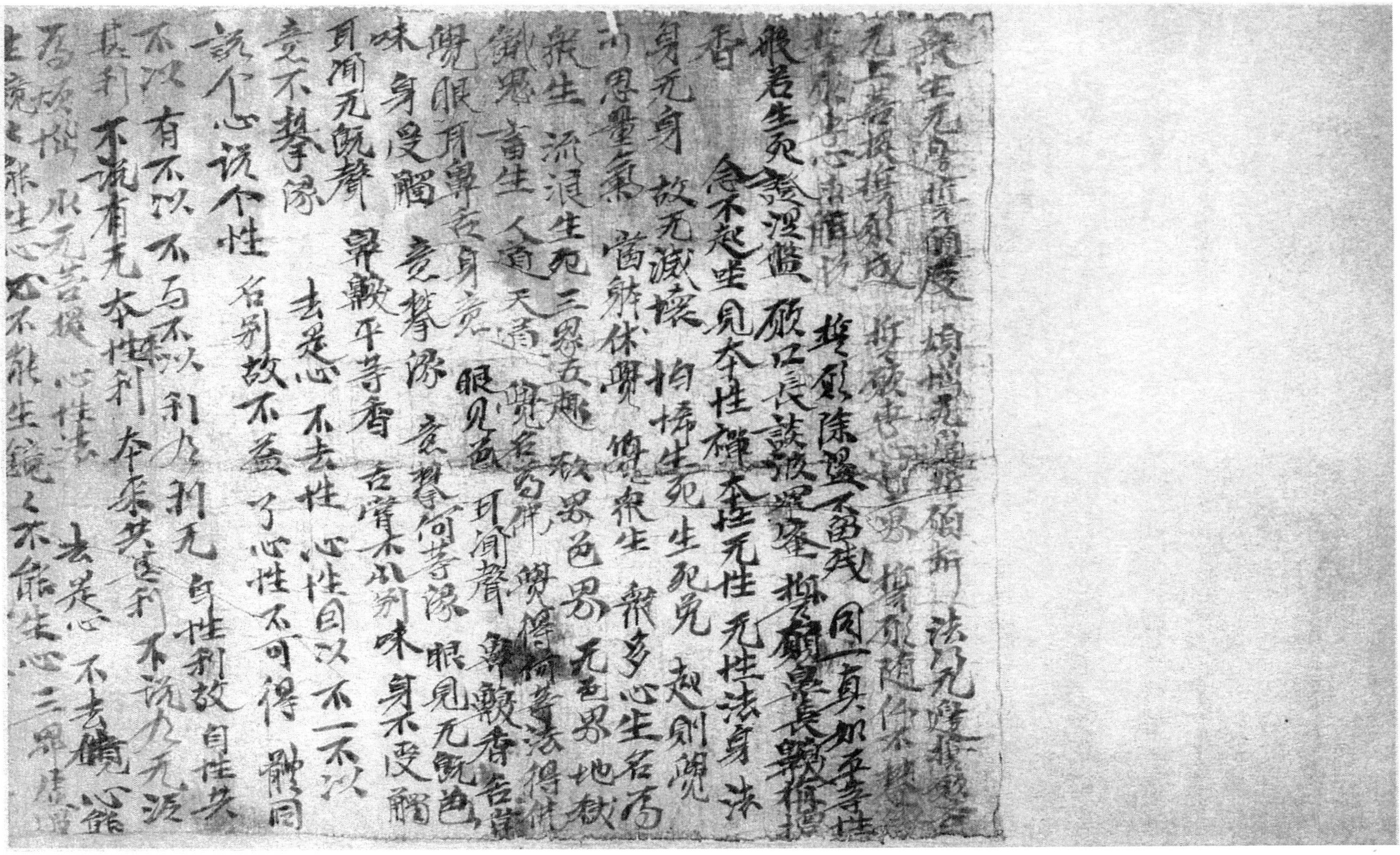

BD09357 號 1　心性法心計法等（擬）　　（4–1）

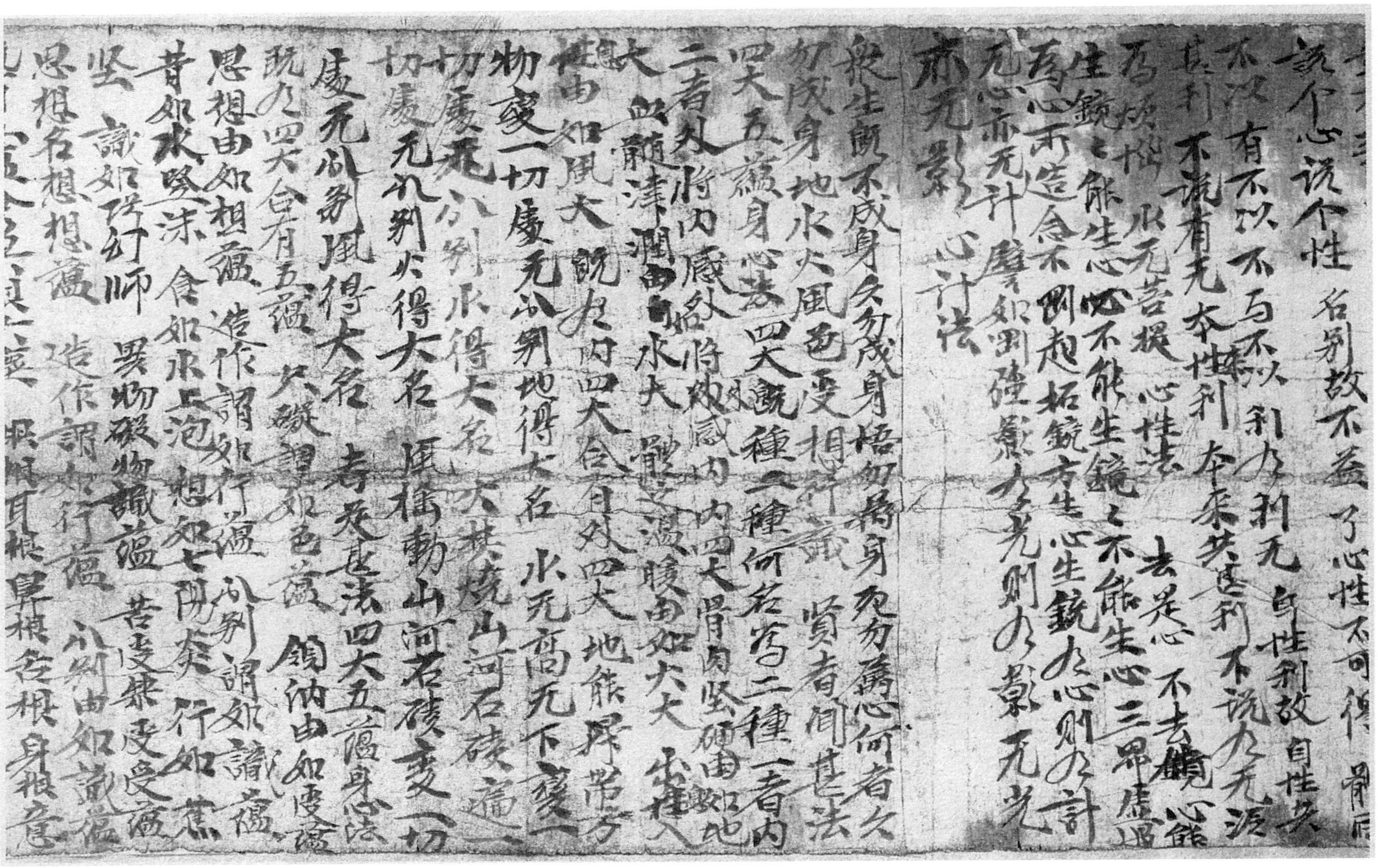

BD09357 號 1　心性法心計法等（擬）　（4–2）
BD09357 號 2　四大五蘊身心法（擬）

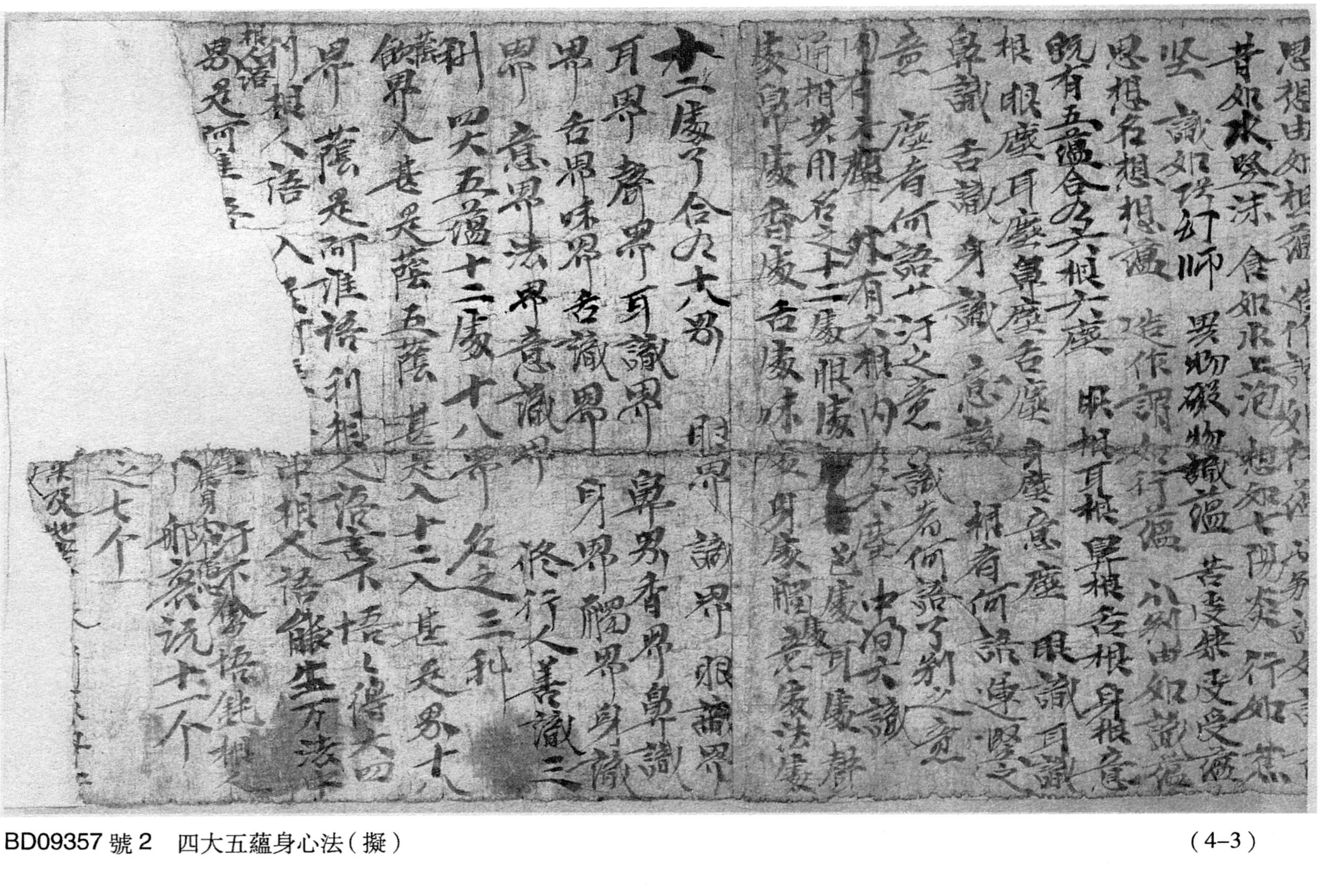

BD09357 號 2　四大五蘊身心法（擬）　（4–3）

内有十二處外有六根内有六塵中有六識

通相共用名之十二處眼處色處耳處聲

處鼻處香處舌處味處身處觸處意處法處

十二處了合成十八界　眼界　識界　眼識界

耳界聲界耳識界　鼻界香界鼻識界

界舌界味界舌識界　身界觸界身識界

界意界法界意識界　修行人善識三

科四大五蘊十二處十八界名之三科

蘊飲界入甚是蘊　五蘊甚是入　十二入甚是界　十八

界蘊是阿誰語　利根人語　上根人語善不悟悟得大四

剎相人語入　中根人語能生万法界

男是阿　子不會悟能根

之七个　鄃說十二个

BD09357 號 2　四大五蘊身心法（擬）　（4–4）

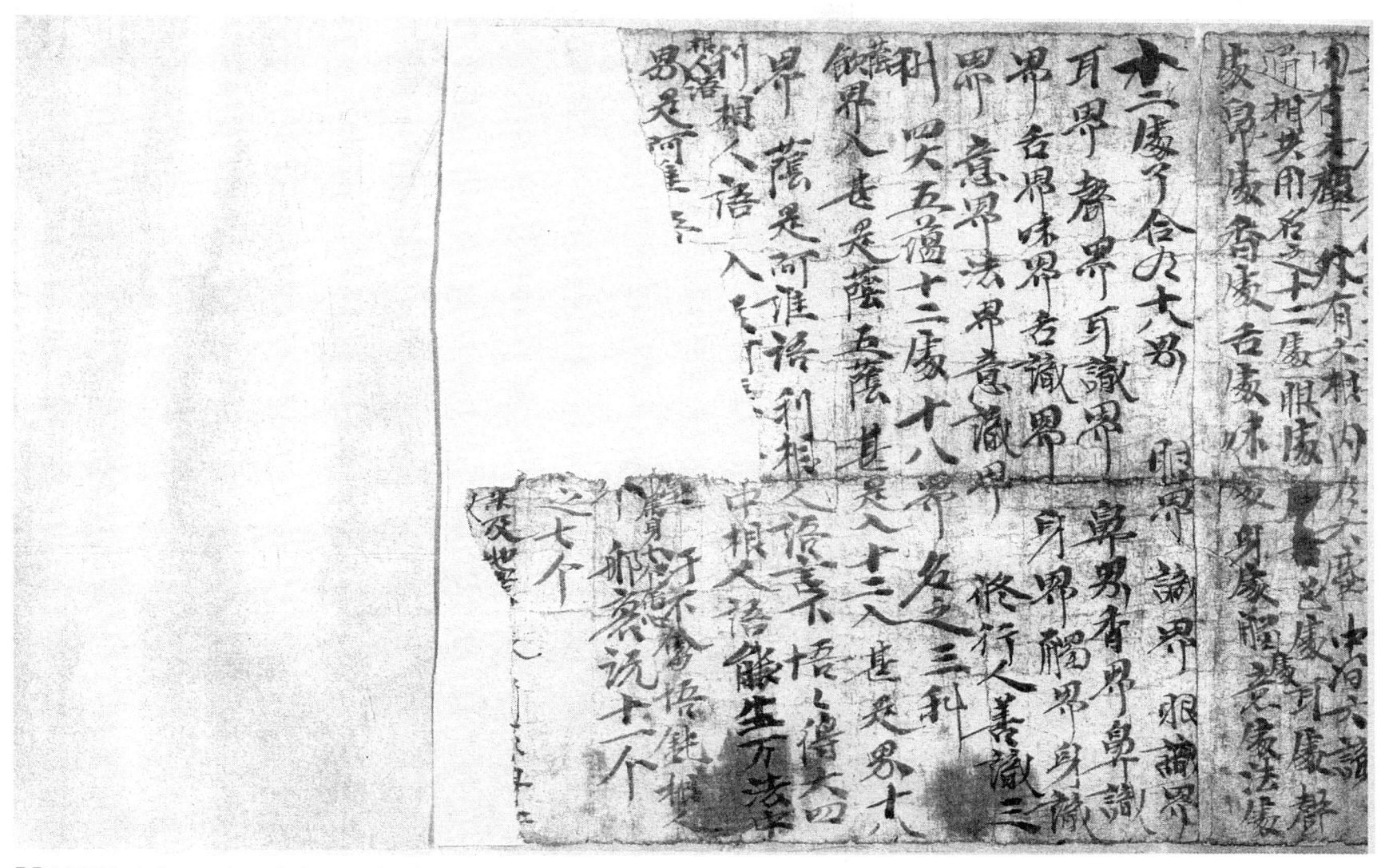

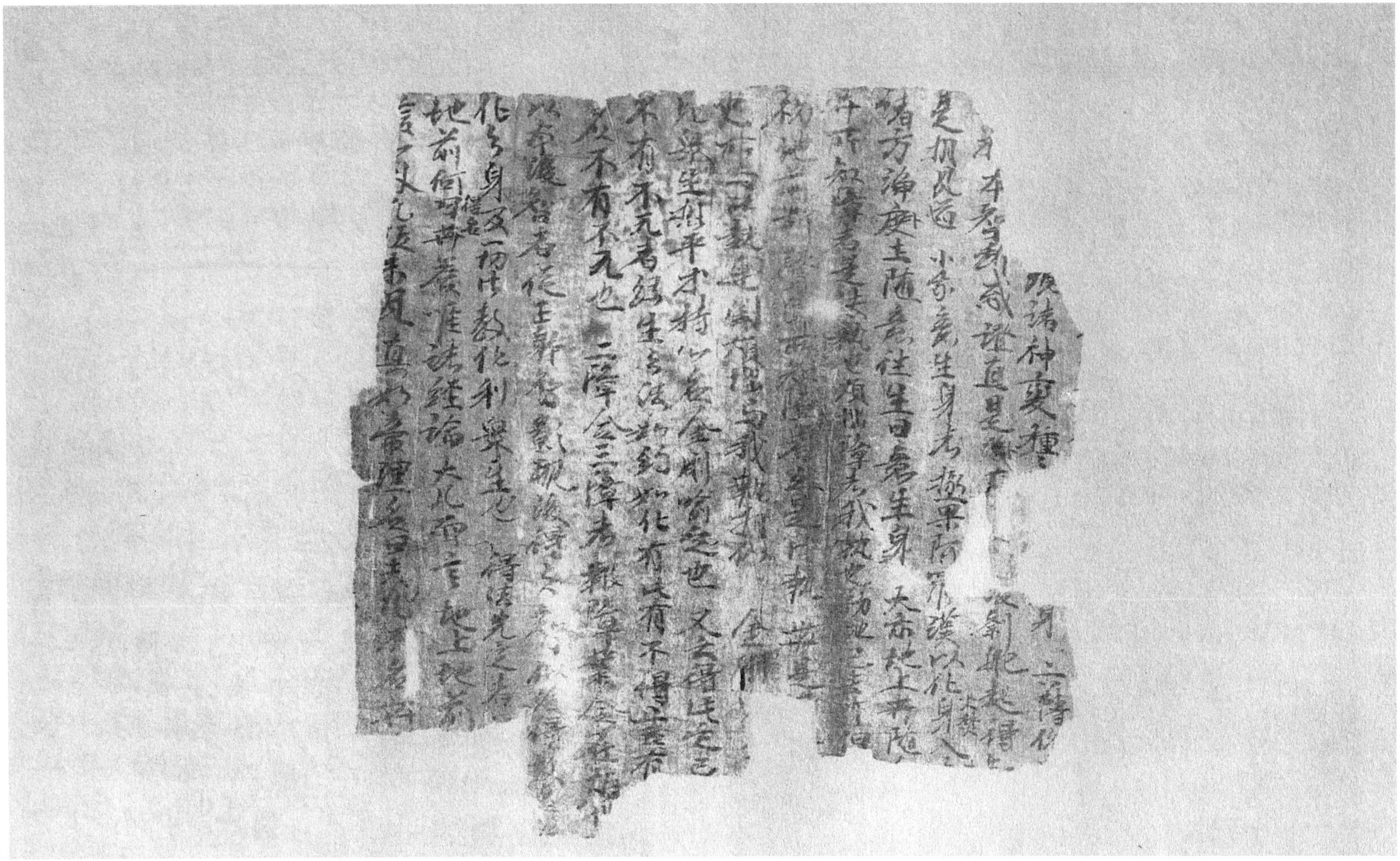

BD09358號　大乘入道次第開決義釋（擬）　（1–1）

BD09358號背　大乘百法明門論開宗義記義釋（擬）　　（1-1）

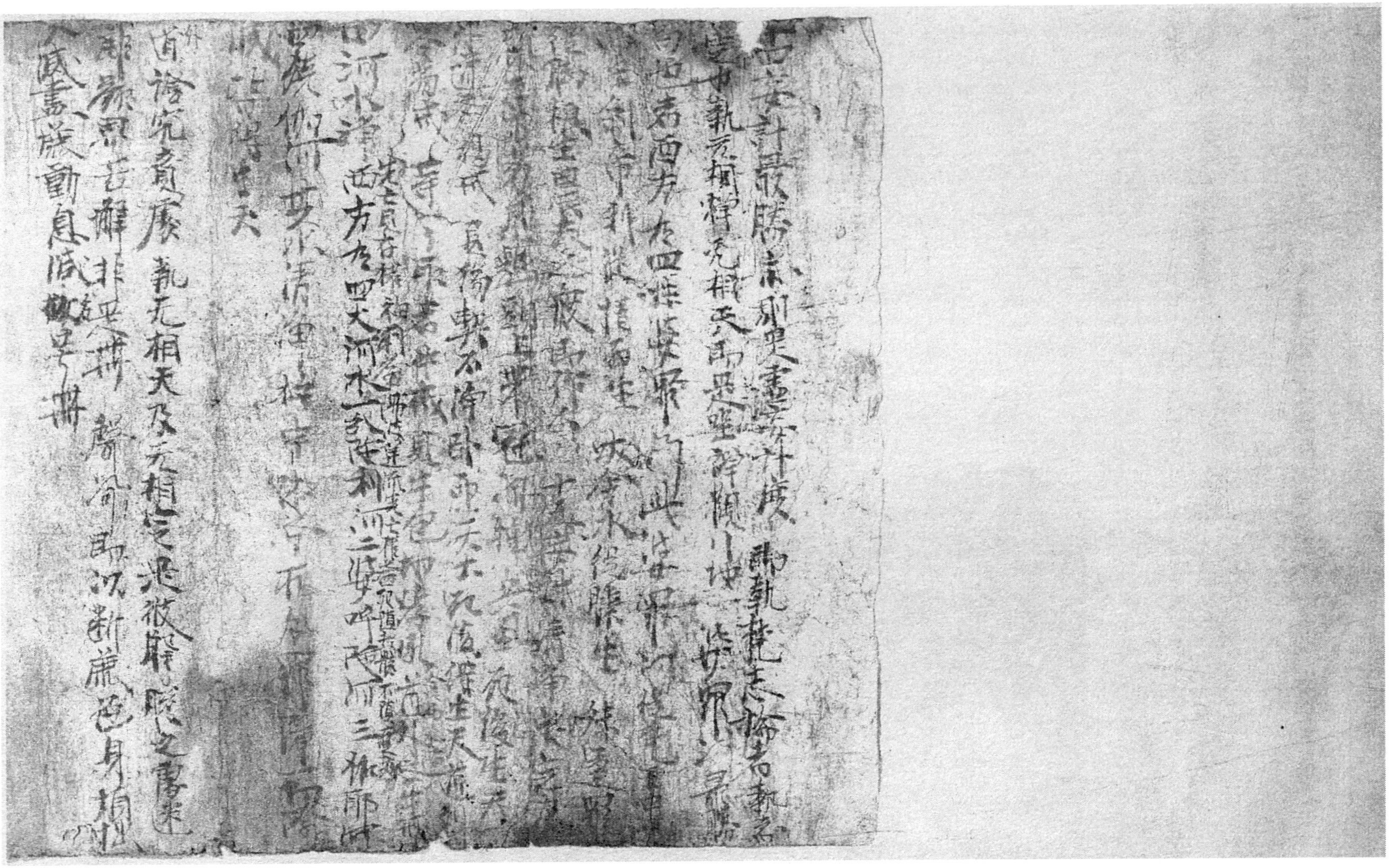

BD09359 號　大乘百法明門論開宗義記雜釋(擬)　　(2–1)

BD09359 號　大乘百法明門論開宗義記雜釋(擬)　　(2–2)

BD09359 號背　雜寫　　　　　（1–1）

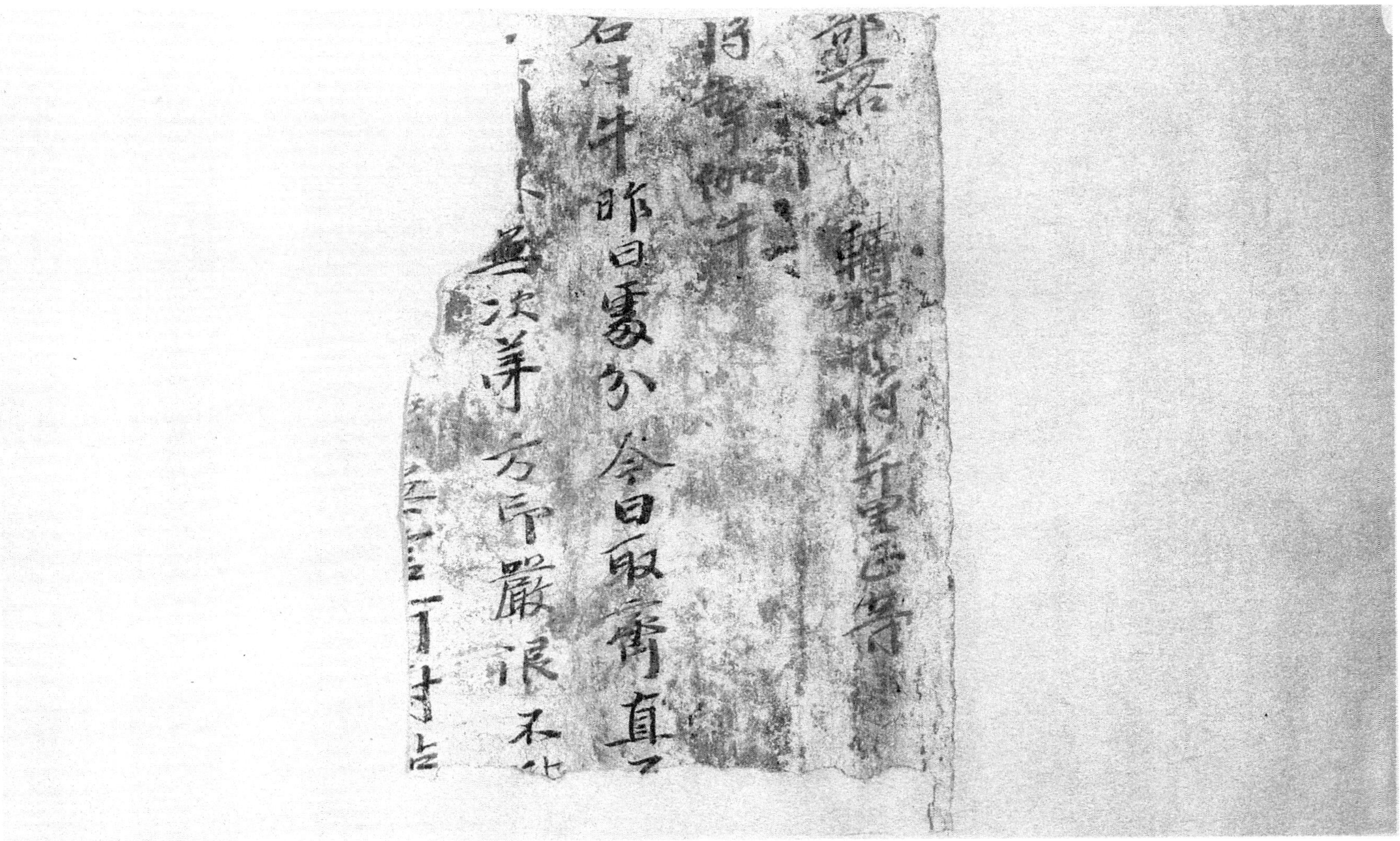

BD09360 號　部落轉帖　　　　　（1–1）

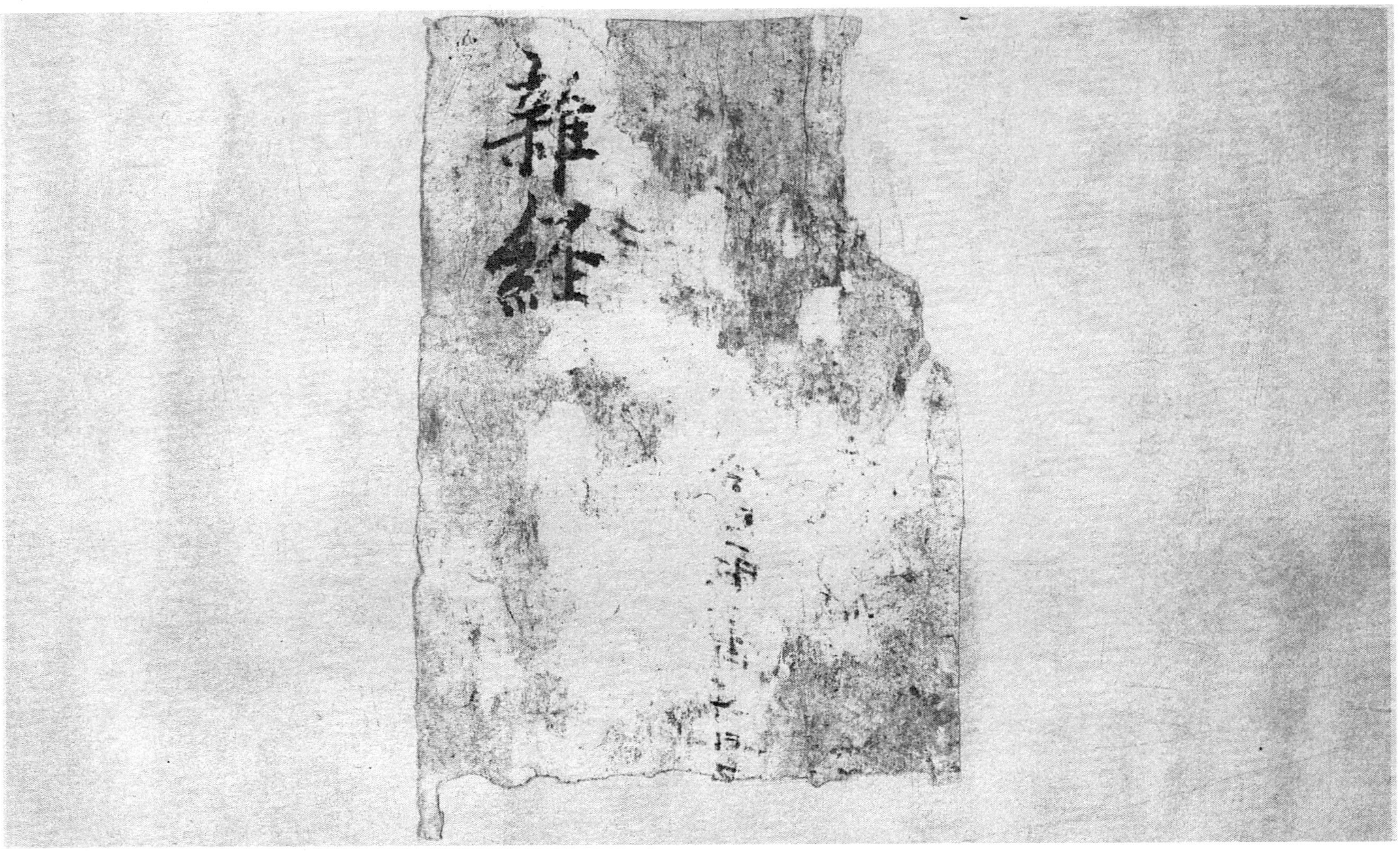
雜經

BD09360 號背　雜經袟皮（擬）　（1–1）

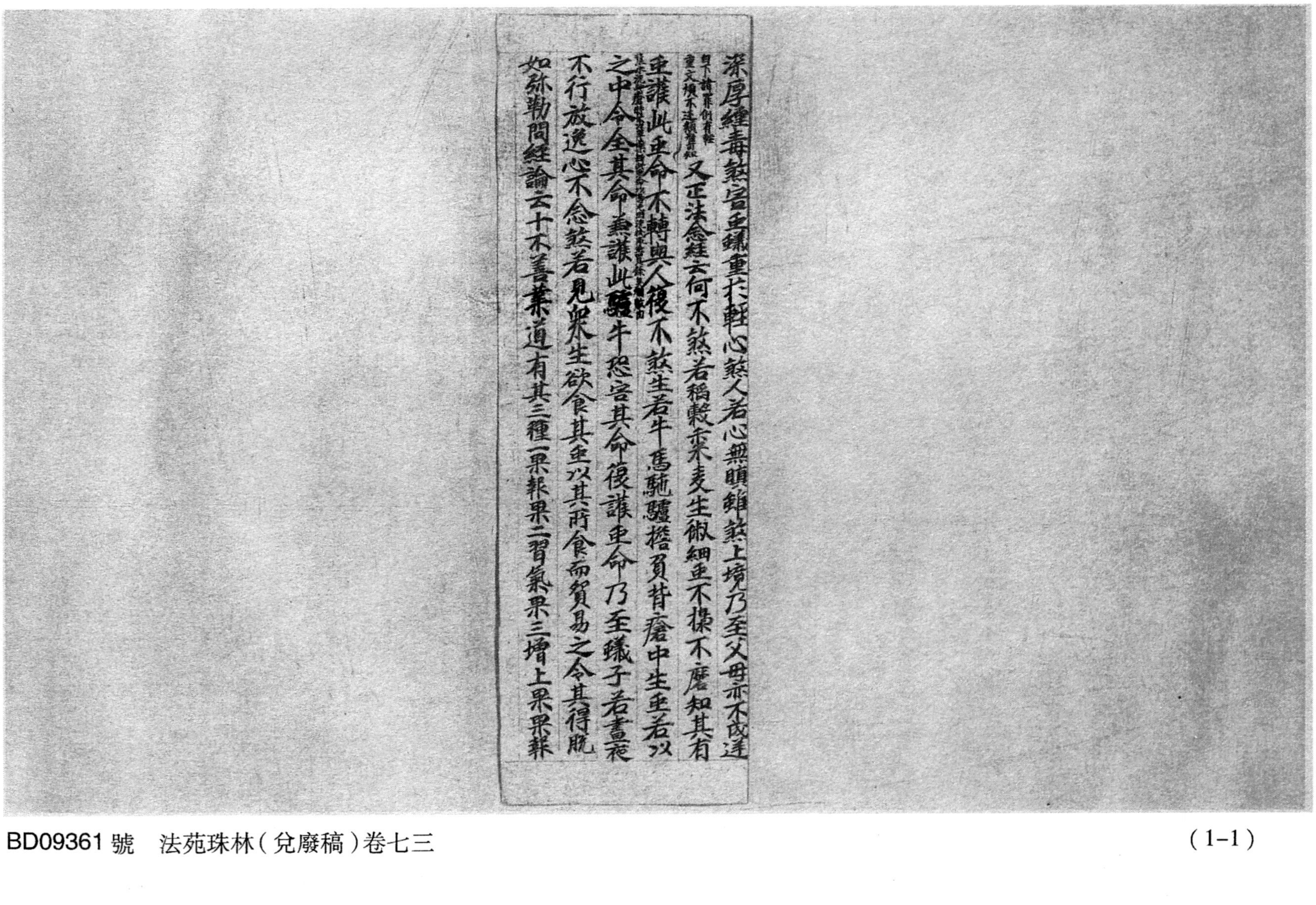
深厚經毒煞害虫鐮重於輕心煞人者心無瞋錐煞上境乃至父母亦不成逆
又正法念經云何不煞若稻穀黍米麥生微細虫不擇不磨知其有
虫誰此虫命不轉與人復不煞生若牛馬駝驢搭負背瘡中生虫若以
之中命全其命無誰此驢牛怨害其命復誰虫命乃至蟣子若晝夜
不行放逸心不念煞若見衆生欲食其虫以其所食而貿易之令其得脫
如彌勒問經論云十不善業道有其三種一果報果二習氣果三增上果果報

BD09361 號　法苑珠林（兌廢稿）卷七三　（1–1）

三者爲利養故占相吉凶廣爲人說四者爲利故高聲現威令人

南无寶天佛　南无勝藏佛

南无不動佛　南无勝相佛

BD09361 號背　法苑珠林（兌廢稿）卷九〇　（1–1）

（2–1）

BD09362號背　大乘四法經論廣釋開決記義釋（擬）

（2–2）

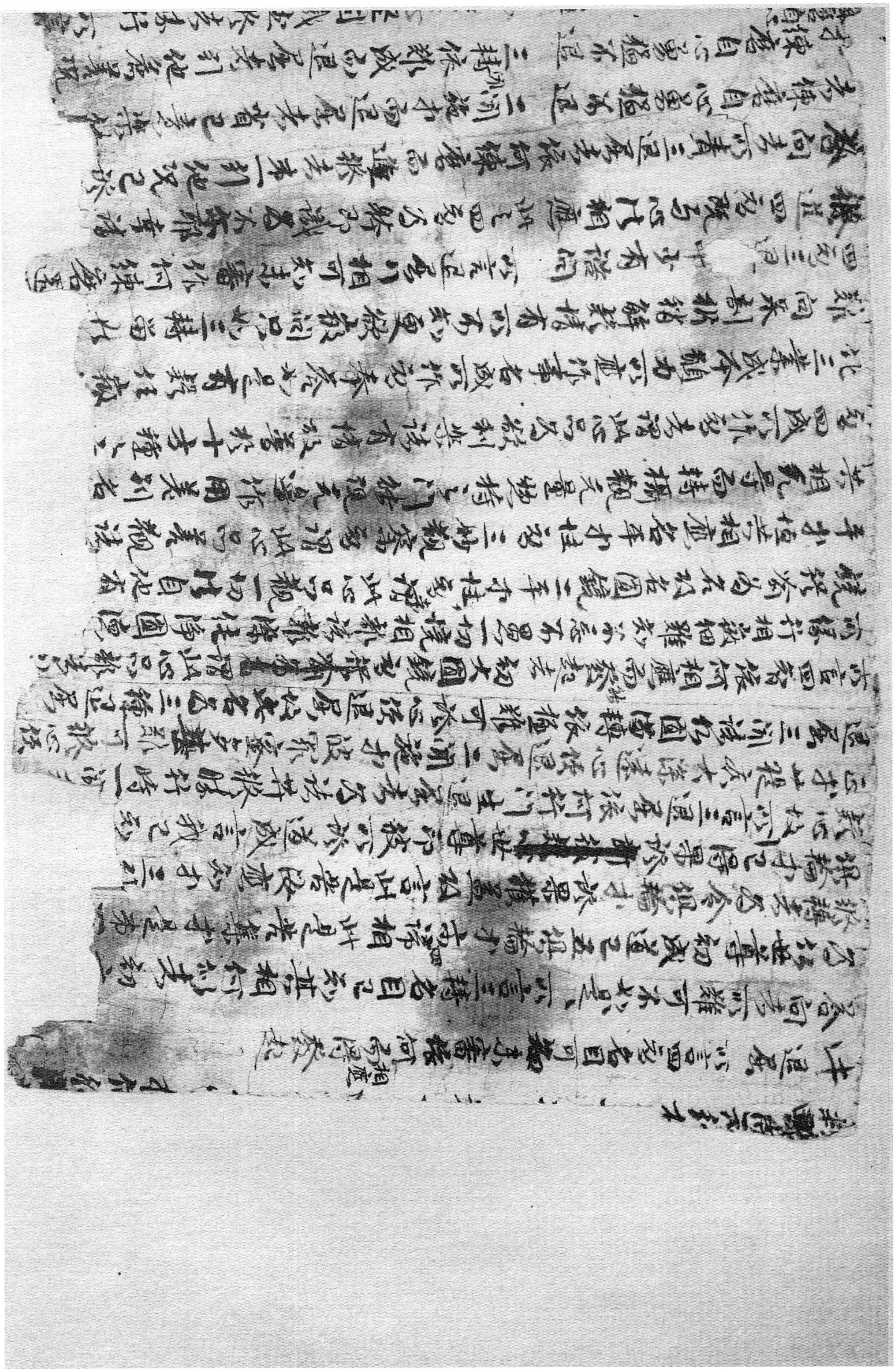

BD09363號　大乘入道次第疏（擬）

（2-1）

BD09363號　大乘入道次第疏（擬）

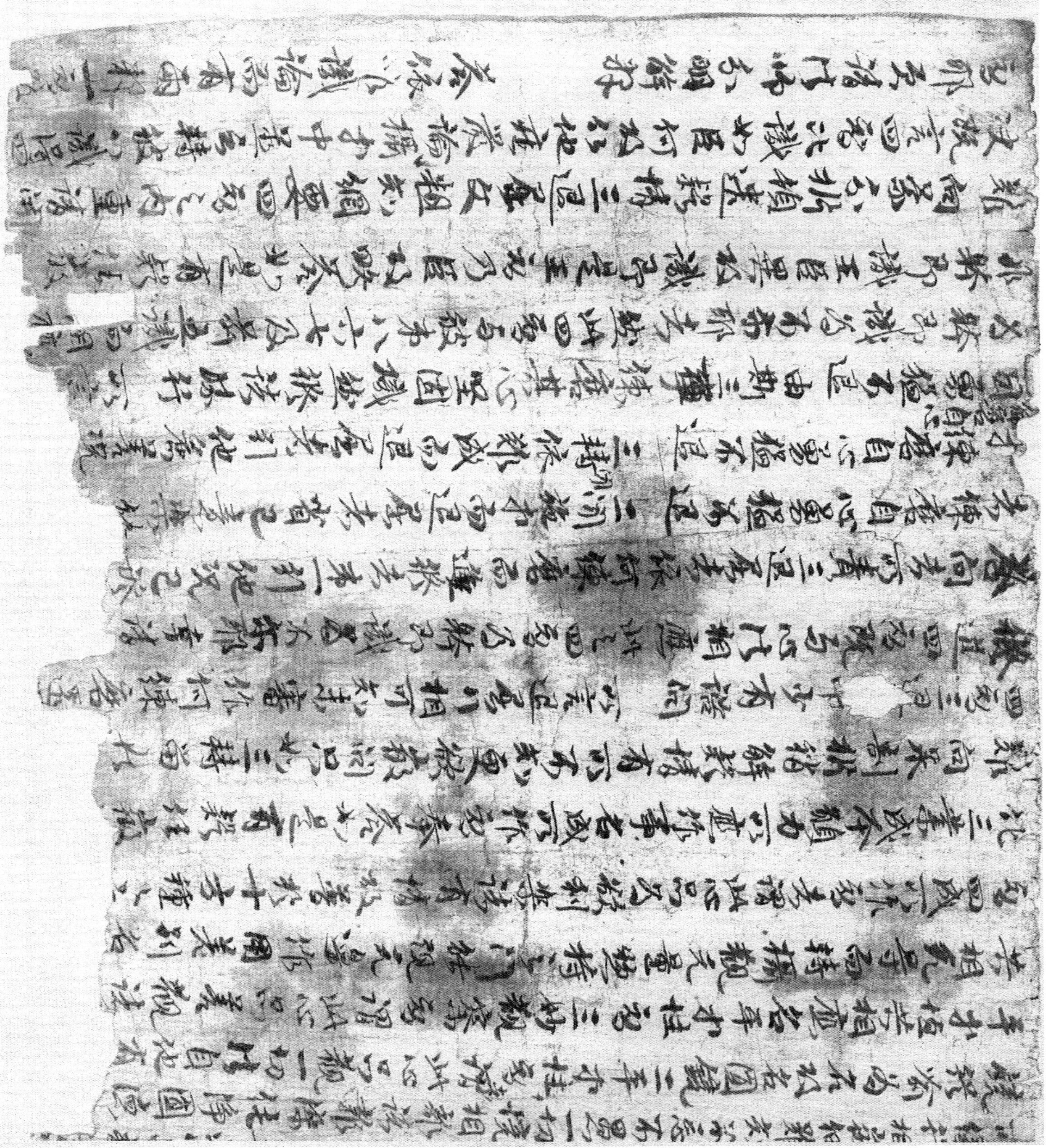

（2-2）

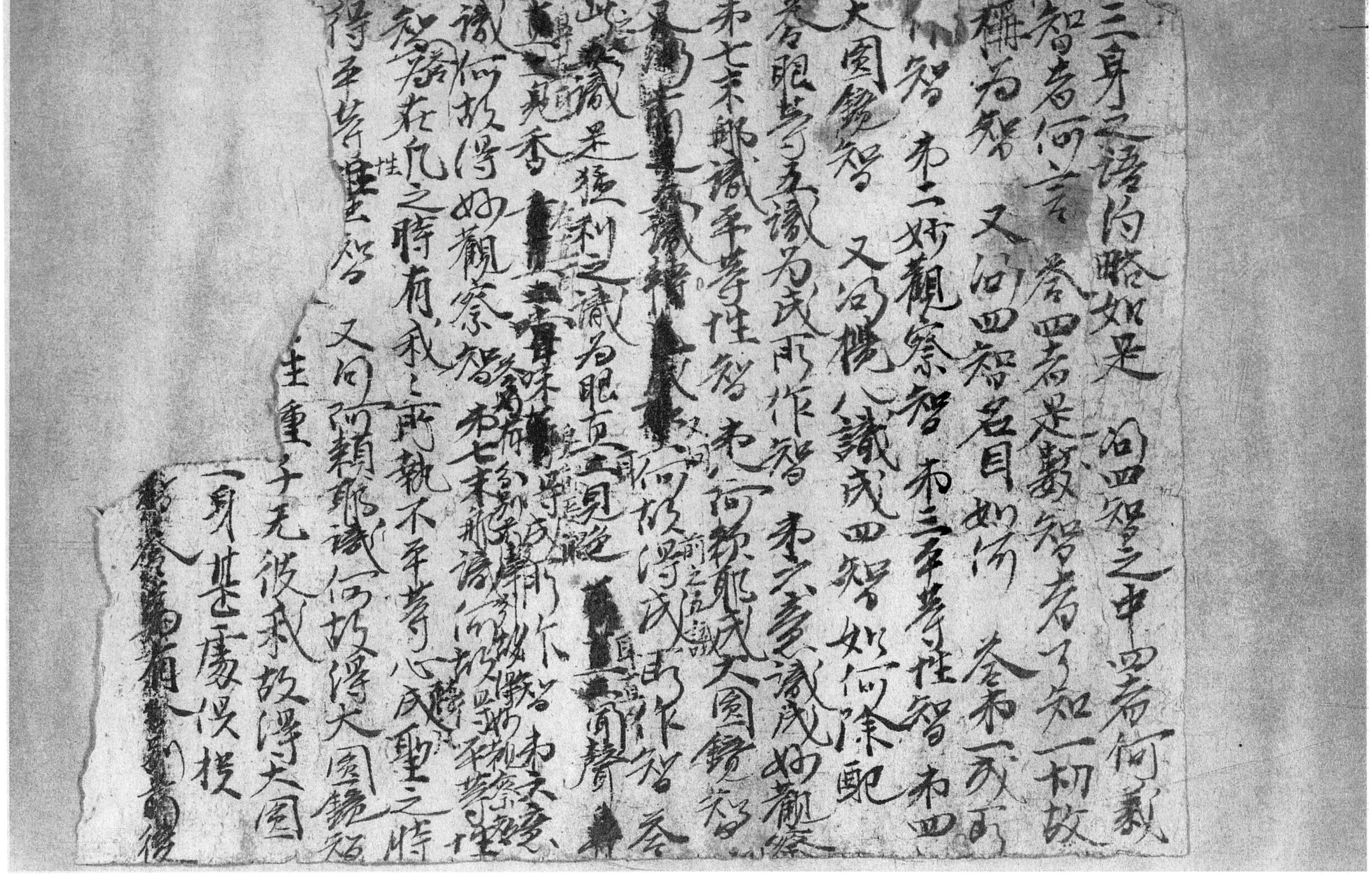

BD09364號　轉八識成四智束四智具三身論（擬）

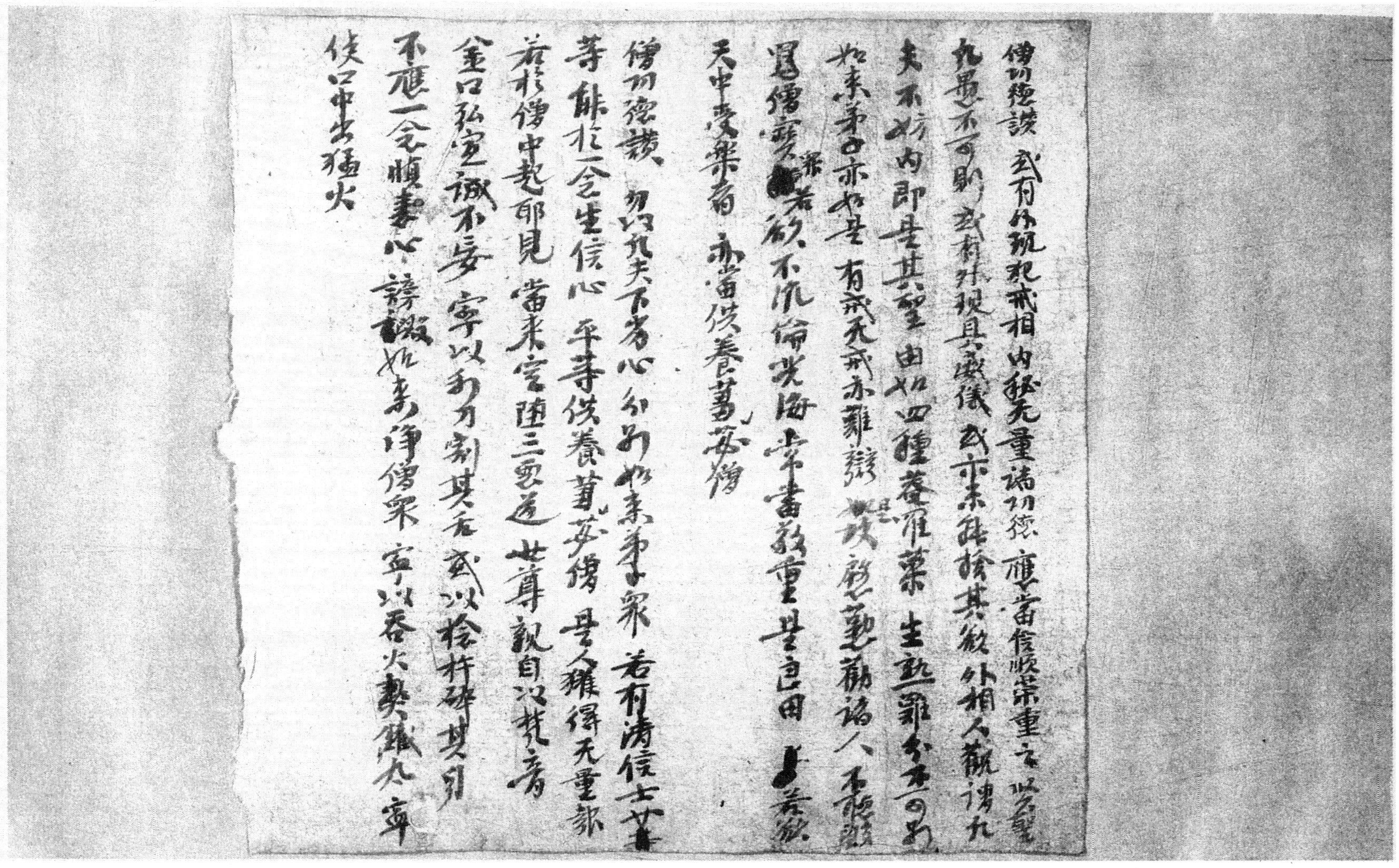

BD09365號　讚僧功德經　（1–1）

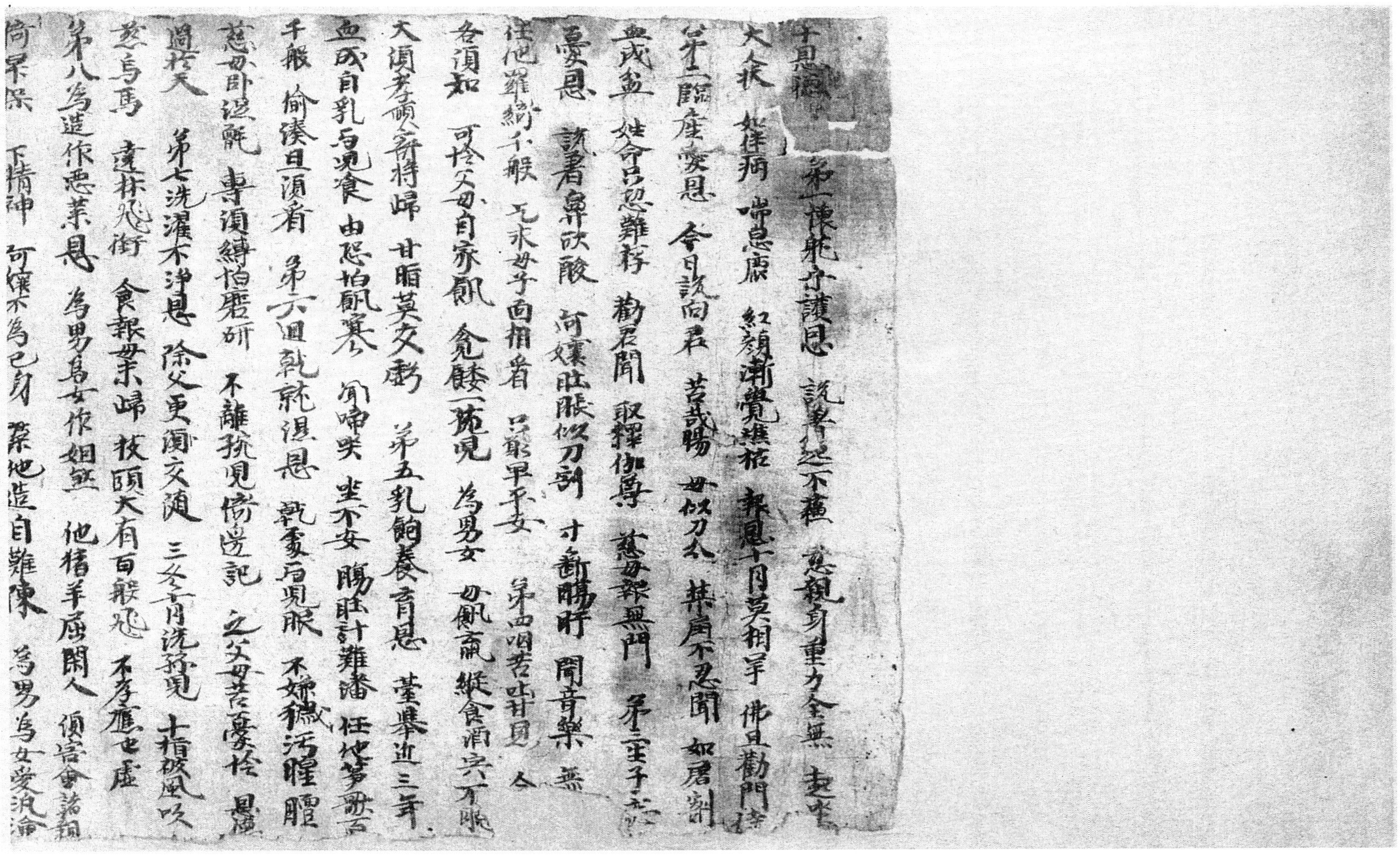

BD09366號　十恩德讚　（2–1）

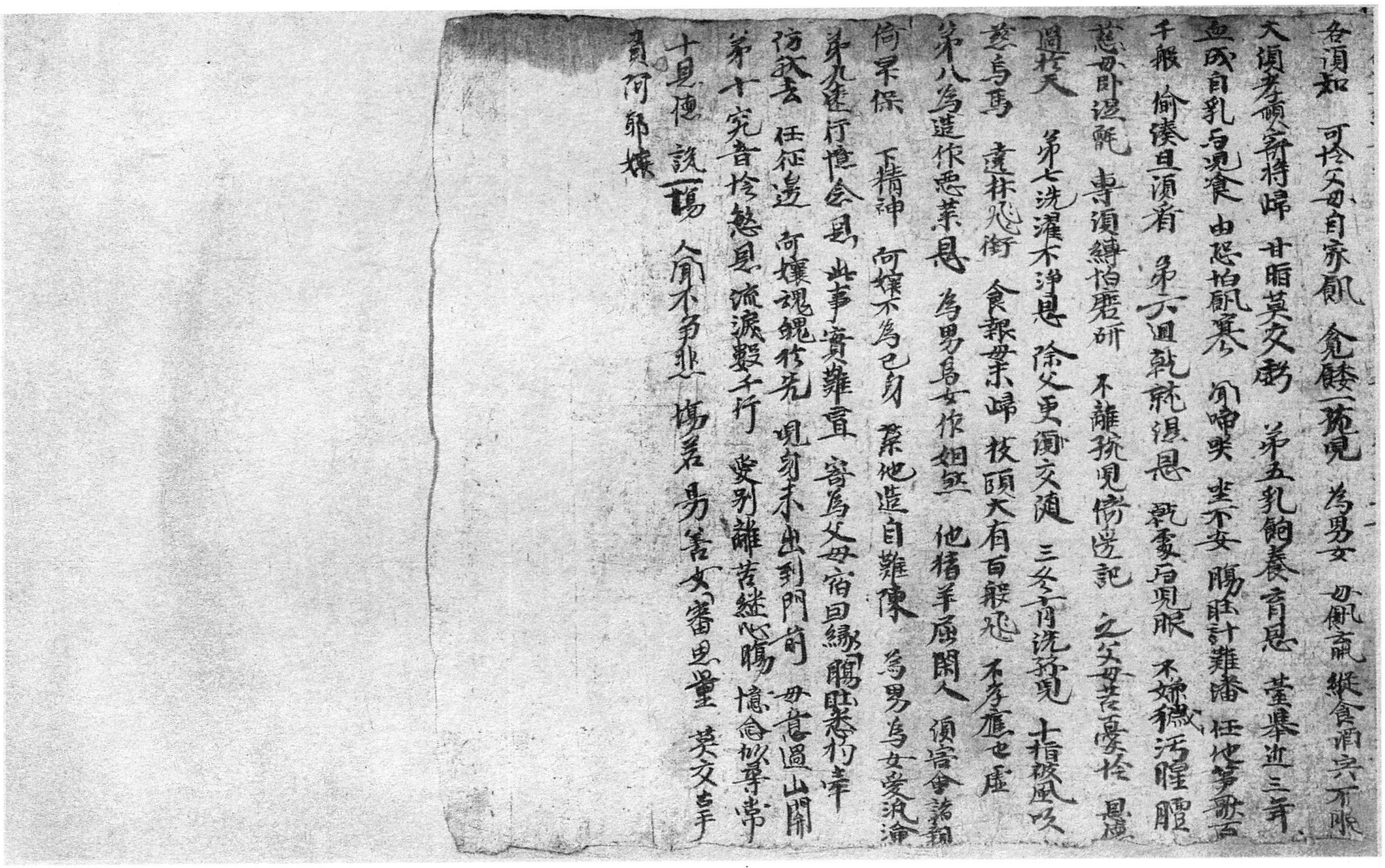
各須知　可怜父母自家飢　寬餧一孩兒　為男女　母飢前餧食兩六不眠
大須孝順心將歸　甘脂莫交虧　第五乳餔養育恩　董畢近三年
血成白乳與兒食　由恐怕飢寒　何啼哭　坐不安　腸肚計難陳　任他笋歌云
千般　偷樣且須看　第六回乾就濕恩　乾處與兒眠　不嫌穢污腥膻
慈母卧濕氈　專須縛怕癡斫　不離孩兒傍邊記　之父母甚憂怜　恩過
過於天　第七洗濯不淨恩　除父更須交隨　三冬寒洗孩兒　十指被風吹
慈烏再　遠枝送銜　食報母來歸　枝頭大有百般飛　不孝應也虛
第八為造作惡業恩　為男為女作姻親　他猜手脚開人　須信命諸親
何罪保　下精神　向嫌不為己身　索他造自難陳　為男為女愛流淪
第九遠行憶念恩　此事實難量　寄為父母宿因緣　腸肚悉於牢
防秋去　任征邊　向嫌魂魄於先　兒身未出到門前　母意遍山關
第十究竟怜愍恩　流淚數千行　愛別離苦繼心腸　憶念於尋常
十恩使　說一場　人間不易悲　場若　男善女人審思量　莫交辜
負阿耶娘

BD09366號　十恩德讚　（2–2）

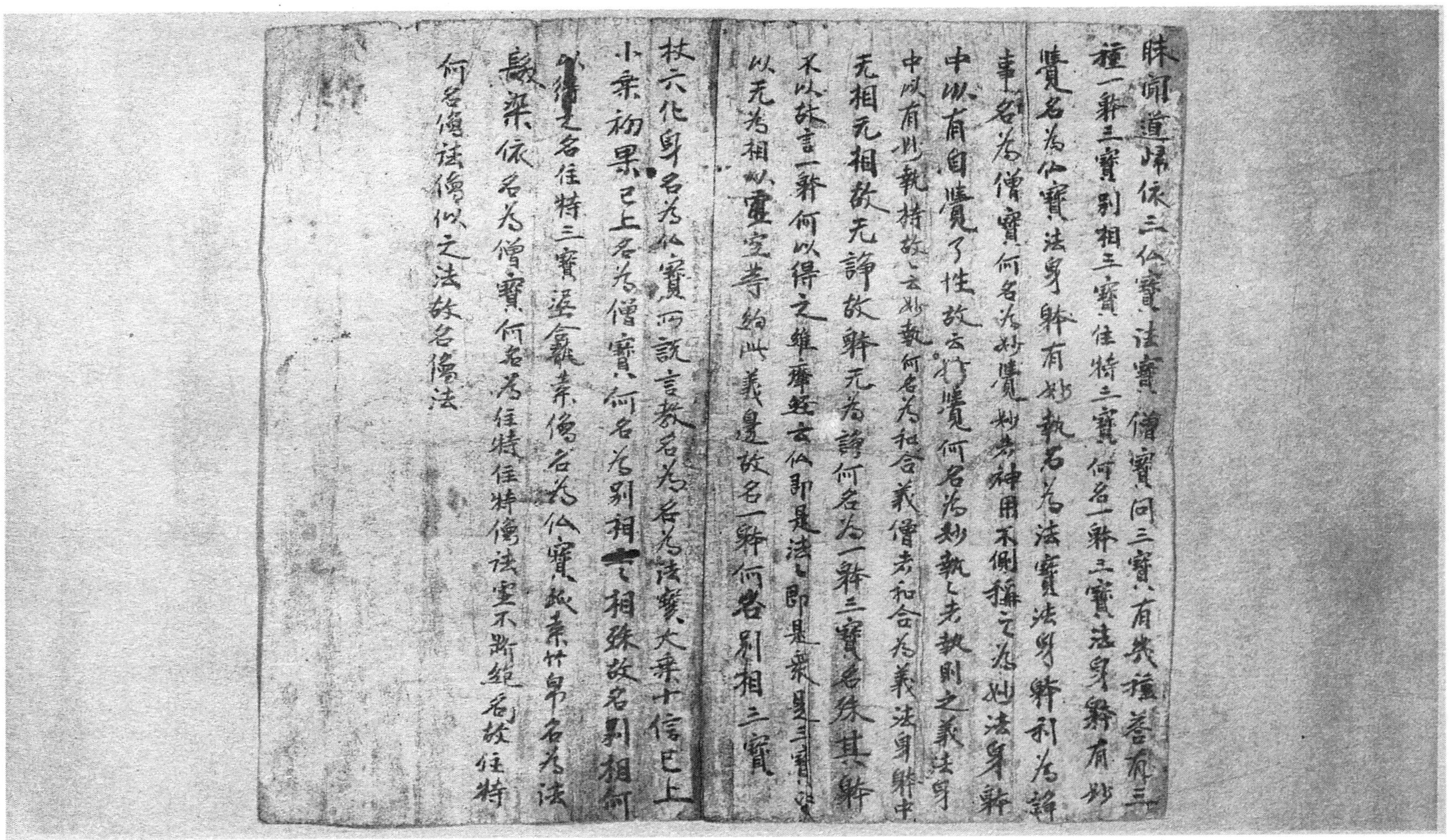
昧開道歸依三佛寶法寶僧寶　問三寶　有幾種　答有三
種　一體三寶　別相三寶　住持三寶　何名一體三寶　法身體有妙
覺名為佛寶　法身體有妙軌名為法寶　法身體利為諍
事名為僧寶　何名為妙覺　妙者神用不側稱之為妙　法身體
中以有自覺了性故云妙覺　何名為妙軌　軌者軌則之義　法身
中以有此軌持故云妙軌　何名為和合義　僧者和合為義　法身體中
無相無相故無諍故體無為　諍何名為一體三寶　名殊其體
不以故言一體　何以得之　維摩經云佛即是法　法即是衆　是三寶
以無為相　以虛空等　約此義邊故名一體　何名別相三寶
丈六化身名為佛寶　所說言教名為名為法寶　大乘十信已上
小乘初果已上名為僧寶　何名為別相　相相殊故名別相　何
名住持之名住持三寶　經金銀素像名為佛寶　紙素竹帛名為法
髮染依名為僧寶　何名為住持　住持住持僧法寶不斷絕名故住持
何名像法　像似之法故名像法

BD09367號　三寶四諦文　（1–1）

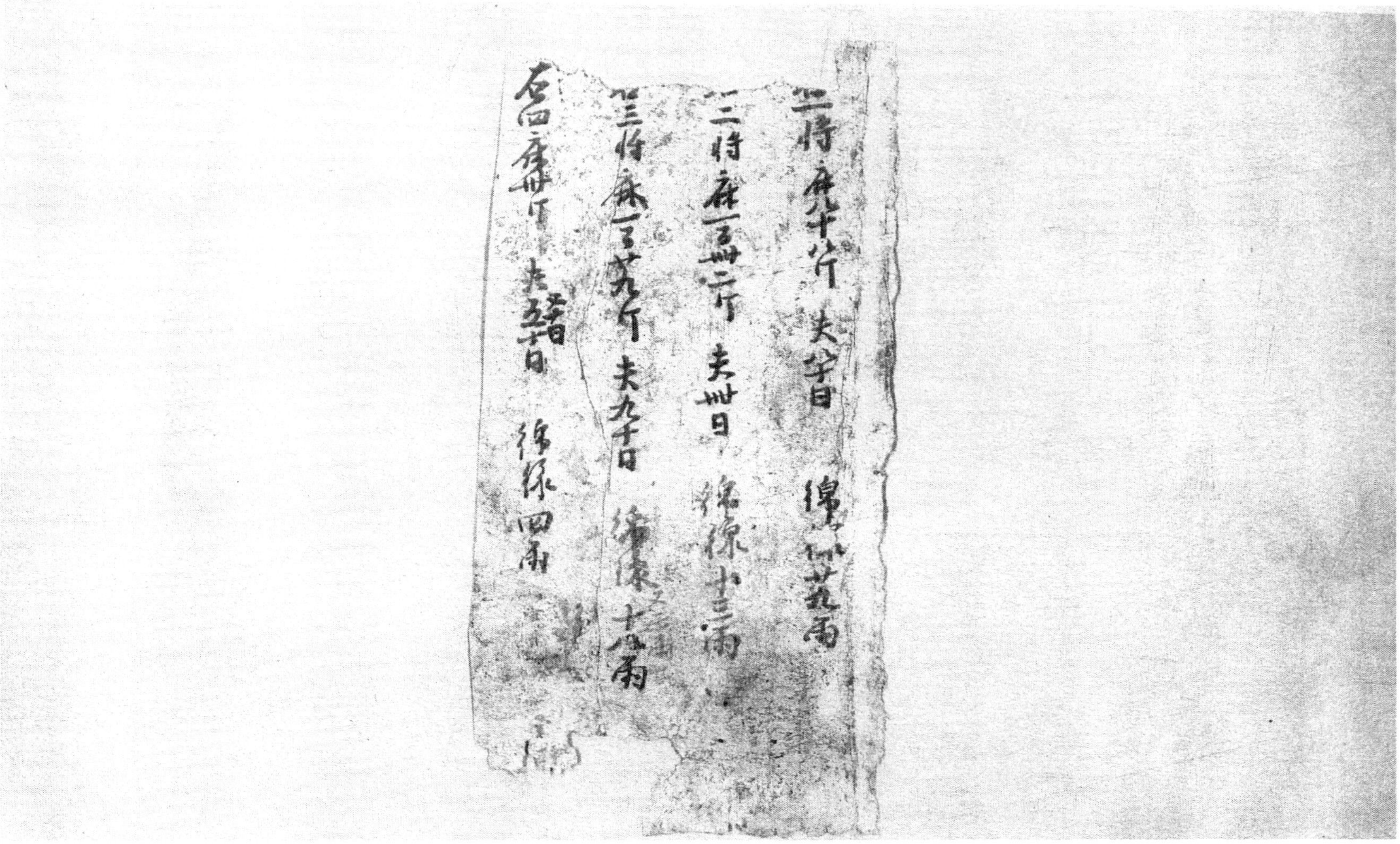

BD09368號　某年某月某將欠負名目（擬）　（1–1）

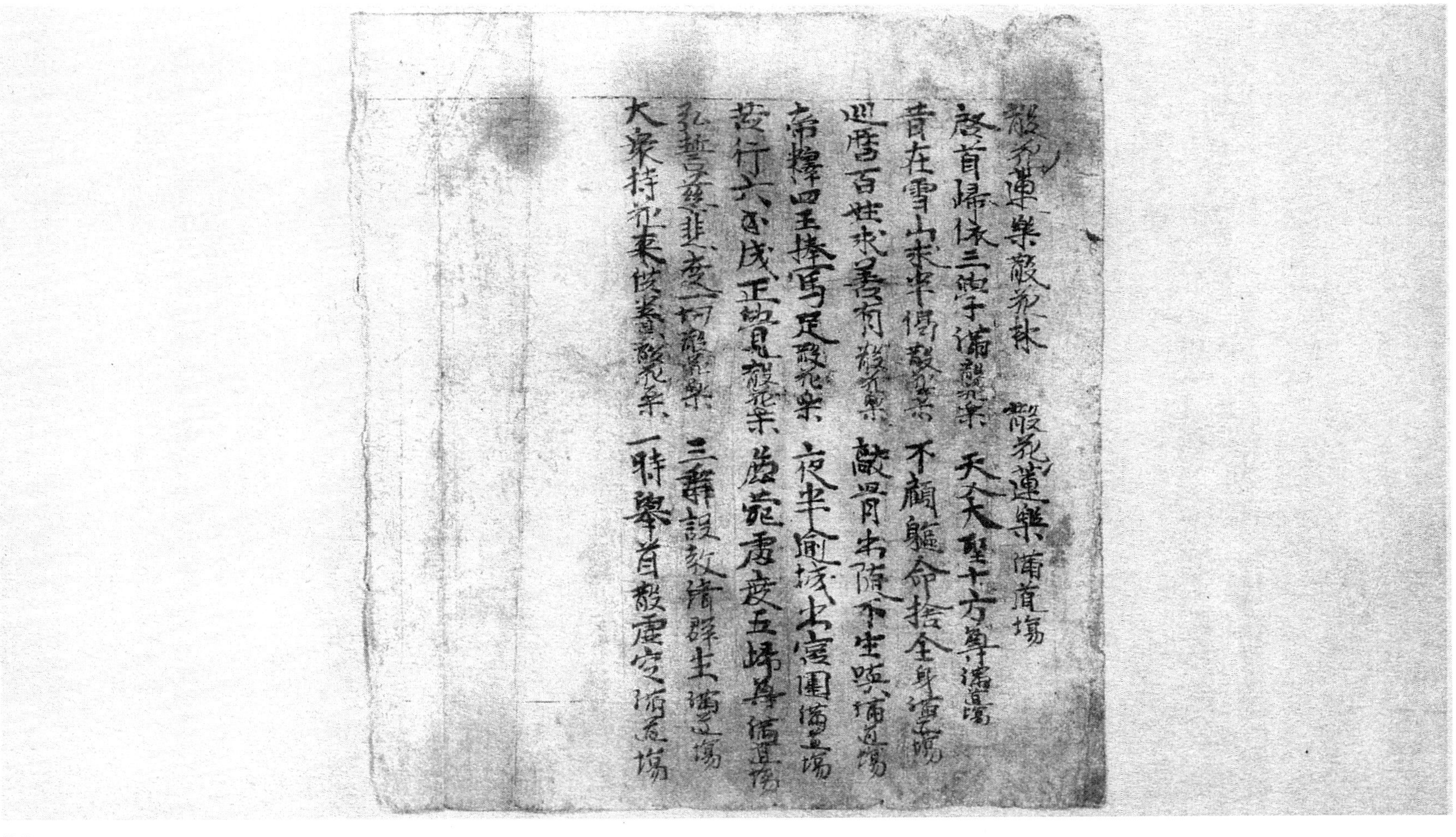

BD09369號　散華樂　（1–1）

BD09369 號背　題記、雜寫　（1–1）

BD09370 號　太公家教（異本一）　（1–1）

BD09370 號背 1　祭文（擬）　　（1–1）
BD09370 號背 2　名錄（擬）

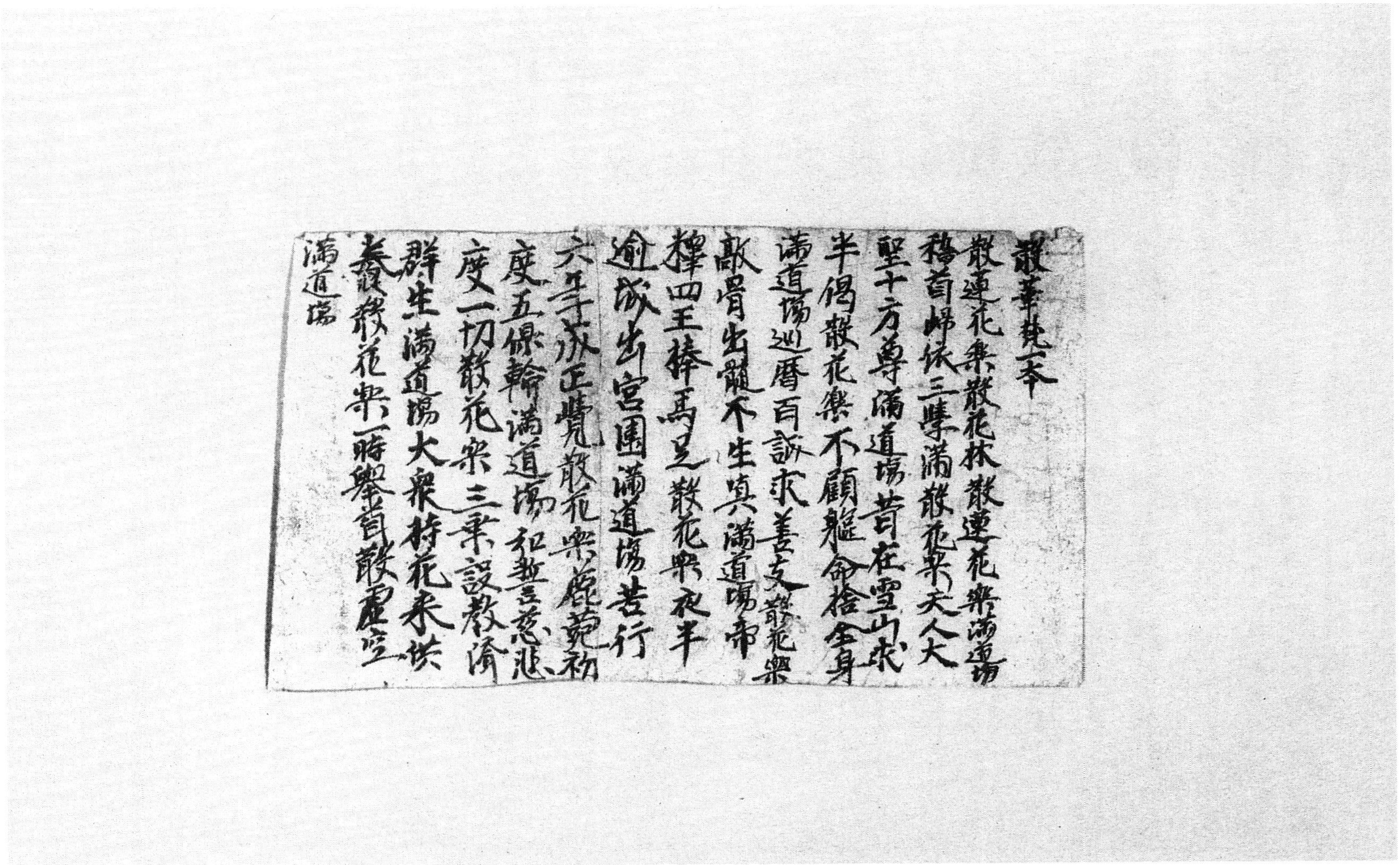

BD09371 號　散華梵　　（1–1）

五年正月十五日王法集自手書記

BD09371 號背　題記　（1–1）

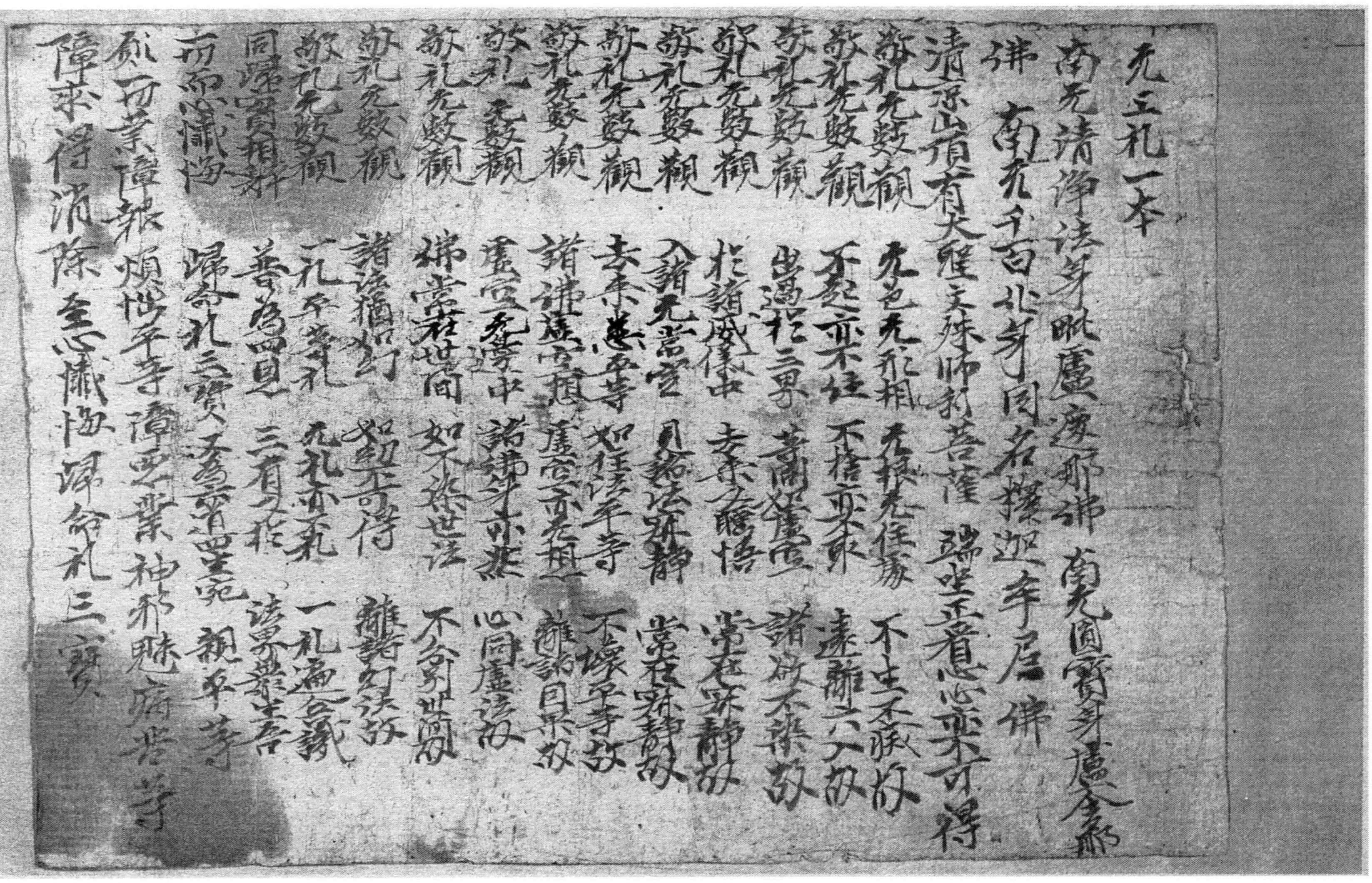

无上礼一本
南无清淨法身毗盧遮那佛　南无圓滿報身盧舍那
佛　南无千百億化身同名釋迦牟尼佛
清涼山頂有大聖文殊師利菩薩　端坐正意心求可得
敬礼无數觀　无色无形相　无根无住處　不生不滅故
敬礼无數觀　不去亦不住　不捨亦不取　遠離六入故
敬礼无數觀　出過於三界　等同於虛空　諸欲不染故
敬礼无數觀　於諸威儀中　去來及睡悟　常在寂靜故
敬礼无數觀　入諸无當空　見諸法寂靜　常在寂靜故
敬礼无數觀　去來悉平等　知住法平等　不壞平等故
敬礼无數觀　諸佛虛空相　虛空亦无相　離諸因果故
敬礼无數觀　虛空无中邊　諸佛身亦然　心同虛空故
敬礼无數觀　佛常在世間　如不染世法　不分別世間
敬礼无數觀　諸法猶如幻　如幻不可得　離諸幻法故
敬礼无數觀　一礼平等礼　无礼亦无礼　一礼遍含識
同歸實相體　普為四恩　三有及法界眾生
所有心懺悔　歸命礼三寶　不為[illegible]　親平等
願所業障報煩惱平等障惡業神邪魅病若等
障求得消除　至心懺悔　歸命礼三寶

BD09372 號　無上禮　（1–1）

BD09372 號背　雜寫　（1–1）

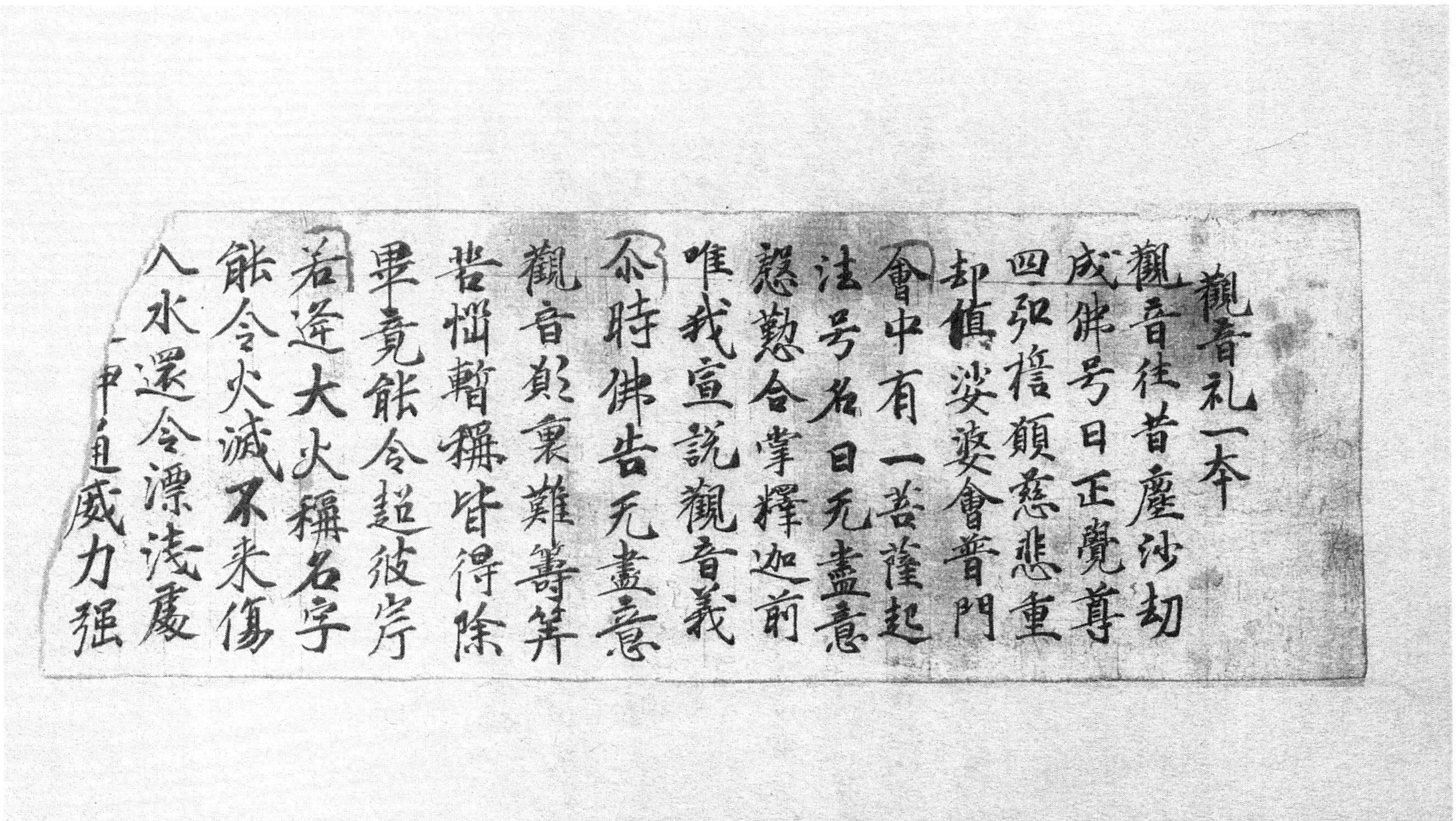

觀音礼一本
觀音往昔塵沙劫
成佛号日正覺尊
四弘誓願慈悲重
却值娑婆會普門
會中有一菩薩起
法号名曰无盡意
慇懃合掌釋迦前
唯我宣說觀音義
尒時佛告无盡意
觀音能衆難籌筭
苦惱暫稱皆得除
畢竟能令超彼岸
若逢大火稱名字
能令火滅不來傷
入水還令漂淺處
[illegible]中通威力强

BD09373 號　觀音禮　（1–1）

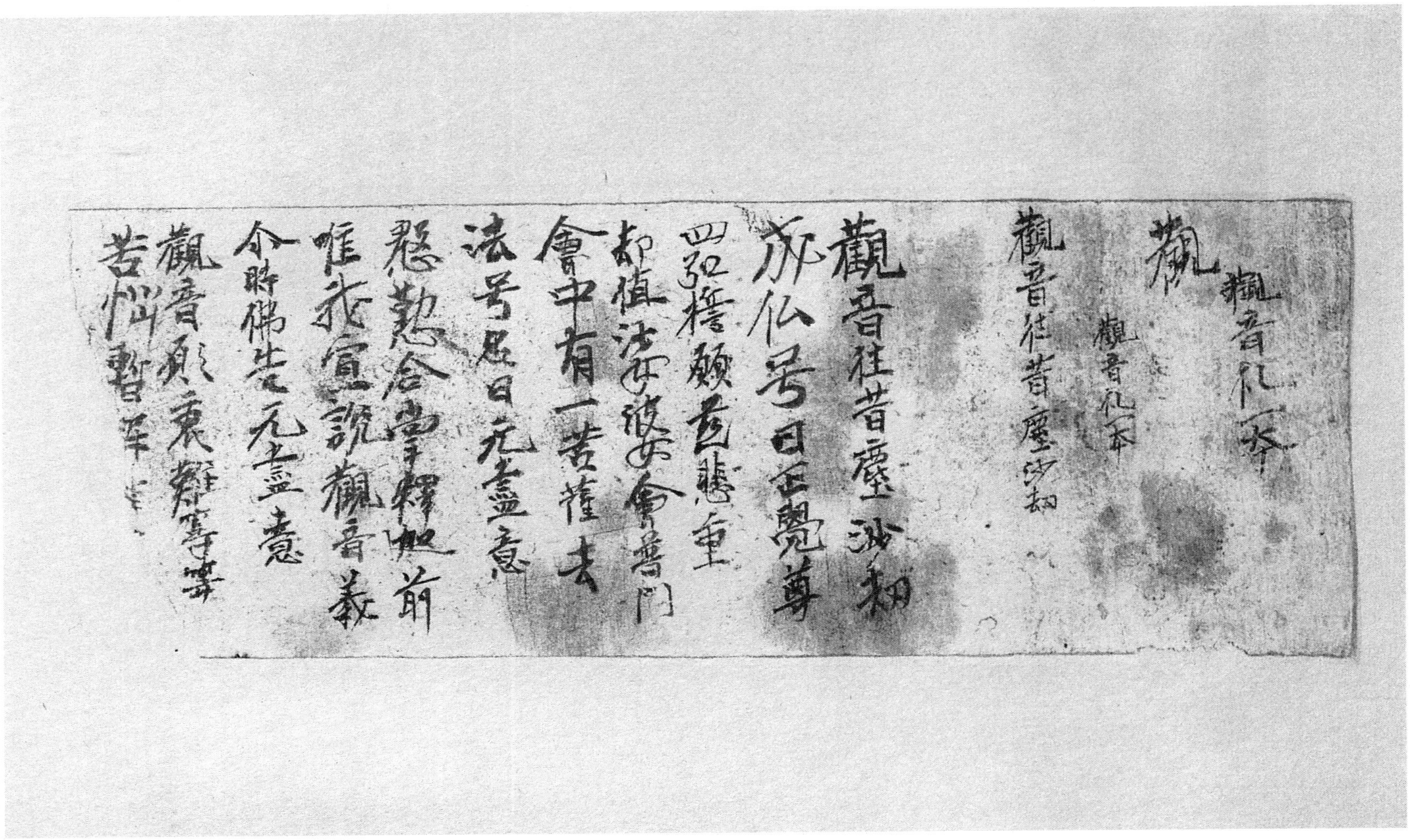

BD09373 號背　雜寫　（1–1）

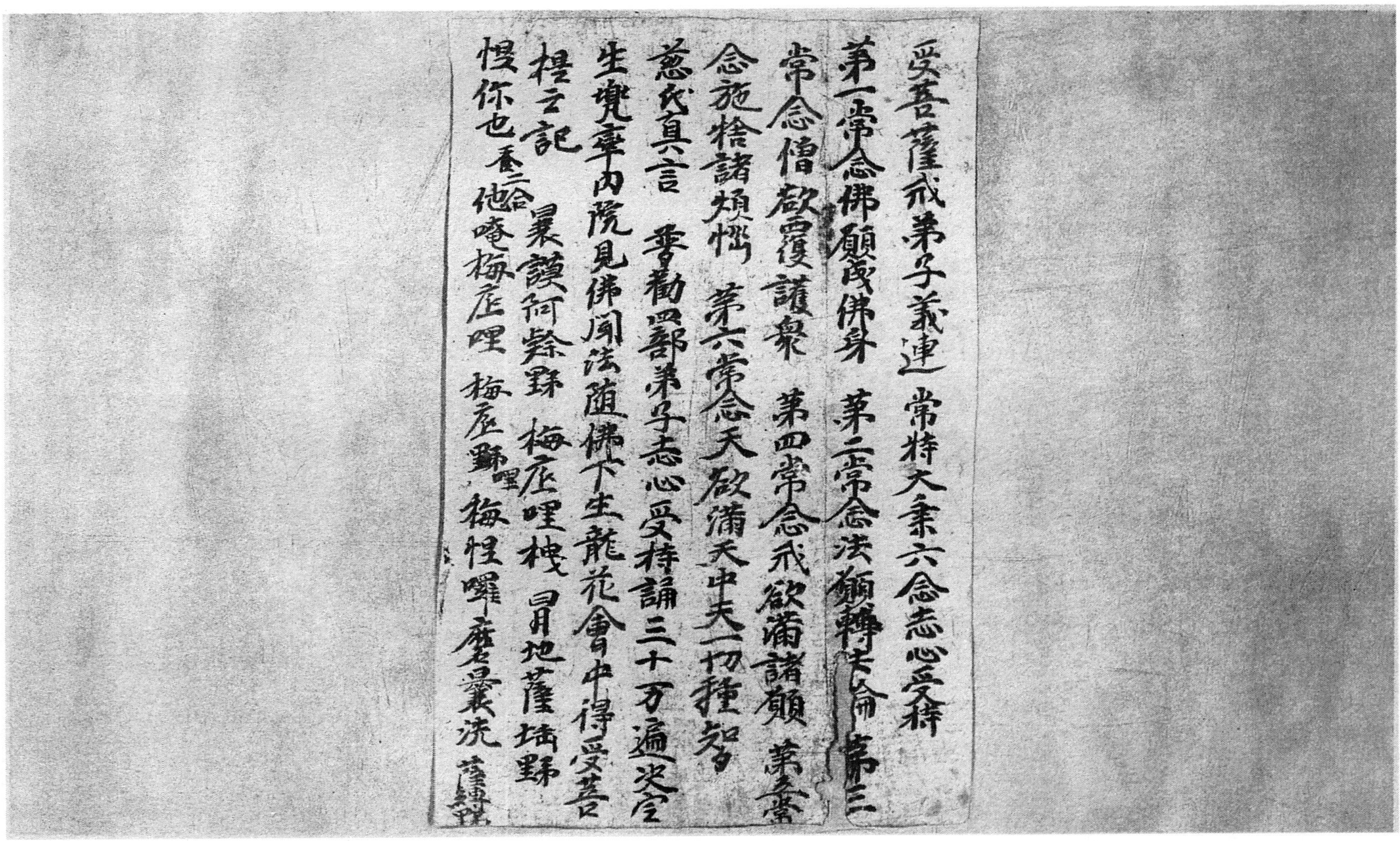

BD09374 號 1　大乘六念文（擬）　（1–1）
BD09374 號 2　慈氏真言

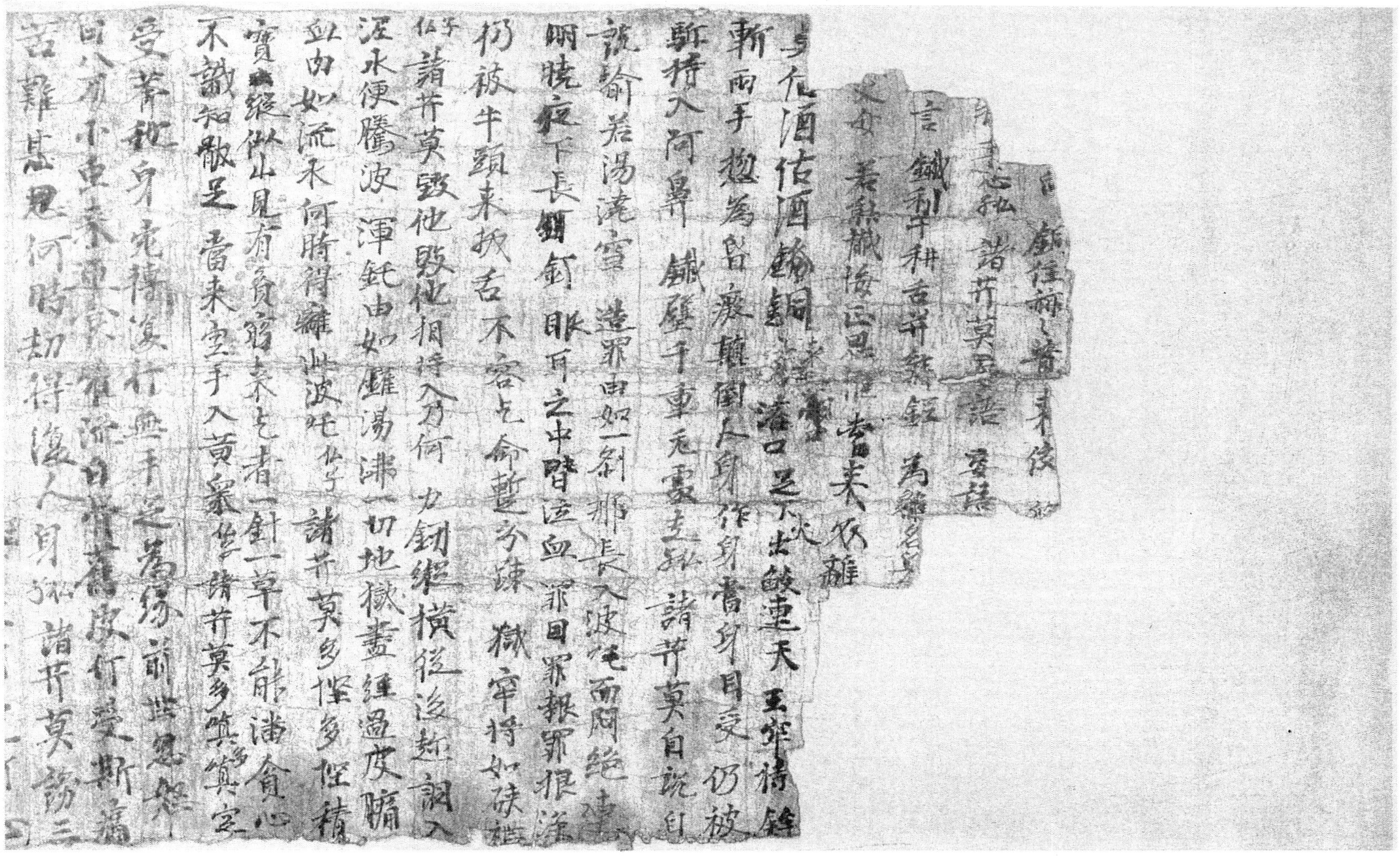

BD09375 號　菩薩和戒文　　（2–1）

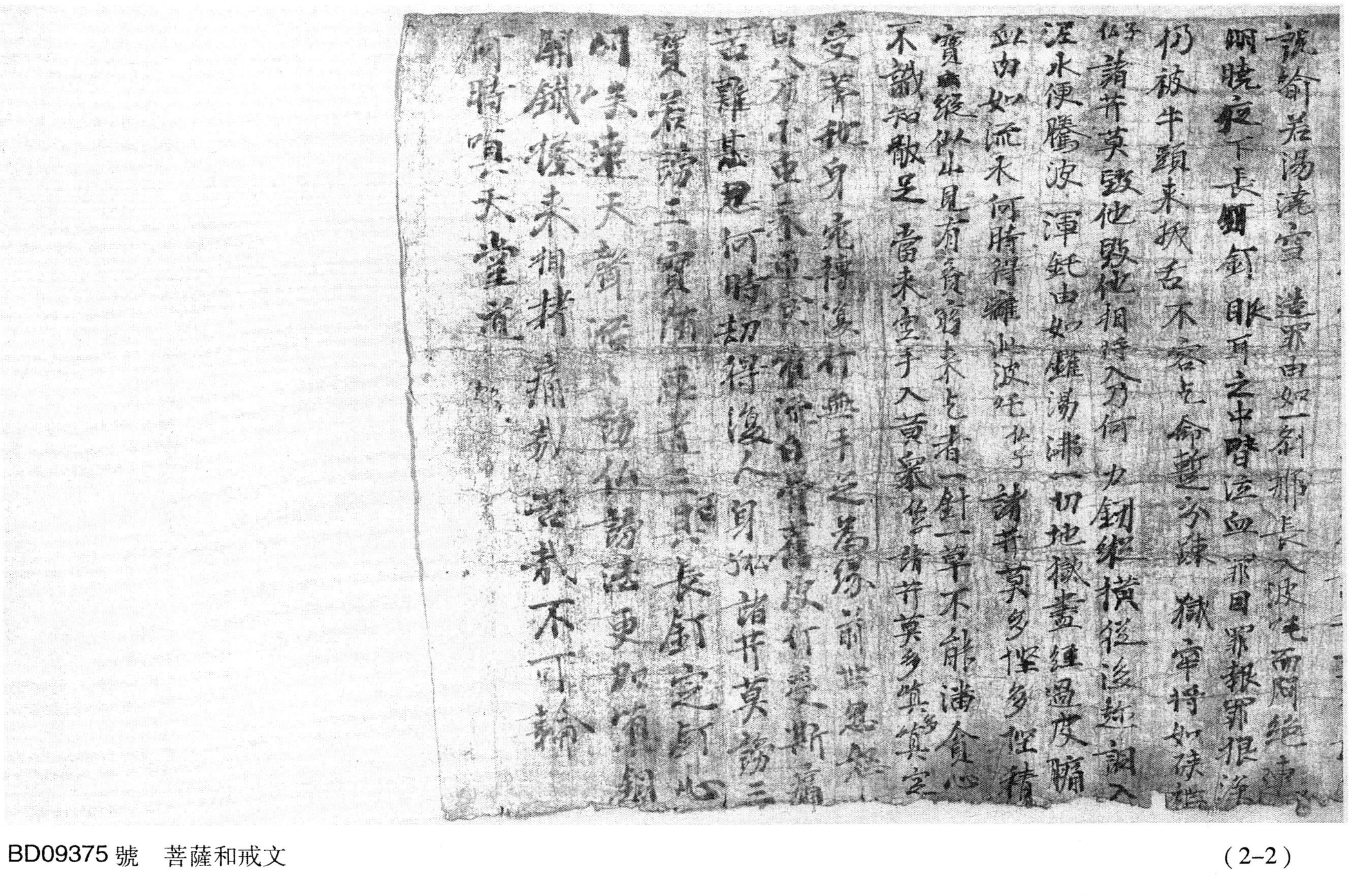

BD09375 號　菩薩和戒文　　（2–2）

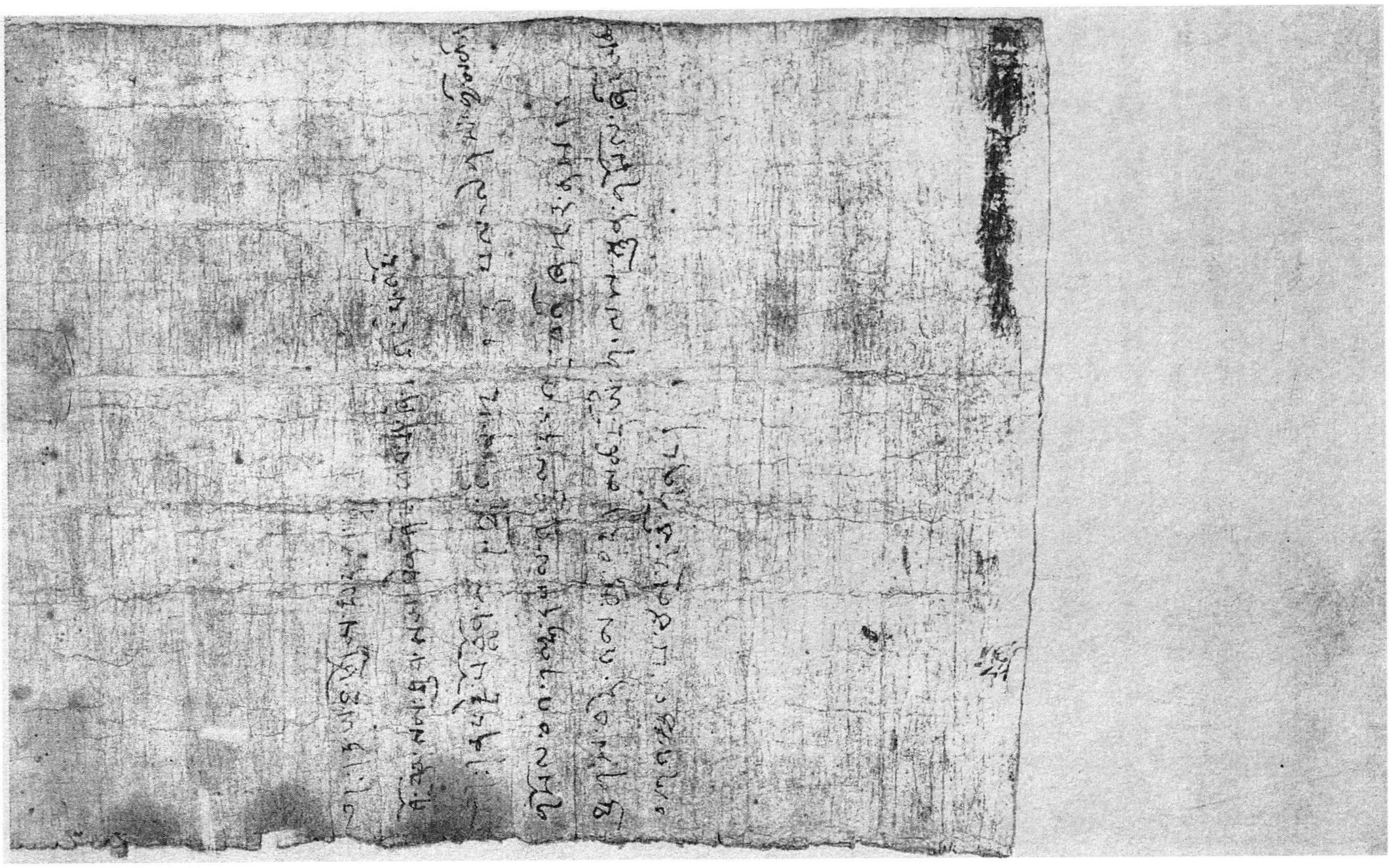

BD09375 號背　藏文文獻（擬）　　（1–1）

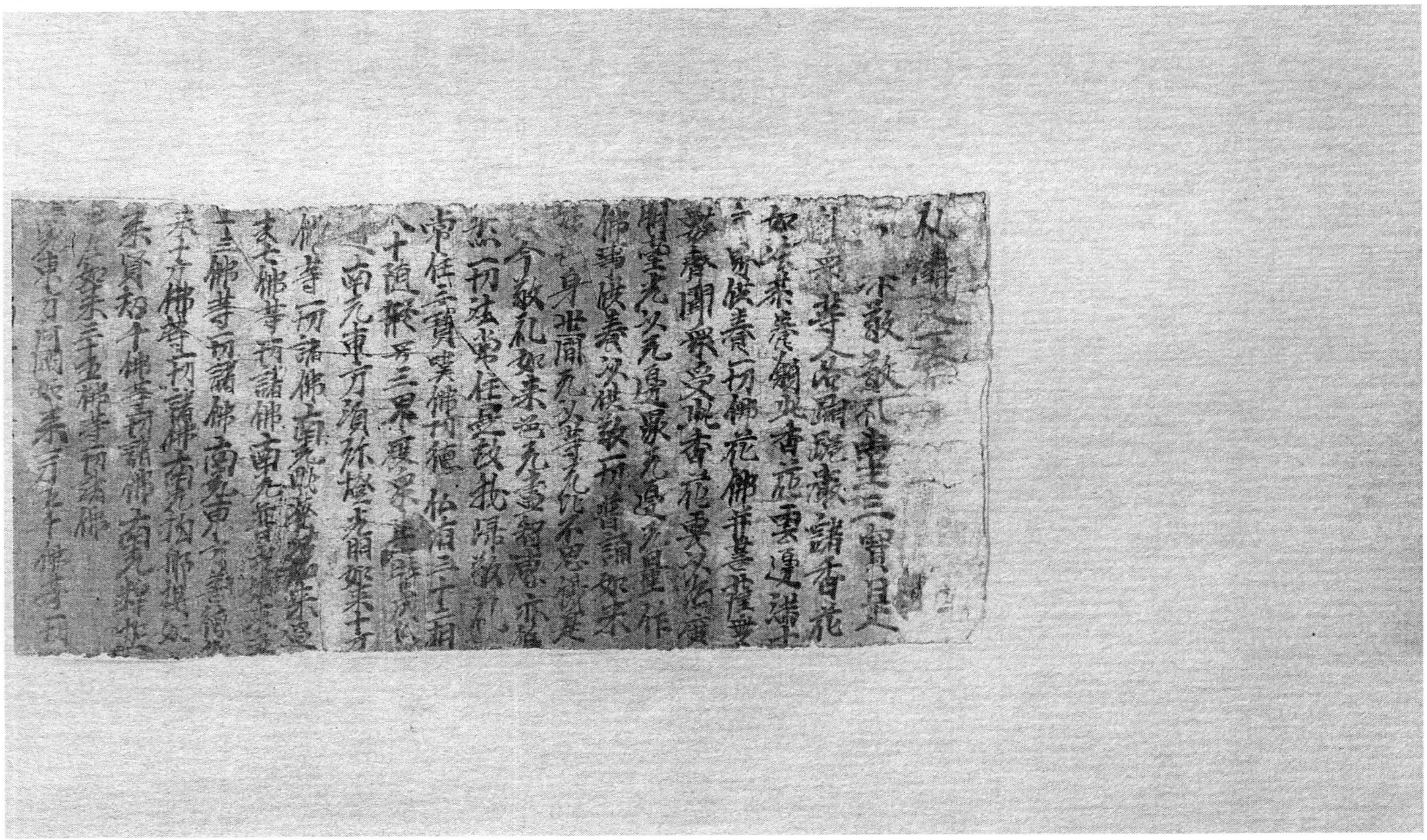

BD09376 號　七階禮懺文（擬）　　（4–1）

BD09376號　七階禮懺文(擬)　(4–2)

BD09376號　七階禮懺文(擬)　(4–3)

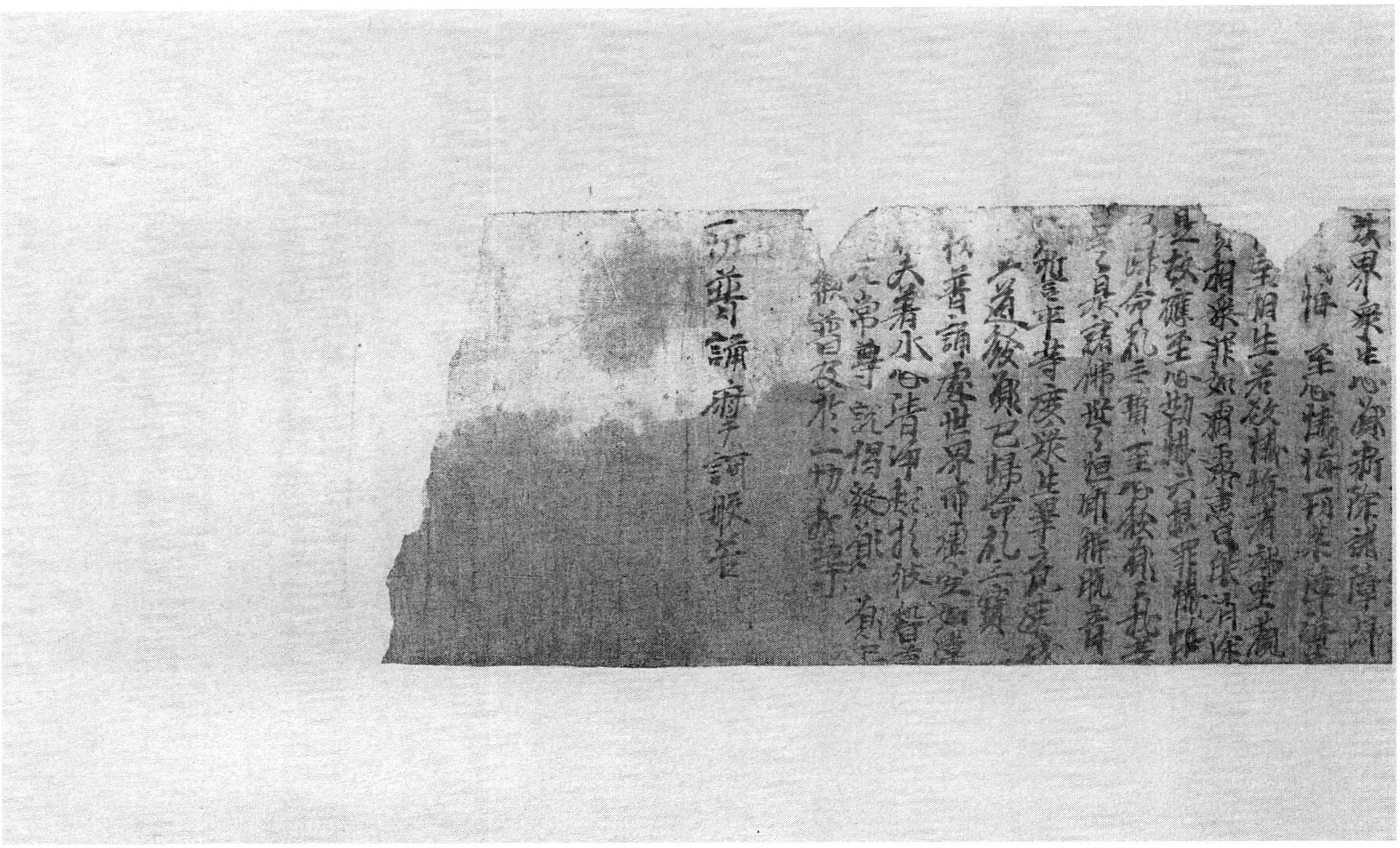

BD09376 號　七階禮懺文（擬）　　（4–4）

BD09376 號背　雜寫　　（1–1）

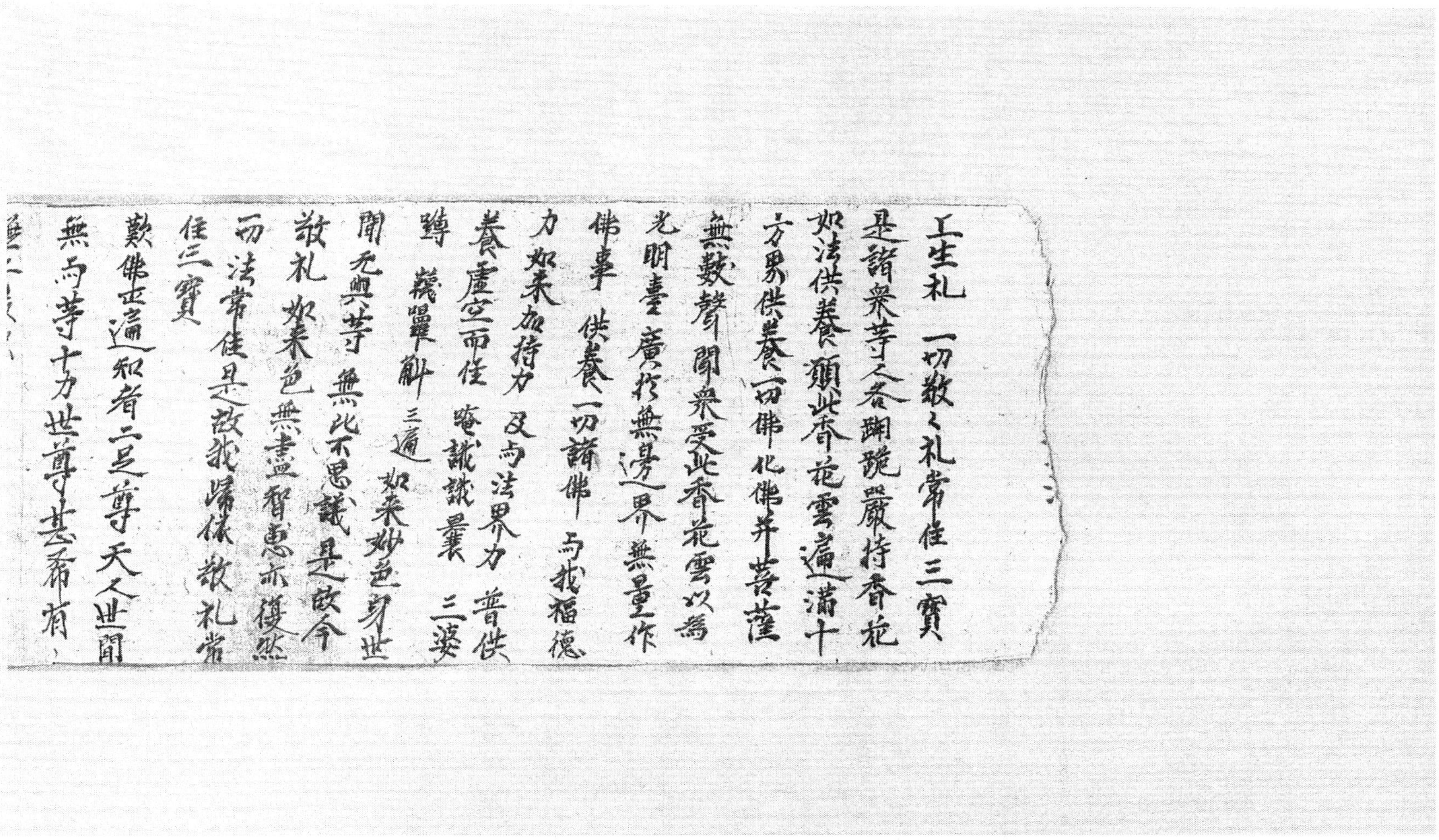

上生礼　一切敬〻礼常住三寶
是諸衆等人各䠒跪嚴持香花
如法供養　願此香花雲遍滿十
方界供養一切佛　化佛并菩薩
無數聲聞衆　受此香花雲以為
光明臺　廣於無邊界　無量作
佛事　供養一切諸佛　与我福德
力　如来加持力　及与法界力　普供
養盡虛空而住　唵　誐誐曩　三婆
嚩　韈日羅斛　三遍　如来妙色身世
間無與等　無比不思議　是故今
敬礼　如来色無盡　智恵亦復然
一切法常住　是故我歸依　敬礼常
住三寶
歎佛　正遍知者　二足尊　天人世間
無与等　十力世尊　甚希有

BD09377號　上生禮　（2–1）

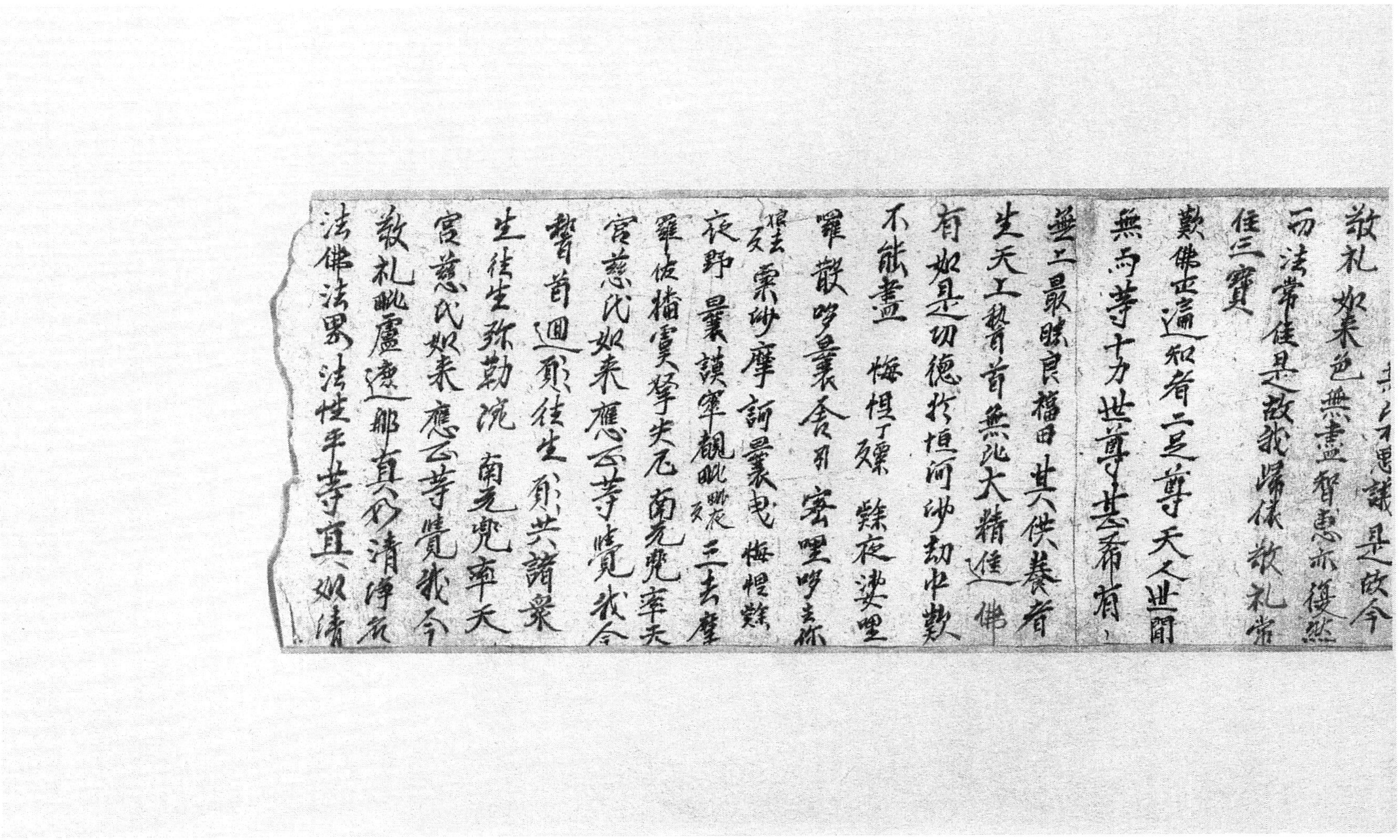

敬礼　如来色無盡　智恵亦復然
一切法常住　是故我歸依　敬礼常
住三寶
歎佛　正遍知者　二足尊　天人世間
無与等　十力世尊　甚希有
無上最勝良福田　其供養者
生天上　稽首無比大精進佛
有如是功德　於恒河沙劫中　數
不能盡　悔怛了反𠺁　蘇夜婆哩
囉　散哆曩含引　寃哩哆去祢
𠸪去反　栗沙摩訶曩莽　悔怛蘇
夜野　曩謨寧覩毗毗夜反　三去摩
羅　彼楢寞拏尖尼　南无兜率天
宮慈氏如来應正等覺　我今
稽首迴願往生　願共諸衆
生往生弥勒淨　南无兜率天
宮慈氏如来應正等覺　我今
敬礼毗盧遮那　真妙清淨　法
法佛　法界　法性平等　真如清

BD09377號　上生禮　（2–2）

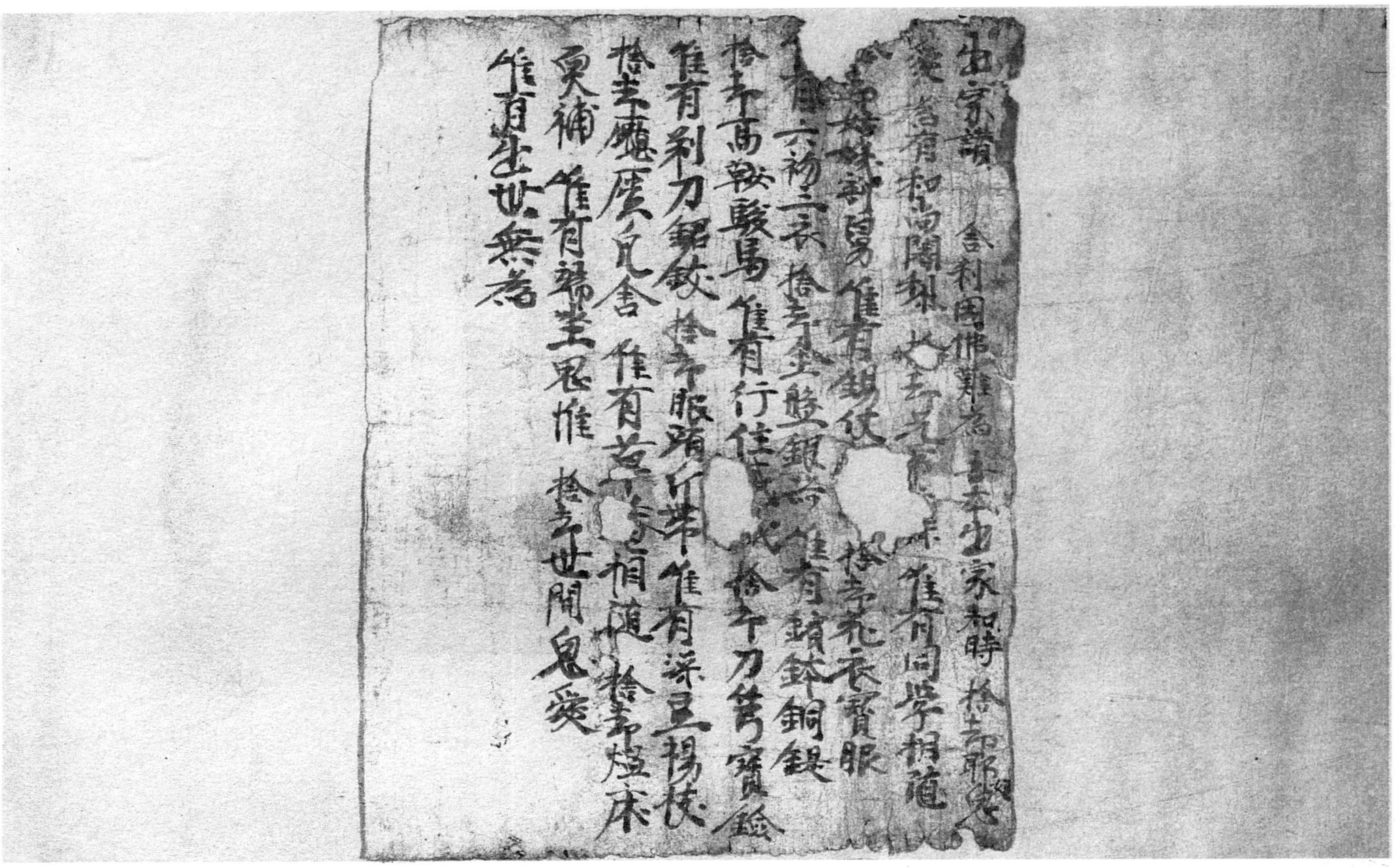
出家讚　舍利因佛難為　本出家相時　捨却耶孃
[illegible]者有知和尚闍梨　[illegible]　惟有同學相隨
[illegible]姊妹弟兄　惟有錫杖　[illegible]　捨却羅衣寶服
捨却六親二衣　捨却金盤銀合　惟有瓶鉢銅鍱
捨却高鞍駿馬　惟有行住[illegible]　捨却刀鎗寶鐱
惟有剃刀鋸鉸　捨却服瑜衣帶　惟有澡豆楊枝
捨却廳屋瓦舍　惟有草[illegible]相隨　捨却氈床
更補　惟有禪坐思惟　捨却世間恩愛
惟有出世無為

BD09378號　出家讚文　（1–1）

BD09378號背　雜寫　（1–1）

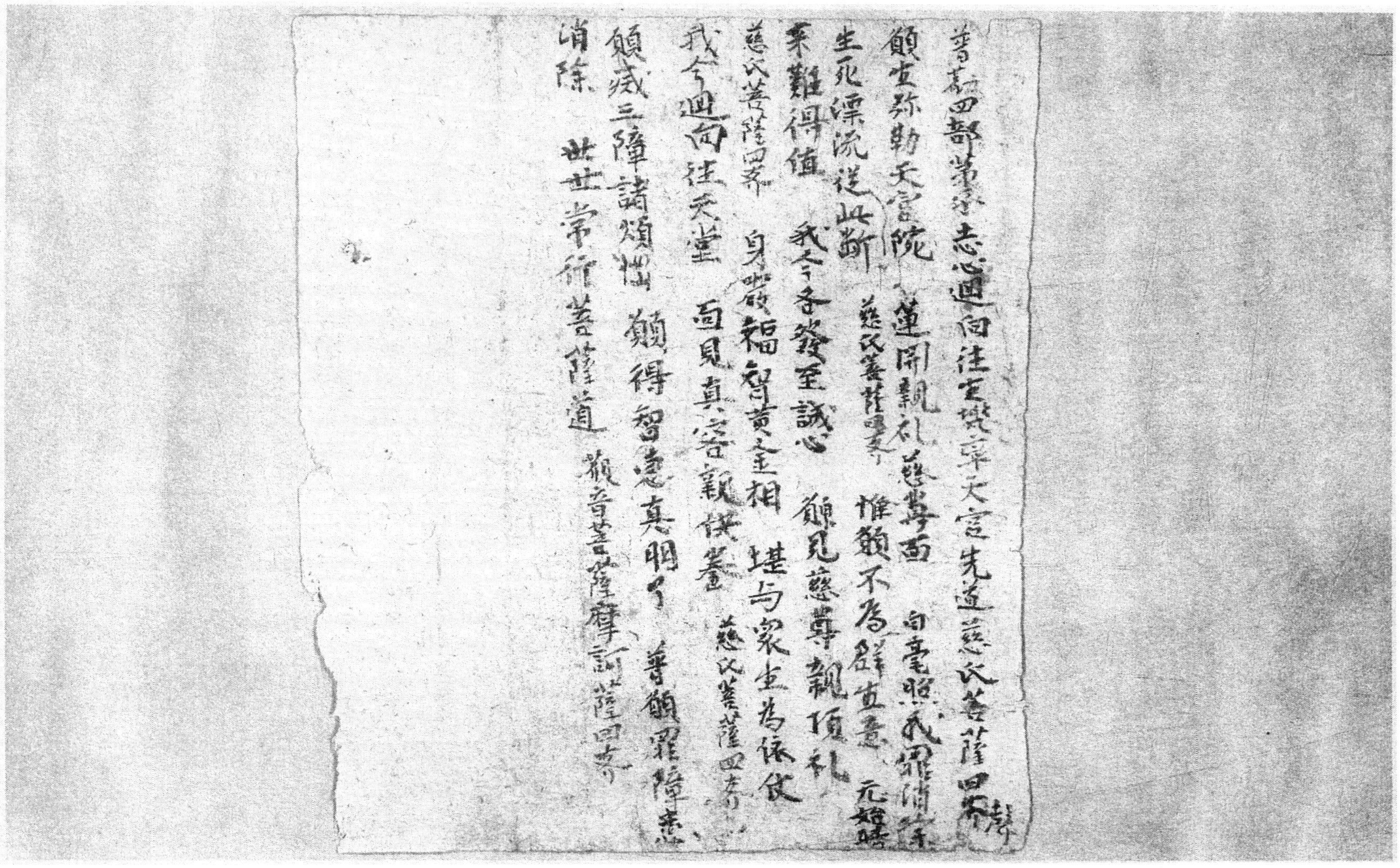
普勸四部弟子志心迴向往生兜率天宮 先道慈氏菩薩四拜
願生彌勒天宮院 蓮開親礼慈尊面 白毫照我罪消除
慈氏菩薩四拜 惟願不為群生意 元始曉
生死漂流從此斷 我今專發至誠心 願見慈尊親頂礼
萬難得值
慈氏菩薩四拜 身嚴福智黃金相 堪与衆生為依伏
我今迴向往天堂 面見真容親供養 慈氏菩薩四拜
願滅三障諸煩惱 願得智慧真明了 普願罪障悉
消除 世世常行菩薩道 觀音菩薩摩訶薩四拜

BD09379 號　迴向往生兜率天宮文（擬）　（1–1）

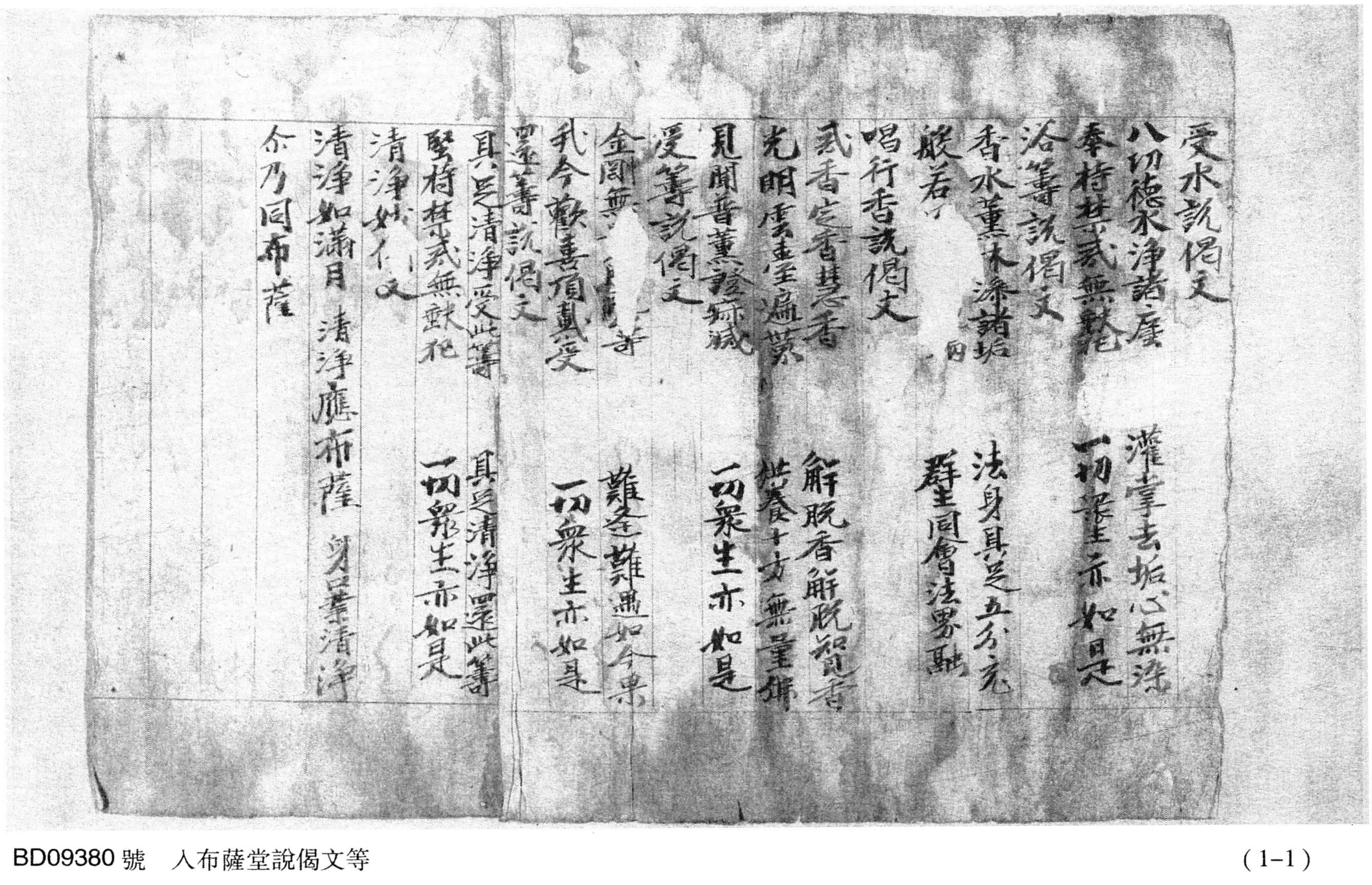
受水說偈文 灌掌去垢心無染
八功德水淨諸塵 一切眾生亦如是
奉持禁戒無缺犯
浴籌說偈文
香水薰沐浴諸垢 法身具足五分充
般若[illegible] 群生同會法界融
唱行香說偈文
戒香定香慧香 解脫香解脫知見香
光明雲臺遍世界 供養十方無量佛
見聞普薰證寂滅 一切眾生亦如是
受籌說偈文
金剛無[illegible]等 難遭難遇如今果
我今歡喜頂戴受 一切眾生亦如是
還籌說偈文
具足清淨受此籌 具足清淨還此籌
堅持禁戒無缺犯 一切眾生亦如是
清淨妙偈文
清淨如滿月 清淨應布薩 身口業清淨
爾乃同布薩

BD09380 號　入布薩堂說偈文等　（1–1）

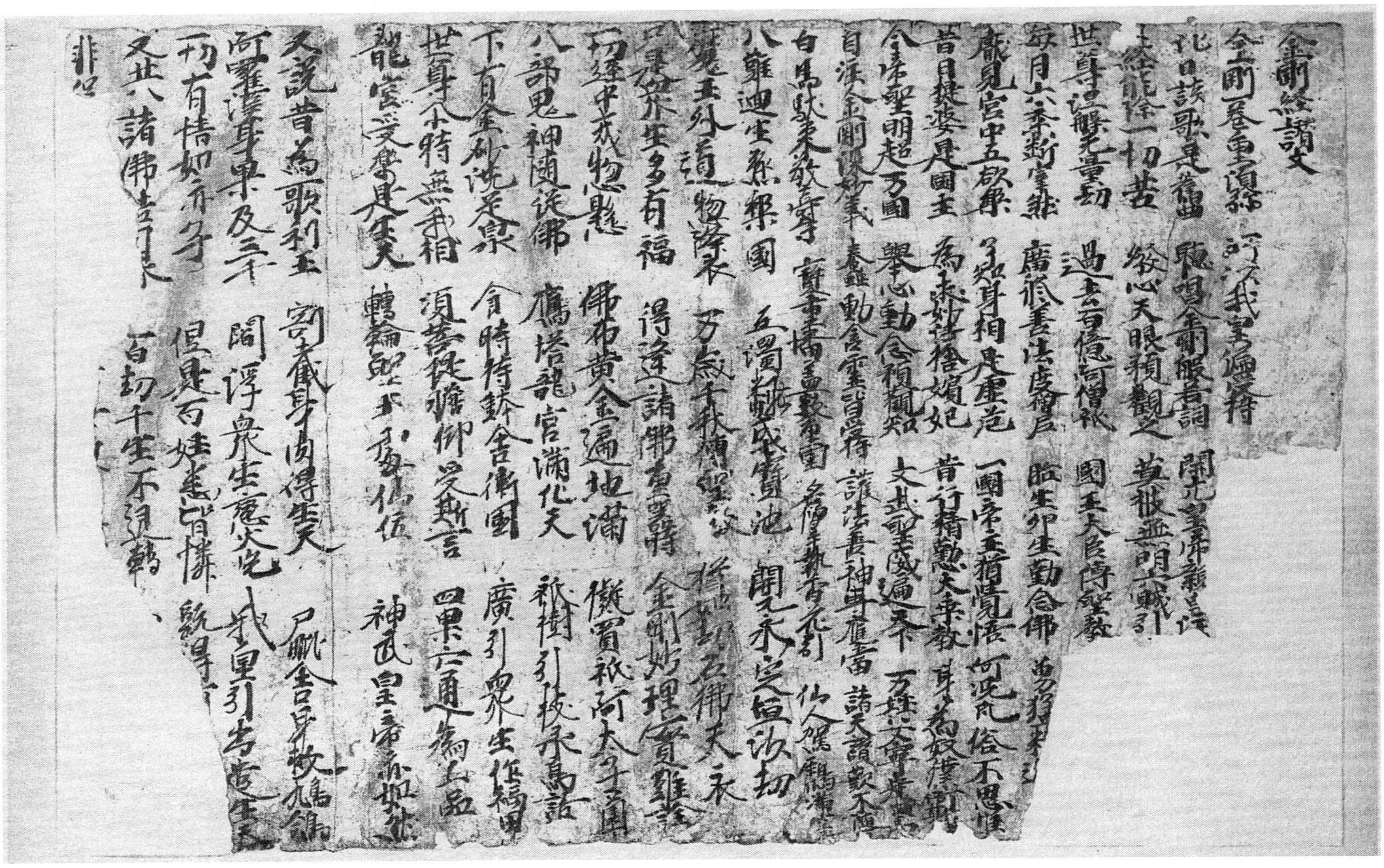

BD09381 號　金剛經讚文　　　　（1–1）

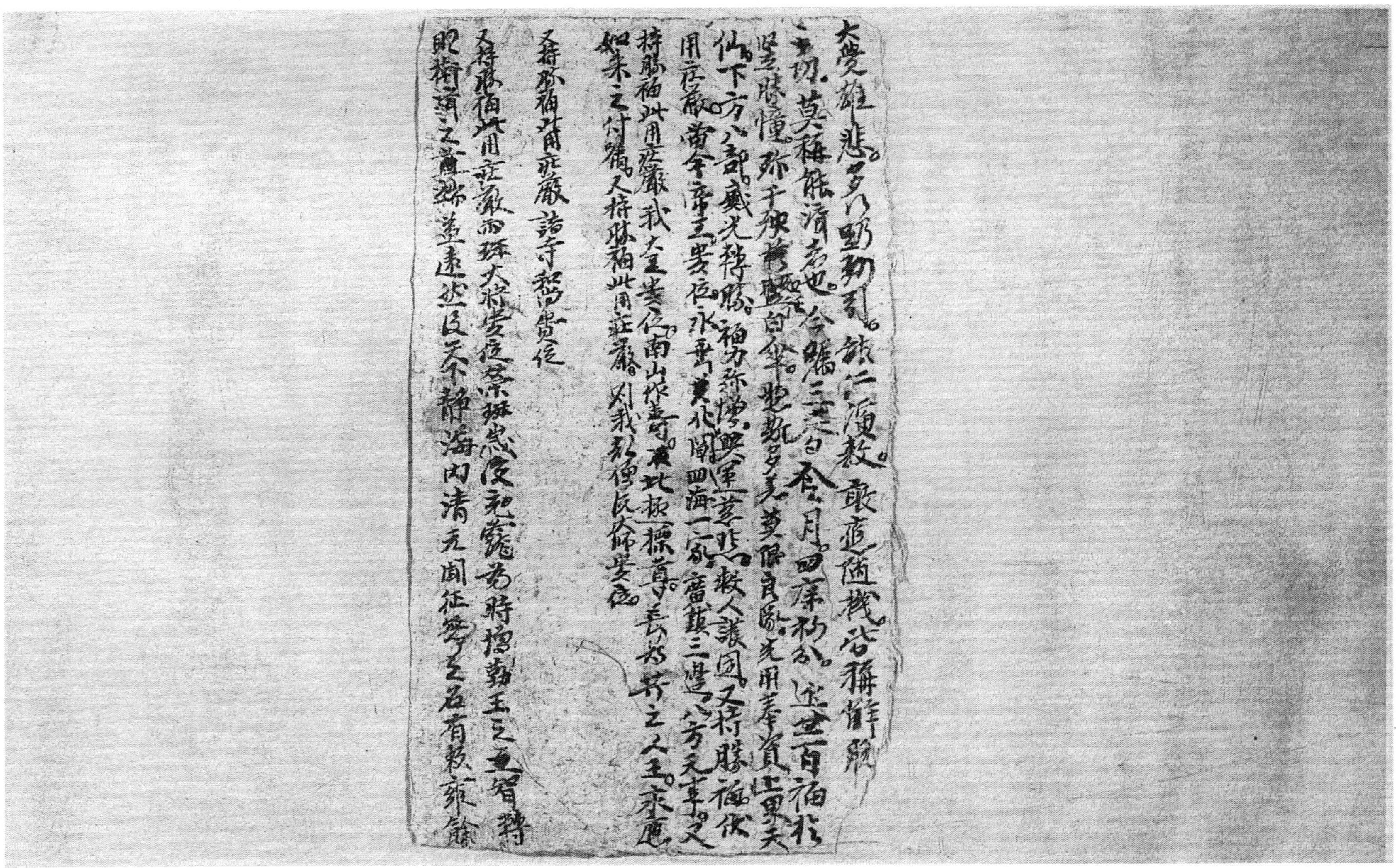

BD09382 號　齋文（擬）　　　　（1–1）

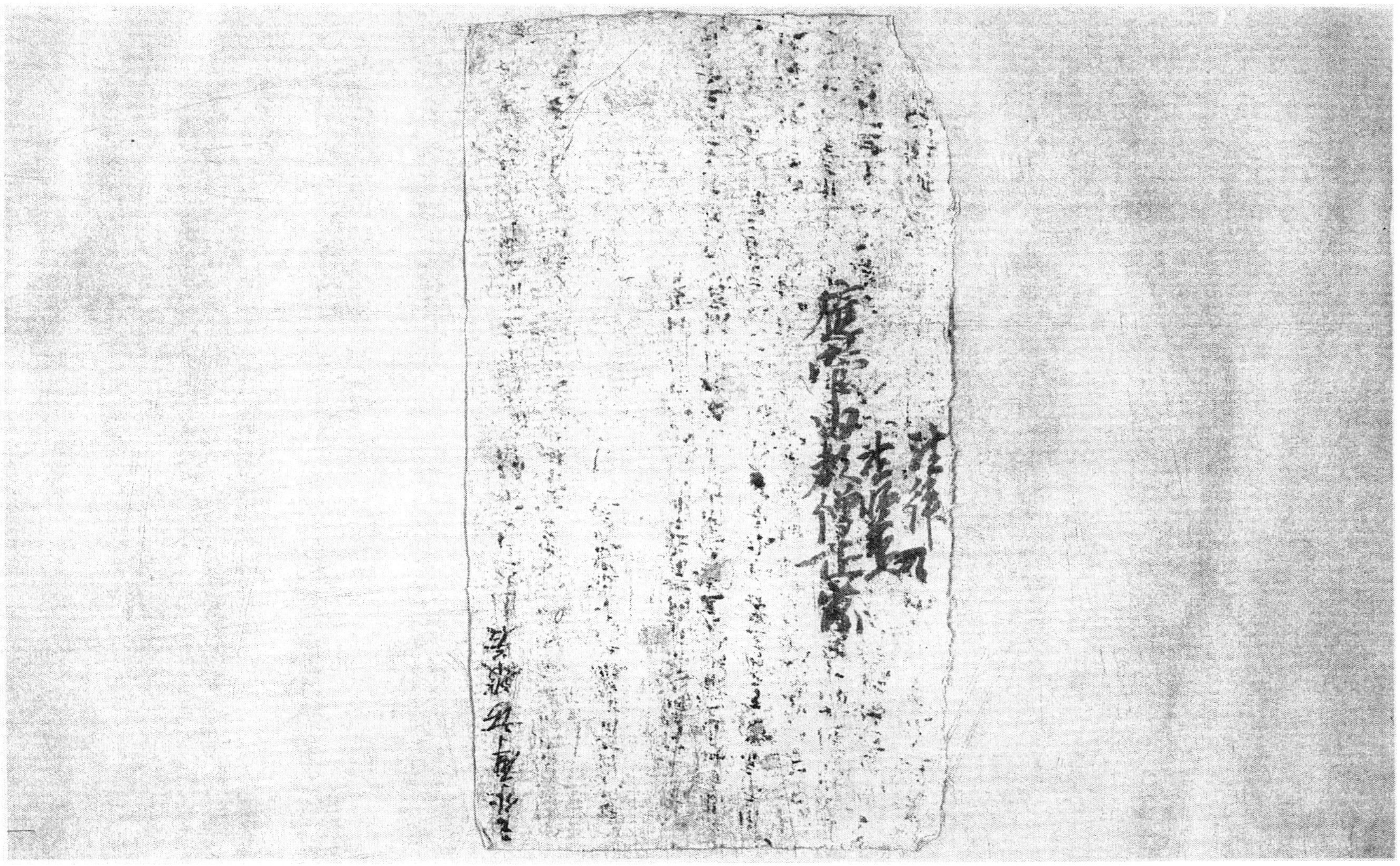

BD09382 號背　殘文書（擬）　　（1–1）

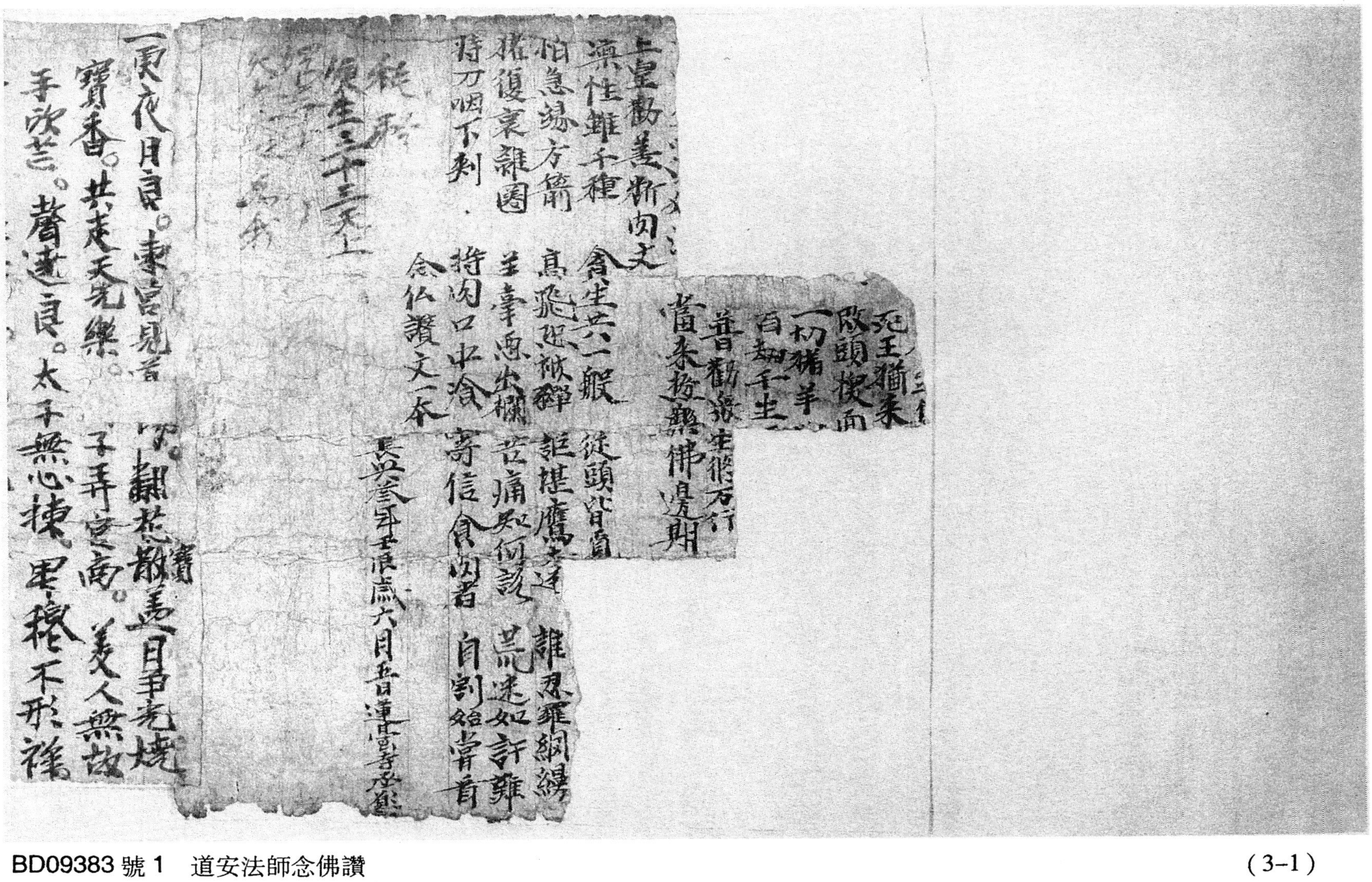

BD09383 號 1　道安法師念佛讚　　（3–1）

BD09383 號 2　上皇勸善斷肉文

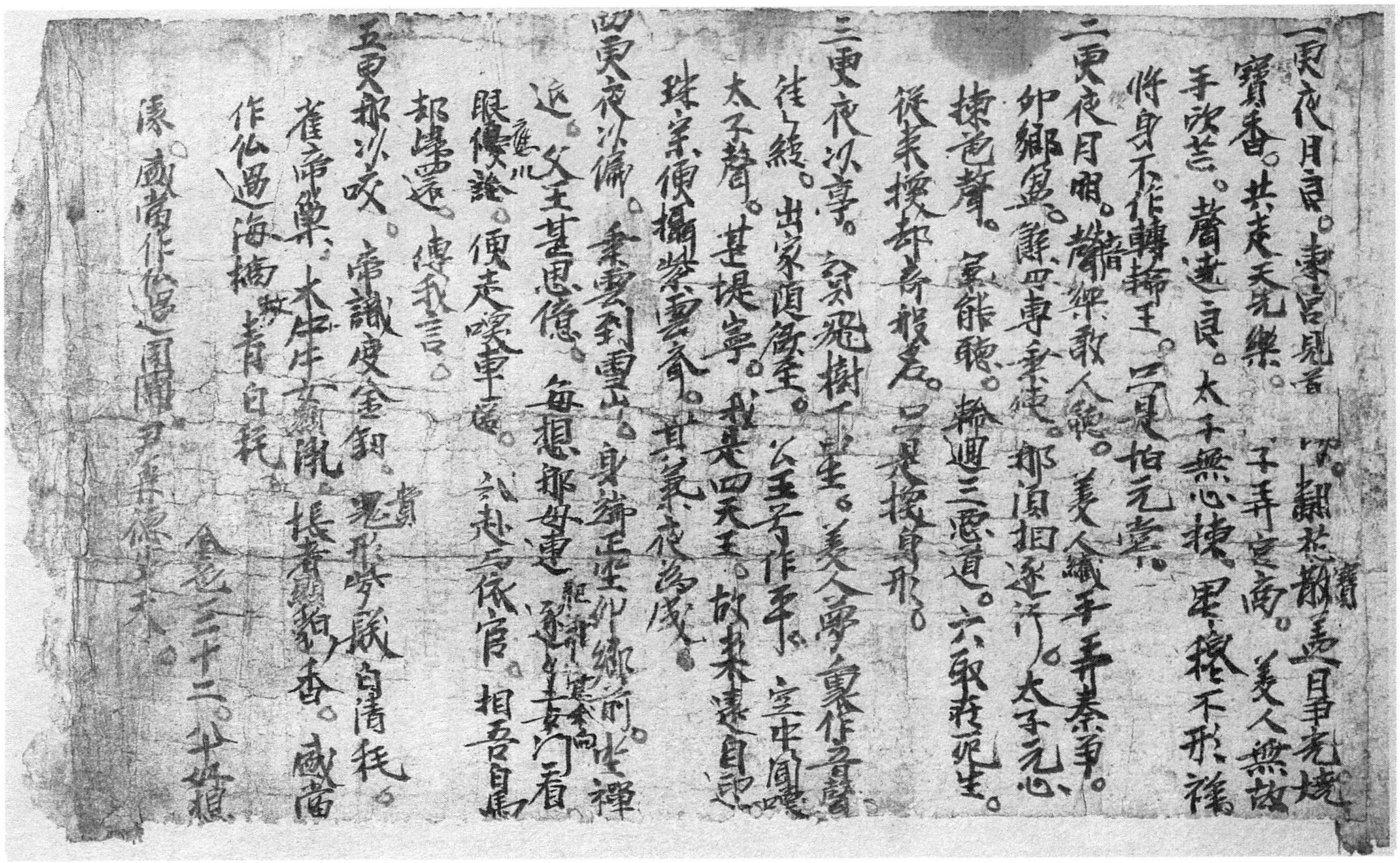

BD09383 號 3　五更轉·太子入山修道讚　　（3–2）

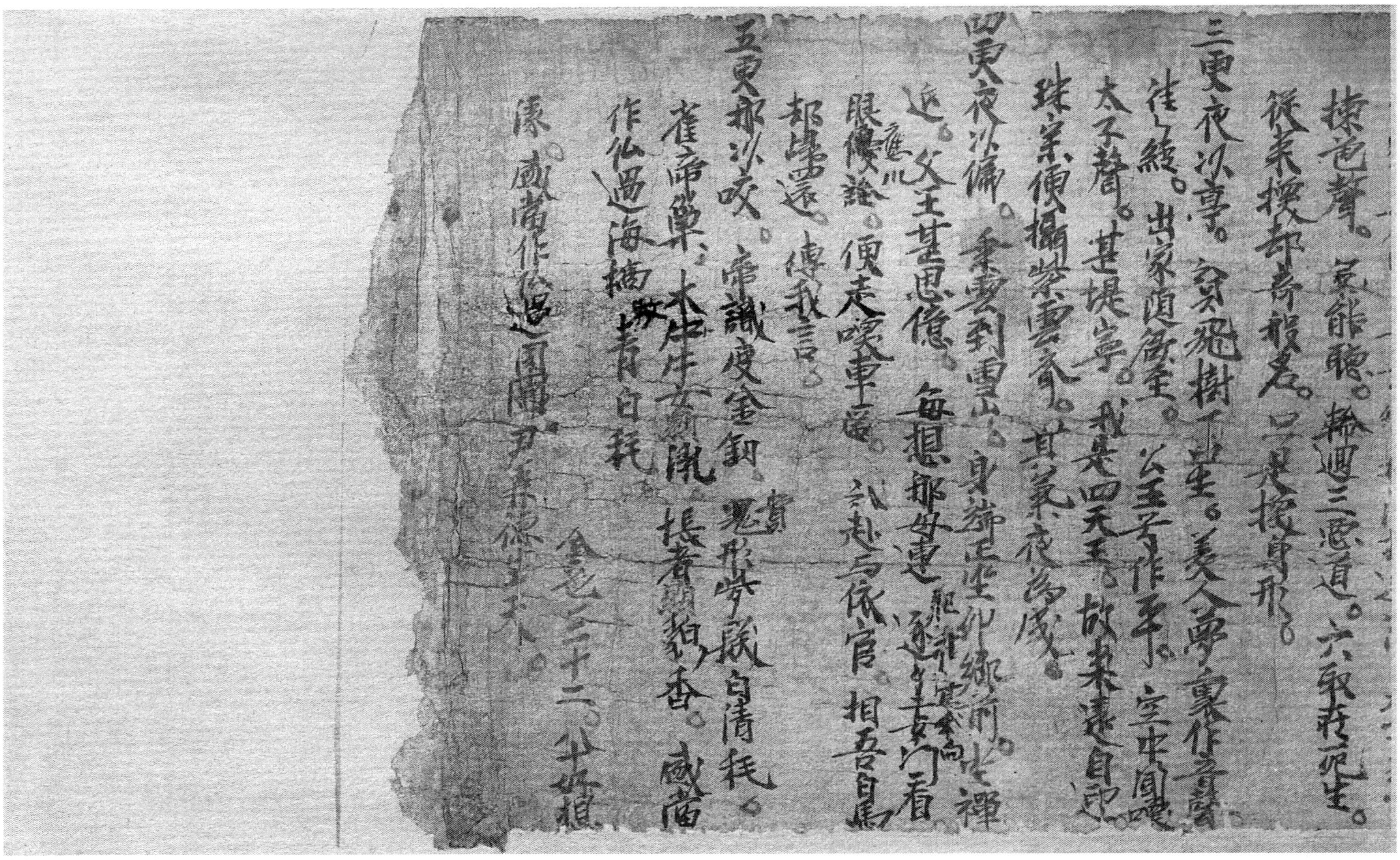

BD09383 號 3　五更轉·太子入山修道讚　　（3–3）

BD09383 號背　雜寫　（1–1）

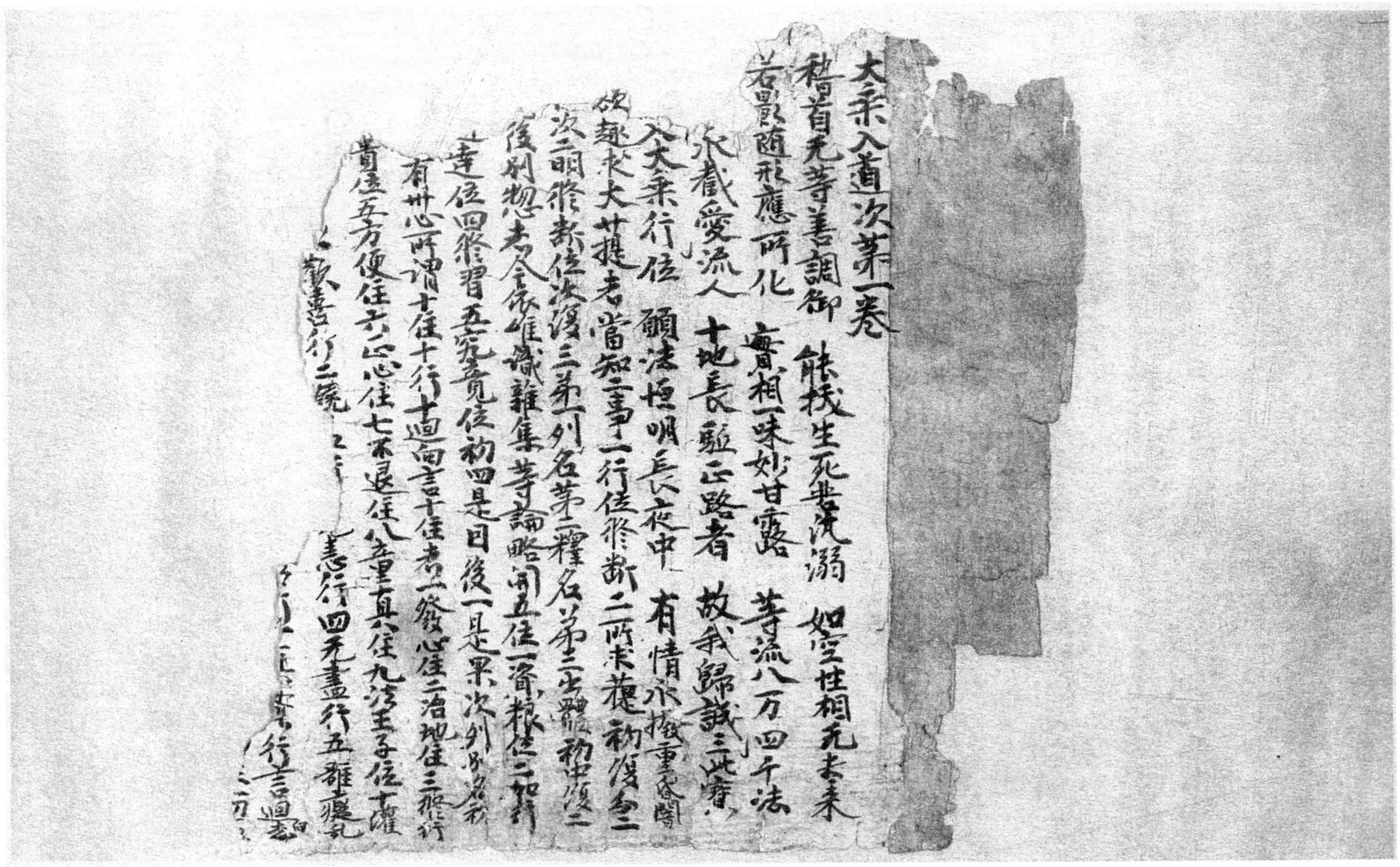

BD09384 號　大乘入道次第　（1–1）

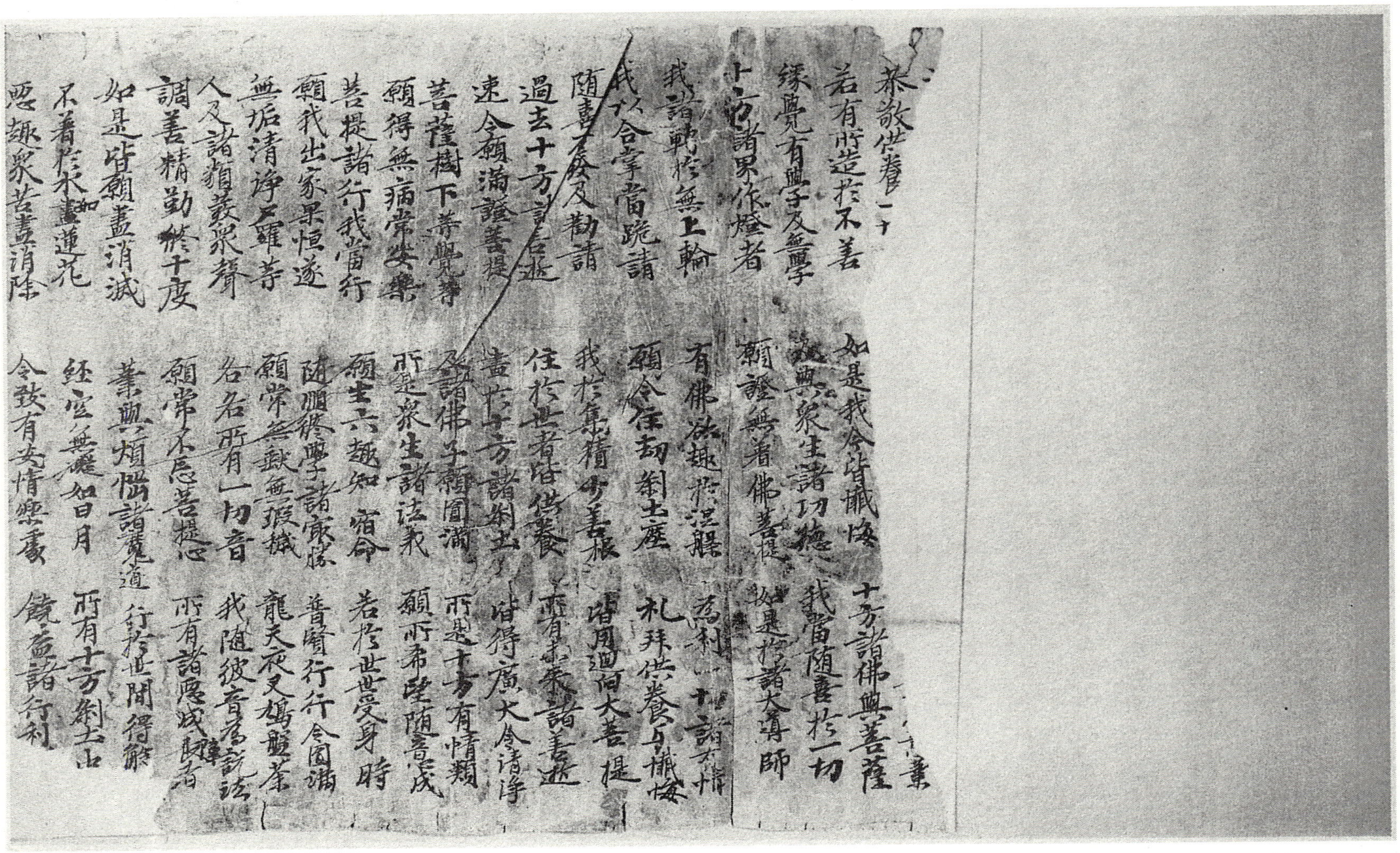

恭敬供養一十　　業
若有所造於不善　如是我今皆懺悔　十方諸佛與菩薩
緣覺有學及無學　於與衆生諸功德　我當隨喜於一切
十方諸果作燈者　願證無著佛菩提　如是於諸大尊師
我請轉於無上輪　有佛欲趣於涅槃　爲利十諸有情
我以合掌當跪請　願今住劫剎土塵　礼拜供養与懺悔
隨喜發及勸請　我於集積少善根　皆用迴向大菩提
過去十方諸佛逝　住於世者皆供養　所有未來諸善逝
速令願滿證菩提　盡於十方諸剎土　皆得廣大令清淨
菩薩樹下善覺尊　及諸佛子稱圓滿　所是十方有情類
願得無病常安樂　所是衆生諸法義　願所希望隨意成
菩提諸行我當行　願生六趣知宿命　若於世世受身時
願我出家果恒遂　隨順修學諸家勝　普賢行行令圓滿
無垢清淨不羅菩　願常無缺無瑕穢　龍天夜叉鳩槃茶
人及諸猶義衆聲　名名所有一切音　我隨彼音爲說法
調善精勤於十度　願常不忘菩提心　所有諸應戒財者
如是皆願盡消滅　業與煩惱諸魔道　行於世間得解
不著於水盡蓮花　經空無礙如日月　所有十方剎土中
惡趣衆苦盡消除　令致有安情樂處　饒益諸行利

BD09385 號　普賢菩薩行願王經（甲本）　　（2–1）

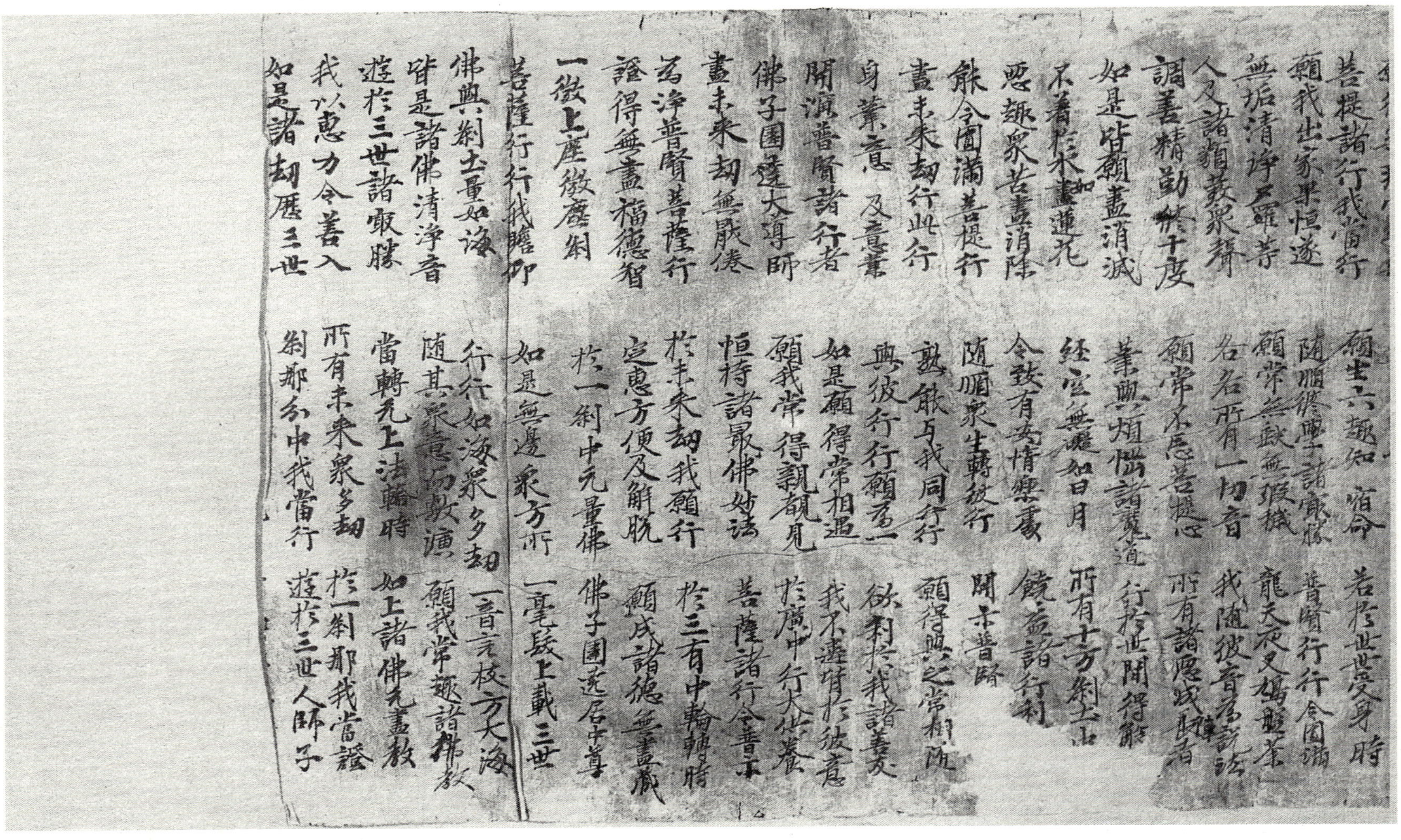

菩提諸行我當行　願生六趣知宿命　若於世世受身時
願我出家果恒遂　隨順修學諸家勝　普賢行行令圓滿
無垢清淨不羅菩　願常無缺無瑕穢　龍天夜叉鳩槃茶
人及諸猶義衆聲　名名所有一切音　我隨彼音爲說法
調善精勤於十度　願常不忘菩提心　所有諸應戒財者
如是皆願盡消滅　業與煩惱諸魔道　行於世間得解
不著於水盡蓮花　經空無礙如日月　所有十方剎土中
惡趣衆苦盡消除　令致有安情樂處　饒益諸行利
能令圓滿菩提行　隨順衆生轉彼行　開示普賢
盡未來劫行此行　熟能与我同行行　願得與之常相隨
身業意及意業　與彼行行願爲一　欲剎於我諸善友
開演普賢諸行者　如是願得常相遇　我不遠背於彼意
佛子圍遶大尊師　願我常得親覲見　於廣中行大供養
盡未來劫無厭倦　恒持諸最佛妙法　菩薩諸行令普才
爲淨普賢菩薩行　於未來劫我願行　於三有中輪轉時
證得無盡福德智　定惠方便及解脫　願成諸德無盡藏
一微上塵微塵剎　於一剎中无量佛　佛子圍遶居中尊
菩薩行行我膽仰　如是無邊衆方所　一毫端上載三世
佛與剎土量如海　行行如海衆多劫　一音言枝方大海
皆是諸佛清淨音　隨其衆意而敷演　願我常趣諸佛教
遊於三世諸取勝　當轉无上法輪時　如上諸佛无盡教
我以惠力令善入　所有未來衆多劫　於一剎那我當證
如是諸劫歷三世　剎那分中我當行　遊於三世人師子

BD09385 號　普賢菩薩行願王經（甲本）　　（2–2）

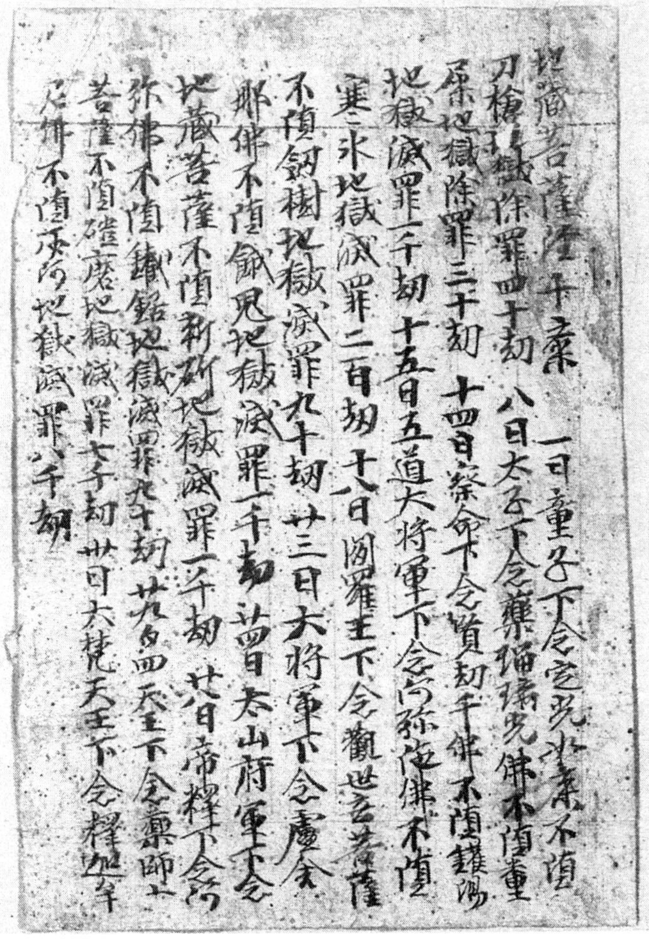
地藏菩薩十齋　一日童子下念定光如來不墮
刀槍地獄除罪四十劫　八日太子下念藥師琉璃光佛不墮鑊
湯地獄除罪三十劫　十四日察命下念賢劫千佛不墮鑊湯
地獄滅罪一千劫　十五日五道大將軍下念阿彌陀佛不墮
寒冰地獄滅罪二百劫　十八日閻羅王下念觀世音菩薩
不墮劍樹地獄滅罪九十劫　廿三日大將軍下念盧舍
那佛不墮餓鬼地獄滅罪一千劫　廿四日太山府軍下念
地藏菩薩不墮斬斫地獄滅罪一千劫　廿八日帝釋下念阿
彌陀佛不墮鐵鋸地獄滅罪九十劫　廿九日四天王下念藥師
菩薩不墮磑磨地獄滅罪七千劫　卅日大梵天王下念釋迦牟
尼佛不墮灰河地獄滅罪八千劫

BD09386 號　地藏菩薩十齋日　　（1–1）

BD09386 號背　雜寫　　（1–1）

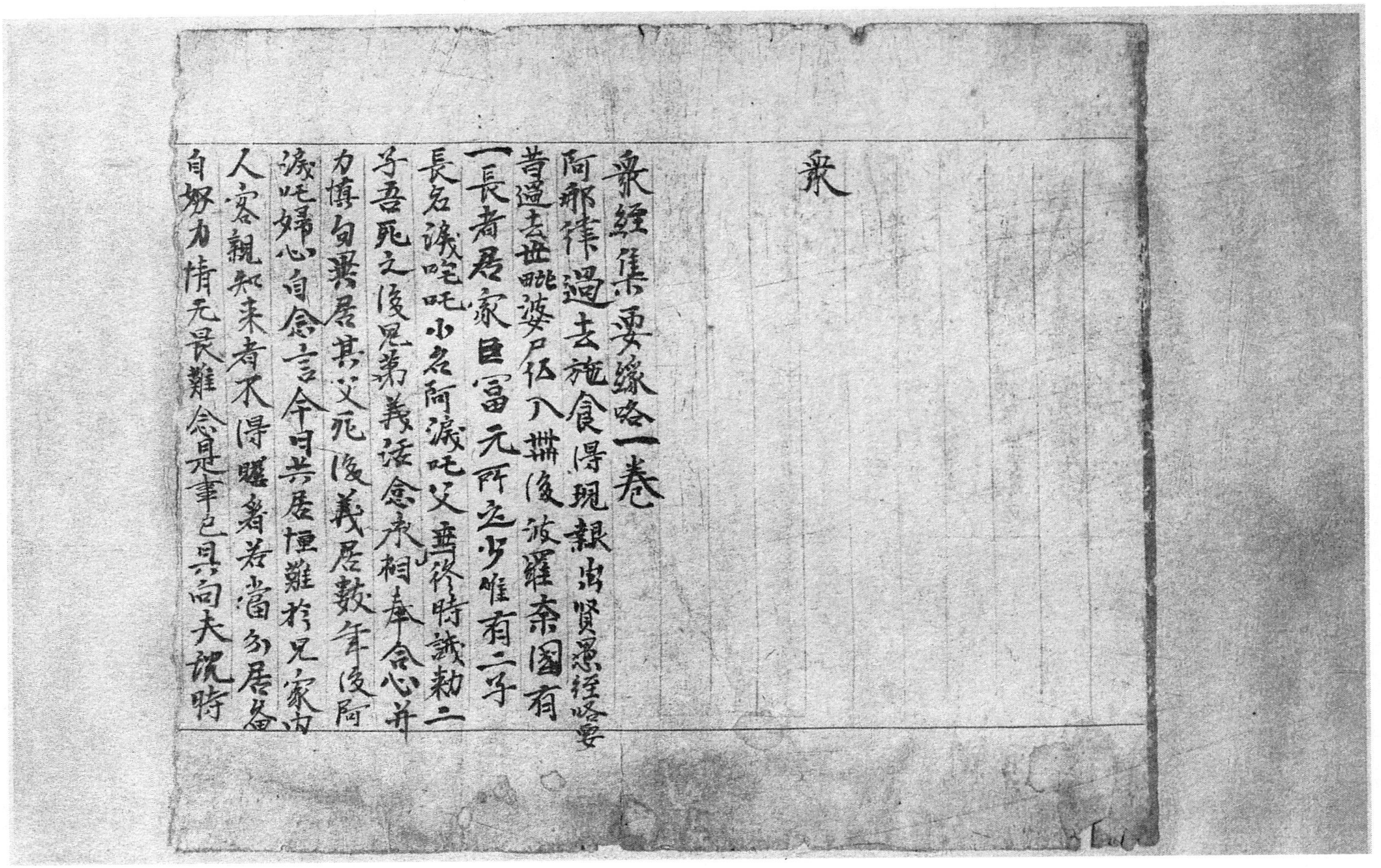

衆

衆經集要緣略一卷

阿那律過去施食得現報出賢愚經略要

昔過去世毗婆尸佛入般涅槃後波羅柰國有

一長者居家巨富无所乏少唯有二子

長名羨吒吒小名阿㴸吒父母終時誡勅二

子吾死之後兄弟義活念求相奉合心并

力慱白異居其父死後義居數年後阿

㴸吒婦心自念言今日共居恒難於兄家內

人客親知来者不得曬看若當分居各

自努力情无畏難念是事已具向夫說時

BD09387 號　衆經集要緣略　（1-1）

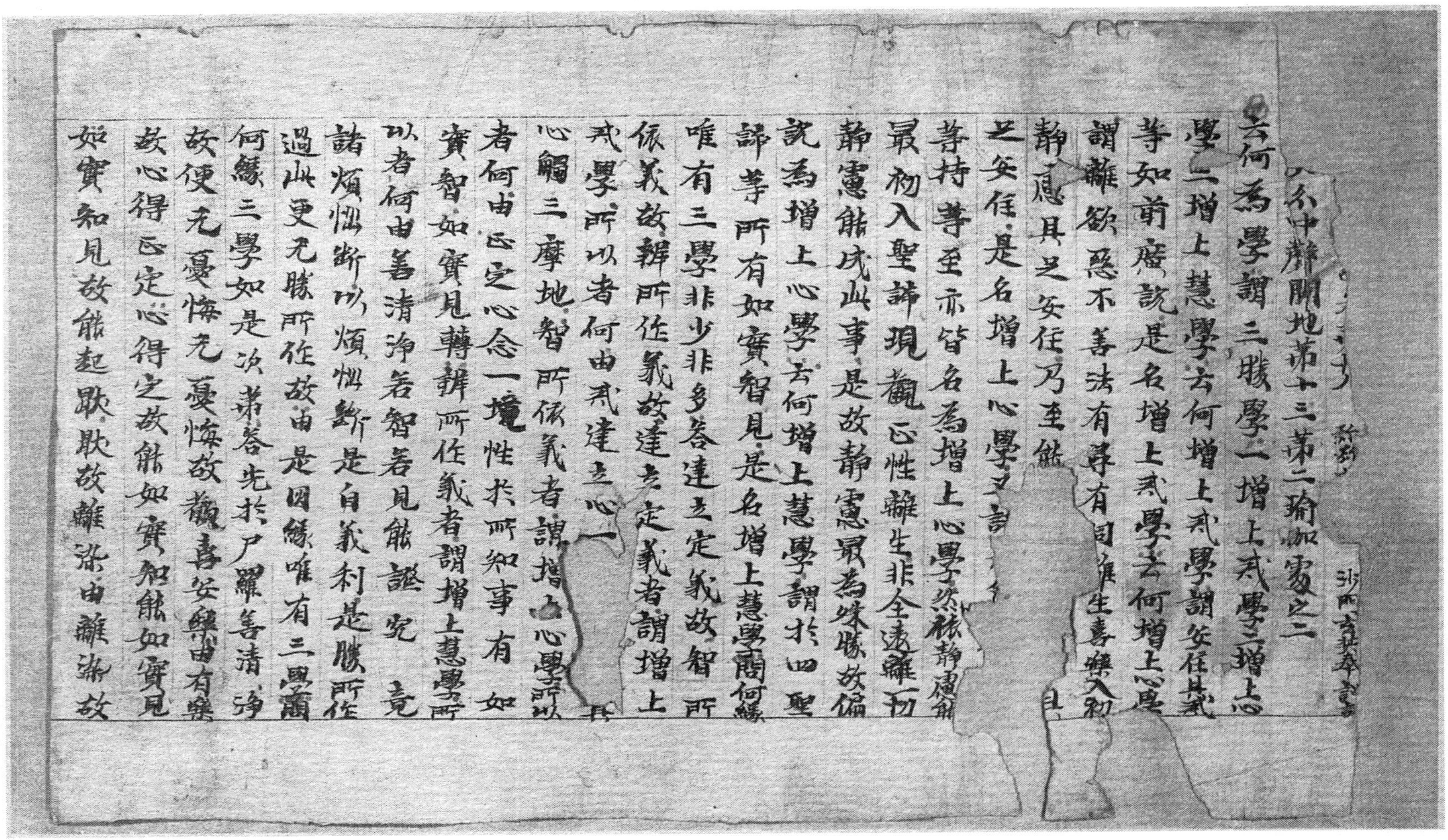

沙門玄奘奉詔譯

分中聲聞地第十三第二瑜伽處之二

云何為學謂三勝學一增上戒學二增上心

學三增上慧學云何增上戒學謂安住具戒

等如前廣說是名增上戒學云何增上心學

謂離欲惡不善法有尋有伺離生喜樂入初

靜慮具足安住乃至能……具

足安住是名增上心學又諸……

等持等至亦皆名為增上心學然依靜慮能

最初入聖諦現觀正性離生非全遠離一切

靜慮能成此事是故靜慮最為殊勝故偏

說為增上心學云何增上慧學謂於四聖

諦等所有如實智見是名增上慧學問何緣

唯有三學非少非多答建立定義故智所

依義故辯所依義故建立定義者謂增上

戒學所以者何由戒建立心一……

心觸三摩地智所依義者謂增上心學所以

者何由正定心念一境性於所知事有如

實智如實見轉辯所住義者謂增上慧學所

以者何由善清淨若智若見能證究竟

諸煩惱斷以煩惱斷是自義利是勝所住

過此更无勝所住故由是因緣唯有三學問

何緣三學如是次第答先於尸羅善清淨

故便无憂悔无憂悔故歡喜安樂由有樂

故心得正定心得定故能如實知能如實見

如實知見故能起厭厭故離染由離染故

BD09388 號　瑜伽師地論卷二八　（1-1）

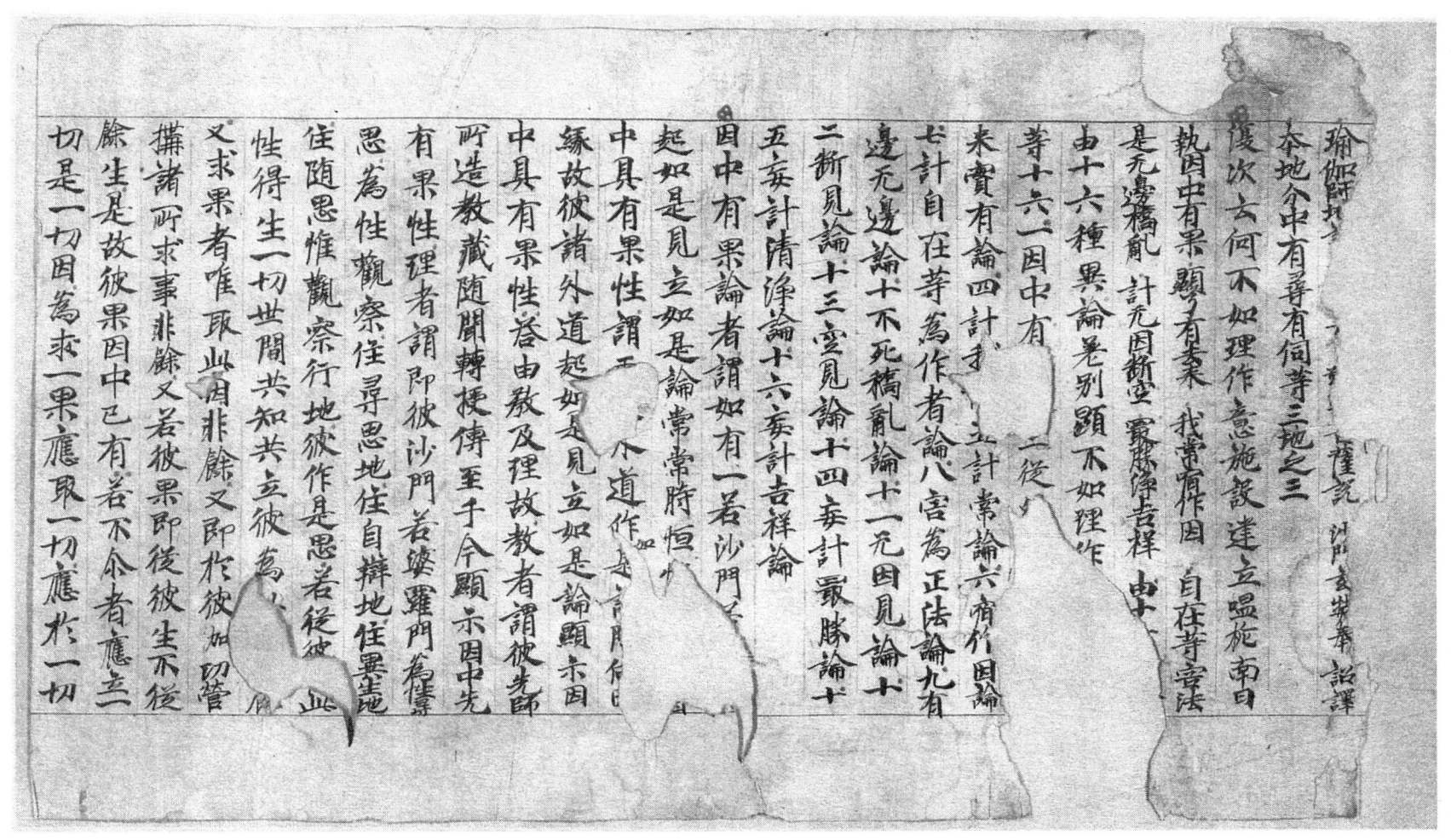

瑜伽師地……菩薩說　沙門玄奘奉　詔譯
本地分中有尋有伺等三地之三
復次云何不如理作意施設建立嗢拕南曰
執因中有果　顯了有去來　我常宿作因　自在等害法
邊无邊矯亂　計无因斷空　最勝淨吉祥　由十……
由十六種異論差別顯不如理作……
等。十六。一因中有……從……
來實有論。四計我……計常論。六宿作因論。
七計自在等為作者論。八害為正法論。九有
邊无邊論。十不死矯亂論。十一无因見論。十
二斷見論。十三空見論。十四妄計最勝論。十
五妄計清淨論。十六妄計吉祥論。
因中有果論者，謂如有一若沙門若……
起如是見立如是論，常常時恒……
中具有果性，謂……外道作如是……
緣故彼諸外道起如是見立如是論顯示因
中具有果性。荅：由教及理故。教者，謂彼先師
所造教藏，隨聞轉授傳至于今，顯示因中先
有果性。理者，謂即彼沙門若婆羅門為性尋
思為性觀察，住尋思地，住自辦地，住異生地，
住隨思惟觀察行地。彼作是思：若從彼此
性得生，一切世間共知共立彼為……
又求果者唯取此因非餘，又即於彼加功營
搆諸所求事非餘，又若彼果即從彼生不從
餘生，是故彼果因中已有。若不尒者，應立一
切是一切因，為求一果應取一切，應於一切

BD09389 號　瑜伽師地論卷六　（1–1）

勒菩薩說　沙門玄奘奉　詔譯
……瑜伽……住品第四之二
何狀何相？荅：若諸菩薩先於極歡喜
住等為十，一者於一切師長尊重福田
薩所等柔和易可共住意樂，三者勝
心自在轉意樂，四者於一切行深見過
見勝利意樂，六者於諸如來菩提分法常
修為隨順故樂處遠離意樂，八者於諸
教无有顧戀意樂，九者遠離下乘趣證大乘
一切義利意樂。如是十種无倒意依心而轉。
如是十種意樂成上品故極圓滿故，是諸
住性戒具足，極少邪惡業道所攝
於十種圓滿業道自生願見菩薩如是
趣善趣又……

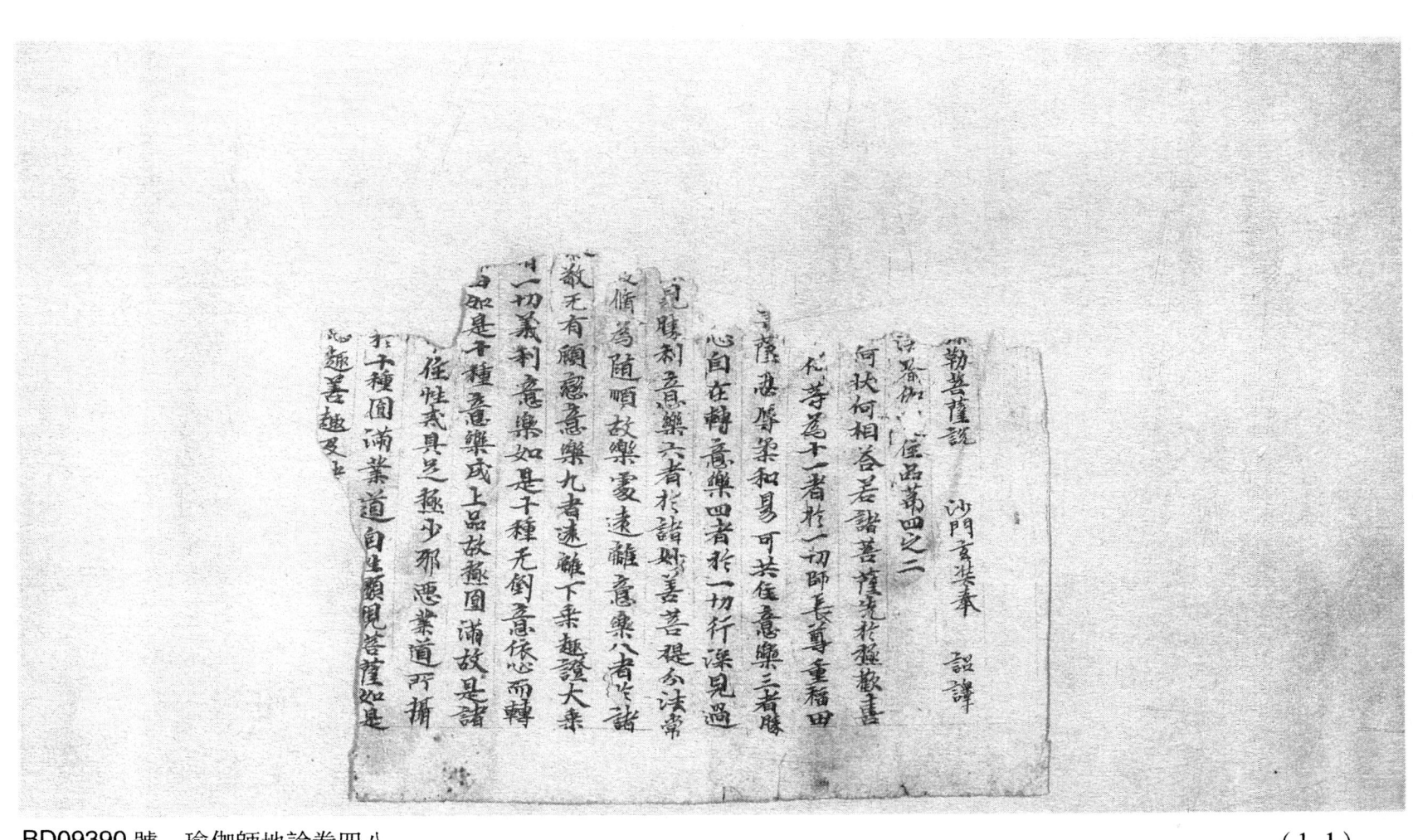

BD09390 號　瑜伽師地論卷四八　（1–1）

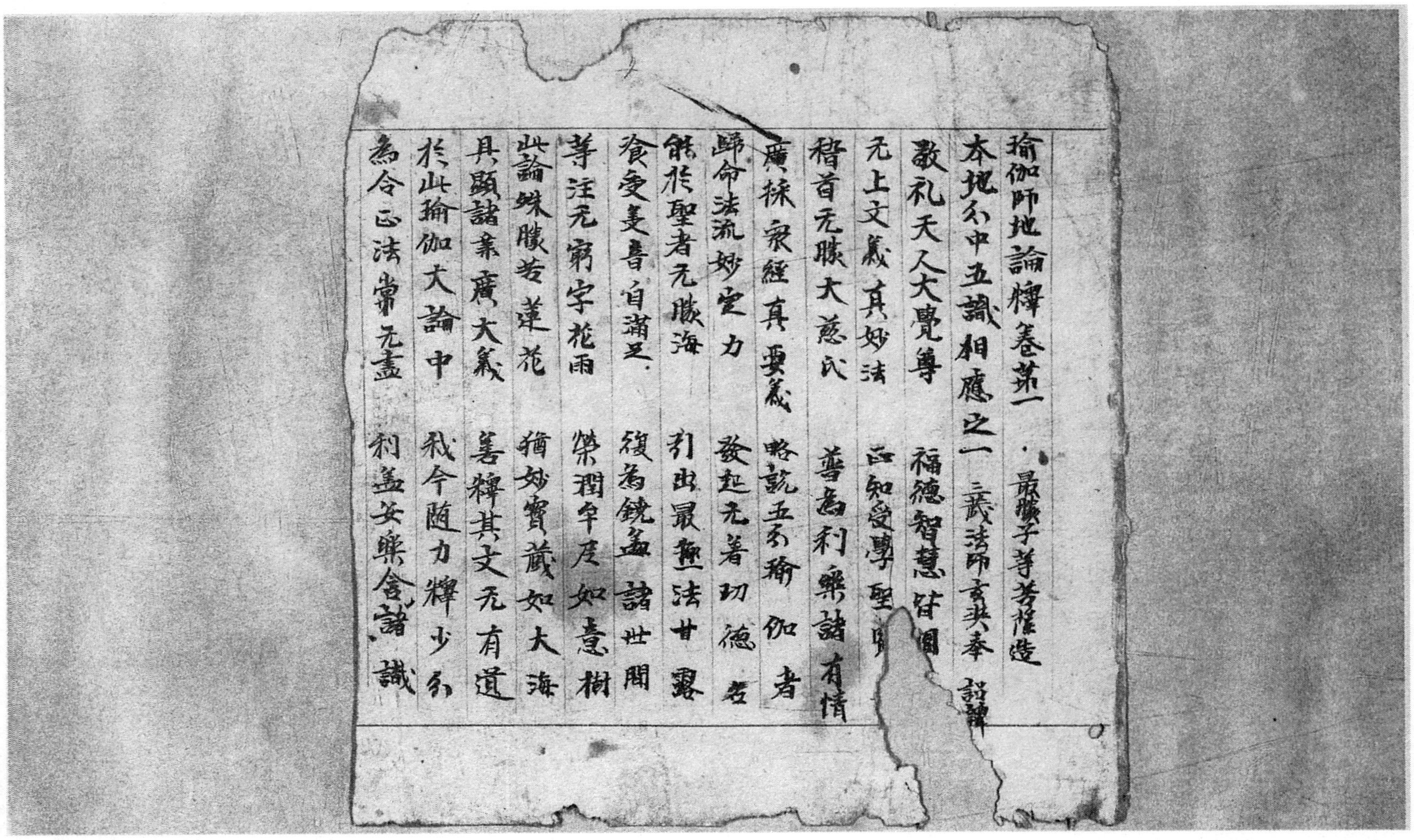
瑜伽師地論釋卷第一 · 最勝子等菩薩造
本地分中五識相應之一 三藏法師玄奘奉 詔譯
敬礼天人大覺尊 福德智慧皆圓
无上文義真妙法 正知受學聖賢
稽首无勝大慈氏 普為利樂諸有情
廣採衆經真要義 略說五分瑜伽者
歸命法流妙定力 發起无著功德者
能於聖者无勝海 引出最勝法甘露
飡受美音自滿足 復為饒益諸世間
等注无窮字花雨 榮潤牟尼如意樹
此論殊勝若蓮花 猶妙寶藏如大海
具顯諸乘廣大義 善釋其文无有遺
於此瑜伽大論中 我今隨力釋少分
為令正法常无盡 利益安樂含諸識

BD09391號　瑜伽師地論釋（異卷）　（1–1）

阿毗曇毗婆沙雜揵度智品之　　卷第十二

云何所作因乃至廣說問曰何以作此論答
曰為止諸法生時无所作者意亦明法生時
因所作而作此論
云何所作因眼緣色生眼識彼識以眼作所
作因亦以色亦以相應共有法亦以明嚴乃
至意識相應共有法作所作因如眼識乃至
意說亦如是應說如是等不應說色法无色
法等所以者何此六二法攝一切法以善
善解應作是說而不說者有何意答
廣說後是略說初是別說後是
別後不作別初說是次第
以不作是說云何所
有自體過故善
在一切

BD09392號　阿毗曇毗婆沙論卷一二　（1–1）

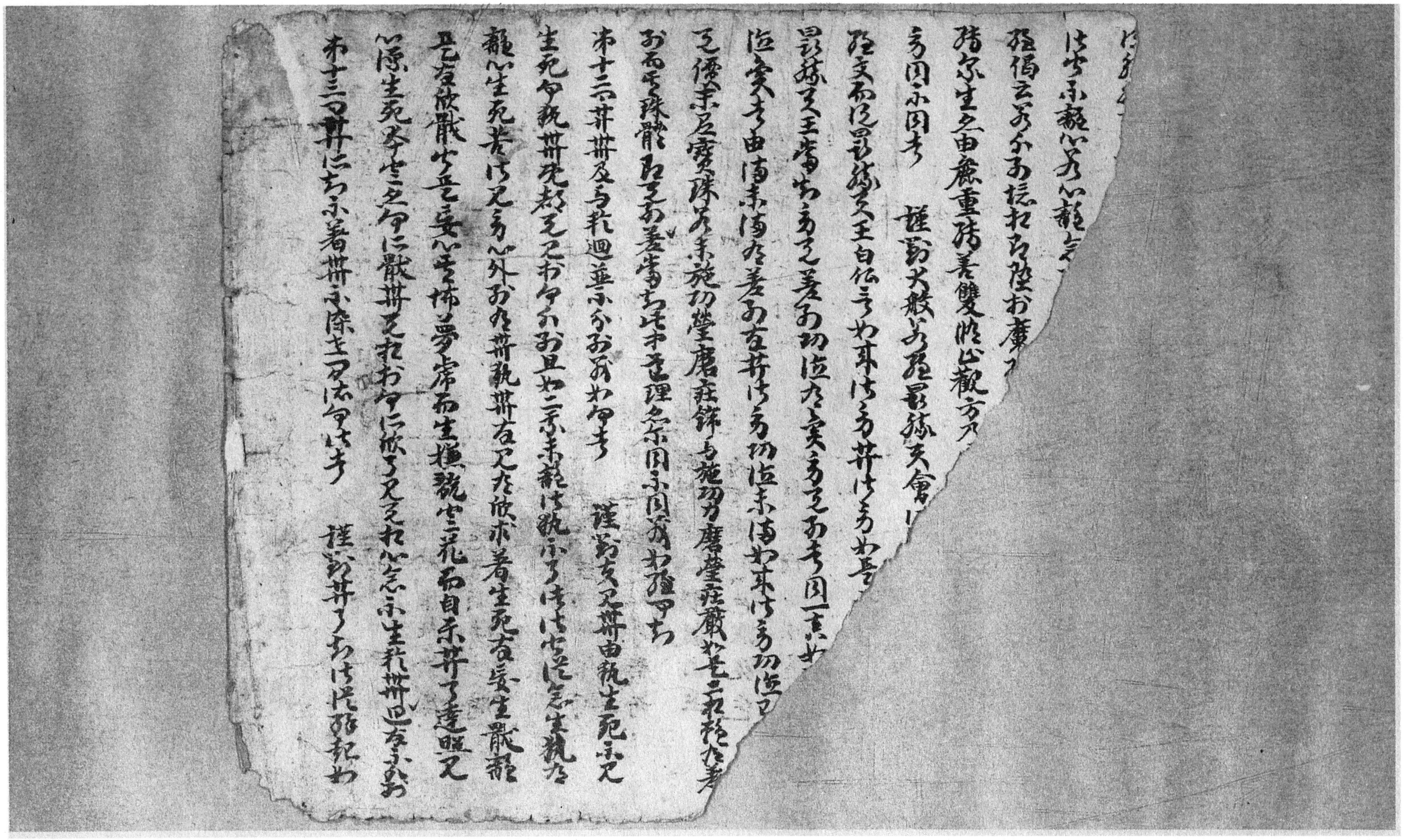

BD09392 號背　大乘二十二問　（1–1）

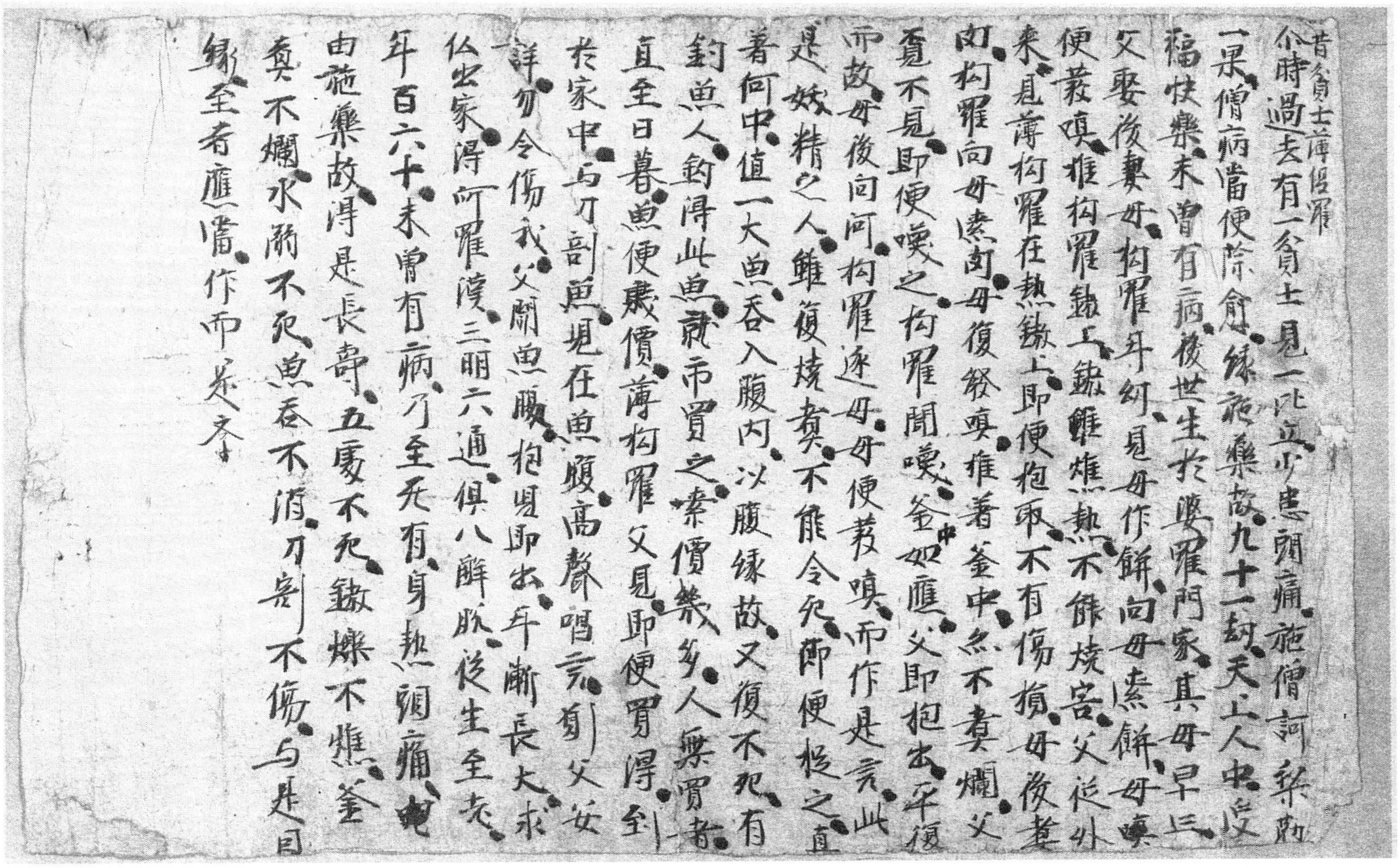
昔貧士薄俱羅
尒時過去有一貧士，見一比丘患頭痛，施僧訶梨勒
一果，僧病當便除愈。緣施藥故，九十一劫天上人中受
福快樂，未曾有病。後世生於婆羅門家。其母早亡，
父娶後妻。母拘羅年幼，見母作餅，向母索餅，母嗔
便嫌嗔，推拘羅鏊上。鏊雖燋熱，不能燒害。父從外
來，見薄拘羅在熱鏊上，即便抱取，不有傷損。母後甚
內拘羅向母索肉，母復發嗔，推著釜中，煮不熟爛。父
覓不見，即便喚之。拘羅聞喚，釜中如應。父即抱出，平復
而故。母後向河，拘羅逐母，母便嫌嗔，而作是言：此
是妖精之人，雖復燒煮，不能令死。即便擲之直
著河中。值一大魚，吞入腹內。以腹緣故，又復不死。有
釣魚人，釣得此魚，求而買之。索價幾多，人無買者。
直至日暮，魚便賤價。薄拘羅父見，即便買得。到
於家中，與刀剖魚。見在魚腹，高聲唱言：父安
詳勿令傷我。父開魚腹，抱得即出。年漸長大，求
佛出家，得阿羅漢，三明六通，俱八解脫。從生至老
年百六十，未曾有病，乃至死，有身熱頭痛。
由施藥故，得是長壽，五處不死：鏊燒不燋，釜
煮不爛，水溺不死，魚吞不消，刀割不傷。與是因
緣，至者應當作而延年

BD09393 號　昔貧士薄俱羅緣（擬）　（1–1）

此是五處諸難因緣

BD09393 號背　勘記　（1–1）

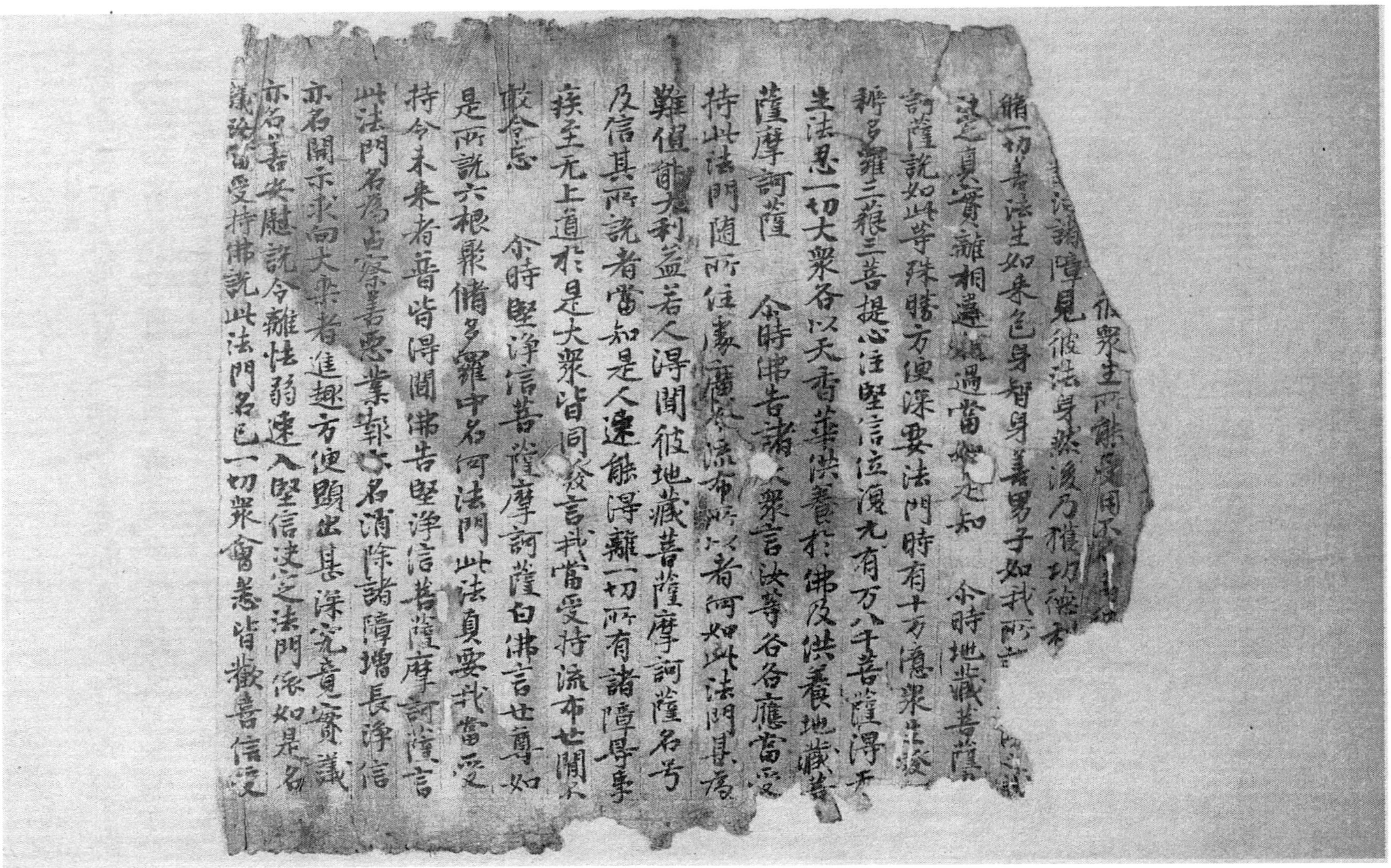
依衆生所能受用不
法諸障見彼法身然後乃獲功德利
脩一切善法生如來色身智身善男子如我所說
法之真實離相遠離過當如是知　尒時地藏菩薩
訶薩說如此等殊勝方便深要法門時有十方億衆生發
耨多羅三藐三菩提心住堅信位復有万八千菩薩得无
生法忍一切大衆各以天香華供養於佛及供養地藏菩
薩摩訶薩　尒時佛告諸大衆言汝等各各應當受
持此法門隨所住處廣令流布所以者何如此法門甚為
難值能大利益若人得聞彼地藏菩薩摩訶薩名号
及信其所說者當知是人速能得離一切所有諸障导事
疾至无上道於是大衆皆同發言我當受持流布世間不
敢令忘　尒時堅淨信菩薩摩訶薩白佛言世尊如
是所說六根聚脩多羅中名何法門此法真要我當受
持令未來者普皆得聞佛告堅淨信菩薩摩訶薩言
此法門名為占察善惡業報亦名消除諸障增長淨信
亦名開示求向大乘者進趣方便顯出甚深究竟實議
亦名善安慰說令離怯弱速入堅信決定之法門依如是名
議汝當受持佛說此法門名已一切衆會悉皆歡喜信受

BD09394 號　占察善惡業報經卷下　（1–1）

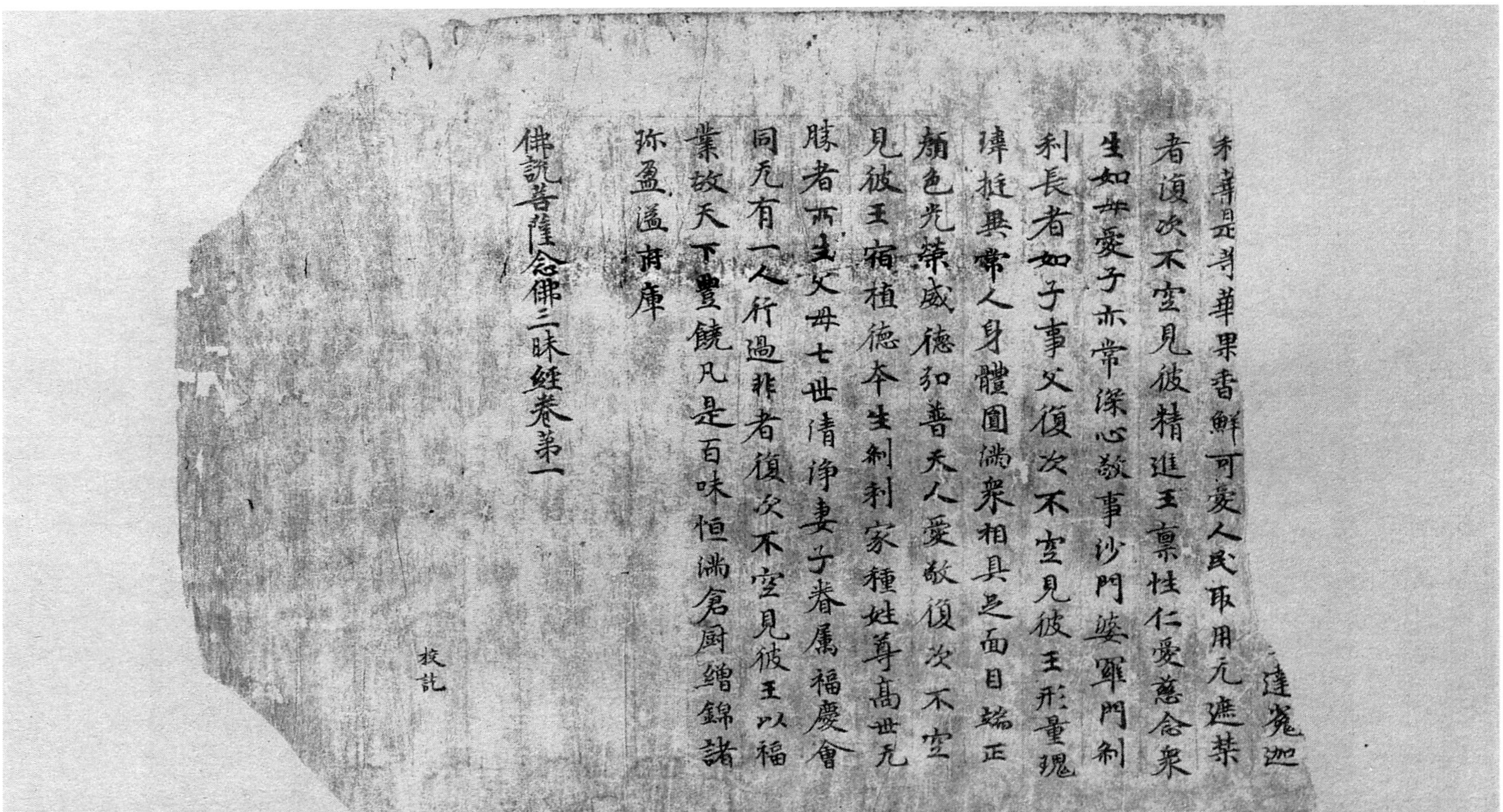
達嵬迦
華是等華果香鮮可愛人民取用无遮禁
者復次不空見彼精進王稟性仁愛慈念衆
生如母愛子亦常深心敬事沙門婆羅門剎
利長者如子事父復次不空見彼王形量瑰
瑋挺異常人身體圓滿衆相具足面目端正
顏色光榮威德犹普天人愛敬復次不空
見彼王宿植德本生剎利家種姓尊高世无
勝者所生父母七世清淨妻子眷屬福慶會
同无有一人行過非者復次不空見彼王以福
業故天下豐饒凡是百味恒滿倉廚繒錦諸
珎盈溢府庫
佛說菩薩念佛三昧經卷第一
校訖

BD09395 號　大方等大集經菩薩念佛三昧分卷一　（1–1）

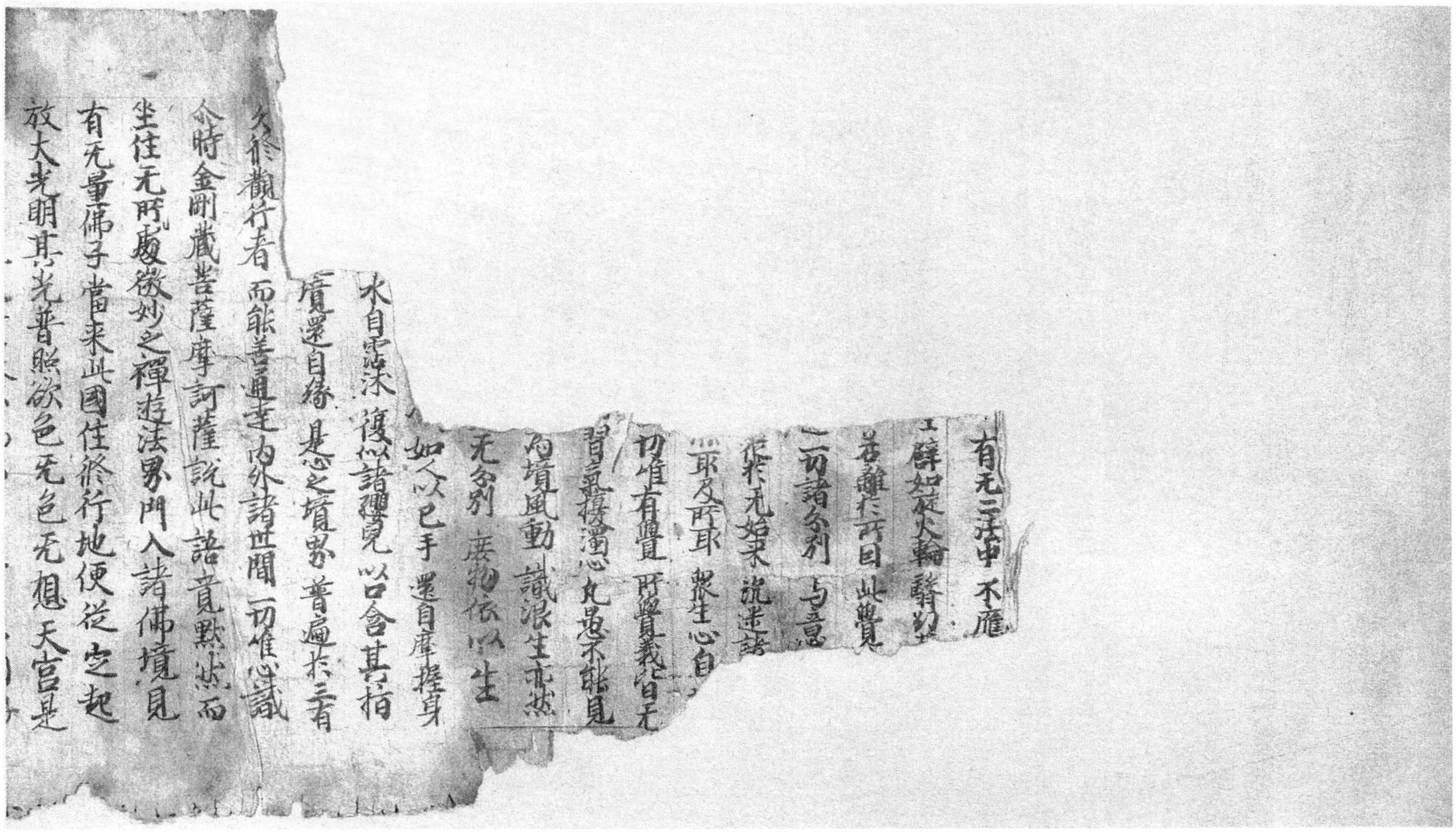
有无二法中 不應
譬如旋火輪 翳於
若離於所因 此覺
一切諸分別 与意
從於无始來 流注諸
取及所取 衆生心自
切唯有覺 所覺義皆无
習氣擾濁心 凡愚不能見
為境風動 識浪生亦然
无分別 康物依以生
如人以已手 還自摩捏身
水自霑沐 復以諸嬰兒 以口含其指
境還自緣 是心之境界 普遍於三有
久修觀行者 而能善通達 内外諸世間 一切唯心識
尒時金剛藏菩薩摩訶薩說此語竟默然而
坐住无所處微妙之禪遊法界門入諸佛境見
有无量佛子當來此国住於行地便從定起
放大光明其光普照欲色无色无想天宮是

BD09396 號　大乘密嚴經（地婆訶羅本）卷中　（2–1）

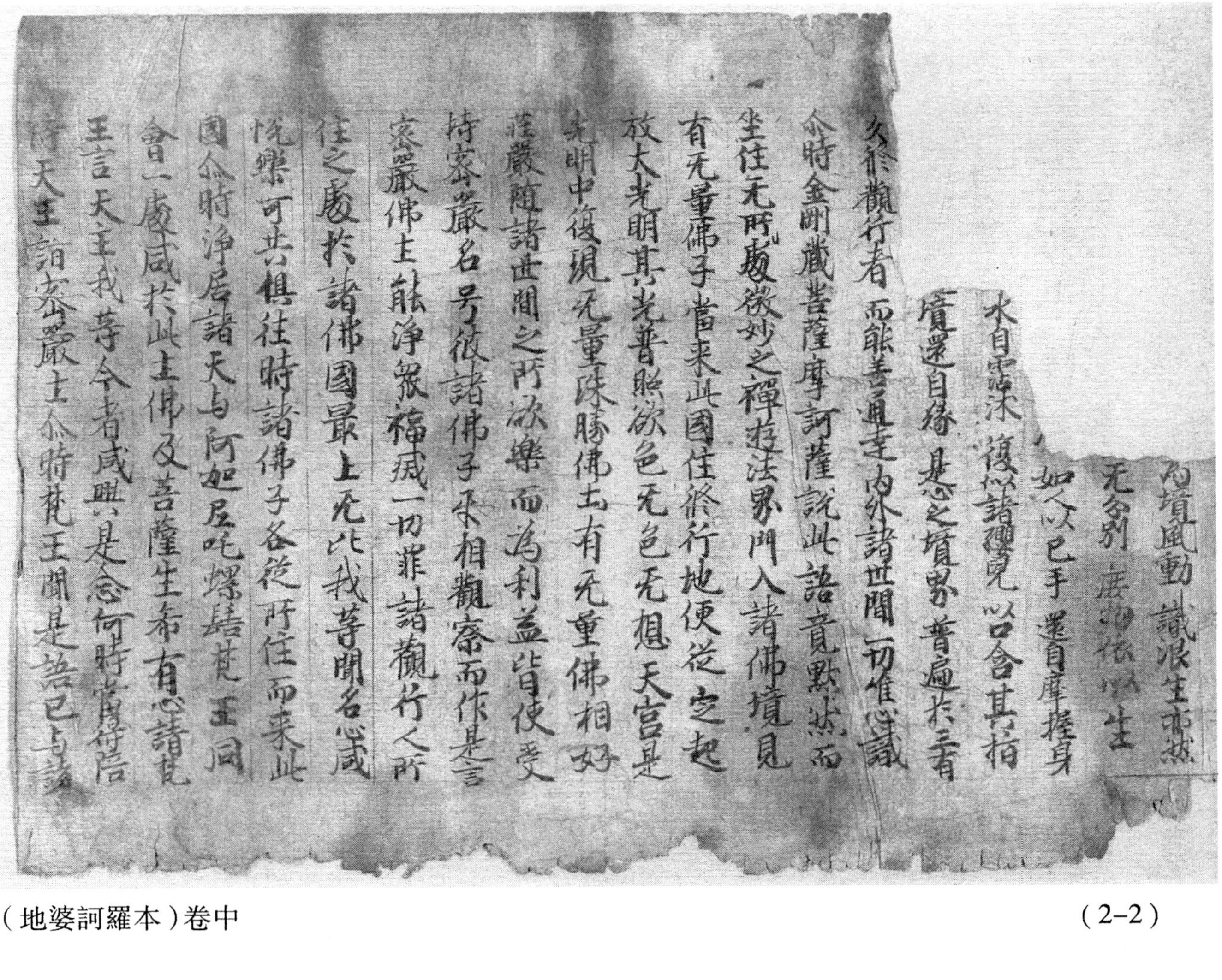
為境風動 識浪生亦然
无分別 康物依以生
如人以已手 還自摩捏身
水自霑沐 復以諸嬰兒 以口含其指
境還自緣 是心之境界 普遍於三有
久修觀行者 而能善通達 内外諸世間 一切唯心識
尒時金剛藏菩薩摩訶薩說此語竟默然而
坐住无所處微妙之禪遊法界門入諸佛境見
有无量佛子當來此国住於行地便從定起
放大光明其光普照欲色无色无想天宮是
光明中復現无量殊勝佛土有无量佛相好
莊嚴隨諸世間之所欲樂而為利益皆使受
持密嚴名号彼諸佛子不相觀察而作是言
密嚴佛土能淨衆福滅一切罪諸觀行人所
住之處於諸佛國最上无比我等聞名心咸
悅樂可共俱往時諸佛子各從所住而來此
國尒時淨居諸天与阿迦尼吒螺髻梵王同
會一處咸於此土佛及菩薩生希有心諸梵
王言天主我等今者咸興是念何時當得詣
侍天主詣密嚴土尒時梵王聞是語已与諸

BD09396 號　大乘密嚴經（地婆訶羅本）卷中　（2–2）

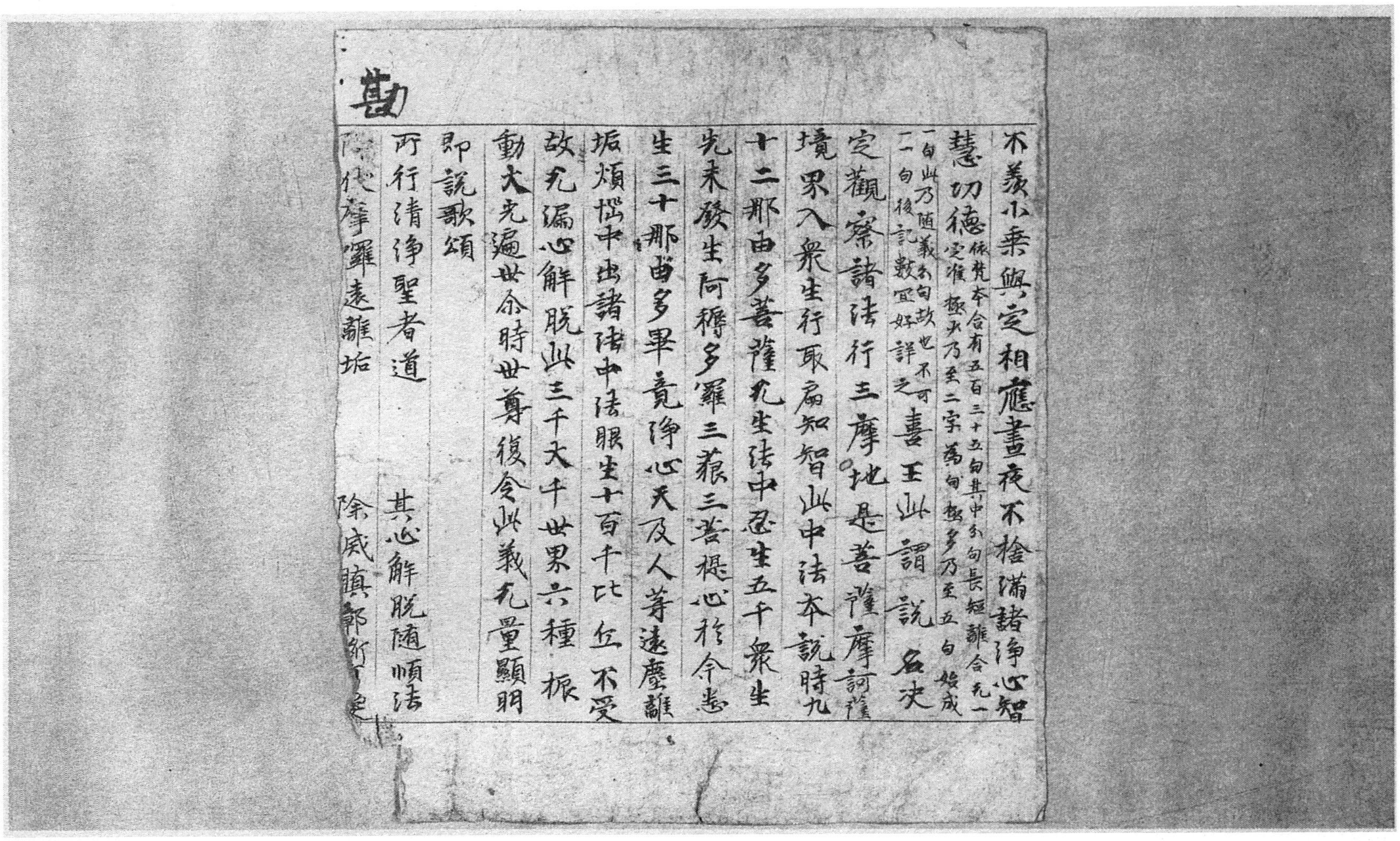

勘

不義小乘與定相應晝夜不捨滿諸淨心智
慧功德（依梵本合有五百三十五句其中分句長短離合无一定准極少乃至二字爲句極多乃至五句始成一句此乃隨義分句故也不可一一句後記數宜好詳之）喜王此謂說名決
定觀察諸法行三摩地是菩薩摩訶薩
境界入衆生行取扇知智此中法本說時九
十二那由多菩薩无生法中忍生五千衆生
先未發生阿耨多羅三藐三菩提心於今悉
生三十那由多畢竟淨心天及人等遠塵離
垢煩惱中出諸法中法眼生十百千比丘不受
故无漏心解脫此三千大千世界六種振
動大光遍世尒時世尊復令此義无量顯明
即說歌頌
所行清淨聖者道　其心解脫隨順法
除伏摩羅遠離垢　除威顛郭行

BD09397 號　觀察諸法行經（兑廢稿）卷一　（1–1）

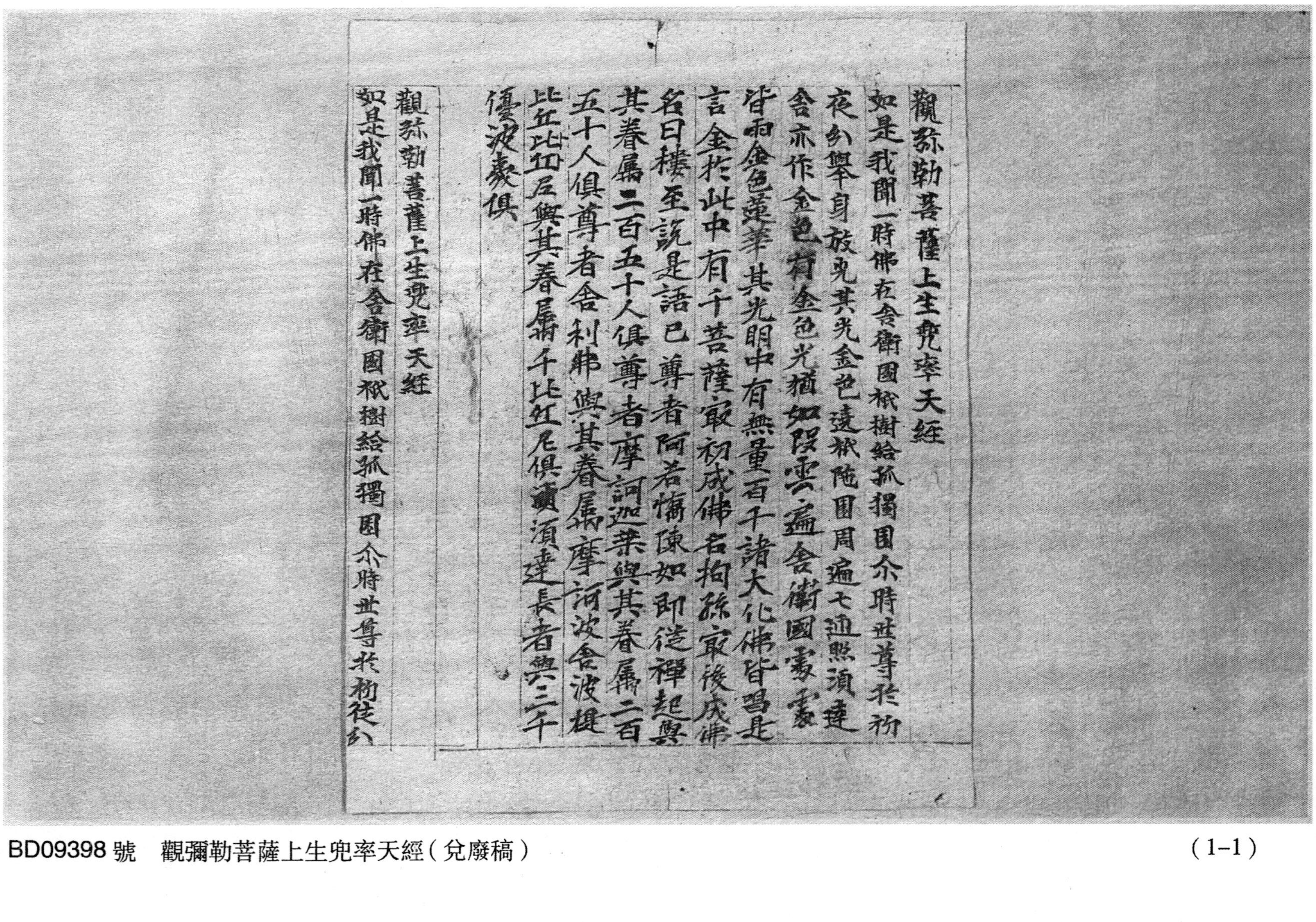

觀彌勒菩薩上生兜率天經
如是我聞一時佛在舍衛國祇樹給孤獨園尒時世尊於初
夜分舉身放光其光金色遶祇陁園周遍七迊照須達
舍亦作金色有金色光猶如段雲遍舍衛國處處
皆雨金色蓮華其光明中有無量百千諸大化佛皆唱是
言今於此中有千菩薩最初成佛名拘留孫最後成佛
名曰樓至說是語已尊者阿若憍陳如即從禪起與
其眷屬二百五十人俱尊者摩訶迦葉與其眷屬二百
五十人俱尊者舍利弗與其眷屬摩訶波舍波提
比丘比丘尼與其眷屬千比丘尼俱須達長者與其三千
優婆塞俱

觀彌勒菩薩上生兜率天經
如是我聞一時佛在舍衛國祇樹給孤獨園尒時世尊於初徒分

BD09398 號　觀彌勒菩薩上生兜率天經（兑廢稿）　（1–1）

侍香玉童傳言玉女五帝直符直
人開啓所言今日告慶長齋清堂
度人臣及甲乙轉經受生願所啓上徹逕御無上三
十二天元始上帝至尊机前畢又氣三十二過東向
誦經
元始無量度人上品妙經
元始洞玄靈寶本章上品妙首十迴度人百魔隱
韻離合自然混洞赤文無無上真元始祖劫化生諸
天開明三景是為天根上無復祖唯道為身五文開
廓普殖神靈無文不光無文不明無文不立無文不成
無文不度無文不生是為大梵天中之天鬱羅蕭臺
玉山上京上極無上大羅玉清眇眇劫刃若存
三華離便有大妙庭金闕玉房森羅淨泓大
行梵氣迴周十方中有度人不死之神中有
南極長生之君中有度世司馬大神中有
好生韓君丈人中有南上司命司錄延壽益

BD09399號　太上洞玄靈寶無量度人上品妙經　（2–1）

元始洞玄靈寶本章上品妙首十迴度人百魔隱
韻離合自然混洞赤文無無上真元始祖劫化生諸
天開明三景是為天根上無復祖唯道為身五文開
廓普殖神靈無文不光無文不明無文不立無文不成
無文不度無文不生是為大梵天中之天鬱羅蕭臺
玉山上京上極無上大羅玉清眇眇劫刃若存
三華離便有大妙庭金闕玉房森羅淨泓大
行梵氣迴周十方中有度人不死之神中有
南極長生之君中有度世司馬大神中有
好生韓君丈人中有南上司命司錄延壽益
筭度厄尊神迴骸起生無量度人今日校錄
諸天臨軒東方無極飛天神王長生大聖無
量度人南方無極飛天神王長生大聖無量度
度人西方無極飛天神王長生大聖　無量度人
北方無極飛天中……聖無量度人東
南

BD09399號　太上洞玄靈寶無量度人上品妙經　（2–2）

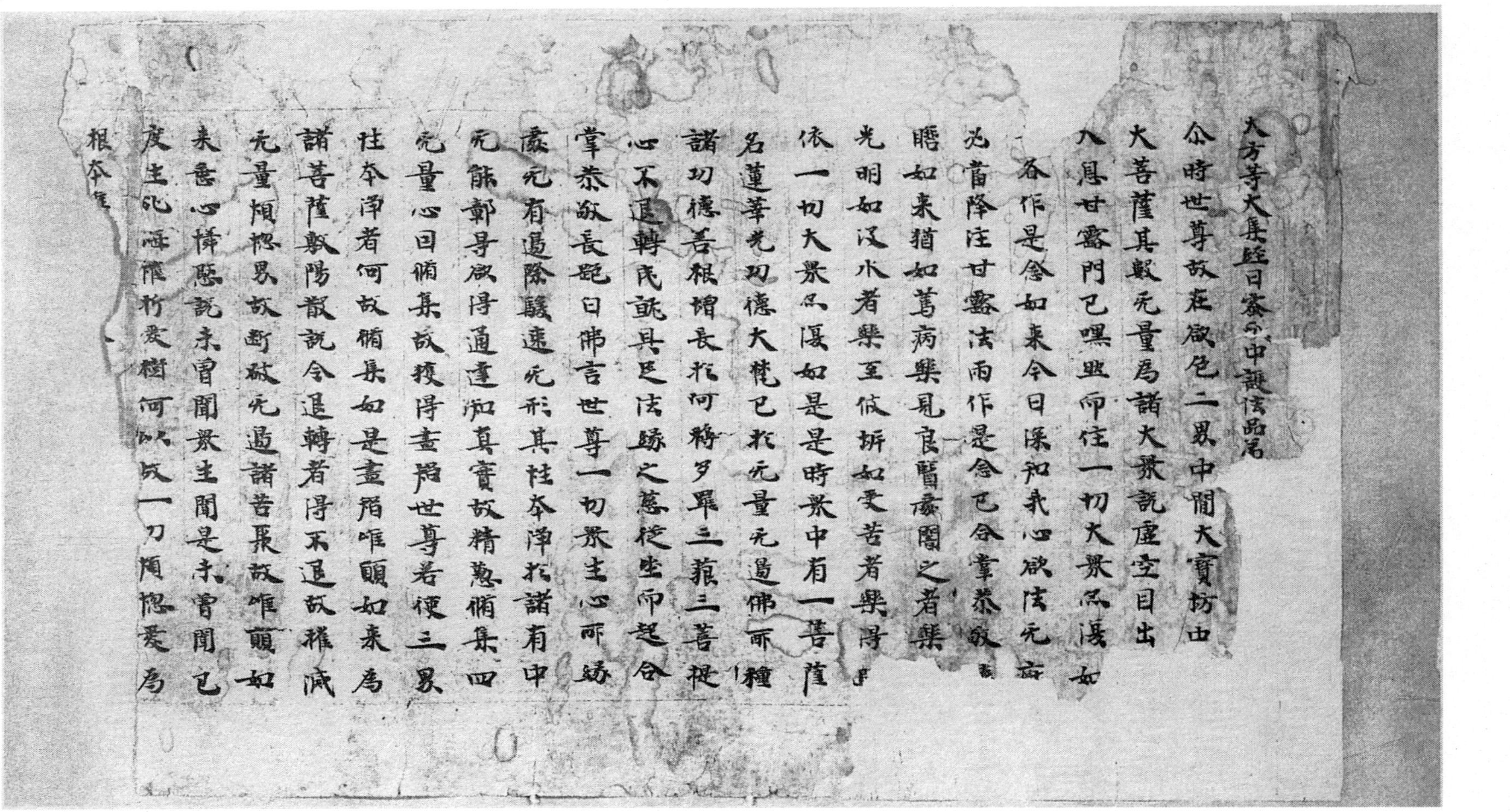
大方等大集經日密分中護法品第
尒時世尊放在欲色二界中間大寶坊中
大菩薩其數无量爲諸大衆說虛空目出
入息甘露門已嘿然而住一切大衆心淨如
各作是念如來今日深知我心欲法无[illegible]
必當降注甘露法雨作是念已合掌恭敬
聽如來猶如舊病樂見良醫癡闇之者樂
光明如沒水者樂至彼岸如受苦者樂得
依一切大衆心淨如是是時衆中有一菩薩
名蓮華光功德大梵已於无量无邊佛所種
諸功德善根增長於阿耨多羅三藐三菩提
心不退轉成就具足法跡之慧從坐而起合
掌恭敬長跪白佛言世尊一切衆生心所跡
處无有邊際騷遠无形其性本淨於諸有中
无能鄣导欲得通達知真實故精勤脩集四
无量心因脩集故獲得盡智世尊若使三界
性本淨者何故脩集如是盡智唯願如來爲
諸菩薩敷陽散說令退轉者得不退故稚減
无量煩惱界故斷獄无邊諸善果故唯願如
來爲心憐愍說未曾聞衆生聞是未曾聞已
度生死海摧於愛樹何以故一切煩惱愛爲
根本[illegible]

BD09400 號　大方等大集經卷三一　（1–1）

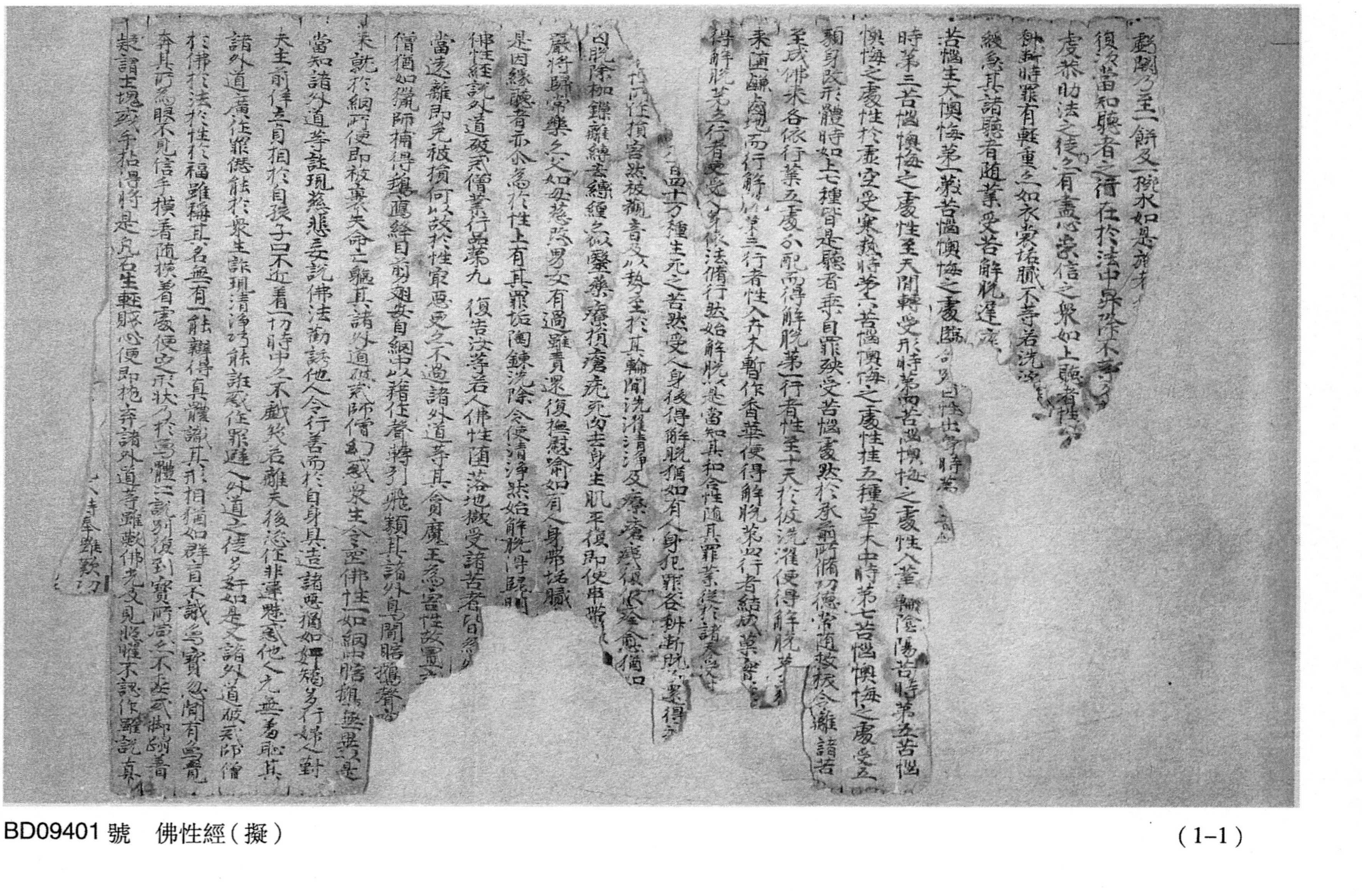
戲闕乃至一餅又一盃水如是等者
復次當知聽者之福在於法中果報不窮
虔恭助法之徒久有盡心敬信之衆如上聽者性
飲食時罪有輕重之如衣裳垢膩不等若洗
緣息其諸聽者隨業受苦解脫遲疾
苦惱生天懊悔第一懺苦惱懊悔之處臨命終時自性出時第
時第三苦惱懊悔之處性至天間轉受形時第四苦惱懊悔之處性入蓮華胎陰陽苦時第五苦惱
懊悔之處性於虛空受寒熱時第六苦惱懊悔之處性托五種草木中時第七苦惱懊悔之處受五
類身改形體時如上七種皆是聽者乘自罪殃受苦惱處然於承前所脩功德常隨救拔令離諸苦
至成佛未各依行業五處分配而得解脫第一行者性至十天於彼洗濯使得解脫第
未匱離窟地而行解脫第三行者性入卉木暫作香華使得解脫第四行者結成菓[illegible]
得解脫第五行者受人身依法脩行然始解脫以是當知其和合性隨其罪業從於諸天乃至
[illegible]四十方種生死之苦然受人身後得解脫猶如有人身犯罪咎斷[illegible]還得
於[illegible]性損害然被覩音及以勢至於其輪間洗濯清淨及療瘡痍復以[illegible]
因脫除枷鎖離縛去纏縛之似醫藥療損瘡痍死內去身土肌平復即使康強
嚴將歸常樂久如母慈憐男女有過雖責還復撫慰喻如有人身帶垢膩
是因緣聽者亦介爲於性上有其罪垢陶鍊洗除令使清淨然始解脫得[illegible]
佛性經說外道破戒僧業行品第九　復告汝等若人佛性墮落地獄受諸苦者皆爲
當遠離即免被損何以故於性實惡更之不過諸外道等其貪魔王爲害性故置之
僧猶如獵師捕得鵰鷹縛目剪翅安自網中以藉住者轉引飛類其諸外道開睹攝眷屬
來就於網所便即被縶失命亡軀其諸外道破戒師僧幻惑衆生令壞佛性一如網中睹鷹無異以是
當知諸外道等詐現慈悲妄說佛法勸誘他人令行善而於自身具造諸惡猶如婬女[illegible]多行姪之對
夫主前佯為自掬於自孫子口不近着一切時中久不歡然若離夫後恣任非違私竊他人无無羞恥其
諸外道亦復如是偽能於衆生詐現清淨巧能誑惑作罪[illegible]外道之徒多好如是文諸外道破戒師僧
於佛於法於性於福雖稱其名無有一能辯得真體識其形相猶如群盲不識寶象闇有白象
奔其所爲眼不見信手摸看隨摸着處便定其狀乃於象體二說別復到寶所忘之不在或脚蹄着
耳諸士塊或手指得時是凡石生輕賤心便即拋棄諸外道等雖戴佛光又見照曜不認作礫說真
[illegible]八寺[illegible]難數[illegible]

BD09401 號　佛性經（擬）　（1–1）

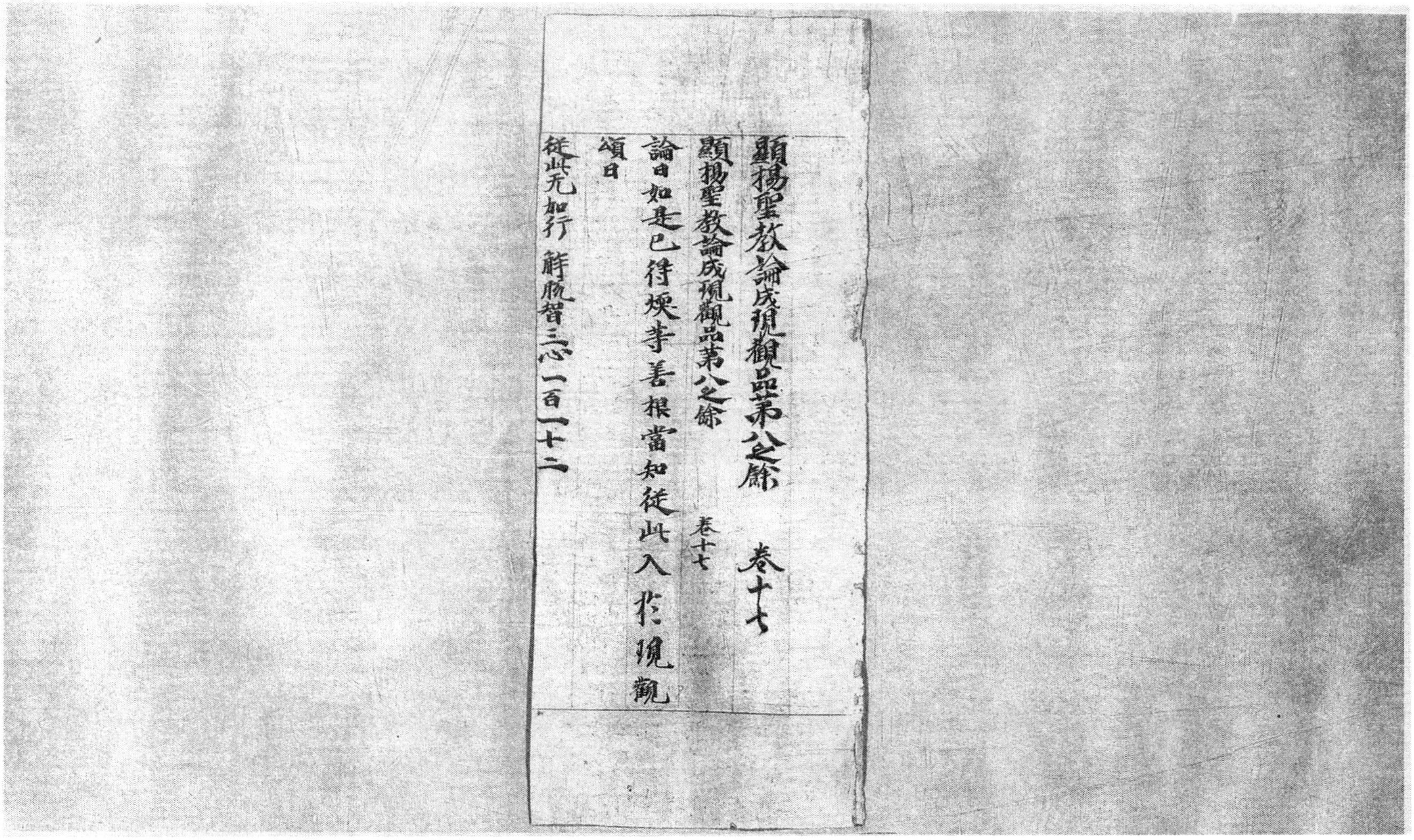
顯揚聖教論成現觀品第八之餘　卷十七
顯揚聖教論成現觀品第八之餘　卷十七
論曰如是已得煖等善根當知從此入於現觀
頌曰
從此无加行　觧脫智三心　一百一十二

BD09402號　顯揚聖教論（兌廢稿）卷一七　（1–1）

因明入正理論
商羯羅主菩薩造
三藏法師玄奘譯
能立與破　及似唯悟他　現量與比量　及似唯自悟　如是總攝諸論要義
此中宗等多言名為能立由宗因喻多言開示諸有問者未了義故此中宗者謂
極成有法極成能別差別為性隨自樂為成立性是名為宗如有成立聲是無
因有三相何等為三謂遍是宗法性同品定有性異品遍無性云何名為同
謂所立法均等義品說名同品如立無常瓶等無常是名同品異品者謂於是
所立若有是常見非所作如虛　所作性或勤勇無間所發性遍是宗法
定有於異品遍無是無常等因　喻有二種一者同法二者異法同法者若
品決定有性謂若所作見彼無常譬如瓶等異法者若於是處說所立無因遍
是常見非所作如虛空等此中常言表非無常非所作言表無所作如有非有說名非有
已說宗因等如是多言開悟他時說名能立如說聲無常者是立宗言所作性故者是宗法
言若是所作見彼無常如瓶等者是隨同品言若是其常見非所作如虛空者是遠離言
唯此三分說名能立　雖樂成立由與現量等相違故名似立宗謂現量相違比量相違自
教相違世間相違自語相違能別不極成所別不極成俱不極成此中現量相違
者如說聲非所聞比量相違者如說瓶等是常自教相違者如勝論師立聲為常世間相違者
如說懷兔非月有故又如言說人頂骨淨眾生分故猶如螺貝自語相違者如言我是母其石
女能別不極成者如佛弟子對數論師立聲滅壞所別不極成者如數論師對佛弟子說我
是思俱不極成者如勝論師對佛弟子立我以為和合因緣相符極成者如說聲是
所聞如是多言是遣諸法自相門故不容成故立無果故名立宗過
已說似宗當說似因不成不定及與相違是名似因　不成有四一兩俱不成二隨一
成三猶豫不成四所依不成如成立聲為無常等若言是眼所見性故兩俱不成所作性故
對聲顯論隨一不成於霧等性起疑惑時為成大種和合火有而有所說猶豫不成虛空實
有德所依故對無空論所依不成　不定有六一共二不共三同品一分轉異品遍轉四
異品一分轉同品遍轉五俱品一分轉六相違決定此中共者如言聲常所量性故常
無常品皆共此因是故不定為如瓶等所量性故聲是無常為如空等所量性故聲是
其常言不共者如說聲常所聞性故常無常品皆離此因常無常外餘非有故是猶豫
因此所聞性其猶何等同品一分轉異品遍轉者如說聲非勤勇無間所發
中非勤勇無間所發宗以電空等為其同品此無常性於電等有於空等無非勤
勇無間所發宗以瓶等為異品於彼遍有此因以電瓶為同法故亦是不定為如瓶等
無常性故彼是勤勇無間所發為如電等無常性故彼非勤勇無間所發異品一
分轉同品遍轉者如立宗言聲是勤勇無間所發無常性故勤勇無間所發宗瓶等
以為同品其無常性於此遍有以電空等為異品於彼一分電等是有空等是無是

五蘊　一色以十一色法相應者一眼二耳三鼻四舌五身六色七聲八
香九味十觸十一法處所攝色觸等已上十色是有表色法是无表色
二受与三受相應三者苦受樂受不苦不樂受与六界相應地水火
風空識行蘊者以五十一心所法相應五十一者遍行又五者一觸二作意
三相四受五思別鏡又五者一欲二勝解三念四三摩地五惠善又十一者
一信二慚三愧四无貪五无嗔六无癡七精進八輕安九不放逸十行舍
十一不害根本煩惱又六者一貪二嗔三癡四慢五疑六不正見隨煩惱
廿者一忿二恨三惱四覆五誑六諂七憍八害九嫉十慳十一
无慚十二无愧十三不信十四懈怠十五惛沈十六放逸十七掉舉十八失念
十九不正知廿心亂　不定四者一睡眠二惡作三尋四伺　又以廿四種不相應
行法一德二命根三種同分四未生性五无想定六滅盡定七无相事八名身
九句身十文身十一生十二老十三不住十四无常十五流轉十六定異以十七相應
十八勢速十九次第廿方廿一時廿二數廿三和合性廿四不和合性識者与八識相
應眼耳鼻舌身意末那識阿賴耶識　轉眼等五識成所作智轉
第六意識名妙觀察智　轉第七末那識成平等性智轉第八
阿賴耶識名大圓鏡智　束四智成三身　轉大圓
身轉平等性智以爲寶身轉妙觀察ㄴㄴ

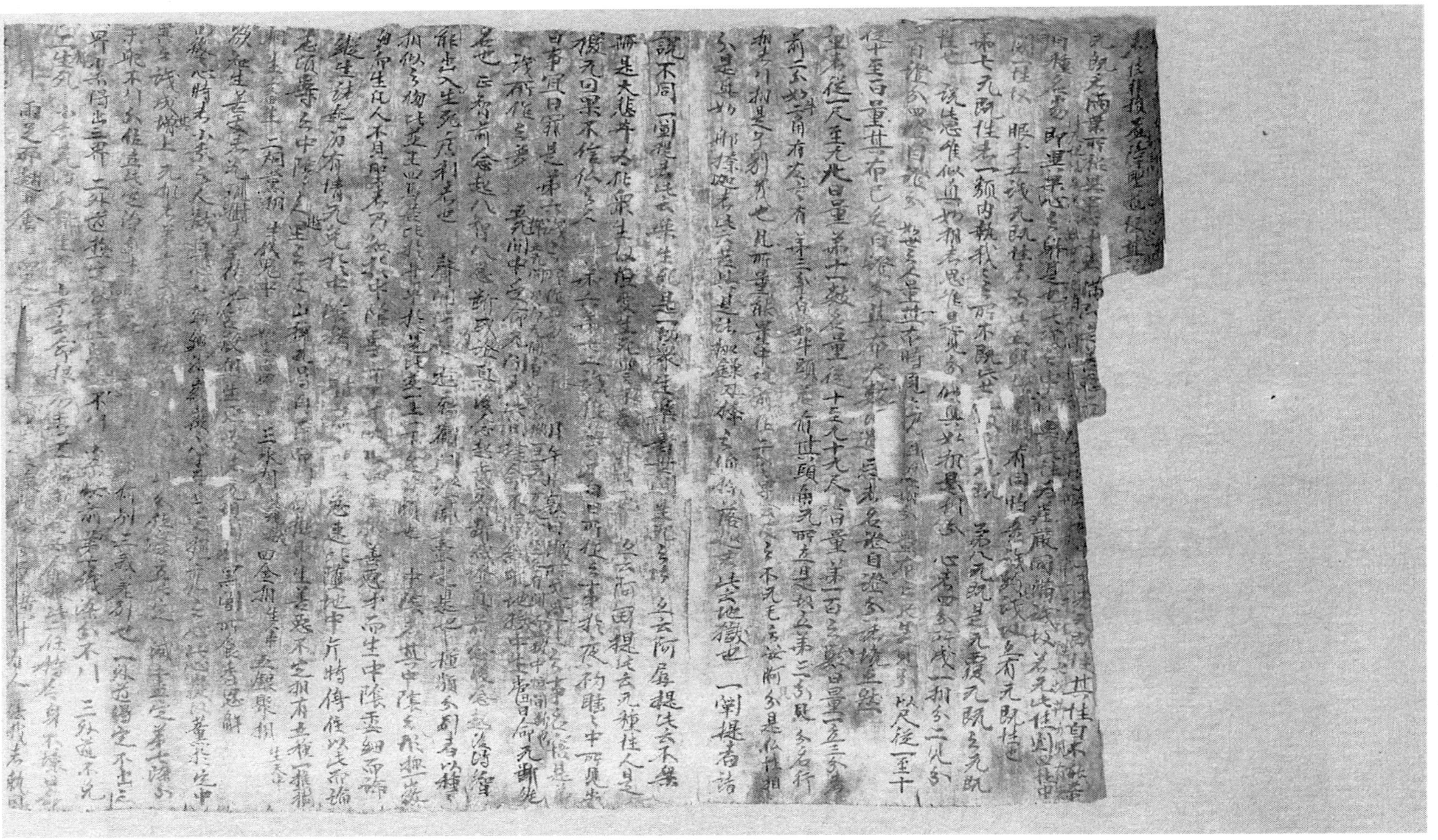

BD09405 號　大乘百法明門論本事分中略錄名數釋（擬）　（3–1）

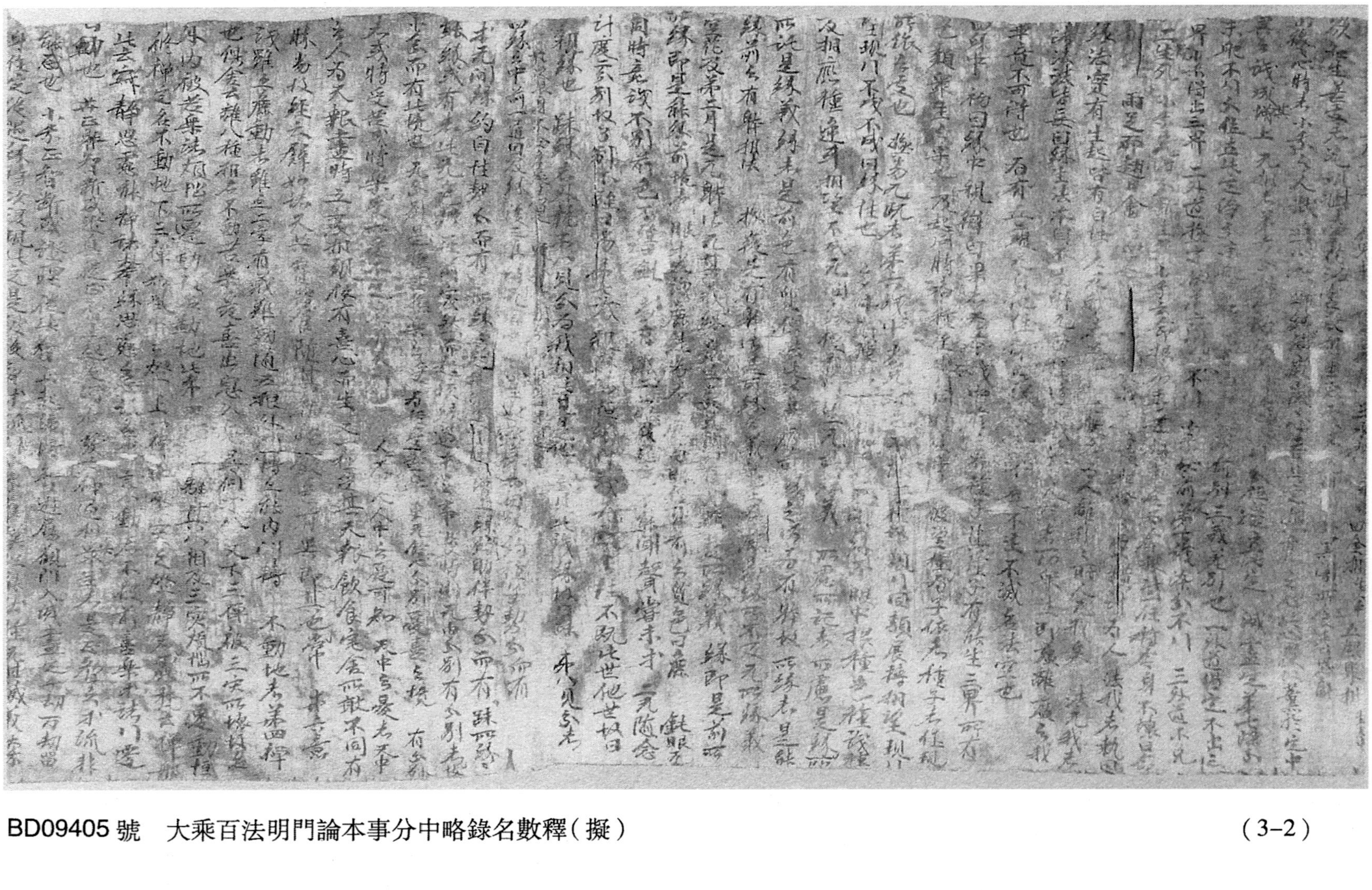

BD09405 號　大乘百法明門論本事分中略錄名數釋（擬）　（3–2）

BD09405 號　大乘百法明門論本事分中略錄名數釋（擬）　（3–3）

BD09405 號背　大乘百法明門論本事分中略錄名數釋（擬）　（3–1）

BD09405 號背　大乘百法明門論本事分中略錄名數釋（擬）　（3–2）

BD09405 號背　大乘百法明門論本事分中略錄名數釋（擬）　（3–3）

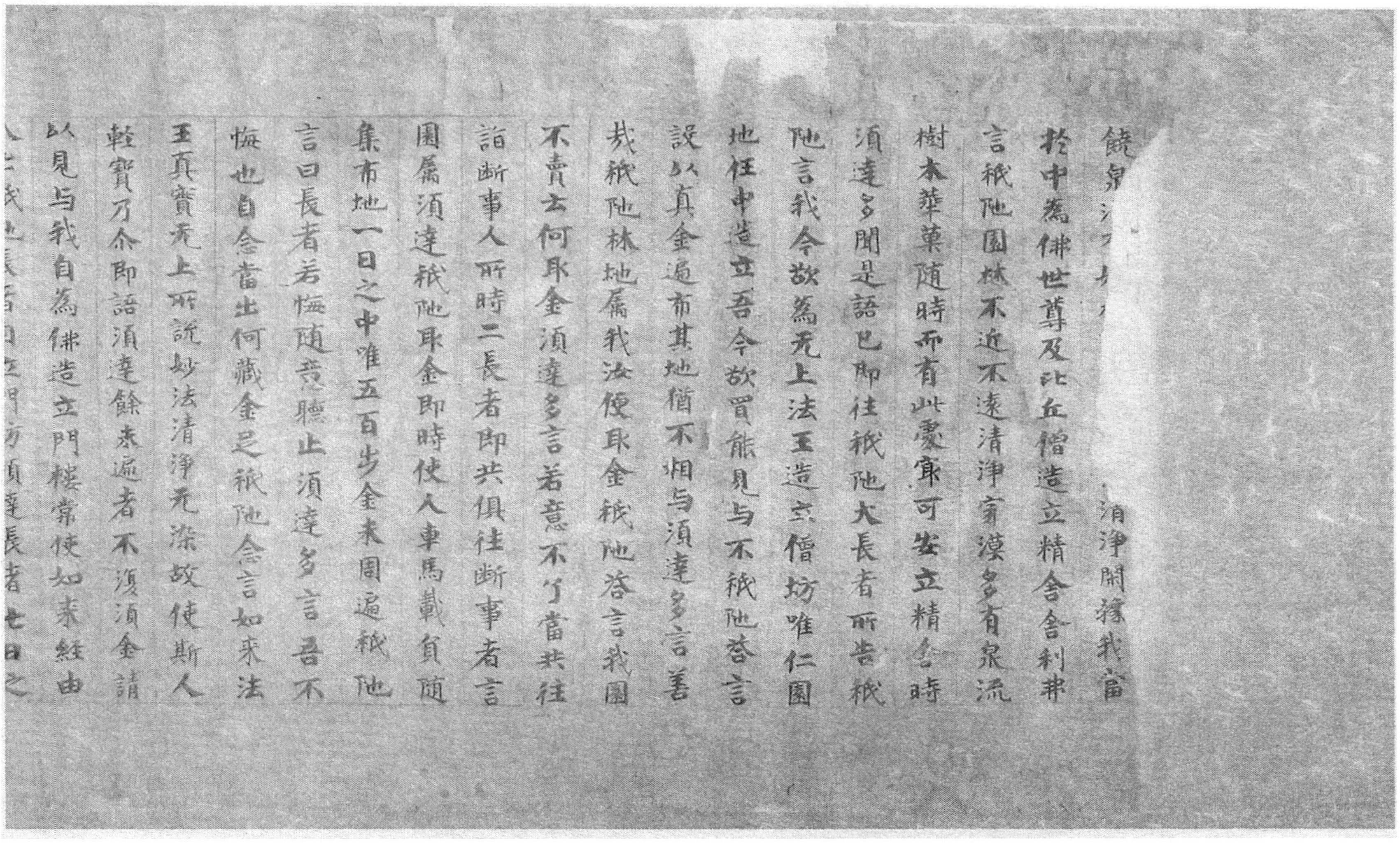

饒泉[illegible]清淨閑豫我當
於中為佛世尊及比丘僧造立精舍舍利弗
言祇陀園林不近不遠清淨寂漠多有泉流
樹木華菓隨時而有此處寬可安立精舍時
須達多聞是語已即往祇陀大長者所告祇
陀言我今欲為无上法王造立僧坊唯仁園
地任中造立吾今欲買能見与不祇陀答言
設以真金遍布其地猶不相与須達多言善
哉祇陀林地屬我汝便取金祇陀答言我園
不賣云何取金須達多言若意不了當共往
詣断事人所時二長者即共俱往断事者言
園屬須達祇陀取金即時使人車馬載負隨
集布地一日之中唯五百步金未周遍祇陀
言曰長者若悔隨意聽止須達多言吾不
悔也自念當出何藏金足祇陀念言如來法
王真實无上所說妙法清淨无染故使斯人
輕寶乃尒即語須達餘未遍者不須須金請
以見与我自為佛造立門樓常使如來經由
入出祇陀長者自立門坊須達長者七日之

BD09406號　大般涅槃經（北本　思溪本）卷三〇　（2–1）

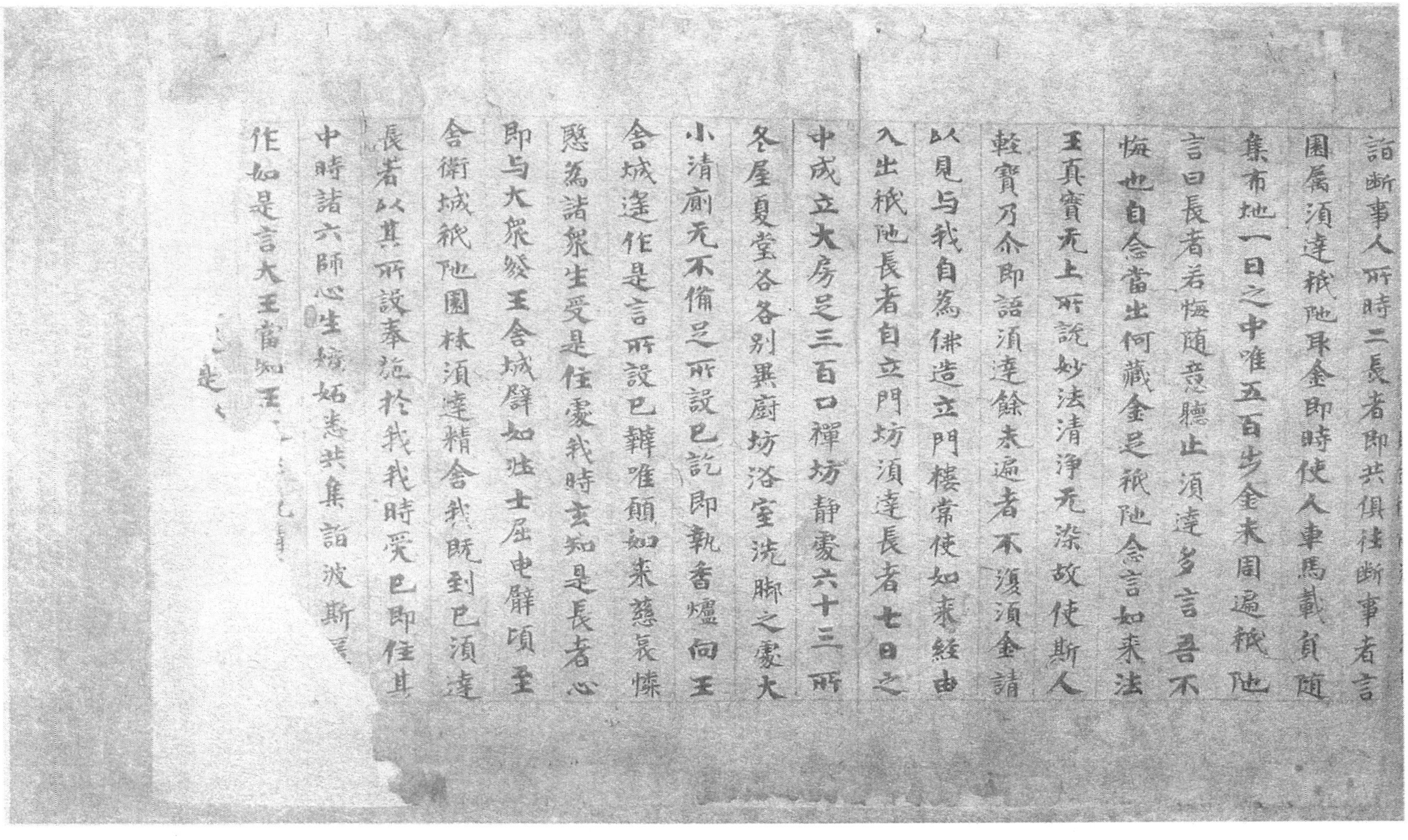

詣断事人所時二長者即共俱往断事者言
園屬須達祇陀取金即時使人車馬載負隨
集布地一日之中唯五百步金未周遍祇陀
言曰長者若悔隨意聽止須達多言吾不
悔也自念當出何藏金足祇陀念言如來法
王真實无上所說妙法清淨无染故使斯人
輕寶乃尒即語須達餘未遍者不須須金請
以見与我自為佛造立門樓常使如來經由
入出祇陀長者自立門坊須達長者七日之
中成立大房足三百口禪坊靜處六十三所
冬屋夏堂各各別異廚坊浴室洗脚之處大
小清廁无不備足所設已訖即執香爐向王
舍城遙作是言所設已辦唯願如來慈哀憐
愍為諸衆生受是住處我時玄知是長者心
即与大衆發王舍城譬如壯士屈申臂頃至
舍衛城祇陀園林須達精舍我既到已須達
長者以其所設奉施於我我時受已即住其
中時諸六師心生嫉妬恚共集詣波斯[illegible]
作如是言大王當知王[illegible]

BD09406號　大般涅槃經（北本　思溪本）卷三〇　（2–2）

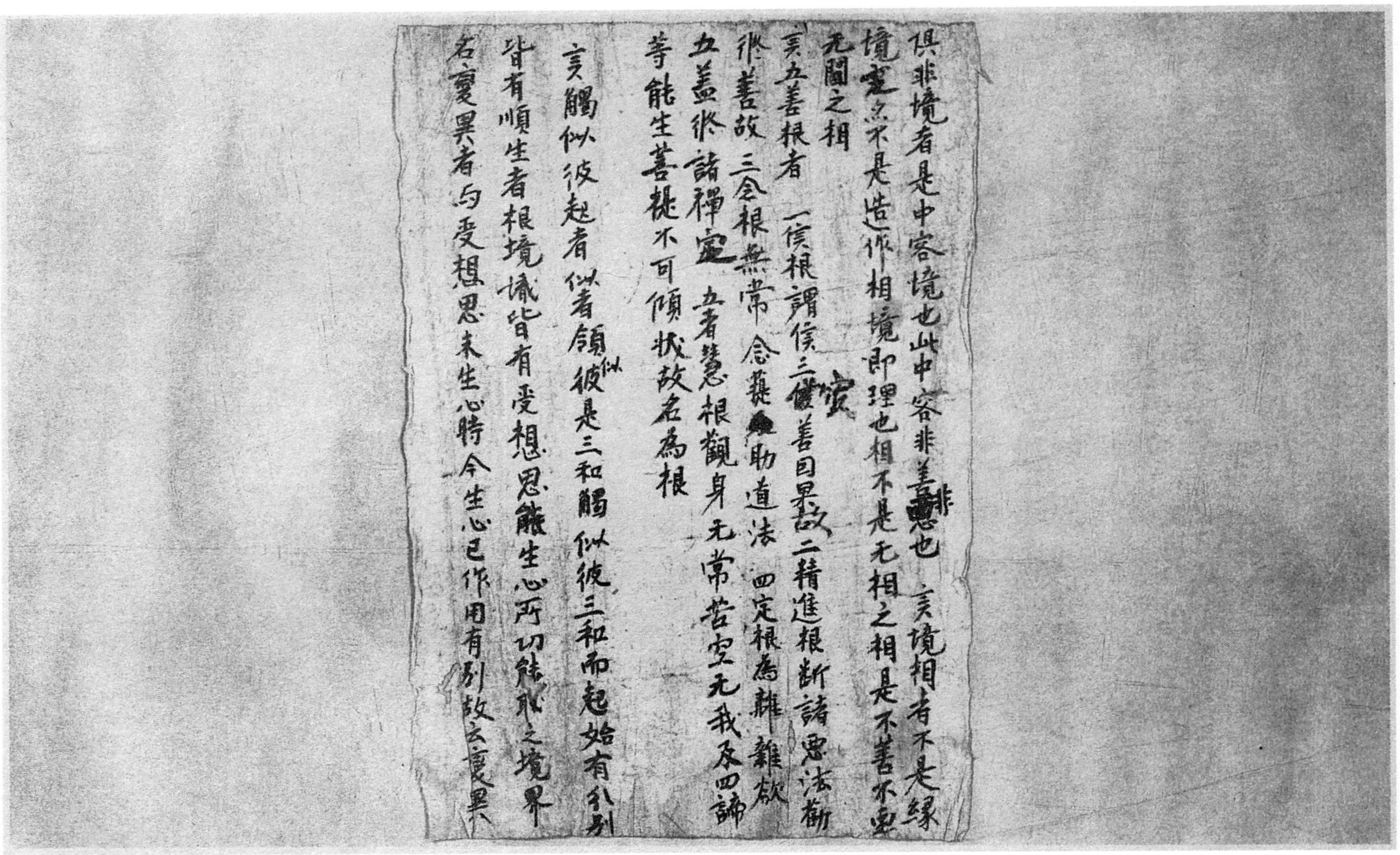

俱非境者是中容境也此中容非善非惡也 言境相者不是緣
境處亦不是造作相境即理也相不是无相之相是不善不惡
无圖之相
言五善根者 一信根謂信三寶 善因果故 二精進根斷諸惡法勤
修善故 三念根 無常念提念助道法 四定根為離雜欲
五蓋修諸禪定 五者慧根觀身无常苦空无我及四諦
等能生菩提不可傾状故名為根
言觸似彼起者 似者領彼是三和觸似彼三和而起始有分別
皆有順生者根境識皆有受想思能生心所切能取之境界
名變異者与受想思未生心時令生心已作用有別故名變異

BD09407 號　大乘百法明門論開宗義決名數釋（擬）　（1–1）

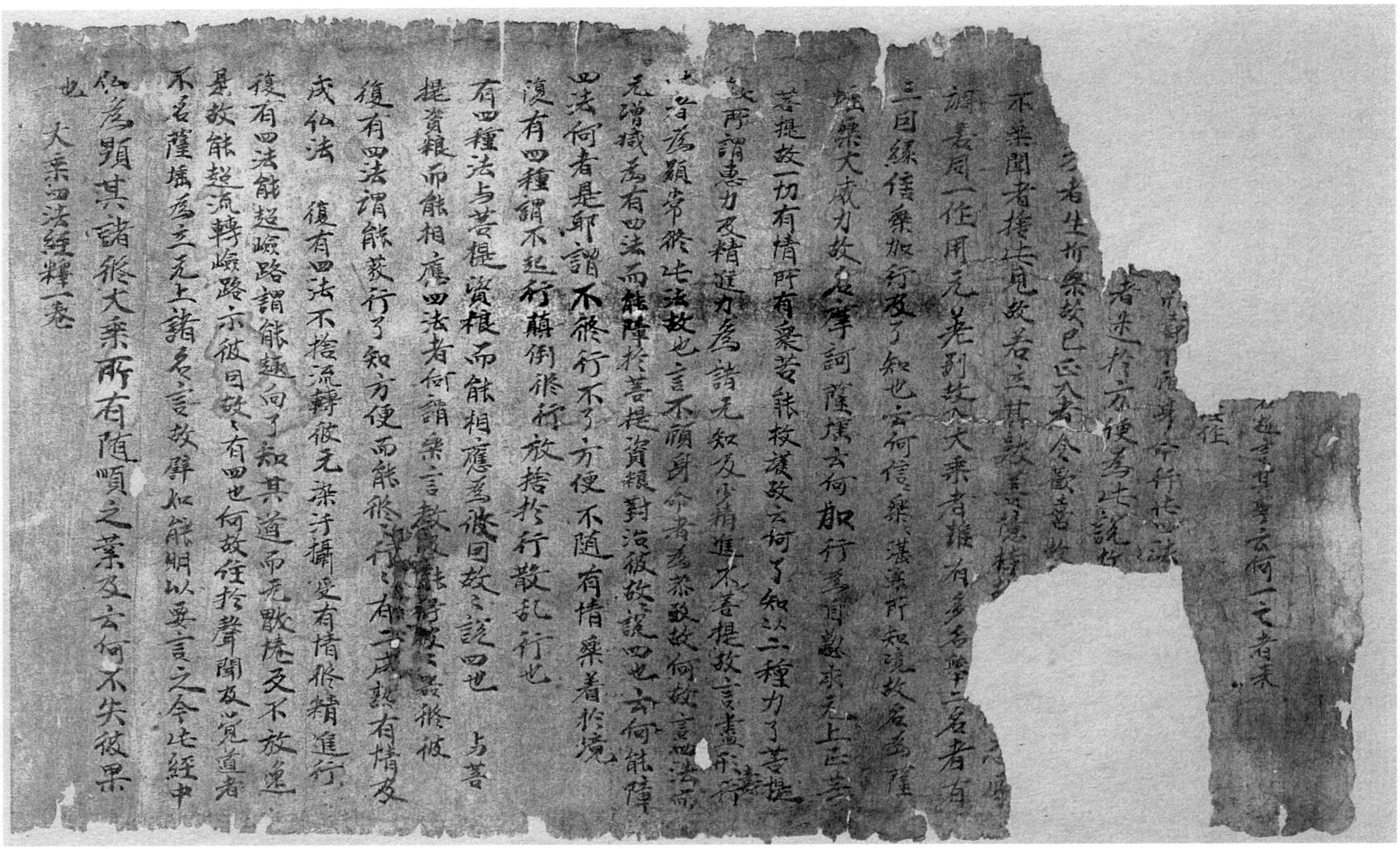

云何一乙者未
往
者迷於方便為比說於
云者生祈槃故已正入者今歡喜故
不乘聞者捨去見故若三其故
謂去同一任用无差別故入大乘者雖有多名略二名者有
三曰緣信樂加行故了知也云何信樂湛然所知境故名為薩
埵乘大威力故名摩訶薩埵云何加行為有勤求无上正等
菩提故一切有情所有衆苦能救護故云何了知以二種力了菩提
故所謂惠力及精進力為諸无知及少精進不善提故言盡所有
皆為顯常修比法故也言不顧身命者為恭敬故何故言四法而
无謂識為有四法而能障於菩提資粮對治彼故說四也云何能障
四法何者是耶謂不修行不了方便不隨有情樂着於境
復有四種謂不起行顛倒修行放捨於行散乱行也
有四種法与菩提資粮而能相應為彼因故說四也 与菩
提資粮而能相應四法者何謂衆言教……能修彼
復有四法謂能發行了知方便而能修行有二成熟有情及
成仏法 復有四法不捨流轉彼无染汙攝受有情修精進行
復有四法能超嶮路謂能趣向了知其道而无厭倦及不放逸
是故能超流轉嶮路亦彼因故有四也何故経於聲聞及覚道者
不名薩埵為之无上諸名言故譬如能明以要言之令比經中
仏為顯其諸修大乘所有隨順之業及云何不失彼果
也 大乘四法經釋一卷

BD09408 號　大乘四法經釋　（2–1）

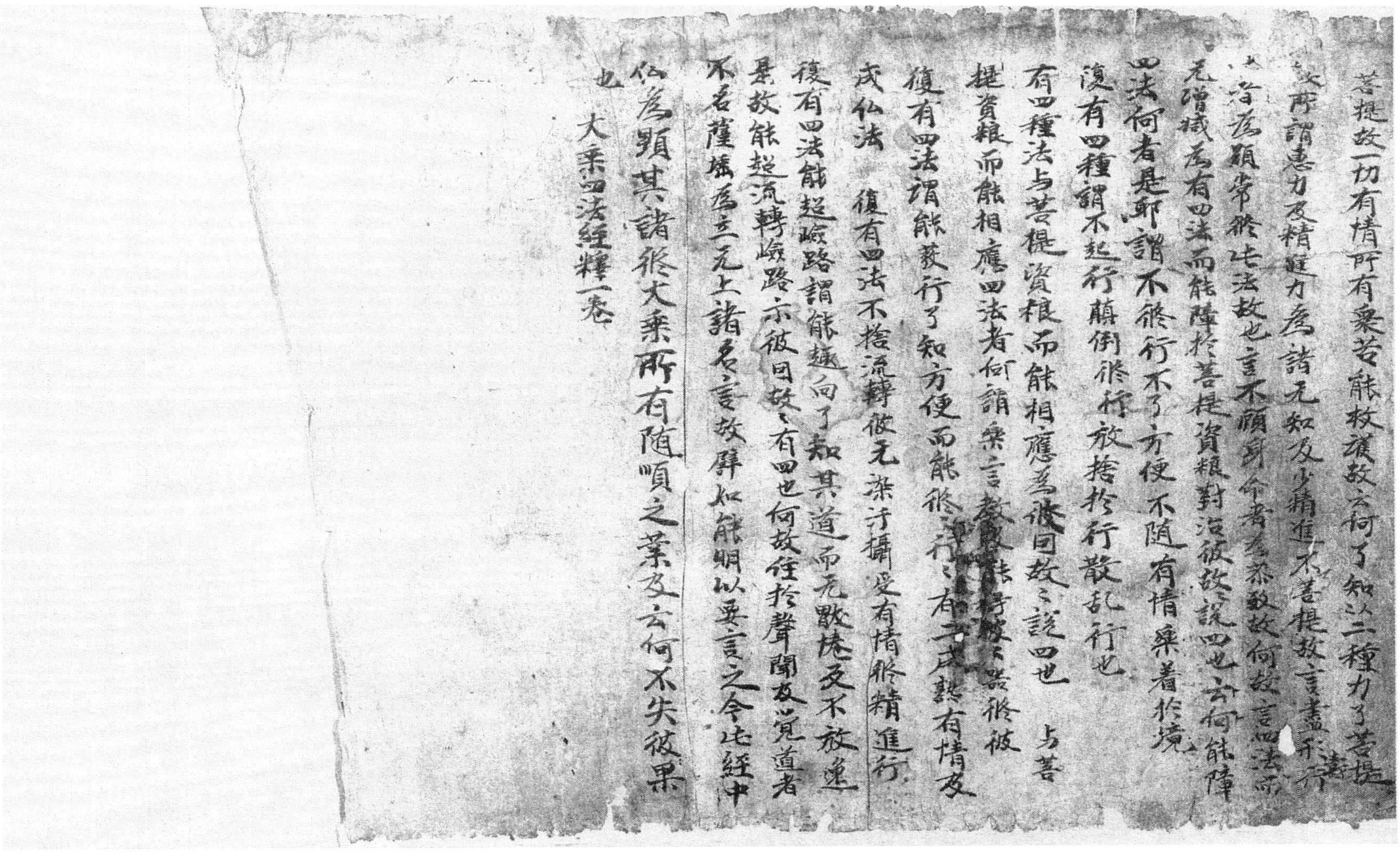
菩提故一切有情所有衆苦能救濟故云何了知以二種力了菩提
故所謂慧力及精進力爲諸无知及少精進不著提故言盡行
以皆爲頭常能此法故也言不顧身命者爲求教故何故言四法而
无增減爲有四法而能障於菩提資糧對治彼故說四也云何能障
四法何者是耶謂不能行不了方便不隨有情樂著於境
復有四種謂不起行顛倒能行放捨於行散亂行也
有四種法与菩提資粮而能相應爲彼回故說四也　与菩
提資粮而能相應四法者何謂衆言教受持讀誦能彼
復有四法謂能發行了知方便而能修行有二成熟有情及
成佛法　復有四法不捨流轉彼无染汙攝受有情能精進行
復有四法能超險路謂能趣向了知其道而无厭倦及不放逸
是故能超流轉險路示彼回故有四也何故往於聲聞及覺道者
不名薩埵爲立无上諸名言故譬如能明以要言之今此經中
佛爲頭其諸能大乘所有隨順之業及云何不失彼果
也　大乘四法經釋一卷

BD09408號　大乘四法經釋　（2–2）

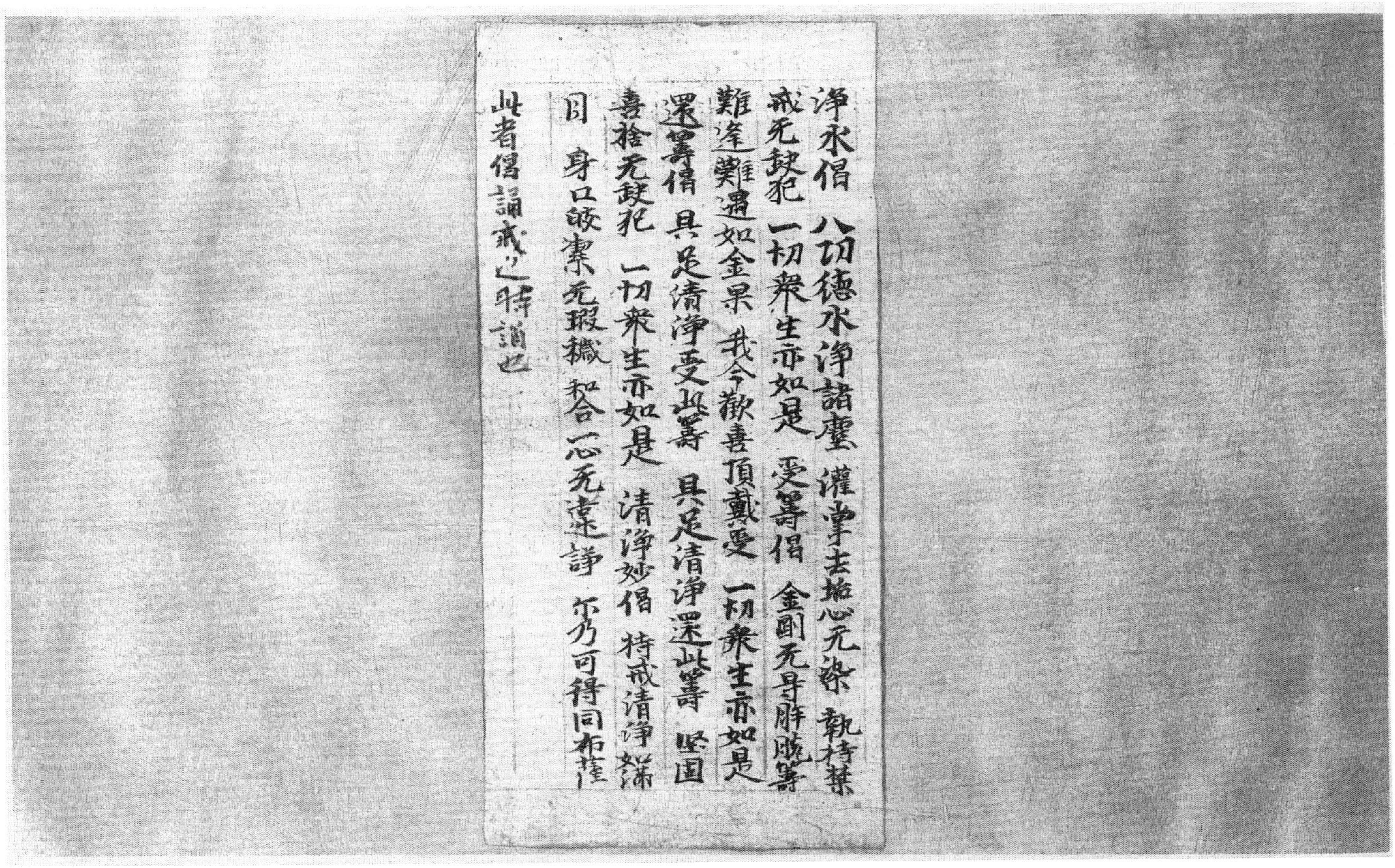
淨水偈　八功德水淨諸塵　灌掌去垢心无染　執持禁
戒无缺犯　一切衆生亦如是　受籌偈　金剛无㝵解脫籌
難逢難遇如金果　我今歡喜頂戴受　一切衆生亦如是
還籌偈　具足清淨受此籌　具足清淨還此籌　堅固
喜捨无缺犯　一切衆生亦如是　清淨妙偈　持戒清淨如滿
月　身口皎潔无瑕穢　和合一心无違諍　尔乃可得同布薩
此者偈誦戒之時誦也

BD09409號　入布薩堂說偈文等　（1–1）

小鈔一卷

凡欲發起先知教至歸三藏之中何藏所攝　一脩多羅

藏 此云綖藏　二毗奈耶藏 此云律藏　三阿毗達磨藏 此云論藏　今此四分戒本

三藏之中即毗尼藏所攝　律有四名　一名戒　若就教釋防非為戒 若就行辨止惡為

戒又單釋防非止惡名之為戒　二名為律　若就教釋詮量輕重以之為律 又釋詮量輕重決斷是非名之為律 若就行釋調伏對

犢以之為律　三名波羅提木叉　此是梵音 唐言別別解脫戒 若就教釋此是解縛之法 依而出家者脫羈无导 在在處處身心无為故云

彼彼解脫也 若就行釋絕縛之心 念念之中能離煩惱故

彼彼解脫 又釋斷絕羈縛 念念離塵 除名木叉也　四名毗尼　亦是梵音 唐言滅 若就

教釋此此去能除昔諍論 故名為藏 若就行釋斷除生死

昔盡諸昔因故云毗尼 无為恢泊 故名為滅 又釋滅除生死　此毗尼者

世親自宣傳臨涅槃時以此律藏付囑

卫二

者宿命通……知聞者
戀故取亂常經三寶人啟請世尊
然後受戒若不懺悔猶如穢器盛
寶威力故水得澄清懺悔亦爾
懺悔依佛出道　弟子……
劫來至於今日受凡夫身流浪生死
造十惡業煞生無量新大惡種
汙淨梵行妄語無量欺誑一切惡
亂和合綺語無量兩舌聖凡會
衆生又造五逆無間重罪煞害父
破塔壞寺焚山漂流濫陷田佛僧物
窮三部自害流淪苦海無明所
廣造諸罪無量無邊自作教他見
酒食宍齋破戒汙染伽藍服僧
作一闡提撥無因果深汙賢善不
珠玉廣貫綾羅用無價衣覆佛
神煞生祭鬼如斯等罪其數無邊
仏菩虛空賢聖清淨披露懺悔一

BD09411號　受三歸八戒禮懺文（擬）　（2–1）

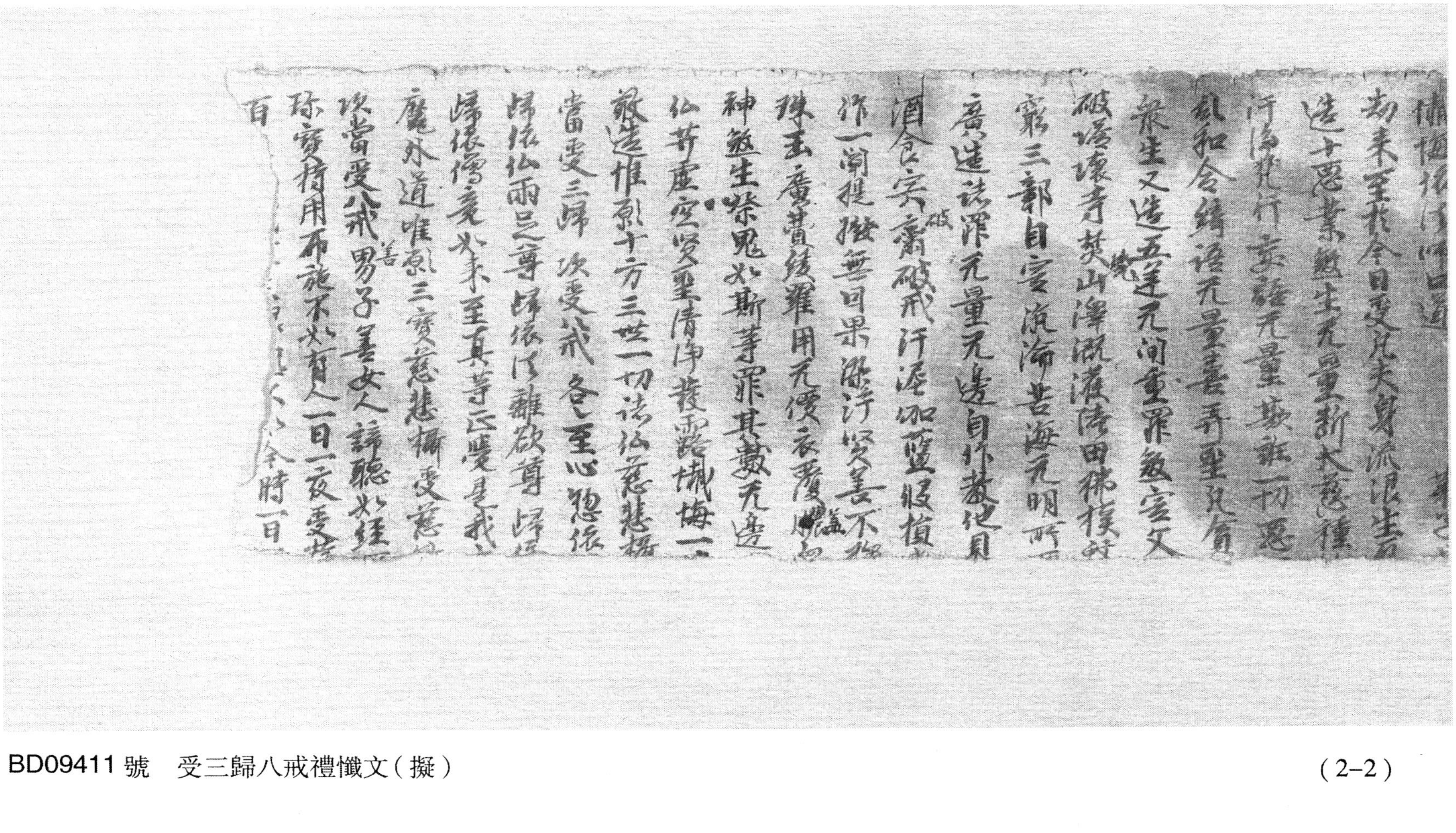

懺悔依佛出道
劫來至於今日受凡夫身流浪生死
造十惡業煞生無量新大惡種
汙淨梵行妄語無量欺誑一切惡
亂和合綺語無量兩舌聖凡會
衆生又造五逆無間重罪煞害父
破塔壞寺焚山漂流濫陷田佛僧物
窮三部自害流淪苦海無明所
廣造諸罪無量無邊自作教他見
酒食宍齋破戒汙染伽藍服僧
作一闡提撥無因果深汙賢善不
珠玉廣貫綾羅用無價衣覆佛
神煞生祭鬼如斯等罪其數無邊
仏菩虛空賢聖清淨披露懺悔一
敢造唯願十方三世一切諸仏慈悲攝
當受三歸次受八戒各至心聽依
歸依仏兩足之尊歸依法離欲尊歸
歸依僧衆如來至真等正覺是我
魔外道唯願三寶慈悲攝受慈
次當受八戒善男子善女人諦聽如經
珍寶持用布施不如有人一日一夜受持
百……今時一日

BD09411號　受三歸八戒禮懺文（擬）　（2–2）

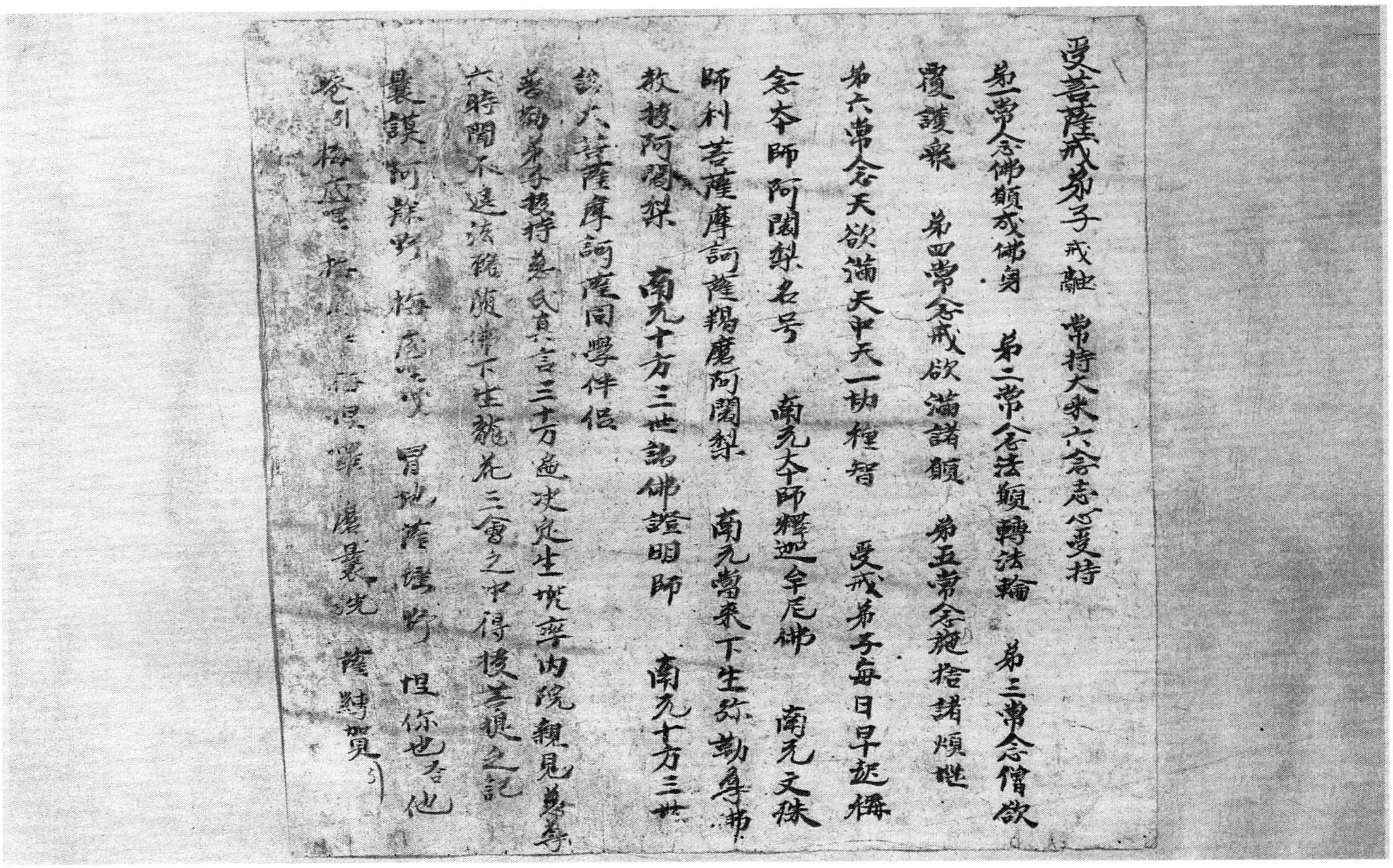
受菩薩戒弟子戒融 常持大乘六念志心受持
弟一常念佛願成佛身 弟二常念法願轉法輪 弟三常念僧欲
覆護衆 弟四常念戒欲滿諸願 弟五常念施捨諸煩惱
弟六常念天欲滿天中天一切種智 受戒弟子每日早起禮
念本師阿闍梨名号 南無大師釋迦牟尼佛 南無文殊
師利菩薩摩訶薩羯磨阿闍梨 南無當來下生彌勒尊佛
教授阿闍梨 南無十方三世諸佛證明師 南無十方三世
諸大菩薩摩訶薩同學伴侶
菩提弟子護持慈氏真言三十万遍 決定生兜率內院親見慈尊
六時聞不退法輪 願伴下生龍花三會之中得授菩提之記
曩謨阿弭哆 婆耶 冒地薩埵野 怛你也他
唵引 梅[illegible] 梅[illegible] [illegible] 曩[illegible] 薩嚩賀引

BD09412 號　戒融六念發願文（擬）　（1–1）

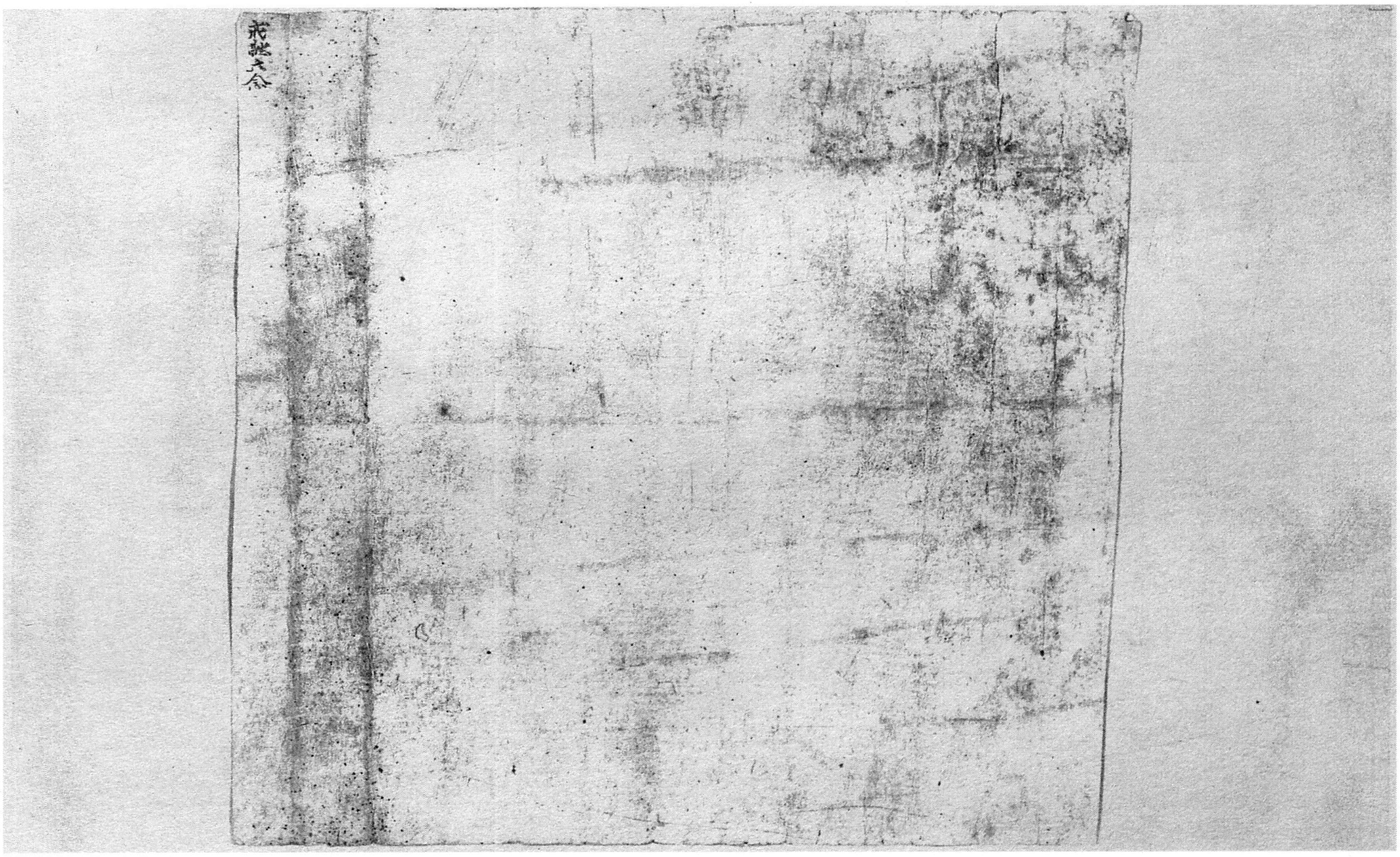
戒融六念

BD09412 號背　題記　（1–1）

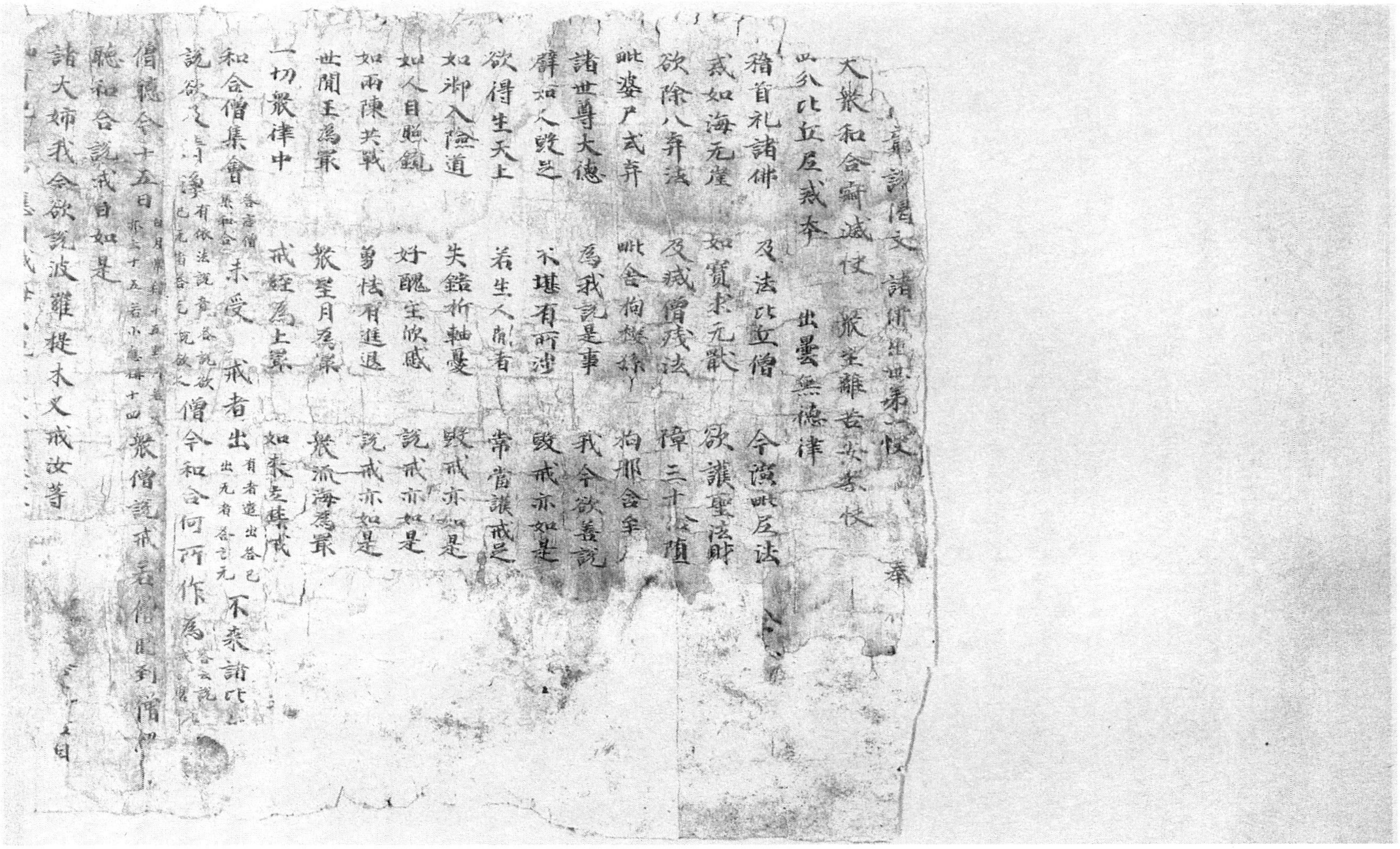

BD09413 號 1　入布薩堂說偈文等　（3–1）

BD09413 號 2　四分比丘尼戒本

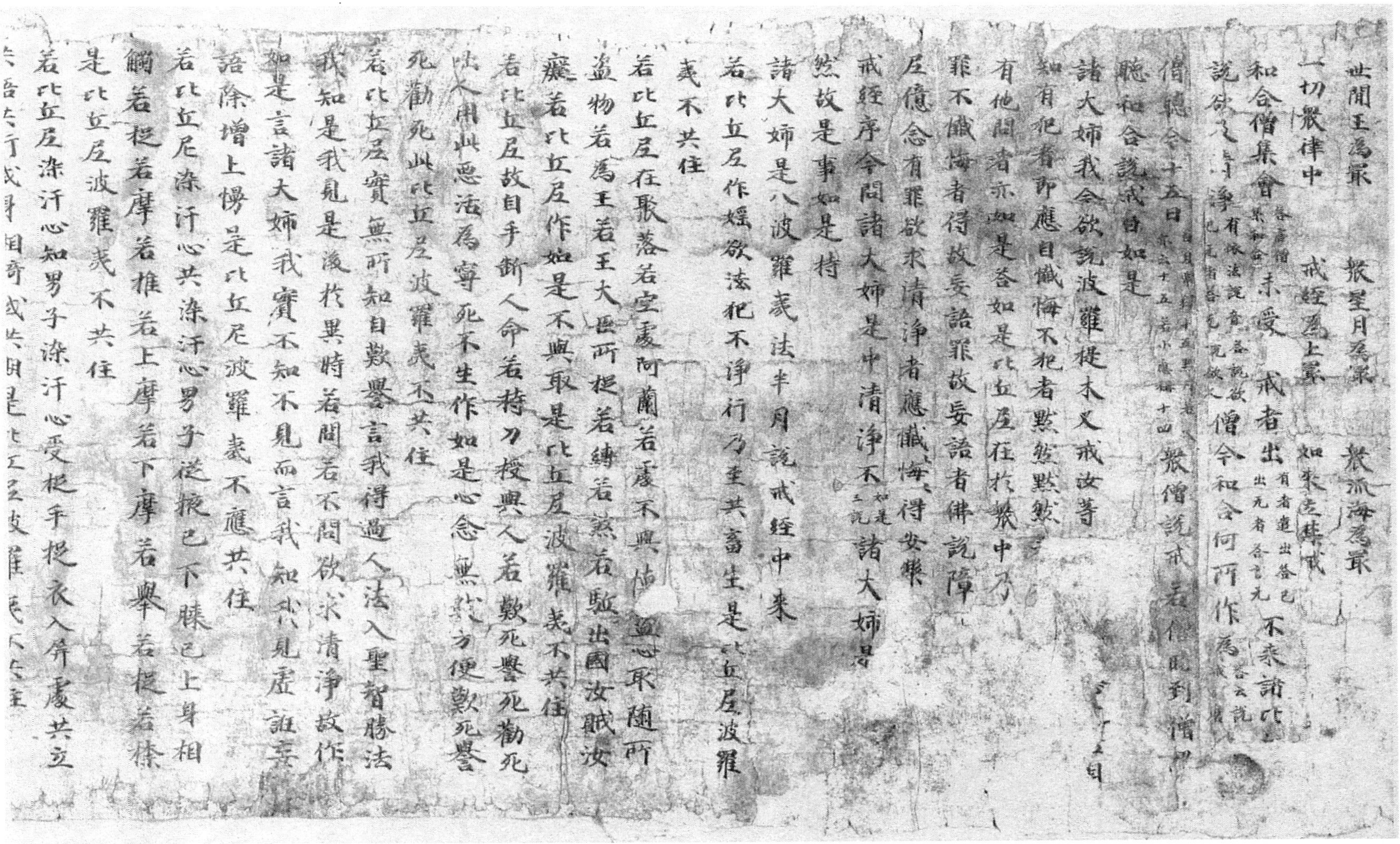

BD09413 號 2　四分比丘尼戒本　（3–2）

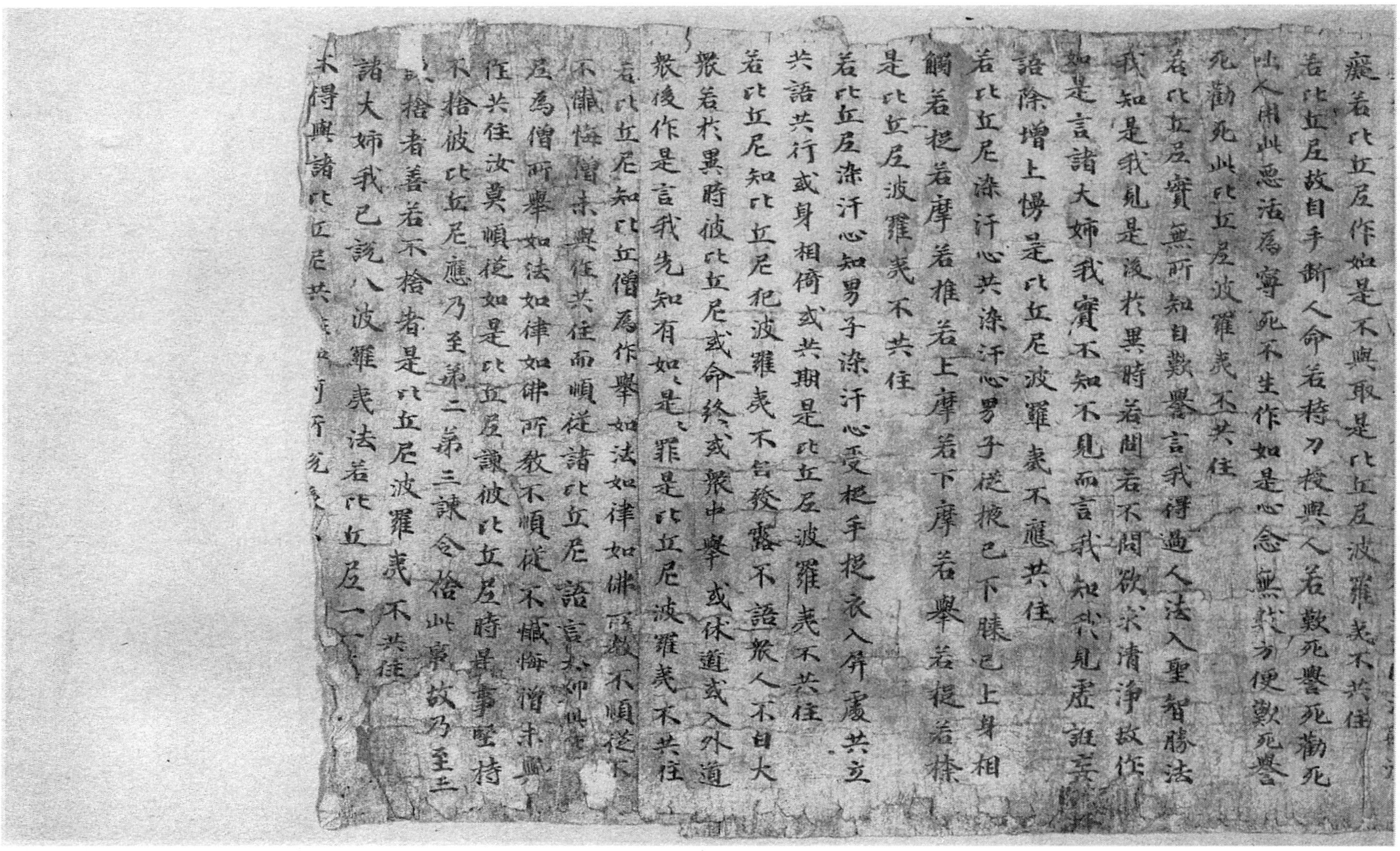
癡若比丘尼作如是不與取是比丘尼波羅夷不共住
若比丘尼故自手斷人命若持刀授與人若歎死譽死勸死
咄人用此惡活為寧死不生作如是心念無數方便歎死譽
死勸死此比丘尼波羅夷不共住
若比丘尼實無所知自歎譽言我得過人法入聖智勝法
我知是我見是後於異時若問若不問欲求清淨故作
如是言諸大姊我實不知不見而言我知我見虛誑妄
語除增上慢是比丘尼波羅夷不應共住
若比丘尼染汙心共染汙心男子從腋已下膝已上身相
觸若捉若摩若推若上摩若下摩若舉若捉若捺
是比丘尼波羅夷不共住
若比丘尼染汙心知男子染汙心受捉手捉衣入屏處共立
共語共行或身相倚或共期是比丘尼波羅夷不共住
若比丘尼知比丘尼犯波羅夷不自發露不語眾人不白大
眾若於異時彼比丘尼或命終或眾中舉或休道或入外道
眾後作是言我先知有如是如是罪是比丘尼波羅夷不共住
若比丘尼知比丘僧為作舉如法如律如佛所教不順從不
懺悔僧未與作共住而順從諸比丘尼語言大姊此比
丘尼為僧所舉如法如律如佛所教不順從不懺悔僧未與
作共住汝莫順從如是比丘尼諫彼比丘尼時堅持
不捨彼比丘尼應乃至第二第三諫令捨此事故乃至三
諫捨者善若不捨者是比丘尼波羅夷不共住
諸大姊我已說八波羅夷法若比丘尼一一
不得與諸比丘尼共

BD09413 號 2　四分比丘尼戒本　　　　　　　　　　　　　　　　　　　　　　　　　　（3–3）

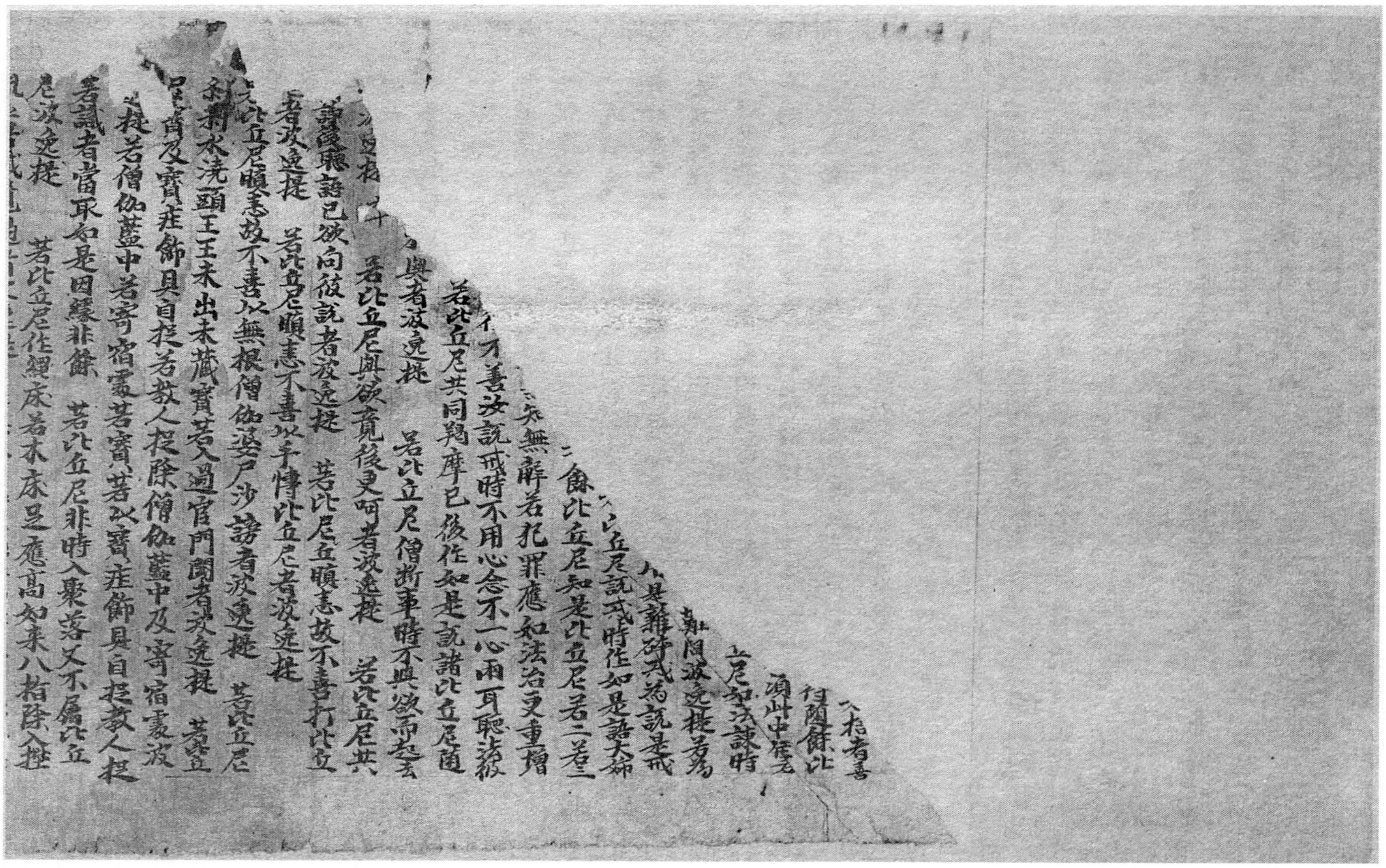
人者善
行隨喜比
須此中住
丘尼知法諫時
問波逸提若為
是雜碎戒為說是戒
丘尼說戒時作如是語大姊
餘比丘尼知是比丘尼若二若三
無解若犯罪應如法治更重增
不善汝說戒時不用心念不一心兩耳聽法彼
若比丘尼共同羯磨已後作如是說諸比丘尼隨
與者波逸提　若比丘尼僧斷事時不與欲而起去
若比丘尼與欲竟後更呵者波逸提　若比丘尼共
諍後聽語已欲向彼說者波逸提　若比丘尼瞋恚故不喜打比丘
尼者波逸提　若比丘尼瞋恚不喜以手摶比丘尼者波逸提
比丘尼瞋恚故不喜以無根僧伽婆尸沙謗者波逸提　若比丘尼
剎利水澆頭王王未出未藏寶若入過宮門閾者波逸提　若比丘
尼寶及寶莊飾具自捉若教人捉除僧伽藍中及寄宿處波
逸提若僧伽藍中若寄宿處若寶若以寶莊飾具自捉教人捉
若識者當取如是因緣非餘
尼波逸提　若比丘尼非時入聚落不囑比丘
若比丘尼作繩床若木床足應高如來八指除入梐

BD09414 號　四分比丘尼戒本　　　　　　　　　　　　　　　　　　　　　　　　　　（2–1）

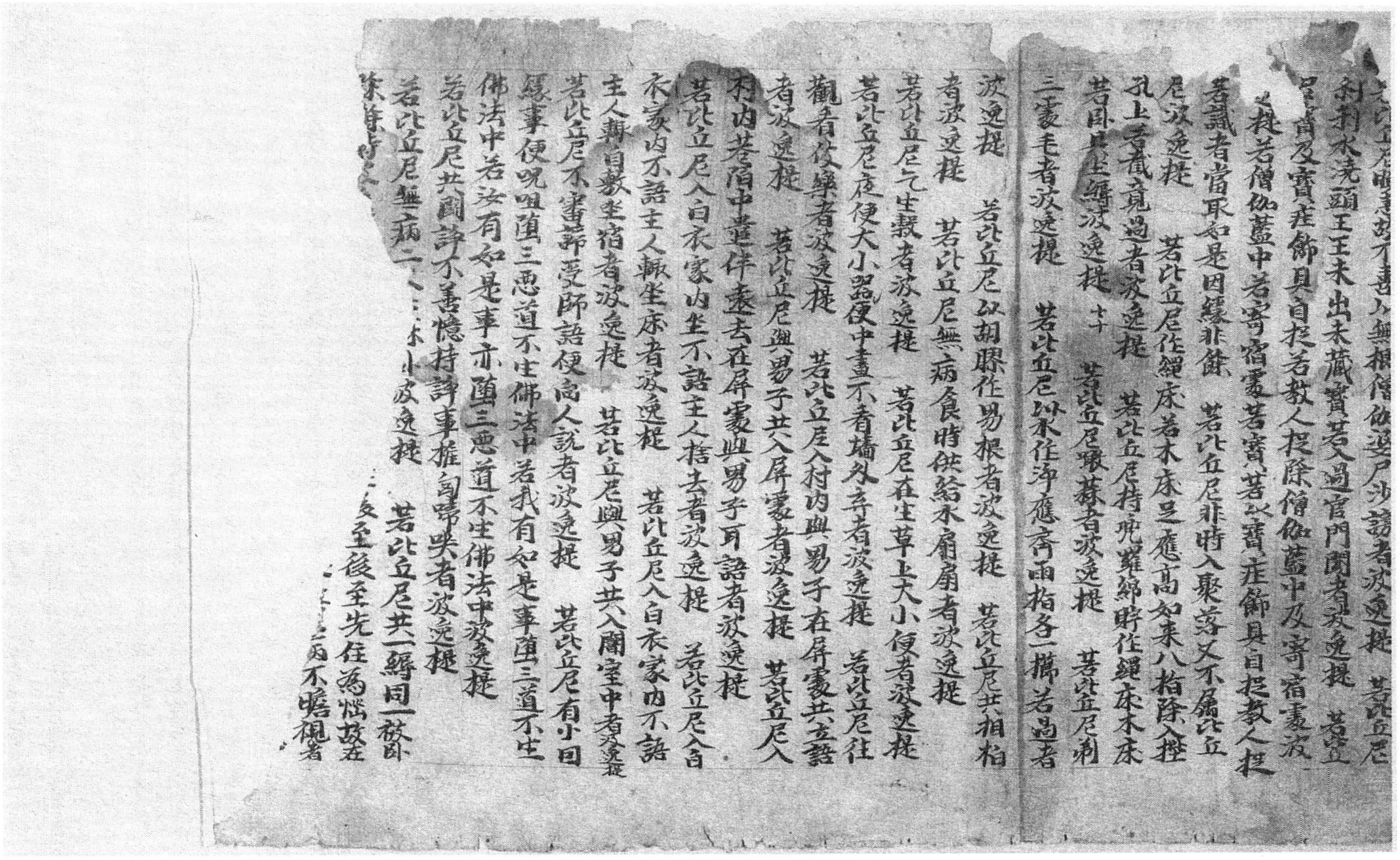

若比丘尼瞋恚故不喜以無根僧伽婆尸沙謗者波逸提　若比丘尼
剎利水澆頭王王未出未藏寶若入過宮門閾者波逸提　若比丘
尼若寶及寶莊飾具自捉若教人捉除僧伽藍中及寄宿處波
逸提若僧伽藍中若寄宿處若寶若似寶莊飾具自捉教人捉
若識者當取如是因緣非餘　若比丘尼非時入聚落又不屬比丘
尼波逸提　若比丘尼作繩床若木床足應高如來八指除入梐
孔上若截竟過者波逸提　若比丘尼持兜羅綿貯作繩床木床
若臥具坐褥波逸提　十十　若比丘尼噉蒜者波逸提　若比丘尼剃
三處毛者波逸提　若比丘尼以水作淨應齊兩指各一節若過者
波逸提　若比丘尼以胡膠作男根者波逸提　若比丘尼共相拍
者波逸提　若比丘尼無病食時供給水扇者波逸提
若比丘尼乞生穀者波逸提　若比丘尼在生草上大小便者波逸提
若比丘尼夜使大小器便中晝不看墻外弃者波逸提　若比丘尼往
觀看伎樂者波逸提　若比丘尼入村內與男子在屏處共立語
者波逸提　若比丘尼與男子共入屏處者波逸提　若比丘尼入
村內若街巷中遣伴遠去在屏處與男子耳語者波逸提
若比丘尼入白衣家內坐不語主人捨去者波逸提　若比丘尼入白
衣家內不語主人輒坐床者波逸提　若比丘尼入白衣家內不語
主人輒自敷坐宿者波逸提　若比丘尼與男子共入闇室中者波逸提
若比丘尼不審諦受師語便向人說者波逸提　若比丘尼有小因
緣事便呪咀墮三惡道不生佛法中若我有如是事墮三惡道不生
佛法中若汝有如是事亦墮三惡道不生佛法中波逸提
若比丘尼共鬪諍不善憶持諍事推胸啼哭者波逸提
若比丘尼無病二人共一床臥波逸提　若比丘尼共一縟同一被臥
除餘時波逸提　……後至先住為惱故在
……前不喜觀者

BD09414 號　四分比丘尼戒本　（2–2）

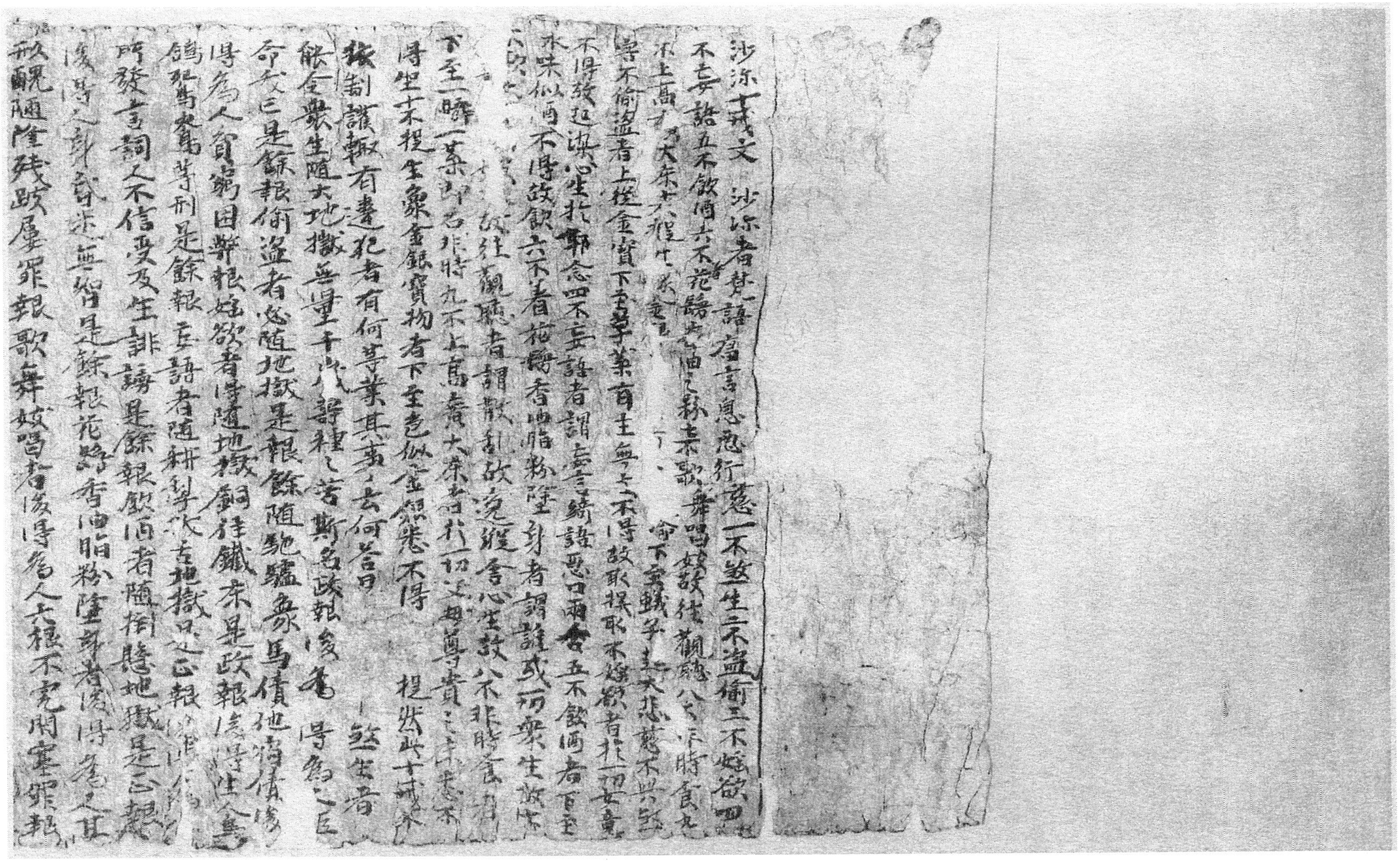

沙彌十戒文　沙彌者梵語唐言息惡行慈一不煞生二不盜偷三不婬欲四
不妄語五不飲酒六不花鬘香油塗身七不歌舞唱妓故往觀聽八不非時食九
不上高廣大床十不捉生象金寶　命下至蚊蟻子起大悲慈不煞
得不偷盜者上從金寶下至草葉有主無主不得故取採取不婬欲者於一切女童
不得故起染心生於鄙念四不妄語者謂妄言綺語惡口兩舌五不飲酒者下至
水味似酒不得故飲六不著花鬘香油脂粉塗身者謂諸式所棄生故
故往觀聽者謂散亂放逸縱貪心生故八不非時食
下至一時一菜即名非時九不上高廣大床者於一切父母尊貴之床悉不
得坐十不捉生象金銀寶物者下至一色似金銀悉不得　提然此十戒不
犯制讀輒有違犯者有何等業其事云何答曰　一煞生者
能令眾生隨大地獄無量千代辭種種苦斯名煞報後生得為人短
命餘亡是餘報偷盜者必隨地獄是報餘隨驢驢象馬償他物債後
得為人貧窮困弊報婬欲者得隨地獄銅柱鐵床是政報後得生人為
鴿雀鴛鴦等形是餘報妄語者隨耕犁地獄是正報
所發言詞人不信受及生誹謗是餘報飲酒者隨糞屎地獄是正報
後得為人身愚無智是餘報花鬘香油脂粉塗身者後得為人
形醜陋殘缺屢罪報歌舞妓唱者後得為人六根不完開塞罪報

BD09415 號　沙彌十戒本　（2–1）

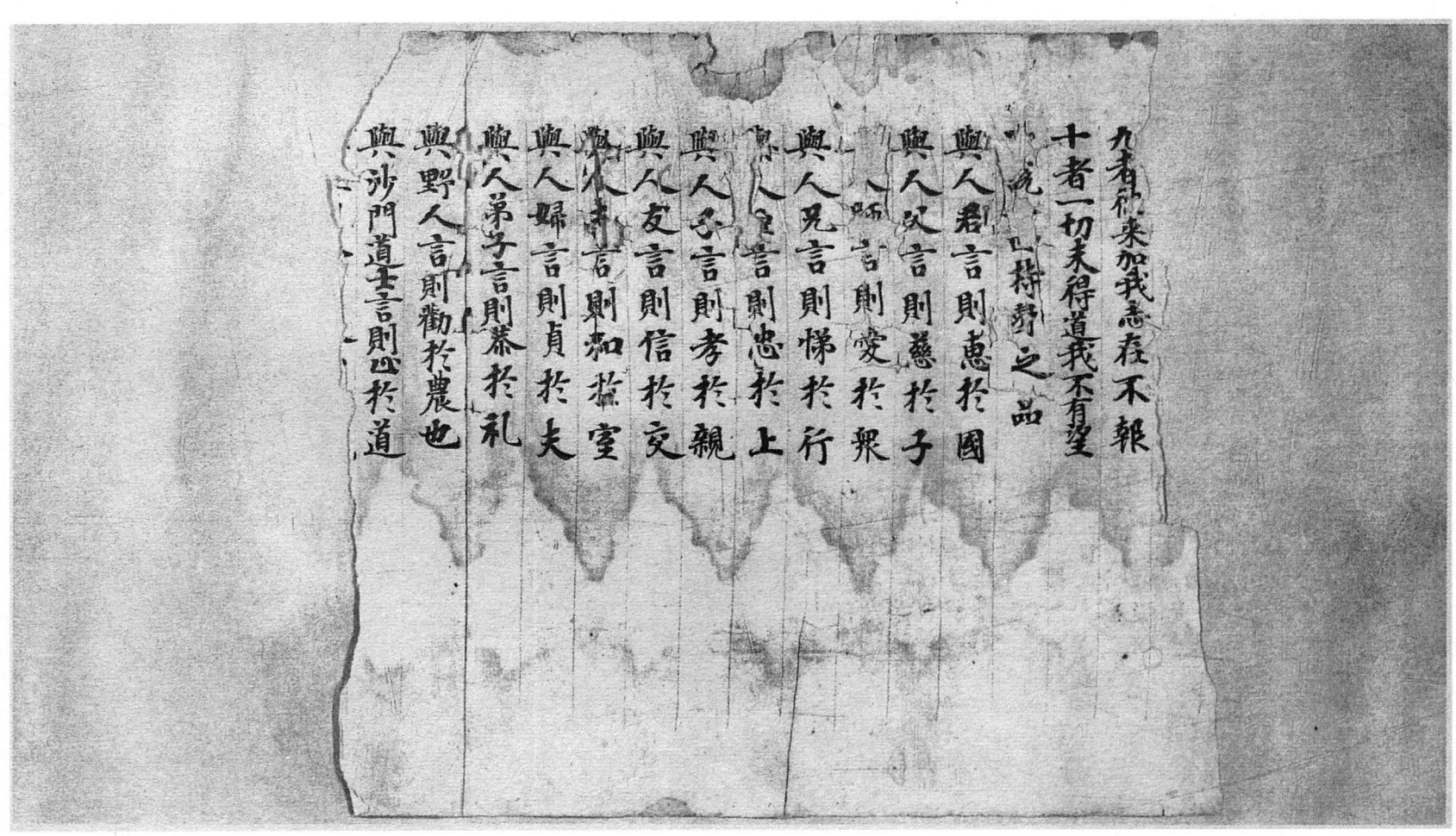

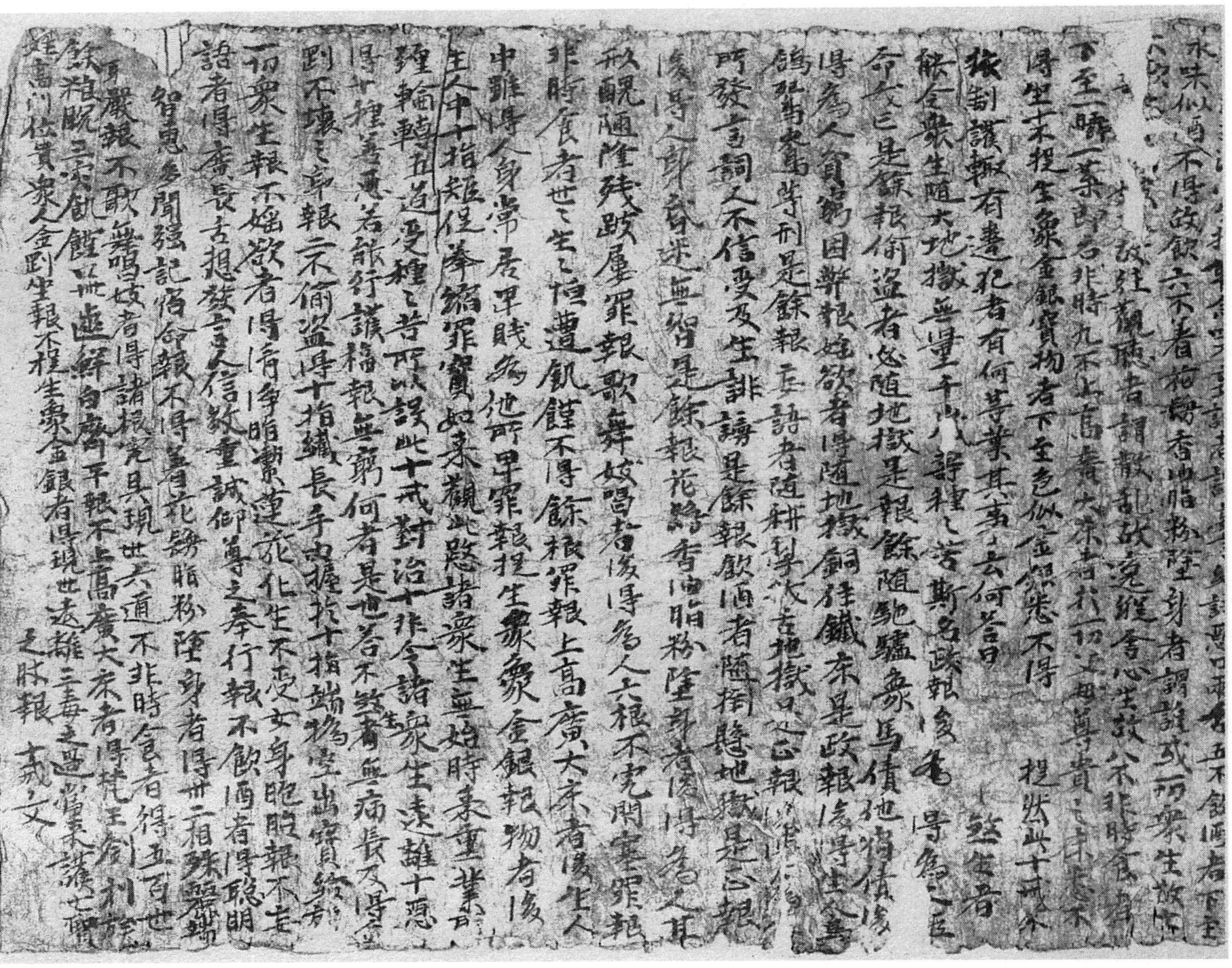

BD09415 號　沙彌十戒本　　（2–2）

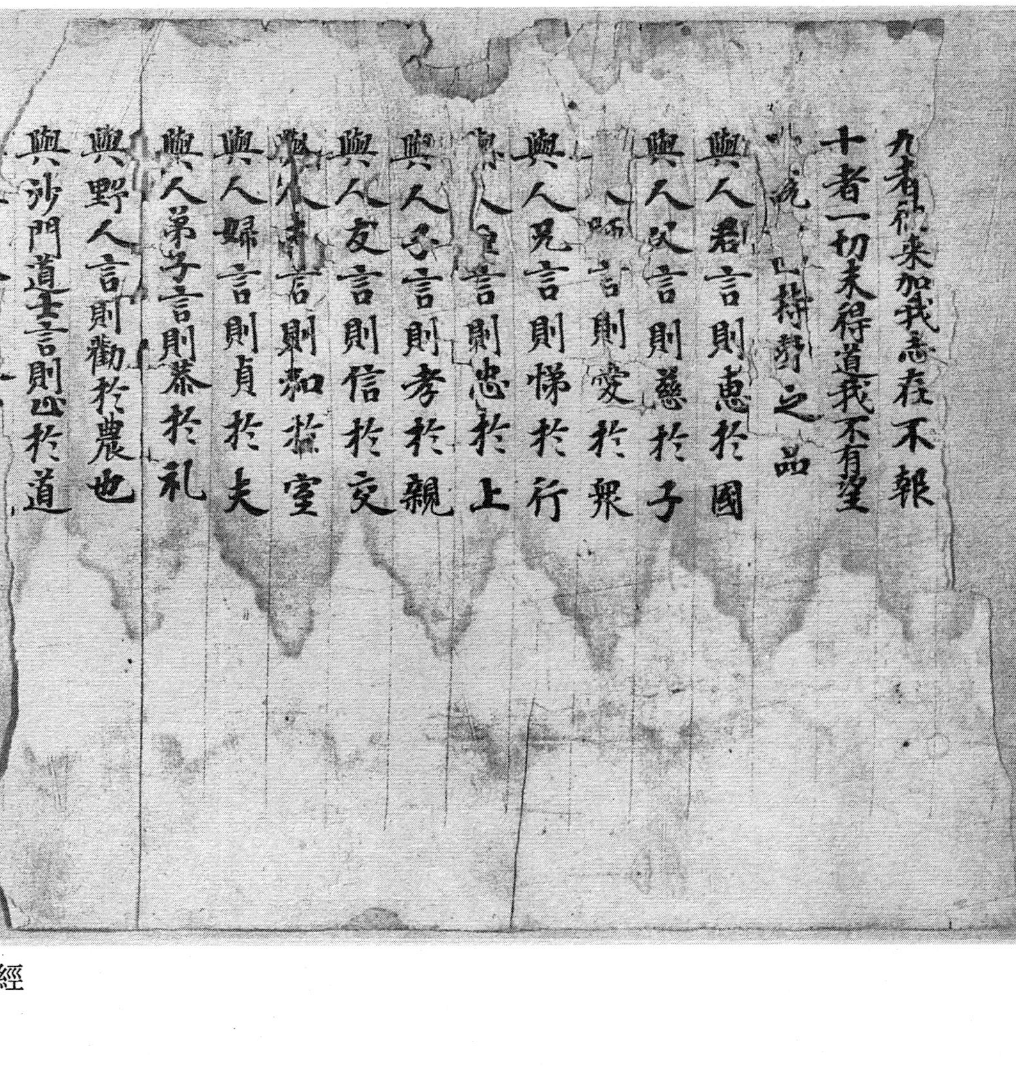

九者初來加我志在不報
十者一切未得道我不有望
此說已持身之品
與人君言則惠於國
與人父言則慈於子
與人師言則愛於衆
與人兄言則悌於行
與人臣言則忠於上
與人子言則孝於親
與人友言則信於交
與人夫言則和於室
與人婦言則貞於夫
與人弟子言則恭於礼
與野人言則勸於農也
與沙門道士言則正於道

BD09416 號　十戒十四持身經　　（1–1）

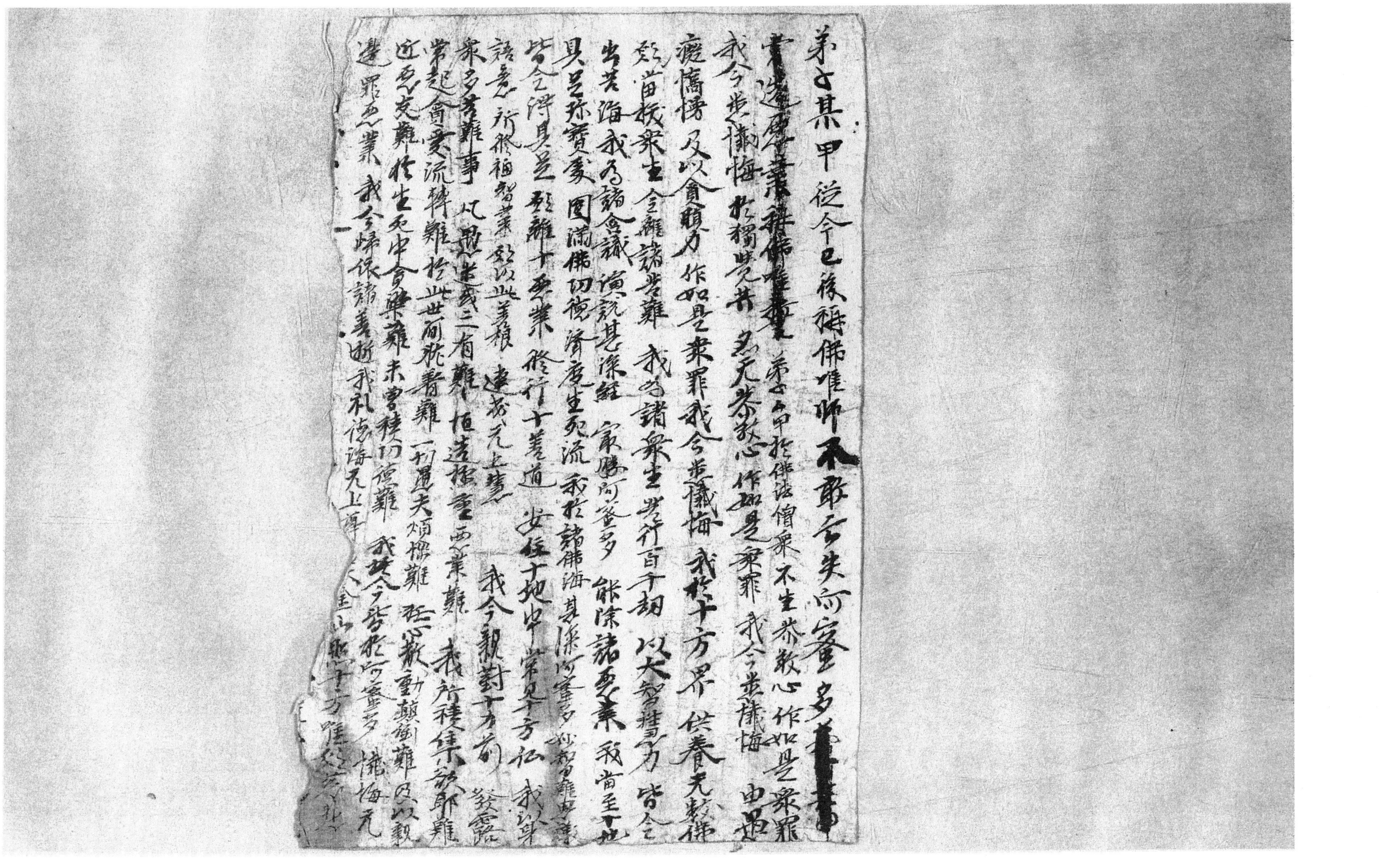

BD09417號　禮懺發願文（擬）　（1–1）

BD09417號背　雜寫

（1-1）

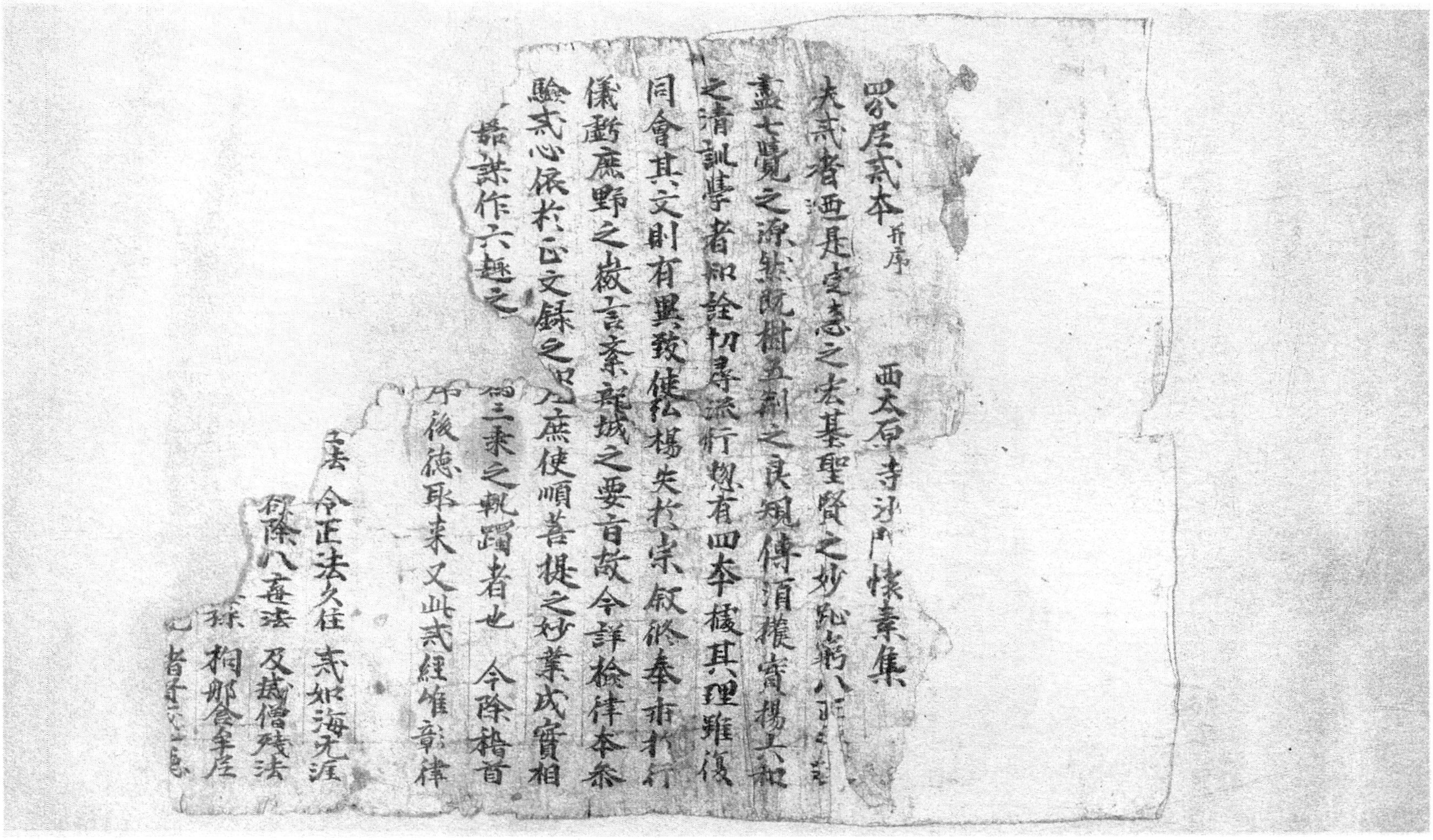

BD09418 號 1　四分比丘尼戒本序　　　　（1–1）

BD09418 號 2　四分比丘尼戒本

BD09419 號　四分比丘尼戒本　　　　（1–1）

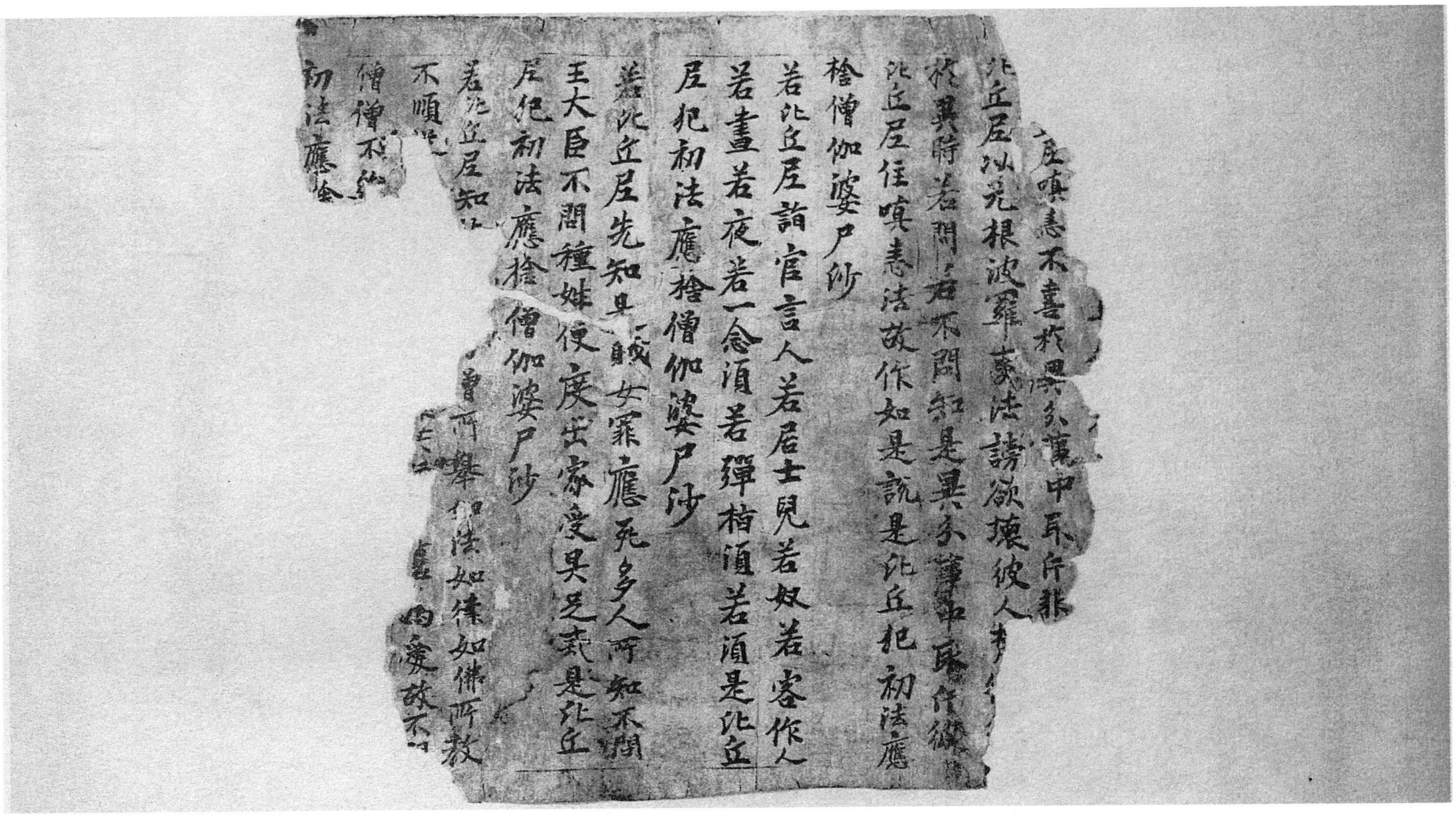

BD09420 號　四分比丘尼戒本　　（1–1）

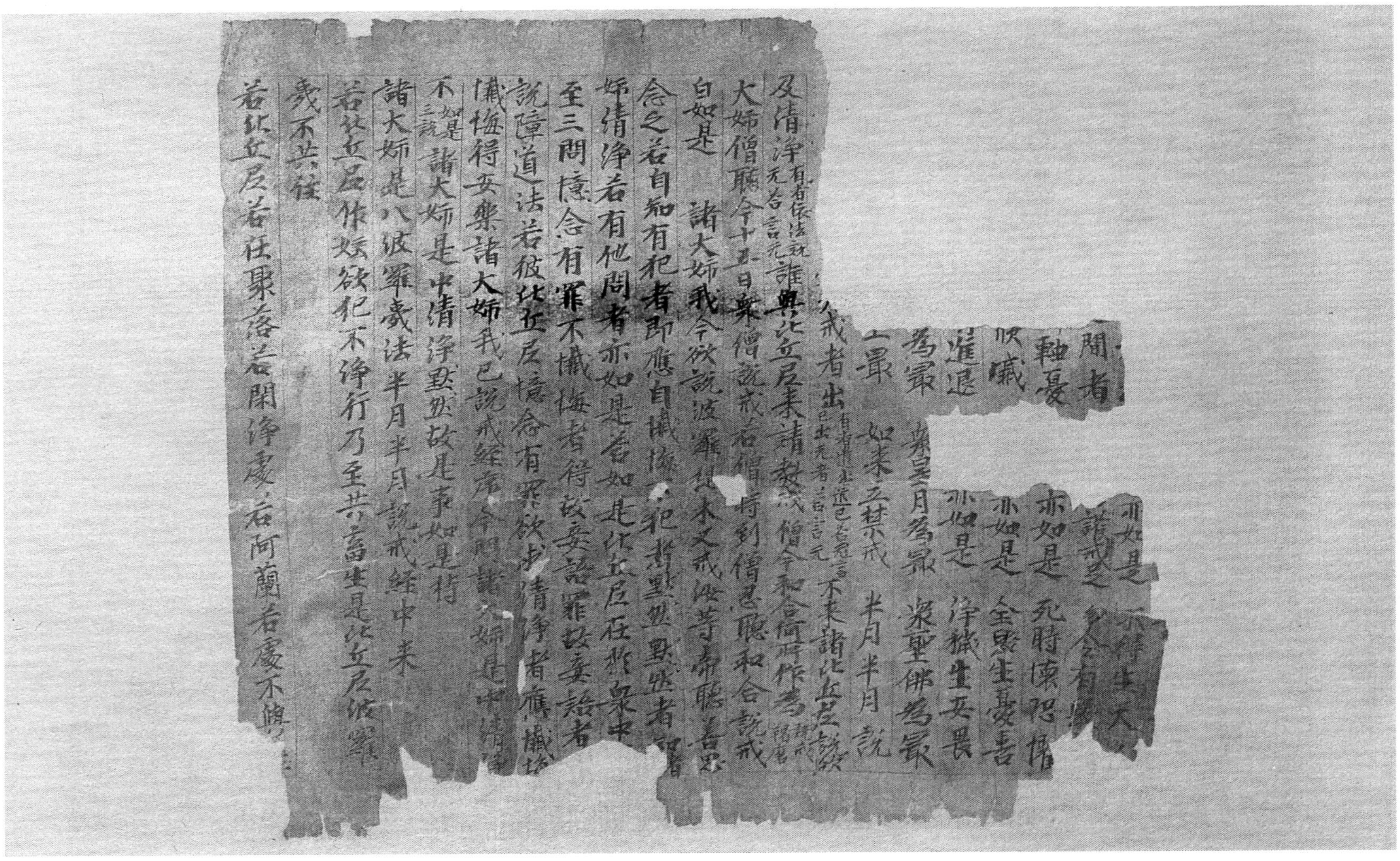

BD09421 號　四分比丘尼戒本　　（1–1）

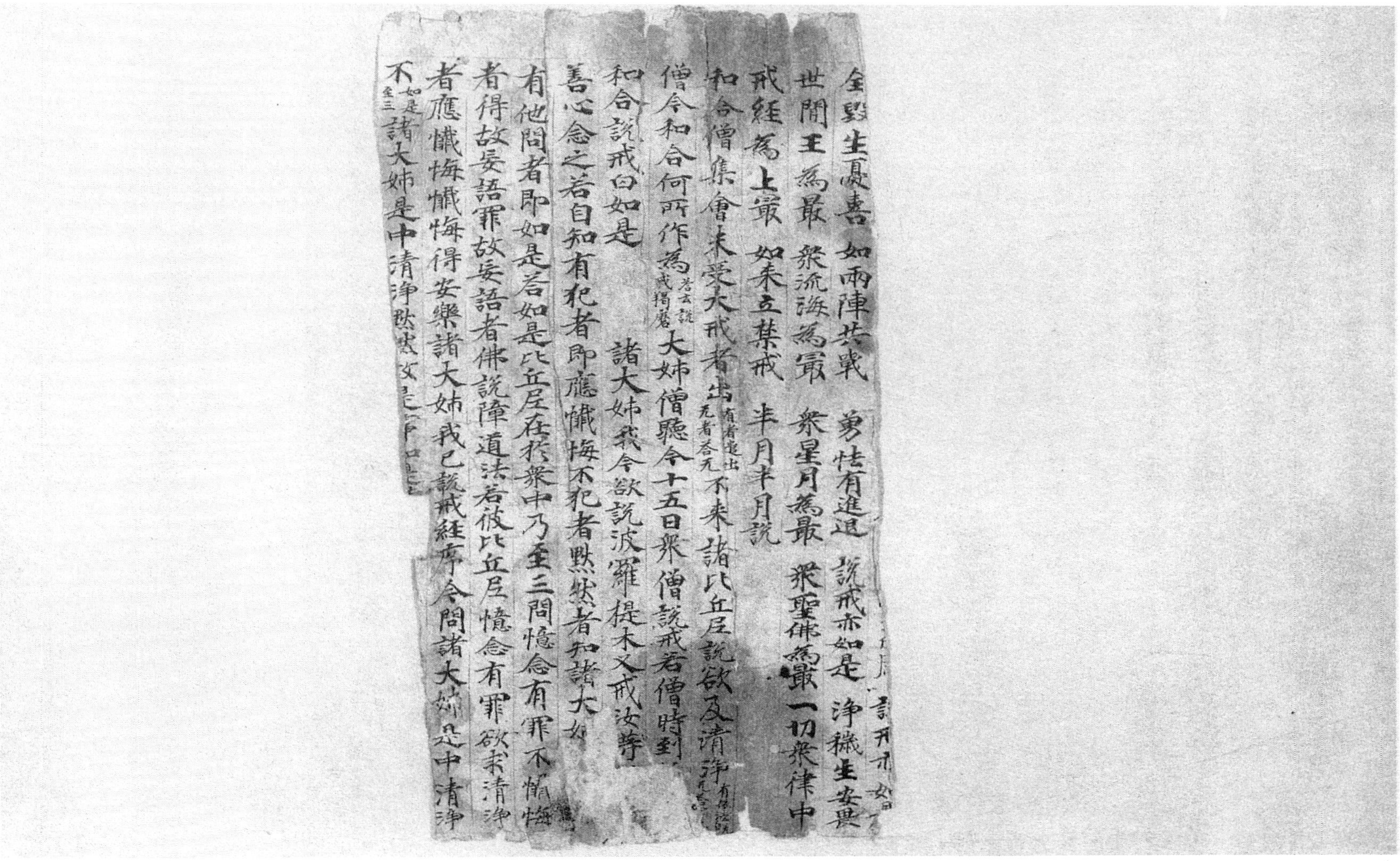
說戒亦如
全毀生憂喜　如兩陣共戰　勇怯有進退　說戒亦如是　淨穢生安畏
世間王為最　眾流海為最　眾星月為最　眾聖佛為最　一切眾律中
戒經為上最　如來立禁戒　半月半月說
和合僧集會未受大戒者出（有者遣出　无者答无）不來諸比丘尼說欲及清淨
僧今和合何所作為（答云說戒羯磨）大姊僧聽今十五日眾僧說戒若僧時到
和合說戒白如是　諸大姊我今欲說波羅提木叉戒汝等
善心念之若自知有犯者即應懺悔不犯者默然默然者知諸大姊
有他問者即如是若如是比丘尼在於眾中乃至三問憶念有罪不懺悔
者得故妄語罪故妄語者佛說障道法若彼比丘尼憶念有罪欲求清淨
者應懺悔懺悔得安樂諸大姊我已說戒經序今問諸大姊是中清淨
不（如是至三）諸大姊是中清淨默然故是事如是持

BD09422號　四分比丘尼戒本　（1–1）

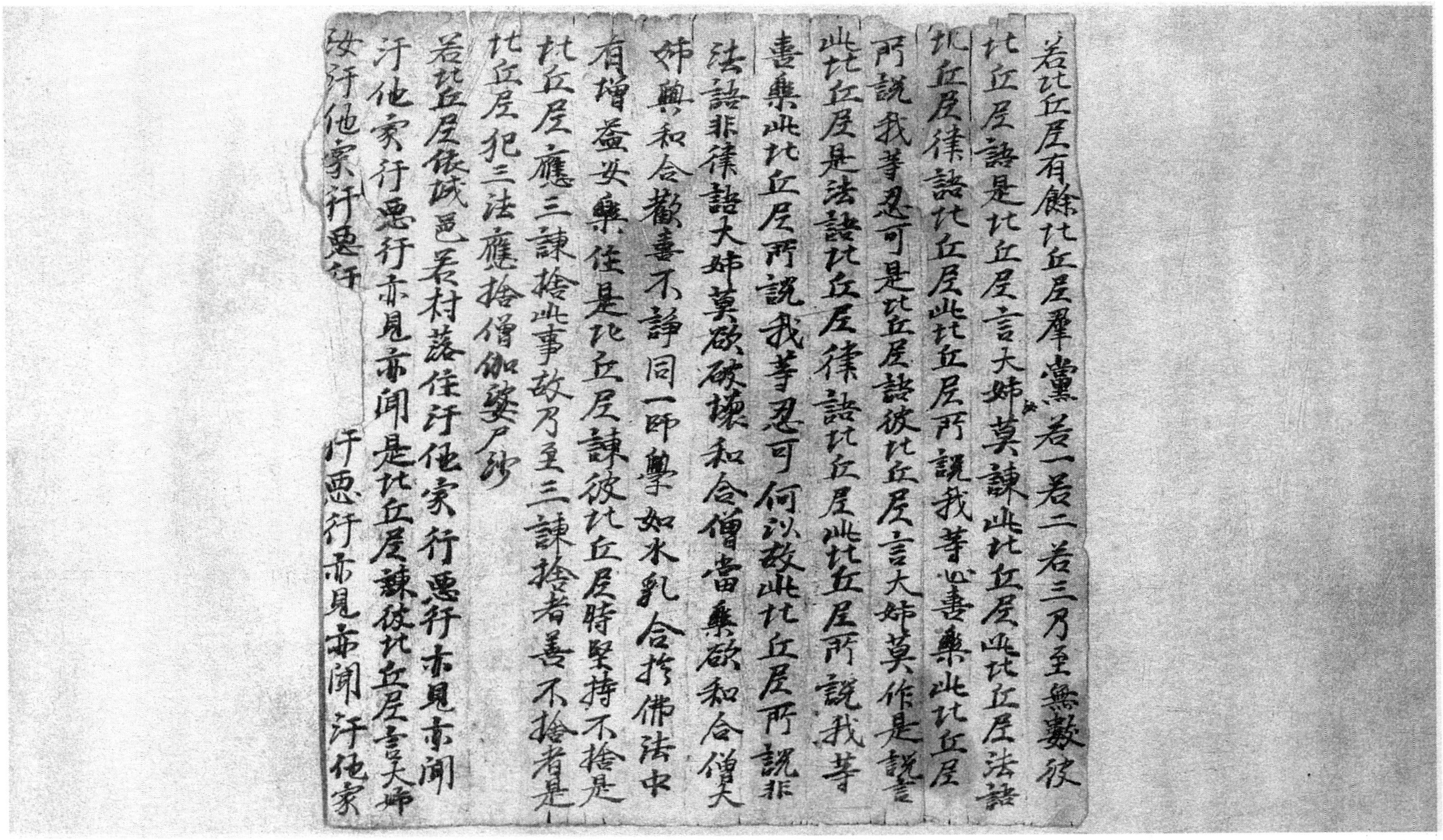
若比丘尼有餘比丘尼群黨若一若二若三乃至無數彼
比丘尼語是比丘尼言大姊莫諫此比丘尼此比丘尼法語
比丘尼律語比丘尼此比丘尼所說我等心喜樂此比丘尼
所說我等忍可是比丘尼語彼比丘尼言大姊莫作是說言
此比丘尼是法語比丘尼律語比丘尼此比丘尼所說我等
喜樂此比丘尼所說我等忍可何以故此比丘尼所說非
法語非律語大姊莫欲破壞和合僧當樂欲和合僧大
姊與僧和合歡喜不諍同一師學如水乳合於佛法中
有增益安樂住是比丘尼諫彼比丘尼時堅持不捨是
比丘尼應三諫捨此事故乃至三諫捨者善不捨者是
比丘尼犯三法應捨僧伽婆尸沙
若比丘尼依城邑若村落住汙他家行惡行亦見亦聞
汙他家行惡行亦見亦聞是比丘尼諫彼比丘尼言大姊
汝汙他家行惡行　行惡行亦見亦聞汙他家

BD09423號　四分比丘尼戒本　（1–1）

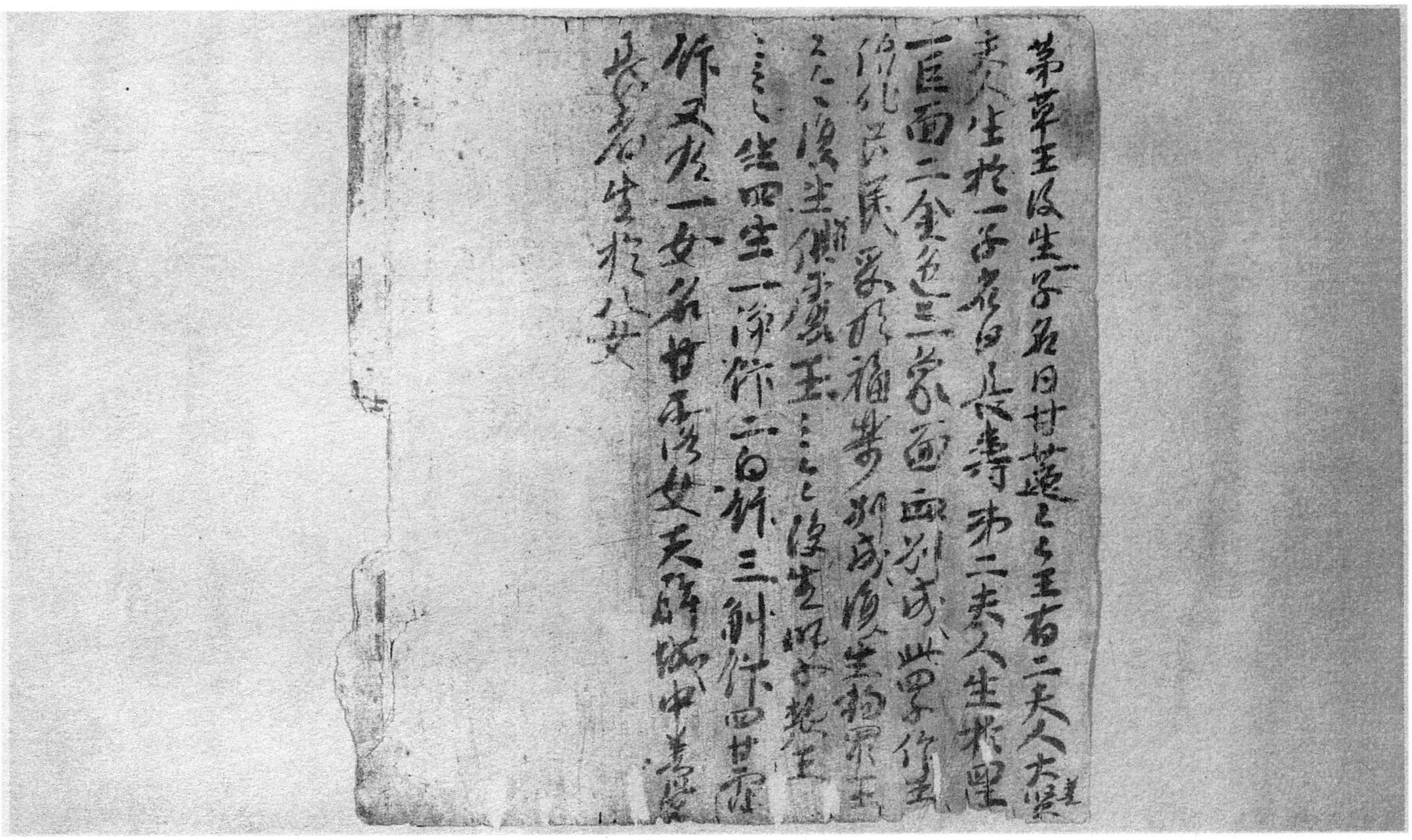
第草王後生子名曰甘蔗王王有二夫人大夫
夫人生於一子名曰長壽 第二夫人生於四
一臣面二金色三象面四別成此四子作王
彼化其民多行福業別成後生於界王
王王後生師子頰王王王王後生此子淨飯王
王王王生四子一淨飯二白飯三斛飯四甘露
飯又於一女名甘露味女天臂城中善覺
長者生於八女

BD09423 號背　佛本行集經釋迦世系鈔（擬）　　（1–1）

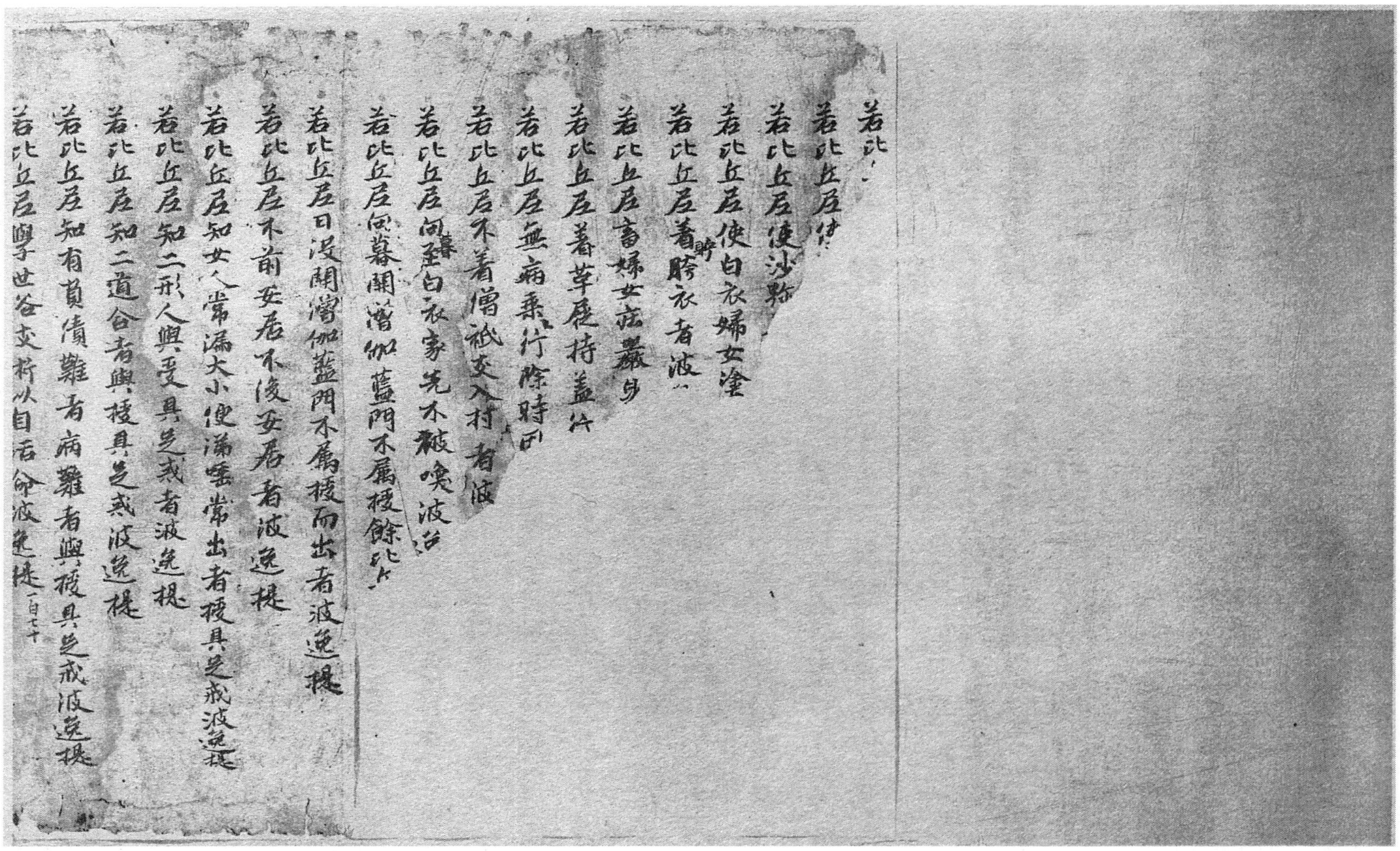
若比
若比丘尼使
若比丘尼使沙彌
若比丘尼使白衣婦女塗
若比丘尼着貯跨衣者波
若比丘尼畜婦女莊嚴身
若比丘尼着革屣持蓋行
若比丘尼無病乘乘行除時因
若比丘尼不着僧祇支入村者波
若比丘尼向暮至白衣家先不被喚波逸
若比丘尼向暮開僧伽藍門不屬授餘比丘
若比丘尼日沒開僧伽藍門不屬授而出者波逸提
若比丘尼不前安居不後安居者波逸提
若比丘尼知女人常漏大小便涕唾常出者授具足戒波逸提
若比丘尼知二形人與受具足戒者波逸提
若比丘尼知二道合者與授具足戒波逸提
若比丘尼知有負債難者病難者與授具足戒波逸提
若比丘尼學世俗支術以自活命波逸提 一百七十

BD09424 號　四分比丘尼戒本　　（2–1）

若比丘尼不前安居不後安居者波逸提
若比丘尼知女人常漏大小便涕唾常出者授具足戒波逸提
若比丘尼知二形人與受具足戒者波逸提
若比丘尼知二道合者與授具足戒波逸提
若比丘尼知有負債難有病難者與授具足戒波逸提
若比丘尼學世俗伎術以自活命波逸提 一百七十
若比丘尼以世俗伎術教授白衣波逸提
若比丘尼被擯不去者波逸提
若比丘尼欲問比丘義先不求而問者波逸提
若比丘尼知先住後至後至先住欲惱彼故在前經行
若立若坐卧波逸提
若比丘尼在有比丘僧伽藍内起塔波逸提
若比丘尼見新受戒比丘應起迎逆恭敬礼拜問訊請
與坐不者除因緣波逸提
若比丘尼為好故搖身趁行波逸提
若比丘尼作婦女莊嚴香塗摩身波逸提
若比丘尼使外道女香塗摩身者波逸提
諸大姊我已說一百七十八波逸提法今問諸大姊是中
清淨不 如是至三 諸大姊是中清淨默然故是事如是持
諸大姊是八波羅提提舍尼法半月半月說戒經
若比丘尼無病乞穌而食者犯應懺悔可呵法應向餘比丘尼
[illegible]所不應為我今向大姊懺悔是名悔過法
[illegible]者犯應懺悔可呵法應向餘比丘尼說[illegible]是去

BD09424 號　四分比丘尼戒本　（2–2）

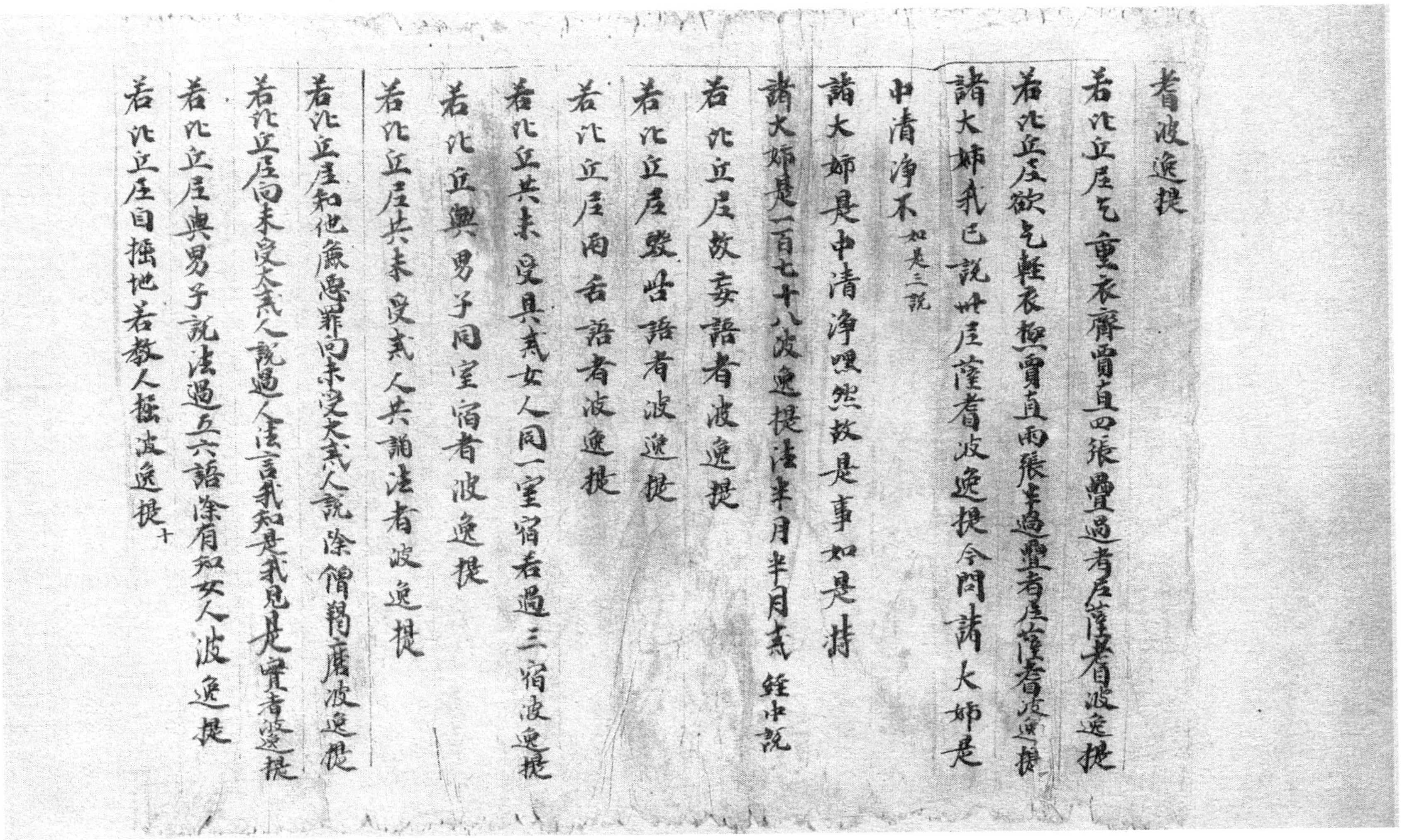

者波逸提
若比丘尼乞重衣齊價直四張疊過者尼薩耆波逸提
若比丘尼欲乞輕衣極價直兩張半過是者尼薩耆波逸提
諸大姊我已說卅尼薩耆波逸提今問諸大姊是
中清淨不 如是三說
諸大姊是中清淨嘿然故是事如是持
諸大姊是一百七十八波逸提法半月半月說 戒經中說
若比丘尼故妄語者波逸提
若比丘尼毀呰語者波逸提
若比丘尼兩舌語者波逸提
若比丘尼共未受具戒女人同一室宿若過三宿波逸提
若比丘尼與男子同室宿者波逸提
若比丘尼共未受戒人共誦法者波逸提
若比丘尼知他麤惡罪向未受大戒人說除僧羯磨波逸提
若比丘尼向未受大戒人說過人法言我知是我見是實者波逸提
若比丘尼與男子說法過五六語除有知女人波逸提
若比丘尼自掘地若教人掘波逸提 十

BD09425 號　四分比丘尼戒本　（1–1）

不得絡囊盛鉢貫杖□肩上而行應當學

人持杖不恭敬不應爲說法除病應當學

人持刀不應爲說法除病應當學

人持劒不應爲說法除病應當學

人持矛不應爲說法除病應當學

人持蓋不應爲說法除病應當學

諸大姊我已說衆學法今問諸大姊是

中清淨不如是三說諸大姊是中清淨默然故是事如

是持

諸大姊是七滅諍法半月半月戒經中說若比丘

尼有諍事起即應除滅

□見□前毗尼

BD09426 號　四分比丘尼戒本　（1–1）

若比丘先與比丘衣後瞋恚故若自奪若教

人奪取還我衣來不與汝若比丘還衣彼取

衣者尼薩耆波逸提

若比丘有病畜殘藥酥油生酥蜜石蜜齊七

日得服若過七日服者尼薩耆波逸提

若比丘春殘一月在當求雨浴衣半月應用

浴若比丘過一月前求雨浴衣過半月前用

浴者尼薩耆波逸提

若比丘十日未滿夏三月諸比丘得急施衣比丘

知是急施衣當受受已乃至衣時應畜若

若過畜者尼薩耆波逸提

若比丘夏三月竟後迦提一月滿在阿蘭若有

疑恐懼處住比丘在如是處住三衣中欲留一

一衣置村舍內諸比丘有因緣離衣宿乃至六

夜若過者尼薩耆波逸提

若比丘知是僧物自求入己者尼薩耆波逸提

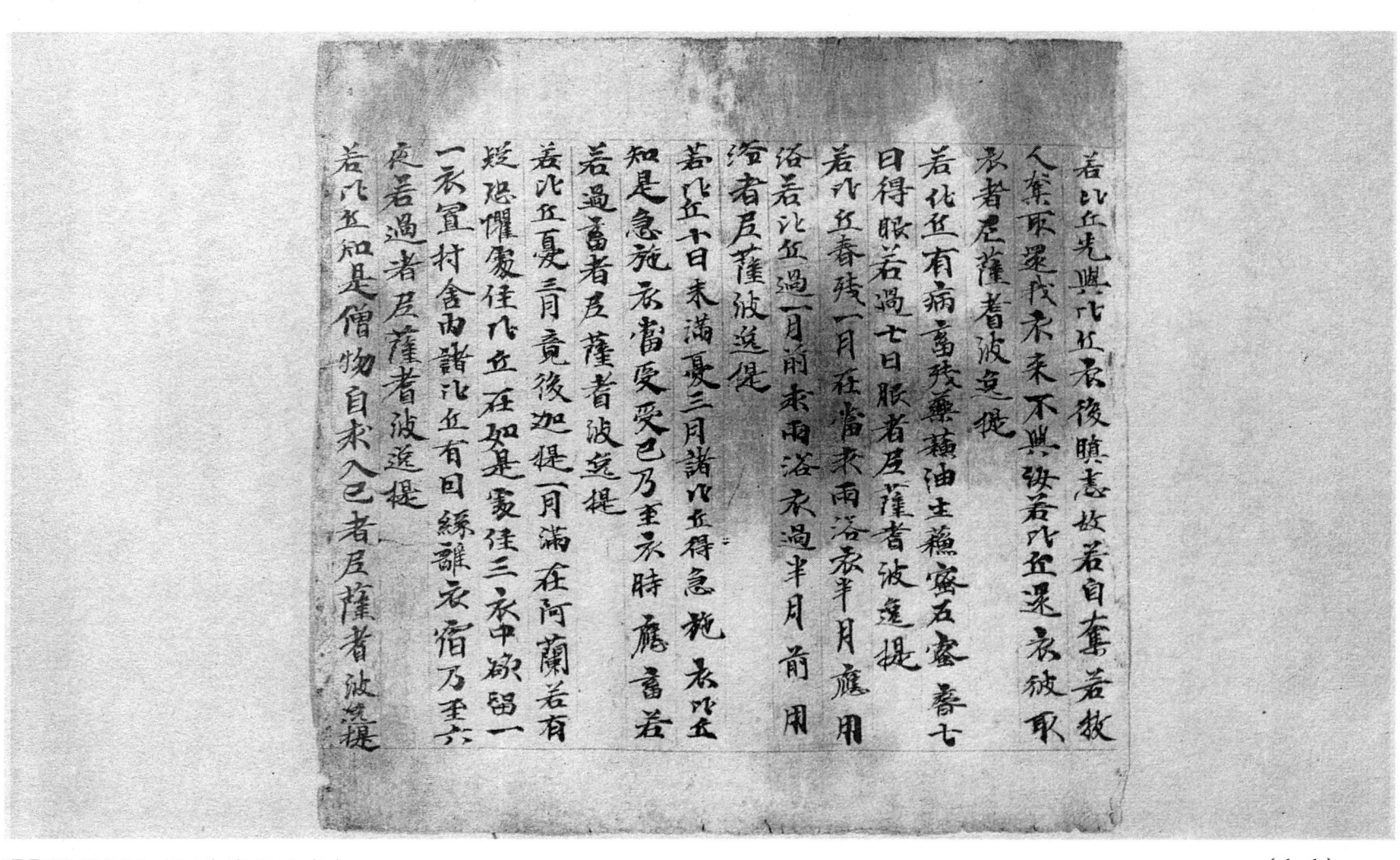

BD09427 號　四分律比丘戒本　（1–1）

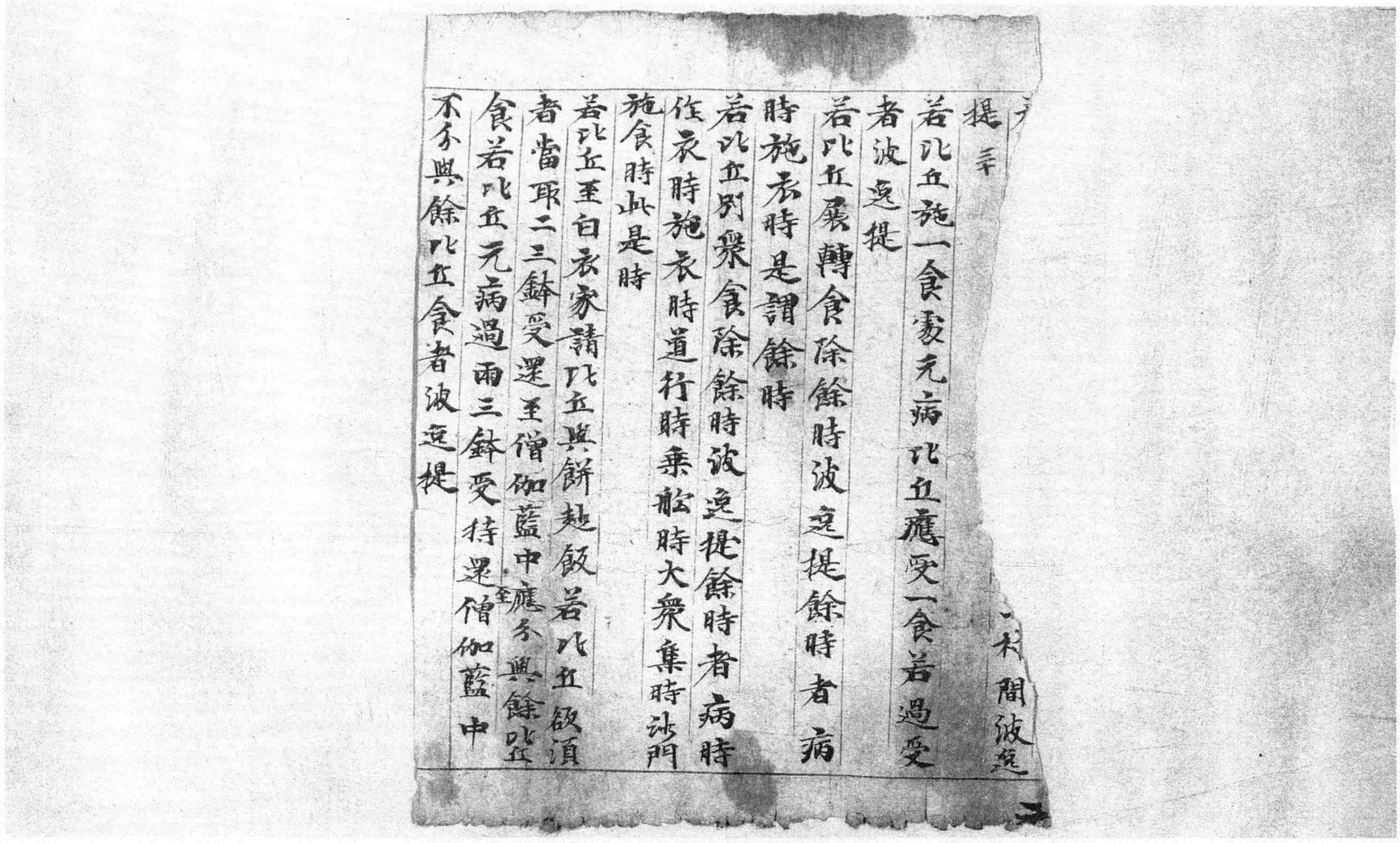

……闍波逸

提

若比丘施一食處无病比丘應受一食若過受

者波逸提

若比丘展轉食除餘時波逸提餘時者病

時施衣時是謂餘時

若比丘別衆食除餘時波逸提餘時者病時

作衣時施衣時道行時乘船時大衆集時沙門

施食時此是時

若比丘至白衣家請比丘與餅麨飯若比丘欲須

者當取二三鉢受還至僧伽藍中應分與餘比丘

食若比丘无病過兩三鉢受持還至僧伽藍中

不分與餘比丘食者波逸提

BD09428號　四分律比丘戒本　　　　（1–1）

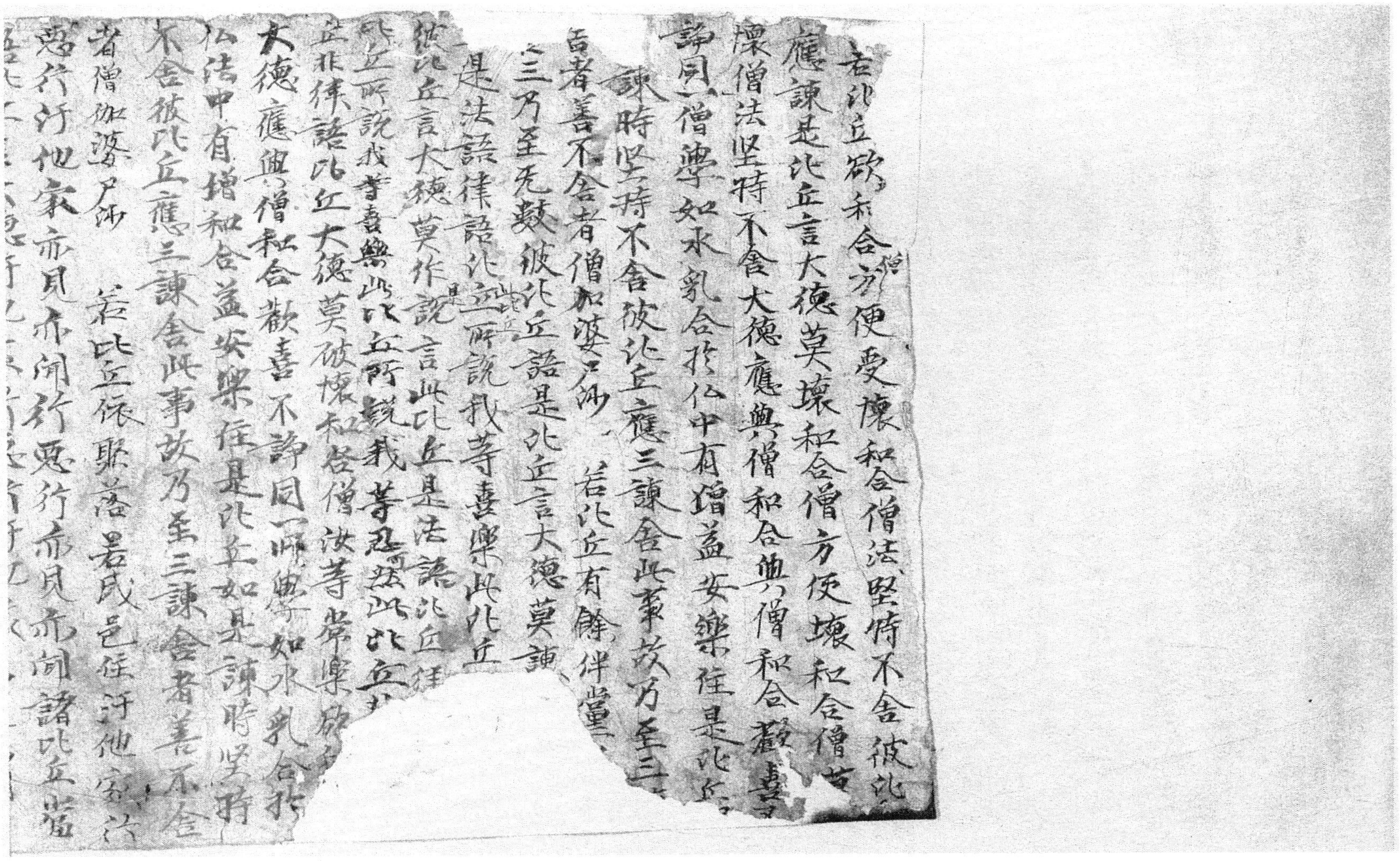

若比丘欲壞和合僧方便受壞和合僧法堅持不舍彼比

應諫是比丘言大德莫壞和合僧方便壞和合僧莫

壞僧法堅持不舍大德應與僧和合與僧和合歡喜

不諍同一師學如水乳合於佛法中有增益安樂住是比丘

諫時堅持不舍彼比丘應三諫舍此事故乃至三

者善不舍者僧伽婆尸沙　若比丘有餘伴黨

三乃至无數彼比丘語是比丘言大德莫諫

是法語律語比丘所說我等喜樂此比丘

彼比丘言大德莫作是說言此比丘是法語比丘律

比丘所說我等喜樂此比丘所說我等忍可此比丘

比丘非律語比丘大德莫破壞和合僧汝等當樂欲

大德應與僧和合歡喜不諍同一師學如水乳合於

佛法中有增益安樂住是比丘如是諫時堅持

不舍彼比丘應三諫舍此事故乃至三諫舍者善不舍

者僧伽婆尸沙　若比丘依聚落若城邑住汙他家

惡行汙他家亦見亦聞行惡行亦見亦聞諸比丘當

BD09429號　四分律比丘戒本（兌廢稿）　　　　（2–1）

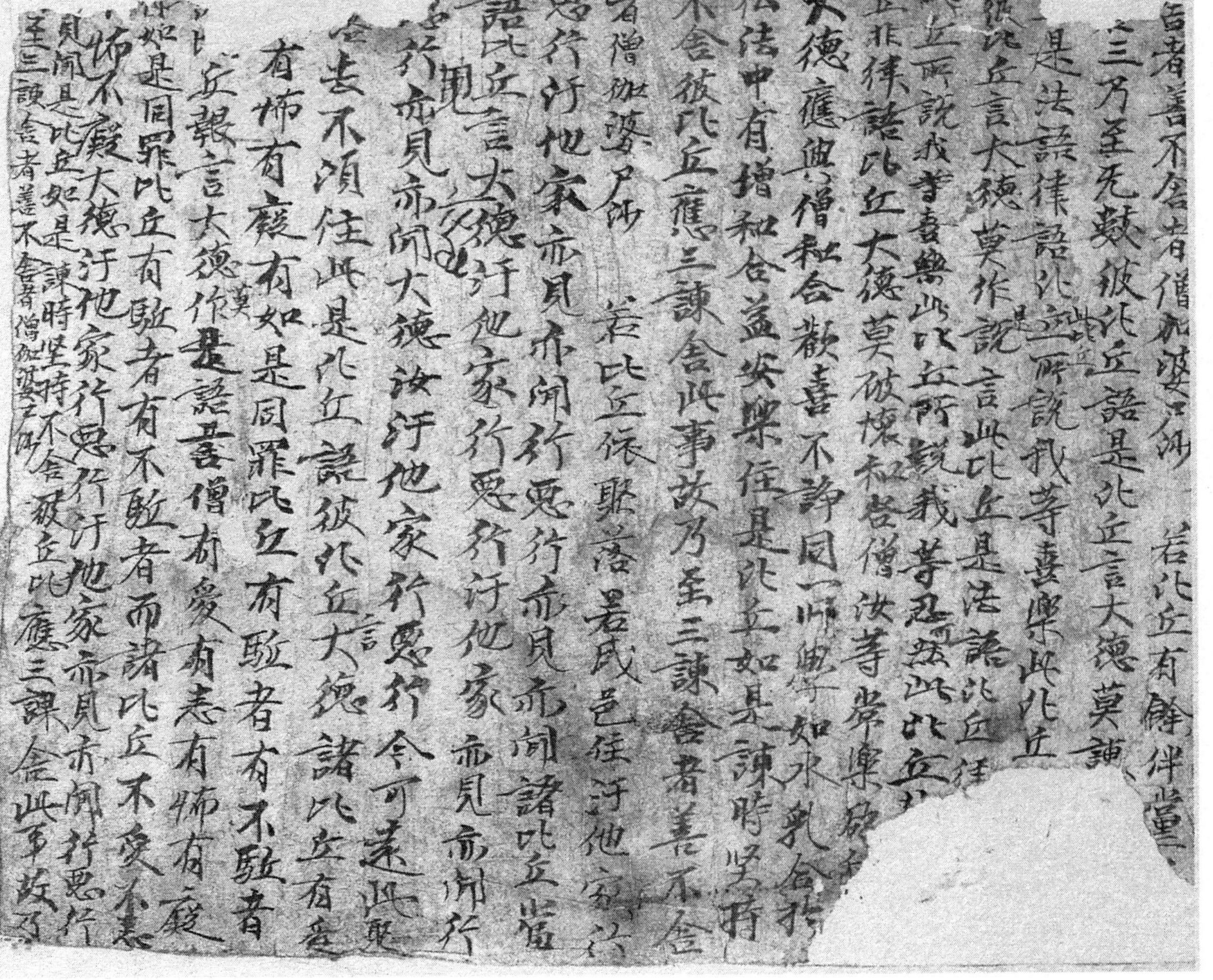

BD09429 號　四分律比丘戒本（兑廢稿）　（2–2）

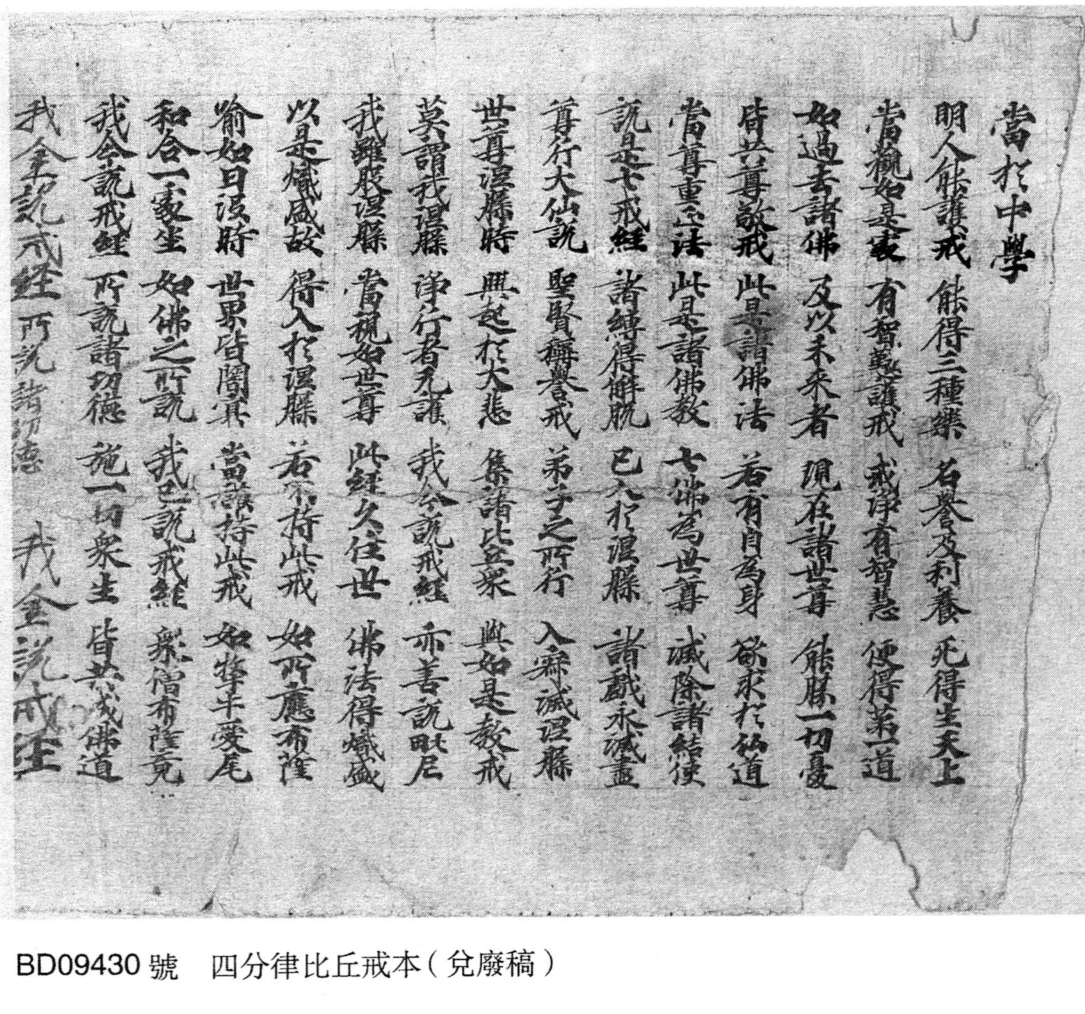

BD09430 號　四分律比丘戒本（兑廢稿）　（2–1）

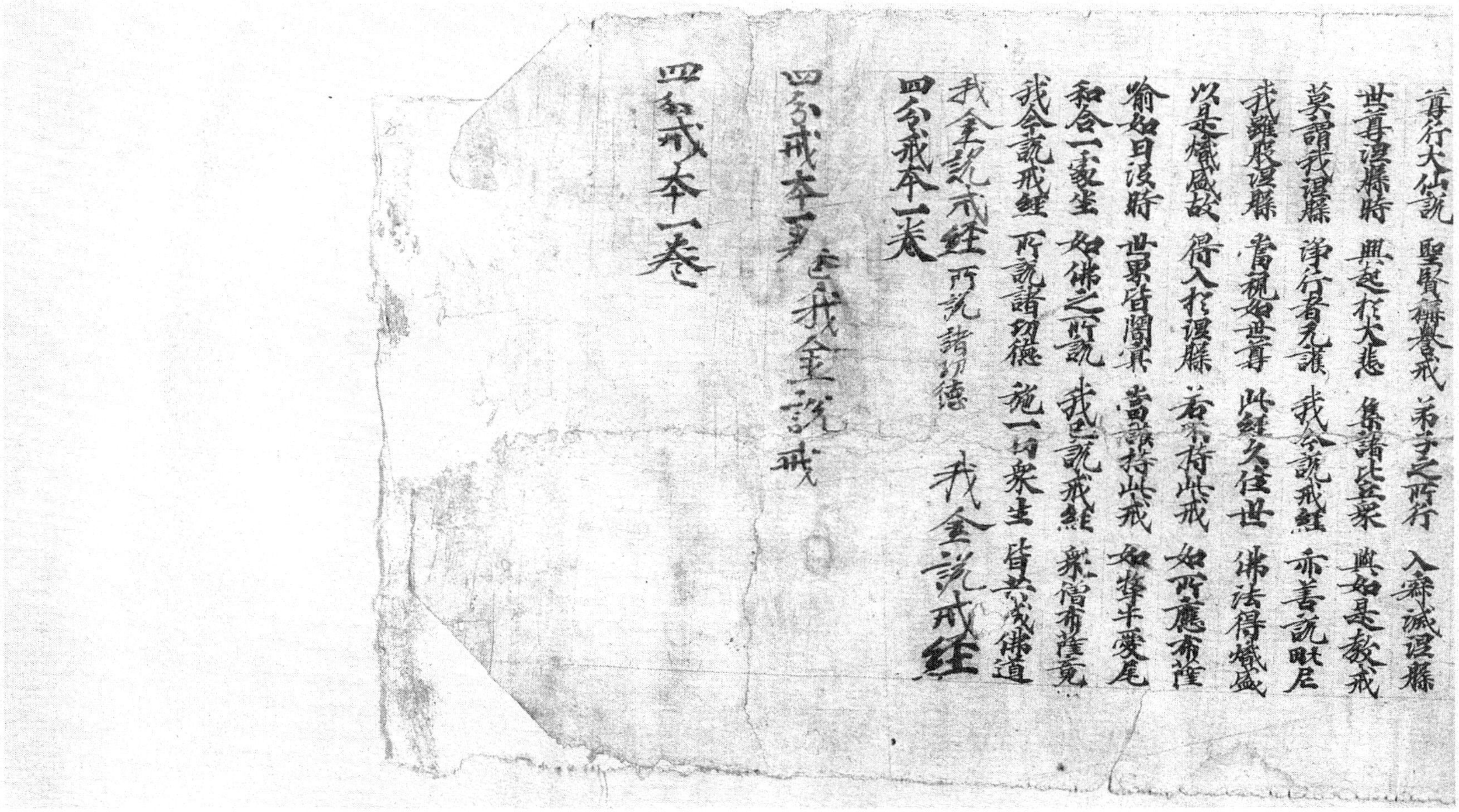
尊行大仙說　聖賢稱譽戒　弟子之所行　入寂滅涅槃
世尊涅槃時　興起於大悲　集諸比丘眾　與如是教戒
莫謂我涅槃　淨行者无護　我今說戒經　亦善說毗尼
我雖般涅槃　當視如世尊　此經久住世　佛法得熾盛
以是熾盛故　得入於涅槃　若不持此戒　如所應布薩
喻如日沒時　世界皆闇冥　當護持此戒　如犛牛愛尾
和合一處坐　如佛之所說　我已說戒經　眾僧布薩竟
我今說戒經　所說諸功德　施一切眾生　皆共成佛道
我今說戒經　所說諸功德　我今說戒經
四分戒本一卷
四分戒本一卷　我今說戒
四分戒本一卷

BD09430 號　四分律比丘戒本（兌廢稿）　（2–2）

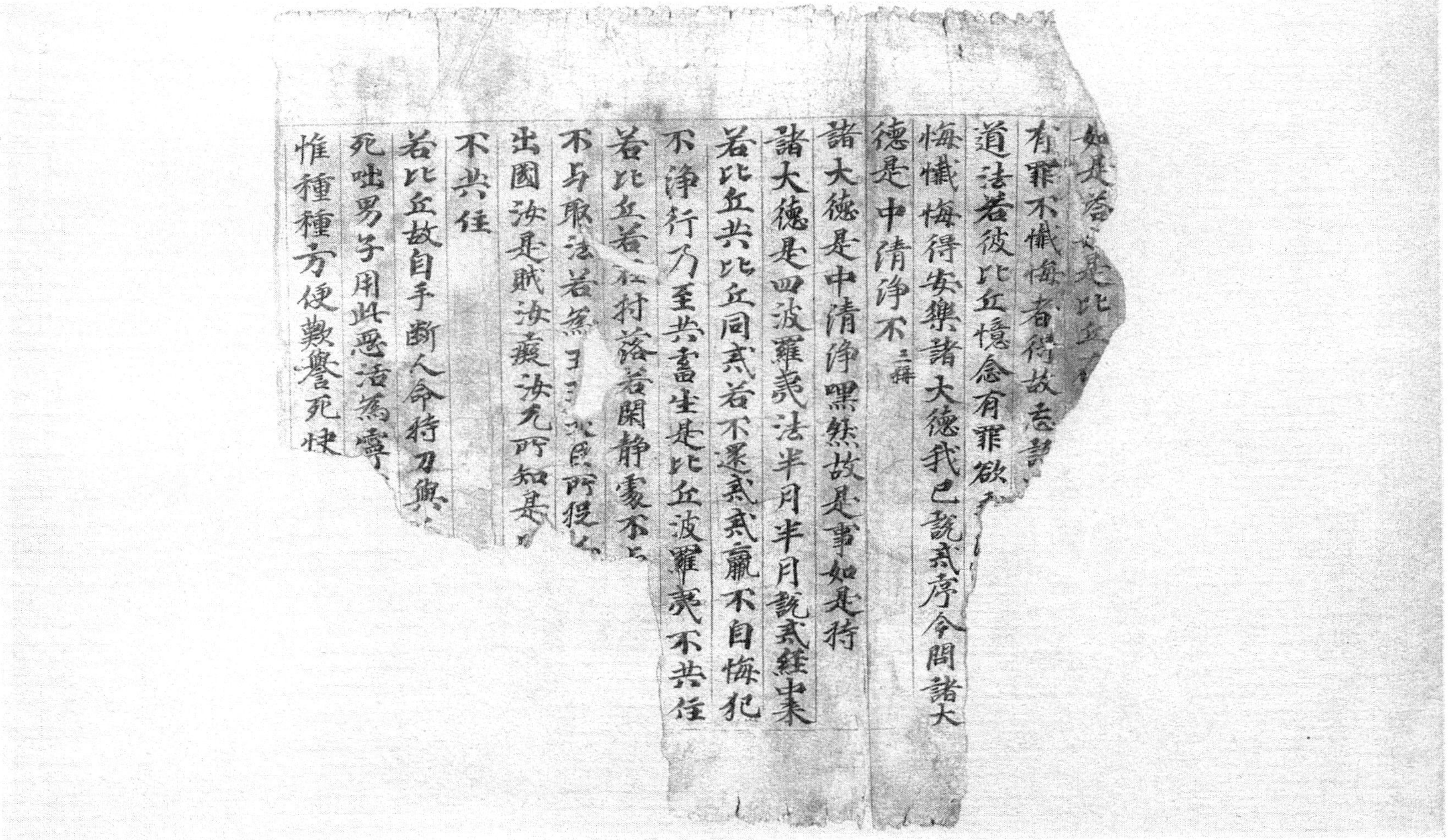
如是答…比丘…
有罪不懺悔者得故妄語…
道法若彼比丘憶念有罪欲…
悔懺悔得安樂諸大德我已說戒序今問諸大
德是中清淨不　三說
諸大德是中清淨默然故是事如是持
諸大德是四波羅夷法半月半月說戒經中來
若比丘共比丘同戒若不還戒戒羸不自悔犯
不淨行乃至共畜生是比丘波羅夷不共住
若比丘若在村落若閑靜處不與…
不與取法若爲王王大臣所捉…
出國汝是賊汝癡汝无所知是…
不共住
若比丘故自手斷人命持刀與…
死咄男子用此惡活爲寧…
惟種種方便歎譽死快…

BD09431 號　四分律比丘戒本　（1–1）

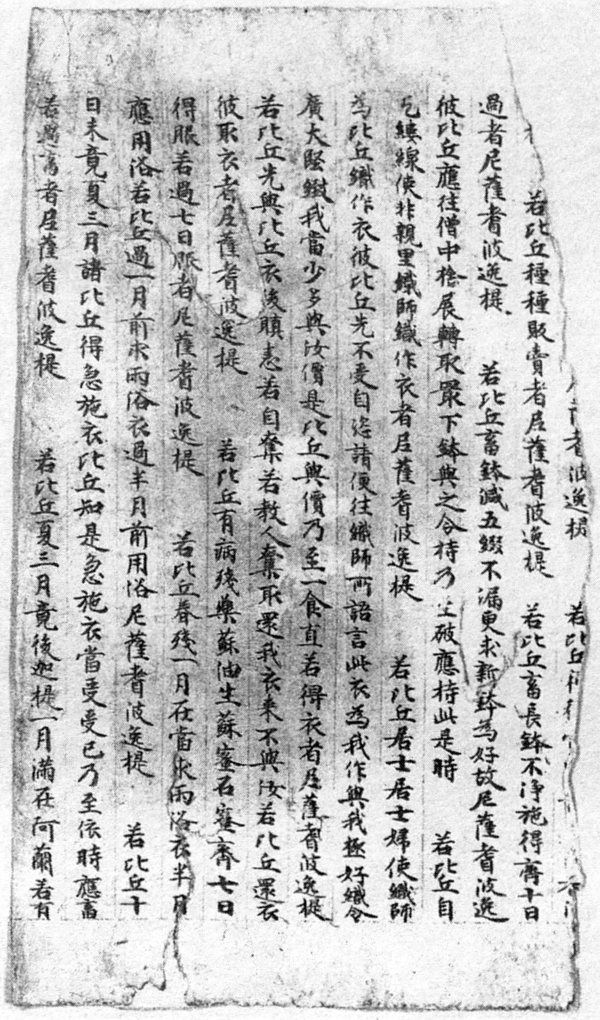
……者波逸提　若比丘……
若比丘種種販賣者尼薩耆波逸提　若比丘畜長鉢不淨施得齊十日
過者尼薩耆波逸提　若比丘畜鉢減五綴不漏更求新鉢為好故尼薩耆波逸
彼比丘應往僧中捨展轉取眾下鉢與之令持乃至破應持此是時　若比丘自
乞縷線使非親里織師織作衣者尼薩耆波逸提　若比丘居士居士婦使織師
為比丘織作衣彼比丘先不受自恣請便往織師所語言此衣為我作與我極好織令
廣大堅緻我當少多與汝價是比丘與價乃至一食直若得衣者尼薩耆波逸提
若比丘先與比丘衣後瞋恚若自奪若教人奪取還我衣來不與汝若比丘還衣
彼取衣者尼薩耆波逸提　若比丘有病殘藥蘇油生蘇蜜石蜜齊七日
得服若過七日服者尼薩耆波逸提　若比丘春殘一月在當求雨浴衣半月
應用浴若比丘過一月前求雨浴衣過半月前用浴尼薩耆波逸提　若比丘十
日未竟夏三月諸比丘得急施衣比丘知是急施衣當受受已乃至依時應畜
若過畜者尼薩耆波逸提　若比丘夏三月竟後迦提一月滿在阿蘭若有

BD09432號　四分律比丘戒本　　（1–1）

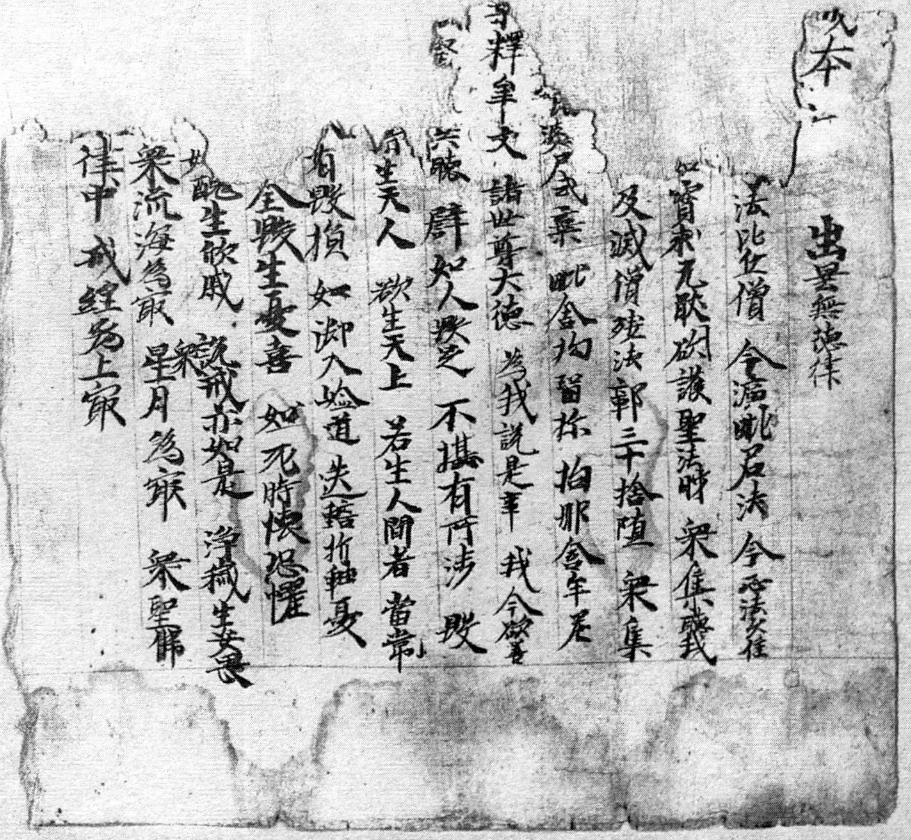
戒本
出曇無德律
法比丘僧　今演毗尼法　令正法久住
如寶求无厭　欲護聖法財　眾集聽我
及滅僧殘法　障三十捨墮　眾集
毗婆尸式棄　毗舍拘留孫　拘那含牟尼
迦葉釋迦文　諸世尊大德　為我說是事　我今欲善
……聽　譬如人毀足　不堪有所涉　毀
……得生天人　欲生天上　若生人間者　當常
……有毀損　如御入嶮道　失轄折軸憂
全毀生憂喜　如死時懷恐懼
好醜生欣戚　說戒亦如是　淨□□□□
眾流海為最　眾星月為最　眾聖佛
律中　戒經為上最

BD09433號　四分僧戒本　　（1–1）

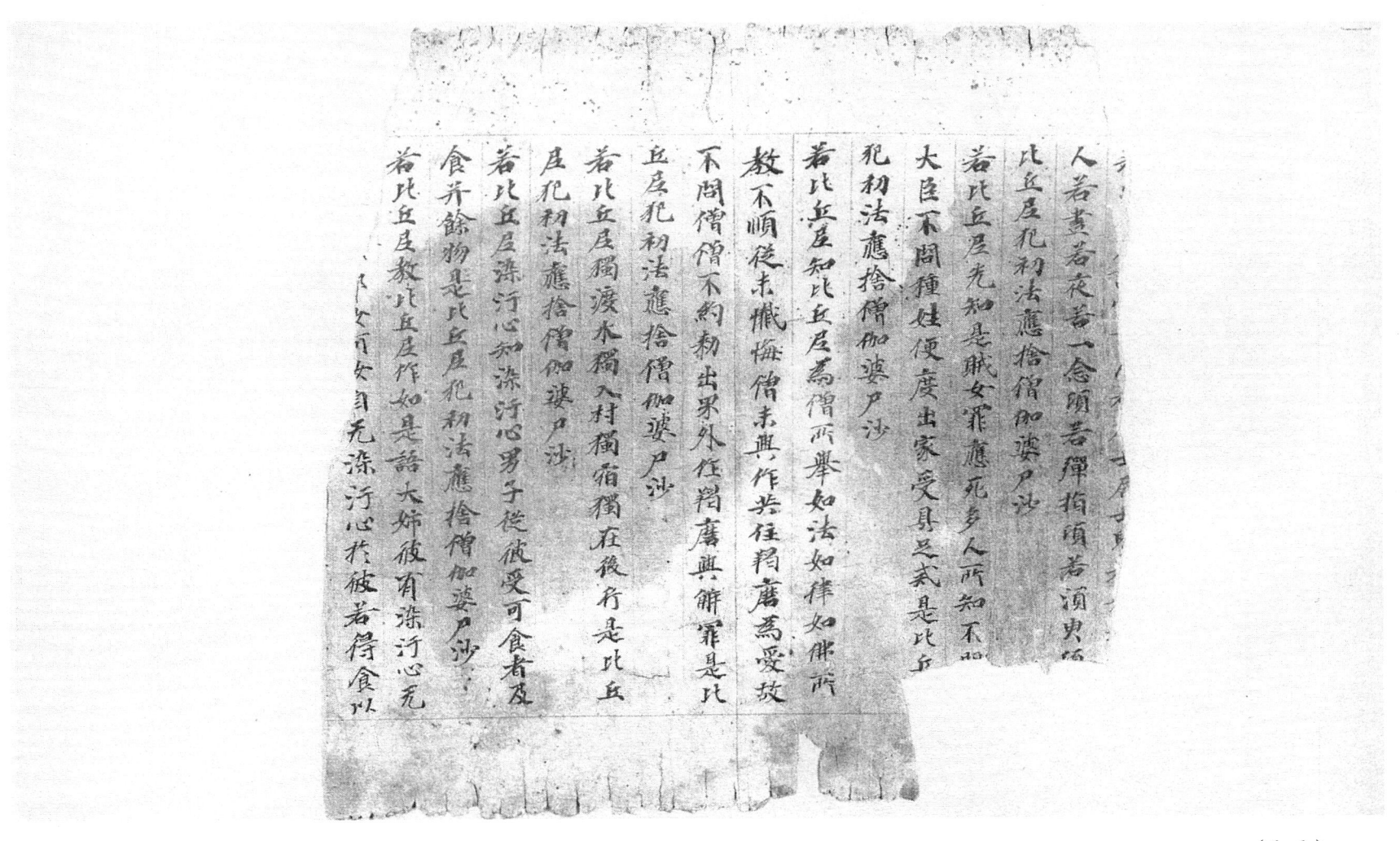

人若晝若夜若一念頃若彈指頃若須臾頃
比丘尼犯初法應捨僧伽婆尸沙
若比丘尼先知是賊女罪應死多人所知不問
大臣不問種姓便度出家受具足戒是比丘
尼犯初法應捨僧伽婆尸沙
若比丘尼知比丘尼為僧所舉如法如律如佛所
教不順從未懺悔僧未與作共住羯磨為愛故
不問僧僧不約勅出界外作羯磨與解罪是比
丘尼犯初法應捨僧伽婆尸沙
若比丘尼獨渡水獨入村獨宿獨在後行是比丘
尼犯初法應捨僧伽婆尸沙
若比丘尼染汙心知染汙心男子從彼受可食者及
食并餘物是比丘尼犯初法應捨僧伽婆尸沙
若比丘尼教比丘尼作如是語大姊彼有染汙心无
……汝自无染汙心於彼若得食以

BD09434號　四分比丘尼戒本　（1–1）

……學
……己在上房住應當學
人坐己立不得為說法除病應當學
人臥己坐不得為說法除病應當學
人在座己在非座不得為說法除病應當學
人高在座己在下座不得為說法除病應當學
人在前行己在後行不得為說法除病應當學　九十
人在高經行處己在下經行處不應為說法除病應當學
人在道己在非道不應為說法除病應當學
不得攜手在道行應當學
不得上樹過人除時因緣應當學
不得絡囊盛鉢貫杖頭著肩上而行應當學
人持杖不恭敬不應為說法除病應當學
人持劍不應為說法除病應當學
人持鉾不應為說法除病應當學
人持刀不應為說法除病應當學
人持蓋不應為說法除病應當學
諸大德我已說衆學戒法今問諸大德是中
清淨不　三說
諸大德是中清淨嘿然故是事如是持
諸大德是七滅諍法半月半月說戒經中來

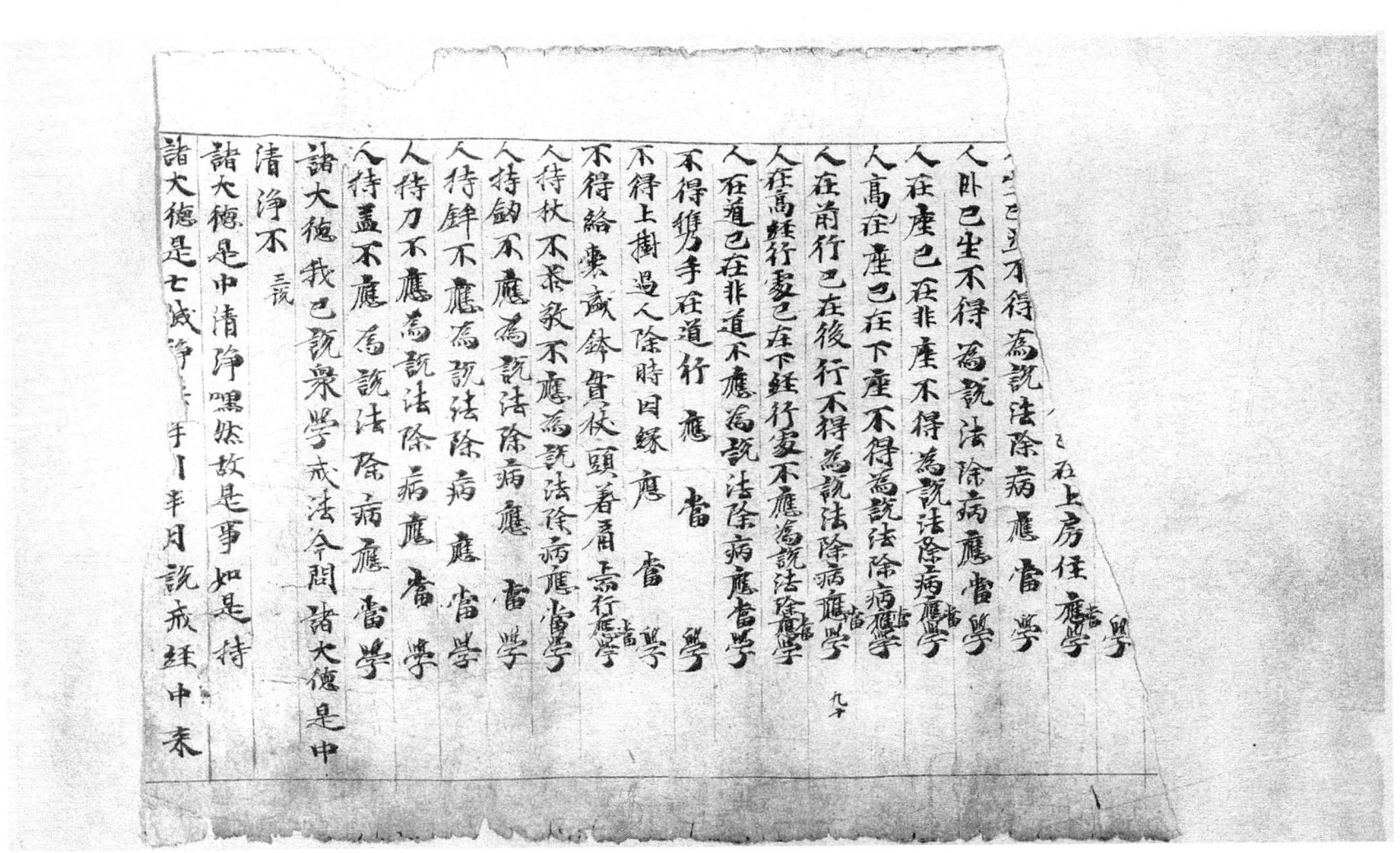

BD09435號　四分律比丘戒本　（1–1）

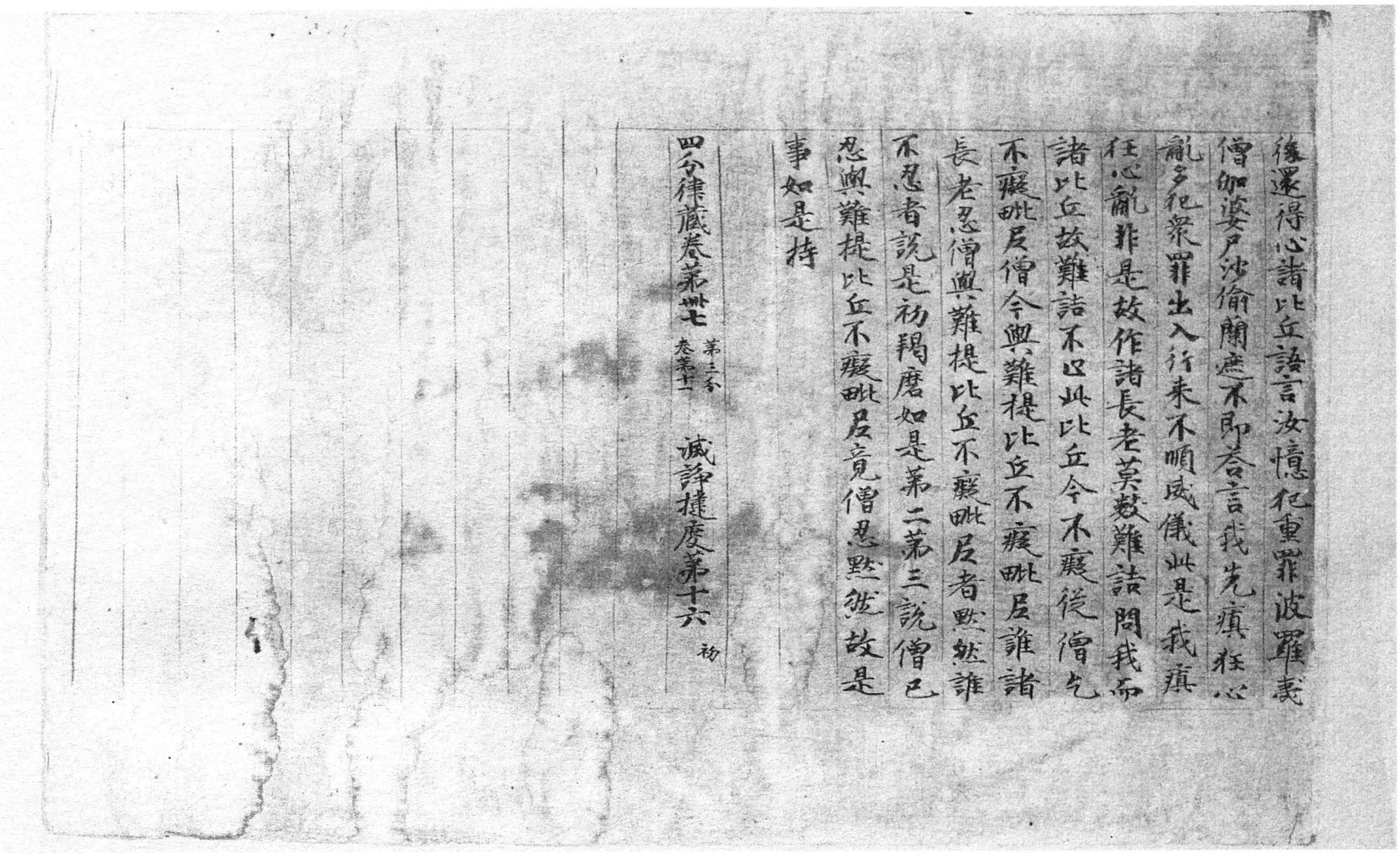

後還得心諸比丘語言汝憶犯重罪波羅夷
僧伽婆尸沙偷蘭遮不即答言我先癲狂心
亂多犯衆罪出入行來不順威儀此是我癲
狂心亂非是故作諸長老莫數難詰問我而
諸比丘故難詰不已此比丘今不癡從僧乞
不癡毗尼僧今與難提比丘不癡毗尼誰諸
長老忍僧與難提比丘不癡毗尼者默然誰
不忍者說是初羯磨如是第二第三說僧已
忍與難提比丘不癡毗尼竟僧忍默然故是
事如是持

四分律藏卷第卌七 第三分卷第十一　滅諍揵度第十六　初

BD09436號　四分律(異卷)卷四七　(1–1)

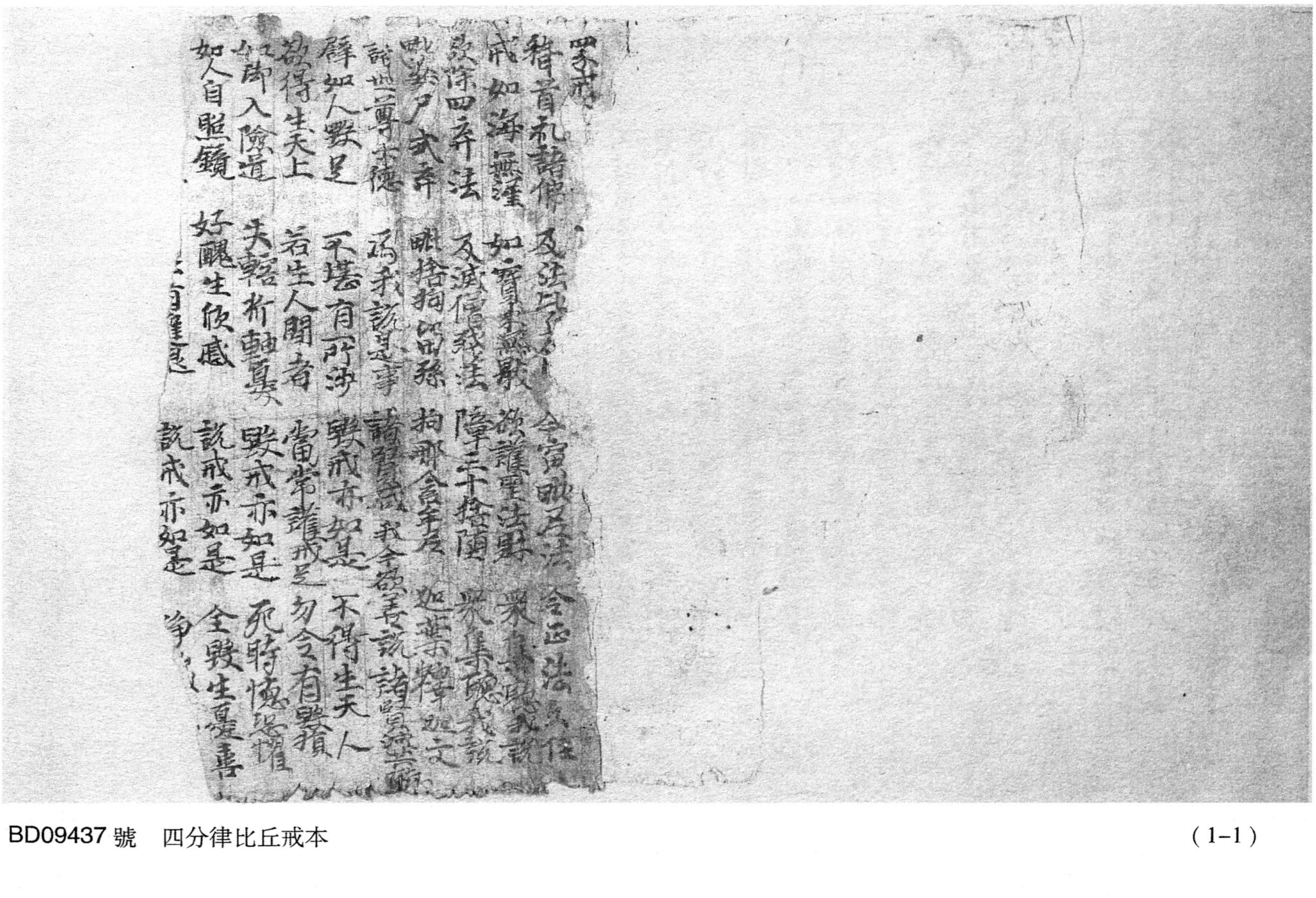

四分戒
稽首禮諸佛　及法比丘僧　今演毗尼法　令正法久住
戒如海無涯　如寶求無厭　欲護聖法財　衆集聽我說
欲除四弃法　及滅僧殘法　障三十捨墮　衆集聽我說
毗婆尸式弃　毗舍拘留孫　拘那含牟尼　迦葉釋迦文
諸世尊大德　為我說是事　我今欲善說　諸賢咸共聽
譬如人毀足　不堪有所涉　毀戒亦如是　不得生天人
欲得生天上　若生人間者　常當護戒足　勿令有毀損
如御入險道　失轄折軸憂　毀戒亦如是　死時懷恐懼
如人自照鏡　好醜生欣慼　說戒亦如是　全毀生憂喜
[illegible]　說戒亦如是　淨

BD09437號　四分律比丘戒本　(1–1)

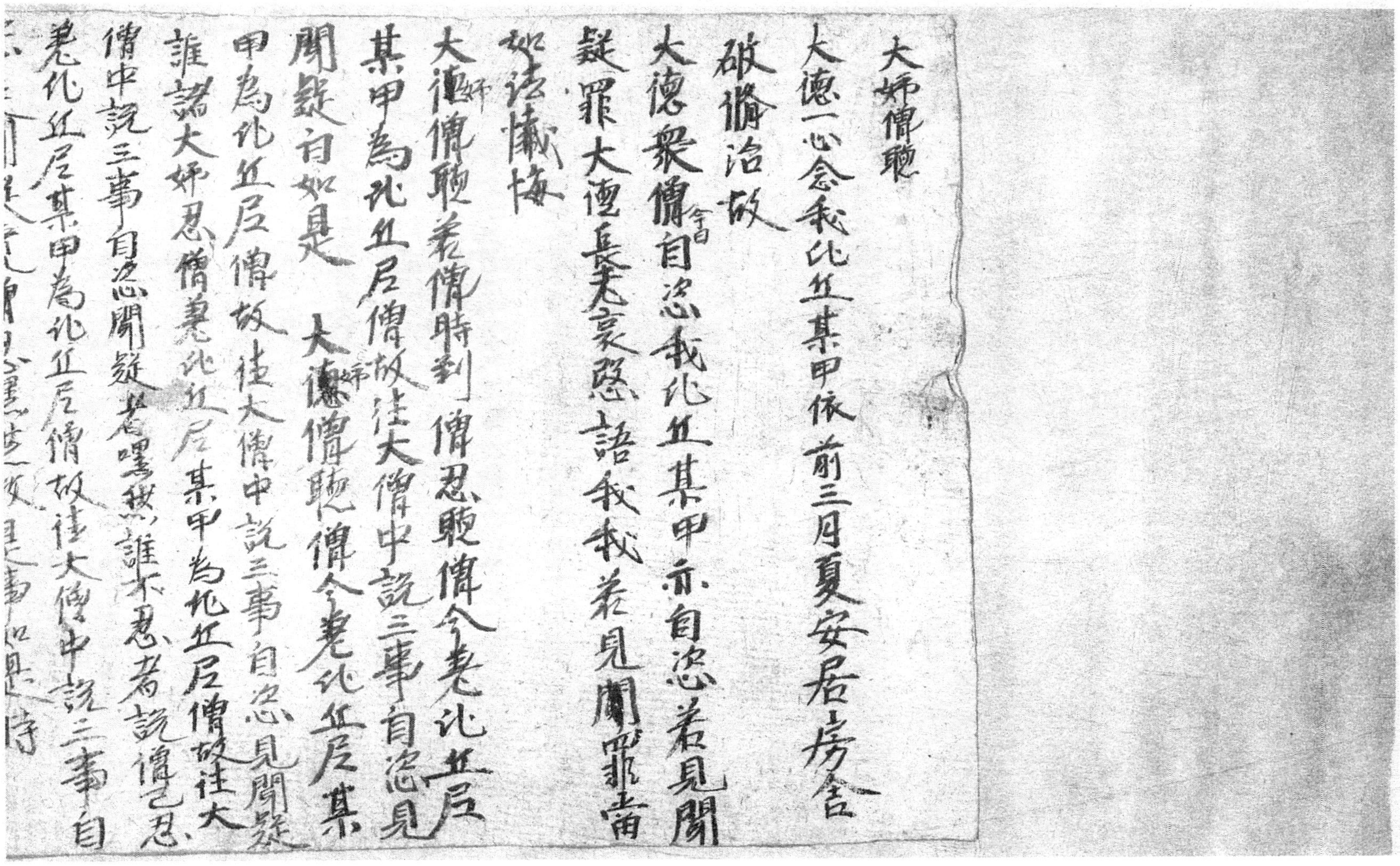

大姉僧聽
大德一心念我比丘某甲依前三月夏安居房舍
破脩治故
大德衆僧今日自恣我比丘某甲亦自恣若見聞
疑罪大德長老哀愍語我我若見聞罪當
如法懺悔
大德姉僧聽若僧時到僧忍聽僧今差比丘尼
某甲為比丘尼僧故往大僧中說三事自恣見
聞疑白如是　大德姉僧聽僧今差比丘尼某
甲為比丘尼僧故往大僧中說三事自恣見聞疑
誰諸大姉忍僧差比丘尼某甲為比丘尼僧故往大
僧中說三事自恣聞疑者嘿然誰不忍者說僧已忍
差比丘尼某甲為比丘尼僧故往大僧中說三事自

BD09438號　比丘尼自恣羯磨文（擬）　（2–1）

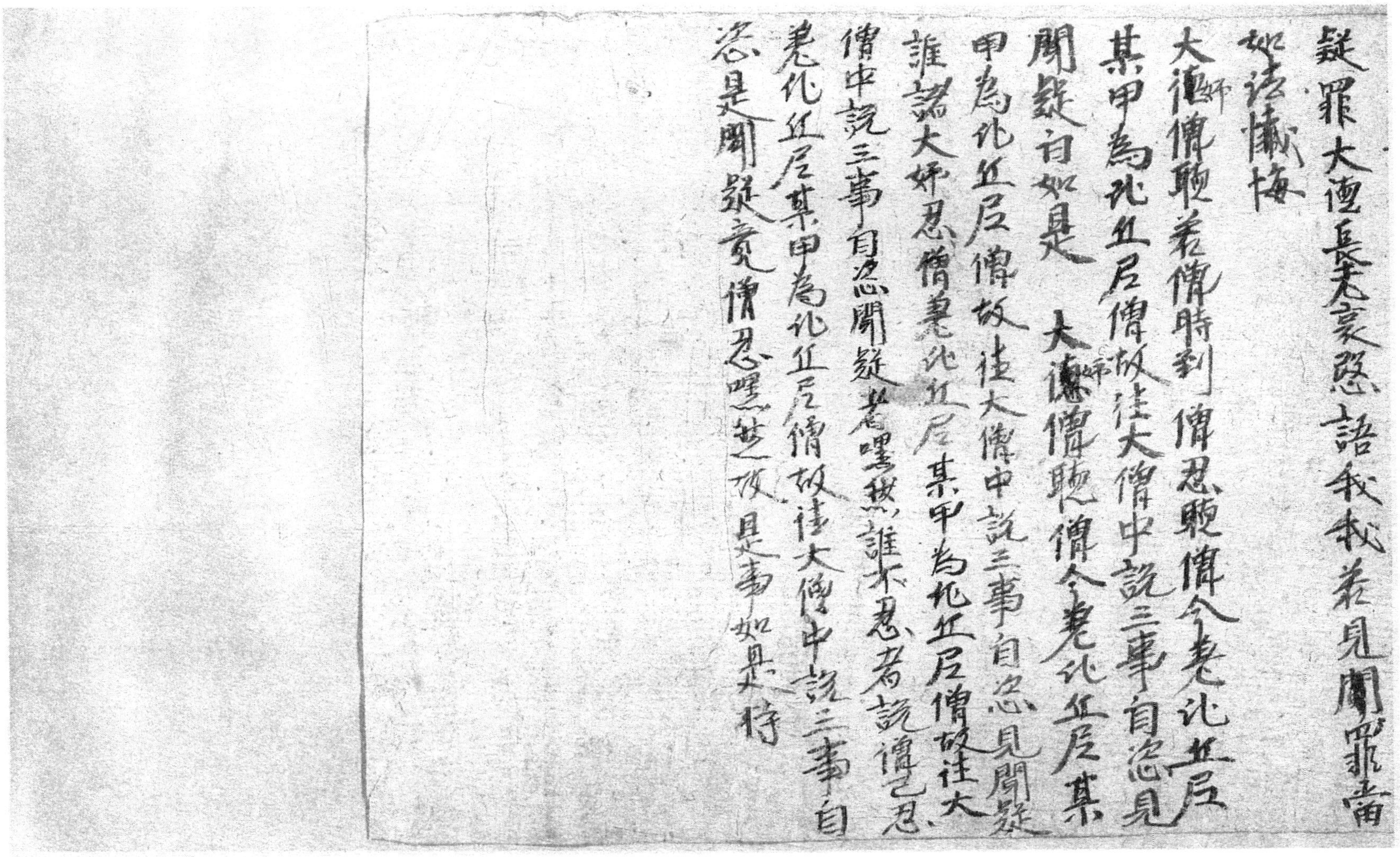

疑罪大德長老哀愍語我我若見聞罪當
如法懺悔
大德姉僧聽若僧時到僧忍聽僧今差比丘尼
某甲為比丘尼僧故往大僧中說三事自恣見
聞疑白如是　大德姉僧聽僧今差比丘尼某
甲為比丘尼僧故往大僧中說三事自恣見聞疑
誰諸大姉忍僧差比丘尼某甲為比丘尼僧故往大
僧中說三事自恣聞疑者嘿然誰不忍者說僧已忍
差比丘尼某甲為比丘尼僧故往大僧中說三事自
恣見聞疑竟僧忍嘿然故是事如是持

BD09438號　比丘尼自恣羯磨文（擬）　（2–2）

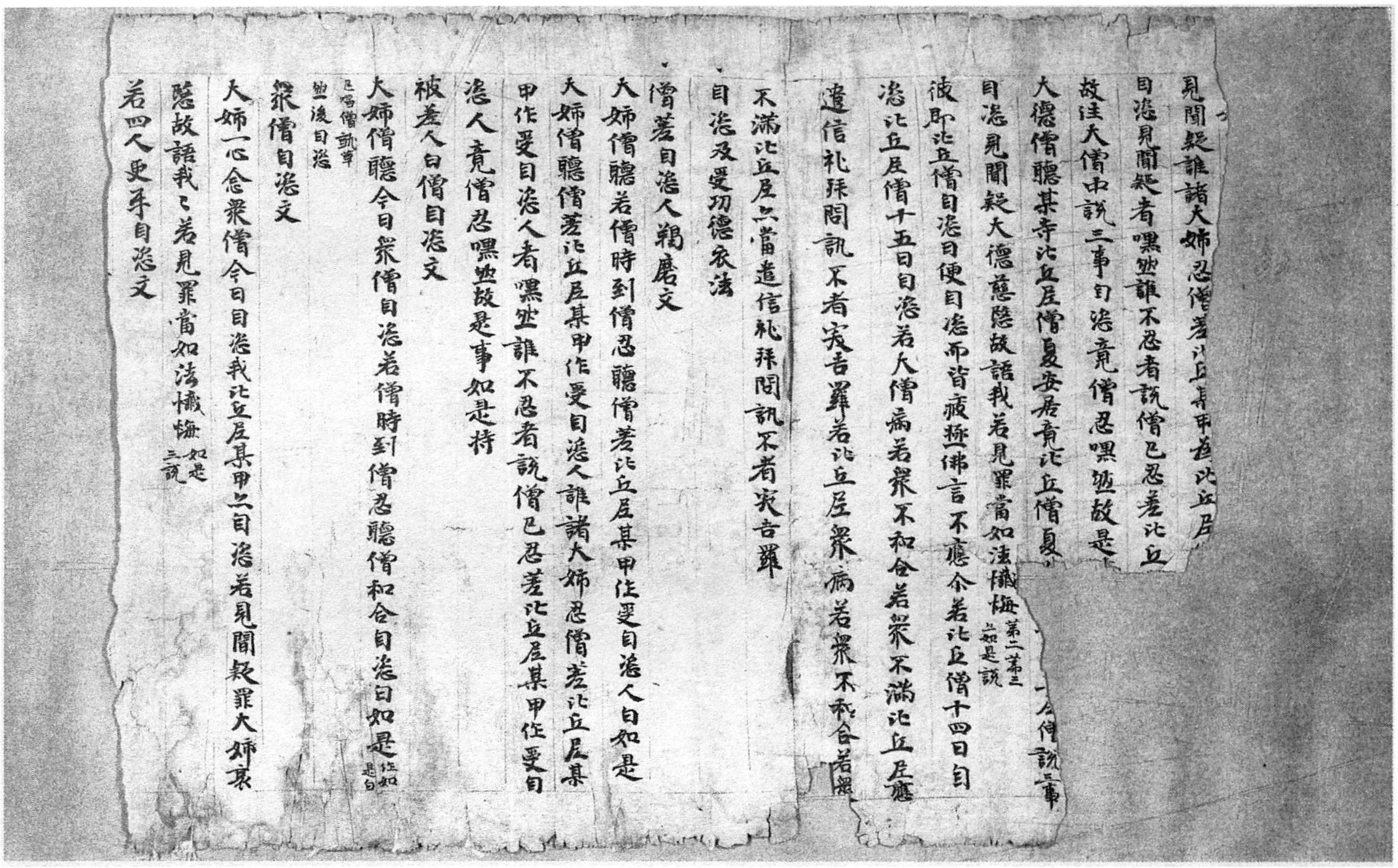
見聞疑誰諸大姊忍僧差比丘尼某甲爲比丘尼
自恣見聞疑者嘿然誰不忍者說僧已忍差比丘
故往大僧中說三事自恣竟僧忍嘿然故是事
大德僧聽某寺比丘尼僧夏安居竟比丘僧夏
丘僧說三事
自恣見聞疑大德慈愍故語我若見罪當如法懺悔 第二第三亦如是說
彼即比丘僧自恣日便自恣而皆疲極佛言不應爾若比丘僧十四日自
恣比丘尼僧十五日自恣若大僧病若衆不和合若衆不滿比丘尼應
遣信礼拜問訊不者突吉羅若比丘尼衆病若衆不和合若衆
不滿比丘尼亦當遣信礼拜問訊不者突吉羅
自恣及受功德衣法
僧差自恣人羯磨文
大姊僧聽若僧時到僧忍聽僧差比丘尼某甲作受自恣人白如是
大姊僧聽僧差比丘尼某甲作受自恣人誰諸大姊忍僧差比丘尼某
甲作受自恣人者嘿然誰不忍者說僧已忍差比丘尼某甲作受自
恣人竟僧忍嘿然故是事如是持
被差人白僧自恣文
大姊僧聽今日衆僧自恣若僧時到僧忍聽僧和合自恣白如是 作如是白
足唱僧說事 竝後自恣
衆僧自恣文
大姊一心念衆僧今日自恣我比丘尼某甲亦自恣若見聞疑罪大姊哀
愍故語我我若見罪當如法懺悔 如是三說
若四人更互自恣文

BD09439 號　比丘尼自恣羯磨文（擬）　（1–1）

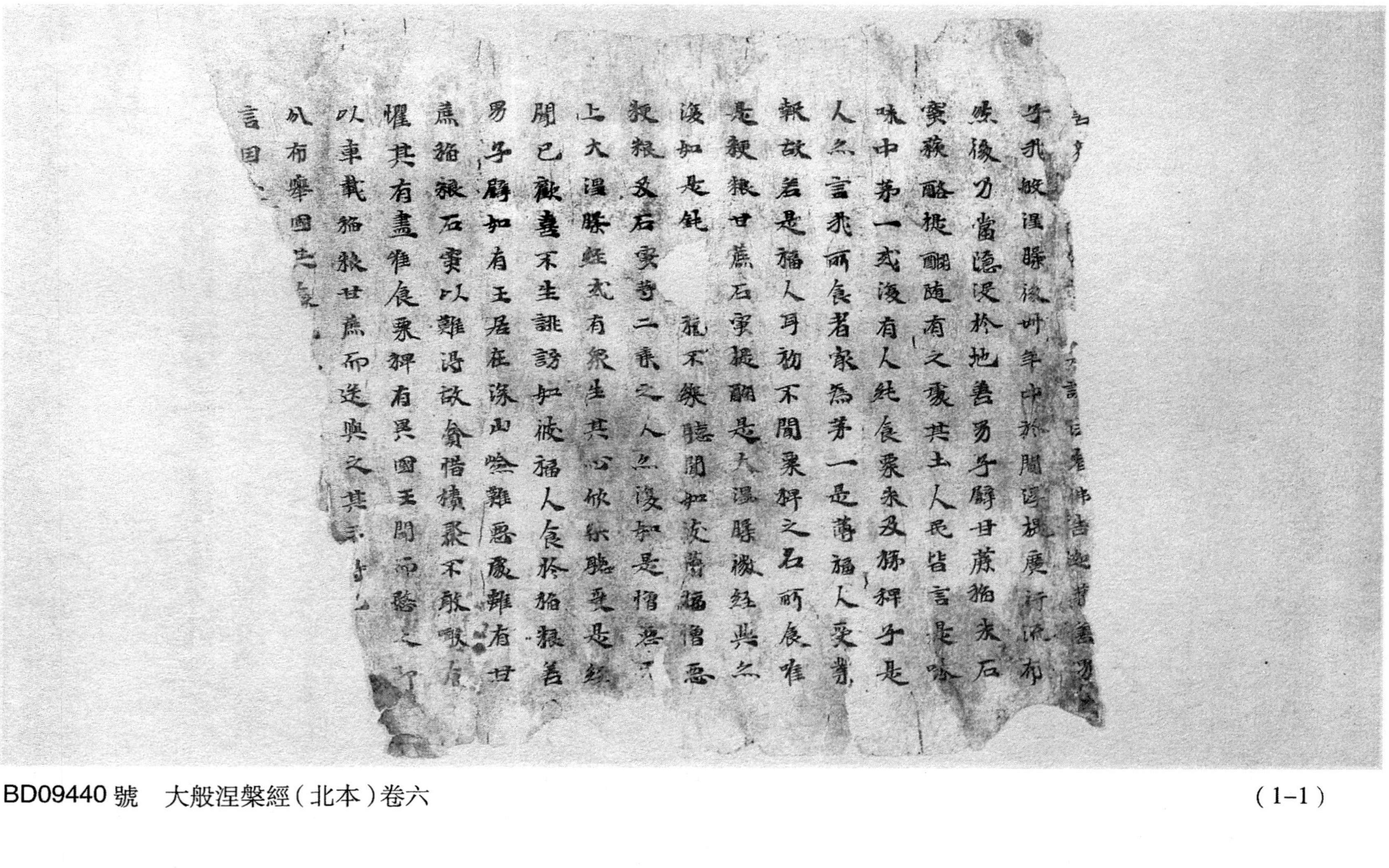
子於般涅槃後卅年中於閻浮提廣行流布
是後乃當隱沒於地善男子譬如甘蔗稻米石
蜜乳酪醍醐隨有之處其土人民皆言是味
味中第一或復有人純食粟米及稗子是
人亦言我所食者最為第一是薄福人受業
報故若是福人耳初不聞粟稗之名所食唯
是粳糧甘蔗石蜜醍醐是大涅槃微妙經典亦
復如是鈍根薄福不樂聽聞如彼薄福憎惡
粳糧及石蜜等二乘之人亦復如是憎惡無
上大涅槃經或有衆生其心欣樂聽受是經
聞已歡喜不生誹謗如彼福人食於稻糧善
男子譬如有王居在山險難惡之處雖有甘
蔗稻糧石蜜以難得故貪惜積聚不敢啖食
懼其有盡唯食粟稗有異國王聞而憐之
以車載稻糧甘蔗而送與之其王
分布舉國共
言曰

BD09440 號　大般涅槃經（北本）卷六　（1–1）

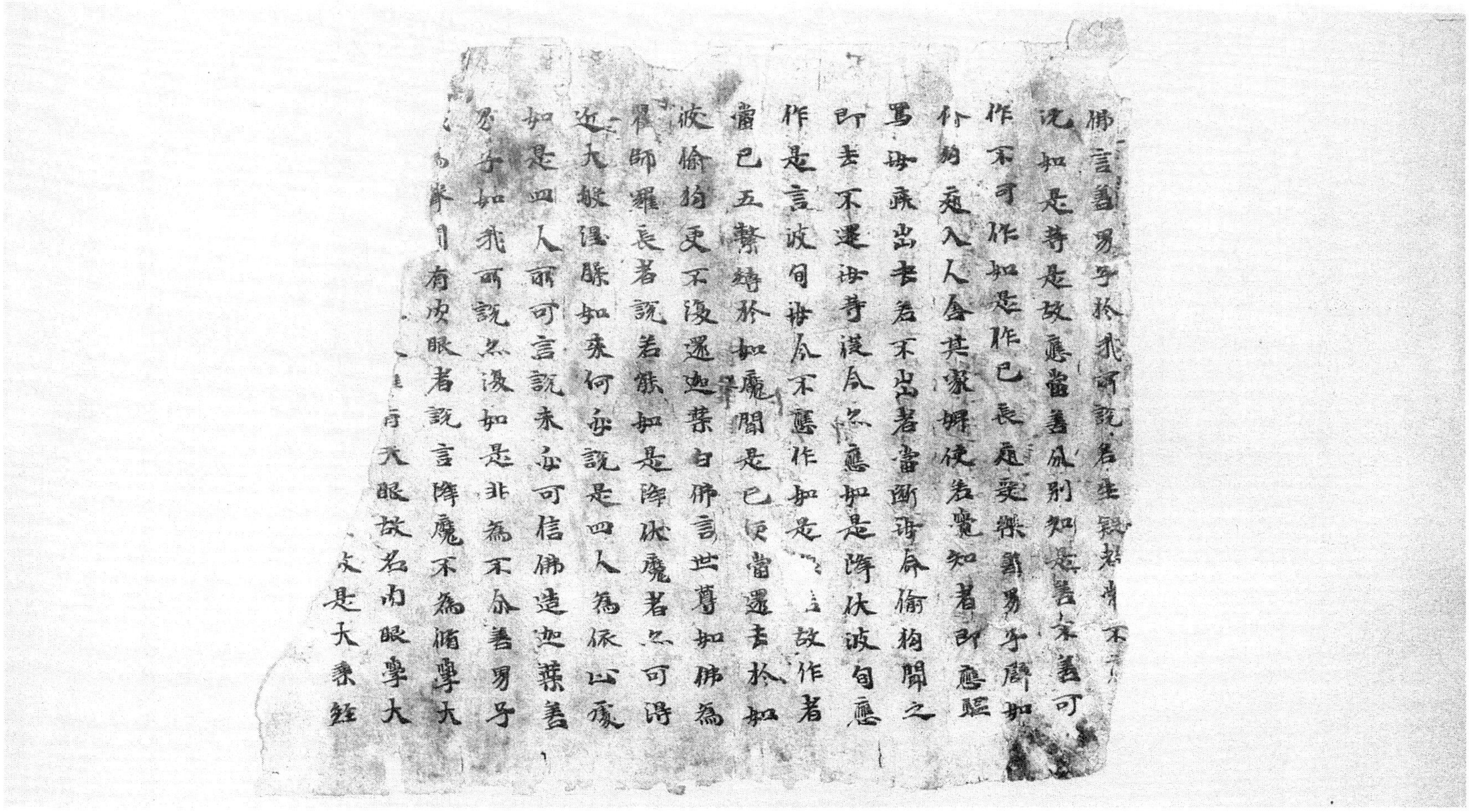
佛言善男子於我所說若生疑者尚不應
況如是等是故應當善分別知是善不善可
作不可作如是作已長夜受樂善男子譬如
偷狗夜入人舍其家婢使若覺知者即應驅
罵汝疾出去若不出者當斷汝命偷狗聞之
即去不還汝等從今亦應如是降伏波旬應
作是言波旬汝今不應作如是像若故作者
當以五繫繫於汝魔聞是已便當還去如
彼偷狗更不復還迦葉白佛言世尊如佛為
瞿師羅長者說若能如是降伏魔者亦可得
近大般涅槃如來何必說是四人為依止處
如是四人所可言說未必可信佛告迦葉善
男子如我所說亦復如是非為不尒善男子
有肉眼者說言降魔不為修學大
有天眼故名肉眼學大
是大乘經

BD09441號　大般涅槃經（北本）卷六　（1–1）

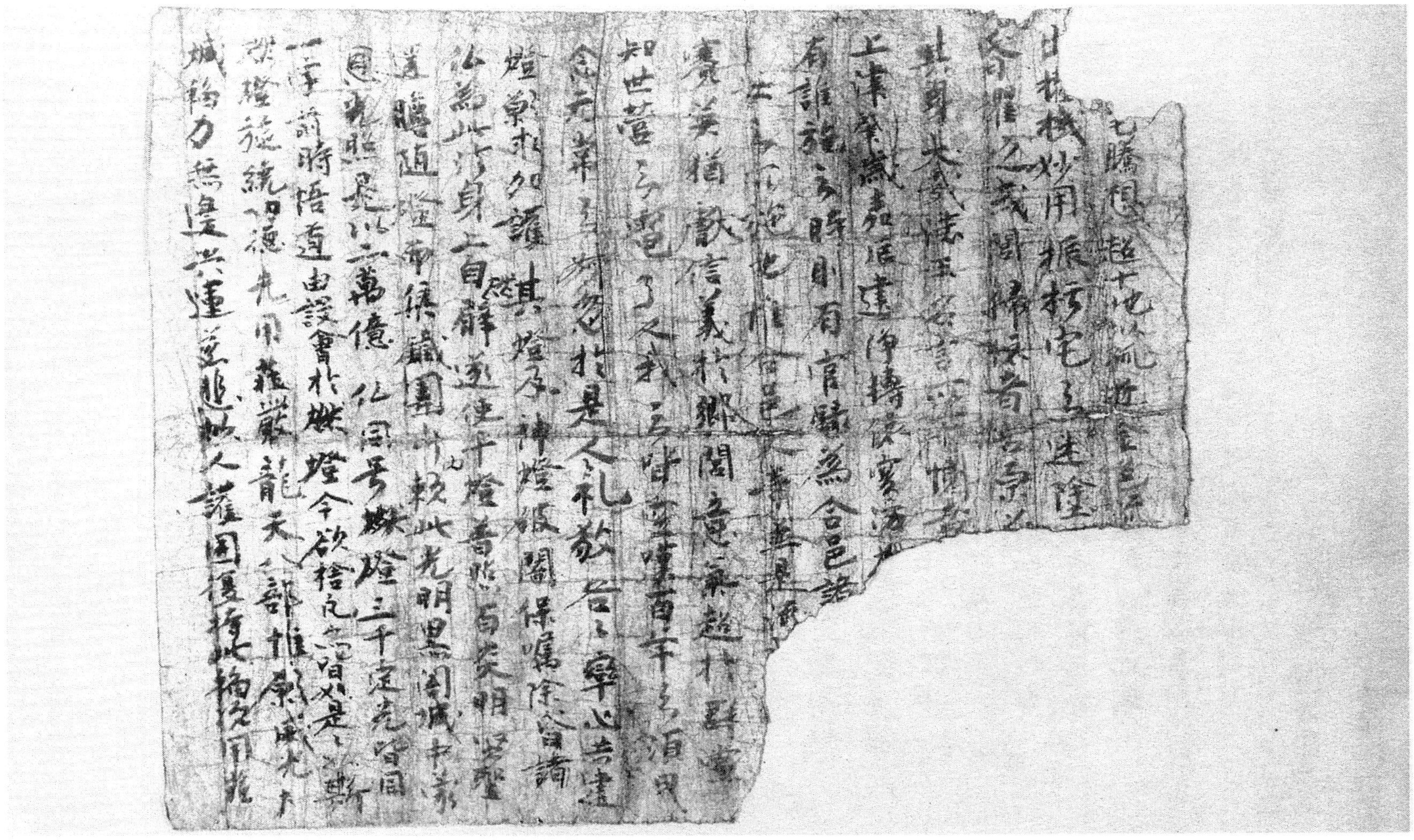

BD09442號　燃燈文（擬）　（2–1）

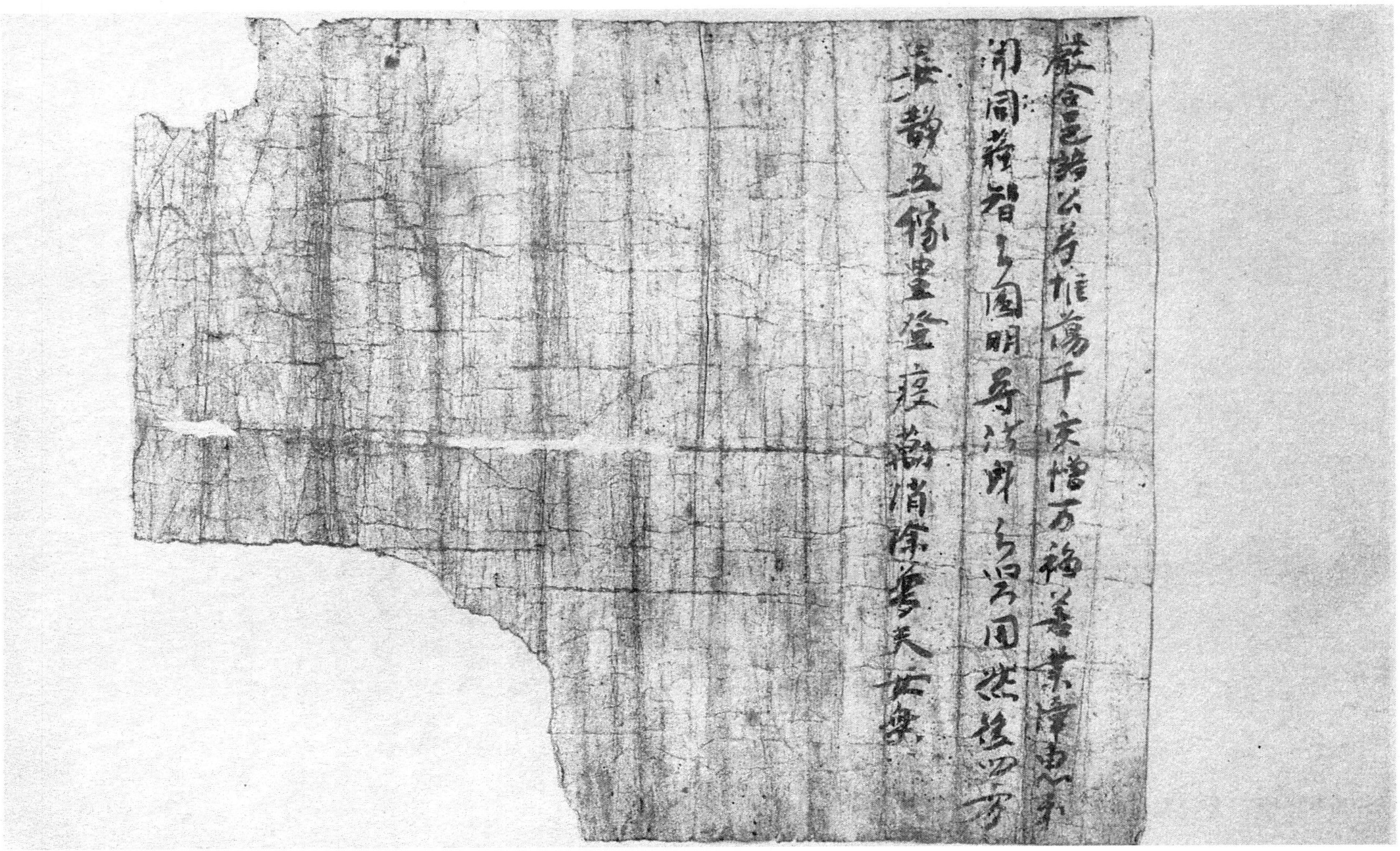

BD09442 號背　燃燈文（擬）　　（2–2）

是脩行種
衆生實法相亦知
道而般涅槃涅槃法者即是常樂我淨不生不老
不病不死不飢不渴不苦不惱不退不沒善
男子解大涅槃甚深義者則知諸佛終不畢
竟入於涅槃
善男子第一真實善知識者所謂菩薩諸佛
世尊何以故常以三種善調御故何等為三
一者畢竟軟語二者畢竟呵責三者軟語呵
責以是義故菩薩諸佛即是真實善知識也
復次善男子佛及菩薩為大醫故名善知識
何以故知病知藥應病授藥故譬如良醫善
八種術先觀病相〻有三種何等為三謂風
熱水風病之人授之蘇油熱病之人授之石
蜜水病之人授之薑湯以知病根授藥得差
故名良醫佛及菩薩亦復如是知諸凡夫病
有三種一者貪欲二者瞋恚三者愚癡貪欲
病者教觀骨相瞋恚病者觀慈悲相愚癡病
者觀十二緣相以是義故諸佛菩薩名善知
識善男子譬如船師善度人故名大船師諸

BD09443 號　大般涅槃經（南本）卷二三　　（1–1）

大般涅槃經卷苐廿三
善男子譬如有河第一香象不能得底
則名為大聲聞緣覺至十住菩薩不見
佛性名為涅槃非大涅槃若能了了見於
佛性則得名為大涅槃也是大涅槃唯大象王
能盡其底大象王者謂諸佛也　復次善男
子隨有小王之所住處名曰小城轉輪聖王
所住之處乃名大城聲聞緣覺八万六万四万
二万一万住處名為涅槃无上法主聖王住處
乃得名為大般涅槃以是故名大般涅槃
能忍諸惡惠施貧乏名大丈夫菩薩亦尒亦
大慈悲憐愍一切諸於眾生猶如父母能度
眾生於生死河普示眾生一實之道是則名
為大般涅槃善男子大名不可思議若不可
思議一切眾生所不能信是則名為大般涅槃
唯佛菩薩之所見故名大涅槃　復次善男子

BD09444號　大般涅槃經（北本　宮本）鈔（擬）　（2–1）

能盡其底大象王者謂諸佛也　復次善男
子隨有小王之所住處名曰小城轉輪聖王
所住之處乃名大城聲聞緣覺八万六万四万
二万一万住處名為涅槃无上法主聖王住處
乃得名為大般涅槃以是故名大般涅槃
能忍諸惡惠施貧乏名大丈夫菩薩亦尒亦
大慈悲憐愍一切諸於眾生猶如父母能度
眾生於生死河普示眾生一實之道是則名
為大般涅槃善男子大名不可思議若不可
思議一切眾生所不能信是則名為大般涅槃
唯佛菩薩之所見故名大涅槃　復次善男子
樂有二種一者凡夫二者諸佛凡夫之樂无常
敗壞是故无樂諸佛常樂无有變異故名大
樂　復次善男子有三種受一者苦受二者樂受
三者不苦不樂受不苦不樂是亦為苦涅槃雖
同不苦不樂然名大樂以大樂故名大涅槃二者
[illegible]淨故名為大樂涅槃之性[illegible]
[illegible]法故以大[illegible]

BD09444號　大般涅槃經（北本　宮本）鈔（擬）　（2–2）

BD09445 號　大般涅槃經（北本）卷三九　　（1–1）

BD09446 號　護首（大般若波羅蜜多經）　　（1–1）

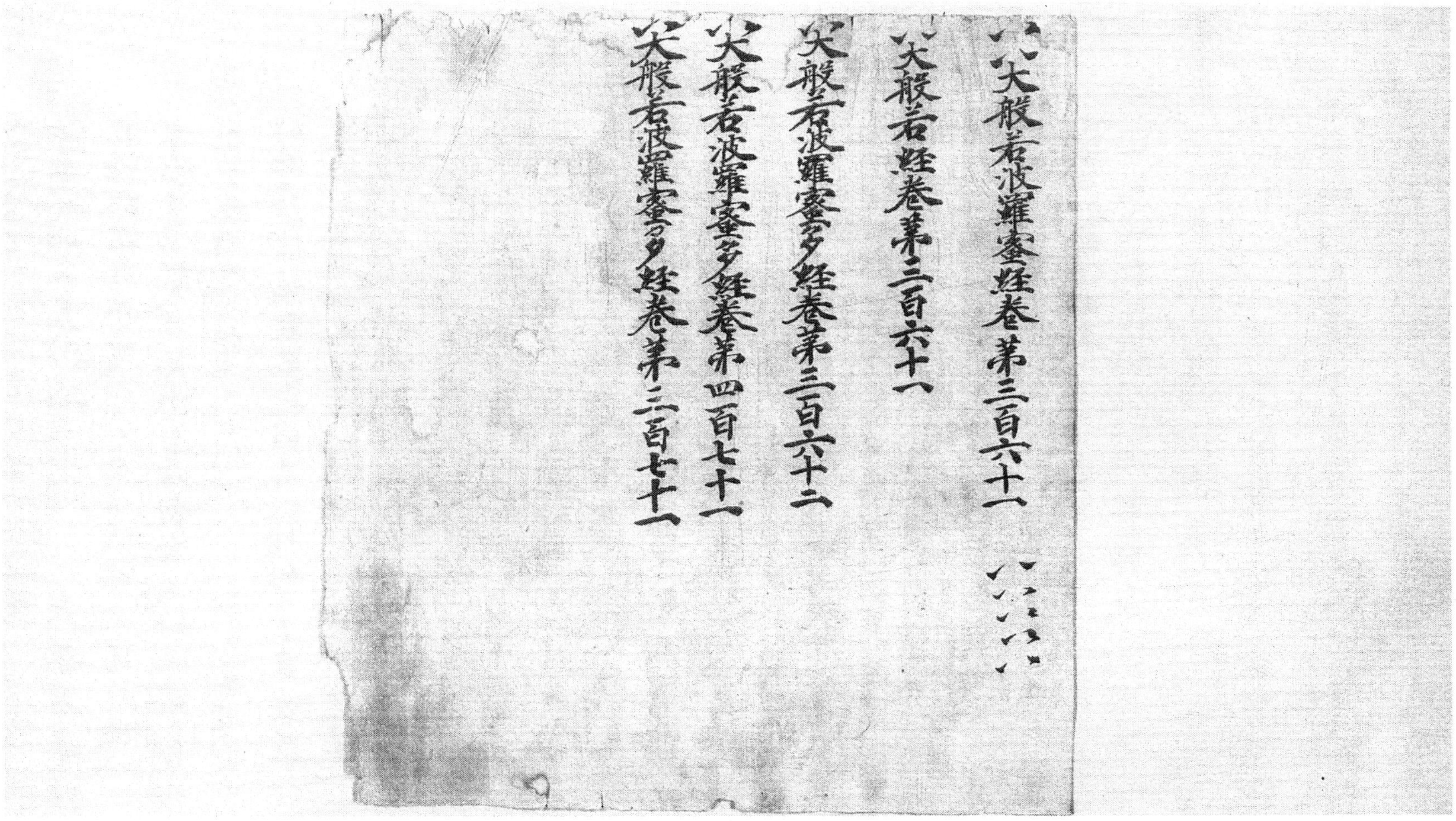
大般若波羅蜜經卷第三百六十一
大般若經卷第三百六十一
大般若波羅蜜多經卷第三百六十二
大般若波羅蜜多經卷第四百七十一
大般若波羅蜜多經卷第三百七十一

BD09446號　雜寫　　（1–1）

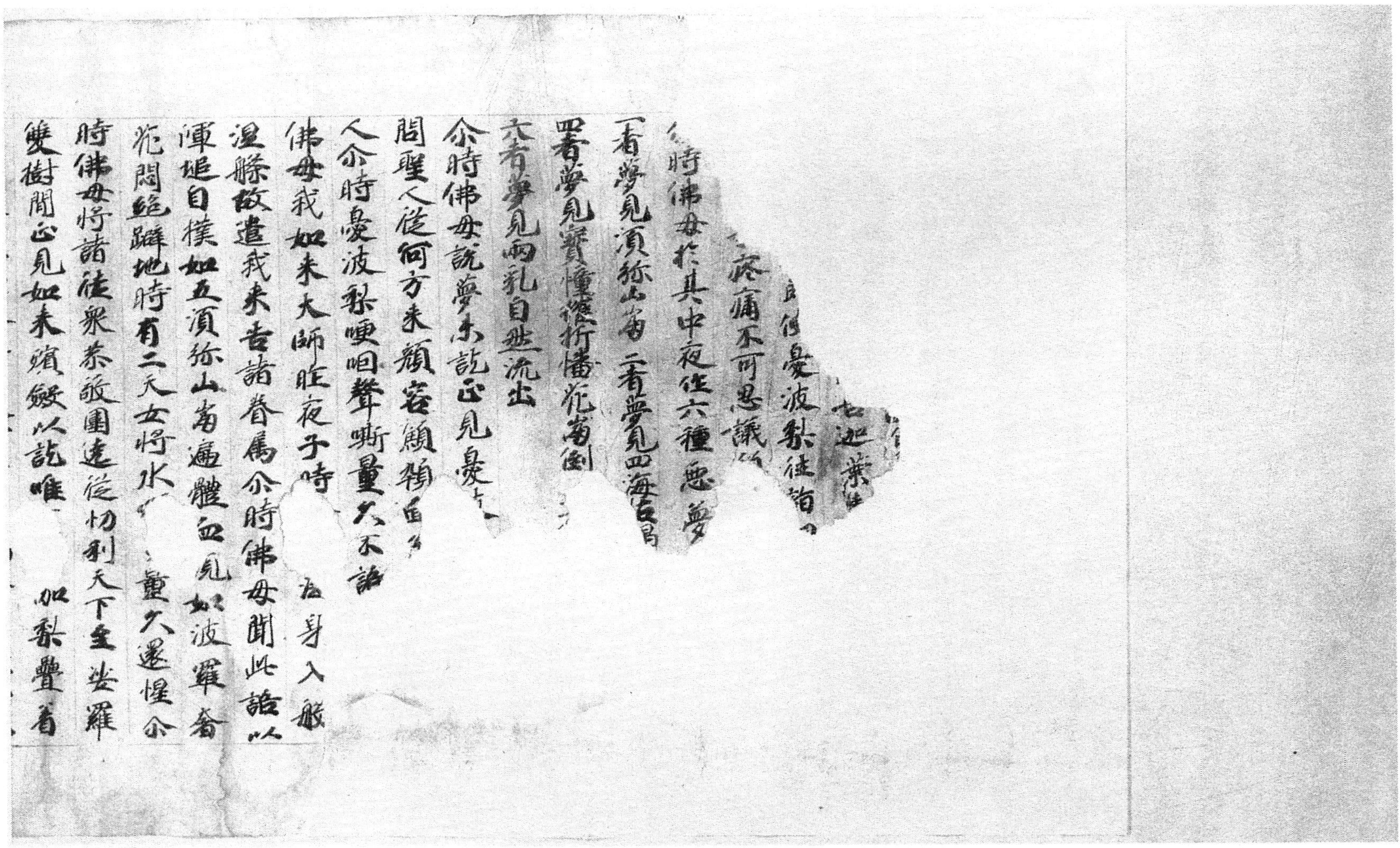
迦葉往
何憂波梨往詣
疼痛不可思議
時佛母於其中夜作六種惡夢
一者夢見須彌山崩　二者夢見四海乾竭
四者夢見寶幢傾折幡花崩倒
六者夢見兩乳自然流出
爾時佛母說夢示訖正見憂
聞聖人從何方來顏容顦顇面
人爾時憂波梨哽咽聲嘶量久不語
佛母我如來大師昨夜子時　為身入般
涅槃故遣我來告諸眷屬爾時佛母聞此語以
渾搥自撲如五須彌山崩遍體血現如波羅奢
花悶絕躃地時有二天女將水　量久還惺爾
時佛母將諸徒眾恭敬圍遶從忉利天下至娑羅
雙樹間正見如來殯殮以訖唯　加梨疊着

BD09447號　佛母經（異本四）　　（2–1）

人尒時憂波……諸
佛母我如来大師脏夜子時　為身入般
湼槃故遣我来告諸眷屬尒時佛母聞此語以
陣堆自撲如五須弥山崩遍體血現如波羅奢
花悶絶躃地時有二天女將水　灑面久還惺尒
時佛母將諸徒衆恭敬圍遶從忉利天下至娑羅
雙樹間忘見如来殯斂以訖唯　加梨疊着
棺邊鉢盂錫杖掛其樹上有二師子自使而死
十大弟子向天號哭尒時佛母手携此物而作是
言此是我子生存在日持用此物く之衆生此物今
無主也尒時佛母遶棺三帀却住一面悶瀸而言
告言慈子汝是我子我是汝　今入般湼
槃云何不留半偈之法尒時如来聞母喚聲
金棺自開却坐千葉蓮花量く為母説法
世間皆空諸行无常是生滅法　生滅滅以　寂滅為樂
尒時佛母聞此法以心生歡喜還歸本天未至
天所住立虚空心生慈悲嗚呼　与天地震動
淚下如雨雲中百鳥皆作哭聲一切恩愛會有
別離何其如来入般湼槃
大般湼槃經佛母品

BD09447 號　佛母經（異本四）　　（2–2）

言佛如来業清淨故故
大湼槃三者身清淨故く
如来身常故名大淨く大
心清淨故心若有漏名曰不淨
大淨く大淨故名大湼槃
大般湼槃經卷第莫說
善男子一切凡夫无明所盲作是定說色有
著義心有著性復言凡夫心有……性……解脫
性過貪因緣心則生貪若遇解脫心則解脫
雖作此說是義不然有諸凡夫復作是言
一切因中悉无有果因有二種一者微細二者
麁大細即是常麁則无常從微細因轉成
麁因從此麁因轉復成果麁无常故果亦无
常臨捨命之時不能誦文即囑後人積柴一車焚燒草命
善男子当知是復有二種一者善二者不善不善者所謂凡夫善者

BD09448 號　大般涅槃經（北本　宮本）鈔（擬）　　（2–1）

BD09448號　大般涅槃經（北本　宮本）鈔（擬）　　（2–2）

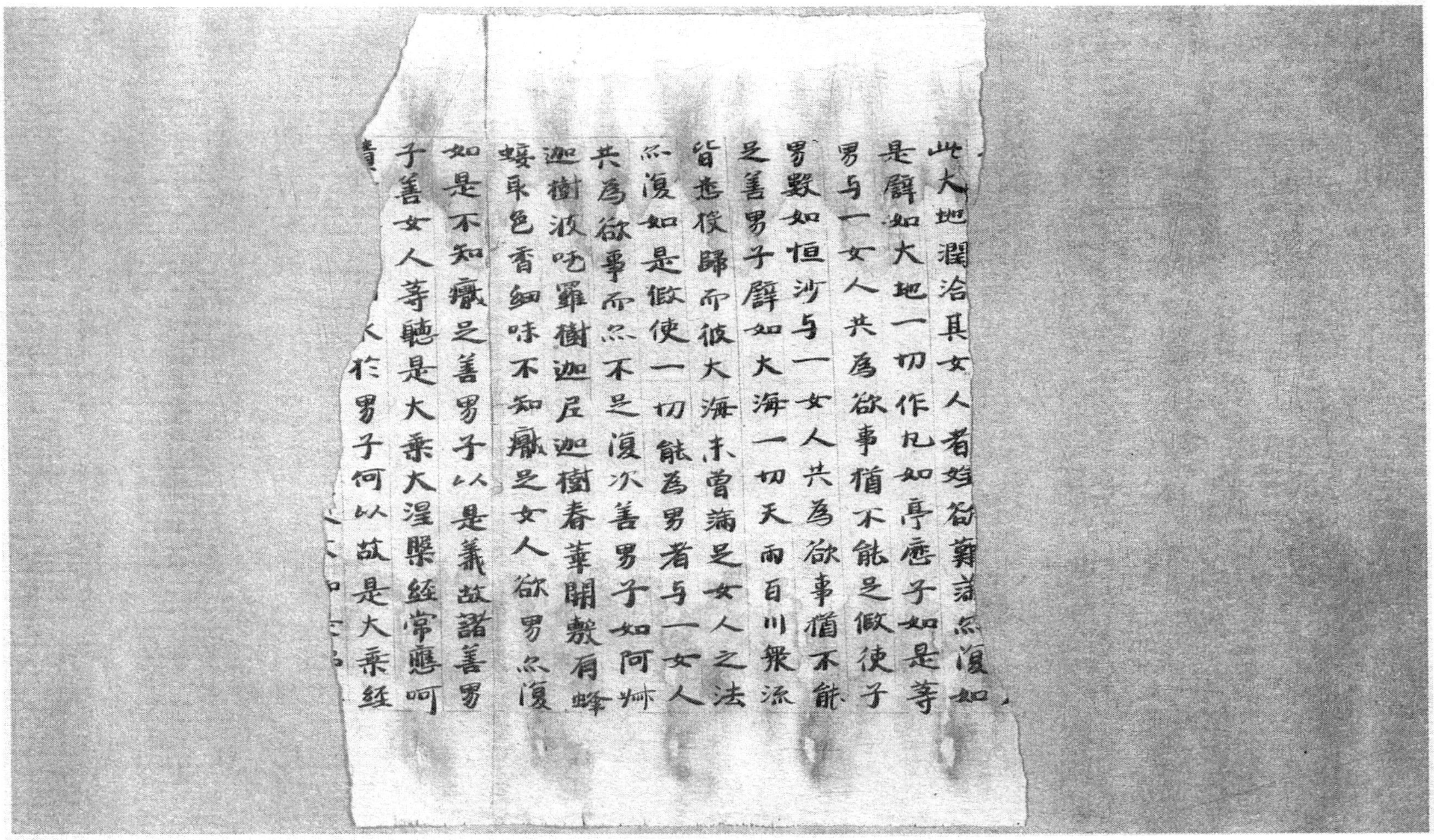

BD09449號　大般涅槃經（北本）卷九　　（1–1）

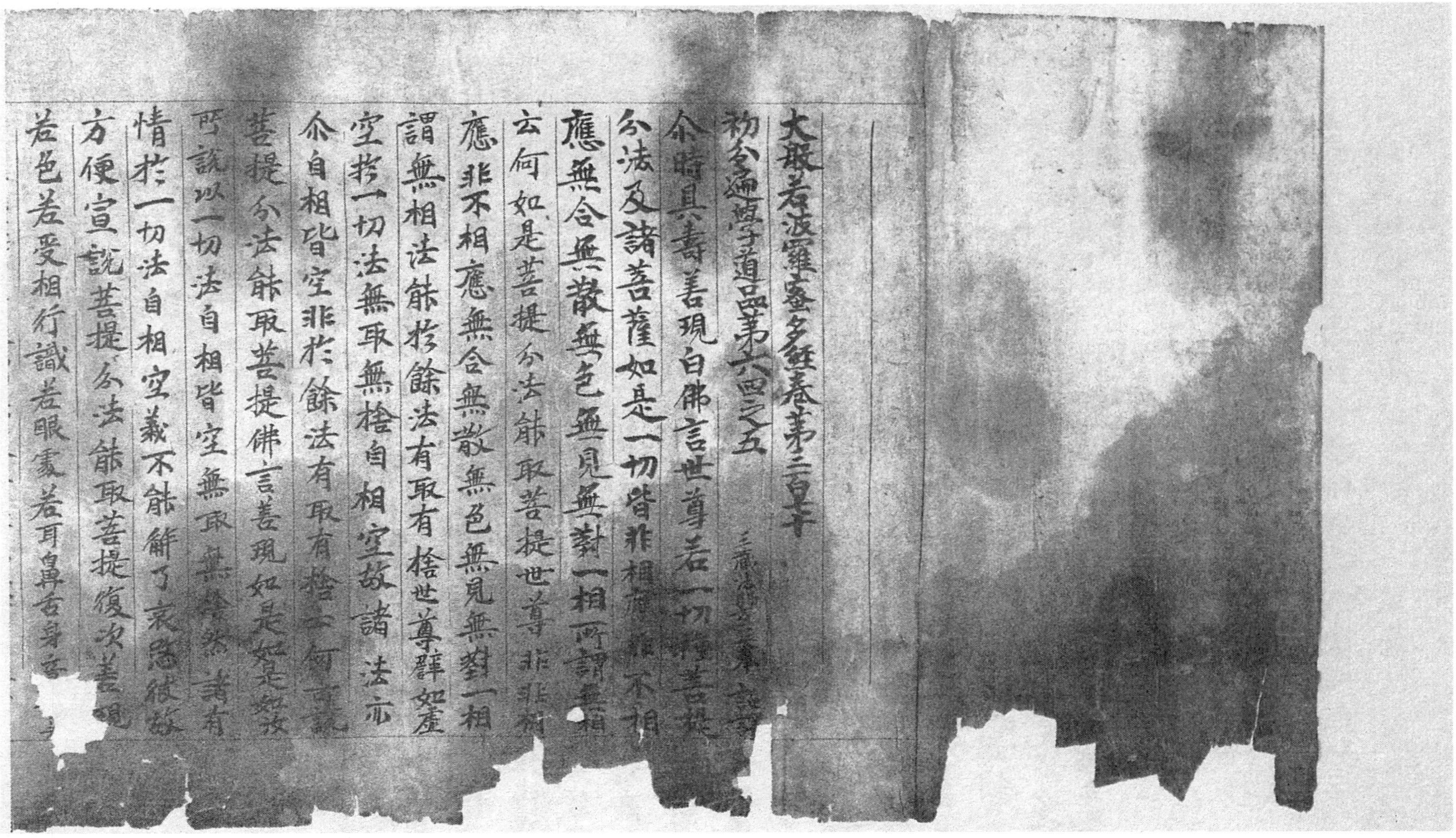
大般若波羅蜜多經卷第三百七十
初分遍學道品第六十四之五　三藏法師玄奘奉　詔譯
尒時具壽善現白佛言世尊若一切菩提
分法及諸菩薩如是一切皆非相應非不相
應無合無散無色無見無對一相所謂無相
云何如是菩提分法能取菩提世尊非非相
應非不相應無合無散無色無見無對一相
謂無相法能於餘法有取有捨世尊譬如虛
空於一切法無取無捨自相空故諸法亦
尒自相皆空非於餘法有取有捨云何可說
菩提分法能取菩提佛言善現如是如是如汝
所說以一切法自相皆空無取無捨然諸有
情於一切法自相空義不能解了哀愍彼故
方便宣說菩提分法能取菩提復次善現
若色若受想行識若眼處若耳鼻舌身意

BD09450 號　大般若波羅蜜多經卷三七〇　（2–1）

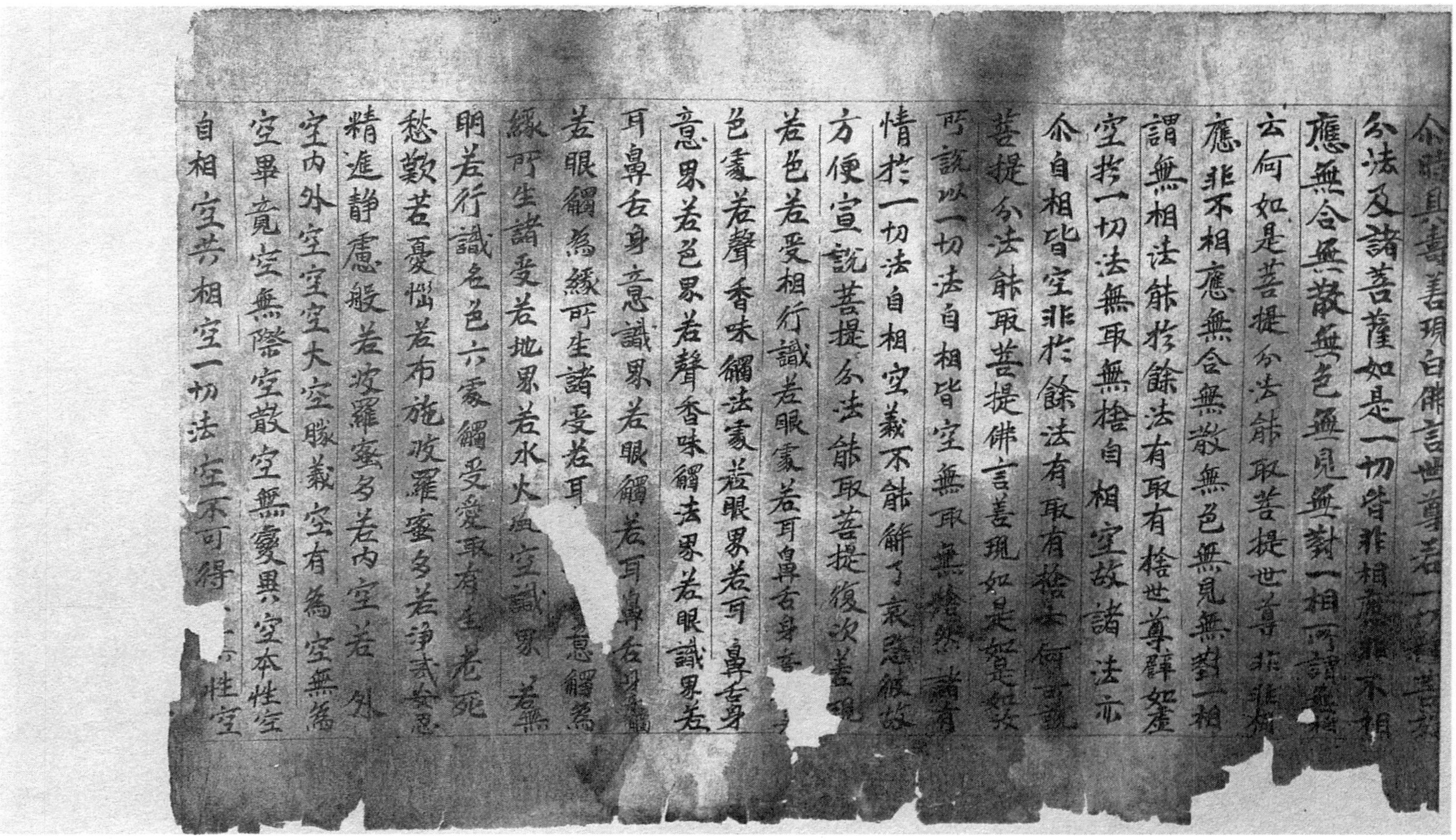
尒時具壽善現白佛言世尊若一切菩提
分法及諸菩薩如是一切皆非相應非不相
應無合無散無色無見無對一相所謂無相
云何如是菩提分法能取菩提世尊非非相
應非不相應無合無散無色無見無對一相
謂無相法能於餘法有取有捨世尊譬如虛
空於一切法無取無捨自相空故諸法亦
尒自相皆空非於餘法有取有捨云何可說
菩提分法能取菩提佛言善現如是如是如汝
所說以一切法自相皆空無取無捨然諸有
情於一切法自相空義不能解了哀愍彼故
方便宣說菩提分法能取菩提復次善現
若色若受想行識若眼處若耳鼻舌身意
若色處若聲香味觸法處若眼界若耳鼻舌身
意界若色界若聲香味觸法界若眼識界若
耳鼻舌身意識界若眼觸若耳鼻舌身意觸
若眼觸為緣所生諸受若耳鼻舌身意觸為
緣所生諸受若地界若水火風空識界若無
明若行識名色六處觸受愛取有生老死
愁歎苦憂惱若布施波羅蜜多若淨戒安忍
精進靜慮般若波羅蜜多若內空若外
空內外空空空大空勝義空有為空無為
空畢竟空無際空散空無變異空本性空
自相空共相空一切法空不可得空無性空

BD09450 號　大般若波羅蜜多經卷三七〇　（2–2）

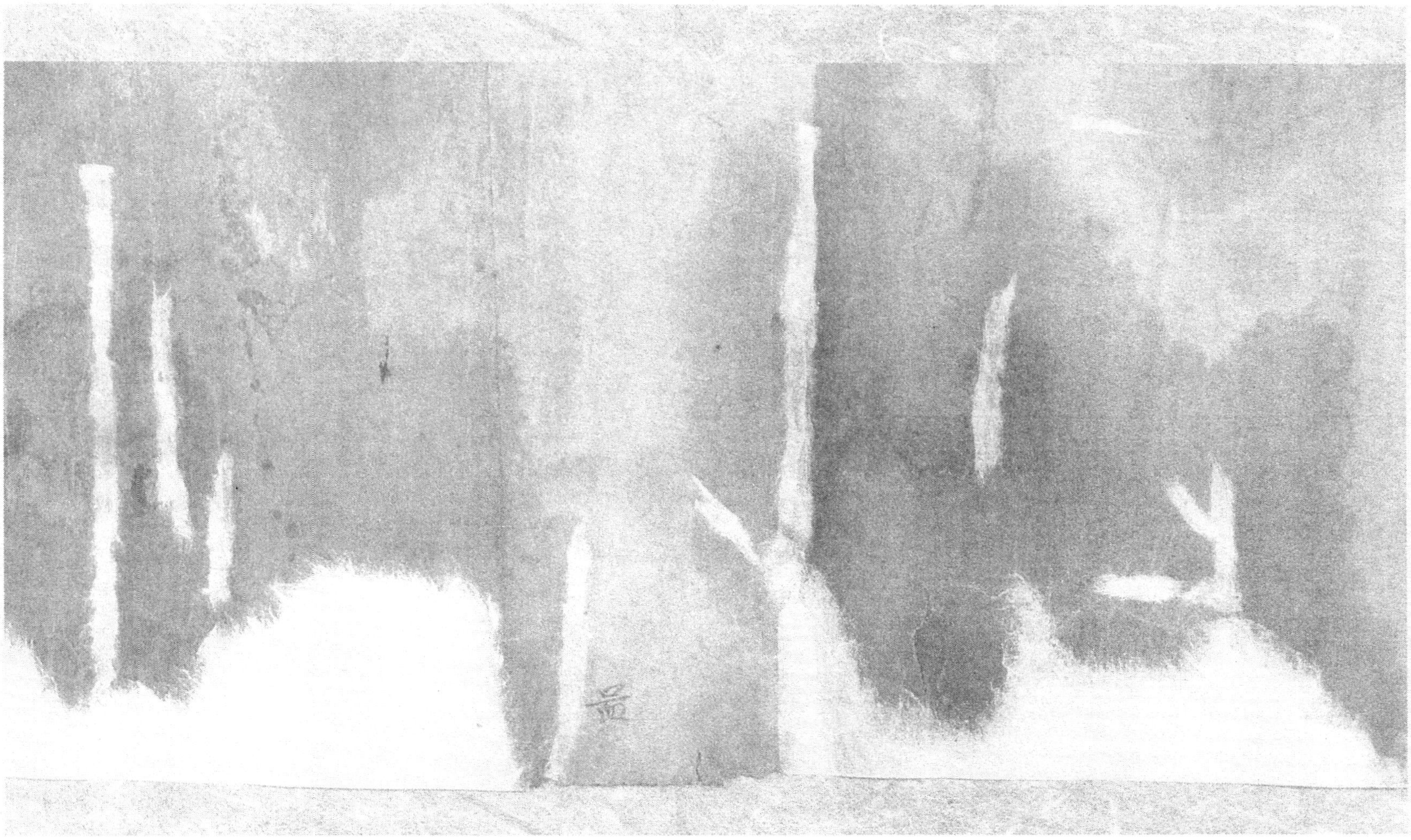

BD09450 號背　勘記　　（1–1）

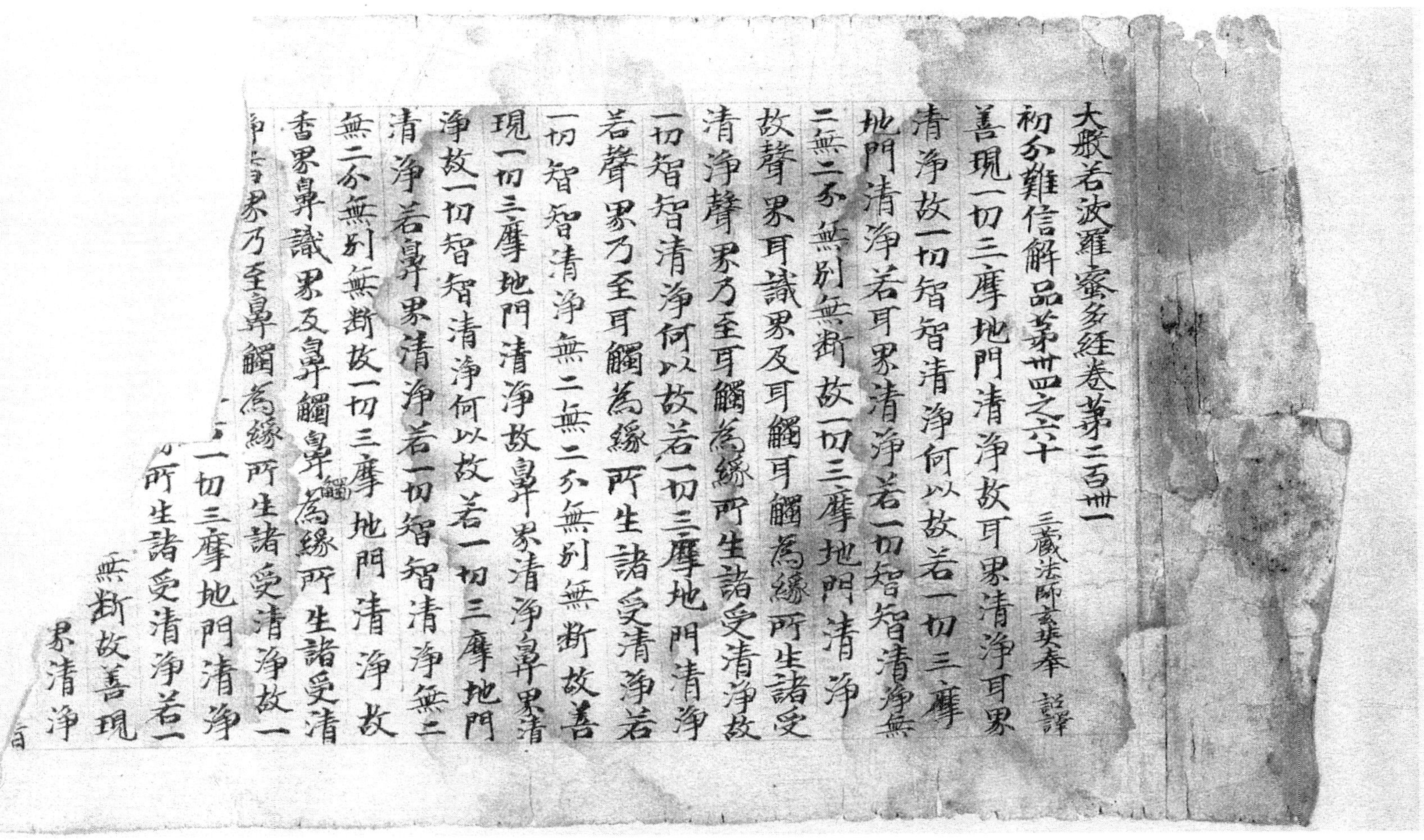

大般若波羅蜜多經卷第二百卌一
初分難信解品第卅四之六十　三藏法師玄奘奉　詔譯
善現一切三摩地門清淨故耳界清淨耳界
清淨故一切智智清淨何以故若一切三摩
地門清淨若耳界清淨若一切智智清淨無
二無二分無別無斷故一切三摩地門清淨
故聲界耳識界及耳觸耳觸為緣所生諸受
清淨聲界乃至耳觸為緣所生諸受清淨故
一切智智清淨何以故若一切三摩地門清淨
若聲界乃至耳觸為緣所生諸受清淨若
一切智智清淨無二無二分無別無斷故善
現一切三摩地門清淨故鼻界清淨鼻界清
淨故一切智智清淨何以故若一切三摩地門
清淨若鼻界清淨若一切智智清淨無二
無二分無別無斷故一切三摩地門清淨故
香界鼻識界及鼻觸鼻觸為緣所生諸受清
淨香界乃至鼻觸為緣所生諸受清淨故一
一切三摩地門清淨
所生諸受清淨若一
無斷故善現
界清淨
自

BD09451 號　大般若波羅蜜多經卷二四一　　（1–1）

大般若波羅蜜多經卷第
初分諸功德相品第六十
復次善現如有如來
佛復能化作無量百
化佛教所化衆或令
令脩行淨戒波羅蜜
蜜多或令脩行精進波羅蜜
慮波羅蜜多或令脩行般若波羅蜜多
脩行四靜慮或令脩行四無量四無色定
令脩行四念住或令脩行四正斷四神足
根五力七等覺支八聖道支或令脩行
脫門或令脩行無相無願解脫門或令安住
內空或令安住外空內外空空空大空勝義
空有為空無為空畢竟空無際空散空無變
異空本性空自相空共相空一切法空不可得

BD09452 號　大般若波羅蜜多經卷三八二　（1–1）

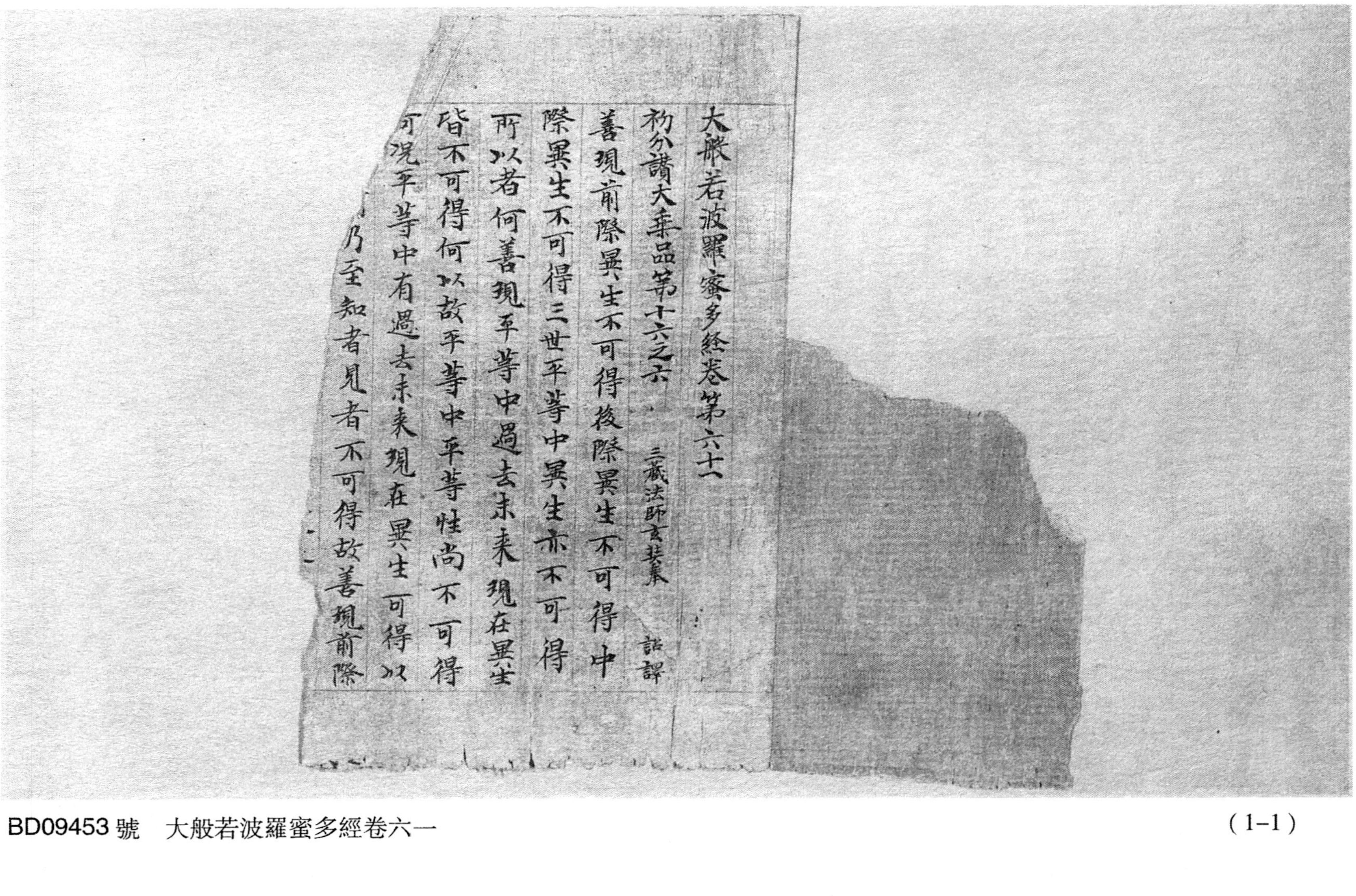

大般若波羅蜜多經卷第六十一
初分讚大乘品第十六之六　三藏法師玄奘奉　詔譯
善現前際異生不可得後際異生不可得中
際異生不可得三世平等中異生亦不可得
所以者何善現平等中過去未來現在異生
皆不可得何以故平等中平等性尚不可得
可況平等中有過去未來現在異生可得以
乃至知者見者不可得故善現前際

BD09453 號　大般若波羅蜜多經卷六一　（1–1）

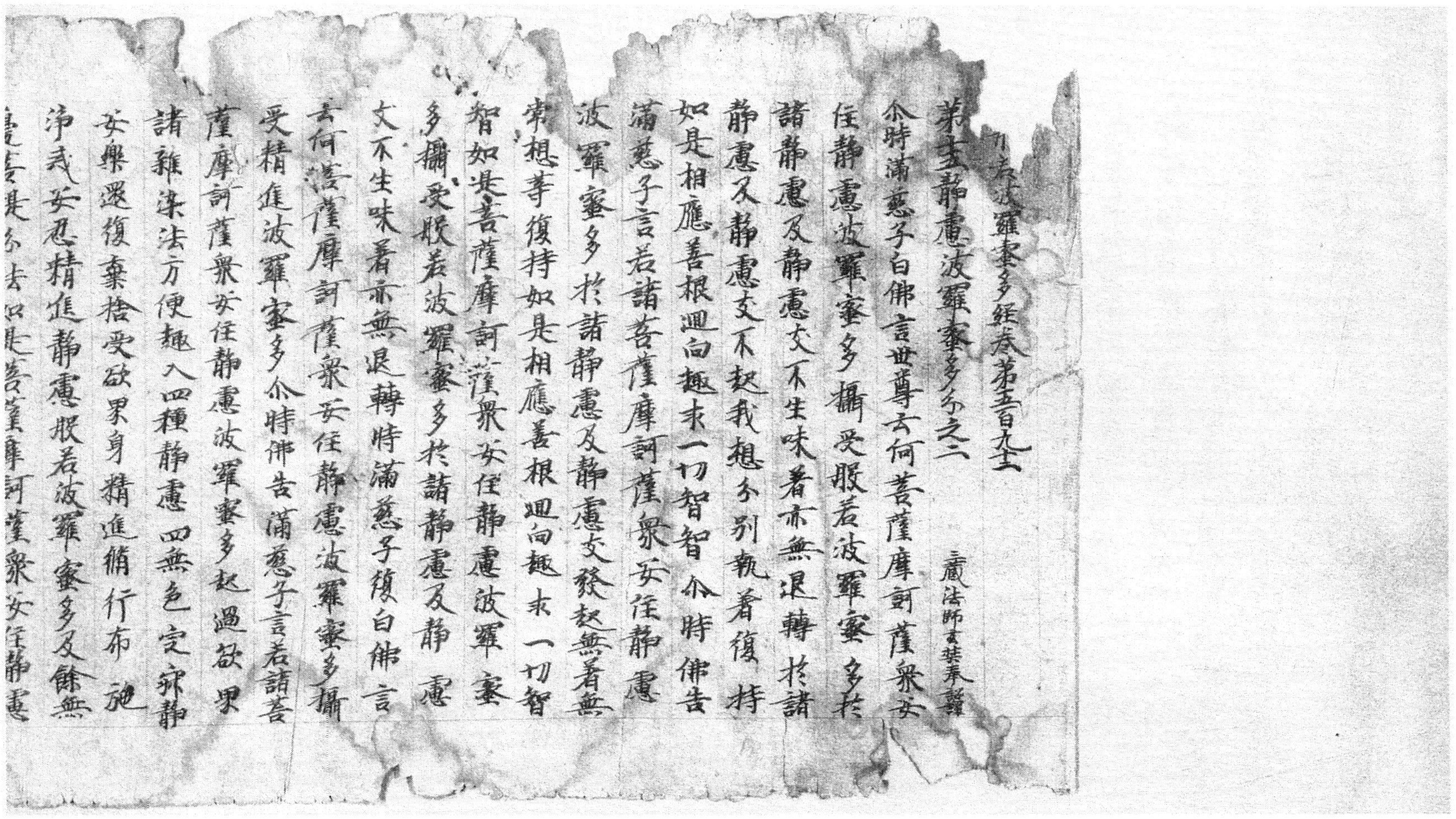

大般若波羅蜜多經卷第五百九十二
第十五靜慮波羅蜜多分之二　三藏法師玄奘奉　詔譯
尒時滿慈子白佛言世尊云何菩薩摩訶薩衆安
住靜慮波羅蜜多攝受般若波羅蜜多於
諸靜慮及靜慮支不生味著亦無退轉於諸
靜慮及靜慮支不起我想分別執著復持
如是相應善根迴向趣求一切智智尒時佛告
滿慈子言若諸菩薩摩訶薩衆安住靜慮
波羅蜜多於諸靜慮及靜慮支發起無著無
常想等復持如是相應善根迴向趣求一切智
智如是菩薩摩訶薩衆安住靜慮波羅蜜
多攝受般若波羅蜜多於諸靜慮及靜慮
支不生味著亦無退轉時滿慈子復白佛言
云何菩薩摩訶薩衆安住靜慮波羅蜜多攝
受精進波羅蜜多尒時佛告滿慈子言若諸菩
薩摩訶薩衆安住靜慮波羅蜜多起過欲界
諸雜染法方便趣入四種靜慮四無色定寂靜
安樂還復棄捨受欲界身精進脩行布施
淨戒安忍精進靜慮般若波羅蜜多及餘無
邊菩提分法如是菩薩摩訶薩衆安住靜慮

BD09454 號　大般若波羅蜜多經（兌廢稿）卷五九二　（2–1）

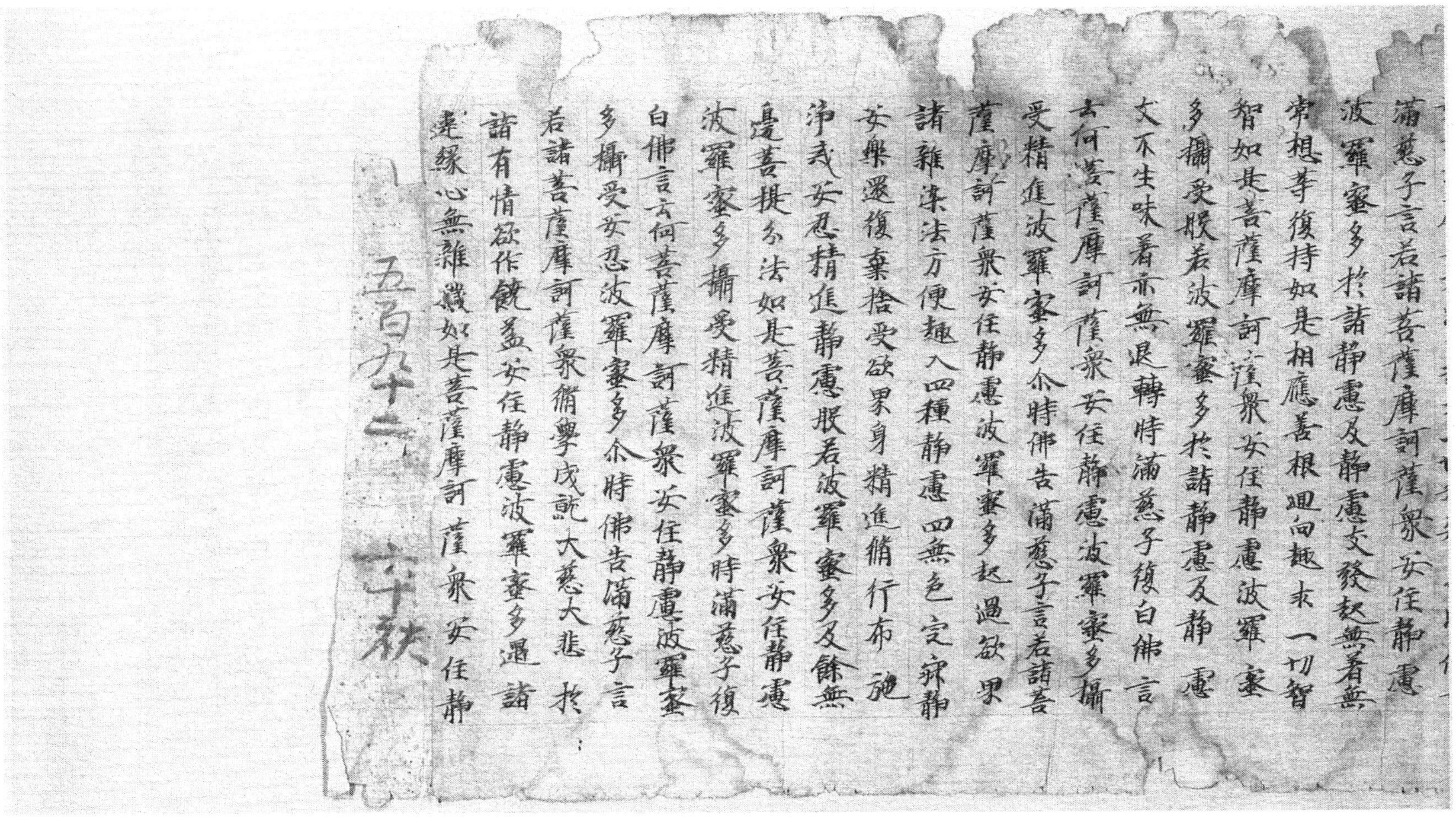

滿慈子言若諸菩薩摩訶薩衆安住靜慮
波羅蜜多於諸靜慮及靜慮支發起無著無
常想等復持如是相應善根迴向趣求一切智
智如是菩薩摩訶薩衆安住靜慮波羅蜜
多攝受般若波羅蜜多於諸靜慮及靜慮
支不生味著亦無退轉時滿慈子復白佛言
云何菩薩摩訶薩衆安住靜慮波羅蜜多攝
受精進波羅蜜多尒時佛告滿慈子言若諸菩
薩摩訶薩衆安住靜慮波羅蜜多起過欲界
諸雜染法方便趣入四種靜慮四無色定寂靜
安樂還復棄捨受欲界身精進脩行布施
淨戒安忍精進靜慮般若波羅蜜多及餘無
邊菩提分法如是菩薩摩訶薩衆安住靜慮
波羅蜜多攝受精進波羅蜜多時滿慈子復
白佛言云何菩薩摩訶薩衆安住靜慮波羅蜜
多攝受安忍波羅蜜多尒時佛告滿慈子言
若諸菩薩摩訶薩衆脩學成就大慈大悲於
諸有情欲作饒益安住靜慮波羅蜜多遇諸
違緣心無雜識如是菩薩摩訶薩衆安住靜
五百九十二

BD09454 號　大般若波羅蜜多經（兌廢稿）卷五九二　（2–2）

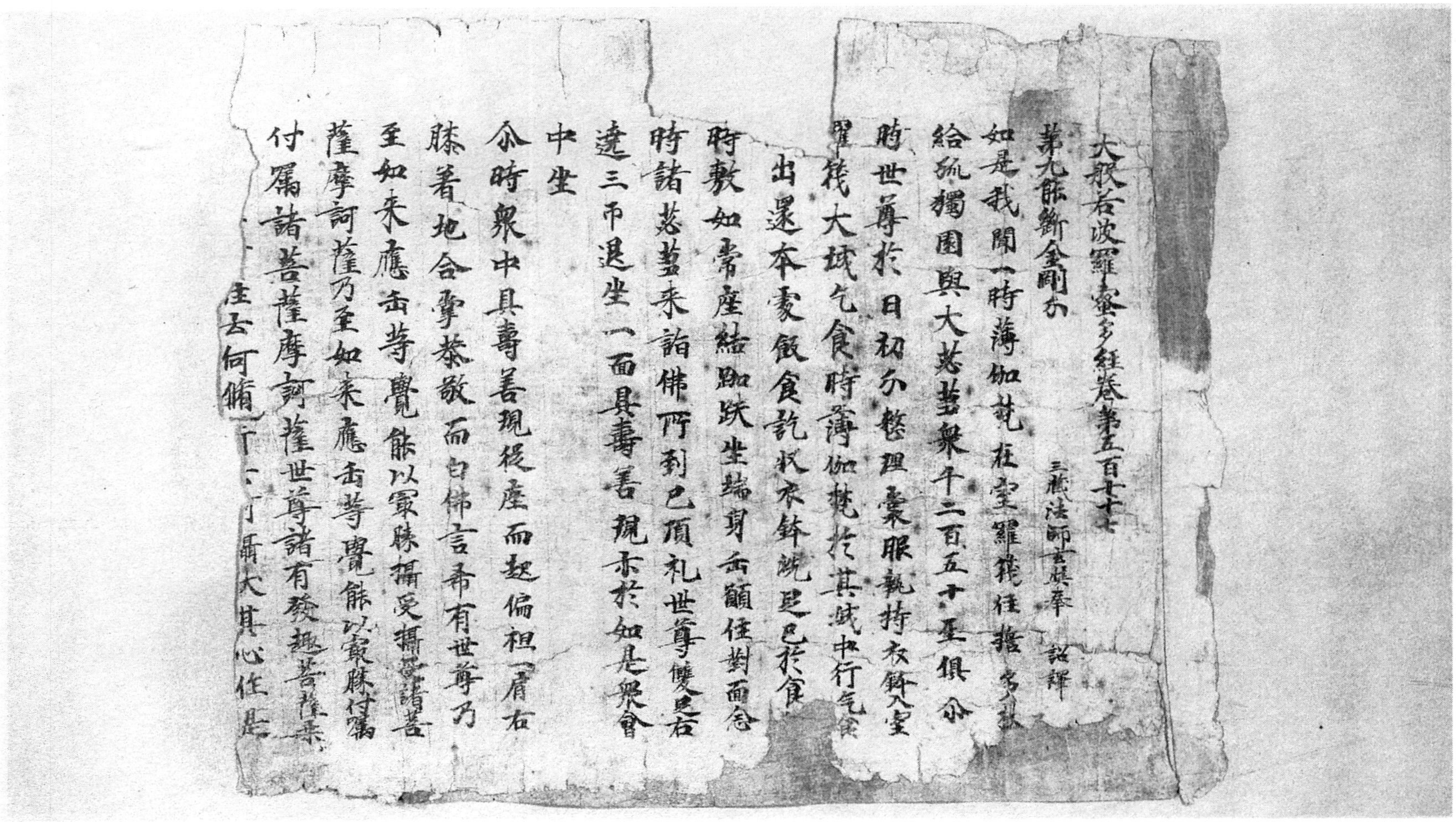

大般若波羅蜜多經卷第五百七十七
第九能斷金剛分 三藏法師玄奘奉 詔譯
如是我聞一時薄伽梵在室羅筏住誓多林
給孤獨園與大苾芻衆千二百五十人俱尒
時世尊於日初分整理裳服執持衣鉢入室
羅筏大城乞食時薄伽梵於其城中行乞食
出還本處飯食訖收衣鉢洗足已於食
時敷如常座結跏趺坐端身正願住對面念
時諸苾芻來詣佛所到已頂禮世尊雙足右
遶三帀退坐一面具壽善現亦於如是衆會
中坐
尒時衆中具壽善現從座而起偏袒一肩右
膝著地合掌恭敬而白佛言希有世尊乃
至如來應正等覺能以最勝攝受攝受諸菩
薩摩訶薩乃至如來應正等覺能以最勝付囑
付囑諸菩薩摩訶薩世尊諸有發趣菩薩乘
住云何脩[illegible]其心住是

BD09455號　大般若波羅蜜多經卷五七七　（1–1）

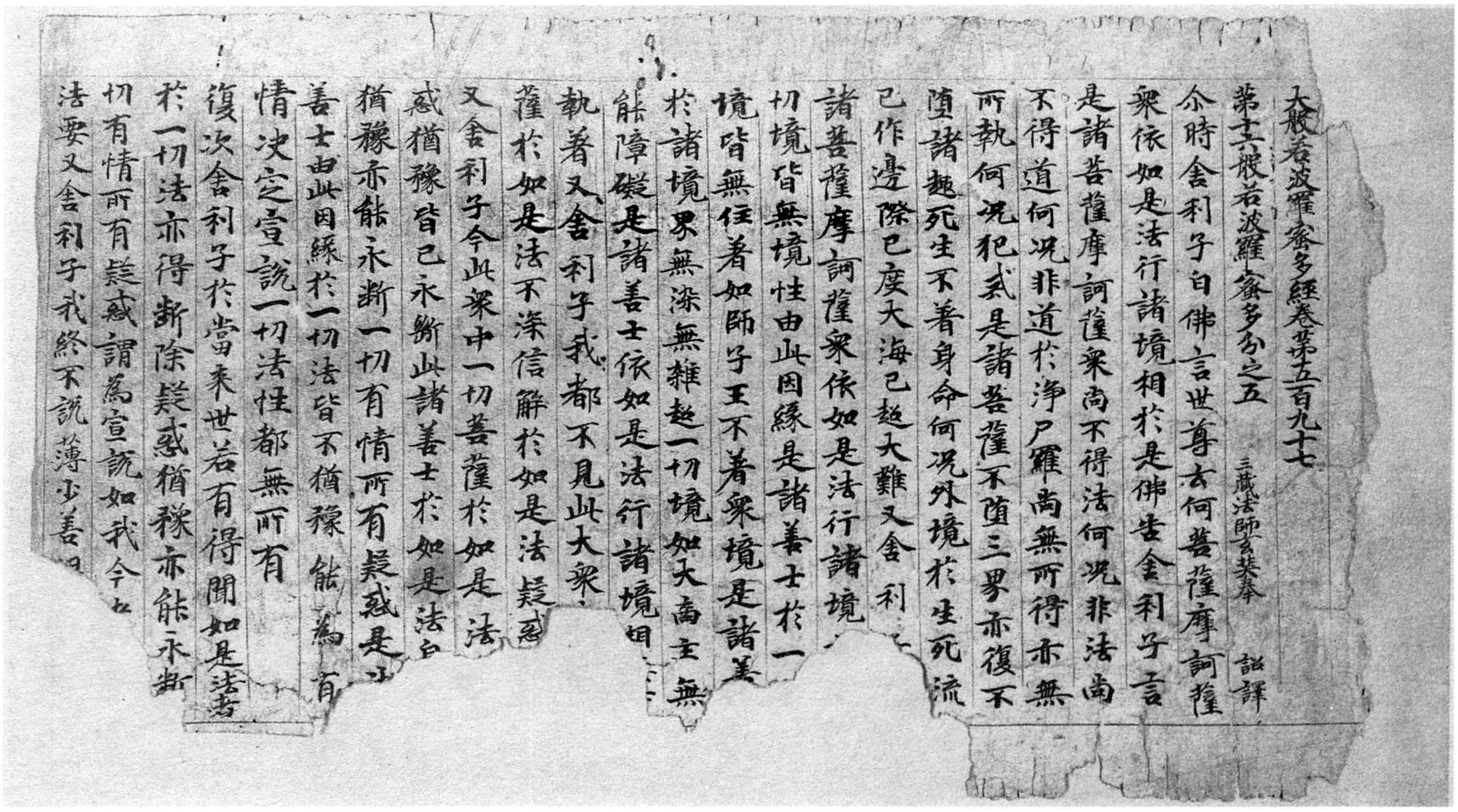

大般若波羅蜜多經卷第五百九十七
第十六般若波羅蜜多分之五 三藏法師玄奘奉 詔譯
尒時舍利子白佛言世尊云何菩薩摩訶薩
衆依如是法行諸境相於是佛告舍利子言
是諸菩薩摩訶薩衆尚不得法何況非法尚
不得道何況非道於淨尸羅尚無所得亦無
所執何況犯戒是諸菩薩不墮三界亦復不
墮諸趣死生不著身命何況外境於生死流
已作邊際已度大海已越大難又舍利
諸菩薩摩訶薩衆依如是法行諸境
切境皆無境性由此因緣是諸善士於一
境皆無住著如師子王不著衆境是諸善
於諸境界無染無雜超一切境如大商主無
能障礙是諸善士依如是法行諸境[illegible]
執著又舍利子我都不見此大衆
薩於如是法不深信解於如是法疑惑
又舍利子今此衆中一切菩薩於如是法
惑猶豫皆已永斷此諸善士於如是法[illegible]
猶豫亦能永斷一切有情所有疑惑是
善士由此因緣於一切法皆不猶豫能為有
情決定宣說一切法性都無所有
復次舍利子於當來世若有得聞如是法善
於一切法亦得斷除疑惑猶豫亦能永斷
切有情所有疑惑謂為宣說如我今
法要又舍利子我終不說薄少善

BD09456號　大般若波羅蜜多經卷五九七　（1–1）

BD09456 號背　勘記　（1–1）

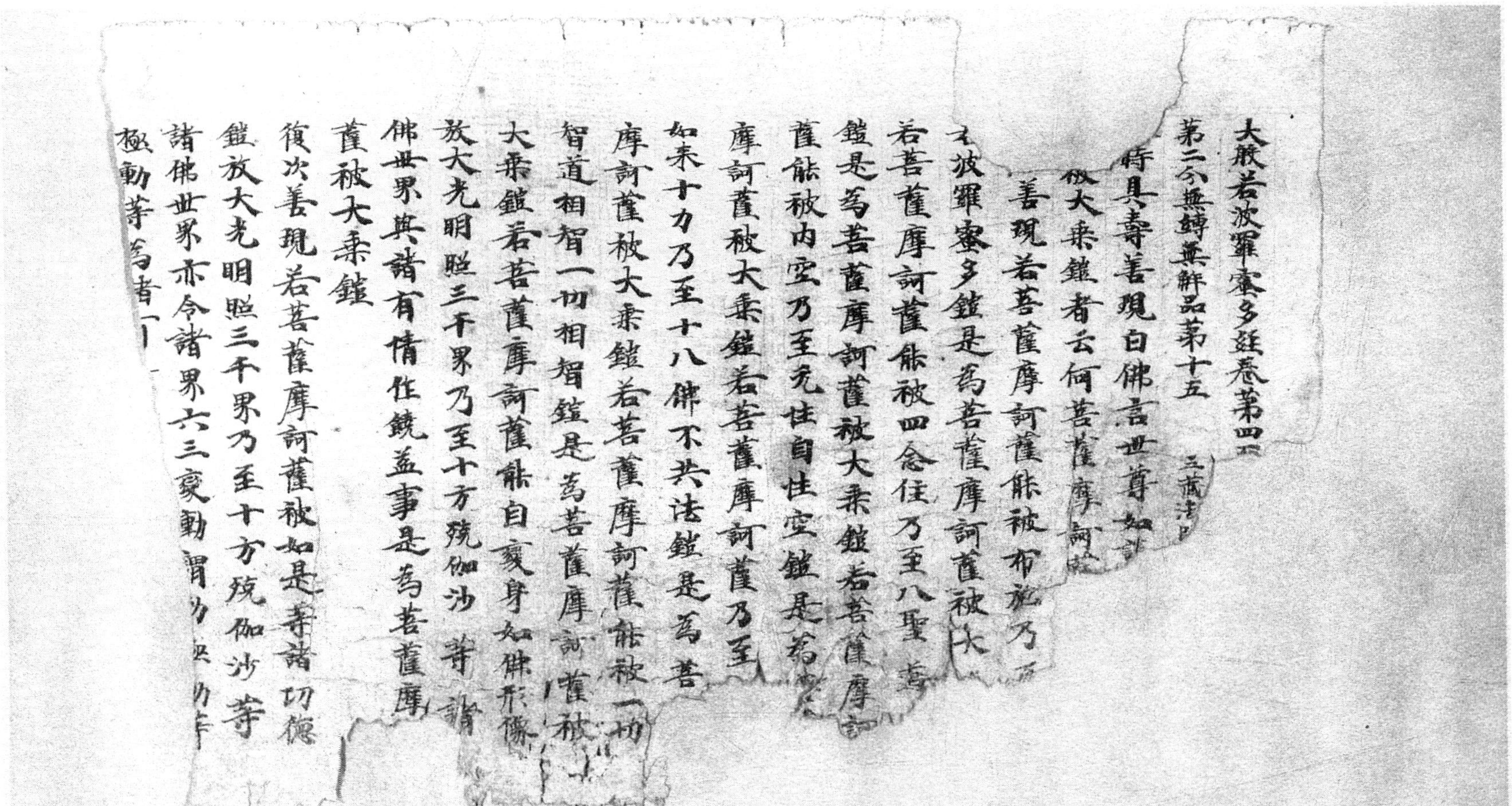

BD09457 號　大般若波羅蜜多經卷四一三　（1–1）

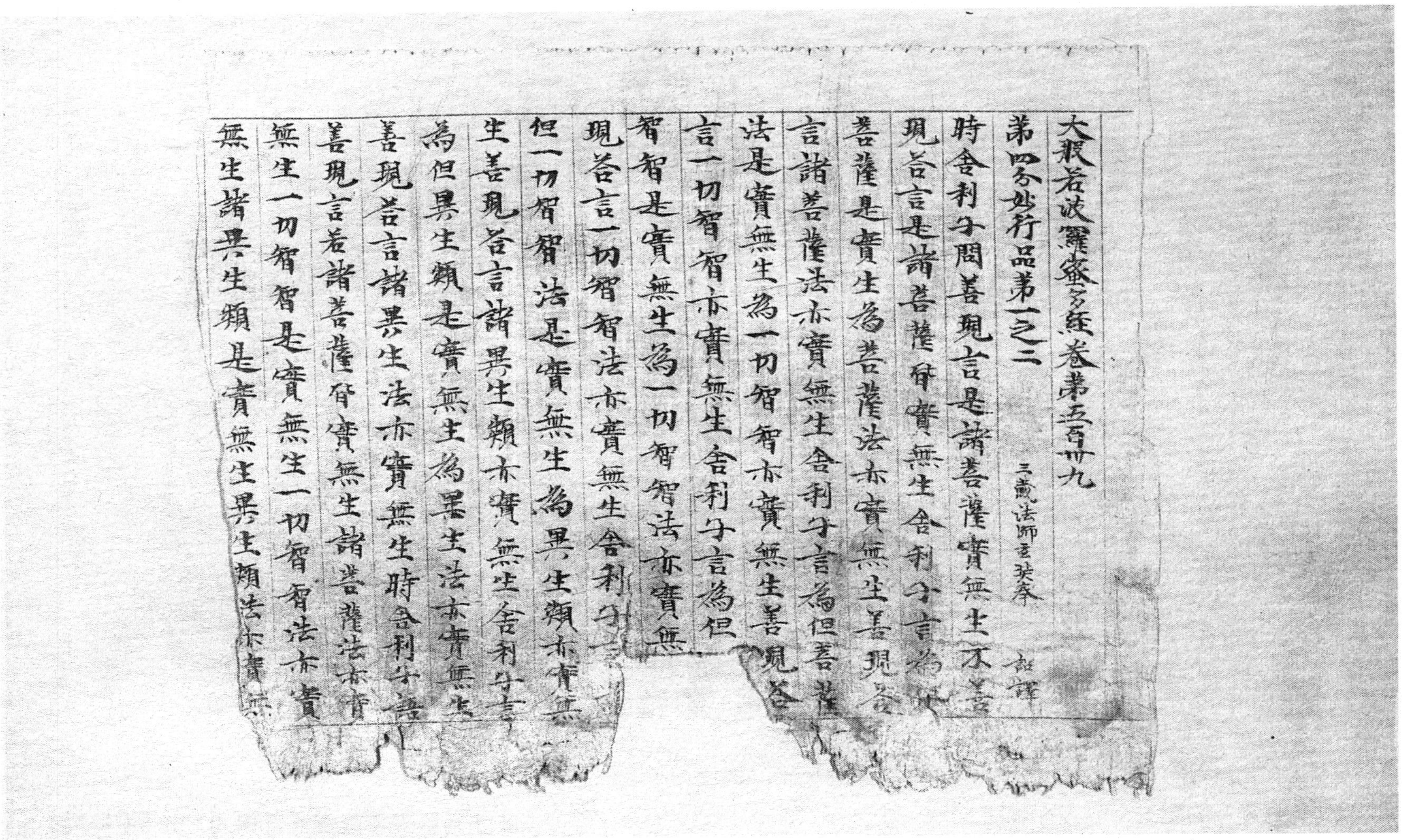

大般若波羅蜜多經卷第五百卅九

三藏法師玄奘奉　詔譯

第四分妙行品第一之二

時舍利子問善現言是諸菩薩實無生不善

現答言是諸菩薩實無生舍利子言為

菩薩是實生為菩薩法亦實無生善現答

言諸菩薩法亦實無生舍利子言為但菩薩

法是實無生為一切智智亦實無生善現答

言一切智智亦實無生舍利子言為但

智智是實無生為一切智智法亦實無

現答言一切智智法亦實無生舍利子言

但一切智智法是實無生為異生類亦實無

生善現答言諸異生類亦實無生舍利子言

為但異生類是實無生為異生法亦實無生

善現答言諸異生法亦實無生時舍利子語

善現言若諸菩薩實無生諸菩薩法亦實

無生一切智智是實無生一切智智法亦實

無生諸異生類是實無生異生類法亦實無

BD09458 號　大般若波羅蜜多經卷五三九　（1-1）

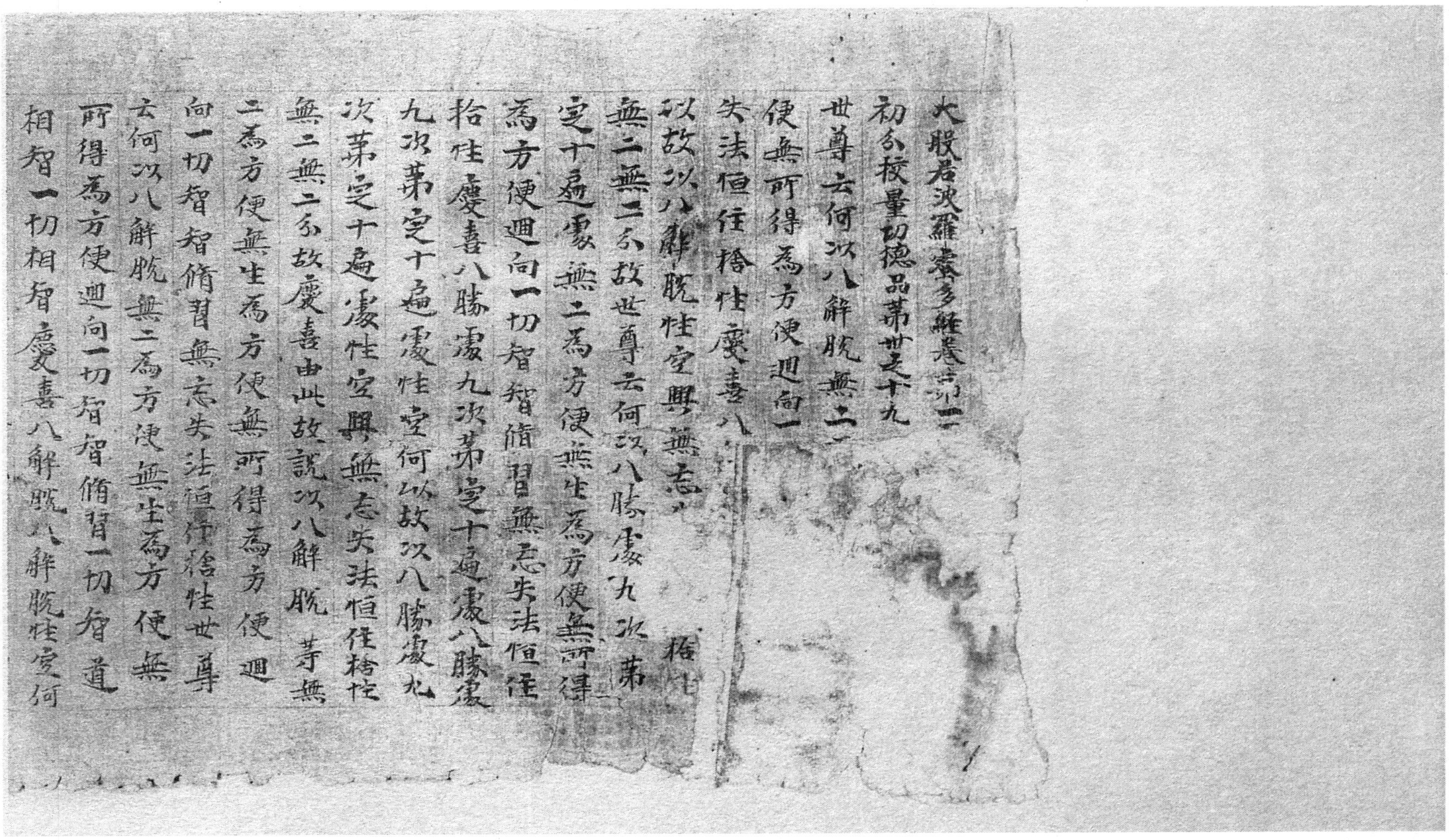

大般若波羅蜜多經卷第一百廿一

初分校量功德品第卅之十九

世尊云何以八解脫無二

便無所得為方便迴向一

失法恒住捨性慶喜八

以故以八解脫性空與無忘

無二無二分故世尊云何以八勝處九次第

定十遍處無二為方便無生為方便無所得

為方便迴向一切智智脩習無忘失法恒住

捨性慶喜八勝處九次第定十遍處八勝處

九次第定十遍處性空何以故以八勝處九

次第定十遍處性空與無忘失法恒住捨性

無二無二分故慶喜由此故說以八解脫等無

二為方便無生為方便無所得為方便迴

向一切智智脩習無忘失法恒住捨性世尊

云何以八解脫無二為方便無生為方便無

所得為方便迴向一切智智脩習一切智道

相智一切相智慶喜八解脫八解脫性空何

BD09459 號　大般若波羅蜜多經卷一二一　（2-1）

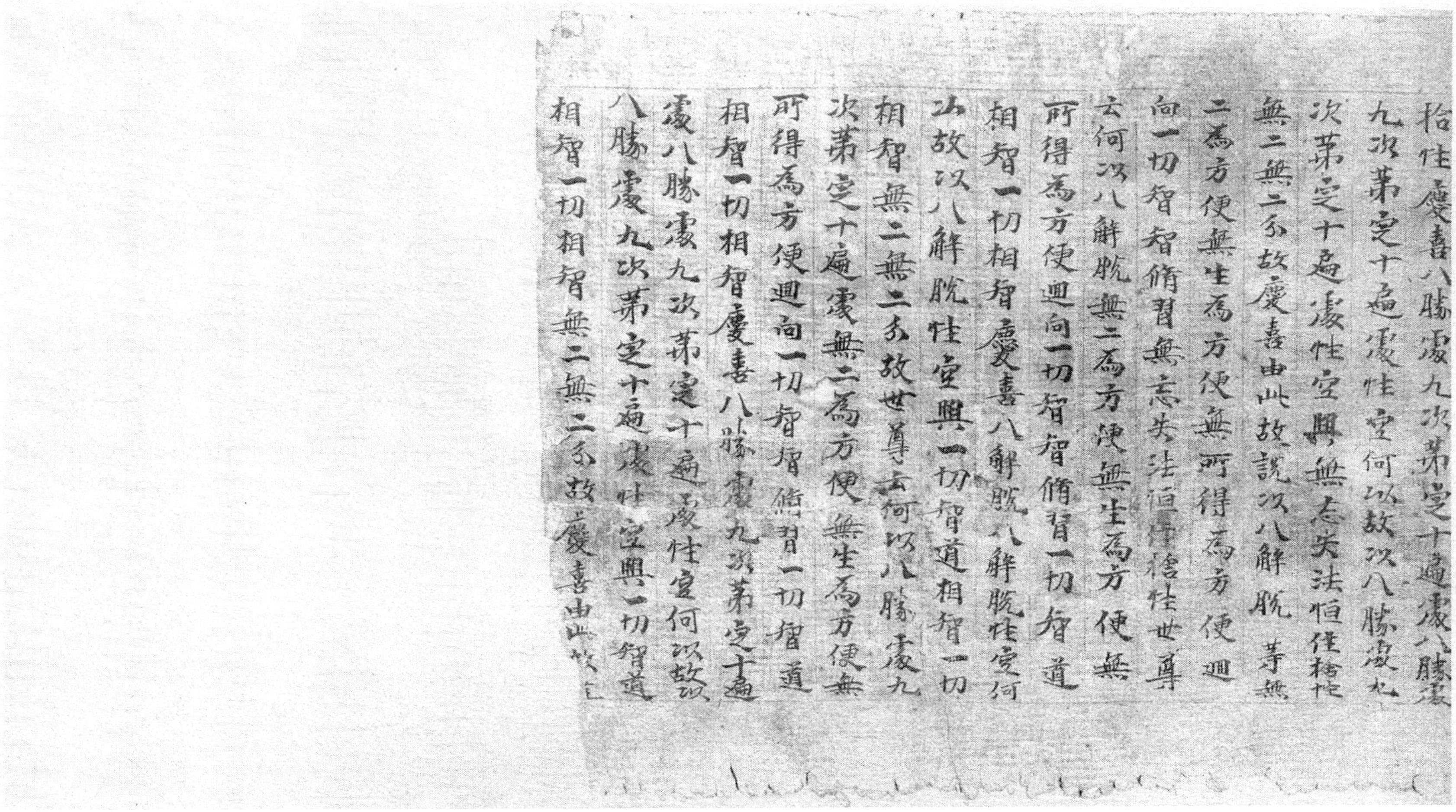

捨性慶喜八勝處九次第定十遍處八勝處
九次第定十遍處性空何以故以八勝處九
次第定十遍處性空與無忘失法恒住捨性
無二無二分故慶喜由此故說以八解脫等無
二為方便無生為方便無所得為方便迴
向一切智智脩習無忘失法恒住捨性世尊
云何以八解脫無二為方便無生為方便無
所得為方便迴向一切智智脩習一切智道
相智一切相智慶喜八解脫八解脫性空何
以故以八解脫性空與一切智道相智一切
相智無二無二分故世尊云何以八勝處九
次第定十遍處無二為方便無生為方便無
所得為方便迴向一切智智脩習一切智道
相智一切相智慶喜八勝處九次第定十遍
處八勝處九次第定十遍處性空何以故以
八勝處九次第定十遍處性空與一切智道
相智一切相智無二無二分故慶喜由此故

BD09459號　大般若波羅蜜多經卷一二一　（2–2）

BD09460號　大般若波羅蜜多經（兌廢稿）卷五〇六　（2–1）

訶波羅蜜多。善現答言：世尊！以深般若波羅蜜
多於色不作大不作小，於受想行識亦不
作大不作小，如是乃至於佛無上正等菩提
不作大不作小；於諸如來應正等覺亦不作
大不作小，於色不作集不作散，於受想行
識亦不作集不作散，如是乃至於佛無上正等

BD09460號　大般若波羅蜜多經（兌廢稿）卷五〇六　（2–2）

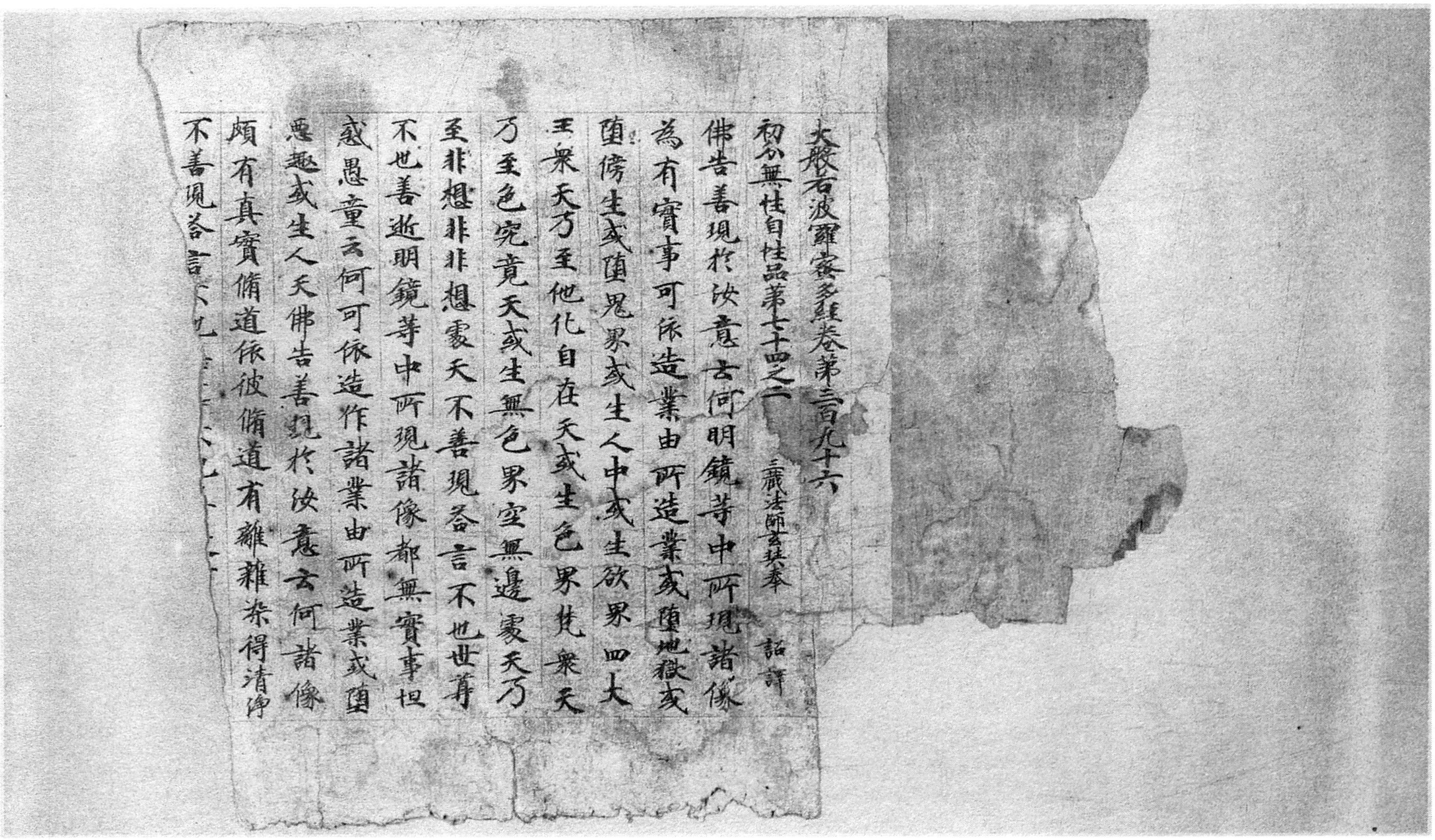

大般若波羅蜜多經卷第三百九十六
初分無性自性品第七十四之二　三藏法師玄奘奉　詔譯
佛告善現：於汝意云何？明鏡等中所現諸像
爲有實事可依造業由所造業或墮地獄，或
墮傍生，或墮鬼界，或生人中，或生欲界四大
王衆天，乃至他化自在天，或生色界梵衆天
乃至色究竟天，或生無色界空無邊處天乃
至非想非非想處天不？善現答言：不也，世尊！
不也，善逝！明鏡等中所現諸像都無實事，但
惑愚童。云何可依造作諸業，由所造業或墮
惡趣，或生人天？佛告善現：於汝意云何？諸像
頗有真實修道，依彼修道有離雜染得清淨
不？善現答言：不也……

BD09461號　大般若波羅蜜多經卷三九六　（1–1）

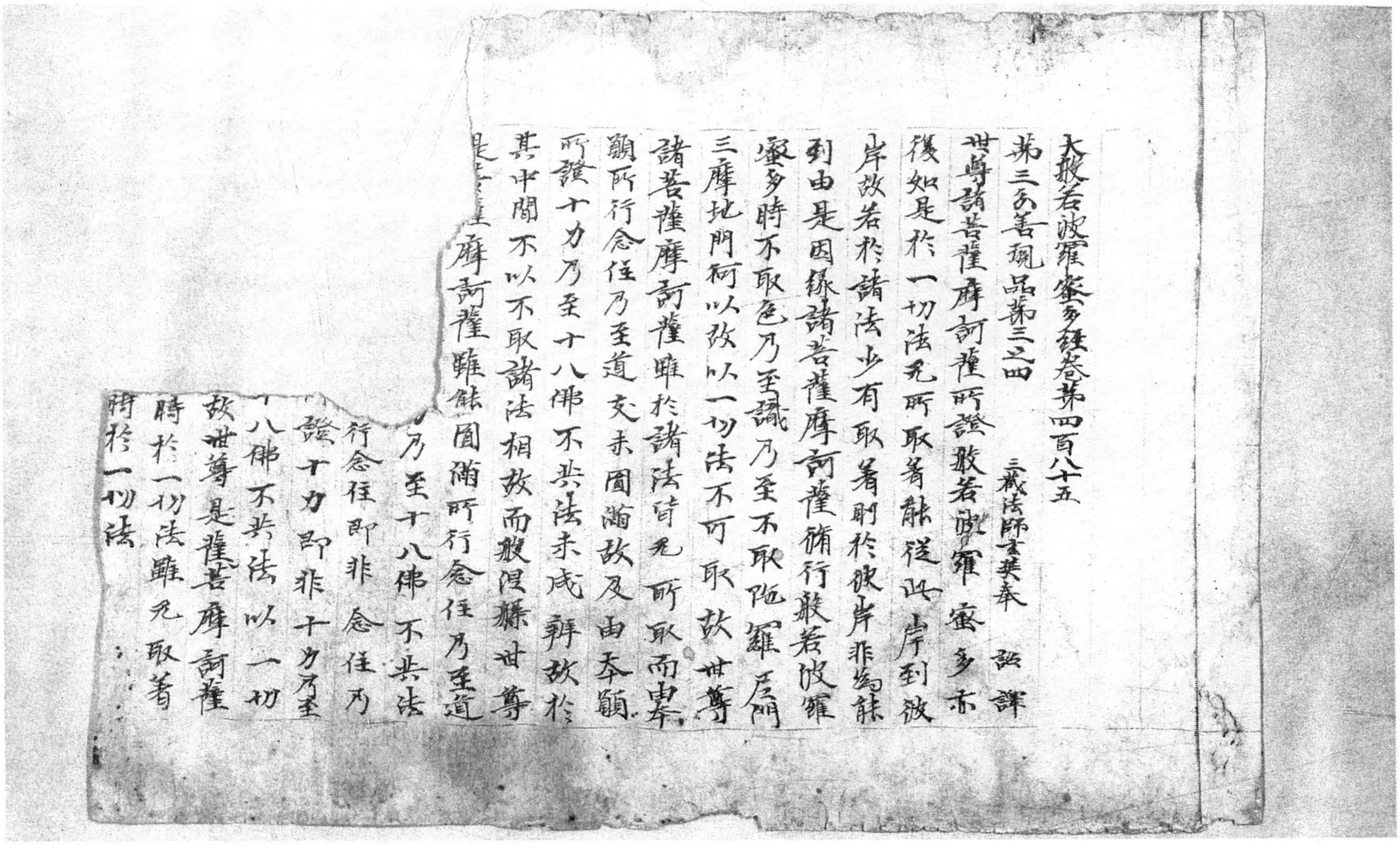
大般若波羅蜜多經卷第四百八十五
三藏法師玄奘奉　詔譯
第三分善現品第三之四
世尊諸菩薩摩訶薩所證般若波羅蜜多亦
復如是於一切法无所取著能從此岸到彼
岸故若於諸法少有取著則於彼岸非為能
到由是因緣諸菩薩摩訶薩脩行般若波羅
蜜多時不取色乃至識乃至不取陁羅尼門
三摩地門何以故以一切法不可取故世尊
諸菩薩摩訶薩雖於諸法皆无所取而本所
願所行念住乃至道支未圓滿故及由本願
所證十力乃至十八佛不共法未成辦故於
其中間不以不取諸法相故而般涅槃世尊
是菩薩摩訶薩雖能圓滿所行念住乃至道
乃至十八佛不共法
行念住即非念住乃
證十力即非十力乃至
八佛不共法以一切
故世尊是菩薩摩訶薩
時於一切法雖无取著
時於一切法

BD09462號　大般若波羅蜜多經（兑廢稿）卷四八五　（1–1）

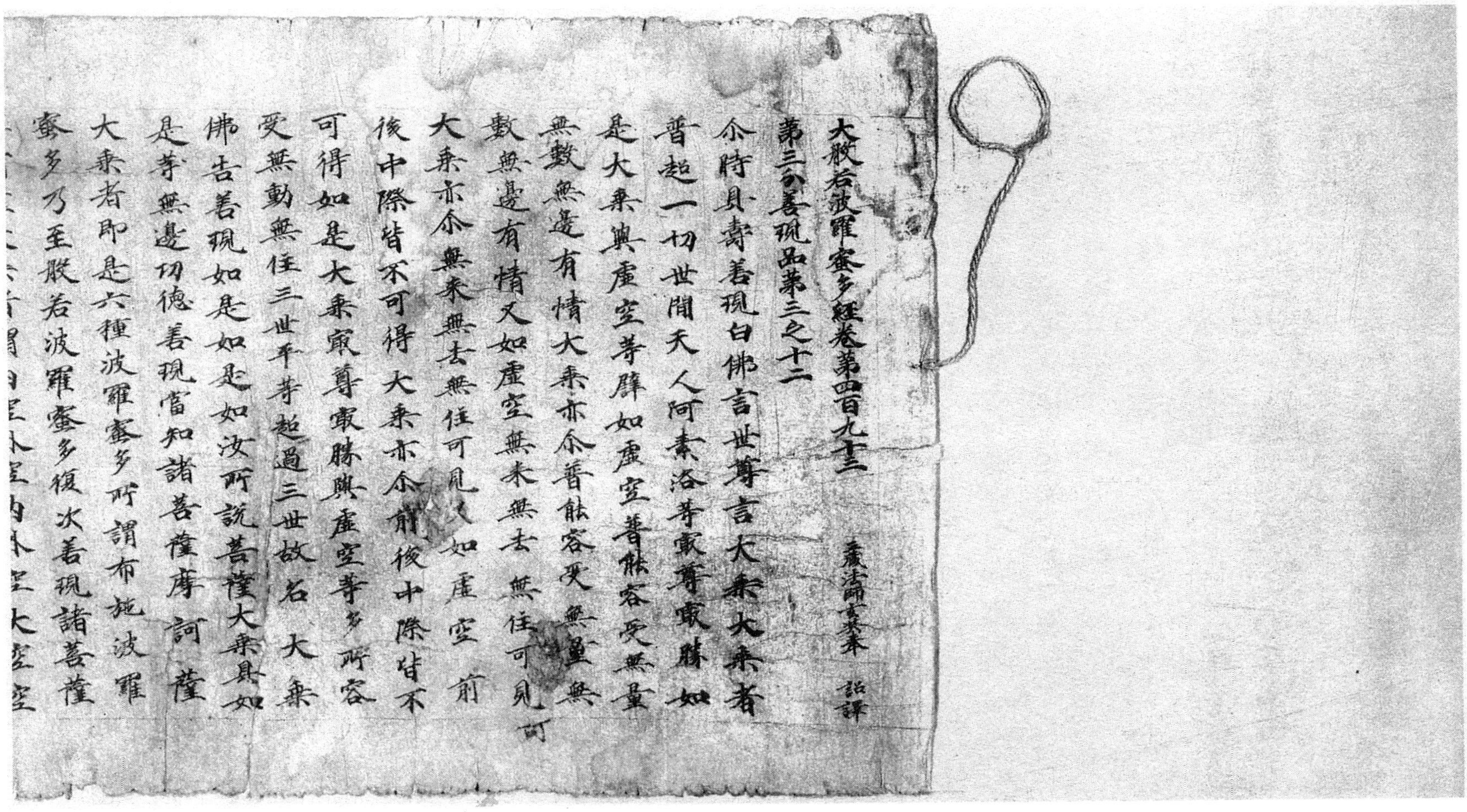
大般若波羅蜜多經卷第四百九十三
三藏法師玄奘奉　詔譯
第三分善現品第三之十二
尒時具壽善現白佛言世尊言大乘大乘者
普超一切世間天人阿素洛等㝡尊㝡勝如
是大乘與虛空等譬如虛空普能容受無量
無數無邊有情大乘亦尒普能容受無量無
數無邊有情又如虛空無來無去無住可見可
大乘亦尒無來無去無住可見又如虛空前
後中際皆不可得大乘亦尒前後中際皆不
可得如是大乘㝡尊㝡勝與虛空等多所容
受無動無住三世平等超過三世故名大乘
佛告善現如是如是如汝所說菩薩大乘具如
是等無邊功德善現當知諸菩薩摩訶薩
大乘者即是六種波羅蜜多所謂布施波羅
蜜多乃至般若波羅蜜多復次善現諸菩薩
外空內外空大空空

BD09463號　大般若波羅蜜多經卷四九三　（2–1）

後中際皆不可得大乘亦尒前後中際皆不
可得如是大乘㝡尊㝡勝與虛空等多所容
受無動無住三世平等超過三世故名大乘
佛告善現如是如是如汝所說菩薩大乘具如
是等無邊功德善現當知諸菩薩摩訶薩
大乘者即是六種波羅蜜多所謂布施波羅
蜜多乃至般若波羅蜜多復次善現諸菩薩
摩訶薩大乘者謂內空外空內外空大空空
空勝義空有為空無為空畢竟空無際空無
散空本性空自相空一切法空無性空無性自
性空復次善現諸菩薩摩訶薩大乘者即是
一切陀羅尼門所謂文字陀羅尼等無量無
數陀羅尼門復次善現諸菩薩摩訶薩大乘
者即是一切三摩地門所謂健行三摩地等
無量無數三摩地門復次善現諸菩薩摩訶
薩大乘者謂三十七菩提分法三解脫門廣
說乃至十八佛不共法等無量無邊殊勝功
德當知皆是菩薩大乘復次善現汝說大乘

BD09463號　大般若波羅蜜多經卷四九三　（2–2）

大般若波羅蜜
第三分善現品第三之
尒時具壽善現白
布施波羅蜜多
戒安忍精進靜
波羅蜜多若諸菩薩欲
羅蜜多欲遍知受想行
多若諸菩薩欲遍知眼
多欲遍知耳鼻舌身意
多若諸菩薩欲遍知色處
多欲遍知聲香味觸法處
多若諸菩薩欲遍知眼界
多欲遍知耳鼻舌身意界

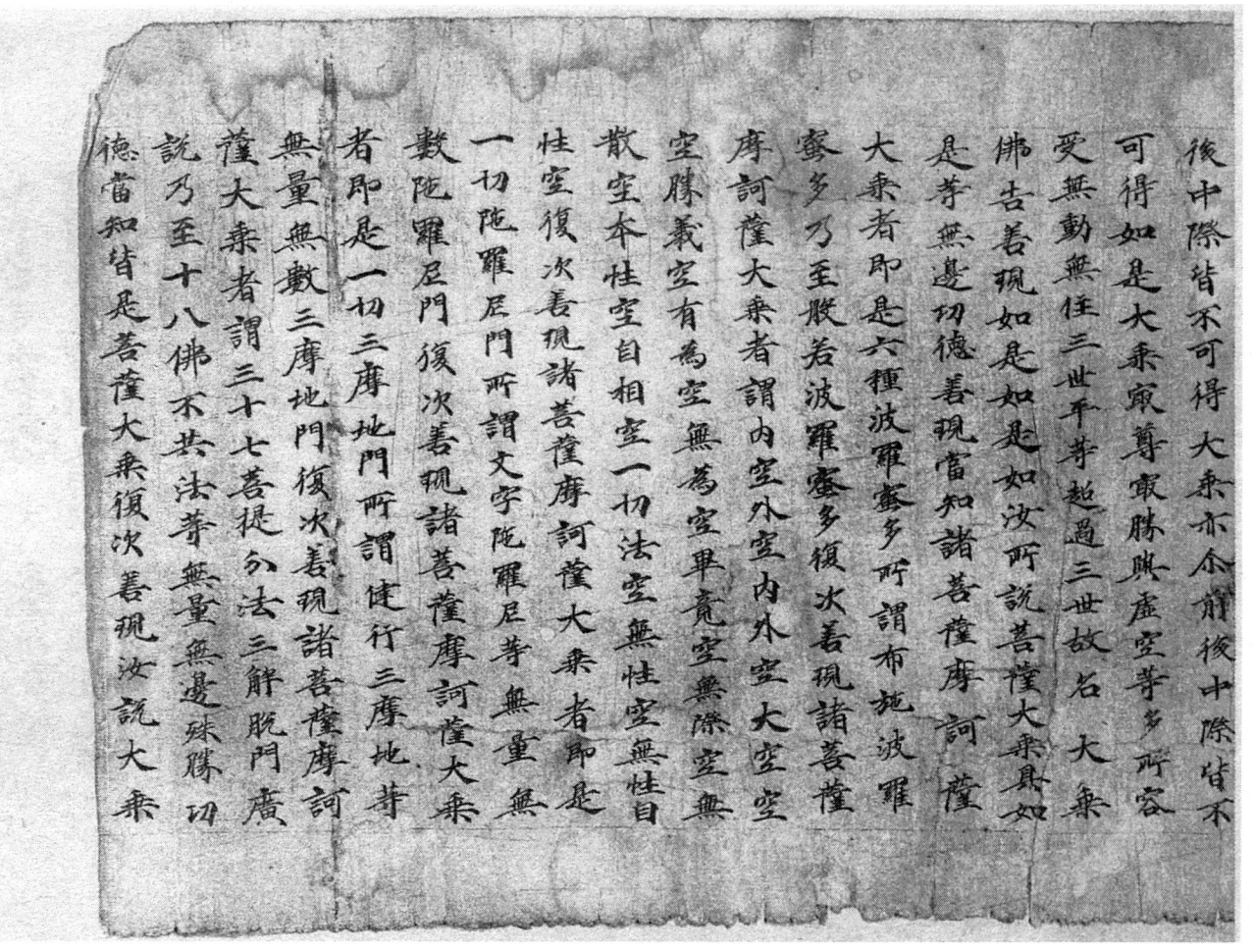

BD09464號　大般若波羅蜜多經卷四八四　（3–1）

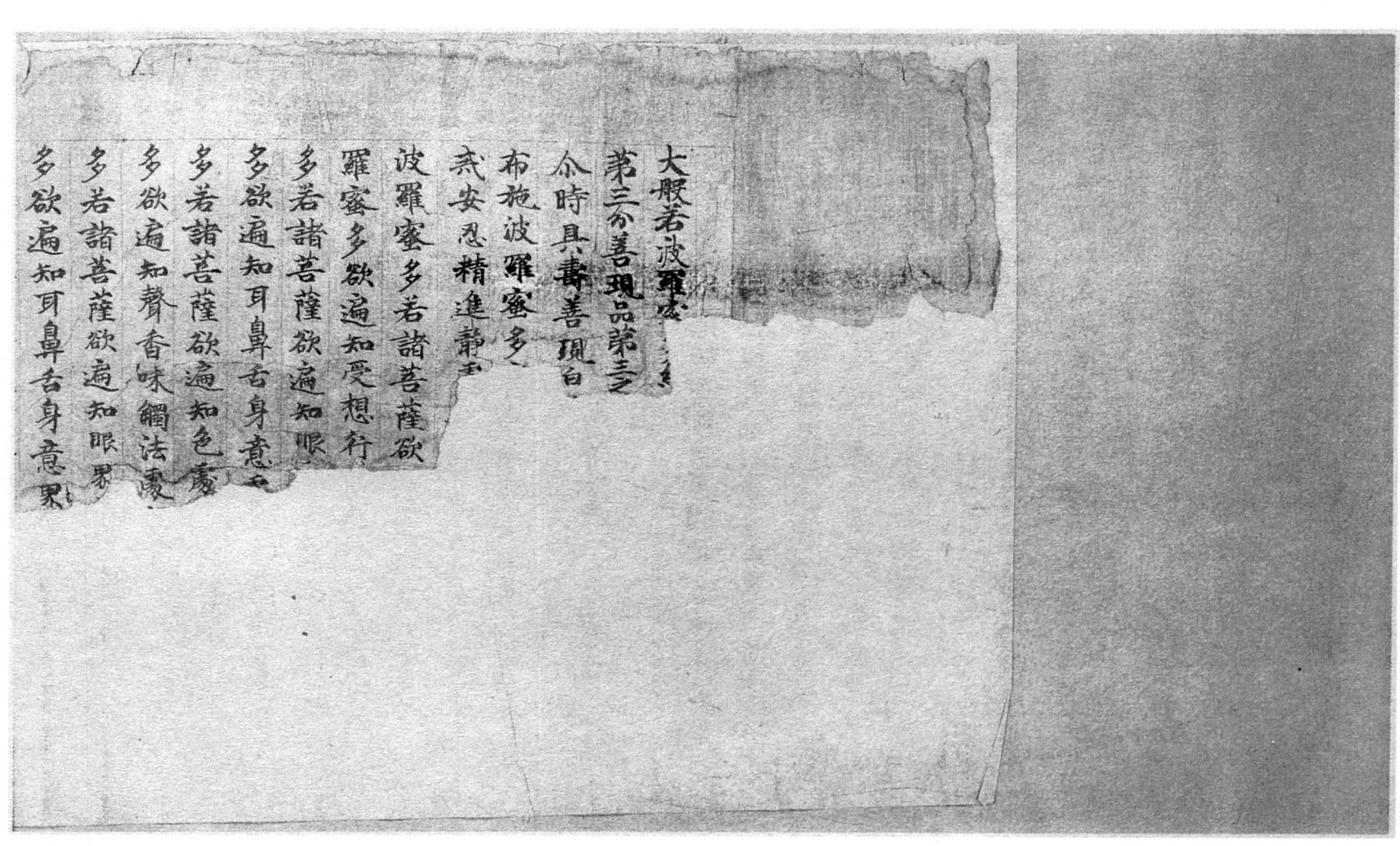

多若諸菩薩欲遍知眼
多欲遍知耳鼻舌身意處
多若諸菩薩欲遍知色處
多欲遍知聲香味觸法處
多若諸菩薩欲遍知眼界
多欲遍知耳鼻舌身意界
多若諸菩薩欲遍知色界應
多欲遍知聲香味觸法界應學般若波
多若諸菩薩欲遍知眼識界應學般
蜜多欲遍知耳鼻舌身意識界應學
羅蜜多若諸菩薩欲遍知眼觸應學般若
羅蜜多欲遍知耳鼻舌身意觸應學般若
羅蜜多諸若菩薩欲遍知眼觸為緣所生諸
受應學般若波羅蜜多欲遍知耳鼻舌身意
觸為緣所生諸受應學般若波羅　者
菩薩欲遍知地界應學般若波
知水火風空識界應學般若波羅蜜
菩薩欲遍知無明應學般若波羅蜜
知行識名色六處觸受愛取有生老
般若波羅蜜多若諸菩薩欲永斷貪欲應學
般若波羅蜜多欲永斷瞋恚愚癡應學般若
波羅蜜多若諸菩薩欲永斷薩迦耶見應學
般若波羅蜜多欲永斷戒禁取疑欲貪瞋恚
應學般若波羅蜜多若諸菩薩欲永斷色貪
應學般若波羅蜜多欲永斷無色貪無明慢
悼舉應學般若波羅蜜多若諸菩薩欲永斷
一切隨眠纏結應學般若波羅蜜多若諸菩

BD09464 號　大般若波羅蜜多經卷四八四　（3–2）

知行識名色六處觸受愛取有生老
般若波羅蜜多若諸菩薩欲永斷貪欲應學
般若波羅蜜多欲永斷瞋恚愚癡應學般若
波羅蜜多若諸菩薩欲永斷薩迦耶見應學
般若波羅蜜多欲永斷戒禁取疑欲貪瞋恚
應學般若波羅蜜多若諸菩薩欲永斷色貪
應學般若波羅蜜多欲永斷無色貪無明慢
悼舉應學般若波羅蜜多若諸菩薩欲永斷
一切隨眠纏結應學般若波羅蜜多若諸菩
薩欲永斷四食應學般若波羅蜜多若諸菩
薩欲永斷四軛四瀑流四取四身繫及四顛
倒應學般若波羅蜜多若諸菩薩欲遠離十
不善業道應學般若波羅蜜多若諸菩薩欲
受行十善業道應學般若波羅蜜多若諸菩
薩欲圓滿四靜慮應學般若波羅蜜多欲圓
滿四無量四無色定應學般若波羅〻
諸菩薩欲圓滿四念住應學
欲圓滿四正斷四神足五根五力
八聖道支應學般若波羅蜜〻
圓滿佛十力應學般若波羅

BD09464 號　大般若波羅蜜多經卷四八四　（3–3）

BD09465 號背　護首　　（1–1）

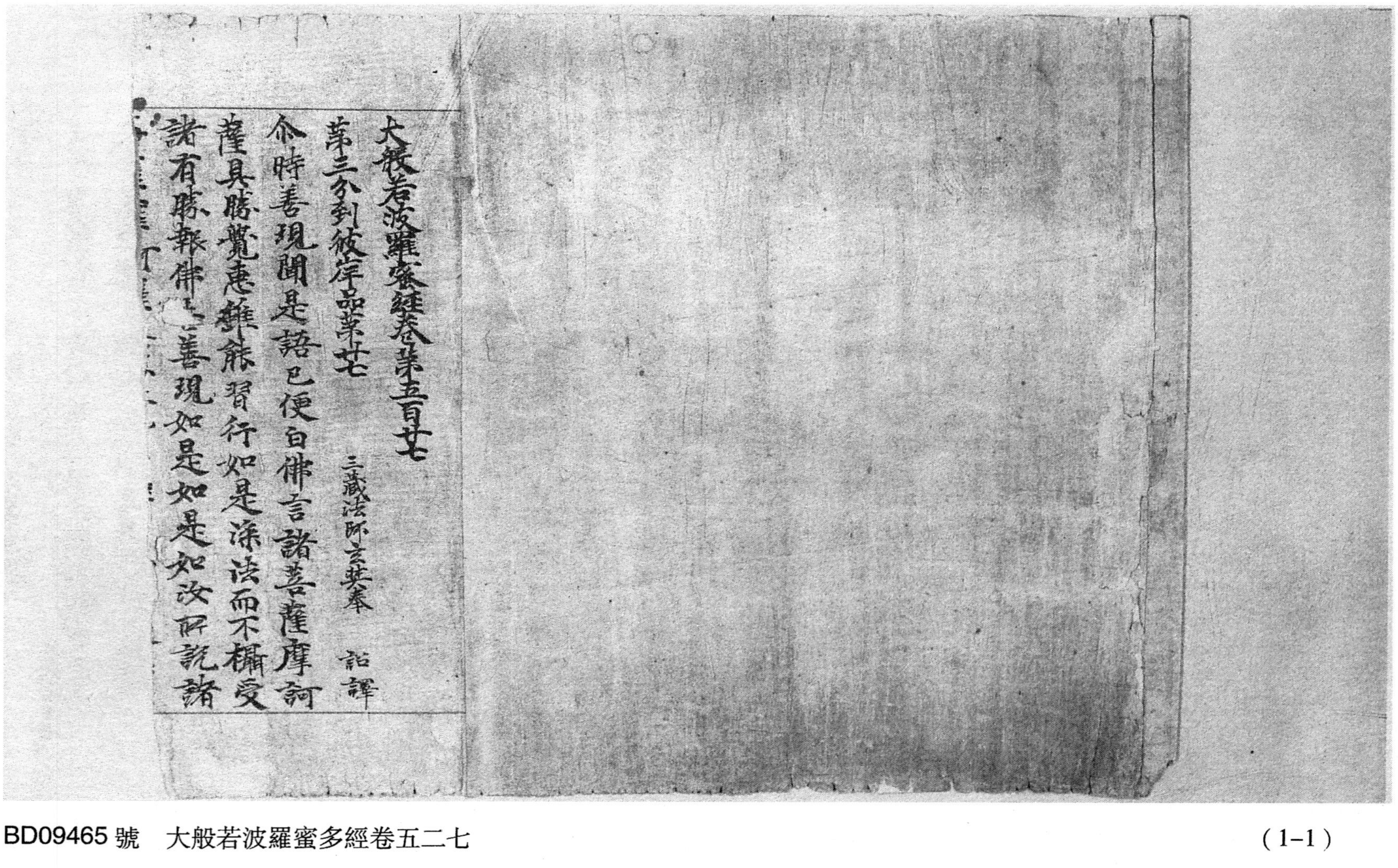

大般若波羅蜜多經卷第五百廿七
第三分到彼岸品第廿七　三藏法師玄奘奉　詔譯
尒時善現聞是語已便白佛言諸菩薩摩訶
薩具勝覺慧雖能習行如是深法而不稱受
諸有勝報佛告善現如是如是如汝所說諸

BD09465 號　大般若波羅蜜多經卷五二七　　（1–1）

大般若波羅蜜多經卷第二
初分難信解品第卅四之卅一
復次善現無際空清淨故色
一切智智清淨何以故若無際空清淨若色
清淨若一切智智清淨無二無二分無別無
斷故無際空清淨故受想行識清淨受想行
識清淨故一切智智清淨何以故若無際空
清淨若受想行識清淨若一切智智清淨無
二無二分無別無斷故善現無際空清淨故
眼處清淨眼處清淨故一切智智清淨何以
故若無際空清淨若眼處清淨若一切智智
清淨無二無二分無別無斷故無際空清淨
故耳鼻舌身意處清淨耳鼻舌身意處清
淨故一切智智清淨何以故若無際空清淨若
耳鼻舌身意處清淨若一切智智清淨無二
無二分無別無斷故善現無際空清淨故色

BD09466號　大般若波羅蜜多經卷二一二　（2–1）

清淨若受想行識清淨若一切智智清淨無
二無二分無別無斷故善現無際空清淨故
眼處清淨眼處清淨故一切智智清淨何以
故若無際空清淨若眼處清淨若一切智智
清淨無二無二分無別無斷故無際空清淨
故耳鼻舌身意處清淨耳鼻舌身意處清
淨故一切智智清淨何以故若無際空清淨若
耳鼻舌身意處清淨若一切智智清淨無二
無二分無別無斷故善現無際空清淨故色
處清淨色處清淨故一切智智清淨何以故
若無際空清淨若色處清淨若一切智智清
淨無二無二分無別無斷故無際空清淨故
聲香味觸法處清淨聲香味觸法處清淨故
一切智智清淨何以故若無際空清淨若聲
香味觸法處清淨若一切智智清淨無二無
二分無別無斷故善現無際空清淨故眼界
清淨眼界清淨故一切智智清淨何以故若
無際空清淨若眼界清淨若一切智智清淨
無二無二分無別無斷故

BD09466號　大般若波羅蜜多經卷二一二　（2–2）

大般若波羅蜜多經卷第二百八十三
初分難信解品第卅四之一百二　　三藏法師玄奘奉
善現一切智智清淨故四靜慮清淨四
清淨故不還果清淨何以故若一切智
淨若四靜慮清淨若不還果清淨无
分无別无斷故一切智智清淨故四无
无色定清淨四无量四无色定清淨
果清淨何以故若一切智智清淨若
四无色定清淨若不還果清淨无二无
无別无斷故善現一切智智清淨故
清淨八解脫清淨故不還果清淨何以
一切智智清淨若八解脫清淨若不還

BD09467 號　大般若波羅蜜多經卷二八三　　　（2–1）

分无別无斷故一切智智清淨故四无
无色定清淨四无量四无色定清淨
果清淨何以故若一切智智清淨若
四无色定清淨若不還果清淨无二无
无別无斷故善現一切智智清淨故
清淨八解脫清淨故不還果清淨何以
一切智智清淨若八解脫清淨若不還
淨无二无二分无別无斷故一切智智
故八勝處九次第定十遍處清淨八勝
次第定十遍處清淨故不還果清淨
若一切智智清淨若八勝處九次第定
處清淨若不還果清淨无二无二分无
无斷故善現一切智智清淨故四念住清
念住清淨故不還果清淨何以故
智清淨若四念住清淨若不還果
无二分无別无斷故一切智智清淨
斷四神足五根五力七等覺支八聖
淨四正斷乃至八聖道支清淨故不
淨何以故若一切智智清淨若四正斷
八聖道支清淨若不還果清　无二无
无別

BD09467 號　大般若波羅蜜多經卷二八三　　　（2–2）

卷第一百廿三
卅之廿一
力無二為方
便迴向一切
相智慶喜
力性空與一
一無二分故世
大慈大悲
方便無生為
分迴向一切智智脩習一
切相智慶喜四無所畏四無
大喜大捨十八佛不共法四
解大慈大悲大喜大捨十八
何以故以四無所畏四無礙解
喜大捨十八佛不共法性空與一切智
[illegible]

BD09468 號　大般若波羅蜜多經卷一二三　（4–1）

大喜大捨十八佛不共法四
解大慈大悲大喜大捨十八
何以故以四無所畏四無礙解
喜大捨十八佛不共法性空與一切智
智一切相智無二無二分故慶喜由
以佛十力等無二為方便無生為方
得為方便迴向一切智智脩習一切
智一切相智世尊云何以佛十力
便無生為方便無所得為方便
智脩習一切陁羅尼門一切三摩
佛十力佛十力性空何以故以
與一切陁羅尼門一切三摩地門
分故世尊云何以四無所畏四無礙
大悲大喜大捨十八佛不共法無
無生為方便無所得為方便迴向
脩習一切陁羅尼門一切三摩
無所畏四無礙解大慈大悲
佛不共法四無所畏四無礙解
喜大捨十八佛不共法性空何
所畏四無礙解大慈大悲大
不共法性空與一切陁羅尼門
門無二無二分故慶喜由此等
等無二為方便無生為方便無所得
迴向一切智智脩習一切陁羅尼門一切三
摩地門世尊云何以佛十力無二為方便無

BD09468 號　大般若波羅蜜多經卷一二三　（4–2）

門無二無二分故慶喜由此故
菩無二為方便無生為方便無所得
迴向一切智智脩習一切陀羅尼門一切三
摩地門世尊云何以佛十力無二為方便無
生為方便無所得為方便迴向一切智智脩
習菩薩摩訶薩行慶喜佛十力佛十力性空
何以故以佛十力性空與彼菩薩摩訶薩行
無二無二分故世尊云何以四無所畏四無礙
解大慈大悲大喜大捨十八佛不共法無
二為方便無生為方便無所得為方便迴向
一切智智脩習菩薩摩訶薩行慶喜四無所
畏四無礙解大慈大悲大喜大捨十八佛
不共法四無所畏四無礙解大慈大悲大喜
大捨十八佛不共法性空何以故以四無所
畏四無礙解大慈大悲大喜大捨十八佛不
共法性空與彼菩薩摩訶薩行無二無二分
故慶喜由此故說以佛十力等無二為方便無
生為方便無所得為方便迴向一切智智脩
習菩薩摩訶薩行世尊云何以佛十力無二
為方便無生為方便無所得為方便迴向一
切智智脩習無上正等菩提慶喜佛十力佛
十力性空何以故以佛十力性空與彼無上
二分故世尊云何以四無
喜大捨十八佛
為方便無所得為

BD09468 號　大般若波羅蜜多經卷一二三　（4–3）

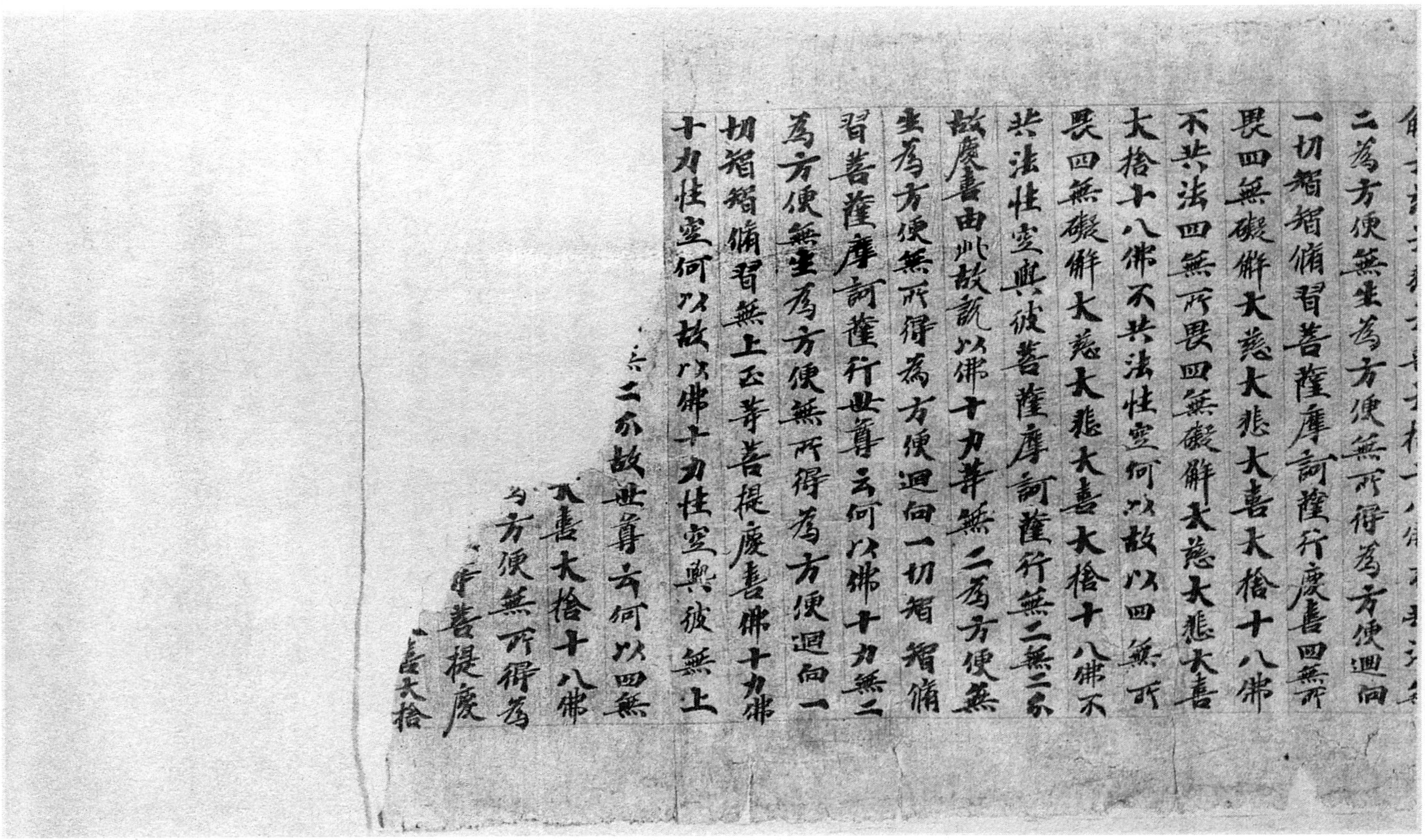
二為方便無生為方便無所得為方便迴向
一切智智脩習菩薩摩訶薩行慶喜四無所
畏四無礙解大慈大悲大喜大捨十八佛
不共法四無所畏四無礙解大慈大悲大喜
大捨十八佛不共法性空何以故以四無所
畏四無礙解大慈大悲大喜大捨十八佛不
共法性空與彼菩薩摩訶薩行無二無二分
故慶喜由此故說以佛十力等無二為方便無
生為方便無所得為方便迴向一切智智脩
習菩薩摩訶薩行世尊云何以佛十力無二
為方便無生為方便無所得為方便迴向一
切智智脩習無上正等菩提慶喜佛十力佛
十力性空何以故以佛十力性空與彼無上
二分故世尊云何以四無
喜大捨十八佛
為方便無所得為
菩提慶
喜大捨

BD09468 號　大般若波羅蜜多經卷一二三　（4–4）

大般若波羅蜜多經卷第一百卌九
初分校量功德品第卅之卌七　　三藏法師玄奘奉　詔譯
復次憍尸迦若善男子善女人等為發無上
菩提心者宣說般若波羅蜜多作如是言汝
善男子應脩般若波羅蜜多不應觀一切獨
覺菩提若常若無常何以故一切獨覺菩提
一切獨覺菩提自性空是一切獨覺菩提自
性即非自性若非自性即是般若波羅蜜多
於此般若波羅蜜多一切獨覺菩提不可得
彼常無常亦不可得所以者何此中尚無一切
獨覺菩提可得何況有彼常與無常汝若能
脩如是般若是脩般若波羅蜜多復作是言汝
善男子應脩般若波羅蜜多不應觀一切獨覺
菩提若樂若苦何以故一切獨覺菩提一切
獨覺菩提自性空是一切獨覺菩提自性即
非自性若非自性即是般若波羅蜜多於此
般若波羅蜜多一切獨覺菩提不可得彼樂
與苦亦不可得所以者何此中尚無一切獨
覺菩提可得何況有彼樂之與苦汝若能脩
如是般若是脩般若波羅蜜多復作是言汝
善…有般若波羅蜜多不應觀一切獨
獨覺菩提
…是自

BD09469 號　大般若波羅蜜多經卷一四九　　　　(1–1)

大般若波羅蜜多經卷第二百七十九
初分難信解品第卅四之九十八　　三藏法師玄奘奉　詔譯
復次善現一切智智清淨故色清淨色清淨
故恒住捨性清淨何以故若一切智智清淨
若色清淨若恒住捨性清淨無二無二分無
別無斷故一切智智清淨故受想行識清
淨受想行識清淨故恒住捨性清淨何以故若
一切智智清淨若受想行識清淨若恒住捨
性清淨無二無二分無別無斷故善現一切
智智清淨故眼處清淨眼處清淨故恒住捨
性清淨何以故若一切智智清淨若眼處清
淨若恒住捨性清淨無二無二分無別無斷
故一切智智清淨故耳鼻舌身意處清淨耳
鼻舌身意處清淨故恒住捨性清淨何以故
若一切智智清淨若耳鼻舌身意處清淨若
恒住捨性清淨無二無二分無別無斷故善
現一切智智清淨故色處清淨色處清淨故
恒住捨性清淨何以故若一切智智清淨若
色處清淨若恒住捨性清淨無二無二分無
別無斷故一切智智清淨故聲香味觸法處

BD09470 號　大般若波羅蜜多經卷二七九　　　　(2–1)

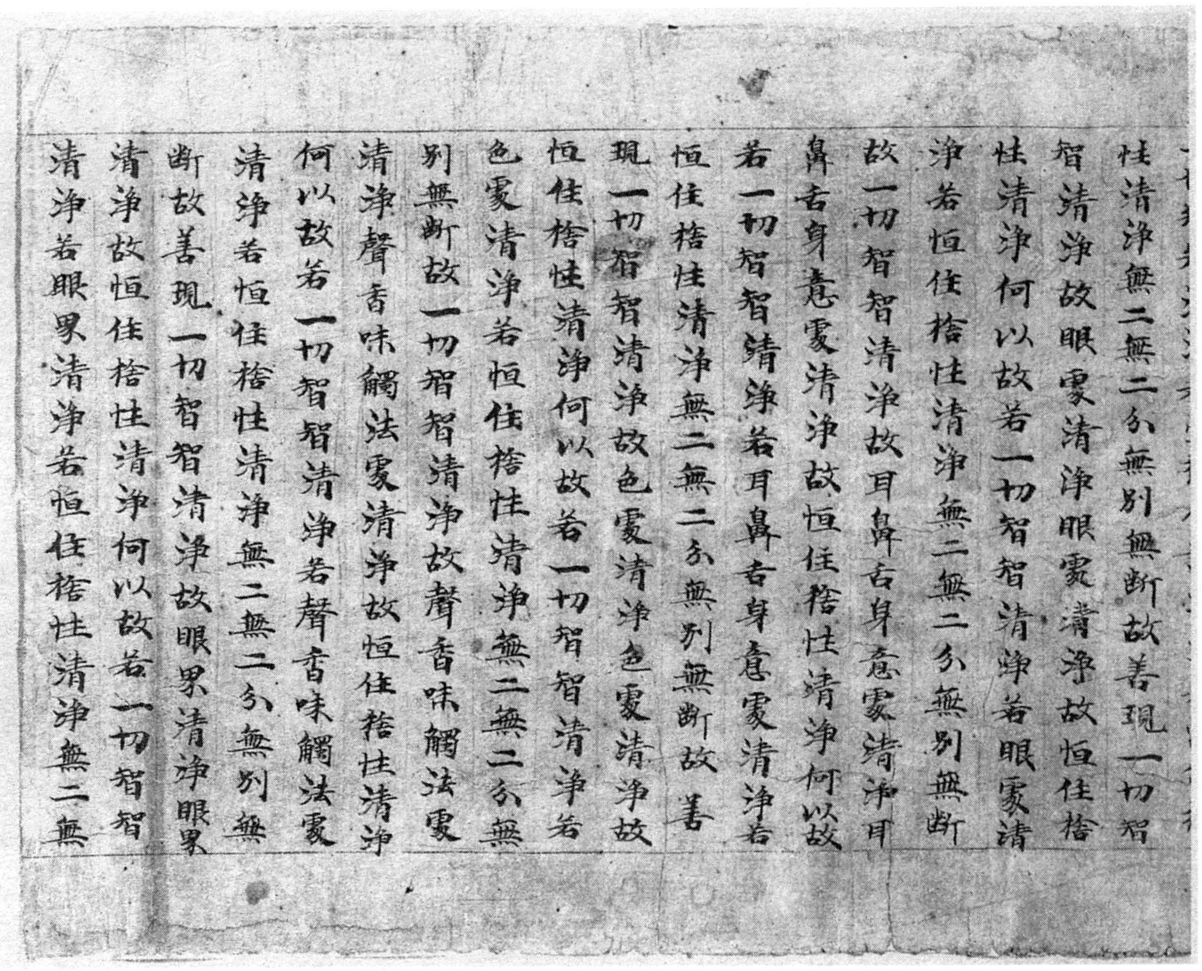
性清淨無二無二分無別無斷故善現一切智
智清淨故眼處清淨眼處清淨故恒住捨
性清淨何以故若一切智智清淨若眼處清
淨若恒住捨性清淨無二無二分無別無斷
故一切智智清淨故耳鼻舌身意處清淨耳
鼻舌身意處清淨故恒住捨性清淨何以故
若一切智智清淨若耳鼻舌身意處清淨若
恒住捨性清淨無二無二分無別無斷故善
現一切智智清淨故色處清淨色處清淨故
恒住捨性清淨何以故若一切智智清淨若
色處清淨若恒住捨性清淨無二無二分無
別無斷故一切智智清淨故聲香味觸法處
清淨聲香味觸法處清淨故恒住捨性清淨
何以故若一切智智清淨若聲香味觸法處
清淨若恒住捨性清淨無二無二分無別無
斷故善現一切智智清淨故眼界清淨眼界
清淨故恒住捨性清淨何以故若一切智智
清淨若眼界清淨若恒住捨性清淨無二無

BD09470 號　大般若波羅蜜多經卷二七九　（2–2）

BD09470 號背　勘記　（1–1）

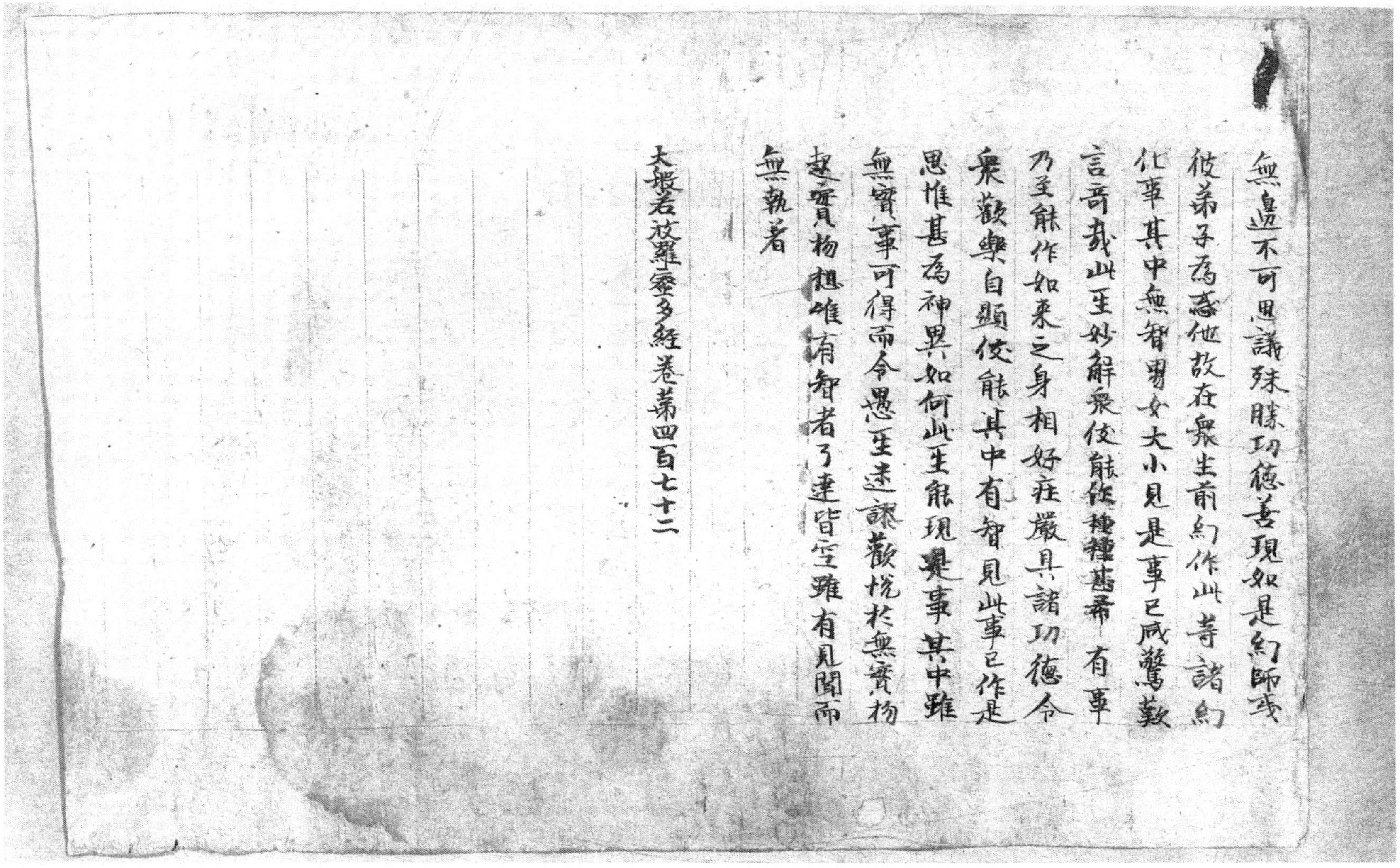

無邊不可思議殊勝功德善現如是幻師或
彼弟子為惑他故在衆生前幻作此等諸幻
化事其中無智男女大小見是事已咸驚歎
言奇哉此王妙解衆伎能作種種希有事
乃至能作如來之身相好莊嚴具諸功德令
衆歡樂自顯伎能其中有智見此事已作是
思惟甚為神異如何此王能現是事其中雖
無實事可得而令愚人迷謬歡悅於無實物
起實物想唯有智者了達皆空雖有見聞而
無執著

大般若波羅蜜多經卷第四百七十二

BD09471 號　大般若波羅蜜多經卷四七二　（1–1）

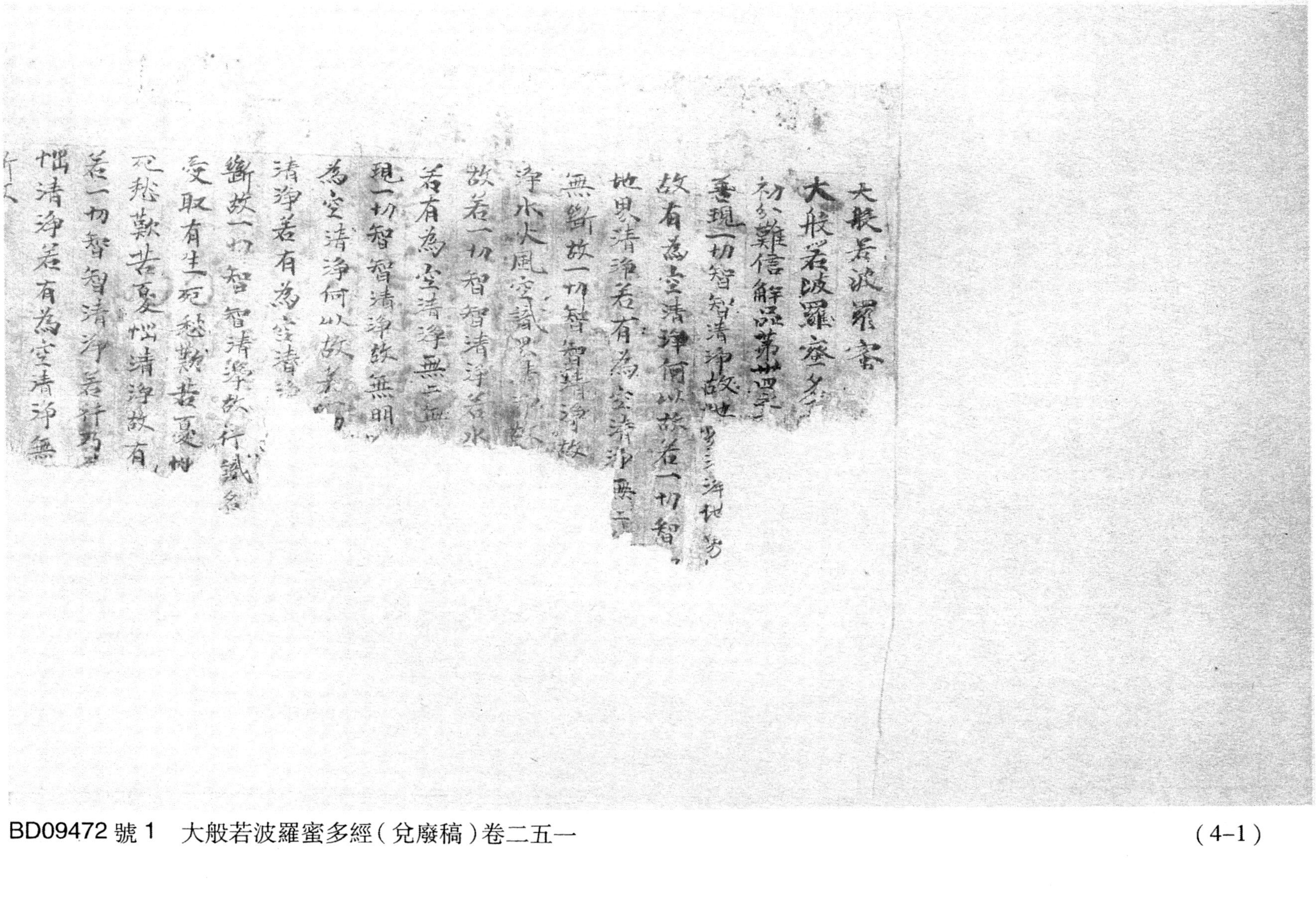

大般若波羅蜜
大般若波羅蜜多
初分難信解品第卅四
善現一切智智清淨故地
故有為空清淨何以故若一切智
地界清淨若有為空清淨無二
無斷故一切智智清淨故
淨水火風空識界
故若一切智智清淨若水
若有為空清淨無二無
現一切智智清淨故無明
為空清淨何以故若
清淨若有為空清
斷故一切智智清淨故行識名
受取有生老死愁歎苦憂惱
死愁歎苦憂惱清淨故有
若一切智智清淨若行乃
惱清淨若有為空清淨無
行

BD09472 號 1　大般若波羅蜜多經（兌廢稿）卷二五一　（4–1）

斷故一切智智清淨故行識名
受取有生老死愁歎苦憂惱
老死愁歎苦憂惱清淨故有
若一切智智清淨若行乃至
惱清淨若有為空清淨無
斷故
善現一切智智清淨
布施波羅蜜多清
若一切智智清淨若布施
有為空清淨無二無二分
智智清淨故淨戒安忍精
蜜多清淨淨戒乃至般若
有為空清淨何以故若
戒乃至般若波羅蜜多
無二無二分無別
淨故内空清淨内空
以故若一切智智清淨若内
空清淨無二無二分無別
淨故外空内外空空空大
無為空畢竟空無
無性空自相空共相空
性空自性空無性自性
性自性空清淨故有 何以故若一
切智智清淨若外空乃至無性自性空清淨
若有為空清淨無二無二分無別無斷故善
現一切智智清淨故真如清淨真如清淨故

BD09472號1　大般若波羅蜜多經（兌廢稿）卷二五一　（4–2）

兌

性空自性空無性自性
性自性空清淨故有 何以故若一
切智智清淨若外空乃至無性自性空清淨
若有為空清淨無二無二分無別無斷故善
現一切智智清淨故真如清淨真如清淨故
有為空清淨何以故若一切智智清淨若真如
清淨若有為空清淨無二無二分無別無斷故
一切智智清淨故法界法性不虛妄性不變異
性平等性離生性法定法住實際虛空界不
思議界清淨法界乃至不思議界清淨故有
為空清淨何以故若一切智智清淨若法界
乃至不思議界清淨若有為空清淨無二無
二分無別無斷故善現一切智智清淨故苦
聖諦清淨苦聖諦清淨故有為空清淨何以
故若一切智智清淨若苦聖諦清淨若有為
空清淨無二無二分無別無斷故一切智智
清淨故集滅道聖諦清淨集滅道聖諦清淨
故有為空清淨何以故若一切智智清淨若
集滅道聖諦清淨若有為空清淨無二
二分無別無斷故善現一切智智清淨故四靜
慮清淨四靜慮清淨故有為空清淨何以故
若一切智智清淨若四靜慮清淨若有為空
清淨無二無二分無別無斷故一切智智清
淨故四無量四無色定清淨四無量四無色定
清淨故有為空清淨何以故若一切智智
清淨若四無量四無色定清淨若有為空清
淨無二無二分無別無斷故善現一切智智
清淨故有為空

BD09472號1　大般若波羅蜜多經（兌廢稿）卷二五一　（4–3）

淨...無二分無別無斷故一切智智清
淨故四無量四無色定清淨四無量四無色定
清淨故有為空清淨何以故若一切智智
清淨若四無量四無色定清淨若有為空清
淨無二無二分無別無斷故善現一切智智
清淨故八解脫清淨八解脫清淨故有為空
清淨何以故若一切智智清淨若八解脫清
淨若有為空清淨無二無二分無別無斷故
一切智智清淨故八勝處九次第定

BD09472 號 1　大般若波羅蜜多經（兑廢稿）卷二五一　（4–4）
BD09472 號 2　大般若波羅蜜多經（雜寫）卷二五六

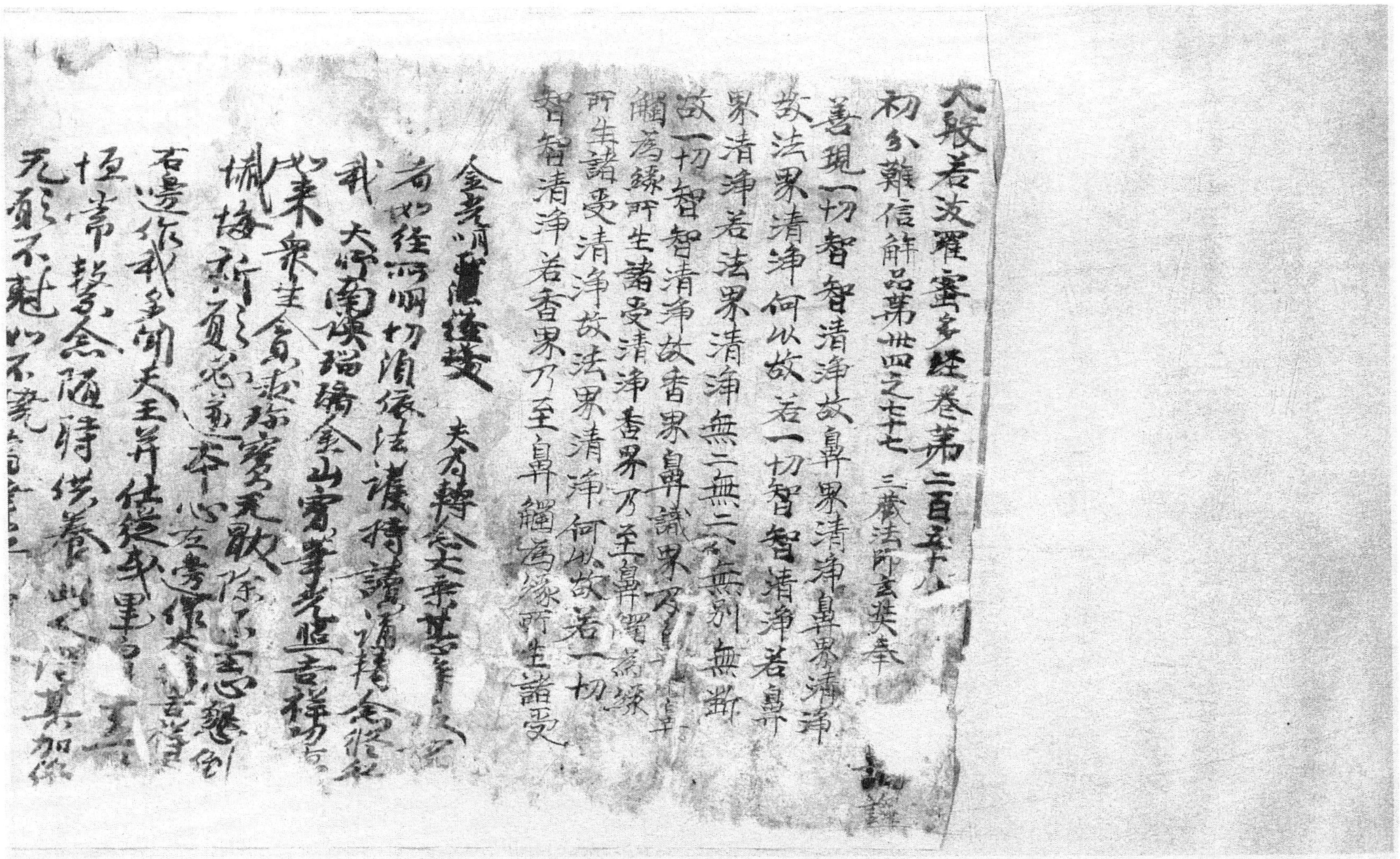
大般若波羅蜜多經卷第二百五十八
初分難信解品第卅四之七十七　三藏法師玄奘奉　詔譯
善現一切智智清淨故鼻界清淨鼻界清淨
故法界清淨何以故若一切智智清淨若鼻
界清淨若法界清淨無二無二分無別無斷
故一切智智清淨故香界鼻識界及鼻觸鼻
觸為緣所生諸受清淨香界乃至鼻觸為緣
所生諸受清淨故法界清淨何以故若一切
智智清淨若香界乃至鼻觸為緣所生諸受

BD09472 號背 1　大般若波羅蜜多經（雜寫）卷二五八　（4–1）
BD09472 號背 2　金光明經文

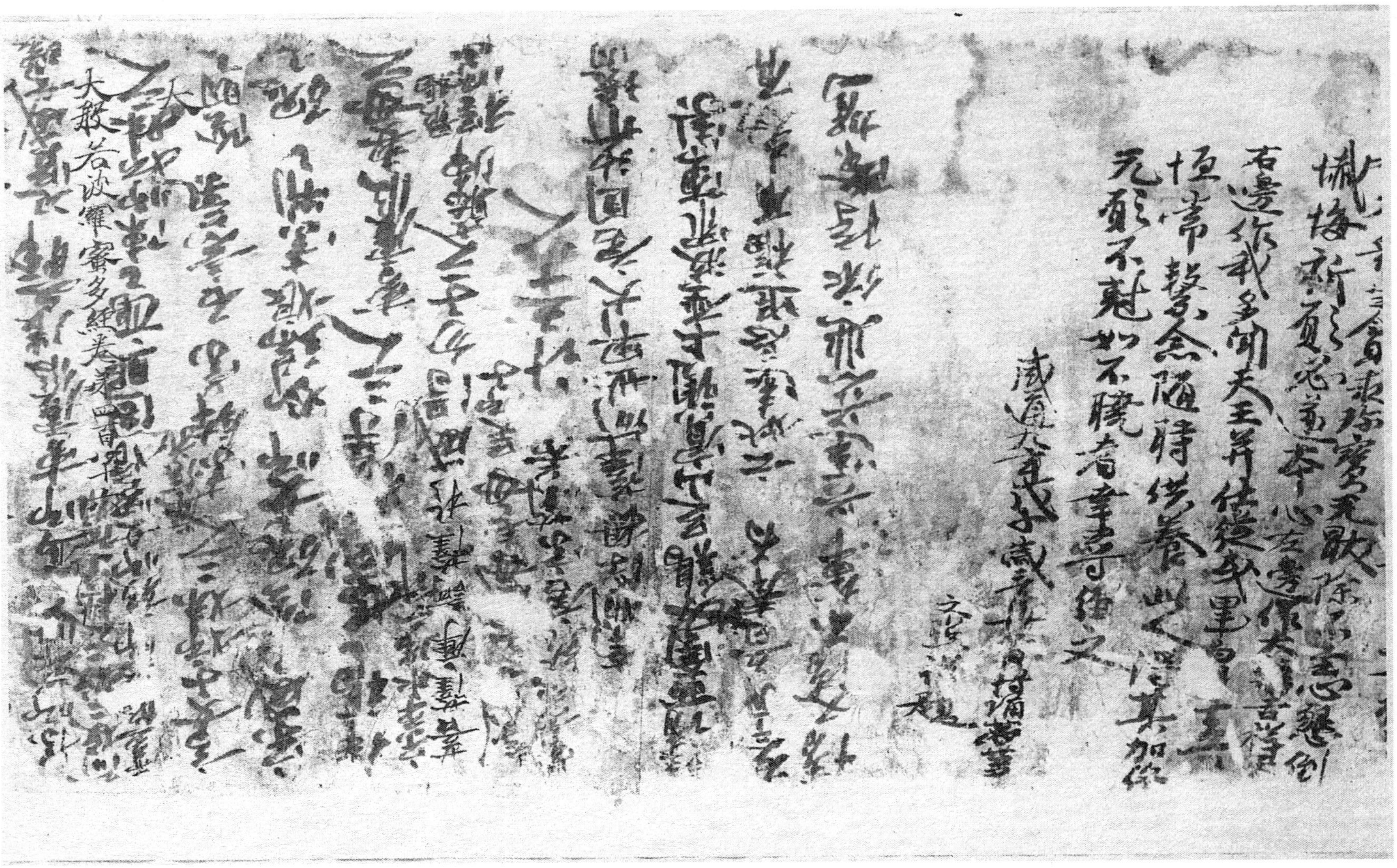

BD09472 號背 2　金光明經文　（4–2）

BD09472 號背 3　龍興寺索僧正等五十八人就唐家藍若請賓頭盧文（擬）

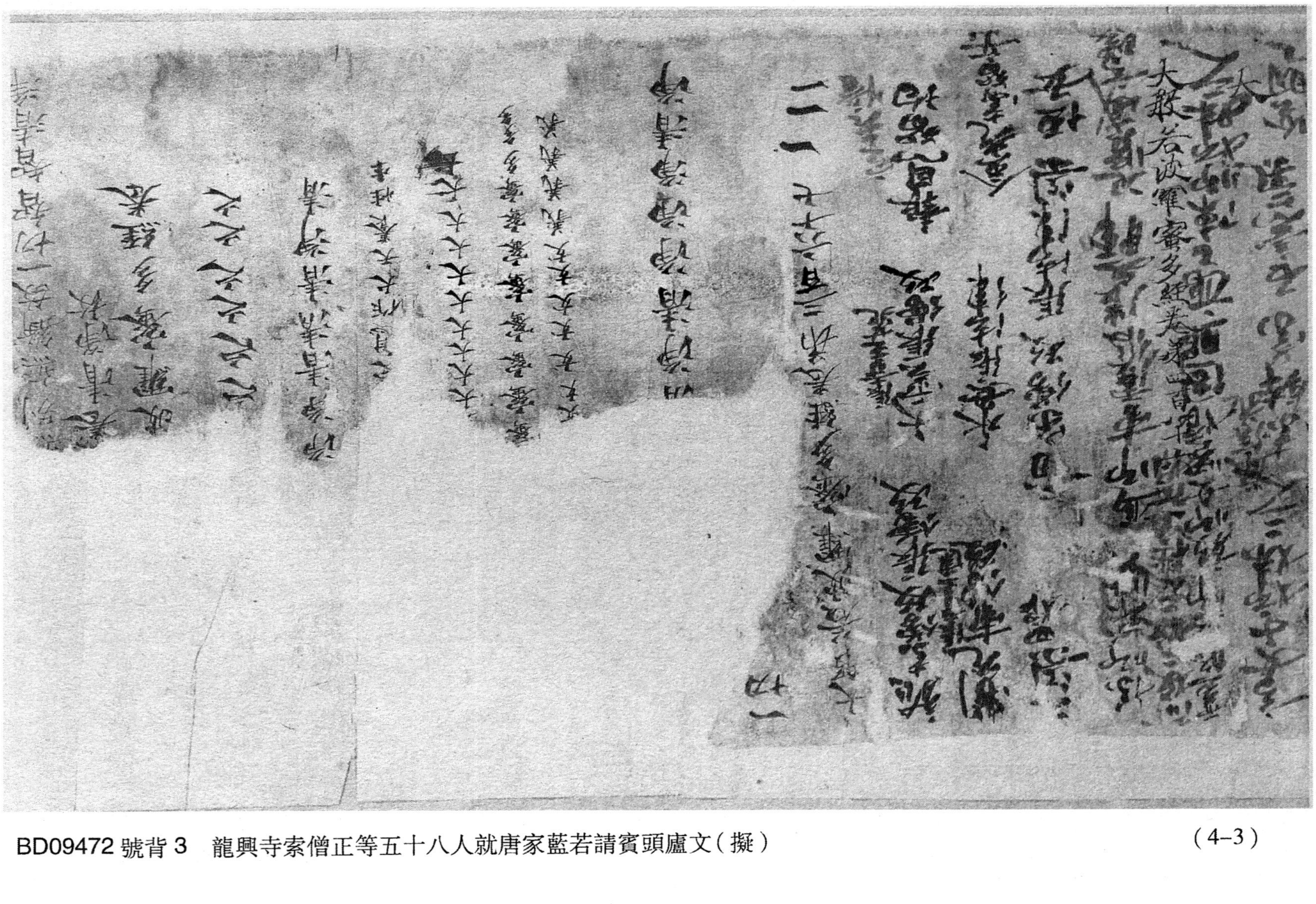

BD09472 號背 3　龍興寺索僧正等五十八人就唐家藍若請賓頭盧文（擬）　（4–3）

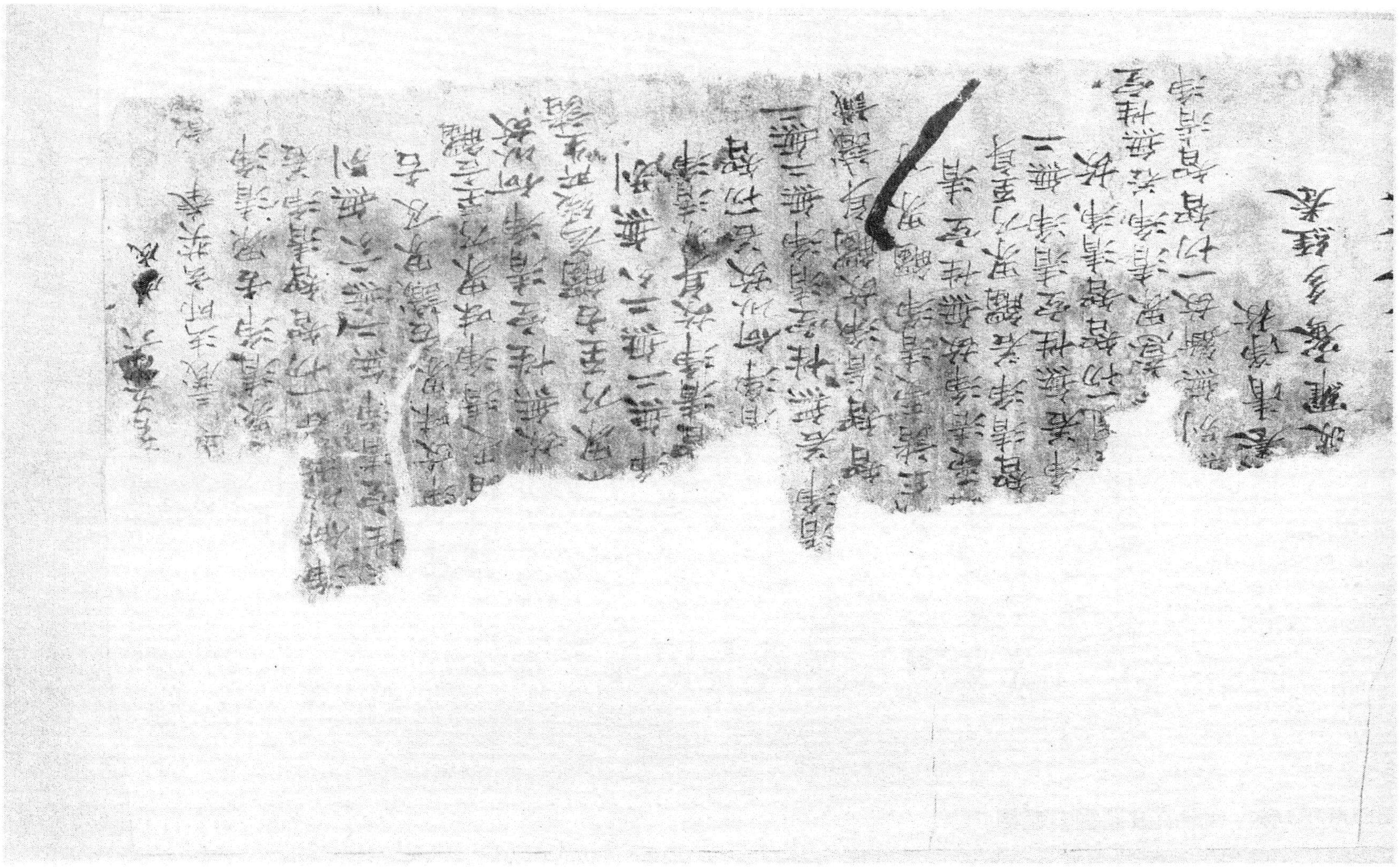

BD09472號背 4　大般若波羅蜜多經（雜寫）卷二五六　　（4–4）

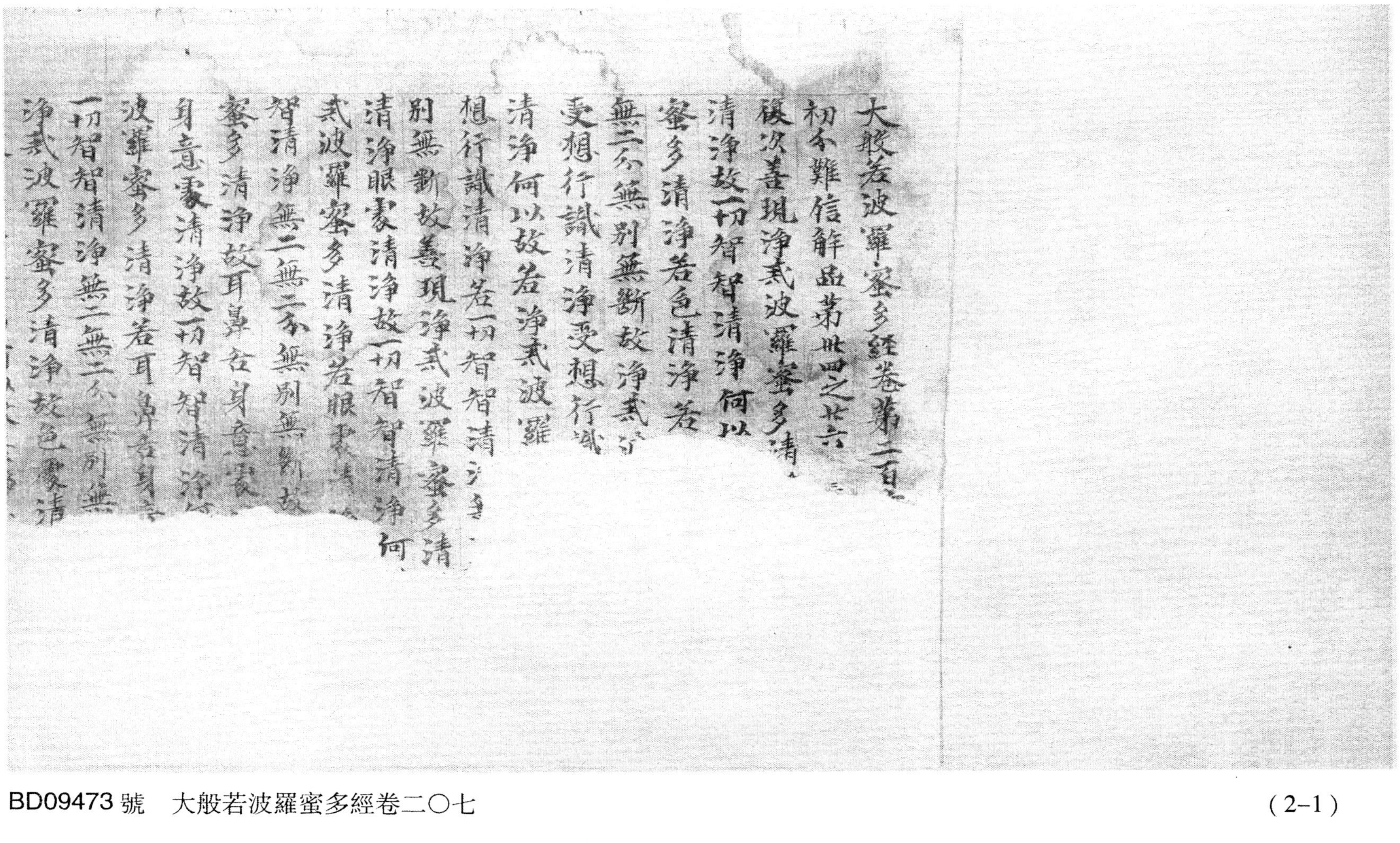

大般若波羅蜜多經卷第二百
初分難信解品第卅四之廿六
復次善現淨戒波羅蜜多清
清淨故一切智智清淨何以
蜜多清淨若色清淨若
無二分無別無斷故淨戒
受想行識清淨受想行識
清淨何以故若淨戒波羅
想行識清淨若一切智智清
別無斷故善現淨戒波羅蜜多清
清淨眼處清淨故一切智智清淨何
戒波羅蜜多清淨若眼處清
智清淨無二無二分無別無斷故
蜜多清淨故耳鼻舌身意處
身意處清淨故一切智智清淨
波羅蜜多清淨若耳鼻舌身
一切智智清淨無二無二分無別無
淨戒波羅蜜多清淨故色處清

BD09473號　大般若波羅蜜多經卷二〇七　　（2–1）

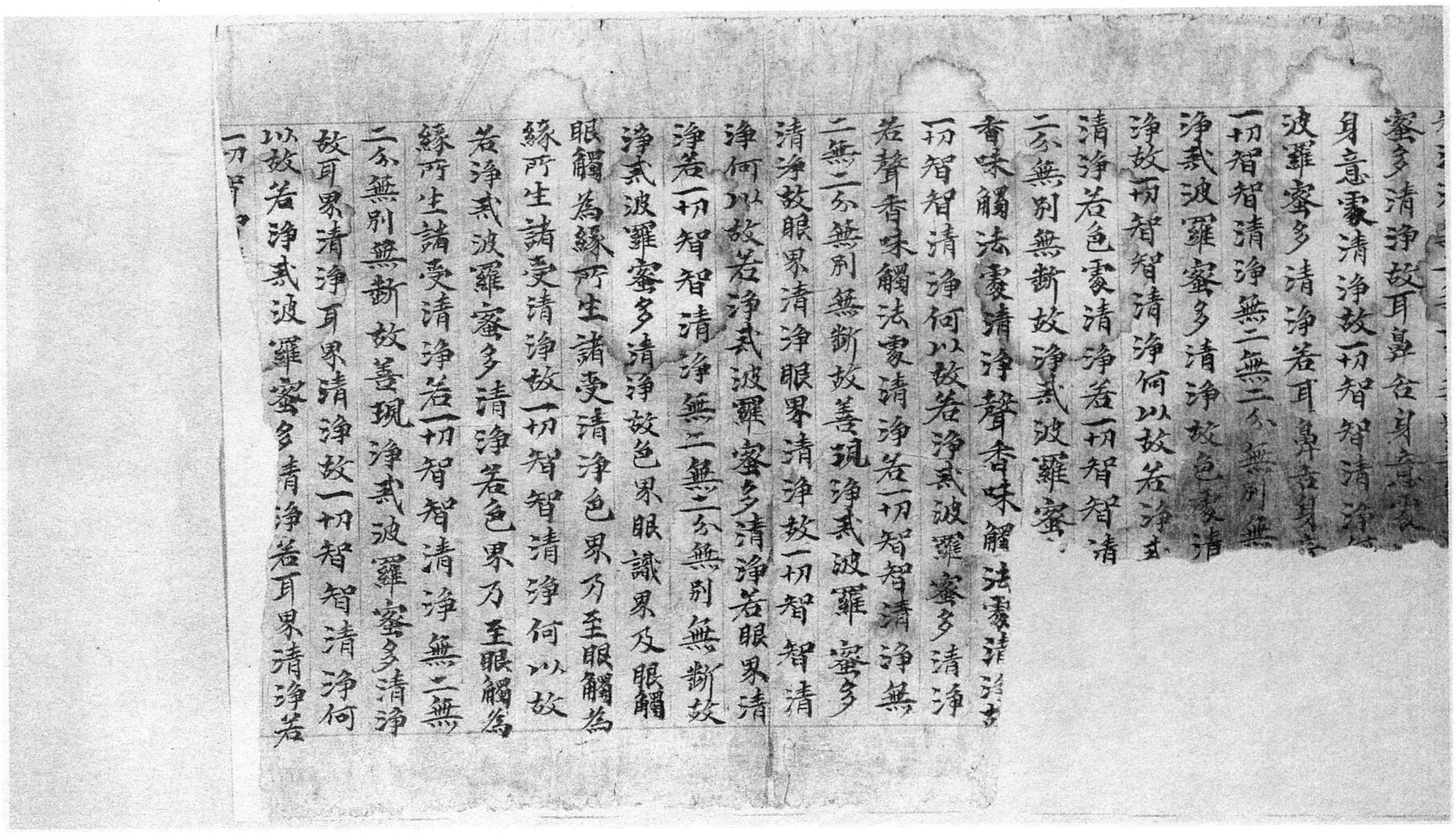
蜜多清淨故耳鼻舌身意處
身意處清淨故一切智智清淨
波羅蜜多清淨若耳鼻舌身意
一切智智清淨無二無二分無別無
淨戒波羅蜜多清淨故色處清
淨故一切智智清淨何以故若淨戒
清淨若色處清淨若一切智智清
二分無別無斷故淨戒波羅蜜
香味觸法處清淨聲香味觸法處清
一切智智清淨何以故若淨戒波羅蜜多清淨
若聲香味觸法處清淨若一切智智清淨無
二無二分無別無斷故善現淨戒波羅蜜多
清淨故眼界清淨眼界清淨故一切智智清
淨何以故若淨戒波羅蜜多清淨若眼界清
淨若一切智智清淨無二無二分無別無斷故
淨戒波羅蜜多清淨故色界眼識界及眼觸
眼觸為緣所生諸受清淨色界乃至眼觸為
緣所生諸受清淨故一切智智清淨何以故
若淨戒波羅蜜多清淨若色界乃至眼觸為
緣所生諸受清淨若一切智智清淨無二無
二分無別無斷故善現淨戒波羅蜜多清淨
故耳界清淨耳界清淨故一切智智清淨何
以故若淨戒波羅蜜多清淨若耳界清淨若
一切

BD09473 號　大般若波羅蜜多經卷二〇七　（2–2）

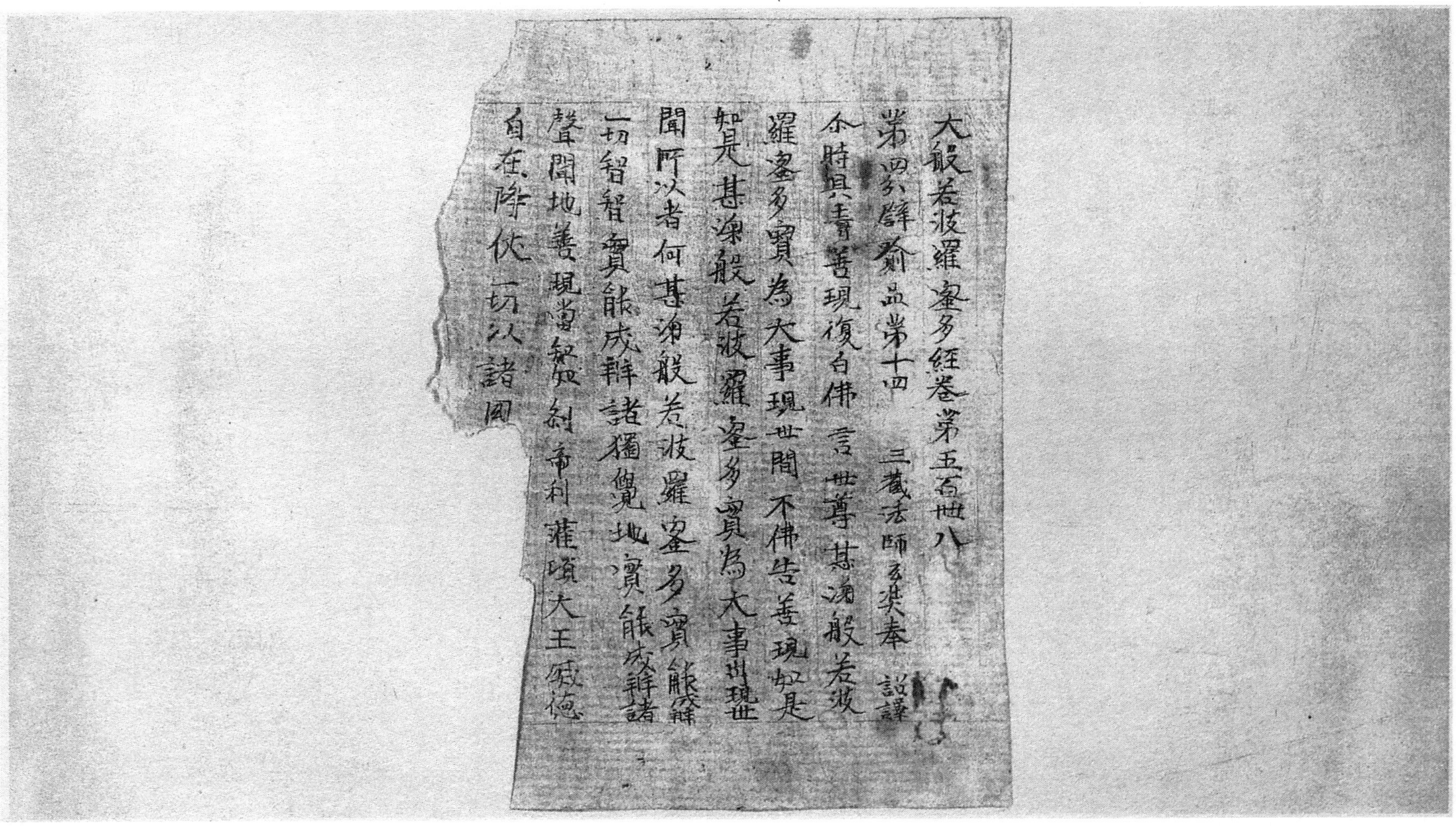
大般若波羅蜜多經卷第五百卌八
第四分譬喻品第十四　三藏法師玄奘奉　詔譯
尒時具壽善現復白佛言世尊甚深般若波
羅蜜多實為大事現世間不佛告善現如是
如是甚深般若波羅蜜多實為大事出現世
間所以者何甚深般若波羅蜜多實能成辦
一切智智實能成辦諸獨覺地實能成辦諸
聲聞地善現當知剎帝利灌頂大王威德
自在降伏一切諸國

BD09474 號　大般若波羅蜜多經（雜寫）卷五四八　（1–1）

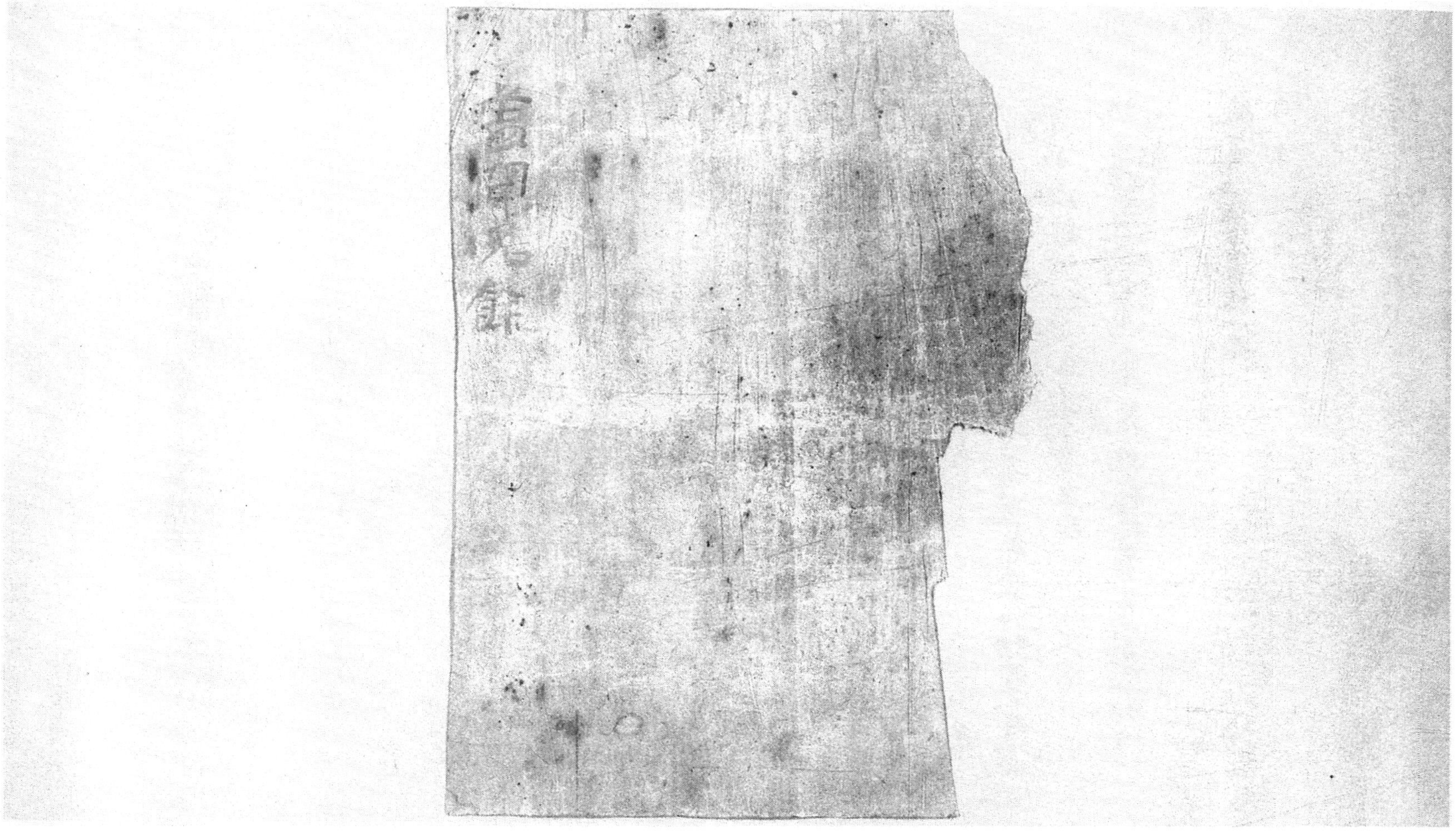

BD09474 號背　雜寫　（1–1）

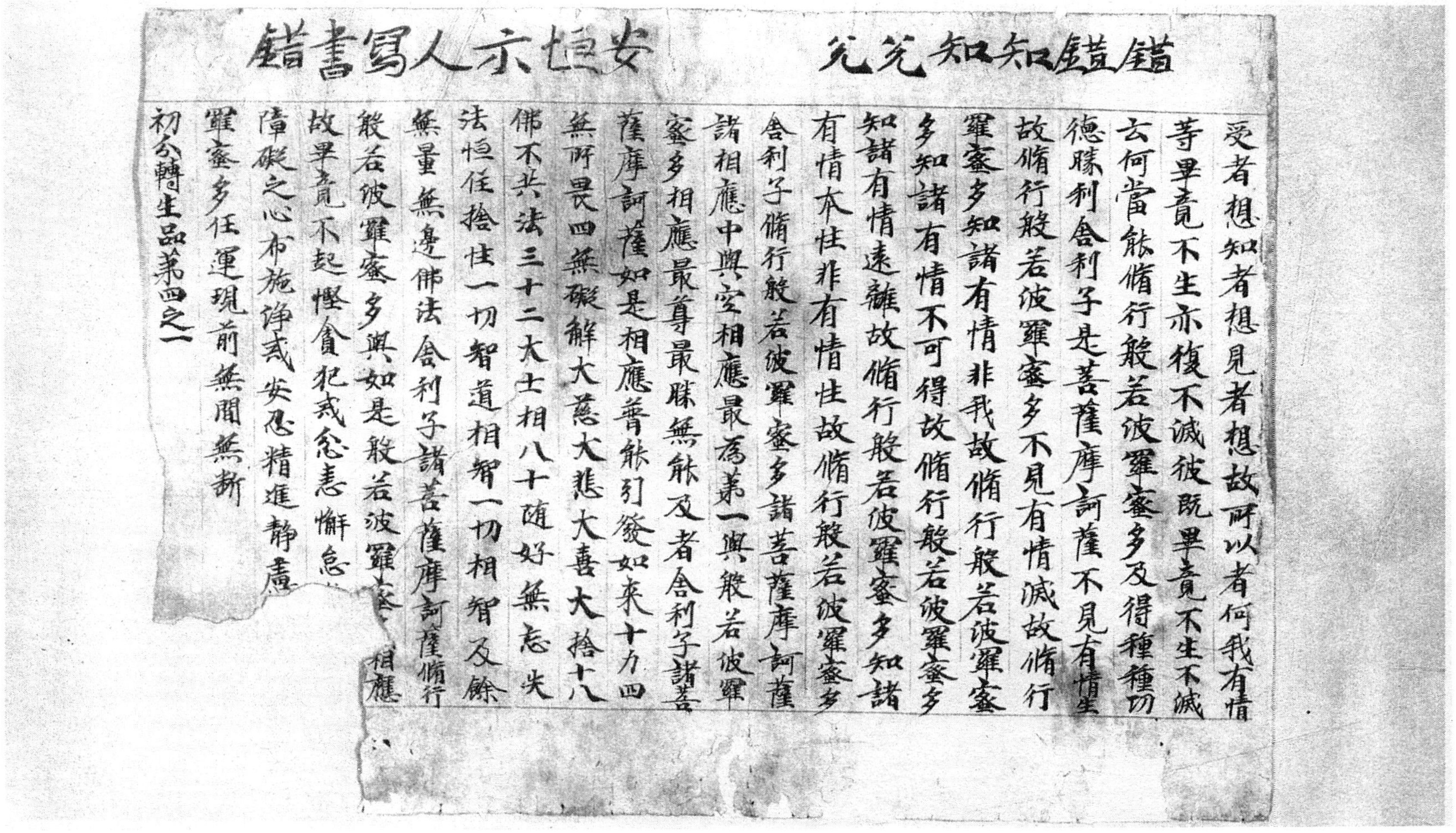
錯錯知知兊兊安恒示人寫書錯
受者想知者想見者想故所以者何我有情
等畢竟不生亦復不滅彼既畢竟不生不滅
云何當能修行般若波羅蜜多及得種種功
德勝利舍利子是菩薩摩訶薩不見有情生
故修行般若波羅蜜多不見有情滅故修行
羅蜜多知諸有情非我故修行般若波羅蜜
多知諸有情不可得故修行般若波羅蜜多
知諸有情遠離故修行般若波羅蜜多知諸
有情本性非有情性故修行般若波羅蜜多
舍利子修行般若波羅蜜多諸菩薩摩訶薩
諸相應中與空相應最為第一與般若波羅
蜜多相應最尊最勝無能及者舍利子諸菩
薩摩訶薩如是相應普能引發如來十力四
無所畏四無礙解大慈大悲大喜大捨十八
佛不共法三十二大士相八十隨好無忘失
法恒住捨性一切智道相智一切相智及餘
無量無邊佛法舍利子諸菩薩摩訶薩修行
般若波羅蜜多與如是般若波羅[illegible]相應
故畢竟不起慳貪犯戒忿恚懈怠
障礙之心布施淨戒安忍精進靜慮
羅蜜多任運現前無間無斷
初分轉生品第四之一

BD09475 號　大般若波羅蜜多經（兌廢稿）卷七　（1–1）

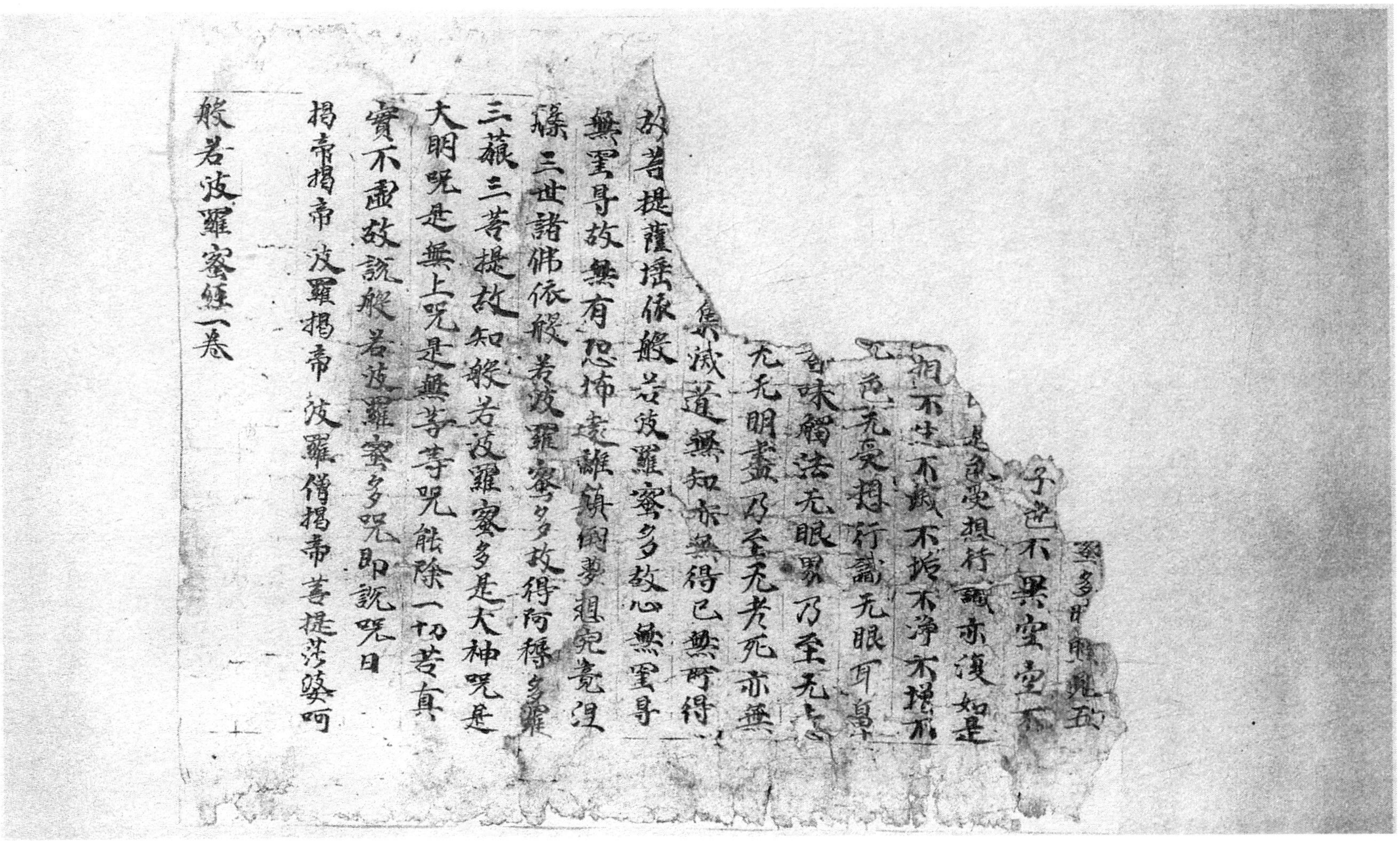

蜜多時照見五
子色不異空空不
是色受想行識亦復如是
相不生不滅不垢不淨不增不
无色无受想行識无眼耳鼻
香味觸法无眼界乃至无
无无明盡乃至无老死亦無
集滅道無知亦無得已無所得
故菩提薩埵依般若波羅蜜多故心無罣㝵
無罣㝵故無有恐怖遠離顛倒夢想究竟涅
槃三世諸佛依般若波羅蜜多故得阿耨多羅
三藐三菩提故知般若波羅蜜多是大神呪是
大明呪是無上呪是無等等呪能除一切苦真
實不虛故說般若波羅蜜多呪即說呪曰
揭帝揭帝 波羅揭帝 波羅僧揭帝 菩提莎婆呵
般若波羅蜜經一卷

BD09476 號　般若波羅蜜多心經　（1–1）

卷第五百六十二
法師玄奘奉　詔譯
合掌俱白佛言如

BD09477 號　大般若波羅蜜多經卷五六二　（1–1）

五十七　第二

BD09477 號背　勘記　　　　（1–1）

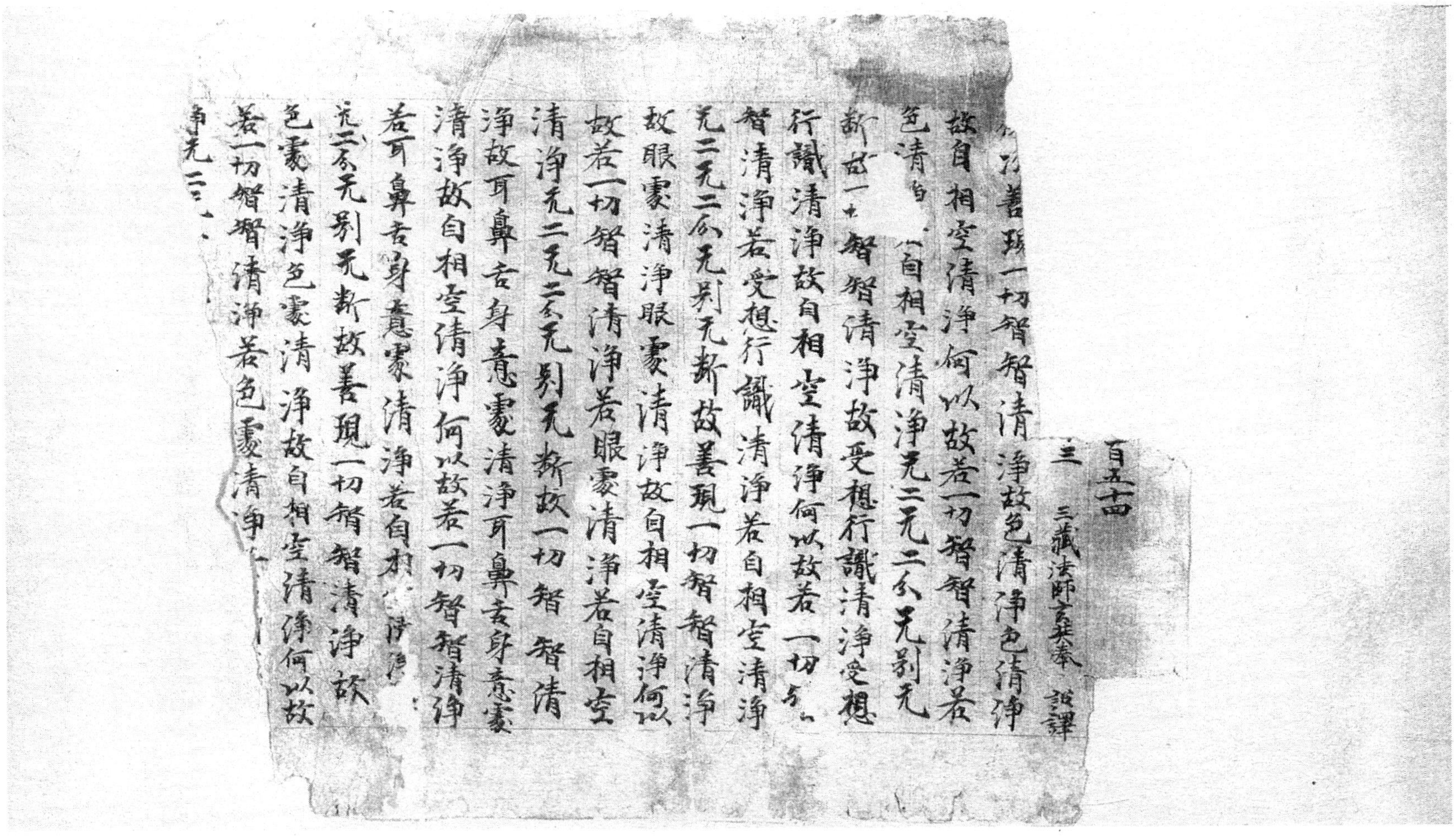
百五十四
三　　三藏法師玄奘奉　詔譯
[illegible]次善現一切智智清淨故色清淨色清淨
故自相空清淨何以故若一切智智清淨若
色清[illegible]自相空清淨无二无二分无別无
斷故一切智智清淨故受想行識清淨受想
行識清淨故自相空清淨何以故若一切智
智清淨若受想行識清淨若自相空清淨
无二无二分无別无斷故善現一切智智清淨
故眼處清淨眼處清淨故自相空清淨何以
故若一切智智清淨若眼處清淨若自相空
清淨无二无二分无別无斷故一切智智清
淨故耳鼻舌身意處清淨耳鼻舌身意處
清淨故自相空清淨何以故若一切智智清淨
若耳鼻舌身意處清淨若自相[illegible]
无二分无別无斷故善現一切智智清淨故
色處清淨色處清淨故自相空清淨何以故
若一切智智清淨若色處清淨[illegible]
淨无二[illegible]

BD09478 號　大般若波羅蜜多經卷二五四　　　　（1–1）

所生諸受清淨若一切智智清淨無二無二分
無別無斷故善現無際空清淨故身界清淨
身界清淨故一切智智清淨何以故若無際
空清淨若身界清淨若一切智智清淨無二
無二分無別無斷故無際空清淨故觸界
身識界及身觸身觸為緣所生諸受清淨觸
界乃至身觸為緣所生諸受清淨故一切智
智清淨何以故若無際空清淨若觸界乃至
身觸為緣所生諸受清淨若一切智智清淨無
二無二分無別無斷故善現無際空清淨故
意界清淨意界清淨故一切智智清淨何
以故若無際空清淨若意界清淨若一切智
智清淨無二無二分無別無斷故無際空清
淨故法界意識界及意觸意觸為緣所生諸
受清淨法界乃至意觸為緣所生諸受清淨
故一切智智清淨何以故若無際空清淨若
法界乃至意觸為緣所生諸受清淨若一切
智智清淨無二無二分無別無斷故善現無
際空清淨故地界清淨地界清淨故一切智
智清淨何以故若無際空清淨若地界清淨
若一切智智清淨無二無二分無別無斷故
無際空清淨故水火風空識界清淨水火風

BD09479 號　大般若波羅蜜多經卷二一二　（2–1）

二無二分無別無斷故善現無際空清淨故
意界清淨意界清淨故一切智智清淨何
以故若無際空清淨若意界清淨若一切智
智清淨無二無二分無別無斷故無際空清
淨故法界意識界及意觸意觸為緣所生諸
受清淨法界乃至意觸為緣所生諸受清淨
故一切智智清淨何以故若無際空清淨若
法界乃至意觸為緣所生諸受清淨若一切
智智清淨無二無二分無別無斷故善現無
際空清淨故地界清淨地界清淨故一切智
智清淨何以故若無際空清淨若地界清淨
若一切智智清淨無二無二分無別無斷故
無際空清淨故水火風空識界清淨水火風
空識界清淨故一切智智清淨何以故若無
際空清淨若水火風空識界清淨若一切智
智清淨無二無二分無別無斷故善現無際
空清淨故無明清淨無明清淨故一切智智
清淨何以故若無際空清淨若無明清淨若一
切智智清淨無二無二分無別無斷故無際

BD09479 號　大般若波羅蜜多經卷二一二　（2–2）

BD09479 號背　勘記　　　　　　　　　　　　　　　　（1–1）

著 録 凡 例

本目錄採用條目式著錄法。諸條目意義如下：

1.1　著錄編號。用漢語拼音首字“BD”表示，意為“北京圖書館藏敦煌遺書”，簡稱“北敦號”。文獻寫在背面者，標註為“背”。一件遺書上抄有多個文獻者，用數字 1、2、3 等標示小號。一號中包括幾件遺書，且遺書形態各自獨立者，用字母 A、B、C 等區别。

1.2　著錄分類號。本條記目錄暫不分類，該項空缺。

1.3　著錄文獻的名稱、卷本、卷次。

1.4　著錄千字文編號。

1.5　著錄縮微膠卷號。

2.1　著錄遺書的總體數據。包括長度、寬度、紙數、正面抄寫總行數與每行字數、背面抄寫總行數與每行字數。如該遺書首尾有殘破，則對殘破部分單獨度量，用加號加在總長度上。凡屬這種情況，長度用括弧標註。

2.2　著錄每紙數據。包括每紙長度及抄寫行數或界欄數。

2.3　著錄遺書的外觀。包括：（1）裝幀形式。（2）首尾存況。（3）護首、軸、軸頭、天竿、縹帶，經名是書寫還是貼簽，有無經名號，扉頁、扉畫。（4）卷面殘破情況及其位置。（5）尾部情況。（6）有無附加物（蟲繭、油污、線繩及其他）。（7）有無裱補及其年代。（8）界欄。（9）修整。（10）其他需要交待的問題。

2.4　著錄一件遺書抄寫多個文獻的情況。

3.1　著錄文獻首部文字與對照本核對的結果。

3.2　著錄文獻尾部文字與對照本核對的結果。

3.3　著錄錄文。

3.4　著錄對文獻的説明。

4.1　著錄文獻首題。

4.2　著錄文獻尾題。

5　著錄本文獻與對照本的不同之處。

6.1　著錄本遺書首部可與另一遺書綴接的編號。

6.2　著錄本遺書尾部可與另一遺書綴接的編號。

7.1　著錄題記、題名、勘記等。

7.2　著錄印章。

7.3　著錄雜寫。

7.4　著錄護首及扉頁的內容。

8　著錄年代。

9.1　著錄字體。如有武周新字、合體字、避諱字等，予以説明。

9.2　著錄卷面二次加工的情況。包括句讀、點標、科分、間隔號、行間加行、行間加字、硃筆、墨塗、倒乙、刪除、兑廢等。

10　著錄敦煌遺書發現後，近現代人所加內容，裝裱、題記、印章等。

11　備註。著錄揭裱互見、圖版本出處及其他需要說明的問題。

上述諸條，有則著錄，無則空缺。

為避文繁，上述著錄中出現的各種參考、對照文獻，暫且不列版本説明。全目結束時，將統一編制本條記目錄出現的各種參考書目。

本條記目錄為農曆年份標註其公曆紀年時，未進行歲頭年末之換算，請讀者使用時注意自行換算。

條 記 目 錄

BD09093—BD09479

1.1 BD09093 號
1.3 無量壽經卷上
1.4 陶 014
2.1 (2.5+43+2)×25.5 厘米；3 紙；24 行，行 17 字。
2.2 01：2.5+3.5，03； 02：39.5，21； 03：02.0，素紙。
2.3 卷軸裝。首尾均殘。通卷上邊殘缺。有烏絲欄。已修整。
3.1 首行上殘→大正 0360，12/0272A04。
3.2 尾全→大正 0360，12/0272B01。
8 6 世紀。南北朝寫本。
9.1 隸書。

1.1 BD09094 號 1
1.3 般若波羅蜜多心經
1.4 陶 015
2.1 (4.4+46.5)×26 厘米；2 紙；26 行，行 16~18 字。
2.2 01：4.4+3，素紙； 02：43.5，26。
2.3 卷軸裝。首尾均全。卷首及第 2 紙中有火燒殘洞。尾有餘空。有烏絲欄。已修整。
2.4 本遺書包括 2 個文獻：(一)《般若波羅蜜多心經》，19 行，今編為 BD09094 號 1。(二)《四門經》，7 行，今編為 BD09094 號 2。
3.1 首全→大正 0251，08/0848C04。
3.2 尾全→大正 0251，08/0848C24。
4.1 般若波羅蜜多心經（首）。
4.2 般若蜜多心經一卷（尾）。
8 8~9 世紀。吐蕃統治時期寫本。
9.1 楷書。

1.1 BD09094 號 2
1.3 四門經
1.4 陶 015
2.4 本遺書由 2 個文獻組成，本文獻為第 2 個，7 行。餘參見 BD09094 號 1 之第 2 項。
3.3 錄文：
（首全）
佛說四門經/
行念觀世音，坐念觀世音，
念念不思議，觀世音淨性。/
行念觀世音，坐念觀世［音］，
念念隨心起，念佛不離心。
刀山自/在者，劍樹不相人，
乘遄社南海，海住養波門。
遄/五百人受死國陽害，
情稱南無佛，
東門無有量，西門七/賓堂，
北門藥師海琉璃光。
上有八菩薩，下有四天王，
彌勒/下生來，同（童）子挾兩相（廂），
回頭語同（童）子。
（錄文完）
3.4 說明：
這是一部中國人自己撰寫的佛經，反映了觀世音崇拜的情況。敦煌遺書發現以前，未為人們所知，也未為歷代大藏經所收。現知敦煌遺書中有 2 號：本號及伯 4677 號。其中伯 4677 號首尾完整，本號則首存尾殘，文字亦與伯 4677 號有參差，兩件可資互校。
4.1 佛說四門經（首）。
8 8~9 世紀。吐蕃統治時期寫本。
9.1 拙楷。

1.1 BD09095 號
1.3 般若波羅蜜多心經
1.4 陶 016
2.1 55.5×14.5 厘米；3 紙；正面 27 行，行 10~12 字；背面 163 行，行字不等。
2.2 01：37.4，22； 02：08.3，05； 03：09.8，素紙。

2.3　卷軸裝。首殘尾全。袖珍本。卷中有等距離殘洞。有燕尾。已修整。
2.4　本遺書包括 3 個文獻：（一）《般若波羅蜜多心經》，27 行，抄寫在正面，今編為 BD09095 號。（二）《僧名籍》（擬），5 行，抄寫在背面，今編為 BD09095 號背 1。（三）《五臺山讚》，11 行，抄寫在背面，今編為 BD09095 號背 2。
3.1　首殘→大正 0251，08/0848C07。
3.2　尾全→大正 0251，08/0848C23。
7.1　尾題後有題記“靈圖寺沙門大德閻僧/戒弁一心供養，作禮三寶，/為是三界，是見三生，/莫落三途。”
8　9～10 世紀。歸義軍時期寫本。
9.1　楷書。
12　從本遺書背面揭下古代裱補紙 1 片，今編為 BD16349 號。

1.1　BD09095 號背 1
1.3　僧名籍（擬）
1.4　陶 016
2.4　本遺書由 3 個文獻組成，本文獻為第 2 件，5 行，抄寫在背面。餘參見 BD09095 號之第 2 項。
3.3　錄文：
（首殘）
□□□/月七日錄事釋門僧政：弁抱（？）□/開：宋僧政；永：瞿僧政/界：□僧政；蓮：張法律/雲：李僧政；修：張闍梨。/
（錄文完）
8　9～10 世紀。歸義軍時期寫本。
9.1　拙楷。

1.1　BD09095 號背 2
1.3　五臺山讚
1.4　陶 016
2.4　本遺書由 3 個文獻組成，本文獻為第 3 件。11 行，抄寫在背面。餘參見 BD09095 號之第 2 項。
3.1　首全→《敦煌歌辭總編》，02/0833A04。
3.2　尾缺→《敦煌歌辭總編》，02/0835A13。
3.3　錄文：
（首全）
道場屈尊（？）讚時/至心聽讚五室山/濆龍如猶（？）江如大海，閭飾/進□不能翻。佛子，大姓須聞/離菩薩。大周東方有（？）五/室山，其山高是（？）與天蓮。/大授見瑠璃光。西室/還見□故獨（？）/佛子大姓聞須□□菩薩。/
（錄文完）
3.4　說明：
本文獻書寫拙劣，錯漏甚多。文字模糊，較難辨認。3.3 之錄文項盡量依據原文錄文，以供研究當時西北方言音及研究學士郎活動的學者參考。至於文獻原文，則請參見《敦煌歌辭總編》之錄文。

7.1　題名下有題記“四月廿六日卯體（時）靈圖寺學郎/閻家定/”。與題名相互倒寫。
8　9～10 世紀。歸義軍時期寫本。
9.1　拙楷。

1.1　BD09096 號
1.3　般若波羅蜜多心經
1.4　陶 017
2.1　（11.4＋20.5＋1.7）×27 厘米；1 紙；17 行，行 17 字。
2.3　卷軸裝。首尾均全。通卷油污，紙張變色，卷上邊和中間有殘洞，卷面有蟲繭。有烏絲欄。
3.1　首 5 行上下殘→大正 0251，08/0848C07～11。
3.2　尾全→大正 0251，08/0848C24。
4.1　［般若波羅］蜜多心經（首）。
4.2　般若波羅蜜多心經（尾）。
8　8～9 世紀。吐蕃統治時期寫本。
9.1　楷書。

1.1　BD09097 號
1.3　般若波羅蜜多心經
1.4　陶 018
2.1　47.7×23.9 厘米；1 紙；18 行，行 17 字。
2.3　卷軸裝。首尾均全。通卷上下邊殘損，卷中間有殘洞。有燕尾。已修整。
3.1　首全→大正 0251，08/0848C04。
3.2　尾全→大正 0251，08/0848C24。
4.1　［般若波］羅蜜多心經（首）。
4.2　般若波羅蜜多心經（尾）。
8　8 世紀。唐寫本。
9.1　楷書。

1.1　BD09098 號
1.3　雜寫（擬）
1.4　陶 019
2.1　46.8×26 厘米；3 紙；正面 22 行，行 13～15 字；背面 8 行，行字不等。
2.2　01：02.5，02；　02：40.0，20；　03：04.3，01。
2.3　卷軸裝。首尾均全。有烏絲欄。已修整。
3.4　說明：
本文獻為經文、經名雜寫，正面前 15 行，為《般若波羅蜜多心經》、《大般若波羅蜜多經》、《金剛經》的經名、經文雜寫；天頭、地腳亦有雜寫，不錄文。
第 16 行到第 21 行為《般若波羅蜜多心經》雜寫，首全→大正 0251，08/0848C07。尾缺→大正 0251，08/0848C12。與《大正藏》本對照，所抄經文缺少“空即是色”、“無眼耳鼻舌身意，無色聲香味觸法”等文字。
第二紙有經題《般若波羅蜜多心經》一行，左邊並有殘缺

文字。從形態看，該經題似為某一《般若波羅蜜多心經》的首題。待考。如果第二紙所抄確為《般若波羅蜜多心經》，則第一紙也可能作為護首使用。

背面 8 行為《心經》經名、經文雜寫，文字相互倒寫。另 2 行亦為雜寫，作："因緣浩渺渺天須高如峰澤雨/因緣是非一如，怨親不二，即是孔◇。/"如第一紙為護首，則背面的經名中還有屬於護首經名者。

8　8～9 世紀。吐蕃統治時期寫本。

9.1　楷書。

1.1　BD09099 號

1.3　般若波羅蜜多心經

1.4　陶 020

2.1　(18+6.5)×14 厘米；1 紙 2 葉 4 個半葉；半葉 5～7 行，行 9～10 字。

2.3　縫繢裝。首全尾脫。原為 2 紙，粘接後對折作 2 葉，故現計為一紙。經文僅抄寫在內面 2 個半葉，一為 5 行，一為 7 行。有三對線孔。先寫後訂，故有的線孔直接訂在字上。下邊有殘缺。已修整。

3.1　首全→大正 0251，08/0848C04。

3.2　尾斷→大正 0251，08/0848C13。

4.1　般若波羅蜜多心經（首）。

8　9～10 世紀。歸義軍時期寫本。

9.1　楷書。

1.1　BD09100 號 1

1.3　經錄（擬）

1.4　陶 021

2.1　(4.5+16.7+4.2)×31 厘米；1 紙；16 行，行 16～18 字。

2.3　卷軸裝。首尾均殘。卷上邊有殘缺，有烏絲欄。已修整。

2.4　本遺書包括 2 個文獻：（一）經錄（擬），3 行，今編為 BD09100 號 1；（二）《般若波羅蜜多心經》，13 行，今編為 BD09100 號 2。

3.3　錄文：

（首殘）

□…□/

□…□甚希有經，一卷，/

□…□經，一卷，稱讚大乘功德經，一卷。/

（錄文完）。

3.4　說明：

抄寫在《心經》前方的空白處。並非正規經録，應屬雜錄、備忘一類。

8　9～10 世紀。歸義軍時期寫本。

9.1　楷書。硬筆。

1.1　BD09100 號 2

1.3　般若波羅蜜多心經

1.4　陶 021

2.4　本遺書由 2 個文獻組成，本文獻為第 2 個，13 行，餘參見 BD09100 號 1 之第 2 項。

3.1　首全→大正 0251，08/0848C04。

3.2　尾 2 行下殘→大正 0251，08/0848C17～18。

4.1　般若波羅密（蜜）多心經（首）。

8　8～9 世紀。吐蕃統治時期寫本。

9.1　楷書。

1.1　BD09101 號

1.3　般若波羅蜜多心經

1.4　陶 022

2.1　34.1×25.7 厘米；2 紙；17 行，行 16～18 字。

2.2　01：23.5，14；　　02：10.6，03。

2.3　卷軸裝。首尾均全。背有古代裱補。已修整。

3.1　首全→大正 0251，08/0848C04。

3.2　尾全→大正 0251，08/0848C24。

4.1　般若波羅蜜多心經（首）。

4.2　般若波羅蜜多心經一卷（尾）。

8　7～8 世紀。唐寫本。

9.1　楷書。

9.2　有行間校加字。

1.1　BD09102 號

1.3　般若波羅蜜多心經

1.4　陶 023

2.1　(3+39.4)×23.3 厘米；1 紙；20 行，行 13～16 字。

2.3　卷軸裝。首尾均全。卷面有水漬。有烏絲欄。已修整。

3.1　首全→大正 0251，08/0848C04。

3.2　尾全→大正 0251，08/0848C24。

4.1　般若波羅蜜多心經（首）。

4.2　般若波羅蜜多心經一卷（尾）。

8　9 世紀。吐蕃統治時期寫本。

9.1　楷書。硬筆所書。

9.2　有行間校加字。

1.1　BD09103 號

1.3　般若波羅蜜多心經

1.4　陶 024

2.1　(10.5+13+7.1)×27.3 厘米；1 紙；16 行，行 17 字。

2.3　卷軸裝。首全尾斷。卷右上有火燒殘缺，首 1 行中有殘洞。有烏絲欄。已修整。

3.1　首 4 行上殘→大正 0251，08/0848C04～05。

3.2　尾殘→大正 0251，08/0848C21～23。

4.1　［般］若波羅蜜［多心經］（首）。

8　8～9 世紀。吐蕃統治時期寫本。

9.1　楷書。

1.1　BD09104 號
1.3　般若波羅蜜多心經
1.4　陶 025
2.1　（3.3 +24）×28.5 厘米；1 紙；12 行，行 24 ~25 字。
2.3　卷軸裝。首全尾脱。已修整。
3.1　首全→大正 0251，08/0848C04。
3.2　尾殘→大正 0251，08/0848C23。
4.1　般若波羅密（蜜）多心經（首）。
8　8 ~9 世紀。吐蕃統治時期寫本。
9.1　楷書。

1.1　BD09105 號
1.3　般若波羅蜜多心經
1.4　陶 026
2.1　（16 +21.5 +4）×30 厘米；1 紙；17 行，行 16 ~19 字。
2.3　卷軸裝。首尾均全。卷面有污穢，上邊殘破，中有 1 個小殘洞。已修整。
3.1　首 2 行上中殘→大正 0251，08/0848C04 ~07。
3.2　尾 2 行上殘→大正 0251，08/0848C24。
4.1　佛說般若波羅蜜多心經一卷（首）。
4.2　般若波羅蜜多心經一卷（尾）。
7.3　卷首有雜寫“御”（?）字。
8　9 ~10 世紀。歸義軍時期寫本。
9.1　楷書。

1.1　BD09106 號
1.3　般若波羅蜜多心經
1.4　陶 027
2.1　17.1 ×27 厘米；1 紙；8 行，行 16 ~18 字。
2.3　卷軸裝。首斷尾全。有烏絲欄。已修整。
3.1　首殘→大正 0251，08/0848C16。
3.2　尾全→大正 0251，08/0848C23。
7.1　卷尾有題記“五月十三日，寫了”。
8　7 ~8 世紀。唐寫本。
9.1　楷書。

1.1　BD09107 號
1.3　般若波羅蜜多心經
1.4　陶 028
2.1　（18.2 +2.2）×24 厘米；2 紙；8 行，行 17 字。
2.2　01：07.3，護首；　02：10.9 +2.2，08。
2.3　卷軸裝。首全尾殘。有護首，有竹製天竿。扉頁劃有烏絲欄。背有古代裱補。有烏絲欄。已修整。
3.1　首全→大正 0251，08/0848C14。
3.2　尾行上下殘→大正 0251，08/0848C13。
4.1　般若波羅蜜多心經（首）。
8　7 ~8 世紀。唐寫本。
9.1　楷書。

1.1　BD09108 號
1.3　般若波羅蜜多心經
1.4　陶 029
2.1　（16.4 + 12 + 1.5）× 26.4 厘米；1 紙；16 行，行 16 ~ 17 字。
2.3　卷軸裝。首尾均殘。有烏絲欄。已修整。
3.1　首 3 行上殘→大正 0251，08/0848C07 ~09。
3.2　尾殘→大正 0251，08/0848C22 ~23。
8　7 ~8 世紀。唐寫本。
9.1　楷書。

1.1　BD09109 號
1.3　般若波羅蜜多心經
1.4　陶 030
2.1　37.8 ×24 厘米；1 紙；18 行，行 16 ~18 字。
2.3　卷軸裝。首尾均全。首端繫有麻繩。有烏絲欄。已修整。
3.1　首全→大正 0251，08/0848C04。
3.2　尾全→大正 0251，08/0848C24。
4.1　般若波羅蜜多心經一卷（首）。
4.2　般若多心經一卷（尾）。
8　8 ~9 世紀。吐蕃統治時期寫本。
9.1　楷書。

1.1　BD09110 號
1.3　般若波羅蜜多心經疏鈔（智詵疏　擬）
1.4　陶 031
2.1　（19.5 +15.7）×28 厘米；1 紙；正面 19 行，行 21 字；背面 23 行，行 28 字左右。
2.3　卷軸裝。首殘尾脱。有折疊欄。已修整。
2.4　本遺書包括 2 個文獻：（一）《般若波羅蜜多心經疏鈔》（智詵疏擬），19 行，抄寫在正面，今編為 BD09110 號。（二）《了性句並序》，23 行，抄寫在背面，今編為 BD09110 號背。
3.4　說明：
本文獻抄寫《般若波羅蜜多心經疏鈔》（智詵疏）二段：
第一段為第 1 行至第 12 行，文字相當於《般若心經譯註集成》，00/0239A05 ~14。
第二段為第 13 行第 19 行，文字相當於《般若心經譯註集成》，00/0243A14 ~19。
文字與《般若心經譯註集成》整理本略有參差，可供校勘。
8　7 ~8 世紀。唐寫本。
9.1　楷書。

1.1　BD09110 號背
1.3　了性句並序
1.4　陶 031

2.4　本遺書由2個文獻組成，本文獻為第2個，23行，抄寫在背面，餘參見BD09110號之第2項。
3.1　首殘→《敦煌叢刊初集》，16/0239A04。
3.2　尾殘→《敦煌叢刊初集》，16/0241A03。
5　與對照本相比，文字有差異，可供校勘。
8　7~8世紀。唐寫本。
9.1　楷書。
9.2　有行間加行。

1.1　BD09111號
1.3　般若波羅蜜多心經
1.4　陶032
2.1　44×26.5厘米；1紙；18行，行17字。
2.3　卷軸裝。首尾均全。卷面有油污。已修整。
3.1　首全→大正0251，08/0848C04。
3.2　尾全→大正0251，08/0848C24。
4.1　般若波羅蜜多心經（首）。
4.2　般若波羅蜜多經一卷（尾）。
7.1　尾題後有題名"陰弁弁"。
7.3　卷背有墨筆雜畫。
8　8~9世紀。吐蕃統治時期寫本。
9.1　楷書。

1.1　BD09112號
1.3　金剛般若波羅蜜經
1.4　陶033
2.1　23×16厘米；1紙；14行。
2.3　卷軸裝。首尾均殘。通卷下殘。有烏絲欄。
3.1　首殘→大正0235，08/0750C01。
3.2　尾殘→大正0235，08/0750C15。
8　7~8世紀。唐寫本。
9.1　楷書。字品甚佳。

1.1　BD09113號
1.3　金剛般若波羅蜜經
1.4　陶034
2.1　(28+17.5+4.5)×26.5厘米；2紙；28行，行17字。
2.2　01：05.0，02；　　02：23+17.5+4.5，26。
2.3　卷軸裝。首尾均殘。卷面多油污，上邊有殘缺。有烏絲欄。已修整。
3.1　首15行中下殘→大正0235，08/0750C19~0751A06。
3.2　尾3行上下殘→大正0235，08/0751A16~19。
8　8~9世紀。吐蕃統治時期寫本。
9.1　楷書。

1.1　BD09114號
1.3　金剛般若波羅蜜經
1.4　陶035
2.1　(12+19.5)×27厘米；1紙；17行，行17字。
2.3　卷軸裝。首殘尾脱。有烏絲欄。已修整。
3.1　首6行上下殘→大正0235，08/0750A21~28。
3.2　尾殘→大正0235，08/0750B09。
8　7~8世紀。唐寫本。
9.1　楷書。

1.1　BD09115號
1.3　金剛般若波羅蜜經（菩提留支本）
1.4　陶036
2.1　(5.2+16.2+1.5)×26.5厘米；1紙；13行，行17字。
2.3　卷軸裝。首尾均殘。有烏絲欄。已修整。
3.1　首3行下殘→大正0236A，08/0753B06~09。
3.2　尾1行上中殘→大正0236A，08/0753B19。
8　8世紀。唐寫本。
9.1　楷書。

1.1　BD09116號
1.3　金剛般若波羅蜜經
1.4　陶037
2.1　(9.5+23+56.5)×25厘米；3紙；47行，行17字。
2.2　01：9.5+12，12；　02：11+30，20；　03：26.5，15。
2.3　卷軸裝。首尾均殘。通卷上部殘損嚴重。前二紙爲南北朝時期寫，第三紙為唐代後補。有烏絲欄。已修整。
3.1　首6行中上殘→大正0235，08/0749A01~07。
3.2　尾30行中上殘→大正0235，08/0749A18~B21。
5　與《大正藏》本對照，尾部"須菩提，於意之何"一句，係錯抄。
8　6世紀。南北朝寫本。
9.1　楷書。
13　修整時所配為《趙城藏》原軸。

1.1　BD09117號
1.3　金剛般若波羅蜜經
1.4　陶038
2.1　41.5×18.5厘米；2紙；23行。
2.2　01：12.5，06；　　02：29.0，17。
2.3　卷軸裝。首尾均殘。卷面有水漬，通卷下邊殘缺。
3.1　首殘→大正0235，08/0749B10。
3.2　尾殘→大正0235，08/0749C06。
8　9~10世紀。歸義軍時期寫本。
9.1　楷書。
9.2　有行間校加字。

1.1　BD09118號
1.3　金剛般若波羅蜜經

1.4　陶 039
2.1　（5 + 20 + 6.5）×26 厘米；1 紙；19 行，行 17 字。
2.3　卷軸裝。首尾均殘。卷面多斑點。有烏絲欄。已修整。
3.1　首 3 行上下殘→大正 0235，08/0750B11 ~ 13。
3.2　尾 5 行中上殘→大正 0235，08/0750B25 ~ C01。
8　7 ~ 8 世紀。唐寫本。
9.1　楷書。

1.1　BD09119 號
1.3　金剛般若波羅蜜經
1.4　陶 040
2.1　29 × 18 厘米；1 紙；16 行。
2.3　卷軸裝。首尾均脱。卷面有油污，通卷下殘。有烏絲欄。
3.1　首殘→大正 0235，08/0749A01。
3.2　尾殘→大正 0235，08/0749A18。
8　8 世紀。唐寫本。
9.1　楷書。

1.1　BD09120 號
1.3　金剛般若波羅蜜經
1.4　陶 041
2.1　93.5 × 14 厘米；2 紙；50 行。
2.2　01：49.5，28；　02：44.0，22。
2.3　卷軸裝。首斷尾殘。經黄打紙。卷面有水漬，有等距離火燒殘洞，通卷下殘。有烏絲欄。
3.1　首殘→大正 0235，08/0749A17。
3.2　尾殘→大正 0235，08/0749C11。
8　7 ~ 8 世紀。唐寫本。
9.1　楷書。

1.1　BD09121 號
1.3　金剛般若波羅蜜經
1.4　陶 042
2.1　23.5 × 25.5 厘米；1 紙；14 行，行 17 字。
2.3　卷軸裝。首脱尾斷。卷中間有破裂，卷面有糨糊痕。有烏絲欄。已修整。
3.1　首殘→大正 0235，08/0751C24。
3.2　尾殘→大正 0235，08/0752A10。
7.3　第 9 行空白處及下邊共有六個“及”字雜寫。
8　8 世紀。唐寫本。
9.1　楷書。

1.1　BD09122 號
1.3　金剛般若波羅蜜經
1.4　陶 043
2.1　（18 + 24）× 25.5 厘米；1 紙；24 行，行 16 ~ 17 字。
2.3　卷軸裝。首殘尾脱。卷中間有殘洞。有烏絲欄。已修整。
3.1　首 11 行下殘→大正 0235，08/0748C22 ~ 0749A03。
3.2　尾殘→大正 0235，08/0749A18。
7.3　上方有雜寫“三”等字。下方有雙圈墨印 4 個。
8　8 ~ 9 世紀。吐蕃統治時期寫本。
9.1　楷書。

1.1　BD09123 號
1.3　金剛般若波羅蜜經
1.4　陶 044
2.1　（13 + 28.5 + 4）× 25.5 厘米；1 紙；24 行，行 17 字。
2.3　卷軸裝。首尾均殘。經黄打紙。卷上下邊有殘缺，中間有殘洞。卷面、卷背多鳥糞。有烏絲欄。已修整。
3.1　首 2 行上下殘→大正 0235，08/0750B24 ~ 25。
3.2　尾 2 行中上殘→大正 0235，08/0750C18 ~ 20。
8　7 世紀。唐寫本。
9.1　楷書。

1.1　BD09124 號
1.3　金剛般若波羅蜜經
1.4　陶 045
2.1　（3.5 + 16.5 + 6.5）× 24 厘米；2 紙；14 行，行 17 字。
2.2　01：3.5 + 7.5，06；　02：9 + 6.5，08。
2.3　卷軸裝。首尾均殘。卷中間有殘洞。有烏絲欄。卷背粘有他紙殘痕，上殘存字迹，難以辨認。已修整。
3.1　首 2 行中上殘→大正 0235，08/0749C14 ~ 15。
3.2　尾 3 行中下殘→大正 0235，08/0749C25 ~ 27。
8　7 世紀。唐寫本。
9.1　楷書。

1.1　BD09125 號
1.3　金剛般若波羅蜜經
1.4　陶 046
2.1　（5 + 5 + 26）× 25.5 厘米；1 紙；23 行，行 17 字。
2.3　卷軸裝。首全尾殘。卷下邊殘缺，中間有殘洞。背有污痕，似為文字。背有古代裱補。有烏絲欄。已修整。
3.1　首 3 行中下殘→大正 0235，08/0748C17 ~ 21。
3.2　尾 16 行下殘→大正 0235，08/0748C26 ~ 0749A13。
4.1　金剛般若波羅蜜經（首）。
8　8 ~ 9 世紀。吐蕃統治時期寫本。
9.1　楷書。

1.1　BD09126 號
1.3　金剛般若波羅蜜經
1.4　陶 047
2.1　31.5 × 25 厘米；1 紙；17 行，行 17 字。
2.3　卷軸裝。首脱尾殘。卷面有油污，中間有殘洞。已修整。
3.1　首殘→大正 0235，08/0750A12。

3.2　尾殘→大正 0235，08/0750B03。
8　8～9 世紀。吐蕃統治時期寫本。
9.1　楷書。
9.2　有行間校加字。

1.1　BD09127 號
1.3　金剛般若波羅蜜經
1.4　陶 048
2.1　29.5×25 厘米；2 紙；16 行，行 17 字。
2.2　01：14.5，08；　02：15.0，08。
2.3　卷軸裝。首尾均殘。有烏絲欄。
3.1　首殘→大正 0235，08/0750B12。
3.2　尾殘→大正 0235，08/0750B29。
8　7 世紀。唐寫本。
9.1　楷書。

1.1　BD09128 號
1.3　金剛般若波羅蜜經
1.4　陶 049
2.1　64.7×25 厘米；2 紙；7 行，行 17 字。
2.2　01：20.0，護首；　02：44.7，07。
2.3　卷軸裝。首全尾斷。有護首，存半段笈笈草天竿。卷面多水漬。扉頁有蟲繭。有烏絲欄。
3.1　首全→大正 0235，08/0748C17。
3.2　尾殘→大正 0235，08/0748C26。
4.1　金剛般若波羅蜜經（首）。
7.4　護首有經名"金剛般若波羅蜜經"。
8　7～8 世紀。唐寫本。
9.1　楷書。

1.1　BD09129 號
1.3　金剛般若波羅蜜經
1.4　陶 050
2.1　24.5×9.5 厘米；1 紙；13 行。
2.3　卷軸裝。首尾均殘。通紙上殘。有烏絲欄。
3.1　首殘→大正 0235，08/0749B26。
3.2　尾殘→大正 0235，08/0749C10。
8　7 世紀。唐寫本。
9.1　楷書。

1.1　BD09130 號
1.3　灌頂章句拔除過罪生死得度經
1.4　陶 051
2.1　（32.5＋11）×26.5 厘米；1 紙；25 行，行 17 字。
2.3　卷軸裝。首尾均脫。卷面多水漬，右下殘缺。有烏絲欄。
3.1　首 19 行下殘→大正 1331，21/0532C04～22。
3.2　尾殘→大正 1331，21/0532C28。
8　7～8 世紀。唐寫本。
9.1　楷書。

1.1　BD09131 號
1.3　灌頂章句拔除過罪生死得度經
1.4　陶 052
2.1　43.5×20.5 厘米；1 紙；26 行。
2.3　卷軸裝。首尾均殘。經黃紙。卷面有水漬，通卷下殘。中間有破裂。有烏絲欄。已修整。
3.1　首殘→大正 1331，21/0533A03。
3.2　尾殘→大正 1331，21/0533A28。
8　7～8 世紀。唐寫本。
9.1　楷書。

1.1　BD09132 號
1.3　藥師琉璃光如來本願功德經
1.4　陶 053
2.1　22.2×25.2 厘米；1 紙；14 行，行 17 字。
2.3　卷軸裝。首斷尾脫。打紙。下邊有殘缺。已修整。
3.1　首殘→大正 0450，14/0405B21。
3.2　尾殘→大正 0450，14/0405C06。
8　7 世紀。唐寫本。
9.1　楷書。
13　本件紙張似為南北朝，但抄寫年代應為唐代。

1.1　BD09133 號
1.3　維摩詰所說經卷下
1.4　陶 054
2.1　31×17.5 厘米；1 紙；18 行。
2.3　卷軸裝。首尾均殘。通卷上殘。已修整。
3.1　首殘→大正 0475，14/0552B06。
3.2　尾殘→大正 0475，14/0552B24。
8　8～9 世紀。吐蕃統治時期寫本。
9.1　楷書。

1.1　BD09134 號
1.3　維摩詰所說經卷上
1.4　陶 055
2.1　（7＋42.5）×25 厘米；2 紙；27 行，行 17 字。
2.2　01：03.0，護首；　02：4＋42.5，27。
2.3　卷軸裝。首全尾脫。有護首，已殘損。卷面有水漬，第 2 紙下部有殘缺。有烏絲欄。已修整。
3.1　首 2 行上殘→大正 0475，14/0537A03～07。
3.2　尾殘→大正 0475，14/0537B04。
4.1　［維］摩詰所說經，一名不可思議解脫（首）。
8　8 世紀。唐寫本。
9.1　楷書。

1.1 BD09135 號
1.3 維摩詰所說經卷上
1.4 陶 056
2.1 （1+36）×25 厘米；1 紙；23 行，行 17 字。
2.3 卷軸裝。首尾均殘。卷面變色，卷背粘有污物。已修整。
3.1 首行上殘→大正 0475，14/0537B07。
3.2 尾殘→大正 0475，14/0537C01。
8 8~9 世紀。吐蕃統治時期寫本。
9.1 楷書。

1.1 BD09136 號
1.3 金光明最勝王經（兌廢稿）卷九
1.4 陶 057
2.1 （17.6+28.8）×26.8 厘米；1 紙；25 行，行 17 字。
2.3 卷軸裝。首尾均脫。卷下邊殘缺。尾有餘空。有烏絲欄。已修整。
3.1 首 10 行下殘→大正 0665，16/0450A18~28。
3.2 尾缺→大正 0665，16/0450B16。
5 與《大正藏》本對照，文字有錯。
7.1 上邊有 1 個勘記“兌”字。
8 9 世紀。吐蕃統治時期寫本。
9.1 楷書。

1.1 BD09137 號
1.3 觀世音經
1.4 陶 058
2.1 9×26.3 厘米；1 紙 1 葉 2 個半葉；半葉 5~6 行，共 11 行，行 16~18 字。
2.3 梵夾裝。首尾均脫。有穿線孔洞。有豎欄，頂天立地，無上下邊欄。右上角正反面劃有一弧線。
3.1 首殘→大正 0262，09/0057B18。
3.2 尾殘→大正 0262，09/0057C02。
6.1 首→BD09138 號。
6.2 尾→BD08814 號。
7.1 右上方有一勘記“八”字，乃梵夾編次。
8 9~10 世紀。歸義軍時期寫本。
9.1 楷書。

1.1 BD09138 號
1.3 觀世音經
1.4 陶 059
2.1 9×26.3 厘米；1 紙 1 葉 2 個半葉；半葉 5~6 行，共 11 行，行 17 字。
2.3 梵夾裝。首尾均脫。有穿線孔洞。有豎欄，頂天立地，無上下邊欄。右下角正反面劃有一弧線。
3.1 首殘→大正 0262，09/0057B08。
3.2 尾殘→大正 0262，09/0057B18。
6.1 首→BD08813 號。
6.2 尾→BD09137 號。
7.1 右上方有一勘記“七”字，乃梵夾編次。
8 9~10 世紀。歸義軍時期寫本。
9.1 楷書。

1.1 BD09139 號
1.3 無常經
1.4 陶 060
2.1 7.5×27 厘米；1 紙 2 葉 4 個半葉；正面每半葉 4 行，共 8 行，行 20 字；背面每半葉 2~5 行，共 7 行，行約 20 字左右。
2.3 裝幀形式待考。首尾均殘。本件一紙對折為兩葉，兩葉均有穿線孔洞。現兩葉連接處已大部斷裂，僅一絲相連。但折縫處可明顯見到有一針孔。正面劃有烏絲欄，且抄寫正規；背面無烏絲欄，且抄寫不正規，紙張尚有餘空，但廢棄不抄。

從長寬規格及紙中有穿線孔洞看，應為梵夾裝。但梵夾裝均為單葉，而本件為雙葉。從一紙折為雙葉，且折縫處有針孔看，應為縫繢裝。但縫繢裝之卷面不應有穿線孔洞。考慮到本件正面劃有烏絲欄，且抄寫正規；背面無烏絲欄，且抄寫不正規，似雜抄廢稿；考慮到敦煌遺書中有些梵夾裝為兩張紙粘貼而成；故懷疑本件原為該雙紙梵夾裝之一葉，後因某種原因散逸且所粘兩紙展開（或當初未粘貼），被人利用作縫繢裝之一紙，並在其背面雜抄齋願文。詳情待考。
2.4 本遺書包括 2 個文獻：（一）《無常經》，8 行，抄寫在正面，今編為 BD09139 號。（二）《齋願文》（擬），7 行，抄寫在背面，今編為 BD09139 號背。
3.1 首殘→大正 0801，17/0746A09。
3.2 尾殘→大正 0801，17/0746A24。
8 9~10 世紀。歸義軍時期寫本。
9.1 楷書。

1.1 BD09139 號背
1.3 齋願文（擬）
1.4 陶 060
2.4 本遺書由 2 個文獻組成，本文獻為第 2 個，7 行，抄寫在背面，餘參見 BD09139 號之第 2 項。
3.3 錄文：

（首殘）

心，於一切時，以一切種，奉施三世諸佛菩薩特（持）金剛者，當/佛如來已證大地。一切菩薩當攝我，令我大福德，/智慧資糧，猛利精進，廣大心量，寂靜調伏，神/通自在。婆羅蜜多，速得圓滿。

復作是言：惟大悲者/當憶念我弟子某甲墮在生死，繫以大纏，閑居牢獄，/離正道法。逼以強力，煩惱怨敵，無帖（?）無救，無目無依，無/將無道，遊行僻路，趣向生死，皆大涅盤（槃），順諸惡趣，將墮

[後缺]

8　9～10 世紀。歸義軍時期寫本。
9.1　楷書。

1.1　BD09140 號
1.3　大般若波羅蜜多經卷五七八
1.4　陶 061
2.1　7×26.8 厘米；1 紙 1 葉 2 個半葉；半葉 5 行，共 10 行，行 26～30 字。
2.3　梵夾裝。首尾均脫。有穿線孔洞。末端殘缺。有烏絲欄。大部分不清晰。
3.1　首殘→大正 0220，07/0988C08。
3.2　尾殘→大正 0220，07/0988C25。
6.3　與 BD09141 號原爲同一文獻，中間梵夾有脫漏。
8　9～10 世紀。歸義軍時期寫本。
9.1　楷書。

1.1　BD09141 號
1.3　大般若波羅蜜多經卷五七八
1.4　陶 062
2.1　7×26.8 厘米；1 紙 1 葉 2 個半葉；每半葉 5 行，共 10 行，行 27～28 字。
2.3　梵夾裝。首尾均脫。有穿線孔洞。有烏絲欄，大部分不清晰。
3.1　首殘→大正 0220，07/0987C25。
3.2　尾殘→大正 0220，07/0988A13。
6.3　與 BD09140 號原爲同一文獻，中間梵夾有脫漏。
8　9～10 世紀。歸義軍時期寫本。
9.1　楷書。

1.1　BD09142 號 1
1.3　觀世音經
1.4　陶 063
2.1　44×15.5 厘米；2 紙 4 葉 8 個半葉；半葉 5～7 行，共 47 行，行 10～14 字。
2.2　01：22，6+6+7+5；　　02：22，5+6+6+6。
2.3　粘葉裝。首尾均殘。卷面有油污。有烏絲欄。
2.4　本遺書包括 2 個文獻：（一）《觀世音經》，24 行，今編為 BD09142 號 1。（二）《延壽命經》（小本），23 行，今編為 BD09142 號 2。
3.1　首殘→大正 0262，09/0058A20。
3.2　尾殘→大正 0262，09/0058B07。
4.2　觀音經一卷（尾）。
7.3　在第 4 個半葉有雜寫：“南無大慈大悲觀世/音菩薩/”，“妙法蓮華經觀世音菩薩並（普）/門品第二十五”、“餘（爾）時無盡於（意）菩/薩/”5 行。
8　9～10 世紀。歸義軍時期寫本。
9.1　行楷。

1.1　BD09142 號 2
1.3　延壽命經（小本）
1.4　陶 063
2.4　本遺書由 2 個文獻組成，本文獻為第 2 個，23 行。餘參見 BD09142 號 1 之第 2 項。
3.4　說明：
本遺書首全尾殘。傳統認爲乃中國人所撰佛經，未為歷代大藏經所收。與 BD05684 號對照，相當於對照本的第 1 行到第 20 行。但文字有錯漏，可供校勘。
4.1　佛說延壽命經（首）。
8　9～10 世紀。歸義軍時期寫本。
9.1　楷書。

1.1　BD09143 號
1.3　金光明最勝王經鈔（擬）
1.4　陶 064
2.1　7.5×26.8 厘米；1 紙 1 葉 2 個半葉；半葉 5 行，共 10 行，行字不等。
2.3　梵夾裝。首尾均脫。有豎欄，無上下邊欄。
3.4　說明：
所抄為《金光明最勝王經》卷七的咒語，情況如下：
正面第 1 行到背面第 1 行→大正 0665，16/0435A11～17；
背面第 2 行及第 3 行前 5 字→大正 0665，16/0435B03～04；
背面第 3 行後 14 字及第 4 行前 3 字→大正 0665，16/0435B10～11；
背面第 4 行後 13 字及第 5 行→大正 0665，16/0435B24～26。
6.2　尾→BD09144 號。
8　9～10 世紀。歸義軍時期寫本。
9.1　楷書。

1.1　BD09144 號
1.3　金光明最勝王經鈔（擬）
1.4　陶 065
2.1　7.5×26.8 厘米；1 紙 1 葉 2 個半葉；半葉 5 行，共 10 行，行字不等。
2.3　梵夾裝。首尾均脫。有豎欄，無上下邊欄。
3.4　說明：
本文獻所抄為《金光明最勝王經》卷七的咒語，情況如下：
正面存文，參見大正 0665，16/0435B26～C05；
背面存文，參見大正 0665，16/0436A12～20。
6.1　首→BD09143 號。
8　9～10 世紀。歸義軍時期寫本。
9.1　楷書。

1.1　BD09145 號 1
1.3　如來成道經

1.4　陶 066

2.1　52.7×15 厘米；3 紙 5 葉 10 個半葉；半葉 6 行，共 54 行，行 10～12 字，

2.2　01：10.5，6+6；　　02：21.1，6+6+6+6；
　　03：21.1，6+6+3+3。

2.3　粘葉裝。首尾均殘。3 紙原本均為雙葉紙，但第 1 紙前葉殘斷，故現為單葉紙，其餘兩紙為雙葉紙。但第 2、第 3 兩紙間脫落。第 3 紙殘缺嚴重，前葉右上殘缺一塊；後葉半殘，僅餘 3 行。各葉均有殘洞及豎向破裂，且油污嚴重。有烏絲欄。已修整。

2.4　本遺書包括 2 個文獻：（一）《如來成道經》，51 行，今編為 BD09145 號 1。（二）《大威儀請問經》，3 行，今編為 BD09145 號 2。

3.3　錄文：

（首殘）

日食麻麥，正念冥冥。苦行/六載，損瘦其形。頭如蓬窠，/項如針釘，肋如腐屋之椽，/眼如井底之星。形體羸劣，/似鬼之形。

得道身長千尺，額/廣平然。垂手得過其膝。/腳踏千輻輪行，身披金蘭（襴）/袈裟，手執錫杖之瓶，胸/前萬字了了分明。背上圓光，/晃照暉盈（映），師子王頰，毛蠡旋/生。出廣長舌，遍覆幽冥，/照耀無極，勝日之明。見佛光/者，永不生死。如來槃而不/死，涅而不生，攪之不濁，澄之/不清。擔復不重，點（掂）復不輕。/幽復不闇，顯復不明。名即不惜，利即不爭。辱之不忿，寵之/不榮，散復不壞，聚復不並。/高而不危，下而不平。夾（狹）而無/伴，廣而異成。煞即不死，活即/不生。白髮非老，小復非嬰。視/之不見其體，聽之不聞其/聲。大身彌輪八極，界（更）塞空/庭；小則針穴裏走，塵裏藏/形。噀海變成酥酪，指地瑠璃/水精，捻山即知行雨，豁海總/作空坑。微塵算得其數，心/之（指?）一切衆生，天宮樓閣，指即/化城。所須皆德（得），不用功呈（成）。行/即蕩蕩而無礙，住則湛湛/而不傾，樹肉眼觀三世之事，/用五眼常同而盲。居無非非/之意，處無是是之情，超三乘之/境外，越六度之衆生。振叫威/烈，不使怕驚。攬即不著，看/即有形，無端出沒，運轉自寧。/瞼眼即萬里，開眼即停此。/即非相可相，非名可名。燒而/不灰，溺而不泥，擡而不起，押/□…□不歡喜失物/□…□不樂樂獨/□…□斫不悵恨/□…□俱一種平等/□…□處處赴/□…□來當讚之/時，地動天雷，一切徒衆各各/所歸。若有信心，天必覆之。若當/不信，寒冬無衣。若寫一卷，家/富豐財。若寫兩卷，聰明智/開。教人讀誦，橫病不來。空中/讚曰：不可思議。

（錄文完）

3.4　說明：

此文獻應為中國人所撰佛經。敘述釋迦牟尼苦行、得道神通及寫經功德，對研究中國人的佛陀觀有一定價值。《大正藏》收有本經，亦為殘卷。本號存文較《大正藏》本為多。

8　10～11 世紀。歸義軍時期寫本。

9.1　拙楷。

1.1　BD09145 號 2

1.3　大威儀請問經

1.4　陶 066

2.4　本遺書由 2 個文獻組成，本文獻為第 2 個，3 行，餘參見 BD09145 號 1 之第 2 項。

3.1　首殘→大正 2884，85/1390A23。

3.2　尾全→大正 2884，85/1390A23。

4.2　大威儀請經一卷（尾）。

7.1　尾有題記“開運肆年（947）三月八日自手寫《觀音經》一卷”。

8　947 年。歸義軍時期寫本。

9.1　拙楷。

1.1　BD09146 號 1

1.3　道場文

1.4　陶 067

2.1　85.5×14 厘米；4 紙 6 葉 12 半葉；半葉 9～12 行，共計 94 行，行字不等。

2.2　01：14.2，3+9；　　02：28.5，8+9+11+12；
　　03：28.5，10+10+2+0；　04：14.2，9+11。

2.3　粘葉裝。首全尾脫。第 1 紙為單葉紙，第 2、第 3 紙為雙葉紙，第 4 紙為單葉紙。第 2 紙左面內面第 10 行下錯抄後，用紙粘改正。略有殘破。有烏絲欄。已修整。

2.4　本遺書包括 3 個文獻：（一）《道場文》，21 行，今編為 BD09146 號 1。（二）《十六衆想文》，50 行，今編為 BD09146 號 2。（三）《金剛五禮文》，20 行，今編為 BD09146 號 3。

3.3　錄文：

（首全）

道場文 思學/

我今諦別諸世衆，道場，恒沙諸佛一時聞。/

好住道場諸徒衆，努力勤修般若因。/

和尚門徒非血肉，為留佛教以為親。/

講經直作耶孃想，說法還同父母因。/

堅持禁戒好坐禪，願證永離四生身。/

有緣再得重相見，無緣一別永長分。/

而若在先成佛去，莫忘今時誦讚人。/

乘雲之時同一路，說法之時同一門。/

龍花三會登初首，彌陀再睹入緣真。/

當若出離波吒苦，願耳（爾）慈悲相接取。/

弟子某甲等合道場人，

歸依佛，/兩足尊；

歸依法，離欲尊；

歸依僧，/衆中尊。

如來智真等正覺，是我/世尊，我今歸依。為願三寶，慈悲/攝受，慈愍故，慈愍故，敬禮常住三寶，/得戒三歸依。

弟子某甲等合道場/人，歸依佛敬，歸依法敬，歸依僧敬。/

從今已往，盡未來際，稱佛為師，/更不歸依，邪魔外道。為願三寶，/慈悲攝受，慈愍故，慈愍故，敬禮常住三寶。

（錄文完）

4.1　道場文（首）。

7.1　行間夾寫題記："情也（?）。弟子齋會（?）圓滿。"1行8字，淡墨。

7.3　本件首頁有雜寫3行，可辨認者如下："有心淨處宛（?）法界亦通然"，"行者尹蓮子舍官府經卷"，"佛子何因"。另有"緣"、"因"、"正"等。

8　9～10世紀。歸義軍時期寫本。

9.1　楷書。

9.2　有重文符號。

1.1　BD09146號2

1.3　十六衆想文

1.4　陶067

2.4　本遺書由3個文獻組成，本文獻為第2個，50行，餘參見BD09146號1之第2項。

3.1　首全→大正1983，47/0485A05。

3.2　尾全→大正1983，47/0485C01。

3.4　說明：

本文獻為偈頌，所述為《無量壽觀經》中之"十六觀"，釋淨遐撰，收入法照編纂的《淨土五會念佛略法事儀讚》，反映我國淨土信仰之一斑。未為我國歷代大藏經所收。本文獻與《淨土五會念佛略法事儀讚》本行文有較大差異，可供校勘。另外，本文獻後附有淨口業真言、淨三業真言、觀音五敬真言、文殊師利真言、地藏菩薩真言及"西方極樂"頌一首：

"西方極樂

願共諸衆生，因（?）生安樂國。

合掌與堆（以為）花，身為供養具。

善心真實香，散（讚）歎香雲賓。

諸佛聞此香，便得來相報。

切莫懷怨為。

哀弟子我等已，衆生皆共成佛道。"

形成獨立的流傳形態，與作爲《淨土五會念佛略法事儀讚》之一部分，形態不同。

4.1　十六衆想文（首）。

7.3　有雜寫"勸君心"等2行4字。

8　9～10世紀。歸義軍時期寫本。

9.1　拙楷。

9.2　有行間校加字。

1.1　BD09146號3

1.3　金剛五禮文

1.4　陶067

2.4　本遺書由3個文獻組成，本文獻為第3個，20行，餘參見BD09146號1之第2項。

3.1　首全→《藏外佛教文獻》，07/0055A17。

3.2　尾殘→《藏外佛教文獻》，07/0060A02。

3.4　說明：

行文有不同，可供校勘。

4.1　金剛五禮文（首）。

8　9～10世紀。歸義軍時期寫本。

9.1　拙楷。

9.2　文中有斷句。

1.1　BD09147號1

1.3　發願文雜寫（擬）

1.4　陶068

2.1　59.5×14.3厘米；3紙4葉8個半葉；半葉8～9行，共54行，行字不等。

2.2　01：15，0+8；　　02：29.5，7+9+8+8；

03：15，8+7。

2.3　粘葉裝。首全尾缺。第1原為單葉紙，用作護首。第2紙為雙葉紙。第3紙原為雙葉紙，後斷裂，現為單葉紙。第2紙左頁為兩紙粘接而成。前兩葉有烏絲欄，後兩葉上下邊欄為墨畫，豎欄為刻畫欄。卷面變色。書口翻閱處上下兩角被剪去。

2.4　本遺書包括4個文獻：（一）《發願文雜寫》（擬），8行，今編為BD09147號1。（二）《觀世音經》，7行，今編為BD09147號2。（三）《地藏菩薩經》，28行，今編為BD09147號3。（四）《發願文》（擬），11行，今編為BD09147號4。

3.3　錄文：

（首全）

一願三寶恒存立，二願風雨/順時行，三願國王壽萬歲。/四願邊地無刀兵，五願三/塗離苦難，六願百病盡除/平，七願衆生行慈孝，八願/屠兒不煞生，九願牢囚訴/得脫，十願法界普安寧。/眼願不見刀光刃，耳願不聞。/

（錄文完）

3.4　說明：

本文獻實為發願文雜寫，抄寫在扉葉上，所抄即本件所抄的第4個文獻（BD09147號4）。但因扉葉紙緊，故未抄完。

8　9～10世紀。歸義軍時期寫本。

9.1　楷書。

1.1　BD09147號2

1.3　觀世音經

1.4　陶068

2.4　本遺書由4個文獻組成，本文獻為第2個。7行。餘參見BD09147號1之第2項。

3.1　首全→大正0262，09/0056C02。

3.2　尾缺→大正 0262，09/0056C06。
4.1　妙法蓮華經觀世音菩薩普門品第二十五（首）。
8　9～10 世紀。歸義軍時期寫本。
9.1　楷書。

1.1　BD09147 號 3
1.3　地藏菩薩經
1.4　陶 068
2.4　本遺書由 4 個文獻組成，本文獻為第 3 個，28 行。餘參見 BD09147 號 1 之第 2 項。
3.1　首全→大正 2909，85/1455B23。
3.2　尾全→大正 2909，85/1455C11。
4.1　佛說地藏菩薩經（首）。
8　9～10 世紀。歸義軍時期寫本。
9.1　楷書。

1.1　BD09147 號 4
1.3　發願文（擬）
1.4　陶 068
2.4　本遺書由 4 個文獻組成，本文獻為第 4 個，11 行。餘參見 BD09147 號 1 之第 2 項。
3.3　錄文：
（首全）
一願三寶恒存立，二願風雨/順時行，三願國王壽萬歲。/四願邊地無刀兵，五願三/塗離苦難，六願百病盡除/平，七願衆生行慈孝，八願/屠兒不煞生，九願牢囚訴/得脫，十願法界普安寧。/眼願不見刀光刃，耳願不聞/怨快聲，口願不用為（違）心語，/手願不煞一衆生。總願/當來值彌勒，連臂相將入化城。/
（錄文完）
8　9～10 世紀。歸義軍時期寫本。
9.1　楷書。

1.1　BD09148 號
1.3　大般涅槃經（北本）卷一三
1.4　陶 069
2.1　（5.5＋135）×26.5 厘米；4 紙；88 行，行 17 字。
2.2　01：5.5＋11，09；　02：48.0，29；　03：48.0，28；　04：48.0，22。
2.3　卷軸裝。首殘尾全。通卷污穢，前 2 紙中間有殘洞。有烏絲欄。已修整。
3.1　首 3 行上下殘→大正 0374，12/0444B17～19。
3.2　尾全→大正 0374，12/0445B20。
4.2　大般涅槃經卷十三（尾）。
8　9～10 世紀。歸義軍時期寫本。
9.1　拙楷。似為木筆所書。

1.1　BD09149 號
1.3　大般涅槃經（北本）卷二二
1.4　陶 070
2.1　（5＋11.5）×26.5 厘米；2 紙；6 行，行 17 字。
2.2　01：5＋9.5，06；　02：02.0，素紙。
2.3　卷軸裝。首殘尾全。上下邊殘損。中間有破裂。有烏絲欄。已修整。
3.1　首 2 行中下殘→大正 0374，12/0498A24～26。
3.2　尾全→大正 0374，12/0498A29。
4.2　大般涅槃經卷第廿二（尾）。
7.1　尾題後有題記“正光三年（522）正月八日，翟安德所寫《涅槃》一部所供養”。
8　522 年。南北朝寫本。
9.1　隸書。

1.1　BD09150 號
1.3　要行捨身經
1.4　陶 071
2.1　（12＋20.6）×26.6 厘米；2 紙；12 行，行 16～17 字。
2.2　01：12＋10；12；　02：10.6，拖尾。
2.3　卷軸裝。首殘尾全。有燕尾。有烏絲欄。已修整。
3.1　首 8 行上下殘→大正 2895，85/1415C07。
3.2　尾全→大正 2895，85/1415C19。
3.4　說明：
該文獻為中國人所撰佛經，經文主要宣揚能捨身者，可滅一切罪。該經對中國佛教史上自殘身體以供佛的風氣有一定的影響。
本文獻未為我國歷代大藏經所收。在敦煌遺書中存有多號。
4.2　佛說要行捨身經（尾）。
8　9～10 世紀。歸義軍時期寫本。
9.1　楷書。

1.1　BD09151 號
1.3　長者女庵提遮師子吼了義經
1.4　陶 072
2.1　35.6×25.6 厘米；1 紙；15 行，行 17～18 字。
2.3　卷軸裝。首殘尾全。有烏絲欄。已修整。
3.1　首殘→大正 0580，14/0964C14。
3.2　尾全→大正 0580，14/0964C29。
4.2　佛說菴提遮女經（尾）。
8　8 世紀。唐寫本。
9.1　楷書。

1.1　BD09152 號
1.3　天地八陽神咒經
1.4　陶 073
2.1　154×15 厘米；5 紙 8 葉 16 個半葉；半葉 10～11 行，共

166 行，行 14 字。
2.2　01：15.5，11 +10；　　　　02：41，10 +10 +11 +10；
　03：41，10 +10 +11 +10；　04：41，10 +10 +11 +11；
　05：15.5，11 +10。
2.3　粘葉裝。首尾均殘。第 1、第 5 紙原為雙葉紙，後因斷裂，現為單葉紙。其餘 3 紙為雙葉紙。第一個半葉有烏絲欄，餘紙均無烏絲欄。第 2、3、4、6、7、8 葉書口溜邊。書口翻閱處上下角被剪為圓形。
3.1　首殘→大正 2897，85/1423A19。
3.2　尾殘→大正 2897，85/1424C08。
5　與《大正藏》本對照，文字歧異處甚多。可供校勘。
6.2　尾→BD09153 號。
8　9 ~ 10 世紀。歸義軍時期寫本。
9.1　楷書。
9.2　有行間校加字，有墨筆斷句。

1.1　BD09153 號 1
1.3　天地八陽神咒經（異本）
1.4　陶 074
2.1　97.5 ×15 厘米；3 紙 5 葉 10 個半葉；半葉 10 ~ 11 行，共 97 行，行 13 字。
2.2　01：15.5，10 +10；　　02：41，10 +10 +11 +5；
　03：41，10 +10 +11 +10。
2.3　粘葉裝。首尾均殘。第 1 紙原為雙葉紙，後因斷裂，現為單葉紙。其餘 2 紙為雙葉紙。諸葉書口溜邊。書口翻閱處上下角被剪為圓形。
2.4　本遺書包括 2 個文獻：（一）《天地八陽神咒經》（異本），56 行，今編為 BD09153 號 1。（二）《阿彌陀經》，41 行，今編為 BD09153 號 2。
3.4　説明：
　與《大正藏》本對照，文字歧異處甚多。大體可以分爲兩部分，第一部分所抄為僞經《天地八陽神咒經》，存文相當於大正 2897，85/1424C08 ~ 1425B03。尾題前另有偈頌及一段文字，共計 14 行，為僞經所無。其中偈頌的部分文字，可參見大正 0428（《八陽神咒經》），14/0074A05 ~ 09，故本文獻應為《天地八陽神咒經》的另一異本。
4.2　佛說八陽神咒經（尾）。
6.1　首→BD09152 號。
8　9 ~ 10 世紀。歸義軍時期寫本。
9.1　楷書。

1.1　BD09153 號 2
1.3　阿彌陀經
1.4　陶 074
2.4　本遺書由 2 個文獻組成，本文獻為第 2 個，41 行。餘參見 BD09153 號 1 之第 2 項。
3.1　首全→大正 0366，12/0346B25。
3.2　尾殘→大正 0366，12/0347A13。
4.1　佛說阿彌陀經（首）。
8　9 ~ 10 世紀。歸義軍時期寫本。
9.1　楷書。
9.2　有行間校加字。

1.1　BD09154 號
1.3　金剛般若波羅蜜經（三十二分本）
1.4　陶 075
2.1　44 ×15.5 厘米；3 紙 4 葉 8 個半葉；半葉 7 ~ 8 行，共 58 行，行 16 字。
2.2　01：11，8 +7；　02：22，7 +8 +7 +7；　03：11，7 +7。
2.3　粘葉裝。首尾均殘。第 1、第 3 紙原為雙葉紙，後因斷裂，現為單葉紙。第 2 紙為雙葉紙。書口翻閱處上下角被剪成圓形。粘接處有針孔 10 個，係粘葉後又用線裝訂。已修整。
3.1　首殘→大正 0235，08/0750B26。
3.2　尾殘→大正 0235，08/0751A25。
5　與《大正藏》本對照，本號為三十二分本。存文自第十四分後部分至第十七分前部分。
6.3　與 BD08894 號原爲同一文獻。
7.1　第 6 個半葉地腳處有一細字勘記“七”。
8　9 ~ 10 世紀。歸義軍時期寫本。
9.1　楷書。
9.2　有校改，校改處用紙粘貼。

1.1　BD09155 號
1.3　大佛頂如來頂髻白蓋陀羅尼神咒鈔（擬）
1.4　陶 076
2.1　80 ×14 厘米；4 紙 8 葉 16 個半葉；半葉 5 ~ 7 行，行約 11 字，共 87 行。
2.2　以葉爲單位：
　01：10，6 +6；　02：10，6 +6；　03：10，6 +5；
　04：10，5 +5；　05：10，5 +5；　06：10，5 +5；
　07：10，5 +5；　08：10，6 +5。
2.3　縫繢裝。首尾均脫。現存 1 帖 4 紙。對折處有線孔 6 個。留有白麻紙繩一截，長 2.8 厘米，已脫落，現另行保存。第 15 個半葉有烏絲欄，其餘諸葉均只有上下邊欄，無豎欄。
3.4　説明：
　本文獻抄寫《大佛頂如來頂髻白蓋陀羅尼神咒》兩段，與伯 4071 號《大佛頂如來頂髻白蓋陀羅尼神咒》對照，情況如下：
　第 1 ~ 3 行，相當於伯 4071 號第 40 行 ~ 41 行。
　第 4 ~ 87 行，相當於伯 4071 號第 73 行 ~ 103 行。
5　與伯 4071 號對照，文字有參差。可供校勘。
8　10 ~ 11 世紀。歸義軍時期寫本。
9.1　楷書。

1.1　BD09156 號 1

1.3　願文
1.4　陶 077
2.1　130×14.6 厘米；6 紙 11 葉 22 個半葉，半葉 4～7 行，共 126 行，行 14 字。
2.2　01：10，7+6；　02：20，7+6+6+6；
03：20，6+6+6+6；　04：20，6+6+6+5；
05：20，5+6+6+4；　06：20，5+5+5+5。
2.3　粘葉裝。首尾均脱。第一紙為單葉紙，餘紙均為雙葉紙。書口上下角被剪。已修整。
2.4　本遺書包括 6 個文獻：（一）《願文》，10 行，今編為 BD09156 號 1。（二）《僧患文》，30 行，今編為 BD09156 號 2。（三）《願文》（擬），28 行，今編為 BD09156 號 3。（四）《亡文》，34 行，今編為 BD09156 號 4。（五）《亡尼文號頭》（擬），4 行，今編為 BD09156 號 5。（六）《亡考文》，20 行，今編為 BD09156 號 6。
3.3　錄文：
（首全）
願文
夫至聖法王，運一乘而化物；/大雄利見，越三界以居尊。故能廣布（佈）/慈雲，普洽無邊之潤；怨聞惠日，咸暉/有識之緣。方顯王中之王，為四生之父母，/像身之像，建六趣之津梁，妙覺巍/巍，理絕名言者也。
厥今陳玉，手捧金爐，/捨淨財，設清供，所申意為保平/［安之所建也。惟公擢秀英林，仁賢雅操，識量重邈，體氣孤高。見火宅之相煎，早求解脱；知佛乘之可托，預建津梁。希垂惠日以甘心，仰慈雲而結懇。故得如來授手，菩薩加威，內外咸安，尊卑納慶。是以割寒冬之厚絮，仰答鴻恩；抽夏服之輕衣，賽酬前願。故於是日，以建齋筵，屈請聖凡，希求聖旨。是日也，灑庭儼宇，綺筵玉粒，盈廚芳饌宿設，總斯殊勝，福祚增多。併用莊嚴齋主即體，惟願長壽富貴，求稱其心，遐齡益而大昌，身力強而彌盛。］家眷大小，並沐休宜，內外親姻，/咸蒙古慶。然後七聖父母，蓮花/化生，人異非人，俱登妙果。摩訶/般若，云云。
（錄文完）
3.4　説明：
本文獻為僧人為陳玉所設平安法會上所念誦的願齋文。伯 3545 號亦為陳玉所設齋會的願齋文，文字與本號大同小異。但兩相對照，本號缺失一段文字，今用“［ ］”增加在錄文中。
8　9～10 世紀。歸義軍時期寫本。
9.1　楷書。

1.1　BD09156 號 2
1.3　僧患文
1.4　陶 077
2.4　本遺書由 6 個文獻組成，本文獻為第 2 個，30 行。餘參見 BD09156 號 1 之第 2 項。
3.3　錄文：
（首全）
僧患文
竊以覺體潛/融，絕百非於實相；法身凝湛，圓萬/德於真儀。於是金色開容，掩大相（千）之日月；/玉毫揚彩，輝百億之乾坤。然而獨/拔繁（煩）羅，尚現雙林之疾；孤超/塵累，猶辭丈室之痾。況乃蠢/蠢四生，集灾（火）風而爲命；忙忙云（六）趣，積/地水以成軀。浮幻影於虔誠（乾城），保危/形於朽宅。詎能刈夷患本，剪/拔憂根。盛衰之理未亡，安危之/危患。患者自云：或有無始時來/所有罪障，身三口四意等三毒，/毀罵他人，忘（妄）言自衒。侵損常/住，觸背伽藍。行住中間，方◇聖格。致/使五篇七聚，全無毫尠護持；三千/八萬律儀，守無涓滴之數。今既/臥疾，始覺前愆。投仗三尊，希/垂懺滌。以斯捨施功德，迴向福因。先/用莊嚴患者即體，惟願智火而/燋業種，法雨而潤道芽。苦露卷/而心鏡開，垢累蕩而身田淨，慈/悲法父，放月愛之靈光；自在/神通，施醍醐之妙藥。示現之/疾，即因消除；真實福田，俄然/雲集。又持勝福，次用莊嚴持/爐施主即體，惟願［□］三乘之法/雨，障惑斯消；入一實之妙門，踟/塵不累。然一乘十力之有，普/施福於含靈；八難六趣之徒，遇此同超彼岸。摩訶般若。/
（錄文完）
3.4　説明：
本文獻首尾均全。為僧人為某闍梨患病，祈禱康復所設法會上所念誦的祈禱文。第五葉與第六葉之間，文字疑有脱漏。
8　9～10 世紀。歸義軍時期寫本。
9.1　楷書。
9.2　有斷句。有行間校加字。

1.1　BD09156 號 3
1.3　願文（擬）
1.4　陶 077
2.4　本遺書由 6 個文獻組成，本文獻為第 3 個，28 行。餘參見 BD09156 號 1 之第 2 項。
3.3　錄文：
（首全）
覩夫濟危拯難，應請垂恩。慈救生/靈，悲深動植。愛河岸上，渡沉沒於波/濤；巨夜途中，破矇朧之黑暗。化身六/道，拔苦千端。覓十力而伏種魔之/怨，排四生而座（坐）涅（盤）槃之域。我大/雄而應物，無遠近而不彰。其德/懿哉，豈楊（揚）能盡者也。
今者時畜（序）太簇，節及初春。發和氣於東郊，/解凝陰於北陸（麓）。是以除災棄禍，降/福迎祥。鎮白傘於八隅，豎素幢/於千閣。開針咽之閉塞，息焰口之煙燃。施淨食而頓飽飢羸，脱/幽途而超生善趣。僧徒念佛，尼眾/持花，朱紫虔心，白衣渴仰。於是歌/樂振（震）地，螺鈸

傜（搖）天。賢聖謂（為）之降臨。八/部謂（為）之濳護。一旋一繞，滌業累於/那落迦中，一懺一楊（揚），洗塵勞於阿耨/池内。如斯勝善，福我 府主大（太）保，伏願/寶位長新，金輪永固。我涼國夫/人，伏願淩霜松柏，同白首以歲年；/娟始芙蓉，益青娥之顏色。我都僧/統大師，伏願色身堅固，惠命遐長。定香/飈而薝蔔泛馨，戒月輝而蟾蜍撩/耀。指撝都衙，伏願亭亭福樹，不凋蒼翠之容；嶷嶷壽山，更聳煙嵐/之峻。然後城惶（隍）庶類，閪郡官僚，白/業生而黑業消除，塵山碎而功［德］圓/滿。摩訶般若。/

（錄文完）

3.4　說明：

本文獻首尾均全。為僧人在法會上所念誦的祈禱文。其中提到祝願“府主太保”、“涼國夫人”、“都僧統大師”等人。

8　9～10世紀。歸義軍時期寫本。

9.1　楷書。

9.2　有斷句。有重文號。

1.1　BD09156號4

1.3　亡文

1.4　陶077

2.4　本遺書由6個文獻組成，本文獻為第4個，34行。餘參見BD09156號1之第二項。

3.3　錄文：

（首全）

亡文

竊以龍宮現生，表無生/於實相；鶴林示滅，標不滅於/真儀。是以無去無來，始證三明/之境；非色非相，方開七覺之門。引/權實以成因，啓津梁而利物。卷/舒叵側（測），［顯］晦難量者哉！厥今施主，跪雙/足、捧今（金）爐、焚寶香陳願者，奉爲/過往和尚其（某）七追福諸（之）嘉會也。惟/亡靈乃體龍象之神德，狀師子/之威容；巍巍負川（山）岳之姿，浩浩蘊/江河之量；［涌］調浪於言泉，控玄源於/口海。豈謂朝波閲水，淪（掄）法悼（棹）於/四流；夜壑藏舟，溺仁航於五濁。/故使十方哀結（?），懼景落而行/迷；七衆悲號，痛梁（樑）摧而凶極。至/孝等積釁尤深，殃克尊蔭；攀/號一絕，痛列五情。日月往來，俄/經［某七］。ㄙ乙故使法場霸（罷）訓，恨土（兔）月而/星（西）沈；禪室寂然，怨逝水之東浪（流）。是日也，吉［祥］之草，分滿凶庭；功德之林，/影連魂彰（帳）。鴻（洪）鍾（鐘）野（夜）切，清梵朝/哀。香焚鶴樹之門，供展苑園之/内。遂請十方賢聖，降此小延（筵）；/會三界凡僧，希求少福。因果敬於善德，設供越於純陀。敷玉相於淨坊、焚天香於此室。總斯/多善，無限勝因，先用奉資亡靈/去識，惟願神生淨土，識坐蓮/臺，花開聞解脱之香，舉足昇涅槃之/果。又持勝福，次用莊嚴齋主/即體，惟願與殃（殃與）雹滅，障逐雲/消；長夜清宜，永年康吉。然/後竪通［法］界，傍括四生，並沐勝因，咸登覺道。摩訶般若。

（錄文完）

3.4　說明：

本文獻首尾均全。為僧人在過亡某僧做七追福法會上所念誦的祈禱文。齋主自稱“至孝”，值得注意。

8　9～10世紀。歸義軍時期寫本。

9.1　楷書。有合體字“涅槃”。

9.2　有倒乙。有行間校加字。

1.1　BD09156號5

1.3　亡尼文號頭（擬）

1.4　陶077

2.4　本遺書由6個文獻組成，本文獻為第5個，4行。餘參見BD09156號1之第二項。

3.3　錄文：

（首全）

尼德

覺花重（熏）影，戒［月］孤凝。七/聚情（精）知，五篇妙達。參耶輸之/雅志，集愛道之貞風；利物爲/懷，哀傷在念。云云。

（錄文完）

3.4　說明：

本文獻為僧人在法會上追悼某亡尼所念誦的祈禱文。但所寫僅為嘆功德號頭。

8　9～10世紀。歸義軍時期寫本。

9.1　楷書。

1.1　BD09156號6

1.3　亡考文

1.4　陶077

2.4　本遺書由6個文獻組成，本文獻為第6個，20行。餘參見BD09156號1之第二項。

3.3　錄文：

（首全）

亡考文

无常苦海，六道同居；/生死河深，四生共受。縱使高登/十地，未免去流（留）；受紹空禪，亦隨/生滅。是云有識者莫不無常，受稟<去>者忠（終）滅會歸。然今座前齋主啓願所/申意者，奉爲亡考ㄙ七追福/諸（之）嘉會也。惟亡靈乃稟質英/靈，蘭標和雅。人倫領袖，鄉侶（閭）/具（俱）瞻（霑）。理應久居人代，訓範子/孫。何圖捨世景，終奄歸大夜。/至孝等孝誠虧感，早隔尊/顏；攀風樹而不亭（停），望寒泉/而永別。縱使捨軀割髓，無/益幽魂；位（泣）血終身，莫能上/答。故於是日，以建齋筵。屈請/聖凡，用資神識。是日也，清递（第）/越於純陀，爐焚百和之香，厨/饌七珍之味。總斯多善，無限勝/因，

先用莊嚴亡者所生魂路，/惟願神生淨土，識坐蓮臺。常辭/五濁之中，永出六道之外。又持/

（録文至此止）

3.4　説明：

本文獻首尾均全。為僧人在某施主追薦亡父法會上所念誦的祈禱文。

8　9～10世紀。歸義軍時期寫本。

9.1　楷書。

9.2　有行間加行與校加字。

1.1　BD09157號

1.3　天地八陽神咒經

1.4　陶078

2.1　230×16厘米；14紙20葉40個半葉，半葉4～6行，共206行，行約10字。

2.2　01：23，5+6+6+5；　02：11.5，5+5；
03：23，5+5+5+5；　04：23，5+5+5+4；
05：23，5+6+6+6；　06：11.5，6+6；
07：11.5，5+5；　08：11.5，5+5；
09：11.5，5+5；　10：11.5，5+5；
11：23，5+5+5+5；　12：23，5+5+5+5；
13：11.5，5+5；　14：11.5，5+5。

2.3　粘葉綫裝。首殘尾全。第1、第3、第4、第5、第11、第12諸紙為雙葉紙，雙葉紙長23厘米。其餘諸紙為單業裝。書背又用細麻繩穿訂。首尾均殘。書口上下角剪為圓形。有蟲蛀痕。已散落。現已修整。

3.4　説明：

本遺書為粘葉裝，現斷為兩截，中間部分缺失。故現存文字為《天地八陽神咒經》的前後兩個部分。情況如下：

第1個半葉到第20個半葉，首尾均殘→大正2897，85/1422B22～23。

第21個半葉到第38個半葉，首殘尾全→大正2897，85/1425B03。

第38個半葉到40個半葉，題記。

4.2　佛説天地八陽神咒經一卷（尾）。

7.1　卷末有題記13行"右以所轉經文，並將迴/施四生六道，水淥（陸）飛空一切/舍衆，願身未離苦者，願/令離苦，未得樂者，願［令得］/樂。未發心者，願早發［心］。已發/心者，願登菩提。一切囚徒禁閉，/願枷鎖例（離）身。懷胎母子，/願早見光明。一切遠行客□（漢?），/早達鄉井。一切床上病□□，/願痊差。宅中忽有修造嫁娶，/願無災彰（障）。一切有情聞經，總/願西方見佛。一切宿世冤家，聞/經願更莫相酬。後願/"（後殘）。

8　9～10世紀。歸義軍時期寫本。

9.1　楷書。

1.1　BD09158號1

1.3　無量壽宗要經

1.4　陶079

2.1　281.6×22厘米；7紙；198行。

2.2　01：15.7，12；　02：46.0，32；　03：45.2，33；
04：46.5，31；　05：45.8，32；　06：46.1，32；
07：36.3，26。

2.3　卷軸裝。首尾均殘。本件通卷下殘。係火燒所致。有烏絲欄。已修整。

2.4　本遺書包括2個文獻：（一）《無量壽宗要經》，102行，今編為BD09158號1。（二）《無量壽宗要經》，96行，今編為BD09158號2。

3.1　首全→大正0936，19/0082A03。

3.2　尾全→大正0936，19/0084C29。

4.1　大乘無量壽經（首）。

4.2　佛説無量壽宗要經（尾）。

8　8～9世紀。吐蕃統治時期寫本。

9.1　楷書。

9.2　有倒乙。

1.1　BD09158號2

1.3　無量壽宗要經

1.4　陶079

2.4　本遺書由2個文獻組成，本文獻為第2個，96行。餘參見BD09158號1之第2項。

3.1　首全→大正0936，19/0082A03。

3.2　尾全→大正0936，19/0084C29。

4.2　佛説無量壽宗要經（尾）。

5　與《大正藏》本對照，有漏抄之處。

8　8～9世紀。吐蕃統治時期寫本。

9.1　楷書。

1.1　BD09159號

1.3　天地八陽神咒經

1.4　陶080

2.1　339.9×14.5厘米；20紙21葉42個半葉，半葉6～7行，共254行，行9字。

2.2　01：10.3，6+6；（單葉單層）粘葉
02：20.6，6+6+7+6；（雙葉單層）粘葉
03：20.6，6+6+6+6；（雙葉單層）粘葉
04：20.6，6+6+6；（雙葉，前葉單層，後葉雙層）蝴蝶
05：20.6，6+6；（雙葉雙層）蝴蝶
06：20.6，6+6；（雙葉雙層）蝴蝶
07：20.6，6+6；（雙葉雙層）蝴蝶
08：20.6，6+6；（雙葉雙層）蝴蝶
09：20.6，6+7；（雙葉雙層）蝴蝶
10：20.6，6+6；（雙葉雙層）蝴蝶
11：20.6，6+6+6；（雙葉，前葉雙層，後葉單層）粘葉

12：10.3，06；（單葉雙層）粘貼
13：20.6，6+6+6；（雙葉，前葉雙層，後葉單層）粘葉
14：10.3，6+6；（單葉單層）粘葉
15：10.3，06；（單葉雙層）粘貼
16：10.3，06；（單葉雙層）粘葉
17：10.3，06；（單葉雙層）粘貼
18：20.6，6+6；（雙葉雙層）蝴蝶
19：20.6，6+6；（雙葉雙層）蝴蝶
20：10.3，06。（單葉雙層）粘貼

2.3 混合裝。首尾均殘。第1紙到第4紙前葉為粘葉裝；第4紙後葉到第11紙前葉為蝴蝶裝；第11紙後葉到17紙為粘葉裝；第18紙到第20紙為蝴蝶裝。書背並有三處細麻繩串訂。20紙中夾有4張單葉雙層紙。首尾均殘。尾6紙下部殘損。書口上下角呈圓形。上下界欄為墨線，豎欄為硬物刻畫而成。本件為粘葉裝向蝴蝶裝過渡的中間形態。
3.1 首殘→大正2897，85/1422B19。
3.2 尾殘→大正2897，85/1425A22。
5 與《大正藏》本對照，本圖錄第18拍的兩個半葉之間有缺文，亦即中間紙張有缺失。參見85/1424A11“說”~1424C05“如”。本文獻與《大正藏》相比，文字差異較大，或為異本。
8 9~10世紀。歸義軍時期寫本。
9.1 拙楷。

1.1 BD09160號
1.3 梵網經盧舍那佛說菩薩心地戒品第十卷下
1.4 陶081
2.1 52.5×22.5厘米；2紙；30行。
2.2 01：31.0，18； 02：21.5，12。
2.3 卷軸裝。首尾均殘。通卷下邊殘缺，上邊有殘損和破裂，卷面變色。背有古代裱補。有烏絲欄。已修整。
3.1 首殘→大正1484，24/1003B28。
3.2 尾殘→大正1484，24/1004A03。
6.2 尾→BD09163號。
8 7~8世紀。唐寫本。
9.1 楷書。
9.2 有行間校加字。

1.1 BD09161號
1.3 梵網經盧舍那佛說菩薩心地戒品第十卷下
1.4 陶082
2.1 （28+7）×26.5厘米；2紙；20行，行17字。
2.2 01：28.0，16； 02：07.0，04。
2.3 卷軸裝。首脫尾殘。卷面多水漬，上下邊殘損，中間有破裂。背有古代裱補。有烏絲欄。已修整。
3.1 首殘→大正1484，24/1003B20。
3.2 尾4行中下殘→大正1484，24/1003C10~12。
8 8世紀。唐寫本。
9.1 楷書。

1.1 BD09162號
1.3 梵網經盧舍那佛說菩薩心地戒品第十卷下
1.4 陶083
2.1 32.5×25.5厘米；1紙；19行，行17字。
2.3 卷軸裝。首殘尾脫。經黃紙。卷上邊有殘缺，中間有等距離殘洞。有烏絲欄。已修整。
3.1 首殘→大正1484，24/1006B26。
3.2 尾殘→大正1484，24/1006C17。
8 7~8世紀。唐寫本。
9.1 楷書。
9.2 有行間校加字。有刪節號。有硃筆點去號。

1.1 BD09163號
1.3 梵網經盧舍那佛說菩薩心地戒品第十卷下
1.4 陶084
2.1 （17+42+8.5）×23.5厘米；2紙；37行，行17字。
2.2 01：17+28，24； 02：14+8.5，13。
2.3 卷軸裝。首尾均殘。首紙上下邊有殘缺，中間有破裂。紙變色。有烏絲欄。背有古代裱補。已修整。
3.1 首9行上下殘→大正1484，24/1003C23~1004A05。
3.2 尾5行上殘→大正1484，24/1004B08~13。
6.1 首→BD09160號。
8 7~8世紀。唐寫本。
9.1 楷書。
9.2 有行間校加字。

1.1 BD09164號
1.3 梵網經盧舍那佛說菩薩心地戒品第十卷下
1.4 陶085
2.1 （2+48.5）×25.5厘米；1紙；28行，行17字。
2.3 卷軸裝。首殘尾脫。卷上下邊殘損，中間有破裂和殘洞。有烏絲欄。已修整。
3.1 首行上殘→大正1484，24/1005C10~11。
3.2 尾殘→大正1484，24/1006A15。
8 9~10世紀。歸義軍時期寫本。
9.1 楷書。

1.1 BD09165號
1.3 梵網經盧舍那佛說菩薩心地戒品第十卷下
1.4 陶086
2.1 （27.5+144.5+4.5）×24.5厘米；4紙；100行，行17字。
2.2 01：27.5+20.5，27； 02：48.0，27； 03：48.0，27；
04：28+4.5，19。
2.3 卷軸裝。首尾均殘。通卷殘破嚴重。有烏絲欄。已修整。

3.1　首 15 行中下殘→大正 1484，24/1005B22 ~ C09。
3.2　尾 3 行上下殘→大正 1484，24/1006C17 ~ 20。
7.3　背面有雜寫一處。
8　7 ~ 8 世紀。唐寫本。
9.1　楷書。
9.2　有行間校加字。
12　從本遺書背面揭下古代裱補紙 1 塊，今編為 BD16350 號。

1.1　BD09166 號
1.3　梵網經盧舍那佛說菩薩心地戒品第十卷下
1.4　陶 087
2.1　39 × 27.5 厘米；1 紙；18 行，行 17 字。
2.3　卷軸裝。首全尾殘。卷上下邊殘損，中間有殘洞，下邊有油污。抄寫時文字沖出下邊。背有古代裱補。有烏絲欄。已修整。
3.1　首全→大正 1484，24/1003B06。
3.2　尾 3 行中上殘→大正 1484，24/1003B24 ~ 27。
4.1　梵網經盧舍那佛說菩薩心地（首）。
8　9 ~ 10 世紀。歸義軍時期寫本。
9.1　楷書。
9.2　有倒乙。

1.1　BD09167 號
1.3　梵網經盧舍那佛說菩薩心地戒品第十卷下
1.4　陶 088
2.1　（3.5 + 32 + 8）× 25 厘米；2 紙；24 行，行 17 字。
2.2　01：3.5 + 4，04；　02：28 + 8，20。
2.3　卷軸裝。首尾均殘。卷面多水漬，上下邊殘缺，中間有破裂。背有古代裱補。第 1、2 紙紙質與字體不同。有烏絲欄。已修整。
3.1　首 2 行上下殘→大正 1484，24/1004C05 ~ 06。
3.2　尾 4 行下殘→大正 1484，24/1005A01 ~ 03。
8　9 ~ 10 世紀。歸義軍時期寫本。
9.1　楷書。
9.2　有行間校加字。

1.1　BD09168 號
1.3　梵網經盧舍那佛說菩薩心地戒品第十卷下
1.4　陶 089
2.1　（55.5 + 25）× 26 厘米；3 紙；41 行，行 17 字。
2.2　01：06.5，03；　02：49.0，28；　03：25.0，10。
2.3　卷軸裝。首殘尾全。通卷上下邊殘損，中間有殘洞和破裂，卷尾左下殘缺，卷面多水漬。背有古代裱補。有烏絲欄。第 2、3 紙接縫處訂有一根藍色絲綫，長 5 厘米。已修整。
3.1　首殘→大正 1484，24/1009A28。
3.2　尾 10 行中下殘→大正 1484，24/1009B29 ~ C08。
4.2　梵網經（尾）。
5　與《大正藏》本對照，本件尾部缺少大段經文，所缺經文相當於《大正藏》24/1009C09 ~ 1010A23。
8　8 ~ 9 世紀。吐蕃統治時期寫本。
9.1　楷書。

1.1　BD09169 號 1
1.3　狀封（擬）
1.4　陶 090
2.1　（12.8 + 6 + 17 + 8）× 26.5 厘米；3 紙；18 行，行 17 字。
2.2　01：12.8，01；　02：06.0，03；　03：17 + 8，14。
2.3　卷軸裝。首尾均殘。卷下邊殘損，上邊有殘缺，中間有破裂。背有古代裱補，12.8 × 24.8 厘米。裱補紙有文字的一面向裏粘貼，後因卷面殘缺，露出裱補紙上的文字。該裱補紙乃一狀封，故今亦編為一號。有烏絲欄。已修整。
2.4　本遺書包括 2 個文獻：（一）《狀封》（擬），1 行，騎縫抄寫在背面裱補紙上，今編為 BD09169 號 1。（二）《梵網經盧舍那佛說菩薩心地戒品第十》卷下，17 行，今編為 BD09169 號 2。
3.3　錄文：
（首全）
謹謹封謹上 德（?）◇/
（錄文完）
3.4　說明：
該狀封從騎縫文字處拆開。
8　9 ~ 10 世紀。歸義軍時期寫本。
9.1　楷體。

1.1　BD09169 號 2
1.3　梵網經盧舍那佛說菩薩心地戒品第十卷下
1.4　陶 090
2.4　本遺書由 2 個文獻組成，本文獻為第 2 個，17 行。餘參見 BD09169 號 1 之第 2 項。
3.1　首 3 行下殘→大正 1484，24/1004A04 ~ 09。
3.2　尾 4 行下殘→大正 1484，24/1004A26 ~ 29。
8　7 ~ 8 世紀。唐寫本。
9.1　楷書。

1.1　BD09170 號
1.3　梵網經盧舍那佛說菩薩心地戒品第十卷下
1.4　陶 091
2.1　（39 + 8）× 27.5 厘米；1 紙；25 行，行 17 ~ 18 字。
2.3　卷軸裝。首尾均脫。卷上下邊有殘缺，中間有破裂。有烏絲欄，上下邊甚細，竪欄較粗。已修整。
3.1　首殘→大正 1484，24/1004A10。
3.2　尾行中上殘→大正 1484，24/1004B12 ~ 13。
8　9 ~ 10 世紀。歸義軍時期寫本。
9.1　楷書。

1.1　BD09171 號
1.3　梵網經盧舍那佛說菩薩心地戒品第十卷下
1.4　陶 092
2.1　(49 + 19.5 + 2) × 24.5 厘米；2 紙；39 行，行 17 字。
2.2　01：20.5，11；　02：28.5 + 19.5 + 2，28。
2.3　卷軸裝。首尾均殘。經黃紙。卷面多水漬，卷下部殘缺嚴重，中間有破裂。有烏絲欄。已修整。
3.1　首 27 行下殘→大正 1484，24/1008B01 ~ 29。
3.2　尾行下殘→大正 1484，24/1008C14。
8　7 ~ 8 世紀。唐寫本。
9.1　楷書。
9.2　有行間校加字。有倒乙。

1.1　BD09172 號
1.3　梵網經盧舍那佛說菩薩心地戒品第十卷下
1.4　陶 093
2.1　30 × 28.5 厘米；1 紙；18 行，行 18 ~ 20 字。
2.3　卷軸裝。首尾均殘。紙色灰白，未入潢。卷面有油污，上下邊殘損，中間有殘洞。有烏絲欄。已修整。
3.1　首殘→大正 1484，24/1003C29。
3.2　尾殘→大正 1484，24/1004B01。
8　9 ~ 10 世紀。歸義軍時期寫本。
9.1　楷書。
9.2　有倒乙。

1.1　BD09173 號
1.3　維摩詰所說經卷上
1.4　陶 094
2.1　(6.5 + 39.5 + 2) × 24 厘米；2 紙；27 行，行 17 字。
2.2　01：6.5 + 39.5，26；　02：02.0，01。
2.3　卷軸裝。首全尾斷。卷右上殘缺，下有殘缺，卷面有殘損，正、背面有污穢。有烏絲欄。已修整。
3.1　首 3 行上中殘→大正 0475，14/0537A03 ~ 08。
3.2　尾 1 行下殘→大正 0475，14/0537B05。
4.1　□…□佛國品第一，卷上（首）。
8　9 ~ 10 世紀。歸義軍時期寫本。
9.1　楷書。

1.1　BD09174 號
1.3　天地八陽神咒經
1.4　陶 095
2.1　(14.6 + 99.3 + 27) × 25 厘米；4 紙；86 行，行 18 字。
2.2　01：03.1，02；　02：11.5 + 34.5，28；　03：46.0，28；
　04：18.8 + 27，28。
2.3　卷軸裝。首尾均殘。第 2 紙中間有殘洞，左下部殘缺 1 塊，尾 2 紙上邊殘缺，卷背多鳥糞污痕。背有古代裱補。有烏絲欄。已修整。
3.1　首 9 行中下殘→大正 2897，85/1423B28 ~ C10。
3.2　尾 16 行中下殘→大正 2897，85/1424B24 ~ C13。
5　與《大正藏》本對照，卷中文字有錯漏抄。
7.3　背有雜寫 6 行。5 行為人名，作："李△早住，趙全子、/王慶住、王六子、/判官、/張留德、曹六公、曹◇、張◇/弓。" 1 行為 "法"、"廣" 等雜字。並有鳥形押 3 個。
8　8 ~ 9 世紀。吐蕃統治時期寫本。
9.1　楷書。
12　從本遺書背面揭下古代裱補紙 1 塊，今編為 BD16351 號。

1.1　BD09175 號
1.3　天地八陽神咒經
1.4　陶 096
2.1　(26.5 + 28.5) × 24.8 厘米；2 紙；32 行，行 17 字。
2.2　01：26.5 + 14.5，23；　02：14.0，09。
2.3　卷軸裝。首全尾殘。卷首右下殘缺，卷面有油污，下邊殘缺。背有古代裱補。有烏絲欄，粗細不等。已修整。
3.1　首 14 行下殘→大正 2897，85/1422B14 ~ C03。
3.2　尾殘→大正 2897，85/1422C24。
4.1　佛說八陽神咒經（首）。
5　與《大正藏》本對照，卷中經句有多處顛倒及錯漏。
8　9 ~ 10 世紀。歸義軍時期寫本。
9.1　楷書。

1.1　BD09176 號
1.3　天地八陽神咒經
1.4　陶 097
2.1　(29 + 23.9 + 21.5) × 24.4 厘米；2 紙；42 行，行 17 字。
2.2　01：29 + 17.5，26；　02：6.4 + 21.5，16。
2.3　卷軸裝。首脫尾殘。麻紙，未入潢。卷上邊殘缺。背有古代裱補。有烏絲欄。已修整。
3.1　首 15 行中上殘→大正 2897，85/1424A18 ~ B06。
3.2　尾 12 行上下殘→大正 2897，85/1424B27 ~ C10。
5　與《大正藏》本對照，卷中經文有多處錯漏。
8　7 ~ 8 世紀。唐寫本。
9.1　楷書。
12　從本遺書背面揭下古代裱補紙 1 塊，今編為 BD16352 號。

1.1　BD09177 號
1.3　天地八陽神咒經
1.4　陶 098
2.1　(5.4 + 61.9 + 18.8) × 26 厘米；3 紙；50 行，行字不等。
2.2　01：5.4 + 20.1，16；　02：41.8 + 3.3，28；
　03：15.5，06。
2.3　卷軸裝。首尾均殘。第 2 紙中間有殘洞，尾紙上邊殘缺，通卷殘破嚴重。有烏絲欄。已修整。
3.1　首 3 行中下殘→大正 2897，85/1424B16 ~ 20。

3.2　尾 7 行中上殘→大正 2897，85/1425A20～B01。
5　與《大正藏》本對照，卷中經文多有脫漏之處。
8　8～9 世紀。吐蕃統治時期寫本。
9.1　楷書。
12　從本遺書背面揭下古代裱補紙 5 塊，今編為 BD16353 號、BD16354 號、BD16355 號。

1.1　BD09178 號
1.3　天地八陽神咒經
1.4　陶 099
2.1　47.5×25 厘米；1 紙；28 行，行 17 字。
2.3　卷軸裝。首脫尾全。卷下邊略殘，卷面有殘損。有烏絲欄。已修整。
3.1　首殘→大正 2897，85/1424C14。
3.2　尾全→大正 2897，85/1425B03。
4.2　佛說八陽神咒經（尾）。
5　與《大正藏》本對照，卷中經句錯漏抄多處。
8　8 世紀。唐寫本。
9.1　楷書。
9.2　有行間校加字。

1.1　BD09179 號
1.3　天地八陽神咒經
1.4　陶 100
2.1　（12.5＋17.7＋5.5）×24.5 厘米；2 紙；13 行，行 18 字。
2.2　01：12.6＋6.4，09；　02：11.3＋5.5，04。
2.3　卷軸裝。首殘尾全。背有古代裱補。有烏絲欄。已修整。
3.1　首 5 行中上殘→大正 2897，85/1425A15～20。
3.2　尾全→大正 2897，85/1425B03。
4.2　佛說八陽神咒經（尾）。
5　與《大正藏》本對照，卷中經文有漏抄。
8　7～8 世紀。唐寫本。
9.1　楷書。

1.1　BD09180 號
1.3　天地八陽神咒經
1.4　唐 001
2.1　（8＋33.3）×25.7 厘米；2 紙；18 行，行 17 字。
2.2　01：8＋2.3，05；　02：31.0，13。
2.3　卷軸裝。首殘尾全。背有古代裱補。有烏絲欄。已修整。
3.1　首 4 行中上殘→大正 2897，85/1425A10～14。
3.2　尾全→大正 2897，85/1425B03。
4.2　佛說八陽神咒經（尾）。
5　與《大正藏》本對照，卷中經文有錯漏。
7.3　背有雜寫 1 行，可辨認有 2 個“保”字，似為人名。餘被裱補紙遮裱，難以辨認。
8　9～10 世紀。歸義軍時期寫本。
9.1　楷書。
12　從本遺書背面揭下古代裱補紙 2 塊，今編為 BD16356 號。

1.1　BD09181 號
1.3　天地八陽神咒經
1.4　唐 002
2.1　96.4×22 厘米；2 紙；54 行，行 15 字殘。
2.2　01：48.2，27；　02：48.2，27。
2.3　卷軸裝。首尾均脫。通卷下殘。有烏絲欄。已修整。
3.1　首殘→大正 2897，85/1423C27。
3.2　尾殘→大正 2897，85/1424C07。
5　與《大正藏》本對照，卷中文字有錯漏抄。
8　9～10 世紀。歸義軍時期寫本。
9.1　楷書。
9.2　有行間加行。有行間校加字。
13　修整時配《趙城藏》軸。

1.1　BD09182 號
1.3　天地八陽神咒經（異本）
1.4　唐 003
2.1　56.8×26 厘米；2 紙；26 行，行 17 字。
2.2　01：14.0，08；　02：42.8，19。
2.3　卷軸裝。首殘尾全。中間有殘洞，右下角殘缺。有燕尾。有烏絲欄。已修整。
3.4　說明：
與《大正藏》本對照，文字歧異處甚多。大體可以分爲兩部分，前 15 行為中國人所撰疑僞經《天地八陽神咒經》之流通分部分，文字略有參差，存文相當於大正 2897，85/1425A13～B01。後 11 行為竺法護譯《佛說八陽神咒經》之流通分部分，但文字差異甚大。其中第 17～26 行可參見《八陽神咒經》，存文相當於大正 0428，14/74A5～17。故本文獻應為《天地八陽神咒經》的異本，乃雜糅兩種經本而成。
4.2　佛說八陽神咒經（尾）。
8　8～9 世紀。吐蕃統治時期寫本。
9.1　楷書。
13　修整時配《趙城藏》軸。

1.1　BD09183 號
1.3　天地八陽神咒經
1.4　唐 004
2.1　（9.5＋8.7＋25.5）×25.4 厘米；2 紙；25 行，行 17 字。
2.2　01：9.5＋8.7，10；　02：25.5，15。
2.3　卷軸裝。首尾均殘。卷面有油污及污穢，上邊殘破嚴重。有烏絲欄。
3.1　首 4 行中上殘→大正 2897，85/1422C07～09。
3.2　尾 14 行上下殘→大正 2897，85/1422C19～1423A04。
5　與《大正藏》本對照，卷中經句多處錯抄遺漏。

8　9～10 世紀。歸義軍時期寫本。
9.1　楷書。

1.1　BD09184 號
1.3　天地八陽神咒經咒語雜寫（擬）
1.4　唐 005
2.1　（6.7＋27）×26.9 厘米；1 紙；17 行，行 16 字。
2.3　卷軸裝。首殘尾全。卷下邊殘缺，中間有殘洞。有烏絲欄。已修整。
3.4　説明：
本遺書僅殘剩尾題 1 行。其餘内容為利用尾空雜抄《天地八陽神咒經》之咒語，共 16 行。咒語内容可以參見大正 2897，85/1424B10～11。
4.2　佛說八陽神咒經（尾）。
8　9～10 世紀。歸義軍時期寫本。
9.1　楷書。
12　從本遺書背面揭下古代裱補紙 1 塊，今編為 BD16357 號。

1.1　BD09185 號
1.3　天地八陽神咒經
1.4　唐 006
2.1　（26.2＋23.7＋12）×24.5 厘米；2 紙；32 行，行 17 字。
2.2　01：26.2＋20.5，26；　02：3.2＋12，06。
2.3　卷軸裝。首尾均殘。卷面有水漬及黴斑，右下及左上殘缺，上邊殘破，卷面有裂痕。有烏絲欄。已修整。
3.1　首 14 行中下殘→大正 2897，85/1422C22～1423A08。
3.2　尾 6 行中上殘→大正 2897，85/1423A24～B02。
5　與《大正藏》本對照，卷中文字有錯漏抄。
8　7～8 世紀。唐寫本。
9.1　楷書。
13　修整時所配為《趙城藏》原軸。

1.1　BD09186 號
1.3　天地八陽神咒經
1.4　唐 007
2.1　（8＋14＋27）×25.5 厘米；2 紙；21 行，行 17 字。
2.2　01：8＋9，10；　02：5＋27，11。
2.3　卷軸裝。首殘尾全。卷下部有油污、污穢，尾紙中間有殘洞，下邊有殘缺，卷尾有蟲繭。背有古代裱補。有烏絲欄。已修整。
3.1　首 4 行下殘→大正 2897，85/1425A06～10。
3.2　尾 8 行中下殘→大正 2897，85/1425A18～B03。
4.2　佛說八陽神咒經一卷（尾）。
5　與《大正藏》本對照，卷中經句多有錯漏之處。
8　9～10 世紀。歸義軍時期寫本。
9.1　楷書。
12　從本遺書背面揭下古代裱補紙 1 塊，今編為 BD16358 號。

13　修整時所用為《趙城藏》原軸。

1.1　BD09187 號
1.3　天地八陽神咒經
1.4　唐 008
2.1　（2.1＋50＋1.8）×14.7 厘米；2 紙；37 行，行 11～12 字。
2.2　01：24.6，17；　02：29.3，20。
2.3　卷軸裝。首尾均殘。袖珍本。有烏絲欄。已修整。
3.1　首行下殘→大正 2897，85/1422C11。
3.2　尾行下殘→大正 2897，85/1423A09。
5　與《大正藏》本對照，卷中文字有錯漏抄。
6.1　首→BD09188 號 A。
8　9～10 世紀。歸義軍時期寫本。
9.1　楷書。
9.2　有行間校加字。
13　修整時所用為《趙城藏》原軸。本號上下幅窄，為袖珍卷軸裝，便於隨身攜帶。

1.1　BD09188 號 A
1.3　天地八陽神咒經
1.4　唐 009
2.1　30.5×14.2 厘米；2 紙；20 行，行 11～12 字。
2.2　01：10.5，07；　02：20.0，13。
2.3　卷軸裝。首尾均殘。袖珍本。卷面多殘洞。卷首背部有造紙時形成折疊。有烏絲欄。已修整。BD09188 號 A 與 BD09188 號 B，原粘貼在一起，修復時分開。
3.1　首 3 行第 5 字→大正 2897，85/1422B25。
3.2　尾殘→大正 2897，85/1422C10。
5　與《大正藏》本對照，首 3 行文字出入甚大。其餘文字亦有錯漏。
6.2　尾→BD09187 號。
8　9～10 世紀。歸義軍時期寫本。
9.1　楷書。
9.2　有行間校加字。

1.1　BD09188 號 B
1.3　佛母經
1.4　唐 009
2.1　12.4×2×14.2 厘米；1 紙 2 葉 4 個半葉；半葉 7 行，共 28 行；行 7～9 字。
2.3　粘葉裝。首尾均脱。有烏絲欄。BD09188 號 A 與 BD09188 號 B 原粘在一起，修復時分開。
3.1　首殘→《藏外佛教文獻》，01/0380A08。
3.2　尾殘→《藏外佛教文獻》，01/0380A23。
5　與《藏外佛教文獻》本對照，行文略有差異。
8　9～10 世紀。歸義軍時期寫本。
9.1　楷書。

9.2　有倒乙。有行間校加字。

1.1　BD09189 號
1.3　天地八陽神咒經
1.4　唐 010
2.1　(40.5 +6 +3.5) ×25.2 厘米；1 紙；28 行，行 18 字。
2.3　卷軸裝。首尾均殘。卷面有水漬，下邊大部分殘缺。背有古代裱補。有烏絲欄。已修整。
3.1　首 23 行中下殘→大正 2897，85/1423A18 ~ B14。
3.2　尾行中上殘→大正 2897，85/1423B20。
5　與《大正藏》本對照，卷中文字有錯漏抄。
8　8 ~9 世紀。吐蕃統治時期寫本。
9.1　楷書。
13　修整時所用為《趙城藏》原軸。

1.1　BD09190 號
1.3　觀世音經
1.4　唐 011
2.1　(38 +3) ×15 厘米；2 紙；17 行，行 10 ~14 字。
2.2　01：08.0，護首；　02：30 +3，17。
2.3　卷軸裝。首全尾殘。袖珍本。有護首，已殘。背有古代裱補。
3.1　首全→大正 0262，09/0056C02。
3.2　尾行下殘→大正 0262，09/0056C14。
4.1　妙法蓮華經觀世音菩薩普門晶（品）第廿十五（首）。
8　9 ~10 世紀。歸義軍時期寫本。
9.1　楷書。
9.2　有行間校加字。

1.1　BD09191 號
1.3　妙法蓮華經卷七
1.4　唐 012
2.1　(3 +96) ×26 厘米；2 紙；53 行，行 17 字。
2.2　01：3 +47，26；　02：49.0，27。
2.3　卷軸裝。首殘尾脫。卷上邊油污變色、有殘缺，卷面多橫裂。背有古代裱補。有烏絲欄。已修整。
3.1　首行上殘→大正 0262，09/0057A28。
3.2　尾殘→大正 0262，09/0058A15。
8　8 ~9 世紀。吐蕃統治時期寫本。
9.1　楷書。
9.2　有行間校加字。

1.1　BD09192 號
1.3　妙法蓮華經卷七
1.4　唐 013
2.1　(9.5 +7 +4) ×25.5 厘米；1 紙；12 行，行 17 字。
2.3　卷軸裝。首殘尾脫。卷面有污跡。
3.1　首 5 行下中殘→大正 0262，09/0057B03 ~09。
3.2　尾 3 行下殘→大正 0262，09/0057B14 ~16。
8　5 ~6 世紀。南北朝寫本。
9.1　楷書。

1.1　BD09193 號
1.3　妙法蓮華經卷四
1.4　唐 014
2.1　29 ×13 厘米；1 紙；17 行。
2.3　卷軸裝。首尾均殘。通卷上殘。有烏絲欄。
3.1　首殘→大正 0262，09/0034C04。
3.2　尾殘→大正 0262，09/0034C28。
8　7 ~8 世紀。唐寫本。
9.1　楷書。

1.1　BD09194 號
1.3　妙法蓮華經卷七
1.4　唐 015
2.1　132 ×20 厘米；3 紙；81 行。
2.2　01：45.0，27；　02：45.0，28；　02：42.0，26。
2.3　卷軸裝。首尾均殘。通卷下殘。卷背有鳥糞污痕。有烏絲欄。已修整。
3.1　首殘→大正 0262，09/0056C23。
3.2　尾殘→大正 0262，09/0057C17。
8　9 ~10 世紀。歸義軍時期寫本。
9.1　楷書。
9.2　有行間校加字。有墨筆校改。

1.1　BD09195 號
1.3　妙法蓮華經卷七
1.4　唐 016
2.1　(4 +52 +3.5) ×25.5 厘米；2 紙；33 行，行 17 字。
2.2　01：4 +16，11；　02：36 +3.5，22。
2.3　卷軸裝。首尾均殘。未入潢。卷面多水漬，上下邊有破損，卷中部殘碎。有烏絲欄。已修整。
3.1　首 3 行中上殘→大正 0262，09/0057A08 ~10。
3.2　尾行下殘→大正 0262，09/0057B13。
8　7 ~8 世紀。唐寫本。
9.1　楷書。

1.1　BD09196 號
1.3　觀世音經
1.4　唐 017
2.1　7 ×23.5 厘米；1 紙 1 葉 2 個半葉，半葉 3 行，行 15 ~16 字。
2.3　縫繢裝。首全尾斷。本號為封面與內側第一葉，封面無烏絲欄，內側第一葉有烏絲欄。左側有縫繢裝針孔 8 個。

3.1　首殘→大正 0262，09/0056C02。
3.2　尾殘→大正 0262，09/0056C04。
4.1　妙法蓮華經觀世音菩薩並（普）門品第廿五（首）。
7.3　封面有雜寫"南無千手千眼觀世音菩薩廣大"。
8　9～10 世紀。歸義軍時期寫本。
9.1　楷書。

1.1　BD09197 號
1.3　阿彌陀經
1.4　唐 018
2.1　（6.4+21.1+4）×25 厘米；1 紙；18 行，行 17 字。
2.3　卷軸裝。首尾均殘。卷面污穢，有水漬，上邊有殘缺。卷背有鳥糞。背有古代裱補。有烏絲欄。已修整。
3.1　首 2 行上下殘→大正 0366，12/0347A05～06。
3.2　尾 2 行上殘→大正 0366，12/0347A21～23。
8　8 世紀。唐寫本。
9.1　楷書。

1.1　BD09198 號
1.3　阿彌陀經
1.4　唐 019
2.1　（10.8+21.8+4.22）×25 厘米；2 紙；17 行，行 17 字。
2.2　01：10.8+7.3，11；　02：14.5+4.2，06。
2.3　卷軸裝。首殘尾全。經黄紙。卷上部殘爛，右下殘缺一塊。有燕尾。尾訂有麻線，長 13 厘米。有烏絲欄。已修整。
3.1　首 6 行上下殘→大正 0366，12/0348A12～17。
3.2　尾全→大正 0366，12/0348A29。
4.2　佛説阿彌陀經一卷（尾）。
8　7～8 世紀。唐寫本。
9.1　楷書。

1.1　BD09199 號
1.3　阿彌陀經
1.4　唐 020
2.1　（9.5+16.8）×25.7 厘米；1 紙；20 行，行 17 字。
2.3　卷軸裝。首尾均殘。通卷殘破，有等距離殘洞，多水漬、污穢。有烏絲欄。已修整。
3.1　首 5 行下殘→大正 0366，12/0347A18～23。
3.2　尾殘→大正 0366，12/0347B09。
8　7～8 世紀。唐寫本。
9.1　楷書。

1.1　BD09200 號
1.3　阿彌陀經
1.4　唐 021
2.1　36.9×23 厘米；1 紙；21 行。
2.3　卷軸裝。首殘尾脱。卷面有水漬，通卷下殘。有烏絲欄。紙張較厚，0.28～0.38 毫米。已修整。
3.1　首殘→大正 0366，12/0346C02。
3.2　尾殘→大正 0366，12/0347A10。
8　9～10 世紀。歸義軍時期寫本。
9.1　楷書。

1.1　BD09201 號
1.3　阿彌陀經
1.4　唐 022
2.1　13.5×14.3 厘米；1 紙；7 行，行 17 字。
2.3　卷軸裝。首尾均殘。上部殘缺，成圭形。有烏絲欄。
3.1　首殘→大正 0366，12/0347A26。
3.2　尾殘→大正 0366，12/0347B04。
8　9～10 世紀。歸義軍時期寫本。
9.1　楷書。

1.1　BD09202 號
1.3　阿彌陀經
1.4　唐 023
2.1　（2.1+29.4+3）×25.1 厘米；2 紙；20 行，行 16～17 字。
2.2　01：2.1+5.2，04；　02：24.2+3，16。
2.3　卷軸裝。首尾均殘。卷中間多殘洞，有横裂。背有古代裱補。已修整。
3.1　首行上殘→大正 0366，12/0347A23。
3.2　尾行殘→大正 0366，12/0347B13～14。
8　7～8 世紀。唐寫本。
9.1　楷書。

1.1　BD09203 號
1.3　阿彌陀經
1.4　唐 024
2.1　29×20.8 厘米；2 紙；15 行。
2.2　01：26.7，14；　02：02.3，01。
2.3　卷軸裝。首尾均殘。經黄打紙。卷面多水漬，通卷下殘。有烏絲欄。已修整。
3.1　首殘→大正 0366，12/0346C12。
3.2　尾殘→大正 0366，12/0347A09。
8　7～8 世紀。唐寫本。
9.1　楷書。

1.1　BD09204 號
1.3　阿彌陀經
1.4　唐 025
2.1　（2.2+19+7）×24.5 厘米；1 紙；16 行，行 17 字。
2.3　卷軸裝。首尾均殘。卷中間有 1 個殘洞，下邊有殘缺，左下角有墨污。卷背有洇字。有烏絲欄。已修整。
3.1　首殘→大正 0366，12/0347A12。

3.2　尾3行中下殘→大正0366，12/0347A25～27。
8　7世紀。唐寫本。
9.1　楷書。

1.1　BD09205號
1.3　阿彌陀經
1.4　唐026
2.1　41×25厘米；1紙；24行，行17字。
2.3　卷軸裝。首全尾脫。紙變色，油污，前部殘裂。有烏絲欄。已修整。
3.1　首全→大正0366，12/0346B25。
3.2　尾殘→大正0366，12/0347A06。
4.1　佛說阿彌陀經（首）。
8　7～8世紀。唐寫本。
9.1　楷書。

1.1　BD09206號1
1.3　阿彌陀經
1.4　唐027
2.1　42.4×20.3厘米；2紙；27行。
2.2　01：14.2，09；　02：28.2，18。
2.3　卷軸裝。首殘尾全。通卷下殘，卷背有墨污。有烏絲欄。已修整。
2.4　本遺書包括2個文獻：（一）《阿彌陀經》，18行，今編為BD09206號1。（二）《阿彌陀佛說咒》，9行，今編為BD09206號2。
3.1　首殘→大正0366，12/0348A11。
3.2　尾全→大正0366，12/0348A28。
4.2　佛說阿彌陀經一卷（尾）。
8　7～8世紀。唐寫本。
9.1　楷書。

1.1　BD09206號2
1.3　阿彌陀佛說咒
1.4　唐027
2.4　本遺書由2個文獻組成，本文獻為第2個，9行，餘參見BD09206號1之第2項。
3.4　說明：
　　本文獻9行，文字與《大正藏》十二卷第352頁所收《阿彌陀佛說咒》大致相同。
4.1　佛說阿彌陀經咒（首）。
8　7～8世紀。唐寫本。
9.1　楷書。

1.1　BD09207號
1.3　思益梵天所問經卷一
1.4　唐028
2.1　（12.5+6）×25厘米；1紙；10行，行17字。
2.3　卷軸裝。首脫尾殘。上下邊殘損，中間有破裂。背有古代裱補。有烏絲欄。已修整。
3.1　首殘→大正0586，15/0034B24。
3.2　尾3行上下殘→大正0586，15/0034C02～04。
8　8～9世紀。吐蕃統治時期寫本。
9.1　楷書。

1.1　BD09208號
1.3　思益梵天所問經卷三
1.4　唐029
2.1　（23+20）×26厘米；1紙；26行，行17字。
2.3　卷軸裝。首全尾脫。卷右下殘缺1塊，上下邊略有殘損，中間有破裂。有烏絲欄。已修整。
3.1　首14行下殘→大正0586，15/0047A22～B11。
3.2　尾殘→大正0586，15/0047B24。
4.1　思益梵天所問經卷□…□（首）。
8　8～9世紀。吐蕃統治時期寫本。
9.1　楷書。

1.1　BD09209號
1.3　大方廣佛華嚴經（晉譯五十卷本）卷二九
1.4　唐030
2.1　（1+12+3）×23.5厘米；1紙；10行，行17字。
2.3　卷軸裝。首尾均殘。卷上邊殘缺，下邊有水漬，卷面略有殘破。
3.1　首1行上殘→大正0278，09/0616C10。
3.2　尾2行上下殘→大正0278，09/0616C18～19。
8　6世紀。南北朝寫本。
9.1　隸書。

1.1　BD09210號
1.3　大方廣佛華嚴經（唐譯八十卷本）卷五九
1.4　唐031
2.1　18×27.3厘米；1紙；8行，行20字。
2.3　卷軸裝。首脫尾全。入潰。有烏絲欄。已修整。
3.1　首殘→大正0279，10/0318C07。
3.2　尾全→大正0279，10/0318C21。
4.2　大方廣佛花嚴經卷五十九（尾）。
8　8世紀。唐寫本。
9.1　楷書。

1.1　BD09211號
1.3　大方廣佛華嚴經（晉譯五十卷本）卷一七
1.4　唐032
2.1　（7.5+33+4.5）×28.4厘米；2紙；28行，行17字。
2.2　01：7.5+21，18；　02：12+4.5，10。

2.3　卷軸裝。首尾均殘。卷面有水漬，首紙下部殘損。有烏絲欄。已修整。
3.1　首5行下殘→大正0278，09/0524B26～C03。
3.2　尾2行上中殘→大正0278，09/0525A01～03。
5　與《大正藏》本對照，本件尾缺少經文3行。缺文見大正0278，09/0524C26～29。
8　6世紀。南北朝寫本。
9.1　隸書。

1.1　BD09212號
1.3　大乘入楞伽經卷五
1.4　唐033
2.1　（6.5+9+6.5）×25厘米；2紙；9行，行17字。
2.2　01：06.5，護首；　02：9+6.5，09。
2.3　卷軸裝。首全尾斷。卷首右上殘缺，卷面油污。有烏絲欄。已修整。
3.1　首5行上殘→大正0672，16/0614C04～12。
3.2　尾殘→大正0672，16/0614C17。
4.1　□…□無常品第三之餘，卷五（首）。
8　8世紀。唐寫本。
9.1　楷書。

1.1　BD09213號
1.3　入楞伽經卷四
1.4　唐034
2.1　（3.6+24+1.4）×26.5厘米；1紙；19行，行17字。
2.3　卷軸裝。首尾均殘。打紙。卷面尚好。有烏絲欄。已修整。
3.1　首3行中下殘→大正0671，16/0535B27～C01。
3.2　尾1行上下殘→大正0671，16/0535C17～18。
8　6世紀。南北朝寫本。
9.1　隸書。
9.2　有倒乙。

1.1　BD09214號
1.3　維摩詰所說經卷上
1.4　唐035
2.1　（21+2）×25.5厘米；1紙；14行，行17字。
2.3　卷軸裝。首脫尾殘。卷下部有殘缺，紙張變色。有烏絲欄，甚淺。已修整。
3.1　首殘→大正0475，14/0541B18。
3.2　尾行中殘→大正0475，14/0541C03～04。
8　7～8世紀。唐寫本。
9.1　楷書。

1.1　BD09215號
1.3　維摩詰所說經卷中
1.4　唐036
2.1　（3+21+1.5）×26厘米；2紙；16行，行17字。
2.2　01：3+8.5，07；　02：12.5+1.5，09。
2.3　卷軸裝。首尾均殘。卷面有油污。有上下邊欄。已修整。
3.1　首2行上中殘→大正0475，14/0548A02。
3.2　尾1行上下殘→大正0475，14/0548A18。
8　5～6世紀。南北朝寫本。
9.1　隸書。文字較多古異體字。

1.1　BD09216號
1.3　妙法蓮華經卷一
1.4　唐037
2.1　（14+5）×25.5厘米；1紙；11行，行17字。
2.3　卷軸裝。首脫尾殘。經黄紙。卷面尚好，上下邊略損。有烏絲欄。
3.1　首殘→大正0262，09/0002B19。
3.2　尾3行上殘→大正0262，09/0002B27～C01。
8　7～8世紀。唐寫本。
9.1　楷書。

1.1　BD09217號
1.3　妙法蓮華經卷五
1.4　唐038
2.1　（3+20）×26.5厘米；1紙；13行，行17字。
2.3　卷軸裝。首殘尾脫。麻紙，未入潢。卷面有水漬，上部有破裂。有烏絲欄。
3.1　首行上殘→大正0262，09/0039C26。
3.2　尾殘→大正0262，09/0040A09。
8　7～8世紀。唐寫本。
9.1　楷書。

1.1　BD09218號A
1.3　妙法蓮華經卷七
1.4　唐039
2.1　（26+3）×27厘米；2紙；16行，行17字。
2.2　01：03.0，01；　02：23+3，15。
2.3　卷軸裝。首尾均殘。卷面多水漬，下邊殘缺。中間有折疊後橫向斷裂。有烏絲欄。已修整。
3.1　首行下殘→大正0262，09/0055A18～19。
3.2　尾行上殘→大正0262，09/0055B04～05。
6.3　與BD09218號B原為同一遺書，但不能直接綴接。
8　7～8世紀。唐寫本。
9.1　楷書。
9.2　有行間校加字。

1.1　BD09218號B
1.3　妙法蓮華經卷七
1.4　唐039

2.1　25×14 厘米；1 紙；14 行。
2.3　卷軸裝。首尾均殘。卷面多水漬，通卷因折疊而殘斷，下部殘碎。有烏絲欄。
3.1　首殘→大正 0262，09/0056A12。
3.2　尾殘→大正 0262，09/0056A25。
6.3　與 BD09218 號 A 原為同一遺書，但不能直接綴接。
8　7～8 世紀。唐寫本。
9.1　楷書。

1.1　BD09219 號
1.3　妙法蓮華經卷七
1.4　唐 040
2.1　（1.5＋17.5＋2）×25.5 厘米；2 紙；12 行，行 17 字。
2.2　01：1.5＋10.5，07；　　02：7＋2，05。
2.3　卷軸裝。首尾均殘。經黄打紙。有烏絲欄。
3.1　首行下殘→大正 0262，09/0061B17～18。
3.2　尾行上下殘→大正 0262，09/0061B28。
8　7～8 世紀。唐寫本。
9.1　楷書。

1.1　BD09220 號
1.3　妙法蓮華經卷七
1.4　唐 041
2.1　31×19.5 厘米；1 紙；19 行。
2.3　卷軸裝。首尾均殘。通卷下殘。有烏絲欄。
3.1　首殘→大正 0262，09/0059A13。
3.2　尾殘→大正 0262，09/0059B03。
8　5～6 世紀。南北朝寫本。
9.1　隸書。

1.1　BD09221 號
1.3　金剛經傳（擬）
1.4　唐 042
2.1　43.9×27.7 厘米；2 紙；22 行，行 16 字。
2.2　01：13.5，05；　　02：30.4，17。
2.3　卷軸裝。首尾均殘。不規則殘片。通卷下殘。第 1 紙與第 2 紙的紙張不同。有烏絲欄。烏絲欄上方用“經”、“傳”標註經文與傳文。兩紙之間有餘空。已修整。
3.3　錄文：
（首殘）
□…□上卷尾後（?），復次須菩提□…□/
□…□持讀誦修行，則為如□以佛□…□/
□覺，是人皆得成就。中間至内傳□…□/
□傳及釋惑，擇通總闕。若遇善知識□…□/
本傳諸習續，無邊功德。此郡先無此□…□/
（中空）
自此以下至“應作如是觀”，是斷一切修多羅□…□/
無生似無性，非勝進疑。故論曰：
於内心修行，存我為菩薩。此則障於修，違於□…□/
經：爾時須菩提白佛言：世尊，云何菩薩發阿耨［多羅三］/
藐三菩提心？云何住？云何修行？云何降伏其心？［佛告須］/
菩提：菩薩發阿耨多羅三藐三菩提心者，［當生如是］/
心。我應滅度一切眾生，令入無餘涅槃界。如是［滅度一切眾］/
生已，而無一眾生實滅度者。何以故？須［菩提，若菩薩有］/
眾生相人相壽者相，則非菩薩。何以故？須菩［提，實無有］/
法名為菩薩發阿耨多羅三藐三菩［提心者］。/
傳：善吉生疑，如來開示也。疑曰：若住修□…□/
乘說者，則兩機為能受，十義為所□…□/
受為有我。有我則滯於無生而不□…□/
於智障，而未圓於種覺。然則能圓種□…□/
非真住修伏我是菩薩哉，釋曰：實□…□/
發阿耨多羅三藐三菩提心者，按□…□/
絕也。若存我為有能，何嘗盡觀□…□/
（下殘）
3.4　説明：
所疏解者為菩提流支譯本。
8　7～8 世紀。唐寫本。
9.1　楷書。
9.2　有硃筆點標、點去及斷句。

1.1　BD09222 號
1.3　般若波羅蜜多心經疏（智詵疏）
1.4　唐 043
2.1　（38.5＋17.5）×33 厘米；2 紙；正面 39 行，行 30 餘字。背面 46 行，行約 33 字。
2.2　01：38.5，28；　　02：17.5，11。
2.3　卷軸裝。首尾均殘。卷左下殘缺 1 塊。有烏絲欄。已修整。
2.4　本遺書包括 2 個文獻：（一）《般若波羅蜜多心經》（智詵疏），39 行，抄寫在正面，今編為 BD09222 號。（二）《授大戒羯磨》（擬），46 行，抄寫在背面，今編為 BD09222 號背。
3.1　首 1 行上殘→《般若心經譯注集成》，01/0240A15。
3.2　尾 11 行上殘→《般若心經譯注集成》，01/0243A17～0244A07。
5　與《般若心經譯注集成》本對照，行文略有差異。可供校勘。
8　8～9 世紀。吐蕃統治時期寫本。
9.1　行書。
9.2　有硃筆斷句、校改。有墨筆校改。有重文號。

1.1　BD09222 號背
1.3　授大戒羯磨（擬）
1.4　唐 043
2.4　本遺書由 2 個文獻組成，本文獻為第 2 個，46 行，抄寫在背面。餘參見 BD09222 號之第 2 項。
3.3　錄文：

（首殘）
□…□他。五者□…□/
□…□□致，隨事略□…□/
□…□比丘某甲當□…□三說。內（?）/
□…□香蕩（湯）木（沐）淨籌有（?）皮（?）最（?）□…□/
□…□人◇大沙門人，三說。打一下云：大□…□/
□…□事堪可行籌，廣作布薩□…□/
□…□受囑授人籌。行籌文（?）□…□/
□…□丘若干人，沙彌若干人，都合□…□/
□…□四恩，不為◇誡（?），各講□…□/
□…□無為諍。爾乃可德同□…□/
□…□律如是次第，禮三人□…□/
□…□律（?）師昇高座。請和上文 大□…□/
（以下文字可參見大正 1433，22/1053b05～1054A19。不再錄文。）

3.4　說明：

本文獻為敦煌僧團授具足戒時所用的實用文書。殘存文獻的主體部分為“受大戒法請和上文”，出於曇無德部《羯磨》（《大正藏》第 1433 號）。前部有“行籌文”等儀文。現雖首尾均殘，但仍可體現當時儀軌的大體形態。說明歸義軍時期敦煌僧團行事主要依據《四分律》。

8　9～10 世紀。歸義軍時期寫本。
9.1　行書。
9.2　有硃筆校改。有行間加行。有倒乙。

1.1　BD09223 號
1.3　金光明經卷四
1.4　唐 044
2.1　33.7×31.3 厘米；1 紙；23 行，行 33～34 字。
2.3　卷軸裝。首尾均殘。卷面油污變色，上下殘缺。有烏絲欄。已修整。
3.1　首殘→大正 0663，16/0353A20。
3.2　尾殘→大正 0663，16/0353C06。
8　9～10 世紀。歸義軍時期寫本。
9.1　楷書。

1.1　BD09224 號
1.3　大方廣佛華嚴經（晉譯五十卷本）卷四八
1.4　唐 045
2.1　（1.2＋58.4＋1.3）×25.5 厘米；3 紙；38 行，行 17 字。
2.2　01：1.2＋15，10；　02：35.2，22；　03：8.2＋1.3，06。
2.3　卷軸裝。首尾均殘。卷面殘破，多殘洞。有烏絲欄，並有定位針孔。已修整。
3.1　首 1 行上下殘→大正 0278，09/0764A27～28。
3.2　尾殘→大正 0278，09/0764C07。
8　6 世紀。南北朝寫本。
9.1　隸書。有古“惡”字。
9.2　有行間校加字。有倒乙。

1.1　BD09225 號
1.3　大方廣佛華嚴經（晉譯五十卷本）卷三七
1.4　唐 046
2.1　（3＋6＋5）×25.8 厘米；1 紙；9 行，行 17 字。
2.3　卷軸裝。首尾均殘。卷下邊殘缺。有烏絲欄。已修整。
3.1　首 2 行上殘→大正 0278，09/0677C04。
3.2　尾 3 行上中殘→大正 0278，09/0677C13。
5　與《大正藏》本對照，經文略有不同。
8　6 世紀。南北朝寫本。
9.1　隸書。

1.1　BD09226 號
1.3　大通方廣懺悔滅罪莊嚴成佛經卷下
1.4　唐 047
2.1　（3＋8＋18）×27.3 厘米；1 紙；18 行，行 17 字。
2.3　卷軸裝。首脫尾殘。卷左下殘缺一大塊。有烏絲欄，不很規整。已修整。
3.1　首 2 行中殘→大正 2871，85/1354A10～11。
3.2　尾 11 行上下殘→大正 2871，85/1354A18～27。
6.3　與 BD09227 號、BD09228 號、BD09229 號原為同一遺書。
8　5～6 世紀。南北朝寫本。
9.1　隸書。
9.2　有行間校加字。有重文號。

1.1　BD09227 號
1.3　大通方廣懺悔滅罪莊嚴成佛經卷下
1.4　唐 048
2.1　（4＋23.5＋6.5）×27.7 厘米；2 紙；21 行，行 16 字。
2.2　01：4＋8.5，08；　02：15＋6.5，13；
2.3　卷軸裝。首尾均殘。有烏絲欄。已修整。
3.1　首 3 行上下殘→大正 2871，85/1351A16～17。
3.2　尾 4 行上下殘→大正 2871，85/1351B05～08。
5　與《大正藏》本對照，第 7～8 行文字有遺漏。參見 85/1351A22“五”～26“惡”。
6.3　與 BD09226 號、BD09228 號、BD09229 號原為同一遺書。
8　5～6 世紀。南北朝寫本。
9.1　隸書。
9.2　有行間校加字。

1.1　BD09228 號
1.3　大通方廣懺悔滅罪莊嚴成佛經卷下
1.4　唐 049
2.1　(3 +20) ×27.5 厘米；1 紙；10 行，行 17 字。
2.3　卷軸裝。首殘尾全。有烏絲欄。背有古代裱補。已修整。
3.1　首 2 行上下殘→大正 2871，85/1355B14 ~15。
3.2　尾全→大正 2871，85/1355B23。
4.2　大通方廣經卷下（尾）。
6.3　與 BD09226 號、BD09227 號、BD09229 號原為同一遺書。
8　5 ~6 世紀。南北朝寫本。
9.1　隸書。
9.2　有行間校加字。

1.1　BD09229 號
1.3　大通方廣懺悔滅罪莊嚴成佛經卷下
1.4　唐 050
2.1　(5 +40.5 +11.5) ×27.5 厘米；2 紙；34 行，行 17 字。
2.2　01：5 +37，25；　02：3.5 +11.5，09。
2.3　卷軸裝。首尾均殘。卷下邊有殘缺，左上、左下、右上各殘缺一塊，中間有破裂。背有古代裱補。有烏絲欄。已修整。
3.1　首 2 行上殘→大正 2871，85/1350A11 ~13。
3.2　尾 7 行上下殘→大正 2871，85/1350B09 ~15。
6.3　與 BD09226 號、BD09227 號、BD09228 號原為同一遺書。
8　6 世紀。南北朝寫本。
9.1　隸書。

1.1　BD09230 號 1
1.3　新菩薩經
1.4　唐 051
2.1　45.8 ×30.5 厘米；1 紙；21 行，行 21 字。
2.3　卷軸裝。首尾均全。卷下部有規則殘爛，右上多殘洞。抄寫後下邊被剪缺。似有折疊欄。已修整。
2.4　本遺書包括 2 個文獻：（一）《新菩薩經》，11 行，今編為 BD09230 號 1。（二）《新菩薩經》，10 行，今編為 BD09230 號 2。
3.1　首全→大正 2917A，85/1462A24。
3.2　尾全→大正 2917A，85/1462B08。
4.1　新菩薩經一卷（首）。
4.2　新菩薩經一卷（尾）。
8　8 ~9 世紀。吐蕃統治時期寫本。
9.1　楷書。
9.2　有行間校加字。

1.1　BD09230 號 2
1.3　新菩薩經
1.4　唐 051
2.4　本遺書由 2 個文獻組成，本文獻為第 2 個，10 行。餘參見 BD09230 號 1 之第 2 項。
3.1　首全→大正 2917A，85/1462A24。
3.2　尾全→大正 2917A，85/1462B08。
4.1　新菩薩經一卷（首）。
4.2　新菩薩經一卷（尾）。
8　8 ~9 世紀。吐蕃統治時期寫本。
9.1　楷書。
9.2　有校改。

1.1　BD09231 號 1
1.3　新菩薩經（異本）
1.4　唐 052
2.1　22.5 ×26.7 厘米；2 紙；12 行，行 21 字。
2.2　01：06.5，03；　02：16.0，09。
2.3　卷軸裝。首殘尾全。卷上下有殘洞。有烏絲欄。
2.4　本遺書包括 2 個文獻：（一）《新菩薩經》（異本），3 行，今編為 BD09231 號 1。（二）《新菩薩經》（異本），9 行，今編為 BD09230 號 2。
3.3　錄文：

（首殘）
□…□此經從西涼州/
□…□大石落，大如斗。遂/
□…□諸衆生，今載饒病。/
（後殘）

3.4　説明：

原卷共抄兩通《新菩薩經》，文字相同。此為第一通，首部殘缺，具體行文可參見 BD09231 號 2 之錄文。

4.2　新菩薩經一卷（尾）。
8　9 ~10 世紀。歸義軍時期寫本。
9.1　楷書。

1.1　BD09231 號 2
1.3　新菩薩經（異本）
1.4　唐 052
2.4　本遺書由 2 個文獻組成，本文獻為第 2 個，9 行。餘參見 BD09231 號 1 之第 2 項。
3.3　錄文：

（首全）
新菩薩經救衆生大小。每日念/
阿彌陀佛二百口。今載大熟，須人萬萬億，須牛萬萬/
頭。勸衆生斷惡修善。禾豆無人收刈。第一病死，/
第二卒死，第三赤眼死，第四腫病死，第五產生死/
第六患腹死。有眼衆生寫一本，免一身；寫兩本，免/
一門；寫三本，免一村。若不信者，即滅門。此經從西涼州/
正月二日盛中時雷鳴雨聲，有一大石落，大如斗。遂/
片，即見此經。報諸衆生，今載饒病。/
新菩薩經一卷/

（錄文完）
4.1 新菩薩經（首）。
4.2 新菩薩經一卷（尾）。
8 9～10 世紀。歸義軍時期寫本。
9.1 楷書。

1.1 BD09232 號 1
1.3 無常經
1.4 唐 053
2.1 （9.7＋43.2＋3.3）×26 厘米；3 紙；28 行，行 14～20 字。
2.2 01：9.1、7＋10，11； 02：21.3，10；
03：11.9＋3.3，07。
2.3 卷軸裝。首尾均殘。經黄打紙。卷面多水漬，紙變色，第 1 紙中間有 1 個殘洞。有烏絲欄。已修整。
2.4 本遺書包括 2 個文獻：（一）《無常經》，21 行，今編為 BD09232 號 1。（二）《要行捨身經》，7 行，今編為 BD09232 號 2。
3.1 首 6 行中下殘→大正 0801，17/0746A05～16。
3.2 尾全→大正 0801，17/0746B08。
4.2 佛說無常經（尾）。
5 與《大正藏》本對照，本文獻相當於《高麗藏》本。
8 7～8 世紀。唐寫本。
9.1 楷書。

1.1 BD09232 號 2
1.3 要行捨身經
1.4 唐 053
2.4 本遺書由 2 個文獻組成，本文獻為第 2 個，7 行。餘參見 BD09232 號 1 之第 2 項。
3.1 首全→大正 2895，85/1414C22。
3.2 尾行上殘→大正 2895，85/1414C29。
3.4 說明：
《大正藏》本首有殘缺。可依據本遺書補足。
4.1 佛說要行捨身經一卷（首）。
8 7～8 世紀。唐寫本。
9.1 楷書。

1.1 BD09233 號
1.3 七階佛名經
1.4 唐 054
2.1 30.5×24 厘米；2 紙；18 行，行 19 字。
2.2 01：09.0，05； 02：21.5，13。
2.3 卷軸裝。首尾均殘。通卷下殘。有烏絲欄。已修整。
3.3 錄文：
（首殘）
南無豪（毫）相日月光明焰寶蓮花堅如金剛［身毗盧］／
遮那無障礙眼圓滿十方放光照一切佛［刹相王如來］。／
南無過、現、未來盡十方空界一切諸佛前歸命懺［悔］。／
志心懺悔 罪垢不住去來今，不在兩閒（間）及內外，□…□／
照非有無，塵勞本來常清淨，良由妄識起分別，種［種］／
顛倒因玆生。若能安心實相中，煩惱如空無所住。□…□／
已歸命禮三寶。至心懺悔／
衆罪皆懺悔，諸福盡隨喜。及請佛功德，願成無［上智］。／
去來現在佛，於衆生最勝。無量功德海，歸依合［掌禮］。／
一切誦：處世界，如虛空，如蓮花，不著水，［心清淨，超於彼］，／
稽首禮，無上尊。發願／
願以此功德，普及於一切，我等與衆［生，皆共成佛道］。／
一切恭敬：自歸依佛，當願衆生體解［大道，發無上意］；／
自歸依法，當願衆生深入經藏，智［慧如海］；／
自歸依僧，當願衆生統理大衆，［一切無礙］。
願諸衆生：諸惡莫作，諸善奉［行，自淨其意，是諸］／
佛教。和南一切賢聖。白衆等聽□…□／
煩惱深無底，生死海無邊，□…□
（後殘）
8 9～10 世紀。歸義軍時期寫本。
9.1 楷書。

1.1 BD09234 號
1.3 父母恩重經
1.4 唐 055
2.1 （15.3＋13.2）×26 厘米；1 紙；15 行，行 17 字。
2.3 卷軸裝。首尾均殘。卷面有水漬，右下殘缺一大塊，現存遺書大體呈梯形。有烏絲欄。已修整。
3.1 首 8 行中下殘→大正 2887，85/1403C03～10。
3.2 尾殘→大正 2887，85/1403C18。
8 9～10 世紀。歸義軍時期寫本。
9.1 楷書。

1.1 BD09235 號
1.3 無量大慈教經
1.4 唐 056
2.1 23×27.3 厘米；2 紙 2 葉 4 個半葉；半葉 6 行，共 24 行；行 19～23 字。
2.2 01：11.6，6＋6 護首； 02：11.6，6＋6。
2.3 縫績裝。首殘尾全。2 紙粘接在一起，作為縫績裝一帖的外紙。兩紙的接縫處殘破。背有古代裱補。有烏絲欄。第一紙雖劃烏絲欄，但未抄文字，實際相當於護首。
3.1 首殘→大正 2903，85/1445C18。

3.2　尾全→大正 2903，85/1446A01。
4.2　佛說無量大慈教經一卷（尾）。
7.3　尾題後有雜寫“佛說善惡因果經”。
8　9～10 世紀。歸義軍時期寫本。
9.1　楷書。

1.1　BD09236 號
1.3　無量大慈教經
1.4　唐 057
2.1　（12.3＋18.7）×26 厘米；1 紙；14 行，行 15 字。
2.3　卷軸裝。首殘尾脫。上下邊殘缺。卷面殘破。已修整。
3.4　說明：
本文獻首 6 行上下殘，尾殘。未為我國歷代大藏經所收。敦煌出土以後，日本《大正藏》根據殘本斯 01627 號收入第 85 卷，首殘尾全。本遺書所抄，正為《大正藏》本缺失的文字。BD00943 號為首尾完整的寫卷，可以參看。
8　7～8 世紀。唐寫本。
9.1　楷書。

1.1　BD09237 號
1.3　大佛頂如來密因修證了義諸菩薩萬行首楞嚴經咒（嘉興本）
1.4　唐 058
2.1　（6＋131.5）×29.5 厘米；4 紙；50 行，行 20 餘字。
2.2　01：6＋2.5，03；　02：43.0，17；　03：43.0，16；04：43.0，14。
2.3　卷軸裝。首殘尾全。第 2～4 紙上下邊有殘缺，中間有殘洞。已修整。
3.1　首 3 行中下殘→大正 0945，19/0140B21～26。
3.2　尾全→大正 0945，19/0141B13。
5　本卷與《大正藏》本對照，與卷七末尾所附的《嘉興藏》本相同，但咒文有參差。寫經起句“雞羅夜彌”為六十一，而《大正藏》為六十二。止句“莎婆訶”為二十六，而《大正藏》為二十七。
6.1　首→BD09239 號。
8　7～8 世紀。唐寫本。
9.1　行楷。
9.2　有行間校加字。

1.1　BD09238 號
1.3　大佛頂如來密因修證了義諸菩薩萬行首楞嚴經咒（嘉興本）
1.4　唐 059
2.1　（3＋6＋33）×29 厘米；1 紙；15 行，行 25 字。
2.3　卷軸裝。首尾均殘。卷左下殘缺一大塊。現存遺書略呈三角形。已修整。
3.1　首行上殘→大正 0945，19/0139C11。
3.2　尾 12 行下殘→大正 0945，19/0139C17～0140A06。
5　本卷與《大正藏》本對照，與卷七末尾所附的《嘉興藏》本相同，但咒文有參差。
6.2　尾→BD09239 號。
8　7～8 世紀。唐寫本。
9.1　楷書。

1.1　BD09239 號
1.3　大佛頂如來密因修證了義諸菩薩萬行首楞嚴經咒（嘉興本）
1.4　唐 060
2.1　（40.5＋37＋8.5）×29.5 厘米；3 紙；40 行，行 20 餘字。
2.2　01：21.0，08；　02：19.5＋25，17；　03：12＋8.5，15。
2.3　卷軸裝。首尾均殘。卷右上殘缺一大塊，中間有殘洞。已修整。
3.1　首 15 行中上殘→大正 0945，19/0139C17～0140A10。
3.2　尾 3 行中上殘→大正 0945，19/0140B20～25。
5　本卷與《大正藏》本對照，與卷七末尾所附的《嘉興藏》本相同，但咒文有參差。抄經咒文起句“跋闍羅迦那迦波羅婆”為二十八，而《大正藏》為二十九。上句“毗陀夜闍瞋陀夜彌”為六十三，而《大正藏》為六十四。
6.1　首→BD09238 號。
6.2　尾→BD09237 號。
8　7～8 世紀。唐寫本。
9.1　行楷。
9.2　有行間加行。

1.1　BD09240 號
1.3　佛本行集經（兌廢稿）卷四九
1.4　唐 061
2.1　14.4×27.2 厘米；1 紙；正面 9 行，行 17 字；背面 5 行，行字不等。
2.3　卷軸裝。首全尾斷。有烏絲欄。已修整。
3.1　首脫→大正 0190，03/0879A03。
3.2　尾殘→大正 0190，03/0879A12。
4.1　佛本行集經五百比丘因緣品第五十，卌九 三藏法師闍那崛多譯（首）。
5　與《大正藏》本對照，最後兩個字“邪見”，本件抄為“地獄”。
7.1　第 9 行末有勘記“兌卻”。
7.3　首、末行有《佛本行集經》經名雜寫。卷面還有其他雜寫 10 餘字。卷背另有經文雜寫 5 行。
8　8 世紀。唐寫本。
9.1　楷書。

1.1　BD09241 號
1.3　佛本行集經品次録（擬）
1.4　唐 062
2.1　24×29.1 厘米；1 紙；11 行，行 19～26 字。
2.3　卷軸裝。首尾均斷。卷中間有殘洞。有折疊欄。已修整。

3.3 錄文：
（首全）
佛本行集經發心供養品第一，受決定記品第二，賢劫王種品第三，／
上託兜率品第四，俯降王宮品第五，樹下誕生品第六，從／
園還城品第七，相師占看品第八，私陀問瑞品第九，姨母養育／
品第十，習學技藝品第十一，遊戲觀矚品第十二，捔術爭婚／
品第十三，常飾納妃品第十四，空聲勸厭品第十五，／
出逢老人品第十六，淨飯王夢品第十七，道見病／
人品第十八，路逢死屍品第十九，耶輸陀羅夢品／
第廿，捨宮出家品第廿一，剃髮染衣品第二十二，／
車匿等還品第二十三，觀諸異道品第二十四，王使往還品／
第二十五。／
（錄文完）。
7.3 尾有雜寫"薰馱恨恨"。
8 9～10 世紀。歸義軍時期寫本。
9.1 楷書。
9.2 有行間校加字。有墨筆塗改。

1.1 BD09242 號
1.3 佛本行集經（兌廢稿）卷五六
1.4 唐 063
2.1 22×25.5 厘米；1 紙；11 行，行 17 字。
2.3 卷軸裝。首全尾斷。卷面有黴點，其餘尚好。有烏絲欄。已修整。
3.1 首全→大正 0190，03/0910B02。
3.2 尾殘→大正 0190，03/0910B15。
4.1 佛本行集經羅睺羅品下，卷之五十六，三藏法師闍那崛多譯（首）。
5 與《大正藏》本對照，本件第 11 行文字有誤。
8 8 世紀。唐寫本。
9.1 楷書。

1.1 BD09243 號
1.3 太子須大拏經
1.4 唐 064
2.1 （3.5＋99＋4.5）×26.5 厘米；3 紙；3 行，行 17 字。
2.2 01：3.5＋42，27； 02：46.5，28；
03：10.5＋4.5，08。
2.3 卷軸裝。首尾均殘。經黄打紙。通卷殘破，卷面有等距離黴爛紋。背有古代裱補。有烏絲欄。已修整。
3.1 首 2 行下殘→大正 0171，03/0420C21～23。
3.2 尾 2 行上中殘→大正 0171，03/0421B26～28。
5 與《大正藏》本對照，文字略有參差。
8 7～8 世紀。唐寫本。
9.1 楷書。
12 從本遺書背面揭下古代裱補紙 1 塊，今編為 BD16359 號。

1.1 BD09244 號 1
1.3 救諸衆生苦難經
1.4 唐 065
2.1 （7＋19＋3）×30.5 厘米；1 紙；15 行，行 20 餘字。
2.3 卷軸裝。首全尾殘。卷上下邊殘損，中間有殘洞和破裂，卷面發黴變色。已修整。
2.4 本遺書包括 2 個文獻：（一）《救諸衆生苦難經》，11 行，今編為 BD09244 號 1。（二）《新菩薩經》，4 行，今編為 BD09244 號 2。
3.1 首 3 行中上殘→大正 2915，85/1461C06～11。
3.2 尾全→大正 2915，85/1462C23。
4.1 救諸衆生苦難經（首）。
5 與斯 3685 號對照，偈頌前無"勸善偈"三字。
8 9～10 世紀。歸義軍時期寫本。
9.1 行楷。

1.1 BD09244 號 2
1.3 新菩薩經
1.4 唐 065
2.4 本遺書由 2 個文獻組成，本文獻為第 2 個，4 行。餘參見 BD09244 號 1 之第 2 項。
3.1 首全→大正 2917，85/1462A24。
3.2 尾 2 行上殘→大正 2917，85/1462A29～B01。
4.1 新菩薩經（首）。
8 9～10 世紀。歸義軍時期寫本。
9.1 行楷。
9.2 有行間校加字。

1.1 BD09245 號
1.3 父母恩重經
1.4 唐 066
2.1 （32.8＋14.5＋6.3）×24 厘米；3 紙；29 行，行 17～18 字。
2.2 01：16.8，08； 02：16＋14.5＋4.3，20；
03：02.0，01。
2.3 卷軸裝。首尾均殘。卷面油污變色，上下邊有殘缺破損。第 1 紙為歸義軍時期後補。有烏絲欄。已修整。
3.1 首 2 行上殘→大正 2887，85/1403B21～23。
3.2 尾 3 行下殘→大正 2887，85/1403C25～27。
4.1 □…□重經（首）。
5 行文與《大正藏》本有較大差異，應屬異本。詳情待考。
8 7～8 世紀。唐寫本。
9.1 楷書。

1.1 BD09246 號 1
1.3 長爪梵志請問經
1.4 唐 067
2.1 (21.2+35.2+10.4)×26 厘米；2 紙；54 行，行 19～27 字。
2.2 01：21.2+23.6，36； 02：11.6+10.4，18。
2.3 卷軸裝。首尾均殘。通卷上下邊殘缺，中間下半部多殘洞，有油污、黴點，且殘缺嚴重。有烏絲欄。已修整。
2.4 本遺書包括 2 個文獻：（一）《長爪梵志請問經》，27 行，今編為 BD09246 號 1。（二）《鬼問目連經》，27 行，今編為 BD09246 號 2。
3.1 首 17 行上下殘→大正 0584，14/0968B07～C03。
3.2 尾全→大正 0584，14/0968C19。
8 8～9 世紀。吐蕃統治時期寫本。
9.1 楷書。
9.2 有行間校加字。

1.1 BD09246 號 2
1.3 鬼問目連經
1.4 唐 067
2.4 本遺書由 2 個文獻組成，本文獻為第 2 個，27 行。餘參見 BD09246 號 1 之第 2 項。
3.1 首全→大正 0734，17/0535B11。
3.2 尾 7 行中上殘→大正 0734，17/0535C12～23。
4.1 佛說鬼問目連經一卷（首）。
6.2 尾→BD09247 號。
7.1 卷背有勘記“鬼問目連經”。
8 9～10 世紀。歸義軍時期寫本。
9.1 楷書。
9.2 有行間校加字。

1.1 BD09247 號
1.3 鬼問目連經
1.4 唐 068
2.1 (13.8+23.5+2.7)×26 厘米；2 紙；30 行，行 22～24 字。
2.2 01：13.8+23.5，28； 02：02.7，02。
2.3 卷軸裝。首尾均殘。卷面有殘破，有黴點。有烏絲欄。已修整。
3.1 首 9 行下殘→大正 0734，17/0535C12～25。
3.2 尾 2 行上下殘→大正 0734，17/0536A22～24。
6.1 首→BD09246 號。
8 8～9 世紀。吐蕃統治時期寫本。
9.1 楷書。

1.1 BD09248 號
1.3 十王經（乙本）
1.4 唐 069
2.1 (22+4.5)×26 厘米；2 紙；15 行，行 17 字。
2.2 01：20.0，11； 02：2+4.5，04。
2.3 卷軸裝。首斷尾殘。卷面多油污，首紙下邊有殘缺，中間有殘洞和破裂。有烏絲欄。已修整。
3.1 首殘→《敦煌本佛說十王經校錄研究》，01/0046A16。
3.2 尾 3 行下殘→《敦煌本佛說十王經校錄研究》，01/0047A06～08。
8 9～10 世紀。歸義軍時期寫本。
9.1 楷書。

1.1 BD09249 號
1.3 淨名經集解關中疏卷上
1.4 唐 070
2.1 (14+28+7)×31 厘米；2 紙；30 行，行 33 字。
2.2 01：14+20，21； 02：8+7，09。
2.3 卷軸裝。首尾均殘。卷面油污嚴重，多殘洞。有烏絲欄。書寫頂天立地，超出上下邊欄。已修整。
3.1 首 9 行中下殘→大正 2777，85/0462B20～C07。
3.2 尾 4 行上下殘→大正 2777，85/0463A22～29。
6.1 首→BD09605 號。
8 8～9 世紀。吐蕃統治時期寫本。
9.1 行楷。

1.1 BD09250 號
1.3 淨名經關中釋抄卷上
1.4 唐 071
2.1 (13.5+6)×15.5 厘米；2 紙；5 行，行 18 字。
2.2 01：11.0，護首； 02：2.5+6，05。
2.3 卷軸裝。首全尾殘。通卷上殘，卷面殘破。有烏絲欄。已修整。
3.1 首殘→大正 2778，85/0501B09。
3.2 尾殘→大正 2778，85/0501B17。
4.1 □…□沙門道液撰集（首）。
8 8～9 世紀。吐蕃統治時期寫本。
9.1 楷書。
9.2 有行間校加字。有硃筆點標。

1.1 BD09251 號
1.3 燕子賦
1.4 唐 072
2.1 44.4×22.3 厘米；2 紙；22 行。
2.2 01：33.9，17； 02：10.5，05。
2.3 卷軸裝。首尾均殘，通卷上殘。下部殘缺。卷面多裂痕。有折疊欄。已修整。
3.1 首殘→《敦煌變文校註》，01/0378A07。
3.2 尾殘→《敦煌變文校註》，01/0379A01。

5　與《敦煌變文校註》本對照，行文有不同，可供校勘。
7.3　卷背有雜寫3字“□年在”。
8　9~10世紀。歸義軍時期寫本。
9.1　行楷。
9.2　有倒乙。有重文符號。
12　從本遺書背面揭下古代裱補紙2塊，今編為BD16360號、BD16361號。

1.1　BD09252號
1.3　大乘稻芊經
1.4　唐073
2.1　44×30.9厘米；1紙；25行，行26字殘。
2.3　卷軸裝。首全尾脱。通卷下部殘缺嚴重，中間有殘洞。有烏絲欄。已修整。
3.1　首殘→大正0712，16/0823B26。
3.2　尾殘→大正0712，16/0823C22。
4.1　佛說大乘稻芊經（首）。
8　8~9世紀。吐蕃統治時期寫本。
9.1　楷書。
9.2　有行間校加字。

1.1　BD09253號
1.3　佛名經（十六卷本）卷一
1.4　唐074
2.1　(33+20+28)×29厘米；2紙；36行，行字不等。
2.2　01：33+15，21；　02：5+28，15。
2.3　卷軸裝。首全尾殘。卷面有油污，下部殘缺嚴重，中間多處殘裂。有烏絲欄。已修整。
3.1　首14行上下殘→《七寺古逸經典研究叢書》，03/0006A01~12。
3.2　尾13行上下殘→《七寺古逸經典研究叢書》，03/0008A01~12。
4.1　［佛說］佛名經卷第一（首）。
5　與《七寺古逸經典研究叢書》本對照，若干佛名不同，可作校勘。
8　9~10世紀。歸義軍時期寫本。
9.1　楷書。

1.1　BD09254號
1.3　佛名經（十六卷本）卷一五
1.4　唐075
2.1　(2.3+30.6+2.5)×25.3厘米；1紙；19行，每行字數不等。
2.3　卷軸裝。首尾均殘。經黄紙。卷面略殘。有烏絲欄。已修整。
3.1　首殘→《七寺古逸經典研究叢書》，03/0749A01。
3.2　尾殘→《七寺古逸經典研究叢書》，03/0750A06。
8　7~8世紀。唐寫本。
9.1　楷書。

1.1　BD09255號
1.3　七階佛名經
1.4　唐076
2.1　(16.5+77.5)×27厘米；3紙；53行，行15字。
2.2　01：16.5+32，27；　02：28.0，16；　03：17.5，10。
2.3　卷軸裝。首脱尾斷。卷面有油污，前2紙上邊有殘缺，中間多有破裂。有烏絲欄。已修整。
3.4　説明：
本遺書首9行上下殘，尾殘。所抄《七階佛名經》為敦煌僧衆日常禮懺所用文書，形態歧雜多樣。敦煌遺書中存有多種異本，各本差距較大，未爲我國歷代大藏經收錄。有關解說請參閱《敦煌學大辭典》第742頁《七階佛名經》辭條。
8　10世紀。歸義軍時期寫本。
9.1　楷書。

1.1　BD09256號
1.3　佛名經（十六卷本）卷一
1.4　唐077
2.1　(6.8+39.4)×25.3厘米；1紙；27行，行16字。
2.3　卷軸裝。首全尾脱。通卷油污變色，卷面有裂紋、殘洞，中間有1塊殘缺。有烏絲欄。已修整。
3.1　首2行中下殘→《七寺古逸經典研究叢書》，03/0006A01~02。
3.2　尾脱→《七寺古逸經典研究叢書》，03/00085A01。
4.1　佛說佛名經卷第一（首）。
5　與《七寺古逸經典研究叢書》本對照，卷中經句有漏抄，文字略有不同，可供校勘。
8　7~8世紀。唐寫本。
9.1　楷書。
12　從本遺書背面揭下古代裱補紙2片，今編為BD16362號。

1.1　BD09257號
1.3　佛名經（十六卷本）卷二
1.4　唐078
2.1　(9+84)×31.5厘米；2紙；40行，行字不等。
2.2　01：9+39，21；　02：45.0，19。
2.3　卷軸裝。首殘尾脱。下邊殘損。卷面有等距離黴爛殘洞。有烏絲欄。已修整。
3.1　首14行上下殘→《七寺古逸經典研究叢書》，03/0088A11~0089A02。
3.2　尾殘→《七寺古逸經典研究叢書》，03/0091A12。
8　9~10世紀。歸義軍時期寫本。
9.1　楷書。

1.1 BD09258 號
1.3 佛名經（十六卷本）卷三
1.4 唐 079
2.1 （6.7+41.2）×27.2 厘米；1 紙；26 行，行字不等。
2.3 卷軸裝。首殘尾脫。卷上部油污嚴重，中間有殘洞。下邊有殘破。已修整。
3.1 首 2 行中上殘→《七寺古逸經典研究叢書》，03/0116A02。
3.2 尾殘→《七寺古逸經典研究叢書》，03/0117A12。
5 與《七寺古逸經典研究叢書》本對照，文字略有參差，可供校勘。
8 9～10 世紀。歸義軍時期寫本。
9.1 楷書。

1.1 BD09259 號
1.3 佛名經（十二卷本）卷三
1.4 唐 080
2.1 （12.5+29.8）×25 厘米；1 紙；24 行，行字不等。
2.3 卷軸裝。首殘尾脫。卷面多水漬，上邊有殘缺。有烏絲欄。卷背有古代裱補。已修整。
3.1 首 6 行行上下殘→大正 0440，14/0128B11～16。
3.2 尾殘→大正 0440，14/0128C04。
7.1 卷背有經名勘記"佛名經卷第"等字。
7.3 卷背的古代裱補紙上有"四"字。
8 7～8 世紀。唐寫本。
9.1 楷書。
9.2 有刪除號。有硃筆校改及點去號。

1.1 BD09260 號
1.3 佛名經（十六卷本）卷一一
1.4 唐 081
2.1 42.5×22.5 厘米；1 紙；24 行，行 14 字殘。
2.3 卷軸裝。首尾均殘。卷面殘破，有殘洞，通卷下殘。有烏絲欄。已修整。
3.1 首殘→《七寺古逸經典研究叢書》，03/0566A05。
3.2 尾殘→《七寺古逸經典研究叢書》，03/0567A11。
8 9～10 世紀。歸義軍時期寫本。
9.1 楷書。

1.1 BD09261 號
1.3 佛名經（十六卷本）卷一六
1.4 唐 082
2.1 41.5×27 厘米；1 紙；22 行，行字不等。
2.3 卷軸裝。首全尾脫。卷面油污，略殘。背有古代裱補紙。已修整。
3.1 首全→《七寺古逸經典研究叢書》，03/0794A01。
3.2 尾殘→《七寺古逸經典研究叢書》，03/0795A09。
4.1 佛名經卷第十六（首）。
8 9～10 世紀。歸義軍時期寫本。
9.1 楷書。

1.1 BD09262 號
1.3 七階佛名經
1.4 唐 083
2.1 8.2×26.3 厘米；1 紙；5 行，行字不等。
2.3 卷軸裝。首尾均殘。有烏絲欄。已修整。
3.4 說明：
本遺書首尾均殘。所抄《七階佛名經》為敦煌僧衆日常禮懺所用文書，形態歧雜多樣。敦煌遺書中存有多種異本，各本差距較大，未爲我國歷代大藏經收錄。有關解說請參閱《敦煌學大辭典》第 742 頁《七階佛名經》辭條。
8 9～10 世紀。歸義軍時期寫本。
9.1 楷書。
9.2 有行間校加字。

1.1 BD09263 號
1.3 佛名經（十二卷本）卷一
1.4 唐 084
2.1 （18+24.3）×25 厘米；1 紙；24 行，行字不等。
2.3 卷軸裝。首殘尾斷。經黄打紙。卷面油污，右下殘缺，左上有蟲繭。有上下邊欄。已修整。
3.1 首 10 行中下殘→大正 0440，14/0114B23～C02。
3.2 尾斷→大正 0440，14/0114C15。
7.3 下邊有雜寫"一百"2 處。
8 7～8 世紀。唐寫本。
9.1 楷書。

1.1 BD09264 號
1.3 佛名經（十六卷本）卷一
1.4 唐 085
2.1 （12.6+14.8+22）×30.4 厘米；1 紙；25 行，行字不等。
2.3 卷軸裝。首尾均殘。下邊有等距殘缺。卷面有等距離殘洞。有烏絲欄。已修整。
3.1 首 2 行上下殘→《七寺古逸經典研究叢書》，03/0010A02～03。
3.2 尾 9 行上殘→《七寺古逸經典研究叢書》，03/0011A04～13。
8 9～10 世紀。歸義軍時期寫本。
9.1 楷書。

1.1 BD09265 號
1.3 佛名經（十六卷本）卷一
1.4 唐 086
2.1 （17.8+19+2.1）×27 厘米；1 紙；19 行，行字不等。
2.3 卷軸裝。首全尾殘。已修整；卷右下殘缺一大塊。有烏絲

欄。
3.1　首7行下殘→《七寺古逸經典研究叢書》，03/0006A01～05。
3.2　尾行下殘→《七寺古逸經典研究叢書》，03/0007A06。
4.1　佛說佛名經卷第一（首）。
8　9～10世紀。歸義軍時期寫本。
9.1　楷書。

1.1　BD09266號
1.3　佛名經（十六卷本）卷八
1.4　唐087
2.1　（10+159.5+4）×31.5厘米；5紙；72行，行字不等。
2.2　01：10+8，07　02：45.0，19；　03：45.0，19；
　04：45.0，19；　05：16.5+4，08。
2.3　卷軸裝。首尾均殘。通卷中上部有等距離黴爛。有烏絲欄。已修整。
3.1　首4行中上殘→《七寺古逸經典研究叢書》，03/0396A13～0397A02。
3.2　尾行下殘→《七寺古逸經典研究叢書》，03/0402A02。
8　9～10世紀。歸義軍時期寫本。
9.1　楷書。
9.2　有校改字"經"。有行間校加字。

1.1　BD09267號
1.3　佛名經（十二卷本）卷四
1.4　唐088
2.1　（1.3+14.3+1.2）×25.8厘米；1紙；10行，行字不等。
2.3　卷軸裝。首尾均殘。有烏絲欄。已修整。
3.1　首殘→大正0440，14/0132B23～24。
3.2　尾殘→大正0440，14/0132B29～C01。
5　與《大正藏》本對照，本文獻有三寶計數文字。
8　7～8世紀。唐寫本。
9.1　楷書。
9.2　有行間校加字。

1.1　BD09268號
1.3　佛名經（十六卷本）卷一
1.4　唐089
2.1　29.5×27.5厘米；1紙；14行，行字不等。
2.3　卷軸裝。首尾均殘。通卷上下殘，卷面殘破，油污變色。有烏絲欄。已修整。
3.1　首殘→《七寺古逸經典研究叢書》，03/0009A08～09。
3.2　尾殘→《七寺古逸經典研究叢書》，03/0010A07～08。
5　與《七寺古逸經典研究叢書》本對照，卷中有漏抄。
7.1　背面有勘記"第一"。
8　9～10世紀。歸義軍時期寫本。
9.1　楷書。

1.1　BD09269號
1.3　佛名經（十二卷本）卷一
1.4　唐090
2.1　（3.5+36.4+6.4）×26.2厘米；2紙；22行，行字不等。
2.2　01：3.5+31.3，16；　02：5.1+6.4，06。
2.3　卷軸裝。首尾均殘。上下邊有殘缺，卷面有等距離殘破，有污穢變色。有烏絲欄。已修整。
3.1　首殘→大正0440，14/0115B13。
3.2　尾3行下殘→大正0440，14/0115C08～10。
8　5～6世紀。南北朝寫本。
9.1　楷書。

1.1　BD09270號
1.3　佛名經（十六卷本）卷一六
1.4　唐091
2.1　11.3×28.5厘米；1紙；6行，行字不等。
2.3　卷軸裝。首脫尾殘。有烏絲欄。
3.1　首殘→《七寺古逸經典研究叢書》，03/0835A04。
3.2　尾殘→《七寺古逸經典研究叢書》，03/0835A08。
8　9～10世紀。歸義軍時期寫本。
9.1　楷書。

1.1　BD09271號
1.3　佛名經（十六卷本）卷九
1.4　唐092
2.1　12×30.5厘米；1紙；5行，行24～26字。
2.3　卷軸裝。首脫尾全。卷面多黴點。有烏絲欄。
3.1　首殘→《七寺古逸經典研究叢書》，03/0479A13。
3.2　尾全→《七寺古逸經典研究叢書》，03/0480A06。
4.2　佛名經卷第九（尾）。
8　9～10世紀。歸義軍時期寫本。
9.1　楷書。

1.1　BD09272號
1.3　佛名經（十二卷本）卷一一
1.4　唐093
2.1　（12.9+28.7）×25.7厘米；1紙；24行，行字不等。
2.3　卷軸裝。首殘尾脫。卷面略殘。有烏絲欄。已修整。
3.1　首3行上殘→大正0440，14/0175B16～17。
3.2　尾殘→大正0440，14/0175C08。
8　7～8世紀。唐寫本。
9.1　楷書。

1.1　BD09273號
1.3　過去莊嚴劫千佛名經
1.4　唐094
2.1　（12.5+9.7）×28.5厘米；1紙；14行，行字不等。

2.3　卷軸裝。首殘尾斷。卷面油污。已修整。
3.1　首 7 行中下殘→大正 0446A，14/0364C22 ~ 25。
3.2　尾斷→大正 0446A，0365A04。
5　與《大正藏》本對照，前部似有漏抄。
8　9 ~ 10 世紀。歸義軍時期寫本。
9.1　楷書。
12　從本遺書背面揭下古代裱補紙 2 塊，今編為 BD16363 號。

1.1　BD09274 號
1.3　佛頂尊勝陀羅尼咒
1.4　唐 095
2.1　(6.1 + 33.5 + 3) × 29 厘米；1 紙；19 行，行 18 ~ 22 字。
2.3　卷軸裝。首殘尾全。卷面油污，下邊有殘缺。背有古代裱補。有折疊欄。已修整。
3.4　說明：
　　本號所抄為“佛頂尊勝陀羅尼神咒”。該咒在大藏經中無單行本，可分別參見大正 0967 號《佛頂尊勝陀羅尼經》、大正 0968 號《佛頂尊勝陀羅尼經》、大正 0969 號《佛頂最勝陀羅尼經》、大正 0970 號《最勝佛頂陀羅尼淨除業障咒經》、大正 0971 號《佛說佛頂尊勝陀羅尼經》中之咒文。上述諸咒文翻譯各有參差，而敦煌遺書諸抄本行文亦往往有差異，可相互參看。
8　9 ~ 10 世紀。歸義軍時期寫本。
9.1　楷書。
9.2　有重文號。有墨筆校改。有行間加行。

1.1　BD09275 號
1.3　佛頂尊勝陀羅尼咒
1.4　唐 096
2.1　44.5 × 29.2 厘米；1 紙；15 行，行 23 字殘。
2.3　卷軸裝。首尾均全，通卷上殘。右下殘缺。有折疊欄。卷尾有餘空。已修整。
3.4　說明：
　　本號所抄為“佛頂尊勝陀羅尼神咒”。該咒在大藏經中無單行本，可分別參見大正 0967 號《佛頂尊勝陀羅尼經》、大正 0968 號《佛頂尊勝陀羅尼經》、大正 0969 號《佛頂最勝陀羅尼經》、大正 0970 號《最勝佛頂陀羅尼淨除業障咒經》、大正 0971 號《佛說佛頂尊勝陀羅尼經》中之咒文。上述諸咒文翻譯各有參差，而敦煌遺書諸抄本行文亦往往有差異，可相互參看。
4.1　□…□神咒（首）。
8　8 ~ 9 世紀。吐蕃統治時期寫本。
9.1　楷書。
9.2　有重文號。有行間校加字。

1.1　BD09276 號
1.3　佛頂尊勝陀羅尼咒
1.4　唐 097
2.1　(19.3 + 28.5) × 26.3 厘米；1 紙；21 行，行 19 ~ 22 字。
2.3　卷軸裝。首殘尾脫。卷面有水漬，右下殘缺。有折疊欄。已修整。
3.4　說明：
　　本號所抄為“佛頂尊勝陀羅尼神咒”。該咒在大藏經中無單行本，可分別參見大正 0967 號《佛頂尊勝陀羅尼經》、大正 0968 號《佛頂尊勝陀羅尼經》、大正 0969 號《佛頂最勝陀羅尼經》、大正 0970 號《最勝佛頂陀羅尼淨除業障咒經》、大正 0971 號《佛說佛頂尊勝陀羅尼經》中之咒文。上述諸咒文翻譯各有參差，而敦煌遺書諸抄本行文亦往往有差異，可相互參看。
4.1　佛頂尊勝陀羅尼神咒（首）。
8　9 ~ 10 世紀。歸義軍時期寫本。
9.1　楷書。
9.2　有校改。

1.1　BD09277 號 1
1.3　佛頂尊勝陀羅尼咒
1.4　唐 098
2.1　(5.2 + 35.2) × 14.3 厘米；1 紙；23 行，行 14 ~ 16 字。
2.3　卷軸裝。首尾均全。有烏絲欄。已修整。
2.4　本遺書包括 2 個文獻：（一）《佛頂尊勝陀羅尼神咒》，21 行，今編為 BD09277 號 1。（二）《煩惱涅槃一異問答》（擬），2 行，今編為 BD09277 號 2。
3.1　首全→大正 0967，19/0352A28。
3.2　尾殘→大正 0967，19/0352B23。
3.4　說明：
　　本號所抄為“佛頂尊勝陀羅尼神咒”。該咒在大藏經中無單行本，可分別參見大正 0967 號《佛頂尊勝陀羅尼經》、大正 0968 號《佛頂尊勝陀羅尼經》、大正 0969 號《佛頂最勝陀羅尼經》、大正 0970 號《最勝佛頂陀羅尼淨除業障咒經》、大正 0971 號《佛說佛頂尊勝陀羅尼經》中之咒文。上述諸咒文翻譯各有參差，而敦煌遺書諸抄本行文亦往往有差異，可相互參看。
4.1　佛頂尊勝陀羅尼，罽□…□/奉詔譯（首）。
7.1　卷中夾有雙行小字稱名題記“比丘志雄/惠詮”。
8　9 ~ 10 世紀。歸義軍時期寫本。
9.1　楷書。
9.2　有硃筆斷句、校改。有重文號。

1.1　BD09277 號 2
1.3　煩惱涅槃一異問答（擬）
1.4　唐 098
2.4　本遺書由 2 個文獻組成，本文獻為第 2 個，2 行。餘參見 BD09277 號 1 之第 2 項。
3.3　錄文：
　　（首全）
　　問：煩惱、涅槃一異？
　　答：不一不異。
　　[問]：云何不一 [不異]？

[答]：迷故，見有/煩惱、涅槃不一；若悟煩惱、涅槃不可得，不異；畢竟，離一離異。/
(錄文完)
8　9~10 世紀。歸義軍時期寫本。
9.1　楷書。有合體字“涅槃”。
9.2　有校改。

1.1　BD09278 號
1.3　大佛頂尊勝出字心咒
1.4　唐 099
2.1　19.5×14.6 厘米；1 紙 2 葉 4 個半葉。半葉 6 行，共 24 行；行 9 字。
2.3　縫繢裝。首全尾殘。惟剩一紙，為外紙，一葉抄寫，一葉空白。卷面尚好。有六個針孔。有烏絲欄。
3.3　錄文：
(首全)
大佛頂尊勝出字心咒/
唵！薩囒怛他割他歌跋/
折囉娑婆囒阿摩光唅。/
其咒用五方土，又取三泉水，合/
為一色曬。五方大地，一切衆生/
總慈悲，生善因。/
南方寶光佛主領大自/
在天神腳下所喚三千大千世/
界驅獨（除?）降魔之鬼神，付（咐）/
囑與寶光佛腳下取敕攝/
念此真言大部押下，唵薩/
囒怛佡割他只多跋折囉/
(後缺)
4.1　大佛頂尊勝出字心咒（首）。
8　10~11 世紀。歸義軍時期寫本。
9.1　楷書。

1.1　BD09279 號
1.3　佛頂尊勝陀羅尼咒
1.4　唐 100
2.1　(9+37.5)×25.5 厘米；1 紙；23 行，行 11~16 字。
2.3　卷軸裝。首尾均全。經黄打紙。卷右下殘缺一塊。有烏絲欄。已修整。
3.1　首 4 行下殘→大正 0967，19/0352B24~C01。
3.2　尾全→大正 0967，19/0352C22。
3.4　説明：
本號所抄為“佛頂尊勝陀羅尼神咒”。該咒在大藏經中無單行本，可分别參見大正 0967 號《佛頂尊勝陀羅尼經》、大正 0968 號《佛頂尊勝陀羅尼經》、大正 0969 號《佛頂最勝陀羅尼經》、大正 0970 號《最勝佛頂陀羅尼淨除業障咒經》、大正 0971 號《佛説佛頂尊勝陀羅尼經》中之咒文。上述諸咒文翻譯各有參差，而敦煌遺書諸抄本行文亦往往有差異，可相互參看。本號所抄與大正 967 號《佛頂尊勝陀羅尼經》基本相同，但行文亦有差異。
8　7~8 世紀。唐寫本。
9.1　楷書。

1.1　BD09280 號
1.3　某年給瞿敬愛等冬衣狀（擬）
1.4　周 001
2.1　6.1×27.6 厘米；1 紙；2 行，行字不等。
2.3　卷軸裝。首尾均殘。卷面尚好。背面有古代裱補。已修整。
3.3　錄文：
(前殘)
瞿敬愛：襖子一，複袴一，襆頭、鞋、靺各一。鄭希：襖子一，襆頭、鞋、靺各一，複袴□/
田武俊：襖子一，複袴一，襆頭、鞋、靺各一。趙（?）玄貞：襖子一，複袴一，襆頭、鞋、靺□□/
□□□：襖子一，複袴一，襆頭、鞋、靺各一。□…□/
(尾殘)
8　7~8 世紀。唐寫本。
9.1　楷書。
13　參見斯 11448 號，為同類文書。

1.1　BD09281 號
1.3　佛名經（十六卷本）卷一〇
1.4　周 002
2.1　25.5×15.6 厘米；1 紙；12 行。
2.3　卷軸裝。首全尾殘。通卷下殘。有烏絲欄。已修整。
3.1　首殘→《七寺古逸經典研究叢書》，03/0482A01。
3.2　尾殘→《七寺古逸經典研究叢書》，03/0483A01。
4.1　佛説佛名經卷第十（首）。
8　8 世紀。唐寫本。
9.1　行楷。
12　從本遺書背面揭下古代裱補紙 2 塊，今編為 BD16448 號。

1.1　BD09282 號
1.3　某寺某年六月到八月諸色斛斗破歷（擬）
1.4　周 003
2.1　(21+2)×30 厘米；1 紙；正面 11 行。背面 6 行，行字不等。
2.3　卷軸裝。首斷尾殘。卷面尚好。已修整。
2.4　本遺書包括 2 個文獻：(一)《某寺某年六月到八月諸色斛斗破歷》(擬)，11 行，抄寫在正面，今編為 BD09282 號。(二)《諸寺配經付紙歷》(擬)，共 6 行，含雜寫 4 行，抄寫在背面，今編為 BD09282 號背。
3.3　錄文：
(首殘)
㪷沽酒。┌和尚紫亭家喫用。

七月一日豆壹㪷，就 ┏和尚院（充）/喫酒用。又豆壹㪷，北頭院（充）胡 ┏和尚喫用。

二日豆肆㪷沽酒，/衆僧及看壽昌家用。豆貳㪷龍興寺納幡傘僧統（按："豆"以下 11 字塗去）/罰用。又豆貳㪷沽酒，就 ┏和尚院（充）法師徒衆喫用。

十日豆壹/㪷，大衆分菜用。又豆壹㪷， ┏和尚喫酒用。

廿二日豆壹㪷/沽酒，就 ┏和尚院（充）喫用。又豆伍㪷，圖就僧正亡納贈用。/豆貳㪷，還閻員保豆不足◇㪷用。 ┏麥貳㪷沽酒，/木匠、柒（漆）匠夜糧用。又 ┏麥貳㪷付泥匠令狐友德用。又麥/壹㪷，屈工匠用。粟柒㪷，付園子米流定春糧用。/

八月十日 ┏麥叁碩，付都師彌法海濤麥用。 ┏麥貳㪷沽酒，就/和尚院（充）□…□。/

（後殘）

8　9～10 世紀。歸義軍時期寫本。

9.1　行楷。

9.2　有硃筆鈎稽、點標。有墨筆塗抹。有倒乙。

13　參見斯 04657 號，人物、事項頗多與本號相同，但日期略有參差。詳情待考。

1.1　BD09282 號背

1.3　諸寺配經付紙歷（擬）

1.4　周 003

2.4　本遺書由 2 個文獻組成，本文獻為第 2 個，6 行，抄寫在背面。餘參見 BD09283 號之第 2 項。

3.3　錄文：

（首全）

把紙人手上領得：大馬僧正，紙十八張，付了。永鄧僧正，紙十五張，付了。/

劉法律，紙十八張；又十五張。又，鄧僧正，紙八張。/

（錄文完）

7.3　卷面有"諸佛菩薩所懺悔，我金（今）供養恆沙衆"、"種種"、"能"等雜寫 4 行。

8　11 世紀。歸義軍時期寫本。

9.1　行書。

13　與伯 3240 號《壬寅年（1002）諸寺配經付紙歷》中的人名相同，且同為寫經，應屬同一時期。

1.1　BD09283 號

1.3　某年乾元寺出唱歷（擬）

1.4　周 004

2.1　9×25 厘米；1 紙；4 行，行字不等。

2.3　卷軸裝。首尾均殘。通卷上殘，卷面多糨糊，有殘破。已修整。

3.3　錄文：

（首殘）

□…□道場唱襖子六石七斗。法寶廿八石。劉教授廿一石。前件儭□…□/

□…□請一石一斗七升。又一件，本分文英，共一石九斗三升。已上計五十八石八斗，内見□/

□…□石二斗。法固支五石二斗五升。智超二石。了心七斗。唱合子折一石。/

□…□二石六斗。又一石四斗。又法圓三石五斗。已上計五十五石六斗五升。/

（後殘）

8　8～9 世紀。吐蕃統治時期寫本。

9.1　行書。

13　法寶、法圓均為吐蕃統治時期乾元寺僧人。

1.1　BD09284 號

1.3　藏文文獻（擬）

1.4　周 005

2.1　30.2×8 厘米；1 紙 1 葉 2 個半葉，半葉 5 行，共 10 行。

2.3　梵夾裝。首尾均脱。卷面尚好。兩面抄寫。有穿綫孔洞，形態為向上翻讀。有烏絲欄。

3.4　説明：

藏文文獻，内容待考。

8　8～9 世紀。吐蕃統治時期寫本。

9.1　正體。

9.2　有行間校加字。

1.1　BD09285 號

1.3　藏文文獻（擬）

1.4　周 006

2.1　29.8×15.8 厘米；1 紙；正面 9 行，背面 1 行。

2.3　卷軸裝。首尾均脱。卷面變色，有殘洞。有折疊欄。已修整。

3.4　説明：

藏文文獻，内容待考。

8　8～9 世紀。吐蕃統治時期寫本。

9.1　草書。

1.1　BD09286 號

1.3　藏文文獻（擬）

1.4　周 007

2.1　34×6.9 厘米；1 紙 1 葉 2 個半葉，正面 4 行，背面 2 行。

2.3　梵夾裝。首尾均脱。左邊殘斷。右邊有折疊痕跡。兩張紙粘貼而成。已修整。

3.4　説明：

藏文文獻，内容待考。

8　8～9 世紀。吐蕃統治時期寫本。

9.1　正體。

1.1　BD09287 號

1.3　藏文文獻（擬）
1.4　周008
2.1　23.5×6.9厘米；1紙1葉2個半葉，正面4行，背面4行。
2.3　梵夾裝。首尾均脱。右邊已殘缺。卷面污穢變色，有殘洞。有烏絲欄。
3.4　説明：
藏文文獻，内容待考。
8　8～9世紀。吐蕃統治時期寫本。
9.1　正體。

1.1　BD09288號
1.3　藏文文獻（擬）
1.4　周009
2.1　31×20厘米；1紙1葉2個半葉，半葉現存2欄，每欄11行，共22行。
2.3　梵夾裝。首尾均脱。右邊殘缺。現存2欄，原件欄數不詳，或為三欄。由兩張紙粘貼而成。卷面變色。有穿綫孔洞一個，位於現存兩欄之間。有烏絲欄。
3.4　説明：
藏文文獻，内容待考。
8　8～9世紀。吐蕃統治時期寫本。
9.1　正體。
13　本號為兩張紙粘貼而成，所用紙為漢文寫經。現從兩紙開裂處可見漢文“無畏”二字。為保持原狀，修整時未予揭開。

1.1　BD09289號
1.3　十方千五百佛名經
1.4　周010
2.1　24.5×25.3厘米；1紙；12行，行字不等。
2.3　卷軸裝。首尾均殘。卷面尚好。有烏絲欄。
3.1　首殘→大正0442，14/0312C07。
3.2　尾殘→大正0442，14/0312C13。
5　與《大正藏》本對照，本卷佛名前多“南无”二字。
8　8世紀。唐寫本。
9.1　楷書。

1.1　BD09290號
1.3　大乘百法明門論開宗義記疏（擬）
1.4　周011
2.1　33.6×25.7厘米；1紙；正面31行，背面27行，共58行；行字不等。
2.3　卷軸裝。首斷尾脱。兩面抄寫，文字相連。有烏絲欄，但未按照烏絲欄書寫，而另外折出折疊欄。書寫文字頂天立地。
3.3　録文：
（正面）
“夫”者，扶善。以惡起必由。由者，由從根元，是發動之先相。“夫”者，是發義之端緒。緒者，頭序之義，亦言/語之先。由初起之勢分，此中一百個若事若理，於此“夫”之一字下牽引。所以論席上頭，下此“夫”字。

“遍知委/照”，變知有變，知有不變。知我輩凡夫，唯觀掌内，為迷暗故，都不明（名）知。二乘、聲聞，須則有知。由具所知/微細障故，不同諸佛，不名“遍知”。唯有諸佛、菩薩，遍知三界，遍知六道一切衆生心深數法，/得名“遍知”。有此遍知，便能委照。“委照”者何？“委”者，細也；“照”由（猶）明。二乘之智，能照人空，不能照/於法空。凡夫忘（妄）情，執一切有，起自煩惱。<“委照”者何>

“渾真俗於心源”，渾者，和也；渾者，雜/也。真為真諦，俗為俗諦。二乘之人，渾真之時，不礙於俗；渾俗之時，不礙於真。為諸佛/菩薩，真俗二諦，和雜並在一心之上。諸佛如來，一心之上能融和一切万法。所以渾真俗於心源。/

“心（深）慈普洽”，心（深）慈者，已有深慈，合有淺慈。淺慈如何？凡夫衆生，盡沒邊執。為如是故，佛因/正智，如起大悲。正智則是正體之法，大悲起後得智。勞（牢）籠一切衆生，普運三界物（?）/情，令出無有。終日度，如度，實無衆生得滅度者，是離相之慈；思惟心矣，見/相之慈。如有二種：二種者何？以愛、見合，為愛是貪。見是恚。須然有恚。是癡，恚則是尅/塵。煩惱於定發者，是二乘人。無緣之慈，利自利他，平等法界。凡夫豈能同一如知/見，見自他別因？玆凡聖同論，慈具三種。三種者何？一我緣慈，二法緣慈，三無緣大慈。我緣/慈，則是我輩凡夫。我輩凡夫於自妻子、朋友、親戚之所，好起悲愍，是我緣慈。法緣慈者，/見一切衆生，常被三苦、五苦交煎，以法度彼。見衆生可度，故是法緣慈。無緣慈/者，諸佛菩薩，得平等之智，悟同體智悲。何故説於同體？染淨一體，法我一體，/故曰是同體。一切衆生，如觀一子之相等，怨親不篇（偏），號曰無緣大慈。/

“演半滿於言派”，“演”者，説也，揚也。如何道“半滿”？“半”則是半［字］之教；“滿”則是［滿］字之/教。此中且已今謂，由（猶）如何等？如世間小兒，初入學之時，未知字意，未合成字，/那是半字教。若後學得衆多之字，且得字數之時，亦通九經三/史，便是滿字之教。此中順小乘人説者，隨轉理事。但説前之六識之處，/則是半字教。若諸佛菩薩説之了義大乘，亦説八識、二無我處者，是滿/字教。“言”者，言説。“派”者，枝派。中此已今謂如甚？如樹。一枝能引眾/枝。此中“派”者，將此半字之教，能引滿字之功，古稱“派”也。

“文義互/融”，“文”是名，梵文一字曰名。四字已上，方解乎名（?），可成其句。又道“義”者，忘/詮之理。得魚望（忘）川（筌），得云（?）望蹄，忘名總相之理。又將文取義，得其理；/將義取文，得其智。約義約文，融會道理，號曰互融。

“八藏/馳依（於）四辯”，八藏者，大乘有其四藏，

小乘有其四藏。總論是其八/藏。此中說此語（?），似倒合四辯，持換八藏。何故“八藏持（馳）於四辯”？/何論如是說？有所意在。經由次定救，律由性相求，論為顛倒求。所以論實“八藏/馳於四辯”。/

（背面）

如諸馬翅馳驟於虚空，今持四辯，解唱八藏之義，由四辯◇/馳驟於波濤。文義淺深，籍海口如宣演。四便（辯）者，詞無礙［辯］、義/無礙辯、法無礙辯、樂說無礙辯。<者>用是四無礙辨者，/所說教法，詞理多端，無有牽澀，是詞四無礙辯。義無礙辯，所說/教法，義理相重，曠劫不盡，是義無礙辨。法無礙辨者，所說/教法，隨其設教，性相咸說，名法無礙辯。樂說無礙辯，諸佛如/來一音演說，隨類得解，名樂說無礙辯。

“曷空有之異軏”，/“曷”者，何也。“異”由（猶）別也，“轍”者，途也，路也。怎生異轍？/一個執有，一個執空。空有之名，蜜（密）意權說；論慈（此）究極，/有空不殊。有即蘊實，約五蘊體，執見如論。空即假成，悟性非有。/古（故）知迷悟自別，空有不殊。

“奚廣略之殊途”，“奚”者，何也。/“殊”由（猶）別也。廣略怎/生？悟則四句便足，不假多求，是略；迷乃須讀万卷真言，還同/住忘（妄），是廣。古之廣略，實亦無二。前頭論空說有，此中說廣說略，/究竟怎生？

“究其本者，必同味於百川”，“究”者，窮究。“本”者，本體之法。/必者，定也。/百川眾流，總歸竄入於大海。大海水若鹹，百川眾流，同/歸依（一）味。若一切万法，說之時，為衆生迷暗故，各自所說不同。若/悟得之時，同歸一體。此中道理，當知亦然。/

“曷空有之異軏”，“曷”者，何也。“異”由（猶）別也，“轍”者，途也，路也。怎生異轍？一個執有，/一個執空。空有之名，蜜（密）意權說。論慈（此）究極，有空不殊。有即蘊/實，約五蘊體，執見如論。空即假成，悟性非［有］。古（故）知迷悟自別，空有/不殊。

“奚廣略之殊途”，“奚”者，何也。“殊”由（猶）別。廣略怎生？悟則四句/便足，不假多求。是略。迷乃須讀万卷真言，還同住忘（妄），是廣。古之/廣略，實亦無二。怎生前頭一個說有，一個說空，此中一個說廣，一個說略，/究竟怎生？

“究其本者必同味於百川”，“究”者，窮究。“本”者，本體之法。/怎生道必同味。/

（錄文完）

3.4　說明：

本文解釋《大乘百法明門論開宗義記》序言中首句“夫遍知委照渾真俗於心源。深慈普洽演半滿於言派。寔由性相更會萬法歸於一如。文義互融八藏馳於四辯。曷空有之異轍。奚廣略之殊途。究其本者必同味於百川。”從形態看，應為作者手稿。背面中間12行多塗抹及行間加字，應為草稿。其後8行又謄清修改。通過本文獻，可研究吐蕃時期敦煌佛教的義學水平。

本文獻與大正2811號《大乘百法明門論開宗義記序釋》内容有相近之處。

8　8～9世紀。吐蕃統治時期寫本。

9.1　行書。有合體字“菩薩”。

9.2　有校改及倒乙。有行間校加字。有兩種不同的重文號，一種上下，一種平行。多塗抹。

13　重文號用法，值得注意。

1.1　BD09291號

1.3　寅年八月右將欠負名目（擬）

1.4　周012

2.1　37×26.5厘米；1紙；13行，行字不等。

2.3　卷軸裝。首尾均全。上下邊殘缺。卷面多糨糊，有黴點、殘洞。

3.3　錄文：

（首全）

欠負/

［右一］，麻擣七十斤。夫卅五日。線二十五兩。鐵十二斤，入二斤。/

右二，麻擣五十一斤。夫十五日。線十三兩半。鐵十一斤，入二斤。/

右三，［麻擣］七十七斤，入十斤。夫五十日。線十二兩。鐵八斤，入二斤。/

右四，麻擣十八斤。夫十五日。線五兩。鐵九斤，入二斤。/

［右五］，麻擣五十七斤。夫卌日。線八兩半。鐵六斤，入二斤。/

右七，麻擣八十七斤。夫十五日。線九兩半。鐵九斤，入二斤。/

右六，麻擣一百一十斤。夫卅五日。線十六兩半。鐵二斤。/

右八，麻擣五十四斤。夫卌日。線七兩。鐵□…□。/

右九，麻擣廿六斤。線四兩半。鐵六斤□…□。/

右十，麻擣五十九斤。線二兩。鐵六斤，入二斤。/

［牒］件狀如前，謹牒

寅年八月　日孔奕（?）牒

（錄文完）

3.4　說明：

本遺書記載吐蕃統治時期，敦煌鄉民需要承擔的賦稅、徭役等。由於所記錄的僅為“欠負”數，因此無法依據此文獻計算當時稅負的具體數字，但可知當時稅負的形式爲繳納麻擣、綫、鐵，並承擔徭役。

8　8～9世紀。吐蕃統治時期寫本。

9.1　行書。

1.1　BD09292號

1.3　寅年七月某將欠負名目（擬）

1.4　周013
2.1　14×27厘米；1紙；4行，行字不等。
2.3　卷軸裝。首殘尾全。卷面有殘洞，上邊有殘缺，有漿糊污跡。
3.3　錄文：
（首殘）
麻一百一十斤，□…□線四兩，欠四兩/
麻九十斤，夫五十日，欠二兩/
［牒］件狀如前謹牒/
寅年七月 日孔奕（?）牒/
（錄文完）
8　8～9世紀。吐蕃統治時期寫本。
9.1　行書。

1.1　BD09293號A
1.3　辛酉年（901年?）團頭康石柱米平水交付諸物凭（擬）
1.4　周014
2.1　（4＋26.5）×30.5厘米；1紙；10行，行20字左右。
2.3　卷軸裝。首尾均全。卷面有油污，紙變色，下邊略殘，中間有殘洞。有折疊欄。
3.1　首全→《敦煌契約文書輯校》，01/0384A03。
3.2　尾全→《敦煌契約文書輯校》，01/0385A01。
3.3　錄文：
（首全）
［辛］酉年十月七日，弟（第）四團頭康石柱等拾人，粟貳/
百貳拾陸碩壹㪷，麥壹百肆拾捌碩伍㪷，黃麻/
貳拾壹碩伍㪷。見分付與第五團頭米平水等拾人。又，油/
伍升，恐後交加，用為記耳。 ┏/
領物人押衛史什德（押）/
領物團頭米平水（押）/
團頭康石柱等十人，見交與後把物人米平水等十人，/
粟貳百貳拾陸碩壹㪷，麥壹百伍十伍碩，黃/
麻貳拾壹碩伍㪷，油伍升，土布壹匹。恐後交家（加）/
為驗。 ┏ 領物團頭米平水（押）/
（錄文完）
3.4　說明：
本文獻記錄歸義軍時期敦煌第四團團頭康石柱將一批物資，包括糧食、油、土布等交付給第五團團頭米平水。四、五兩團，每團十人。由此可知，這種"團"並非以家庭為單位組成的行政單位，而是基於某种活動需要組成的成人團體。這些物資大約就用於這種活動。這種活動，似乎是常年經辦，由"團"這樣的組織輪流主持。所以有關物資需要移交。這批物資似乎是集體移交，集體經管，故文獻中稱"團頭康石柱等十人，見交與後把物人米平水等十人"。"把物人"，許國霖誤為"領物人"，沙知誤為"把麥人"。
8　9～10世紀。歸義軍時期寫本。
9.1　行書。
13　參見許國霖錄文：《敦煌叢刊初集》，16/0335A02～08。

1.1　BD09293號B
1.3　丙辰年（956年?）神沙鄉氾流□賣鐺契（擬）
1.4　周014
2.1　14×30.5厘米；1紙；6行，行20字左右。
2.3　卷軸裝。首全尾殘。卷面略殘，有污痕。有折疊欄。
3.1　首全→《敦煌契約文書輯校》，01/0068A03。
3.2　尾殘→《敦煌契約文書輯校》，01/0068A08。
3.3　錄文：
（首全）
丙辰年十二月十八日，神沙鄉百姓兵馬使氾流□…□/
㪷伍升鐺壹口，出買（賣）與赤心鄉百姓呂員［住］□…□/
作鐺價麥粟叁拾碩。其鐺沽魯客□…□/
□□鐺價，還叁歲牸牛壹頭。其牸□…□/
□…□員住麥兩碩，兩共對□…□/
□…□先悔者罰□…□/
（錄文完）
8　9～10世紀。歸義軍時期寫本。
9.1　行書。
13　初次發表於《敦煌資料》第一輯第302頁，編號誤作"北圖圖字14號"。參見《敦煌契約文書輯校》第69頁。

1.1　BD09294號
1.3　某年某寺香積廚諸色斛斗破曆（擬）
1.4　周015
2.1　（69＋6）×29.5厘米；2紙；正面35行，行20餘字；背面30行，行字不等。
2.2　01：41.0，24；　02：28＋6，11。
2.3　卷軸裝。首斷尾殘。卷面多油污，上下邊殘損，中間有殘洞和破裂。
2.4　本遺書包括2個文獻：（一）《某年某寺香積廚諸色斛斗破曆》（擬），35行，抄寫在正面，今編為BD09294號。（二）《為尚書設水陸道場啓請文》（擬），30行，抄寫在背面，今編為BD09294號背。
3.3　錄文：
（首殘）
□…□壹㪷伍升。暑油麵/
壹㪷伍升。羹麥飥麵壹㪷。般擎日早起粼麵壹㪷伍升。/
粟麵壹㪷。人□□一㪷（錄文者按：此五字夾在行間。）。
日午粼麵二斗。白麵壹㪷。暑油麵伍升。粟麵一/
㪷。夜頭餺飥麵二㪷。第二日早起粼麵一㪷伍升。/
粟麵一㪷。日午粼麵二㪷伍升。白麵一㪷。暑油麵伍升。/
粟麵一㪷伍升。夜頭餺飥麵二㪷。第三日早起粼麵/
伍升。日午粼麵伍升。白麵伍升。粟麵伍升。夜頭餺飥麵/

伍升。屈師僧圑車牛也。㪅餅麵二㪷。暑蘇麵一㪷。/
陽家車行日早起，日午破麫麵伍升。白麵三升。師僧行車日/
早起麫麵一㪷。粟麵一㪷。日午白麵一㪷。麫麵一㪷。/
開居日早起麫麵二斗。粟麵一㪷。日午麫麵二㪷。白麵一㪷。/
暑油麵伍升。粟麵一㪷五升。夜頭餺飥麵二㪷。/
立場日早起麫麵三㪷。粟麵一㪷。博士麵伍升。/
日午麫麵三㪷。白麵三㪷。餬餅麵三㪷。暑油麵一㪷伍升。/
酒博士并則飯人破麵六升。夜頭麵三㪷。博士麵一㪷。/
呂油梁日早起麫麵二㪷。粟麵一㪷。博士麵三升。日午麫麵/
二㪷。白麵一㪷。暑油麵五升。粟麵一㪷伍升。夜頭面二㪷。/
博士麵三升。第二日早起麫麵二㪷。粟麵一㪷。博士麵三升。/
日午麫麵二㪷。白麵一㪷。暑油麵五升。粟麵一㪷伍升。夜頭/
麵一㪷伍升。博士麵三升。七月羊群頭麫麵三斗。粟麵三斗。/
（雞?）子麵伍㪷。自在麫麵一㪷。粟麵二㪷。自在生白麵二升。/
又自在麫麵一㪷。白麵一㪷。七月十五日破白麵二㪷。刈麥/
（早）去麫麵一㪷。日午麫麵一㪷。白麵一㪷。暑油麵三升。/
城南耕地日破麫麵二㪷。粟麵一㪷。刈菜造菜餅用白/
□壹㪷。自在粟麵三㪷。破盆日㪅餅面三㪷。饋麵二㪷。/
胡餅麵三㪷。暑油麵壹㪷五升。暑蘇麵壹㪷五升。/
菜餅麵壹㪷。餺飥麵二㪷五升。福子自在麵壹㪷。/
□月十五日自在粟麵三㪷。窟頭造燒餅麵三㪷。/
繡（?）褐儭博士日與白麵一㪷。月（?）杍佛食日看判官/
破麵三㪷。九月自在麵三㪷。十月十八日羊群頭麫/
麵三㪷。粟麵三㪷。自在□麫麵三升。粟麵三㪷/
冬至自在麵一㪷。十一月六日羊群頭麫麵三㪷。粟/
麵六㪷。王教授勸口麵三㪷。自在麫麵三㪷。粟/
麵三㪷。屈子遞破麵二㪷。佛食麵壹㪷。南月羊群/
頭麫麵三㪷。粟麵三㪷。自在麫麵三㪷。粟麵三㪷。/
（錄文完）

8　9～10世紀。歸義軍時期寫本。

9.1　行書。

1.1　BD09294號背

1.3　為尚書設水陸道場啓請文（擬）

1.4　周015

2.4　本遺書由2個文獻組成，本文獻為第2個，30行，抄寫在背面。餘參見BD09294號之第2項。

3.3　錄文：

（首殘）

諸佛三世□…□/

界伯（百）億如來，大賢□…□一千化佛，誓□…□/

功德山王，同侶白衣，唯［願］□…□菩提樹下降魔/如來，兜率宮中化天大覺。無量劫前，大/通智勝，十六王子；恒沙劫後，釋迦牟尼，五百/徒眾。東方世界阿閦毗佛，南方世界日月燈佛，/西方世界無量壽佛，北方世界最勝音佛。四維/上下，亦復如是。一一法身，恒沙世界；一一世界，百/千如來；一一如來，微塵大衆；一一大衆，皆是/菩薩。一一菩薩，具六神通，三界有情，誓當濟拔。維（唯）願/去（起）金剛座，取（去）鐵［圍］山，來赴道場，證明弟子，發露懺悔。/

又更啓請天上、龍宮五乘奧典，人間、鷲嶺十二部經。大涅槃/山，大般若海，願垂拔潤，濟拔泛論（淪）。

又更啓請無學璧/友，斷惑羅漢，三賢十聖，五眼六通，發慈悲心，從禪定/去（起），來降道場。

又更啓請東方提頭賴吒天王，主領一切/乾闥婆神、毗舍闍鬼並諸眷屬，來降道場。

又請南方毗/樓勒叉天王，主領一切鳩盤荼鬼、毗脇多鬼並諸眷屬來/降道場。

又請西方毗樓博叉天王，主領一切諸大毒龍及富單/那鬼並諸眷屬來降道場。

又請北方毗沙門天王，主領一切夜/叉羅刹廿＜二＞八部龒叉大將並諸眷屬來降道場。

又請上方/釋提桓因主領一切日月天子、星宿五官、三十二神、四金剛首並諸眷/屬來降道場。

又請下方堅牢地神，主領一切山岳靈祇、江河鬼/魅並諸眷屬來降道場。

又請三界九地、二十八部那羅延神、散支（脂）/大將、金剛蜜跡、轉論（輪）聖王、護塔善神、護伽藍神、三歸五戒菩薩藏/神、閻羅天子、啖人羅刹、行［疫］鬼王、五道大神、太山富（府）君、刹（伺）命司錄、/五羅八王、三月六覆奏使、考曲預空是非善惡童子、大阿毗獄/羅刹夜叉、小奈洛迦牛頭、玉（獄）卒。

諸如是等雜領鬼神皆有不思/義（議）大威神力，並空飛雨驟雷擊雲奔來道場，證明尚書可修/功德，並願發喜心，誓懺悔。

既慈賢聖來降道場，我等至誠，深/生慚愧，至心敬禮常往三寶。/

（錄文完）

3.4　說明：

本文獻有關四天王的部分內容，可以參見《佛本行集經》卷第十六（大正0190，14/0729C）。

8　9～10 世紀。歸義軍時期寫本。
9.1　行楷。有合體字“菩提”、“涅槃”、“菩薩”。
9.2　有倒乙。

1.1　BD09295 號
1.3　辰年二月三日孟家納色歷
1.4　周 016
2.1　40×28.5 厘米；1 紙；正面 20 行，行字不等；背面 2 行，行字不等。
2.3　卷軸裝。首全尾殘。下邊有殘損。正背兩面文字為同一文獻。
3.3　錄文：
(BD09295 號正面錄文)
辰年二月三日孟家納色歷，具數如後：/
道洪，帛綵貳丈。又，帛綵貳丈。/
願成，絢陳絹貳丈柒尺，故破。有予，付辭。/
主人邊。/
福禮，單緑絹壹匹。/
┏讚福，生絹壹丈陸尺。又，帛練捌尺。本名。/
┏道哲，┏非（緋）紬壹丈五尺。┏又，帛練柒尺。┏又，紫綾柒尺。破。┏又□/
┏布壹疋。本名，付德照。/
┏頓覺，帛絕壹匹。有予，付弟。/
┏法琦，┏帛綵貳丈壹尺。┏又，帛綵貳丈。┏又，帛綵壹丈陸尺。/
又，帛綵壹丈柒尺。┏又，帛綵壹丈柒尺。本名，付弟。/
┏藏勝，帛綵壹丈三尺。又，紫錦柒尺。本名，付嚴。/
┏慈光，帛綵貳丈。┏又，帛布半疋（?）。本名，圓光。
┏墨綠綾一疋。/
┏聽俊，┏紩纈壹匹。有杓，付身。/
┏索上座，生絹壹［丈］陸尺。本名，付聽俊。/
┏法賢，┏帛練三［丈］貳尺。┏又，黄錄（綠?）壹［丈］三尺。付德照。/
┏道惠，生綾壹疋。主人家。付法勝。/
┏辯弁，┏帛綵貳丈三尺，内接。┏又，帛綵壹丈柒尺。┏又帛/
綵貳丈。┏又，帛布半疋。┏又帛綵貳丈，帛□…□。/
［故破接］。叁丈柒□…□。/
(BD09295 號正面錄文完，下接 BD09296 號正面錄文)

(BD09296 號正面錄文)
□…□付身。/（錄文者按：此行與 BD09295 號正面最後一行應為同一行。）
┏法勝，┏帛布壹疋。┏故練柒尺。┏生絹壹丈肆尺。┏又，生絹□…□/
┏伍尺，内接。┏又，帛練壹丈柒尺。┏又，帛［綵］壹丈陸［尺］。□…□/
(BD09296 號正面錄文完，下接 BD09296 號背面錄文)

(BD09296 號背面錄文)
┏付香羣。┏相凝家，單綠□…□/
段，最勝善家。┏戒真，非（緋）紩纈壹段。┏又，帛練壹段。/
(BD09296 號背面錄文完，下接 BD09295 號背面錄文)

(BD09295 號背面錄文)
地紩纈一疋。相凝家，聽俊。/

見布綵貳拾壹段，見存絹絕（?）叁拾陸段，又一段。後計二七段。/
(BD09295 號背面錄文完)

錄文者按：“綵”，疑當為“襯”。
3.4　說明：
本號兩面抄寫，文字相連。與 BD09296 號（也是兩面抄寫，文字相連）為同一文獻，且可綴接。其綴接情況如下：BD09295 號正面→BD09296 號正面→BD09296 號背面→BD09295 號背面。
BD09295 號背面有兩行文字，方向顛倒，且抄寫位置距離較遠。其中“地紩纈一匹。相凝家，聽俊”與 BD09296 號背面所抄相綴接。而“見布綵貳拾壹段，見存絹絕（?）叁拾陸段，又一段。後計二七段”或為計會，或為另一段紀事。詳情待考。
因 BD09295 號、BD09296 號為同一文獻，故合併錄文。
6.2　尾→BD09296 號。
8　9～10 世紀。歸義軍時期寫本。
9.1　行書。
9.2　有鈎稽號。有塗抹。

1.1　BD09296 號
1.3　辰年二月三日孟家納色歷
1.4　周 017
2.1　7×24.5 厘米；1 紙；正面 3 行，行字不等；背面 2 行，行字不等。
2.3　卷軸裝。首殘尾全。卷下邊殘缺。係 2 紙複合粘連在一起。正反面鈔寫，文字可以連接。
3.4　說明：
與 BD09295 號為同一文獻，已經合併錄文。參見 BD09295 號說明。
6.1　首→BD09295 號。
8　9～10 世紀。歸義軍時期寫本。
9.1　行書。
9.2　有鈎稽號。

1.1　BD09297 號

1.3 某年某月某將欠負名目（擬）
1.4 周018
2.1 7.5×22厘米；1紙；3行，行字不等。
2.3 卷軸裝。首尾均殘。中間有殘洞。卷面有硃筆痕跡。背面有字，難以辨認。
3.3 録文：
（首殘）
□…□五斤。夫□…□/
□…□右八，麻一百斤。夫九十日。線二十三兩。欠/
□…□/（録文者按：末行文字倒寫。）
（録文完）
8 8～9世紀。吐蕃統治時期寫本。
9.1 行書。

1.1 BD09298號
1.3 納贈歷（擬）
1.4 周019
2.1 （7+9+9）×30厘米；1紙；8行，行字不等。
2.3 卷軸裝。首尾均殘。中間有破裂。已修整。
3.3 録文：
（首殘）
□歸禎，油餅粟柴。┏炎碧褐一丈六尺。白粗褐二丈。/
張懷滿，油粟并柴。┏白斜褐一丈六尺。又白斜褐一丈二尺。/
張胡兒，油粟并柴。┏白粗褐二丈。/
張再朵，粟油并柴。┏白粗褐二丈一尺，付張再朵。/
張再住，油粟并柴。┏故破碧褐白褐内一接三丈。/
□…□並柴。┏白斜故褐一丈三尺。非斜褐一丈三尺。/
□…□十七尺。/
□…□官布一丈八尺。/
（録文完）
8 9～10世紀。歸義軍時期寫本。
9.1 行書。

1.1 BD09299號
1.3 納贈歷（擬）
1.4 周020
2.1 16.5×30厘米；1紙；正面8行，背面4行，行字不等。
2.3 卷軸裝。首尾均殘。卷上下邊殘缺，中間有殘洞。兩面抄同一文獻。
3.3 録文：
（正面録文、首殘）
□…□
┏張衍雞，油粟餅柴。白斜褐一丈七尺。又桃花斜褐碧昌褐内一妾（接）二丈。/
┏梁流慶，油粟併柴。碧褐二丈四尺。/
┏康妙力，油粟，柴。白細褐二丈。/
┏石富君，油粟。排（緋）粗褐二丈。
┏石富定，油粟。非（緋）粗褐、白粗褐内妾（接）二丈四尺。/
┏趙胡如，油粟。◇◇白粗褐内一接二丈。/
┏郭留徑，油粟餅柴◇。入油。淡非（緋）粗褐一丈一尺。白粗褐一丈五□。/
┏楊延子，油粟餅柴。白斜褐一丈八尺。又白斜褐一丈□…□。/
（正面録文完）

（背面録文）
┏李幸得，油粟併柴。非（緋）粗褐一丈四尺。淡碧細褐七尺。/
付主人石富定，柴貳十八束。又柴壹束。又壹束。又兩束。/
付願朵，油叁拾三合。又壹合。/
付富定，粟兩碩柒㪷。付餅陸伯（佰）。/
（背面録文完）
録文者按：上文中“餅”、“併”，原文如此。
8 9～10世紀。歸義軍時期寫本。
9.1 行書。

1.1 BD09300號
1.3 令狐留留叔姪等分產書（擬）
1.4 周021
2.1 （5+47.5+19）×27厘米；2紙；32行，行字不等。
2.2 01：5+36.5，19； 02：11+19，13。
2.3 卷軸裝。首尾均殘。卷上下邊殘損，中間有破裂。已修整。
3.1 首殘→《敦煌契約文書輯校》，01/0451A04。
3.2 尾全→《敦煌契約文書輯校》，01/0453A09。
3.3 録文：
（首殘）
□…□六（?）日叔侄三人，令狐留留/
□…□［分］別已來，有家人一，明閏。/
明閏，年廿二。叔侄三人，合從今月九日，與來四防（房?）/
兄弟：僧惠滿、兄晟子、勝君、文文，弟住住等對/
坐商量，矩作人價直麥粟壹佰貳拾碩。內有/
<有>乾過准折斛㪷。神奴分付兄留留黃草馬壹/
母子，黃草八一頭，年三歲，折勿（物）肆拾碩，付與兄/
吉，合車般一，准折車般一，麥粟廿碩。並小頭𠚒便/
兩碩，內有麥粟拾貳碩，分付合子。有妹師亡後/
壹㪷伍升，銅鐺一口，准折麥粟拾碩，在兄留留、神/
如內合。內有門一合，在住住、侄男合子，二人各有一半。/
有大頭𠚒一，小頭𠚒一，矩作麥粟拾碩。兄弟三人各得/
三碩三㪷。車㭊（?）一隻，無𠚒，共神奴、合子各半。其

/
大頭叵、小頭叵，在神奴頷內。/
右上件，兄弟三人對知親圍坐分別，不留與，/
更不許降（講?）常（?），一定已（以）後，對知親高提言/
柳（?）。如若兄有義者，對坐知親及師兄等，/
◇有條流與下；小子有言柳（?）者，決丈（仗）卅下。/
恐人無信，明立見人，故立此契，用為後憑。/
叔侄留留，合子二人，丙（並）取前合落馳壹□/
子四防（房?）兄弟亭鄧，丙（並）就與叔留留，/
與侄男合子牛一頭，三歲草八一頭，麥粟捌/
碩。見與麥粟三碩，除（餘）麥粟伍碩，限至秋田（?）□/
合子。恐人無信，故立此契，用為後憑。/
四月九日兄留留（押）文□
弟神奴（押）
侄男合子（押）
弟住住（押）
兄文文（押）
兄勝君（押）
兄文文（押）
兄僧惠滿（押）
（錄文完）
錄文者按：署押中“文文”兩見，其一應為“晟子”之誤。
8　9～10世紀。歸義軍時期寫本。
9.1　行書。
13　《敦煌契約文書輯校》誤作周14號。

1.1　BD09301號
1.3　佛頂尊勝陀羅尼咒（佛陀波利本　思溪本）
1.4　周022
2.1　34.7×26.3厘米；1紙；11行，行7～14字。
2.3　卷軸裝。首全尾脫。有烏絲欄。通卷字迹潦草。已修整。
3.1　首全→大正0967，19/0352B24。
3.2　尾缺→大正0967，19/0352C06。
4.1　佛頂尊勝陀羅尼咒（首）。
7.3　尾有雜寫“佛頂”二字。
8　7～8世紀。唐寫本。
9.1　楷書。

1.1　BD09302號
1.3　佛頂尊勝陀羅尼經（佛陀波利本）
1.4　周023
2.1　5.6×2×5.9厘米；1紙2葉4個半葉，每半葉4行，共16行，行4字。
2.3　縫繢裝。首尾均殘。袖珍本。現存夾紙1張，中縫有4個針孔。
3.4　說明：
本遺書為縫繢裝的夾紙，兩葉所抄文獻，文字不能連貫。但每葉兩個半葉的文字相連。詳情如下：
圖版正面左邊4行、背面右邊4行為第1葉，背面左邊4行、正面右邊4行為第2葉。
第1葉→大正0967，19/0350B04～07。
第2葉→大正0967，19/0350B13～15。
8　9～10世紀。歸義軍時期寫本。
9.1　楷書。

1.1　BD09303號
1.3　佛頂尊勝陀羅尼咒（佛陀波利本　思溪本）
1.4　周024
2.1　40×30.5厘米；1紙；19行，行21字。
2.3　卷軸裝。首尾均殘。卷面有油污，通卷上殘。有烏絲欄。已修整。
3.1　首全→大正0967，19/0352B24。
3.2　尾全→大正0967，19/0352C22。
4.1　□…□勝陀羅尼咒（首）。
5　與《大正藏》本對照，文字略有異同。
8　8～9世紀。吐蕃統治時期寫本。
9.1　楷書。
9.2　有重文號。

1.1　BD09304號
1.3　佛頂尊勝陀羅尼咒（佛陀波利本　思溪本）
1.4　周025
2.1　（6.5+41）×24.8厘米；1紙；25行，行16～19字。
2.3　卷軸裝。首尾均全。卷中間有殘洞。有烏絲欄。已修整。
3.1　首2行中下殘→大正0967，19/0352B24～25。
3.2　尾全→大正0967，19/0352C22。
4.1　佛頂［尊］勝陀羅尼［咒］（首）。
8　9～10世紀。歸義軍時期寫本。
9.1　楷書。

1.1　BD09305號
1.3　阿彌陀經
1.4　周026
2.1　17.9×26.5厘米；1紙；4行，行19字。
2.3　卷軸裝。首脫尾全。中間有殘洞。有燕尾。有烏絲欄。
3.1　首殘→大正0366，12/0348A25。
3.2　尾全→大正0366，12/0348A29。
4.2　佛說阿彌陀經（尾）。
8　7～8世紀。唐寫本。
9.1　楷書。

1.1 BD09306 號
1.3 佛頂尊勝陀羅尼經變榜題（擬）
1.4 周 027
2.1 45.5×31 厘米；1 紙；22 行，行 27～35 字。
2.3 卷軸裝。首斷尾全。已修整。
3.4 說明：

此遺書所抄為《佛頂尊勝陀羅尼經變榜題》，文字出於《佛頂尊勝陀羅尼經》。大體如下：

第 1～2 行内容相當於大正 0967，19/0351A28～B02；
第 3 行内容相當於大正 0967，19/0351A12～13；
第 4～5 行内容相當於大正 0967，19/0351A01～04；
第 6 行内容相當於大正 0967，19/0351A23～24；
第 7 行内容相當於大正 0967，19/0351A21～23；
第 8～9 行内容相當於大正 0967，19/0351A18～21；
第 10 行内容相當於大正 0967，19/0351A16～18；
第 11～12 行内容相當於大正 0967，19/0351B09～11；
（第 13 行為此節中重複句。第 18 行 1～5 字亦同）
第 14～17 行内容相當於大正 0967，19/0350A26～B06；
第 18 行下～19 行内容相當於大正 0967，19/0351B11～14；
第 20 行上内容相當於大正 0967，19/0350A24～26；
第 20 行下～22 行内容相當於大正 0967，19/0351B19～22。

5 與《大正藏》本對照，文句多有歧異。
7.1 第 13 行中有題名："李景超"。卷首背有勘記"南面第二"，應為壁畫的位置或榜題的位置。
7.3 背面有雜寫"時"。
8 9～10 世紀。歸義軍時期寫本。
9.1 行楷。
9.2 有重文號。有塗抹。有點標。

1.1 BD09307 號
1.3 諸星母陀羅尼經
1.4 周 028
2.1 （6.5+55）×25.3 厘米；3 紙；32 行，行 17 字。
2.2 01：6.5+22，29；　02：24.0，13；　03：09.0，拖尾。
2.3 卷軸裝。首殘尾全。卷面為油漬所污，字迹模糊，卷下邊有殘缺，中間有破裂。有燕尾。背有古代裱補。有烏絲欄。已修整。
3.1 首 4 行上下殘→大正 1302，21/0420C12～14。
3.2 尾全→大正 1302，21/0421A14。
4.2 諸星母陀羅尼經一卷（尾）。
5 尾有音義。
8 9～10 世紀。歸義軍時期寫本。
9.1 楷書。

1.1 BD09308 號
1.3 諸星母陀羅尼經
1.4 周 029
2.1 （18.5+47.5）×26.2 厘米；2 紙；34 行，行 17 字。
2.2 01：18.5+13.5，19；　02：34.0，15。
2.3 卷軸裝。首殘尾全。通卷下邊有等距殘缺，中間有等距殘洞。有烏絲欄。已修整。
3.1 首 11 行中下殘→大正 1302，21/0420C10～21。
3.2 尾全→大正 1302，21/0421A14。
4.2 諸星母陀羅尼經一卷（尾）。
5 尾有音義。
7.1 尾題後有題名"王顒"。
8 9～10 世紀。歸義軍時期寫本。
9.1 楷書。

1.1 BD09309 號 1
1.3 六門陀羅尼經
1.4 周 030
2.1 （14+36.5）×31 厘米；2 紙；32 行，行 20 餘字。
2.2 01：14+30.5，28；　02：06.0，04。
2.3 卷軸裝。首殘尾全。卷上下邊殘缺，中間有殘洞和斷裂。有烏絲欄。已修整。
2.4 本遺書包括 2 個文獻：（一）《六門陀羅尼經》，16 行，今編為 BD09309 號 1。（二）《六門陀羅尼經》，16 行，今編為 BD09309 號 2。
3.1 首 9 行上下殘→大正 1360，21/0878A06～18。
3.2 尾全→大正 1360，21/0878A28。
4.2 六門陀羅尼經一卷（尾）。
5 與《大正藏》本對照，文字有不同處。
7.1 首題下有題記"比丘圓寂"。尾題下題名"圓寂"。
8 9～10 世紀。歸義軍時期寫本。
9.1 楷書。
9.2 有行間校加字。

1.1 BD09309 號 2
1.3 六門陀羅尼經
1.4 周 030
2.4 本遺書由 2 個文獻組成，本文獻為第 2 個，16 行。餘參見 BD09309 號 1 之第 2 項。
3.1 首全→大正 1360，21/0878A03。
3.2 尾全→大正 1360，21/0878A28。
4.1 六門陀羅尼經（首）。
4.2 六門陀羅尼經（尾）。
5 與《大正藏》本對照，文字有不同處。
8 9～10 世紀。歸義軍時期寫本。
9.1 楷書。
9.2 有行間校加字。

1.1 BD09310 號
1.3 金有陀羅尼經

1.4　周031
2.1　44.4×26.8厘米；1紙；17行，行16字。
2.3　卷軸裝。首尾均殘。殘片。卷面污穢。有折疊欄。已修整。
3.1　首2行下殘→大正2910，85/1455C16。
3.2　尾4行上下殘→大正2910，85/1456A05。
4.1　金有陀羅尼經（首）。
8　9~10世紀。歸義軍時期寫本。
9.1　楷書。

1.1　BD09311號
1.3　佛頂心觀世音菩薩大陀羅尼經卷上
1.4　周032
2.1　13.5×26厘米；1紙；6行，行16字。
2.3　卷軸裝。首全尾斷。有烏絲欄。
3.1　首全→《藏外佛教文獻》，07/0382A25。
3.2　尾殘→《藏外佛教文獻》，07/0383A04。
4.1　佛頂心觀世音菩薩大陀羅尼經卷上（首）。
8　9~10世紀。歸義軍時期寫本。
9.1　楷書。

1.1　BD09312號1
1.3　救諸衆生苦難經
1.4　周033
2.1　43.5×31.2厘米；1紙；22行，行字不等。
2.3　卷軸裝。首全尾斷。卷上下邊有殘缺，中間多處破裂，紙已炭化變色。已修整。
2.4　本遺書包括2個文獻：（一）《救諸衆生苦難經》，13行，今編為BD09312號1。（二）《新菩薩經》，9行，今編為BD09312號2。
3.1　首全→大正2915，85/1461C06。
3.2　尾全→大正2915，85/1461C23。
4.1　救諸衆生苦難經（首）。
5　與《大正藏》本對照，本文獻行文略有差異。
8　9~10世紀。歸義軍時期寫本。
9.1　行楷。

1.1　BD09312號2
1.3　新菩薩經
1.4　周033
2.4　本遺書由2個文獻組成，本文獻為第2個，9行。餘參見BD09312號1之第2項。
3.1　首全→大正2917，85/1462A24。
3.2　尾6行下殘→大正2917，85/1462B07。
4.1　新菩薩經一卷（首）。
5　與《大正藏》本對照，文字略有不同。
8　9~10世紀。歸義軍時期寫本。
9.1　行楷。

1.1　BD09313號
1.3　盂蘭盆經
1.4　周034
2.1　（28.7+57）×27厘米；3紙；47行，行16~19字。
2.2　01：17.0，07；　02：11.7+28.5，24；
03：28.5，16。
2.3　卷軸裝。首尾均全。首紙下部略殘，第2紙下部有等距離殘洞。尾有原軸，兩端塗黑漆，頂端點硃漆。背有近代裱補。有烏絲欄。已修整。
3.1　首8行下殘→大正0685，16/0779A25~B06。
3.2　尾全→大正0685，16/0779C23。
4.1　佛說盂蘭盆經一卷（首）。
4.2　佛說盂蘭盆經卷（尾）。
5　與《大正藏》本對照，文字略有不同。
8　7~8世紀。唐寫本。
9.1　楷書。
9.2　有倒乙。有行間校加字。

1.1　BD09314號
1.3　大方等陀羅尼經卷二
1.4　周035
2.1　（18.5+20+7）×26厘米；2紙；28行，行17字。
2.2　01：18.5+1.5，12；　02：18.5+7，16。
2.3　卷軸裝。首尾均殘。卷面油污，下部有殘損。有烏絲欄。已修整。
3.1　首1行上下殘→大正1339，21/0647B06。
3.2　尾4行下殘→大正1339，21/0647C02~04。
5　與《大正藏》本對照，文字略有不同。
8　5~6世紀。南北朝寫本。
9.1　隸書。
9.2　有重文號。

1.1　BD09315號
1.3　真言雜鈔（擬）
1.4　周036
2.1　（11+47）×28厘米；2紙；36行，行20餘字。
2.2　01：11+17，19；　02：30.0，17。
2.3　卷軸裝。首尾均殘。卷面油污，中間多處斷裂。接縫處有古代裱補。有折疊欄。已修整。
3.4　說明：

本文獻首10行中下殘，尾殘。現存2紙，包括3個自然段。

第一紙一個自然段，抄寫真言一道，首殘尾全。第二紙分兩個自然段。第一個自然段中多間隔號，其中以“唵”起首者六個，故該自然段所抄到底是一道完整的真言，還是七道真言，尚需研究。第二個自然段抄寫真言一道，首尾完整。

諸真言内容待考。

8　9～10 世紀。歸義軍時期寫本。
9.1　行楷。
9.2　有塗抹及間隔號。有重文號。有行間校加字。

1.1　BD09316 號
1.3　無垢淨光大陀羅尼經
1.4　周 037
2.1　（9＋28.5＋5.5）×28.5 厘米；2 紙；24 行，行 22 字。
2.2　01：9＋24.5，19；　02：4＋5.5，05。
2.3　卷軸裝。首尾均殘。卷面殘破，有水漬，上邊有殘缺。有烏絲欄。已修整。
3.1　首 5 行下殘→大正 1024，19/0719A09～15。
3.2　尾 3 行上中殘→大正 1024，19/0719B08～12。
8　7～8 世紀。唐寫本。
9.1　楷書。
9.2　有硃筆點去號。有刪除號。

1.1　BD09317 號
1.3　最上乘修持法（擬）
1.4　周 038
2.1　42×30 厘米；1 紙；45 行，行 20 餘字。
2.3　卷軸裝。首尾均全。正背面抄寫，文字銜接。
3.4　説明：
本文獻首尾均全。內容為身、口、意三密相應，進行觀想等修持密教的行法。反映密教傳入敦煌以後，敦煌佛教密教的流傳狀況。
8　9～10 世紀。歸義軍時期寫本。
9.1　行書。
9.2　有塗抹。有行間校加字。有行間加行。

1.1　BD09318 號 A
1.3　便物歷（擬）
1.4　周 039
2.1　19.0×23 厘米；1 紙；8 行，行字不等。
2.3　卷軸裝。首尾均殘。通卷下邊殘缺。背有古代和近代裱補。
3.3　錄文：
（首殘）
┏索奴子，便麥叁碩。又，便麥壹碩伍。/
┏李家，弘藍本貳㪷。得本貳㪷。/
善藏，弘藍壹㪷。/
金（？）子，弘藍壹㪷。/
何老宿，便黄麻叁㪷。/
願濟，黄麻捌㪷。得黄麻柒㪷。/
┏南邊安家，便黄麻叁㪷。弘藍壹㪷。足得□…□。
┏張加進，便黄［麻］叁㪷。秋得陸㪷。/
（錄文完）
8　9～10 世紀。歸義軍時期寫本。
9.1　行書。
13　善藏，見斯 02669 號，歸義軍時期敦煌大乘寺僧人。

1.1　BD09318 號 B
1.3　某年莫高鄉付物歷（擬）
1.4　周 039
2.1　12.5×20 厘米；1 紙；6 行，行字不等。
2.3　卷軸裝。首尾均殘。通卷下殘。卷面有殘破。
3.3　錄文：
（首全）
莫高鄉/
康粉塠付留住。何神神付身。/
氾和和付身。氾意全付身。董神神付身。/
董永興付身。董犬犬付身。董再興付身。/
董興晟付身。彭山山付和和。/
□□□付興順。□□□付德子。曹保保付身。□…□。/
（錄文完）
8　8～9 世紀。吐蕃統治時期寫本。
9.1　行書。
9.2　有重文號。
13　氾和和，參見斯 02228 號，敦煌吐蕃時期人。

1.1　BD09319 號
1.3　納贈歷（擬）
1.4　周 040
2.1　24×26.5 厘米；1 紙；正面 10 行，背面 1 行，行字不等。
2.3　卷軸裝。首尾均殘。卷上邊殘缺，中間有殘洞。背有近代裱補。
2.4　本遺書包括 2 個文獻：（一）《納贈歷》（擬），10 行，抄寫在正面，今編為 BD09319 號。（二）《袟皮》（擬），1 行，抄寫在背面，今編為 BD09319 號背。
3.3　錄文：
（首殘）
□…□絹二丈。/
□…□油麵。夾纈九尺。紫綾□…□。/
信惠。/
法達，油麵。┏緋羅半疋。/
□…□油麵。┏綠綾半疋。/
□…□興，油麵。┏白絹三段。青羅一段。/
□…□油麵。┏青綾六尺。白絹八尺。又，故白絹七尺，內接。/
□…□油麵。┏生紬二丈。/
□…□油麵。紫絁一段。紫羅一段。羅帔子一。/
□…□。/
（錄文完）
7.2　卷首有殘陽文硃印，5.4×5 厘米，文字難以辨認。
8　9～10 世紀。歸義軍時期寫本。

9.1　行書。
9.2　有鈎稽號。有行間校加字。
13　信惠、法達均可參見斯 02614 號背，為敦煌歸義軍時期僧人。又，敦煌有同名信惠、法達多人。

1.1　BD09319 號背
1.3　袟皮（擬）
1.4　周 040
2.4　本遺書由 2 個文獻組成，本文獻為第 2 個，1 行，抄寫在背面，餘參見 BD09319 號之第 2 項。
3.4　説明：
　　有“十五”2 字。説明本遺書曾經用作某經第十五袟的袟皮。
8　9～10 世紀。歸義軍時期寫本。
9.1　行書。

1.1　BD09320 號
1.3　大般若波羅蜜多經點勘錄（擬）
1.4　周 041
2.1　（8＋53）×30 厘米；2 紙；28 行，行字不等。
2.2　01：8＋26.5，17；　　02：26.5，11。
2.3　卷軸裝。首殘尾全。卷中間有殘洞和破裂。已修整。
3.1　首 4 行中上殘→《敦煌佛教經錄輯校》，01/0627A02。
3.2　尾全→《敦煌佛教經錄輯校》，01/0628A14。
8　9～10 世紀。歸義軍時期寫本。
9.1　行楷。
9.2　有圈刪。

1.1　BD09321 號
1.3　敦煌密教經錄（擬）
1.4　周 042
2.1　（5＋24.5）×27.9 厘米；1 紙；20 行，行字不等。
2.3　卷軸裝。首殘尾全。殘片。已修整。
3.1　首殘→《敦煌佛教經錄輯校》，01/0542A07。
3.2　尾全→《敦煌佛教經錄輯校》，01/0545A03。
3.4　説明：
　　原文現存標題“九”、“十”，可見原為十個部分。所錄經典均屬密教，且不少經典均為當時大藏經所未收，反映了密教及其經典在敦煌流傳的情況，對研究敦煌歸義軍時期的佛教具有重要價值。
8　9～10 世紀。歸義軍時期寫本。
9.1　行書。

1.1　BD09322 號
1.3　午年四月大般若波羅蜜多經點勘錄（擬）
1.4　周 043
2.1　43.5×19.5 厘米；1 紙；正面 16 行，背面 19 行，行字不等。
2.3　卷軸裝。首尾均全。首部右下殘缺，上邊殘缺一塊。已修整。
2.4　本遺書包括 2 個文獻：（一）《午年四月大般若波羅蜜多經點勘錄》（擬），16 行，抄寫在正面，今編為 BD09322 號。（二）《午年六月七日大般若波羅蜜多經藏本點勘錄》（擬），19 行，抄寫在背面，今編為 BD09322 號背。
3.1　首殘→《敦煌佛教經錄輯校》，01/0806A03。
3.2　尾殘→《敦煌佛教經錄輯校》，01/0807A06。
4.1　午年四月大□…□（首）。
8　8～9 世紀。吐蕃統治時期寫本。
9.1　行書。
9.2　有鈎稽。

1.1　BD09322 號背
1.3　午年六月七日大般若波羅蜜多經藏本點勘錄（擬）
1.4　周 043
2.4　本遺書由 2 個文獻組成，本文獻為第 2 個，19 行，抄寫在背面。餘參見 BD09322 號之第 2 項。
3.1　首殘→《敦煌佛教經錄輯校》，01/0624A07。
3.2　尾殘→《敦煌佛教經錄輯校》，01/0626A08。
4.1　午年六月七日勘大般若經藏本卷□…□（首）。
7.3　首有雜寫“年”。
8　8～9 世紀。吐蕃統治時期寫本。
9.1　楷書。
9.2　有“△”、“○”標記。有圈刪。有點標。有鈎稽號。

1.1　BD09323 號
1.3　吐蕃時期某寺香積廚手帖（擬）
1.4　周 044
2.1　24.5×26.5 厘米；1 紙；12 行，行字不等。
2.3　卷軸裝。首尾均殘。卷多有破裂。背有近代裱補。折疊欄。
3.3　錄文：
　　（首殘）
　　中食加二教授，張吳二教□…□蕃判官三人，□…□/削（？）碑子四人，餘舊十人。夜食十人。
　　十六日：早食，舊/十人，加蕃判官三人，縫皮裘五人。中食，舊十人，加二［教授］，/張杜吳三判官，張良遠，蕃判官三人，知藏，縫皮裘五［人］，/削碑子四人。夜，舊十人。
　　十七日：早食，舊十人，加蕃判［官］/三人，咒師。中食舊十人，加二教授，史杜吳三人，蕃判官［三人］，/張良遠，縫皮裘五人，削碑子三人。夜食舊十人。
　　十八日：早食□…□。/中食，加二教授，節兒，起（乞）心兒，史杜吳。□八□，蕃判官三人，削碑子四［人］。/夜舊十人。
　　十九日：中，舊十人，加二教授，東來僧二人，僕二人，

節兒，史杜吳□…□/夜十五人。

廿日：小食，舊十人，加節兒，三判官。中食舊/十人，加二教授，東來僧二人，節兒，乞心兒，吳判官，蕃判官三人，/張良遠。

二十一日：中食，節兒，乞心兒，蕃判官三人。/

（錄文完）

8　8～9世紀。吐蕃統治時期寫本。

9.1　行書。

9.2　有行間校加字。

1.1　BD09324號

1.3　吐蕃時期某寺諸色物歷（擬）

1.4　周045

2.1　11×27厘米；1紙；正面7行，背面3行，行字不等。

2.3　卷軸裝。首斷尾殘。卷面有糨糊痕跡，上邊殘缺，下邊殘損，中間有殘洞。兩面抄寫，内容相同，乃同一個文獻。

3.3　錄文：

（正面錄文）

廖翔光，賈仕德，索庭金（？），陰買奴，楊元進，各一疋七。/

計廿九疋半。十二月廿二日計納卌八疋，内四疋戌年，卌四疋亥年。/

四月十六日，趙詮，八。王周，七。孔元光，八。二十一日，權六，八。戊。楊文，七。/

□…□吳收（？），七。六日，史興，七。月德，八。王順，八。丑年三月，張（？）興晟/

□…□進光，薛應蘭。十六日，孔玉榮，柒□…□/

□…□賈仕德，史定（？）之。六月一日，□…□。/

□…□。/

（錄文完）

（背面錄文）

□…□藍二石四斗，計六石。/

□…□又舉兩石，一石口二斗，一石油□/

僧得一斗。又二斗後斂麥。又油任用年。/

（錄文完）

8　8～9世紀。吐蕃統治時期寫本。

9.1　行書。

9.2　有硃筆塗抹、點標、鈎稽及硃筆行間校加字。

1.1　BD09325號

1.3　社司轉帖（擬）

1.4　周046

2.1　（11.7+12.8）×30.7厘米；1紙；12行，行字不等。

2.3　卷軸裝。首殘尾全。卷面有殘洞。已修整。

3.3　錄文：

（首殘）

□…□幸請□…□/

□…□捉二人後到，罰酒□…□/

□…□遞相分付，不得停滯□…□/

□…□本司用憑告罰/

□…□年七月十四日錄事索帖/

□…□張押衙、曹押衙、曹恩子、□/

友住、郭清奴、郭儒達、郭糞子、郭富富、郭昇子、［曹］/

闍成、曹永興、楊虞侯、唐采、張幸千、張不□/

陰隊頭、陰彥通、陰憨子、氾富德、石憨子、范衍子、孔海/

通、氾富通、石富定、石友信、何吉員、王善昌、安兵馬使、/

左灰子、左保昇、趙員子、趙子通、張押衙、何安寧/

陳萬昇、王闍梨。/

（錄文完）

8　9～10世紀。歸義軍時期寫本。

9.1　行楷。

9.2　人名旁有點標。

1.1　BD09326號

1.3　千字文習字（擬）

1.4　周047

2.1　55×17厘米；2紙；正面39行，背面30行，行字不等。

2.2　01：42.5，31；　02：12.5，08。

2.3　卷軸裝。首尾均殘。通卷下殘。有烏絲欄。卷上邊有一小段墨筆花紋。兩面書寫。已修整。

3.4　説明：

本件兩面均為千字文習字，正面所寫依次為“張、寒、來、暑、往、秋、冬、藏、潤、餘”；反面所寫依次為“果、李、奈、菜、珍、重、芥、薑”。

8　9～10世紀。歸義軍時期寫本。

9.1　楷書。

1.1　BD09327號

1.3　千字文習字（擬）

1.4　周048

2.1　31.1×26.5厘米；1紙；19行，行字不等。

2.3　卷軸裝。首尾均殘。折疊欄。已修整。

3.4　説明：

本文獻為《千字文》習字，所寫依次為“論、散、累、道、遙、欣、奏、慮、遣、戚”諸字。

6.1　首→BD09350號。

8　9～10世紀。歸義軍時期寫本。

9.1　楷書。

13　與《千字文》文字有異。

1.1　BD09328號

1.3　千字文習字（擬）
1.4　周049
2.1　（6+9.7+7.5）×29厘米；1紙；正面12行，背面13行，行字不等。
2.3　卷軸裝。首尾均殘。兩面抄寫。已修整。
3.4　説明：
本遺書為《千字文》習字，正面依次抄寫為“英、杜、稿、鍾、隸、漆、書”，背面依次抄寫“獄、宗、恒、岱、禪、主、云”諸字。
6.2　尾→BD09354號。
8　9~10世紀。歸義軍時期寫本。
9.1　楷書。

1.1　BD09329號
1.3　敬禮十二神王（擬）
1.4　周050
2.1　17×31.4厘米；1紙；6行，行17~18字。
2.3　卷軸裝。首尾均斷。殘片。有折疊欄。
3.3　錄文：
（首全）
南無觀世音菩薩，南無無盡意菩薩，南無十方/一切諸佛。
神名金毗羅，神明和者羅，
神名彌佉羅，/神名安陀羅，
神名摩尼羅，神名宋林羅，
神名/目持羅，神名波祁羅，
神名摩休羅，神名照/頭羅，
神名真陀羅，神名毗伽羅/
（錄文完）
7.1　卷面原有一行藏文，被十二神王名字疊壓。
7.3　卷首1行倒寫“南無觀世音菩薩，南無無盡意菩薩，神名金毗羅”諸字。
8　9~10世紀。歸義軍時期寫本。
9.1　楷書。

1.1　BD09330號
1.3　令烽燧守捉官存紀綱加捉搦文（擬）
1.4　周051
2.1　（18.5+2）×27.5厘米；1紙；8行，行13~14字。
2.3　卷軸裝。首脱尾殘。卷面有殘洞。已修整。
3.1　首殘→《敦煌叢刊初集》，10/0417A02。
3.2　尾殘→《敦煌叢刊初集》，100417A05。
3.3　錄文：
（首殘）
竟不來，遂使軍州佇望消息。於今後/
仰放火之處，約述逗留；放火後，續狀/
遞報。勿稽事意，致失權宜，輒違/
晷刻。守捉官別（？）追決卅；所由　知烽/
健兒決六十棒。/
法令滋彰，盜賊多矣。隄防不設，姦惑互興。欲存紀綱，須加捉搦。仰望（？）/
□□守捉官相知捉搦，務令禁斷。/
（錄文完）
8　7~8世紀。唐寫本。
9.1　行書。
9.2　有行間校加字。有圈刪。有塗改。

1.1　BD09331號
1.3　散食結壇文（擬）
1.4　周052
2.1　（11.3+26）×29.2厘米；1紙；19行，行23~25字。
2.3　卷軸裝。首殘尾全。卷面略有殘洞。已修整。
3.3　錄文：
（首殘）
運悲心。降臨道場。證盟所為。厥□…□/
暢金言。連朝夜而不絕。爐焚百寶□…□/
者。有誰施作。時則有我河西節度使府主□…□/
蓮界而恒昌。梵釋四王。保敦煌而安謐。中天□…□/
司空。等乾坤而合運。天公主寶朗。天人泰安。□…□/
我之樂。之福會也。惟伏我司空天生國寶□…□/
龜鏡。故得横戈靜賽（塞）。戎蕃不犯於境垣。怗晏□…□/
之望。加以翹情善境。遐百康（？）以為心。十信冥懷。廣豎三堅之福。是/
以金經罷啓。玉軸還終。散食結壇。薦資君（軍）國。是日也。寒冰謝氣。陽/
景纔飾。然燈唱佛殄千殃。遍食清齋延百福。累劫怨家債主，新舊歲/
不善業愆。辜命負財。皆投此會。領斯香燈淨食，發歡解結讎怨。/
各歸本守之鄉。隨經咒而雲［消］電滅。以此上來功德。無限良緣。先用莊嚴/
上界天仙。下方神鬼。伏願威光盛。神力昌。鎮娑婆。護法界。主劎戟。闢/
田疇。千秋無霜雹之失。萬歲罷戰爭之苦。又持勝福。復用莊嚴。我/
河西［節］度使府主司空貴位。伏願祿山久固。福海恒深。長為菩薩之人王。永/
作河隍之父母。天公主弘顏轉盛。夫人對蓮葉爭輝。小娘子桃李而芬芳。/
郎君世雄才而益俊。衙參左右。各盡節於轅門。內外官寮。納/
赤心於戟左。然後龍沙境域。萬里無虞。蓮府城中。災殃永滅。/
摩訶。/

（録文完）

録文者按：斷句全依原文。

8　9～10 世紀。歸義軍時期寫本。

9.1　楷書。

9.2　有墨筆圈點。有塗改。有刪除號。有倒乙。

1.1　BD09332 號

1.3　己丑正月周詵等同社邑人祭曹氏文（擬）

1.4　周 053

2.1　（14.3＋15）×26.3 厘米；1 紙；正面 11 行，背面 2 行，行字不等。

2.3　卷軸裝。首全尾脱。卷面有糨糊痕跡，有殘洞。已修整。

2.4　本遺書包括 2 個文獻：（一）《己丑正月周詵等同社邑人祭曹氏文》（擬），11 行，今編為 BD09332 號。（二）《己丑正月曹仁德妻亡納贈歷》（擬），2 行，抄寫在背面，今編為 BD09332 號背。

3.1　首全→《敦煌社邑文書輯校》，01/0692a05。

3.2　尾全→《敦煌社邑文書輯校》，01/0693A04。

3.3　録文：

（首殘）

［維］歲次己丑正月己卯朔十二日庚寅，社老/

周詵等謹以清酌之奠，敬祭于/

□（異），曹氏之靈。惟靈，儀範孤標，聲□□（秀）/

□，節婦之謀，其中有志，四德備身，□（常）/

□（懷）終始。纔遭疾痛，向經半祀，冬來/

漸加，春來致死，千方百療，病居骨髓，/

針灸不損，顏容披靡，魄散荒田，魂隨/

逝水，庭宇寥寥，悲來填氣，使昆季兮/

［腸］斷，令幼女兮無侍（恃）。詵等，忝同社邑，/

久欽高義，是日言殯（殯），心懷悲思，郊外/

相送，臨岐設祀，薄酒三瀝，願神不恥，/

（録文完）

録文者按：斷句全依原文。

8　9～10 世紀。歸義軍時期寫本。

9.1　楷書。

9.2　有墨筆句讀。

13　許國霖有録文，參見《敦煌叢刊初集》，10/0281A02～06。

1.1　BD09332 號背

1.3　己丑正月曹仁德妻亡納贈歷（擬）

1.4　周 053

2.4　本遺書由 2 個文獻組成，本文獻為第 2 個，2 行，抄寫在背面，餘參見 BD09332 號之第 2 項。

3.3　録文：

（首全）

丑年正月十二日仁德妻亡，布一疋，四尺盤。/

梁（?）子，張進岡（?），曹為玉。/

（録文完）

3.4　説明：

本納贈歷與正面内容相應，應為同一事件。

8　9～10 世紀。歸義軍時期寫本。

9.1　楷書。

1.1　BD09333 號

1.3　諸色破歷（擬）

1.4　周 054

2.1　18.2×27 厘米；3 紙；正面 2 行，行字不等；背面 15 行，行字不等。

2.2　01：03.0，素紙；　02：07.6，素紙；　03：07.6，02。

2.3　卷軸裝。首尾均殘。小殘片，呈不規則形。背面有糨糊痕跡，中部有 2 處殘損。第 2、3 紙粘接處有疊壓。已修整。

2.4　本遺書包括 4 個文獻：（一）《諸色破歷》（擬），2 行，抄寫在正面，今編為 BD09333 號。（二）《戊子年正月周祿子等祭丈母文》（擬），5 行，抄寫在背面，今編為 BD09333 號背 1。（三）《戌年賣麥廿馱牒》（擬），4 行，抄寫在背面，今編為 BD09333 號背 2。（四）《百姓張萬興牒》（擬），6 行，抄寫在背面，今編為 BD09333 號背 3。

3.3　録文：

（首殘）

□…□聰。二月□…□/。

□…□光。四月十五日□…□/

（録文完）

3.4　説明：

姓名為墨筆，日期以下均為硃筆。

7.2　背面第 2 紙、第 3 紙接縫處有印章一枚，印文模糊，難以辨認。

8　9～10 世紀。歸義軍時期寫本。

9.1　行楷。

1.1　BD09333 號背 1

1.3　戊子年正月周祿子等祭丈母文（擬）

1.4　周 054

2.4　本遺書由 4 個文獻組成，本文獻為第 2 個，5 行，餘參見 BD09333 號之第 2 項。

3.4　説明：

本遺書由幾張紙粘接而成，所抄寫的内容並非同一文獻，形態相當複雜。現背面第 2 紙、第 3 紙接縫處有印章一枚，印文模糊，難以辨認。故正面的《諸色破歷》（擬）或為官文書。後來利用《諸色破歷》（擬）的背面抄寫其他文獻。背面文獻似乎原來是牒狀，其後粘貼上一張書寫《亡文》的紙張，又似在牒狀空白處書寫《亡文》。就牒狀部分而言，從墨色、筆跡看。似乎疊壓書寫兩种文獻。也不排除古代粘貼或近年修整時形成紙張位置錯誤。

本文獻所抄文獻詳情待考。以下盡量依據原卷録文，諸文

獻之間的分割或有錯誤，僅供參考。

一、《亡文》（擬）（位置在右上角）

1. □…□病（?）□…□/

2. □…□割，五内分□…□/

3. □…□厚顧首殊深未效□…□/

4. □…□昏霧奔□…□/

5. □…□供（?）□為□…□/

（錄文完）

二、《戌年賣麥廿馱牒》（擬）（位置在第二紙上部）

1. 戌年差□…□/

2. 牒件狀□…□/

3. 右件□…□/

4. 如不同□…□/

（錄文完）

三、《百姓張萬興牒》（擬）（位置在第二紙下部）

1. □…□儀（?）□麽（?）戰（?）□□偏苦，請處分。

2. □…□行又用麥廿馱賣□發（恭）/（錄文者按："賣□"旁有"孔奕"二字。）

3. ［牒件狀如前謹］牒/

4. □…□小麥廿馱其□□迴，分付（吩咐）本主。/

5. □…□廿馱分付（吩咐）孔周。/

6. □…□月 日百姓張萬興。/

（錄文完）

錄文者按：

1. 上述錄文所加行號，乃每件錄文本身的行號，並非按照該遺書實際行款所編。詳見圖版。

2. 兩份牒狀，一份應該是《百姓張萬興牒》，另一份則是《戌年賣麥廿馱牒》。

3. 根據上述判斷，上述錄文，明顯有竄亂。《百姓張萬興牒》第一行應是《百姓張萬興牒》。《百姓張萬興牒》中關於"廿馱分付"等文字，字跡、墨色與《戌年賣麥廿馱牒》相同，與《戌年賣麥廿馱牒》是同一份牒狀。而**《百姓張萬興牒》中**"孔奕"兩字及第三行，似乎是《百姓張萬興牒》中的文字。此外，《百姓張萬興牒》中還有哪些文字應屬《百姓張萬興牒》，尚需研究。

8　9～10 世紀。歸義軍時期寫本。

9.1　行楷。

1.1　BD09333 號背 2

1.3　戌年賣麥廿馱牒（擬）

1.4　周 054

2.4　本遺書由 4 個文獻組成，本文獻為第 3 個，4 行，餘參見 BD09333 號之第 2 項。

3.4　説明：

參見 BD09333 號背 1 之説明。

8　8～9 世紀。吐蕃統治時期寫本。

9.1　楷書。

1.1　BD09333 號背 3

1.3　百姓張萬興牒（擬）

1.4　周 054

2.4　本遺書由 4 個文獻組成，本文獻為第 4 個，6 行，餘參見 BD09333 號之第 2 項。

3.4　説明：

參見 BD09333 號背 1 之説明。

8　8～9 世紀。吐蕃統治時期寫本。

9.1　楷書。

1.1　BD09334 號

1.3　某年給姜玄表等冬衣狀（擬）

1.4　周 055

2.1　(13.4＋1.8)×27.6 厘米；1 紙；5 行，行字不等。

2.3　卷軸裝。首尾均殘。通卷下邊殘缺。有殘洞。此件曾被做成經袟。背面有近代和古代裱補。已修整。

3.3　錄文：

（首殘）

┎姜玄表，死：襖子一，複袴一，襆頭、鞋、韈各一；李洪亮：襖子一，複袴一，襆頭、鞋、□…□/

劉檟惲：襖子一，複袴一，襆頭、鞋、韈各一；殷元廣：襖子一，複袴一，襆頭、鞋、韈各□；/

賈元裕：襖子一，複袴一，襆頭、鞋、韈各一；梁淨藏：襖子一，複袴一，襆頭、鞋、韈□□；/

毛毛智：被子一，複袴一，鞋、韈各一；楊懷慶：被子一，複袴一，襆□□□□□。/

右被牒稱令給前件衣，准數分付訖。具上者。/

□…□。/

（錄文完）

8　7～8 世紀。唐寫本。

9.1　行楷。

1.1　BD09335 號

1.3　申年十月索縚等牒及批文（擬）

1.4　周 056

2.1　(5.5＋6.2＋3.4)×26.7 厘米；1 紙；正面 5 行；背面 3 行，行字不等。

2.3　卷軸裝。首尾均殘。有糨糊。已修整。

2.4　本遺書包括 2 個文獻：（一）《申年十月索縚等牒及批文》（擬），5 行，今編為 BD09335 號。（二）《殘名錄》（擬），3 行，抄寫在背面，今編為 BD09335 號背。

3.3　錄文：

（首殘）

□…□苦填還不辦請處分/

如前謹牒/

申年十月，日右一將索縚等牒/

右三將安/

更與一將均處十二日閏。/
(錄文完)
8　8~9世紀。吐蕃統治時期寫本。
9.1　楷書。

1.1　BD09335號背
1.3　殘名錄(擬)
1.4　周056
2.4　本遺書由2個文獻組成，本文獻為第2個，3行，抄寫在背面，餘參見BD09335號之第2項。
3.3　錄文:
(首殘)
□…□弟福慶，┏弟福□，弟福□/
劉賀老，遊美奴/(錄文者按：此行兩個名字旁均註“[月一一]”。)
□…□沙波下，白玉奴，周興國/
(錄文完)
3.4　説明:
除“劉賀老”外均為硃筆書寫。
8　8~9世紀。吐蕃統治時期寫本。
9.1　楷書。

1.1　BD09336號
1.3　沙州刺史致僧錄和尚狀(擬)
1.4　周057
2.1　23.6×25.3厘米；1紙；6行，行字不等。
2.3　卷軸裝。首殘尾全。通卷下殘，上邊殘缺。背有近代裱補。
2.4　本遺書包括2個文獻：(一)《沙州刺史致僧錄和尚狀》(擬)，6行，今編為BD09336號。(二)《轉經功德廻施疏》(擬)，5行，抄寫在背面，今編為BD09336號背。
3.3　錄文:
(首殘)
化衆生耳。聞遠覺香煙，合有/
藥緣種蒔，乞請不責，後□/
□奉，頂謁不宣，謹狀。/
二月十一日使持節沙州刺史銀青先祿大夫檢校國子祭酒兼御使大夫□…□/
僧錄和尚
謹宣
(錄文完)
7.2　職銜之上有一5.5×5.5厘米陽文硃印，印文為“沙州之印”。
8　7~8世紀。唐寫本。
9.1　行楷。

1.1　BD09336號背
1.3　轉經功德廻施疏(擬)
1.4　周057
2.4　本遺書由2個文獻組成，本文獻為第2個，5行，抄寫在背面，餘參見BD09336號之第2項。
3.3　錄文:
(首殘)
□…□尊客懺願野道幡蓋□…□/
□□□雲繁資福事者頓(?)□…□/
兵人坑，□□呈祥。分久滯□…□/
苗稼之□□□唯願以玆轉念功德□…□/
(錄文完)
7.3　裱補紙上有“□卅五”。
8　9~10世紀。歸義軍時期寫本。
9.1　行楷。

1.1　BD09337號
1.3　孝方等求補車坊官狀並判詞(擬)
1.4　周058
2.1　(2+65)×27.5厘米；2紙；22行，行字不等。
2.2　01：2+45，13；　02：20.0，09。
2.3　卷軸裝。首尾均殘。本遺書原斷為三段，分別編為BD09337號、BD09342號、BD09347號，近年已綴接。已修整。
3.3　錄文:
(首殘)
□…□騎尉營田賞緋魚□…□/
西州 柳中縣 承禮鄉 依賢里，父進為戶/
右威衛翊府翊衛賞緋魚袋康思脊，年二十三，(西州，交河縣，安樂鄉，高泉[里]/
父忠為戶。)(錄文者按：括弧中為雙行小字。)
右孝方等，破賊立功，並蒙賞緋魚袋。前通頭，/
遂漏不申。今表次望，依此狀申上。/
(中缺)
團頭路嘉會/
主師孫嘉猷/
主師陳文陽/
主師王思訓/
主師馮處忠/
付□□□/(錄文者按：此為判詞。文字難辨。)
廿二日/
依於律□，今月廿三日差使其官。見若自□□□□/
闕曲□庭於案□/
車坊闕官，檢校斯要，衆/
狀連請，是仗所能。張懷/
欽先已專知夙明。次第/
執案，諮聽處分訖。各/
牒所由諮案放白。/
廿三日/
依判諮去(簽押)

（後殘）
7.2　判詞後兩紙接縫處有陽文硃印，3.4×5.1 厘米，印文為“瀚海/軍之印/”。
8　7～8 世紀。唐寫本。
9.1　楷書。
13　許國霖已錄 BD09347 號，見《敦煌叢刊初集》，10/0415A02～06。

1.1　BD09338 號 1
1.3　未年正月索滿子祭姊丈吳郎文（擬）
1.4　周 059
2.1　（36.4＋3.3）×27.9 厘米；1 紙；10 行，行 15～19 字。
2.3　卷軸裝。首尾均全。卷面有殘洞及蟲繭。已修整。
2.4　本遺書包括 2 個文獻：（一）《未年正月索滿子祭姊丈吳郎文》（擬），8 行，今編為 BD09338 號 1。（二）《某年五月八日尹賓賓齋上行香不到人物條記》（擬），2 行，今編為 BD09338 號 2。
3.1　首全→《敦煌叢刊初集》，10/0279A02。
3.2　尾全→《敦煌叢刊初集》，10/0279A05。
3.3　錄文：
（首全）
維歲次未［年］正月癸亥朔二十三日乙酉，索滿子謹以/
清酌之奠，敬祭於故姊夫吳郎之/
靈。志性天然，貞明特達，德備四鄰，能仁/
高節。何圖示疾，奄居寂滅。一門慟哭，訓/
育寧歇。傷割六親，痛無陳說。魂散雲天，/
魄歸緣結。滿子忝為表裏，恨不自忻。/
想思變謝，生死忽別。路傍致祭，申之/
情切。願神降筵，歆領單濯。尚饗。/
（錄文完）
7.3　祭文之後有雜寫“大廣嚴”。
8　8～9 世紀。吐蕃統治時期寫本。
9.1　楷書。
9.2　有塗抹。

1.1　BD09338 號 2
1.3　某年五月八日尹賓賓齋上行香不到人物條記（擬）
1.4　周 059
2.4　本遺書由 2 個文獻組成，本文獻為第 2 個，2 行，餘參見 BD09338 號 1 之第 2 項。
3.3　錄文：
（首全）
五月八日尹賓賓齋上行香，不到人李佛奴；麥不到/
人李佛奴”/
（錄文完）
7.3　有雜寫“大廣嚴”。
8　8～9 世紀。吐蕃統治時期寫本。
9.1　楷書。

1.1　BD09339 號
1.3　諸色破歷（擬）
1.4　周 060
2.1　17.7×25.9 厘米；1 紙；正面 4 行；背面 9 行，行字不等。
2.3　卷軸裝。首尾均殘。通卷上殘。已修整。
2.4　本遺書包括 3 個文獻：（一）《諸色破歷》（擬），4 行，抄寫在正面，今編為 BD09339 號。（二）《己丑正月周詵等同社邑人祭曹氏文》（擬），7 行，抄寫在背面，今編為 BD09339 號背 1。（三）《戊子年正月周祿子等祭丈母文》（擬），2 行，今編為 BD09339 號背 2。
3.3　錄文：
（首殘）
□守其：二月三日祭禮◇油二升；八月十日□…□飯□…□一石二斗。/
石（?）光俊：四月一日氈一領；八月十日送女麥一石。/
□滔光：八月十日麥一石。/
宋（?）昇雲：供慈◇等便麥一石。/
（錄文完）
3.4　說明：
除了姓名，其餘均為硃筆。
8　9～10 世紀。歸義軍時期寫本。
9.1　行楷。

1.1　BD09339 號背 1
1.3　己丑正月周詵等同社邑人祭曹氏文（擬）
1.4　周 060
2.4　本遺書由 3 個文獻組成，本文獻為第 2 個，7 行，抄寫在背面。餘參見 BD09339 號之第 2 項。
3.3　錄文：
（首殘）
依終始，纔遘疾痛，［向經半祀，冬來漸加，春來］/
［致］死。千方百療，病居骨髓，針［灸不損，顏］/
［容］披靡。魄散荒田，魂隨逝水。庭［宇寥寥，悲］/
［來］填氣。使昆季兮腸斷，令幼女兮無侍（恃）。詵/
等忝同社邑，久欽高義，是日言殯，心懷悲思。/
郊外相送，臨岐設祀。薄酒三灑，願神不恥。靈/
兮有知，暫來降趾。尚饗。/
（錄文完）
8　9～10 世紀。歸義軍時期寫本。
9.1　楷書。
9.2　有墨筆句讀。有校改。
13　參見 BD09332 號。

1.1　BD09339 號背 2
1.3　戊子年正月周祿子等祭丈母文（擬）

1.4　周 060
2.4　本遺書由 3 個文獻組成，本文獻為第 3 個，2 行，抄寫在背面。餘參見 BD09339 號之第 2 項。
3.3　錄文：
（首全）
維歲次戊子正月乙酉朔十四日戊戌，女婿周祿子等/
□清酌之奠，敬祭於故丈母之靈，惟靈/
（錄文完）
8　9～10 世紀。歸義軍時期寫本。
9.1　楷書。
9.2　有墨筆勾讀。

1.1　BD09340 號
1.3　亥年四月二十四日一真借龍興寺《大般若經》錄（擬）
1.4　周 061
2.1　16.5×30.5 厘米；1 紙；6 行，行 25 字。
2.3　卷軸裝。首尾均全。已修整。
3.3　錄文：
（首全）
亥年四月二十四日，龍藏經《大般若》，對面共談顯分付陰法律使者/一真，具袟號分付如後：
┏第一袟，足。內一卷新寫。┏第二袟，足。第三袟，欠一卷，第十。┏第/四袟，無，不得。┏第五袟，足。┏第六袟，足，內無第七卷，重欠第五。┏第七袟，足。┏第八袟，足。┏第/九袟，欠兩卷，九、十。┏第十袟，足。┏第十一袟，欠第八、第九。┏第十二袟，欠第六、第七。┏第十三袟，/足，內第十卷新。┏第十四袟，足。┏第十五袟，足。┏第十六袟，足。┏第十七袟，內欠第十，第九。/新。┏第十八袟，足。少一軸子。┏第十九袟，欠一卷，第六。┏第二十袟，足。新。一真。/
（錄文完）
8　8～9 世紀。吐蕃統治時期寫本。
9.1　楷書。
9.2　有鈎稽號，其中三處為硃筆。有校改。

1.1　BD09341 號
1.3　社司轉帖
1.4　周 062
2.1　(2.7+13.5+33.8)×26.5 厘米；1 紙；14 行，行字不等。
2.3　卷軸裝。首尾均全。卷面多糨糊痕跡，上下邊殘缺。已修整。
3.3　錄文：
（首全）
社司轉帖/
五月齋頭李俊/
右前件人次當今月行齋，准/
條人各合助麥一升，請至/
限五日已（以）前送納，如違，准條/
科罰，其帖遞送本司。閏四月三日，孔奕帖。/
尹三老（押），周社官（知），何老（知），陳老（押），王光（知），/
孟嚴（押），孫清（押），吳光琭（知），王行□（押），/
王高祐（知），張祥鄰，郭定全，郭光□（知），/
張之懷，王康七（知），索老老（知），高再老（知）/，
王朝子（押），王進進（押），章信奴，遊進胡（報），□…□，/
孟狼苟，石光（知），王朝（知），項（?）光◇（知），曹五玉（押）/，
任平奴（知）。/
（錄文完）
8　8～9 世紀。吐蕃統治時期寫本。
9.1　行書。

1.1　BD09342 號
1.3　空號（已綴接）
1.4　周 063
3.4　說明：
本號已與 BD09337 號、BD09347 號綴接。參見 BD09337 號。

1.1　BD09343 號 1
1.3　張議潭撰宣宗皇帝挽歌五首（擬）
1.4　周 064
2.1　(85+1.8)×13.5 厘米；3 紙；51 行，行字不等。
2.2　01：42.5，23；　02：42.5，28；　03：01.8，素紙。
2.3　卷軸裝。首尾均殘。第 2 紙有 9 行字迹已被墨漬塗抹，但尚能辨認。已修整。
2.4　本遺書包括 3 個文獻：（一）《張議潭撰宣宗皇帝挽歌五首》（擬），23 行，今編為 BD09343 號 1。（二）《不知名類書鈔》（擬），18 行，今編為 BD09343 號 2。（三）《僧家賽神等詩二首》（擬），10 行，今編為 BD09343 號 3。
3.1　首殘→《全敦煌詩》，55/2801A12。
3.2　尾全→《全敦煌詩》，55/2805A06。
3.3　錄文：
（首殘）
請假不獲隨例拜賀 台庭。無任/
兢惕戰越之至。/
進上挽歌/
高坐星文掩，人寰巷市忙。三台投/
劍佩，四海哭煙霜。夕殿震號永，秋風/
曉更長。龍顏不可見，燒盡月支香。/
憶別西涼日，來朝北闕時。千官捧鑾/
殿，獨召上龍墀。寵極孤臣懼，/
恩深四表知。此由殉 靈駕，血淚/

自雙垂。/
香鑠欝金袍，求衣不重勞。方張/
洞庭樂，休種閬山桃。鶴駕丹陵
遠，龍驤碧落高。胡髯攀斷處，/
空抱高弓號。/
巢閣方瞻風，鳴郊忽酬麟。六宮/
悲晏駕，四嶽罷來巡。璽綬傳/
當壁（璧），河山委大臣。自傷蒲柳質，/
不得扈龍輴。/
七載朝金殿，千秋遇聖君。九/
夷瞻北極，萬國靡南熏。盛列排/
軒后（後），崇湊歷漢文。豈知河隴/
士，哭斷高鄉雲。/
（錄文完）
7.3 尾有雜寫："三儂，山澤野。荒脈，夷狄所居。"
8 9～10 世紀。歸義軍時期寫本。
9.1 行書。
13 許國霖有錄文，參見《敦煌叢刊初集》，10/0283A02～283A01。徐俊錄文：《敦煌詩集殘卷輯考》，01/0921A05～15。

1.1 BD09343 號 2
1.3 不知名類書鈔（擬）
1.4 周 064
2.4 本遺書由 3 個文獻組成，本文獻為第 2 個，18 行。餘參見 BD09343 號 1 之第 2 項。
3.4 說明：
本文獻為從某不知名類書抄錄的以"信"、"智"、"貪"爲主題的幾段文字。
8 9～10 世紀。歸義軍時期寫本。
9.1 行書。
9.2 個別段落有斷句。

1.1 BD09343 號 3
1.3 僧家賽神等詩二首（擬）
1.4 周 064
2.4 本遺書由 3 個文獻組成，本文獻為第 3 個，10 行。餘參見 BD09343 號 1 之第 2 項。
3.4 說明：
本文獻為詩二首：一首首題作《僧家賽神》，下署"五月廿八日"；一首尾題作《戲贈賢昭上人》。兩首詩均被墨筆塗去。但透過墨跡，大部分文字均可以辨識。
8 9～10 世紀。歸義軍時期寫本。
9.1 行書。

1.1 BD09344 號
1.3 諸色破歷（擬）
1.4 周 065
2.1 （3.5＋15＋3.2）×30.6 厘米；1 紙；正面 3 行，行字不等；背面 8 行，行 16 字。
2.3 卷軸裝。首全尾殘。卷面有殘洞，下邊殘缺。已修整。
2.4 本遺書包括 2 個文獻：（一）《諸色破歷》（擬），3 行，抄寫在正面，今編為 BD09344 號。（二）《丁未年十月社長瞿良友祭太原王丈人文》（擬），8 行，抄寫在背面，今編為 BD09344 號背。
3.3 錄文：
（首殘）
張賢賢。
氾沂。
曹清。
（尾殘）
8 9～10 世紀。歸義軍時期寫本。
9.1 楷書。
9.2 卷面有塗抹。

1.1 BD09344 號背
1.3 丁未年十月社長瞿良友祭太原王丈人文（擬）
1.4 周 065
2.4 本遺書由 2 個文獻組成，本文獻爲第 2 個，8 行。餘參見 BD09344 號之第 2 項。
3.1 首全→《敦煌社邑文書輯校》，01/0691A06。
3.2 尾缺→《敦煌社邑文書輯校》，01/0692A02。
3.3 錄文：
（首殘）
維歲次丁未十月，朔，卅日，社長瞿良友等謹以□/
疏之奠，敬祭於太原王丈人之靈。惟/靈，
辭家萬里，為國西征。英雄壯志，千代留/
名。性直恭謹，惠布恩情。鄉閭美德，善著聲/
名。一生四海，百載深情。陳雷義重，管鮑心淳。/
何圖忽染時疾，藥餌無徵，長辭仁世，永別/
千春。寒風漸凍，白雪分分（紛紛）。轜車啓路，奠/
□郊扃。靈神不昧，來此歆馨。伏惟/
（錄文完）
7.3 卷背有人名雜寫"張賢賢"、"氾□"、"曹清"3 行。
8 9～10 世紀。歸義軍時期寫本。
9.1 楷書。
9.2 有倒乙、塗抹及重文號。
13 許國霖有錄文，參見《敦煌叢刊初集》，10/0277A02～06。

1.1 BD09345 號 A
1.3 辛酉年（961）四月安醜定妻亡社司轉帖（擬）
1.4 周 066
2.1 （15.5＋3.5）×29.2 厘米；1 紙；10 行，行字不等。
2.3 卷軸裝。首全尾殘。卷面油污。有折疊欄。已修整。
3.1 首全→《敦煌社邑文書輯校》，01/0099A03。

3.2　尾全→《敦煌社邑文書輯校》，01/0099A12。
3.3　錄文：
（首全）
社司轉帖/
右緣安醜定妻亡，准條令有贈送。人各麥一斗，粟一斗，餅/
廿，褐布色勿（物）兩匹。幸請諸公等，帖至限今月廿五日卯時/
並身及勿（物）於顯德寺門前取齊。捉二人後到者，罰酒/
一角。全不來者，罰酒半［甕］。其貼立弟（遞）相分付，不得停滯。如/
滯帖者，准條科罰。帖周，卻付本司，用憑告罰。/
辛酉年四月廿四日錄事趙再住 帖/
社長杜，朱席錄，張慶住，康來兒，張家進，瞿富達/，
□住子，劉願昌，朱進通，氾昌子，吳往通，白富住，陳/
□…□，張獵兒，安醜定，王保通/
（錄文完）
3.4　說明：
名字旁邊均有墨點，濃淡不一，表示已知。
8　961年。歸義軍時期寫本。
9.1　行書。
13　許國霖有錄文，參見《敦煌叢刊初集》，10/0405A01～08。

1.1　BD09345號B
1.3　某年二月隊頭趙再住等轉貼（擬）
1.4　周066
2.1　（5.1+3.4）×30厘米；1紙；4行，行字不等。
2.3　卷軸裝。首殘尾全。卷面油污。有折疊欄。已修整。
3.3　錄文：
（首殘）
□…□到決□…□/
自示名過不得亭流（停留）者。/
二月六日副隊趙緊子/
隊頭趙再住□/
（錄文完）
8　9～10世紀。歸義軍時期寫本。
9.1　行書。

1.1　BD09346號
1.3　令知蕃法師廚費帖（擬）
1.4　周067
2.1　24×26.5厘米；1紙；正面9行，背面9行，行字不等。
2.3　卷軸裝。首殘尾全。殘片。本件上部有一長方形殘缺。已修整。
2.4　本遺書包括2個文獻：（一）《令知蕃法師廚費帖》（擬），9行，今編為BD09346號。（二）《普賢行願王經科分》（擬），9行，今編為BD09346號背。
3.1　首殘→《敦煌叢刊初集》，10/0403A02。
3.2　尾全→《敦煌叢刊初集》，10/0403A08。
3.3　錄文：
（首殘）
第三翻：文英、崇哲、常達。/
十一月一日、第一翻：法遇、海澄、道建。第二翻：圓滿、智英、常名。/
第三翻：暄寺主、來寺主、文照。/
七日、第一翻：靈賓、智興、法原。第二翻：會恩、和子、英賢。/
第三翻：□…□僧、法瓊、法俊、廣祭。/
右分五團，每團各知六日，並仰依日准/
翻上下。如有前却不到，每點罰麵一斗。/
奉處分令知蕃 法師廚費。恐衆/
不委，故令預曉。
（錄文完）
8　8～9世紀。吐蕃統治時期寫本。
9.1　楷書。
9.2　有倒乙。有塗改。

1.1　BD09346號背
1.3　普賢行願王經科分（擬）
1.4　周067
2.4　本遺書由2個文獻組成，本文獻為第2個，9行。餘參見BD09346號之第2項。
3.3　錄文：
（首全）
釋此《普賢行願王經》。將釋此經，大門分十：第一恭敬，/
二供養，三懺悔，四隨喜，五請轉法輪，/
六請久住於世，七迴向善根，八分別功德，/
九願支量，十果理。十段不同，就此恭敬。/
中復分二：一總、二別。供養門中文分為/
［二：□釋］有上，次列無上。言有上者，世間/
一切香花、音樂等供養，此則名有上。/
言無上者，法供養。懺悔門中，文分為四：/
一似（?）罪之因，次罪之起，三罪之性，四罪□（之?）/
［性相］。
（錄文完）
8　8～9世紀。吐蕃統治時期寫本。
9.1　楷書。
9.2　有行間校加字。

1.1　BD09347號
1.3　空號（已綴接）
1.4　周068

3.4　説明：

本號已與 BD09337 號、BD09342 號綴接。參見 BD09337 號。

1.1　BD09348 號

1.3　開元新格卷三（擬）

1.4　周 069

2.1　97.2×21 厘米；4 紙；正面 45 行，背面 50 行，行字不等。

2.2　01：23.6，11；　02：34.2，15；　03：34.0，16；
04：05.4，03。

2.3　卷軸裝。首尾均殘。本件上下殘損，紙質糟破。已修整。

2.4　本遺書包括 2 個文獻：（一）《開元新格》卷三（擬），45 行，今編為 BD09348 號。（二）《大乘百法明門論開宗義記》，50 行，今編為 BD09348 號背。

3.1　首残→《北京圖書館藏開元戶部格簡介》，01/0160A19。

3.2　尾残→《北京圖書館藏開元戶部格簡介》，01/0162A11。

3.4　説明：

池田溫依據《舊唐書》卷五〇指出，開元格分開元三年（715）奏上之"開元前格"與開元二十五年（737）以後頒於天下之"開元新格"。本文獻屬於《開元新格》。内容涉及禁止永業、口分田買賣典貼，職田收租定準，限制寬鄉給田、借佔，以及嶺南置莊之限制，又災害免賦，都關戶部執掌。故定名為"開元新格卷三戶部斷卷"。

8　7～8 世紀。唐寫本。

9.1　楷書。

1.1　BD09348 號背

1.3　大乘百法明門論開宗義記

1.4　周 069

2.4　本遺書由 2 個文獻組成，本文獻為第 2 個，50 行，抄寫在背面。餘參見 BD09348 號。

3.1　首殘→大正 2810，85/1064B16。

3.2　尾殘→大正 2810，85/1065B13。

8　7～8 世紀。唐寫本。

9.1　楷書。

9.2　有硃筆科分、點標及校改。

13　池田溫有錄文，參見《北京圖書館藏開元戶部格簡介》，01/0170A21～174A15。

1.1　BD09349 號 A

1.3　大唐開元禮卷四一

1.4　周 070

2.1　（9.4+8.6+6.6）×27.5 厘米；2 紙；正面 10 行，背面 14 行，行字不等。

2.2　01：8.6+6.6，07；　02：09.4，04。

2.3　卷軸裝。首尾均殘。卷面有殘洞。有折疊欄。已修整。

2.4　本遺書包括 2 個文獻：（一）《大唐開元禮》卷四一，10 行，今編為 BD09349 號 A。背面《太平年志公讖記偽經》（擬），14 行，今編為 BD09349 號 A 背。

3.3　錄文：

（首殘）

［祝進奠版於神座還樽］所/

［皇帝拜訖樂止太常卿］引/

皇帝詣

高祖罇（樽）彝所，執罇（樽）者舉冪，侍中取爵於坫，進/

［前］皇帝受爵。侍中讚酌汎齊訖，大明之舞作。太常卿引/

皇帝進（詣）/

高祖神座前，北面跪奠，爵少東，俯伏，興。太常卿又（按：四庫本無"又"）引/

［皇帝取爵，於坫酌汎齊］訖。太常卿引/

［皇帝進詣神座前，北］向跪奠，爵少西訖，興。太/

［常卿引］

［皇帝少退，北向立，樂終。八節］止，太祝持版進於/

（錄文完）

（錄文者按：上述錄文"［］"中文字，乃依據電子本《四庫全部》補出；"（）"中文字，乃電子本《四庫全部》與敦煌本不同者。）

5　與《四庫全書》本《大唐開元禮》對照，文字略有參差。

8　7～8 世紀。唐寫本。

9.1　楷書。

13　許國霖《敦煌雜錄》有周 70 號錄文，命名作"五更調"，參見《敦煌叢刊初集》，10/0245。該《五更調》的編號實際應為周 76 號（今編為 BD09355 號 1），許國霖編號有誤，致使自向達起，諸多學者均沿襲其誤（參見申國美編《1900——2001 國家圖書館藏敦煌遺書研究論著》第 481、482 頁。）

1.1　**BD09349 號 A 背**

1.3　太平年志公讖記偽經（擬）

1.4　周 070

2.4　本遺書由 2 個文獻組成，本文獻為第 2 個，14 行。餘參見 BD09349 號 A 之第 2 項。

3.3　錄文：

（首殘）

□…□事欲至但看念/

□…□河井還，去來愁煞人，衆生/

□…□目善思，吾姓老口字，可憐此語/

□…□五辛，禮懺見聖君，善惡事/

□…□壽百年。太平正月六日，寶公志公/

□□各告姓名。六六三十六，遞護相魚肉。/

五五廿五，人民還本土，本何似東西，千里無國主。/

四四一十六，遞護相窮逐，羌胡覓風道，鄰里相殘戮。/

三三和如九，漢兒坐地取，羌胡自□疾，斬尾惟趣首。/

二二有如四，漢兒坐當視，聖君出中州，五胡絕盡死。/
一一要大戰，在虎辛兩軍，□自歸千萬，千萬無人朝。太平三年/
□…□天下事。/
□…□如之何？志公曰：天下將傾覆，/
□…□兩皆絕□…□/
（錄文完）
8　7～8世紀。唐寫本。
9.1　楷書。
9.2　有硃筆校改及行間校加字。有重文號。

1.1　BD09349號B
1.3　日晟請免差發牒（擬）
1.4　周070
2.1　（7.6＋9）×27.5厘米；1紙；6行，行15字。
2.3　卷軸裝。首全尾殘。卷下邊殘缺。已修整。
3.3　錄文：
（首殘）
車一乘，牛一頭/
右日晟唯有前件車牛，比日常被官使/
不闕。其車輅見破，不堪受輻，修理不［得］，/
目驗見存。每至臨使之時，辭訴不蒙納/
□…□處申陳。牛復年老，不/
□…□車頭，據名差發。/
（錄文完）
8　9～10世紀。歸義軍時期寫本。
9.1　楷書。
9.2　卷面首行下有鈎稽。

1.1　BD09350號
1.3　千字文習字（擬）
1.4　周071
2.1　11.5×30.7厘米；1紙；正面7行，背面6行，行字不等。
2.3　卷軸裝。首尾均殘。殘片。已修整。
3.4　說明：
本遺書正背面均為《千字文習字》，正文存文"求、古、尋、論"，背面存文"御、績、紡、市（侍）"。每字存文一行、二行不等。
6.1　首→BD09353號。
6.2　尾→BD09327號。
8　9～10世紀。歸義軍時期寫本。
9.1　楷書。

1.1　BD09351號
1.3　禮懺文（擬）
1.4　周072
2.1　25×30厘米；1紙；9行，行14字。
2.3　卷軸裝。首尾均全。
3.4　說明：
本遺書所抄為敦煌佛教信徒禮懺用文獻。內容包括真言、三歸、迴向功德等。
8　9～10世紀。歸義軍時期寫本。
9.1　行書。
9.2　有塗抹。有行間校加字。

1.1　BD09352號
1.3　處置亡故阿張家資什物狀（擬）
1.4　周073
2.1　44.5×31厘米；1紙；16行，行字不等。
2.3　卷軸裝。首全尾斷。卷下邊殘缺，中間有殘洞和破裂。已修整。
2.4　本遺書包括2個文獻：（一）《處置亡故阿張家資什物狀》（擬），16行，今編為BD09352號。（二）《袟皮》（擬），1行，抄寫在背面，今編為BD09352號背。
3.3　錄文：
（首全）
亡姑阿張家資什物具件如後：大床一張。兩石櫃子壹口。方氈一領。布被壹張。/
五升鐺子二。馬頭盤一。桉板一。食刀一。椀七枚。疊（碟）子七。兌（甕）四口。凡（瓦）盆二。/
江九子一。小鉢子三。木盆子一。火鐵一。一升榼一。褐俄（？）大小三口。布經一疋。/
布被襖子一。/
右件姑孤寡老，患數□□□北街趙猪子□□□/
間。亥年已前，主人喚□□兄弟令狐履四（？）□□□/
猪子家看阿姑年老見在，家具什物外出（？）□□□/
知頭數。見有兩石櫃子壹口，裹有何物不知。□□/
阿婆孤獨，三更夜半或失落泥寞。豬子親喚勿/
勿兄弟並令狐複複四，勸諫阿故開櫃子，似主人/
物事。阿姑至竟不肯開櫃子，#幹你何事親情亦不/
能開。去亥年九月，勿勿便移轉就勿勿家侍養/
二年。去醜年七月，兄張（滔？）移轉將阿姑侍覲七/
個月。昨新年正月臨困有背，不祗對人不得喚，/
勿勿，令狐履四等親情看阿姑，其姑亦無遺囑。/
所有家具什物亦還增祗配諸人。昨阿姑死後/
（錄文完）
8　9～10世紀。歸義軍時期寫本。
9.1　行楷。

1.1　BD09352號背
1.3　袟皮（擬）
1.4　周073
2.4　本遺書由2個文獻組成，本文獻為第2個，1行，抄寫在背面。餘參見BD09352號之第2項。

3.4　說明：
背有“涅槃經袟”四字，說明原為《涅槃經》袟皮。
8　9～10 世紀。歸義軍時期寫本。
9.1　行楷。

1.1　BD09353 號
1.3　千字文習字（擬）
1.4　周 074
2.1　(13.3＋3.3)×26.5 厘米；1 紙；10 行，行 16～19 字。
2.3　卷軸裝。首尾均殘。殘片。背有古代裱補。有折疊欄。已修整。
3.4　說明：
本文獻為《千字文》習字，所寫依次為“處、沉、默、寂、寮、求”諸字。
6.2　尾→BD09350 號。
8　9～10 世紀。歸義軍時期寫本。
9.1　楷書。

1.1　BD09354 號
1.3　千字文習字（擬）
1.4　周 075
2.1　(30.2＋19)×29 厘米；2 紙；正面 28 行，背面 27 行，行字不等。
2.2　01：10.6，06；　　02：19.6＋19，22。
2.3　卷軸裝。首尾均殘。殘片。已修整。
3.4　說明：
本文獻為《千字文》習字，正反兩面抄寫。正面所抄字為：“書、壁、經、府、羅、將、相、路、俠、槐、卿、戶、封、八、縣”，背面所抄字為“漢、馳、轝、丹、青、九、州、禹、迹、百、郡、秦、並、獄”。每字各兩行，首尾或因殘缺而為一行。
6.1　首→BD09328 號。
8　9～10 世紀。歸義軍時期寫本。
9.1　楷書。

1.1　BD09355 號 1
1.3　五更轉·南宗讚
1.4　周 076
2.1　24×30.2 厘米；1 紙；16 行，行 27 字。
2.3　卷軸裝。首尾均全。有折疊欄。
2.4　本遺書包括 2 個文獻：（一）《五更轉·南宗讚》，10 行，今編為 BD09355 號 1。（二）《十恩德讚》，6 行，今編為 BD09355 號 2。
3.1　首全→《敦煌歌辭總編》，03/1429A03。
3.2　尾全→《敦煌歌辭總編》，03/1429A12。
3.3　錄文：
（首全）
一更長，如來知惠心中藏。不知自身本是佛，無明障閉自慌忙。了五/
蘊，聽（體）皆亡。滅六識，不相當。行住坐臥常作意，則知四大是佛堂。/
二更長，有為功德盡無常。世間造作應不久，無為法會體皆亡。入/
聖位，坐金剛。諸佛國，變（徧）十方。但知十方元（原）是一，決定得入諸佛行。/
三更嚴，座（坐）禪習定甚（苦）能甜。不信諸天甘露蜜，摩（魔）君（軍）卷（眷）屬出來看。諸佛/
教，實福田。持齋戒，得生天。生天中（終）歸還墮落，努力迴心取涅槃。/
四更難（闌），法身體性本來禪。凡夫不念生分別，輪迴六住心不安。求佛性，/
向裏看。了佛衣，不覺寒。廣大劫來常不悟，今生作意斷慳貪。/
五更延，菩提種子坐弓（紅）連（蓮）。煩惱寧（泥）中常不染，恒將淨土共金連（蓮）。佛在世，八十連（年）。/
般若意，不在言。夜夜照照（朝朝）恒念經，當初求覓一連（言）全（詮）。
（錄文完）
8　9～10 世紀。歸義軍時期寫本。
9.1　楷書。
13　許國霖錄文誤將本遺書號寫為“周 70 號”。參見《敦煌叢刊初集》，10/0245A02～11。

1.1　BD09355 號 2
1.3　十恩德讚
1.4　周 076
2.4　本遺書由 2 個文獻組成，本文獻為第 2 個，6 行。餘參見 BD09355 號 1 之第 2 項。
3.1　首全→《敦煌歌辭總編》，02/0748A06。
3.2　尾全→《敦煌歌辭總編》，03/0749A04。
3.3　錄文：
（首全）
十恩德讚一本 第一懷躭守護恩 說著起（氣）不甦（舒），慈親身重力全無，去（起）坐大（待）人扶。/
如痒（恙）病，喘息粗，紅顏漸覺樵枯。報恩十月莫相辜，佛具（且）勸門徒。第二臨產受苦/
恩 今日說向君，苦哉母腹似刀分，楚痛不忍聞。如屠割，血成盆，性命只恐難/
存。勸君聞取釋迦尊，慈母報無門。第三生子忘憂恩 說著鼻頭酸，阿嬢脹（膓）肚/
<乞求>似刀割，寸寸割腸肝。聞音樂，無心歡，任他羅繡千般。慈母面相看，只/
願早平女（安）。第四咽苦吐甘恩 今日各須知，可憐父母自家饑，貪/

（錄文完）
4.1 十恩德讚一本（首）。
8 9～10世紀。歸義軍時期寫本。
9.1 楷書。
9.2 有重文號。

1.1 BD09356號
1.3 大乘稻芉經隨聽疏問答（擬）
1.4 周077
2.1 14.6×30厘米；1紙；正面8行；背面6行，行字不等。
2.3 卷軸裝。首斷尾全。兩面抄寫，文字相連。
3.3 錄文：
（首殘）
四邪等，如法而求身口清淨，故名正命。問：何名正精進？/
答：為除餘障諸過惡故，而修勇悍，名正精進。/
問：何者是正念？答：正念者，於所緣境明記不忘，名正念也。/
問：何名正定？答：為求勝德，心住（注）一境，名為正定。/
奉答如是，如疑任徵。問：將此八聖道分為六支。/
名目如何？答：六支者，一了別支，即正見，已決/
定取故。二表示支，即正思惟、正語，所思之事為/
人說故。三信受支，即正語、正業、正命，若有問法/
（正面錄文完）
（背面錄文）
如實答故。不作非業，戒清淨故。如法而求，常/
少欲故。四除障支，即正精進。此即（錄文者按：《大正藏》本作“則”）能除聲聞、/
菩薩煩惱、所知二種障故。五捨隨煩惱支，即正/
念。為正念故，棹舉惛沈不得便故。/
六成功德支，即正定。由定力故，能得/
三明諸功德故。奉答如是。/
（背面錄文完）
3.4 說明：
本文獻依據《大乘稻芉經隨聽疏》卷一（參見大正2782，85/0548C04～15），以問答形式，論述八聖道及其六支。屬於講經文獻。
8 8～9世紀。吐蕃統治時期寫本。
9.1 行書。“煩惱”之“惱”用省筆。
9.2 有墨筆塗改。有行間校加字。

1.1 BD09357號1
1.3 心性法心計法等（擬）
1.4 周078
2.1 （94.4+10.2）×29.5厘米；3紙；55行；行字不等。
2.2 01：38.6，21； 02：41.8，22； 03：14+10.2，12。
2.3 卷軸裝。首全尾殘。卷面有油污。有折疊欄。已修整。
2.4 本遺書包括2個文獻：（一）《心性法心計法等》（擬），21行，今編為BD09357號1。（二）《四大五蘊身心法》（擬），34行，今編為BD09357號2。
3.3 錄文：
（首全）
衆生無邊誓願度，煩惱無邊誓願斷，
法門無盡誓願學，/無上佛道誓願成。
誓願專心出三界，誓願隨佛不攀緣。/
誓願專心求解脫，誓願除盪不留殘。
同一真如平等性，/般若生死證涅盤（槃）。
願口常談波羅蜜，<誓>願鼻長嗅栴檀/香。
念不起坐，見本性禪。本性無性，無性法身。法/身無身，故無滅壞。
怕悕生死，生死免；起則覺/所，思量氣；當體休（修?）覺，覺衆生。
衆多心生，名為/衆生。流浪生死，三界五趣。欲界、色界、無色界，地獄、/餓鬼、畜牲、人道、天道。
覺名為佛。覺得何等法？得佛/覺，眼耳鼻舌身意。眼見色，耳聞聲，鼻嗅香，舌嘗/味，身受觸，意攀緣。
意攀何等緣？眼見無既（際）色，/耳聞無既（際）聲，鼻嗅平等香，舌嘗不分別味，身不受觸，/意不攀緣。
去是心，不去性。心性因以（異），不一不以（異）。/說個心，說個性，名別故不益（一），了心性不可得。體同/不以（異）。有不以（異），不與（一）不以（異）。利有利無，自性利故。自性共/甚利？本來利。本來共甚利？不說有無泥/為（涅槃）煩惱，永無菩提。心性法
去是心，不去鏡（境）。心能/生鏡（境），鏡（境）能生心。心不能生鏡（境），鏡（境）不能生心。三界虛遇，/為心所造。念不剛（獨）起，拓鏡（境）方生。心生鏡（境），有心則有計，/無心亦無計。譬如剛強，影有光則有影，無光/亦無影。心計法/
（錄文完）
3.4 說明：
本文獻首尾均全。大體包括四部分內容。首先是至心發願（偈頌），其中包括“四弘誓願”。其次論坐禪。再次論心性關係，末有小標題“心性法”。最後論心境關係，末有小標題“心計法”。
從內容看，乃早期禪宗文獻，應屬北宗。對研究禪宗北宗，具有一定的價值。
8 8～9世紀。吐蕃統治時期寫本。
9.1 行楷。
9.2 有塗抹、校改、重文號及行間校加字。

1.1 BD09357號2
1.3 四大五蘊身心法（擬）
1.4 周078

2.4　本遺書由2個文獻組成，本文獻為第2個，34行，餘參見BD09357號1之第2項。

3.4　說明：

本文獻首全，尾5行上下殘。內容討論衆生由“六物成身”。文中有“四大五蘊身心法”云云，故擬此名。內容與《小乘三科》相似，但與《小乘三科》論述“九物成身”不同。

8　8～9世紀。吐蕃統治時期寫本。

9.1　楷書。

9.2　有塗抹。有行間校加字。

1.1　BD09358號

1.3　大乘入道次第開決義釋（擬）

1.4　周079

2.1　17.1×17厘米；1紙；正面14行，背面9行，行字不等。

2.3　卷軸裝。首尾均殘。小殘片。卷面污穢變色。已修整。

2.4　本遺書包括2個文獻：（一）《大乘入道次第開決義釋》（擬），14行，抄寫在正面，今編為BD09358號。（二）《大乘百法明門論開宗義記義釋》（擬），9行，抄寫在背面，今編為BD09358號背。

3.4　說明：

本文獻首尾均殘。內容為解釋《大乘入道次第開決》中的名相及意義。故擬此名。所解釋的文字，參見《大正藏》2823，85/1218B17行以下。

8　8～9世紀。吐蕃統治時期寫本。

9.1　行楷。

9.2　有行間校加字及刪除號。

1.1　BD09358號背

1.3　大乘百法明門論開宗義記義釋（擬）

1.4　周079

2.4　本遺書由2個文獻組成，本文獻為第2個，9行，抄寫在背面，餘參見BD09358號之第2項。

3.4　說明：

本文獻首尾均殘。內容為解釋《大乘百法明門論開宗義記》中的名相及意義。故擬此名。所解釋的文字，參見《大正藏》2810，85/1046C02行以下。

8　8～9世紀。吐蕃統治時期寫本。

9.1　行楷。

1.1　BD09359號

1.3　大乘百法明門論開宗義記雜釋（擬）

1.4　周080

2.1　42.7×30厘米；1紙；15行，行19～21字。

2.3　卷軸裝。首尾均全。卷面上下略殘。

3.4　說明：

本文獻對《大乘百法明門論開宗義記》中的“十四妄計最勝”、“十五妄計清淨”及“犢子部”等名相進行解釋。故擬此名。所解釋的內容，可參見大正2810，85/1047B01行以下。

本文獻寫在一張獨立的紙上，卷首卷尾均有餘空未抄寫，所寫文字分三部分，每個部分之間有寬度不等的空白。由此可知，本文獻並非正式的著作，僅為學習筆記之類。

7.3　背面有雜寫“先亡見在獲利益，農夫之種”。

8　8～9世紀。吐蕃統治時期寫本。

9.1　行楷。

9.2　有行間加行。

1.1　BD09360號

1.3　部落轉帖

1.4　周081

2.1　17.8×27.5厘米；1紙；正面5行，行字不等；背面1行，2字。

2.3　卷軸裝。首尾均殘。殘片。卷面多糨糊痕跡。已修整。

2.4　本遺書包括2個文獻：（一）《部落轉帖》，5行，抄寫在正面，今編為BD09360號。（二）《雜經袟皮》（擬），1行，抄寫在背面，今編為BD09360號背。

3.3　錄文：

（首殘）

部落轉帖，十將並里正等/

將掣伽牛/

右件牛昨日處分，今日取齊，直□…□/

□□□無次第方印嚴限不□…□/

□…□言□付帖□…□/

（後殘）

4.1　部落轉帖（首）。

8　8～9世紀。吐蕃統治時期寫本。

9.1　行書。

1.1　BD09360號背

1.3　雜經袟皮（擬）

1.4　周081

2.4　本遺書由2個文獻組成，本文獻為第2個，1行，抄寫在背面，餘參見BD09360號之第2項。

3.4　說明：

卷背寫有“雜經”。背面的《部落轉帖》表面多糨糊，可見此紙後來被粘作經袟。

8　8～9世紀。吐蕃統治時期寫本。

9.1　行書。

1.1　BD09361號

1.3　法苑珠林（兑廢稿）卷七三

1.4　周082

2.1　8.6×28.4厘米；1紙1葉2個半葉；半葉6行，共12行，行約27字。

2.3　經折裝。首尾均斷。正面抄寫6行，背面連雜寫抄寫4行。

有烏絲欄。
2.4　本遺書包括2個文獻：（一）《法苑珠林》（兌廢稿）卷七三，6行，抄寫在正面，今編為BD09361號。（二）《法苑珠林》（兌廢稿）卷九○，1行，今編為BD09361號背。
3.1　首殘→大正2122，53/0838B26。
3.2　尾殘→大正2122，53/0838C10。
5　與《大正藏》本對照，少"果報部第三"五個字。
8　8世紀。唐寫本。
9.1　楷書。
9.2　有行間加行。

1.1　BD09361號背
1.3　法苑珠林（兌廢稿）卷九○
1.4　周082
2.4　本遺書由2個文獻組成，本文獻為第2個，1行，抄寫在背面。餘參見BD09361號之第2項。
3.1　首殘→大正2122，53/0949A11。
3.2　尾殘→大正2122，53/0949A13。
7.1　卷面有一勘記"兌"字。天頭右上有勘記"口"，左上有勘記"一"。
7.3　有雜寫："南無寶天佛，南無勝藏佛；南無不動佛，南無勝相佛。"
8　8世紀。唐寫本。
9.1　楷書。

1.1　BD09362號
1.3　大乘四法經論廣釋開決記義釋（擬）
1.4　周083
2.1　（3.5+25.5）×30.8厘米；1紙；正面18行，背面4行，正背面文字相接；行字不等。
2.3　卷軸裝。首殘尾全。卷面有殘洞。有折疊欄。
3.4　說明：
本文獻首殘尾全。察其內容，乃解釋《大乘四法經論廣釋開決記》中的名相，以疏通文意。故擬此名。參見大正2785，85/0560A05h行以下。
7.3　背面倒書雜寫"□□摩訶薩埵"。
8　8~9世紀。吐蕃統治時期寫本。
9.1　行書。有合體字"菩提"。
9.2　有校改、重文號及行間校加字。

1.1　BD09363號
1.3　大乘入道次第疏（擬）
1.4　周084
2.1　（11.2+36.3）×30.8厘米；2紙；27行，行24~28字。
2.2　01：11.2+3.1，08；　02：33.2，19。
2.3　卷軸裝。首殘尾脫。卷面有油污及殘洞，下邊殘缺。已修整。
3.4　說明：
本文獻首6行下殘，尾殘。察其內容，乃對《大乘入道次第》中"三退屈"、"四智"等名相的疏釋，故擬此名。參見大正1864，45/0460A23行以下。
8　7~8世紀。唐寫本。
9.1　行書。
9.2　有塗抹、倒乙及行間校加字。

1.1　BD09364號
1.3　轉八識成四智束四智具三身論（擬）
1.4　周085
2.1　（27+9.8）×30厘米；1紙；15行，行字不等。
2.3　卷軸裝。首尾均殘。有折疊欄。
3.4　說明：
本文獻首殘，尾3行上殘。察其內容，乃論述"轉八識以成四智，束四智以具三身"。這一觀點最初見於《大乘莊嚴經論》，其後諸多經論均有論述。本遺書頗多塗抹修改，應為作者原稿。當為敦煌僧人學習這一理論的相關筆記，或為擬講經前的手稿。詳情待考。
8　9~10世紀。歸義軍時期寫本。
9.1　行楷。
9.2　有塗抹及行間校加字。

1.1　BD09365號
1.3　讚僧功德經
1.4　周086
2.1　27.5×30.3厘米；1紙；12行，行27字。
2.3　卷軸裝。首尾均全。有折疊欄。
3.1　首全→大正2911，85/1457A11。
3.2　尾全→大正2911，85/1457A27。
3.3　錄文：
（首全）
僧功德讚
或有外現犯戒相，內秘無量諸功德，應當信順崇重之，賢聖/凡愚不可則（測）。
或有外現具威儀，或示未能捨其欲，外相人觀謂凡/夫，不妨內即是其聖。
由如四種菴羅果，生熟難分不可別，/如來弟子亦如是，有戒無戒亦難辯（辨）。
是故慇懃勸諂人，不聽毀/罵僧實罪，若欲不沉淪苦海，常當敬重是良田。
若欲/天中受樂者，亦當供養苾蒭僧。/
僧功德讚
勿以凡夫下劣心，分別如來弟子眾，若有清信士女/等，能於一念生信心。
平等供養苾蒭僧，是人獲得無量報。/若欲僧中起耶（邪）見，當來定墮三惡道。

世尊親自以梵音，/全口弘宣誠不妄。寧以利刀割其舌，或以捻杵碎其身，/

不應一念嗔恚心，謗毀如來淨僧眾，寧以吞火熱鐵丸，寧/使口中出猛火。/

（録文完）

4.1 僧功德讚（首）。

5 與《大正藏》本對照，首尾不全，但首及中間插入“僧功德讚”，形成兩首偈頌。

8 9~10世紀。歸義軍時期寫本。

9.1 楷書。

9.2 有倒乙及行間校加字。

13 許國霖已録文，參見《敦煌叢刊初集》，10/0203A01~0204A01。

1.1 BD09366號

1.3 十恩德讚

1.4 周087

2.1 43.7×30.3厘米；1紙；20行，行20餘字。

2.3 卷軸裝。首尾均全。卷下有殘損。紙張簾紋甚清晰。背有近代裱補。有折疊欄。

3.1 首全→《敦煌叢刊初集》，10/0237A01。

3.2 尾全→《敦煌叢刊初集》，10/0238A08。

4.1 十恩德（首）。

8 8~9世紀。吐蕃統治時期寫本。

9.1 楷書。

13 任半塘有録文，參見《敦煌歌辭總編》，02/0748A03~0750A10。

1.1 BD09367號

1.3 三寶四諦文

1.4 周088

2.1 29.5×26.5厘米；2紙；14行，行20餘字。

2.2 01：15.0，09；　02：14.5，05。

2.3 卷軸裝。首斷尾全。卷中間有殘洞。有折疊欄。

3.4 説明：

本文獻首殘尾缺。所抄寫的《三寶四諦文》在敦煌較爲流行，但本文抄寫簡略，錯漏較多。且最後沒有抄完，並非正式抄本。

8 8~9世紀。吐蕃統治時期寫本。

9.1 行楷。

9.2 有塗抹及重文號。

1.1 BD09368號

1.3 某年某月某將欠負名目（擬）

1.4 周089

2.1 13.5×26.5厘米；1紙；4行，行字不等。

2.3 卷軸裝。首殘尾斷。卷上邊殘缺。中間有殘洞。

3.3 録文：

（首殘）

右一將：麻八十八斤。夫八十日。綿線廿九兩。/

［右］二將：麻一百卌二斤。夫卌日。綿線十三兩。/

右三將：麻一百廿九斤。夫九十日。綿線十八兩，又三兩。/

右四：麻卅斤。夫五十日，又十日。綿線四兩。/

（尾殘）

8 8~9世紀。吐蕃統治時期寫本。

9.1 行楷。

1.1 BD09369號

1.3 散華樂

1.4 周090

2.1 23×25.5厘米；1紙；8行，行20字左右。

2.3 卷軸裝。首尾均全。卷中間有破裂。折疊欄。已修整。

3.1 首全→《敦煌叢刊初集》，10/0221A02。

3.2 尾缺→《敦煌叢刊初集》，10/0221A09。

3.3 録文：

（首全）

散蓮華樂散花林，散蓮華樂滿道場。/

啓首歸依三學滿，散花樂，天人大聖十方尊，滿道場。/

昔在雪山求半偈，散花樂，不顧軀命舍全身，滿道場。/

巡歷百姓求善有，散花樂，敲骨出隨（髓）不生嗔，滿道場。/

帝釋四王捧馬足，散花樂，夜半逾城出宮圍，滿道場。/

苦行六年成正覺，散花樂，鹿菀處度五歸尊，滿道場。/

弘誓慈悲度一切，散花樂，三乘設教濟群生，滿道場。/

大衆持花來供養，散花樂，一時舉首散虛空，滿道場。/

（録文完）

7.1 卷背有題記“巳（己）巳年二月一日報恩寺僧延行寫散花蓮樂一本”。

7.3 卷背有雜寫“願◇依願”四字。

8 9~10世紀。歸義軍時期寫本。

9.1 行楷。

9.2 有倒乙。

1.1 BD09370號

1.3 太公家教（異本一）

1.4 周091

2.1 （17.3+14.2）×26.4厘米；1紙；正面16行，行19~20字；背面10行，行字不等。

2.3 卷軸裝。首尾均殘。卷右上殘缺一塊。有折疊欄。已修整。

2.4 本遺書包括3個文獻：（一）《太公家教》（異本一），16行，抄寫在正面，今編為BD09370號。（二）《祭文》（擬），6行，抄寫在背面，今編為BD09370號背1。（三）《名録》（擬），4行，抄寫在背面，今編為BD09370號背2。

3.3　錄文：
(首殘)
□…□其身；蛟龍雖聖，不能煞/
□…□利，不煞無事之人；羅網雖細，/
□…□横禍，不入慎家之門。斜逕敗/
□…□子含弘為大，海水以博細為泉。/
□…□功，與（以）法治人，人則得安。治國信讒，必煞忠臣；夫婦/
□…□友信讒，必有致怨。天雨五穀，/
□…□火必盛焉。揚湯止沸，不如/
□…□人守隘，一人判死，萬夫莫當。貪/
□…□不蹋履，李下不正冠。堯◇（舜）/
雖渴，不飲盜泉之水；暴風疾雨，不過寡婦之門。孝/
子不隱情於父。中（忠）臣不隱辭於君。法不加於君子，禮/
不下於小人。亂則用武，清則用文。多言不益其體，/
伯（佰）妓（伎）不妨其身。明君不愛耶（邪）佞之語，慈父不愛不/
孝之人。道之以德，齊之以禮。凡人負重，不擇地而止；/
君子困窮，小人不擇官而仕。屈厄之人，不慚執鞭之恥；饑/
寒在身，不羞乞食之恥。貧不可欺，富不可恃。陰陽/
(錄文完)
3.4　說明：
《太公家教》形態複雜，可分三種異本。本文獻屬於第一種。與敦煌遺書中的其他《太公家教》相比，頗多異文，可資互校。
8　8～9 世紀。吐蕃統治時期寫本。
9.1　楷書。
9.2　有行間校加字。有硃筆斷句。有塗改。

1.1　BD09370 號背 1
1.3　祭文（擬）
1.4　周 091
2.4　本遺書由 3 個文獻組成，本文獻為第 2 個，6 行，抄寫在背面，餘參見 BD09370 號之第 2 項。
3.3　錄文：
(首殘)
謹以香（錄文者按：以下約有五字，字跡模糊，難以辨識）有（?）/
學（?）宜諸（?）教道都英等/
天綸語重，恩愛請（情）深。/
小英雨歌之靈，伏惟靈/
□…□◇◇是宗（?）/
□…□身◇來（朱?）床生大去◇◇/
(後缺)
錄文者按：末行文字較小，但筆跡、墨色一致。

8　8～9 世紀。吐蕃統治時期寫本。
9.1　楷書。

1.1　BD09370 號背 2
1.3　名錄（擬）
1.4　周 091
2.4　本遺書由 3 個文獻組成，本文獻為第 3 個，4 行，抄寫在背面，餘參見 BD09370 號之第 2 項。
3.3　錄文：
(首殘)
□…□員，吳苟奴，索豬兒，索再/
□…□安寧，吳信信，陰文威，/
(錄文完)
3.4　說明：
名錄前，略空幾行，卷面有文字一行：“□…□◇無清貴亦曾。”名錄後亦有文字一行：“□…□開◇聲（?）豬之。”兩行字體筆跡、墨色相同，詳情待考。
8　9～10 世紀。歸義軍時期寫本。
9.1　楷書。

1.1　BD09371 號
1.3　散華梵
1.4　周 092
2.1　27×15.5 厘米；2 紙；15 行，行 13～14 字。
2.2　01：16.0，09；　02：11.0，06。
2.3　卷軸裝。首尾均全。
3.3　錄文：
(首全)
散華梵一本/
散蓮華樂，散花林，散蓮華樂，滿道場。/
稽首歸依三學滿，散花樂，天人大/聖十方尊，滿道場。
昔在雪山求/半偈，散花樂，不顧軀命舍全身，/滿道場。
巡曆（歷）百誠（城）姓求善友，散花樂，/敲骨出髓不生嗔，滿道場。
帝/釋四王捧馬足，散花樂，夜半/逾城出宮圍，滿道場。
苦行/六年成正覺，散花樂，鹿菀初/度五俱輪，滿道場。
弘誓慈悲/度一切，散花樂，三乘設教濟/群生，滿道場。
大衆持花來供/養，散花樂，一時舉首散虛空，/滿道場。/
(尾全)
4.1　散華梵一本（首）。
7.1　背有題記“丁丑年正月十五日王法律自手書記”。
8　9～10 世紀。歸義軍時期寫本。
9.1　行楷。
13　參見許國霖錄文，《敦煌叢刊初集》，10/0221A01～09。

1.1　BD09372 號
1.3　無上禮

1.4　周 093
2.1　38.5×30.5 厘米；1 紙；19 行，行 19 字。
2.3　卷軸裝。首尾均全。卷面有油污。有折疊欄。已修整。
3.3　錄文：
（首全）
無上禮一本/
南無清淨法身毗盧遮那佛。南無圓寶身盧舍那/
佛。南無千百化身同名釋迦牟尼佛。/
清涼山頂有大聖文殊師利菩薩，端坐正看心，心亦不可得。/
敬禮無數觀，無色無形相，無根無住處，不生不滅故。/
敬禮無數觀，不起亦不住，不捨亦不取，遠離六入故。/
敬禮無數觀，出過於三界，等同於虛空，諸欲不染故。/
敬禮無數觀，於諸威儀中，去來又睡悟，常在寂靜故。/
敬禮無數觀，入諸無常空，見諸法寂靜，常在寂靜故。/
敬禮無數觀，去來悉平等，如住法平等，不壞平等故。/
敬禮無數觀，諸佛虛空想，虛空亦無想，離諸因果故。/
敬禮無數觀，虛空無邊中，諸佛身亦然，心同虛法故。/
敬禮無數觀，佛常在世間，如不染世法，不分別世間故。/
敬禮無數觀，諸法猶如幻，如幻不可得，離諸幻法故。/
敬禮無數觀，一禮平等禮，無禮亦不禮，一禮遍含識。/
同歸實相體，普為四因三有，又於法界衆生，吾（悟）/
一切而心懺悔，歸命禮三寶。又為六道四生，宛（怨）親平等，/
願一切業障報、煩惱平等障、惡業神邪魅病苦等/
障，求得消除。至心懺悔，歸命禮三寶。/
（錄文完）
3.4　說明：
關於本文獻，可參見《集諸經禮懺儀》卷一之《文殊師利禮法身佛文》（大正 1982，47/0459B09 ~ C04）。除首尾有不同外，文字亦略有差異，可供互校。與《大正藏》本相比，本文獻為實用禮懺文書。
本文獻之“敬禮無數觀”應為“敬禮無所觀”。
4.1　無上禮一本（首）。
7.3　卷背紙中部上方有：“行丁巛家，坐沒利塔。”上部還有 1 字“吹”。
8　9 ~ 10 世紀。歸義軍時期寫本。
9.1　楷書。

1.1　BD09373 號
1.3　觀音禮
1.4　周 094
2.1　38.7×15 厘米；1 紙；正面 17 行，行 7 字；背面 15 行，行字不等。
2.3　卷軸裝。首全尾殘。袖珍本。有烏絲欄。
3.3　錄文：
（首全）
觀音禮一本/
觀音往昔沙塵劫，/
成佛號曰正覺尊。/
四弘誓願慈悲重，/
却值娑婆會普門。/
┌會中有一菩薩起，/
法號命曰無盡意。/
慇懃合掌釋迦前，/
唯我宣說觀音義。/
┌爾時佛告無盡意，/
觀音願裏難籌算。/
苦惱暫稱皆得除，/
畢竟能令超彼岸。/
┌若逢大火稱名字，/
能令火滅不來傷。/
入水還令漂淺處，/
□□神通威力強。/
（尾殘）
4.1　觀音禮一本（首）。
7.3　背面 15 行，均為正面《觀音禮》之經文雜寫。不錄文。
8　9 ~ 10 世紀。歸義軍時期寫本。
9.1　楷書。
9.2　有硃筆間隔號。

1.1　BD09374 號 1
1.3　大乘六念文（擬）
1.4　周 095
2.1　17.8×30.3 厘米；2 紙；8 行，行 19 字。
2.2　01：05.0，02；　　02：12.8，06。
2.3　卷軸裝。首尾均全。首紙下方有殘缺。有折疊欄。
2.4　本遺書包括 2 個文獻：（一）《大乘六念文》（擬），4 行，今編為 BD09374 號 1。（二）《慈氏真言》，4 行，今編為 BD09374 號 2。
3.3　錄文：
（首全）
受菩薩戒弟子義連，常持《大乘六念》，至心受持。/
第一常念佛，願成佛身。第二常念法，願轉法輪。第三/
常念僧，欲覆護衆。第四常念戒，欲滿諸願。第五常/
念施，捨諸煩惱。第六常念天，欲滿天中天一切種智。/
（錄文完）
3.4　說明：
本文獻為受菩薩戒弟子義連為本人持誦所寫。
8　9 ~ 10 世紀。歸義軍時期寫本。
9.1　楷書。

1.1　BD09374 號 2
1.3　慈氏真言

1.4　周 095
2.4　本遺書由 2 個文獻組成，本文獻為第 2 個，4 行，餘參見 BD09374 號 1 之第 2 項。
3.4　說明：
本文獻抄寫在受菩薩戒弟子義連為本人持誦所寫《大乘六念文》之後，略謂：
慈氏真言：普勸四部弟子至心受持，誦三十萬遍，決定/
生兜率內院，見佛聞法。隨佛下生龍花會中，得受菩/
提之記。（以下抄寫咒語兩行，略）/
故此，本文獻應為《大乘六念文》的附屬文獻。
4.1　慈氏真言（首）。
8　9～10 世紀。歸義軍時期寫本。
9.1　楷書。

1.1　BD09375 號
1.3　菩薩和戒文
1.4　周 096
2.1　（9.9＋35.5）×28 厘米；1 紙；正面 23 行，行 20 字；背面 6 行，行字不等。
2.3　卷軸裝。首殘尾全。殘片。已修整。有折疊欄。
2.4　本遺書包括 2 個文獻：（一）《菩薩和戒文》，23 行，抄寫在正面，今編為 BD09375 號。（二）《藏文文獻》（擬），6 行，抄寫在背面，今編為 BD09375 號背。
3.1　首 5 行上下殘→大正 2851，85/1300B15～19。
3.2　尾闕→大正 2851，85/1300C10。
5　與《大正藏》本對照，文字略有不同。
8　8～9 世紀。吐蕃統治時期寫本。
9.1　楷書。

1.1　BD09375 號背
1.3　藏文文獻（擬）
1.4　周 096
2.4　本遺書由 2 個文獻組成，本文獻為第 2 個，6 行，抄寫在背面。餘參見 BD09375 號之第 2 項。
3.4　說明：
有藏文 6 行。內容待考。
7.3　卷首有雜筆痕塗抹。
8　8～9 世紀。吐蕃統治時期寫本。
9.1　草書。

1.1　BD09376 號
1.3　七階禮懺文（擬）
1.4　周 097
2.1　107.5×14.9 厘米；3 紙；65 行，行 12 字。
2.2　01：42.2，28；　02：23.9，17；　03：41.4，20。
2.3　卷軸裝。首尾均全。卷面油污嚴重，上邊殘缺。背有古代裱補。
3.4　說明：
本文獻首全尾殘，為《七階禮懺文》（擬），與《大正藏》所載《七階佛名經》屬於同一系統。但與《大正藏》所載《七階佛名經》相比，本文獻首部完整，可補《大正藏》本首部之缺。本文獻第 2 紙內容為《大正藏》本所無，故為《七階佛名經》禮懺文系統的另一種表現形態。
參見大正 2854，85/1303B17～C24。
4.1　禮懺文一本（首）。
7.3　卷末有雜寫“一切普頌摩訶般若”1 行。卷背面裱補紙有雜寫“作/生身”2 行。另有雜寫字痕。
8　9～10 世紀。歸義軍時期寫本。
9.1　楷書。

1.1　BD09377 號
1.3　上生禮
1.4　周 098
2.1　58.5×15 厘米；2 紙；30 行，行 12 字。
2.2　01：32.5，16；　02：26.0，14。
2.3　卷軸裝。首全尾殘。袖珍本。
3.3　錄文：
（首全）
上生禮 一切［恭］敬，敬禮常住三寶。/
是諸眾等人各跏跪，嚴持香花，/
如法供養。願此香花雲，遍滿十/
方界。供養一切佛，化佛并菩薩。/
無數聲聞眾，受此香花雲，以為/
光明臺。廣於無邊界，無量作/
佛事。供養一切諸佛。與我福德/
力、如來加持力、及與法界力。普供/
養虛空而住。唵！誐誐曩，三婆/
嚩，韈囉斛，三遍。如來妙色身，世/
間無與等。無比不思議，是故今/
敬禮。如來色無盡，智惠亦復然。/
一切法常住，是故我歸依。敬禮/
常住三寶。/
歎佛：正遍知者二足尊，天人世間/
無與等，十力世尊甚希有，/
無上最勝良福田，其供養者/
生天上，稽首無比大精進。佛/
有如是功德。於恒河沙劫中歎/
不能盡。悔怛（丁粟反），棣夜娑哩/
囉，散哆曩舍（引），密哩哆去你
（娘去反），粟沙摩訶曩曳，悔怛棣，/
夜野，曩謨窣覩毗（毗夜反），三去摩，/
羅羅佐，播虞拏失尼。南無兜率天/
宮慈氏如來應正等覺。我今/
稽首迴願往生。願共諸衆生，/

往生彌勒院（院）。南無兜率天/
宮慈氏如來應正等覺。我今/
敬禮毗盧遮那真如清淨名/
法佛法界。法性平等真如清/
（錄文完）
4.1 上生禮（首）。
8 10世紀。歸義軍時期寫本。
9.1 楷書。

1.1 BD09378號
1.3 出家讚文
1.4 周099
2.1 21×30.5厘米；1紙；9行，行19字。
2.3 卷軸裝。首尾均全。卷面有水漬及等距離殘洞。有折疊欄。已修整。
3.1 首全→《敦煌叢刊初集》，10/207A01。
3.2 尾全→《敦煌叢刊初集》，10/207A06。
3.3 錄文：
（首全）
出家讚　舍利國佛（佛國）難為，吾本出家知時，捨却耶孃恩/
愛，為（唯）有和尚闍梨。捨却兄弟□妹，唯有同學相隨。/
捨却姑嬢割（哥?）舅，唯有錫仗□□。捨却花衣寶服，/
唯有六初三衣。捨却金盤銀器，唯有鑌鉢銅鍉。/
捨却高鞍駿馬，唯有行住□□。捨却刀笴寶鍛，/
唯有剃刀錯鈸。捨却服頭斤帶，唯有澡豆楊枝。/
捨却廳堂凡舍，唯有草庵相隨。捨却溫床/
爽補（鋪），唯有端坐思惟。捨却世間恩愛，/
唯有出世無為。/
（錄文完）
4.1 出家讚（首）。
7.3 卷背有雜寫5個“高卝”及硃筆“上”。
8 9～10世紀。歸義軍時期寫本。
9.1 楷書。
13 任半塘《敦煌歌辭總編》有錄文，行文與本文獻相差較大。參見《敦煌歌辭總編》，01/1071A02～1072A02。

1.1 BD09379號
1.3 迴向往生兜率天宮文（擬）
1.4 周100
2.1 23.5×30.5厘米；1紙；8行，行20餘字。
2.3 卷軸裝。首尾均全。有折疊欄。
3.3 錄文：
（首全）
普勸四部弟子，志心迴向往生兜率天宮。先道慈氏菩薩四聲。/
願生彌勒天宮院（院），蓮開親禮慈尊面，
白毫照我罪消除，/生死飄流從此斷。慈氏菩薩四聲。
惟願不為（違）群生意，無始時/來難得值，
我今各發至誠心，願見慈尊親頂禮。/慈氏菩薩四聲。
身嚴福智黃金相，堪與衆生為依仗，/
我今迴向往天堂，面見真容親供養。慈氏菩薩四聲。/
願滅三障諸煩惱，願得智惠真明了，
普願罪障悉/消除，世世常行菩薩道。觀音菩薩摩訶薩四聲。/
（錄文完）
8 9～10世紀。歸義軍時期寫本。
9.1 行楷。

1.1 BD09380號
1.3 入布薩堂說偈文等
1.4 發001
2.1 28×27.8厘米；2紙；19行，行14字。
2.3 卷軸裝。首殘尾全。卷上部有等距離殘洞。有烏絲欄。已修整。
3.1 首殘→大正2852，85/1301A08。
3.2 尾全→大正2852，85/1301A28。
8 8～9世紀。吐蕃統治時期寫本。
9.1 楷書。

1.1 BD09381號
1.3 金剛經讚文
1.4 發002
2.1 （10.5+26.6+4.3）×29.5厘米；2紙；24行，行28字（偈頌）。
2.2 01：10.5+22.8，19；　02：3.8+4.3，05。
2.3 卷軸裝。首全尾殘。已修整。
3.1 首全→大正2743，85/0159A27。
3.2 尾殘→大正2743，85/0159C06～08。
3.3 錄文：
（首全）
金剛經讚文/
金剛一卷重須彌，所以我皇偏受持。[八萬法門皆了達，惠眼他心踰得知。] /
比日談（彈）歌是舊曲，聽唱金剛般若詞。開元皇帝親自註，[至心頂禮莫生疑。] /
此經能除一切苦，發心天眼預觀之（知）。莫被無名六賊引，[昏昏中日執愚癡。] /
世尊涅槃無量劫，過去百億阿僧祇。國王大臣傳聖教，[我皇敬信世間希。] /
每日六齋斷宰煞，廣修善法度僧尼。胎生卵生勤念佛，勇猛精進［大慈悲。］/
厭見宮中五欲樂，了知身相是虛危。一國帝王猶覺悟，何

況凡俗不思惟。/
昔日提婆是國主，為求妙法捨嬪妃。昔行精進大乘教，身為奴僕何斯［仕］。/
今帝聖明超萬國，舉心動念預觀知。文武聖威遍天下，萬姓安寧定四［夷］。/
自注金剛深妙義，蠢動含靈皆受持。護法善神專應當，諸天讚歎不隨宜。/
白馬馱來敬壽寺，寶重（車）幡蓋數重圍。名僧手執香花引，仙人駕鶴滿空飛。/
八難迴生極樂國，五濁飜成七寶池。開元永定恒沙劫，/魔王外道總降衣（依）。
萬歲千秋傳聖教，猶如劫石佛（拂）天衣。/只是衆生多有福，得逢諸佛重器時。
金剛妙理實難詮，/一切經中成總懸。佛布黃金遍地滿，擬買祇阿太子薗。/
八部神鬼隨從佛，鴈塔龍宮滿化天。祇樹引枝承鳥語，/下有金沙洗足泉。
食時持鉢舍衛國，廣引衆生作福田。/世尊爾時無我相，須菩提瞻仰受斯言。
四果六通為上品，/龍宮受樂是生天。轉輪聖王處仙位，神武皇帝亦如然。/
又說昔為歌利王，割截身肉得生天。尸毗捨身救鳩鴿，/阿羅漢身果及三千。
閻浮眾生戀火宅，我皇引出遣生天。/一切有情如亦子，但是百姓悉皆憐。
既得［阿耨多羅果］，/又共諸佛結因緣。百劫千生不退轉，［功德無量亦無邊］。/
非［但如影諸寺觀，十方世界亦如然。總是金剛深妙義，弟子豈敢謾虛傳。］/
（錄文完）
4.1　金剛經讚文（首）。
8　9～10世紀。歸義軍時期寫本。
9.1　楷書。
13　許國霖有錄文，參見《敦煌叢刊初集》，10/0171。

1.1　BD09382號
1.3　齋文（擬）
1.4　發003
2.1　15.7×30.2厘米；1紙；正面10行，背面4行，行字不等。
2.3　卷軸裝。首尾均殘。背面文字與正面相接。
2.4　本遺書包括2個文獻：（一）《齋文》（擬），正面10行，背面1行，今編為BD09382號。（二）《殘文書》（擬），3行，抄寫在背面，今編為BD09382號背。
3.3　錄文：
（首全）
［夫］大覺雄（弘）悲，多門吸引；能仁演教，敢（感）應隨機。皆稱解脫/之功，莫稱（非）能濟者也。今囑（屬）三春令月，四序初分。延百福於（以）/豎勝幢，殄千殃如（而）征（旌）白傘。總斯多善，莫限良緣。先用奉資上界天/仙，下方八部。威光轉盛，福力彌增，興運慈悲，救人護國。又持勝福，伏/用莊嚴當今帝王貴位，永垂化闡，四海一家。廣鎮三邊，八方天寧。又/持勝福，此用莊嚴我大王貴位，南山作壽，北極標尊。長為菩薩之人主，永應/如來之付（咐）囑。又持勝福，此用莊嚴，則我都僧統大師貴位。
又持勝福，此用莊嚴諸寺和尚貴位。/
又持勝福，此用莊嚴兩班大將貴位。榮班歲後（厚），寵為時增。勤王之智（志）轉/明，幹濟之端益遠。然後天下靜，海内清。無聞征戰（？）之名，有賴雍餘/
（正面錄文到此止）
（背面錄文）
之化。摩訶般若。
（錄文完）
8　9～10世紀。歸義軍時期寫本。
9.1　行楷。
9.2　有斷句。有刪除號“○”。有塗改。有行間校加字。

1.1　BD09382號背
1.3　殘文書（擬）
1.4　發003
2.4　本遺書由2個文獻組成，本文獻為第2個，3行，抄寫在背面，餘參見BD09382號之第2項。
3.3　錄文：
（首殘）
法律（押）/
法師（押）/
應管内都僧正（押）/
（錄文完）
3.4　說明：
本文獻僅殘剩末尾簽押3行。
8　9～10世紀。歸義軍時期寫本。
9.1　行楷。

1.1　BD09383號1
1.3　道安法師念佛讚
1.4　發004
2.1　（13+56.5）×31厘米；3紙；38行，行字不等。
2.2　01：13+11.5，17；　02：41.0，21；　03：04.5，素紙。
2.3　卷軸裝。首殘尾全。卷前部上下殘，通卷多有破裂，背有古代裱補。已修整。
2.4　本遺書包括3個文獻：（一）《道安法師念佛讚》，8行，今編為BD09383號1。（二）《上皇勸善斷肉文》，5行，今編為BD09383號2。（三）《五更轉・太子入山修道讚》，21行，今編為BD09383號3。

3.1　首殘→大正 2830A，85/1268C18。
3.2　尾全→大正 2830A，85/1268C25。
3.4　說明：
本文獻尾題與題記之前，加抄《上皇勸善斷肉文》一篇。
4.2　念佛讚文一本（尾）。
7.1　尾題後有題記："長興三年壬辰歲（932）六月五日蓮台寺丞願□。"
7.3　尾題後有雜寫"便生三十三天上"等 4 行。背面有雜寫"損（?）天不祿"4 字。
8　932 年。歸義軍時期寫本。
9.1　行楷。

1.1　BD09383 號 2
1.3　上皇勸善斷肉文
1.4　發 004
2.4　本遺書由 3 個文獻組成，本文獻為第 2 個，5 行，餘參見 BD09383 號 1 之第 2 項。
3.1　首全→《敦煌詩集殘卷輯考》，01/0893A12。
3.2　尾全→《敦煌詩集殘卷輯考》，01/0893A12。
3.3　錄文：
（首全）
上皇勸善斷肉文
稟性雖千種，貪生共一般，從頭皆覓［活，若個不求安。］/
怕急緣方（防）箭，高飛恐被彈，詎堪鷹犬逐，誰忍羅網縵。/
豬復哀離圈，羊牽惡出欄，苦痛知何說，荒迷如許難。/
持刀咽下剌，將肉口中飡，寄信食肉者，自割始嘗看。/
（錄文完）
3.4　說明：
本文獻抄寫在《道安法師念佛讚》正文與尾題之間。就抄寫者本意，或者將本文獻與《道安法師念佛讚》當作一個整體來念誦修持。
4.1　上皇勸善斷肉文（首）。
8　932 年。歸義軍時期寫本。
9.1　行楷。

1.1　BD09383 號 3
1.3　五更轉・太子入山修道讚
1.4　發 004
2.4　本遺書由 3 個文獻組成，本文獻為第 3 個，21 行，餘參見 BD09383 號 1 之第 2 項。
3.1　首全→《敦煌歌辭總編》，03/1458A11。
3.2　尾缺→《敦煌歌辭總編》，03/1459A11。
5　與《敦煌歌辭總編》本對照，文字有錯漏差訛，多方言字。
7.1　尾有題記："金色三十二，八十好想緣，盛當作佛過團圓，尹再德生天。"
8　9～10 世紀。歸義軍時期寫本。
9.1　行楷。
9.2　有行間校加字。有斷句。

1.1　BD09384 號
1.3　大乘入道次第
1.4　發 005
2.1　（6+4.5+16.5）×28 厘米；2 紙；13 行，行 21 字。
2.2　01：06.0，護首；　02：4.5+16.5，13。
2.3　卷軸裝。首全尾殘。已修整。
3.1　首全→大正 1864，45/0449B06。
3.2　尾 10 行上殘→大正 1864，45/0449B18～27。
4.1　大乘入道次第一卷（首）。
8　8～9 世紀。吐蕃統治時期寫本。
9.1　楷書。有合體字"菩提"。
9.2　有倒乙。有行間校加字。

1.1　BD09385 號
1.3　普賢菩薩行願王經（甲本）
1.4　發 006
2.1　（2.5+53）×27 厘米；3 紙；34 行，行 21 字。
2.2　01：2.5+5，04；　02：40.0，25；　03：08.0，05。
2.3　卷軸裝。首殘尾斷。卷面污穢、變色，上下邊有殘缺、破裂。已修整。
3.1　首行中殘→大正 2907，85/1452/C18～19。
3.2　尾殘→大正 2907，85/1453B11。
8　8～9 世紀。吐蕃統治時期寫本。
9.1　楷書。

1.1　BD09386 號
1.3　地藏菩薩十齋日
1.4　發 007
2.1　16×25.3 厘米；1 紙；11 行，行 23 字。
2.3　卷軸裝。首尾均全。有烏絲欄。已修整。
3.1　首全→大正 2850，85/1300A09。
3.2　尾全→大正 2850，85/1300B01。
4.1　地藏菩薩經十齋（首）。
7.3　背面有文字兩行，已被塗抹，難以辨認。
8　8～9 世紀。吐蕃統治時期寫本。
9.1　楷書。

1.1　BD09387 號
1.3　衆經集要緣略
1.4　發 008
2.1　32×28 厘米；1 紙；10 行，行 16 字。
2.3　卷軸裝。首全尾殘。下邊有破裂。有烏絲欄。
3.4　說明：

本文獻首全尾殘。所抄為《衆經集要緣略》，該文獻未為我國歷代經錄所著錄，也未為歷代大藏經所收。現存“阿那律過去施食得現報”條前部分，首題下註“出《賢愚經》略要”。

本文獻與《金藏論》是何關係，有待進一步研究。

4.1 衆經集要緣略一卷（首）。

7.3 在首題前上方有雜寫“衆”。

8 8 世紀。唐寫本。

9.1 行楷。有合體字“涅槃”。

9.2 有倒乙。

1.1 BD09388 號

1.3 瑜伽師地論卷二八

1.4 發 009

2.1 （2+38.5）×25.7 厘米；1 紙；26 行，行 17 字。

2.3 卷軸裝。首殘尾脫。卷面有殘洞。有烏絲欄。已修整。

3.1 首 2 行上中殘→大正 1579，30/0435C23~25。

3.2 尾殘→大正 1579，30/0436A21。

4.1 ［瑜伽師地論卷第廿八］，彌勒［菩薩說］，沙門玄奘奉詔譯，/［本地］分中聲聞地第十三第二瑜伽處之二/（首）。

5 與《大正藏》本對照，本件第二行“……處之二”《大正藏》本為“……處之三”。

8 9 世紀。歸義軍時期寫本。

9.1 楷書。

9.2 有硃筆點標、科分。

1.1 BD09389 號

1.3 瑜伽師地論卷六

1.4 發 010

2.1 （2+41）×25.6 厘米；1 紙；26 行，行 17 字。

2.3 卷軸裝。首殘尾脫。中下部有 2 排等距離殘洞。有烏絲欄。已修整。

3.1 首 1 行中下殘→大正 1579，30/0303B20。

3.2 尾殘→大正 1579，30/0303C22。

4.1 瑜伽師地［論卷第六，彌勒菩］薩說，沙門玄奘奉詔譯，/本地分中有尋有伺等三地之三/（首）。

8 9 世紀。歸義軍時期寫本。

9.1 楷書。

9.2 有硃筆點標、科分。

1.1 BD09390 號

1.3 瑜伽師地論卷四八

1.4 發 011

2.1 23.6×18.2 厘米；1 紙；14 行，行 17 字。

2.3 卷軸裝。首尾均殘。上半部皆殘缺。有烏絲欄。已修整。

3.1 首殘→大正 1579，30/0556B24。

3.2 尾殘→大正 1579，30/0556C17。

4.1 □…□勒菩薩說，沙門玄奘奉詔譯，/□…□瑜伽處住品第四之二（首）。

8 9 世紀。歸義軍時期寫本。

9.1 楷書。

1.1 BD09391 號

1.3 瑜伽師地論釋（異卷）

1.4 發 012

2.1 24.7×26.5 厘米；1 紙；14 行，行 14 字。

2.3 卷軸裝。首全尾斷。上下邊有殘缺及殘洞。有烏絲欄。

3.1 首全→大正 1580，30/0883A03。

3.2 尾殘→大正 1580，30/0883A19。

3.4 說明：

根據歷代經錄，《瑜伽師地論釋》僅一卷。但本號首題作“卷第一”，則敦煌遺書之《瑜伽師地論釋》有可能為多卷本。

4.1 瑜伽師地論釋卷第一，最勝子等菩薩造，/本地分中五識相應地之一，三藏法師玄奘奉詔譯/（首）。

8 9~10 世紀。歸義軍時期寫本。

9.1 楷書。

9.2 有倒乙。

1.1 BD09392 號

1.3 阿毗曇毗婆沙論卷一二

1.4 發 013

2.1 （16+14.5）×26 厘米；1 紙；正面 15 行，行 17 字；背面 15 行，行約 32 字。

2.3 卷軸裝。首全尾殘。殘片。已修整。

2.4 本遺書包括 2 個文獻：（一）《阿毗曇毗婆沙論》卷一二，15 行，抄寫在正面，今編為 BD09392 號。（二）《大乘二十二問》，15 行，抄寫在背面，今編為 BD09392 號背。

3.1 首全→大正 1546，28/0085A02。

3.2 尾 7 行下殘→大正 1546，28/0085A16~A21。

4.1 阿毗曇毗婆沙雜犍度智品之八，卷第十二（首）。

8 5~6 世紀。南北朝寫本。

9.1 隸楷。

1.1 BD09392 號背

1.3 大乘二十二問

1.4 發 013

2.4 本遺書由 2 個文獻組成，本文獻為第 2 個，15 行，抄寫在背面，餘參見 BD09392 號之第 2 項。

3.1 首 8 行下殘→大正 2818，85/1187A09~22。

3.2 尾殘→大正 2818，85/1187B08。

8 8~9 世紀。吐蕃統治時期寫本。

9.1 行草。有合體字“菩薩”、“涅槃”。

9.2 有倒乙。

1.1 BD09393 號

1.3　昔貧士薄俱羅緣（擬）
1.4　發 014
2.1　43.1×39.8 厘米；1 紙；21 行，行 21 字。
2.3　卷軸裝。首尾均全。卷面略殘。有折疊欄。已修整。
3.1　首殘→大正 2122，53/0615B24。
3.2　尾殘→大正 2122，53/0615C17。
3.4　說明：
　　本文獻源出於《付法藏經》，該經為南北朝涼州沙門寶雲譯，六卷。已佚。《法苑珠林》等著作錄有若干文字。本號所抄文字可參見《法苑珠林》卷四二。從背後勘記可知，本號為單獨流行的因緣記。
4.1　昔貧士薄俱羅（首）。
5　與《大正藏》本對照，文字有不同。
7.1　背有勘記"此是並是諸雜因緣"。
8　9～10 世紀。歸義軍時期寫本。
9.1　楷書。
9.2　有斷句及行間校加字。有塗抹。

1.1　BD09394 號
1.3　占察善惡業報經卷下
1.4　發 015
2.1　（10＋20）×28.5 厘米；1 紙；19 行，行 21 字。
2.3　卷軸裝。首殘尾全。卷面有水漬、變色，有等距離殘洞。有烏絲欄。已修整。
3.1　首 6 行上下殘→大正 0839，17/0910B17～24。
3.2　尾全→大正 0839，17/0910C11。
8　8 世紀。唐寫本。
9.1　楷書。

1.1　BD09395 號
1.3　大方等大集經菩薩念佛三昧分卷一
1.4　發 016
2.1　（4＋30.5）×26.5 厘米；1 紙；14 行，行 17 字。
2.3　卷軸裝。首殘尾全。打紙，砑光上蠟。卷下邊有殘缺，中間有殘洞。有烏絲欄。已修整。
3.1　首 2 行上殘→大正 0415，13/0834A04。
3.2　尾全→大正 0415，13/0834A15。
4.2　佛說菩薩念佛三昧經卷第一（尾）。
7.1　尾題後有題記"校訖"。
8　7～8 世紀。唐寫本。
9.1　楷書。

1.1　BD09396 號
1.3　大乘密嚴經（地婆訶羅本）卷中
1.4　發 017
2.1　（22.5＋26）×25.7 厘米；1 紙；28 行，行 17 字。
2.3　卷軸裝。首殘尾脫。卷面油污，前半部殘缺嚴重。有烏絲欄。已修整。
3.1　首 13 行上下殘→大正 0681，16/0731C12～0732A06。
3.2　尾殘→大正 0681，16/0732A23。
8　8～9 世紀。吐蕃統治時期寫本。
9.1　楷書。
9.2　有倒乙。

1.1　BD09397 號
1.3　觀察諸法行經（兌廢稿）卷一
1.4　發 018
2.1　（21.7＋1.4）×26.5 厘米；1 紙；14 行，行 15～18 字。
2.3　卷軸裝。首脫尾殘。有烏絲欄。已修整。
3.1　首殘→大正 0649，15/0730C09。
3.2　尾行下殘→大正 0649，15/0730C24。
5　與《大正藏》本對照，本號漏抄偈頌一行。
7.1　在漏抄偈頌上邊有勘記"勘"。
8　8 世紀。唐寫本。
9.1　楷書。
9.2　有刮改。

1.1　BD09398 號
1.3　觀彌勒菩薩上生兜率天經（兌廢稿）
1.4　發 019
2.1　21.5×30.4 厘米；1 紙；13 行，行 23 字。
2.3　卷軸裝。首全尾斷。有烏絲欄。已修整。
3.1　首全→大正 0452，14/0418B03。
3.2　尾殘→大正 0452，14/0418B18。
4.1　觀彌勒菩薩上生兜率天經（首）。
5　與《大正藏》本對照，本號文字有錯漏之處。
7.3　尾 2 行為經文雜寫，重複抄寫本號首 2 行。
8　9～10 世紀。歸義軍時期寫本。
9.1　楷書。
9.2　有塗改。有刪除號。

1.1　BD09399 號
1.3　太上洞玄靈寶無量度人上品妙經
1.4　發 020
2.1　（4.7＋33.8＋7.9）×29 厘米；2 紙；24 行，行 20 字。
2.2　01：4.7＋17.3，13；　02：16.5＋7.9，11。
2.3　卷軸裝。首尾均殘。有折疊欄。已修整。
3.1　首 3 行上下殘→《中華道藏》，03/0326C10～14。
3.2　尾 3 行上中殘→《中華道藏》，03/0327A15～17。
8　7～8 世紀。唐寫本。
9.1　楷書。
9.2　有倒乙。

1.1　BD09400 號

1.3　大方等大集經卷三一
1.4　發 021
2.1　（15.5 +22 +2）×24.8 厘米；2 紙；22 行，行 17 字。
2.2　01：15.5 +22，21；　　02：02.0，01。
2.3　卷軸裝。首全尾殘。卷上下邊殘缺。卷背有鳥糞。有烏絲欄。已修整。
3.1　首 8 行下殘→大正 0397，13/0213B25 ~ C06。
3.2　尾 1 行中下殘→大正 0397，13/0213C20。
4.1　大方等大集經日蜜（密）分中護法品第［一］（首）。
8　5 ~6 世紀。南北朝寫本。
9.1　隸書。

1.1　BD09401 號
1.3　佛性經（擬）
1.4　發 022
2.1　（8.2 +28.6 +2.1）×30.4 厘米；2 紙；28 行，行 30 餘字。
2.2　01：8.2 +28.6，27；　　02：02.1，01。
2.3　卷軸裝。首尾均殘。首紙上下邊殘缺。有折疊欄。已修整。
3.4　說明：

本文獻首 6 行下殘，尾行上下殘。未為我國歷代經錄著錄，亦未為歷代大藏經所收。是否為中國人所撰，尚需研究。第 18 行有“佛性經說外道破戒僧業行品第九”，故定此名。

《開元釋教錄》卷十八“偽妄亂真錄”載：“《彌勒摩尼佛說開悟佛性經》，一卷。經後題云：《人身因緣開悟佛性經》，或直云：《開悟佛性經》，九紙。”（《大正藏》第 55 卷第 673 頁上欄）所指是否即為本文獻，尚需研究。

8　8 ~9 世紀。吐蕃統治時期寫本。
9.1　楷書。
9.2　有刪除號。

1.1　BD09402 號
1.3　顯揚聖教論（兌廢稿）卷一七
1.4　發 023
2.1　10.3 ×26.8 厘米；1 紙；5 行，行字不等。
2.3　卷軸裝。首全尾斷。有烏絲欄。
3.1　首全→大正 1602，31/0562A18。
3.2　尾缺→大正 1602，31/0562A26。
4.1　顯揚聖教論成現觀品第八之餘，卷十七（首）。
7.3　首題重複抄寫
8　9 ~10 世紀。歸義軍時期寫本。
9.1　楷書。

1.1　BD09403 號
1.3　因明入正理論
1.4　發 024
2.1　42.5 ×29.5 厘米；1 紙；32 行，行 35 字。
2.3　卷軸裝。首全尾脫。卷面有殘洞，上下邊有殘破及殘缺。有烏絲欄。已修整。
3.1　首全→大正 1630，32/0011A24。
3.2　尾殘→大正 1630，32/0012A07。
4.1　因明入正理論，商羯羅主菩薩造，三藏法師玄奘譯（首）。
8　8 ~9 世紀。吐蕃統治時期寫本。
9.1　楷書。

1.1　BD09404 號
1.3　五蘊
1.4　發 025
2.1　（22 +2.9）×30.8 厘米；1 紙；17 行，行字不等。
2.3　卷軸裝。首脫尾殘。卷面有殘洞。有烏絲欄。已修整。
3.4　說明：

本文獻首殘，尾 2 行下殘。內容為將五蘊與唯識理論五位百法中屬於有為法的四位九十六法一一相配，最終歸結為轉識成智。本文獻為敦煌僧人所撰，未為歷代經錄著錄，未為歷代大藏經所收。

4.1　五蘊（首）。
8　8 ~9 世紀。吐蕃統治時期寫本。
9.1　行楷。

1.1　BD09405 號
1.3　大乘百法明門論本事分中略錄名數釋（擬）
1.4　發 026
2.1　（4 +100）×27.5 厘米；3 紙；正面 81 行，行 30 餘字。背面 63 行，行字不等。
2.2　01：4 +13.5，13；　　02：43.5，34；　　03：43.0，34。
2.3　卷軸裝。首殘尾脫。通卷上下邊殘損，中間殘爛、泛白，有殘洞。已修整。背面共 63 行，前 34 行與正面尾部文字相連，後 29 行係分段雜錄名數，解釋其意義。
3.4　說明：

本文獻首 3 行中下殘，尾殘。從題記看，可知乃對《大乘百法明門論本事分中略錄名數》中所錄諸名數的解釋。察其內容，均為名數解釋，與題記相合。故擬此名。本文獻未為歷代大藏經所收，亦未見於經錄記載。

6.1　首→BD13675 號。
7.1　背面第 34 行有題記：“此文義總釋《大乘百法明［門］論本事分中略錄名數》一軸論文竟。”
8　8 ~9 世紀。吐蕃統治時期寫本。
9.1　行書。有合體字“菩薩”、“涅槃”。
9.2　有行間加行。有行間校加字。

1.1　BD09406 號
1.3　大般涅槃經（北本　思溪本）卷三〇
1.4　發 027
2.1　（4 +51.5 +6.5）×26 厘米；2 紙；30 行，行 17 字。

2.2　01：4+35.5，19；　　02：16+6.5，11。
2.3　卷軸裝。首尾均殘。通卷殘破。有烏絲欄。已修整。
3.1　首行中殘→大正0374，12/0541A18~19。
3.2　尾3行上下殘→大正0374，12/0541B25~27。
8　6世紀。南北朝寫本。
9.1　楷書。

1.1　BD09407號
1.3　大乘百法明門論開宗義決名數釋（擬）
1.4　發028
2.1　18.5×27.2厘米；1紙；10行，行字不等。
2.3　卷軸裝。首尾均殘。卷面有殘洞。有折疊欄。
3.3　錄文：
（首殘）
俱"非境"者，是中客境也。此中客非善非惡也。言"境相"者，不是緣/
境定，亦不是造作相。境即理也。相不是無相之相，是不善不惡/
無間之相。/
言"五善根"者，一信根，謂信三寶善因果故。二精進根，斷諸惡法，勸/
修善故。三念根，無常念菩提助道法。四定根，為離雜欲/
五蓋，修諸禪定。五者慧根，觀身無常、苦、空、無我及四諦/
等，能生菩提，不可傾狀，故名為根。/
言"觸似彼起"者，"似"者，領似。"彼"是三和。觸似彼三和而起，始有分別。/
"皆有順生"者，根境識皆有受想。思能生心所功能◇之境界。/
"名變異"者，與受想思未生心時，今生心已作用有別，故云"變異"。/
（錄文完）。
3.4　說明：
本文獻所解釋的諸名數，均為唯識民數。其中除"五善根"，《大乘百法明門論開宗義決》中作"善根"外，其餘民數，均可在《大乘百法明門論開宗義決》找到。從形態看，可能為學習《大乘百法明門論開宗義決》所用。故擬此名。
8　9~10世紀。歸義軍時期寫本。
9.1　行楷。由合體字"菩提"。
9.2　有校改。有行間校加字。

1.1　BD09408號
1.3　大乘四法經釋
1.4　發029
2.1　（13+45）×29.5厘米；2紙；24行，行25~26字。
2.2　01：13+29，22；　　02：16.0，02。
2.3　卷軸裝。首尾均全。上下有殘缺，中間有殘洞和破裂。已修整。
3.4　說明：
本文獻首6行上下殘，尾全。乃對《大乘四法經》（敦煌本）的疏釋。未為我國歷代經錄所著錄，亦未爲我國歷代大藏經所收。敦煌遺書中存有多號，如斯2707號5等。本文獻首部相當於斯2707號5的第1行~第5行，尾部相當於斯2707號5的第18行，
4.1　［大乘四法經釋，世親菩］薩作（首）。
4.2　大乘四法經釋一卷（尾）。
7.3　首有文字一行："□…□［善］逝言其事，云何一亡者來。"
8　8~9世紀。吐蕃統治時期寫本。
9.1　行楷。
11

1.1　BD09409號
1.3　入布薩堂說偈文等
1.4　發030
2.1　13×30.3厘米；1紙；7行，行21字。
2.3　卷軸裝。首尾均斷。有烏絲欄。
3.4　說明：
本文獻包括"淨水偈"、"受籌偈"、"還籌偈"、"清淨妙偈"等四首偈誦。均為布薩時所用。但次序與收入《大正藏》的《入布薩堂說偈文等》略有差異。本文獻四首偈誦的順序依次相當於大正2852，85/1301A08~10；85/1301A20~25；85/1301A06~07。
5　與《大正藏》本對照，文字有不同。
7.1　尾有題記："此者偈，誦戒之時誦也。"
8　8~9世紀。吐蕃統治時期寫本。
9.1　楷書。

1.1　BD09410號
1.3　小鈔
1.4　發031
2.1　（22+6.5）×28.5厘米；1紙；11行，行20餘字。
2.3　卷軸裝。首全尾殘。上下邊殘損，中間有殘洞。有折疊欄。已修整。
3.1　首全→《律典〈略抄〉之研究（二）》，01/0088A13。
3.2　尾行下殘→《律典〈略抄〉之研究（二）》，01/0089A03~04。
4.1　律鈔一卷（首）。
8　9~10世紀。歸義軍時期寫本。
9.1　行楷。
9.2　有重文號。

1.1　BD09411號
1.3　受三歸八戒禮懺文（擬）

1.4　發 032
2.1　46.5×16 厘米；2 紙；27 行。
2.2　01：04.3，03；　　02：42.2，24。
2.3　卷軸裝。首尾均殘。紙幅較短，屬袖珍本。卷面有油污，通卷下殘，尾紙有燒灼殘洞。已修整。
3.4　説明：
　　本文獻首尾均殘，為受三歸、八戒時所用的禮懺文。未為歷代大藏經所收。
8　9～10 世紀。歸義軍時期寫本。
9.1　行書。
9.2　有行間校加字。有重文號。

1.1　BD09412 號
1.3　戒融六念發願文（擬）
1.4　發 033
2.1　29×30.5 厘米；1 紙；12 行，行 20 餘字。
2.3　卷軸裝。首尾均全。
3.3　録文：
　　（首全）
　　受菩薩戒弟子戒融　常持大乘六念，至心受持。/
　　第一常念佛，願成佛身。第二常念法，願轉法輪。第三常念僧，欲/覆護眾。第四常念戒，欲滿諸願。第五常念施，捨諸煩惱。/第六常念天，欲滿天中天一切種智。
　　受戒弟子每日早起稱/念本師阿闍梨名號，南無本師釋迦牟尼佛；南無文殊/師利菩薩摩訶薩，羯磨阿闍梨；南無當來下生彌勒尊師，/教授阿闍梨。南無十方三世佛，證明師；南無十方三世/諸大菩薩摩訶薩，同學伴侶。/
　　普勸弟子受持慈氏真言三十萬遍，決定生兜率内院，親見慈尊。/六時聞不退法輪，隨佛下生龍花三會之中，得受菩提之記。/
　　曩謨阿隷野 梅麼哩野 冒地薩埵野 怛你也（二合）他/唵（引）梅底哩 梅底哩 梅怛囉 磨曩洗 薩縛賀（引）/
　　（録文完）
　　録文者按：咒語中用括弧標註的字，原為小字讀法標記。
7.1　背有題記“戒融六念”。
8　9～10 世紀。歸義軍時期寫本。
9.1　行楷。

1.1　BD09413 號 1
1.3　入布薩堂說偈文等
1.4　發 034
2.1　（39＋39＋3.3）×27 厘米；3 紙；55 行，行 20 餘字。
2.2　01：25.5＋，17；　　02：13.5＋31，30；
　　03：8＋3.3，08。
2.3　卷軸裝。首尾均殘。卷面多水漬，上下邊殘損，中間有殘洞和破裂，背有古代裱補。有烏絲欄。已修整。
2.4　本遺書包括 2 個文獻：（一）《入布薩堂說偈文等》，2 行，今編為 BD09413 號 1。（二）《四分比丘尼戒本》，53 行，今編為 BD09413 號 2。
2.5　本遺書兩個文獻筆跡相同，乃一人書寫，從形態看，原為一個整體。因此，原本應為同一個文獻，乃敦煌某尼寺舉行布薩活動的實用文獻。BD09413 號 1《入布薩堂說偈文等》為正式讀戒前舉行的儀軌；BD09413 號 2《四分比丘尼戒本》則為布薩時所讀的戒本。
3.1　首行下殘→大正 2852，85/1301A29。
3.2　尾行下殘→大正 2852，85/1301B02。
8　9～10 世紀。歸義軍時期寫本。
9.1　楷書。

1.1　BD09413 號 2
1.3　四分比丘尼戒本
1.4　發 034
2.4　本遺書由 2 個文獻組成，本文獻為第 2 個，53 行，餘參見 BD09413 號 1 之第 2 項。
3.1　首 23 行下殘→大正 1431，22/1031A02～B13。
3.2　尾 2 行下殘→大正 1431，22/1032A02～03。
4.1　四分比丘尼戒本，出曇無德律（首）。
5　與《大正藏》本對照，經文略有差異。22/1031C05 行，無“是身相觸也”；22/1031C08 行，無“犯此八事故”；22/1032A01 行，無“隨舉罪”。
8　9～10 世紀。歸義軍時期寫本。
9.1　楷書。

1.1　BD09414 號
1.3　四分比丘尼戒本
1.4　發 035
2.1　（25＋30.5＋7.5）×29.5 厘米；2 紙；41 行，行 20 餘字。
2.2　01：25＋11，24；　　02：19.5＋7.5，17。
2.3　卷軸裝。首尾均殘。卷面多水漬，上邊有殘缺。有烏絲欄。已修整。
3.1　首 16 行上殘→大正 1431，22/1036A09～B09。
3.2　尾 3 行中上殘→大正 1431，22/1036C26～1037A01。
8　9～10 世紀。歸義軍時期寫本。
9.1　楷書。

1.1　BD09415 號
1.3　沙彌十戒本
1.4　發 036
2.1　（7.5＋42）×29.5 厘米；2 紙；30 行，行 30 餘字。
2.2　01：07.5，素紙；　　02：42.0，30。
2.3　卷軸裝。首尾均全。卷面多有殘破。雙層紙，抄寫文獻的紙粘貼在更大一張素紙上。已修整。
3.4　説明：
　　本文獻首尾均全。乃依據《沙彌十戒法並威儀》（大正

1471）撰寫。未為歷代大藏經所收。
4.1 沙彌十戒文（首）。
4.2 十戒文（尾）。
8 9～10世紀。歸義軍時期寫本。
9.1 行楷。
9.2 有重文號。

1.1 BD09416號
1.3 十戒十四持身經
1.4 發037
2.1 （4+23.8）×25.2厘米；2紙；15行，行8字。
2.2 01：4+19.8，13； 02：04.0，02。
2.3 卷軸裝。首尾均殘。殘片。卷上部有小殘洞。有烏絲欄。已修整。
3.3 錄文：
（首殘）
九者、彼來加我，志（悉?）在不報。/
十者、一切未得道，我不有望。/
□說十四持身之品。/
與人君言則惠於國。/
與人父言則慈於子。/
與人師言則愛於眾。/
與人兄言則悌於行。/
與人臣言則忠於上。/
與人子言則孝於親。/
與人友言則信於交。/
與人夫言則和於室。/
與人婦言則貞於夫。/
與人弟子言則恭於禮。/
與野人言則勸於農也。/
與沙門道士言則止於道。/
（錄文完）。
8 7～8世紀。唐寫本。
9.1 楷書。

1.1 BD09417號
1.3 禮懺發願文（擬）
1.4 發038
2.1 （17.8+1.8）×30厘米；1紙；13行，行字不等。
2.3 卷軸裝。首全尾殘。
3.3 錄文：
（首全）
弟子某甲從今已後稱佛唯（為）師，不敢再失阿蜜多。/
弟子厶甲於佛法僧眾不生恭敬心，作如是眾罪，/我今悉懺悔。
於獨覺菩薩亦無恭敬心，作如是眾罪，我今悉懺悔。
由愚/癡憍湧及以貪嗔力，作如是眾罪，我今悉懺悔。
我於十方界，供養無數佛，/當願拔衆生，令離諸苦難。
我為諸衆生，苦行百千劫，以大智慧力，皆令/出苦海。
我為諸含識，演說甚深經，最勝阿蜜多，能除諸惡業。
我當至十地，/具足珍寶處，圓滿佛功德，濟度生死流。
我於諸佛海，甚深阿蜜多，妙智難思議，/皆令得具足。
願離十惡業，修行十善道，安住十地中，常見十方佛。
我以身/語意，所修福智業，願以此善根，速成無上慧。
我今親對十方前，發露/衆多苦難事：凡愚迷惑三有難，恒造極重惡業難，我所積集欲耶難，/常起貪愛流轉難，於此世間耽著難，一切愚夫煩惱難，狂心散動顛倒難，及以親/近惡友難，於生死中貪樂難，未曾積［□］功德難，懺悔無/邊罪惡業。
我今歸依諸善逝，我禮德海無上尊。□大金山照十方，惟願慈悲/□…□/
（錄文完）
7.3 背面有一行真言，已被墨筆塗抹。
8 9～10世紀。歸義軍時期寫本。
9.1 行書。有合體字“菩薩”。
9.2 有塗抹。有倒乙。

1.1 BD09418號1
1.3 四分比丘尼戒本序
1.4 發039
2.1 （12+7+13）×26厘米；1紙；13行，行20字。
2.3 卷軸裝。首全尾殘。背有古代裱補。有烏絲欄。已修整。
2.4 本遺書包括2個文獻：（一）《四分比丘尼戒本序》，9行，今編為BD09418號1。（二）《四分比丘尼戒本》，4行，今編為BD09418號2。
3.1 首全→大正1431，22/1030C14。
3.2 尾3行中上殘→大正1431，22/1030C19～21。
4.1 四分尼戒本，並序，西太原寺沙門懷素集（首）。
5 與《大正藏》本對照，本件尾多2行文字。
8 9～10世紀。歸義軍時期寫本。
9.1 楷書。

1.1 BD09418號2
1.3 四分比丘尼戒本
1.4 發039
2.4 本遺書由2個文獻組成，本文獻為第2個，4行，餘參見BD09418號1之第2項。
3.1 首殘→大正1431，22/1031A06。
3.2 尾殘→大正1431，22/1031A12。
8 9～10世紀。歸義軍時期寫本。
9.1 楷書。

1.1 BD09419號
1.3 四分比丘尼戒本

1.4　發 040
2.1　(19 + 22.5) ×27.5 厘米；2 紙；28 行，行 27 字。
2.2　01：19 + 3，14；　　02：19.5，14。
2.3　卷軸裝。首殘尾斷。卷面有水漬、油污，尾紙中部有殘洞。已修整。
3.1　首 12 行上中殘→大正 1431，22/1033B21 ~ C12。
3.2　尾殘→大正 1431，22/1034A10。
8　9 ~ 10 世紀。歸義軍時期寫本。
9.1　楷書。
9.2　有行間校加字。

1.1　BD09420 號
1.3　四分比丘尼戒本
1.4　發 041
2.1　(4 + 15 + 6) ×25 厘米；1 紙；15 行，行 18 字。
2.3　卷軸裝。首尾均殘。有烏絲欄。已修整。
3.1　首 2 行上下殘→大正 1431，22/1032A16 ~ 18。
3.2　尾 4 行中下殘→大正 1431，22/1032A27 ~ B01。
8　8 ~ 9 世紀。吐蕃統治時期寫本。
9.1　楷書。

1.1　BD09421 號
1.3　四分比丘尼戒本
1.4　發 042
2.1　(11.5 + 17 + 2) ×27.3 厘米；1 紙；21 行，行 23 字。
2.3　卷軸裝。首殘尾脱。卷面殘破，有油污及水漬。有烏絲欄。已修整。
3.1　首 8 行上下殘→大正 1431，22/1031A16 ~ 29。
3.2　尾行下殘→大正 1431，22/1031B18。
5　與《大正藏》本對照，文字有不同。
8　9 ~ 10 世紀。歸義軍時期寫本。
9.1　楷書。

1.1　BD09422 號
1.3　四分比丘尼戒本
1.4　發 043
2.1　(14 + 1.5) ×28.4 厘米；1 紙；11 行，行 28 字。
2.3　卷軸裝。首尾均殘。卷面有油污。背有古代裱補，有烏絲欄。已修整。
3.1　首殘→大正 1431，22/1031A22。
3.2　尾行下殘→大正 1431，22/1031B13。
5　與《大正藏》本對照，文字略有不同。
8　8 ~ 9 世紀。吐蕃統治時期寫本。
9.1　楷書。
12　從本遺書背面揭下古代裱補紙 1 塊，今編為 BD16468 號。

1.1　BD09423 號
1.3　四分比丘尼戒本
1.4　發 044
2.1　(12.5 + 1.5) ×26.5 厘米；1 紙；正面 14 行，行 23 字。背面 8 行，行字不等。
2.3　卷軸裝。首斷尾殘。有折疊欄。已修整。
2.4　本遺書包括 2 個文獻：(一)《四分比丘尼戒本》，14 行，今編為 BD09423 號。(二)《佛本行集經釋迦世系鈔》(擬)，8 行，抄寫在背面，今編為 BD09423 號背。
3.1　首殘→大正 1431，22/1032B20。
3.2　尾行中殘→大正 1431，22/1032C08。
8　9 ~ 10 世紀。歸義軍時期寫本。
9.1　楷書。
9.2　有行間校加字。

1.1　BD09423 號背
1.3　佛本行集經釋迦世系鈔（擬）
1.4　發 044
2.4　本遺書由 2 個文獻組成，本文獻為第 2 個，8 行，抄寫在背面，餘參見 BD09423 號之第 2 項。
3.3　錄文：
(首全)
茅草王後生一子，名曰甘蔗。甘蔗王有二夫人，大善賢/
夫人生於一子，名曰長壽。第二夫人生於四子。/
一巨面，二金色，三象面，四別成。此四子作王/
治化民民，受於福樂。別成復生拘羅王，/
拘羅王復生瞿俱虜王。瞿俱虜王復生師子頰王。/
師子頰王復生四，生一淨飯，二白飯，三斛飯，四甘露/
飯，又有一女，名甘露女。天臂城中善覺/
長者，生於八女。/
(錄文完)。
3.4　說明：
本文獻所抄有關内容可參見《佛本行集經》卷五。
8　9 ~ 10 世紀。歸義軍時期寫本。
9.1　草書。
9.2　有行間校加字。有重文號。

1.1　BD09424 號
1.3　四分比丘尼戒本
1.4　發 045
2.1　(18 + 22.5 + 17) ×27.5 厘米；2 紙；35 行，行 20 餘字。
2.2　01：18.0，11；　　02：22.5 + 17，24。
2.3　卷軸裝。首尾均殘。上下邊殘損，中間有殘洞和破裂。有烏絲欄。已修整。
3.1　首 11 行中下殘→大正 1431，22/1038A22 ~ B06。
3.2　尾 4 行上下殘→大正 1431，22/1038C05 ~ 11。
8　8 ~ 9 世紀。吐蕃統治時期寫本。
9.1　楷書。

9.2 有行間加行。上邊有硃筆點標。

1.1 BD09425 號
1.3 四分比丘尼戒本
1.4 發 046
2.1 35×27.5 厘米；1 紙；17 行，行 21 字。
2.3 卷軸裝。首脫尾斷。有烏絲欄。
3.1 首殘→大正 1431，22/1034C02。
3.2 尾殘→大正 1431，22/1035A02。
5 與《大正藏》本對照，文字略有參差。
6.1 首→BD01124 號 B。
6.2 尾→BD01117 號。
8 9～10 世紀。歸義軍時期寫本。
9.1 楷書。

1.1 BD09426 號
1.3 四分比丘尼戒本
1.4 發 047
2.1 （1.5＋15＋3）×25.5 厘米；1 紙；12 行，行 17 字。
2.3 卷軸裝。首尾均殘。背有古代裱補。有烏絲欄。已修整。
3.1 首行中殘→大正 1431，22/1040A20。
3.2 尾 2 行上中殘→大正 1431，22/1040B01～02。
8 7～8 世紀。唐寫本。
9.1 楷書。

1.1 BD09427 號
1.3 四分律比丘戒本
1.4 發 048
2.1 26.3×26.5 厘米；1 紙；16 行，行 17 字。
2.3 卷軸裝。首尾均脫。卷面油污。有烏絲欄。
3.1 首殘→大正 1429，22/1018A16。
3.2 尾殘→大正 1429，22/1018B03。
8 8 世紀。唐寫本。
9.1 楷書。

1.1 BD09428 號
1.3 四分律比丘戒本
1.4 發 049
2.1 （3＋17）×27 厘米；1 紙；13 行，行 17 字。
2.3 卷軸裝。首殘尾脫。有烏絲欄。已修整。
3.1 首行上殘→大正 1429，22/1018C29。
3.2 尾殘→大正 1429，22/1019A11。
8 8 世紀。唐寫本。
9.1 楷書。
9.2 有行間校加字。

1.1 BD09429 號
1.3 四分律比丘戒本（兌廢稿）
1.4 發 050
2.1 （2＋41＋2）×30.5 厘米；2 紙；25 行，行 21 字。
2.2 01：2＋41，24；　　02：02.0，01。
2.3 卷軸裝。首尾均殘。上下邊有殘缺。已修整。
3.1 首行上殘→大正 1429，22/1016B08。
3.2 尾行上下殘→大正 1429，22/1016C14。
7.3 行間有雜寫。
8 9～10 世紀。歸義軍時期寫本。
9.1 楷書。
9.2 有行間校加字。

1.1 BD09430 號
1.3 四分律比丘戒本（兌廢稿）
1.4 發 051
2.1 44×24.8 厘米；1 紙；19 行，行 20 字。
2.3 卷軸裝。首殘尾全。卷面有殘洞及蟲繭。卷尾有古代裱補。有烏絲欄。已修整。
3.1 首殘→大正 1429，22/1022C11。
3.2 尾全→大正 1429，22/1023A11。
4.2 四分戒本一卷（尾）。
7.3 尾有雜寫 3 行：“我金說戒經，所說諸功德，我金說戒經”。“四分戒本一卷，我金說戒”“四分戒本一卷”。
8 8 世紀。唐寫本。
9.1 楷書。

1.1 BD09431 號
1.3 四分律比丘戒本
1.4 發 052
2.1 （5＋9.5＋12）×26.6 厘米；2 紙；16 行，行 17 字。
2.2 01：5＋3，05；　　02：6.5＋12，11。
2.3 卷軸裝。首尾均殘。尾紙中部有殘洞。有烏絲欄。已修整。
3.1 首 3 行下殘→大正 1429，22/1015B25～28。
3.2 尾 7 行中下殘→大正 1429，22/1015C09～15。
8 7～8 世紀。唐寫本。
9.1 楷書。

1.1 BD09432 號
1.3 四分律比丘戒本
1.4 發 053
2.1 （2＋13.5）×27.4 厘米；1 紙；13 行，行 33 字。
2.3 卷軸裝。首殘尾脫。卷面有油污。有烏絲欄。已修整。
3.1 首 2 行上下殘→大正 1429，22/1017C29～1018A01。
3.2 尾殘→大正 1429，22/1018A28。
8 8 世紀。唐寫本。
9.1 楷書。

1.1　BD09433 號
1.3　四分僧戒本
1.4　發 054
2.1　24×22.5 厘米；1 紙；13 行。
2.3　卷軸裝。首全尾殘。通卷上半部殘缺。有烏絲欄。已修整。
3.1　首殘→大正 1430，22/1023A15。
3.2　尾殘→大正 1430，22/1023B11。
4.1　□…□戒本，出曇無德律（首）。
8　9～10 世紀。歸義軍時期寫本。
9.1　楷書。

1.1　BD09434 號
1.3　四分比丘尼戒本
1.4　發 055
2.1　（7.5＋17＋2）×26.8 厘米；2 紙；15 行，行 19 字。
2.2　01：7.5＋5.5，07；　　02：11.5＋2，08。
2.3　卷軸裝。首尾均殘。卷面有油污。有烏絲欄。已修整。
3.1　首 4 行下殘→大正 1431，22/1032A22～26。
3.2　尾行上殘→大正 1431，22/1032B08～09。
8　7～8 世紀。唐寫本。
9.1　楷書。

1.1　BD09435 號
1.3　四分律比丘戒本
1.4　發 056
2.1　（4.5＋26.5＋2）×27 厘米；1 紙；21 行，行 17 字。
2.3　卷軸裝。首尾均殘。有烏絲欄。已修整。
3.1　首 3 行上殘→大正 1429，22/1021C26～28。
3.2　尾行中殘→大正 1429，22/1022A22。
8　9～10 世紀。歸義軍時期寫本。
9.1　楷書。

1.1　BD09436 號
1.3　四分律（異卷）卷四七
1.4　發 057
2.1　47.5×27.3 厘米；1 紙；11 行，行 17 字。
2.3　卷軸裝。首脱尾全。有烏絲欄。
3.1　首殘→大正 1428，22/0914C18。
3.2　尾全→大正 1428，22/0914C27。
4.2　四分律藏卷第卌七，第三分卷第十一，滅諍揵度第十六，初（尾）。
5　與《大正藏》本對照，分卷不同。卷尾截止處相當於《大正藏》本卷四七的中部。
8　7～8 世紀。唐寫本。
9.1　楷書。

1.1　BD09437 號
1.3　四分律比丘戒本
1.4　發 058
2.1　32.6×28.5 厘米；2 紙；11 行，行 20 字。
2.2　01：24.0，護首；　　02：15.6，11。
2.3　卷軸裝。首全尾殘。有古代裱補。有烏絲欄。兩紙疊壓 7 厘米。已修整。
3.1　首全→大正 1429，22/1015A18～21。
3.2　尾行上下殘→大正 1429，22/1015B10～11。
4.1　四分戒□…□（首）。
8　9～10 世紀。歸義軍時期寫本。
9.1　楷書。

1.1　BD09438 號
1.3　比丘尼自恣羯磨文（擬）
1.4　發 059
2.1　43.8×29.8 厘米；1 紙；14 行，行 17 字。
2.3　卷軸裝。首尾均全。有折疊欄。
3.4　説明：
本卷第 7～尾行内容相當於大正 1434，22/1069B03～13。首 6 行待考。從内容看，應爲自恣日比丘尼舉行羯磨所用。乃依據比丘羯磨改寫而成。
8　8～9 世紀。吐蕃統治時期寫本。
9.1　楷書。
9.2　有行間校加字。

1.1　BD09439 號
1.3　比丘尼自恣羯磨文（擬）
1.4　發 060
2.1　（6.5＋29.5）×27.5 厘米；2 紙；22 行，行 27 字。
2.2　01：6.5＋7.5，08；　　02：22.0，14。
2.3　卷軸裝。首尾均殘。有烏絲欄。已修整。
3.4　説明：
本文獻首 4 行下殘，尾殘。内容為比丘尼自恣日舉行羯磨的羯磨法。
8　5～6 世紀。南北朝寫本。
9.1　隸楷。

1.1　BD09440 號
1.3　大般涅槃經（北本）卷六
1.4　發 061
2.1　（1.5＋22＋6）×24.7 厘米；1 紙；18 行，行 17 字。
2.3　卷軸裝。首尾均殘。卷面多水漬，上下邊有殘缺，中間有殘洞。已修整。
3.1　首行上殘→大正 0374，12/0398A17～18。
3.2　尾 3 行下殘→大正 0374，12/0398B04～06。
8　5～6 世紀。南北朝寫本。
9.1　隸楷。

1.1　BD09441 號
1.3　大般涅槃經（北本）卷六
1.4　發 062
2.1　（2＋19＋7）×24 厘米；1 紙；16 行，行 17 字。
2.3　卷軸裝。首尾均殘。上下邊有破裂，中間有殘洞。已修整。
3.1　首行下殘→大正 0374，12/0397B09～10。
3.2　尾 3 行上殘→大正 0374，12/0397B23～26。
8　5～6 世紀。南北朝寫本。
9.1　隸楷。
13　卷面有倒印墨迹，字倒，且非本紙所有，應係隨紙抄寫，墨迹未乾，兩紙對面相合，另紙之字疊印所致。

1.1　BD09442 號
1.3　燃燈文（擬）
1.4　發 063
2.1　（14.3＋18.7）×27.1 厘米；1 紙；正面 17 行，背面 3 行，行 17～22 字。
2.3　卷軸裝。首殘尾斷。背面文字與正面文字相接。有折疊欄。已修整。
3.4　説明：
　　本文獻首 7 行上下殘，尾全。為敦煌當地僧俗舉行燃燈活動時所用的《燃燈文》。敦煌遺書中存有多號，文字互有不同。
8　9～10 世紀。歸義軍時期寫本。
9.1　行楷。

1.1　BD09443 號
1.3　大般涅槃經（南本）卷二三
1.4　發 064
2.1　（5＋31.5）×26.7 厘米；2 紙；20 行，行 17 字。
2.2　01：5＋12，09；　　02：19.5，11。
2.3　卷軸裝。首尾均殘。上下邊有殘缺，中間有殘洞。有烏絲欄。有劃界欄針孔。已修整。
3.1　首 2 行下殘→大正 0375，12/0755B02～04。
3.2　尾殘→大正 0375，12/0755B23。
8　6 世紀。南北朝寫本。
9.1　隸楷。

1.1　BD09444 號
1.3　大般涅槃經（北本　宮本）鈔（擬）
1.4　發 065
2.1　（42＋4）×29 厘米；1 紙；23 行，行 16～18 字。
2.2　01：28.0，19；　　02：4＋4，04。
2.3　卷軸裝。首全尾殘。薄皮紙。上下邊殘損，中間有破裂。已修整。
3.4　説明：
　　本文獻為《大般涅槃經》節抄，存文共由三段經文組成，文字相當於《大正藏》本：
　　第 1 行：首題；
　　第 2～10 行：大正 0374，12/0502B18～C01；（卷二三）
　　第 11～16 行上：大正 0374，12/0502C05～11；（卷二三）
　　第 16 行下～23 行：大正 374，12/0503B3～10。（卷二三）
　　本文獻所依據底本與日本宮內寮本相同。
4.1　大般涅槃經卷第廿三（首）。
6.3　與 BD09448 號原為同卷，但尾部略有缺失，不能直接綴接。
8　7～8 世紀。唐寫本。
9.1　行楷。“愍”字避諱。
9.2　有倒乙。

1.1　BD09445 號
1.3　大般涅槃經（北本）卷三九
1.4　發 066
2.1　10.5×26 厘米；1 紙；4 行，行 17 字。
2.3　卷軸裝。首脱尾全。有烏絲欄。
3.1　首殘→大正 0374，12/0597B15。
3.2　尾全→大正 0374，12/0597B19。
4.2　大般涅槃經卷第三十九（尾）。
8　7～8 世紀。唐寫本。
9.1　楷書。

1.1　BD09446 號
1.3　護首（大般若波羅蜜多經）
1.4　發 067
2.1　23.3×25.5 厘米；1 紙；1 行，行字不等。
2.3　卷軸裝。首全尾脱。為護首。
3.4　説明：
　　本文獻為《大般若波羅蜜多經》卷第三百七十一的護首。上書：“大般若波羅蜜多經卷第三百七十二，卅八，界”。其中“卅八”為本卷所屬袟數，“界”為本經收藏寺院“三界寺”的簡稱。
7.3　扉頁有雜寫 5 行，錄文如下：
　　大般若波羅蜜經卷第三百六十一/
　　大般若經卷第三百六十一/
　　大般若波羅蜜多經卷第三百六十二/
　　大般若波羅蜜多經卷第四百七十一/
　　大般若波羅蜜多經卷第三百七十一/
　　（錄文完）
　　每個經名上均有經名號，呈經名籤狀。第一行經名下有經名號 5 對。
8　8～9 世紀。吐蕃統治時期寫本。
9.1　楷書。

1.1　BD09447 號
1.3　佛母經（異本四）
1.4　發 068

2.1　(20+36)×27.5 厘米；2 紙；29 行，行 18 字。
2.2　01：20+26，26；　　02：10.0，03。
2.3　卷軸裝。首殘尾全。卷面有水漬，中間有等距離殘洞和破裂。有烏絲欄。已修整。
3.1　首 11 行上下殘→《藏外佛教文獻》，01/0386A04～0388A01。
3.2　尾全→《藏外佛教文獻》，01/0391A05。
4.2　大般涅槃經佛母品（尾）。
5　與《藏外佛教文獻》本對照，尾題不同。
8　7～8 世紀。唐寫本。
9.1　楷書。

1.1　BD09448 號
1.3　大般涅槃經（北本　宮本）鈔（擬）
1.4　發 069
2.1　(12+38+2)×29 厘米；3 紙；29 行，行 16～25 字。
2.2　01：12.0，05；　　02：18.0，09；　　03：20.5+2，14。
2.3　卷軸裝。首尾均殘。卷面多水漬，上下邊有殘缺，中間有殘洞。第 1、2 紙與第 3 紙紙質及字體均不同。已修整。
3.4　説明：

本文獻為《大般涅槃經》節抄，存文共由三段經文組成，文字相當於《大正藏》本：

第 1～6 行：大正 374，12/503C16～C21；（卷二三）

第 8～15 行：大正 374，12/516A24～B2；（卷二五）

第 16～29 行：大正 374，12/526C13～5273A～4。（卷二七）

但在第二段前有子目"大般涅槃經卷第廿六説"，而現存經文則相當於《大正藏》本卷二五，由此可知原文先説依據的底本與日本宮内寮本等相同。參見《大正藏》校記。

6.3　與 BD09444 號原為同卷，但首部略有缺失，不能直接綴接。
7.3　第 15 行有"臨捨命之時，不能誦文。即囑後人積柴一車，疑燒草命"，出處不明。疑為雜寫。
8　7～8 世紀。唐寫本。
9.1　行楷。

1.1　BD09449 號
1.3　大般涅槃經（北本）卷九
1.4　發 070
2.1　(20+2)×26.5 厘米；2 紙；13 行，行 16 字。
2.2　01：16.5，10；　　02：3.5+2，03。
2.3　卷軸裝。首尾均殘。卷中間有殘洞。有烏絲欄。已修整。
3.1　首殘→大正 0374，12/0422A17。
3.2　尾行上殘→大正 0374，12/0422A29～B01。
8　5～6 世紀。南北朝寫本。
9.1　隸書。

1.1　BD09450 號
1.3　大般若波羅蜜多經卷三七〇
1.4　發 071
2.1　(57.2+1.9)×26 厘米；2 紙；26 行，行 17 字。
2.2　01：13.0，護首；　　02：44.2+1.9，26。
2.3　卷軸裝。首全尾脱。有護首，下邊殘缺。卷面油污、變色、變硬。第 2 紙有殘洞，下邊殘缺。有烏絲欄。已修整。
3.1　首全→大正 0220，06/0906A23。
3.2　尾行中殘→大正 0220，06/0906B22。
4.1　大般若波羅蜜多經卷第三百七十，/初分遍學道品第六四之五，三藏法師玄奘奉詔譯/（首）。
7.1　背面有勘記"圖"字。
8　9～10 世紀。歸義軍時期寫本。
9.1　楷書。

1.1　BD09451 號
1.3　大般若波羅蜜多經卷二四一
1.4　發 072
2.1　(32.9+8)×26 厘米；2 紙；21 行，行 17 字。
2.2　01：06.5，護首；　　02：26.4+8，21。
2.3　卷軸裝。首全尾殘。有護首，已殘。背有古代裱補。有烏絲欄。已修整。
3.1　首全→大正 0220，06/0214C02。
3.2　尾 5 行上殘→大正 0220，06/0214C21～25。
4.1　大般若波羅蜜多經卷第二百卌一，/初分難信解品第卅四之六十，三藏法師玄奘奉詔譯/（首）。
8　8 世紀。唐寫本。
9.1　楷書。

1.1　BD09452 號
1.3　大般若波羅蜜多經卷三八二
1.4　發 073
2.1　(21.1+5.7)×25.7 厘米；2 紙；15 行，行 17 字。
2.2　01：01.3，護首；　　02：19.8+5.7，15。
2.3　卷軸裝。首全尾殘。有護首，已殘。有烏絲欄。已修整。
3.1　首 11 行下殘→大正 0220，06/0972A08～22。
3.2　尾殘→大正 0220，06/0972A26。
4.1　大般若波羅蜜多經卷第三□…□，/初分諸功德相品第六十□…□（首）。
8　8 世紀。唐寫本。
9.1　楷書。

1.1　BD09453 號
1.3　大般若波羅蜜多經卷六一
1.4　發 074
2.1　(10+11.9+3.8)×25.7 厘米；2 紙；8 行，行 17 字。
2.2　01：10.0，護首；　　02：15.7，08。
2.3　卷軸裝。首全尾殘。有護首，上邊殘缺。有烏絲欄。已修

整。
3.1　首全→大正 0220，05/0343A04。
3.2　尾 2 行上殘→大正 0220，05/0343A12～14。
4.1　大般若波羅蜜多經卷第六十一，/初分讚大乘品第十六之六，三藏法師玄奘奉詔譯/（首）。
8　8 世紀。唐寫本。
9.1　楷書。

1.1　BD09454 號
1.3　大般若波羅蜜多經（兑廢稿）卷五九二
1.4　發 075
2.1　（3+41+3.7）×25.4 厘米；2 紙；26 行，行 16～18 字。
2.2　01：3+41，26；　　02：03.7，素紙。
2.3　卷軸裝。首全尾殘。卷面有水漬及殘洞，上下邊有殘缺。後接一素紙，上殘。有烏絲欄。已修整。
3.1　首行上殘→大正 0220，07/1060B14。
3.2　尾殘→大正 0220，07/1060C15。
4.1　［大般］若波羅蜜多經卷第五百九十二，/第十五靜慮波羅蜜多分之二，三藏法師玄奘奉詔譯/（首）。
7.1　後接素紙上有勘記“五百九十二，[illegible]十帙”。
8　8～9 世紀。吐蕃統治時期寫本。
9.1　楷書。

1.1　BD09455 號
1.3　大般若波羅蜜多經卷五七七
1.4　發 076
2.1　（30+1.8）×24.6 厘米；2 紙；17 行，行 17 字。
2.2　01：02.2，護首；　　02：27.8+1.8，17。
2.3　卷軸裝。首全尾殘。有護首，上下邊有殘缺。背有古代裱補。有烏絲欄。已修整。
3.1　首全→大正 0220，07/0980A02。
3.2　尾行上殘→大正 0220，07/0980A21～22。
4.1　大般若波羅蜜多經卷第五百七十七，/第九能斷金剛分，三藏法師玄奘奉詔譯/（首）。
8　8～9 世紀。吐蕃統治時期寫本。
9.1　楷書。有武周新字“正”。

1.1　BD09456 號
1.3　大般若波羅蜜多經卷五九七
1.4　發 077
2.1　（36.8+5）×24.8 厘米；1 紙；25 行，行 17 字。
2.3　卷軸裝。首全尾殘。卷下邊有殘缺。有烏絲欄。已修整。
3.1　首全→大正 0220，07/1088B02。
3.2　尾 3 行下殘→大正 0220，07/1088B27～29。
4.1　大般若波羅蜜多經卷第五百九十七，/第十六般若波羅蜜多分之五，三藏法師玄奘奉詔譯/（首）。
7.1　卷背有勘記“七”（袟内卷次）及“六十帙”（本文獻袟次）。
8　8 世紀。唐寫本。
9.1　楷書。

1.1　BD09457 號
1.3　大般若波羅蜜多經卷四一三
1.4　發 078
2.1　（20.1+13.2+3）×25.2 厘米；1 紙；21 行，行 17 字。
2.3　卷軸裝。首全尾殘。卷上下有殘缺。有烏絲欄。已修整。
3.1　首 11 行上下殘→大正 0220，07/0068B08～21。
3.2　尾 2 行下殘→大正 0220，07/0068C01～02。
4.1　大般若波羅蜜多經卷第四［百一十三］，/第二分無縛無解品第十五，三藏法師□…□（首）。
8　8 世紀。唐寫本。
9.1　楷書。

1.1　BD09458 號
1.3　大般若波羅蜜多經卷五三九
1.4　發 079
2.1　30.8×24.8 厘米；1 紙；17 行，行 17 字。
2.3　卷軸裝。首全尾殘。卷下邊殘缺。有烏絲欄。已修整。
3.1　首全→大正 0220，07/0768C02。
3.2　尾殘→大正 0220，07/0768C21。
4.1　大般若波羅蜜多經卷第五百卅九，/第四分妙行品第一之二，三藏法師玄奘奉詔譯/（首）。
8　8 世紀。唐寫本。
9.1　楷書。

1.1　BD09459 號
1.3　大般若波羅蜜多經卷一二一
1.4　發 080
2.1　45×25.1 厘米；1 紙；26 行，行 17 字。
2.3　卷軸裝。首全尾脱。有古代裱補。有烏絲欄。已修整。
3.1　首 6 行下殘→大正 0220，05/0661B09～17。
3.2　尾殘→大正 0220，05/0661C08。
4.1　大般若波羅蜜多經卷第一□…□/，初分校量功德品第卅之十九，□…□/（首）。
8　8～9 世紀。吐蕃統治時期寫本。
9.1　楷書。

1.1　BD09460 號
1.3　大般若波羅蜜多經（兑廢稿）卷五〇六
1.4　發 081
2.1　（2.2+23.9+23.5）×25.2 厘米；2 紙；22 行，行 17 字。
2.2　01：02.2，護首；　　02：23.9+23.5，22。
2.3　卷軸裝。首全尾殘。有護首，已殘缺。有烏絲欄。尾有餘空。已修整。

3.1 首全→大正 0220，07/0577C18。
3.2 尾 10 行上殘→大正 0220，07/0578A02～13。
4.1 大般若波羅蜜多經卷第五百六，/第三分地獄品第十之二，三藏法師玄奘奉詔譯/（首）。
8 8 世紀。唐寫本。
9.1 楷書。

1.1 BD09461 號
1.3 大般若波羅蜜多經卷三九六
1.4 發 082
2.1 （10.9＋21＋2.3）×25.6 厘米；2 紙；13 行，行 17 字。
2.2 01：09.0，護首； 02：1.9＋21＋2.3，13。
2.3 卷軸裝。首全尾殘。有護首，中下殘。卷面有水漬。有烏絲欄。已修整。
3.1 首全→大正 0220，06/1047C02。
3.2 尾行下殘→大正 0220，06/1047C17。
4.1 大般若波羅蜜多經卷第三百九十六，/初分無性自性品第七十四之二，三藏法師玄奘奉詔譯/（首）。
8 8 世紀。唐寫本。
9.1 楷書。

1.1 BD09462 號
1.3 大般若波羅蜜多經（兑廢稿）卷四八五
1.4 發 083
2.1 （25＋12.1）×27.3 厘米；2 紙；20 行，行 17 字。
2.2 01：02.0，護首； 02：23＋12.1，20。
2.3 卷軸裝。首全尾殘。有護首，被剪斷。有烏絲欄。已修整。
3.1 首全→大正 0220，07/0460C02。
3.2 尾 8 行上殘→大正 0220，07/0460C17～23。
4.1 大般若波羅蜜多經卷第四百八十五，/第三分善現品第三之四，三藏法師玄奘奉詔譯/（首）。
5 與《大正藏》本對照，本件末行殘字“時於一切法”應是衍文。
8 8～9 世紀。吐蕃統治時期寫本。
9.1 楷書。

1.1 BD09463 號
1.3 大般若波羅蜜多經卷四九三
1.4 發 084
2.1 47.6×25.4 厘米；1 紙；26 行，行 17 字。
2.3 卷軸裝。首全尾脱。卷首繫一麻繩，長 18 厘米，直接穿在第一頁，無護首。有烏絲欄。已修整。
3.1 首全→大正 0220，07/0505B12。
3.2 尾殘→大正 0220，07/0505C11。
4.1 大般若波羅蜜多經卷第四百九十三，三藏法師玄奘奉詔譯，/第三分善現品第三之十二（首）。
7.3 下邊有雜寫“可”。
8 8 世紀。唐寫本。
9.1 楷書。

1.1 BD09464 號
1.3 大般若波羅蜜多經卷四八四
1.4 發 085
2.1 （43.4＋32.7＋8.7）×24.8 厘米；3 紙；45 行，行 17 字。
2.2 01：08.6，護首； 02：34.8＋8.7，26；
03：24＋8.7，19。
2.3 卷軸裝。首全尾殘。下邊殘缺。有烏絲欄。已修整。
3.1 首 19 行下殘→大正 0220，07/0454C16～0455A09。
3.2 尾 5 行下殘→大正 0220，07/0455B01～05。
4.1 大般若波羅□…□，/第三分善現品第三之□…□/（首）。
8 7～8 世紀。唐寫本。
9.1 楷書。
9.2 有倒乙。

1.1 BD09465 號
1.3 大般若波羅蜜多經卷五二七
1.4 發 086
2.1 33.9×26.1 厘米；2 紙；5 行，行 17 字。
2.2 01：23.5，護首； 02：10.4，05。
2.3 卷軸裝。首全尾殘。有護首，護首有竹製天竿。第 2 紙有殘洞。有烏絲欄。已修整。
3.1 首全→大正 0220，07/0702A08。
3.2 尾殘→大正 0220，07/0702A15。
4.1 大般若波羅蜜經卷第五百廿七，/第三分到彼岸品第廿七，三藏法師玄奘奉詔譯/（首）。
7.4 護首有經名“大般若波羅蜜多經卷第五百廿七，五十三。”上有經名號。
8 8 世紀。唐寫本。
9.1 楷書。

1.1 BD09466 號
1.3 大般若波羅蜜多經卷二一二
1.4 發 087
2.1 （6.3＋34.5＋3）×25.7 厘米；1 紙；26 行，行 17 字。
2.3 卷軸裝。首全尾殘。卷首右下殘缺。有烏絲欄。已修整。
3.1 首 3 行下殘→大正 0220，06/0059B22～27。
3.2 尾 2 行下殘→大正 0220，06/0059C21。
4.1 大般若波羅蜜多經卷第二□…□，/初分難信解品第卅四之卅一，□…□/（首）。
7.3 下邊有雜寫“大”等 2 字。
8 8～9 世紀。吐蕃統治時期寫本。
9.1 楷書。

1.1 BD09467 號

1.3　大般若波羅蜜多經卷二八三
1.4　發 088
2.1　51.9×20.3 厘米；2 紙；26 行。
2.2　01：09.4，護首；　　02：42.5，26。
2.3　卷軸裝。首全尾殘。有護首。通卷下殘，有烏絲欄。已修整。
3.1　首全→大正 0220，06/0436A20。
3.2　尾殘→大正 0220，06/0436B19。
4.1　大般若波羅蜜多經卷第二百八十三，/初分難信解品第卌四之一百二，三藏法師玄裝奉□□/（首）。
8　8～9 世紀。吐蕃統治時期寫本。
9.1　楷書。

1.1　BD09468 號
1.3　大般若波羅蜜多經卷一二三
1.4　發 089
2.1　（12.9＋35.7＋9.1）×25.8 厘米；3 紙；59 行，行 17 字。
2.2　01：48.2，26；　02：14.7＋35.7，28；　03：09.1，05。
2.3　卷軸裝。首全尾殘。卷首上下殘缺。卷背有鳥糞。有烏絲欄。已修整。
3.1　首 34 行上下殘→大正 0220，05/0672A03～B10。
3.2　尾 5 行上殘→大正 0220，05/0672C01～06。
4.1　□…□卷第一百廿三，/□…□卅之廿一，三藏□…□/（首）。
8　8 世紀。唐寫本。
9.1　楷書。

1.1　BD09469 號
1.3　大般若波羅蜜多經卷一四九
1.4　發 090
2.1　（34＋5.3）×24.8 厘米；1 紙；23 行，行 17～18 字。
2.3　卷軸裝。首全尾殘。背有古代裱補。有烏絲欄。已修整。
3.1　首全→大正 0220，05/0804A02。
3.2　尾 3 行上殘→大正 0220，05/0804A25～28。
4.1　大般若波羅蜜多經卷第一百卌九，/初分校量功德品第卅之卌七，三藏法師玄奘奉詔譯/（首）。
8　8 世紀。唐寫本。
9.1　楷書。

1.1　BD09470 號
1.3　大般若波羅蜜多經卷二七九
1.4　發 091
2.1　45×25.4 厘米；1 紙；26 行，行 17 字。
2.3　卷軸裝。首全尾殘。背有古代裱補。有烏絲欄。已修整。
3.1　首全→大正 0220，06/0414A24。
3.2　尾殘→大正 0220，06/0414B24。
4.1　大般若波羅蜜多經卷第二百七十九，/初分難信解品第卅四之九十八，三藏法師玄奘奉詔譯/（首）。
7.1　背面有勘記“二百七十九”。
8　8～9 世紀。吐蕃統治時期寫本。
9.1　楷書。

1.1　BD09471 號
1.3　大般若波羅蜜多經卷四七二
1.4　發 092
2.1　41×28.7 厘米；1 紙；11 行，行 17 字。
2.3　卷軸裝。首脱尾全。。有烏絲欄。尾有餘空。已修整
3.1　首殘→大正 0220，07/0393A18。
3.2　尾全→大正 0220，07/0393A28。
4.2　大般若波羅蜜多經卷第四百七十二（尾）。
8　8 世紀。唐寫本。
9.1　楷書。有武周新字“人”，使用周遍。
9.2　有刮改。

1.1　BD09472 號 1
1.3　大般若波羅蜜多經（兌廢稿）卷二五一
1.4　發 093
2.1　（62.1＋78.2）×28.1 厘米；3 紙；正面 81 行，行 17 字。背面 65 行，行字不等。
2.2　01：46.9，27；　　002：15.2＋31.8，28；
03：46.4，26。
2.3　卷軸裝。首殘尾全。有烏絲欄。已修整。
2.4　本遺書包括 6 個文獻：（一）《大般若波羅蜜多經》（兌廢稿）卷二五一，65 行，抄寫在正面，今編為 BD09472 號 1。（二）《大般若波羅蜜多經》（雜寫）卷二五六，16 行，抄寫在正面，倒寫，今編為 BD09472 號 2。（三）《大般若波羅蜜多經》（雜寫）卷二五八，9 行，抄寫在背面，今編為 BD09472 號背 1。（四）《金光明經文》，10 行，抄寫在背面，今編為 BD09472 號背 2。（五）《龍興寺索僧正等五十八人就唐家藍若請賓頭盧文》（擬），14 行，抄寫在背面，倒寫，今編為 BD09472 號背 3。（六）《大般若波羅蜜多經》（雜寫）卷二五六，32 行，抄寫在背面，倒寫，今編為發 BD09472 號背 4。
3.1　首 35 行下殘→大正 0220，06/0267A02～B10。
3.2　尾殘→大正 0220，06/0267C10。
4.1　大般若波羅蜜多□…□，/初分難信解品第卅四之□…□/（首）。
7.1　尾紙上邊有勘記“兌”字。
7.3　卷首有雜寫“大般若波羅蜜□…□”。
8　8～9 世紀。吐蕃統治時期寫本。
9.1　楷書。

1.1　BD09472 號 2
1.3　大般若波羅蜜多經（雜寫）卷二五六
1.4　發 093

2.4 本遺書由6個文獻組成，本文獻為第2個，16行，抄寫在正面，倒寫。餘參見BD09472號1之第2項。
3.1 首全→大正0220，06/0294B02。
3.2 尾缺→大正0220，06/0294B18。
3.4 說明：
本文獻乃利用BD09472號1卷尾的空白處抄寫的經文雜寫。
4.1 大般若波羅蜜多經卷第二百五十六，/初分難信解品第卅四之七十五，三藏法師/玄奘奉詔譯/（首）。
8 8～9世紀。吐蕃統治時期寫本。
9.1 楷書。

1.1 BD09472號背1
1.3 大般若波羅蜜多經（雜寫）卷二五八
1.4 發093
2.4 本遺書由6個文獻組成，本文獻為第3個，9行，抄寫在背面。餘參見BD09472號1之第2項。
3.1 首全→大正0220，06/0304A26。
3.2 尾缺→大正0220，06/0304B03。
4.1 大般若波羅蜜多經卷第二百五十八，/初分難信解品第卅四之七十七，三藏法師玄奘奉詔譯/（首）。
8 8～9世紀。吐蕃統治時期寫本。
9.1 楷書。

1.1 BD09472號背2
1.3 金光明經文
1.4 發093
2.4 本遺書由6個文獻組成，本文獻為第4個，10行，抄寫在背面。餘參見BD09472號1之第2項。
3.3 錄文：
（首全）
金光明經文
夫為轉念大乘甚深微妙［經］/
者，如經所明，切須依法護持，讀誦轉念修行。/
我大師南謨琉璃金山寶華光照吉祥功德/
如來。衆生貪求珍寶無厭，除不至心懇倒（禱）/
懺悔，祈願，必遂本心。左邊作大辯吉祥天，/
右邊作我多聞天王，並仕（侍）從。或黑白月十五日，/
恒常繫念，隨時供養，此人得其加備（被），/
無願不尅，如不曉者，幸尋經文。/
咸通九年（868）戊子歲三月廿二日轉誦苾芻/
文照謹題。/
（錄文完）
4.1 金光明經文（首）。
8 868年。歸義軍時期寫本。
9.1 行書。
9.2 有塗抹。

1.1 BD09472號背3
1.3 龍興寺索僧正等五十八人就唐家藍若請賓頭廬文（擬）
1.4 發093
2.4 本遺書由6個文獻組成，本文獻為第5個，14行。餘參見BD09472號1之第2項。
3.3 錄文：
（首全）
龍：索僧政，張僧政，大雲：張僧政，{張寺主苑}；報恩：智均、{定光幢}；/
開元：曹僧政、{張寺主建}；永安：張法律；金光：索智岳、/
氾闍梨四娘；圖：宋僧政、張法律闍梨、恒安、/
勝師、昇賢、馮師、曹虞侯、張文暉、氾賢威、高環；/
≮阿娘、二娘二人，杜闍梨阿娘≯；
靈修：□師、敦（?）師女賢娘、圓照、鷹鷹、陳師姊妹二人、/
高女子姊妹三人、{嚴信花}、索缽蒙、石意氣、陰明明、/
宋威威、陰醜醜女師、鄧端娘、索開開、醜醜、/
伴福福、揚威□得三人、曹虞侯妻母二人、/
宋平水、張二郎、威德勿子二人、女：體淨、程師子、{最福}、/
≮劉闍梨、大□母、屯屯母、吳師子、≯
□意花，就唐家藍若。計五十八人。/
南閻浮提薩訶世界大唐國沙州境內/，
謹請西南方雞足山賓頭盧上座波羅墮闍梨/，
右今月五日奉為亡妣遠忌追福，敕有/
情又諸不（?）輩，興運慈悲，依時降駕/。
（錄文完）
說明：
行間加行以“≮ ≯”表示。行間校加字，加入正文後，以“{ }”表示。
7.3 文中夾雜有《大般若經》雜寫“菩薩摩訶薩於”1行。
8 9世紀。歸義軍時期寫本。
9.1 行書。
9.2 有行間加行，行間校加字多處。

1.1 BD09472號背4
1.3 大般若波羅蜜多經（雜寫）卷二五六
1.4 發093
2.4 本遺書由6個文獻組成，本文獻為第6個，32行，抄寫在背面，倒寫。餘參見BD09472號1之第2項。
3.1 首殘→大正0220，06/0294B02。
3.2 尾殘→大正0220，06/0294B26。
4.1 □…□百五□六，/□…□三藏法師玄奘奉詔譯/（首）。
7.3 尾有經名雜寫2行“大般若波羅蜜多經卷第三百六十七”；習字雜寫10行。
8 8～9世紀。吐蕃統治時期寫本。

9.1 楷書。

1.1 BD09473 號
1.3 大般若波羅蜜多經卷二〇七
1.4 發 094
2.1 （37.2＋20.7＋2.6）×25.5 厘米；2 紙；37 行，行 16～18 字。
2.2 01：37.2＋6.1，26； 02：14.6＋2.6，11。
2.3 卷軸裝。首全尾殘。右下殘缺。卷面有水漬及油污。有烏絲欄。已修整。
3.1 首 22 行下殘→大正 0220，06/0032A06～B01。
3.2 尾 2 行中下殘→大正 0220，06/0032B14～15。
4.1 大般若波羅蜜多經卷第二百七，/初分難信解品第卌四之廿六，□…□/（首）。
8 8～9 世紀。吐蕃統治時期寫本。
9.1 楷書。

1.1 BD09474 號
1.3 大般若波羅蜜多經（雜寫）卷五四八
1.4 發 095
2.1 （14.7＋3）×25 厘米；1 紙；9 行，行 17 字。
2.3 卷軸裝。首全尾殘。有烏絲欄。已修整。
3.1 首全→大正 0220，07/0818C13。
3.2 尾行下殘→大正 0220，07/0818C29。
3.4 說明：
本文獻乃利用廢紙所寫經文雜寫。
4.1 大般若波羅蜜多經卷第五百卌八，/第四分譬喻品第十四，三藏法師玄奘奉詔譯/（首）。
7.3 卷首背面有雜寫“蓋聞無餘”。
8 8～9 世紀。吐蕃統治時期寫本。
9.1 楷書。硬筆書寫。

1.1 BD09475 號
1.3 大般若波羅蜜多經（兌廢稿）卷七
1.4 發 096
2.1 （27.3＋8.2）×26 厘米；1 紙；22 行，行 17 字。
2.3 卷軸裝。首脫尾殘。卷面有水漬。有烏絲欄。已修整。
3.1 首殘→大正 0220，05/0037A21。
3.2 尾 5 行下殘→大正 0220，05/0037B11～14。
7.1 上邊有題記，從左到右書寫：“錯書，寫人示。恒安。”“兌兌，知知錯錯。”
8 9 世紀。歸義軍時期寫本。
9.1 楷書。

1.1 BD09476 號
1.3 般若波羅蜜多心經
1.4 發 097
2.1 （16＋15.5）×27 厘米；1 紙；16 行，行 17～18 字。
2.3 卷軸裝。首殘尾全。卷面多水漬。有烏絲欄。已修整。
3.1 首 8 行上殘→大正 0251，08/0848C07～14。
3.2 尾全→大正 0251，08/0848C24。
4.2 般若波羅蜜經一卷（尾）。
8 9～10 世紀。歸義軍時期寫本。
9.1 楷書。

1.1 BD09477 號
1.3 大般若波羅蜜多經卷五六二
1.4 發 098
2.1 12.5×14.8 厘米；2 紙；4 行。
2.2 01：05.5，護首； 02：07.0，04。
2.3 卷軸裝。首全尾殘。通卷上殘。殘片。有護首。有烏絲欄。已修整。
3.1 首殘→大正 0220，07/0900A02。
3.2 尾殘→大正 0220，07/0900A08。
4.1 □…□卷第五百六十二，/□…□法師玄奘奉詔譯/（首）。
7.1 背面有勘記：“五十七，第二。”分別為袟號與袟內卷次。
8 8 世紀。唐寫本。
9.1 楷書。

1.1 BD09478 號
1.3 大般若波羅蜜多經卷二五四
1.4 發 099
2.1 （6.4＋22.3＋2.8）×25.9 厘米；1 紙；19 行，行 17～18 字。
2.3 卷軸裝。首全尾殘。卷面上下殘缺。有烏絲欄。已修整。
3.1 首 3 行上殘→大正 0220，06/0283C06～11。
3.2 尾 2 行上下殘→大正 0220，06/0283C26～27。
4.1 □…□百五十四，/□…□三，三藏法師玄奘奉詔譯/（首）。
8 8～9 世紀。吐蕃統治時期寫本。
9.1 楷書。

1.1 BD09479 號
1.3 大般若波羅蜜多經卷二一二
1.4 發 100
2.1 46.8×25.5 厘米；1 紙；28 行，行 17 字。
2.3 卷軸裝。首尾均脫。卷面有殘洞。有烏絲欄。已修整。
3.1 首殘→大正 0220，06/0060A21。
3.2 尾殘→大正 0220，06/0060B20。
7.1 背有勘記“二百一十二”。
8 8～9 世紀。吐蕃統治時期寫本。
9.1 楷書。

新舊編號對照表

千字文號與北敦號對照表

千字文號	北敦號
陶 014	BD09093 號
陶 015	BD09094 號 1
陶 015	BD09094 號 2
陶 016	BD09095 號
陶 016	BD09095 號背 1
陶 016	BD09095 號背 2
陶 017	BD09096 號
陶 018	BD09097 號
陶 019	BD09098 號
陶 020	BD09099 號
陶 021	BD09100 號 1
陶 021	BD09100 號 2
陶 022	BD09101 號
陶 023	BD09102 號
陶 024	BD09103 號
陶 025	BD09104 號
陶 026	BD09105 號
陶 027	BD09106 號
陶 028	BD09107 號
陶 029	BD09108 號
陶 030	BD09109 號
陶 031	BD09110 號
陶 031	BD09110 號背
陶 032	BD09111 號
陶 033	BD09112 號
陶 034	BD09113 號
陶 035	BD09114 號
陶 036	BD09115 號
陶 037	BD09116 號
陶 038	BD09117 號
陶 039	BD09118 號
陶 040	BD09119 號
陶 041	BD09120 號
陶 042	BD09121 號
陶 043	BD09122 號
陶 044	BD09123 號
陶 045	BD09124 號
陶 046	BD09125 號
陶 047	BD09126 號
陶 048	BD09127 號
陶 049	BD09128 號
陶 050	BD09129 號
陶 051	BD09130 號
陶 052	BD09131 號
陶 053	BD09132 號
陶 054	BD09133 號
陶 055	**BD09134 號**
陶 056	BD09135 號
陶 057	BD09136 號
陶 058	BD09137 號
陶 059	BD09138 號
陶 060	BD09139 號
陶 060	BD09139 號背
陶 061	BD09140 號
陶 062	BD09141 號
陶 063	BD09142 號 1
陶 063	BD09142 號 2
陶 064	BD09143 號
陶 065	BD09144 號
陶 066	BD09145 號 1
陶 066	BD09145 號 2
陶 067	BD09146 號 1
陶 067	BD09146 號 2
陶 067	BD09146 號 3
陶 068	BD09147 號 1
陶 068	BD09147 號 2
陶 068	BD09147 號 3
陶 068	BD09147 號 4
陶 069	BD09148 號
陶 070	BD09149 號
陶 071	BD09150 號
陶 072	BD09151 號
陶 073	BD09152 號
陶 074	BD09153 號 1
陶 074	BD09153 號 2
陶 075	BD09154 號
陶 076	BD09155 號
陶 077	BD09156 號 1
陶 077	BD09156 號 2
陶 077	BD09156 號 3
陶 077	BD09156 號 4
陶 077	BD09156 號 5
陶 077	BD09156 號 6
陶 078	BD09157 號
陶 079	BD09158 號 1
陶 079	BD09158 號 2
陶 080	BD09159 號
陶 081	BD09160 號
陶 082	BD09161 號
陶 083	BD09162 號
陶 084	BD09163 號
陶 085	BD09164 號
陶 086	BD09165 號

陶 087	BD09166 號
陶 088	BD09167 號
陶 089	BD09168 號
陶 090	BD09169 號 1
陶 090	BD09169 號 2
陶 091	BD09170 號
陶 092	BD09171 號
陶 093	BD09172 號
陶 094	BD09173 號
陶 095	BD09174 號
陶 096	BD09175 號
陶 097	BD09176 號
陶 098	BD09177 號
陶 099	BD09178 號
陶 100	BD09179 號
唐 001	BD09180 號
唐 002	BD09181 號
唐 003	BD09182 號
唐 004	BD09183 號
唐 005	BD09184 號
唐 006	BD09185 號
唐 007	BD09186 號
唐 008	BD09187 號
唐 009	BD09188 號 A
唐 009	BD09188 號 B
唐 010	BD09189 號
唐 011	BD09190 號
唐 012	BD09191 號
唐 013	BD09192 號
唐 014	BD09193 號
唐 015	BD09194 號
唐 016	BD09195 號
唐 017	BD09196 號
唐 018	BD09197 號
唐 019	BD09198 號
唐 020	BD09199 號
唐 021	BD09200 號
唐 022	BD09201 號
唐 023	BD09202 號
唐 024	BD09203 號
唐 025	BD09204 號
唐 026	BD09205 號
唐 027	BD09206 號 1
唐 027	BD09206 號 2
唐 028	BD09207 號
唐 029	BD09208 號
唐 030	BD09209 號
唐 031	BD09210 號
唐 032	BD09211 號
唐 033	BD09212 號
唐 034	BD09213 號
唐 035	BD09214 號
唐 036	BD09215 號
唐 037	BD09216 號
唐 038	BD09217 號
唐 039	BD09218 號 A
唐 039	BD09218 號 B
唐 040	BD09219 號
唐 041	BD09220 號
唐 042	BD09221 號
唐 043	BD09222 號
唐 043	BD09222 號背
唐 044	BD09223 號
唐 045	BD09224 號
唐 046	BD09225 號
唐 047	BD09226 號
唐 048	BD09227 號
唐 049	BD09228 號
唐 050	BD09229 號
唐 051	BD09230 號 1
唐 051	BD09230 號 2
唐 052	BD09231 號 1
唐 052	BD09231 號 2
唐 053	BD09232 號 1
唐 053	BD09232 號 2
唐 054	BD09233 號
唐 055	BD09234 號
唐 056	BD09235 號
唐 057	BD09236 號
唐 058	BD09237 號
唐 059	BD09238 號
唐 060	BD09239 號
唐 061	BD09240 號
唐 062	BD09241 號
唐 063	BD09242 號
唐 064	BD09243 號
唐 065	BD09244 號 1
唐 065	BD09244 號 2
唐 066	BD09245 號
唐 067	BD09246 號 1
唐 067	BD09246 號 2
唐 068	BD09247 號
唐 069	BD09248 號
唐 070	BD09249 號
唐 071	BD09250 號
唐 072	BD09251 號
唐 073	BD09252 號
唐 074	BD09253 號
唐 075	BD09254 號
唐 076	BD09255 號
唐 077	BD09256 號
唐 078	BD09257 號
唐 079	BD09258 號
唐 080	BD09259 號
唐 081	BD09260 號
唐 082	BD09261 號
唐 083	BD09262 號
唐 084	BD09263 號
唐 085	BD09264 號
唐 086	BD09265 號
唐 087	BD09266 號
唐 088	BD09267 號
唐 089	BD09268 號
唐 090	BD09269 號
唐 091	BD09270 號
唐 092	BD09271 號
唐 093	BD09272 號
唐 094	BD09273 號
唐 095	BD09274 號
唐 096	BD09275 號
唐 097	BD09276 號
唐 098	BD09277 號 1
唐 098	BD09277 號 2
唐 099	BD09278 號
唐 100	BD09279 號
周 001	BD09280 號
周 002	BD09281 號
周 003	BD09282 號
周 003	BD09282 號背
周 004	BD09283 號
周 005	BD09284 號
周 006	BD09285 號
周 007	BD09286 號
周 008	BD09287 號
周 009	BD09288 號
周 010	BD09289 號
周 011	BD09290 號
周 012	BD09291 號
周 013	BD09292 號
周 014	BD09293 號 A
周 014	BD09293 號 B

周 015	BD09294 號
周 015	BD09294 號背
周 016	BD09295 號
周 017	BD09296 號
周 018	BD09297 號
周 019	BD09298 號
周 020	BD09299 號
周 021	BD09300 號
周 022	BD09301 號
周 023	BD09302 號
周 024	BD09303 號
周 025	BD09304 號
周 026	BD09305 號
周 027	BD09306 號
周 028	BD09307 號
周 029	BD09308 號
周 030	BD09309 號 1
周 030	BD09309 號 2
周 031	BD09310 號
周 032	BD09311 號
周 033	BD09312 號 1
周 033	BD09312 號 2
周 034	BD09313 號
周 035	BD09314 號
周 036	BD09315 號
周 037	BD09316 號
周 038	BD09317 號
周 039	BD09318 號 A
周 039	BD09318 號 B
周 040	BD09319 號
周 040	BD09319 號背
周 041	BD09320 號
周 042	BD09321 號
周 043	BD09322 號
周 043	BD09322 號背
周 044	BD09323 號
周 045	BD09324 號
周 046	BD09325 號
周 047	BD09326 號
周 048	BD09327 號
周 049	BD09328 號
周 050	BD09329 號
周 051	BD09330 號
周 052	BD09331 號
周 053	BD09332 號
周 053	BD09332 號背
周 054	BD09333 號
周 054	BD09333 號背 1
周 054	BD09333 號背 2
周 054	BD09333 號背 3
周 055	BD09334 號
周 056	BD09335 號
周 056	BD09335 號背
周 057	BD09336 號
周 057	BD09336 號背
周 058	BD09337 號
周 059	BD09338 號 1
周 059	BD09338 號 2
周 060	BD09339 號
周 060	BD09339 號背 1
周 060	BD09339 號背 2
周 061	BD09340 號
周 062	BD09341 號
周 063	BD09342 號
周 064	BD09343 號 1
周 064	BD09343 號 2
周 064	BD09343 號 3
周 065	BD09344 號
周 065	BD09344 號背
周 066	BD09345 號 A
周 066	BD09345 號 B
周 067	BD09346 號
周 067	BD09346 號背
周 068	BD09347 號
周 069	BD09348 號
周 069	BD09348 號背
周 070	BD09349 號 A
周 070	BD09349 號 A 背
周 070	BD09349 號 B
周 071	BD09350 號
周 072	BD09351 號
周 073	BD09352 號
周 073	BD09352 號背
周 074	BD09353 號
周 075	BD09354 號
周 076	BD09355 號 1
周 076	BD09355 號 2
周 077	BD09356 號
周 078	BD09357 號 1
周 078	BD09357 號 2
周 079	BD09358 號
周 079	BD09358 號背
周 080	BD09359 號
周 081	BD09360 號
周 081	BD09360 號背
周 082	BD09361 號
周 082	BD09361 號背
周 083	BD09362 號
周 084	BD09363 號
周 085	BD09364 號
周 086	BD09365 號
周 087	BD09366 號
周 088	BD09367 號
周 089	BD09368 號
周 090	BD09369 號
周 091	BD09370 號
周 091	BD09370 號背 1
周 091	BD09370 號背 2
周 092	BD09371 號
周 093	BD09372 號
周 094	BD09373 號
周 095	BD09374 號 1
周 095	BD09374 號 2
周 096	BD09375 號
周 096	BD09375 號背
周 097	BD09376 號
周 098	BD09377 號
周 099	BD09378 號
周 100	BD09379 號
發 001	BD09380 號
發 002	BD09381 號
發 003	BD09382 號
發 003	BD09382 號背
發 004	BD09383 號 1
發 004	BD09383 號 2
發 004	BD09383 號 3
發 005	BD09384 號
發 006	BD09385 號
發 007	BD09386 號
發 008	BD09387 號
發 009	BD09388 號
發 010	BD09389 號
發 011	BD09390 號
發 012	BD09391 號
發 013	BD09392 號
發 013	BD09392 號背
發 014	BD09393 號
發 015	BD09394 號
發 016	BD09395 號
發 017	BD09396 號
發 018	BD09397 號

發 019	BD09398 號
發 020	BD09399 號
發 021	BD09400 號
發 022	BD09401 號
發 023	BD09402 號
發 024	BD09403 號
發 025	BD09404 號
發 026	BD09405 號
發 027	BD09406 號
發 028	BD09407 號
發 029	BD09408 號
發 030	BD09409 號
發 031	BD09410 號
發 032	BD09411 號
發 033	BD09412 號
發 034	BD09413 號 1
發 034	BD09413 號 2
發 035	BD09414 號
發 036	BD09415 號
發 037	BD09416 號
發 038	BD09417 號
發 039	BD09418 號 1
發 039	BD09418 號 2
發 040	BD09419 號
發 041	BD09420 號
發 042	BD09421 號
發 043	BD09422 號
發 044	BD09423 號
發 044	BD09423 號背
發 045	BD09424 號
發 046	BD09425 號
發 047	BD09426 號
發 048	BD09427 號
發 049	BD09428 號
發 050	BD09429 號
發 051	BD09430 號
發 052	BD09431 號
發 053	BD09432 號
發 054	BD09433 號
發 055	BD09434 號
發 056	BD09435 號
發 057	BD09436 號
發 058	BD09437 號
發 059	BD09438 號
發 060	BD09439 號
發 061	BD09440 號
發 062	BD09441 號
發 063	BD09442 號
發 064	BD09443 號
發 065	BD09444 號
發 066	BD09445 號
發 067	BD09446 號
發 068	BD09447 號
發 069	BD09448 號
發 070	BD09449 號
發 071	BD09450 號
發 072	BD09451 號
發 073	BD09452 號
發 074	BD09453 號
發 075	BD09454 號
發 076	BD09455 號
發 077	BD09456 號
發 078	BD09457 號
發 079	BD09458 號
發 080	BD09459 號
發 081	BD09460 號
發 082	BD09461 號
發 083	BD09462 號
發 084	BD09463 號
發 085	BD09464 號
發 086	BD09465 號
發 087	BD09466 號
發 088	BD09467 號
發 089	BD09468 號
發 090	BD09469 號
發 091	BD09470 號
發 092	BD09471 號
發 093	BD09472 號 1
發 093	BD09472 號 2
發 093	BD09472 號背 1
發 093	BD09472 號背 2
發 093	BD09472 號背 3
發 093	BD09472 號背 4
發 094	BD09473 號
發 095	BD09474 號
發 096	BD09475 號
發 097	BD09476 號
發 098	BD09477 號
發 099	BD09478 號
發 100	BD09479 號